象山年鉴

（2018）

象山县地方志编纂委员会　编

方志出版社
Publishing House of Local Records

图书在版编目(CIP)数据

象山年鉴.2018 / 象山县地方志编纂委员会编.—
北京:方志出版社，2019.1
ISBN 978-7-5144-3645-7

Ⅰ.①象… Ⅱ.①象… Ⅲ.①象山县—2018—年鉴
Ⅳ.①Z525.54

中国版本图书馆CIP数据核字(2019)第034156号

象山年鉴(2018)

编　　者：象山县地方志编纂委员会
责任编辑：罗　滔
出 版 人：冀祥德
出 版 者：方志出版社
地址　北京市朝阳区潘家园东里9号(国家方志馆4层)
邮编　100021
网址　http://www.fzph.org
发　　行：方志出版社图书经销中心
电话(010) 67110500
经　　销：各地新华书店
印　　刷：杭州万星印务有限公司
开　　本：889×1194　　1/16
印　　张：32.75
字　　数：1222千字
版　　次：2019年3月第1版　　2019年3月第1次印刷
印　　数：001～600册
ISBN　978-7-5144-3645-7　　定价：128.00 元

编辑说明

一、《象山年鉴》以马克思列宁主义、毛泽东思想、邓小平理论、“三个代表”重要思想、科学发展观、习近平新时代中国特色社会主义思想为指导，坚持运用辩证唯物主义和历史唯物主义的立场、观点和方法，真实、全面、准确地反映象山年度的历史。

二、《象山年鉴(2018)》(以下简称本年鉴)是《象山年鉴》的第12卷本，记载时限为2017年1月1日至2017年12月31日。

三、本年鉴由地图、照片、大事记、特载、专记、正文以及索引等组成。正文采用分类编辑法。设置类目、分目、条目三个层次的框架，并以条目为独立主题信息的主要载体。编排次序根据年鉴的基本体例、行业归类的特点以及读者的阅读需求和习惯确定。

四、本年鉴使用规范的语体文记述。采用统计公报公布的数据。统计公报未作统计的，以有关业务部门所供为据。

五、本年鉴采用双重检索系统，卷前有中英文目录，卷后有关键词索引，按关键词第一字的数字顺序、字母顺序或词首字汉语拼音字母顺序排列。

六、本年鉴所载文字资料，由象山县各有关职能部门提供，并经各级领导审核。所用图片，由有关单位和个人提供。

◎ 2月14日，县十八届人大一次会议开幕　　（陈洪杰　摄）

◎ 2月13日，政协第十届象山县委员会第一次会议开幕　　（陈洪杰　摄）

◎ 9月16日，第十三届中国海洋论坛在石浦举行 （陈洪杰 摄）

◎ 9月15日，首届世界象商大会在象山国际大酒店举行，象商总会成立 （陈洪杰 摄）

◎ 9月21日，象山获得首批“国家生态文明建设示范县”荣誉　　（陈洪杰　摄）

◎ 6月26日，南大河滨水景观带工程获市优秀园林工程金奖　　（陈洪杰　摄）

◎ 8月1日，石浦镇获评“国家卫生镇”

（陈洪杰　摄）

◎ 11月2日，石浦东门渔村入围全国“最美渔村”

（陈洪杰　摄）

◎ 12月18日，象山柑橘荣登名特优新农产品“国榜”

（陈洪杰　摄）

◎ 2月6日，石浦镇入围“首批省旅游风情小镇”
（陈洪杰　摄）

◎ 5月15日，石浦镇列入“市首批非遗特色小镇”
（陈洪杰　摄）

◎ 10月23日，象山“红美人”柑橘获得2017中国·浙江现代农业风云榜桂冠　（陈洪杰　摄）

◎ 主城区品质提升专项运动实施，城市面貌提升。图为中心城区航拍图
（陈洪杰　摄）

◎ 3月17日，定塘“美丽乡村”串写诗画家园
（陈洪杰　摄）

◎ 6月1日，大目湾休闲公园投用
（陈洪杰　摄）

◎ 3月28日，宁波工人疗养院正式启用　　（陈洪杰　摄）

◎ 3月4日，石浦镇打造"清水绿岸""五水共治"工程，裸露管道转入"地下"。图为石浦渔港北路"五水共治"工程
（谢定伟　摄）

◎ 2月27日，宁波市确定第一批128个"改旧"试点村，象山县有夏叶、前岙、章家墩等22个村。图为贤庠镇章家墩村
（陈洪杰　摄）

◎ 12月15日，晓塘黄埠片区污水管网提标工程开工　　（方子龙　摄）

◎ 4月21日，县11个项目列入省重点建设项目。图为石浦高速公路新桥连接线　　　　（陈洪杰　摄）

◎ 12月25日，沈海高速连接线新桥至石浦段工程开工

（陈洪杰　摄）

◎ 9月12日，全县重大项目集中开工　　　　（周　科　摄）

◎ 12月28日，中石化炼化工程集团装备技术中心落户象山　　　（陈洪杰　摄）

◎ 11月8日，东门二级渔港提升改造　（谢定伟　摄）

◎ 9月22日，三门湾大桥及接线工程泗洲头马岙门大桥左幅贯通

◎ 3月22日，象山荣获五水共治“大禹鼎”奖，图为黄避岙乡横塘河 （陈洪杰 摄）

◎ 11月15日，东谷湖游览区湖心岛景观工程开建 （陈洪杰 摄）

◎ 7月27日，新一轮海塘维修加固工程启动。图为下沈标准海塘维修加固工程 （陈洪杰 摄）

◎ 3月27日，石浦启动老城区改造 （陈洪杰 摄）

◎ 11月13日，乐惠国际在上交所挂牌上市　　　（陈洪杰　摄）

◎ 12月4日，合力科技在上交所挂牌上市　　　（陈洪杰　摄）

◎ 3月13日，中国首制3万方双燃料机LNG船在浙江新乐船厂下水　（金　旭　摄）

◎ 3月21日，象山4艘渔船“搭乘”特种船出口　（方子龙　摄）

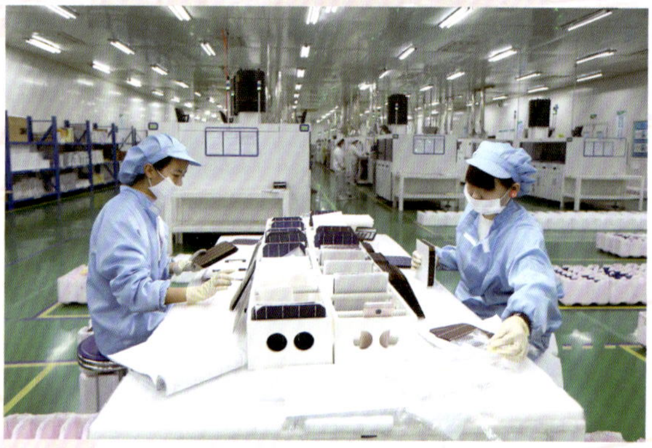

◎ 2月20日，宁波市商务委日前公布《2016年宁波市进出口额前200位企业排行榜》，浙江启鑫新能源科技股份有限公司等8家企业入围。图为启鑫生产车间　（金　旭　摄）

◎ 3月8日，县蝉联“中国铸模之乡”称号，图为宁波全力机械模具有限公司模具车间　（陈洪杰　摄）

◎ 4月6日，天安集团中压电器研究员朱佩龙捧回“浙江制造”大工匠奖　（郭　杰　摄）

◎ 11月22日，定塘镇建造柑橘博览园
（陈洪杰　摄）

◎ 8月28日，泗洲头镇实施“光伏扶贫”项目　（夏　雨　摄）

◎7月17日，900万尾（粒）鱼贝种苗放流渔山列岛海域　（陈　挺　摄）

◎ 2月9日,县新增4家省级示范性家庭农场,图为定塘时平家庭农场 (陈洪杰 摄)

◎ 10月12日,道人山围垦区26.67公顷海水稻(一角) (陈洪杰 摄)

◎ 石浦镇沙塘湾村 (陈洪杰 摄)

◎ 1月4日,定塘镇"英姿果蔬"入选国家农民合作社示范社 (陈洪杰 摄)

◎ 4月24日，C095环港公路（林善岙至盛宁线）入评省美丽公路　（陈洪杰　摄）

◎ 1月5日，县中心城区打通第23条“断头路”。图为政实路（来薰路至天安路）　（陈洪杰　摄）

◎ 8月24日，休闲骑行道扮靓“斑斓海岸”。图为黄避岙乡塔头旺村　（陈洪杰　摄）

◎ 8月1日，县出现首条彩色公路。图为蛟龙公路　（陈洪杰　摄）

◎ 9月20日，县设立首条海上“斑马线” （陈洪杰 摄）

◎ 3月23日，石浦金山路改造提升 （吴敏勇 摄）

◎ 5月15日，仿古候车厅“扮靓”墙头 （陈洪杰 摄）

◎ 象西美丽风情线(陈洪杰　摄)

◎ 9月27日,600辆共享单车亮相丹城街头　　　(陈洪杰　摄)

◎ 10月1日,县首条沿海观光步道亮相松兰山　　　(陈洪杰　摄)

◎ 新桥镇中式建筑增彩美丽乡村　　　(陈洪杰　摄)

◎ 8月4日，县建筑业总产值升至全省第五位，图为龙元建设宁波分公司承建的宁波杭州湾新区滨海四路跨陆中湾江桥

◎ 12月15日，“泗洲乡韵”“田园定塘”“风情茅洋”文明示范线启动 （夏 雨 摄）

◎ 4月2日，五万游客“桃醉”影城 （陈洪杰 摄）

◎ 12月23日，象山举办首届柑橘文化节 （张银艳 摄）

◎ 8月28日，象山全域旅游品牌发布会在杭举行 （宋丽娜 摄）

◎ 1月4日，茅洋成为首批宁波市乡村全域旅游示范区 （陈洪杰 摄）

◎ 县重点旅游投资项目海阔天空水上乐园 （陈洪杰 摄）

◎ 11月25日，“象山海鲜美食节”在丹城人民广场开幕　（陈洪杰　摄）

◎ 7月11日，民宿巨头“途家”登陆象山。图为华翔度假欢墅　（陈洪杰　摄）

◎ 9月15日，县全域旅游进入“村时代”，图为墙头镇方家岙村　（陈洪杰　摄）

◎ 11月28日，象山影视城唐城投入使用 （陈洪杰 摄）

◎ 1月18日，象山影视学院落户大目湾 （陈洪杰 摄）

◎ 7月2日，国内首个浸入式民国影视主题乐园“中国海影城——海上传奇”开园试运营 （陈柯言 摄）

◎ 5月9日，象山影视城荣获“浙江省五一劳动奖”　　（陈柯言　摄）

◎ 4月27日，“最美象山人”年度十佳揭晓　　（蒋曼儒　摄）

◎ 8月17日，首届中国戏曲电影高峰论坛举行（蒋曼儒　摄）

◎ 10月29日,2017美丽乡村·环浙骑游走进象山 (张银艳 摄)

◎ 9月16日,中国·浙江海洋运动中心落户象山 (陈洪杰 摄)

◎ 2月8日，县三处文物入选第七批省级文保单位，图为陈汉章故居　　　　（陈洪杰　摄）

◎ 11月20日，县领导看望“全国道德模范”陈淑芳　　　　（蒋曼儒　摄）

◎ 8月24日，县第二批保护性建筑修缮项目竣工，图为溪里方村仁三房　　　　（陈洪杰　摄）

◎ 4月23日，象山家风馆开馆　　　　（陈洪杰　摄）

◎ 8月28日，鹤浦镇启动实施海岛文化遗产遗址保护工程。图为原南田县政府旧址

◎ 县文化馆：“一人一艺”普及全民艺术。图为排舞培训　　　　（陈洪杰　摄）

◎ 10月13日，首批省级传统村落名单公布，图为晓塘黄埠村 （陈洪杰 摄）

◎ 9月5日，《石浦镇志》出版 （陈洪杰 摄）

◎ 11月1日，县农村文化礼堂“花开乡野” （陈洪杰 摄）

◎ 10月12日，象山县举行十九大维稳安保誓师大会 （石春光 摄）

◎ 3月21日，6名象山赴利比里亚维和警察凯旋 （胡黛虹 摄）

◎ 5月1日，禁渔期—全国海洋伏季休渔专项执法行动启动 （周 科 摄）

◎ 3月30日，县渔区减船转产势头足。图为石浦镇打鼓峙船业厂区 （陈洪杰 摄）

◎ 11月8日，县建成投用水上移动气象站（吴　港　摄）

◎ 3月29日，清代一石碑在丹东街道青龙桥附近被发现

◎ 9月25日，西周镇牌头村再现冬瓜王，重达80公斤

◎ 12月27日，森警救助放飞一只丘鹬。该物种已被列入国家有重要的生态、科学及社会价值的“三有”保护野生动物名录

◎ 9月6日，“中华神虾”现身象山，重达3.3公斤

休闲象山系列地图 交通图

温馨提示

1、公交线路只表明乘车方向，未含全部站台，具体以实际为准！
2、环港公路、沿海南线为一级道路，路况较好，可优先选择出行！
3、因高速公路建设，部分道路正在维修，给您带来不便敬请谅解！

图例

★	县人民政府驻地	—·—·—	设区市界
◎	乡（镇）政府、街道办事处驻地	—·—·—	县（市、区）界
○	行政村	S19	高速编号及出入口
○	自然村		在建或拟建高速公路
	河流、水库	G527	国道及编号
	水渠	S215	省道及编号
	堤		县道
	码头、航线		乡村道路
	隧道		加油站
	桥梁		汽车站
▲	山峰		码头、港口

休闲象山系列地图之交通图

象山县规划局（测绘与地理信息局）
浙江省工程勘察院
联合编制
浙S(2017)161号 2017年8月印刷 印数6000张
本图基础地理底图资料由浙江省测绘与地理信息局提供
本图界线仅供参考 不作划界依据
本图专题数据由相关政府部门提供

微信公众号

象山主要城乡公交线路

休闲象山系列地图 旅游图

小贴士

旅游注意事项

1. 参加旅行社、跟团旅行，由导游带领。看旅行社的"三证"是否齐全，确定正规权威。

2. 在青山绿水间旅游要学会走路。掌握"走路经"者玩得轻松，愉快又安全；反之则劳累、紧张，甚至受伤。

3. 要走不要跑。三步并做二步走或蹦蹦跳跳会加重膝踝负担，容易劳累或受伤。

4. 要匀不要急。匀速行走最省体力，而且有利于保持良好心态；急一阵歇一阵的走路方式最累人。

5. 快去慢返。上午出游的路可走得稍快，傍晚返程则要慢些走，以免疲劳的关节、肌腱受伤。

6. 走阶不走坡。上下山时尽量走石阶，少走斜坡，这样较符合力学和生理要求，安全又省力。

7. 走硬不走软。在水泥、沥青、石板等硬地上行走比在草地、河滩、湿地等软地面行走更省劲和安全。

8. 避滑就涩。宁可绕点路从较涩的雪地、草坡走，也不走既滑又危险的冰面、沙石坡，以求安全。

象山旅游咨询服务中心
高速服务区：65759809
客运中心：65729999　石浦老街：65952777
旅游咨询：65955555　旅游投诉：96118

出海注意事项

1. 上船时要注意扶稳，因为海边有浪，船会摇摆不定，最好穿凉鞋，预防弄湿鞋子。

2. 上船注意防火。

3. 开船前几分钟，注意先坐稳扶好，因为船速还不均匀，等船速度均匀可以拍照，但是要注意安全。

4. 不要在船上跑动和蹦跳。

5. 会有专业的渔民撒网，客人可以观看，不用帮忙，拖网大概20分钟，收获归客人所有。

6. 一次捕捞的海鲜可能很杂很多，挑选有用的海鲜时，要用镊子挑选，不要被海鲜所伤，注意海鲜的种类哪些可以食用，哪些不可以食用。

图例

- 自然保护区
- 文物保护单位
- 非物质文化遗产
- 景区（点）
- 革命烈士纪念馆
- 艺术馆
- 文化名镇
- 文化名村
- 特色村

休闲象山系列地图之旅游图

象山县规划局（测绘与地理信息局）
浙江省工程勘察院　联合编制

浙S(2017)161号　2017年8月印刷　印数6000张

本图基础地理底图资料由浙江省测绘与地理信息局提供
本图界线仅供参考 不作划界依据
本图专题数据由相关政府部门提供

微信公众号

休闲象山系列地图

便民图

象山县主要市场

名　称	地　址	公开电话	等级
根农贸市场	新桥镇山根村	0574-65911711	其他
山菜场	定塘镇华塘路东元宵路西	0574-65911713	其他
沈农贸市场	西周镇下沈迎宾东路西侧	0574-65870958	其他
头街农贸市场	西周镇杨岙村	0574-65830033	其他
洋湖农贸市场	定塘镇田洋湖	0574-65911713	其他
国市场	石浦镇昌国西门街60号	13175156681	其他
下洋农贸市场	西周镇儒下洋白泉路5号	0574-65830033	其他
岙塘农贸市场	泗洲头镇墩岙塘村3组18号	0574-65830033	其他
徐集贸市场	大徐镇东昭路派出所对面	0574-65737250	其他
屿农贸市场	黄避岙乡龙屿村半桥路18号旁	0574-65737250	其他
昆集贸市场	贤庠镇岑昆村三江超市背后	0574-65737250	其他
茨集贸市场	涂茨镇涂茨村曙光路	0574-65737250	其他
溪综合市场	爵溪街道镇前街9号	0574-65603707	其他
家河菜场	丹城东门汪家河	0574-65721006	其他
浦菜场	石浦镇荔港路85号	13506686749	省级
山水产城	石浦镇兴港西路（中国水产城内）	0574-59181977	省级
浦综合市场	鹤浦镇鹤西西路33号	0574-65015611	市级
生资源市场	经济开发区东陈区块里井路8号	13805850165	县级
栖油漆市场	石浦镇凤上山村	13968376602	县级
塘综合市场	高塘岛乡江北村群英路与龙泉路交界处	13777962518	县级
上山装潢建材市场	石浦镇大金山隧道连接线与沿海南线交汇处北侧	13805850151	县级
周镇集贸市场	西周镇贸盛路48号旁	0574-65737250	县级
洲头综合市场	泗洲头镇盛洲路5号	0574-65737250	县级
亨活鲜水产市场	石浦镇兴港路96号	13606783114	县级
溪综合市场	墙头镇丰溪村	0574-65821282	县级
岔路综合市场	丹西街道三岔路村三岔路	0574-65791412	县级
口农贸市场	茅洋乡溪口村惠民路以北	0574-65800486	县级
莱菜场	丹西街道蓬莱路与丹峰路交界处	0574-65721034	县级
岗综合市场	东陈乡沙岗村	0574-65800164	县级
通二手车市场	经济开发区城南高新创业园里井路5号	0574-65807118	县级
象建材装璜市场	丹西街道丹南路（建园中路）	0574-65770696	县级
门农贸市场	东陈乡双桥村丹东公路以北	0574-65805038	县级
大五金机电交易市场	丹西街道丹南路与新丰路交叉口西首	0574-65775678	县级
东陈农贸市场	东陈乡东陈村洋岳公路以北	13968392273	县级
门菜场	丹西街道营门路85号	13606784386	县级
华家具城	丹西街道丹南路269号	0574-65005966	县级
莱装璜建材家私市场	丹西街道丹峰路与西谷湖路交叉口	0574-65080000	县级
联轻纺市场	丹西街道象山河西路西边	0574-65653098	县级
堡农贸市场	东陈乡南堡村民安路以南	0574-65800486	县级
石综合市场	丹西街道白石村丹河商业街以南	0574-65007846	县级
用品综合市场	丹西街道蓬莱路蓬莱菜场对面	0574-65087627	县级
城综合贸易市场	丹西街道丹峰西路361号	0574-65727432	县级
中心菜市场	丹西街道丹阳路与创业路交叉口西北角	0574-65721006	县级
头综合市场	墙头镇墙头村	0574-65810567	县级
新港菜场	石浦镇海中路（与南屏路交叉口东南）	13757473763	县级
东市场	丹城丹峰路468号	0574-65083251	县级

图　例

★	县人民政府驻地		界　线
	乡（镇）政府 街道办事处 驻地	S19	高速及编号
	行政村		在建或拟建高速公路
	自然村		一级道路
	河流、水库		二级及以下道路
	堤	S215	省道编号
	码头、航线		超　市
	隧　道		信用社
	桥　梁		避灾点
	山　峰		市　场

休闲象山系列地图之便民图

象山县规划局（测绘与地理信息局）
浙江省工程勘察院　联合编制
浙S(2017)161号　2017年8月印刷　印数6000张
本图基础地理底图资料由浙江省测绘与地理信息局提供
本图界线仅供参考 不作划界依据
本图专题数据由相关政府部门提供

微信公众号

水产采购

御龙海洋生态渔业	丹东街道韭山列岛	0574-65090900
鑫亿梭子蟹	东陈乡王家村旦门盐场	0574-65806888
台恒石斑鱼	高塘岛乡黄涛塘	0574-65977938
鲜之都大棚养殖	高塘岛乡渔潭村群英塘	0574-65040837
太空红紫菜	高塘岛乡纱帽绿村	0574-65043057
好赛石斑鱼	高塘岛乡龙珠村	15958880626
红卫塘虾蟹	鹤浦镇红卫塘	0574-65013777
西沪港养殖	黄避岙乡高泥村、白屿村	0574-65671985
宏顺南美白对虾	茅洋乡白头塘	15888161298
蓝尚南美白对虾	墙头镇雷港村	13806581783
红升水产	泗洲头镇泗洲头村红星塘	0574-65890777
甬盛贝类	泗洲头镇岭前村	0574-65899788
弘鑫梭子蟹	西周镇蚶岙塘	13906841666
丰登大棚水产	西周镇牌头村	0574-65876237
南美白对虾	新桥镇下七里村大塘港旁	13968362223
新桥梭子蟹	新桥镇盐场村	0574-65961983
狮子山南美白对虾	新桥镇灵岙村影视城旁	13806653523

果蔬采摘

桔之舟柑橘	大徐镇岙村、大徐村骑龙塘	0574-65682305
神乙草铁皮石斛	丹西街道冷水潭村	13306600088
三联名贵花木	丹东街道寨里村巨鹰路999号	0574-65087937
定塘外销蔬菜	定塘镇大塘钟金畈片	0574-65910536
现代蔬菜	定塘镇滑港村	0574-65912566
定塘镇果蔬产业	定塘镇中站、花港、滑港等村	0574-65910536
浙东白鹅	东陈乡樟岙村、横口墩	0574-65801566
海岛优质水果	高塘岛乡龙珠村	13777952872
葆元水蜜桃	茅洋乡茅洋村	13586810031
鲜切花栽培	泗洲头镇杨大场村	0574-65087937
辰弘红阳猕猴桃	涂茨镇黄沙村	13003778343
森森柑橘	西周镇柴溪村下岙	18069222333
晨丰铁皮石斛	贤庠镇沈家洋村	0574-59125888
西边塘葡萄	晓塘乡西边塘村	0574-59182029
大塘港柑橘	晓塘乡美雁碶村	0574-659182029
优质杂柑	晓塘乡叶口山	0574-65919176
新桥优质枇杷	新桥镇高湾村	0574-65881765

图 例

★	县人民政府驻地	S19	高速及编号
	乡（镇）政府 街道办事处 驻地		在建或拟建高速公路
	行政村		一级道路
	自然村		二级及以下道路
	河流、水库		登山步道
	水 渠		公办等级医院
	堤		公办一般医院
	码头、航线		民营医院
	隧 道		药 店
	桥 梁		苗木、鲜花
S215	省道编号		水产采购
	设区市界		垂 钓
	县（市、区）界		果蔬采摘

休闲象山系列地图之健康图

象山县规划局（测绘与地理信息局）
浙江省工程勘察院 联合编制
浙S(2017)161号 2017年8月印刷 印数6000张
本图基础地理底图资料由浙江省测绘与地理信息局提供
本图界线仅供参考 不作划界依据
本图专题数据由相关政府部门提供

微信公众号

总　目

Table of Contents

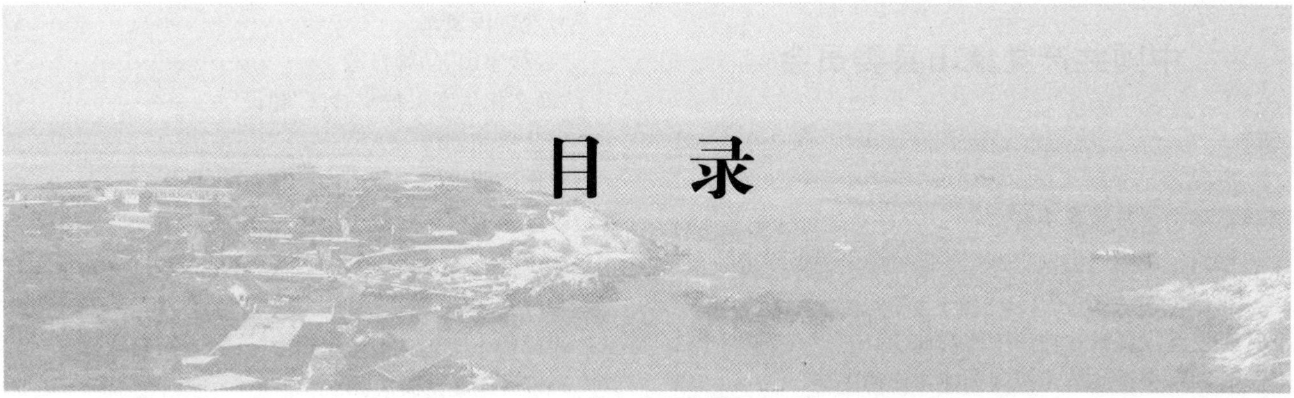

目　录

大事记

特　载

专　记

县情概览

中国共产党象山县委员会

纪检监察

象山县人民代表大会

象山县人民政府

政协象山县委员会

民主党派　社会团体

法治　军事

农业　农村

水利　水务

工　业

金　融

商　贸

旅　游

信息化和信息产业

城乡建设和管理

环境保护

交通 邮政

人力资源管理

社会服务

综合管理

人民生活

教　育

科学技术

文学艺术

新闻传媒

卫生和计划生育

街道镇乡

大 事 记

1月

1月3日，县人大常委会主任金红旗等一行人调研西周粮食储备库建设情况，县商务局局长徐展群、副局长朱财旭等陪同。

1月3日至23日，县文物办、文物监察大队，首次采用无人机对全县的158处文物保护单位和文保点进行航拍，提高文物检查的效力。

1月4日，宁波市作协、宁波市教科文卫组人大代表等20人在象山考察，参观德和根艺美术馆、才华剪纸艺术馆、象山影视城、渔港古城。

1月4日至14日，象山举办民营剧团打擂赛，20个民间剧团参与，12个剧团获得县首届民营剧团优秀展演奖。

1月5日，中共县委宣传部、县文化广电新闻出版局主办2017县首届群众文化艺术节文化礼堂文艺团队才艺大赛在县文化活动中心举行。

1月5日，县邮政分公司在靖南营业厅举行“2017特种邮票首发”暨《丁酉大吉》生肖邮品小型品鉴会。

1月5日，象山海关与浙台经贸合作区管委会召开协调会议，就监管场所管理、对台小额贸易监管及2017年口岸新动向等情况沟通交流。

1月9日，中国文联副主席、中国电视艺术家协会主席、中央电视台原台长赵化勇，中国电视艺术家协会副秘书长范宗钗在象山考察，参观象山影视城和渔港古城，了解渔文化的挖掘与发展。

1月10日，县文联召开下属文艺家协会和公安文联2016年度工作总结会。

1月10日，宁波市文化科技卫生“三下乡”服务启动仪式在贤庠海墩村文化礼堂举行。

1月10日，华翔集团举行总结表彰大会，12名企业发展功臣被授予“华翔英雄”荣誉称号。

1月10日，县首家由商贸企业牵头组建的新型水产产业联合体——聚鑫水产养殖专业合作社在石浦镇挂牌成立。

1月10日，全县辅导工作现场会召开，二级及以上幼儿园园长，承担辅导工作的幼儿园的分管负责人和辅导干部近60人参加会议。

1月10日，县山塘不动产权证首发仪式在县行政服务中心二楼大厅举行，县鹤浦镇大百丈村股份经济合作社取得浙江首本山塘不动产权证。

1月11日，县老年人体育协会成立三十周年暨老体协六届三次全会（扩大）会议在海洋酒店举行。

1月11日，设立县智慧城管中心。县智慧城管中心为县综合行政执法局下属从事公益服务的事业单位（公益一类），核定财政全额补助事业编制40名，设主任1名、副主任2名。

1月11日，宁波联通“冰激凌系列产品”首发。

1月11日，龙元集团投资建设江西省首个PPP项目子项工程“前进路提升改造工程”，经过42个昼夜奋战后，建成通车，正式进入运营期。

1月11日至22日，由县文化广电新闻出版局主办的县第二届“文化杯”绘画作品大赛获奖作品展在县文化活动中心二楼举行。

1月12日，省体育强镇复评检查小组来到墙头镇，开展省体育强镇复评工作。

1月12日，县人力资源和社会保障局举办“促回乡就业潮，解年底用工荒”大型综合招聘会。

1月12日，新闻纪录片《走进旧时光》在《象山新闻》中首播。

1月13日，县公共资源交易中心组织专家对县公交公司第九期候车亭建设项目竣工验收。

1月13日，2016年全县体育传统项目学校训练点工作会议在南部新城商务楼召开，宁波市体育局训竞处处长顾飞舟、县体育局、县教育局相关领导和来自全县29所体育传统项目学校训练点的分管校长、带训教练参加会议。

1月13日，浙江省人民政府公布中共第七批省级文物保护单位（浙政发〔2017〕2号）。县文物淳熙井、钟郝遗徽石亭、陈汉章故居和墓入选第七批省级文保单位。获批浙江省第七批省级文保单位。

1月13日，“最美象山人”曲艺惠民巡演暨黄溪村第三届文化艺术节在黄溪村文化礼堂上演。

1月13日晚上，由市曲协、县文联、墙头镇政府主办，县曲协、黄溪村协办的“最美象山人”曲艺惠民巡演暨黄溪村第三届文化艺术节在墙头镇黄溪村文化礼堂举行。

1月13日下午，县创建省级园林城市业务培训会召开。

1月13日，县修复振兴浙江渔场暨“一打三整治”领导小组办公室召开宣传贯彻《省人大常委会关于加强海洋幼鱼资源保护促进浙江渔场修复振兴的决定》工作会议。

1月13日，宁波飞润海洋生物科技股份有限公司在北京金融街举办新三板挂牌上市敲钟仪式，股票代码：870288。

1月13日，浙江新乐造船有限公司通过清洁生产审核。

1月16日,县委书记叶剑鸣带领检查组一行人员到县客运中心、象山烟花爆竹专营有限公司、象山华润燃气有限公司、博浪海港城等单位和场所,检查安全生产工作。

1月17日,召开2017年全县燃气行业安全生产工作会议。

1月17日上午,全县市场监督管理暨党风廉政建设工作会议在局机关12楼会议室召开,局党委班子成员,全体在编干部职工,县消协、县民个协工作人员及部分离退休老领导参加会议,副县长华弼天和县纪委派驻第九纪检组组长何将常出席会议并作讲话。

1月17日,县委副书记、县长黄焕利率县安全生产监督管理局对全县重点地区、行业、单位和场所开展安全生产检查。

1月17日,县第十七届人民代表大会常务委员会第四十二次会议举行。常委会组成人员21人出席会议。会议听取县人民政府办公室主任吴志辉所作的关于《政府工作报告(草案)》起草过程和主要内容说明。

1月17日,"十大风云甬商"颁奖典礼,18位宁波企业家代表分别收获10个常规奖项、2个单项奖和"中国制造2025"特别奖,县留英博士王一鸣荣获创业创新奖。

1月18日,宁波大红鹰学院与县人民政府签订协议,合作共建象山影视学院。

1月18日,县红十字会启动主题为"博爱象山·喜迎新春"2017年"红十字博爱送万家"活动。

1月19日,市交通委主任劳可军一行督查象山交通重大工程和春运期间安全生产工作。

1月19日,县丹东街道文联成立。

1月19日,省发改委公布全省第三批小城市培育试点镇名单,全省共有24个中心镇和2个县城上榜,县西周镇名列其中。

1月20日,县十五届六次执委(扩大)会议在象山宾馆召开。县妇联第十五届执委,各镇乡(街道)妇联主席、副主席,县级机关妇委会(妇工委)主任、副主任等共计120余人参加会议。

1月20日晚,"2017爱让我们在一起"——第三届善行象山少儿慈善春晚在县文化活动中心进行。县中小学、幼儿园400多位小朋友登台献唱,700多位爱心家长和市民参加。

1月20日,县信制药开发的"LD3000—6多效蒸馏水机"和启鑫新能源开发的"高效N型太阳能双面电池"通过市经信局投产鉴定。

1月20日,甬南控股集团的厂房屋顶上加盖蓝色太阳能光伏板。

1月20日,县丹东街道同家模具制造公司研发的"宝马48Q"铝合金缸盖浇铸模具被宁波市经信委列入2016年度重点新产品项目,该产品是特地为宝马公司新车型研发的。

1月20日至23日,县委常委、常务副县长陈兴立,副县长钮晶莹带领文化、消防、市场监督、公安部门负责人检查丹城地区歌舞娱乐场所安全生产制度落实情况。

1月22日,县第六届校长论坛在教育园区二楼报告厅成功举行。来自小学、初中、高中等不同教育阶段的七位校长围绕"课程建设"主题,分享经验,交流观点,共同探讨教育改革与创新。

1月22日,县"双对"工作领导小组办公室召开2016年"双对"工作总结会议,县委办、县府办、县委组织部、县纪委、县人力资源和社会保障局等成员单位参加会议。

1月22日下午,县文联主办的"2017县文艺界新春联谊会"在东谷湖畔举行。

1月23日,海泰达智造公司引进一个"以一顶十"的机器人焊接系统工作站。

1月23日,县文化广电新闻出版局组织县图书馆干部职工到五狮山观通站进行春节前慰问,送去春节大礼包及200余册图书。

1月26日至2月12日,由县文化广电新闻出版局主办,县文化馆承办的"印象象山"2017新春小幅油(水彩)画作品展在县文化活动中心举行。

1月27日,浙江省旅游局公布2016年中高级导游等级考试和导游人员资格考试合格人员名单,象山51名导游榜上有名。

2月

2月3日,县经信局联合县财政局下达2016年度市级管理咨询项目补助资金。

2月4日,县建筑经济工作会议召开。省住建厅党组成员、省建管局局长朱永斌,省建管局副局长柴林奎,市住建委总工程师沈浩等应邀出席会议。

2月4日,县举办新春首场大型招聘会,拉开2017年春季系列招聘会的序幕。

2月5日,象山局对一台来自德国的X射线计算机体层摄影设备实施到货检验,该设备价值104万美元。这是象山地区首次独立进口CT设备,特邀请宁波局甬城办专家指导检验,确保该批设备顺利投入使用。

2月7日,市交通委副主任梁成初率委综合运输处、市运管局及市客管局一行到象山调研交通运输行业工作。

2月7日,县委副书记孙小雄、常务副县长陈兴立、副县长宣业靖、钮晶莹带领文化、消防、公安部门和石浦镇负责人分别检查丹城、石浦城区老旧歌舞娱乐场所安全生产情况。

2月7日至8日,县委常委、统战部部长陈爱武走访等慈禅寺、智门禅寺、报德寺等8处佛教场所开展调研工作,听取场所负责人关于日常管理工作情况的汇报。

2月8日,市交通质监站站长郑磊一行调研象山交通质监工作,对2017年县级质监机构质量和安全监督目标责任考核办法提出意见及建议。

2月9日,宁波市体育局局长陈瑜带队的检查组到象山进行安全生产检查,检查组查看县游泳馆、县体育馆、松兰山帆板基地和JK国际健身会所等单位安全生产情况。

2月10日,中国文化报社副社长副总编辑杨胜生、中国文化报社通联部主任郭人旗、中国艺术研究院摄影所研究员《中国摄影家》杂志副主编王保国、中国人民大学新闻与传播学院副教授任悦等一行到象山做"非遗"摄影大赛评委。

2月10日，交通集团组织召开塔山公交首末站初步设计评审会，县发改局、县财政局、县交通运输局、县国土局、县住建局、县环保局、县规划管理中心、国网象山供电公司、交警大队、丹东街道等单位有关代表参加。

2月11日，县民宗局组织全县18个镇乡(街道)统战委员在县委统战部四楼会议室召开全县宗教领域“治危拆违”专项攻坚战行动部署会议。

2月13日，象山海关王斌关长参加县第十八届人民代表大会第一次会议。同日，象山海关王国华副关长参加政协第十届县委员会第一次会议。

2月14日上午，县人力资源和社会保障局机关第二党支部组织召开专题组织生活会和开展党员民主评议。

2月14日，与加拿大新穗华集团签订水产品战略合作协议，拟在水产冷链物流和水产高科技领域开展合作，未来将进口100万吨以上加拿大水产品落户石浦打鼓峙基地。

2月14日下午，宁海县图书馆工作人员到县图书馆考察24小时自助借还系统。

2月14日，召开县第十八届人民代表大会第一次会议，县长黄焕利作《政府工作报告》。

2月14日至18日，县第十八届人民代表大会第一次会议在丹城召开。会议听取和审查县长黄焕利作的《政府工作报告》，分别听取和审查县人大常委会主任金红旗作的《象山县人民代表大会常务委员会工作报告》，县人民法院院长郑航捷作的《象山县人民法院工作报告》，县人民检察院检察长袁学宏作的《象山县人民检察院工作报告》，并分别作出相应决议。

2月15日，宁波市象山现代物流园区公共服务中心项目(一期)附属及绿化工程完成招投标手续，开始进场施工。

2月15日，宁波市发改委、县发改局与国网宁波供电公司相关部门交流象山电网建设重点项目推进工作。

2月17日，县交通运输局组织召开县丹城至林善岙公路工程(二期)交工质量评定暨交工验收会议。

2月17日，借县戏剧家协会开展“送欢乐”进莲花村之机，西周司法所联合西周镇禁毒办、政法办、防范和处理邪教问题领导小组办公室等部门在西周镇莲花村文化礼堂，开展“法律进农村”普法宣传活动，借“戏曲文化”推广“法治文化”。

2月17日，市经信委副书记、副主任，市智慧办主任徐红一行赴县调研智慧城市建设情况，县经信局副局长屠方宏及信息化科相关人员陪同调研。

2月18日，县文联、县曲艺家协会举办“县文联、曲协参加省市讲故事选拔赛”。

2月18日，由县人民政府主办、县人力资源和社会保障局承办的“2017年春节人力资源交流大会暨大中专毕业生供需洽谈会”成功举办。

2月20日，宁波市商务委公布《2016年宁波市进出口额前200位企业排行榜》，县浙江启鑫新能源科技股份有限公司等8家企业榜上有名。

2月21日上午，县举行扩大有效投资重大项目集中开工仪式。集中开工的15个项目，总投资56.16亿元，年度计划投资14.15亿元。涉及产业项目10个，民生和基础设施项目5个。

2月21日，农业部渔业渔政管理局副局长李书民一行在省海洋与渔业局童家朝副局长的陪同下到象山督导检查渔业油补政策调整落实情况。

2月21日，全县扩大有效投资重大项目集中开工仪式在象山经济开发区赛帆创业园项目施工现场举行。

2月21日上午，县公共资源交管办举行中层岗位竞聘上岗演讲会。本单位全体干部职工参加并邀请第六纪检组书记及联络员到场监督。

2月21日，举行县扩大有效投资集中开工仪式。 爵溪共2个项目参加。

2月21日，由宁波市红十字会党组成员周枝法率领的博爱家园项目调研组，到象山丹西街道北路社区开展调研。

2月22日，县农村工作会议召开。县委书记叶剑鸣作重要讲话，县委副书记、县长黄焕利主持会议，金红旗、俞骏、孙小雄等县四套班子领导出席会议。

2月22日，副县长华弼天率国土、规划、商贸等部门负责人一行调研宁波市象山现代物流园区公共服务中心。

2月22日，县农村工作会议召开，回顾总结2016年“三农”工作，部署2017年主要任务。

2月23日，全县交通运输工作会议顺利召开。会议回顾总结2016年全县交通运输工作，部署2017年交通运输工作任务。

2月23日，县公共资源交管办学习领会十八届六中全会精神及中纪委十八届七次全会精神。

2月23日，2016年度宁波市第三批工业新产品试产计划项目公布，县戴维医疗的婴儿培养箱等127项新产品列入该计划。

2月23日至24日，县人民政府副县长钮晶莹、县文化广电新闻出版局局长俞湛等11人赴德清县、杭州市、嘉定区等地图书馆进行新馆迁建考察工作。

2月23日，县劳动竞赛委员会、县总工会、县交通运输局联合发文表彰2016年度交通重点工程建设立功竞赛先进集体及个人，宏润建设石浦高速公路新桥连接线项目经理部被评为“施工单位先进集体一等奖”。

2月27日，通过推进网上审批服务机制改革和实行“审批证照快递送达”等便民服务，县首批“最多跑一次”事项清单对外公布，确保“最多跑一次”的事项效果。

2月27日，县教育系统第二期中坚班开班。

2月27日，宁波市人力资源和社会保障局副局长周永全、宁波市外国专家局局长蔡捷敏一行5人到象山开展引进外国人才和智力工作调研。

2月28日，《中国模具之都十三五规划》(甬模协字〔2017〕1号)文件发布。县合力模具、全力机械等4家企业列入规划中30家重点发展企业名单，光辉磁业、华众模具等10家企业被列入规划中40家精、专、特企业名单。同时，县经信局被评为第十二届中国模具之都博览会先进组团单位。

2月28日上午，作为江苏省重大民生保障项目和盐城市头号为民办实事工程，宏润建设的盐城市新水源地及引水工程全线开工建设。

2月28日晚，由中共县委宣传部、

县文化广电新闻出版局主办的2017县首届群众文化艺术节闭幕式暨全县优秀文艺团队展演在县文化活动中心举行。

3月

3月1日，县公共资源交管办对全县优秀建筑企业和其他企业推行年度和单次投标保证金保险制度。

3月1日，县平安建设暨政法信访工作会议召开。

3月1日，中国海监宁波市支队、县海监大队执法人员会同宁波市海洋监测与装备技术服务中心技术人员采用无人机航拍方式，在爵溪街道道人山开展“海岛巡查”行动。

3月1日，“全国PPP资产流转与发展——完善和健全PPP生态圈专题研讨会”在上海举行。

3月1日至4月20日，完成县新一轮林地变更调查工作。

3月2日，宁波市建筑业协会召开了宁波市“甬江建设杯”2017年优秀质量管理小组成果发布会。良和交通建设大金山隧道QC小组申报的《减少浅埋段隧道洞口坍方量》课题，经评审专家初审、书面资料评审、现场发布专家当场打分等，在众多成果中脱颖而出，荣获“甬江建设杯”2017年优秀质量管理小组成果发布会一等奖，并报送浙江省建筑业行业协会参赛。

3月3日，2017年浙江省导游大赛落下帷幕，全省11个地市共30名导游进入决赛，宁波3位导游参赛，其中2名为象山导游。

3月3日上午，黄焕利县长主持召开县政府第一次常务会议，陈兴立、蔡特、干维岳、华弼天、周坚栋、石坚定、宣业靖等参加会议，县人大常委会副主任黄敏求、县政协副主席莫俶茜应邀出席会议。

3月3日，纪念毛泽东“向雷锋学习”题词54周年暨当代雷锋孙茂芳“五小精神”进校园巡讲启动仪式在茅洋孙茂芳道德学校举行。

3月3日，县召开国家全域旅游示范区创建工作推进会。县委书记叶剑鸣作重要讲话，县委副书记、县长黄焕利主持会议，县级领导金红旗、俞骏、孙小雄、陈兴立、奚海峰、张学军出席会议。

3月5日，2017年县“三五”学雷锋系列活动暨剿灭劣V类水、建设“污水零直排区”志愿服务行动启动仪式在国际风情街西广场举行。

3月5日，第三批全国学雷锋活动示范点和岗位学雷锋标兵名单公布，县公共交通有限公司副总经理陈晗当选“全国岗位学雷锋标兵”。

3月5日，县被农业部列为国家农产品质量安全县创建第二批试点单位。

3月6日，县教育局召开全县教育科研工作会议，总结回顾2016年全县教育科研工作，部署教育科研工作开展。

3月6日至14日，象山籍运动员周志博与余姚选手洪伟在海南澄迈举行的2017年全国帆船冠军赛中，获男子双人帆船470级铜牌。

3月7日，各镇乡(街道)公共安监所组织人员对本辖区内船舶修造企业使用油漆、氧气等危险化学品情况进行全面摸底排查，发放告知书。对应进行安全评价的企业，责令于4月15日前完成安全评价。

3月7日，县委副书记、县长黄焕利带领相关部门负责人赴贤庠镇调研。

3月7日至8日，县红十字救护培训走进驻象山某部，79名官兵通过为期2天学习，取得红十字救护员证。

3月8日，县教育局关工委常务副主任郑冬根老师为天安集团200多位女职工作题为《新时期家长如何引领孩子走向成功》的家教讲座。

3月8日，“中国铸造模具之乡”复评工作结束。县通过“中国铸造模具之乡”复评。

3月9日，县召开花岙兵营遗址、塔山遗址保护规划评审会，省文物局副局长郑建华、省文物局文物处处长许常丰、浙江省考古所副所长黄斌、省考古所研究员蒋乐平、省社科院专家宋煊及县文体局等相关单位领导专家出席会议。

3月9日，县文联召开文艺精品创作座谈会，县文联领导班子、部分文艺家协会创作骨干、县文联创研室负责人等20余人参加会议。

3月9日，全县家校合作工作会议召开。

3月9日，浙江省海港委副主任陈伟等一行到象山经济开发区调研，县委副书记孙小雄等人陪同调研。

3月9日，县投放公共自行车。

3月9日，中国民族画报社记者到象山调研少数民族家庭创业项目，走访晓塘乡茶光菊葡萄种植基地和牟有顺畜牧养殖基地。

3月9日至14日，县海洋与渔业局执法人员前往石浦各个渔船码头对拖虾渔船进行海捕虾保鲜剂安全使用技术宣传。

3月10日，县人力资源和社会保障局组织200余家企业开展2016年度企业薪酬调查培训会议。

3月10日，中央电视台军事农业频道《美丽中国乡村行》栏目组到石浦拍摄取景，石浦渔港古城、东门渔村、东门灯塔以及渔家美食是重点。

3月10日，民盟县基层委员会第一届第二次会议召开。3月11日，“钱湖杯”宁波市第三届故事会演讲比赛在东钱湖开讲，县曲艺家协会选送的故事员倪双双和王欢意获得优秀奖，县曲艺家协会获优秀组织奖。

3月13日，中国首制3万方双燃料机LNG船在浙江新乐造船下水。

3月14日起，国网县供电公司组织开展辖区内线下鱼塘隐患排查，全面清理警示标识牌，发放电力设施保护宣传资料，筑牢春季垂钓安全防线。

3月15日，首次启用新建成的远程视频提审系统。

3月15日，为纪念“3·15”国际消费者权益保护日，维护消费者合法权益，营造公平、公正、和谐的消费环境，县司法局联合县市场监督局、消保委、烟草局等部门在象山涌金广场开展以“网络诚信、消费无忧”为主题的普法宣传活动。

3月15日，丹城至林善岙公路工程(二期)正式通车试运行。

3月16日，县针织行业协会第五届三次理事会议暨行业发展研讨会在县经信局会议室召开，主管部门领导及行业理事会成员参加会议。

3月16日上午，镇乡党委(街道党

工委)书记抓基层党建工作述职评议暨落实“书记账本”推进会在县委党校召开。县委书记叶剑鸣作重要讲话,市委组织部副部长、老干部局局长俞小勋到会指导,县领导黄焕利、孙小雄、胡杰、陈兴立、蔡特、干维岳、陈爱武、奚海峰出席会议,县委常委、县委组织部部长范焕平主持会议。

3月17日,2017年全国跆拳道锦标赛在山东莱芜举行,县运动健儿洪鑫鑫获得男子58公斤级第三名。

3月18日,象山影视城第五届踏青节(桃花节)系列主题活动“拜师学艺昆仑虚,千人汉服学国学”在大理皇宫举行。

3月18日至19日,举办面向全体市民的新年首期公益救护培训,近80多位市民自发报名参加培训并获得救护员证。

3月19日,2017“ACAC”国际传统弓象山论箭大赛在象山影视城古战场举行。

3月下旬,县级文物保护单位东陈村鉴池公祠进行修缮。

3月20日下午,县智慧办联合电子政务办在象山宾馆召开县信息化建设座谈会,网信办、公安局、市场监管局等近二十个部门的信息化科室负责人参会。

3月21日,县建造的4艘拖网渔船“搭乘”德国赛尔公司特种船出口非洲几内亚比绍。

3月21日,中国轻工机械协会理事长刘安江一行赴西周镇调研精酿设备发展情况,县政府办公室副主任金良、西周镇工业副镇长汤世祥等陪同调研。

3月23日上午,县民宗局在东谷湖酒店召开全县少数民族代表人士学习会,来自满族、回族、壮族、朝鲜族等12个兄弟民族的20余名代表人士参加学习会。会议传达学习全国“两会”精神以及市、县党代会精神。

3月23日,宁波博禄德电子有限公司举行“两化”融合管理体系贯标项目启动会。

3月23日上午,在1101会议室召开旅游市场监管大队成立暨国家全域旅游示范区创建工作推进会,副局长张旦海、杨培良,机关各科室队(中心)、各基层所(分局)主要分管负责人参加会议。

3月23日下午,县村和社区组织换届选举工作会议在县委党校召开。

3月23日晚,“住建夜讲堂”第一讲“中层干部谈思路”如期召开,由副局长戴雅主持,局机关全体干部职工参加活动。

3月24日,局组织召开2017年全县建筑施工质量安全生产工作会议。

3月24日,为加强海洋幼鱼资源保护,全年禁止捕捞和销售大黄鱼、小黄鱼、带鱼、银鲳、鲐鱼、三疣梭子蟹等“幼鱼”。

3月24日上午,甬台温高速复线配套工程在象山新桥镇举行开工仪式。

3月26日,县图书馆在松兰山玫瑰园举行地方文献展阅活动,另外和朗诵协会共同举办“诗咏象山”的朗诵会。

3月26日,由县教育局、体育局主办,县棋类协会承办的2017年县中小学生棋类比赛在文峰学校举行。

3月27日下午,在县文化活动中心202会议室召开图书馆新馆迁建协调会议,县文广新局党委委员奚斌辉、丹东街道、县征收办、县城投集团、县图书馆副馆长林丹红等参加会议。

3月27日,县实行不动产交易、纳税、登记三位一体,通过“一窗受理、集成服务”的模式,整合业务办理流程、精简申报资料、缩短办理时限,实现不动产登记全业务、全过程“最多跑一次”。

3月27日至4月28日,市审计局对县2011—2016年实施的10个省级现代农业园区进行专项审计调查。

3月28日,象山港水产引种育种有限公司和红升水产养殖有限公司开工建设跑道式流水养殖基地。

3月28日下午,中共县委全面深化改革工作会议在县委党校召开。县委书记叶剑鸣作重要讲话,县委副书记、县长黄焕利主持会议,县委副书记孙小雄作工作报告,金红旗、俞骏等县四套班子领导出席会议。

3月28日,县工业系统会议召开。

3月28日,宁波工人疗养院(半边山度假酒店)投入使用。

3月28日,县根据审改工作的要求,出台新《象山县行政审批综合绩效考核办法》。

3月28日至30日,在浙江甬南控股集团有限公司等公司场地举办全县工业企业“行业生产安全讲座及演练”培训班。

3月29日上午,县加强建设环境专项整治工作动员部署会在县委党校召开。县委书记叶剑鸣作重要讲话,县委副书记、县长黄焕利主持会议,县委副书记、县政法委书记孙小雄作动员部署,金红旗、俞骏等县四套班子领导出席会议。

3月29日,浙江省文化厅公布浙江省第六次乡镇综合文化站评估定级结果,晓塘乡综合文化站获省“一级综合文化站”。

3月30日,全县统战工作会议召开。县委常委、统战部部长陈爱武,县政协副主席励茂平出席会议。

3月30日,“三月三,踏沙滩”民俗文化活动在石浦中国渔村举行。

3月30日,由县委统战部、团县委、县工商联、县侨办、县侨联联合举办的“象上吧·青年”交流分享在象山国际大酒店举行。

3月31日,中国联通宁波市分公司与上海银行宁波分行举行联名信用卡上市发布会,共同推出“上银联通久久手机卡”和“上海银行联通联名卡”。

3月31日,在工信部和上级公司的指导下,宁波联通与宁波电信联合启动实施“落实提速降费,推广六模全网通终端”行动,推出六模全网通终端五大行动举措。

3月31日,县广播电视台与县市场监管局联合推出电视专题《市场监管在行动》,向广大市民普及食品药品安全知识,曝光市场违法违规行为,及时回应百姓关注的社会热点和焦点问题。

3月31日,县针织印染企业会议在宁波鹰星针纺有限公司会议室召开,全县10家印染企业的负责人及代表出席会议。

3月31日,省千名专家服务企业服务基层象山行暨第一轮合作项目签约仪式举行,县被确定为全省首家专家服务基地。

3月31日,县出台《关于推进行政审批服务集成改革实现“最多跑一次”

的实施意见》,制定《象山县行政服务中心推进“一窗受理”工作方案》,按照“一个窗口办成一件事”的要求,对县行政服务中心(含分中心)现有大厅窗口布局、服务容量和工作流程进行整合。

3月,县公路管理段荣获2016年度宁波市公路“好路杯”考核金奖,这是继2015年之后公路段再一次获得此项殊荣。

4月

4月1日上午,象山民间手工艺作品展开幕式于县文化活动中心举行。

4月1日,2017年宁波市中学生田径运动会在奉化区奉港中学落幕。象山代表队获得团体第一,荣获体育道德风尚奖。

4月1日,县审计局对全县2016年4月以来新提任的16名党政正职领导干部进行“面对面”告知承诺和业务培训。

4月1日,全县食品安全工作会议召开。副县长、县食安委副主任华弼天出席会议。

4月1日,2017年宁波市中学生田径运动会在奉化区奉港中学举行。象山代表队初中组以9金、4银、5铜的成绩夺得团体总分第一,荣获体育道德风尚奖。

4月1日,全县商贸流通工作会议于东谷湖度假酒店召开。

4月1日至6月30日,实名办税进入试运行阶段。

4月5日上午,县安全生产工作会议在县党校会议室召开。

4月5日下午,县人力资源和社会保障局开展以“团队建设”为主题的青年读书会。

4月6日,对县国有企业转制档案进行执法检查,共查看四个转制档案放置点。

4月6日,县普法办组织召开普法教育领导小组工作会议,县委副书记、政法委书记、县普法教育领导小组组长孙小雄出席会议并对2017年的普法工作提出要求。

4月6日,在首届寻找“浙江制造”大工匠发布典礼上,天安集团中压电器研究所朱佩龙获得“浙江制造”大工匠奖。

4月7日,象山交通质监站被县委、县政府授予“县级文明单位”荣誉称号。

4月7日,经国家海洋局批准,象山花岙岛获批国家级海洋公园。范围包括花岙岛及其附近24个岛礁和周边海域。

4月7日上午,黄焕利县长主持召开县政府第二次常务会议,陈兴立、华弼天、周坚栋、石坚定、宣业靖等参加会议,县政协副主席欧亚群应邀出席会议。

4月7日,宁波劳伦斯表面技术有限公司二号电镀线正式启用,标志着该公司智能制造实现新突破。

4月10日,全新改版方言栏目《夜到讲白搭》,新增方言主持人1名,强化民生服务、生活资讯、地域人文等本土化元素。

4月10日,县广播电视台新闻综合频道、影视娱乐频道实现高标清同步播出(试播),意味着县广播电视台的制作、播出、传输逐步进入高清时代。

4月12日,开展“文明旅游行业先行”主题实践活动,县旅游主管部门工作人员以及全县各旅行社、旅游景区80余位实习地接导游培训人员参加活动。

4月12日,象山检验检疫局与县市场监督局签署《食品安全合作备忘录》,开展联合执法行动。

4月12日,象山检验检疫局向象山文峰学校颁发“国门生物安全教育示范基地”标牌,文峰学校也成为县首家国门生物安全教育示范基地。

4月12日,县召开全县律师工作座谈会,县委副书记、政法委书记孙小雄出席会议。

4月12日至14日,县旅游主管部门举办2017年地接讲解员培训班。

4月12日至14日,举办全国融媒体象山全域旅游采风大会暨旅游达人自驾游体验活动。

4月13日至16日,县国家级海洋渔文化生态保护实验区接受由中国非物质文化遗产保护中心组织的评估组进行第三方评估。

4月14日至17日,县文化馆美术干部童芬芳创作农民画《渔灯舞》入选由文化部举办2017年中国文化馆年会·文化艺术博览会。

4月14日,县海洋与渔业局会同浙江省海监总队、宁波海监支队执法队员前往大洋屿和旦门山岛进行“双随机”海岛巡查。

4月14日,农工党宁波市委会在象山举办“不忘初心、继续携手前进”专题教育活动。

4月14日,县小微企业人力资源贴身管家式服务项目试点工作推进会顺利召开。

4月14日,县图书馆副馆长林丹红参加“县图书馆迁建工程投资情况汇报及进度预测”会议。

4月14日,县人大常委会组织开展城乡健身步道建设情况专项视察活动。

4月15日,中国“非遗”中心评估组专家对县石浦古城和城隍庙进行现场验收。

4月16日晚,县剿灭劣V类水文艺宣传队赴基层采风巡演启动仪式暨“走进晓塘”宣传在晓塘乡月楼村文化礼堂举行。演出节目以治水为主题。

4月17日至22日,组织象山旅游企业参加江西推介会,新推出“趣象山旅游”3条精品旅游线路,打造春夏海滨旅游新产品。

4月17日,“文艺与时代同行”——县剿灭劣V类水文艺工作者赴基层采风巡演启动仪式暨“走进晓塘”宣传演出在月楼村文化礼堂举行。同时,开展“剿灭劣V类水”80余幅摄影书画作品的巡展。

4月17日,召开县总工会十四届七次全委会议,选举县人大常委会副主任、党组成员伊珍林为县总工会第十四届委员会委员、常委、主席。

4月18日,县海洋与渔业局组织全县各乡镇渔业负责人、渔技员、渔业养殖户等人员进行初级水产品质量安全专题培训。

4月18日,县召开对接“中国制造2025”暨工业强县工作推进会。

4月18日至20日,象山海关王国华副关长一行赴上海开展对台小额进口商品市场价格调研,掌握对台小额进口商品的流向及价格动态。

4月19日，石浦东门渔村举行“开洋典礼”。

4月19日，石浦高速新桥连接线(上七里至大圻头)开始第一联箱梁浇筑，标志着桥梁工程从下部结构施工正式步入上部结构施工。

4月20日，国网县供电公司召开象山地区光伏厂家技术规范研讨会。

4月，由省文化厅举办“安吉杯”最美中国年·浙江年俗春节“非遗”微视频作品大赛，县选送的作品《石浦十四夜，不一样的元宵节》荣获铜奖。

4月15日，县教育局抽调各科室人员，分4组对全县92所中小学、幼儿园开展为期一个月的食堂管理量化专项考核工作。

4月20日，鹤浦门扇后至蟹厂公路工程开工建设。

4月21日，县工商联(商会)十届二次执委会召开。

4月21日，《象山县推进“中国制造2025”试点示范工作实施方案》发布实施。

4月21日，中国施工企业管理协会在厦门召开第32次年会，宏润荣获“全国优秀施工企业”称号，鲍立平被评为“2016年度全国工程建设优秀项目经理”。

4月21日，县船舶业协会协同县质监局，召开“特种设备安全隐患排查和治理”座谈。

4月23日，县府办、县经信局、县工投集团、爵溪街道、县针织行业协会的相关负责人，就打造浙江象山·时尚针织小镇进行推介招商会议。

4月23日上午，象山家风馆开馆暨县新创会阅读推广基金设立仪式在丹城第五小学举行。

4月23日，县图书馆举行以“爱心图书接力”为主题的世界读书日“旧书换新书”“阅读马拉松”“扫码阅读”活动上线、21天绘本阅读公益活动推广等系列活动。

4月23日，由县人民政府主办，西周镇人民政府、县体育局、县旅游发展委员会承办的象西风情线中德自行车友谊赛在县西周镇陈隘村举行。

4月23日上午，“象山家风馆”正式开馆。“象山家风馆”由县委宣传部、县教育局共同出资筹建，设在县丹城第五小学。

4月24日，为加强机关内部管理，深化机关作风和行政效能建设，出台《象山县机关事务管理局工作人员问责办法》。

4月24日上午，在1101会议室专题召开“一打三整治”工作会议。

4月24日，县出台《关于推进全县高污染燃料锅炉淘汰改造工作的若干补充意见》。

4月25日，为落实计生惠民政策，贤庠镇计生办开展送政策、送服务、送健康、送帮扶等“幸福套餐”活动。

4月25日，中德自行车友谊赛在西周镇儒雅洋山区开幕。

4月25日，由县教育局、县科协组织的“大手拉小手——快乐科技一堂课”活动先后在墙头学校、丹城二中等8所中小学举行，中科院老科学家科普演讲团为广大师生作了精彩的科普讲座。

4月25日，丹大线产业区至大徐段改建工程开工建设。

4月26日，由县教育局、县科协、象山团县委、县关心下一代工作委员会联合举办，县青少年科技活动中心承办的全县小学生智力七巧板比赛在县实验小学举行。

4月26日至27日，良和交通建设董事长王良明带队赴长安大学、重庆交通大学等学校开展专题宣讲、招聘，并与这两所学校对接产学研合作。

4月27日下午，国内首档明星户外悬疑探秘类真人秀节目《七十二层奇楼》在县花岙岛取景拍摄。

4月27日，县金通路公交首末站工程竣工验收完成，县质监站与工程参建单位有关人员参与验收评估。

4月27日，“最美象山人”2016年度人物颁奖典礼在县文化活动中心举行。

4月28日上午，福州金山片区水系综合治理PPP项目开工仪式在福州仓山区举行。

4月28日，浙江省“五一”劳动奖评选结果揭晓，象山影视城开发有限公司作为全省唯一一家旅游风景区，荣获“浙江省五一劳动奖状”荣誉称号，也是县唯一一家获此殊荣的单位。

4月29日，象山影视城举办第九届影视嘉年华，围绕“电影，一起来狂欢”主题打造特色活动。

4月29日至5月31日，石浦渔港以“魅力渔港·耀庆周年”为口号，正式拉开12周年庆活动序幕。

5月

5月1日，象山启动绿卡人才疗休养工作，报名截止日期为5月12日。按照相关规定，象山“人才绿卡”A、B卡持有人每隔两年或三年可享受一次疗休养，疗休养周期起算时间为2014年1月1日至2016年12月31日。

5月1日，县基督教两会成立信德公益志愿服务队，开展“爱相随”无偿献血公益活动。

5月1日，全国海洋伏季休渔会议在县石浦镇召开。

5月1日，农业部、中国海警局联合举行全国海洋伏季休渔专项执法行动启动会。

5月1日，全国海洋伏季休渔专项执法行动启动会在浙江宁波象山主会场举行。

5月3日，宁波天安智能电网科技股份有限公司成功研发新型环网柜，价值100多万元。

5月3日，县首创“信息化+慢病管理”模式。

5月3日晚上，街道团工委“悦读丹山”青年读书会成立。

5月4日晚，县2017年“职业教育宣传月”启动仪式在宁波建设工程学校举行。

5月5日，由县教育局与中国心理学会学校心理学专业委员会联合举办的“学校心理健康教育校长论坛”成功召开。

5月5日，县长黄焕利对交通集团组建及运营情况开展专题调研，县政府办公室主任吴志辉陪同。

5月5日，县市场监督管理局将国家级“守合同重信用”企业荣誉牌颁发给了日升集团。

5月5日上午，县企业工控系统网络安全检查工作会议召开，大唐乌沙山电厂在内的10家企业参加会议。

5月5日至6日，由宁波市体育局、宁波市教育局主办，县体育局、县教育局承办的2017年宁波市青少年田径比赛在县的建设工程学校体育场举行。

5月5日至7日，全国手球学校校长交流会暨江浙沪第四届"东红杯"小学生手球联赛在县鹤浦小学举行。

5月5日至7日，全国手球校长交流会、江浙沪第四届"东红杯"小学生手球联赛、宁波市首届小学生手球锦标赛在县鹤浦小学举行。

5月7日，2017年县中小学生男子足球锦标赛在象山中学开幕。

5月9日，2017浙江省健身气功站点联赛分赛站(宁波赛区)比赛在县体育馆举行。

5月9日，县行政服务中心商事登记区"一窗受理"专题研讨会在三楼会议室召开。

5月10日，"和美海岛"创建调研座谈会在鹤浦镇四楼会议室举行，会上来自国家海洋局"和美海岛"调研组、县委副书记孙小雄、县综合指导组及县派强基小分队负责人和鹤浦镇参加座谈。

5月11日下午，为营造"尊重企业家、爱护企业家、支持企业家"的浓厚氛围，象山工业·开放型经济风云榜颁奖典礼在县文化活动中心举行。

5月11日，县下达2016年度工业企业信息化项目专项补助资金。

5月11日，爵溪街道宁波恒大针织公司引进的一台价值200万元的数码印染设备投入生产。

5月11日至16日，由浙江省文化厅主办的首届"中国浙江·全国曲艺传承发展论坛及观摩交流展演"暨"中国浙江(杭州)·全国曲艺大书(评书评话)传承发展论坛及观摩交流展演"活动在杭举行，象山唱新闻《长年葱》应邀参加全国曲艺大书观摩交流。

5月11日，宁波素子园八味食品有限公司生产的500公斤果蔬脆片，经象山局检验合格，出口匈牙利。这是宁波地区生产的果蔬脆片产品首次出口"一带一路"沿线国。

5月11日，象山海关王斌关长参加2016年度县工业·开放型经济风云榜颁奖典礼，象山海关荣获县2016年度开放型经济优胜服务奖。

5月12日，2016年度象山工业·开放型经济风云榜颁奖典礼在县文化活动中心举行。

5月13日，由县教育局、县科学技术协会、县科技局联合主办，县青少年科技教育协会、县青少年科技活动中心承办的2017年县中小学生"三模"竞赛开幕。

5月15日，县石浦镇以国家级"非遗"项目——开洋、谢洋节，和宁海县前童镇、海曙区高桥镇、余姚市梁弄镇、鄞州区横溪镇、北仑区梅山街道、慈溪市龙山镇等7个乡镇(街道)，共同入列宁波市非物质文化遗产特色小镇首批创建名单。

5月15日至17日，中国水产学会宁波(象山)服务站邀请广东海洋大学杜国平教授赴象山进行技术指导。

5月15日，县海洋与渔业局在人民广场开展以"关注应急，守护生命"为主题的应急宣传活动。

5月15日，象山"全域旅游，文明旅游"首届小小导游大赛拉开帷幕。

5月15日，交通集团组织召开塔山公交首末站初步设计评审会，县发改局、县财政局、县交通运输局、县国土局、县住建局、县环保局、县规划管理中心、国网象山供电公司、交警大队、丹东街道等单位有关代表参加。

5月15 日，县人大常委会法制工作委员会更名为法制与内务司法工作委员会。

5月15日，经过3次集中分批过户，全县118辆应急机要通讯用车、9辆一般执法执勤、34辆行政执法用车统一过户至公务用车管理中心。

5月16日，出台《象山县镇乡(街道)"一窗受理、集成服务"改革工作方案》，采用"3+X"的模式设置办理服务区。同时，人力社保局分中心、海洋与渔业局分中心、司法局分中心等7个分中心根据业务类型和办理情况，重新调整设置窗口，实现统一"受理"和"出件"。

5月16日上午，县人大常委会主任金红旗到县行政服务中心专题调研"最多跑一次"改革，实地走访了解四个综合服务办理区建设和"一窗受理"工作情况。

5月16日，县第十三届未成年人读书节之中华经典诗文诵读会在浙江师范大学附属大目湾实验学校举行。

5月16日，全国大众跆拳道邀请赛在宁波举行。县选派丹城四小和凯旋跆拳道俱乐部18名选手参赛，象山队获得10金12银12铜。凯旋跆拳道俱乐部获优秀组织奖，俱乐部教练获优秀教练员称号。

5月17日，县(上海)投资合作促进会在沪举行。生态旅游智能岛开发战略合作项目、中车振华智能制造项目、县域轨道交通PPP合作项目、苏州海融天战略合作项目、大型机械加工制造项目等5个项目现场签约，计划总投资达207.5亿元。

5月17日，象山召开浙江电信"企业上云 天翼随行" 正式启动的发布会。

5月17日，陕西省移民(搬迁)工程现场观摩大会在龙元集团承建的华州区教育产业园(PPP)项目施工现场举行。

5月17日，县(上海)投资合作促进会在沪举行。

5月18日，县船舶行业协会协同县总工会、县经信局举办2017年象山船舶行业"东红杯"起重设备技能大赛，16家企业70名选手参赛。

5月18日晚，县博物馆在人民广场开展第40个"国际博物馆日"宣传活动。

5月18日，县人力资源和社会保障局与上海大学联合培养企业博士后结题、开题报告会暨出、入站报告会在宁波合力模具科技股份有限公司举行。

5月20日，县商务局和县市场监管局针对县中小型电商企业负责人在县电子商务服务中心联合举办关于广告法网络广告的培训。

5月22日，县经信局、县环保局联合制订并印发《爵溪区域水洗行业污染整治提升方案》。开展水洗行业的区域整治，淘汰改进不符合国家产业政策和节能减排要求的技术和工艺设备。

5月22日下午，县长黄焕利主持召开县政府第三次常务会议。

5月22日上午，由县美术家协会主办，县文化馆、宁海县文化馆、宁海县美术家协会共同协办的“半岛墨韵”——县中国画作品展在宁海县文化馆开幕。

5月23日，龙元建设集团股份有限公司与宁波盛宏建设工程有限公司签署股权转让协议。

5月23日，县人民政府县长黄焕利到县博物馆调研工作，并参观文化惠民展览。

5月23日，县举行推进“中国制造2025”高峰论坛暨企业家俱乐部成立大会。

5月23日，县政府召开2017年全县电力工作会议。

5月24日，海关学雷锋志愿服务队组织到宁海金钥匙希望小学开展“童心飞扬 欢乐六一”主题活动，传递海关正能量。

5月24日，县国土资源局启动“一张图”系统功能开发完善，在原先只有遥感影像图、土地利用现状图、土地利用规划图基础上增加农转用审批、粮食功能区、耕地质量等级、违法用地等信息，叠加土地计划、审批、供应、开发、执法等行政监管系统，通过手持移动终端（平板电脑）实现多图浏览、数据查询、属性查看、统计分析和GPS定位等功能。

5月24日，浙江省人民政府主办省第三届体育大会毽球比赛在舟山市岱山县闭幕，爵溪学校毽球队代表宁波市取得1金1银3铜成绩。

5月25日下午，浙江省委副书记、代省长袁家军在衢州调研期间，专赴龙元集团投资建设的开化火车站站前片区及周边基础设施配套工程PPP项目工程检查指导，并对项目建设做出指导意见。

5月26日，县经信局联动全域扎实推进“一打三整治”工作。

5月26日，由县计划生育协会和西周镇人民政府主办，由西周镇计生协会承办的“放飞梦想 青春飞扬”“5·29”主题活动在西周中学热闹举行。

5月27日，召开“工业·开放型经济大会”。

5月27日下午，县人力资源和社会保障局召开干部家属廉政座谈会。

5月27日下午，县公共资源交管办组织相关单位分管领导和科室人员，对“县青草巷特色街区建设”工程项目招标文件举行会审。

5月27日上午，县人大常委会常务副主任应伟刚赴交通集团调研。

5月27日，县公交志愿服务队荣获第三届“象山慈善奖志愿服务奖”称号。

5月27日，省交通运输厅确定省首批“四好农村路”示范县名单，县位列其中。

5月27日上午，全体干部职工及下属单位代表开展“奔跑吧·住建人”健步竞赛活动。

5月27日上午，宏润集团承建的郑州市南三环东延线（南台路至107辅道）工程主线桥正式通车。

5月31日，组织开展以“法治进校园，护航未成年人成长”为主题的“检察开放日”活动。

5月31日，宁波市残联、县残联携手开展“推进残疾预防，健康成就小康”进贤庠助残活动。

5月31日，常务副县长陈兴立率旅委一行调研县交通运输局全域旅游推进情况。

5月31日，县委书记叶剑鸣携相关部门到象山经济开发区调研。

6月

6月1日，县教育局与县总工会联合举办“2017年县教师粉笔字书写比赛”，以赛促练，提升教师基本功。比赛采用现场书写的方式进行，分青年组、中年组两个组。

6月1日，县民宗局出台《关于印发2017年县民族宗教系统法治宣传教育工作任务书的通知》。

6月2日下午，县教育局组织召开学生车安全管理工作座谈会。

6月3日至4日，由宁波市文广新局和奉化区人民政府主办的第四届宁波阿拉“非遗”汇展活动在奉化区纯湖公园举行。象山米馒头、高塘提线木偶、县“非遗”传习中心、石浦“非遗”小镇受邀参加活动。

6月3日，2017年县各级机关考试录用公务员面试于县技工学校圆满落幕，111名考生通过面试，进入体检环节，首次体检工作于6月7日完成。

6月4日，县2017年校企技能竞赛成功举办。来自县技工学校、宁波合力集团、宁波赛德森减振系统有限公司等单位的学生和职工同场竞技。

6月5日，县普法办组织召开全县“七五”普法讲师团成员工作座谈会。

6月5日，紫程（宁波）电动重型卡车有限公司自主研发的首台轻型电驱矿用自卸车C60经过5个月装配调试，开始进行首次20多公里的平地测试。

6月5日，宁波市粮食局局长任学军一行到象山调研粮食产业经济发展。

6月6日，宁波市口岸办党组副书记、副主任陈利珍一行4人到县调研象山跨境电商产业情况。

6月6日，县人民检察院驻石浦派出所检察工作室揭牌成立。

6月7日，市交通运输委主任张世方、总工胡跃军带领相关处室负责人调研指导象山交通运输工作。

6月7日至8日，县博物馆到西周镇、爵溪街道开展中国文化遗产日宣传活动。

6月8日，是第十个世界海洋日和全国海洋宣传日。为倡导民众认识海洋、关注海洋、善待海洋，提高民众的护海意识，县海洋与渔业局海洋环保志愿者队伍组织“6·8”海洋日系列活动。

6月8日，县海洋与渔业局在南韭山海区开展年内首次增殖放流活动，将200万粒曼氏无针乌贼受精卵成功放流该海域，这是象山首次放流乌贼品种。

6月9日，在第十九届中国浙江投资贸易洽谈会重大外资及港澳台资金项目签约仪式上，与ONO控股有限公司签订了北欧（中国）陆上渔业养殖项目投资合作协议。

6月9日上午，中共县委召开新一届村（社区）干部培训暨“村民说事”推进会。

6月9日，宁波市文广新局文博处、市文物执法总队、市文保所及县文广新局、文物执法大队、文物办联合对省级文物保护单位东陈乡“陈汉章故居和墓”和石浦镇“东门天后宫”进行文物安全检查。

6月9日至13日，由浙江省文化厅主办的"非遗"薪传——浙江传统音乐展演展评系列活动在浙江音乐学院举行。县国遗项目象山渔民号子《东海新渔郎》参加此次展演，获最具人气奖和优秀入选奖。

6月10日，县杨梅质量安全技术培训会议在大徐镇召开。

6月10日，县商务局完成年内早稻小麦订单签订工作。

6月11日，由《大众摄影》杂志社、涂茨镇人民政府主办的《大众摄影》走进涂茨联谊会在涂茨镇举行，摄影爱好者100余人参加会议。

6月12日，宁波、南投村里(社区)发展座谈会在县半边山工人疗养院举办，台湾南投县竹山镇28名里长代表和来自宁波五个县市区的40余名结对村(社区)代表一起探讨交流新农村建设、基层组织治理等方面发展经验。

6月12日，县石浦镇开展"水产企业走出去活动"，工业副镇长牵头组织超星、裕祥、远大、开源、兰洋等多家企业到舟山考察。

6月12日，民建宁波市委会联合县政府在象山港黄牛礁和南韭山自然保护区两处海域实施大规模岱衢族大黄鱼鱼苗放流行动。

6月12日，受宁波市文化广电新闻出版局委托，宁波大学人文与传媒学院教授刘恒武一行，到象山调研民办博物馆开办情况。

6月12日晚，由县委宣传部、县"五水共治"领导小组办公室、县文广新局、西周镇党委政府等单位联合主办，县文化馆、西周镇文化站承办的县剿灭劣V类水文艺工作者赴基层巡演在西周镇土下村揭开帷幕。

6月13日，县委常委、组织部部长范焕平赴茅洋乡开展"大脚板走一线、小分队破难题"抓落实专项行动调研。经过近两个月的驻点工作，各小分队累计梳理"两条路"建设、全域旅游发展、剿灭"劣五"类水、"一打三整治"等难题20余个。

6月13日，成立县集成学校，并予以办理事业单位法人登记。

6月13日，县建筑业管理局内设机构行业发展科、下属事业单位建筑业培训中心级格由相当于行政副科(股)级调整为相当于行政正科(股)级。

6月13日，撤销县教育园区管理委员会，设立县教育基建服务中心，为县教育局下属从事公益服务的财政全额补助事业单位(公益一类)，原核定事业编制6名及在编人员成建制划转。

6月13日，成立县塔山中学，并予以办理事业单位法人登记。

6月13日，县第十一届"陈汉章读书节"暨首届"汉章教育基金"发放仪式在汉章小学举行，8名"汉章美德少年"、10名"汉章书香教师"获颁教育金。

6月13日，县职工技能运动会(服装制作大赛)在爵溪街道成人学校举行。

6月13日，古巴代表团一行二十余人在古巴电子集团副总裁阿拉贝尔的带领下到象山，走访调研启鑫新能源等4家企业。

6月14日，市政协副主席、市计生协会会长张明华带领市计生协会相关负责人到石浦调研计生协会工作。

6月14日上午，县人力资源和社会保障局局长陈水明、副局长张岳忠等领导一行到宁波技师学院交流考察。

6月14日下午，交通集团与县重点办联合召开甬台温高速复线配套工程项目推进会。

6月14日下午，县府办、县安监局、县消防大队、石浦镇人民政府等10余个单位组织演练组在中石化销售浙江宁波石浦油库参加危险化学品事故应急演练活动。

6月15日，交通集团组织召开甬台温高速复线配套工程包括新桥枢纽至大下线公路工程、大下线(K7+640—K8+765)改造提升工程、新桥下七里至影视城公路工程K0+000—K0+652.8)、新桥下七里至影视城公路工(K0+652.8—K1+263)施工图评审会议。经专家组及参会代表讨论，通过该工程施工图评审。

6月15日，大金山隧道及接线工程(二期)左洞顺利贯通。

6月15日下午，组织召开2017年度党风廉政建设工作会议。

6月15日，县发布推进"中国制造2025"试点示范工作加快智能经济发展的若干意见。

6月16日，在邮政储蓄银行五楼会议室召开创业担保贷款宣讲会暨就业创业政策解读，邮储银行30多位客户经理参加此次培训。

6月16日，市公司党委委员、副总经理毛宁飞参加象山分公司城区联合党支部的学习会。

6月16日，宁波中升星徽汽车销售服务有限公司(奔驰象山4S店)开业。

6月16日，县邮政分公司组织全体党员以及各部门各单位负责人、空班金融从业人员到县警示教育基地，接受反腐倡廉和法纪警示教育。

6月16日晚，县安监局牵头县委政法委、县交通局、县住建局等22家单位在人民广场开展"全面落实企业安全生产责任主体"为主题的安全生产月宣传咨询活动，宁波市安监局党组成员、纪检组组长吕鹏飞和副县长石坚定参加活动。

6月16日，完成试点村和重点村建设的基础上，组织召开县"千村档案"建设工作推进会。

6月18日，龙元集团首次引入省级PPP引导基金参与PPP项目的投资，该次合作对象是福建省政府和社会资本合作(PPP)引导基金。

6月19日上午，全县领导干部会议在县委党校报告厅召开。

6月19日，机关事务局与阳光照明LED公司合作于县行政中心试点合同能源管理项目，采用"企业全盘投入+节能效益分享"模式推进LED照明全域改造，完成9620支荧光灯更换工作，年均节能效益达27万元。

6月20日，县委书记叶剑鸣一行到县行政服务中心专题调研"最多跑一次"改革工作。

6月20日，县委组织部与县商务局联合举办全县领导干部电子商务专题培训班。

6月20日，县交通运输局荣获"2014年至2016年全市内部审计先进单位"的荣誉称号。

6月21日，象山海关组织到县石浦镇下洋墩村敬老院开展"七一"结对帮困慰访活动。

6月21日，2017年县海上防溺水应急救援演练暨全域旅游目的地救援体系启动仪式活动在松兰山旅游度假区举行。

6月22日，县国土资源局实现与银行共享不动产抵押查封登记数据。

6月22日，县红十字会四届二次理事会（扩大）会议在象山宾馆召开。

6月22日，县人力资源和社会保障局组织召开劳动保障执法新型、疑难案件研讨会。

6月22日至24日，县民宗局会同县政协社法委组织少数民族联谊会部分理事成员共15人赴丽水龙泉、温州泰顺学习考察少数民族帮扶工作。

6月22日，省林业厅厅长林云举赴墙头宏森源苗木组培基地开展调研。

6月23日，县"村级集体经济组织"集团授信首发仪式在定塘镇三楼会议室举行。定塘镇联合县信用联社率先试点开展"政府+村"集团管理，整体打包授信模式。

6月23日，宁波市农作物生物灾害应急演练活动在象山举办，市重大农业植物疫情防控指挥部办公室主任、市农业局副局长凌永建，市种植业管理总站站长陆惠斌，各县（市、区）植保、植检工作人员40余人参加观摩。

6月23日下午，黄焕利县长主持召开县政府第四次常务会议。

6月23日晚上，县第二届职工篮球冠军争霸赛开打，县公安局夺得冠军，东陈乡获得季军。

6月25日是第27个全国"土地日"，为落实耕地数量质量生态"三位一体"保护要求，县国土资源局围绕"土地与生态文明建设"主题开展宣传实践活动。

6月25日下午，宏润建设杭州轨道交通1号线打铁关站2标段党支部联合文晖街道和平苑社区委员会，开展为社区老党员、困难党员送温暖活动。

6月26日，县海洋与渔业局联合爵溪街道、爵溪边防派出所开展清港行动，对停靠在公屿下埠门码头和电厂码头的涉渔"三无"船舶进行强制清理。

6月27日，由县安委办、消安委举办的县2017年安全生产应急处置技能比武大赛中，茅洋乡安监队伍在三个比赛课目中分别获得第一、第二、第五的单项成绩，并荣获团体第一名的优异成绩。

6月27日，县邮政分公司对原机关党支部、业务党支部和支局所党支部进行调整设置和换届选举，设立经营支撑第一党支部、经营支撑第二党支部、支局所党支部和老党支部。

6月27日，全县多部门工程建设领域企业工资支付情况专项检查联合协调会在象山召开。

6月27日，保护区联合浙江自然博物馆、俄勒冈州立大学专家共给5个大凤头燕鸥佩戴卫星追踪器。

6月28日，为开展好全国第十六个"安全生产月"活动，安全生产知识的学习宣传，县安监局、县总工会在宁波天安集团（股份）有限公司联合主办"安康杯"知识竞赛活动。

6月28日，由国家图书馆与县人民政府联合主办的"潮起东海　海韵象山——国家级海洋渔文化（象山）生态保护实验区建设成果展"在国家典籍博物馆开展。

6月29日，孙小雄副书记赴北京参加中农办组织召开的专题座谈会。

6月30日，浙江省文化产业改革领导小组办公室正式在全省宣传系统启用"浙朵云文化产业大数据服务平台"，服务于浙江省市县三级党委政府及其辖区内10多万家文化产业企业与机构，将率先在省内实现企业上云。

6月30日，由象山县委宣传部、县文广新局主办的庆祝中国共产党成立96周年暨"两学一做"学习教育主题文艺演出在茅洋乡小白岩村文化礼堂举行。

6月30日，乌沙山发电公司举行庆祝中国共产党成立96周年大会暨"红色诗歌话英雄，大唐精神铸铁军"诗歌朗诵会。

6月30日，县人大常委会主任金红旗在县网络民情会办中心为人大代表网络联络站揭牌。

6月30日，宁波市沼气安全生产暨沼液综合利用现场会在象山召开。

6月30日，县人民政府出台完善的《关于扶持宁波影视文化产业区影视产业发展的若干意见》，在企业落户、企业奖励和税收政策等方面推进影视文化产业发展。

7月

7月1日，县国税系统实名办税正式推行。

7月1日，召开中国共产党建党96周年庆祝大会，举行新老党员集体宣誓活动，对全县120余位困难党员、"三老"干部、老党员遗属进行慰问。

7月1日，局机关党总支组织开展"深化两学一做·打造住建铁军"党日活动。

7月1日，汪家河菜场的蔬菜场全新开业。

7月1日至8月31日，象山影视城围绕"夜经济"主题，启动"民国狂欢夜"夜游项目。

7月1日至9月3日，象山影视城举办第四届泼水节。

7月初，石浦渔港旅游启动第三届"檀头山湿身节·古城童真节"活动。

7月2日，中国海影城首期园区——"海上传奇"主题乐园正式开园试运营。

7月3日，县在渔山列岛海域增殖放流1540万粒厚壳贻贝苗种。

7月3日，县行政服务中心石浦分中心完成搬迁，在新址正式对外服务。

7月3日，省政协副主席孙文友率队到象山调研"最多跑一次"改革工作。

7月4日，县城区实行瓶装燃气实名销售，市民购买燃气需凭身份证等有效证件。

7月4日，县文化市场行政执法大队对浙江新家园影视文化有限公司虚报电影票房收入的违法行为进行立案调查，8月底作出行政处罚，此案被县法制办评为2017年度县"十佳案件"。

7月5日，民盟县基层委员会召开参政议政和信息宣传工作会议。县人大常委会副主任、基层委员会主委胡建萍出席会议并讲话，会议由副主委史丹丹主持。分管参政议政工作的陈俊、林娅就上半年各支部的社情民意、调研课题撰写情况，以及盟刊《象盟集萃》的征稿要求进行通报说明。

7月6日至8日，象山举办首届中国戏曲电影展推优评选会。

7月7日，象山海关召开第二次宣传工作会议。

7月7日，2017年宁波智慧城市发展论坛暨县“企业上云”启动仪式在海洋酒店举行，阿里云，电信、移动、联通三大运营商以及云朵网分别与县人民政府签订“企业上云”战略合作协议。

7月7日上午，由县人民政府主办的2017年宁波智慧城市发展论坛暨县“企业上云”启动仪式在象山海洋酒店举行。

7月10日下午，民盟县基层委员会盟员参加了由县委统战部、政协联合举办的“崇学讲堂”第二期培训。

7月10日至18日，县人大常委会分6个片组,组织常委会组成人员和部分县人大代表，实地察看宁波永超印花中心、宁波东顺电器电子元件生产项目等39个重点、实事工程。

7月10日，启动实施东大河(丹峰路至丹南路)、南大河(马岗鞍河至宝海路)等10条河道清淤工程。

7月11日，县人力资源和社会保障局主办的“象山籍大学生进名企”活动拉开序幕。

7月11日，全县第二批民间信仰活动场所颁证授牌仪式暨民间信仰安全管理工作现场会在东陈乡樟岙村召开。

7月11日，县民宗局在东陈乡樟岙村举行第二批民间信仰活动场所集中颁证授牌安全管理工作现场会，各镇乡(街道)统战委员、统战干事、第二批民间信仰活动场所负责人共计270余人参加会议。

7月11日至14日，由县体育总会、县教科研中心主办，县体育舞蹈协会承办的首届中小学体育舞蹈教师培训班开班。

7月12日，由浙江科普特新材料有限公司投资的改性塑料相关产业项目签约。

7月13日，县船舶行业协会协同石浦镇政府，举办2017年石浦镇船舶企业“金川杯”焊工技能大赛，石浦镇12家企业20名选手参赛。

7月13日，象山海关王国华副关长参加县第一次海洋经济调查工作领导小组会议，并与县委常委、县政府党组成员干维岳进行工作沟通。

7月13日，象山出口水产品质量安全示范区通过质检总局考核验收工作，成为浙江省首家国家级出口水产品质量安全示范区。

7月14日，全国爱卫会发布《关于命名2014—2016周期国家卫生县城(乡镇)的决定》。石浦荣登榜单，被正式命名为“国家卫生镇”，是全县第一个国家卫生镇。

7月14日至15日，“渔阅童年”——阅读夏令营在鹤浦举行，该活动由宁波市图书馆和县文广新局主办，县图书馆和鹤浦镇人民政府承办。

7月14日，县图书馆开展“海上书屋”送书活动，将1000余册图书和期刊送至鹤浦码头的欧亚远洋8号、9号和19号渔轮。

7月14日下午，县长黄焕利、副县长华弼天一行赴象山农贸市场和象山石材市场视察。

7月15日，2017年县基础教育创新工程工作进展汇报会在石浦中学举行。

7月17日，浙江省第十四届少年儿童田径冠军赛暨第十三届全国学生运动会田径测试赛在杭州师范大学仓前校区落幕。县代表队6名运动员参加比赛。勇夺7金1银，取得金牌数第一的好成绩。

7月19日，举行第三期劳动能力鉴定中，及时取消了因工300元每人次、非因工(因病)280元每人次的劳动能力鉴定费。

7月19日，省残联理事长郑瑶、市残联理事长朱学峰一行调研大徐镇上岙村残疾人食用菌基地。

7月19日上午，象山分公司党委2017年第三期先锋沙龙在公司四楼会议室召开。

7月20日，县委常委、宣传部部长、县“扫黄打非”领导小组组长罗来兴率领县文化、公安、消防、市场监管局等相关负责人，检查文化市场“扫黄打非”和安全生产工作。

7月20日，宏润建设集团公司主办的《宏润》期刊荣获“第七届全国建筑行业优秀期刊”、同时宏润建设公司网站荣获“第七届全国建筑业优秀网站”，赵余夫、傅珺荣获“第七届全国建筑行业信息宣传优秀工作者”。

7月20日和8月16日，县档案局先后在西周镇人民政府、县市场监督管理局和县人力资源和社会保障局召开档案工作现场观摩会。

7月21日至22日，县进行部署，联合县消防大队、县住建局、县安监局、县市场监管局、县商务局、县综合行政执法、丹东街道等单位，对涌金广场、国际风情街、花鸟市场周边等餐饮行业燃气使用情况开展大检查。

7月21日，县文化市场管理暨“扫黄打非”工作领导小组会议召开。县委宣传部部长罗来兴、副县长纽晶莹出席会议。

7月21日，象山影视城景区召开旅游及影视服务业标准化工作启动大会暨标准培训全体员工大会。

7月21日，宁波市评估专家组贺宇红、沈冠武等一行7人到县图书馆，对第六次县级图书馆进行初评工作。

7月21日，宁波市少数民族发展帮扶工作交流会在县晓塘乡召开。宁波市各区县(市)民宗局分管局长共20余人参加会议。

7月21日至24日，由宁波市商务委员会组织的“宁波市第十届淡季商品展销会”在国际会议展览中心2号馆举行。

7月22日，县第十一届“民族和睦邻里节暨第十二届西边塘葡萄节”在晓塘开幕。

7月22日，县第十一届“民族和睦邻里节”在晓塘乡西边塘村旅游服务中心广场开幕。

7月22日，县普法办对普法志愿者文艺宣传队进行授旗仪式。

7月25日，象山检验检疫局从一艘进口对台小额贸易货船的食品舱内发现少量葡萄，且有为害症状，检疫人员对全部样品取样并送至宁波局技术中心检测。8月21日，经中国检科院确认为检疫性有害生物的葡萄苦腐病菌，系全国口岸首次截获。

7月25日，叶剑鸣书记到前岙村调研“村民说事”工作，肯定中共前岙村“村民说事”工作的开展情况。

7月25日，县文化馆古筝重奏《唯美中国》参加在北仑区影剧院举行的“不忘初心、砥砺前行”北仑区庆祝建军九十周年文艺会演暨北仑区首届“军民融合情暖港城最美人物”颁奖典礼及宁波市十县市区文化联动活动。

7月25日，保护区与全国环志中心、浙江自然博物馆、美国俄勒冈州立大学、浙江野鸟会、复旦大学、北京林业大学等高校志愿者环志了283只大凤头燕鸥、1只中华凤头燕鸥。

7月25日，宏润建设与中铁工程装备集团有限公司在杭州举行11.7米级泥水平衡式盾构机采购合同暨战略合作签约仪式。

7月25日，象山电大及成教中心等教育机构迁建工程打下第一根桩，标志着该项目正式开工建设。

7月25日上午，县长黄焕利主持召开县政府第五次常务会议。

7月26日，民盟象山基层委员会文化卫生支部在象山丹山画苑召开支部会议。

7月26日，正式成立国土执法监察巡查中队。

7月27日至28日，宁波市全国学会服务站工作现场会在象山召开，中国水产学会宁波（象山）服务站在会上作典型发言。

7月28日，象山检验检疫局在象山丹东街道塔山社区开展“三同”进万家活动。

7月28日，县旅游业协会第三届会员大会召开。

7月28日至30日，县购物节汽车展在人民广场圆满落幕。

7月28日，县经信局牵头联合海洋与渔业、市场监管、公安、边防等部门，前往石浦镇、鹤浦镇开展针对制冰、渔具加工、船舶修造、水产品加工等四类企业的“一打三整治”联合执法行动。

7月30日，县高技能人才培训基地签约暨技师班开班仪式在象山港高级技工学校举行。

7月31日，象山签下全国首单网箱大黄鱼养殖气象指数保险，推动宁波市政策性农业保险从陆地走向“蓝海”。

7月31日下午和8月1日，中共县委十四届二次全体（扩大）会议暨“全面深化改革”县委读书会在县委党校报告厅召开。

8月

8月1日，县海洋与渔业局和鹤浦镇携手宁波市海洋研究院走现场踏南田，科学谋划南田岛“生态岛礁”整治修复项目建设。

8月1日，召开县委十四届二次全体（扩大）会议，中共县委书记叶剑鸣作《聚焦改革强动力，聚精会神抓发展，以优异成绩迎接中共十九大胜利召开》的报告。

8月1日12时，县1422艘桁杆拖虾、笼壶类、刺网类、围网类及船敷箕状敷网类作业渔船出海开捕“第1网”。

8月1日，县启动实施海洋捕捞和海水养殖单位提供销售凭证制度。

8月1日，信产公司钱志强总助带领集成和数通大数据支撑团队到象山分公司，与象山分公司就年内重点ICT项目商机进行盘点和互动交流。

8月2日，宁波天翼装备技术有限公司（天翼设备制造公司）制造出一大波的“大国重器”并起航交付。

8月2日，宁波枫康生物科技公司正式更名为“浙江枫康集团有限公司”，产业领域拓宽至生物科技公司、中药饮片厂等七大块。

8月2日晚，举行“物业管理　住房保障”夜讲堂。

8月2日，《极限挑战》第三季第十期在象山影视城顺利录制完毕。

8月2日，全省特色小镇规划建设工作现场推进会发布第三批省级特色小镇创建名单，象山星光影视小镇成功入选。

8月2日，开展“做文明礼让好游客，传文明旅游正能量”文明旅游广场宣传活动。

8月2日，象山星光影视小镇进入第三批省级特色小镇创建名单。

8月4日，县国家海域动态监管中心（以下简称县动管中心）对位于涂茨镇毛湾塘的宁波市水产种业园区建设项目围填海工程进行首次海域使用监测。

8月7日，经交通运输部批复同意石浦新港码头第四次临时开放（交海批〔2017〕28号），进出期限延长至2018年2月。大吨位（8000吨）新造出口船舶直接在石浦口岸查验出境交接。

8月7日，在土耳其举行的第23届夏季听障奥运会上，象山籍运动员姚妲妮参加羽毛球混合团体比赛，并夺得金牌。

8月7日上午，县安监局党组成员荆成龙一行对大目湾综合体东陈乡金井头村大山建筑石料矿进行安全生产大检查。

8月7日，宁波市经信委公布2017年宁波市第一批工业新产品试产计划项目，县申菱电梯、贝德尔电讯电机、合力模具等27家企业的78个新产品列入该计划，产品涉及电器、机械、模具等多个领域。

8月8日12时45分，县最高用电负荷突破50万千瓦大关，达51.9万千瓦，标志着象山电网正式迈入50万千瓦负荷时代。

8月8日，台湾台东县富冈新村的46名村民代表与石浦当地民众一起，在石浦镇举行如意妈祖省亲迎亲仪式。

8月8日，宁波市企业联合会、宁波市企业家协会和宁波市工业经济联合会公布了2017年宁波市综合百强企业榜单，天安集团有3个单项上榜。

8月9日，县人大常委会主席金红旗到象山经济开发区调研工业经济。

8月9日至11日，县司法局举办了全县人民调解员业务培训班，各司法所所长、各镇乡（街道）、村（社区）专职人民调解员以及行业性专业调委会调解员100余人参加此次培训。

8月9日，全国首单享受财政补贴的紫菜养殖风力指数保险保单在象山高塘岛乡成功签订。

8月9日上午，县“喜迎十九大”书画作品展在县文化活动中心举行，展出书画作品90余幅，县政协副主席励茂平出席书画展。此次书画展由县政协书画院、文联、文广新局（体育局）主办。

8月10日，列入2017年度第一批“浙江制造”标准制订计划的《智能真空断路器标准》研讨会在日升集团公司举行。

8月10日，局监察大队爵溪中队、爵溪国土所协同街道、城管中队、消防派出所等部门对街道区域内的违规建筑开展整治行动。

8月10日，县海洋与渔业局举办初级水产品药物残留快速检测培训班，对全县各乡镇快速检测室和追溯体系试点单位快速检测人员进行培训。

8月11日，市公路局副局长郑嫦月调研象山"美丽经济交通走廊"建设工作。

8月11日，县交通运输局举办首期干部培训班暨"交通学堂"开班仪式，局机关全体干部职工、局属各单位班子成员及党务工作人员70余人参加。

8月11日5时30分，街道负责实施的三期文昌小区区块改造项目签约工作全面完成。

8月14日，全县美丽集镇建设(小城镇环境综合整治行动)"互比互学抓进度"工作推进会召开。

8月14日下午，民盟象山基层委员会经济综合支部组织前往县法院旁听一起机动车道路交通事故责任纠纷的庭审。

8月15日，卫生计生局引进银医通项目解决现有诊疗模式下"三长一短"(即排队挂号、付费和候诊时间长，诊疗时间短)问题。

8月16日，南海开渔节暨第五届岭南民俗文化节在广东省茂名市滨海新区举行。县文联选送的"非遗"精品《鱼化龙》是唯一代表浙江省的民俗表演队伍。

8月16日，由县文化广电新闻出版局主办，县文化馆等承办的喜迎十九大县"一人一艺"全民艺术普及第三届戏曲好声腔才艺大赛决赛在象山剧院举行。

8月16日上午，由质量强县办公室牵头的全县质量强县工作会议在象山宾馆顺利召开。29个质量强县成员单位、18个乡(镇)街道、办事处分管领导分别到会。县府办副主任陈海波主持会议并做重要讲话。

8月16日至18日，象山影视城与浙江省电影家协会共同承办首届"中国戏曲电影展系列活动"，此次活动共设有戏曲电影高峰论坛、戏曲电影交流与合作推介会、戏曲电影颁奖盛典等"配套内容"。

8月17日，象山海鲜休闲食品——香酥小黄鱼成为东方航空的指定食品之一，为无数航空旅客带去象山美味。

8月17日，县政协召开十届六次主席会议，对"最多跑一次"改革举措落实情况开展专项视察。

8月17日晚，首届中国戏曲电影展获奖作品揭晓。

8月17日至18日，县文物管理委员会办公室对全县各级历史文化名村第二批18个市级补助保护性古建筑修缮项目进行竣工验收。

8月17日至19日，象山影视城与中国电影家协会、浙江省文学艺术界联合会、浙江省电影家协会联合举办首届中国戏曲电影盛典。

8月18日，象山托幼机构保健人员红十字应急救护师资培训暨业务培训班开班。

8月18日，县委第二巡查组巡查晓塘乡工作动员会召开。8月18日下午，象山开渔之旅走进宁波推广活动在宁波南塘老街举行。

8月18日上午，浙江新篁竹叶标准提取物生物工程项目开工典礼在象山经济开发区城东工业园举行。

8月18日，交通集团在县行政服务中心三楼会议室组织 召开县三角地至高泥公路提升改造工程初步设计审查会议。

8月19日晚间，天翼高清、浙江IPTV"舞比快乐"首届广场大赛宁波——象山赛区海选在风情街广场完美落幕。

8月20日，技术人员正通过自动化设备对汽车饰条进行组装卡扣。

8月20日，县经信局联合县安监局、县消防大队赴石浦镇、鹤浦镇等环石浦港镇乡召开船舶修造行业安全生产大检查工作推进会。

8月20日至23日，香港大埔渔民生活改善有限责任合作社代表团一行22人到象山考察。先后赴泗洲头镇、黄避岙乡、石浦镇等地开展渔业生产、渔民转产转业、渔业休闲旅游情况现场考察。

8月21日，举办第三届省级特色小镇论坛。

8月22日，浙江省文物监察总队、宁波市文化市场行政执法总队、县文物监察大队、县文物办联合对丹东街道"赤坎游仙寨遗址"、墙头镇"欧家祠堂""立三中学旧址"等文物保护单位进行文物安全检查。

8月22日至23日晚，宁波市第十二届音乐舞蹈节在宁波文化广场大剧院举行。县选送的4个节目获本届比赛金银奖，其中男声组唱《唱进洋》获音乐类金奖，少儿群舞《电影之家》获舞蹈类金奖，女声表演唱《老家的走书》获音乐类银奖，群舞《渔嫂》获舞蹈类银奖。

8月23日至24日，县石浦文化馆选送的器乐合奏《渔港乐》参加在温州市鹿城文化中心举行的"农民进城晒文化"——2017浙江省农村文化礼堂优秀群众文艺作品大赛。

8月24日，县出台区域能评改革实施方案。

8月24日，县第一本象山瑞祥能源实业发展有限公司林地经营权流转证成功发放。

8月25日，县举办首届农(水)产品质量安全快速检测技能竞赛。

8月25日，由县农林局、县海洋与渔业局、县总工会、共青团县委员会联合主办，县农产品质量检测中心、县海洋与渔业质量技术检测中心共同承办的县第一届农(水)产品质量安全快速检测技能竞赛在象山海洋酒店顺利召开。

8月27日，第十三届全国运动会在天津奥林匹克体育场开幕，象山康宏伟、洪鑫鑫、周志博、周之妍、蔡忠成5位运动员参加比赛。

8月28日，象山全域旅游品牌"嗨象山"发布会在杭州举行。

8月28日，国网县供电公司工作人员走进象山外国语小学，仔细检查校内供配电设施。

8月29日，重庆交大学校党委副书记周直一行7人莅临良和交通建设出席产学研合作签约暨教育发展基金捐赠仪式，校企双方签订产学研合作协议，并共同为产学研合作基地、大学生校外实践教育基地、研究生教育创新基地揭牌。

8月29日上午，全县纪检监察系统半年度工作务虚会在象山宾馆召开。

8月30日，由宁波宜阳宾霸纺织品有限公司和宁波莱龙宝马衬布有限公司投资的宾霸里布及高档黑炭衬相关产业项目签约。

8月31日，市粮食局处长朱雄伟一行3人对县军粮质量和军粮筹措管理专项工作进行检查。

8月31日下午，县长黄焕利主持召开县政府第六次常务会议。

9月

9月1日，县交通部门开通丹城——影视城直达公交专线。

9月1日，养护公司启动中心城区绿化养护招标工作。

9月3日，第五届中国象山海洋文化夜市在县人民广场举行。

9月3日，"欢乐渔港"戏曲展演活动在石浦城隍庙拉开序幕，展演3天，共36场戏曲表演。

9月3日晚，县创业集市启动仪式暨颁奖仪式在县人民广场举行。

9月3日，宁波市"访名村　传历史"线下走访首站到晓塘乡黄埠村，30余名市民代表、创客代表、媒体代表与联村规划师代表，走访黄埠村三三堂、三戒堂、小柴门等明清古建筑群，详细了解晓塘乡地域特色文化。

9月3日至5日，在人民广场举办第五届中国(象山)海洋文化夜市暨2017年全国科普日。

9月4日下午，县委书记叶剑鸣率相关部门负责人，采取不作通知、不打招呼、直奔现场的方式，来到丹城中学，突击督查暗访校园安保工作。

9月4日下午，县委书记叶剑鸣率检查组，采取不作通知、不打招呼、直奔现场的方式，突击督查暗访维稳安保工作。

9月5日，意大利中国经济工业贸易合作协会主席阿尔曼多一行到象山经济开发区考察。

9月5日，农历七月十五，俗称"七月半"，群众自发组织爵溪第十届七月半"赛神会"活动。祈求消祸免灾、全家平安、年年丰收。

9月6日，省体育彩票管理中心卜晓霞部长、宁波市体育彩票管理中心鲍飞玉主任等一行人到县体彩站及县体育彩票销售网点，检查传统足彩派奖和大乐透促销活动布置情况。

9月6日，团县委联合县"五水共治"办公室、县海洋与渔业局等部门，在前期"河小二"行动的基础上，依托中国青年志愿者蓝色护海行动，创新推出"海小二"青春建功岗。

9月6日，县旅游发展委员会、县农信社、人保财产象山支公司三方签订《象山县"政银保"合作协议》。"政银保"是政府、银行、保险公司抱团服务旅游的金融产品。

9月6日，县旅游发展委员会与中国人民财产保险股份有限公司象山支公司签订《象山县全域旅游综合保险合作协议》，为每名到象山的游客购买一份旅游意外保险保障。

9月7日，市督查组对县进行了第二轮督查并反馈七方面问题，县安委办联合相关部门部署人员密集型企业消防隐患、自制升降机等专项整治，并将天星汽配、华甬针织两家企业列入县级挂牌督办，反馈问题基本完成整改。

9月7日，国内一家著名汽车企业考察组到丹东街道同家模具制造公司，物色高精密度模具供应伙伴。经接洽，客户认可同家的装备实力，双方达成合作意向。

9月8日，"20风华　渔开天下"——中梁之夜大型广场晚会在象山人民广场举行。

9月8日，由县市场监管局牵头组织的"质量月"宣传服务活动在象山影视城神雕广场举行。

9月8日，在2017年宁波"技能之星"工具钳工职业技能电视大赛中，天安集团孵化实业公司张晓鸣夺得二等奖。

9月8日，华翔集团与智能制造领军企业智昌集团签署"集团级智能工厂"战略合作协议。

9月8日下午，县召开庆祝第33个教师节座谈会，全县担任班主任满30年的教师、名优校长代表及优秀教师代表参加座谈会。

9月8日晚，由第十二届中国(象山)开渔节组委会等主办，县文化馆承办的中梁之夜20风华·渔开天下中国(象山)开渔节20周年大型广场晚会在县人民广场举行。

9月9日，宁波市新联会在鹤浦开展"心联三江·智汇四明"走进象山系列公益活动。

9月9日，民盟县基层委员会在宁波建设工程学校举行庆祝第33个教师节座谈会。

9月9日，"建设平安象山"主题文艺会演活动在象山人民广场举行。

9月9日下午，县举办第七届智慧城市技术与应用产品博览会暨首届智慧城市县域经济发展论坛。

9月10日至18日，由第十二届中国(象山)开渔节组委会等主办，县文化馆承办的第二十届中国(象山)开渔节"欢乐渔港"戏曲展演分别在石浦城隍庙、石浦延昌宋皇宫、鹤浦镇鹤翔村等地举行。

9月11日，第二十届中国(象山)开渔节祭海仪式在中国渔村举行，500余名东门岛渔民自发前往妈祖像前举行迎开渔祈福仪式。

9月13日，爵溪变Ⅰ段设备C检顺利完成，恢复正常运行，标志着国网县供电公司第一次独立承担的综合检修作业工作，翻开了110千伏变电站检修工作的新篇章。

9月13日，宁波市委、市政府与航天科工集团举行交流洽谈会，双方就在宁波航天智慧科技城建设国家级云制造示范基地达成共识，并签订合作备忘录。

9月13日上午，县交通运输局根据县防指总体部署，召开防范台风"泰利"部署会。

9月13日，市民族宗教事务局民族处副处长郚天波协同象山民宗局副局级干部张巧一行，莅临晓塘乡调研少数民族精准扶贫 "精准扶贫"创业帮扶情况。

9月13日，宁波市委统战部纪检组到象山对少数民族发展专项资金帮扶项目进行督查。

9月14日，茅洋乡召开盛宁线路面白改黑和综合管线改造工程封道施工事宜协商会，县住建局、县交警大队等相关单位参加会议，会议就S215盛宁线(K82+585—K83+470)路面白改黑和综合管线改造工程封道施工事宜进行协商，并对封道施工，施工期间车辆绕行，绕行限行标准，标牌安装等问题达成一致。

9月15日上午，象商总会成立大会举行。

9月15日，高妙兰农民画院成立揭牌暨“传承与发展”县农民画展开幕式在东陈乡樟岙村举行。

9月15日，中国(象山)开渔节20周年象山海洋渔文化美术作品展在县文化活动中心举行。

9月15日，第四届“海洋之星”暨县新农村少儿舞蹈美育工程展演活动在石浦新港小学举行。

9月15日，启动实施了施工图联合审查工作。根据8月22日市住建委等七部门联合发文规定，施工图审查由原来需要报送图审机构、消防、人防、气象四部门审查改为由图审机构一家联审。

9月15日，县工商联成立60周年纪念座谈会召开。

9月15日下午，2017年县“新农村少儿舞蹈美育工程”展演在石浦镇新港小学举行。

9月16日，由浙江省旅游局指导，县人民政府、宁波市旅游局主办的“长三角海滨旅游创新发展峰会”在象山皇冠假日酒店顺利举行。

9月16日，第二十届中国(象山)开渔节祭海仪式在石浦中国渔村举行，古老的民俗盛典再现渔区。

9月16日，中国(象山)长三角滨海旅游创新发展峰会上，象山智慧旅游平台正式上线。

9月16日，第二十届中国(象山)开渔节祭海仪式在中国渔村举行。

9月16日上午，中国·浙江海洋运动中心(亚运会帆船中心)项目签约仪式在县石浦镇举行。

9月16日下午，第十三届中国海洋论坛海洋渔文化开发保护与象山文化产业发展分论坛在石浦半岛酒店举行。

9月16日下午，中国(象山)长三角滨海旅游创新发展峰会在象山半边山皇冠假日酒店举行。

9月16日，中国(象山)“海洋卫士”公益创新大赛颁奖典礼暨中国开渔节20年直播晚会在县文化活动中心举行。

9月16日，第十三届中国海洋论坛在石浦半岛酒店举行。论坛以“海洋文创+滨海旅游”为主题。

9月16日，第十三届海洋论坛美丽乡村融合创新发展峰会在石浦半岛酒店举行。

9月16日，2017中国(象山)长三角滨海旅游创新发展峰会在石浦半边山皇冠假日酒店举行。峰会以“创领滨海新经济、智造文旅新蓝海”为主题。

9月16日，海洋渔文化开发保护与象山文化产业论坛在石浦半岛酒店举行。

9月16日，以“海洋文创+滨海旅游”为主题的第十三届中国海洋论坛在石浦镇举行。开幕式上，发布《2017年上半年中国滨海旅游数据报告》，举行9·16中国象山海洋公益日启动仪式。

9月16日，由中国太平洋学会、中国海洋学会、浙江省人民政府、宁波市人民政府共同主办，县人民政府、宁波市海洋与渔业局联合承办的第十三届中国海洋论坛在石浦举行。

9月17日，举办以“深化农业交流合作，惠及两岸基层民众”为主题的象台精致果园交流活动，台中市东势区农会理事长刘正铭、农会总干事田士欣等一行12人先后到晓塘湾边村柑橘基地、龙兴生态农业科技开发有限公司、象山佰季果蔬专业合作社、宁波东势农业发展有限公司，参观县农业发展情况。

9月17日，中国(象山)开渔节20周年象山海洋渔文化美术作品展在县文化活动中心启幕。

9月17日，由县体育局、县教育局联合主办的2017年县小学生、幼儿园学生游泳锦标赛在县游泳馆举行，全县各小学、幼儿园的90名小选手参加比赛。

9月19日，浙江启鑫新能源科技股份有限公司走进陕西省榆林市米脂县杨家沟学校，向该校捐赠了一套装机容量为10千瓦的光伏发电站。

9月19日，石浦高速公路定塘连接线(马漕线改建)工程项目成功进行水泥搅拌桩试桩施工。

9月20日，象山海关首次验放浙江某公司以“进料对口”贸易方式申报出口的一艘油船，总吨位6494.7吨，货值850.9万美元，这是象山口岸新港码头临时开放后验放的首艘5000吨以上级船舶。

9月20日，省公路局对全省在建高速公路及部分国省道项目进行检查，象山71省道PPP项目被列入普通国省道建设标准化施工优秀名单，象山71省道PPP项目部被评为建设信用管理考核优秀项目部。

9月20日，县与浙江理工大学在杭州开展共建“浙江理工大学象山针织研究院”合作洽谈。

9月20日，由县林业部门申报的“象山柑橘”地理标志证明商标正式通过国家工商总局商标局的审核，成为国家地理标志证明商标的农产品。

9月20日，县船舶业协会在石浦半岛酒店召开渔船修理工作研讨会，15家船厂负责人和县经信局、县安监局、县海洋局等政府部门负责人参加此次研讨会。

9月20日，县与浙江理工大学在杭州开展针织服装人才科技合作洽谈，双方围绕“资源共享、人才共培、基地共建”的目标，共建浙江理工大学针织服装专家服务基地(象山)、浙江理工大学象山研究院、异地人才创业孵化基地、人才培训基地、大学生实践基地等，传导创新理念，培育创新成果，提供技术服务，培养高端人才，走出一条高校与地方产业集群全面合作的新道路。

9月20日，由县两办、县监察局、消防、县安监等成立6个县级专项督查小组，对23个重点部门和各镇乡、街道进行督查，开展“回头看”保障整改质量。

9月21日，第九届浙江·中国非物质文化遗产博览会在杭州白马湖会展中心开幕。县浙东海洋渔文化生态保护区展区(400平方米)，通过历史记忆、渔业生产、渔民生活、渔家艺术、保护区建设等五个方面展示象山海洋渔文化的面貌与风采，获博览会最佳组织奖和展陈奖。

9月22日上午，象山“迎国庆”就业帮扶大型综合招聘会在县人力资源市场举行。

9月22日下午，组织召开“迎接十九大、平安夺金鼎”暨全县建筑工程安全工作会议。

9月22日，县政府召开“全国影视

文化产业知名品牌创建示范区”建设工作动员会。

9月22日，县教育局家教所在西周小学举办了“你好，暑假”项目组研讨会。华东师范大学博士生导师李家成教授为全体与会人员作《学生寒假暑假生活与学期初生活研究的探索与贡献》专题讲座。

9月24日，象山三支代表队参加由宁波市农旅办主办，宁波市农家乐休闲旅游协会等相关部门联合举办的2017年宁波市农家特色菜大赛。

9月24日，为期3天的第三届“恒大杯”迎国庆县乒乓球联谊赛在浙江恒宁控股集团有限公司落下帷幕。

9月25日下午，县残疾人电商孵化基地启动仪式在县电子商务创业园中举行。

9月25日，县女子学院开展的“母亲素养工程”点单式公益培训走进泗洲头镇、墙头镇、大徐镇，为近三百小学、幼儿园家长讲授育儿知识。“母亲素养工程”由县妇联和镇乡（街道）妇联主办，县女子学院（县社区学院内）承办，采用“基层点单、培训学校做单、政府买单”形式送教进文化礼堂进基层。

9月25日下午，县文广新局召开“迎接十九大、全力保平安”动员会。副局长史济一主持，局长俞湛作动员报告，局机关干部职工和下属单位负责人参加会议。晚上，局党委班子分成三组，率执法大队、局中层干部会同公安、消防联合检查网吧、娱乐场所、影院、书城等人员密集场所，整治文化市场环境。

9月25日，晓塘、定塘、高塘岛、鹤浦、新桥、石浦等6个乡镇的13支优秀文艺团队在晓塘乡青山头村文化礼堂，举行一场南片乡镇文化走亲活动暨“庆祝国庆 喜迎十九大”文艺晚会。

9月26日，由县副县长华弼天带队，县商务局、县旅委、县公安局、县市场监管局、县综合执法局、县交通局、县卫计局、县安监局、消防大队等部门联合对市场、酒店、餐饮等人员密集场所进行安全生产大检查。

9月26日，由浙江波威重工有限公司投资的大型机械加工制造相关产业项目签约。

9月26日上午，省职工疗休养工作现场推进会暨工会工作品牌宣传会在象山半边山工人疗养院举行。

9月26日下午，在县委党校召开县安全生产工作推进会。

9月26日晚，由县文广新局选送的男声组唱《唱进洋》参加在椒江剧院举行的浙江省第十六届音乐新作演唱演奏大赛。

9月27日，2017年宁波市导游大赛选拔赛在宁波松兰山海景大酒店举行。

9月27日，“2017甬(宁波)港(香港)经济合作论坛开幕式暨财富甬港新机会新成长”主论坛与香港象山联谊会“2017国庆中秋茶话会”在香港举办，县大目湾金诚之星项目参加签约仪式。

9月27日，市公路水运工程监理标准化现场会在象山召开，市交通委总工胡跃军、市质监站站长郑磊以及各市、区、县交通局领导出席会议。

9月28日，象山经济开发区和中国联通象山公司共同举办的“企业上云，与沃共赢”的宣讲活动。

9月29日，中国共产主义青年团县第十九次代表大会在象山黄金海岸大酒店召开。

9月29日，宁波市副市长卞吉安到县调研涉渔养殖业转型升级情况，市政府副秘书长宣柏林，市海洋与渔业局局长陈少春，县委常委县政府党组成员干维岳，县海洋与渔业局局长黄建国陪同调研。

9月29日晚，石浦延昌民乐队参加在镇海大剧院举行的“2017宁波市优秀基层业余文艺团队汇演”，全市县(市)区14支文艺团队参加演出。

9月29日，作为试点工作优秀乡镇，高塘岛乡承办召开县创建“村村慈善帮扶基金”现场会。

9月29日至10月29日，由县文化广电新闻出版局等主办，县文化馆承办的庆祝中国(象山)开渔节20周年县海洋文化美术作品展在县文化活动中心二楼举行。

9月30日，组织开展行政规范性文件清理工作，印发的355件规范性文件，保留343件，废止12件，修订8件。

9月30日，县政协办、县委统战部联合举办县各界人士中秋茶话会。

9月30日，县出台工业企业技术改造专项扶持资金管理办法。

10月

10月1日，开启县中心城区智能停车系统建设。

10月1日，甬台温高速复线配套工程开工。

10月1日至8日，石浦渔港举办第四届渔民国庆节。

10月8日，县公安局与浙江大华智安物联网技术有限公司签订县电动车智能防盗管控系统项目合作协议。

10月8日，象山园中路公交首末站15台充电桩建设完毕。

10月9日，县人才服务中心正式开业，中心担负全县的人才服务和管理工作，建成涉及四大类28个事项的一站式综合服务大厅。

10月9日下午，由县人武部、县人力资源和社会保障局、县民政局联合举办2017年退役士兵专场招聘会。

10月10日晚，杭州钱塘艺社和象山半岛京剧艺社在石浦文化馆举行文化走亲联谊会。

10月10日，县粮食收储有限公司举办了“一规定两守则”培训班。

10月10日，省关工委主任徐宏俊一行来到茅洋乡调研关心下一代工作开展情况。

10月11日上午，在宁波市图书馆三楼会议室召开县图书馆新馆概念设计论证会，邀请市图书馆徐益波、德清图书馆慎志浩、宁大图书馆刘柏嵩三位专家进行评估，县图书馆林丹红、张建华、姚文、陈洁参加此次会议。

10月11日，浙江省安全生产委员会督查组到县开展安全生产综合大检查。重点督查象山宏海水产食品有限公司、石浦镇渔港码头、爵溪街道商贸街等地。

10月11日上午，市美丽经济交通走廊创建工作汇报会在象山召开。

10月12日，宁波市旅游行业巾帼文明岗创建工作现场会在石浦渔港古城举行。

10月12日，浙江电视台“流动大舞

台”走进街道山头董村文化礼堂。

10月12日，溪里方村入选浙江省第一批省级传统村落名录。

10月12日，县普法办、县法制办、县司法局、县文联主办的“喜迎十九大·聚焦法治象山”书法摄影展在县文化活动中心开幕。

10月13日，由宁波劳伦斯表面技术有限公司投资的电镀汽配件相关产业项目签约。

10月17日，宁波市委副书记、市长裘东耀考察鹤浦，市政府秘书长张良才，市政府副秘书长、办公厅主任王仁元，县委书记叶剑鸣，县长黄焕利等随同督查。

10月17日，中国城市经济学会中小城市发展委员会发布“2017年度全国综合实力千强镇前100名”榜单，西周镇再度跻身千强镇，位列第43名，居浙江省第八、宁波市首位。

10月17日，“甬城金名片——王利华先生之宁波全国重点文保单位画展”在县博物馆开展。

10月18日，县教育局举办大数据平台启动仪式。

10月18日至22日，宏润助学爱心团一行13人在贵州省铜仁市碧江区教育局密切配合下，深入9个乡村，资助29所中小学，现场捐款35.9万元，资助家庭贫困的学生187人。

10月19日，副省长孙景淼一行前往方家岙村，实地踏看村庄建设情况。

10月19日，第三届“双玻+前沿技术创新设计应用峰会”在北京临空皇冠酒店召开。

10月19日至11月12日，由县教育局、县体育局主办的2017年县中小学生篮球锦标赛。

10月20日，国际水产冷链物流基地一期竣工投产。

10月20日，石浦观鱼弄及三湾路危房改造工程顺利完成并通过住建局等有关部门合格验收。

10月20日，全县实行县级部门联合接待群众制度。

10月22日，县前街邮政所由丹东街道东街15号迁至丹东街道下半河村197号，并更名为“半河邮政所”。

10月23日，2017年象山梭子蟹产销对接洽谈会在象山举行。

10月24日，浙台经贸合作区管委会与中国供销集团(宁波)海洋经济发展有限公司、上海甬聚拓容资产管理有限公司签订三方战略合作框架协议，共同成立运作“宁波海峡两岸海洋文旅特色小镇发展有限公司”(暂名)作为项目运营管理公司，公司拟注册资金人民币5亿元。

10月24日至25日，宁波市发酵床养殖培训现场会在县召开。

10月25日，农业部渔业渔政管理局发布《2017年休闲渔业品牌创建认定结果的通知》，石浦东门渔村喜获全国“最美渔村”称号。

10月26日，“县金融支持‘中国制造2025’系列活动之金融支持汽配产业园区”在西周镇举行。

10月26日，省交通质监局副局长陈尚新及相关处室负责人一行对71省道盛宁线东陈至茅洋段改建工程、石浦高速公路新桥连接线(上七里至大圻头公路)工程进行督查。

10月26日，住房城乡建设部发布公告，核准宏润建设集团股份有限公司为建筑工程施工总承包特级企业。

10月27日，县委组织部、宣传部、县人力资源和社会保障局、县司法局等4部门联合印发《关于实施全县公务员“学法用法三年轮训行动”计划的通知》，全面部署启动全县公务员“学法用法三年轮训行动”，此次全县公务员“学法用法三年轮训行动”时间为2017—2019年，其中，2017年为准备阶段，不安排轮训。

10月27日，由宁波象山国能置信置业有限公司投资的国能置信工业。

10月28日，由县总工会、贤庠镇政府主办的“关爱劳模、欢度重阳”暨劳模活动基地授牌仪式在贤庠镇枫康石斛养生园举行。

10月28日晚，由县委宣传部、县文广新局以及新桥镇党委政府主办的“东溪村喜庆十九大暨南片乡镇文化走亲文艺晚会”在新桥镇东溪村兴溪家园开幕。

10月28日，交通集团组织召开2018年务虚工作会议。

10月29日，2017美丽乡村·环浙骑游象山站活动在松兰山景区开幕。省交通运输厅副厅长任忠出席并宣布开幕。

10月29日，被列为宁波市非物质文化遗产的高塘提线木偶，代表象山在宁波市高手在民间绝技绝活文艺大赛中获得银奖。

10月30日，由宁波天顺电气有限公司投资的智能节能电气相关产业项目签约。

10月31日上午，县公共资源交管办组织召开县管副职后备干部选拔工作的民主推荐会议，单位全体干部及县委组织部干部科金科长参加该次会议。

10月31日至11月3日，2017中国旅游交通大会在博鳌亚洲论坛举行。

10月31日，县民政局组织10位持证社会工作者参加市局组织的社会工作人才继续教育示范培训班。

10月31日，由亚组委杭外工作部副部长、场馆调研评估工作组组长杜作峰带队的亚组委场馆调研评估工作组，到象山考察中国·浙江海洋运动中心(亚帆中心)项目。

11月

11月1日，县文化馆迁址。

11月1日至2日晚，象山首届戏迷节在石浦镇政府文化礼堂举行。

11月2日，天安集团通过投标成功拿到北京市城市轨道7号线二期400伏开关柜项目336台OKKEN开关柜供货合同。

11月3日，在2017宁波旅游节闭幕式暨“畅想2020”—宁波城市旅游主题推介会上，象山影视城获得2017宁波旅游节社会办节一等奖。

11月4日，象山电大首期协辅警学历提升班在象山电大正式开班，全县公安机关的121名协辅警学员参加开班典礼。

11月5日上午，2017年县全民终身学习活动周在石浦镇海峡广场正式启动。活动对获得“浙江省现代化成人学校”“宁波市百姓学习之星”“宁波市特色示范成人学校”“县十佳百姓学习之星”等荣誉的先进个人和团体进行了表彰。

11月5日下午，县作家群体研讨会

在宁波逸东豪生大酒店举行。

11月7日，象山首批30辆插电式混合动力公交车正式投入运营，分别投放至111、120、119、113路等路线使用。

11月8日，良和交通建设与中冶轨道交通有限公司、四川省交通运输厅公路规划勘察设计研究院在北京中冶大厦举行战略合作协议签字仪式，三方确立互为战略合作伙伴关系。

11月8日，德国克拉维乌斯一级文理中学师生代表团一行40人到县"非遗"传习中心，体验剪纸、鱼拓项目，灵动且富含象山味道的传统文化项目突破语言、文化的界限。

11月9日至10日，山东省潍坊市文化广电新闻出版局和福建省福州市文化广电新闻出版局到象山考察、学习生态区建设工作。先后考察石浦渔港古城、东门渔文化艺术村和县"非遗"传习中心。

11月9日下午，四川省德阳市公共资源交易中心调研人员共12人赴县公共资源交管办考察学习，主要学习借鉴在工程项目招投标保证金缴纳方式中的成功经验。

11月10日，晓塘"七彩果乡"参展中国（宁波）食品博览会，选送的20余种优质果品以品质优、口感好、无公害的"绿色"优质口碑，受到宁波市民的青睐。

11月11日，县体育局主办的2017中国·松兰山公开水域游泳邀请赛在象山举行。

11月11日至30日，开展象山人游象山惠民活动。

11月12日，方家岙村获评宁波市首批"AAA级景区村庄"。

11月12日，"斑斓海岸"马拉松嘉年华在黄避岙乡塔头旺村热力开跑，来自全国各地的600余名长跑爱好者参加比赛，其中半程马拉松400余人，6公里欢乐跑200余人。

11月12日，县图书馆举办2017宁波"阅读马拉松"挑战赛（象山赛区）。

11月12日，由浙江省体育局主办，浙江省帆船协会和县体育局承办的2017年浙江省青少年帆船帆板冠军赛在县松兰山帆船帆板基地收帆。

11月13日至17日，县文联组织全县40余名文艺家骨干赴浙江大学开展为期5天的县首期文艺家骨干综合素质提高研讨班培训。

11月13日上午9点30分，宁波乐惠国际工程装备股份有限公司在上海证券交易所主板正式挂牌上市，成为全县第六家上市企业。

11月13日，县商务局组织全县重点商贸企业安全管理人员开展企业安全生产主体责任培训。

11月14日，完成首次办公电脑网络批量采购工作。

11月15日，县民宗局在统战部四楼会议室指导佛协召开理事扩大会议。

11月16日至18日，宁波市第四医院和台湾彰化基督教医院主办第三届中国·宁波海峡两岸医院管理论坛。

11月16日，宁波航天智慧科技城被列为全市首批特色小镇建设项目。

11月17日，县人民政府印发《关于表彰沈智卫等两名见义勇为先进个人的决定》，对东陈乡旦门村民王小凤凌晨5点冒火救人行为给予表彰，记嘉奖一次，并颁发证书和奖金。

11月17日，在全国精神文明建设表彰大会上，中央文明委授予一批精神文明和思想道德建设先进典型荣誉称号。县丹城第五小学名列榜单，喜获"第四届全国未成年人思想道德建设工作先进单位"荣誉称号。

11月19日，2017年全国帆船帆板锦标赛在广东珠海九洲港香炉湾举行，浙江帆船队象山籍运动员陈林伟在帆船男子470级场地赛中获第二名、帆船男子470级长距离第八名的好成绩。

11月19日，石浦高速定塘连接线三集中场区建设完成，通过验收，投入使用。

11月20日至29日，由中国艺术研究院（中国非物质文化遗产保护中心）主办，中国艺术研究院工艺美术研究所、"中国好手艺展"组委会承办的首届"中国好手艺展"在北京炎黄艺术馆展出。象山竹根雕大师张德和作品《春意满怀》入选中国好手艺展。

11月20日，根据县人民政府办公室印发《浙江象山水产城实业有限公司重组改制方案》，对中国水产城投资管理主体，即浙江象山水产城实业有限公司进行增资扩股，通过宁波市产权交易中心公开征集投资者。

11月20日，由龙元建设集团川渝分公司承接沃尔沃Polestar高性能电动车项目施工总承包工程。

11月21日，在上海举行的"2017世界柑橘产业峰会"上，象山"红美人"柑橘进行专场拍卖，最终台州籍柑橘销售商以每公斤123元的价格拍下1.5万公斤尚挂在果树上的"红美人"柑橘，创造了"红美人"柑橘全国价格新高。

11月22日上午，县教育局在春晖幼儿园举办了幼儿园男教师教学研讨暨名优教师带徒活动。全县各幼儿园园长、幼儿园男教师以及名优师徒等120余名教师参加该次活动。

11月22日，象山召开国家海洋督察迎检工作部署会议。

11月24日，宁波市道德模范与身边好人现场交流活动暨2017年"宁波好人"（9—10月）发布在县爵溪街道文体中心举办。

11月24日，象山柑橘（红美人）、象山梭子蟹区域公用品牌推介会在杭州萧山举行。全国各地70余家客商和20多家新闻媒体参加。

11月24日，县博物馆在丹东街道第五小学开展流动博物馆活动。

11月24日，宁波市道德模范与身边好人现场交流、宁波好人榜（9—10月）发布暨县"最美诚信民营企业""最美诚信个体工商户"颁奖典礼在爵溪街道文体中心举行。

11月25日，第十五届象山海鲜节将于人民广场拉开帷幕。

11月25日，海丝之路·潮起象山——全国中国画学术邀请展于在墙头镇溪里方美术馆举行。

11月25日，第十五届象山海鲜美食节在县人民广场举行。

11月25日下午，"海丝之路·潮起象山——全国中国画学术邀请展"于在墙头镇溪里方村举行。

11月25日至26日，第十五届象山海鲜美食节在象山人民广场举行。象山竹根雕、象山剪纸、船模艺术、农民画等15个"非遗"手工类项目受邀参加展示。

11月26日,"爱在益起跑·象西山水风情线"公益跑在象山西周举行。

11月27日,成立县黄避岙乡幼儿园,予以办理事业单位法人登记。

11月27日,成立县政实小学,并予以办理事业单位法人登记。

11月27日,成立丹西街道成人学校,同时撤销在县成人教育中心所挂的"丹西街道成人学校"牌子,并予以办理事业单位法人登记。

11月27日至12月1日,在浙江大学华家池校区举办全县城建干部能力提升专题培训班。

11月28日下午,全县科技创新暨人才工作会议在县文化活动中心召开。宏润建设获"县科技创新领军企业"。

11月29日,全县24所学校聘任了律师法治副校长,聘任仪式在大目湾实验学校举行。

11月30日,县水产城旗下实体石浦渔人码头资产划转县旅游集团。

12月

12月1日,县少数民族联谊会第二次代表大会在海洋酒店召开。

12月1日,一兆韦德体育广场象山城市运动馆开馆。一兆韦德公司出资1000万元成立一兆韦德体育基金。

12月1日,原咪表区600个智慧停车位投入试运行,试运行1个月,下载"象山停车"APP用户达1.8万户。

12月1日,县智慧城管与县广播电视台联合推出的智慧停车系统上线运营。

12月1日,县人力资源和社会保障局在县人民广场开展宪法宣传日活动。

12月3日,2017宁波市美丽乡村迷你马拉松暨柑橘小镇开启之旅,在晓塘乡青山头村启幕。

12月4日,宁波合力模具科技股份有限公司在上海证券交易所主板挂牌上市,成为县第七家上市企业。

12月5日,由象山县、三门县、宁海县文化广电新闻出版局主办,象山县、三门县、宁海县文化馆承办的"山海相约"三门、宁海、象山文化走亲文艺演出在县文化活动中心举行。

12月5日,县府办印发《关于规范县基层老年协会财务管理的通知》。

12月5日,共青团县委联合县文明办、县民政局召开县志愿服务联合会第一次会员大会。

12月7日,石浦高速公路定塘连接线(马漕线改建)工程相帽岭脚隧道左线出口进洞施工正式启动。

12月8日,县小百丈至大沙农村公路工程竣工。

12月8日,墙头镇综合市场通过星级文明规范市场考核组实地考核验收,成为浙江省一星级文明规范市场。

12月9日,县第四届竹根雕青年艺人技艺大赛在教育园区实训大楼举行。

12月9日至10日,宁波市第二届毽球锦标赛暨长三角地区毽球邀请赛在象山宁波市建筑工程学校体育馆举行。

12月11日,中国供销集团(宁波)海洋经济发展有限公司旗下全资科技企业——宁波鑫柔蛋白有限公司的海洋生物车间通过现场验收。

12月11日,浙江日报报业集团社长、党委书记,浙报传媒控股集团有限公司董事长,浙报传媒集团股份有公司董事长高海浩一行人到象山影视城调研考察。

12月11日,县三角地至高泥公路提升改造工程完成"代建+监理"招标工作。

12月12日,"国家级出口针织服装质量安全示范区"通过复评。

12月13日,县综合行政执法局丹东中队举行揭牌仪式。这是县综合行政执法局深化综合执法体制改革"重心下移、属地管理"的重要举措。

12月13日起,县综合行政执法队员更换全国统一的新制式服装,新制服胸号按照全国统一编排,以"33027"开头,便于标准化管理和市民监督。

12月13日,象山正式推出市民卡(甬城通),刷卡可乘坐象山城区公交和宁波市内开通甬城通服务的公交和地铁。

12月15日,县宁波锦浪新能源科技股份有限公司的"逆变器"和宁波枫康生物科技有限公司的"铁皮石斛"荣获2017年度浙江名牌产品称号。

12月15日,县工商联组织召开执常委专题培训班,全县60余位民营企业家参加培训。

12月15日上午,县老龄办召开全县老龄事业统计工作会议,18个镇(乡)街道负责日常老龄工作负责人参加会议。

12月15日,定塘镇党委在上海举办"田园定塘 妈妈的味道"家乡货推介会。

12月15日,县模具检测中心西周分中心在西周镇汉普塑业有限公司揭牌成立。

12月16日,首届象山体育舞蹈(国标舞)公开赛暨周边城市邀请赛在象山体育馆举行。

12月17日下午,由良和交通建设承建的台州市地下综合管廊一期工程市区段(现代大道、东二路、绿脉南路)首开段在绿脉南路进行第一根双轴水泥搅拌桩试桩。

12月17日上午,由县中小学心理健康教育指导中心和中国狮子联合会浙江正力服务队联合举办的县未成年人心理健康服务大型现场公益活动在丹城五小成功举行。

12月18日,省建设厅党组书记、厅长项永丹到墙头调研美丽乡村规划建设及小城镇环境综合整治工作。

12月18日上午,县2017年新录用公务员初任培训在县委党校开班,98名新录用公务员参加培训。

12月19日,象山影视城首届演艺岗位技术技能竞赛在民国城魔术剧场举行。

12月19日,由浙江涅槃影业和香港明星洪天明共同合作成立的象山涅槃影业有限公司落户宁波影视文化产业区。

12月19日,县农合联现代农业服务中心正式开业。

12月19日下午,由县委组织部、县直机关党工委、县审管办等部门联合主办的全县机关干部"知行你·勇立潮头"风采集中展示活动在县电视台演播大厅举行。

12月19日,象山民间收藏金银币展在县博物馆展出。

12月20日,浙江省古建筑设计研

究院副院长陈易一行到象山花岙岛进行实地考察，并与县文物部门、高塘岛乡人民政府等有关部门就花岙岛文物保护、利用、展示进行探讨。

12月20日，县发改局在县行政服务中心三楼会议室组织召开沿海南线海宁路至白云路段拓宽改建工程可行性研究报告评审会。

12月20日，县农房一体确权登记发证仪式暨工作推进会在茅洋乡洋岙山村农民会所举行，首批8本不动产权证书发放到农户手中。

12月20日，"一打三整治"行动中查获的违禁渔获物在县行政服务中心公开拍卖。

12月20日，第十一届上海国际电力设备及技术展览会在上海国际博览中心举行，天安电气集团首次组织产品参加展会。

12月20日，市政府与航天科工集团正式签订合作共建协议，浙江省委常委、宁波市委书记郑栅洁，宁波市市长裘东耀在签约活动上与航天科工集团董事长高红卫进行深入交流洽谈。

12月21日下午，宁波影视文化产业区管委会邀请中国计量大学教授、副院长钱晓耀为管委会中层以上干部及象山影视城开发有限公司，宁波石勇影视文化传播有限公司，浙江广电象山影视（基地）有限公司，宁波时光坐标影视传媒有限公司，宁波星殿文化发展有限公司等5家标杆示范企业做全国影视文化产业知名品牌创建专题讲座。

12月21日下午，县长黄焕利主持召开县政府第十一次常务会议。

12月22日，宁波市审计局在宁波电视台举办"践行新理念·打造审计铁军"业务知识竞赛决赛暨颁奖典礼。县审计局获得一等奖、决赛第一名、优秀组织奖。

12月22日下午，县推进"中国制造2025"之强企工程誓师大会举行。

12月23日，象山首届柑橘文化节在定塘镇小湾塘村象山柑橘博览园开幕。象山柑橘博览园是宁波市首家集柑橘育苗、无病毒接穗、沼液肥研发中心、仓储销售、社会化服务、文化展示和休闲等功能为一体的博览园。

12月24日，县中央广播电视节目无线数字化覆盖工程包括新源传输、发射机及天馈、光纤网络统一传输等所有项目均通过省级验收，是全大市范围内唯一通过省级验收的中央无线数字化覆盖工程。

12月25日，县2017年度人才公寓住房分配摇号仪式在县行政服务中心顺利举行。

12月26日，县交通运输局组织开展大金山隧道及接线二期工程交工质量评定及验收。

12月26日至28日，象山举办乡村旅游业务管理能力提升培训班。

12月26日，县食安委举行县食品安全突发事故应急演练。

12月26日晚上，由县委宣传部、县文化广电新闻出版局、县文学艺术界联合会主办的县第二届群众文化艺术节开幕式暨"一心向党"喜庆十九大新年交响音乐会在县文化活动中心举行。

12月27日，由县人力资源和社会保障局主办的首届创业分享沙龙暨资本对接活动成功举行，吸引70余家企业、8家风投机构及5家银行机构参加。

12月28日，中石化炼化工程集团装备中心揭牌仪式，在象山经济开发区临港装备工业园的中石化炼化集团宁波工程有限公司象山制造基地——宁波天翼装备技术有限公司举行。

12月29日，县石浦渔港旅游开发管理委员会参加由浙江省旅游局牵头的浙江（上海）旅游交易会暨"美景、美食、美宿、美购"特卖会。

12月29日下午，良和交通建设与杭州新中大软件有限公司举行信息化建设二期合作签约仪式，标志着公司二期信息化正式启动建设。

12月29日，象山现代物流园区公共服务中心项目（一期）通过竣工验收。

12月29日，象山常春藤绘本馆张琴被省文化厅评为2017年浙江省公共图书馆全民阅读节系列活动年度优秀阅读推广人。

12月30日，2017年浙江省冬泳邀请赛暨石浦第十二届冬泳节在石浦里山水库举行。

特　载

聚焦改革强动力　聚精会神抓发展
以优异成绩迎接党的十九大胜利召开
——在县委十四届二次全体(扩大)会议上的报告

(2017年8月1日)

中共象山县委书记　叶剑鸣

一、聚焦改革强动力,充分释放改革“红利”

改革是发展的根本动力,是决定当代中国命运的关键一招。中共十八届三中全会以来,习近平总书记主持召开了37次深改组会议,对全面深化改革提出了一系列新思想新论断新要求,为我们抓好改革工作指明了前进方向、提供了根本遵循。省第十四次党代会把“改革强省”作为“四个强省”工作导向之首,省委车俊书记强调,改革仍将是浙江发展最大的红利,没有改革,就没有浙江的今天,更没有浙江的明天。省委副书记、市委唐一军书记也多次强调,只有改革率先一步,发展才能领先一步。近年来,县委认真贯彻中央和省市关于全面深化改革的决策部署,把改革放在更加突出位置,举全县之力加以推进,全县改革呈现协同推进、纵深突破、攻坚落实的良好态势。海洋综合管理创新、全域旅游示范区、石浦建制镇示范、农产品质量安全县、农村生活垃圾分类和资源化利用示范等一批国家级试点先行先试,“最多跑一次”改革、行政综合执法体制、投融资体制、园区管理体制、农村产权制度等一批关键领域改革破题推进,“村民说事”、婚丧礼俗整治、农村集中式居家养老、公共服务质量评估、干部“双对双排”等一批改革做法成为“象山经验”。

当前及今后一段时期,面对加快崛起的机遇期、爬坡过坎的攻坚期、大有作为的窗口期,我们比以往任何时候都更需要改革来破除藩篱,突破一批体制机制障碍;更需要改革来积蓄动能,推动超常规发展,实现追赶跨越。要坚决贯彻落实习近平总书记改革宗旨观、改革方法论、改革落地责任说,聚焦改革、保持定力、加大力度,为加快建设宁波现代化滨海城区提供强劲动力。

(一)突出改革引领,争当全面深化改革急先锋。惟改革者进,惟改革者强。象山过去是靠吃“改革饭”发展起来的,未来发展仍然要靠改革领跑,跑出加速度,实现新跨越。

1. 深刻认识改革是激发社会活力、增添发展动能的主渠道。当前,象山县发展的主要问题是活力不足、动力不强,表面上看是受宏观形势、外部环境影响,实质上是体制性、结构性问题,具体表现在产业结构、科技创新、人才引留、要素供给、营商环境等方面未能有效突破。我们要从厘清政府与市场关系着手,用改革的办法,破除体制机制障碍,向改革要活力,向改革要动力。

2. 深刻认识改革是完善治理体系、提升治理能力的主抓手。当前,象山县治理体系建设中还存在社会管理不够精细、社会组织作用发挥不充分、矛盾纠纷依法化解机制仍需优化等问题,社会治理信息化、规范化、长效化制度体系有待完善。我们要从厘清政府与社会关系着手,以更大的魄力加快社会治理改革创新,提高系统治理、依法治理、综合治理、源头治理水平,推进治理体系和治理能力现代化。

3. 深刻认识改革是检验工作作风、锤炼干部队伍的主考场。优良作风是推进改革的根本保障,改革作为是工作作风的集中体现。随着改革进入攻坚期和深水区,干部能力与改革形势不相适应、与发展要求不相匹配的矛盾日益突出。广大党员干部要既当改革促进派、又当改革实干家,勇担改革之责、提升改革之能、追求改革之为。

(二)突出改革重点,争创体制机制新优势。全面深化改革是一项系统工程,要坚持在大局下谋划、大势中推进、大事中作为,牵住改革“牛鼻子”,重点突破一批具有引领性、示范性、基础性的改革项目,搭建改革“四梁八柱”,推动各方面各领域改革提档升级。

1. 聚焦引领性改革,培育发展动能。牢牢把握发展第一要务,以“最多跑一次”改革为突破口,推出一批积蓄动能最有效、带动全局最明显的重大改革举措,力争“一子落而满盘活”。一是深化“最多跑一次”改革。按照“一件事”“最多跑一次”的要求，推行“一窗受理、集成服务”，全力突破企业投资项目审批、不动产登记、商事登记制度改革，健全县镇村三级审批服务体系，优化帮办代办，提供“一站式”服务；加快补齐“信息孤岛”短板，深化“互联网+政务服务”，“让数据多跑路、群众少跑腿甚至不跑腿”；全面推行“双随机、一公开”监管模式，提升监管效能。二是推动撤县设区改革。对接宁波城市发展总体规划，深化城市管理、“多规融合”、户籍制度、小城市培育等系列改革，有序推进人口市民化，建立健全产业承接、功能融入、设施联通等方面的合作机制，推进市辖区体制、财政体制、土地管理、城市规划等研究，加快推动撤县设区。三是构建融入“一带一路”开放体系。主动对接宁波创建“一带一路”建设综合试验区，制定参与“一带一路”建设行动计划，充分发挥浙台经贸合作区、象保合作区等重大平台集聚效应，建立完善综合保税、口岸开放等功能，推进军民融合发展，复制推广投资贸易便利化体制机制；深入实施“引进来、走出去”战略，加大招商引资力度，支持企业建立跨国生产研发基地、营销网络，引导建筑企业深度参与“一带一路”互联互通基础设施建设。四是建设“智慧象山”“信用象山”。制定实施公共数据开放计划，推动政府数据向统一平台集聚，扩大公共数据在政府服务、产业发展、民生保障、社会治理中的应用，加快建设智慧旅游、智慧民生、智慧城管、智慧交通、智慧渔港；依托政府数据统一平台，完善信用信息综合管理平台，扩大征信范围，实行信用分类监管制度，健全守信激励和失信惩戒机制，推行“信用+”应用。

2. 聚焦示范性改革，激发发展活力。发挥试点对改革全局的示范、突破和带动作用，着重抓好一系列重大改革试点，让改革活力竞相迸发。一是建设海洋经济示范区。发挥海洋这一最大优势、最大潜力，紧抓国家战略机遇，建设现代海洋产业示范基地，创新海洋综合管理体制，优化海洋公共服务供给机制，开展海洋经济运行监测试点，创建国家海洋经济示范区；深化海洋资源市场化改革，健全海岛保护与开发体制机制，争取国家“和美海岛”试点，积极推动海域储备、无居民海岛产权分割试点实践。二是建设全域旅游示范区。深入践行“两山”理论，加快创建国家生态文明示范区；健全旅游管理体制，强化县旅委统筹协调职能，完善旅游综合监管模式；改革旅游用地管理制度，完善旅游多元投入方式，建立社会资本与村集体或村民共建共享机制；整合资源、政策、营销，实施“旅游+”“+旅游”，推动形成产业共荣、城旅共兴、主客共享局面。三是深化农村产权制度改革试点。以确权赋权活权为核心，推进农村土地“三权分置”改革，健全县镇村三级产权交易网络，建立健全产权交易流转机制；统筹推进农村土地征收、集体经营性建设用地入市、宅基地制度改革，全面推进农村土地承包经营权确权登记颁证；加快农村信用体系建设，创新金融支农产品，争创省信用县，争取全国普惠金融试点。四是建设公共服务质量示范县。健全公共服务质量测评机制，完善评估分析、反馈整改、绩效考核等机制；构建公共服务综合信息平台，制定公共服务质量标准，优化教育、文化、医疗卫生等资源配置，全面提升公共服务质量。

3. 聚焦基础性改革，破解发展瓶颈。紧抓制约发展的关键环节，重点突破一批关联度大、耦合度强的基础性改革项目，确保各领域改革向中心聚焦、向深处发力。一是创新人才“引育用”机制。优化完善人才政策，分类实施党政、国企、教师医生、企业家、工匠、农创客等各类人才引育计划；加快科技创新“一中心三平台”建设，引进一批高层次人才；实施象山籍人才回归工程，健全人才柔性流动机制，发挥省“151”专家服务基地作用；健全人才培养机制，完善产教协同创新创业园建设，抓好省级现代学徒制试点；完善“人才绿卡”制度，改进人才评价考核方式，优化人才服务环境。二是深化投融资体制改革。加快国企国资改革，立足做大做强五大国有集团，建立现代企业制度，完善考核评价、用人管理、薪酬分配、投资决策等机制；创新产业引导基金运作机制，深化政府与社会资本合作（PPP模式）；控制政府举债规模，规范债务管理，防范债务风险；推动金融服务创新，对接宁波国家保险创新综合试验区建设，拓宽金融保险支持实体经济渠道。三是推进综合行政执法改革。整合行政执法机构和职能，继续推进执法力量下沉，健全基层综合执法体系；建立综合执法协调机制，开展交通运输、农林水利、海洋等领域综合执法改革。四是实施“矛盾不出村”改革。加快镇乡（街道）“一中心四平台一网格”建设，健全基层综合治理机制；加强民主法治村建设，深化完善“村民说事”制度，促进农村基层“小微权力”规范化运行；创新矛盾纠纷发现化解机制，健全依法打击“非访”行为机制，发挥乡贤工作室、村级治保调解干部作用，提升公共调解中心建设水平，健全“大调解”工作体系。

（三）突出改革落地，增强企业群众获得感。健全改革项目管理机制，推进改革举措系统集成，精准聚焦、协同发力，以钉钉子精神，确保每项改革任务落地落实、抓出成效。

1. 坚持“一把手抓、抓一把手”。改革能不能落地，主要领导亲自抓、带头干是关键。各级党政主要负责人要亲自抓改革，重要改革亲自部署、重大方案亲自把关、关键环节亲自协调、落实情况亲自督查。县委改革办和各专项小组要做好统筹协调落实，各地各部门要厘清责任链条、拧紧责任螺丝，切实把改革抓在手上、落到实处、干出成效。

2. 坚持“系统抓、抓系统”。更加注重改革的系统性、整体性、协同性，准确把握改革内在联系，充分聚集改革资源，运用系统思维谋划推进改革，努力增强改革整体效果。加强上下联动，把顶层设计和摸着石头过河有机结合起来，切实抓好上级部署开展的各项改革举措，大胆先行先试，打造象山品牌。像抓重大项目一样抓改革项目，完善协调推进、对账销号、考核评价等制度，确保所有改革事项有人管、有人促、有人干。

3. 坚持“主动抓、抓主动”。完善督察机制，盯住关键环节，既督任务、督进度、督成效，也察认识、察责任、察作风，做到改革部署到哪里，督察工作就跟进到哪里。把推进改革的态度作为政治巡察的重要内容，把推进改革的能力作为干部考察的重要标尺，建立健全改革容错免责机制，形成“允许改革有失误、但不允许不改革”的鲜明导向。

4. 坚持“全员抓、抓全员”。深入开展“便民利企”改革，让更多的改革成效惠及企业和群众，增强全社会对改革的认同感。加强干部改革能力培养，加大改革培训和挂职锻炼力度,提升各级干部谋划改革、推动改革、落实改革的水平。深入挖掘和宣传一批典型事例、改革成效,唱响改革"好声音",全方位营造支持改革、拥护改革、参与改革的浓厚氛围。

二、聚精会神抓发展,确保实现"全年红"

2017年初以来,县委常委会认真贯彻中央和省市决策部署,牢牢把握"稳中求进"总基调,扎实实施"双突破双驱动"战略,凝心聚力谋发展、撸起袖子加油干、上下同欲抓落实,全县经济稳走向好、社会和谐稳定。上半年,实现地区生产总值211.5亿元、同比增长6.8%;财政总收入35.6亿元、同比增长9.4%,其中一般公共预算收入20.6亿元、同比增长4.1%;城乡居民人均可支配收入分别同比增长8.1%、9%。

(一)目标方向进一步坚定。县委常委会及时传达学习中央各次重要会议精神尤其是习近平总书记重要讲话精神,认真落实意识形态工作责任制,切实增强"四个意识",在思想上拥护核心、政治上维护核心、组织上服从核心、行动上紧跟核心,并结合象山实际抓好贯彻落实。把推动中央大政方针和各级党委、政府决策部署在象山落地作为最大的政治任务,深入学习省第十四次党代会、市第十三次党代会精神,掌握精髓、领会要义,在省市大格局大方位中找准象山坐标和定位,加快建设宁波现代化滨海城区的信心更加坚定、目标更加清晰。认真落实县第十四次党代会精神,开展县委一号课题调研,高标准谋划加快建设宁波现代化滨海城区的路径举措。根据全市统一部署,扎实推进"大脚板走一线、小分队破难题"抓落实专项行动,统筹开展"千名干部驻百村、一线蹲点解难题""政法干警走一线、破解难题促发展"等活动,集中攻坚重大项目难题。

(二)经济运行进一步稳健。把工业牢牢抓在手上,举办经济风云榜颁奖典礼,实施推进"中国制造2025"试点示范33条意见,工业经济向好态势确立。工业增速明显回升,完成规上工业产值305亿元、同比增长14.8%。工业招商成效明显,新签约亿元以上工业项目13个,完成工业实际利用内资18.1亿元、同比增长10%。工业投资保持较快增长,完成投资29.7亿元、增长30.9%。产业转型步伐加快,扎实实施科技创新"八大计划",深入推进"四换三名"工程,设立科技创投基金、天使投资基金,高新技术产业投资额增长1.2倍,战略性新兴产业、装备制造业增加值增速分别高于规上工业5.1个和2.7个百分点。旅游发展跨入升级跑道,旅游综合收入110亿元、门票收入1亿元,同比分别增长13.6%、12.3%。创建工作全面升级,召开创建国家全域旅游示范区专题推进会,设立旅游巡回法庭、旅游警察和旅游市场监管大队,开展旅游市场集中整治,产业融合、旅游服务等水平进一步提升。核心景区提档升级,大目湾—松兰山国家级旅游度假区创建启动,石浦镇入围省首批旅游风情小镇创建单位,象山影视城经营性收入、剧组拍摄、落户企业数均增长40%以上,中国海影城"海上传奇"开园。旅游大项目提速升级,绿色体育竞技小镇签约,华美水上乐园(海阔天空)、亲和源养老公寓等进展顺利,半边山工人疗养院建成营业,五彩渔镇加快推进。乡村旅游提质升级,引进途家网、乡伴文旅等高端团队。农旅融合发展步伐加快,国家农产品质量安全县创建试点全面启动。建筑业完成施工产值432.8亿元、同比增长8.7%。服务业完成增加值99.7亿元、同比增长9.2%。"三外"经济平稳发展,完成出口87亿元、同比增长25.5%;实际利用外资7366万美元、内资40亿元、"浙商回归"23.1亿元,同比分别增长19.4%、3%、57.3%;完成境外承包工程营业额2.9亿美元。下大力气推进重点工程,制定专项实施意见,举行重大项目集中开工仪式,有效投资持续扩大,完成固定资产投资87.6亿元,106个重点工程完成投资56.9亿元,同比分别增长15.1%、11.8%,尤其投资结构加速优化,工业投资、民间投资占比上升。加大交通建设力度,三门湾跨海大桥及接线工程进展顺利,石浦高速连接线开工,城际铁路建设规划通过省发改委评审,象山港二通道启动谋划。

(三)城乡环境进一步优化。持续打好环境综合治理系列组合拳,全面落实"河长制""片长制""滩长制",成功夺得2016年度省"大禹鼎",获评省首批"无违建县"、省"四边三化"优秀县。全民动员攻坚剿劣,劣V类小微水体整治率达90%,"污水零直排区"创建工作扎实推进。持之以恒抓好"三改一拆",完成"三改"54.4万平方米、拆违61万平方米。纵深推进"一打三整治",减船转产五年任务一年完成,全国海洋伏季休渔专项执法行动启动仪式在象山县成功举行。强势开展建设环境专项整治,破获各类案件56起、刑拘51人,建设环境明显好转,得到了广大干部群众一致拥护和认可。修编完善县域总规纲要,编制《宁波现代化滨海城区美丽行动规划》,美丽街区试点启动实施,城区交通拥堵治理扎实推进,"四城"创建加快开展,省级园林城市创建通过省级初验。棚改三期8个区块顺利推进,原丹西街道办事处区块签约率100%。开展危房解危59幢6.9万平方米。深入开展小城镇环境综合整治,首批6个集镇整治扎实推进,其他10个集镇整治全面启动,西周镇列入省级小城市培育试点名单。持续推进美丽乡村分类创建,深化推广村庄梳理式改造,深入实施农村"安居宜居美居"专项行动,"斑斓海岸"、中西部山水风情线等提升改造,农村生活污水治理提升工程加速推进。创新扶持村集体经济发展,开展村集体授信放贷、债务置换试点。

(四)民生福祉进一步改善。深化"法治象山"建设,党政领导干部依法执政培训、"七五"普法等工作扎实推进。加强社会治理创新,建设"一中心四平台一网格",建成县乡两级综合指挥中心,健全指挥系统运行机制,基层治理水平进一步提升。深入推进"平安象山"建设,加快完善社会治安防控体系,加大依法化解信访积案力度,突出网络舆情引导与应对,确保社会大局和谐稳定。强化安全生产和食品药品监管,主动做好防灾防汛工作。拓展"善行象山"主题实践活动,开展"最美象山人"评选表彰,涌现出一批全国先进典型。制定繁荣发展社会主义文艺实施意见,国家级海洋渔文化生态保护实验区建设成果展在京举办。首届群众文化艺术节顺利举行,婚丧礼俗整治巩固深化,外宣工作取得积极成效。推动教育均衡发展,教师"县管校聘"管理改革试点扎实实施。深入推进综合医改先行先试,"双下沉、两提升"有效落实。加强就业和社会保障工作,加快推进全民参保,新增就业6460人,养老保险参保率达89.9%。加快推进养老综合改革试点,新增民办养老机构4家、床位366张。

（五）党的建设进一步加强。县委坚持统揽全局、协调各方，制定政府民生实事项目人大代表票决制，支持政府依法履职，充分发挥政协协商民主重要渠道作用，推进工青妇和科协等群团组织改革，不断巩固爱国统一战线。强化党管武装，省“双拥模范县”八连冠创建工作积极推进。推进“两学一做”学习教育常态化制度化，党员领导干部带头开展“八个一”活动，基层党组织生活步入正常化、规范化轨道。召开打造象山铁军动员大会，制定实施系列文件，加大优秀党政正职表彰力度，实行治理为官不为调整不适宜担任领导干部办法，明确10条“红线”、20条“黄线”，开展“中梗阻”集中整治，奖优罚劣导向进一步树立。搭建工作平台、统一核岗管理，退出领导岗位干部作用较好发挥。落实省委市委主要领导关于“村民说事”批示精神，深化完善“村民说事”制度，相关做法被中央深改办、中农办录用刊发。严格执行换届纪律，又稳又好完成村社组织换届。认真落实从严治党“两个责任”，积极稳妥推进监察体制改革试点，顺利完成县监委组建和人员转隶。抓好省委巡视组巡视反馈遗留问题、市纪委全面从严治党4方面问题等整改，探索开展政治巡察，把握运用“四种形态”，持续推进“四风”整治，问责处理干部80名。严格执行农村基层权力规范运行若干意见、村干部廉洁履职管理办法，获全国农村集体“三资”管理示范县。

2017年是新一届县委开局之年，也是象山县改革发展十分关键的一年，做好下半年工作意义重大。世界经济出现好转迹象，国内经济呈现筑底回稳态势，省市经济发展回暖向好，外部环境总体于我有利。从象山县来看，对照市里“双底线”目标，上半年象山县共有绿灯11盏，总体情况好于去年同期、好于一季度、好于预期，说明积极因素在积累、发展势头在好转、向上趋势在形成。但是，不能沾沾自喜、盲目乐观，要看到目前向好的势头还不稳固，发展的不确定、不稳定因素依然较多，经济社会发展中仍存在一些困难和不足：一是针织、水产品加工等传统产业转型不够快，招大商、招好商难度不小，重点项目开工难、推进慢，区域竞争压力较大；二是科技创新与人才工作尚未有效突破，“最多跑一次”等重大改革落地需进一步加大力度；三是社会维稳任务较为繁重，社会治理还有不少薄弱环节；四是一些党员干部工作不主动、不积极，怠政懒政、不思进取，缺乏斗志、不敢破难，党风廉政建设仍需持续加强。越是困难的时候越要奋发有为，越是关键时刻越要加压奋进。各级各部门务必按照年初决策部署，咬定目标不动摇，精准发力破难题，全力以赴、决战冲刺，奋力推动经济社会平稳健康发展，确保实现“季季红”“全年红”。重点抓好五方面工作：

（一）突出中共十九大胜利召开这条主线，确保大局和谐稳定。迎接中共十九大、宣传贯彻中共十九大精神，是贯穿下半年各项工作的一条主线，是一项必须做好的重大政治任务。抓好信访维稳，压实属地责任，严格落实信访积案领导包案制，加大非法信访打击力度，进一步规范信访秩序。抓好综治安保，组建县重大不稳定问题应急协调小组，成立平安护航中共十九大维稳安保工作专班，开展不稳定因素排查化解，健全立体化社会治安防控体系。抓好公共安全，全面开展安全生产大检查，严格落实反恐、防台防汛防旱等各项措施，严防重大事故发生。抓好基层治理，健全“一中心四平台一网格”体系，实现县、镇乡（街道）指挥平台高效运转；扎实开展平安渔港、平安景区、平安渔村等系列创建，誓夺“平安金鼎”。抓好意识形态，树立政权意识、阵地意识，共建共护干净清朗的舆论空间；统筹开展系列宣传活动，迅速掀起中共十九大精神宣传热潮，唱响主旋律、激发正能量。

（二）全面突破工业旅游，推动经济步入快速发展轨道。巩固工业向好势头，加快全域旅游提档升级，引领全县经济发展进入“快车道”。全面对接宁波“中国制造2025”试点示范城市建设，实施一批智能制造项目，建设针织时尚小镇，带动传统产业转型升级。大抓项目、抓大项目，依托经济开发区、象保合作区等大平台，全力以赴引进和推进一批亿元以上工业项目，狠抓落地率、开工率、竣工率，新签约亿元以上工业项目40个，其中10亿元以上项目3个，工业投资增长20%。突出抓好企业梯队培育，发挥产业基金引导作用，实施推动企业利用多层次资本市场三年行动计划，力争新挂牌上市企业2家、新三板2家。加强企业综合效益评价，健全市场化推出长效机制。深化企业降本减负行动，开展涉企服务月活动，持续加大帮企解困力度，出台政企交往行为规范，构建“亲”“清”新型政商关系。优化金融生态，打击恶意逃废债。全力以赴抓好国家全域旅游示范区创建，精准补齐智慧旅游、公共服务、旅游交通、统计改革、旅游用地等薄弱环节。加快创建大目湾—松兰山国家级旅游度假区，做好浙江海洋运动中心、大红鹰影视学院等前期工作；引进战略投资者共同开发影视城，建设省级影视星光小镇，动建浙江广电三期；创建石浦镇省旅游风情小镇，实施渔港古城二期、中国渔村二期等项目。大力发展美丽经济，推进旅游特色乡镇、特色村、特色民宿建设，建成A级以上景区村35个。积极发展现代服务业，建成现代物流园区，提升电子商务园集聚水平。大力推动建筑工业化，引导和支持企业拓展PPP等领域，促进建筑业转型升级。打响“象山柑橘”“象山梭子蟹”等区域公用品牌，发展远洋渔业，推进国家农产品质量安全县、农业部渔业健康示范县、省渔业转型发展先行区创建。

（三）精准发力补好短板，不断增强发展后劲。针对城市建设、科技创新、项目投资等突出短板，聚焦发力、全力弥补，进一步挖潜力增动力。深入开展“现代化滨海城区”县委一号课题调研，修编完成县域总体规划，召开城市工作会议，完善城市管理体制，制定实施城镇建设五年行动计划，着力打造“面向世界、国内一流”的美丽象山。加快三门湾跨海大桥及接线工程、石浦高速连接线建设，力争城际铁路获国家发改委批复。精致打造美丽县城，开展美丽街区建设，统筹推进“四城”创建，成功创建省级园林城市，完成环城西路路基工程。启动青草巷、塔山路等区块开发，力争完成棚改50万平方米，加大危旧房解危力度。实施大孵化器建设计划，建设县级综合性创新创业平台，大力推进科技型“小巨人”企业培育工程，加大科技招商力度，新增高新技术企业7家。做强海洋科技人才创业园，引进培育市“3315”计划以上人才6名。把推进重大项目建设作为重中之重，进一步落实县级领导领衔项目制度，切实加大协调力度，确保开工建设一批重大项目，保持固定资产投资较快增长。

（四）巩固专项行动成果，争创一流彰显特色。牢固树立争先创优意识，进一步巩固形成一批走在省市前列的特色工作品牌。严格落实河长制，坚决完成2个县控、114个小微水体剿劣任务，确保首批5个单位建成“污水零直排区”，力争再夺“大禹鼎”。巩固省首批“无违建县”创建成果，持之以恒抓好“三改一拆”，实行网格化常态化巡查，健全完善拆违控新长效机制。保持“一打三整治”密查严打态势，全面落实“滩长制”，严防涉渔“三无”船舶反弹回潮，推进渔民减船转产，为修复振兴东海渔场作出更大贡献。主动对接省“大湾区”建设行动纲要，争创国家海洋经济示范区，推进蓝色海湾整治与修复。精心建设美丽集镇，开展小城镇环境综合整治专项行动，加快打造美丽乡村升级版，扩面推进农村生活垃圾分类处理，开展整洁田园行动，争当省“大花园”建设“先行者”，确保首批6个试点乡镇通过省级验收。深化“大脚板走一线、小分队破难题”抓落实专项行动，健全县级领导领衔破解难题制度，攻坚突破80个项目，带动千名干部驻村强基破难。

（五）切实保障改善民生，着力增进民生福祉。加快建设海洋文化强县，实施繁荣文艺“九大计划”，推进县图书馆新馆、渔文化创意园、塔山遗址公园等项目建设，精心办好第二十届中国开渔节、第十三届中国海洋论坛和首届世界象商大会。加大教育改革力度，实施名优教师培育工程，提升各类教育水平，积极创建省教育现代化县。推进“健康象山”建设，持续深化综合医改，鼓励引导社会资本发展健康服务业。实施更加积极的就业政策，提高就业创业统筹服务能力。扩大养老、医疗、失业等五大社会保险覆盖面，加快城乡社会保障并轨，稳步提高社保待遇水平，户籍人员医保参保率达到98%以上。完善社会救助主动发现和快速干预机制，加大对困难群体医疗、教育专项救助力度，支持发展社会慈善、社会福利、残疾人和红十字事业。

三、持续提振精气神，切实扛起深化改革加快发展的重任

深化改革、加快发展，关键在党，关键在干部，特别要看各级领导干部的精神状态。要始终坚持从严治党、严管干部，引导党员干部形成奋发有为的精神状态，尽心尽责作表率、争先争优当一流，奋力开创加快发展、追赶跨越新局面。

（一）学好系列讲话，持续学出精神状态。“有信仰才有希望才有力量”。要深入学习贯彻习近平总书记系列重要讲话精神和治国理政新理念新思想新战略，在武装头脑、指导实践、推动工作上下功夫，树立“四个意识”，增强“四个自信”。扎实推进“两学一做”学习教育制度化常态化，抓牢“关键少数”，抓实基层支部，严格党内组织生活基本制度，加强和规范党内政治生活，补足精神之“钙”，坚定理想信念，增强政治定力。

（二）带好班子队伍，持续带出精神状态。火车跑得快，全靠车头带。大力支持人大、政府、政协按照法律章程和党委决策开展工作，支持各民主党派、工商联和无党派人士积极发挥作用，凝聚起共谋发展的强大合力。党政“一把手”要率先垂范、敢抓敢管，建设一流班子、带出一流作风。深化推行“双对双排”，开展“好班子好班长好团队好干部”评选，强化正向激励，同时加大不胜任现职领导干部处置力度，动真格推进干部能上能下，加快形成真抓实干、比学赶超的良好氛围。开展年轻干部、专业干部公开比选、公开竞聘，推出百名优秀学子引进培养计划，实施“优苗选育”工程，进一步加大优秀干部培养选拔力度。突出党政正职和关键岗位干部管理，落实提醒函询诫勉、个人有关事项报告等制度，推动从严监督管理干部常态化、制度化。

（三）抓好基层基础，持续抓出精神状态。基础不牢，地动山摇。要以加强新一届村社干部队伍建设和管理为契机，突出敢担当善执行、会做群众工作的导向，打造一支冲在一线、敢上火线、群众信赖的基层干部队伍。深入推进基层党建三年行动计划，推动基层党建“整片建强”精品示范片建设，深化完善三级“书记账本”，推动基层组织全面进步全面过硬。建立健全基层民主议事制度，深化推进“村民说事”，推行农村“小微权力清单”制度，进一步打响“村干部清白、老百姓明白”的基层治理体系品牌。从严加强党员发展和教育管理，探索防止党员失联长效机制，稳妥处置不合格党员。

（四）管好纪律作风，持续管出精神状态。信任不能代替监督，严管就是厚爱。要严格落实全面从严治党“两个责任”，强化责任传导、分析研判、述责述廉、责任追究等机制，层层压实工作责任。落实监察体制改革要求，发挥纪委、监委作用，深化县委巡察、派驻监督工作，用好监督执纪“四种形态”，加强审计监督，抓早抓小抓预防。推进“打通中梗阻、提升执行力”专项行动，大力整治庸懒散拖，推动党风政风持续好转。实施“森林康健工程”，推进“正党风、优作风、树清风”行动，加强廉政警示教育，强化权力监督制约，健全不想腐、不敢腐、不能腐的机制。

（五）积极干主动干，持续干出精神状态。“干部要干事，为官要有为”。要讲使命比担当。抓落实不是为了哪个领导，而是为了象山发展，要多一些家国情怀和为民情怀，把工作当成自己的事业来做，珍惜岗位、履职尽责，以干部的辛苦指数换来人民群众的幸福指数。要讲速度比效果。抓落实抓得是先机，早抓出经验、晚抓挨批评，要有决策不拖延、落实不过夜的速度，主动抓抓主动、具体抓抓具体，敢于争先、勇争一流，力争各项工作快人一步、先人一招。要讲方法比破难。抓落实要有“明知山有虎、偏向虎山行”的劲头，拼命实干、科学巧干，要知难而进、迎难而上，拿捏好分寸、掌握好火候，借势用势、一往无前，扫除“拦路虎”、啃掉“硬骨头”。

加快发展任务繁重，改革攻坚势在必行。全县上下务必要进一步聚焦改革强动力、聚精会神抓发展，奋力夺取“全年红”，为加快建设宁波现代化滨海城区开好局、起好步，以优异成绩迎接中共十九大胜利召开！

政府工作报告

——在象山县第十八届人民代表大会第一次会议上作政府工作报告

县长　黄焕利

2017年2月14日，县长黄焕利在象山县第十八届人民代表大会第一次会议上作政府工作报告　　（周　科　摄）

一、过去五年工作回顾

县十七届人大一次会议以来，面对复杂严峻的宏观环境和繁重艰巨的工作任务，县政府在县委的正确领导下，在县人大、县政协的监督支持下，团结依靠全县人民，主动适应新常态，抢抓发展新机遇，扎实实施桥海兴县和"双突破双驱动"战略，全县经济社会发展取得了新的成绩。象山港大桥建成通车，"千百十"工程全面完成，先后获得国家生态县、国家卫生县城、全国双拥模范县"五连冠"和省美丽乡村示范县、省示范文明县城、省"平安银鼎"等荣誉。地区生产总值从2011年的316.5亿元增加到437.1亿元，年均增长6.8%。财政总收入从42.3亿元增加到62.6亿元，年均增长8.1%。累计完成固定资产投资822.3亿元，年均增长9%。城乡居民人均可支配收入分别达到46836元、26113元，年均分别增长8.8%、10%。

五年来，全力以赴稳增长、调结构，经济实力逐步增强

工业强县深入推进。突出工业首要地位，制定稳增长促转型系列扶持政策，实施"四创四强"工程，全力壮大工业经济实力，跻身省工业强县第二梯队。规上工业产值从426.1亿元增加到584.6亿元，年均增长6.5%；累计完成工业投资240.6亿元，年均增长16%。加强产业规划引导，设立产业引导基金，传统产业稳定发展，战略性新兴产业、高新技术产业增加值年均增长超过10%。深化企业梯队培育，精准服务企业发展，规模企业达到510家、其中亿元企业85家，新增国家高新技术企业43家、上市挂牌企业7家，华翔、天安成为省"三名"培育企业。加大招商引资力度，健全招商服务机制，累计实际利用外资4.6亿美元、内资173亿元，其中浙商回归资金86亿元。提升外经贸发展水平，发挥海关、检验检疫等职能作用，累计完成自营出口109.6亿美元、境外承包工程营业额22.9亿美元。稳步发展建筑业，强化困难企业帮扶，建筑业总产值从663.7亿元增加到1201.4亿元，年均增长12.6%。

农渔业提质增效。推进农渔业现代化，总产值从94.2亿元增加到124.2亿元，稳居全省前列，获评省生态循环农业示范县。加快农业"两区"建设，新建标准化粮食生产功能区4933.33公顷、现代农业园区27个，全省农业"两区"建设现场会在象山召开。提升农业产业化水平，累计流转土地12866.67公顷，发展设施农业2866.66公顷，新增农业经营主体1261家。推动渔业转型发展，完成养殖塘标准化改造1200公顷，远洋渔业、休闲渔业发展良好。重视农业科技应用和品牌建设，创建柑橘、梭子蟹区域公用品牌，新增市级以上名特优农产品63个、"三品一标"206个，获批国家级农业科技园区，成为省首批农产品质量安全放心县。

服务业发展较快。深入实施服务业发展规划，服务业增加值达到180.4亿元，年均增长7.7%。推进旅游全域化，接待游客数从830万人次增加到1962万人次，旅游经济综合收入从84亿元增加到186.8亿元，均实现翻番，入选国家全域旅游示范区首批创建名单。提升景区品质，松兰山、石浦渔港

旅游综合治理取得实效,宁波工人疗养院、半边山皇冠假日酒店基本建成,东海铭城等项目稳步推进。大力发展乡村旅游,农家客栈特色村达到30个,获评全国休闲农业与乡村旅游示范县。挖掘消费潜力,培育电子商务,社会消费品零售总额达到171.1亿元,年均增长13.2%。加大金融服务实体经济力度,新增银行业机构5家,存贷款余额年均分别增长11.7%、9.3%。

五年来,坚定不移强基础、增后劲,发展活力不断激发

平台建设扎实推进。加大园区开发力度,整合经济开发区、产业区,累计配套投入20.1亿元,新增投产企业155家。设立临港装备工业园,中石化非标设备、日星精加工等项目建成投产,成为宁波高新区"一区多园"专业园。建立象保合作区,启动建设航天智慧科技城,累计引进企业214家。浙台(象山石浦)经贸合作区获批,海峡两岸交流基地授牌设立,石浦港口岸获准临时开放。大目湾新城框架初步构建,三大城市综合体一期全面建成,浙师大附属学校投入使用,累计完成投资75亿元。影视文化产业区加快崛起,民国城投入运营,浙江广电影视基地一期、二期基本建成,影视文化企业达到291家,获评省现代服务业集聚示范区。

重点改革不断深化。健全改革推进机制,统筹抓好82个重点任务,实施市级以上改革试点12个。开展供给侧结构性改革,企业降本减负、落后产能淘汰、房地产去库存等取得实效。推进投融资体制改革,组建五大国有集团,实施一批PPP项目,政府性债务融资成本下降13%。深化行政审批制度改革,建立基本建设项目快速审批机制,完成不动产登记制度、"五证合一""三测合一"等改革,行政审批实现再提速。加快农村综合改革,启动户籍制度改革,开展农村产权确权颁证,基本完成农村经济合作社股份制改革,农村发展活力进一步增强。强化海洋管理创新,设立国家海域动态监管中心,海域使用权市场化配置取得突破。

创新驱动持续强化。深入实施创新驱动五大行动计划,完善区域创新体系,全社会研发投入占GDP比重从1.64%提高到2.45%。加强创新平台建设,引进设立浙江高校产学研联盟象山中心、宁波工程学院象山研究院,新增市级以上企业工程技术中心25家,国家企业技术中心、省企业研究院实现零突破。积极创建特色小镇,星光影视小镇、航天科技小镇列入市创建名单。推进企业自主创新,深化"四换三名""两化融合",新增市级新产品1460项、授权发明专利405件,创建市级以上名牌46个。加大招才引智力度,新增各类人才3.7万人,累计引进、培养高层次人才65名。改善人才环境,海洋科技人才创业园开园运行,人才公寓建成投用,"人才绿卡"制度有效落实。

五年来,统筹兼顾抓建设、强治理,人居环境明显改善

城乡一体化步伐加快。顺应城乡融合发展趋势,推进新型城镇化,城镇化率达到57.9%。加快中心城区建设,建成区面积扩大到30平方公里,涌金广场、国际风情街集聚效应增强,南部新城商务区一期投入使用,城市景观亮丽工程形象显现。加大棚户区改造力度,青草巷等9个区块改造全面启动,完成征收改造面积20万平方米。统筹卫星城和中心镇发展,石浦国家级建制镇示范试点深入推进,西周列入省小城市培育试点,贤庠等城镇功能逐步完善。实施美丽集镇建设三年行动计划,4个试点乡镇扎实启动,基础设施等六大提升工程稳步推进。深化美丽乡村建设,建成全面小康村、中心村等82个,创建市级精品线4条,"一户多宅"清理和村庄梳理式改造经验全省推广。

城市管理更加优化。实施主城区品质提升行动,深入开展"两城"创建、"四城"联创,城市管理机制不断健全,文明指数明显提高。加强市容市貌管理,城区保洁面积扩大到640万平方米,中心菜市场等专业市场建成启用,占道经营、户外广告等整治成效明显。强化社区管理,完成13个社区标准化建设,社区特色服务品牌实现全覆盖。优化小区环境,改造老小区38个、背街小巷43条,小区物业管理三年提升行动取得实效。改善居民出行条件,贯通城区"断头路"23条,改造提升城区路面30万平方米,客运东站基本建成。加大交通拥堵治理力度,新改建公共停车场23个、公交首末场站7个,城乡公交实现一体化管理。

基础设施取得突破。以象山港大桥建成通车为标志,县域交通面貌实现历史性改变,环象山港公路全线贯通,三门湾大桥及接线工程象山段进度过半,高速新桥、东陈茅洋连接线加快建设,累计新改建一级公路63公里、县乡公路10.3公里、农村联网公路136公里。加强水利设施建设,投入资金47亿元,重点区域防洪排涝能力全面提升,城乡供水实现一体化。拓展用地空间,新增土地面积2666.67公顷,道人山、黄沙岙围涂和大中庄围垦完工,水糊涂二期围涂加快推进,东海涂围垦前期有序开展。优化电网布局,新改建110千伏以上输变电工程10个,供电能力进一步增强。

环境治理成效明显。大力开展"五水共治",实施治污攻坚三年行动计划,全面治理黑臭河、消除垃圾河,拆除畜禽养殖场1183家,建成贤庠、鹤浦污水处理厂和430个村生活污水处理设施。扎实推进"三改一拆",累计改造旧住宅区、旧厂区、城中村472万平方米,拆除违法建筑553万平方米,获评省"基本无违建县"。加强城乡绿网建设,开展"四边三化"治理,完成平原绿化1000公顷,成功创建省森林城市。实施生态环境综合整治三年行动计划,基本完成五大重污染行业整治,万元生产总值能耗下降20%,主要污染物排放控制连年达标。重视海洋生态环境保护,强化港口岸线治理,抓好"一打三整治",获批国家级海洋生态文明示范区。

五年来,尽心竭力保基本、促均衡,公共服务持续优化

社会保障扩面提质。坚持民生优先,累计完成民生实事工程146项,公共财政用于民生支出213.5亿元,占总支出的77.4%。优化就业创业服务,新增就业岗位4.3万个,城镇登记失业率控制在3%以内。完善社会保障体系,城镇居民医保和新农合并轨管理,渔民养老保障等制度不断健全,本地户籍人员养老保险参保率达到89.5%。强化城乡住房保障,建成保障性住房30万平方米,解危城镇危旧房33万平方米。深化养老服务体系建设,县老年公寓建成运营,新增民办养老机构32家,农村集中式居家养老服务走在全省前列。规范殡葬管理,整治迁移坟墓1.4万座,提升乡镇中心公墓区50个,燕山陵园启动建设。加强社会救助,城乡低保标准提高31.6%,县残疾人康复医院投入使用,慈善、红十字等工作不断深入。

社会事业协调发展。弘扬社会主义核心价值观,"善行象山"行动深入人心,婚丧礼俗整治成效明显,民间信仰场所管理得到规范。加强海洋文化强县建设,中日韩徐福文化象山研讨会成功举办,中国开渔节影响力持续扩大,国家海洋渔文化生态保护实验区建设不断深入。积极发展公共文化事业,县文化活动中心、象山书城、县游泳馆等文体设施建成投用,各类文化惠民和群众体育活动广泛开展。加快教育现代化,实施"零择校"等教育改革,新改建学校(幼儿园)37所,获评全国义务教育发展基本均衡县、省教育基本现代化县。深化医药卫生体制改革,推进区域医联体建设,完成台胞医院迁建等工程,人民医院通过JCI认证,创成省卫生强县。稳妥落实"全面两孩"等生育政策,全县人口保持均衡发展。工会、共青团、妇联及工商联、文联、科协等作用有效发挥,住房公积金、档案、方志、烟草、盐业等管理进一步加强,民族宗教、侨务、外事、对台等工作扎实开展,统计、老龄、广电、邮政、通信等事业取得新成绩。

社会治理创新完善。加强法治象山建设,网络民情会办中心、公共法律服务中心和"双联"中心功能拓展提升,"一张网"基层治理网格体系不断完善,"六五"普法顺利完成,群众法治意识逐步增强。深化平安象山建设,完善社会治安防控体系,扎实开展安全生产系列专项整治,圆满完成G20峰会护航任务,连续十年获评省平安县。依法规范信访秩序,畅通民生诉求渠道,一批信访案件有效化解。健全食品药品安全责任网络,先后获评省食品、药品安全示范县。完善应急处置机制,强化防灾减灾体系建设,成功防御台风、寒潮等自然灾害。

五年来,从严从实改作风、转职能,政府建设切实加强

行政效能有效提升。开展行政体制改革,优化职能配置,新一轮机构改革顺利完成。推进"四张清单一张网"建设,探索开展公共服务质量评估,政务服务得到改善。深入开展群众路线教育实践活动、"三严三实"专题教育、"两学一做"学习教育,抓好重点问题整改,作风效能建设成效明显。强化执行力建设,完善机关人员问责办法,推行"三级问责""双对双排"等制度,累计问责干部94人。切实精简会议活动和文件简报,加强电子政务建设,行政效率进一步提高。

依法行政得到强化。加快建设法治政府,建立领导干部集体学法制度,推进法律顾问、公职律师队伍建设,落实行政复议、行政应诉改革措施,获评省法治政府建设先进单位。认真执行重大事项向人大报告、政协协商制度,累计办理人大代表建议1216件、政协委员提案1198件。健全行政决策机制,出台重大行政决策程序规定、目录清单制度,积极听取民意、集中民智,依法决策水平不断提高。开展综合行政执法体制改革,加强政府合同备案审查,深化政府信息公开,行政行为更加规范透明。

廉政建设不断深入。认真贯彻廉洁自律准则、党纪处分条例,严格落实中央八项规定精神,保持正风肃纪高压态势,累计查处违纪违法人员535人,"四风"问题有效遏制。配合做好省对县经济责任审计、省委巡视组巡视工作,切实抓好反馈问题整改,行政管理水平进一步提升。加大审计监督、行政监察力度,建立巡察工作机制,规范项目管理和招投标行为,廉政监督体系不断健全。出台政府债务管理办法,强化乡镇财政管理,政府债务得到有效控制。加强政府公务管理,完成机关办公用房清理、新一轮行政单位公务用车改革,"三公"经费年均下降16%。

这些成绩的取得,离不开上级党委、政府和县委的坚强领导、科学决策,离不开人大、政协的有效监督、大力支持,离不开全县人民的齐心协力、奋勇拼搏。

在肯定成绩的同时,也应清醒地认识到,全县经济社会发展还存在一些问题:一是应对经济下行风险办法不够多,产业平台、重大项目支撑作用有待加强,企业梯队结构尚需优化,科技创新能力较为薄弱,人才要素制约仍然明显。二是体制机制活力还不够强,征迁难、拆迁慢等问题依然存在,投资建设环境尚需改善,改革攻坚任重道远。三是社会民生领域尚有短板,教育、医疗等公共服务供给仍不均衡,社会治理能力还需提高,社会维稳压力依然较大。四是干部队伍建设有待加强,服务项目、服务企业、服务群众能力亟待提高,少数干部思想不够解放,执行不力、作风不实等现象还不同程度存在。对此,我们一定高度重视,切实加以解决和改进,努力把今后工作做得更好。

二、今后五年奋斗目标

今后五年,是象山县高水平全面建成小康社会的决胜期。综观国内外发展形势,世界经济在深度调整中曲折复苏,我国经济进入速度变化、结构优化、动力转化的新发展阶段。我省勇担全面建成小康社会标杆省份的新使命,努力为"中国的明天"贡献"浙江样本"。宁波正与杭州共同唱好"双城记",加快建设国际港口名城、东方文明之都,奋力跻身全国大城市第一方队。象山县经过多年努力,发展平台基本构筑,海洋、生态、文化优势日益凸显。随着甬台温高速复线贯通和轨道交通动建,象山将迎来高速时代、同城时代,加快融入宁波都市区,再创追赶跨越新优势。但同时,象山县也面临着外部环境复杂多变、区域竞争日趋激烈等艰难挑战。我们必须增强机遇意识、忧患意识和使命意识,认真落实"秉持浙江精神,干在实处、走在前列、勇立潮头"的要求,不忘初心、继续前进,踏实走好象山发展的新长征路。

今后五年政府工作的指导思想是:高举中国特色社会主义伟大旗帜,以邓小平理论、"三个代表"重要思想、科学发展观为指导,学习贯彻习近平总书记系列重要讲话精神,落实中央"四个全面"战略布局和省市决策部署,牢固树立五大发展理念,全面融入宁波都市区,深入实施"双突破双驱动"发展战略,凝心聚力、务实奋进、改革创新、追赶跨越,着力打造"一城四地",高水平全面建成小康社会,加快建设经济实力强、特色功能强和生态美、生活美的宁波现代化滨海城区。

县第十四次党代会提出,到2021

年实现经济综合实力、滨海特色功能、创新发展活力、社会文明水平、人民生活品质等五方面明显提升，县政府要紧扣目标抓好落实。实现地区生产总值、财政总收入年均增长7.5%，分别达到650亿元、90亿元；固定资产投资、规上工业产值、旅游经济综合收入比2016年翻一番，分别达到360亿元、1170亿元、375亿元；三次产业结构优化为12:44:44，海洋经济增加值占地区生产总值比重提高到60%；城乡居民收入增长与经济增长保持同步。主要任务是：

（一）坚持积极融入，构建县域发展新格局。主动对接宁波中心城区，高站位谋划象山发展，加强各类规划衔接融合，适时调整乡镇行政区划，全力推动撤县设区。主动对接重大交通设施，建成三门湾大桥及接线工程象山段，动建岳井洋大桥，力争城际铁路、象山港二桥开工，启动通用机场建设，全面提升县域交通网络，打造宁波都市区重要交通节点。主动对接宁波“一圈三中心”建设，更高层次借势借力，推动产业发展错位融合、区域功能优势互补。深度开发象保合作区、临港装备工业园，创建全国军民融合创新示范区、省级能源装备高新区，打造宁波大都市智慧科创新城。加快发展湾区经济，建成松兰山—大目湾国家级旅游度假区、石浦港国家AAAAA级景区，建设西沪港、蟹钳港、大塘港等魅力海湾，推进东海涂围垦工程，打造宁波大都市生态休闲港湾。强化影视城核心带动，推动影视全产业链发展，打造具有全国影响力的影视文化名城，争创国家级文化产业示范基地。

（二）突破工业和旅游，培植现代产业新动能。持续打好工业强县攻坚战，大力推进“四创四强”工程，奋力跻身省工业强县第一梯队。实施“6+1”产业振兴计划，推动产业结构迈向中高端，高新技术产业产值占规上工业产值比重超过40%。加快强区强镇强企建设，争创国家级经济开发区，培育一批超百亿工业强镇，规模企业超过800家。全力突破招商引资，累计实际利用外资6亿美元、内资250亿元以上。高水平发展全域旅游，大力实施“四全四特”工程，建成国家全域旅游示范区，成为全国知名海洋休闲度假目的地。顺应大众旅游时代，发展“旅游+互联网”新模式，强化智慧旅游应用，全面提升旅游品质和服务质量。推进商贸流通现代化，创新发展电商、金融服务业，增强海运业竞争力，争创省服务业强县，商品销售总额超过700亿元。深化农业供给侧结构性改革，发展绿色、精致农业，建设渔港经济区，打造现代农渔业示范基地。加快建筑业转型升级，进一步打响“象山建筑”品牌，建筑业总产值达到1530亿元。

（三）强化改革创新，激发转型升级新活力。坚持以改革引领新常态，围绕经济结构调整，纵深推进供给侧结构性改革，提高供给质量和效率。聚焦全局性重大问题，深化投融资、行政管理、农村产权等重点领域改革，探索形成系列特色制度。深化创新驱动，实施创新“八大计划”，全面提升区域创新能力，建设省创新强县。强化科技创新，完善创新平台体系，实施科技重大专项，推动科技金融发展，科技进步贡献率达到65%以上。加快培育特色创新平台，建设一批省市特色小镇。优化创新环境，加强创新服务，营造大众创业、万众创新良好氛围。实施“半岛英才”计划，开展万名产业英才集聚三年行动，引育一批高层次创新创业人才，建成省人才强县。提升对外开放水平，推动综合保税区、石浦港口岸正式开放尽早获批，不断扩大开放合作领域。转变外经贸发展方式，鼓励企业参与“一带一路”建设，促进外贸进出口提质增量，自营出口达到29亿美元。

（四）加快城乡融合，彰显滨海城区新形象。按照“面向世界、国内一流”标准，制定实施城乡建设五年行动计划，精致建设美丽县城、美丽集镇、美丽乡村，展现山海风貌、田园风光、半岛风情。注重城市内涵发展，强化城市设计，完善城市功能，加快南部新城开发，推进老城区、城中村改造，全面提升中心城区品质。实施智慧城市建设，完善城市管理体制，提高城市精细化管理水平。发挥中心城区辐射带动作用，促进城郊乡镇与主城区融合发展。加快新型城镇化，建设石浦渔港旅游小城市，培育西周小城市，统筹贤庠等中心镇发展，构筑“一主一副三组团”城镇格局。深入推进农村“安居宜居美居”行动，优化美丽环境，传承美丽人文，打造美丽乡村“象山样本”。加强生态文明建设，深化“五水共治”“三改一拆”等专项治理，建成“污水零直排区”，创建国家生态文明示范县、国家森林城市。

（五）改善民生事业，形成幸福共享新局面。坚持以人民为中心，加大民生领域投入，提高人民生活质量，促进群众安居乐业。大力弘扬象山精神，培育文明道德风尚，创建全国文明城市、省文明县。加快海洋文化强县建设，挖掘渔文化等传统文化底蕴，壮大海洋文化产业，繁荣群众文化体育事业，打造海洋特色文化高地。深化教育领域综合改革，优化教育资源配置，推动城乡教育优质均衡发展，成功创建省教育现代化县。完善医疗卫生服务体系，强化卫生计生服务保障，着力建设健康象山。实施更加积极的就业政策，持续提升社会保障水平，织牢社会救助兜底安全网。积极推进医养融合发展，加强养老服务机构建设，构建多元化养老服务体系。深入推进法治象山、平安象山建设，增强社会治理能力，促进社会公平正义，确保社会和谐稳定。

三、2017年工作建议

2017年是新一届政府开局之年，也是“十三五”发展关键之年。我们将认真贯彻中央经济工作会议精神，坚持稳中求进工作总基调，全面做好稳增长、促改革、调结构、惠民生、防风险各项工作，促进经济社会平稳健康发展，以优异成绩迎接中共十九大胜利召开。主要预期目标是：实现地区生产总值470亿元，同比增长7.5%；财政总收入67亿元，同比增长7%；固定资产投资196亿元，同比增长10%；商品销售总额490亿元，同比增长10%；城乡居民人均可支配收入同比增长7.5%以上。重点抓好以下六方面工作：

（一）深化工业强县建设，奠定工业发展坚实基础

加快转型升级。按照“两年打基础”目标，推进产业升级和平台建设，完成规上工业产值630亿元、同比增长8%，工业投资66亿元、同比增长10%。积极对接宁波“中国制造2025”试点示范城市，大力发展智能经济，建设一批“机器换人”和智能制造项目。实施时尚针织、汽配模具等产业振兴计划，引

导企业共建产业联盟，培育优势产业集群。发挥经济开发区主平台作用，提升临港装备工业园集聚水平，建设新篁生物、日星三期等项目，打造特色专业园。开展美丽园区建设，完善港口、商贸等配套设施，促进产城融合。加快象保合作区建设，推动航天智慧科技城创新开发机制，继续实施生产力中心等项目。推进浙台(象山石浦)经贸合作区建设，续建国际水产冷链物流基地，完成石浦港主航道一期工程。落实"一镇一策"措施，分类建设工业强镇。

狠抓招商引资。深化招商引资"一号工程"，创新招商方式，建立园区、部门、乡镇联动机制，营造全民招商氛围，实际利用外资1.2亿美元、内资57亿元。坚持招大引强选优，突出重大产业项目招商，新引进10亿元以上项目3个，争取央企、上市公司引进取得突破。发挥招商联络处、异地商会作用，深化浙商回归工程，吸引回归资金30亿元。优化营商环境，健全项目评审机制，提升综合服务水平，促进招商从政策优惠向服务优化转变。培育外贸主体，完善外贸服务平台，实现自营出口23.3亿美元。鼓励优势企业抱团"走出去"，开展跨境并购，设立境外基地，完成境外承包工程营业额5.4亿美元。

全力扶强扶优。开展企业综合效益评价，促进资源要素向优势企业集聚。实施龙头骨干企业、企业上市等培育计划，推动乐惠、合力、申菱上市，新增规模企业30家、亿元企业5家、挂牌企业3家。加大小微企业扶持力度，建设西周、鹤浦、晓塘等小微企业集聚区。强化工投集团功能，发挥产业基金杠杆作用，积极引进基金公司，激活社会资本投资潜力，更好地服务实体经济。加强政银企联动协作，妥善处置特困企业，防范企业"两链"风险。坚持"有求必应、无事不扰"的理念，健全定人联企等服务机制，持续深化降本减负行动，帮助企业解决实际困难，提振企业发展信心。大力弘扬企业家精神，重视新生代企业家培育，打造一支勇于创业创新、富有社会责任感的企业家队伍。

做强建筑产业。坚持专业化、工业化、绿色化发展方向，推动建筑业提质增效，完成建筑业总产值1260亿元。引导企业发展PPP、工程总承包等业务承接新模式，支持企业向轨道交通、绿化、环保等国家重点投资领域拓展，进一步提高建筑市场占有率。鼓励优势建筑企业跨行业收购兼并，扶持发展经营特色强、科技含量高的专业企业，提升产业集中度和竞争力。完善现代企业管理制度，引导建立项目经理委派制，增强企业风险防范能力。强化资质升级、人才培训、司法和金融保障等综合服务，切实改善建筑业发展环境。

(二)培育旅游业新优势，持续壮大现代服务业

深化全域旅游。实施旅游发展规划，完善现代旅游治理体系，壮大旅游特色产业，2017年全年接待游客2200万人次以上，完成旅游经济综合收入240亿元。提升松兰山—大目湾景区品质，推进东海铭城、华美水上乐园建设，力争动建省海洋运动基地，抓好海洋生物馆、影视学院等项目前期工作。积极打造环石浦港渔文化休闲旅游区，推动宁波工人疗养院尽早投用，建设半边山五彩渔镇，整治提升中国渔村，加快开发檀头山、花岙岛。引进战略投资者共同开发影视城，动建浙江广电影视基地三期、影视大道，创建全国知名品牌示范区。完善影视配套功能，新建沪山、好年华、中桥影视基地。加快品质民宿、精品线建设，融入区域特色文化，促进乡村旅游向个性化、品质化发展。启动旅游集散中心项目，完善交通网络、景区停车场等配套设施，着力破解旅游交通难题。整合建立智慧旅游平台，大力整治旅游市场，不断提升旅游服务水平。

提升商贸流通业。优化商贸网点布局，引进品牌商家、商贸新业态，增强核心商圈集聚功能，推动商贸繁荣发展。引导发展夜市经济，建设一批特色街区，促进消费升级。提高城镇商贸档次，实施申菱、戴维商业综合体项目，建设西周、贤庠等商贸街区。完善商贸流通网络，规范发展城乡便民超市、连锁店，继续推动农超对接、直供直销。提升安全储粮水平，建成石浦军粮站、定塘粮库，基本建成西周粮库。

发展新兴服务业。积极引导企业发展互联网经济，增强电子商务创业园集聚功能，培育针织品、水产品等特色电商园区，支持发展跨境电商。鼓励创新金融产品，强化保险创新产品试点应用，提高金融服务水平。加强金融机构不良资产处置，严厉打击"逃废债"行为，切实维护良好金融生态。加快发展现代物流业，引进培育大型物流企业，建成现代物流园区公共服务中心一期。扶持发展健康养生产业，建成亲和源养老项目一期。大力发展总部经济、楼宇经济、大数据产业，丰富服务业业态。

(三)提升发展现代农业，助力农民创业增收

推动精致农业发展。运用市场化理念和工业化方式，向农业输入现代生产要素和经营模式，推动一二三产融合发展，实现农业总产值127亿元。积极发展生态循环农业，实施循环农业示范项目5个，推广生态循环种养模式133.33公顷。提升渔业发展水平，加快开发海峡两岸渔业合作示范区，建设三文鱼工厂化养殖项目，创建国家渔业健康养殖示范县、省渔业转型发展先行区。开展景观田园建设，扶持发展休闲渔业，丰富美丽农业业态。强化农产品质量安全监管和品牌建设，提高柑橘、梭子蟹区域公用品牌知名度，争创国家级农产品质量安全县。

改善农业基础条件。开展农业"一区一镇"建设，创建都市农业示范区3个、现代特色农业强镇3个，加快建设大塘港国家级农业综合开发项目。完善农田基础设施，新建标准化粮食功能区333.33公顷，新增节水灌溉面积266.66公顷。发展智慧农业，提高农业设施化水平，新增设施农业示范基地10个，建成农业领域"机器换人"示范乡镇4个、示范园区10个。推行农业气象指数保险，扩大保险覆盖面，增强农业抗风险能力。

深化强村富民工程。突出分类扶持，因地制宜发展产业经济、美丽经济，全县村集体经济收入增长10%以上，帮扶转化30个经营性收入10万元以下的经济薄弱村。加强农村"三资"管理，规范农村建设行为，严格控制村级债务规模。抓好村级组织换届，加大驻村帮扶力度，增强基层组织战斗力。落实产业帮扶、农村电商、就业培训等措施，拓展农民增收致富门路。培育新型职业农

民，继续扶持大学生农业领域创业，新增家庭农场50家。加强金融支农服务，深化农村普惠金融，新增涉农贷款10亿元。

(四)深入推进改革创新，增强内生发展动力

集聚创新要素。把创新作为引领发展的第一动力，汇聚平台、资金、人才等各类创新资源，打造创新创业优选地。实施大孵化器建设计划，建成县级综合性创新创业平台，做强海洋生物等特色产业孵化园，建设众创空间2家。加快特色小镇培育，争创省级星光影视小镇。发挥科技创业基金作用，鼓励发展各类创投机构，促进资本与创新更好结合。完善人才引进机制，建立象山籍在外人才联谊中心，引进高层次人才团队8个。实施"技能象山"行动，强化与高等院校智力合作，培育一批实用型人才和名师名匠。优化人才生态环境，建设省"151"人才综合服务基地，吸引各类人才干事创业。

培育创新主体。突出企业创新主体地位，实施科技"小巨人"培育计划，新增国家高新技术企业7家、科技型小微企业15家。鼓励企业加大研发投入，增强自主创新能力，新建市级以上企业工程技术中心6家。推进校企产学研合作，建设产教协同创新园，促进科技成果加速转化。整合完善科技服务，推广运用科技创新券，引进培育技术设计、检验检测等公共技术平台。引导企业发扬"工匠精神"，提高产品质量，打造具有较强竞争力的品牌，新增市级以上名牌5个。重视知识产权保护和运用，探索开展知识产权抵押贷款，新增授权发明专利140件。

推进改革落地。落实"放管服"、供给侧结构性改革等重点任务，实施一批具有象山特色的改革项目，更好地发挥改革牵引作用。加大行政审批制度改革力度，建立基本建设项目全流程百日审批机制，实行淘宝式中介服务模式，推广政务服务"一窗受理"。持续推进投融资体制改革，完善企业监管机制，促进五大集团高效运作。开展新一轮乡镇财政体制改革，充分调动乡镇增收节支积极性。深化农村综合改革，健全户籍改革配套制度，推动"三位一体"农合联实质化运作，基本完成农村承包经营权确权登记颁证。

(五)加快建设美丽象山，提升城乡面貌品质

全力攻坚美丽县城。主动对接宁波城市发展规划，修编县域总体规划，推进"多规融合"。加快城市重点区块开发，抓好功能性项目建设，开展未利用土地整治，增强城市集聚能力。加强城市绿化美化，改造门户节点景观，建设城市绿道慢行系统，建成殷夫公园二期，动建塔山遗址公园、丹阳公园，成功创建省园林城市。完善市政设施，建成客运东站，续建环城西路、沿海南线滨海大道至金开路拓宽工程，实施天安路改造，谋划建设海绵城市和地下综合管廊。推动城市有机更新，完成中心城区棚户区改造征迁，全面启动城中村改造，建设青草巷特色街区。加强城市网格化管理，美化市容市貌，强化交通拥堵治理，进一步改善城市形象。

全面建设美丽集镇。深入推进小城镇环境综合整治三年行动，完成定塘、墙头、泗洲头、茅洋等美丽集镇试点改造，不断完善城镇功能，提升城镇品质。深化石浦国家级建制镇示范试点，开工建设文体中心，力争动建客运中心。启动西周小城市培育，进一步深化贤庠中心镇建设。推动基础设施互联互通，增强集镇承载能力。加快建设三门湾大桥及接线工程和高速新桥、定塘、东陈茅洋连接线，开工建设石浦高速连接线，建成大金山隧道二期，续建丹大线改建工程。完成110千伏石浦变、柴溪变建设，动建110千伏白沙变。深化"三改一拆"，开展治危拆违专项行动，严控新增违建，抓好城乡危旧房改造。

精致打造美丽乡村。以全域景区化为导向，突出以点带面、连线成片建设，推动乡村从"一处美"向"处处美"转变。坚持彰显个性、提升内涵，加强乡村建设风貌引导，强化历史文化名村保护，分类开展美丽乡村示范创建，加快建设"斑斓海岸"文明示范线。健全农村环境卫生治理长效机制，推进生活垃圾和污水整治，新增垃圾分类处理村80个，改造提升生活污水处理村20个。深化村庄梳理式改造和"美丽庭院"创建，完善联网公路等配套设施，提高村庄建设管理水平。健全村规民约，引导村民自我教育、自我管理，促进乡风文明。

持续优化生态环境。启动创建国家生态文明示范县，加大水源、土壤、大气污染防治力度，切实改善环境质量。深化"五水共治"，严格落实"河长制"，抓好源头控制、截污纳管等工作，全面消除劣五类水质。加快治水项目建设，建成鹤浦污水处理系统、石浦门前塘污水处理厂主体工程，续建中心城区、西周、大塘港防洪排涝项目，实施西周下沈等3个海塘维修加固工程，建设东海涂围垦防洪潮工程。加强海洋生态保护，推进石浦港等海岸带整治修复。深入开展"一打三整治"，集中整治禁用渔具，推动渔民减船转产。狠抓节能减排，实施一批光伏发电等清洁能源项目，巩固提升电镀、印花行业治理成果，确保完成万元生产总值能耗下降率、主要污染物削减量目标任务。

(六)切实加强民生保障，维护社会和谐稳定

深化文化强县建设。践行社会主义核心价值观，提升"善行象山"品牌，扩大婚丧礼俗整治成果，积极倡导文明新风。加大文明城市创建力度，开展基层各类文明创建，力争获得全国文明城市提名资格。坚持正确舆论引导，管好用好网络舆论和对外宣传。重视关心下一代工作，提高青少年思想道德水平。实施海洋文化精品工程，鼓励文艺精品创作，强化文化遗产保护，办好中国海洋论坛和中国开渔节，提升国家级海洋渔文化生态保护实验区建设水平。健全公共文化服务体系，深化文化惠民系列活动，举办首届群众文化艺术节，丰富群众文化生活。倡导全民阅读，建设书香象山。发挥影视城、文化产品创意园作用，进一步壮大文化产业。推进全民健身，完善体育健身设施，支持老年体育事业发展。

发展各项社会事业。深化教育教学改革，多渠道、多形式提升各类教育质量，促进教育内涵发展。加大教育基础投入，动建集成学校、电大迁建工程，改建涂茨小学等16所学校(幼儿园)。加强教师管理，探索"县管校聘"模式，重视名优教师培养，努力建设高素质教师队伍。健全分级诊疗制度，开展精神

卫生综合管理试点县建设，强化“家庭医生”健康“守门人”作用，切实提高医疗卫生服务水平。完善医疗服务设施，推进智慧医疗服务体系建设，加快县中医院迁建，新改建黄避岙等7家乡镇卫生院。优化计生服务管理，着力提高出生人口素质。支持工会、共青团、妇联、工商联等开展工作，加强民族宗教、侨务、外事、对台、档案、方志等管理，推进老干部、老龄、统计、广电、邮政、通信等事业进一步发展。

提升社会保障水平。完善就业创业政策，加强重点人员就业服务，以创业创新带动充分就业。深入实施全民参保动态管理，推进各类社会保险扩面，逐步实现社保人群全覆盖。完善住房保障政策，建立常态化申请审核机制，切实保障困难家庭住房需求。加快房地产去库存、优结构，增加小户型商品房供给，促进房地产市场健康发展。深化养老服务业综合改革，开展养老机构标准化建设，积极引进民营团队参与养老服务。完善社会救助体系，健全主动发现机制，发展慈善、红十字、残疾人等公益事业。推进军民融合发展，争创省双拥模范县“八连冠”。

强化社会治理创新。深入推进各领域依法治理，加强法律服务和援助，提高普法宣传实效，努力形成办事依法、遇事找法、解决问题用法、化解矛盾靠法的法治氛围。加快社会治理“一中心四平台”建设，充实规范网格员队伍，增强基层治理能力。规范社区服务管理，激发社会组织发展活力，争创全国社会组织建设创新示范区。完善“诚信指数”考评机制，建设信用象山，营造守信受益、失信受限的社会环境。深化平安象山建设，落实重点行业管控责任，加大矛盾纠纷排查化解力度，狠抓治安突出问题整治，争夺“平安金鼎”。改进信访工作机制，整合政务服务热线，及时回应群众合理诉求。加强安全生产监管，开展全市标本兼治遏制较大及以上事故试点工作，有效防范安全生产事故。落实宁波食品安全城市创建任务，推进食品药品专项整治，保障群众饮食用药安全。健全应急管理体系，强化地质灾害防治，动建南田岛海事巡航与搜救基地，提高防灾减灾能力。

2017年我们围绕群众关心关注的热点焦点问题，继续实施安全保障、城乡美化、文化卫生等六方面民生实事，我们将健全机制、加大力度、紧盯不放，真正把这批实事办好，让广大群众共享更多更好的发展成果。

四、加强政府自身建设

完成2017年各项目标任务，需要全县人民共同奋斗，更需要政府各级各部门勤奋工作、履职尽责、狠抓落实。我们将主动适应形势发展需要，顺应人民群众期盼，全面加强政府自身建设，奋力开创政府工作新局面。

*（一）锻造铁军，奋勇追赶，提升政府战斗力。*坚持正确的政治方向，强化政治意识、大局意识、核心意识、看齐意识。加强干部队伍建设，努力打造“铁血忠诚、铁肩担当、铁心做事、铁面无私”的象山铁军，为追赶跨越提供坚强保证。牢固树立争先进位意识，对标先进找差距，以逢山开路的闯劲、虎口夺食的拼劲，在拉高标杆中奋起直追、移位超越。加大破难攻坚力度，针对征地拆迁、环境治理等工作中的难题，敢抓敢管、一抓到底、干出成效。建立正向激励机制，完善容错免责制度，为担当者担当、让有为者敢为，形成追求卓越、锐意进取的干事创业氛围。加强部门、乡镇协作配合，做到心往一处想、劲往一处使，不断增强工作合力。

*（二）转变职能，高效服务，提升政府执行力。*抓好“四张清单一张网”建设，动态调整政府权力清单，提升政务服务网功能。坚持密切联系群众，落实“走村不漏户、户户见干部”要求，完善直接联系服务群众机制，真诚倾听群众呼声、真情关心群众冷暖。编制公共服务清单，健全公共服务质量评估机制，深化便民利企行动。按照“最多跑一次”的理念，推行“互联网+政务服务”，加快信息互通互认、开放共享，让数据“多跑路”、群众“少跑腿”、企业“少报表”。加强效能评价和行政问责，以目标倒逼任务、以时间倒逼进度、以督查倒逼落实，确保政令畅通、令行禁止。深化“双对双排”综合考评，开展政风行风民主评议，加大治庸治懒治散力度，努力提高群众满意度。

*（三）依法行政，恪守廉洁，提升政府公信力。*自觉接受人大依法监督、政协民主监督，认真办理人大代表建议、政协委员提案。强化依法科学决策，完善重大事项公众参与、合法性审查等制度。深化行政执法、行政复议体制改革，严格规范公正文明执法。创新事中事后监管方式，全面推行“双随机一公开”。深化政务公开，推进行政权力运行透明化。坚持把纪律和规矩挺在前面，压实政府系统从严治党主体责任，支持监察体制改革，深入推进党风廉政建设和反腐败斗争。严格落实作风建设有关规定，坚决防止“四风”反弹。加强行政监察和审计监督，加大对重点领域、重点部门的监督约束，规范工程招投标、政府采购等交易行为。强化政府债务管理，严控一般性支出和“三公”经费，切实降低行政成本。

历史使命重任在肩，人民期盼责无旁贷。让我们在中共象山县委的坚强领导下，以认真负责的姿态励精图治，以勇往直前的斗志开拓创新，以务实高效的作风勤勉工作，不负所托、不辱使命，为加快建设“两强两美”宁波现代化滨海城区而努力奋斗！

2017年县政府民生实事项目

一、环境治理方面：河湖库塘清淤50万方。建成村庄水环境整治项目5个，新增农村生活污水处理村31个。完成2个镇乡（街道）污水零直排区创建工作。淘汰10蒸吨/时及以下高污染燃料锅炉60台。

二、养老就业方面：新增养老床位200张。本地居民养老保险参保率达到90%以上。举办就业招聘会60场，开发公益性岗位500个，城镇新增就业9000人，城镇登记失业率在3.5%以内。完成职业技能培训1万人，培养高技能人才2000名。扶持农村电商创业人数170人，农村电商创业带动就业人数1275人。

三、交通出行方面：打通中心城区“断头路”3条。新增专用停车泊位2000个。提升和改造中心城区智能化停车诱导系统1000个。提升改善农村公路25公里，新增城乡公交停靠站80座、城市公交候车亭15个。推进渡运及陆岛交通公共服务均等化工程，完成4座码头、2座渡亭改造和

1艘渡船更新。启动建设县域旅游道路2条。

四、安全保障方面:完成7万平方米棚户区拆迁安置。农村低收入困难户危旧房改造100户,解决城镇中低收入住房困难户350户。完成内河整治及排涝渠建设3公里,维修加固3座小型水库和1条海塘。维修中小学校校舍3万平方米。提升改造5家农村菜市场。实施"旱改水"项目,新增面积53.33公顷。完成农村供水一户一表改造9000户。完成红十字公益性应急救护培训2200人。

五、城乡美化方面:城区新增绿地25万平方米。完成2个老小区改造、14个社区标准化建设。打造3个省级宜居示范村。推进美丽乡村分类创建,创建市级示范镇乡2个、市级示范村5个、市级风景线1条。

六、文化卫生方面:新建31家农村文化礼堂。举办"半岛大舞台"文化惠民演出活动,送文艺进文化礼堂18场、送戏100场、送电影2000场。开展契约式家庭医生制服务,重点人群(慢性病患者、老年病人、孕产妇、儿童、残疾人)签约服务率达到40%以上。推进远程医疗服务体系建设,建成远程医疗服务中心3个、基层云诊室20个。

名词解释

"双突破双驱动" 指突破工业和旅游发展,强化改革和创新驱动。

"千百十"工程 指培育千家规模企业、建设百个重大项目、实施十大提升行动,是对接大桥转型跨越三年行动计划的核心内容。

"四创四强" 指创业、创新、创投、创优和强企、强链、强区、强镇,是工业强县建设的主要措施。

"三品一标" 指无公害农产品、绿色食品、有机农产品和农产品地理标志。

"五证合一" 指将营业执照、组织机构代码证、税务登记证、社会保险登记证、统计登记证等五种证件统一登记办理,缩短审批时间。

"三测合一" 指将规划测量、地籍测绘、房产测绘等涉及到的机构职能进行整合,优化审批流程,方便企业、群众办事。

"四换三名" "四换"指腾笼换鸟、机器换人、空间换地、电商换市;"三名"指名企、名品、名家。

"两城"创建 指创建省示范文明县城和国家卫生县城。

"四城"联创 指创建全国文明城市、省文明县、省园林城市、省森林城市。

"五水共治" 在省委十三届四次全会上提出,具体指治污水、防洪水、排涝水、保供水、抓节水。

"三改一拆" 指改造旧住宅区、旧厂区、城中村和拆除违法建筑。

"四边三化" 指在公路边、铁路边、河边、山边等区域开展环境洁化、绿化、美化行动。

"一打三整治" 指省委、省政府为修复振兴浙江渔场提出的一项工作,主要是依法打击涉渔"三无"船舶和违反伏休规定等违法生产经营行为,全面开展渔船船证不符整治、禁用渔具整治和海洋环境污染整治。

"双联"中心 指县社会应急联动指挥中心、社会治安动态防控联勤指挥中心。

"四张清单一张网" 指政府权力清单、责任清单、企业投资负面清单、财政专项资金管理清单以及政务服务网。

"双对双排" 指"岗位对责、绩效对账""块上排位、线上排位"的干部考核机制。

"一城四地" 指精美滨海之城和浙江省海洋新兴产业基地、长三角滨海休闲度假胜地、国家级现代农渔业示范基地、浙江省海洋特色文化高地,是象山县"十三五"的发展目标。

"一圈三中心" 指港口经济圈和制造业创新中心、经贸合作交流中心、港航物流服务中心,是宁波"十三五"的发展目标。

"6+1"产业振兴计划 指重点发展新装备、海洋生物(生命健康)、新材料、新能源、汽配模具、时尚针织等六大产业,培育发展智能经济。

"四全四特" 指全域化打造、全产业融合、全要素整合、全方位保障和建设特色景区、特色小镇、特色乡村、特色民宿,是象山县全域旅游发展的主要措施。

创新"八大计划" 指大孵化器、创新发展合伙、科技小巨人成长、科技重大专项推进、"半岛英才"、科技合作创新、科技金融突破、创新土壤培植等"八大计划",是象山县增强创新能力的主要措施。

"一主一副三组团"城镇格局 "一主"指以丹东、丹西、爵溪为主中心,协调发展东陈、大徐、墙头等乡镇;"一副"指以石浦为副中心,带动鹤浦、晓塘、高塘岛等乡镇发展;"三组团"分别指以贤庠、黄避岙、涂茨为象山港东部组团,西周为象山港西部组团,定塘、新桥、泗洲头、茅洋为大塘港组团。

农村"三资"管理 指农村集体"资金、资产、资源"管理。

"放管服" 是简政放权、放管结合、优化服务的简称。

"一中心四平台" 指社会治理综合指挥中心和综治工作、市场监管、综合执法、便民服务四个平台。

"双随机一公开" 指在监管过程中随机抽取检查对象、随机选派执法检查人员,抽查情况及查处结果及时向社会公开。

专 记

第二十届中国(象山)开渔节

2017年9月8日至17日,象山县举办第二十届中国(象山)开渔节,一共举行28项活动,受到泰利台风的影响,两项活动“开船仪式”和“烟火大会”临时取消,其他活动取得成功。

9月3日晚上,第五届中国象山海洋文化夜市在县人民广场举行。时逢中国开渔节举办20周年,海洋文化夜市传承象山传统海洋文化,传统与创新的结合、文化与生活的融合,规划舞台联动、缤纷生活节“非遗”馆、最美开渔照片展、最美开渔盆景展、夜市手机摄影大赛、创业集市、集成商区等八大模块。为市民带来全新的视觉冲击。

9月3日晚上,“欢乐渔港”戏曲展演活动在石浦城隍庙拉开序幕,共展演三天,在石浦南向村、延昌宋皇宫、东门渔村及鹤浦镇鹤翔村、高塘岛乡林港村相继进行,共有36场戏曲表演,为渔区群众送去欢乐。

9月8日晚上,“20风华　渔开天下”——中梁之夜大型广场晚会在象山人民广场举行。晚会用艺术的形式直观回顾二十年开渔节走过的历程。晚会运用篇章式结构,第一篇章《廿载风华》,回顾中国(象山)开渔节20年的历程,展示象山人民精神风貌。第二篇《渔开天下》展示象山取得的辉煌成绩,诠释象山“海纳百川,勇立潮头”的象山精神,赞颂象山社会经济取得的辉煌业绩。第三篇章《感恩海洋》,展现象山“十三五”规划的壮丽蓝图,激励全县人民奋勇向前,共筑大美象山。

9月9日晚上,“建设平安象山”主题文艺会演活动在象山人民广场举行。来自政法系统及镇乡报送的13个节目,为广大群众及游客带来一场艺术视觉盛宴。

9月11日下午14时18分,第二十届中国(象山)开渔节祭海仪式在中国渔村举行,500余名东门岛渔民自发前往妈祖像前举行迎开渔祈福仪式。9点18分,礼花绽放、船鼓震耳,迎开渔祈福正式开始。在音乐衬托下,渔民们献上供品、点红烛,捧高香,向神像敬香,依次祭拜,表达祈福感恩之情。

9月15日上午,高妙兰农民画院成立揭牌暨“传承与发展”县农民画展开幕式在东陈乡樟岙村举行。高妙兰农民画院总投资90余万元,由高妙兰成就展示室、生活馆、画院培训室,以及农民画展馆等部分组成。展馆内一幅幅精致的农民画作,吸引中国民间文艺家协会嘉宾、农民画作者等数十人驻足流连、参观掠影。

9月15日上午,中国(象山)开渔节20周年象山海洋渔文化美术作品展在县文化活动中心举行。作品展以故乡情渔文化油画展和鱼公问海国画展两部分组成,分别展出著名画家雷震和盛欣夫的100余件作品。作品展为广大市民搭建从艺术角度感受海洋渔文化的平台,也为广大美术爱好者搭建一个艺术交流学习的平台,推进象山人文素质提升,推动海洋渔文化事业发展。

9月15日下午,第四届“海洋之星”暨县新农村少儿舞蹈美育工程展演活动在石浦新港小学举行。来自象山海岛、农村,民工子弟学校以及培智学校的孩子们演绎《鱼嬉》《十四夜看渔灯》《扬帆冲冲冲》等13支精彩的舞蹈。

9月15日下午,首届世界象商大会在象山港国际大酒店举行。200多名海内外象商代表汇聚一堂,共话桑梓之情,共谋发展大计。大会期间共计27个项目签约,总投资59亿元。

9月16日上午,第十三届中国海洋论坛在石浦半岛酒店举行。本届海洋论坛以“海洋文创+滨海旅游”为主题,

广场开渔夜市一景　　(李治恩　摄)

研究海洋文创产业发展现状与方向，剖析国内外海洋文创产业与旅游深度融合的成功案例，探索“海洋文创+滨海旅游”的路径与模式。论坛开幕式上，中共县委书记叶剑鸣、宁波市副市长卞吉安、中国太平洋学会副会长盖广生、国家海洋局宣教中心党委书记江华安分别致辞，浙江省政协副主席陈艳华宣布论坛开幕。之后举行《2017年上半年中国滨海旅游数据报告》发布仪式和“9·16”中国(象山)海洋公益日启动仪式。主旨演讲环节，中央美术学院城市设计创新研究院副院长李凤禹、世界旅游城市联合会首席专家魏小安、北京巅峰智业旅游集团创始人刘锋、乡伴文旅创始人朱胜萱分别作《文化驱动 旅游创新——谈文化创意助力全域旅游》《中国海洋旅游发展》《“海洋+文创”，让滨海旅游不一样》《乡村发展的可能性探索》的主旨演讲。

9月16日下午，第十三届海洋论坛美丽乡村融合创新发展峰会在石浦半岛酒店举行。乡伴文旅创始人朱胜萱、前万科高管、资深投资人吴冲、乡派科技董事长刘晓军、乡伴文旅大师工作室总设计师郑光强、苏州科技大学建筑城规学院城乡规划系副主任彭锐围绕《美丽乡村开发与运营》《商业思维与公益结合，推动乡村教育的进化》《互联网工具实现乡村旅游新模式》《田园综合体：一种有机生长的乡村发展模式》《乡村再生：以文创带动乡村发展》5个主题作精彩讲解、开展集思座谈。通过峰会，借智借力，共同探讨在美丽乡村建设中融合金融资本、互联网大数据等多种元素提升和发展美丽经济，促进象山美丽乡村迈上新台阶，为浙江乃至全国农村复兴之路提供建设样本。

9月16日下午，2017中国(象山)长三角滨海旅游创新发展峰会在石浦半边山皇冠假日酒店举行。峰会以“创领滨海新经济、智造文旅新蓝海”为主题。北京巅峰智业旅游文化创意股份有限公司创始人刘锋，世界旅游城市联合会首席专家、全国休闲标准化技术委员会副主任、中国旅游协会休闲度假分会秘书长魏小安，途家网CEO罗军，浙江浙旅投资有限公司董事长徐建林，北京文投集团投资部总经理于子洋分别作《内容为王，助推象山全域旅游大发展》《象山旅游深化》《滨海旅游的分享经济+全域旅游机遇》《消费升级的背景下，传统观光向多元体验游的浙旅体验》《文旅项目的金融支持》的演讲。会上举行象山智慧旅游平台上线仪式和题为《长三角滨海旅游的过去和未来之路》的论坛沙龙活动。

9月16日下午，海洋渔文化开发保护与象山文化产业论坛在石浦半岛酒店举行。中国民协副主席、北京师范大学副教授万建中，中国民协顾问曹保明，北京联合大学博士杨慧子等专家学者，就海洋渔文化如何开发保护、象山海洋渔文化产业如何发展等方面作主题演讲。

开渔节是象山一张精美名片，本届开渔节，执委会秉承“传播大于现场”的理念，精心策划，开展全方位、多层次、长跨度、立体式的宣传。中央电视台、中央人民广播电台、《浙江日报》、浙江电视台等11家中央和省市主流媒体参加，刊播新闻50余篇。9月16日，央视综合道《新闻联播》栏目播出《中国海域伏季休渔结束》。《舌尖上的中国》《鸟瞰中国》《航拍中国》《文广天地》等央视著名栏目以及美国《国家地理》杂志从地方特色美食、传统文化习俗、特色农副产品等方面，对象山和中国开渔节进行全方位的挖掘和宣传。开渔节期间，参与网络直播的网媒阵容庞大，包括中国新闻网、央广新闻、腾讯视频等在内的新媒体，对祭海仪式、首届世界象商大会、开渔20周年晚会全程进行视频(图文)直播。首次邀请24名网红在熊猫、火山、来疯、酷狗繁星、映客等五大网络直播平台上对祭海仪式进行互动直播，取得反响。人民网、网易、今日头条、凤凰网等网站进行独家报道。

美丽乡村建设

2017年，县根据市委办公厅、市政府办公厅《关于开展美丽乡村分类创建工作促进农村品质提升的通知》文件精神和市“百千”办要求，规范创建标准、完善工作措施、加大建设力度，总投入约1.2亿元，共有4个市级美丽乡村示范村、2个市级美丽乡村示范乡镇、2条市级美丽乡村风景线通过市村庄整治建设领导小组验收。

4个市级美丽乡村示范村：

贤庠镇碶头陈村位于贤庠镇东南面，盛宁线东侧，环港公路南首，距象山北高速出口2.5公里，距象山城区13公里，与宁波只有半个小时车程，区位优势明显。该村共有户籍人口878人、340户，常住人口523人，村域总用地面积1.3平方公里。该村围绕美丽乡村建设为中心，开展田园美化工程，按季节种植向日葵、薰衣草、彩色水稻等农田打造成了“七彩花海”，成为远近闻名的旅游景点，该村逐步形成以旅游休闲产业、现代农业、民居民宿为主的产业布局。先后荣获浙江省“文明村”、浙江省“美丽宜居示范村”、宁波市“全面小康建设示范村”“宁波市级生态村”、宁波市“园林式村庄”等荣誉。2017年成功创建市级美丽乡村示范村。

墙头镇方家岙村位于墙头镇南面，依山面海，风景优美；全村670户共2000人，党员50人，村支两委共5人。全村面积约5.2平方公里，耕地面积83.6公顷，山林面积427.2公顷。该村坚持规划先行的原则，按“一心两片”打造，一心为村公共建筑中心，两片为南片的老村居住片区和北片的新村居住片区，对老村进行梳理式改造，拆除破旧、杂乱、违章建筑，对保留建筑的外立面进行改造，投入60万元对环村道路进行拓宽，投入80万元打造樱花主题公园工程，种植苗木1000余株，新增绿化面积2000平方米；整村绿化面积达157425多平方米，绿化覆盖率为75%。拓展休闲旅游项目，登大雷山、农事活动、水上风情和农业观光等可参与性强的项目糅合到农家乐休闲旅游中去，村庄建成集健身、休闲、游乐、餐饮、农事体验为一体的慢漫方家岙。先后获得省绿化示范村、市全面小康示范村、市园林式村庄、市卫生村、市文明村、市首批“最洁美村庄”等，2017年成功创建市级美丽乡村示范村。

墙头镇溪里方村位于象山墙头镇南部，距离镇区约800米。全村面积1.7平方公里，拥有耕地33.4公顷，山林100公顷，总人口252户700余人。该村按照“科学规划布局美、村容整洁环境美、创业增收生活美、乡风文明身心美”的美丽乡村建设要求，以提升村容村貌综合为重点，以完善基础设施建设为抓手，加大资金投入，其中，何恭房溪里方美术馆改建工程投入150万元，美丽庭院及环境整治提升投入18万元，古宅区域道路复古铺装及沿线绿化补种工作投入82万元，村庄古宅修缮及保护投入287万元，提升精品线绿化及小口景观1500米，安装仿古防护栏300余米，建设旅游公厕1座、休闲长廊1个，添置盆景500余盆。该村先后荣获省级文明村、省级卫生村、省历史文化名村、省级美丽宜居示范村、省级传统村落，市全面小康村、市村庄整治建设十佳村，市级生态村、森林村庄、市“最洁美村庄”等荣誉称号，2017年成功创建市级美丽乡村示范村。

*茅洋乡溪东村*位于茅洋乡西北部，现有278户843人，耕地54.93公顷，山林287.27公顷。该村立足园林式、小区物业管理式休闲美丽村庄建设，聘请上海市规划设计院等专家教授实地考察溪东村的人文历史、自然环境、村形地貌，按照“园林式美丽、休闲式雅静、观光式多姿”的建设定位，形成“一环六纵六横”村庄交通网络、“二潭一湖”优美景观、“三园三中心”功能设施的村庄中远期发展规划布局。村公共绿化和植树面积达16万平方米，村民住宅前后美化、绿化面积达2.6万多平方米，湖泊(两潭一湖)3.2万平方米，建成环村公路1.5公里，浇筑村内道路2.3公里，森林覆盖率、林木绿草绿化率高于70%。开发高品橘园4.67余公顷、水蜜桃园3.33余公顷、杨梅园2.67余公顷、经济林(大殿田山)6.67余公顷，兴建观光盘山古道2.5公里、仙果亭公园沿途观光亭10座、杜鹃林和登山徒步专道两条近7.5公里，青龙潭区域绿化6000余平方米。村内旅游客栈、农家饭店、水果采摘、户外烧烤、休闲茶社、手工米馒头等农旅配套完善。先后获得全国文明村、全国民主法治示范村、省绿化示范村、省园林式村、市全面小康村、市生态示范村、市文明村、市居家养老先进村等荣誉，2017年成功创建市级美丽乡村示范村。

2个市级美丽乡村示范乡镇：

定塘镇地处象山中南部，北联新桥镇，南邻晓塘乡，东靠石浦镇，西濒岳井洋，与宁海县长街镇隔洋相望，全镇陆域面积67.8平方公里，人口3.6万人，辖28个行政村，拥有2666.67万公顷耕地和139公里河网，全县最大的平原水库——大塘港水库穿越全镇。该镇生态环境良好，田园风光优美，镇村布局合理，初步形成中垊、田洋湖、漕港等3个中心村，以及礁横、葫芦门、宁波站、定山等一批特色村和中心村。该镇是象山农业大镇，年产值达4亿元以上，拥有外销蔬菜主导产业示范区、蔬菜现代育苗精品园、优质杂柑精品园、国家级万亩无公害蔬菜基地、柑橘基地、南美白对虾基地等“一区两园三基地”。发展休闲观光农业、循环农业、精品农业，深化农业“两区”建设，建成粮食生产功能区1800公顷、市级现代农业园区4个，引进新型业态农业项目4个，建成家庭农场89家，农民专业合作社106家。2017年，全镇完成社会生产总值33.17亿元、同增7%，财政总收入5917万元、同比增长34%，全社会固定资产投资3.3亿元、同比增长32%。该镇先后荣获全国环境优美乡镇、国家小城镇经济综合试点示范镇、省首批美丽乡村示范乡镇、省小城镇环境综合整治示范乡镇、省休闲农业与乡村旅游示范乡镇、省级文明镇、省级蔬菜产业强镇、省级生态镇、省级森林城镇、省级体育强镇等荣誉，2017年成功创建市级美丽乡村示范乡镇。

茅洋乡地处象山中南部，三面环山，一面通海，省道盛宁线、茅石线穿境而过，乡域面积47平方公里，现辖21个行政村，人口1.5万，拥有耕地面积630.67公顷，山林3101.33公顷，滩涂53.33公顷。该镇以村庄梳理式改造为重点，以沿线连片整治和森林茅洋建设为抓手，全域打造、整乡推进美丽乡村建设，实现美丽乡村合格村全覆盖，其中8个村达到示范村标准，全乡森林覆盖率达到80%以上；实现村庄环境整洁优美，农村生活污水治理设施全覆盖，建设“一村一树”示范村15个、“美丽庭院”示范村9个，形成乡域风景线3条；加大文明宣传和移风易俗，发展农民画、龙狮舞等乡村文化，开展婚丧礼俗整治，形成依法、文明、节俭操办婚丧喜庆事宜的良好社会风尚，市级以上文明村达到9个。2017年实现社会生产总值29亿元，同比增长10%；财政总收入1.17亿元，同比增长11%；农民人均收入达到18467元，同比增长9.7%。该镇先后获评省级生态乡镇、省首批美丽乡村示范乡镇、市农房两改建设先进单位、市造林绿化先进单位、市森林城镇、市双拥模范镇乡等荣誉称号，2017年成功创建市级美丽乡村示范乡镇。

2条市级美丽乡村风景线：

象西山水风景线位于西周镇境内，起于高架岭隧道西出口五彩梯田处，止于尖坑村，沿线经过杨岙、莲花、潘埠、湖边、陈隘、上张、儒雅洋、隔溪张、黄泥桥、尖坑等10个行政村，所涉区域里程达16公里。该线是集生态资源与历史文化为一体的山水风景线，处于群山峻岭之间，以山村寻幽为主题，深度围绕山水、古村、竹韵等特色元素，通过自行车赛道沿线各景点串点成线，打造成一条具有山清水秀的幽幽慢道，让游客在此感受山村寻幽的浪漫情怀。

盛宁段仙花灵境养生乡村风景线位于县北部，以该县主要干道盛宁线为主道，沿线经过黄避岙乡、贤庠镇、大徐镇3个乡镇涵盖黄避岙村、西山下村、贤庠村、碶头陈村(特色精品村)、塘花园村、东风村、着衣亭村、章家墩村、珠山岙村、沈家洋村、三角地村、铁拾村、甲田弄村、海口村、大徐村、陈山村、安东村、后林村、汤家店村、雅林溪村、下岙村、章家弄村、上岙村、虎啸铺村、新罗岙村、里考坑村、夏雨岙村等27个行政村，全长约15公里，建成集山水观光、康体养生、科普教育、休闲娱乐为一体的宁波大都市近郊乡村休闲体验风景线。

“斑斓海岸”示范线建设

黄避岙乡“斑斓海岸”建设工作启动于2015年9月，于2016年3月初步形成旅游规划初稿，正式列为全市“斑斓海岸”建设试点乡镇。2017年，向西沪港沿线全境推进，西沪沿线打造成为“中国最美的沿海渔村”，面向长三角推出“斑斓海岸”旅游产品。

完成域内优质旅游资源的调研排

摸，建立乡村旅游资源项目库，“斑斓西沪”旅游规划进入成果稿编制阶段。“里海荷塘”特色农旅项目启动水系改造项目报批工作。白屿村17.33余公顷土地完成观光果园果树种植。北黄金海岸度假村医旅项目初步达成合作意向。鸭屿竹艺馆完成基础建设，计划年底完成主体建设。“斑斓海岸”自行车道二期工程及沿线驿站项目近期完成项目申报和招标。大嵩石篆刻馆、“窑”文化创意工作室等一批优质项目正加快推进。

旅游配套日益完善。全乡19个农村公共厕所改造工程全面启动。环港公路路灯工程完成概算编制并通过发改审核。公交场站完成部分打桩基础工作，建造完成公交候车亭15座。加快建设停车场、游客咨询服务中心等公共配套硬件设施，提升“斑斓海岸”沿线旅游配套设施。

通过“斑斓海岸”精神文明示范线的打造，鼓励村民参与民宿、农家乐等旅游周边产业，扩大经济收入，开辟一条“强村富民”新路径。高泥村山上民宿、白屿村塘边农家乐等土地规划评审稿开始编制，一批以“安澜别院”“西沪人家”为代表的一批特色民宿涌现。全乡现有在建在批民宿30家，新增床位200个。活动载体丰富，《“斑斓海岸”2018年活动计划》制定完成，确定“斑斓海岸”四季跑、“西沪三宝”采摘体验、滩涂运动会等极具本土特色活动21项，拓宽产业富民途径，累计接待游客20万人次，带动旅游收入超1000万元。

打造好“斑斓海岸”，必须做足港湾文章，体现渔村特色。每个村一定要有自己的一个系统性规划设计定位，既要争取落地优质项目，同时也要深挖自己的特色，例如高泥的网箱养殖、驿角岙的海带养殖与鲜果采摘、白屿的小海鲜捕捞、塔头旺的滩涂及农耕文化、鸭屿的“非遗”文化等特色项目，突出“一村一品”，凸显山海文化。注意打造精致产品，保留原始垂钓、采摘等项目，推出滩涂运动会、小海捕捞等体验型精品项目，例如，新增“里海荷塘”观荷走秀、“西沪三宝”与特色小吃品鉴会、竹编“非遗”文化体验等，原汁原味的生产活动经过包装编排、营销运作，发展互动体验式旅游业态。要展现村庄风貌，突出乡村特色，注重文化传承，不搞大拆大建，使房屋整体结构与周边环境融洽、与周边景观协调。

挖掘乡域内优质旅游资源，引入适合黄避岙本土特色的乡村旅游项目，继续打造美丽集镇建设、里海荷塘海上田园综合体、鸭屿竹艺馆、大嵩石篆刻馆、白屿观光果园等一批优质项目。排摸流转农村闲置用房和宅基地，以高泥村为试点，闲置民房统一打包流转，改造特色民宿，宅基地以入股出租形式与社会资本合作开发项目，提升集体经济收入。坚持市场化配置资源，分散到户的集体土地集约利用，使土地使用权以利润最大化为目的流向投资回报率最高的产业，使村民“口袋鼓起来”。引进民宿业专业团队，以安澜别院为基础，打造升级现有民宿产业，带动发展一批精品民宿及文创产业，丰富产业结构，同时以点带面，真正激发周边村民投身民宿餐饮业热情，提升村民收入。

结合四季时令和特色农产品收获时间制定《“斑斓海岸”2018年活动计划》，确定“斑斓海岸”四季跑、荷花节、滩涂运动会等极具本土特色活动21项。加强同主流媒体的沟通合作，利用重要节点、重大节庆、重点活动开展通过微信公众号平台、新闻、报纸、广播、标语等主流媒体广泛开展社会宣传，加大宣传力度。依托县委、旅委内部工作简报、工作通讯、专栏板报、诗歌摄影、歌舞表演等宣传形式，多角度、全方位进行宣传，实现了乡村旅游宣传工作的常态化、规范化。

加强村庄环境整治。增强村民垃圾分类意识，加大垃圾分类宣传力度，完善垃圾分类处置机制，健全垃圾分类运行机制。继续推行“和美村庄·洁美庭院”季度考评机制，加强村域环境整治。科学划分村庄环卫保洁网格，合理配置环卫设施，配足配齐保洁队伍，建立健全长效保洁机制。提升村庄绿化美化品质，改善村庄人居环境。乡公共财政每年安排农村环境综合整治专项资金用于各村开展“洁化、绿化、美化”和激励表彰。跟踪进度，规范程序，把关质量。

争创A级景区村庄通过完善基础设施建设、亮点打造、自加压力实现提质提档，成功创建A级景区村庄3个，占全乡的18.75%。

房屋征迁

2017年以来，县房屋征收办以开展项目化管理专项考核试点工作为契机，主动作为，创先争优，健全完善“阳光征迁”的各项工作机制。截至12月底，实施房屋征收项目共有17个，涉及阳光征迁签约2220户，同比增长68%；总建筑面积34.67万平方米，同比增长184%；平均签约率为99.68%，其中丹西街道、文昌小区、汪家河一、黄家桥和石浦老城区倪家弄5个区块签约率皆为100%，取得了阳光征迁签约速度、签约成功率均居全市前列。同时，市征管办对办的考核档次从2016年“合格”上升至“优秀”。

针对28户未签约户（塔山路10户、罐头厂6户、油车巷2户、园西路2户、汪家河1户、石浦4户、西澄河路1户、图书馆迁建项目2户），作出房屋征收补偿决定意见书14户（塔山路6户、油车巷2户、园西路2户、石浦4户），应诉开庭6次，全部胜诉，驳回其诉讼请求。其中市中院开庭5次（塔山路6户、园西路2户、油车巷2户、西澄河路1户、图书馆迁建项目2户），省高院开庭1次（罐头厂6户合审）。图书馆迁建项目2户于2017年12月13日下午在市中院开庭，它既是行政诉讼案件也是行政复议案件，这是宁波市首次市、县级行政负责人同时出庭应诉。县人民政府副县长周坚栋为代表作庭审辩护，市委常委、副市长刘长春做行政复议陈述发言，法院裁定县人民政府在此个案中的具体行政行为在实体上与程序上均是合法合规的。

三期棚改项目如下：

1. 县丹西街道办事处区块改造项目，总户数231户，总面积48742平方米，签约期限2017年6月5日至2017年7月4日，签约率100%，货币化率94.37%；

2. 县汪家河区块一改造项目，总户数195户，总面积16046平方米，签约期限2017年7月16日至2017年8月14日，签约率100%，货币化率82.56%；

3. 县汪家河区块二改造项目，总户数303户，总面积41406平方米，签约期限2017年8月3日至2017年9月1日，签约率99.67%，货币化率90.09%；

4. 县黄家桥区块改造项目，总户数248户，总面积35323平方米，签约期限2017年7月21日至2017年8月19日，总签约率100%，货币化率90.73%；

5. 县文昌小区区块改造项目，总户数549户，总面积42382平方米，签约期限2017年7月3日至2017年8月11日，总签约率100%，货币化率80.69%；

6. 石浦老城区谢家弄区块改造项目，总户数288户，总面积19726平方米，签约期限2017年7月20日至2017年8月28日，总签约率99.31%，货币化率92.01%；

7. 石浦老城区倪家弄区块改造项目，总户数194户，总面积15515平方米，签约期限2017年7月20日至2017年8月28日，总签约率100%，货币化率92.27%；

8. 石浦老城区幸福路以南区块改造项目，总户数172户，总面积19517平方米，签约期限2017年7 月20日至2017年8月28日，总签约率98.84%，货币化率93.53%。

重点保障工程如下：

1. 县西澄河路以东区块改造项目，总户数23户，总面积2600平方米，签约期限2017年7月27日至2017年8月15日，总签约率95.65%，货币化率81.82%；

2. 墙头镇邮政所地块，总户数1户，总面积1547平方米，总签约率100%，货币化率100%；

3. 泗洲头镇邮政所地块，总户数1户，总面积1461平方米，总签约率100%，货币化率100%；

4. 象山鑫海广场(原龙泰地块)项目，总户数2户，总面积86000平方米，总签约率100%，货币化率100%；

5. 象山环宇实业有限公司地块，总户数1户，总面积3028平方米，总签约率100%，货币化率100%；

6. 宁波华普汽车销售服务有限公司地块，总户数1户，总面积4260平方米，总签约率100%，货币化率100%；

7. 西谷湖罐头厂区块，总户数2户，总面积6443平方米，总签约率100%，货币化率100%；

8. 县图书馆迁建项目，总户数3户，总面积1830平方米，2户被征收人起诉房屋征收决定，市中院审理，未判决；

9. 县东澄河路以西区块改造项目，总户数6户，总面积900平方米，计划1月底完成签约。

落实工作，成立司法清零领导小组和工作小组，拟定《象山县房屋征收"拔钉清障"专项行动方案》，坚持一手抓协商调解，一手抓司法程序，扎实做好清零工作。截至12月底，有4户被征迁人接受诉前司法调解工作，顺利签约，分别是塔山路、罐头厂、园西路、汪家河二4个区块各1户。其余24户正在履行诉讼程序：石浦4户作出评估报告鉴定；西澄河路1户起诉至市中院，于11月2日开庭，尚未判决；罐头厂6户宁波市中院作出行政判决书，驳回6户诉讼请求，省高院也于10月13日开庭审理，11月11日作出判决，驳回上诉，维持原判；塔山路10户、园西路1户、油车巷2户均作出房屋征收补偿决定书，最后两个月的行政诉讼权利履行阶段结束，其中园西路1户提起诉讼，剩余12户未提起诉讼，正在走司法清零程序。

（邵　梅）

"红美人"柑橘产业

柑橘是象山县第一大水果，是象山农业主导产业之一。象山自古产橘，宋朝时便以金橘入贡。经过上千年的栽培种植，已形成种植面积7101公顷，常年产量达12万吨，2017年实现一产产值3亿元，全产业链产值10亿元以上。象山县先后被命名为"全国优质柑橘生产基地""中国柑橘之乡"和"全国柑橘良种扩繁基地"称号，"象山柑橘"获得地理标志证明商标，"象山红"柑橘获国家地理标志保护农产品。

一、选育背景

象山柑橘种植历史悠久，品种资源丰富，经过多年探索和海外引进、培育，目前拥有近百个柑橘优新品种，特别是"象山红""伊予柑""不知火""春香"等系列杂柑品种在全国均具有较大的知名度。但在多年的生产实践过程中发现，橘橙类杂柑品种普遍存在树势弱、成熟迟、酸度高等诸多弊病，完全成熟通常在1—3月。因此，在生产上迫切需要选育一个树势强、酸度低、糖度高、易剥皮，且能够在11—12月上市的早熟杂柑品种。

2001年5月，象山县林业部门在该县丹东街道庄穆境村采用"南香"与"象山红"等组合进行杂交育种，同年11月获得杂交后代种子200余粒。2002年10月在涂茨镇泊戈洋村对这些杂交后代进行高接换种，2007年杂交单株全面挂果，其中有一个单株果实经济性状表现较为优异，2008年对其进行高接换种扩种试验，经试验发现其树体、经济性状优异且稳定，具体表现为树势强、成熟早、糖度高、酸度低、口感好、香味足。2009年象山县根据果实特征正式命名为"红美人"柑橘。

二、面积发展

2008年，象山合心果蔬专业合作社在晓塘乡顾家村高接换种"红美人"柑橘0.2公顷，2009年开始投产产量3.7吨。2010年，象山县开始全面推广"红美人"柑橘，经过多年示范推广，象山红美人柑橘得到了市场的高度认可，产品价格越来越高，种植效益越来越好，栽培面积越来越大。截至2017年，全县"红美人"柑橘栽培面积达557.73公顷(见表1)，投产133.33公顷，分别占浙江省"红美人"柑橘栽培和投产的40%和70%以上，是全省"红美人"柑橘栽培及产量最大的地域；象山红美人柑橘平均售价60元/公斤，最高价格到123元/公斤，橘农亩均纯收入达5～10万元，最高可达20万元，效益比普通柑橘翻了10倍以上。2017年，象山红美人柑橘总产量2136吨，总产值1.2亿元以上，以不足2%的投产面积实现全县柑橘产业40%的产值。

2008年，象山红美人柑橘种植区仅晓塘乡顾家村和高塘岛乡乌岩头村两处。经过几年发展，至2012年象山

表1　　象山县2010年-2017年"红美人"柑橘面积与产量

单位:公顷、吨

年份	2010	2011	2012	2013	2014	2015	2016	2017
面积	3.73	23.47	48.80	1204	82.27	181.33	343.20	557.73
产量	12	28	57	121	278	581	1051	2136

红美人柑橘种植分布在该县除爵溪街道、泗洲头镇、黄避岙乡外的15个镇乡(街道)。2014年泗洲头镇、黄避岙乡开始种植"红美人"柑橘,2016年爵溪街道开始种植"红美人"柑橘,至此全县18个镇乡(街道)都有"红美人"柑橘种植(详见表2)。

以面积而言,2017年象山红美人柑橘面积66.67公顷以上镇乡(街道)3个:高塘岛乡、晓塘乡、定塘镇;33.33公顷~66.67公顷镇乡(街道)3个:石浦镇、贤庠镇、墙头镇;6.67公顷~33.33公顷镇乡(街道)10个:东陈乡、鹤浦镇、新桥镇、涂茨镇、泗洲头镇、丹东街道、黄避岙乡、茅洋乡、西周镇、大徐镇;6.67公顷以下镇镇乡(街道)2个:丹西街道、爵溪街道。

以产量而言,2017年象山红美人柑橘产量400吨以上镇乡(街道)3个:晓塘乡、定塘镇、高塘岛乡;100吨~200吨镇乡(街道)2个:茅洋乡、鹤浦镇;50吨~100吨镇乡(街道)5个:石浦镇、墙头镇、东陈乡、大徐镇、丹东街道;50吨以下镇乡(街道)8个:黄避岙乡、新桥镇、丹西街道、泗洲头镇、涂茨镇、西周镇、贤庠镇、爵溪街道。

表2　　象山县2017年"红美人"柑橘各镇乡(街道)面积与产量一览表

镇乡(街道)	面积(公顷)	产量(吨)
丹东街道	17.67	50
丹西街道	6.27	18
爵溪街道	0.33	5
石浦镇	51	84
西周镇	10.33	15
鹤浦镇	22.27	106
贤庠镇	45	10
墙头镇	40.4	82
泗洲头镇	18.33	17
定塘镇	73.67	459
涂茨镇	18.53	17
大徐镇	8.2	50
新桥镇	22	25
东陈乡	23.07	66
晓塘乡	75.2	463
黄避岙乡	17.07	40
茅洋乡	13.53	178
高塘岛乡	94.87	451

以地区而言,2017年象山红美人柑橘面积最大是高塘岛乡,产量最多为晓塘乡。高塘岛乡面积94.87公顷、产量451吨,分别占全县的17.00%和21.11%,晓塘乡面积75.2公顷、产量为463吨,分别占全县的13.48%和21.68%,高塘岛乡和晓塘乡是县内最主要的象山红美人柑橘产区。定塘镇也是象山红美人柑橘重点产区,面积、产量分别为73.67公顷和459吨,分别占全县的13.21%和21.49%。

三、栽培技术

自2001年"红美人"柑橘品种试种以来,象山县集合了全县大部分从事一线柑橘生产的土专家和经营管理人才,集聚了十余所院校产学研合作基地,专门对"红美人"柑橘进行品质提升与栽培技术进行研究。经过多年品种培育、技术改良,县农林部门总结出一套象山红美人柑橘优质栽培技术要点：

一是要选择温暖、土壤肥沃、排灌良好的栽植地。象山红美人柑橘抗冻性比温州蜜柑略差，对热量、光照、肥分要求也较高，因此宜在冬季无大风、温暖向阳、光照充足、土壤肥沃、土层深厚、有机质含量较高的栽植地进行种植。同时由于"红美人"柑橘对于土壤水分含量较为敏感，需选择排灌方便的地点进行种植，并根据实际情况做好水分控制工作。株行距为3米左右。

二是要加强肥水管理，增加全年施肥量。象山红美人柑橘对肥水需求较温州蜜柑高，需合理加强肥水管理、增加全年施肥总量。肥料要以有机肥、进口复合肥为主，使用量要比温州蜜柑多出30%～40%。成年结果树，全年施四次肥料。春肥：3月上旬，以氮肥为主，施肥量占全年30%；夏肥：5月上旬，以氮肥、复合肥为主，施肥量占全年20%；秋肥：8月上旬，以磷钾肥为主，施肥量占全年15%；冬肥：10月下旬施，以有机、复合肥为主，施肥量占全年25%。

三是要做好疏花疏果，提高果品质量。象山红美人柑橘坐果率较高，在管理上除修剪调节结果量外，还须及时进行疏花疏果，从而提高品质，并有效地保持健壮树势，达到丰产稳产之目的。疏花在现蕾至开花期进行，主要是疏除细弱枝上的无叶花序。疏果可分两次进行，第一次在6月下旬，疏除病虫果、畸形果、损伤果及树冠内膛过多、过密果。第二次在8—9月，摘除裂果、病虫果、小果及梢头果。

四是要注意树冠培养，留树过迟株实行隔年结果。采用开心形或圆头形整形，幼树期主要以扩大树冠，培养骨干枝，增加树冠枝梢叶片为主。定植后一年促使春、夏、秋梢多次抽发，加快树冠形成，初投产树要及时进行修剪，培养有效结果枝组，适当短截主枝、副主枝的延长枝，保持其一定的生长量及树势。成年结果树应以春季修剪为主，结合全年进行，春季对于主枝过多、过密的树，应及时进行开"天窗"修剪，以改善光照条件。对于高接树在高接当年及第二年应尽快培养树冠，选择生长均匀、分布位置好的骨干枝作为主枝培养，设施栽培留果到第二年2月的橘树可实行隔年结果。

五是要适时采收销售，防止过熟变味。象山红美人柑橘集中采收期一般在12月下旬到1月上旬，采收一般可在12月中下旬开始，通过完熟栽培可留树到次年2月上旬，品质最佳期在12月中下旬。露地栽培前期先采收外围果型较大的果实，其后采收中等大小果实，最后采收内膛小果，设施栽培采收期可推迟到1月中下旬，并选择性留中等果、小型果到1—2月采收，品质更佳，但2月下旬后"红美人"柑橘果肉开始发软，风味、色泽开始减退，需及时全部采收完毕。

六是要注意防控病虫害，提高果实外观质量。春、夏、秋梢抽发期注意防治黄斑病，进入梅雨季节后注意防治炭疽病，谢花后重点防治黑点病，台风期注意防治溃疡病。春、秋季节及设施栽培冬季需重点注意红蜘蛛虫害的防控，成熟期前注意夜蛾的防治。

七是要设施大棚栽培。象山红美人柑橘露地栽培存在树势偏弱、糖度不高、着色较淡、产前落果严重、贮藏性不强等问题，宜采用设施大棚栽培。(1)园地选择：选择开阔的平地或者平缓的向阳坡地，有充足的灌溉水源，排水良好、土层深厚、土质疏松肥沃的土壤，以海涂地或黏性黄壤土为宜。(2)大棚搭建：宜选择全钢架连栋大棚，立杆采用热镀锌方管加水泥支柱，水平杆采用热镀锌32毫米口径钢管，棚顶采用25毫米热镀锌钢管。大棚顶高4.2米～4.5米为宜，肩高2.5米～3.0米为宜，棚顶膜需与树冠顶部间距不少于1 m。(3)盖膜：顶膜覆盖时间选择在10月上旬—11月上旬，侧面使用防虫网；侧膜覆盖时间宜在12月上中旬初霜来临前。盖膜前若土壤较干燥需浇一次覆膜水。(4)栽植与高接管理：栽植时间以3月上旬—4月中旬为宜。每亩栽植80株～110株左右，高接中间砧宜选择树势强健、树龄15年以下的植株，高接时间以3月中旬至4月下旬为宜，每株根据中间砧树体大小高接5～20个芽，需保留40%以上的辅养枝，新梢转绿后需进行绑枝，以防折断。(5)温度调控：柑橘设施栽培棚内温度应控制在35℃以下，当高于35℃时需通风。若遇0℃以下低温，采取加温措施提高棚内温度。(6)水分管理：设施栽培在生长期需保持充足水分，成熟期覆膜前如果土壤干旱应浇一次大水，覆膜后尽量控水，土壤特别干旱时浇小水。如遇阶段性干旱，应根据旱情做好抗旱工作，采果后及越冬前浇一次水。

为加快象山红美人柑橘品种、技术成果研发与推广，2009年，象山县成立象山红美人柑橘研发及产业化推广团队，开展象山红美人柑橘栽培技术自主研发与创新，先后开发了设施越冬栽培、地膜覆盖完熟栽培、设施加温促成栽培等先进技术。2011年，申报实施象山县科研攻关项目《"红美人"优质杂柑新品种选育及示范》。2012年，申报实施宁波市农村科技创新创业资金项目《"红美人"杂柑优质安全生产技术推广与产业化示范》、宁波市农科教结合项目《"红美人"优质杂柑设施精品栽培技术研究与示范》；2013年，申报实施宁波市"十大林特产业提升技术"项目《"红美人"柑橘设施栽培技术试验示范》；2015年，申报实施象山县科研攻关项目《"红美人"外观品质提升核心技术研究与示范》；2016年，申报实施浙江省农业技术推广基金会项目《"红美人"设施越冬及节本增效高品质栽培技术研究》、象山县科研攻关项目《"红美人"柑橘加温防冻栽培技术研究》《"红美人"设施越冬及节本增效高品质栽培技术研究》获2015—2016年度省农业技术推广基金会"宝业奖"；2017年，申报实施象山县重大农业攻关项目《"红美人"等特色杂柑精致高效栽培技术集成与示范》。

四、品种特性

经选育出的象山红美人柑橘幼树树姿较直立，树势中等，结果后开张，枝梢中等偏旺。春梢3月中旬萌芽，4月上旬现蕾，4月中旬停梢，4月下旬初花，4月底盛花，物候期比普通温州蜜柑早2～3天，与特早熟温州蜜柑接近。果实近圆球形，单果重为180～250克，果型指数为0.78～0.89，果皮极薄，稍易剥皮，11月上旬进入转色期，12月上中旬转橙红色，可溶性固形物含量12.5%-13.5%，完熟后可溶性固形物含量14%以上，总酸0.8～1.0克/100ml，可食率80.5~83.8%,果肉浓橙色,囊衣极薄,化渣性好,有香味。4年生树平均株产6.48公斤、亩产量712.8公斤,5年生树平均株产12.5公斤,亩产量1381.6公斤,早结丰产性好。

生产过程中发现,象山红美人柑橘主要有以下优点和缺点,主要优点:一是前期长势旺,有利于树冠扩大,后期坐果率高,能丰产、稳产;二是成熟期早,完熟栽培品质佳,上市期长;三是果型近圆球形,色泽橙红,外观漂亮、辨识度高;四是可溶性固形物含量高,皮极薄,口感细软,香味浓郁;五是品质稳定性好,优质果率高。主要缺点:一是坐果率过高,如不疏果易导致树势衰败;二是产前落果严重,如不避雨栽培不能留树完熟;三是皮极薄,完熟栽培后剥皮稍难;四是黄斑病、黑点病、溃疡病等病害抗性较弱;五是对缺素极为敏感,海涂地易产生严重缺铁黄化;六是抗冻性弱于普通温州蜜柑,需进行设施防护。

象山红美人柑橘露天栽培上市期在10月中旬至12月上旬,平均单果重200克左右,果实短卵形到球形,果皮浓橙红色,较光滑,可溶性固形物含量12%左右,酸度0.8%,果肉橙色,柔软多汁,囊衣极薄,无核,有香气。通过柑橘设施加温栽培、柑橘设施越冬栽培、地膜覆盖增糖促色栽培等先进技术,象山红美人可完熟到元旦或春节前采摘,糖度达到15%以上、酸度0.6%以下,相对于露天栽培的"红美人"柑橘风味更浓郁,口感更细滑,香味更充足,市场评价更高,深受广大消费者欢迎,甚至供不应求,经济效益极为显著。

五、品牌营销

自2009年以来,象山县实施柑橘供给侧结构性改革,着力优化品种结构,大力培育精品柑橘。加强柑橘品种结构优化,将传统过量的中晚熟温州蜜柑栽培面积从占比85%以上减至50%以内,逐步建成以"大分""宫川""大叶尾张"等为主导、以"红美人"等为特色的精品柑橘生产体系,推动柑橘转型升级和产业兴旺。同时,象山县先后研究制定"红美人柑橘设施越冬栽培生产规程""红美人柑橘标准化生产模式图""红美人柑橘产品分等定级标准"等系列标准规范,规范象山红美人柑橘产品质量和市场管理,把象山红美人柑橘生产的产前、产中、产后各环节纳入标准化管理,做到质量有标准、过程有规范、销售有标志、市场有监测、安全有追溯。

2016年以来,象山县坚持实施"品牌富农"战略,积极打造"象山柑橘"区域公用品牌,加大象山柑橘区域公用品牌宣传推广力度,进一步提高品牌知名度与市场占有率。完善了区域公用品牌工作机制,建立象山县农产品品牌建设领导小组,成立象山县农业产品区域公用品牌领导小组办公室,专门负责区域公用品牌建设工作。同时,委托浙江大学CARD中国农业品牌研究中心对象山柑橘和梭子蟹区域公用品牌策划设计,引导组建了象山柑橘产业联盟,主推象山红美人柑橘,对柑橘品牌进行统一规范化管理与经营,开展了一系列线上线下宣传推广活动,尤其是在上海、杭州等地成功举办了象山柑橘(红美人)品牌推介会和拍卖会,并成功举办了首届象山柑橘文化节,有效扩大了象山红美人柑橘的市场知名度。

2016年初,针对柑橘产业层次不高、品牌效应薄弱、产品竞争力不强等问题,象山县提出"组建柑橘产业联盟,打造区域公用品牌"战略,经过大半年时间的筹备,于9月30日组建成立以象山红美人柑橘为核心的全省首个农业产业联盟——象山柑橘产业联盟,推行"产业联盟+公共品牌+主导产品"营销模式。该产业联盟旨在为广大橘农提供一个品牌共享、资源共享、合作共享的公益平台,并以"统一品牌、统一包装、统一质量、统一销售、统一价格"为发展方向,通过科学的合作机制和运营模式,形成集团优势,共同努力打响象山柑橘品牌,推进柑橘产业又快又好发展,促进广大橘农增产增收。截至2017年年底,象山柑橘产业联盟拥有注册会员达150人。

2016年12月16日,象山柑橘(红美人)、象山梭子蟹区域公用品牌推介会在上海举行,推介会由象山县人民政府、宁波市农业局、宁波市林业局、宁波市海洋与渔业局、宁波市供销合作社联合社共同主办,浙江省农业厅蔡元杰总农艺师、宁波市政府金伟平副秘书长、宁波市农业局李强局长及市林业局、市海洋与渔业局、宁波市供销合作社联合社、象山县政府领导及全国各地60余家客商和20多家新闻媒体参加,取得了较好的宣传推广作用,共签订象山柑橘、象山梭子蟹战略合作协议和购销合同2份。在品牌宣传带动下,2016年象山红美人柑橘销售均价达25元/斤,最高达40元/斤,市场仍供不应求。

2017年11月24日,象山柑橘(红美人)、象山梭子蟹区域公用品牌推介会在杭州萧山举行,推介会由象山县人民政府、宁波市农业局、宁波市林业局、宁波市海洋与渔业局、宁波市供销合作社联合社共同主办,浙江省农业厅副厅长陈利江、浙江省林业厅副厅长王章明、浙江省林业厅产业处主任康志雄、浙江省供销社副主任童日晖、浙江省海洋与渔业局副局长童加朝、浙江省柑橘研究所副所长徐建国、宁波市政府副市长卞吉安、宁波市政府副秘书长宣柏林、宁波市农业局局长李强及市林业局、市海洋与渔业局、宁波市供销合作社联合社、象山县政府领导及全国各地70余家客商和20多家新闻媒体参加,取得了较好的宣传推广作用。

2017年11月21日,在上海举行的"2017世界柑橘产业峰会"上,"象山红美人"柑橘进行专场拍卖,1.5万公斤的"象山红美人"柑橘以每公斤90元的底价起拍,经过十余轮叫价后,最终台州籍柑橘销售商以每公斤123元的价格拍下了1.5万公斤尚挂在果树上的"象山红美人"柑橘,创造了"象山红美人"柑橘全国价格新高。此次参与拍卖的"象山红美人"柑橘由象山"恒和果业"提供,主要种植在象山县定塘镇、高塘岛乡、晓塘乡等地。

2017年12月23日,象山首届柑橘文化节在定塘镇小湾塘村象山柑橘博览园开幕。象山柑橘博览园是宁波市首家集柑橘育苗、无病毒接穗、沼液肥研发中心、仓储销售、社会化服务、文化展示和休闲等功能为一体的博览园。此次柑橘文化节以柑橘为主,柑橘电影、诗歌、舞蹈、书画等节目全都围绕着一个"橘"字。柑橘文化节的举办,旨在通过展示象山柑橘文化、柑橘新品种、先进栽培技术等内容和举办系列与柑橘相关的节庆活动，来体现象山县柑橘产业发展成果，来丰富品牌内涵和品牌文化，提升象山柑橘产业发展优势，使柑橘成为“象山名片，农业支柱，经济财源”。柑橘文化节开幕式上，进行了象山县柑橘博览园和象山县柑橘研究中心授牌仪式，由县委常委、县政府党组成员干维岳为象山柑橘博览园授牌，国家柑橘产业体系岗位科学家、浙江省柑橘研究所副所长徐建国为象山县柑橘研究中心授牌。此外，还举行了象山柑橘“红美人”擂台赛，从果形、果重、糖度、风味等四个方面，评比出了四大美人和总擂主；表彰了2017年度象山县最美橘农。

在开展品牌宣传推介的同时，象山积极开拓市场销售渠道，全县已发展柑橘专业合作社51家（其中国家级1家、省级2家、市级2家），发展柑橘贩销专业户241户，开拓京津冀及长三角大中型城市等市场，不断拓宽“象山红美人”柑橘等优质柑橘的鲜销渠道。同时，培育宁波市恒和果业有限公司等新兴销售公司，引进国外先进的选果设备，打造集选果、分级、销售为一体的优质柑橘销售龙头企业。此外，不断开拓网上销售市场，加大与淘宝等网络平台合作，鼓励柑橘种植大户和农民专业合作社积极利用微信、淘宝等电商交易平台发布供求信息，通过线上销售、线下体验相结合的模式有效推动“象山红美人”柑橘销售，建立象山“半岛味道”网上微商城，建成2家“半岛味道”农产品体验中心品牌店。

2017年，象山县“红美人”栽培面积已达557.73公顷，同时省内衢州、丽水、温州、台州、金华等地及省外江苏、上海、江西、福建、湖北、湖南、四川、云南等地也不断从象山引种栽培，带动了全国“红美人”柑橘种植面积6667公顷。“象山红美人”柑橘从最初几株到当前的557.73公顷，从露天栽培到大棚栽培，从最初的5～10元/公斤到目前的60元/公斤，实现了华丽变身，成为象山柑橘产业的“新贵”，亩均纯收入达到5万元左右，比常规柑橘亩收入增加25倍，最高亩纯收入达到20万元，带动了广大橘农增收致富。

县情概览

经济和社会发展

【概况】 2017年，围绕县委、县政府决策部署，坚持稳中求进工作总基调，打好转型升级系列组合拳，推进各项工作，经济运行总体呈现“稳走向好、稳中有进”的良好态势。全年实现地区生产总值498.9亿元，同比增长6.5%；财政总收入67.2亿元，同比增长7%。

【投资扩大】 全县完成固定资产投资193.2亿元，增长10.8%。加强项目服务，健全“1+X”推进机制，组建项目组，实施网上动态“一页纸”管理，在前期服务、项目协调等环节攻坚突破。推进项目建设，109个县重点工程建设项目完成投资133.1亿元，普思拓金属科技、宁波工人疗养院、象山港一号文化广场等15个项目完工，金汇精密制造、国际水产保税冷链物流基地、县中医院迁建等46个项目加快推进，新篁竹叶、戴维商业广场、渔业船舶防台避风锚地等43个项目开工建设。35个民生实事项目完成34个，其中老小区改造项目未完成年度任务。

【增长消费需求】 实施商贸流通业提升发展三年行动计划，促进消费升级，全县实现社会消费品零售总额191亿元，同比增长11.8%。突出节庆拉动，举办象山购物节、第十五届海鲜美食节等活动。全力以赴创建国家全域旅游示范区，设立旅游巡回法庭和旅游警察，智慧旅游大数据中心启动运行，“嗨象山”品牌正式发布，增强旅游吸引力，接待游客2200万人次，实现旅游经济综合收入240亿元。旅游消费催生新热点，新增高端精品民宿12家，石浦镇、茅洋乡分别入选省旅游风情小镇创建和培育名单。

【开放合作】 构建全域大招商格局，完善招商机制，举办首届世界象商大会，推进联动招商、驻点招商，实际利用外资及港澳台资金14073万美元、国内资金60亿元人民币，新签约重点项目76个、总投资642.1亿元，其中工业项目55个。外经工作全市领先，完成境外承包工程营业额4.8亿美元。对外及对港澳台贸易逐步复苏，出口增速明显回升，完成出口总额179.1亿元，同比增长18.9%。

【转型升级】 实体经济稳中趋好，增长的协调性、可行性增强。农渔业实现新提升，完成农林牧渔业增加值74亿元，同比增长2.8%，“象山柑橘”“象山梭子蟹”区域公用品牌全面推广，创建国家级出口水产品质量安全示范区。工业向好，实现规模以上工业增加值131亿元，增长9.8%。培育新动能，战略性新兴产业、装备制造业增加值增速快于规模以上工业增加值增速，清洁能源产业逐步壮大；乐惠、合力主板上市，年纳税超千万企业突破50家。建筑业稳步发展，完成建筑业总产值1271.9亿元，同比增长5.9%。服务业提质发展，实现服务业增加值203.1亿元，同比增长9.1%；电子商务在传统商贸流通领域应用更加广泛，年销售额15.2亿元；科技服务创新，实现规模以上高技术服务业营业收入4.1亿元，同比增长22.7%。

【改革创新】 全力攻坚30项重点改革项目，获评省全面创新改革联系点。加快“最多跑一次”改革，68个“一件事”实现最多跑一次，不动产登记率先实现全县通办。对接宁波“中国制造2025”试点示范城市建设，全面推行以“亩产效益”为核心的资源要素差别化配置机制。深化投融资体制改革，五大集团组建基本完成，水产城改制重组完成增资扩股前期工作。加速特色小镇培育，临港装备小镇、半边山智慧海憩小镇列入市第二批培育名单，星光影视小镇列入省第三批创建名单，省市县三级联创机制走在全市前列，全省特色小镇镇长论坛在象山成功召开。构建“一中心三平台”科技服务体系，设立科技创投基金、天使投资基金，新增高新技术企业11家、小巨人培育企业12家，中国机械科学研究总院宁波工业研究院签约落户。

【平台建设】 浙台经贸合作区继续做好“渔”文章，启动打鼓峙区块开发，水产品网上交易商城上线运行。经济开发区发展动能逐步释放，“一区多园”框架优化，临港装备工业园列入宁波市战略性新兴产业专业园创建名单。象保合作区突破，综合保税区审批进程加速，国家级云制造示范基地落户，省级军民融合产业基地获批。大目湾基础配套完善，大目湾—松兰山亚帆中心正式签约，影视学院、绿色体育竞技小镇等项目落户。影视文化产业区提速发展，中国海影城“海上传奇”主题乐园建成营业，驻地拍摄剧组数创历年新高，实现经营性收入16.3亿元，增长79%。

【优化城乡品质】 加快市政设施建设，打通“断头路”3条，建立智能化停车诱导系统。实施海绵城市建设，初步形成大目湾海绵城市试点区3平方公里。加快城市有机更新，棚改三期5个区块签约率100%，青草巷特色街区开工建设。深化美丽集镇建设，首批6个镇乡整治任务基本完成。石浦国家级建制镇示范试点深化推进，西周镇列入省级小城市培育试点。推进农村“三居”专项行动，开展美丽乡村分类示范创建，新增AAA级景区村6个、乡村风景线2条。全面推进“三改一拆”等专项行动，“无违建县”创建工作在全省“三改一拆”推进会上作经验交流。

【保障水平】 推进应保尽保，本地户籍人员养老保险参保率达到91.1%，全面实施城乡居民基本医疗保险并轨和跨省异地就医结算，医保参保率98%。完善住房保障体系，保障政策全面覆盖城镇低收入住房困难家庭、引进人才和优秀外来务工人员。实施的就业创业政策，城镇新增就业10540人，城镇登记失业率1%，发放小额创业贷款6000万元。多措并举推进居民增收，城乡居民人均可支配收入达50677元和28385元，分别增长8.2%和8.7%。

气　候

【气候特点】 2017年气温偏高，降水量、降水日数和日照时数与常年基本持平。年内主要气象灾害有低温雨雪、连阴雨、强对流、高温等。2017年气候季节除秋季外均比常年偏早，春、夏、冬季分别比常年早7天、15天和29天，秋季则比常年晚5天。气温偏高、降水量和降水日数偏少、日照时数偏少，其间出现了寒潮、大风、低温雨雪、雷暴等天气；春季气温偏高，雨量、光照偏多。季内天气变化总体平稳；其间出现了冷空气、连阴雨、强对流等灾害性天气；夏季气温偏高，降雨量、日照接近常年，梅雨量和高温日数明显偏多，其间出现了强对流、高温等灾害性天气；秋季气温略偏高、雨量明显偏多、光照明显偏少，期间多台风影响。12月多冷空气影响，气温起伏大。

【气候事件】 降雪：2月8—11日，全县出现了一次明显降温、雨雪和大风天气过程。8日夜里平原地区出现雨或雨夹雪，山区雨夹雪或雪，沿海海面伴有8～9级偏北大风。10—14日最低气温降至-1℃～-3℃，有冰冻；山区-3℃～-5℃，有严重冰冻。

2月21—25日，全县出现明显降温、雨雪和大风天气过程。其中22日+、23日沿海海面伴有7～9级偏北大风。23日平原地区出现雨或雨夹雪，山区雨夹雪或雪，其中西周和泗洲头部分山区出现积雪。25日早晨全县最低气温普遍降至1℃左右，山区0℃以下，出现薄冰。

雾霾：年内雾日数22天，较上年偏少10天。其中1月1日、4月18日和5月14日早晨，全县部分地区均出现能见度小于200米的浓雾，对人们出行造成了一定影响；4月8日受暖湿气流影响，沿海海面出现能见度小于500米的雾，但对交通没有明显影响。

2017年内霾日数为24天，较上年多3天；其中12月31日出现了中度霾。

梅雨：2017年于6月9日入梅，入梅时间与常年同期相比正常略偏早(常年6月13日)；7月5日出梅，接近常年(常年7月3日)；梅期26天，比常年多6天(常年20天)。全县平均梅雨量325毫米，比常年平均梅雨量偏多45%(常年224毫米)。2017年梅雨形势不典型，以过程性降水为主，期间有降雨间歇，共有3天雷暴日，分别在11日、23日和25日。

高温：2017年夏季日最高气温≥35℃的高温日数有34天，较常年偏多26天，≥37℃的高温日数有11天。高温影响范围广，时间长，其中超过37℃的高温日数有11天，较常年偏多7天。最高气温39℃，在8月8日。

寒潮及强冷空气：1月29—31日，受强冷空气影响，气温明显下降，沿海海面出现8～9级偏北大风，其中丹城过程降温幅度达12.3℃，31日最低气温降至3.6℃，达到寒潮标准。

4月9—11日，受中等强度冷空气影响，气温逐日下降，丹城降温幅度达10.1℃。受辐射降温影响，13日早晨丹城最低气温降至3.8℃，西周黄泥桥0.9℃。11—12日，普遍出现内陆地区6～7级、沿海海面8级大风。

11月17—19日，受较强冷空气影响，全县普遍出现中雨，沿海海面出现8～9级大风，城区日平均气温降温幅度达8.1℃，最低气温降至4.2℃(24日)。

【气象灾害】 连阴雨：3月10—25日出现了多阴雨寡照天气，总雨量103.6毫米，较常年平均多三成，历史排名第6；日照时数仅25.9小时，历史排名第5。阴雨天气对茶叶采摘活动略有不利影响，对部分地势低洼排水不畅的作物造成一定渍害影响，抑制了部分越冬作物的生长。其中12—13日普降中到大雨，对油菜等作物影响较大，由于湿度较大，造成大棚内蔬菜发生霉腐病等。

11月14—18日出现了连阴雨天气。城区累积雨量为44.1毫米，是历史同期平均的3倍多，排名历史第7，日照时数为0。数日的阴雨寡照，对油菜、大小麦的生长不利，对晚稻的晾晒造成了一定的影响。

强对流：4月共有3次强对流过程，分别出8日夜里至9日、19日夜里和25日傍晚到夜里，其中8日夜里到9日受雷雨云团影响，全县普降中到大雨，局部大到暴雨，蟹钳港一带普遍在60～80毫米之间，最大麦地山81毫米。20日中北部地区普降中到大雨，最大小东屿31毫米。25日傍晚到夜里受低槽和切变影响，全县普降大到暴雨，丹城雨量72.4毫米，最大新桥79.3毫米，石浦和檀头山还出现了8级雷雨大风。

5月共有3次强对流过程，分别出1日夜里至2日、11日后半夜至12日白天和23日傍晚至夜里。其中2日普遍达到中到大雨，局部暴雨，部分海岛还出现了8级大风。其他两次过程雨量中等，局部地区出现大雨。

夏季多强对流影响，其中7月4日受对流云团影响，县内大部分地区出现午后雷阵雨，从13时至17时，全县普降阵雨或雷雨，降水空间分布离散性大，外高泥119毫米并伴有24.3米/秒(9级)雷雨大风，谢家68.6毫米，其他地区均在30毫米以下。5月、8月3日，受副热带高压边缘冷空气渗透影响，全县较大范围出现了中到大雨，个别地方出现了暴雨，全县面雨量27.1毫米，有5个站超过50毫米，最大山头王66.9毫米。8月16日受对流云团影响，全县普降中到大雨，从14时至22时，全县面雨量为13.6毫米，最大泊戈洋30.4毫米，沿海地区普遍出现7～9级、沿海海面8～10级雷雨大风，其中泊戈洋、石浦和檀头山阵风达11级。

台风:年内共有4个台风影响象山,分别是7月29日至8月1日的9号台风“纳沙”和10号台风“海棠”,9月13—16日的18号台风“泰利”和10月14—17日的20号台风“卡努”。

受“纳沙”“海棠”的先后影响,从29日20时至8月1日8时,全县累积面雨量达34.9毫米,除海岛外普遍在30~50毫米之间,有8个站超过50毫米,其中丹城54毫米,最大外高泥89.7毫米。

受18号台风“泰利”影响,从9月13日20时至16日08时,全县累积面雨量达26.3毫米,雨量分布不均,普遍在10~50毫米,有1个站超过50毫米,其中丹城28.5毫米,最大麦地山82.4毫米。内陆普遍出现7~9级、沿海地区8~10级、沿海海面9~11级大风。

受20号台风“卡努”外围偏东气流和北方弱冷空气的共同影响,从10月14日08时至17日08时,全县累积面雨量220毫米,呈东多西少分布,东部普遍为200~300毫米,局部300~400毫米,西部100~200毫米,其中丹城220.8毫米,最大檀头山491.5毫米。沿海海面普遍出现8~9级,短时10级大风。该次强降水过程造成全县7393人受灾,直接经济损失9240万元。农林牧渔业直接经济损失6313万元,工业交通运输业直接经济损失1425万元,水利设施直接经济损失1502万元。农作物受灾面积111306.66公顷,成灾面积2766.67公顷。因灾减产粮食0.006万吨,经济作物损失3544万元,水产养殖损失300公顷。中心城区5处低洼地段受淹;鹤浦、石浦等地受淹情况较重,7个村庄27户受淹。公路中断24条,直接经济损失1425万元。损坏堤防41处5.65公里,损坏护岸24处、水闸2座、灌溉设施19处、水文测站18个,堤防决口20处0.85公里,冲毁塘坝2座,共计损失1502万元。

数字象山

表3

2017年象山县人口、经济、财政、物价一览表

类　目	数　量	比2016年增长(%)	类　目	数　量	比2016年增长(%)
2017年末总户数	18.17万户	-0.2	居民消费价格总指数	100.9	
总人口	55.05万人	0.0	服务价格指数	103.0	
城镇人口	17.17万人	2.7	消费品价格指数	99.6	
乡村人口	37.88万人	-1.2	食品和烟酒	98.9	
出生人口	5378人	0.2	食品	98.5	
死亡人口	3808人	12.6	粮食	102.8	
			水产品	99.9	
生产总值	498.91亿元	6.5(可比价)	烟酒	99.4	
第一产业增加值	73.16亿元	2.7(可比价)	衣着	100.2	
第二产业增加值	222.66亿元	5.5(可比价)	居住	103.2	
工业增加值	169.53亿元	7.8(可比价)	生活用品及服务	99.5	
第三产业增加值	203.09亿元	9.1(可比价)	交通和通信	100.8	
			教育文化和娱乐	103.0	
财政总收入	67.19亿元	7.0	医疗保健	101.9	
中央财政收入	27.92亿元	14.4	其他用品和服务	99.6	
一般公共预算收入	39.27亿元	2.3			
一般公共预算支出	70.27亿元	14.5			

表4

2017年象山县人民生活-社会保障一览表

类　目	数　量	比2016年增长(%)	类　目	数　量	比2016年增长(%)
居民人均可支配收入	42025元	8.4	医疗保健类支出	1146元	2.7
城镇居民人均可支配收入	50677元	8.2	交通通信类支出	1282元	14.3
农村居民人均可支配收入	28385元	8.7	教育文化娱乐类支出	1333元	12.4
城镇单位在岗职工平均工资	73194元	9.4	居住类支出	5954元	2.1
			生活用品及服务类支出	442元	-1.6
城镇居民人均消费性支出	26032元	8.5	其他用品和服务消费支出	349元	-4.6
食品烟酒类支出	7523元	4.6			
衣着类支出	1625元	8.8	基本养老保险参保人数	22.5万人	1.3
医疗保健类支出	866元	5.7	基本医疗保险参保人数	15.5万人	-7.2
交通通信类支出	2795元	8.5	失业保险参保人数	10.8万人	-
教育文化娱乐类支出	3269元	16.9	全县低保户数	8448户	2.6
居住类支出	8558元	9.6	低保人员	11608人	2.8
			发放低保金	9038万元	-12.6
农村居民生活消费类支出	16178元	3.7	福利院敬老院	57所	9.62
食品烟酒类支出	4773元	2.0	床位	5743张	7.7
衣着类支出	900元	4.4	收养人员	3580人	8.4

表5

2017年象山县农业一览表

类　目	数　量	比2016年增长(%)	类　目	数　量	比2016年增长(%)
农林牧渔业产值	1243564万元	0.8(按现价)	杨梅总产量	1.19万吨	-4.8
农业产值	225864万元	1.8(按现价)	枇杷总产量	0.83万吨	176.7
林业产值	14894万元	1.7(按现价)	茶叶总产量	710吨	-23.7
牧业产值	56525万元	-11.4(按现价)	肉类总产量	14056吨	16.5
渔业产值	918921万元	-0.2(按现价)	生猪年末存栏	7.67万头	20.8
			生猪年内出栏	11.47万头	2.0
粮食播种面积	13672公顷	3.4	家禽年末存栏	89.25万羽	5.3
粮食总产量	8.21万吨	-10.6	家禽年内出栏	103.49万羽	11.8
蔬菜播种面积	8314公顷	3.1	水产品总产量	60.15万吨	-0.8
蔬菜总产量	19.83万吨	3.8	海洋捕捞产量	45.58万吨	-3.0
水果总面积	11153公顷	-1.9	海水养殖产量	12.41万吨	7.5
水果总产量	19.60万吨	3.4	淡水产品产量	1.12万吨	0.9
柑橘总产量	11.62万吨	0.8	海水养殖面积	11825公顷	10.8

表6 2017年象山县工业、建筑业一览表

类目	数量	比2016年增长(%)	类目	数量	比2016年增长(%)
规模以上工业企业增加值	131.00亿元	9.8	工业产销率	91.30%	0.9
规模以上工业企业产值	649.09亿元	12.2	规模以上工业利润总额	41.73亿元	-9.4
股份制企业	62.51亿元	7.1	规模以上工业利税总额	60.26亿元	-5.7
私营企业	341.60亿元	13.3	规模以上工业平均从业人数	68790人	-0.3
港澳台商投资企业	58.50亿元	10.1	全部工业用电量	13.12亿千瓦小时	10.3
外商投资企业	70.98亿元	10.3			
轻工业产值	199.50亿元	6.2	建筑业总产值	1351.86亿元	52.7
重工业产值	449.59亿元	15.1	其中:在外省完成的产值	835.31亿元	4.2
纺织服装、服饰业产值	100.40亿元	5.7	建筑业利润总额	24.98亿元	–
汽车制造业	124.42亿元	14.7	房屋施工面积	410.12万平方米	-2.6
电气机械及器材制造业产值	80.43亿元	11.5	竣工面积	128.29万平方米	40.9
通用设备制造业产值	53.87亿元	13.2	有建筑资质企业	132家	0.8
专用设备制造业	28.63亿元	5.1	国家特级资质企业	4家	–
农副食品加工业产值	37.34亿元	-1.7	一级资质企业	25家	–
电力热力生产和供应业	57.11亿元	14.2	二级资质企业	36家	44.0
规模以上工业销售产值	592.59亿元	13.3	三级及以下资质企业	67家	-8.2
出口交货值	124.41亿元	1.1	从事建筑业活动从业人员期末人数	31.87万人	-2.1

表7 2017年象山县国内贸易、对外经济一览表

类目	数量	比2016年增长(%)	类目	数量	比2016年增长(%)
社会消费品零售总额	191.25亿元	11.8	针纺织类出口	101761万美元	3.8
批发零售业	139.84亿元	9.8	农产品类出口	20850万美元	-4.6
住宿餐饮业	51.41亿元	17.5	机电类出口	91329万美元	11.4
城镇市场零售额	99.58亿元	13.2	其他类出口	50004万美元	87.9
乡村市场零售额	91.67亿元	10.3			
			新批外商投资项目	28个	0.0
进出口总额	282431万美元	17.1	合同利用外资及港澳台资金	19065万美元	24.1
进口额	18487万美元	45.8	实际利用外资及港澳台资金	14073万美元	0.2
出口额	263944万美元	15.5	针纺织类出口	101761万美元	3.8

表8

2017年象山县交信、通信、旅游一览表

类　目	数　量	比2016年增长(%)	类　目	数　量	比2016年增长(%)
货物运输量	3220.1万吨	5.6	邮政业务收入	4568万元	3.97
水运货运量	2571.7万吨	8.6	电信业务量	6.35亿元	2.4
货物周转量	298.02亿吨公里	15.2	固定电话用户	16.16万户	19.5
旅客运输量	366.4万人	-32.1	宽带用户	29.62万户	39.9
旅客周转量	3.23亿人公里	5.6	移动电话	69.62万户	-12.5
民用汽车拥有量	119715辆	11.5	4G手机用户	45.34万户	64.5
私人汽车	107504辆	11.9			
海洋货物运输船舶	106艘	0.95	旅游经济总收入	240亿元	28.5
总运力	103.7万吨	21.7	接待游客	2200.2万人次	12.1

表9

2017年象山县科技、教育、文化一览表

类　目	数　量	比2016年增长(%)	类　目	数　量	比2016年增长(%)
实现高新技术产业产值	244.47亿元	14.1	在园幼儿数	19853人	-2.1
专利申请受理数	3638项	0.97	义务教育学龄人口入学率	100%	—
授权量	1547项	-28.9	初升高比例	98.81%	—
政府科技拨款(科技局)	15000万元	—	财政预算内教育支出	12.78亿元	19.7
普通中学	32所	—	县图书馆总藏书量	47.68万册	6.43
在校生	26514人	24.6	有线电视入户率	100%	—
中等职业学校	3所	—	卫生事业机构(含村卫生室)	293个	0.69
在校生	4905人	12.5	床位	2120张	—
小学	24所	—	卫生技术人员	3473人	3.4
在校生	36571人	1.1	医生	1373人	4.9
幼儿园	88所	—	千人拥有医生	2.61人	4.8

(周宏伟)

城乡居民生活

【概况】 2017年,实施"双突破双驱动"战略,打好工业强县攻坚战,深化全域旅游发展规划,打造"一城四地",高水平全面建成小康社会。按照"面向世界、国内一流"标准,制定实施城乡建设五年行动计划,精致建设美丽县城、美丽集镇、美丽乡村。2017年全县城乡居民收入增收明显,城乡收入倍差由上年的1.838缩小为1.785,差距缩小。据一体化住户调查数据显示,分城乡来看,2017年城镇居民人均可支配收入为50677元,同比增长8.2%,农村居民人均可支配收入为28385元,同比增长8.7%,剔除价格因素实际分别增长7.5%和8.0%,其中农村居民收入比2010年翻了一番。城镇居民人均生活消费支出26032元,同比增长8.5%,农村居民人均生活消费支出16179元,同比增长3.7%。

表10　2017年全县城乡居民人均可支配收入构成表

项目	城镇			农村		
	绝对数(元)	增幅(%)	占比(%)	绝对数(元)	增幅(%)	占比(%)
可支配收入	50677	8.2	100.0	28385	8.7	100.0
工资性收入	27146	6.5	53.5	12907	7.6	45.5
经营净收入	11078	12.6	21.9	10823	16.7	38.1
财产净收入	7456	8.3	14.7	1286	-14.2	4.5
转移净收入	4997	7.9	9.9	3369	0.7	11.9

【城乡居民工资性收入】　工资性收入增长平缓。作为居民收入的主要来源，城镇和农村工资性收入占总收入分别达到了53.5%和45.5%，工资性的稳步增长保障了居民经济生活的稳定性。分城乡看，城镇居民工资性收入为27146元，同比增长6.5%，农村居民工资性收入为12907元，同比增长7.6%。工资性收入稳步增长的主要原因：一是就业环境逐步回暖。通过定期开展大型就业援助会，为全县就业困难人员及外来务工人员提供了有效的就业保障。相关数据显示，2017年城镇失业率控制在3.3%以内。二是县深入实施"双突破双驱动"战略，工业经济形势转好，2017年新增规模以上企业95家、亿元企业10家，规模以上企业在岗平均工资增幅达7.4%，均为居民创造了良好的增收环境。三是深入落实人才发展政策。据统计，2017年年末全县兑现人才购房补贴1400万元，通过与高校，如浙江理工大学、宁波技师学院等开展校企对接，吸引大批优秀应届人才到象山就业。

【城乡居民经营净收入】　经营净收入增长较快。分城乡看，城镇居民经营净收入为11078元，同比增长12.6%，农村居民经营净收入10823元，同比增长16.7%。一是由于居民衣食住行等大众型消费稳步增长，个体户经营环境逐步趋好，城镇居民年内开店收入增长；二是农业经营户经营收入增长较多，据统计，2017年全县水果产量19.6万吨，同比增长3.5%，其中价格较高的特色产品枇杷产量为8333吨，同比增长177.5%。在国家多项政策性补助的支持下，小农户也能拿到各种农业补贴，大大提升了经营性。

【城乡居民财产净收入】　财产净收入城乡差距明显。分城乡看，城镇居民财产净收入为7456元，同比增长8.3%，农村居民财产净收入为1286元，同比减少14.2%。受投资理念的差异及投资环境的影响，财产净收入贡献率低一直都是小城市居民增收的瓶颈。农村地区下降的原因主要是去年大部分村有较多的土地分红而年内未分，同时在受到棚户区改造的影响下，城乡居民房租收入均有明显回落。

【城乡居民转移净收入】　转移净收入增长增速放缓。分城乡看，城镇居民转移净收入为4997元，同比增长7.9%，农村居民转移净收入为3369元，增速基本持平。增速略有放缓的原因主要是全年转移性支出方面有所增加，工资性收入的整体提升意味着企业社保支出相对增加，导致转移性支出增加，同时农村地区年内外出从业人员寄带回收入比2016年有明显的减少，也体现出当前社会保障体系的完善，子女的赡养压力减轻。

【收入差异特征】　一是七成左右的住户实现增收。调查资料显示，2017年，68.2%的住户人均可支配收入比上年同期有所提高，增收户的比重比上年提高了18个百分点，其中城镇的增收比例达到70.5%。增收户人均可支配收入为48509元，同比增长12.0%。二是城乡居民收入中位数差异。居民收入中位数是按家庭人均收入从高到低排序后，处于中间位置的数值。调查资料显示，2017年全年城镇居民收入中位数为47368元，分别低于人均数6.5%，呈现明显的负偏态分布，说明在城镇地区低收入群体数量高于高收入群体；农村居民收入中位数为30877元，高于平均数8.8%，说明农村地区高收入群体高于低收入群体，在当前深入实施精准扶贫的政策影响下，有效实现了扩大中等收入群体，降低了低收入群体，农村地区越来越多的农户实现增收致富，有效地缩小了城乡差距。

【城乡居民食品烟酒支出】　食品烟酒支出略有增长。城镇和农村人均食品烟酒支出分别为7523元和4773元，同比增长分别为4.6%和2.0%，恩格尔系数(占生活消费支出的比重)分别为28.9%和29.5%，分别缩小1.1和0.5个百分点。按照县居民饮食结构支出比重，由高到低依次为水产品、肉类、蔬菜和食用菌、干鲜瓜果类、谷物、烟草、干鲜瓜果、食用油、酒类、禽类、奶类、蛋类、糖果糕点、薯类、豆类、饮料，其中水产品支出约是肉类支出的1.77倍，是蔬菜和食用菌的1.86倍。

【城乡居民衣着和居住支出】　居民衣着和居住支出增长平稳。分城乡看，城镇人均衣着支出为1625元，同比增长8.8%，人均居住支出为8558元，同比增长9.6%；农村人均衣着支出为900元，同比增长为4.4%，人均居住支出为5954元，同比增长2.1%，城镇衣着和居住支出增幅分别快于农村4.4和7.5个百分点。其中城乡居住支出占生活消费的比重分别为32.9%和36.8%,居住支出中住房(按虚拟房价折算)支出占居住支出分别达到了61.3%和73.3%。随着当前互联网购物的兴起,全县居民衣着类支出主要集中在11月、12月、1月。据测算,2017年全县居民网购户数比例比2016年上升2.5个百分点。

【城乡居民文教娱乐支出】 教育文化娱乐支出增长平稳。分城乡看,城镇文教娱乐支出为3269元,同比增长16.9%,其中人均教育支出2376元,同比增长6.2%,人均文娱支出为893元,同比增长59.4%;农村文教娱乐支出为1333元,同比增长12.4%,其中人均教育支出为869,同比减少9.7%,人均文娱支出为464元,同比增长107.3%。在全体居民各阶段教育支出中:学前教育、小学教育、初中教育、高中教育、大专以上教育的人均支出分别为427元、535元、167元、235元、1057元。可以看出义务教育免学杂费政策实施以来,中期教育成本显著减少,学前教育和高等教育成为居民教育的主要支出。随着就业压力的增大,越来越多的家长愿意花更多的钱用于孩子的教育上。

【城乡居民其他类支出】 城镇人均生活用品和服务支出为814元,同比增长5.4%;人均交通通信支出为2795元,同比增长8.5%;人均医疗保健支出为866元,同比增长5.7%,人均其他用品和服务支出为582元,同比增长8.0%。农村人均生活用品和服务支出为442元,同比减少1.6%;人均交通通信支出为1282元,同比增长14.3%;人均医疗保健支出为1146元,同比增长2.7%;人均其他用品和服务支出为349元,同比减少4.6%,其中交通通信支出增长较快的主要原因是2017年居民购车费用增加明显。

(周宏伟)

中国共产党象山县委员会

综 述

【概况】 县第十四次党代会召开后，新一届县委常委会贯彻中央和省市决策部署，践行新发展理念，实施“双突破双驱动”战略，2017年实现地区生产总值494亿元、同比增长6.4%；财政总收入67.2亿元、同比增长7%，其中一般公共预算收入39.3亿元、同比增长2.3%；城乡居民人均可支配收入同比分别增长7.5%和8%。2022杭州亚运会帆船(帆板)赛事落户象山，获得历史性机遇。

经济运行态势向好。坚持工业旅游双突破不动摇，突出平台打造，狠抓项目建设，推动经济发展提速增效，完成市“双底线”考核任务。完成规模以上工业产值660亿元、同比增长12%；年纳税超千万企业净增9家、总量突破50家；固定资产投资193亿元、同比增长10.7%，其中工业投资和民间投资分别同比增长11.1%、15%；对外及对港澳台贸易出口增长7.5%，实际利用外资及港澳台资金及对港澳台资金1.4亿美元、与上年持平，国内资金60亿元、“浙商回归”33亿元，分别同比增长15%、8.2%；接待游客和旅游综合收入分别增长12%、28%；完成建筑业施工产值1260亿元、同比增长5%。提速转型升级。落实“中国制造2025”试点示范实施意见，新增规模以上企业60家、亿元企业8家、主板上市企业2家、新三板挂牌企业2家，战略性新兴产业、高新技术产业、装备制造业增加值增速均快于规模以上工业。创建国家全域旅游示范区，智慧旅游大数据中心启动运行，“嗨象山”品牌正式发布，新增精品民宿12家，石浦镇、茅洋乡入选省旅游风情小镇创建和培育名单。服务业加快发展，三产增加值占GDP的比重提高到41%。“象山柑橘”“象山梭子蟹”区域公用品牌全面推广，国家级出口水产品质量安全示范区成功创建。增强发展后劲。国家级云制造示范基地落户宁波航天智慧科技城，松兰山—大目湾亚帆中心签约，象山影视城入选省级特色小镇创建名单，临港装备工业园列入市战略性新兴产业专业园。2017年引进亿元以上项目39个、10亿元以上项目10个，投产10个、动建15个，2016年引进的35个亿元以上项目5个投产、16个动建，项目转化率达60%。凝聚政企合力。围绕构建“亲”“清”新型政商关系，创新政企互动机制，成立象商总会、县企业家俱乐部，出台新生代企业家培育意见，支持重点企业实施“三翻”行动，兑现降本减负等各类惠企资金9.4亿元，政企同心、共促发展的氛围日益浓厚。推进建设环境专项整治，开展“政法干警走一线、破解难题促发展”活动，优化投资建设环境。

改革创新取得突破。召开全县改革工作大会，部署推进30项重点改革项目。深化“最多跑一次”改革，推行“一窗受理、集成服务”，“68件事情”实现最多跑一次，不动产登记率先实现全县通办。加快国有企业投融资体制改革，完善五大集团现代企业制度，启动水产城改组。深化“多规融合”，“一张图、一个平台、一张表”管理机制基本建立，“三测合一”改革得到企业和群众肯定。推进综合执法体制改革，执法力量向镇乡(街道)下沉。加强保险服务供给，全域旅游综合保险全市首创，农业保险创新推广。深化农村综合改革，实施“三位一体”农合联改革，基本完成农村土地承包经营权确权登记颁证。健全农村信用体系，完成农户信用资质建档14万户，涉农贷款余额超160亿元。狠抓创新驱动，设立科技创投基金、天使投资基金，R&D经费支出增长12.2%，新增高新技术企业11家、小巨人培育企业12家、省军民融合创新企业1家。省全面创新改革联系点成功获批，中国机械科学研究总院宁波工业研究院签约落户。建成海洋科技人才创业园二期，发挥省“151”专家服务基地作用，引进各类高层次人才30名。

城乡建设力度加大。开展“宁波现代化滨海城区”县委一号课题调研，完成新一轮县域总规修编，谋划编制“迎接亚运、城市双修”行动计划。提升城区面貌品质，启动美丽街区建设，实施重要节点绿化提升改造工程，省森林城市和园林城市创建通过验收。加大棚改力度，改造面积达50万平方米，青草巷特色街区开工动建。推进美丽集镇三年行动计划，首批6个乡镇基本完成整治任务。石浦镇国家级建制镇示范试点推进，西周镇列入省级小城市培育试点。开展农村“三居”专项行动和美丽乡村分类示范创建，新增A级以上景区村33个、乡村风景线2条，省定集体经济薄弱村全面消除。交通基础设施建设推进，三门湾大桥及接线工程(象山段)路基基本贯通，高速石浦连接线开工，东陈、新桥、定塘高速连接线建设进展，获评省首批“四好农村路”示范县。打好治水拆违组合拳，剿灭劣V类水通过省市全域验收，完成首批6个乡镇(单位)“污水零直排区”创建任务，“无违建县”创建工作在全省“三改一拆”推进会上作经验交流。开展“一打三整治”，全国海洋伏季休渔专项执法行动启动仪式在成功举行，“湾(滩)长制”全国推广。配合中央环保督察和国家海洋督察，加强生态环境治理，成功创建首批国家生态文明建设示范县。

社会民生改善。深化"法治象山"建设,开展依法执政专题培训,"七五"普法深入实施。围绕"护航十九大、平安夺金鼎",完善社会治安防控体系,依法规范信访秩序,舆论引导、安全生产、防汛防台等举措落细落实。实体化运作县乡两级社会治理综合指挥中心,组建运行"四个平台",整合农村事务员实现网格员队伍专职化。深化"善行象山",评选表彰"最美象山人",陈淑芳荣获全国道德模范称号。深化婚丧礼俗整治,村红白理事会实现全覆盖。国家级海洋渔文化生态保护实验区建设通过文化部专家组复评验收,成功举办中国开渔节、中国海洋论坛等重大活动。推进教育均衡发展,实施教师"县管校聘",集成学校加快建设。深化医疗体制改革,健全"双下沉、两提升"长效机制,县中医院迁建工程动工。加强就业和社会保障,新增就业10540人,养老保险、基本医疗保险参保率分别达91.1%、98%。档案、史志、科协、残疾人、老龄、慈善、红十字等事业取得新发展。

县委重要会议及重要决策

【建筑经济工作会议】 2月4日,县建筑经济工作会议召开。省住建厅党组成员、省建管局局长朱永斌,省建管局副局长柴林奎,市住建委总工程师沈浩等应邀出席会议。县委书记叶剑鸣作重要讲话,县委副书记、县长黄焕利作工作报告,县领导金红旗、白国璋、俞骏、孙小雄等出席会议,副县长周坚栋主持会议。

【农村工作会议】 2月22日上午,县农村工作会议召开。县委书记叶剑鸣作重要讲话,县委副书记、县长黄焕利主持会议,金红旗、俞骏、孙小雄等县四套班子领导出席会议。

【平安建设暨政法信访工作会议】 3月1日上午,县平安建设暨政法信访工作会议召开。县委书记叶剑鸣作重要讲话,县委副书记、政法委书记孙小雄作工作报告,县委常委、常务副县长陈兴立主持会议,县领导罗来兴、奚海峰、柳建根、宣业靖、莫假茜及法检两长出席会议。

【县国家全域旅游示范区创建工作推进会】 3月3日上午,县召开国家全域旅游示范区创建工作推进会。县委书记叶剑鸣作重要讲话,县委副书记、县长黄焕利主持会议,县领导金红旗、俞骏、孙小雄、陈兴立、奚海峰、张学军出席会议。

【镇乡党委(街道党工委)书记抓基层党建工作述职评议暨落实"书记账本"推进会】 3月16日上午,镇乡党委(街道党工委)书记抓基层党建工作述职评议暨落实"书记账本"推进会在县委党校召开。县委书记叶剑鸣作重要讲话,市委组织部副部长、老干部局局长俞小勋到会指导,县领导黄焕利、孙小雄、胡杰、陈兴立、蔡特、干维岳、陈爱武、奚海峰出席会议,县委常委、组织部部长范焕平主持会议。

【村和社区组织换届选举工作会议】 3月23日下午,县村和社区组织换届选举工作会议在县委党校召开。县委书记叶剑鸣作重要讲话,县委副书记、政法委书记孙小雄主持会议,县委常委、组织部部长范焕平作工作部署,黄焕利、金红旗、俞骏、胡杰、干维岳等县领导出席会议。

【县委全面深化改革工作会议】 3月28日下午,中共象山县委全面深化改革工作会议在县委党校召开。县委书记叶剑鸣作重要讲话,县委副书记、县长黄焕利主持会议,县委副书记孙小雄作工作报告,金红旗、俞骏等县四套班子领导出席会议。

【县加强建设环境专项整治工作动员部署会议】 3月29日上午,县加强建设环境专项整治工作动员部署会在县委党校召开。县委书记叶剑鸣作重要讲话,县委副书记、县长黄焕利主持会议,县委副书记、政法委书记孙小雄作动员部署,金红旗、俞骏等县四套班子领导出席会议。县纪委、县公安局、县国土资源局、丹西街道、定塘镇在会上作表态发言。

【县铁军动员大会】 5月2日上午,县铁军动员大会在县文化活动中心召开。县委书记叶剑鸣在会上作重要讲话,县委副书记、县长黄焕利主持会议,县四套班子领导,县法、检两长,其他现职副县级领导;全县县管领导班子成员;"千名干部驻百村、一线蹲点解难题"活动组长、副组长等参加会议。县发改局、县住建局、县环保局、县国土资源局、象山经济开发区、宁波影视文化产业区、丹西街道、石浦镇、西周镇、贤庠镇、墙头镇、茅洋乡,分别在会上作表态发言。会前,与会人员观看《不忘初心,勇立潮头》专题片。

【县"两学一做"学习教育常态化制度化工作会议】 5月26日下午,中共县委召开"两学一做"(学党章党规、学系列讲话,做合格党员)学习教育常态化制度化工作会议。县委书记叶剑鸣作重要讲话,县委常委、宣传部部长罗来兴出席会议,县委常委、组织部部长范焕平主持会议。

【县新一届村(社区)干部培训暨"村民说事"推进会】 6月9日上午,中共县委召开新一届村(社区)干部培训暨"村民说事"推进会。县委书记叶剑鸣作重要讲话,县委副书记孙小雄主持会议,县领导罗来兴、范焕平、陈爱武、奚海峰等出席会议。泗洲头镇墩岙村、茅洋乡李家弄村、丹东街道、西周镇在会上作交流发言。

【县领导干部会议】 6月19日上午,全县领导干部会议在县委党校报告厅召开。县委书记叶剑鸣主持会议并作重要讲话,县委副书记、县长黄焕利传达省党代会精神。县四套班子领导;县人民法院院长、县人民检察院检察长,其他副县级领导,担任过副县级以上领导职务的离退休老同志;县政协秘书长,县人大、县政协各委办主任;县级部门、各镇乡(街道)主要负责人参加会议。会议传达学习省第十四次党代会精神,部署贯彻落实意见。

【中共象山县委十四届二次全体(扩大)会议暨"全面深化改革"县委读书会】 7月31日下午和8月1日,中共象山县委十四届二次全体(扩大)会议暨"全面深化改革"县委读书会在县委党校报告厅召开。县委常委会主持会议,县委书记叶剑鸣代表县委常委会向全会作工作报告,县委副书记、县长黄焕利对做好下半年经济工作提出具体要求,金红旗、孙小雄等14位县级领导在县委读书会上作课题发言。

【县"迎接十九大、全力保平安"动员部署会议】 8月14日下午,中共县委在县委党校报告厅召开"迎接十九大、全力保平安"动员部署会。县委书记叶剑鸣在会上作重要讲话,县委副书记、县长黄焕利主持会议,县委副书记、政法委书记孙小雄作工作部署,金红旗、俞骏等县四套班子领导出席会议。县委宣传部、县公安局、县信访局、县安监局、县住建局、丹东街道、泗洲头镇在会上作表态发言。

【前三季度经济形势分析会】 10月26日上午,县召开前三季度经济形势分析会。县委书记叶剑鸣主持并作讲话,县委副书记、县长黄焕利作工作部署,金红旗、俞骏等县四套班子领导出席会议。县经济开发区、县发改局、县经信局、县招商局、县旅委、县科技局、县财政局、县统计局、丹东街道、西周镇在会上作交流发言。

县委重要活动

【县扩大有效投资重大项目集中开工仪式】 2月21日上午,县举行扩大有效投资重大项目集中开工仪式。县委书记叶剑鸣宣布开工,县委副书记、县长黄焕利致辞,县委副书记孙小雄主持开工仪式,县委常委、常务副县长陈兴立介绍开工项目情况,县四套班子领导,县法检两长,县级有关部门、各镇乡(街道)主要负责人,部分村干部代表,集中开工的项目建设单位、施工单位、监理单位有关代表参加开工仪式。该次集中开工的15个项目,总投资56.16亿元,2017年度计划投资14.15亿元。涉及产业项目10个,民生和基础设施项目5个。分别为象山赛帆创业园、年产20万吨大型风电装备(新日星基地)项目、石浦高速公路定塘连接线(马漕线改建)工程、丹大线产业区至大徐段改建工程、沿海南线滨海大道至金开路拓宽工程、象山中医院迁建工程、浙江新篁竹叶标准提取物生物工程、宁波永超印花中心项目、水产种业园区基础设施建设工程一期、大目湾邦泰城市综合体二期、鹤浦小网巾农光互补光伏发电项目、宁波启泽屋顶分布式光伏发电项目、沪山影视基地、好年华影视基地、戴维商业广场。开工仪式上,各镇乡(街道)向县委、县政府报告固定资产投资情况,象山宝实地产有限公司作为业主代表作表态发言。

【"最美象山人"颁奖典礼】 4月27日晚上,"最美象山人"2016年度人物颁奖典礼在县文化活动中心举行。10个获得"最美象山人"称号的个人或集体上台领奖。该次活动由县精神文明建设委员会、县委宣传部、县广播电视台联合主办,县领导叶剑鸣、黄焕利、金红旗、俞骏、罗来兴、胡建萍,各镇乡(街道)和各部门相关负责人,以及颁奖嘉宾和部分市民代表在现场观看颁奖典礼。

【工业·开放型经济风云榜颁奖典礼】 5月11日下午,象山工业·开放型经济风云榜颁奖典礼在县文化活动中心举行。会议通过表彰先进、树立榜样,弘扬企业家精神,在全社会营造"尊重企业家、爱护企业家、支持企业家"的浓厚氛围,为早日跻身全省工业强县第一梯队凝聚共识、汇聚力量。叶剑鸣、黄焕利、俞骏等县四套班子领导出席,并为获奖者颁奖。

【县(上海)投资合作促进会】 5月17日,县(上海)投资合作促进会在沪举行。上海市原副市长胡延照,宁波市经合局副局长谢再盛应邀出席,县委书记叶剑鸣出席并致辞,县委副书记、县长黄焕利介绍象山经济社会发展近况及投资环境,县领导金红旗、俞骏等出席。生态旅游智能岛开发战略合作项目、中车振华智能制造项目、县域轨道交通PPP合作项目、苏州海融天战略合作项目、大型机械加工制造项目等5个项目现场签约,计划总投资达207.5亿元。

【象商总会成立大会】 9月15日上午,象商总会成立大会举行。县委副书记、县长黄焕利出席并致辞,县委常委、统战部部长陈爱武主持大会,县领导胡建萍、石坚定、励茂平出席大会。中国工程院院士、浙江大学教授陈纯,浙江省茶叶集团公司董事长毛立民,浙江金融职业学院院长郑亚莉,广东省阳江军分区原司令员、广东省浙江商会秘书长陈晓虹,北京市卫戍区司令部原副参谋长、宁波经济建设促进协会北京联谊会象山分会会长柴红林,上海前滩新兴产业研究院院长、首席研究员何万篷,华翔集团股份有限公司董事局主席周辞美,宁波正业控股集团有限公司董事长卢国平等应邀出席。会议审议通过《象商总会章程》《象商总会致在外象商的倡议书》,选举产生象商总会第一届理事会班子成员。宁波华翔电子股份有限公司董事长周晓峰当选为首届象商总会会长;墨西哥中华企业协会主席包荣林、英国MMD集团亚太区总裁郎旺凯当选为执行会长。

【首届世界象商大会】 9月15日下午,首届世界象商大会举行。市委常委、统战部部长梁群出席大会并讲话,县委书记叶剑鸣在会上致辞,县委副书记、县长黄焕利主持大会,县领导金红旗、俞骏、孙小雄、刘国中、陈兴立、范焕平、陈爱武、奚海峰、陈善方、黄敏求、胡建萍、华弼天、周坚栋、石坚定、宣业靖、周平飞、励茂平,县人民检察院检察长袁学宏,浙台(象山石浦)经贸合作区管委会专职副主任张学军等出席大会。中国工程院院士、浙江大学教授陈纯,墨西哥中华企业协会主席包荣林,英国MMD集团亚太区总裁郎旺凯等海内外象山籍代表人士应邀出席。会上,叶剑鸣为象商总会的成立授牌,金红旗为"荣誉象山人""爱乡楷模"颁发证书并授予奖盘,陈爱武宣布象商总会会长、副会长名单,象商代表宣读倡议书,陈纯、包荣林、张彦、郎旺凯作主旨演讲。该次大会期间,共计27个项目签约,总投资59亿元。其中,外资及港澳台资金项目5个,投资总额1.91亿元,协议外资及港澳台资金1.07亿美元;国内资金项目22个,投资总额46.7亿元人民币。

【举办第十三届中国海洋论坛】 9月16日，以"海洋文创+滨海旅游"为主题的第十三届中国海洋论坛在石浦镇举行。该次论坛由中国太平洋学会、中国海洋学会、浙江省人民政府、宁波市人民政府共同主办，象山县人民政府、宁波市海洋与渔业局联合承办。省政协副主席陈艳华出席并宣布论坛开幕，副市长卞吉安，国家海洋局宣教中心党委书记江华安，市政协副主席郁伟年，中国太平洋学会副会长兼秘书长盖广生，省林业厅巡视员吴鸿，中国海洋报社纪委书记李文君，中国民协副主席、中国民俗学会常务理事万建中，省旅游局副局长钟新章；叶剑鸣、黄焕利、金红旗、俞骏、孙小雄等县四套班子领导出席，中国太平洋学会副秘书长潘峰主持。中央美术学院城市设计创新研究院副院长李凤禹，世界旅游城市联合会首席专家、全国休闲标准化技术委员会副主任、中国旅游协会休闲度假分会秘书长魏小安，北京巅峰智业旅游文化创意股份有限公司创始人刘锋，乡伴文旅创始人及董事长、上海世博会景观工程总顾问朱胜萱等分别作主旨演讲。开幕式上，发布《2017年上半年中国滨海旅游数据报告》，举行"9·16"中国象山海洋公益日启动仪式。

【县推进"中国制造2025"之强企工程誓师大会】 12月22日下午，县推进"中国制造2025"之强企工程誓师大会举行。县委副书记、县长黄焕利出席并讲话，县领导金红旗、俞骏、陈兴立、奚海峰、石坚定等参加会议。会议强调，实施强企工程是工业强县的重中之重、关键之关键，要围绕工业强县"奋战二三五，跻身一梯队"目标，主动对接宁波"中国制造2025"示范区建设，坚定信心、做大做强，开创象山工业经济发展新局面。会议要求，2018年是工业突破的关键之年，要政企同心、营造大抓工业、抓大工业的浓厚氛围，以更坚决的行动、更扎实的举措推动工业经济发展，为成功跻身全省第一方阵、加快建设宁波现代化滨海城区作出不懈努力。会议宣读县千亿级工业龙头企业、行业龙头骨干企业、创新型高成长企业、"三翻"行动企业等重点培育企业名单。四类重点培育企业代表签订了责任书。华翔集团等部分企业代表作表态发言，企业家俱乐部作"三翻"行动工作报告。

表11　　2017年中共象山县委重要文件一览表

发文号	发文日期	文件标题
县委发〔2017〕1号	2月10日	县委县政府关于加快农业供给侧结构性改革打造美丽乡村升级版的若干意见
县委发〔2017〕2号	5月11日	县委县政府关于推进"中国制造2025"试点示范工作加快智能经济发展的若干意见
县委发〔2017〕4号	1月13日	县委县政府关于加强建筑强县建设的若干意见
县委发〔2017〕5号	2月20日	县委县政府关于表彰2016年度新农村建设工作先进单位和个人的通报
县委发〔2017〕6号	3月2日	县委县政府关于调整县机构编制委员会的通知
县委发〔2017〕7号	3月14日	县委县政府关于公布2017年度强势型(培育)、实力型和潜力型工业企业名单的通知
县委发〔2017〕8号	3月22日	县委县政府关于命名表彰2016年度平安镇乡(街道)的通报
县委发〔2017〕9号	4月12日	县委县政府关于印发《2017年度县委、县政府重点工作责任分解》的通知
县委发〔2017〕10号	4月17日	中共象山县委关于调整县委常委分工的通知
县委发〔2017〕11号	4月28日	中共象山县委印发《关于从严加强干部队伍建设全力打造象山铁军的意见》的通知
县委发〔2017〕12号	4月28日	中共象山县委印发《关于严格党内组织生活的若干意见(试行)》的通知
县委发〔2017〕13号	4月28日	中共象山县委关于印发《象山县治理为官不为调整不适宜担任现职领导干部办法(试行)》的通知
县委发〔2017〕14号	4月28日	中共象山县委印发《关于加强退出领导岗位县管干部管理工作的若干意见》的通知
县委发〔2017〕15号	4月26日	县委县政府关于2017年度县级部门目标管理考核的实施意见
县委发〔2017〕16号	4月26日	县委县政府关于2017年度镇乡(街道)目标管理考核的实施意见
县委发〔2017〕17号	5月9日	县委县政府关于表彰2016年度全县目标管理考核优秀单位的通报

续表11

发文号	发文日期	文件标题
县委发〔2017〕18号	5月10日	县委县政府关于表彰2016年度全县工业经济和开放型经济工作先进单位和个人的通报
县委发〔2017〕19号	3月29日	中共象山县委关于繁荣发展社会主义文艺的实施意见
县委发〔2017〕20号	6月8日	中共象山县委关于印发《关于推进"两学一做"学习教育常态化制度化的实施方案》的通知
县委发〔2017〕21号	6月28日	中共象山县委批转县计划生育协会《关于要求召开县计划生育协会第六次会员代表大会的请示》的通知
县委发〔2017〕22号	7月17日	中共象山县委批转共青团县委党组《关于召开共青团县第十九次代表大会的报告》的通知
县委发〔2017〕23号	7月26日	中共象山县委关于全面推进县乡两级政府民生实事项目代表票决制工作的实施意见
县委发〔2017〕24号	8月17日	中共象山县委关于深入学习贯彻习近平总书记"7·26"重要讲话精神的通知
县委发〔2017〕25号	11月20日	中共象山县委关于学习宣传贯彻中共十九大精神的通知
县委发〔2017〕26号	11月27日	中共象山县委批转县残疾人联合会《关于召开县残疾人联合会第六次代表大会的报告》的通知
县委发〔2017〕27号	9月25日	县委县政府关于做好新生代企业家培育工作的若干意见
县委发〔2017〕28号	12月6日	中共象山县委批转县人大常委会党组《关于召开县第十八届人民代表大会第二次会议的报告》的通知
县委发〔2017〕29号	12月6日	中共象山县委批转县政协党组《关于召开政协第十届县委员会第二次会议的报告》的通知
县委发〔2017〕30号	12月15日	县委县政府县人民武装部关于表彰党管武装先进单位和个人的通报

组织工作

【概况】 2017年,县委组织工作紧扣"迎接中共十九大胜利召开和贯彻县委第十四次党代会精神"这一主线,突出"重实效、重基层、重问题"三大导向,抓牢"干部、人才、基层组织"三大主业,在服务大局、履职尽责中体现了政治属性和铁军风范。全县领导班子和领导干部队伍:县委设11个常委,46个委员,9个候补委员。全县现职县管领导干部812名,其中女性领导干部151名,女性正局级20名;非中共党员领导干部32名;18个镇乡(街道)领导干部305名,县级部门领导干部507名。基层组织建设:下设10个派出党工委,51个基层党委,71个党组,85个党总支,1570个党支部;全县490个行政村在县委统一领导下,建立党组织486个。全县共有党员34248名,其中女党员8491名,占24.8%;35岁以下党员7375名,占21.5%;60岁以上党员10465名,占30.6%;大专以上学历党员13708名,占40%;全年发展新党员590名,其中大专以上文化占56.4%,女党员占25.9%,35岁以下占49.3%。人才队伍建设:2017年共引进各类人才2500多名,其中硕士及以上学历的114名,具有中高级以上职称或特殊技能人才18259余名,比去年同期增长7.8%以上。人才总量达到11.6万余人,其中各类专业技术人员42931人,高级职称2651人,占6.18%;中级职称15608人,占36.36%;专业技术人员中拥有本科以上学历的13159人,占30.66%;大专16478人,占38.39%;中专7194人,占16.76%。拥有享受国务院特殊津贴专家4人,省"新世纪151人才工程"专家4人,1人入选国家"千人计划",1人入选国家"万人计划",3人入选省"千人计划",市领军拔尖人才培养工程人选33人,"3315"计划个人4名,3315"计划团队4个。

【推广"村民说事"制度】 高标准贯彻落实市委批示精神,制定《关于深化完善"村民说事"制度推进村级治理规范化的意见》和《关于深化落实"村民说事"制度推进村级治理规范化的通知》,编印了《"村民说事"实务操作指导手册》和《"村民说事"微故事》以及相关流程图、宣传漫画等资料包,夯实了"村民说事"制度基础。坚持压茬推进,明确镇乡党委(街道党工委)书记直接联系抓示范点的工作要求,强化业务培训和督查落实,先后分4批次对镇乡(街道)组织委员和900余位村主要干部进行专题培训辅导,组织力量对18个镇乡(街道)107个示范村进行了专项督查和考核验收,县委书记、纪委书记、组织部部长带队分片深入基层座谈调研。推进期间,省委书记车俊,时任省委副书记、市委书记唐一军相继作出批示肯定，8月24日，全市推广"村民说事"现场会在象山举行，中央深改办、中农办、新华社、《人民日报》、《光明日报》、《浙江日报》等市级以上媒体累计刊发或报道35篇次以上。截至2017年底，累计开展各类说事11873次，受理村民各类诉求12325件，召开各类协商会议7114次，累计完成事项办理12051件，群众满意度达99.9%。

【村社组织集中换届选举】 坚持把村社组织换届作为头等大事来抓，建立领导一线蹲点联系制度，34位县级领导对76个重点关注村、18个矛盾复杂村实行"驻点包干""蹲点督战"，各镇乡（街道）班子成员每人联一个片，重点包干一个村（社），确保每个村（社）不少于3人指导。从严实行"一刀切"，制定《象山县村和社区组织换届资格联审办法》，建立14家县级职能部门联审机制，明确镇乡（街道）初审、职能部门联审、反馈备案三步骤联审办法，细化38条符合实际、量化操作的具体细则，期间，共劝退不符合资格条件85人，取消候选人资格101人，宣布当选无效1人。坚持有报必查、露头就打，专题召开政法系统护航换届工作会议，统筹推进建设环境整治，累计开展警示性谈话121人，查处破坏选举违法违纪相关案件11起，刑拘21人。完成463个行政村党组织、490个村委会、488个村监会、500个村股份经济合作社，27个社区党组织，28个社区居委会、28个居监会换届工作，党组织书记和村（居）委会主任意向人选当选率分别达97.1%和92.27%，实行"一肩挑"村39个、全市最多，其中300人口以下村29个，基本实现了选优配强、又稳又好的预期目标。换届后，分5批开展全县村主要干部集中轮训，对新一届村社班子开办规范治村理事专题培训班，对农村干部的工作内容、工作方法、工作行为、工作规矩作了严格要求，加强村社干部的党性意识和履职能力。

【年轻干部培养】 完成新一轮450名左右县管副职后备干部选拔工作。开展年轻干部"优苗选育"工作，在全县范围内公开比选出5名镇乡长助理、10名中层正职，实行统一调配，重点培养。实施优秀全日制大学毕业生回乡计划，重点面向"985""211"院校，以定向招考事业编制干部的方式，录用一批优秀大学毕业生。注重在基层一线和困难艰苦的地方培养锻炼年轻干部，统筹做好培养选拔女干部、党外干部工作，加强对新录用的公务员、事业单位等人员的培养和锻炼，落实新录用干部到基层一线实践制度，为新录用干部搭建平台。办优办精"青春塔山"干部读书会，围绕"工业强县"主题，先后开展"经济讲堂"、嘉宾"面对面""青春公益"等各类集中教学15次，参训人员1730余人次，实地调研23组次，带动53个分会常态化开展学习交流、实践研讨、业绩竞晒等活动，优化年轻干部成长路径。

【人才强县战略】 推进人才体制机制改革，调整充实县委人才工作领导小组力量，建立"两清单两例会"机制抓好落实，以人才工作考核清单、项目清单开展项目化管理，23家部门对口落实46项人才任务，以季度工作例会、月度协商会议抓好督查，层层压实责任，形成工作合力。继续做强做精海洋科技人才创业园，研究制定园区三年行动计划，新增二期生产办公用房5000平方米，园内培育13家企业中有5家实现产业化。同时，机械研究总院象山研究院落户签约，建立全省首个151专家服务象山基地，与10名人才签订合作协议。继续围绕海洋产业做好高层次人才引育文章，全面落实"三个500万"扶持措施，出台《象山县"高层次创业人才（团队）计划"项目管理办法》，举办宁波象山海洋科技人才创业大赛，组织留日同学总会创业博士团、市海高会生命健康分会等一系列象山行活动，对接34个高层次项目，引进国家"千人计划"人才3名，培育市"3315"B类创业团队1个、人才1名，落地高层次人才项目7个。实施"政银担""科银保"和天使基金等金融扶持措施，帮助企业解决资金1600余万元。

（叶承超）

宣传工作

【概况】 2017年，宣传思想文化工作围绕县委、县政府中心工作和上级宣传部门工作部署，以迎接、宣传、贯彻中共十九大精神和省市县党代会精神为首要政治任务，牢牢把握工作主题主线主基调，加强思想理论建设，深入推进社会主义核心价值观建设，全力营造改革发展稳定的良好舆论氛围，着力加大优质文化产品供给，为加快建设宁波现代化滨海城区提供有力的思想保证、舆论支持、精神动力和文化条件。

【基层理论普及阵地建设】 完善文化礼堂"建管用育"一体运行机制，完成31个建设任务，落实星级评定管理办法，推出活动点单服务，开展文化走亲活动，各村文化礼堂月均开展活动2次以上。依托基层党校、农村老年大学、塔山讲堂、社科普及基地等阵地，指导开展宣教活动500场次以上，受众10余万人次。

【重大主题宣传】 组织协调县级各新闻媒体做好省市党代会精神、"最多跑一次改革""大脚板走一线、小分队破难题""村民说事""婚丧礼俗整治"等重大主题宣传，《今日象山》、广播电视台刊播5000余篇。深入一线做好全国道德模范陈淑芳、全国最美家庭谢才华、全国岗位学雷锋标兵陈晗等重大先进典型的宣传报道，在县内外掀起学习先进事迹和最美人物的宣传热潮。

【对外宣传交流】 依托"中国（象山）开渔节"、全市推广"村民说事"现场会、全省特色小镇"镇长"论坛等重大活动、重大会议，开展大型主题外宣采访活动22次，主流媒体刊播稿件2000余篇，其中中央电视台刊播20条，《新闻联播》3条，《人民日报》发表9篇，头版1篇，实现象山50多年来再上人民日报头版的新突破。开展对外文化交流，成功举办第二十届中国（象山）开渔节、第十三届中国海洋论坛和首届中国戏曲电影展。

【"善行象山"品牌打造】 深化社会主义核心价值观落细落小落实系列活动，组织开展2016年度"最美象山人"评选表彰活动，分层分类做好"最美人物""道德模范""身边好人"等典型人物选树，入选"中国好人"2人、"浙江好人"3

人、“宁波好人”12人,谢才华家庭入选全国最美家庭,陈晗获评全国岗位学雷锋标兵,陈淑芳获“全国道德模范—孝老爱亲类”荣誉称号,并再次受到习近平总书记接见,有力促进全社会良好道德风尚的形成。加强学校德育大课程建设,打造正文化、和美文化等“一校一品”特色,丹城五小被授予第四届全国未成年人思想道德建设工作先进单位称号。深入开展志愿服务“六进”活动,构建十分钟志愿圈服务网络,成立县志愿服务联合会,作为唯一县(市、区)代表,在全市学雷锋志愿服务工作大会上作经验交流。《“善行象山”推动核心价值观落地生根》在《党建》杂志2017年第5期刊发。

【“渔文化生态保护实验区”建设】 渔文化创意园(中国海洋渔文化体验馆)进入布展设计阶段,鹤浦文物旅游精品带建设扎实推进,石浦入选市首批“非遗”特色小镇,“中国海影城——海上传奇”主题乐园开园运营,全省唯一一家村级美术馆——溪里方美术馆落成开馆,国家级海洋渔文化(象山)生态保护实验区建设成果展亮相国家典籍博物馆。开展“非遗”传承教学进校园、进景区工程,选送“非遗”项目参加庆祝香港回归20周年浙江曲艺专题会演、全国曲艺传承发展论坛,推进“非遗”保护的社会参与和社会认同。成功申报淳熙井、钟郝遗徽石亭、陈汉章故居(墓)为第七批省级文物保护单位,完成第一次可移动文物普查工作。

【文艺精品创作】 健全精品创作生产激励机制,依托丰富的海洋文化资源和科学发展的生动实践,打造海洋文艺精品和主旋律作品。竹根雕作品《采菊东篱下》获浙江民间文艺最高奖项——映山红奖,电影《唤爱》获市级“五个一”工程奖,《罗长姐》获第54届金马奖最佳纪录片提名,赖赛飞散文创作研讨会在中国作家协会成功举行,以“八一台灾”为原型,启动全国首部海洋灾难类题材长篇小说《风潮》创作。

【文化产业发展】 出台《关于加快县文化产业发展的若干意见》《关于扶持县影视产业发展的若干意见》《关于加快竹根雕艺术创作和产业发展的意见》等政策性文件。培育壮大影视文化、竹根雕、船模等特色文化产业,推动海阔天空水上主题乐园等项目建设。象山星光影视小镇成功入选第三批省级特色小镇创建名单,成为迄今108家创建单位中唯一的影视特色小镇。举办首届特色产品创意设计大赛,推动地方特色商品和传统工艺提档升级。云朵网络自主研发的“浙朵云”文化产业大数据平台入选2017年度国家文化创新工程项目储备库,成为全国12个、全省2个入选项目之一。

省级以上重要媒体对象山报道目录(摘录)

【2017年1月发稿情况】

《人民日报》	1月24日	11版	情暖老兵
央广	1月29日	中国之声	新闻和报纸摘要　　宁波小城镇综合治理
人民网	1月3日		浙江宁波:用心服务小渔村　绿色亮堂过新年
人民网	1月18日		宁波首个专业影视学院将落户象山
凤凰网	1月3日		浙江宁波:用心服务小渔村　绿色亮堂过新年
腾讯网	1月4日		宁波3个镇入选全省第三批小城市培育试点镇
《东南商报》	1月4日	3版	这些项目将影响您的生活
《东南商报》	1月4日	5版	“最创意休闲农业”20强名单出炉
新华网	1月23日		年味渐浓　象山影视城将举办庙会迎新春
中国新闻网	1月28日		浙江象山影视庙会民间绝活让万千游客大饱眼福
中国新闻网	1月27日		浙江渔民迎“海味”新年　渔家习俗展别样风情
《浙江日报》	1月17日	10版	象山,藏匿在森林中的生态之城(俞莉　陈光曙　朱建敏)(专版)
浙江新闻APP	1月31日		编的是竹子传的是匠心匠人　张心荣:把技艺传承下去
浙江新闻APP	1月18日		店铺邋遢却依然人流涌动,这27年,只做一碗面

【2017年2月发稿情况】

央广	2月2日		中国之声　新闻纵横　河北、宁波等地多管齐下　掀起婚丧事从简新风气
央广网	2月2日		河北、宁波等地多管齐下　掀起婚丧事从简新风气
央广网	2月27日		象山人带你看看真紫菜什么样
中国新闻网	2月11日		象山石浦正月十四闹元宵“虾兵蟹将”齐上阵
《现代金报》	2月17日	7版	镇海象山教师将打破铁饭碗
《现代金报》	2月27日	2版	象山影视城该怎样发展?党代表建议:市县共建

《东南商报》	2月24日	5版	海边饭店剑走偏锋主推红烧老鹅
《东南商报》	2月25日	4版	聚焦聚力"名城名都" 奋发奋勇创先创优
《东南商报》	2月26日	2版	把家门口的蓝色资源变成美丽经济
《东南商报》	2月26日	3版	村集体经济 要"疏""堵"结合
《东南商报》	2月26日	3版	从旧思路中 解脱出来
《东南商报》	2月28日	2版	代表建议:加快航天智慧科技城建设
浙江在线	2月14日		去海岛上守护"神话之鸟" 这么诗意的工作你心动吗?
浙江在线	2月22日		厉害!总投资56亿,象山15个重点项目昨开工!
浙江新闻APP	2月4日		连续23年开年大会聚焦建筑业 听听象山书记怎么说
浙江新闻APP	2月9日		元宵遇上十四夜,花市灯如昼,到象山一起来闹起来!
浙江新闻APP	2月14日		县十八届人大一次会议当日开幕
浙江新闻APP	2月15日		象山人大代表施良才:工业强县需解决企业融资难难题
浙江新闻APP	2月25日		罗来兴:建文明之都 象山婚丧礼俗整治要向纵深推进

【2017年3月发稿情况】

《人民日报》	3月25日	6版	图片报道(顾春 蒋勇)
《人民日报》	3月28日	6版	畅游花海(蒋勇)
《光明日报》	3月16日	5版	听,大海的声音
光明网	3月6日		象山"雷锋"15年奉献热血书写大爱人民网
人民网	3月4日		陈晗:15年献血书写大爱 推动"全公益"温暖一座城
人民网	3月9日		宁波男子为救重病妻子偷石渣获刑 司法所上演爱心接力筹款11万
《东南商报》	3月13日	头版	三特产获国家生态原产地保护
光明网	3月19日		听千名萌娃读国学经典 看象山影城十里桃花
新华网	3月19日		宁波象山:影视踏青正当时
新华网	3月20日		《醉玲珑》杀青 刘诗诗陈伟霆被赞敬业
《现代金报》	3月21日	10版	小女孩街头走失大哭警察发朋友圈帮她找家人
《现代金报》	3月24日	2版	北仑象山宁海获年度治水"大禹鼎"他们的治水经验真不简单
中国纪检监察报》	3月26日	2版	甬上家风故事多
凤凰网	3月31日		首个省级专家服务基地落户象山 9位专家签约服务10家单位
浙江新闻APP	3月2日		象山:晾晒海苔 日入千元(原创)
浙江新闻APP	3月2日		春行茅洋满眼绿 一路海苔香(原创)
浙江新闻APP	3月3日		象山有个"雷锋" 十五年无偿献血2月8万毫升(原创)
浙江新闻APP	3月6日		祖孙三代同描一幅画!象山"温情绘描"挺感人(原创)
浙江新闻APP	3月13日		创新中实现转型 象山外协小厂成就几何级增长传奇
浙江新闻APP	3月13日		牛船下水丨能在-163℃下运LNG 造价高于波音747
浙江新闻APP	3月14日		全城动员!象山一天献出23000毫升爱心血(包墩远 俞莉 洪笑然)
浙江新闻APP	3月15日		如何防控村级换届信访风险 象山出实招
浙江新闻APP	3月18日		廉政电影《冼夫人》在象山开机拍摄(应磊 吴宙洋)
浙江新闻APP	3月18日		剧团跟班记⑤ 丨看戏要看角儿 留人要留心(陆遥)
《浙江日报》	3月27日	头版头条	宁波启动污水零直排区建设
《浙江日报》		头版	践行"两山"理论的浙江探索
浙江新闻APP	3月28日		宁波工人疗养院开门迎客 全市380万职工有了疗养胜地
浙江新闻APP	3月31日		美国"鸟叔"来宁波 他总结的召鸟秘籍帮忙召回了中华凤头燕鸥

【2017年4月发稿情况】

《人民日报》	4月30日	头版	欢度五一
《人民日报》	4月13日	12版	学安全
《经济日报》	4月23日	头版	春种正当时
《光明日报》	4月7日	2版	文明示范线 成为新名片
《现代金报》	4月1日	8版	省内顶级专家"结亲"象山企业

凤凰网	4月2日		春天,象山影视城另一道风景——“桃”醉旗袍
凤凰网	4月12日		象山全域旅游风起扬帆正当时
凤凰网	4月23日		中德自行车赛象山“开战”90名“骑士”穿越象西竹乡氧吧
中国新闻网	4月18日		浙江象山谋全域旅游新图景 加快“旅游+”融合
《东南商报》	4月20日	7版	“五一”民宿市场启动“爆满模式”
中国新闻网	4月23日		中德自行车赛浙江象山开赛 乡村颜值惊艳“远方来客”
中国搜索	4月23日		中德自行车友谊赛象山举行建乡村旅游新亮点
《现代金报》	4月25日	13版	五一去象山感受影视嘉年华
凤凰网	4月24日		象山影视城第九届影视嘉年华 填充你的五一小长假
浙江新闻APP	4月1日		象山:专家团“点穴式”精准服务企业
浙江新闻APP	4月4日		清明小长假象山影视城共吸纳游客50645人次
浙江新闻APP	4月3日		象山影视城:200名旗袍美女相会
浙江新闻APP	4月8日		象山首个生态原产地产品保护获批 猜猜是什么?
浙江新闻APP	4月12日		惊艳了,象山这片山和海相恋的海岛
浙江新闻APP	4月17日		象山纪检干部参观家风馆
浙江新闻APP	4月18日		艺术弘扬治水 象山启动剿劣全年文艺宣传活动
浙江新闻APP	4月20日		象山幼鱼保护战全面打响:当地一经营户撞在枪口上
浙江新闻APP	4月23日		中德自行车友谊赛象山举行 建乡村旅游新亮点
浙江新闻APP	4月24日		象山查获千余斤“问题牛肉” 经销商被罚十万元
浙江新闻APP	4月28日		象山举办中华诗文朗读者大赛,献上视听上的盛宴
浙江新闻APP	4月28日		休渔在即 象山石浦渔港渔船云集(郭戟恺 陈光曙)
浙江新闻APP	4月29日		五一假期首日,象山影视城精彩纷呈迎八方客
浙江新闻APP	4月30日		们在东海上空直播史上最长休渔期启幕

【2017年5月发稿情况】

《人民日报》	5月1日	2版	国进入伏季休渔期
《人民日报》	5月2日	2版	伏季休渔执法行动启动
央广	5月1日		中国之声栏目央广新闻全国海洋伏季休渔专项执法行动启动
央广	5月1日		中国之声全国新闻联播头条“史上最长”休渔期开始冷冻及人工养殖海鲜或将强力入市
人民网	5月1日		全国联动打响海洋伏季休渔保卫战
人民网	5月12日		宁波3年投资超亿元打造“水上康庄”工程
《中国文化报》	5月12日	5版	宁波打造““非遗”特色小镇
新华社	5月1日		典型引路 市场发力——畜禽粪污资源化利用提速
人民网	5月18日		浙江象山:惊现美丽“蓝眼泪”画面梦幻震撼
《东南商报》	5月21日	8版	指尖上的艺术:变废为宝的麦秸画
人民网	5月22日		史上最长休渔季来临,渔民在忙些啥?
中国新闻网	5月1日		浙江推行沿海滩涂“滩长制” 助力海洋渔业可发展
中国新闻网	5月1日		中国进入伏季休渔期 三大海区同步休渔同步执法
新浪网	5月1日		全国海洋伏季休渔执法行动在象山鸣枪 三大海区同步执法
凤凰网	5月1日		史上最长休渔季正式启幕 宁波大连三亚同步举行
《现代金报》	5月2日	头版	史上最长休渔期开始
《现代金报》	5月2日	6版	“再不保护,子孙就真没鱼吃了”
《东南商报》	5月2日	3版	东海禁渔138天宁波渔民迎来史上最长休渔季
《东南商报》	5月3日	5版	生煎店成了夜宵摊主角
《现代金报》	5月3日	5版	象山试水“滩长制”清剿绝户网
《中国经济时报》	5月4日	7版	东海休渔
新华网	5月8日		宁波象山:在家门口看上市级眼科专家
《东南商报》	5月8日	8版	导演陈嘉上曾到象山考察古战场遗迹
浙江在线	5月9日		走进象山国家级自然保护区——南韭山,割的眷恋

《浙江日报》	5月2日	头版	最长休渔季启动(应磊　竺佳　俞莉　陈光曙　郭戟铠)
浙江新闻APP	5月1日		象山影视城:五一门票收入500万元完美收官
浙江新闻APP	5月1日		视频直播:史上最长休渔期来临,记者带你直击渔政人员执法(总编辑好稿,4个重点稿)
浙江新闻APP	5月3日		宁波眼科医院牵手象山　百姓不出县城就能看名医啦!
《浙江日报》	5月9日	3版	东海之滨上演沧海桑田(应磊　俞莉　陈光曙)
浙江新闻APP	5月9日		南韭山,割的眷恋
《浙江日报》	5月9日	11版	南韭山,割的眷恋
浙江新闻APP	5月12日		象山韭山列岛护鸟员迎来惊喜 神话之鸟中华凤头燕鸥现身!
浙江新闻APP	5月15日		年内枇杷大丰收　价格实惠犒劳你的胃
浙江新闻APP	5月15日		象山试点“滩长制”护海模式　骑海马巡滩清剿绝户网
浙江新闻APP	5月17日		漫长休渔期,海岛渔民在忙些什么?
浙江新闻APP	5月18日		美美美! 神秘蓝眼泪再现宁波渔山岛
浙江新闻APP	5月18日		象山签下150亿元旅游大项目,助推全域旅游大发展
浙江新闻APP	5月18日		竟然使用地笼网! 象山查获首起非法捕捞案件
浙江新闻APP	5月19日		240秒与海鸥一起飞过蓝海　鸟瞰渔山岛
浙江新闻APP	5月19日		这是要打破世界纪录的节奏吗? 宁波象山千名少年同奏葫芦丝
浙江新闻APP	5月21日		指尖上的艺术:象山“非遗”项目麦秸画变废为宝
浙江新闻APP	5月23日		全球不超百只的“神话之鸟”现宁波象山
浙江新闻APP	5月22日		宁波市纪委通报六起违反中央八项规定精神问题
浙江新闻APP	5月22日		县“一打三整治”文艺汇演助力禁渔宣传
浙江新闻APP	5月22日		禁渔期还敢来东海“捞一把”? 抓得就是你!
浙江新闻APP	5月24日		食指般大小的幼鱼也抓! 象山查获3艘违规捕捞的外地渔船
浙江新闻APP	5月26日		厉害了! 象山小微企业一年花六千元就能“租”一名HR
浙江新闻APP	5月30日		象山影视城端午小长假创历史双新高
浙江新闻APP	5月29日		网剧《刺局》象山影视城开机
浙江新闻APP	5月30日		您见过黑色的土豆吗? 象山土豆家族迎来新成员“黑美人”

【2017年6月发稿情况】

人民网	6月15日		农发行县支行投放首笔3亿元城中村棚改资金
央广	6月3日	中国之声《央广新闻》	宁波象山鼓励举报婚丧事大操大办 举报人最多可获万元奖励
央广	6月4日	中国之声《新闻和报纸摘要》	宁波象山鼓励举报婚丧事大操大办　举报人最多可获万元奖励
新华网	6月21日		浙江象山:“全域象山”扬帆起航 海岛蓝图亮点纷呈
《中国文化报》	6月7日	5版	浙江象山:耕海牧渔,踏浪而歌
《中国纪检监察报》	6月19日	2版	选出为老百姓办实事的干部
《现代金报》	6月3日	3版	举报属实最高奖励万元
《现代金报》	6月8日	5版	这声感觉,穿越了45年
《东南商报》	6月6日	3版	虎斑乌贼实现全人工培育
《东南商报》	6月13日	15版	县民个协做好个私民营企业的管家和保姆
《东南商报》	6月13日	15版	陈孝敏诚信回报社会
《东南商报》	6月13日	15版	象山有个“绿色护渔志愿队”
《东南商报》	6月14日	7版	县“稻渔共生”基地最高可获30万元政府补助
《东南商报》	6月14日	12版	《将军在上》亮相上海电视节
《东南商报》	6月21日	6版	渔山岛海域出现赤潮
《东南商报》	6月22日	8版	市旅游行业首次海上应急救援演练昨举行
《东南商报》	6月27日	头版	11.85万公斤幼鱼被非法捕捞
《东南商报》	6月27日	8版	象山查获年内后浙江最大海洋偷捕案
《东南商报》	6月30日	5版	明日起,宁波景区开启“夜游模式”
《浙江日报》	6月5日	头版	大事小事“村民说事”(裘建林　应磊　俞莉　陈光曙)
浙江新闻APP	6月2日		象山整治婚丧礼俗再出招　举报15种违规行为最高奖1万元
浙江新闻APP	6月4日		民间投资增速逆势上扬,前四个月28.19亿元

浙江新闻APP	6月5日	象山以大写意手法打造特色乡村全域旅游
浙江新闻APP	6月7日	领略高雅艺术的魅力　浙江交响乐团赴象山海岛巡演
浙江新闻APP	6月8日	一次闲聊牵出45年前的救人往事　故事深深感动了后辈们
浙江新闻APP	6月9日	45年前海上情缘　再聚首宁波两老人了却心事
浙江新闻APP	6月19日	县委召开全县领导干部会议　传达学习省第十四次党代会精神
浙江新闻APP	6月21日	叶剑鸣:以死啃硬骨的狠劲破解难题　以只争朝夕的拼劲攻坚项目
浙江新闻APP	6月21日	象山海域出现赤潮　官方回应:影响较小　贝壳类检测符合标准
浙江新闻APP	6月21日	叶剑鸣:下大决心花气推进“最多跑一次”改革
浙江新闻APP	6月23日	象山海域新发现赤潮　采样贝类检测结果符合标准
浙江新闻APP	6月27日	象山海域的赤潮危害大不大　海洋二所专家讲给你听
浙江新闻APP	6月27日	象山整治婚丧礼俗　一纸禁令“砍掉”10亿元“人情债”
浙江新闻APP	6月27日	近120吨幼鱼！象山查获全省最大非法捕捞案
浙江新闻APP	6月27日	剿劣到哪　巡演跟到哪　象山文艺剿劣巡演助力“五水共治”
浙江新闻APP	6月27日	没有他们《三生三世十里桃花》《琅琊榜》都火不了！
浙江新闻APP	6月26日	浙江籍“两院”院士一半出自宁波,年内或再添4人
浙江新闻APP	6月28日	象山旅游开拓珠三角客源市场
浙江新闻APP	6月28日	赤潮报告!象山港海域赤潮消亡　发生区域未发现鱼贝类死亡
浙江新闻APP	6月29日	最多跑一次宁波公安创新多　多地出新招！

【2017年7月发稿情况】

《东南商报》	7月5日	头版	宁波刮起影视城乐园风
《东南商报》	7月5日	3版	宁波刮起影视城乐园风
《中国教育报》	7月5日	3版	浙江省宁波市县推进课改提升区域教育水平
《中国旅游报》	7月4日	4版	项目牵引象山“旅游专列”高速前行
《东南商报》	7月11日	3版	全市102个重大项目集中开工,总投资1356亿元
中国新闻网	7月13日		浙江宁波查获8起非法买卖成品油案　抓获50名嫌疑人
《东南商报》	7月15日	4版	宁波海岛吸引大批游客避暑
《东南商报》	7月19日	6版	宁波下辖县(市)全部上榜
《现代金报》	7月20日	6版	靠海吃海“吃”出了新名堂
《现代金报》	7月21日	9版	宁波到石浦只要1小时
《现代金报》	7月21日	10版	梅山、大榭等10个海岛将重点开发
《东南商报》	7月21日	4版	高温来袭　滨海亲水游乐项目受宠
《东南商报》	7月25日	11版	宁波影视业迎来最好发展机遇
人民网	7月30日		宁波有个“张铁军”　10年参与灭火救援逾2000次
浙江新闻APP	7月3日		国内首个浸入式民国影视主题乐园　在宁波象山开园试运营
浙江新闻APP	7月2日		泼水节、民国狂欢夜　象山影视城带你嗨翻整个暑期
浙江新闻APP	7月6日		象山海洋牧场增殖放流　渔山列岛海域建设"海底银行"
浙江新闻APP	7月12日		“家燕归巢·筑梦象山”活动近日启动　助力大学生返乡创业就业
浙江新闻APP	7月7日		赤潮消亡　渔山海域的蓝色海洋回来了！
浙江新闻APP	7月10日		102个大项目当日开工　这些项目将如何改变宁波人的生活
浙江新闻APP	7月14日		象山举办科技文献检索培训　点对点服务60多家科技企业
浙江新闻APP	7月17日		自家店送外卖老板却不知情　原来是“李鬼”作乱
浙江新闻APP	7月18日		以书法扬清风正气　象山机关干部家规家训书画作品展开展
浙江新闻APP	7月19日		针织业转型如何破题？象山爵溪在思索　在行动
浙江新闻APP	7月19日		2017中国百强县排行榜出炉　看看宁波4县市排位如何
浙江新闻APP	7月20日		争创国家级,象山松兰山景区要提质升级了！
浙江新闻APP	7月20日		重磅！宁波市海洋功能区划获批　这十个海岛将重点开发
浙江新闻APP	7月20日		宁波到石浦吃海鲜4年后只要一个半小时　这条高速年内开建
浙江新闻APP	7月21日		“穿越”宁波1600公里的东海岸,你都遇见了谁？
浙江新闻APP	7月22日		九成生活垃圾无害化处理　象山石浦获评国家卫生镇

浙江新闻APP	7月28日		为了游客嬉水安全 心甘情愿顶烈日
浙江新闻APP	7月28日		宁大学子六年的坚持:象山新桥圆三尺讲台梦
浙江在线	7月15日		象山助力科技型小微企业释放创新活力
浙江在线	7月18日		以书法扬清风正气 看象山机关干部家规家训书画作品展

【2017年8月发稿情况】

新华每日电讯	8月7日	6版	与火魔斗争的"全能王"
《光明日报》	8月18日	9版	首届中国戏曲电影展搭建交流平台(加1分)
人民网	8月3日		宁波象山港航助力"最多跑一次"改革
新华网	8月11日		象山城管贯彻"文明条例" 以义代罚开出对症良方
中国新闻网	8月3日		香港青年"穿越"影视城 感知内地影视发展热潮
《现代金报》	8月3日	9版	张方军:誓做铁军排头兵
《现代金报》	8月6日	4版	大目湾新城年内完成3平方公里海绵城市建设范围
《现代金报》	8月8日	12版	16家严重失信食品单位被列入拒贷名单
《现代金报》	8月12日	5版	宁波11家医药机构被解除医保定点服务
《中国妇女报》	8月8日	头版	陈淑芳:奉献人生是的选择
《东南商报》	8月8日	18版	象山试点食品安全金融征信体系
《东南商报》	8月1日	6版	今起全市近一半渔船开禁出海
《东南商报》	8月3日	4版	第一网东海海鲜到港
《东南商报》	8月12日	5版	宁波11家医药机构被解除或终止医保定点服务
《东南商报》	8月16日	5版	5万人扎堆一景区度周末
中国新闻网	8月16日		浙江象山构建"三无"船舶治理生态链 授人以渔靠海吃海
《浙江日报》	8月4日	7版	象山婚丧新风款款来(张冰 陈光曙)
浙江新闻APP	7月31日		宁波两千余艘捕捞渔船明日开捕 三四日或能回港直供市场
浙江新闻APP	8月3日		宁波农业保险取得新突破 全国首个网箱大黄鱼保险签下第一单
浙江新闻APP	8月4日		时隔一甲子 宁波登陆的那场超强台风留给后人什么警示?
《浙江日报》	8月7日	2版	浙江沿海滩涂全面推行"滩长制"
浙江新闻APP	8月4日		省部署下一步"三改一拆"工作 表彰首批"无违建县(市、区)"
浙江新闻APP			"滩长制"来了!浙江"河长制"向沿海滩涂全面延伸
浙江新闻APP	8月6日		象山南大河建成滨水景观带
《浙江日报》	8月7日	22版	象山:掀起农村可发展的"绿色革命"
《浙江日报》	8月8日	3版	象山海陆联治打造最美海岸线
《浙江日报》	8月8日	12版	山海象山乡村正蜕变
浙江新闻APP	8月7日		象山这项试点让98家失信主体遭惩戒
浙江新闻APP	8月9日		全面开渔尚早 浙江象山加大海上巡查力度严查非法捕捞
浙江新闻APP	8月7日		骑上"海马"巡滩去 浙江全面推行护海新模式"滩长制"
浙江新闻APP	8月10日		全国首推 象山试点为紫菜养殖买保险
浙江新闻APP	8月9日		借力市级资源 扶强社区医疗 县人民医院分级诊疗解民忧
浙江新闻APP	8月14日		非法捕捞11万公斤海产品 象山检察院逮捕4名船老大
浙江新闻APP	8月16日		宁波第三批"最洁美村庄"20强产生 有你们家所在的村子的吗?
浙江新闻APP	8月16日		象山旅游还"节"于民 宁波南塘老街将迎来开渔集市
浙江新闻APP	8月18日		首届中国戏曲电影展在象山举行
浙江新闻APP	8月22日		象山旅游新品牌发布倒计时:这些"嗨"点你要先知道
《浙江日报》	8月22日	9版	戏曲电影汇象山
浙江新闻APP	8月22日		全省108名特色小镇"镇长"齐聚象山 他们聊了些啥?
浙江新闻APP	8月23日		浙江108名特色小镇"镇长"搞了个聚会 在谋划什么
浙江新闻APP	8月24日		非法捕捞了2斤点多水产品 象山一对夫妻被判刑
浙江新闻APP	8月24日		宁波11个乡镇将培育成浙江旅游风情小镇 有你的家乡么?
《浙江日报》	8月24日	3版	小镇如何成就大美(方臻子 张超 陈光曙)
《浙江日报》	8月24日	6版	象山:旅游品牌"海味"浓

浙江新闻APP	8月24日		宁波人工养殖虎斑乌贼新鲜上市　首批11只卖了2200元
浙江新闻APP	8月26日		象山四单位开展海上联合执法
《浙江日报》	8月26日	3版	旅游带动产业　风景变成"钱景"
浙江新闻APP	8月25日		唐一军多次表扬的这个做法 到底好在哪?
浙江新闻APP	8月28日		坐上"爱情班车"　年内的"美丽乡村"旅游推广年邀你畅旅乡间
浙江新闻APP	8月28日		象山全域旅游品牌发布会
浙江新闻APP	8月29日		走市场化高端化之路　宁波特色小镇背后的产城融合与再造

【2017年9月发稿情况】

《人民日报》	9月27日	19版	百姓面对面　民意零距离——浙江宁波开展"村民说事"活动纪事
《光明日报》	9月11日	4版	有话桌面讲　开解心头结
央广	9月15日		中国之声　新闻晚高峰　台风"泰利"带来海上大风　东海开渔首日渔民难出海
央广网	9月16日		东海全面开渔　浙江象山渔民举行祭海仪式
《光明日报》	9月27日	11版	海浪声里说丰年
中新网	8月31日		宁波象山口岸全国首次截获葡萄苦腐病菌
凤凰网	9月5日		快看！浙江象山石浦中学的学生们被解放军圈粉了！
《东南商报》	9月3日	3版	宁波"乡村旅游"受热捧
《东南商报》	9月6日	4版	象山海域惊现大批海豚?
《现代金报》	9月6日	3版	我们是海岛教师,我们有大海一样的情怀
《现代金报》	9月2日	3版	旅展有"三多"　下单送大礼
新华网	9月5日		推广"村民说事"　打造党建引领农村基层治理的"宁波样本"
人民网	9月9日		海上党支部,让出海渔民不漂泊
人民网	9月12日		宁波象山设立首条"海上斑马线"
凤凰网	9月7日		宁波全域旅游综合保险项目第一单落地象山
凤凰网	9月12日		乡关象山:开渔咯！临海乡村的"海陆空"发展机遇
澎湃新闻	9月13日		原定明天举行的浙江象山开渔节仪式和烟火大会因台风影响取消
《中华时报》	9月15日		首届世界象商大会在中国(象山)举行
凤凰网	9月16日		聚象商合众心　首届世界象商大会举行
中新网	9月16日		第二十届中国(象山)开渔节祭海仪式
新浪	9月14日		原定今天举行的象山开渔节祭海仪式和烟火大会
新浪	9月16日		聚焦"海洋文创+滨海旅游"　第十三届中国海洋论坛在象山中共举行
新浪	9月16日		扬帆起航,踏浪前行　——中国·浙江海洋运动中心项目花落象山
新浪	9月15日		共叙乡情亲情友情共商家乡发展大计 首届世界象商大会举行
新浪	9月17日		中国(象山)长三角滨海旅游创新发展峰会在象山举行
凤凰网	9月16日		海洋文创+滨海旅游　第13届中国海洋论坛在象山举行
凤凰网	9月18日		亚帆中心落户松兰山　2022年将举办亚运会帆船比赛
凤凰网	9月18日		东海海域结束为期4个半月的伏季休渔 新鲜海鲜在路上
新华网	9月18日		宁波象山迎来开渔节　扬帆起航创新态
新华网	9月18日		浙江象山一渔船作业时起火,3名船员逃生中溺亡
《现代金报》	9月23日	9版	大目湾新城铺开"海绵城市"建设
《现代金报》	9月26日	5版	象山海关贴心服务活海鱼出口
凤凰网	9月22日		浙江象山影视城
凤凰网	9月22日		第十届象山影视城影视嘉年华国庆启动 主打全新特技表演
浙江新闻APP	9月1日		象山打造科技型"小巨人"　12家中小企业列入首批培育名单
浙江新闻APP	9月1日		解读 | 村民说事:基层治理的"象山智慧"
浙江新闻APP	9月5日		象山花岙岛成功创建全省首个海岛地质公园
浙江新闻APP	9月7日		象山海域惊现大批海豚? 年内有人在渔山列岛附近见过
浙江新闻APP	9月8日		要开渔了 有人还偷捕　象山突击执法抓了14艘偷捕渔船
浙江日报》	9月12日		6版　一个山村的和谐之道
浙江新闻APP	9月12日		一方有难象山远洋渔船海上救起44名遇险船员

浙江新闻APP	9月12日		象山紧急动员严阵以待　全力做好各项防台准备工作
《浙江日报》	9月13日	3版	宁波督促渔船回港避风
浙江新闻APP	9月13日		“泰利”逐渐加强　宁波防台风应急响应提升为Ⅲ级
《浙江日报》	9月14日	3版	宁波 渔船回港
浙江新闻APP	9月13日		象山开渔节祭海仪式和烟火大会因台风取消
浙江新闻APP	9月14日		“泰利”台风北拐　仍需警惕　浙江未雨绸缪　严阵以待
《浙江日报》	9月17日	头版	东海开渔啦(贺元凯　俞莉　陈光曙)
《浙江日报》	9月17日	6版	象商大会引资59亿元(应磊　俞莉　陈光曙)
浙江新闻APP	9月17日		2022年亚运会帆船(帆板)比赛场地花落象山
浙江新闻APP	9月16日		亚帆中心落户象山松兰山 六大优势助其脱颖而出(应磊 贺元凯 俞莉 陈光曙)
浙江新闻APP	9月14日		当开渔节遇上诡异台风　宁波海事Ⅱ级响应安置千艘渔船
浙江新闻APP	9月14日		象山企业家俱乐部倡议会员企业:销售、税收、利润5年翻一番
浙江新闻APP	9月14日		防台不眠夜 看宁波乡镇干部如何“御风”
浙江新闻APP	9月16日		中国(象山)长三角滨海旅游创新发展峰会举行
浙江新闻APP	9月14日		象山石浦:“泰利”虽转向　防台不松懈
浙江新闻APP	9月15日		｜首届世界象商大会举行
浙江新闻APP	9月16日		开渔节彩船巡游祈福丰收 民俗专家为您解读开渔故事
浙江新闻APP	9月16日		台风响应解除 象山港数千艘渔船拔锚起航
浙江新闻APP	9月18日		象山一渔船作业时起火　3名船员逃生中溺亡
浙江新闻APP	9月18日		象山一超市举办集赞送礼活动　却弄巧成拙砸了招牌还被罚
浙江新闻APP	9月21日		象山创建浙江首家国家级出口水产品质量安全示范区
浙江新闻APP	9月21日		飞车特工大炫技 象山影视城第十届影视嘉年华国庆启幕
浙江新闻APP	9月28日		“中秋+国庆” 甬城景区度假攻略收好了
浙江新闻APP	9月27日		今天《人民日报》大篇幅点赞宁波“村民说事”有啥值得借鉴?
浙江新闻APP	9月27日		重磅! 首批省级生态文明建设示范市、县(市、区)出炉

【2017年10月发稿情况】

央广中国之声	10月7日	新闻和报纸摘要	浙江宁波创新基层社会治理　让基层党组织和人民群众凝聚在一起
央广中国之声	10月10日	央广新闻	宁波市县26.66公顷海水稻完成收割　平均亩产800斤 (节目时间73:13:20-76:16:38)(加分)
《光明日报》	10月29日	7版	以人民为中心共建共治共享
人民网	10月3日		宁波象山设立“旅游警察”护航全域旅游
《东南商报》	10月2日	4版	象山首条沿海观光步道向游客开放
《东南商报》	10月5日	2版	找家民宿过个宁静的假期
凤凰网	10月9日		长假八天 象山影视城经营性总收入创历史新高!
《现代金报》	10月10日	6版	饭碗保不保　不看资历看能力
《现代金报》	10月12日	10版	宁波22个村入选首批省级传统村落
中新网	10月15日		浙江象山千年海涂变粮仓 农业科技破“盐碱地改良”难题
中新网	10月26日		浙江象山“河道警长”为一方碧水保驾护航
浙江在线	10月29日		环浙嗨象山·玩转山海间　2017“美丽乡村·环浙骑游”象山站正式启动
浙江新闻APP	10月8日		国庆假期象山影视城经营性收入达1500万元 首破千万大关
浙江新闻APP	10月4日		点赞｜象山松兰山景区倡导环保游　垃圾换购获好评
浙江新闻APP	10月3日		象山影视城士挑战赛激情开战
浙江新闻APP	10月7日		乡村旅游活力迸发　年内宁波乡村接待游客超两千万人次
浙江新闻APP	10月7日		宁波景区怎么做到不让游客添“堵”? 记者实地探访
浙江新闻APP	10月2日		国庆黄金周首日　象山影视城揽客3万人次 同比增长12%
浙江新闻APP	10月2日		国庆期间　象山首条沿海观光步道亮相松兰山
浙江新闻APP	10月9日		十一黄金周　151万游客“嗨”玩象山
浙江新闻APP	10月10日		罕见! 真罕见! 宁波滩涂种水稻大丰收平均亩产超800斤
浙江新闻APP	10月10日		象山王女士“破产”,游戏平台漏洞还要张多久

浙江新闻APP	10月10日		周六迎来"市民旅游日" 宁波45家景区门票5折优惠!!
浙江新闻APP	10月10日		"爱心旅游直通车"启动 100户家庭将实现旅游梦想
浙江新闻APP	10月12日		宁波22个村入选首批省级传统村落 你的家乡入榜了么?
浙江新闻APP	10月12日		宁波首宗网上交易地块当日挂牌 位于县 1430万元起拍
《浙江日报》	10月12日	7版	紧盯重要节点 确保廉洁过节
浙江新闻APP	10月16日		受台风"卡努"影响 宁波共转移人员2138人
《浙江日报》	10月16日	13版	象山 启动Ⅲ级响应
浙江新闻APP	10月14日		象山男子被野猪夹夹住 消防跋山涉水去救援
浙江新闻APP	10月16日		农业科技破"盐碱地改良"难题 象山千年海涂变粮仓
浙江新闻APP	10月15日		黑夜骑行有风险 象山一男子不慎卡进石板缝 消防紧急救援
《浙江日报》	10月17日	7版	"法治"种子结出累累硕果
浙江新闻APP	10月17日	2版	宁波探索以法治引领社会善治之路"法治"种子结硕果
浙江新闻APP	10月16日		强降雨致11条公路阻断 超七成抢通
浙江新闻APP	10月16日		你家进水了吗? 象山、北仑、镇海三地启动公共巨灾保险理赔工作
《浙江日报》	10月27日	6版	宁波:文明示范线串起美丽村落
浙江新闻APP	10月26日		她待病人如亲人 象山一名基层医生一天收到三面锦旗
《浙江日报》	10月30日	6版	县章家墩村学习中共十九大精神
《浙江日报》	10月30日	16版	象山创建全国文明城市走笔(专版)
浙江新闻APP	10月29日	凝心聚力	象山贤庠镇建设宜居安居美居乡村
浙江新闻APP	10月30日	谋乡村振兴	县章家墩村学习中共十九大精神
浙江新闻APP	10月30日		玩转山海2017"美丽乡村·环浙骑游"象山站启动
《浙江日报》	10月31日	11版	大事小事,有事好商量
浙江新闻APP	10月31日		浙江日报:象山"村民说事"创新乡村治理方式

【2017年11月发稿情况】

《人民日报》	11月20日	6版	浙江象山改造乡村环境惠民生
凤凰网	11月11日		纵情五公里 象山举行公益"彩虹跑"
凤凰网	11月19日		一个小村涌进50多位诗人 首届原则诗歌奖在象山举行
《现代金报》	11月10日	10版	象山陈淑芳当选全国道德模范
《现代金报》	11月15日	10版	象山"红美人"成水果中的爱马仕
《东南商报》	11月18日	头版	县畜牧兽医总站站长陈淑芳当选全国道德模范
《东南商报》	11月19日	7版	第六届全国道德模范陈淑芳昨载誉返甬
《东南商报》	11月21日	头版	网红水果"红美人"上市
凤凰网	11月22日		县委常委干维岳变身"网红"直播卖特产,半小时获百万点赞
凤凰网	11月23日		动作大戏《纹身》象山影视城开机 赵文卓主演
《现代金报》	11月25日	5版	象山两大"网红"惊艳省农博会
《现代金报》	11月26日	6版	象山海鲜节连嗨一个月
《现代金报》	11月26日	8版	中国画学术邀请展开幕
《钱江晚报》	11月25日	4版	"红美人"柑橘吸着吃 象山梭子蟹免费尝
新浪	11月26日		第十五届象山海鲜美食节启幕
中新网	11月25日		打响"海"字招牌 浙江象山海鲜美食节开幕
凤凰网	11月25日		象山海鲜美食节开幕
凤凰网	11月25日		全国中国画学术邀请展在象山村级美术馆举办
新华网	11月26日		象山海鲜美食节开幕 小渔娘登场 米其林大厨掌勺
当日头条	11月26日		第十五届象山海鲜美食节开幕! 象山厨王现场PK米其林大厨
当日头条	11月26日		海丝之路·潮起象山"全国中国画学术邀请展开幕
网易	11月27日		"嗨"吃"嗨"玩,美丽半岛等你来——2017象山海鲜节中共开幕
网易	11月27日		"海丝之路·潮起象山"全国中国画学术邀请展开幕
《现代金报》	11月28日	7版	宁波再添两位中国工程院院士
中新网	11月27日		2017浙江农博会开幕 各色农产品令市民大饱口福

新华网	11月27日		第十五届象山海鲜美食节启幕
新华网	11月27日		“海丝之路·潮起象山”全国中国画学术邀请展开幕
人民网	11月27日		全国中国画学术邀请展在浙江象山举行
新华社客户端	11月27日		象山举办“海丝之路潮起象山”全国中国画学术邀请展
浙江新闻APP	10月31日		刚刚！宁波这两个地方获评全国“最美渔村”
《浙江日报》	11月3日	14版	“环浙骑游”感受象山风情
《浙江日报》	11月3日	8版	美丽半岛若水清灵（专版）
《浙江日报》	11月6日	4版	10月浙江好人榜揭晓
《浙江日报》	11月6日	9版	十九大精神“走”进象山下营村
浙江新闻APP	11月3日		海边也能种水稻　主播带你去象山滩涂收割海水稻
浙江新闻APP	11月6日		10月浙江好人榜揭晓 有你身边的人吗
浙江新闻APP	11月6日		红色引领 乡村振兴新画卷　十九大精神“走”进象山下营村
浙江新闻APP	11月6日		剧组石浦渔港边拍戏　一个大浪10多人拍下海
《浙江日报》	11月9日	16版	象山:“最多跑一次”改革向纵深迈进（专版）
《浙江日报》	11月10日	2版	省3人入选第六届全国道德模范
《浙江日报》	11月10日	2版	点燃一盏灯　照亮一大片
浙江新闻APP	11月9日		大爱无疆 浙江好人陈淑芳刚当选全国道德模范
浙江新闻APP	11月1日1		纵情五公里 象山举行公益“彩虹跑”
浙江新闻APP	11月12日		用吸管吃橘子、现场做花生酱　纯天然食品食博会上受追捧
《浙江日报》	11月11日	4版	第六届“浙江孝贤”颁奖仪式举行
浙江新闻APP	11月13日		跑半程海岸线　识象山黄避岙
《浙江日报》	11月15日	头版	“一件事情”，一次就能办成（裴建林 应磊 俞莉 陈光曙）
浙江新闻APP	11月15日		一件事情一次就能办成　象山68件事项审批不再多头跑
浙江新闻APP	11月19日		象山围绕重点产业引才　19家人力资源服务机构对接61家企业
浙江新闻APP	11月19日		全国道德模范陈淑芳载誉归来　讲述金色大厅里的激动时刻
浙江新闻APP	11月19日		一个小村涌进50多位诗人　首届原则诗歌奖在象山举行
浙江新闻APP	11月23日		柑橘界爱马仕！有人以61月5元单价买走象山3万斤柑橘！
浙江新闻APP	11月23日		一个跳海一个冲进烈火里　县为啥发了红头文件表扬他们？
浙江新闻APP	11月23日		象山影视城唐城投用《捉妖记3》等8个剧组预约拍摄
浙江新闻APP	11月25日		海鲜怎么制作？们带你近距离领略象山“厨王争霸”
浙江新闻APP	11月24日		象山“红美人”、梭子蟹亮相杭州　联手吆喝收获“粉丝”
浙江新闻APP	11月27日		象山推广预防接种门诊移动支付功能　打疫苗可以手机预约支付
《浙江日报》	11月28日	头版	省2位科学家当选中国工程院院士
《浙江日报》	11月28日	9版	郑裕国:让国产药打破国外垄断
浙江新闻APP	11月27日		工程院新科院士郑裕国　他让国产糖尿病药打破德国垄断
浙江新闻APP	11月27日		中国工程院新增67位院士，浙江籍7人入选，哪里人最多？
浙江新闻APP	11月28日		本端记者专访省新当选的两位中国工程院院士 将论文写在祖国大地上
浙江新闻APP	11月28日		全国中国画学术邀请展在象山村级美术馆举办
浙江新闻APP	11月28日		象山77岁老医生退而不休　扎根基层从医59年
浙江在线	11月21日		象山网红水果“红美人”上市　县领导和网红一起为它打call

【2017年12月发稿情况】

《经济日报》	12月12日	10版	浙江象山:万亩滩涂变良田
《现代金报》	12月1日	12版	象山入选全国殡葬综合改革试点名单
光明网	11月30日		深化殡葬移风易俗　浙江六地入选全国改革试点名单
新华网	11月30日		深化殡葬移风易俗　浙江六地入选全国改革试点名单
凤凰网	11月30日		深化殡葬移风易俗　象山入选全国改革试点名单
《现代金报》	12月4日	4版	世界互联网大会上的甬企魅力
《现代金报》	12月4日	7版	象山城际列车尚在前期研究　全线80.5公里设13个站
凤凰网	12月7日		陈建瑜:打造象山影视城“六化”产业发展模式

《现代金报》	12月13日	3版	在同一座城市却和家人两地分居他们想改变海岛孩子的命运
《现代金报》	12月13日	4版	大目湾新城扬帆正当时
新华网	12月18日		党员管理严起来　组织生活热起来
中新网	12月15日		宁波象山海事定点联系航运公司　打通服务之最
凤凰网	12月19日		空翻360°！象山司机疲劳驾驶撞隧道
凤凰网	12月19日		象山法院用"五头羊"办结一起财产纠纷案　咋回事?
《浙江日报》	共计　条		
浙江新闻APP	11月30日		深化殡葬移风易俗,省6地入选全国改革试点名单
浙江新闻APP	11月30日		十年磨一剑,为"艾"坚守
浙江新闻APP	11月30日		这516人入选宁波领军和拔尖人才！有你认识的吗?
浙江新闻APP	12月4日		象山这场迷你马拉松太诱惑了！奔跑的路上满眼橘子红
浙江新闻APP	12月4日		象山城际列车又有新进展！浙江发改委:80公里13个站
浙江新闻APP	12月7日		柑橘中的"爱马仕"可以吸着吃　醉乡里送给你品尝
浙江新闻APP	12月13日		关爱流动儿童健康　宁海象山开展儿童溺水预防控制工作
浙江新闻APP	12月15日		缸甏+农民画　宁波象山茅洋小城镇环境综合整治打民俗风情牌
《浙江日报》	12月18日	9版	党员管理严起来　组织生活热起来
浙江新闻APP	12月15日		用人才托起"健康象山"重金招"医"2018年元旦"再出发"
浙江新闻APP	12月18日		象山为党内组织生活立标准　党员管理严起来 组织生活热起来
《浙江日报》	12月19日	8版	象山 生态美生活美的美丽集镇创建

统战工作

【概况】 2017年,县委统战部以迎接中共十九大、深入学习贯彻中共十九大精神为主线,贯彻全国、全省、全市统战部长会议和市第十三次党代会、县第十四次党代会精神,围绕县委全面融入宁波都市区工作目标,助力"双突破双驱动"战略实施,牢牢把握大团结大联合主题,坚持政治引领,突出"创新+落实"工作理念,凸显主题化、载体化、系统化工作特色,为加快建设"两强两美"宁波现代化滨海城区和"名城名都"贡献统战力量。获评全市统战工作先进单位、全市民族宗教工作表扬单位、全省统战信息工作三等奖、全市统战信息工作二等奖,侨办《发挥海侨优势,助推工业经济》被评为全市侨务特色工作引领活动三等奖,县工商联获评全国"五好"县级工商联、全国工商联2017年民营企业调查点工作优秀基层工商联、全市工商联创新工作二等奖,台办《象台精致农业合作发展前景探究》获宁波市涉台调研论文评比三等奖。

【成立象商总会】 9月15日上午,举行象商总会成立大会。会议审议通过《象商总会章程》《象商总会致在外象商的

9月15日上午,象商总会成立大会在国际大酒店宏润厅举行。

倡议书》,选举产生象商总会第一届理事会班子成员。宁波华翔电子股份有限公司董事长周晓峰当选为首届象商总会会长;墨西哥中华企业协会主席包荣林、英国MMD集团亚太区总裁郎旺凯当选为执行会长。县委副书记、县长黄焕利出席并致辞。县委常委、统战部部长陈爱武主持大会,县领导胡建萍、石坚定、励茂平出席大会。中国工程院院士、浙江大学教授陈纯,浙江省茶叶集团公司董事长毛立民,浙江金融职业学院院长郑亚莉,广东省阳江军分区原司令员、广东省浙江商会秘书长陈晓虹,北京市卫戍区司令部原副参谋长、宁波经济建设促进协会北京联谊会象山分会会长柴红林,上海前滩新兴产业研究院院长、首席研究员何万篷,华翔集团股份有限公司董事局主席周辞美,宁波正业控股集团有限公司董事长卢国平等应邀出席。

【首届世界象商大会】 9月15日下午,召开以"聚象商共谋创业创新、合众心接力一带一路"为主题的首届世界象商大会,市委常委、统战部部长梁群出席大会并讲话,县委书记叶剑鸣致辞,县委副书记、县长黄焕利主持大会,县四套班子领导出席会议。中国工程院院士、浙江大学教授陈纯,宁波华翔电子股份有限公司董事长周晓峰,墨西哥中华企业协会主席包荣林,英国MMD集团亚太区总裁郎旺凯等200余名海内外象山籍代表人士参加会议。会上,叶剑鸣为象商总会的成立授牌,金红旗为"荣誉象山人""爱乡楷模"颁发证书并授予奖盘,陈爱武宣布象商总会会长、副会长名单,象商代表宣读倡议书,陈纯、包荣林、张彦、郎旺凯作主旨演讲。27个项目签约,总投资59亿元。其中,外资及港澳台资金项目5个,投资总额1.91亿元人民币,协议外资及港澳台资金1.07亿美元;国内资金项目22个,投资总额46.7亿元。

【民主党派和无党派人士工作】 支持民主党派按照中国特色社会主义参政党要求更好履行职能,支持各民主党派开展"不忘合作初心·继续携手前进"专题教育活动,民盟盟员陈淑芳荣获孝老爱亲全国道德模范、"浙江民盟榜样人物"称号,民进支部获评省先进集体、"父亲联盟行动"入选全国民进基层组织活动案例。4月21日,"同心·惠民"大型社会服务活动走进象山。市民革、民盟、民建、民进、农工党、致公党和九三学社等民主党派的24名专家,向墙头镇600余名群众提供医疗、教育、文化、法律、金融和农技服务等专业咨询服务。

【党外知识分子工作】 强化党外知识分子"导引、聚智、联力",建立了新的社会阶层人士统战工作联席会议制度,开展"党外代表人士廉情问询""剿灭劣V类水统一战线在行动""啄木鸟行动"等活动,刊发《观察与建议》三期并获县主要领导批示。6月2日上午,召开新的社会阶层人士统战工作联席(扩大)会议,审议通过《象山县新的社会阶层人士统战工作联席会议制度》。6月26—30日,县党外代表人士红色主题教育培训班在江西干部学院举办,县民主党派、无党派人士和新的社会阶层代表人士30余人参加。9月9日,"心联三江·智汇四明"宁波市新联会进象山走一线活动在鹤浦启动。

【少数民族服务管理】 组织少数民族代表人士观看中共十九大开幕式、学习中共十九大会议精神,分发民族政策知识手册300余份。会同县政协社法委组织少数民族联谊会部分理事共15人赴丽水龙泉、温州泰顺学习考察少数民族精准扶贫工作,协助市民宗局召开全市少数民族发展精准扶贫工作现场会。联合晓塘乡成功举办第十一届少数民族和睦邻里节活动。开展10月民族团结进步宣传月活动。协助教育部门做好35人少数民族学生中考加分政策的落实,做好12人少数民族高考学生普通高校招生优先录取资格申请。落实少数民族发展基金专项扶持对象4户,发放市级发展专项资金4万元。

【宗教工作"三心工程"】 以佛教界教职人员谈心谈话为主的"连心工程",建立常态化连心交心机制,定期或视情随时对全县宗教场所负责人进行一对一谈话谈心,及时掌握思想动态,强化思想引领。开展以服务信教群众为主的"暖心工程",18个事项纳入"最多跑一次"改革,解决宗教领域难题8处。开展以规范管理为主的"放心工程",完善宗教场所财务管理制度,全面完成宗教场所视频监控建设联网、重点场所智慧用电建设工作,深化宗教领域治危拆违行动,逐步推广"微型消防站"。11月4日,丹西街道等慈禅寺(西寺)举行开放三十周年庆典活动。11月21日,宁波市民间信仰活动场所登记编号工作推进会在象山召开。

【非公有制经济领域统一战线工作】 贯彻《关于营造企业家健康成长环境弘扬优秀企业家精神更好发挥企业家作用的意见》精神,基层商会互助资金全年帮扶企业173家次周转资金330次。推进商会大厦建成运行,加快建设民营经济服务中心,助推新象山科创中心建设,协助县委出台《关于加强新生代企业家培育工作的若干意见》。5月19日,县新创会赴贵州省黔西南州义龙新区德卧教育集团附属小学举行"公益捐赠仪式"。资助该校改善教学环境,帮扶贫困留守儿童,捐赠25万元。9月15日,召开县工商联成立60周年纪念座谈会,县委副书记、县长黄焕利,市委统战部副部长、市工商联党组书记黄辉出席会议并讲话。县委常委、统战部部长陈爱武主持会议,县领导胡建萍、石坚定、钮晶莹、励茂平出席会议。县工商联副主席、县商会副会长、全县基层商会会长、异地商会会长等参加会议。

【港澳台海外统一战线工作】 出台《加强在外象山籍人才联系联络推动象商象智回归实施意见》,建立在外象山籍人才联络联谊中心,新建日本、深圳人才联络工作站。完善"海内外象山人"数据库,建立象山籍海外博士130名、硕士491人子库。开展海外博士创业团象山行等活动,引进高层次人才8人。举办"宁波象山(香港)投资环境推介会暨香港象山联谊会六周年庆典"、象山海外联谊会乡贤新春联谊活动等重点联络联谊活动12次,接待海外社团、华侨华人、港澳同胞19批次310余人次。9月27日,"2017甬(宁波)港(香港)经济合作论坛开幕式暨财富甬港新机会新成长"主论坛与香港象山联谊会"2017国庆中秋茶话会"在香港举办,县大目湾金诚之星项目参加签约仪式，县委书记叶剑鸣等参加。开展宁波与南投村·里结对座谈交流、象山—台东妈祖如意信俗文化交流十周年纪念活动，协助举办第三届海峡两岸医院管理论坛，创建“台胞台属之家”示范点。

【统一战线宣传调研工作】 开展统一战线大调研行动，完成《甬商回归的路径研究——以象山为例》等课题32个。开展部机关青年干部读书会和周一夜学，组织干部赴井冈山、杭州梦想小镇等地学习考察，提升干部学用能力。开展“大脚板走一线、小分队破难题”行动，部领导干部领题破难17个。建立蹲点联系镇乡(街道)制度，开展统战工作季度交流。制定出台《全县统战工作考评办法》，实行对标对表督查。8月31日，中央统战部办公厅《每日汇报》刊发《宁波市在象山开展基层宗教活动场所规范化建设试点工作》一文。全年中央统战部网站刊发信息8篇，浙江统战、宁波统战家微信号刊发38篇，《情系中华》《宁波统战》《宁波统战工作简报》分别刊载2篇、3篇、10篇，唱响象山统战“好声音”。

(章文佳)

政策研究

【概况】 2017年，县委政研室起草《中共象山县委关于高举习近平新时代中国特色社会主义思想伟大旗帜 加快建设宁波现代化滨海城区的决定》《关于加快推进石浦镇改革发展的实施意见》，参与制定《关于加快农业供给侧结构性改革 打造美丽乡村升级版的若干意见》《象山县旅游产业扶持政策实施细则》《象山县科技创新兼推广应用实施办法》等各类政策文件。

开展“现代化滨海城区”县委一号课题研究，开展“一带一路”“村民说事”“石浦2025”等调研，形成《关于象山建设宁波现代化滨海城区若干问题的研究》《关于推动县域经济向城市经济转型升级的研究》《象山撤县设区思路研究》等14篇调研文章，《关于象山建设宁波现代化滨海城区若干问题的研究》《关于打造“村民说事”2.0版构建“三治”融合基层治理体系的研究》荣获2017年度宁波市重点调研课题三等奖。

运行象山智库联盟，与上海前滩新兴产业研究院、上海福卡智库、宁波工程学院象山研究院开展合作，不定期组织智库专家开展线上线下讨论，及时总结县内外优秀经验做法，编发《象山智联》期刊12期，在象山智库联盟微信公众号推送。

(徐杭波)

党校工作

【概况】 2017年，县委党校根据中共十九大、十八届六中全会精神和习近平总书记系列重要讲话精神，着力抓好主体班次、理论宣讲、教学科研和会议服务工作，发挥了党校干部培训教育主阵地作用和中共社会科学研究机构作用。

【干部培训】 按照《2017年县干部培训班次计划》的总体安排，全年分别举办了全县新任县管领导干部党性党风党纪集中教育培训班、中共十八届六中全会精神集中学习轮训班(共2期)、干部综合素质提升大讲堂、全县新一任村(社区)主要干部集中分批轮训(共4期)、组工干部执行力提升培训班、基本建设项目业务培训班、“爱国主义”教育和红色主题教育培训班、“青春塔山”干部读书会专题集中教学和实地调研活动等主体班次共31期，累计培训各级各类干部5287名。通过模块式培训——改变传统的课程设置，让学员在接受系统培训中练好内功。主体班教学内容实行模块式组合教学，把培训内容系统地分为理论教育、党性教育、县情教育、领导素质与能力提升和学员论坛等五大模块。培训内容牢牢把握中国特色社会主义理论体系这条主线，重点讲述政治理论、文化建设和核心价值体系构建以及象山经济社会发展中面临的热点、难点问题等，旨在让学员掌握马克思主义的立场、方法，掌握中共基本理论、科学体系和精神实质。通过开放式培训——走出传统的封闭教室，让学员在接受最新信息中开阔眼界。一方面“走出去”，组织异地教学。围绕县委重点工作，将异地教学地放在革命老区井冈山，使学员身临其境、耳濡目染，接受最直接的革命传统教育，弘扬井冈山精神，为实现“双突破双驱动”战略凝神聚力。另一方面是“请进来”，开放主体班次讲台。以“讲得好”为标准，在全国范围内整合资源，邀请优秀教师前来授课，让学员接受最新的理念和知识，领略“世界眼光”“战略思维”和“理论前沿”。年内，先后邀请了中国人民大学和省、市委党校专家作专题辅导报告，逐步建立了开放式、高层次的师资库，实现了培训师资资源的优化配置。同时，注意挖掘和利用好象山本地资源，邀请全县各行业的先进典型登上主体班次讲台，言传身教、现身说法，有效地保证主体班次培训的质量。通过互动式培训——打破传统的教学格局，让学员在接受相互教育中当好“主角”。在培训中，重点推出学员论坛、结构化研讨等互动性、参与性更强的教学方式，强调培训的创造性，通过多渠道、多层面的交流，实现了由过去的“填鸭”式“单向传输”培训向“多向互动”式培训的转变，从而使培训由知识更新为主向全面提升能力为主的转变。重点抓住了三个载体：在学习消化上利用了“青春塔山”微信公众号这个平台，培训期间，由学员每次课后编发1～2期简报，让学员们及时将所闻、所看、所感通过简报这一形式反映出来；在思路拓展上利用“学员论坛”这一阵地，每月青年干部读书会分小组举办一至两次“学员论坛”，围绕热点、难点、焦点问题共同研究探讨，在讨论互动中相互启发；在成果转化上利用学习成果交流这一载体，每个主题单元培训结束时，要求以小组为单位完成一篇调研文章，通过指导老师修改汇编成册。2017年，县委党校干部培训另一特色亮点工作是联合县委组织部、县民政局成立了县社会组织学院。县社会组织学院的业务发展立足于服务象山社会发展大局，结合象山社会组织发展的新形势，拟重点建设好“品牌社会组织创建基地”“社区社会组织培育基地”“社会组织理论研究基地”。面向不同层面的受众，旨在为有意支持公益、投身于公益的广大群体提供多维度培训以及交流分享平台，包括专题课程、社会组织名家讲坛、品牌社会组织论坛等。具体干部培训主体班次见表12：

表12　　2017年象山县委党校干部培训汇总表

主体班次名称	办班时间	人次
2017年度全县新任县管领导干部党性党风党纪集中教育培训班	4月12—14日	96
全县县直机关中层及以下党员干部学习中共十八届六中全会精神集中轮训班(第一期)	5月10日	260
全县县直机关中层及以下党员干部学习中共十八届六中全会精神集中轮训班(第二期)	5月12日	260
全县基督教教职人员"爱国主义"教育培训班(社会主义学院)(市委党校)	5月23—25日	46
"青春塔山"干部读书会第二学期开学典礼	6月5日	220
全县领导干部综合素质提升大讲堂	6月7日	210
全县新一任村(社区)主要干部集中轮训	6月9日	694
县党外代表人士红色主题教育培训班(社会主义学院)(井冈山)	6月26—30日	35
"青春塔山"干部读书会工业强县专题集中教学	6月26日	133
涉侨法律法规培训班(社会主义学院)	6月27日	50
全县新一任村(社区)主要干部集中轮训——农村(社区)党组织书记(第一期)	6月27—28日	258
全县新一任村(社区)主要干部集中轮训——农村(社区)党组织书记(第二期)	6月29—30日	256
全县新一任村(社区)主要干部集中轮训(村委会主任　第一批)	7月11日—12日	245
全县新一任村(社区)主要干部集中轮训(村委会主任　第二批)	7月13日—14日	239
"青春塔山"干部读书会开展馆藏文化方面课堂教学活动	8月4日	133
2017年度第二期综合素质提升大讲堂	8月23日	240
"青春塔山"干部读书会"工业强县"专题集中教学	8月25日上午	133
"青春塔山"干部读书会学员各组调研活动	8月25日下午	133
"青春塔山"干部读书会"工业强县"专题集中教学	8月27日上午	133
"青春塔山"干部读书会"工业强县"专题集中教学	8月27日下午	133
全县组工干部执行力提升培训班(井冈山)	9月4—8日	36
"青春塔山"干部读书会廉政专题讲座	10月14日	200
基本建设项目相关业务培训班	10月31日	220
"青春塔山"干部读书会"好书荐读"分享交流活动	11月1日	133
"青春塔山"干部读书会"工业强县"专题集中教学—象山经济形势	11月16日	133
2017年新闻(网络)发言人培训班	11月20—24日	49
全县离退休干部政治理论学习班	190	133
"青春塔山"干部读书会"工业强县"专题集中教学——十九大后全球视野下的中国经济和资本哲学	12月6日	55
"青春塔山"干部读书会经济类好书分享交流活动	12月13日	133
"青春塔山"干部读书会"工业强县"专题集中教学——全面深化改革的"势"与"实"	12月16日	133
2017新录用公务员培训班	12月18—29日	98
共　计	31期	5287

【教科研】 根据年初制定的《科研工作发展计划》,明确党校科研工作的目标任务,坚持"三围绕"的工作思路(即围绕中央的路线、方针、政策及中央、省市县的重要会议精神;围绕县委、县政府的中心工作;围绕培训学员的需求)有针对性地开展科研工作。破解新时期全县社会、经济、文化等领域内出现的热点、难点问题,结合建设"双突破双驱动"的发展战略,分层次、分重点、分类别选择科研课题,使科研内容紧跟形势、贴近实际,保证了党校科研方向的正确性和实效性。2017年,获省级立项课题1项;在2017年宁波市党校系统理论研讨会上,《宁波从"三江时代"走向"三湾时代"的远景思考》荣获一等奖,另有6篇论文入选;宁波市党校系统规划立项课题5项;市级以上期刊发表论文3篇,配合中央党校完成题为《村民说事:乡村治理机制创新的新形式——基于对浙江省象山县西周镇"村民说事"制度的调查》调研论文1篇。通过让青年教师"走出去",提升教师的理论水平。2017年年内,多次组织青年教师到北京、深圳、杭州等地参加专题培训(3月,5名教师赴深圳参加全国党校系统骨干教师培训班;6月,1名教师赴省委党校参加省第十四次党代会精神培训班,11月,8名教师赴中国人民大学参加中共十九大精神专题培训班;11月,6名教师赴省委党校参加中共十九大精神培训班),学习名校、各级党校的先进知识和讲课方法,开阔视野,把好的理论成果,好的教学方法"带回来"。通过把专家"请进来",提升教师的备课水平。多次邀请省、市委党校专家学者以及兄弟党校教师来校就如何开展教学工作,如何利用科研促教学等专题进行指导。通过面对面的交流,教师们深受启发,有力地促进了教学工作的开展。通过让青年教师"走下去",提升教师的讲课水平。把"走下去"作为教学工作的基本功,每年组织开展"一人一讲""调研月"活动,让青年教师走出校门,深入基层、深入群众,了解他们的所思所想,为讲课提供"第一手"资料。党校按照"调研定题目、科研做文章、成果进课堂"的理念,增加教学中的"科研含量",利用科研促教学,逐步推进教学、科研、资政一体化。2017年,配合县、委县政府的中心工作,发挥党校的决策咨询作用,参与县委1号课题《象山县撤县设区问题研究》1项、县委常委重点课题《关于深化文化体制改革的思考》1项,县社科联立项课题2项,县重点改革项目绩效评估课题《象山县农村产权制度改革绩效评估报告》1项,与县委组织部、县直机关党工委、县妇联等部门单位联合完成课题4项,县级机关党建调研文章获奖2篇,在《今日象山》发表论文4篇。

【队伍建设】 学校秉承"责任第一,服务至上"的理念,打造一支具有责任意识、服务意识、爱校意识和奉献意识的高素质教职工队伍。以接受县委第一专项巡察组巡察为契机,查找问题,提升水平。狠抓学习力建设。定期组织教职工学习工作制度、业务知识,并组织分管领导和业务骨干赴省委党校参加各类理论研讨会,学习借鉴先进的理念和做法。狠抓执行力建设。完善规章制度,明确责任体系、强化绩效考核,激发广大教职工的工作性,营造"讲责任、抓落实、比干劲、争一流"的良好校风。根据党校实际和干部教育培训工作需要,2017年,党校在人才引进、培养和使用方面下了大功夫,有计划地引进了2名教师,教职工队伍结构日趋合理。党校拥有硕士研究生6名,专兼职教师11名,初步建立起了一支规模适当、素质较高的师资队伍。按照"一专多能"的目标要求,引导激励广大教师"比学习、比责任、比业务、比成果",着力打造一支优质师资队伍。组织开展教师教学业务交流和教学专题创新活动,坚持"一人一讲"讲课评课活动,为党校教师尤其是青年教师提供讲课的平台。

(黄朋朋)

党史研究

【县委党史办慰问史中平教育基金捐赠者杨梅保、柴惠丽】 1月23日,县委党史办(县志办)主任张沉忠一行两人赴余姚、宁波慰问史中平教育基金(2012年度"象山最美十件事"之一)捐赠者杨梅保、柴惠丽,并通报史中平教育基金运作情况。

【"中共县委党史研究室"印章启用】 4月12日,县委办向全县镇(乡)党委、街道党工委、县级部门党组织印发通知,指出:因机构调整,经县编委同意,决定启用"中共县委党史研究室"印章,同时废除原"中共县委党史办公室"印章。

【县委党史研究室(县地方志办公室)新设党史科、方志科】 6月13日,县编委办印发《关于同意县委党史研究室(县地方志编纂委员会办公室)内设科室调整的批复》,指出:同意撤销编撰科,设立党史科、方志科,核定中层职数2名。

【县委党史研究室助朱仁忠烈士亲属圆梦】 4月上旬,朱仁忠烈士亲属向县委党史研究室提出寻找朱仁忠烈士牺牲地和更改出生日期的要求。该室通过近两个月的调查、走访,确认朱仁忠烈士牺牲地为慈溪市龙山镇雁门邱洋,以及亲属提供的朱仁忠烈士1947年12月18日出生日期证明的真实性。6月8日,印发《关于要求更改朱人忠烈士出生日期的函》,指出朱仁忠为朱人忠烈士谱名。6月10日,派员陪同朱仁忠烈士亲属赴雁门邱洋祭奠朱仁忠烈士。其间,朱仁忠烈士亲属向该室捐赠朱仁忠烈士的棉衣、棉鞋、书籍、笔记等遗物。《宁波日报》和《今日象山》等媒体以"跨越半个世纪的寻找"等为题作报道,社会反响强烈。

【县委党史研究室办理寻找烈士的政协提案】 根据县政协委员周静在县政协十届一次会议上提出的《关于寻找在象山牺牲的烈士的建议》,县委党史研究室成立提案工作办理小组,联系县民政局寻找相关烈士信息,基本摸清本籍和客籍烈士的信息,及时做好政协提案答复工作。同时,加大客籍烈士信息调查力度。成立由该室和民政局牵头,有关镇(乡)和村干部组成的联合寻找小组,重点调查第二十一军第六十一师为解放象山而牺牲的无名烈士和其他不同时期牺牲在县境内的无名烈士英名和籍贯。向上级部门建议建立红色专项基金,为寻找无名烈士和修葺有关设施提供资金保障。通过媒体加大宣传力度,发动学校、农村等社会力量参与寻找客籍烈士的活动。

【4篇党史论文入选市学术研讨会】 吕国民撰写的《王家谟对浙东革命的贡献》和《贺威圣革命思想解读》、张利民撰写的《从进步文学青年到抗日革命战士》、史复明撰写的《〈鹿空机密〉记载的四次宁波空袭》等4篇党史论文被7月13日市委宣传部、市委党史研究室、市直属机关党工委召开的"不能忘却的记忆——浙东革命精神"学术研讨会入选,收录论文集,其中《王家谟对浙东革命的贡献》被评为三等奖。

【《中共象山历史》二卷出版】 《中国共产党浙江省象山县历史》第二卷(1949—1978),简称《中共象山历史》二卷,中共党史出版社出版。《中共象山历史》二卷36.7余万字,共4编,19章60节179目,编、章、节、目的安排均参考中央、省、市党史二卷样式,并根据象山实际进行增删和调整。全书内容编排力求准确把握1949年至1978年这一时期象山党史发展的主线、主流和本质,揭示中共象山县委领导全县人民在探索社会主义革命、建设道路中的经验和教训。

【《中共象山县委文件选编(1978—2002)》出版】 由县委办、县委党史研究室和县档案局(馆)编辑,分6册,200余万字。2016年11月至2017年10月,编辑组赴县档案局(馆)开展县委文件征编,完成1978年至2002年县委文件甄选,查阅、复印县委文件档案5000余件,遴选具有重大历史价值的480件。反映了县委在上级党委的正确领导下,团结带领全县人民进行改革开放和社会主义现代化建设的基本轨迹和历史进程,是了解中共象山历史的重要参考资料。

【史志资料年报制度建立】 3月23日,县府办印发《关于建立县史志资料年报制度的通知》,决定建立史志资料年报制度,设立象山永久地情资料库。要求全县各镇(乡)、街道和部门将该项工作纳入常规工作,列入县年度目标管理考核。年报资料以各单位年度工作资料为主(除保密材料外),主要包括年度大事记;年度工作总结材料;年度主要领导在重要会议上的讲话稿;年度专题调研报告和成果;年度主要工作、重要活动的图照和音像资料;年度单位获得的县级以上荣誉和市级以上先进人物材料;出版的志书、年鉴、家谱、村史、企业史以及其他各类著作,并提供实物资料,每种寄送1~2套。

【孙小雄调研史志工作】 3月28日,县委副书记、政法委书记孙小雄赴县委党史研究室(县志办)调研史志工作,听取二轮修志等工作汇报。他强调,史志工作有着"存史、资政、育人"的重要作用,要注重历史文献的挖掘整理、宣传教育和成果转化应用;要抓住重点和亮点,重视基础性工作,推进史志工作信息化,多出研究成果;要围绕扩面提质,创新体制机制,整合资源、借智借力,再创新的业绩。

【史志工作推进会召开】 6月19日,召开史志工作推进会。全县各镇(乡)党委、街道党工委分管副书记和县级有关部门分管领导参加。会上,县志办主任介绍全县史志工作情况,石浦镇、县农林局介绍编志工作经验。县委常委、副县长蔡特和市志办副主任傅晓分别作动员讲话。

【姚晓东调研史志工作】 10月26日,市委党史研究室(市志办)主任姚晓东一行4人调研象山史志工作。在听取县委党史研究室(县志办)主任张沉忠的工作汇报后,姚晓东肯定县在史志编研、基层志推进、宣传教育等工作取得的成绩。他强调,要提升史志工作力度,努力提高史志著作编修质量;史志工作人员要继续开拓创新,扎实工作,发挥史志资政育人作用,努力开创史志工作新局面。

【县志办助推"明家训,传家风"活动】 特派专家,精心编撰《象山历代家训家风研究》和《象山家训三十则》等相关书籍。在此基础上,精选优秀家风家训百余条,方便读者阅读。为县家训馆出谋划策,提供资料,将收集的100则县域各大家族家训和相关案例,纳入家训馆,弘扬象山家训文化。

【《象山县志》通过终审】 12月1日,《象山县志》终审会举行,中国地方志指导小组秘书长、中指办党组书记、主任冀祥德,省志办主任潘捷军,市志办主任姚晓东等领导、专家,县领导黄焕利、陈兴立、钮晶莹及相关部门负责人出席。《象山县志》编修自2007年启动,经历纲目论证、全县动员、修志业务辅导、承编单位撰稿、专家课题研究、编辑部分纂总纂等,于2014年1月通过专家组初审,2016年通过复审。志稿上限不框定,下限至2008年,全面系统记述象山自然、政治、经济、文化、社会的历史与现状,是象山历史上时间跨度最长、规模最大、门类最全的县志。同时,象山也是全国二轮修志工作试点单位和浙江省二轮修志创优工程试点单位。与会领导、专家对《象山县志》修编工作和终审稿质量给予肯定。终审专家组专家一致认为《象山县志》学术品位很高,是一部开拓创新的高质量、高水平之作,同意通过终审。最后,县政府宣布《象山县志》通过终审,批准出版。

【《象山年鉴(2017)》出版】 《象山年鉴(2017)》由方志出版社出版,《象山年鉴》编撰委员会编,全县各部、委、办、局、镇(乡)、街道和有关单位供稿。《象山年鉴》是县委、县府主办的政府公报性质的集资料、信息、知识于一体的大型综合性工具书。《象山年鉴(2017)》是《象山年鉴》的第11卷本,记载时限为2016年1月1日至2016年12月31日,着重记载该年象山经济社会发展的全面情况。《象山年鉴》自2005年始,每年出版1卷,2011年和2012年为合卷,至2017年共编辑出版1524余万字,较全面完整保存了该时段全县相关史料。

老干部工作

【概况】 2017年,全县由县委老干部局负责服务管理的离退休干部88人,其中离休干部62人,退休(副县级以上)干部26人。离休干部中,享受地专级1人,地专级两项待遇1人,享受县处级待遇有26人,享受科级待遇有34人。按参加革命时期划分,抗日战争时期入伍的6人,解放战争时期入伍的56人;按人员性质划分,属行政编制的有18人,事业编制的有17人,企业编制的有27人。在离退休干部中,党员有71人,其中,离休干部党员51人,县级退休干部党员有20人。离休干部平均年龄

89.7岁,最大的96岁,最小的81岁。

【思想政治建设】 把"点赞十八大,喜迎十九大"、学习贯彻中共十九大精神作为"两项建设"的主线,结合"两学一做"学习教育常态化制度化,结合老干部实际,通过集中宣讲、专题辅导、座谈讨论、送学上门等,组织老干部学习中共十九大电视直播、《关于新形势下党内政治生活的若干准则》《中国共产党党内监督条例》、全国"两会"精神、省市党代会会议精神、全县经济社会发展情况等内容,及时向离退休干部传达中央和省、市、县委的重要决策部署,引导老干部增强"四个意识"。全年举办离退休干部情况通报会2次,组织政治理论学习5次,送学上门2次,"走基层、看变化、促发展"活动4次,参加学习活动的老干部有600多人次。

【发挥离退休干部正能量】 开展"喜迎十九大·共筑中国梦"主题聊天系列活动。以"点赞十八大、展望十九大""从严治党新气象""家风家训""看全域旅游""学习十九大的心得"等主题,组织老干部开展主题聊天活动6次,引导老干部发声,凝聚共识,传递正能量。开展"走、看、促"活动。围绕"双驱动双突破"战略、剿灭劣V类水、棚改、移风易俗、文明城市创建等县委县政府中心工作,组织广大离退休干部参观考察、座谈交流,感受经济社会发展和生活的变化,全年组织离休干部参观墙头镇溪里方村新农村建设和石浦半边山景区,组织县级老领导赴余姚考察工业经济、乡村旅游和石浦镇社会经济发展,鼓励老干部为党委政府点赞喝彩、为事业发展加油鼓劲,争做推进改革发展的有力"助攻手",形成支持服务大局的行动自觉。开展银辉志愿服务活动。以宁波"银辉"志愿者联合会象山分会为平台,引导老干部利用自身优势,在弘扬优秀传统文化、传承和培育优良家风、关心教育青少年、引领社会舆论、促进社会和谐等方面发挥作用,深入开展特色志愿服务活动,向社会传递正能量。尤其是县老年大学文艺志愿服务队自编排演出一批老百姓喜闻乐见的歌舞曲艺类节目,一年内开展送文艺进社区、进农村、进公园、进广场、进养老院等志愿服务行动12次,多次参加各有关单位组织的各类群众性、公益性文化活动,受到了广大群众的欢迎和好评。

【优化离退休干部服务管理工作】 做好离休干部服务管理工作,加大对老干部的亲情关爱。完善落实联系老干部"七必访"制度(传统节日提前访、生病住院及时访、突发情况随时访、生活困难经常访、思想疑惑定期访、生日寿辰按时访、协助善后立刻访)。针对离休干部整体进入"后双高期"的实际,注重精神慰藉,加大探访力度,每周定期电话回访,不定期到医院、老干部家里看望慰问,进行动态管理。2017全年开展春节、"七一"、高温期、重阳集体走访慰问4次,赴山东慰问异地居住的离休干部,赴湖北开展异地安置象山老干部工作对接,累计看望老干部500多人次。针对老干部住院难的问题,联系相关医院,优先安排老干部住院就医。落实老干部生活待遇政策,调整疗休养制度,发放疗休养经费8.5万元,让老干部在家中静养。开展一年一次的健康体检工作,全力做好后勤保障工作。及时贯彻执行老干部待遇的各项新政策,重点就老干部工资调整、公用经费、活动费等落实情况第一时间进行督促,确保政策执行落实到位,维护老干部利益。

【完善离退休干部服务管理网络】 整合资源完善服务网络,围绕"让老干部满意"工作目标,发挥好老干部所在单位、社区、家庭和其他各类社会资源的作用,完善四位一体的老干部服务管理网络,为老干部提供更优质的服务。注重引导家庭的基础养老作用,加强对老干部主管单位的指导督查力度,牢固树立以所在单位管理为主的思想,印发盛夏高温季节走访慰问文件,开展常态化的调研,加大面上工作指导和推动力度,确保老干部各项政策落实到位。加强社区"四就近"工作,联合丹城中心卫生院开展上门巡诊,注重精神慰藉,加强人文关怀。

【落实困难老干部帮扶制度】 加大对老干部的帮困解难力度,对生活困难、身患重病、长期卧床、家庭重大变故的老干部,给予更多的帮助和照顾,春节前夕发放困难补助金10万多元。密切关注棚户区改造、危房解危工作,深入了解老干部的诉求,引导老干部以正能量的心态对待棚改、解危工作,支持县委县政府的中心工作。

【把活动中心打造成老干部的幸福乐园】 深化"周二活动日"制度,丰富活动内容,创新活动载体,继续开展传统文化孝老、慈善文化促老、志愿文化敬老、不老文化健老、艺术文化惠老等"文化养老"五大系列活动,坚持逢节庆,有活动,组织好"送文艺进活动中心"和主题聊天等活动,开展一系列有益于老干部身心健康的文体活动,如"送元宵""三八联谊""情暖端午"文艺演出、"迎中秋、庆国庆"等各类活动10次,深受老干部欢迎。

【把老年大学打造成老干部的精神家园】 做好"深化、提升"的文章,合理调整专业,优化课程设置,丰富教学内容,走老年教育内涵发展之路。2017全年开设专业22个,班次62个,学员1800多人。着力打造第二、三课堂,组织学员参与社会各类文化活动。精心筹划建校30周年纪念活动,统筹安排系列活动,编印纪念册和成果集,举办历程展,总结经验,展示成果,扩大学校知名度。

(石雯雯)

县直属机关党建工作

【概况】 2017年,全县共有机关党支部104个,其中下属机关党委26家,党总支22家,党支部205家,共有党员8115人。全年共发展新党员34人,按期转正党员36人,共28个机关党(总)支部进行换届和补选,新建支部1个。

【机关党员教育培训】 为推动"两学一做"学习教育融入日常、抓在经常,切实加强思想政治工作,于4月下旬举办入党分子培训班,共有120名入党分子受训并全部通过考试顺利结业。5月中旬实施机关党员大轮训,先后完成两期机关中层及以下党员干部学习培训任务,重点安排中共十八届六中全会精神和省市县"两会"精神两个专题进行集中授课,受训人数500余人。6月初,在孙茂芳先进事迹展览馆为35名新党员举行新党员入党宣誓活动。同时，为全面提高县党务干部政治理论水平和业务工作能力，增强“四个意识”，机关党工委同县委组织部联合举办“强规矩、铸铁魂”全县党务干部培训班，共有40余名县级部门政工负责人接受培训。

【机关干部家风家训教育】 1月中旬举办县机关干部“书传统家规·扬清风正气”暨家规家训书画比赛，共收到毛笔书法128幅，硬笔书法167幅，绘画作品76幅，7月18日在县综合文化活动中心举办优秀书画作品开展仪式，组织党员干部集中参观学习。在《今日象山》选登部分优秀作品，并与县政府电子政务办合作制作成屏保程序，在机关局域网上滚动播放，提高思想教育的时效性和感染力。同时，党工委联合县纪委、县委宣传部在全县机关干部中开展家训家规征集活动，征集内容围绕家庭清正、明志、劝学、劝善等传统美德和社会主义核心价值观要求，结合“育家风、立家规、严家教”系列活动，引导党员干部重视家风建设。

【“最喜爱的习总书记的一句话”主题宣讲比赛】 为广泛深入学习宣传贯彻习近平总书记系列重要讲话精神和党中央治国理政新理念新思想新战略，增强“四个意识”，推动广大党员干部“秉持浙江精神，干在实处、走在前列、勇立潮头”，党工委和县委宣传部于7月联合举办全县“最喜爱的习总书记的一句话”主题宣讲比赛。经过部署动员、广泛开展、层层选拔、集中比赛等阶段，12名参赛选手经过激烈角逐，共产生一等奖1名、二等奖2名、三等奖3名和优胜奖6名。同时注重成果运用，组织优秀党课巡回宣讲，巩固壮大主流思想舆论阵地。

【推进机关党建调研工作】 2017年年内，党工委将《机关支部党组织生活规范化问题研究》申报为市直机关党建重点调研课题，突出问题导向、方便成果转化，切实解决影响严肃开展组织生活的各种问题，增强党内组织生活的针对性和实效性。报送的《机关党支部组织生活规范化的保障研究》获2017年度机关党建论文二等奖。各县直部门机关党组织围绕机关党建主题，重点研究“两大六小”课题，结合工作实际，深入开展课题调研，总结提炼本单位的经验做法和特色亮点。共收到调研文章80余篇，党工委对其中20篇优秀调研成果和3个优秀组织单位进行通报表彰，推动机关党建实践深化。

【规范党内组织生活制度】 县委制定《关于严格党内组织生活的若干意见》，党工委制定《关于严格机关中共组织生活制度的实施意见》，梳理包括“三会一课”在内的各项组织生活制度，对每一项制度的时间、次数、要求、方式等进行细化和具体化，做到有据可依，有章可循。在定规矩的基础上，从严从实抓考评，一是压实党建主体责任，把严格党内组织生活作为机关支部书记述职评议的重要内容，纳入县级部门党建工作目标考核，压紧压实责任链条，严把组织生活质量关。二是纪实组织生活过程，重新编印《党内组织生活记录本》，对组织生活开展情况进行实录，建立全程纪实台账，使每次活动都全程留痕、有据可查。三是督实制度执行，全年共组织开展两轮督查，对全县55家机关支部落实党内组织生活制度进行全面“体检”。督查结果分好、较好、一般、较差四个等次进行实名通报，对2家制度落实不到位的机关党组织进行通报批评，确保制度不“失守”、不“空转”。

【规范完善党员信息管理工作】 把好党员发展入口关，严格执行新党员发展公示制、预审制、政审制等，确保新党员发展质量。2017年年内共计发展新党员34名，转正预备党员36名。完成全国党员信息管理系统的党员和党组织基本信息采集工作，核查所属253个党组织共8115名党员信息，完善党员档案。严格排摸超期未转正党员、失联党员、入党志愿书或党员档案丢失党员等，并对不合格党员进行组织处置。

【开展“打通中梗阻、提升执行力”专项工作】 根据市委、市政府在全市开展“打通中梗阻、提升执行力”专项工作部署，县委高度重视，重点研究、着力推进该项工作，机关党工委作为主要工作部门，同县纪委、县委组织部建立专项工作领导小组，召开多个层面座谈会，制定出台“县‘打通中梗阻、提升执行力’专项工作实施方案”，重点开展7个专项行动和20多个子活动。6月23日，组织召开全县“打通中梗阻、提升执行力”专项工作动员会进行全面的动员部署，凝聚思想共识。机关党工委主要负责开展问题自查自纠、选树典型、干部提质提能、机关作风评议等4个专项行动。

【开展机关作风民主评议】 围绕“优化营商环境、打造象山铁军”主题，以严肃机关干部行为规范、优化行政环境为目标，全覆盖、全方位开展机关作风民主评议活动，推动机关作风建设长效化、制度化。切实改进评议方式方法，加强专项评议，重点对涉企部门、县重点工程项目责任单位和项目审批单位，进行分类测评，2017年度共回收有效问卷3518份，较2016年增长29.9%。其中，新增专项评议，对涉企部门、县重点工程项目责任单位和项目审批单位进行分类测评，收回问卷507份（含涉企类112份、涉工程类123份、涉行政审批类272份）；开展随机评议，按50%比例抽取“两代表一委员”进行集中测评，收回问卷381份；完成集中评议，年底收回问卷2630份（含县四套班子37份、县管干部1097份、社会各界1459份、专家37份）；组织日常评议，开展明察暗访活动6次（实现县级部门和镇乡街道全覆盖），并综合网络投诉、窗口服务、明察暗访、志愿服务和结对共建督查结果等进行评价。

【开展“孙茂芳五小服务”先锋行动】 结合新一轮城乡基层党组织结对共建活动，推动志愿服务重心下移，组织126家机关企事业单位党组织与62家村级组织支部结对共建，按照“1+1”或“X+1”方式开展组团式志愿服务活动。把“五小服务”与城乡党组织结对共建、服务型党组织示范点创建、服务型“星级支部”评定有机结合，做深做实“孙茂芳”服务品牌，构建以机关党组织为核心，以在职党员为骨干，以关爱民生为主题的党员志愿服务体系。在县委常委的示范带动下，机关党员干部在短短三天时间内认领400个“微心愿”，认领速度和数量均居全大市前列。同时，党工委抓好督查落实，组织人员抽查镇乡的结对村与结对共建的机关单位活动开展情况，督促落实“孙茂芳式五小”志愿服务“和美乡村行”活动的开展。

（潘珉琼）

纪检监察

综述

中国共产党象山县第十四届纪律检查委员于2016年12月28日由中国共产党象山县第十四次代表大会第三次全体会议选举产生,共有纪委委员21人,其中常委7人。2017年2月,县完成监察体制改革,组建成立县监察委员会,纪委、监委合署办公。委机关共有编制53名(行政编制49名,事业编制4名),现有干部人数38名,共设置11个内设职能室。下设16个派驻机构(综合派驻10个,单独派驻6个),现有干部人数40名。18个乡镇(街道)配有纪(工)委书记、专职副书记36名,7个乡镇还配备专职纪检干事,共有纪委委员82名。2017年,县纪委会学习贯彻习近平新时代中国特色社会主义思想和中共十九大精神,主动适应新形势新任务新要求,深化纪检监察体制改革,忠诚履行职责使命,强化监督执纪问责,全县党风廉政建设和反腐败工作取得显著成效。县纪委在2016年度全县目标管理考核中获得第一名,全市各县(市、区)纪委考核排名进入第一方阵。

重要会议和活动

【概况】 2017年,县纪委、县监委学习贯彻习近平新时代中国特色社会主义思想和中共十九大精神,在县委和上级纪委、监委的正确领导下,研究部署新形势下的党风廉政建设和反腐败工作,扎实履行监督执纪问责和监督调查处置职责。

【县监察委员会成立】 根据省委、市委对县监察体制改革试点工作的总体部署,县稳妥推进改革试点工作。2017年1月下旬制定了《象山县深化监察体制改革试点实施方案》,明确领导职数设置。经市委、市纪委及县委提名,按法律规定程序,于2月18日县十八届人代会一次会议上选举产生监察委员会主任1名。2月20日,十八届人大常委会第一次会议任命2名副主任,3名委员(其中2名由纪委常委兼任,1名由专职监察局副局长转任,缺配专职委员1名)。2月21日上午,举行县监察委员会组建转隶会议暨揭牌仪式,县委书记叶剑鸣,市纪委副书记蒋文丰为新成立的监察委员会揭牌。县人民检察院的反贪污贿赂局、反渎职侵权局和预防腐败科的职能和人员转入监察委员会,共转隶干部9人。监察委员会成立,与纪委合署办公,实现了对所有行使公权力人员的监督全覆盖,加强了党对反腐败工作的领导。

【中国共产党象山县第十四届纪律检查委员会第二次全体会议召开】 2017年3月29日上午,中国共产党第十四届象山县纪律检查委员会第二次全体会议在县委党校一楼报告厅举行。会议的主要任务是深入学习贯彻中共十八届六中全会和习近平总书记系列重要讲话精神,按照十八届中央纪委七次全会、省纪委十三届六次全会和市纪委十二届六次全会、县第十四次党代会部署,回顾总结全县2016年党风廉政建设和反腐败工作,研究部署2017年工作任务。县四套班子领导,县人民法院院长、县人民检察院检察长,其他现职副县级领导,县纪委委员,县政协秘书

2月21日上午,县监察委员会组建转隶会议在象山宾馆四楼议政厅举行,县四套班子主要领导,市纪委副书记蒋文丰及部分县委常委出席会议 (张勤剑 摄)

3月29日上午，中国共产党第十四届县纪律检查委员会第二次全体会议在县委党校一楼报告厅举行，县四套班子主要领导及部分县委常委主席台就座　　（张勤剑　摄）

长，县人大、县政协各委办主任，各镇乡党委（街道党工委）书记，镇乡长（办事处主任），纪（工）委书记，县级各部门党政主要负责人，县委巡察组组长，县纪委派驻机构负责人，县纪委、县监委各室负责人，部分县第十四次党代会党代表、党风政风行风监督员参加会议。会议由县委常委、纪委书记胡杰主持。会议共两项议程。一是县委书记叶剑鸣作重要讲话。叶剑鸣表示，2016年全县党风廉政建设和反腐败斗争取得新的成效，有力保障了全县改革发展稳定各项工作。叶剑鸣要求，全县党员干部要把思想和行动统一到习近平总书记重要讲话上来，全县各级党组织和纪检组织要坚定不移把党风廉政建设和反腐败斗争引向深入，坚持要标本兼治、统筹推进，在全面从严治党上取得新成果。二是县纪委书记胡杰代表中国共产党第十四届象山县纪律检查委员会常务委员会向第二次全体会议作工作报告。报告全面回顾了2016年全县党风廉政建设和反腐败工作所取得的成绩，指出存在的问题和不足，明确2017年工作总体要求，并从六个方面详细提出各项工作任务。

【新任纪委书记见面会】　7月17日下午，县纪委召开新任纪委书记见面会，委机关和派驻机构副局级以上干部参加会议。会上，纪委副书记、监委副主任娄海东、黄晟贤分别作表态发言，表示坚决拥护市委、县委决定，并将全力支持、配合新任纪委书记工作。随后，新任县委常委、纪委书记陈善方作上任表态发言，并对县纪委的工作以及干部队伍建设予以肯定。最后，县委副书记孙小雄要求，全体干部要在陈善方书记的带领下，坚持勤字为先、干字当头、实字为本、严字为要，全面履行纪检监察职责。8月29日，县十八届人大常委会第四次会议决定陈善方副主任代理县监察委员会主任职务。

【全县纪检监察工作务虚会召开】　2017年8月29日上午，全县纪检监察系统半年度工作务虚会在象山宾馆召开，县纪委、监委机关及派驻机构副局级以上干部，各乡镇街道纪委（街道纪工委）书记、副书记参加会议。会议由县纪委副书记、监委副主任娄海东主持。会议共3项议程。首先，由6个乡镇纪委（街道纪工委）和6个派驻机构围绕不同主题作交流发言；随后，县纪委副书记、监委副主任娄海东、黄晟贤分别就分管工作作点评，并部署重点工作；最后，县委常委、纪委书记、监委代主任陈善方讲话。陈善方简要总结半年多来全县纪检监察系统的主要工作，提出“攻坚克难的决心大不大”“争先进位的锐气足不足”“狠抓落实的作风硬不硬”这三个问题，并对工作提出四方面要求。一是提高站位，永葆坚定不移的政治定力；二是主动履责，永葆全面从严的持久态势；三是勇于实践，永葆与时俱进的生机活力；四是压实作风，永葆忠诚可靠的队伍品质。

【全县“打通中梗阻、提升执行力”专项工作推进会召开】　9月29日下午，全县“打通中梗阻、提升执行力”专项工作推进会在象山宾馆召开，专项工作领导小组成员单位相关负责人，各镇乡党委（街道党工委）副书记，相关部门政工负责人等参加会议。会上，丹东街道、石浦镇、发改局和审管办四家单位相继汇报了“打通中梗阻、提升执行力”专项工作推进落实情况。

【省纪委副书记、省监委副主任暨军民在象山调研】　10月11日下午，省纪委副书记、省监委副主任暨军民到象山调

10月11日下午，省纪委副书记、省监委副主任暨军民一行在西周镇夏叶村实地考察“村民说事”制度运行情况

研清廉村居建设工作，市纪委常务副书记、市监委副主任印黎晴，县委书记叶剑鸣，县委常委、县纪委书记、县监委代主任陈善方等陪同调研。暨军民一行实地考察西周镇夏叶村“村民说事”制度运行情况，并与部分乡镇党委书记、纪委书记以及村支部书记、社区主任、村监会主任开展座谈交流。调研过程中，暨军民还听取县纪委关于清廉村居建设情况的汇报，肯定象山运用“4+1”工作模式在全面推进清廉村居建设上取得的成绩。暨军民强调，“村民说事”这一制度创新既是基层民主治理的好形式，也是农村基层党风廉政建设的好品牌，要学习好、领悟好车俊书记、唐一军书记批示精神，总结好、提炼好工作优点和亮点，宣传好、推广好优秀经验做法，为推进“清廉浙江”建设提供象山样板。

党风廉政

【概况】 全县纪检监察组织全面履行党章和法律赋予的职责，落实全面从严治党各项要求。压紧压实党委主体责任，层层传导管党治党压力；加强基层治理，厚植廉洁基础；重视制度约束和思想源头防范，扎紧“不能腐的笼子”，构筑“不想腐的堤坝”。

【压实全面从严治党政治责任】 协助县委健全全面从严治党工作体系，督促各级党组织落实责任分解、约谈提醒、签字背书、宣教警示、工作报告、述责述廉等八项制度，履行主抓直管责任。完善党委主体责任和纪委监督责任考核细则，由县级领导带队开展2016年度各地各部门党委（党组、党工委）党风廉政建设主体责任落实情况专项检查，督促整改各类问题200余个。

【深化县委巡察工作】 推进县委巡察工作，完善巡察机构、充实巡察力量，全年完成对16个县级部门、2个乡镇和16个行政村的巡察工作，发现问题357个，移送问题线索72条，并对2家单位党委（党组）班子成员进行集体约谈，督促问题整改落实，巡察“利剑”作用发挥。同时，创新巡察工作机制，协调各派驻纪检监察机构组成3个专项巡察组，承担巡察工作任务，全年完成4轮对17家县级部门的巡察工作，加快了巡察进度。

【廉政风险预防工作】 强化制度执行，督促各级党组织报备“三重一大”决策1457份，审核（备案）国内学习考察73批次、因公因私出国（境）126人次，发现问题及时过问干预，增强制度刚性约束。加强源头治理，开展党性党风党纪教育，组织开展廉政专题教育100余场次，受教育干部人数达1.2万余人。编印《象山县党员干部违纪案例选编》，向县级各部门、各镇乡街道和各行政村（社区）发放3000余本，用“身边事”教育“身边人”，增强警示教育实效。

【建立全县县管干部廉政档案】 根据省市纪委《关于建立党员领导干部廉政档案的通知》要求，开展全县县管干部廉政档案电子档建档工作。建档对象共1035人（其中现职县管干部822人，退居二线正局级、副局级干部213人），其中有问题线索和信访反映的146人、党政纪处分21人。廉政档案采用电子档案形式，紧扣县管干部党风廉政情况，突出问题线索及处置情况，以实用、管用、易查阅、易管理为目的，实行一人一档，动态管理。每份材料分5卷，分别为个人基本情况、问题线索、党风廉政意见、民主生活会、其他情况资料，每卷均附卷内文件目录。2017年11月，全面完成县管干部廉政档案建档工作。

【制作陈汉章家风宣传片】 挖掘象山本地优秀传统家风文化，制作《一代鸿儒 家风绵长》陈汉章家风专题宣传片，并在中纪委网站刊登推广。2017年4月，着手收集整理陈汉章生平事迹、家规家训等相关材料，5月完成文字初稿，并通过中央纪委审定。随后，开始撰写视频脚本，7月通过脚本审定，8月开始拍摄视频。文字资料修改4次，总计6847字，视频脚本修改6次，总计3148字，视频修改3次，总计时长17分37秒，全面展现了一代鸿儒陈汉章先生在治学、修身、齐家、为官等方面的优秀品德。作品在中央、省、市纪委网站上刊登，这也是县纪检监察系统首次在中央纪委网站上刊登自行摄制的宣传专题片。

执法纠风

【概况】 担负起中共忠诚卫士这一重任，加大对党委决策落实执行情况的监督检查，确保党委中心工作推进，维护党委权威。加大对党员干部作风建设的督查力度，督促干部转作风、提效能，优化党员干部形象，密切党群、干群关系。

【强化政治监督和纪律保障】 加强对贯彻落实中共十九大精神和党章党规执行情况的监督检查，严明政治纪律和政治规矩，坚决维护习近平总书记在全中共核心地位，坚决维护党中央权威和集中统一领导。加强对上级重大决策部署和县委中心工作的监督检查，重点围绕“大脚板走一线、小分队破难题”专项行动、中共十九大维稳安保、建设环境整治、中央环保督查反馈问题整改等任务的贯彻落实情况开展监督检查，对73起履职不力情形进行问责处理，涉及县管干部12人，纠正有令不行、有禁不止的行为。

【完善作风建设常抓长管机制】 深入贯彻中央八项规定精神和省市县作风建设相关规定，持之以恒纠正“四风”问题。坚持实行正风肃纪“月查月报”制度，组织开展“正党风、优作风、树新风”专项督查活动，突出“人情风”“酒局牌局”、公车私用等群众关注的热点问题，组织开展明察暗访1304次，发现问题306个，点名道姓通报37期，处理136人次。开展“直击干部作风，打造象山铁军”专项行动，聚焦“最多跑一次”改革、执行力建设、落实中央八项规定精神三大主题，拍摄制作三部暗访视频，并在有关会议上公开播放，曝光各类问题34个，起到警示效果，推动“打通中梗阻、提升执行力”专项工作落到实处、取得实效。

【加强村级组织换届纪律监督】 高度重视村级组织换届纪律监督工作，坚决履行党内监督专责人和换届风气监督职能。县纪委有关负责先后赴新桥、贤庠、丹东、丹西等镇乡街道开展调研，了解各地换届选举有关情况。坚持教育先行，组建县委巡回宣讲团赴各地开展宣讲18场次，广泛宣传“九严禁”“十不准”等换届纪律，要求各镇乡街道将宣讲活动延伸至各村，营造良好的换届选举风气。组织开展“正党风、优作风、树清风”正风肃纪专项行动，加强对村级组织换届纪律执行情况的监督检查，县级层面共开展专项检查2次。严把好入口关，做好村级组织成员候选人（自荐人）资格联审工作，累计完成资格审查4220余人次，否决候选人员11人，防止“带病提名”“带病选任”。把贿选拉票、破坏选举等严重违反选举纪律的行为作为查处和打击的重点，1名村支委候选人因拒不执行上级党组织决定被立案调查，2名村民因贿选拉票被公安部门行政拘留，起到了警示教育作用。

【加大监督问责力度】 修改完善县机关工作人员问责办法，规范问责程序，加大问责力度，全年共有212名党员干部因行为失范、落实责任不力被追责。先后出台《关于严明组织纪律 全力保障县重点工作推进的通知》《象山县党员干部、工作人员插手项目建设“十个严禁”》等专项文件，明确党员干部的行为底线，落实部门问题线索即时移送工作机制，保障重点工作推进。开展建设环境整治专项督查，查处工程领域违纪案件10起，制止党员参与抢种1起，党纪处理9人，问责7人，警示约谈1人。做好“平安护航十九大”安保维稳纪律保障，共有15人因安保维稳工作不力、责任落实不到位被问责处理，5人被约谈诫勉。加大个案查处力度，对浙江卫视《今日聚焦》栏目曝光的2起新增违建事件启动追责处理，警示约谈2家单位分管领导，问责处理2名县管领导干部；针对上半年重要节点信访维稳工作应对不力问题，启动问责调查3起，警示约谈6家单位主要领导，问责处理1名县管领导干部；跟进4起“三改一拆”工作问题线索的处置工作，约谈4家单位9名县管干部，督办拆除违建3处；办结4起中央环保督察组交办追责信访件的处置工作，约谈县管干部7人，问责1人，党纪处分3人。

案件查办

【概况】 顺应纪检监察体制改革新形势、新任务和新要求，健全反腐败工作机制，加强各部门沟通协作，汇聚各方面监督力量，实现了对行使公权力人员的监督全覆盖，提升了职务违法犯罪行为的查处能力，巩固压倒性态势，奋力夺取压倒性胜利。

【巩固反腐败斗争压倒性态势】 聚焦“六大纪律”，坚持无禁区、全覆盖、零容忍态度惩治腐败，巩固发展反腐败压倒性态势。全县纪检监察组织共受理涉纪信访举报443件（次），立案148件，同比上升13.85%，涉及县管干部2人。发挥监察体制改革的制度优势，健全县委反腐败协调小组成员单位信息互通、协作衔接的工作机制，全年共受理公检法及审计机关移送线索79件，全部转立案，形成了合力治腐的良好态势。深入惩治农村干部损害群众利益问题，共立案查处农村党员干部62人，其中村主要干部32人，形成强有力的震慑，维护了基层群众切身利益。

【完成监委留置场所建设】 根据全省监察留置工作研究部署会议精神以及有关文件要求，结合象山实际情况，县纪委县监委研究制定县看守所监察留置区的改造建设方案。监察留置区实行留置专区和讯问专区分开设置。其中，监察留置专用监区总面积约1250平方米（包括放风场），设置管教室2间、谈话室4间（原单个监室改造成2间谈话室）、监控室1间、监房8间（单押2间、混押6间，全部按照单押标准改造），合计15间；监察留置讯问专区总面积约110平方米，设置工作休息室1间、指挥监控室1间、机房1间、一般讯问室4间，合计7间。5月初开始正式施工，6月底完成全面改造并通过上级验收，为监委今后实施留置措施提供有力的物质保障。

【践行监督执纪“四种形态”】 坚持惩前毖后、治病救人，以监督执纪“四种形态”为抓手，把中共纪律规矩挺起来、严起来。建立健全问题线索集中管理、集体研判、分类处置机制，综合运用谈话函询、组织处理、党纪政务处分等方式，抓早抓小，防微杜渐。2017全年运用监督执纪“四种形态”处理433人次，第一至第四种形态占比分别为66%、17.6%、9%和7.4%。加强对受处分人员的再教育和思想转化工作，全年回访教育121人，帮助受处分人员认识错误，放下思想包袱。开展县管干部廉政电子档案建设，实行一人一档、动态管理。

【探索线索集中管理新模式】 起草《象山县纪委、监委问题线索处置办法（试行）》，推进案件线索管理工作制度化、规范化、长效化。主动加强与公安、法院、检察院以及审计、财政、国土等部门的沟通协作，拓宽案件线索发现渠道。5月份，与软件公司共同设计开发县党员和监察对象查询比对系统，整合组织、人社、公安等部门信息数据资源，实现案管部门对司法机关、行政执法部门移送问题线索的全面整合、集中管理，运用大数据比对实现监管前移。截至2017年年底，该系统对县公安局4200余条行政处罚信息和县人民检察院800余条刑事处理信息进行比对，筛选出问题线索44条，其中涉及行政处罚33条、刑事处理11条。比对删选出的线索按照党员干部管理权限全部移送相关纪检监察组织予以处置。此外，该系统还查出10余名入党积极分子、预备党员的违法问题线索，有效实现了关口前移，阻止“带病”入党。

队伍建设

【概况】 监察体制改革后，着重加强干部队伍建设工作，注重队伍融合，强化业务锻炼，优化工作流程，加强内部监督，全面打造政治过硬、作风过硬、能力过硬、纪律过硬的纪检监察干部队伍。

【加强能力素质建设】 2017年年初，制定纪检监察干部“青蓝工程”实施方案，作为全县纪检监察系统干部能力素质提升计划。加强队伍融合，县监察委员会成立后，注重开展不同业务线间的交叉培训，一方面由检察院转隶干部传授反贪、反渎业务技能；另一方面由纪委干部讲解监督执纪问责工作要点，全面促进干部融合和业务交流。健全学习制度，通过干部自学、骨干带头、室内研讨、各线交流、集中夜学等方式，提前熟悉掌握监委工作所需的业务流程和法律法规，重点学习省纪委印发的《监察业务运行工作规程》《监察留置措施操作指南》以及《中华人民共和国刑法》《中华人民共和国刑事诉讼法》《刑法修正案》等法律相关书籍，深入研究解决试点工作中碰到的实际问题，增强开展监督调查处置工作的信心和能力。注重学用结合，推行"以案代训"、信访接待"1+1"跟班学习等模式，发挥业务骨干的"传帮带"作用，让干部在学习中进步，在实践中成长。强化思想教育，开展践行"忠诚、干净、担当"专项行动，扎实推进"两学一做"学习教育常态化制度化。

【优化内部工作流程】 按照"立足实际、着眼长远、突出重点、务求实效"的原则，实施县纪委县监委机关"三基一化"创建工作，提升纪检监察工作的规范化水平。一是基本职能明确，做好本单位及机关各室组织架构清晰，工作职能明确。二是基本制度健全。全面开展制度"废改立"，做到工作职责清晰、工作程序明确、工作要求具体、工作运转有序。三是基本数据完整。加强基本工作数据管理，做到重要工作及时建档，历史资料有据可查，辅助材料相对齐全，基础数据全面准确。四是信息化水平较高，改进业务办公系统平台，建立健全业务工作基础数据库，实现网上工作互动、信息资源共享、资料查阅便捷，提高工作质量和效率。

（张勤剑）

象山县人民代表大会

综　述

2017年，象山县人民代表大会及其常务委员会深入贯彻习近平总书记系列重要讲话和中共十九大精神，坚持中共领导、人民当家作主、依法治国有机统一，按照县十八届人大一次会议精神，依靠全体代表，围绕县委"双突破双驱动"发展战略，服务大局，强化法治，促进民生，切实履行宪法和法律赋予的职责。全年召开人民代表大会会议1次；举行常委会会议8次，召开常委会主任会议18次，听取、审议专项工作报告27个，作出决议决定16个，交办审议意见10个；组织执法检查和代表视察20次；依法任免地方国家机关工作人员62人次。发挥地方国家权力机关的作用，为推进全县经济社会发展和民主法治建设做出努力。

象山县人民代表大会及常委会会议

【召开县十八届人大第一次会议】 2月14日至18日，县第十八届人民代表大会第一次会议在丹城召开。应到代表245人，出席会议代表242人，列席230人，旁听公民20人。举行全体会议5次，主席团会议4次。会议听取和审查县长黄焕利作的《政府工作报告》，分别听取和审查县人大常委会主任金红旗作的《象山县人民代表大会常务委员会工作报告》，县人民法院院长郑航捷作的《象山县人民法院工作报告》，县人民检察院检察长袁学宏作的《象山县人民检察院工作报告》，并分别作出相应决议。会议选举金红旗为县十八届人大常委会主任，黄敏求、胡建萍、柳建根、应伟刚、伊珍林、陈柳松为副主任，王宁星、王常员、王增良(象中)、石初光、石维坚、卢国平、叶能章、朱文荣、朱定良、朱建新、许铭、张海奇、陈照、陈灿生、陈淑芳、林毅、周善西、胡兴旺、胡祖岳、俞欢欢、施良才、袁廷春、蒋杰峰、蒋凌燕、蒋善智、曾伟标、裘建雄、鲍贤28人为委员。选举黄焕利为象山县人民政府县长，陈兴立、华弼天、周坚栋、石坚定、宣业靖、钮晶莹为副县长。选举胡杰为县监察委员会主任。选举郑航捷为县人民法院院长，选举袁学宏为县人民检察院检察长。选举万亚伟、王辉、王兆伟、左伟、叶敏、叶剑鸣、史建立、朱哲生、刘燕君、李关定、李红蓥、杨小朵、应东旭、张松才、林娅、林社会、金红旗、郑雅楠、周青法、周晓峰、郑宏舫、郑经治、孟伟建、胡祖广、胡蓉蓉、施文娟、黄焕利、曹德林、章亚君、章国锋、梁群、梁孟丽、董连胜、蒋小花、蒋善文、谢光辉、赖朝辉为县出席宁波市第十五届人民代表大会代表。会议采用按电子表决器的方式表决通过关于设立象山县人民代表大会法制(内务司法)委员会、财政经济委员会的决定。表决通过法制(内务司法)委员会、财政经济委员会人员名单，许铭为法制(内务司法)委员会主任委员，曾伟标、林琼、叶能章、王增良(北门村)、周东来为委员；袁廷春为财政经济委员会主任委员，蔡金星、陈成定、谢光辉、王传宁、沈永平为委员。会议审议通过《象山县人民代表大会议事规则》。《象山县2016年国民经济和社会发展计划执行情况、2017年国民经济和社会发展计划草案的报告》和《象山县2016年财政预算执行情况和2017年财政预算草案的报告》由大会秘书处书面印发全体代表，进行审议。会议审议各项工作报告采取代表团(小组)审议的方式进行，县领导分头听取意见。大会还安排"工业强县"专题审议，由各代表团选择若干名代表参加，县领导参加并听取意见，审议效果。为使代表知情知政，该次大会请县政府有关部门分别就工业强县实施情况、全域旅游发展情况、"五水共治"工作情况、"三改一拆"工作情况、棚户区和农村危旧房改造工作情况、科技创新工作情况、社会治安管理情况和县十七届人大五次会议代表建议办理等八方面工作，提出书面报告，印发代表参阅。会议期间共收到代表建议和意见241件。

【县十七届人大常委会第四十二次会议】 1月17日，县第十七届人民代表大会常务委员会第四十二次会议举行。常委会组成人员21人出席会议。会议听取象山县人民政府办公室主任吴志辉所作的关于《政府工作报告(草案)》起草过程和主要内容说明，并对《政府工作报告(草案)》进行审议，提出修改建议和意见。会议听取和审议县政府关于2017年度县预算草案的初步方案和关于2017年度县国民经济和社会发展计划草案的初步方案，书面审议县人民法院工作报告(草案)和县人民检察院工作报告(草案)。会议要求"一府两院"根据审议意见，继续修改完善，为即将召开的县十八届人大一次会议做好准备。会议听取县人大常委会办公室主任林毅所作的关于《象山县人大常委会工作报告(草案)》起草过程和主要内容说明，审议并原则同意《象山县人大常委会工作报告(草案)》。会议听取县人大常委会副主任、县十八届人大一次会议筹备办公室主任林胜国所作的《象山县第十八届人民代表大会第一次会议筹备工作报告》，审议通过提请县十八届人大一次会议预备会议和主席团会议通过的有关文件和名单(草案),通过大会选举办法(审议稿),决定大会列席人员名单,通过大会其他程序性文件。审议通过提请县十七届人大五次会议预备会议和主席团会议通过的有关文件和名单(草案),通过大会选举办法(草案),决定大会列席人员名单,通过大会其他程序性文件。

【县十七届人大常委会第四十三次会议】 2月5日,县第十七届人民代表大会常务委员会第四十三次会议举行。会议决定,原定于2017年2月9日召开的县第十八届人民代表大会第一次会议,延期至2017年2月14日召开。

【县十八届人大常委会第一次会议】 2月20日,县第十八届人民代表大会常务委员会第一次会议举行。常委会组成人员34人出席会议。会议审议通过《象山县人大常委会2017年工作要点》。会议按照《全国人民代表大会常务委员会关于在北京市、山西省、浙江省开展国家监察体制改革试点工作的决定》,根据县监察委员会主任胡杰的提请,任命娄海东、黄晟贤为县监察委员会副主任;赖东海、林峰、谢敏为县监察委员会委员。会议向新当选的县人大常委会委员颁发当选证书,向县监察委员会副主任、委员颁发任命书。会议分两批举行宪法宣誓仪式。

【县十八届人大常委会第二次会议】 4月18日,县第十八届人民代表大会常务委员会第二次会议举行。常委会组成人员34人出席会议。县委书记叶剑鸣出席并讲话。会议根据象山县人民政府县长黄焕立的提名,决定任命蔡特、卢飞为象山县人民政府副县长(挂职),吴志辉等25人为新一届象山县人民政府组成部门主任、局长。会议审议通过《关于许可对本级人大代表采取限制人身自由措施或者实行刑事审判的工作规程》和《象山县人民代表大会常务委员会预算审查监督办法》。审议通过《象山县十八届人大常委会代表资格审查委员会组成人员名单》《象山县十八届人大常委会各工作委员会组成人员名单》和部分人民陪审员免职议案。审议通过县人大常委会有关人事任免议案,任命陈勇为县人大常委会办公室副主任;肖瑜为县人大常委会法制工作委员会副主任;免去陈勇的县人大常委会农业和农村工作委员会副主任职务。审议通过法院、检察院人事任免事项,任命姜海波为县人民法院民事审判第一庭副庭长,陈波为县人民法院民事审判第二庭副庭长,张海科为县人民法院审判员,童灵芝为县人民检察院检察员;免去肖瑜的县人民法院审判委员会委员、大徐法庭庭长、审判员职务,白洪光、孙伟、张光胜、周效初的县人民法院审判员职务,陈卫国、钟石生、沈海玲的县人民检察院检察员职务。会议分四批举行宪法宣誓仪式。

【县十八届人大常委会第三次会议】 6月27日,县第十八届人民代表大会常务委员会第三次会议举行。常委会组成人员29人出席会议。会议分别听取和审议县环保局局长干焊受象山县人民政府委托所作的《关于〈中华人民共和国环境保护法〉贯彻实施和剿灭劣V类水、污水零直排工作情况的报告》和县人大常委会城建环保工委主任朱建新所作的县人大常委会执法检查情况的报告。听取和审议县农办主任干文熙受象山县人民政府委托所作的《关于美丽乡村建设情况的报告》。听取和审议县规划管理中心主任王忠凯受象山县人民政府委托所作的《关于省级历史文化名村保护规划情况的报告》。分别听取和审议县财政局副局长陈忠祥代表局长受象山县人民政府委托所作的《关于2016年县财政决算草案的报告》和县审计局局长蔡建鹤受象山县人民政府委托所作的《关于2016年度县本级预算执行和其他财政收支的审计工作报告》,审查通过《关于批准2016年县本级决算的决议》。审议通过《象山县人大常委会关于打造人大铁军,加快建设宁波现代化滨海城区的决定》。审议通过《关于县人大常委会法制工作委员会更名的决定》,将县人大常委会法制工作委员会更名为县人大常委会法制与内务司法工作委员会。会议根据胡杰的辞职请求,审议通过《关于接受胡杰辞去县监察委员会主任职务的决定》。审议通过县人大常委会有关人事任免议案,任命许铭为县人大常委会法制与内务司法工作委员会主任,肖瑜为县人大常委会法制与内务司法工作委员会副主任;免去许铭的县人大常委会法制工作委员会主任职务,肖瑜的县人大常委会法制工作委员会副主任职务。审议通过县政府有关人事任免议案,决定任命徐小平为县审计局局长;决定免去蔡建鹤的县审计局局长职务。会议分两批举行宪法宣誓仪式。

【县十八届人大常委会第四次会议】 8月29日,县第十八届人民代表大会常务委员会第四次会议举行。常委会组成人员33人出席会议。会议分别听取和审议县发展和改革局副局长胡路受象山县人民政府委托所作的《关于2017年上半年县国民经济和社会发展计划执行情况的报告》和县财政局局长董连胜受象山县人民政府委托所作的《关于2017年1至6月份县预算执行情况的报告》。听取和审议县环保局局长干焊受象山县人民政府委托所作的《关于〈县生态文明建设规划〉编制情况的报告》。听取和审议象山县人民政府副县长钮晶莹所作的《关于"四城联创"情况的报告》。听取和审议县侨办主任翁华清受象山县人民政府委托所作的《关于提请授予包荣林等3位人士荣誉象山人、爱乡楷模称号的议案》,审议通过县人大常委会《关于授予包荣林等3位人士荣誉象山人、爱乡楷模称号的决定》,决定授予对县经济建设、社会发展和对外交流合作等方面作出突出贡献的王一鸣、詹尼·皮埃尔"荣誉象山人"称号,包荣林"爱乡楷模"称号。会议审议通过新修订的《象山县人民代表大会代表建议、批评和意见办理的规定》。审议通过《关于实行政府民生实事项目代表票决制的决定》,决定从县十八届人民代表大会第二次会议起,实施政府民生实事项目代表票决制。会议审议通过有关人事任职的议案,任命陈善方为县监察委员会副主任,审议通过《关于陈善方副主任代理县监察委员会主任职务的决定》,并举行宪法宣誓仪式。书面通报县人大常委会上半年主要工作情况及下半年工作安排。

【县十八届人大常委会第五次会议】 9月29日,县十八届大常委会第五次会议举行。常委会组成人员26人出席会议。会议听取和审议象山县人民政府副县长石坚定所作的《关于工业招商引资和工业投资情况的报告》,并进行专题询问。会议根据石初光的辞职请求,审议通过《关于接受石初光辞去县十八届人大常委会委员职务的决定》。审议部分县人大代表辞职事项和《象山县人大常委会代表资格审查委员会关于部分县人大代表辞职的审查报告》,以举手表决的方式,决定接受石初光、史建立、许俊梅、孙国夫等4名辞去县第十八届人民代表大会代表职务。

【县十八届人大常委会第六次会议】 10月31日,县第十八届人民代表大会常务委员会第六次会议举行。常委会组成人员29人出席会议。会议审议通过《象山县人民代表大会代表资格审查委员会关于代表变动情况和选举代表资格审查的报告》,认为翁华清、罗军雷、胡安武、董盛益、谢文潮、陈善方6名的选举符合法定程序,确认其代表资格。审议个别县人大代表辞职事项和《象山县人大常委会代表资格审查委员会关于个别县人大代表辞职的审查报告》,决定接受王增良(象中)辞去县第十八届人民代表大会代表职务,其常委会组成人员职务相应终止。会议听取和审议县旅游发展委员会主任袁明全受象山县人民政府委托所作的《关于旅游发展环境情况的报告》。分别听取和审议象山县人民政府办公室副主任李文宏代表主任吴志辉受象山县人民政府委托所作的《关于县十八届人大一次会议代表建议办理情况的报告》和县人大常委会代表工委主任鲍贤所作的《关于县十八届人大一次会议代表建议、批评和意见督办情况的报告》。分别听取和审议6名被评议法官、检察官履职情况报告和县人大常委会评议调查组关于被评议法官、检察官履职评议报告,并进行满意度测评。会议听取和审议县规划管理中心主任王忠凯受象山县人民政府委托所作的《关于县"多规融合"工作情况的报告》,审议通过县人大常委会《关于推进县"多规融合"的决议》。听取和审议县财政局局长董连胜受象山县人民政府委托所作的《关于2017年县政府债务限额和新增地方政府债券预算调整方案的报告》和《关于2017年1至9月全县预算执行情况和预算调整情况的报告》,审议通过《关于批准2017年县政府债务限额和新增地方政府债券预算调整方案的决议》和《关于批准调整2017年县本级预算的决议》。会议审议通过县政府有关人事任免议案,决定任命史建立为县发展和改革局局长;决定免去孙国夫的县发展和改革局局长职务。审议通过县人大专门委员会有关人事任免议案,任命谢文潮为县人大法制(内务司法)委员会副主任委员。审议通过县人民法院有关人事任免议案,任命孙素静为县人民法院大徐人民法庭庭长,余鑫为县人民法院定山人民法庭庭长;免去孙素静的县人民法院定山人民法庭庭长职务,余鑫的县人民法院民事审判第二庭庭长职务,奚巧群的县人民法院民事审判第一庭副庭长、审判员职务。会议举行宪法宣誓仪式。

【县十八届人大常委会第七次会议】 12月21日,县第十八届人民代表大会常务委员会第七次会议举行。常委会组成人员29人出席会议。会议分别听取县教育局局长胡海峥、司法局局长贺挺、综合执法局局长林法星所作的《关于2017年度履职工作情况的报告》。听取县人大常委会丹东、丹西、爵溪街道工作委员会《关于2017年工作情况的报告》。书面审议县政府其他组成部门局长(主任)的年度履职工作情况报告。会议听取和审议县科技局局长徐大栋受象山县人民政府委托所作的《关于全县科技型中小企业培育发展情况的报告》。听取和审议县旅游发展委员会主任袁明全受象山县人民政府委托所作的《关于旅游发展环境情况审议意见研究处理情况的报告》,并进行满意度测评,测评结果为满意。分别审议象山县人民政府关于2017年上半年县国民经济和社会发展计划及预算执行情况、2016年县本级预算执行和其他财政收支审计工作情况、贯彻实施《中华人民共和国环境保护法》情况、"四城联创"有关工作情况等审议意见研究处理情况的报告。审议关于被评议法官、检察官履职情况评议意见初步落实情况的报告。会议听取和审议县规划管理中心主任王忠凯受象山县人民政府委托所作的《关于新一轮县域总体规划编制情况的报告》,审议通过县人大常委会《关于同意〈县域总体规划(2018—2035)〉的决定》。审议通过《象山县人大常委会关于司法机关重大工作情况报告的规定》。审议通过《关于召开县第十八届人民代表大会第二次会议的决定》,决定县第十八届人民代表大会第二次会议于2018年2月7日在丹城召开。会议通过《关于增补县十八届人民代表大会财政经济委员会委员的决定》,决定增补吴海鹰、张增明、葛聪敏为县十八届人民代表大会财政经济委员会委员。会议审议检察院有关人事任免的议案,任命陆洁、潘成波为县人民检察院检察员;免去陈明方的县人民检察院检察员职务。

监督与视察

【概况】 根据省、市人大常委会统一部署,县乡两级人大上下联动开展《中华人民共和国环境保护法》执法检查。组织开展剿灭"劣Ⅴ类水"和农村生活污水处理设施建设运行情况专项视察。加强司法工作监督,修订实施《司法机关重大工作情况报告的规定》,收到公检法司报送的重大事项178件。开展对6名法官检察官履职评议。专题听取人民陪审员工作情况汇报。组织力量参与县委"现代化滨海城区"一号课题调研,深入开展生态文明体制改革调研,为县委决策提供参考。组织三个街道工委开展"四城联创"工作情况调研。组织常委会组成人员和部分人大代表对全县重点工程、政府实事工程、城乡旅游步行道建设、社区矫正、社会治安管理、交警工作等情况进行专题视察。发挥监督职能作用,采取多种形式加强对"一府两院"的监督,听取和审议《关于棚户区改造实施情况的报告》等27个专项工作报告,交办审议意见10项。

【开展环境保护法贯彻实施执法检查】 常委会根据年度工作安排,制定环境保护法贯彻实施执法检查方案,6月上旬组织6个检查组对全县贯彻环保法情况进行了专题检查。常委会检查组主要针对政府及相关部门环境保护责任落实，大气、水、土壤污染防治，环保执法监察，剿灭劣V类水，污水零直排工作等重点，实地查看全县18个镇乡(街道)的30多个项目推进状况。听取环保局、水务集团等部门单位贯彻实施环保法有关工作情况汇报，指出存在的问题，提出执法检查建议，要求县政府及有关部门广泛宣传引导，增强公众环保参与度；突出源头管控，加强环境综合治理；加强设施建设与维护，推进生态创建工作；加大执法力度，强化长效机制建设。

【加强计划、预算执行审查监督】 重视宏观经济运行，8月份常委会会议听取和审议半年度全县经济社会发展情况的报告。加强财政预决算审查监督，6月份常委会会议听取和审议县财政决算草案报告和财政同级审报告，审查批准2016年财政决算，提出强化预算绩效管理等审议意见，列出审计发现问题的清单，跟踪督促问题整改落实。发挥财政经济委员会作用，修订出台《象山县人大常委会预算审查监督办法》，探索建立预算联网监督系统，推进财政监督工作制度化和规范化。关注政府性债务和国有资产管理情况，提出政府债务实行计划管控的建议，督促政府强化债务管理，提高国有资产运行绩效。

【依法加强司法工作监督】 重视做好依法行政和公正司法的监督，推动法治象山建设。统一运行省人大规范性文件备案审查网络系统，对县政府报送的24件规范性文件进行备案审查。修订实施《司法机关重大工作情况报告的规定》，2017全年共收到公检法司报送的重大事项178件。开展对6名法官检察官履职评议，围绕依法履职与公正司法开展监督检查，提出整改意见，有效提升司法队伍建设水平。重视人民陪审员队伍建设，旁听陪审员参与的案件庭审，专题听取人民陪审员工作情况汇报。发挥法制(内务司法)委员会作用，组织开展村级组织换届选举、社区矫正、社会治安管理和交警工作等调研视察，提出针对性的建议意见。加强信访工作，着重做好涉法涉诉件的督办，促进规范执法、公正司法。协助上级人大做好《浙江省学前教育条例》等5部法规草案评估调研和意见征求工作。

【视察农村生活污水处理设施建设运行和河道整治情况】 3月中下旬，县人大常委会根据县委领导工作要求，召集住建、水利、水务集团开展座谈，并分三组对全县农村生活污水处理设施建设运行情况进行专题调研，实地查看全县所有污水处理厂、污水处理站和近70个村污水处理终端和部分管道，以及22条河道。针对视察发现的少部分污水处理设施在工程设计、建设质量、后续维护运行等方面存在一些问题，督查县政府及有关部门加强施工监管，保障工程质量；启动检查维修，重视治水实效；加快截污纳管，实现应纳尽纳；强化后续维护，提升管理水平；注重河道治理，形成长效机制；加大宣传力度，全民共同参与。

【视察重点、实事工程建设】 7月10日至18日，县人大常委会分六个片组，组织常委会组成人员和部分县人大代表，实地察看宁波永超印花中心、宁波东顺电器电子元件生产项目、宁波正源热电联产改扩建项目、沪山影视基地建设项目、大目湾亲和源养老项目、浙江海阔天空水上乐园、象山赛帆创业园、宁波勤邦新材料二期项目、象山集成学校、县中医院迁建工程、县农村信用合作联社综合办公大楼、县图书馆迁建工程、象山电大迁建工程、象山港一号文化广场、浙江广电象山影视基地、宁波工人疗养院、半边山旅游度假区、申菱综合体项目、戴维商业广场、中国海洋渔文化展示馆(博物馆)项目、青草巷区块棚户区改造工程、塔山路区块棚户区改造工程、象山客运东站、殷夫公园、中心城防洪排涝东大河改造工程、环城西路、宁波市象山现代物流园公共服务中心、沿海南线滨海大道至金开路拓宽工程、71省道盛宁线东陈至茅洋改建工程、三门湾大桥及接线工程、石浦高速新桥连接线、石浦高速公路定塘连接线、提升改造农村菜市场、提升改善农村公路、新增农村生活污水处理村、新建农村文化礼堂、河湖库塘清淤、打造省级宜居示范村等涉及工业、交通、城建、旅游、科教文卫等方面39个重点、实事工程，听取县重点办及相关部门进展情况的汇报，详细了解项目进展情况及推进过程中遇到的困难和问题，召开座谈会，督查相关部门和责任单位坚持目标要求，明确责任抓落实；着力破解制约，攻坚破难抓落实；强化科学决策，保障要素抓落实；确保工程质量，强化督查抓落实。

【全面推进民生实事项目票决制】 落实省市人大的统一部署，根据县委有关精神，常委会作出决定，在县十八届人民代表大会第二次会议开始实施民生实事项目人大代表票决制。指导政府部门制定相关程序，落实有关制度，着重把好候选项目确定、票决办法制定、人大代表审议、人大代表票决及督查落实等环节，真正把民生实事项目的决定权交给代表。加强对乡镇人大民生实事项目票决制工作的指导，总结经验，细化规范工作环节，注重过程监督和结果监督。

代表工作

【加强代表建议督办落实】 修订完善《象山县人民代表大会代表建议、批评和意见办理的规定》，采取重点督办、难点会商、跨年度跟踪督办等办法，加强对建议办理的督办和考核。确定5件重点督办建议、9件重点关注建议、3件跨年度跟踪督办建议，推动殡葬改革、工业技改资金管理、特色农产品公用品牌建设、城区闲置地块整治、中小学道德教育等问题解决。着力提升代表建议的办结率和满意率，县十八届人大一次会议期间，共收到代表建议241件，代表对办理工作表示满意的217件，占90%；对办理结果表示满意的176件，占73%。闭会期间代表提出的13件建议得到办理。

【组织代表闭会期间活动】 发动县、乡镇两级人大代表共同参与“五水共治”，开展“剿灭劣V类水，人大代表在行动”主题活动。邀请省、市、县代表参与常委会集中视察、执法检查等活动，重点关注食品安全、公共文化服务和文化产业发展等工作。鼓励代表自主报名列席常委会会议、工作评议、专题询问等活动。各代表中心组和代表小组开展主题活动，就区域经济社会发展、新农村建设、社会治安、“三改一拆”“一打三整治”等工作，开展视察并提出建议。协助市人大代表象山中心组开展主题活动，围绕科技创新、现代化滨海城区建设、重大工程项目实施等进行专项视察调研。

【创新代表联络站建设】 对接县网络民情会办中心平台，创新设立县人大代表网络联络站，制订常态化运行制度，常委会组成人员每月一次走进代表网络联络站，就群众反映强烈的犬类管理、消费卡纠纷、消防通道占用等问题与职能部门共同面商，督促采取有效措施及时解决，开创“线上精准收集民意，线下合力现场办理”的象山做法。定期组织县人大代表走进各乡镇代表联络站，畅通民意反映渠道，引导群众有序表达诉求，及时梳理汇总事关改革发展和群众切身利益的问题，主动协助党委政府解决难题。配合市人大代表走进联络站，向基层群众征求《宁波市居家养老服务条例》的修改意见。

【强化履职服务保障】 加强代表培训工作，2017年年初分片组织县人大代表初任培训，年中举行“如何当好代表”专题讲座，年末举办十九大精神专题学习会，有计划组织代表参加《代表法》《环保法》等法律法规讲座，强化代表履职意识，提高代表履职能力。组织代表参加“一府两院”半年度情况通报会等重大会议活动，为代表知情知政、依法履职创造条件。出台《关于许可对本级人大代表采取限制人身自由措施或者实行刑事审判的工作规程》，确保法律规定的代表人身特别保护权落到实处，支持代表更好地履职。

【加强乡镇人大工作指导】 坚持乡镇街道人大工作例会制度，定期定主题开展工作交流。出台乡镇年中召开人代会的指导意见，规范会议的会期与程序。落实乡镇人大主席列席常委会会议制度，邀请参与常委会重要监督活动。完善考核体系和考评办法，加强乡镇街道人大工作考核，提升全县人大工作整体水平。报道县乡人大各类活动信息，充实象山人大网站内容，加强与县级新闻媒体的联系，深化监督工作和代表活动的宣传。

人事任免

【人事任免】 2017年，县人大常委会依法做好人事任免工作，全年共任免国家工作人员62人次。其中，决定任命政府组成人员29人，决定免去政府组成人员职务2人，任命县监察委员会组成人员6名，任命县人大常委会办公室和各工作委员会负责人5人，免去县人大常委会办公室和各工作委员会负责人3人；任命县人民法院副院长、庭长、副庭长、审判委员会委员、审判员5人，免去县人民法院副院长、庭长、副庭长、审判委员会委员、审判员职务8人；任命县人民检察院副检察长、检察委员会委员、检察员1人，县人民检察院副检察长、检察委员会委员、检察员职务3人。

表13　　2017年县人大常委会人事任免一览表

时　间	会　　议	姓　名	任免、决定或辞去职务
2月20日	县十八届人大常委会第一次会议任命	娄海东	县监察委员会副主任
2月20日	县十八届人大常委会第一次会议任命	黄晟贤	县监察委员会副主任
2月20日	县十八届人大常委会第一次会议任命	赖东海	县监察委员会委员
2月20日	县十八届人大常委会第一次会议任命	林　峰	县监察委员会委员
2月20日	县十八届人大常委会第一次会议任命	谢　敏	县监察委员会委员
4月18日	县十八届人大常委会第二次会议决定任命	蔡　特	象山县人民政府副县长
4月18日	县十八届人大常委会第二次会议决定任命	卢　飞	象山县人民政府副县长
4月18日	县十八届人大常委会第二次会议决定任命	吴志辉	县政府办公室主任
4月18日	县十八届人大常委会第二次会议决定任命	孙国夫	县发展和改革局局长
4月18日	县十八届人大常委会第二次会议决定任命	周良虹	县经济和信息化局局长
4月18日	县十八届人大常委会第二次会议决定任命	胡海峥	县教育局局长
4月18日	县十八届人大常委会第二次会议决定任命	徐大栋	县科学技术局局长
4月18日	县十八届人大常委会第二次会议决定任命	朱兴宝	县民族宗教事务局局长
4月18日	县十八届人大常委会第二次会议决定任命	宣业靖	县公安局局长
4月18日	县十八届人大常委会第二次会议决定任命	芦祖水	县民政局局长

续表13

时间	会议	姓名	任免、决定或辞去职务
4月18日	县十八届人大常委会第二次会议决定任命	贺　挺	县司法局局长
4月18日	县十八届人大常委会第二次会议决定任命	董连胜	县财政局局长
4月18日	县十八届人大常委会第二次会议决定任命	陈水明	县人力资源和社会保障局局长
4月18日	县十八届人大常委会第二次会议决定任命	干　焊	县环境保护局局长
4月18日	县十八届人大常委会第二次会议决定任命	黄秀贵	县住房和城乡建设局(规划局)局长
4月18日	县十八届人大常委会第二次会议决定任命	林法星	县综合行政执法局局长
4月18日	县十八届人大常委会第二次会议决定任命	林曙光	县交通运输局局长
4月18日	县十八届人大常委会第二次会议决定任命	张洪成	县水利局局长
4月18日	县十八届人大常委会第二次会议决定任命	章志鸿	县农林局局长
4月18日	县十八届人大常委会第二次会议决定任命	徐展群	县商务局局长
4月18日	县十八届人大常委会第二次会议决定任命	俞　湛	县文化广电新闻出版局(体育局)局长
4月18日	县十八届人大常委会第二次会议决定任命	陈淑萍	县卫生和计划生育局局长
4月18日	县十八届人大常委会第二次会议决定任命	蔡建鹤	县审计局局长
4月18日	县十八届人大常委会第二次会议决定任命	黄建国	县海洋与渔业局局长
4月18日	县十八届人大常委会第二次会议决定任命	杨盛昂	县统计局局长
4月18日	县十八届人大常委会第二次会议决定任命	石岳吉	县市场监督管理局局长
4月18日	县十八届人大常委会第二次会议决定任命	金建文	县安全生产监督管理局局长
4月18日	县十八届人大常委会第二次会议任命	陈　勇	县人大常委会办公室副主任
4月18日	县十八届人大常委会第二次会议任命	肖　瑜	县人大常委会法制工作委员会副主任
4月18日	县十八届人大常委会第二次会议任命	姜海波	县人民法院民事审判第一庭副庭长
4月18日	县十八届人大常委会第二次会议任命	陈　波	县人民法院民事审判第二庭副庭长
4月18日	县十八届人大常委会第二次会议任命	张海科	县人民法院审判员
4月18日	县十八届人大常委会第二次会议任命	童灵芝	县人民检察院检察员
4月18日	县十八届人大常委会第二次会议免去	陈　勇	县人大常委会农业和农村工作委员会副主任
4月18日	县十八届人大常委会第二次会议免去	肖　瑜	县人民法院审判委员会委员、大徐法庭庭长、审判员
4月18日	县十八届人大常委会第二次会议免去	白洪光	县人民法院审判员
4月18日	县十八届人大常委会第二次会议免去	孙　伟	县人民法院审判员
4月18日	县十八届人大常委会第二次会议免去	张光胜	县人民法院审判员
4月18日	县十八届人大常委会第二次会议免去	周效初	县人民法院审判员
4月18日	县十八届人大常委会第二次会议免去	陈卫国	县人民检察院检察员
4月18日	县十八届人大常委会第二次会议免去	钟石生	县人民检察院检察员
4月18日	县十八届人大常委会第二次会议免去	沈海玲	县人民检察院检察员
6月27日	县十八届人大常委会第三次会议决定任命	徐小平	县审计局局长
6月27日	县十八届人大常委会第三次会议任命	许　铭	县人大常委会法制与内务司法工作委员会主任
6月27日	县十八届人大常委会第三次会议任命	肖　瑜	县人大常委会法制与内务司法工作委员会副主任

续表13

时　间	会　议	姓　名	任免、决定或辞去职务
6月27日	县十八届人大常委会第三次会议决定免去	蔡建鹤	县审计局局长
6月27日	县十八届人大常委会第三次会议免去	许　铭	县人大常委会法制工作委员会主任
6月27日	县十八届人大常委会第三次会议免去	肖　瑜	县人大常委会法制工作委员会副主任
8月29日	县十八届人大常委会第四次会议任命	陈善方	县监察委员会副主任、代理主任
10月31日	县十八届人大常委会第六次会议决定任命	史建立	县发展和改革局局长
10月31日	县十八届人大常委会第六次会议任命	谢文潮	县人大法制（内务司法）委员会副主任委员
10月31日	县十八届人大常委会第六次会议任命	孙素静	县人民法院大徐人民法庭庭长
10月31日	县十八届人大常委会第六次会议任命	余　鑫	县人民法院定山人民法庭庭长
10月31日	县十八届人大常委会第六次会议决定免去	孙国夫	县发改局局长
10月31日	县十八届人大常委会第六次会议免去	孙素静	县人民法院定山人民法庭庭长
10月31日	县十八届人大常委会第六次会议免去	余　鑫	县人民法院民事审判第二庭庭长
10月31日	县十八届人大常委会第六次会议免去	奚巧群	县人民法院民事审判第一庭副庭长、审判员

（李华忠）

象山县人民政府

综　述

2017年,县政府在县委的正确领导下,在县人大、县政协的监督支持下,依靠全县广大干部群众,学习贯彻中共十九大精神,践行新发展理念,深入实施"双突破双驱动"战略,凝心聚力谋发展,撸起袖子加油干,全县经济社会保持平稳健康发展,实现了宁波现代化滨海城区建设的良好开局。完成地区生产总值498.9亿元、增长6.5%,财政总收入67.2亿元、增长7%,固定资产投资193.2亿元、增长10.8%,城乡居民人均可支配收入分别增长8.2%、8.7%。特别是象山城际铁路列入省都市圈城际铁路二期建设规划(2017—2022年)、2022年杭州亚运会帆船(帆板)赛事落户象山,迎来了在更高层次借势借力、转型跨越的历史机遇。

【经济发展稳中向好】 坚持工业强县不动摇,出台"中国制造2025"试点示范33条意见,培育"6+1"产业体系,实现规模以上工业总产值649.1亿元、增长12.2%,增速创近三年新高;完成工业投资66.2亿元、同比增长10.1%,增速居全市前列。加强企业精准服务,成立象商总会、企业家俱乐部,支持华翔等重点企业开展"三翻"行动,政企联动共推发展的氛围日益浓厚。强化企业梯队培育,乐惠、合力主板上市,申菱、戴维等9家企业入选国家、省市单项冠军(培育)企业,新增规模以上企业95家、亿元企业10家、新三板挂牌企业2家。发挥县工投集团作用,稳妥处置特困企业6家。深化经济开发区整合提升,完成配套投入4.5亿元,临港装备工业园列入市战略性新兴产业专业园创建名单。加快象保合作区开发,总投资118亿元的国家级云制造示范基地落户,省级军民融合产业基地获批。抓好浙台(象山石浦)经贸合作区建设,打鼓峙岛开发前期工作启动,水产品网上交易商城上线运行。多措并举提升招商实效,引进亿元以上项目39个,其中10亿元以上项目10个,实际利用外资及港澳台资金1.4亿美元、国内资金60亿元。加强外经贸政策支持,实现自营出口179亿元、境外承包工程营业额4.8亿美元。稳步发展建筑业,完成建筑业总产值1272亿元。深入开展国家全域旅游示范区创建,推动旅游全要素提升,接待游客2200万人次、旅游综合收入240亿元,分别增长12%、28%。大目湾—松兰山启动创建国家级旅游度假区,沿海景观带建成投用,省海洋运动中心、影视学院、绿色体育竞技小镇等项目落户。影视城列入省级特色小镇创建名单,驻地拍摄剧组突破150家,新落户影视企业391家,中国海影城"海上传奇"主题乐园建成营业。加快环石浦港旅游开发,皇冠假日酒店、宁波工人疗养院正式开业,中国渔村、渔港古城旅游环境整治取得实效。规范发展乡村旅游,石浦获评省旅游风情小镇、茅洋列入培育名单,新增省A级以上景区村33个,建成精品民宿12家。理顺旅游管理体制,县旅委挂牌成立,旅游警察、旅游市场监管大队、旅游巡回法庭实体化运作。健全旅游服务营销体系,智慧旅游平台上线运行,"嗨象山"旅游品牌初步打响。推进农业供给侧结构性改革,优化产业产品结构,实现农业总产值134.9亿元。开展"一区一镇"建设,申报省级现代农业园区1个、现代特色农业强镇2个,建成都市农业示范区3个。引进高端农业项目,与网易味央、泰国正大等达成合作协议。创建省渔业转型发展先行区,完成养殖塘标准化改造307.13公顷,远洋渔业稳步发展。实施"整洁田园、美丽农业"行动,整治农业设施用房745处,定塘获评省休闲农业与乡村旅游示范乡镇,东门渔村被农业部评为中国最美渔村。强化农业科技支撑,成功创建全国平安农机示范县。加强农产品质量监管和品牌建设,获评国家级出口水产品质量安全示范区,"象山柑橘"成为国家地理标志证明商标。做大商贸流通业,实现商品销售总额527亿元、增长18%。突出节庆拉动,举办第十五届海鲜美食节等活动,完成住宿餐饮业营业额63.6亿元、增长17.1%。提升市场环境,改造汪家河等5个市场,创建省放心农贸市场4家。强化电商创业园管理,实现网络零售总额15.2亿元、增长32.8%。增强金融服务能力,引进金融机构3家,存贷款余额分别增加13.6亿元、53.6亿元。对接宁波国家保险创新综合试验区建设,创新推出全市首单全域旅游综合保险,全国首创大黄鱼、紫菜养殖气象指数保险。

【改革创新逐步发力】 落实供给侧结构性改革,加大降本减负力度,减轻企业负担9.4亿元。盘活存量建设用地,试行工业用地弹性出让。统筹拆迁安置和房地产去库存,房地产市场平稳发展。狠抓"最多跑一次"改革,推行"一窗受理、集成服务",梳理公布事项980项、占总数94.7%,68个"一件事"实现最多跑一次。深化行政审批制度改革,创新工业项目50日审批制,不动产登记、文化行政审批实现全县通办。抓好投融资体制改革,五大集团组建基本完成,水产城改制重组完成增资扩股前期工作。加强农村综合改革，户籍制度、“三位一体”农合联改革稳步推进，土地承包经营权确权颁证首轮公示基本完成。实施创新“八大计划”，获批省全面创新改革联系点，研发经费支出增长12.2%，新增国家高新技术企业11家、省级企业研究院2家、市级以上工程技术中心9家。加强产学研协同创新，全省首个专家服务基地授牌成立，中国机械科学研究总院宁波工业研究院签约落户。推动科技与金融对接，组建科技创投、天使投资等基金，发放科技贷款7000多万元。重视品牌培育，新增市级以上名牌5个。加大人才引育力度，海洋科技人才创业园二期建成，引进“国千”专家3名、高层次人才项目7个。实施“技能象山”行动，评选首批半岛工匠20名。

【美丽象山提档升级】 加强规划管理，建立“多规融合”机制，完成新一轮县域总体规划修编。深化美丽县城建设，城区六大提升行动扎实推进，美丽街区建设启动实施，改造城区未利用土地20块。完善市政设施，铺设污水、供水管网49.2公里，打通南河路、丹山路、梅溪路等“断头路”，客运东站完成建设，环城西路道路工程全线动工。加快美丽集镇建设，首批6个集镇通过省级验收，成功创建省市卫生乡镇（街道）15个。扶持发展小城市和中心镇，石浦综合改革、西周小城市培育稳步开展，贤庠城镇功能完善。推进美丽乡村建设，深入实施农村“三居”行动，新增省美丽宜居示范村3个、省传统村落3个、市美丽乡村示范村5个。加快改善重大交通设施，象山港二通道前期研究启动，三门湾大桥及接线工程象山段路基贯通，高速新桥、定塘、东陈茅洋连接线加快建设，石浦高速连接线开工，林善岙、大金山隧道二期建成通车，获评省“四好农村路”示范县。完善电力设施，110千伏柴溪变完工、白沙变动建。统筹开展“四城”联创，加强城市绿化美化，新增城市绿地28.3万平方米，南大河滨水景观带建成，省级园林城市成功创建。推动城市有机更新，棚改三期5个区块签约率100%，实施面积、征收面积均居全市首位，青草巷特色街区开工建设。强化市容市貌管理，开展户外广告设施、建筑垃圾整治，实施生活垃圾分类处置，城市环境更加整洁有序。优化交通组织，建立智能化停车诱导系统，新增公共停车位505个、城乡公交191辆。方便群众出行，推出甬城通市民卡，投放公共自行车1100辆，2家共享单车运营商入驻。全力配合中央环保督察和国家海洋督察，深化环境治理，成功创建首批国家生态文明建设示范县、首批省“无违建县”，夺得省治水“大禹鼎”。严格执行“河长制”，加强截污纳管、排污口整治，完成5个“污水零直排区”创建，剿灭劣Ⅴ类水通过省市验收。改善城乡治水设施，新华路排洪渠改造项目、鹤浦污水处理工程完工，建成农民饮水安全提升工程58个。深化“三改一拆”，改造旧住宅区、旧厂区和城中村339.4万平方米，拆除违法建筑105.4万平方米。深入推进“一打三整治”，全国海洋伏季休渔专项执法行动启动仪式在象举行，“湾（滩）长制”全国推广。狠抓节能减排，淘汰高污染燃料锅炉143台，整治提升“低小散”企业91家，全社会万元生产总值能耗下降3.8%。

【社会民生改善】 加大民生投入，交通出行等六方面民生实事全面完成。鼓励创业带动就业，新增城镇就业1.1万人。推进社保扩面提质，跨省异地就医实现联网结算，本地户籍人员养老保险参保率达91.1%。提高养老服务质量，新增民办养老机构6家，医养结合、居家养老社会化服务等开展试点。加强住房保障，安排公租房、经济适用房1048套，解危城镇危旧房13万平方米、农村危旧房1129户。健全社会救助体系，慈善、残疾人、红十字事业健康发展，发放社会救助金9038万元、慈善救助金3200万元。重视优抚安置，强化退役军人帮扶，省双拥模范县创建全面推进。深化“善行象山”活动，评选表彰“最美象山人”，涌现出陈淑芳等全国道德先进典型。推进婚丧礼俗整治，村红白理事会实现全覆盖。加强文化强县建设，国家级海洋渔文化生态保护实验区建设通过文化部复评，第二十届中国开渔节、第十三届中国海洋论坛、首届群众文化艺术节成功举办。发展体育事业，承办环浙骑游等市级以上赛事17次。推进教育现代化，教育管理大数据平台启用，教师“县管校聘”、职业教育现代学徒制等改革取得实效，集成学校、电大迁建工程动建。深化医改先行先试，“双下沉两提升”扎实推进，家庭医生重点人群签约率和服务水平稳步提升，基本公共卫生服务项目取得明显成效，县中医院迁建工程开工。加强妇幼计生服务，生育政策和医疗保障有效衔接。工会、共青团、妇联及工商联、文联、科协等作用切实发挥，民族宗教、侨务、外事、对台、海关、检验检疫等工作开展，公积金、档案、方志、烟草、盐业等管理强化，统计、老龄、广电、邮政、通信等事业取得新成绩。围绕夺取“平安金鼎”目标，狠抓治安突出问题整治，挂牌督办重点涉稳隐患，圆满完成护航十九大等维稳安保任务。健全社会治理网络，县乡两级综合指挥中心实体化运作，乡镇“四个平台”组建运行，基层全科网格作用有效发挥。加强基层自治，顺利完成村社组织换届，“村民说事”制度全市推广。重视初信初访，整合政府服务热线，信访秩序规范。开展建设环境专项整治，依法打击阻挠项目建设行为，破获各类案件106起。落实遏制较大及以上事故试点任务，开展安全生产大检查大整治，强化食品药品监管，安全生产形势总体平稳。加强应急知识宣传，开展应急演练，应急处置能力得到提高。

【政府建设加强】 牢固树立“四个意识”，推动“两学一做”学习教育常态化制度化，切实提振精气神，政府铁军建设成效初显。坚持实干为先，开展“大脚板走一线、小分队破难题”抓落实专项行动，县级80个重点攻坚项目取得突破。倡导比学赶超，严格“双对双排”考核，形成实干论英雄的良好氛围。深入纠查“四风”问题，开展“打通中阻梗、提升执行力”专项行动，公共服务质量提高。自觉接受各方面监督，执行重大事项向人大报告、与政协协商制度，共办理人大建议228件、政协提案215件。坚持领导干部集中学法制度，推行政府法律顾问统一购买服务，启动行政复议体制改革，依法履职能力提升。调整政府工作规则，完善重大行政决策目录、常务会议等制度,政府决策规范。开展重大行政执法决定法制审核,深化政务"五公开",行政行为更加规范、透明。对标从严治党要求,扎实推进从严治政,坚决把纪律和规矩挺在前面。支持监督执纪问责和监察体制改革,加强审计监督,党政纪处分146人,坚决维护风清气正的干事环境。健全国资、国企监管制度,规范融资担保行为,强化工程建设、政府采购等领域监督约束,廉政风险防控体系完善。严格预算与支出管理,实施乡镇国库集中支付,继续压缩一般性行政开支,财政资金管理绩效得到提高。深化基层廉洁工程,获评全国农村集体"三资"管理示范县。

县政府重要会议和重要政策

【县政府第一次常务会议纪要】 2017年3月3日上午,黄焕利县长主持召开县政府第一次常务会议,陈兴立、蔡特、干维岳、华弼天、周坚栋、石坚定、宣业靖等参加会议,县人大常委会副主任黄敏求、县政协副主席莫俶茜应邀出席会议。

【县政府第二次常务会议纪要】 2017年4月7日上午,黄焕利县长主持召开县政府第二次常务会议,陈兴立、华弼天、周坚栋、石坚定、宣业靖等参加会议,县政协副主席欧亚群应邀出席会议。

【县政府第三次常务会议纪要】 2017年5月22日下午,黄焕利县长主持召开县政府第三次常务会议,陈兴立、蔡特、干维岳、周坚栋、石坚定、宣业靖、钮晶莹等参加会议,县人大常委会副主任柳建根、县政协副主席周平飞应邀出席会议。

【县政府第四次常务会议纪要】 2017年6月23日下午,黄焕利县长主持召开县政府第四次常务会议,陈兴立、干维岳、华弼天、周坚栋、石坚定、钮晶莹等参加会议,县人大常委会副主任应伟刚、县政协副主席叶富兴应邀出席会议。

【县政府第五次常务会议纪要】 2017年7月25日上午,黄焕利县长主持召开县政府第五次常务会议,陈兴立、蔡特、干维岳、华弼天、周坚栋、钮晶莹等参加会议,县人大常委会副主任伊珍林、县政协副主席莫俶茜、县人武部部长钱旭勇应邀出席会议。

【县政府第六次常务会议纪要】 2017年8月31日下午,黄焕利县长主持召开县政府第六次常务会议,陈兴立、干维岳、华弼天、卢飞、周坚栋、石坚定、宣业靖、钮晶莹等参加会议,县人大常委会副主任陈柳松、县政协副主席励茂平应邀出席会议。

【县政府第七次常务会议纪要】 2017年9月28日下午,黄焕利县长主持召开县政府第七次常务会议,蔡特、干维岳、华弼天、卢飞、周坚栋、宣业靖、钮晶莹等参加会议,县人大常委会副主任黄敏求、县政协副主席莫俶茜应邀出席会议。

【县政府第八次常务会议纪要】 2017年10月16日上午,黄焕利县长主持召开县政府第七次常务会议,陈兴立、蔡特、干维岳、周坚栋、宣业靖、钮晶莹等参加会议,县人大常委会副主任胡建萍、县政协副主席欧亚群应邀出席会议。

【县政府第九次常务会议纪要】 2017年11月7日上午,黄焕利县长主持召开县政府第九次常务会议,干维岳、华弼天、周坚栋、宣业靖、钮晶莹等参加会议,县政协副主席励茂平、县人武部部长钱旭勇应邀出席会议。

【县政府第十次常务会议纪要】 2017年11月27日下午,黄焕利县长主持召开县政府第十次常务会议,陈兴立、蔡特、干维岳、华弼天、周坚栋、石坚定、宣业靖、钮晶莹等参加会议,县人大常委会副主任柳建根、县政协副主席励茂平、县人武部部长钱旭勇应邀出席会议。

【县政府第十一次常务会议纪要】 2017年12月21日下午,黄焕利县长主持召开县政府第十一次常务会议,陈兴立、蔡特、干维岳、华弼天、周坚栋、石坚定、宣业靖、钮晶莹等参加会议,县人大常委会副主任胡建萍、县政协副主席周平飞应邀出席会议。

办公室工作

【概况】 县政府办公室是协助县政府领导处理日常工作的综合性办事机构,参与政务、事务管理,发挥参谋和助手作用,为领导服务,为机关服务,为基层服务。内设秘书科、综合科、调研科、经济发展科、信息联络科、社会事业科、政府督查室、突发公共事件应急管理办公室、接待科、外事办公室,县法制办与县府办合署办公,口岸海防打私办为挂靠单位,电子政务办公室为下属事业单位。

【以文辅政】 着力做好调研工作,围绕"十三五"发展等重点、热点问题,分线开展象山融入国家战略对策、新型城镇化思路、工业强县建设等调研,为领导决策提供参考。撰写各类文稿,共完成政府工作报告、领导讲话等综合材料150多篇。着力做好信息工作,及时提供第一手资料,让领导更好掌握实情。继续实行全办写信息制度,加强信息员队伍建设,突出经验宣传和社情民意收集,2017年全年共编发政务信息172期,被市级以上录用信息379篇,其中获国务院及省政府领导批示10条、市领导批示15条。着力做好办文工作,严格规范文件办理程序,完善发文审批制度,努力控制发文数量,全年印发各类文件716件,接收、分办并处理上下级来文共8688件,其中县级各部门3725件,上级4963件各部门件。同时,建立公文报送电子公文接收通报制度,对各部门、乡镇文件办理情况进行季度通报,切实提高文件办理质量效率。

【会务办理】 落实精简会议相关规定,建立会议审批制度,严格会前审查,尽量少开会、开短会,切实提高会议效率。圆满完成第二十届中国(象山)开渔节、第三次特色小镇"镇长"论坛等重要会议的筹办工作。按照公务接待管理办法要求,节俭热情做好公务接待,完成了中国开渔节等重大接待工作,全年共计接待来宾471批,其中省市领导161批,全国各地党政考察团41批,港、澳、台客人和外宾5批。

【依法行政】 按照建设法治政府要求，围绕解决经济社会发展、城市建设管理以及民生保障中的实际问题，加强制度建设，规范性文件28件，其中以县政府（办公室）名义发布16件，以各镇乡（街道）、部门名义发布12件。组织开展了行政规范性文件清理工作，对县政府（办公室）2017年9月30日前印发的规范性文件355件，保留343件，废止12件，修订8件。开展行政执法主体资格确认公告工作，确认法定行政执法机关46个，授权行政执法机关23个，受委托行政执法机关21个，并向社会公告。开展法治政府建设考核评价，促进政府工作的规范化和法治化。加强行政机关合同管理，协助政府处理好重点事项相关涉法事务，参与重大合同合法性备案审查65件，当年未发生重大合同履约纠纷。推进行政复议制度改革，起草完成《象山县行政复议体制改革方案》。县政府新收行政复议申请51件，其中受理41件，去年结转7件。在审理结案的41件案件中，做出维持原具体行政行为19件，以撤销、变更、责令履行等方式直接纠错的12件，经复议协调行政争议得到化解后申请人自愿撤回行政复议申请的7件，驳回行政复议申请3件。

【金融服务】 全面推进宁波国家保险创新综合试验区建设，按全年累计800万元限额为象山辖内所有游客提供旅游风险保障。新签订《象山旅游"政银保"合作协议》，为新兴旅游业态贷款对象提供企业单笔最高300万元、个人单笔最高100万元贷款，科银保新增14家，新增贷款2700万元。推进建设工程综合保险5大单项险种全面落地，为全县建筑企业提供担保金额0.98亿元。完善民生保障体系，先后签出全国首单大黄鱼气象指数保险和紫菜养殖风力指数保险，承保面积分别达21.65万立方米和66.67公顷，推进梭子蟹、柑橘保险试点扩面工作，承保面积较去年增加145%和298%。采用"保险+服务"模式开展电梯安全综合保险，首批517台电梯纳入电梯安全综合保险试点。新增上市企业2家，新三板挂牌企业2家，甬股交挂牌企业24家，首发募集资金8亿元人民币。做好合力科技、乐惠国际、锦浪等企业上市前服务，建立企业股改上市后备资源库，组织开展上市、新三板和甬股交培训。开展互联网金融风险专项整治，对辖内236家类金融机构进行实地走访排摸，对辖内108家类金融机构建立"一企一档"资料库。开通"象山金融"微信公众号，发布39期80余篇信息，宣传解读金融相关政策和县金融创新工作亮点。制定《关于加快化解重点不良贷款防范金融风险的意见》和《建立重点不良贷款风险化解联席会议制度》，全年通过核销、上拨等方式处置不良贷款2.28亿元。推进普惠金融建设，鼓励银行机构推广"政府+村"集体授信模式，合计发放涉农贷款160.96亿元。

【外事口岸工作】 坚持以"服务型外事"为导向，贯彻因公出国（境）管理规定，办理因公出国（境）团组45批、86人次。其中因公出国团组38批70人次，因公赴港澳团组7批、16人次。2017全年共接待美国、墨西哥、印度尼西亚20余人到访，组织县委、县政府、县人大、县政协部分领导出访加拿大、美国、英国等国。加强与日本爱媛县宇和岛市的友城合作交流，2017全年互访2批次、200人次，加强友城拓展，与英国蒙茅斯郡就建立友好交流关系签订备忘录。加强口岸管理，向上争取，石浦港口岸继续对外临时开放。始终保持打击走私高压态势，创新沿海防控模式，开展综合治理专项行动，全力维护海域稳定。

表14

2017年县政府重要文件目录表

序号	发文时间	文　号	文　件　名
1	3月7日	象政发〔2017〕27号	象山县人民政府关于同意征收土地补偿安置方案的批复
2	3月7日	象政发〔2017〕28号	象山县人民政府关于征收土地方案的批复
3	3月9日	象政发〔2017〕29号	象山县人民政府关于同意县2017年土地储备计划的批复
4	3月10日	象政发〔2017〕30号	象山县人民政府关于下达县2017年国民经济和社会发展计划指标的通知
5	3月20日	象政发〔2017〕31号	象山县人民政府关于印发县旅游产业扶持政策实施细则的通知
6	3月21日	象政发〔2017〕32号	象山县人民政府关于县政府领导班子成员工作分工的通知
7	3月23日	象政发〔2017〕33号	象山县人民政府关于同意县墙头镇环境综合整治（美丽集镇建设）规划及三年行动计划的批复
8	3月23日	象政发〔2017〕34号	象山县人民政府关于同意县定塘镇环境综合整治（美丽集镇建设）规划及三年行动计划的批复
9	3月23日	象政发〔2017〕35号	象山县人民政府关于同意县茅洋乡环境综合整治（美丽集镇建设）规划及三年行动计划的批复
10	3月23日	象政发〔2017〕36号	象山县人民政府关于同意县泗洲头镇环境综合整治（美丽集镇建设）规划及三年行动计划的批复

续表14

序号	发文时间	文号	文件名
11	3月23日	象政发〔2017〕37号	象山县人民政府关于同意县大徐镇环境综合整治(美丽集镇建设)规划及三年行动计划的批复
12	3月23日	象政发〔2017〕38号	象山县人民政府关于同意县黄避岙乡环境综合整治(美丽集镇建设)规划及三年行动计划的批复
13	3月23日	象政发〔2017〕39号	象山县人民政府关于同意黄避岙乡宁波象山港水泥有限公司地块和鸭屿村竹艺馆地块控制性详细规划的批复
14	3月27日	象政发〔2017〕40号	象山县人民政府关于2017年县海洋禁渔休渔的通告
15	3月24日	象政发〔2017〕41号	象山县人民政府关于同意公开挂牌出让石浦镇昌国盐场工业待出让地块G—1等二宗国有建设用地使用权(工业)的批复
16	3月27日	象政发〔2017〕42号	象山县人民政府关于开展建设环境专项整治的通告
17	3月27日	象政发〔2017〕43号	象山县人民政府关于印发象山县人民政府森林禁火令的通知
18	3月28日	象政发〔2017〕44号	象山县人民政府关于同意丹阳路与巨鹰路交叉口西南角地块国有建设用地使用权出让方案的批复
19	3月31日	象政发〔2017〕45号	象山县人民政府关于同意黄避岙乡高泥村礁门地块控制性详细规划的批复
20	4月7日	象政发〔2017〕46号	象山县人民政府关于印发县政府投资应急工程管理办法的通知
21	4月7日	象政发〔2017〕48号	象山县人民政府关于同意茅洋乡乌石岭村南侧(茅洋加油站)地块控制性详细规划的批复
22	4月10日	象政发〔2017〕49号	象山县人民政府关于征收土地方案的公告
23	4月10日	象政发〔2017〕50号	象山县人民政府关于同意县2017年度国有建设用地供应计划的批复
24	4月10日	象政发〔2017〕51号	象山县人民政府关于同意调整丹阳路与新华路交叉口西北角地块国有建设用地使用权出让竞买保证金的批复
25	4月10日	象政发〔2017〕52号	象山县人民政府关于同意县南部片区美丽集镇工程项目、县北部片区美丽集镇工程项目采用政府购买服务模式的批复
26	4月10日	象政发〔2017〕53号	象山县人民政府关于同意县政府民生工程项目采用政府购买服务模式的批复
27	4月14日	象政发〔2017〕54号	象山县人民政府关于同意县安监局2017年度安全监管执法工作计划的批复
28	4月14日	象政发〔2017〕55号	象山县人民政府关于印发县旅游集团有限公司重组方案的通知
29	4月17日	象政发〔2017〕56号	象山县人民政府关于同意征收土地补偿安置方案的批复
30	4月17日	象政发〔2017〕57号	象山县人民政府关于同意征收土地补偿安置方案的批复
31	4月25日	象政发〔2017〕58号	象山县人民政府关于印发加快推进“最多跑一次”改革实施方案的通知
32	4月25日	象政发〔2017〕59号	象山县人民政府关于同意命名亲和源的批复
33	4月24日	象政发〔2017〕60号	象山县人民政府关于同意收购县石浦水产品工业园区开发有限公司国有建设用地使用权的批复
34	4月26日	象政发〔2017〕61号	象山县人民政府关于印发县“十三五”健康产业发展规划的通知
35	5月3日	象政发〔2017〕62号	象山县人民政府关于印发县社会信用体系建设“十三五”规划的通知
36	4月25日	象政发〔2017〕63号	象山县人民政府关于同意对宁波正业宏源投资有限公司政策扶持的批复
37	4月28日	象政发〔2017〕64号	象山县人民政府关于印发县防汛防台应急预案的通知

续表14

序号	发文时间	文　号	文　件　名
38	4月27日	象政发〔2017〕65号	象山县人民政府关于同意公开挂牌出让黄避岙乡谢家工业待出让地块-1等二宗国有建设用地使用权(工业)的批复
39	5月5日	象政发〔2017〕66号	象山县人民政府关于推行新型居住证制度的通知
40	5月10日	象政发〔2017〕67号	象山县人民政府关于下达2017学年度小学、初中、普通高中、职业高中(中专、技校)招生计划的通知
41	5月10日	象政发〔2017〕68号	象山县人民政府关于同意收购宁波太平洋远洋渔业有限公司国有建设用地使用权的批复
42	5月11日	象政发〔2017〕69号	象山县人民政府关于征收土地方案的公告
43	5月16日	象政发〔2017〕70号	象山县人民政府关于石浦老城区谢家弄区块改造项目房屋征收决定的公告
44	5月16日	象政发〔2017〕71号	象山县人民政府关于石浦老城区倪家弄区块改造项目房屋征收决定的公告
45	5月16日	象政发〔2017〕72号	象山县人民政府关于同意启动县大目湾新城核心区块控制性详细规划局部调整的批复
46	5月16日	象政发〔2017〕73号	象山县人民政府关于石浦老城区幸福路以南区块改造项目房屋征收决定的公告
47	5月16日	象政发〔2017〕74号	象山县人民政府关于同意县贤庠镇环境综合整治(美丽集镇建设)规划及三年行动计划的批复
48	5月16日	象政发〔2017〕75号	象山县人民政府关于同意县高塘岛乡环境综合整治(美丽集镇建设)规划及三年行动计划的批复
49	5月16日	象政发〔2017〕76号	象山县人民政府关于同意县晓塘乡环境综合整治(美丽集镇建设)规划及三年行动计划的批复
50	5月16日	象政发〔2017〕77号	象山县人民政府关于同意县西周镇环境综合整治(美丽集镇建设)规划及三年行动计划的批复
51	5月16日	象政发〔2017〕78号	象山县人民政府关于同意县新桥镇环境综合整治(美丽集镇建设)规划及三年行动计划的批复
52	5月16日	象政发〔2017〕79号	象山县人民政府关于同意县鹤浦镇环境综合整治(美丽集镇建设)规划及三年行动计划的批复
53	5月16日	象政发〔2017〕80号	象山县人民政府关于同意县东陈乡环境综合整治(美丽集镇建设)规划及三年行动计划的批复
54	5月16日	象政发〔2017〕81号	象山县人民政府关于同意县涂茨镇环境综合整治(美丽集镇建设)规划及三年行动计划的批复
55	5月16日	象政发〔2017〕82号	象山县人民政府关于同意县爵溪街道环境综合整治(美丽集镇建设)规划及三年行动计划的批复
56	5月19日	象政发〔2017〕83号	象山县人民政府关于同意命名普明路的批复
57	7月4日	象政发〔2017〕84号	象山县人民政府关于同意更正象国用〔2003〕字第14-0007号国有土地使用证的批复(以此件为准)
58	5月22日	象政发〔2017〕85号	象山县人民政府关于表彰第四届“象山慈善奖”获奖者的通报
59	6月16日	象政发〔2017〕86号	象山县人民政府关于象山鑫海广场(原龙泰地块)项目房屋征收决定的公告

续表14

序号	发文时间	文号	文件名
60	5月22日	象政发〔2017〕87号	象山县人民政府关于县图书馆迁建项目房屋征收决定的公告
61	5月22日	象政发〔2017〕88号	象山县人民政府关于同意县石浦镇环境综合整治(美丽集镇建设)规划及三年行动计划的批复
62	5月26日	象政发〔2017〕89号	象山县人民政府宁波海达针织印染有限公司“1·17”一般中毒和窒息事故调查报告的批复
63	5月26日	象政发〔2017〕90号	象山县人民政府浙江神洲船业有限公司“2·21”一般起重伤害事故调查报告的批复
64	5月31日	象政发〔2017〕91号	象山县人民政府关于同意象山河路与新丰路交叉口东北角地块等二幅地块国有建设用地使用权出让方案的批复
65	6月1日	象政发〔2017〕92号	象山县人民政府关于同意征收土地补偿安置方案的批复
66	6月1日	象政发〔2017〕93号	象山县人民政府关于同意县棚户区(危旧房)丹西街道办事处等9个区块非住宅房屋改造工程项目采用政府购买服务模式的批复
67	6月1日	象政发〔2017〕94号	象山县人民政府关于同意县国有资产经营投资有限公司作为贷款担保方的批复
68	6月1日	象政发〔2017〕95号	象山县人民政府关于同意县西周镇下沈片区(XZ05)控制性详细规划的批复
69	6月1日	象政发〔2017〕96号	象山县人民政府关于泗洲头镇邮政所地块房屋征收决定的公告
70	6月1日	象政发〔2017〕97号	象山县人民政府关于墙头镇邮政所地块房屋征收决定的公告
71	6月8日	象政发〔2017〕98号	象山县人民政府关于同意青草巷棚户区改造地块国有建设用地使用权出让方案的批复
72	6月9日	象政发〔2017〕99号	象山县人民政府关于公布陆生野生动物禁猎区、禁猎期和禁猎工具、方法的通告
73	6月9日	象政发〔2017〕100号	象山县人民政府关于同意公开挂牌出让黄避岙乡高池坑工业待出让地块3-5等四宗国有建设用地使用权(工业)的批复
74	6月13日	象政发〔2017〕101号	象山县人民政府关于征收土地方案的公告
75	6月27日	象政发〔2017〕102号	象山县人民政府关于同意县中心城区防洪排涝东大河(丹山路至横大河)改造工程PPP项目实施方案的批复
76	6月16日	象政发〔2017〕103号	象山县人民政府关于同意命名“华城悦园”的批复
77	6月16日	象政发〔2017〕104号	象山县人民政府关于同意划定军民塘水库等12个水利工程管理范围和保护范围的批复
78	6月16日	象政发〔2017〕105号	象山县人民政府关于同意划定田洋里水库等18个水利工程管理范围和保护范围的批复
79	6月19日	象政发〔2017〕106号	象山县人民政府关于同意《象山县大目湾新城核心区块控制性详细规划局部调整报告》的批复
80	6月19日	象政发〔2017〕107号	象山县人民政府关于同意县定塘镇区长塘河以南地段(DT01)控制性详细规划局部调整的批复
81	6月19日	象政发〔2017〕108号	象山县人民政府关于同意县大徐镇总体规划(2013—2025)的批复

续表14

序号	发文时间	文　号	文　件　名
82	6月27日	象政发〔2017〕109号	象山县人民政府关于同意启动县南部新城(ZX10、ZX11地段)控制性详细规划修编的批复
83	6月27日	象政发〔2017〕110号	象山县人民政府关于同意启动县中心城区横塘欧地段(ZX-07)控制性详细规划修编的批复
84	6月27日	象政发〔2017〕111号	象山县人民政府关于印发《象山象山县人民政府工作规则》的通知
85	6月28日	象政发〔2017〕112号	象山县人民政府关于构建户外广告长效管理机制的意见(试行)
86	6月29日	象政发〔2017〕113号	象山县人民政府关于县西澄河路以东区块改造项目房屋征收决定的公告
87	7月4日	象政发〔2017〕114号	象山县人民政府关于同意更正马家玉名下象集用(1991)第011669号土地使用证的批复
88	7月5日	象政发〔2017〕115号	象山县人民政府关于渔业船舶紧急避风的决定(以此件为准)
89	7月5日	象政发〔2017〕116号	象山县人民政府关于同意仁义涂区块内部分道路更名的批复
90	7月5日	象政发〔2017〕117号	象山县人民政府关于同意收购宁波百谷化工有限公司等二宗国有建设用地使用权的批复
91	7月5日	象政发〔2017〕118号	象山县人民政府关于同意征收土地补偿安置方案的批复
92	7月5日	象政发〔2017〕119号	象山县人民政府关于同意公开挂牌出让象山东陈区块工业待出让19-01-15-1-1地块国有建设用地使用权(工业)的批复
93	7月7日	象政发〔2017〕120号	象山县人民政府关于同意征收土地补偿安置方案的批复
94	7月7日	象政发〔2017〕121号	象山县人民政府关于同意命名兴业小区的批复
95	8月7日	象政发〔2017〕123号	象山县人民政府关于印发县妇女发展规划(2016—2020年)和县儿童发展规划(2016—2020年)的通知
96	7月17日	象政发〔2017〕124号	象山县人民政府关于同意启动宁波象山城西货运停车场地块控制性详细规划修编的批复
97	7月19日	象政发〔2017〕125号	象山县人民政府关于同意新桥镇东溪村工业待出让地块(3)控制性详细规划的批复
98	7月19日	象政发〔2017〕126号	象山县人民政府关于同意启动茅洋乡下岗厂村以西、白岩下村以东、原盛宁线以南地块控制性详细规划修编及茅洋乡集镇(MY-01、02)控制性详细规划局部地块(MY-01-17)调整的批复
99	7月23日	象政发〔2017〕127号	象山县人民政府关于印发县2017年有序用电方案的通知
100	7月21日	象政发〔2017〕128号	象山县人民政府关于同意公开挂牌出让县石浦镇原宁波林川进出口有限公司地块1等二宗国有建设用地使用权(工业)的批复
101	7月21日	象政发〔2017〕129号	象山县人民政府关于同意象山港路与海山路交叉口西南角地块一等四幅地块国有建设用地使用权出让方案的批复
102	7月21日	象政发〔2017〕130号	象山县人民政府关于同意公开挂牌出让丹西街道九顷工业待出让地块国有建设用地使用权(工业)的批复
103	7月21日	象政发〔2017〕131号	象山县人民政府关于同意划定道人山海塘等21个水利工程管理范围和保护范围的批复
104	7月25日	象政发〔2017〕132号	象山县人民政府关于同意2017年县土地储备计划年中调整方案的批复

续表14

序号	发文时间	文号	文件名
105	7月28日	象政发〔2017〕133号	象山县人民政府关于同意给予张敏军开除公职处分的批复
106	7月28日	象政发〔2017〕134号	象山县人民政府关于同意《象山县晓塘乡规划(2012—2030)局部调整方案》的批复
107	7月28日	象政发〔2017〕135号	象山县人民政府关于同意启动象山大港口—大中庄临港产业园控制性详细规划修编的批复
108	7月28日	象政发〔2017〕136号	象山县人民政府关于同意启动象山产业区C区(白岩山片)控制性详细规划局部调整的批复
109	7月28日	象政发〔2017〕137号	象山县人民政府关于同意启动象山临港装备工业园(老虎口、西泽塘及乌屿山片区)控制性详细规划局部调整的批复
110	7月31日	象政发〔2017〕141号	象山县人民政府关于印发县推行重大行政执法决定法制审核制度工作实施方案的通知
111	7月31日	象政发〔2017〕142号	象山县人民政府关于同意县定塘镇区长塘河以南地段(DT01)控制性详细规划局部调整报告的批复
112	7月31日	象政发〔2017〕143号	象山县人民政府关于同意定塘镇零星用地控制性详细规划的批复
113	8月1日	象政发〔2017〕144号	象山县人民政府关于同意县棚户区(危旧房)改造四期工程项目采用政府购买服务模式的批复
114	8月2日	象政发〔2017〕145号	象山县人民政府关于同意大目湾新城ZX23—22地块国有建设用地使用权出让方案的批复
115	8月2日	象政发〔2017〕146号	象山县人民政府关于宁波—舟山港石浦港区主航道一期工程炸礁区水域施工期间实施封航的公告
116	8月3日	象政发〔2017〕147号	象山县人民政府关于同意收购象山安琪利针织有限公司等二宗国有建设用地使用权的批复
117	8月3日	象政发〔2017〕148号	象山县人民政府关于同意象山贤庠镇珠山岙村等22个土地整治项目立项的批复
118	8月4日	象政发〔2017〕149号	象山县人民政府关于同意石浦镇坦塘村庙湾等16个垦造耕地项目验收意见的批复
119	8月4日	象政发〔2017〕150号	象山县人民政府关于同意命名云海居的批复
120	8月4日	象政发〔2017〕151号	象山县人民政府关于同意县大徐镇中心区块(DX-01)控制性详细规划的批复
121	8月11日	象政发〔2017〕152号	象山县人民政府关于同意县丹城分区配电网提升规划局部调整方案的批复
122	8月11日	象政发〔2017〕153号	象山县人民政府关于同意县茅洋乡集镇(MY—01、02)控制性详细规划局部调整报告的批复
123	8月11日	象政发〔2017〕154号	象山县人民政府关于同意茅洋乡下缸厂村以西、白岩下村以东、原盛宁线以南地块控制性详细规划(修编)的批复
124	8月14日	象政发〔2017〕155号	象山县人民政府关于同意命名琴声园的批复
125	8月15日	象政发〔2017〕156号	象山县人民政府关于宁波大江船业有限公司“6·10”一般中毒和窒息事故调查报告的批复
126	8月18日	象政发〔2017〕157号	象山县人民政府关于象山华丰·丰泽园二期工程“5·13”高处坠落事故调查报告的批复

续表14

序号	发文时间	文　号	文　　件　　名
127	8月15日	象政发〔2017〕158号	象山县人民政府关于同意收购宁波开源房地产开发有限公司国有建设用地使用权的批复
128	8月18日	象政发〔2017〕159号	象山县人民政府关于同意县丹城片区棚户区(危旧房)改造项目、县石浦片区棚户区(危旧房)改造项目采用政府购买服务模式的批复
129	9月30日	象政发〔2017〕160号	象山县人民政府关于同意命名"悦景湾"的批复
130	10月9日	象政发〔2017〕161号	象山县人民政府关于同意实施县海洋生态建设示范区创建方案的批复
131	9月30日	象政发〔2017〕162号	象山县人民政府关于同意公开挂牌出让城东工业园工业待出让C-1-09-1等三宗土地国有建设用地使用权(工业)的批复
132	10月11日	象政发〔2017〕163号	象山县人民政府关于同意县泗洲头镇路西跳村东侧地块控制性详细规划的批复
133	10月12日	象政发〔2017〕164号	象山县人民政府关于同意划定西周港堤防等19个水利工程管理范围和保护范围的批复
134	8月23日	象政发〔2017〕165号	象山县人民政府关于同意丹西街道西南庵等11个土地整治项目验收意见的批复
135	8月24日	象政发〔2017〕166号	象山县人民政府关于同意县大塘港海塘等9个水利工程管理范围和保护范围的批复
136	8月24日	象政发〔2017〕167号	象山县人民政府关于同意公开挂牌出让墙头镇塔岭村工业待出让地块(二)国有建设用地使用权(工业)的批复
137	8月24日	象政发〔2017〕168号	象山县人民政府关于同意公开挂牌出让县黄避岙乡大林村工业待出让地块二—07国有建设用地使用权(工业)的批复
138	8月24日	象政发〔2017〕169号	象山县人民政府关于同意命名"海山佳苑"的批复
139	8月24日	象政发〔2017〕170号	象山县人民政府关于同意收回宁波大翔油田装备制造有限公司国有建设用地使用权的批复
140	8月29日	象政发〔2017〕171号	象山县人民政府关于同意县定塘镇灵雅舍村楼下舍等8个"旱地改水田"耕地质量提升项目立项的批复
141	8月29日	象政发〔2017〕172号	象山县人民政府关于同意宁波象山城西货运停车场地块控制性详细规划(修编)的批复
142	8月29日	象政发〔2017〕173号	象山县人民政府关于同意县高塘岛乡规划(2016—2030年)的批复
143	8月30日	象政发〔2017〕174号	象山县人民政府关于同意县城市五线规划的批复
144	8月30日	象政发〔2017〕175号	象山县人民政府关于同意县鹤浦镇总体规划(2016—2030年)的批复
145	8月30日	象政发〔2017〕176号	象山县人民政府关于同意县大目湾新城不老岛区域部分地块控制性详细规划的批复
146	8月30日	象政发〔2017〕177号	象山县人民政府关于同意大目湾新城天安路与大同路交叉口西南角地块等八幅地块国有建设用地使用权出让方案的批复
147	8月30日	象政发〔2017〕178号	象山县人民政府关于同意公开挂牌出让县大目涂工业待出让D—8地块国有建设用地使用权(工业)的批复
148	9月1日	象政发〔2017〕179号	象山县人民政府关于印发县农村集体经营性建设用地供应暂行规定的通知

续表14

序号	发文时间	文　号	文　件　名
149	9月6日	象政发〔2017〕180号	象山县人民政府关于同意石浦镇控制性详细规划的批复
150	9月11日	象政发〔2017〕181号	象山县人民政府关于印发县政府常务会议工作规范的通知
151	9月11日	象政发〔2017〕182号	象山县人民政府关于对无人机等“低慢小”航空器实行临时管控的通告
152	9月12日	象政发〔2017〕183号	象山县人民政府关于同意命名“青山佳苑”的批复
153	9月18日	象政发〔2017〕184号	象山县人民政府关于同意启动县城东北地段(ZX-04)控制性详细规划局部调整的批复
154	9月18日	象政发〔2017〕185号	象山县人民政府关于同意东陈乡旦门盐场片区局部地块控制性详细规划的批复
155	9月18日	象政发〔2017〕186号	象山县人民政府关于同意启动县爵溪街道东南沿海(牛昌咀—箩箕湾)地块、爵溪街道东南沿海(下沙-白沙湾)地块、白沙湾地块控制性详细规划修编的批复
156	9月18日	象政发〔2017〕187号	象山县人民政府关于同意收回象山茅洋城镇建设有限公司国有建设用地使用权的批复
157	9月18日	象政发〔2017〕188号	象山县人民政府关于同意收回宁波甬侨气动液压有限公司国有建设用地使用权的批复
158	9月20日	象政发〔2017〕189号	象山县人民政府关于同意收回象山贤庠模具开发有限公司二宗国有建设用地使用权的批复
159	9月21日	象政发〔2017〕190号	象山县人民政府关于同意大目湾新城ZX23-01-18地块等六幅地块国有建设用地使用权出让方案的批复
160	9月25日	象政发〔2017〕191号	象山县人民政府关于开展第二次全县污染源普查的通知
161	9月26日	象政发〔2017〕192号	象山县人民政府关于要求公布县2017年度第二批重大火灾隐患整改单位的通知
162	9月26日	象政发〔2017〕193号	象山县人民政府关于同意命名“宏地首府”的批复
163	9月30日	象政发〔2017〕194号	象山县人民政府关于同意县城东北地段(ZX-04)控制性详细规划ZX04-03-03至10、23至30地块调整报告的批复
164	9月30日	象政发〔2017〕195号	象山县人民政府关于同意县西谷湖地段(ZX02)控制性详细规划ZX-02-02局部地块调整报告的批复
165	9月30日	象政发〔2017〕196号	象山县人民政府关于同意水库放水预警方案的批复
166	9月29日	象政发〔2017〕197号	象山县人民政府关于同意县大徐镇2017年度等4个耕地质量提升项目立项的批复
167	9月29日	象政发〔2017〕198号	象山县人民政府关于同意新桥影视城一期地块一至六国有建设用地使用权出让方案的批复
168	9月29日	象政发〔2017〕199号	象山县人民政府关于同意命名“玖墅府”的批复
169	10月9日	象政发〔2017〕200号	象山县人民政府关于同意县城市绿地系统规划的批复
170	9月30日	象政发〔2017〕201号	象山县人民政府关于同意县鹤浦镇天主教堂地块控制性详细规划的批复
171	9月30日	象政发〔2017〕202号	象山县人民政府关于同意县南田海岛现代物流基地(HP02)控制性详细规划(2016—2030)的批复
172	10月10日	象政发〔2017〕203号	象山县人民政府关于西谷湖罐头厂区块项目房屋征收决定的公告

续表14

序号	发文时间	文　号	文　件　名
173	10月10日	象政发〔2017〕204号	象山县人民政府关于宁波华普汽车销售服务有限公司地块项目房屋征收决定的公告
174	10月9日	象政发〔2017〕205号	象山县人民政府关于同意县中心城区海绵城市专项规划的批复
175	10月12日	象政发〔2017〕206号	象山县人民政府关于同意解除国有建设用地使用权出让合同的批复
176	10月12日	象政发〔2017〕207号	象山县人民政府关于同意解除国有建设用地使用权出让合同的批复
177	10月12日	象政发〔2017〕208号	象山县人民政府关于同意解除国有建设用地使用权出让合同的批复
178	10月12日	象政发〔2017〕209号	象山县人民政府关于同意解除国有建设用地使用权出让合同的批复
179	10月12日	象政发〔2017〕210号	象山县人民政府关于同意“嘉和路”更名为“嘉宁路”的批复
180	10月12日	象政发〔2017〕211号	象山县人民政府关于象山国源石业有限公司“8·6”一般物体打击事故调查报告的批复
181	10月13日	象政发〔2017〕213号	象山县人民政府关于同意县全域旅游发展规划(2016—2030)的批复
182	10月13日	象政发〔2017〕214号	象山县人民政府关于印发县旅游业“十三五”规划的通知
183	10月18日	象政发〔2017〕215号	象山县人民政府关于同意启动县西周镇北部新区(XZ—01)控制性详细规划局部调整的批复
184	10月18日	象政发〔2017〕216号	象山县人民政府关于同意启动县西周镇牌头西首、利山南首等八个区块控制性详细规划局部调整的批复
185	10月17日	象政发〔2017〕217号	象山县人民政府关于同意公开挂牌出让象山经济开发区城东工业园工业待出让C-2-03-2等二宗国有建设用地使用权(工业)的批复
186	10月24日	象政发〔2017〕218号	象山县人民政府关于同意县墙头镇黄溪村等48个土地整治项目立项的批复
187	10月24日	象政发〔2017〕219号	象山县人民政府关于同意“东渡路”等五条路名更名的批复
188	10月25日	象政发〔2017〕220号	象山县人民政府关于同意县石浦镇天然气专项规划(2015—2030年)的批复
189	10月30日	象政发〔2017〕221号	象山县人民政府关于同意县南部新城(ZX10地段)控制性详细规划(修编)、县南部新城(ZX11地段)控制性详细规划(修编)的批复
190	11月1日	象政发〔2017〕222号	象山县人民政府关于同意收回县民用爆破器材专营有限公司地块国有建设用地使用权的批复
191	11月6日	象政发〔2017〕223号	象山县人民政府关于同意公开挂牌出让晓塘乡美礁碶工业集聚区A2-1等二宗国有建设用地使用权(工业)的批复
192	11月14日	象政发〔2017〕224号	象山县人民政府关于同意公开挂牌出让县茅洋乡红岩坑工业地块五—3等二宗国有建设用地使用权(工业)的批复
193	11月17日	象政发〔2017〕225号	象山县人民政府关于公布第一批县历史建筑的通知
194	11月17日	象政发〔2017〕226号	象山县人民政府关于同意公开挂牌出让大徐镇原宁波甬侨气动液压有限公司地块国有建设用地使用权(工业)的批复
195	11月21日	象政发〔2017〕227号	象山县人民政府关于表彰沈智卫等两名见义勇为先进个人的决定
196	11月20日	象政发〔2017〕228号	象山县人民政府关于同意县工业示范园区(ZX15)控制性详细规划(修编)的批复
197	11月24日	象政发〔2017〕229号	象山县人民政府关于同意象山产业区C区(白岩山片)控制性详细规划(调整)局部调整报告的批复

续表14

序号	发文时间	文　号	文　　件　　名
198	11月24日	象政发〔2017〕230号	象山县人民政府关于同意象山大港口—大中庄临港产业园控制性详细规划(修编)的批复
199	11月27日	象政发〔2017〕231号	象山县人民政府关于同意公开拍卖出让象山东陈区块工业待出让19-01-15-1-2地块国有建设用地使用权(工业)的批复
200	11月30日	象政发〔2017〕232号	象山县人民政府关于同意县大徐镇等3个2017年度耕地质量提升项目验收意见的批复
201	11月30日	象政发〔2017〕233号	象山县人民政府关于征收土地方案的公告
202	11月30日	象政发〔2017〕234号	象山县人民政府关于同意收回宁波华浦石油化工有限公司国有建设用地使用权的批复
203	12月1日	象政发〔2017〕235号	象山县人民政府关于加强审计工作的若干意见
204	12月1日	象政发〔2017〕236号	象山县人民政府关于同意启动县大目湾新城核心区块控制性详细规划局部调整的批复
205	12月18日	象政发〔2017〕237号	象山县人民政府关于印发县盐业体制改革实施方案的通知
206	12月6日	象政发〔2017〕238号	象山县人民政府关于同意县海洋运动中心(亚帆中心)地块控制性详细规划的批复
207	12月11日	象政发〔2017〕239号	象山县人民政府关于县再生资源总公司“9·30”一般触电事故调查报告的批复
208	12月7日	象政发〔2017〕240号	象山县人民政府关于同意解除国有建设用地使用权出让合同的批复
209	12月11日	象政发〔2017〕241号	象山县人民政府关于同意县中心城区横塘欧地段(ZX07)控制性详细规划(修编)的批复
210	12月11日	象政发〔2017〕242号	象山县人民政府关于同意启动县西谷湖地段(ZX02)二个区块控制性详细规划局部调整的批复
211	12月8日	象政发〔2017〕243号	象山县人民政府关于同意公开拍卖出让贤庠镇岙里弄工业地块四国有建设用地使用权(工业)的批复
212	12月12日	象政发〔2017〕244号	象山县人民政府关于同意丹河路与丰饶路交叉口东北角地块三等六幅地块国有建设用地使用权出让方案的批复
213	12月8日	象政发〔2017〕245号	象山县人民政府关于同意收回宁波华翔房地产有限公司国有建设用地使用权的批复
214	12月8日	象政发〔2017〕246号	象山县人民政府关于同意县土地整治规划(2016—2020年)的批复
215	12月11日	象政发〔2017〕247号	象山县人民政府关于三门湾大桥及接线工程(宁波段)马岙门大桥临时航道转换的公告
216	12月13日	象政发〔2017〕248号	象山县人民政府关于同意命名“宁河苑”的批复
217	12月15日	象政发〔2017〕249号	象山县人民政府关于同意县定塘镇区西北部地段(DT03)控制性详细规划的批复
218	12月15日	象政发〔2017〕250号	象山县人民政府关于同意县墙头镇总体规划(2016—2030)的批复
219	12月15日	象政发〔2017〕251号	象山县人民政府关于同意县定塘镇镇区南部地段(DT02)控制性详细规划的批复

续表14

序号	发文时间	文　号	文　件　名
220	12月15日	象政发〔2017〕252号	象山县人民政府关于同意宁波天韵食品有限公司等5家企业6台高污染燃料锅炉暂缓淘汰的批复
221	12月15日	象政发〔2017〕253号	象山县人民政府关于同意收购象山百汇电器有限公司国有建设用地使用权的批复
222	12月15日	象政发〔2017〕254号	象山县人民政府关于同意收购象山中伟模塑厂国有建设用地使用权的批复
223	12月15日	象政发〔2017〕255号	象山县人民政府关于同意收购象山康源模塑有限公司国有建设用地使用权的批复
224	12月15日	象政发〔2017〕256号	象山县人民政府关于同意收储县大目湾新城投资开发有限公司宗海使用权的批复
225	12月15日	象政发〔2017〕257号	象山县人民政府关于同意收储县大目湾新城经济开发总公司宗海使用权的批复
226	12月15日	象政发〔2017〕258号	象山县人民政府关于同意大目湾新城ZX23-01-35地块国有建设用地使用权出让方案的批复
227	12月15日	象政发〔2017〕259号	象山县人民政府关于同意划定县淡港等五条河道管理范围和保护范围的批复
228	12月18日	象政发〔2017〕260号	象山县人民政府关于同意县大徐镇北侧区块(DX02)控制性详细规划的批复
229	12月18日	象政发〔2017〕261号	象山县人民政府关于同意县新桥镇(XQO2)控制性详细规划的批复
230	12月18日	象政发〔2017〕262号	象山县人民政府关于同意县涂茨镇区控制性详细规划(修编)的批复
231	12月18日	象政发〔2017〕263号	象山县人民政府关于同意县城乡污水处理专项规划的批复
232	12月18日	象政发〔2017〕264号	象山县人民政府关于同意县晓塘乡集镇区(XT01)控制性详细规划(2016—2030年)的批复
233	12月18日	象政发〔2017〕265号	象山县人民政府关于同意县高塘岛乡集镇区控制性详细规划(2017—2030)的批复
234	12月18日	象政发〔2017〕266号	象山县人民政府关于同意县高塘岛乡纱帽绿山石斑鱼产业配套服务区地块控制性详细规划的批复
235	12月18日	象政发〔2017〕267号	象山县人民政府关于同意县鹤浦镇商贸中心区控制性详细规(2016—2030)的批复
236	12月18日日	象政发〔2017〕268号	象山县人民政府关于同意收购宁波海祥置业有限公司和宁波三立海城有限公司国有建设用地使用权的批复
237	12月19日	象政发〔2017〕269号	象山县人民政府关于同意解决县印花行业整治后续有关问题的批复
238	12月19日	象政发〔2017〕270号	象山县人民政府关于同意县墙头镇镇区(QT01)控制性详细规划(2017—2030)的批复
239	12月21日	象政发〔2017〕271号	象山县人民政府关于公布千亿级工业龙头企业等重点企业培育名单的通知
240	12月21日	象政发〔2017〕272号	象山县人民政府关于同意征收土地补偿安置方案的批复
241	12月25日	象政发〔2017〕273号	象山县人民政府关于同意县中心城区地下综合管廊专项规划的批复
242	12月22日	象政发〔2017〕274号	象山县人民政府关于同意公开拍卖出让贤庠镇等二宗国有建设用地使用权(工业)的批复
243	12月22日	象政发〔2017〕275号	象山县人民政府关于调整全县职工最低工资标准的通知

续表14

序号	发文时间	文　号	文　　件　　名
244	12月25日	象政发〔2017〕276号	象山县人民政府关于同意县西周镇抗美塘地段(XZ07)控制性详细规划的批复
245	12月25日	象政发〔2017〕277号	象山县人民政府关于同意县高塘岛乡江北村、江南村片区修建性详细规划的批复
246	12月25日	象政发〔2017〕278号	象山县人民政府关于同意县鹤浦镇中心区控制性详细规划(2016—2030)的批复
247	12月25日	象政发〔2017〕279号	象山县人民政府关于同意县西周镇东部新区(XZ06)控制性详细规划的批复
248	12月27日	象政发〔2017〕280号	象山县人民政府关于县政协十届第七次主席会议推进县医疗卫生“双下沉、两提升”工作建议案的答复
249	12月27日	象政发〔2017〕281号	象山县人民政府关于同意贤庠镇贤庠村等19个土地整治项目验收意见的批复
250	12月29日	象政发〔2017〕282号	象山县人民政府关于同意公布县2017年新一轮基准地价的批复
251	12月29日	象政发〔2017〕283号	象山县人民政府关于县政协十届五次主席会议促进建筑业健康发展建议案的答复
252	12月29日	象政发〔2017〕284号	象山县人民政府关于县东澄河路以西区块改造项目房屋征收决定的公告
253	12月29日	象政发〔2017〕285号	象山县人民政府关于同意命名“南方新都”的批复
245	12月25日	象政发〔2017〕277号	象山县人民政府关于同意县高塘岛乡江北村、江南村片区修建性详细规划的批复
246	12月25日	象政发〔2017〕278号	象山县人民政府关于同意县鹤浦镇中心区控制性详细规划(2016—2030)的批复
247	12月25日	象政发〔2017〕279号	象山县人民政府关于同意县西周镇东部新区(XZ06)控制性详细规划的批复
248	12月27日	象政发〔2017〕280号	象山县人民政府关于县政协十届第七次主席会议推进县医疗卫生“双下沉、两提升”工作建议案的答复
249	12月27日	象政发〔2017〕281号	象山县人民政府关于同意贤庠镇贤庠村等19个土地整治项目验收意见的批复
250	12月29日	象政发〔2017〕282号	象山县人民政府关于同意公布县2017年新一轮基准地价的批复
251	12月29日	象政发〔2017〕283号	象山县人民政府关于县政协十届五次主席会议促进建筑业健康发展建议案的答复
252	12月29日	象政发〔2017〕284号	象山县人民政府关于县东澄河路以西区块改造项目房屋征收决定的公告
253	12月29日	象政发〔2017〕285号	象山县人民政府关于同意命名“南方新都”的批复

法 治 建 设

【概况】 县政府法制办公室是主管全县综合性法制工作的县政府工作部门，与县政府办公室合署办公。办公室正式在编人员共5名，内设法制综合科、法制监督科、复议应诉科3个职能科室，具体负责规范性文件制定、行政执法监督协调、行政复议应诉、政府法律事务、政府法制宣传教育和研究、法制队伍建设等各项工作。2017年，在省、市法制办的关心指导下，在县委、县政府的正确领导下，围绕建设法治政府这条主线，重点推行重大行政执法决定法制审核试点工作，创新探索政府法律顾问体制和行政复议体制两大改革工作，均取得良好成效。荣获2017年度浙江省法治政府建设(依法行政)先进单位、宁波市法治政府建设考评优秀单位。

【法治政府建设基础】 3月27日，为加强对法治政府建设及依法行政工作的组织领导和统筹协调，对县建设法治政府（依法行政）工作领导小组成员进行了调整。4月6日，召开全县政府法治工作会议，对2017年法治政府建设重点工作任务进行部署，切实将政府各项工作纳入法治轨道。8月7日，县建设法治政府（依法行政）工作领导小组办公室印发《关于实施2017年度法治政府建设推进工作考核评价的通知》，完善和优化考核指标体系，落实责任，狠抓落实。10月9日，象山县人民政府办公室印发《2017年度法治政府建设重点任务分工方案》，对法治政府建设主要工作任务进行细化分解，明确牵头单位和责任单位，确保年度工作任务顺利完成。

【行政复议体制改革】 2017年度，县政府新收行政复议申请51件，其中受理41件，去年结转7件。在审理结案的41件案件中，做出维持原具体行政行为19件，以撤销、变更、责令履行等方式直接纠错的12件，经复议协调行政争议得到化解后申请人自愿撤回行政复议申请的7件，驳回行政复议申请3件。县落实行政复议体制改革。在2016年印发的《象山县相对集中行政复议权改革工作方案（试行）》基础上，2017年初起草《象山县行政复议体制改革方案》，县法制办组织考察团先后赴黄岩、义乌等地学习行政复议改革的先行经验和做法，于年底基本完成行政复议体制改革工作。

编制管理

【概述】 2017年，县机构编制委员会办公室（以下简称县编委办）全面贯彻落实中央、省市决策部署和工作要求，围绕将县加快建成"两强两美"宁波现代化滨海城区的总目标，恪尽职守，主动作为，持之以恒推进各项改革，优化机构编制资源配置，从严从实加强机关建设，努力开创机构编制工作新局面。

【推进"最多跑一次"改革】 "最多跑一次"改革是浙江省"一号"改革任务，是县编委办的中心工作。2017年，在县委县政府的正确领导下，县编委办会同县审管办贯彻落实改革总体部署和要求，制定印发了县改革实施方案等系列文件，加强工作组织，强化指导督促，改革取得阶段性成果，省市主要媒体多次报道县改革做法和经验。一是推进事项梳理，奠定"最多跑一次"良好基础。35个部门924项行政审批事项实现"最多跑一次"，占总行政审批事项数的94.2%，超额完成省政府提出的80%的要求。完成制定"最多跑一次"事项和"一窗受理"办事标准和服务指南，取消或转变管理方式410项，精简率达40%。二是推动"一窗受理"，实行集成化精准服务。县行政服务中心通过整合相关窗口，设立基本建设项目、商事登记、不动产登记、社会民生事务、公安服务五类综合服务办理区，部门之间合力得到加强，办事流程得到精简，不动产登记"一窗受理"基本实现。社保、公积金等审批分中心"一窗受理"工作同步完成，镇村两级"一窗受理"建设稳步推进。三是深化"互联网+政务服务"，推动线上线下服务联动对接。全面启用"一窗受理"平台，90%以上的事项实线申报，企业名称核准、环境影响登记表备案、气象证明等121项事项实现全程网上办理"零跑腿"。全面推行证照快递送达服务，微信预审批范围扩大，自助审批种类和渠道拓展。四是探索"一件事"审批，丰富和创新"最多跑一次"实现形式。将开办餐饮店、民宿、民办学校、民办医疗机构等涉及的相关部门审批事项，整合为68件"事情"。以"一件事情"为单位，实行"一表申请"，联合踏勘，联合验收，各部门统一办出各类证照，得到上级领导批示肯定。五是推动数据共享，以数据多"跑路"换来群众少跑腿。落实市级"全城通办"试点县任务，28个部门的378个全城通办事项均可在异地受理或办理，身份证补换证实现全国通办。完善网上身份认证机制。公众、企业在浙江政务服务网一次注册完成实名认证，基础信息全网即可共享通用。推进省投资项目在线审批监管平台2.0版建设，所有项目录入系统后，可以网上申报、线上审批、动态监管，实现数据资料、项目信息和审批结果实时共享。

【推进"基层治理四平台"建设】 县编委办会同县委政法委督促各镇乡（街道）全面建成综治工作、综合执法、市场监管和便民服务"基层治理四平台"和综合信息指挥室，落实镇乡党委、街道党工委书记负总责的领导和组织架构。加强保障机制建设，以县"两办"名义，会同县委政法委先后制订出台了推进镇乡（街道）行政体制改革、县乡两级综合指挥机构建设、县级部门职能下沉、加强县级部门派驻机构属地管理及考核办法、县社会治理综合指挥中心"四个机制"建设等系列文件。整合农村（社区）各类事务员，推进全科网格建设，强化网格员培训，提高基层治理信息系统运转效率。加强改革组织协调，组织开展三次专项督查，高度重视和落实省市专项督查迎检工作。"基层治理四平台"运行日益顺畅，在促进基层治理创新、加强社会管理方面发挥的作用日益显著。

【做好机构编制控编减编】 主动做好机构编制"控"和"供"两篇文章，缓解机构编制资源紧缺问题。系统地总结控编减编经验做法，制定加强机构编制管理规范化文件，强化对全县机构编制布局的整体把控和微观管理，促进控编减编工作深入。细致研究县副局级以上事业单位情况，做好县委县政府的参谋助手，落实市编委办有关消化要求。加强事业单位总量控制，对小弱散事业单位整合问题，开展了前期调研。完成对11家单位的机构编制管理责任审计工作。在县编委会的领导下，对各部门提交的28件机构编制请示事项进行了调查研究，并及时予以批复。研究确定年内招考事业单位人员用编数和2018年考录公务员拟用编数80名。

【"两学一做"学习教育】 开展"两学一做"学习教育常态化，组织学习和贯彻落实中共十八大、十九大精神，切实增强"四个意识"，着力提高干部综合素质。注重学用结合，以知促行、知行合一，提升机构编制工作的档次和水平。加强党风廉政建设，签订党风廉政建设责任状和承诺书。制订完善中层及一般干部"双排"工作方案、工作人员问责办法、AB岗等制度，营造规范有序、严谨务实、和谐共事的工作氛围。

【设立县智慧城管中心】 根据《象山县人民政府关于深化行政执法体制改革全面推进综合行政执法的实施方案》(象政发〔2016〕236号)有关要求,2017年1月11日,县编委发文(象编〔2017〕1号),决定设立县智慧城管中心。县智慧城管中心为县综合行政执法局下属从事公益服务的事业单位(公益一类),核定财政全额补助事业编制40名,设主任1名、副主任2名。

【县人大常委会法制工作委员会更名为法制与内务司法工作委员会】 为规范名称、明确职责、理顺关系,根据宁波市编委办《关于规范各区县(市)人大常委会法制与内务司法工作机构名称的通知》(甬编办字〔2017〕4号)有关精神,2017年5月15日,县编委发文(象编〔2017〕3号),将县人大常委会法制工作委员会更名为法制与内务司法工作委员会。

【成立县集成学校】 为适应城市化快速推进的步伐,满足丹城适龄儿童的入学需求,根据县城总体规划及县教育局《关于要求批复创办县集成学校的报告》(象教〔2017〕5号),经2017年5月31日县编委会议研究,2017年6月13日,县编委发文(象编〔2017〕4号),同意成立县集成学校,并予以办理事业单位法人登记。

【升格县建筑业管理局内设科室和下属单位机构级别】 根据县建筑业管理局《关于要求升格内设科室和下属单位机构级别的请示》(象建管综〔2016〕37号),经2017年5月31日县编委会议研究,2017年6月13日,县编委发文(象编〔2017〕5号),同意将县建筑业管理局内设机构行业发展科、下属事业单位建筑业培训中心级格由相当于行政副科(股)级调整为相当于行政正科(股)级。

【增设县行政审批管理办公室内设机构】 根据县行政审批管理办公室《关于要求增配县行政审批管理办公室领导职数等机构编制事项的请示》(象审管办〔2017〕1号),经2017年5月31日县编委会议研究,2017年6月13日,县编委发文(象编〔2017〕6号):(1)同意增设基层指导科,增加中层职数1名;(2)同意在县公共资源交易中心增加2名财政全额补助事业编制,用于石浦分中心工作。同时将县行政审批管理办公室的8名事业编制划转至县公共资源交易中心。调整后,县行政审批管理办公室内设5个职能科室:办公室、业务科、督查科、公共信息服务科、基层指导科,核定中层职数5名;县公共资源交易中心共计财政全额补助事业编制19名。

【撤销县教育园区管理委员会、设立县教育基建服务中心】 根据县教育局《关于要求撤销教育园区管理委员会和建立基建服务中心的请示》(象教〔2016〕26号),经2017年5月31日县编委会议研究,2017年6月13日,县编委发文(象编〔2017〕8号),同意撤销县教育园区管理委员会,设立县教育基建服务中心,为县教育局下属从事公益服务的财政全额补助事业单位(公益一类),原核定事业编制6名及在编人员成建制划转。

【成立县塔山中学的批复】 为适应城市化快速推进的步伐,满足丹城适龄儿童的入学需求,根据县城总体规划及县教育局《关于要求批复创办县塔山中学的报告》(象教〔2017〕6号),经2017年5月31日县编委会议研究,2017年6月13日县编委发文(象编〔2017〕9号),同意成立县塔山中学,并予以办理事业单位法人登记。

【县政府办公室调整内设机构和增加编制】 根据县政府办公室《关于要求调整内设机构和增加编制的请示》(象政办〔2017〕1号),经2017年5月31日县编委会议研究,2017年6月13日,县编委发文(象编〔2017〕12号),同意撤销综合调研科,设立综合科和调研科,增加中层职数1名。增加电子政务办公室财政全额补助事业编制3名。调整后,县政府办公室设10个职能科室:秘书科、综合科、调研科、经济发展科、信息联络科、社会事业科、政府督查室、突发公共事件应急管理办公室、接待科(挂县委、县政府接待办公室牌子)、外事办公室(挂象山县人民政府外事办公室牌子),中层职数16名;电子政务办公室共计财政全额补助事业编制12名。

【增设县委政法委内设科室】 根据县委政法委《关于要求增设县委政法委内设机构和人员编制的请示》(象政法〔2016〕52号),经2017年5月31日县编委会议研究,2017年6月13日,县编委发文(象编〔2017〕13号)同意增设综合信息科,增加中层职数1名。调整后,县委政法委内设7个职能科室:办公室、政治处、执法监督科、综治协调指导科、综治督导科、维稳督导科、综合信息科,中层职数7名。

【增设县公安局内设科室】 根据县公安局《关于要求设置县公安局审计室的请示》(象公请〔2017〕8号),经2017年5月31日县编委会议研究,2017年6月13日,县编委发文(象编〔2017〕16号),同意增设审计室,增加中层职数1名。调整后,县公安局综合管理机构8个:政治处、办公室、指挥中心(县"双联中心")、行政许可科、出入境管理科、信息通讯科、警务保障室、审计室。中层职数(包括综合管理机构,执法勤务机构,监管、派出机构)调整为158名。

【县住房和城乡建设局增设机构和增加职数】 根据县住房和城乡建设局《关于要求增设机构和增加职数的请示》(象建综〔2016〕111号),经2017年5月31日县编委会议研究,2017年6月13日,县编委发文(象编〔2017〕17号):(1)同意设立县村镇建设办公室,为县住房和城乡建设局下属财政全额补助事业单位(公益一类),挂县城中村改造建设办公室牌子,核定事业编制3名。(2)同意县市政公用管理处增挂县路灯管理所牌子,县市政公用管理处增加领导职数1名(副科股级),负责路灯管理工作。(3)同意县房管中心所需经费由县财政保障。

【县气象防灾减灾中心经费由县财政保障】 根据县气象局《关于要求解决县气象防灾减灾中心事业经费的请示》(象气发〔2017〕2号),经2017年5月31日县编委会议研究决定,2017年6月13日,县编委发文(象编〔2017〕18号),

县气象防灾减灾中心自收自支经费预算形式不变，所需经费由县财政保障。

【增设县海洋与渔业行政执法大队象山港中队和鹤浦中队、增加县海洋与渔业局中层职数】 根据县海洋与渔业局《关于要求增加中层职数等事项的请示》(象海〔2017〕8号)，经2017年5月31日县编委会议研究，2017年6月13日，县编委发文(象编〔2017〕19号)：(1)同意增设县海洋与渔业行政执法大队象山港中队和鹤浦中队，同时增加县海洋与渔业行政执法大队领导职数2名(副科股级)，分别负责象山港海域和鹤浦、高塘海域执法。(2)同意在县海洋与渔业局增加2名中层副职，分别负责韭山列岛、渔山列岛两个保护区的管理工作。调整后，县海洋与渔业局中层职数9名。

【调整县石浦渔港旅游开发管理委员会内设科室】 根据县委办公室、县政府办公室《关于环石浦港、松兰山、影视城区域旅游管理体制改革的实施方案》(县委办〔2016〕110号)和《中共县委常委会议纪要〔2016〕17号》精神及县石浦渔港旅游开发管理委员会《关于要求调整内设科室和中层职数的请示》(象石旅委〔2017〕6号)，经2017年5月31日县编委会议研究，2017年6月13 日，县编委发文(象编〔2017〕20号)，同意将原内设科室办公室、工程管理科和策划营销科，调整为综合科、规划发展科和产业管理科，增加中层职数1名。调整后，你单位内设3个科室，中层职数4名。

【调整县市场开发中心内设机构和基层站】 根据县商务局《关于要求调整县市场开发中心内设机构和基层站的请示》(象商务〔2017〕27号)，经2017年5月31日县编委会议研究，2017年6月13日，县编委发文(象编〔2017〕21号)：(1)同意将县商务局下属事业单位县市场开发中心原有的内设科室物业办和市场筹建办合并，设立基建办，增设资产信息办和市场管理办。(2)根据区域设置，同意将丹城一站、丹城二站分别更名为丹城站和城西站，增设城南站、城郊站。调整后，市场开发中心内设4个科室：办公室、基建办、资产信息办、市场管理办；下设5个基层站：丹城站、城西站、城南站、城郊站、石浦站。内设科室及基层站中层职数为9名。

【调整县委党史研究室(县地方志编纂委员会办公室)内设科室】 根据县委党史研究室(县地方志编纂委员会办公室)《关于要求调整县委党史研究室(县地方志编纂委员会办公室)内设科室的请示》(象党办〔2017〕1号)，经2017年5月31日县编委会议研究，2017年6月13 日，县编委发文(象编〔2017〕22号)同意撤销编撰科，设立党史科、方志科，核定中层职数2名。

【设置县委巡察机构】 根据《宁波市委办公厅关于加强和规范区县(市)党委巡察工作的意见》(甬党办〔2016〕95号)的有关要求及县纪委《关于县巡察机构设置的请示》(象纪〔2017〕28号)，经2017年5月31日县编委会议研究，报2017年8月30日县委常委会会议审定，2017年9月8日，县编委会发文(象编〔2017〕23号)：(1)成立县委巡察工作领导小组办公室，设在县纪委，作为县委巡察工作领导小组的日常办事机构。巡察工作领导小组办公室设主任1名，按正(科)局级配备，由县纪委领导兼任。副主任和工作人员为专职。(2)县委设立3个巡察组，即县委第一巡察组、县委第二巡察组和县委第三巡察组。巡察组通过选调、转岗、抽调、挂职等方式组建，工作人员相对固定，一般不少于5人，设组长、副组长各1名；其中，人数在7人以上的，可配备1名巡察专员。组长按正(科)局级配备，副组长、巡察专员按副(科)局级配备。各巡察组人员编制仍保留在原单位，职数予以单列。

【增设县公安局交通警察大队新桥中队】 根据县公安局《关于要求设立新桥交警中队的请示》(象公请〔2017〕7号)，经研究，2017年9月8日，县编委发文(象编〔2017〕24号)，同意增设县公安局交通警察大队新桥中队，中队长按副科(股)级配备。

【设立浙江省象山县公安司法鉴定中心】 根据县公安局《关于要求设立浙江省象山县公安司法鉴定中心为公安局直属机构的请示》(象公请〔2017〕9号)，经研究，2017年9月8日，县编委发文(象编〔2017〕25号)，同意设立浙江省象山县公安司法鉴定中心，机构规格为正科(股)级，与刑事侦查大队合署办公，同时撤销在刑事侦查大队挂的县公安司法鉴定中心牌子。

【增加县行政审批管理办公室领导职数】 根据县行政审批管理办公室《关于要求增配县行政审批管理办公室领导职数等机构编制事项的请示》(象审管办〔2017〕1号)，经2017年5月31日县编委会议研究，报2017年8月30日县委常委会会议审定，2017年9月8日，县编委发文(象编〔2017〕26号)，同意增加县行政审批管理办公室副主任1名，分管县行政服务中心石浦分中心工作。增加后，县行政审批管理办公室设主任1名，副主任4名。

【高配县公安局看守所所长等职级】 根据县公安局《关于要求县公安局部分领导职级高配的请示》(象公请〔2016〕32号)，经2017年5月31日县编委会议研究，报2017年8月30日县委常委会会议审定，2017年9月8日，县编委发文(象编〔2017〕27号)同意县公安局看守所所长、教导员，网络警察大队大队长高配为副科(局)级 。

【县公共资源交易管理办公室受县级有关部门委托行使相关行政处罚权】 根据《宁波市招标投标管理办法》(市政府令第227号)、《关于印发宁波市整合完善公共资源交易平台实施方案的通知》(甬政发〔2017〕46号)和县政府2017年第六次常务会议精神，以及县公共资源交易管理办公室《关于要求办受有关部门委托履行本县工程建设项目招标投标活动中违法行为行政处罚权职能的请示》(象资交管办〔2017〕18号)，经研究，2017年10月23日，县编委发文(象编〔2017〕28号)，同意县公共资源交易管理办公室受县住房和城乡建设局、县交通运输局、县水利局委托，行使本县建设工程、公路水运工程、水利工程等项目招标投标活动中违法行为的行政处罚权。

【成立县黄避岙乡幼儿园】 为优化教育布局,满足黄避岙乡适龄儿童的入园需求,根据县教育局《关于成立县黄避岙乡幼儿园的请示》(象教〔2017〕52号),经研究,2017年11月27日,县编委发文(象编〔2017〕30号)同意成立县黄避岙乡幼儿园,并予以办理事业单位法人登记。

【成立县政实小学】 为适应城市化快速推进的步伐,满足丹城适龄儿童的入学需求,根据县城总体规划及根据县教育局《关于要求成立县政实小学的报告》(象教〔2017〕66 号),经研究,2017年11月27日,县编委发文(象编〔2017〕31号),同意成立县政实小学,并予以办理事业单位法人登记。

【增设县市场监督管理局审计室】 为加强内部财务监督审计,促进财务的规范管理,根据县市场监督管理局《关于要求设立内部审计室的请示》(象市监综〔2017〕48号),经研究,2017年11月27日,县编委象编(〔2017〕32号),同意增设审计室,增加中层职数2名。调整后,县市场监督管理局内设18个职能科室:办公室、组织人事科、审计室、法制科、行政许可科(登记注册科)、企业监管科(个体私营经济监管科)、市场合同监管科(网络市场监管科)、商标广告监管科、食品综合协调与督查科、食品生产监管科、食品流通监管科、质量监管科、标准化与计量监管科、特种设备安全监察科、餐饮服务监管科、保健食品化妆品监管科、药品监管科、医疗器械监管科,中层职数25名。

【增设县直属机关工作委员会组织宣传科】 根据中共宁波市委《关于深入贯彻〈中国共产党党和国家机关基层组织工作条例〉的实施意见》(甬党〔2012〕3号)文件精神,要求县(市)区直机关工委原则上应设置办公室和组织宣传科,以及县直属机关工作委员会《关于要求增设组织宣传科的报告》(象机党〔2017〕81号),经研究,2017年11月27日,县编委发文(象编〔2017〕33号),同意增设组织宣传科,增加中层职数1名,所需人员编制内部调剂。调整后,县直属机关工作委员会内设2个职能科室:办公室、组织宣传科,中层职数2名。

【县公安局综合管理机构指挥中心更名为情指联勤中心】 为"深入推进资源整合,警种融合,构建情指战一体化工作格局",根据县公安局《关于指挥中心更名的请示》(象公请〔2017〕26号),经研究,2017年11月27日,县编委发文(象编〔2017〕34号),同意将县公安局综合管理机构指挥中心更名为情指联勤中心 。

【调整县总工会内设科室】 根据县总工会《关于调整县总工会机构设置的请示》(象总工〔2017〕96号),经研究,2017年11月27日,县编委会同意将内设科室基层工作部、权益保障部更名为组织人事和基层工作部、权益保障和经济工作部;增设宣传教育和网络工作部,增加中层职数1名。调整后,县总工会内设4个职能科室:办公室(财务部)、组织人事和基层工作部、宣传教育和网络工作部、权益保障和经济工作部;中层职数4名。

【成立县丹西街道成人学校】 根据县教育局《关于要求成立丹西街道成人学校的请示》(象教〔2017〕67号),经研究,2017年11月27日,县编委发文(象编〔2017〕36号),同意成立丹西街道成人学校,同时撤销在县成人教育中心所挂的"丹西街道成人学校"牌子,并予以办理事业单位法人登记。

信访工作

【概况】 2017年,县信访局共受理群众来访1110批4646人次,同比批数上升9.7%,人次基本持平,其中5人以上集体访194批3117人次,同比批次下降2%,人次下降3.3%;受理普通来信253件,同比下降26.87%;网上信访942件,12345政务服务热线受理群众来电6131件,同比增加2.4倍,网上信访与来电信访逐渐成为信访主渠道。圆满完成了全国"两会""一带一路"国际峰会、省"两会"、中共十九大维稳安保任务,实现了重要时间节点进京"零非访"的目标。

【党政领导下访接访活动】 完善县级领导"定期分线约访接访"制度,出台《象山县级领导干部信访接待工作实施意见》和《"规范信访秩序,依法打击违法信访行为"重大难题破解攻坚行动实施方案》,对县级领导接访下访约访、重点疑难信访案件会商约访、特定时期随时接访明确要求。2017年,45名县级领导在领导接待日共接待群众487批1927人次,案件的办理率达100%,息访率达80%以上。

【特定时期大接访活动】 中共十九大一级响应期间,29名县级领导轮流到县信访局值班接待上访群众52批126人,并加大所联系镇乡(街道)的下访约访力度;第四届互联网大会期间共有8名县级领导值班接待来访群众21批56人次,有效推动了重点信访人员的属地稳控工作,解决了一批信访问题。

【信访信息化建设】 全面整合非紧急类政务服务热线,建立12345政务咨询投诉举报平台,加强信访信息系统的深度应用,形成"信、访、网、电"四位一体的"阳光信访"体系。21条非紧急类政务服务热线实现"12345"一个热线接听,统一接收、按责转办、限时办结、统一督办、评价反馈、行政问责、分析研判的无缝对接,形成网上业务闭环。推进统一平台手机APP、移动OA的开发使用;"12345"统一平台系统向事业单位、国有企业延伸,建立政企直通车平台,深化与乡镇"四个平台"、平安建设、110报警等进行对接,推进互联互通。

【推进法定分类处理】 严格落实诉讼分离,加强对依法分类处理信访投诉请求的宣传引导,年内1月份,根据国家司法部、信访局《关于深入开展律师参与信访工作意见》,采取"政府购买服务"的方式引进律师,在县信访局设立法律咨询室,对涉法涉诉和依法分类处理信访诉求的,无偿提供法律咨询。截至年底,共接待涉法涉诉群众121批203人次,引导其走司法途径解决问题。

【开展专项行动化积案】 县委、县政府高度重视重点疑难信访问题和信访积案化解工作，印发《关于对2017年度县重大涉稳及重点疑难信访问题实行领导包案的通知》，提出以领导包案为抓手，着力化解重点疑难信访问题和信访积案。9月11日，县委书记叶剑鸣召集县级包案领导召开积案化解情况分析会，强调靠前指挥，加快解决问题，以上率下抓好全县信访维稳工作；8月10日，县长黄焕利专题调研信访工作，对强化基层基础、立足化解信访疑难问题提出建议；8月31日，县委副书记孙小雄召开深入实施"村民说事"全面化解信访积案推进会，要求加大化解力度。县信访联席会议办公室按月向包案领导和县信访工作联席会议8个专项工作组组长发送提示单，层层传导压力、人人担起责任，有序推进。2017年，16件省市县级信访积案中，10件省市级信访积案全部化解，6件县级信访积案化解3件。

【信访违法行为打击行动】 根据省高级人民法院、省检察院、省公安厅《关于依法处理进京实施妨害社会管理秩序行为的指导意见》，县人民法院、县人民检察院、县公安局、县信访局联合印发《关于依法规范信访活动维护群众信访秩序的通告》，明确群众依法反映诉求的权利和遵守法定程序、服从合理合法终结处理结果的义务。对三类人员实施专案经营。2017年年初相继处置2起非正常进京上访事件，分别对上访人作出行政拘留十日的处罚决定，9月29日批捕非访重点对象2名，并通过媒体进行宣传，起到震慑警示效果。

【落实信访问责制度】 将信访维稳工作纳入经济社会发展综合目标考核，力争做到无越级集体上访，无去京重复上访，无去京非访。对照中央、省、市《信访工作责任制实施办法》，制定出台《象山县信访工作责任制实施细则》，转发市委市政府办公厅《关于印发宁波市信访重点镇乡（街道）管理办法（试行）的通知》，明确各级党委、政府和事权单位化解办理信访事项的主体责任，对全县镇乡（街道）信访工作进行宏观管理、指导、督导。对不履行或者未能正确履行信访工作责任制实，造成越级上访的，启动信访案件风险评估，按《象山县机关工作人员问责办法》进行问责。2017年累计约谈11批20人次，问责6批8人次。

（刘伊娜）

网络民情

【概况】 2017年，县网络民情会办中心秉持"全心全意为人民服务"宗旨，处理群众各类投诉、政策咨询和意见建议；搜索掌握各大主流网络媒体中有关象山的舆情信息；为群众提供各种生活需求和信息服务。全年共受理群众投诉咨询85367件，其中来电来信来访82257件，网民自助发贴3110件。属于投诉反映类11087件，服务咨询类73949件，建议类331件，办结率99.28%。投诉反映类满意率90.45%，服务咨询类满意率100%。

【舆情监看】 2017年，重点加强对"十九大""全国两会""'一带一路'国际合作高峰论坛"等重大活动和"春节""十一"等重要节假日期间负面舆情的监测，严格落实7×24小时值班制度。有效处置"定塘镇继母伤子案""象中高二一学生坠楼身亡""石浦鹤浦爵溪等地暴雨导致内涝""鹤浦小百丈村村民聚集阻挠道路施工"等一系列热点事件，确保了县网上舆情总体平稳可控。提高舆情分析研判水平，对涉及象山舆情事件，视情编写《网络舆情日报》《网络舆情特报》《网络舆情快报》，为领导提供更全面、及时、准确、有效的舆情参考。全年共编发日报248期，快报43期。强化技术保障，完善云朵舆情APP软件和中青华云舆情快递软件功能，提高了网上负面舆情监看能力和监测效率，全年共搜集到各类舆情信息5200条，发出预警信息600条，指导处置舆情200件。微信公众号"会办中心65786578"共发布微信102期204件，微信粉丝量达530个。

【"6578"生活服务】 2017年，"6578"服务热线电话总量为80591件，其中咨询类59546件，服务类为17065件，老年一键通为3980件，回访率100%，满意度100%。与县民政局合作开展好居家养老服务，共提供服务1326件，群众回访满意率100%，执行优惠服务价格超过2万元。通过志愿者活动及开发新的服务项目，为市民生活带来便捷。如：与衣重生公益组织、仁爱慈善义工大队、银色人才志愿服务队等合作走进丹峰社区，联合石浦镇政府赴石浦塘头港社区开展大型志愿者宣传活动；针对城区分散多地的煤气灌装点集中管理引发部分群众不便情况，中心与象北瓶装燃气配送有限公司协商解决方案，将丹东、丹西街道各区域煤气配送师傅的电话整理成册，居民通过拨打中心热线，就可以获得直接的煤气灌装派单服务。

【"12345"市长热线开通运行】 根据《浙江省人民政府办公厅关于建设统一政务咨询投诉举报平台的指导意见》（浙政办发〔2015〕127号）和《宁波市人民政府办公厅关于建设统一的12345政务服务热线平台的指导意见》（甬政办发〔2016〕129号）文件精神，2016年9月17日，象山县人民政府发文《关于建设统一的12345政府咨询投诉举报平台的实施意见》（象征办发〔2016〕158号），依托县网络民情会办中心平台，全面启动"12345"政务服务热线整合工作。2017年9月30日热线开通，12月，整合了市场监管、价格、医疗卫生、人力社保、环境保护、文化、国土、公积金等领域涉及的政务咨询、投诉举报等非紧急类21条热线。

【单位迁址】 2017年10月25日县网络民情会办中心迁址县后堂街23号县信访局大楼。

侨务及港澳工作

【概况】 2017年，县侨办（侨联）共开展重点联络联谊活动12次，接待海外社团、华侨华人、港澳同胞19批次310余人次。接待侨眷信访、求助10件，办结率100%。办理三侨生加分及咨询22起，协助办理侨眷身份认定5人。开展走访慰问送温暖活动，春节前夕，为全县18个镇乡街道120余户侨界人士和困难群众送上节日祝福和关怀,发放慰问金近9万元。开展侨界人士捐赠项目排查,规范海外华侨华人捐赠工作,妥善处理著名旅日侨胞王家福捐赠项目转移事宜。

【为侨服务工作】 组织各侨界人士学习贯彻中共十九大精神,丹东街道、西周镇侨联共同举办庆祝十九大联谊会。在县社会主义学院举办一期涉侨法律法规培训,50余名基层侨联干部、归侨侨眷、留学生家属参加培训。开展海归创业人士排查联系,县海创会新增会员31人,其中博士3人、硕士15人,举办郎旺凯博士、杨光华博士、王珽博士创业分享会,开展市侨商会青委会走进象山暨海创企业交流等活动。针对侨资、海创企业提出扶持创业创新、加大政策宣讲等建议要求,在留创园举办股权融资培训,在新加坡国立大学苏州研究院举办海外高层次人才研修班,帮助两家海创企业解决了融资、贷款难题,留日博士谷志杰 团队获市"3315"计划B类1000万元资助。

【强化参政履职能力】 2017年侨界政协委员参政议政、开展民主监督,市县侨界政协委员"两会"期间共提交提案11件,全部立案。县政协侨联界别组负责黄避岙乡剿灭劣五类水民主监督、牵头松兰山景区门票及旅游环境整治对口协商、网络执法监管民主监督,参与垃圾分类及资源化利用、社会保障救助等工作调研,与中共界别组联合调研撰写参政议政材料《关于推进农村生活垃圾分类处理的建议》。

【完善侨务基础管理】 细化"海内外象山人"数据库分类,做好象山籍在美国、加拿大、日本等地重点人士信息核查工作,建立海外博士147名、硕士509人子库。新建丹东街道新华社区侨务小组,借助全县侨界5支志愿者队伍建设,建立"一对一""多对一"帮扶机制。参与社会公益行动,基层侨务组织、侨界志愿者服务队参加各类社会公益、联谊活动10余次,参与人数近300人。

【开展第三批海内外象山人系列采访活动】 7月24日至29日,由县委统战部牵头组织县委宣传部、象山新闻中心、县广播电视台等单位组成象山新闻采访团,先后赴宁波、昆山、天津、北京等地采访包荣林、励祥敏、周振华、郑敏、陈瑞武、龚云定等象山籍侨胞、知名企业家,并在《今日象山》、象山电视台、象山港网站等媒体的重要版面和重点时段,开设"天南地北象山人"专题、专栏,推出长篇通讯和深度报道。

【多位象籍华人华侨当选新设组织会长】 4月22日,北京科技大学芝加哥校友会在芝加哥成立,三十余位芝加哥地区校友参加会议,象山籍华人胡建虹博士当选为首届会长。10月28日下午,第四届日中并购论坛暨日本中国商会成立典礼在日本神户市举行。剑豪集团主席、象籍侨胞郑剑豪当选日本中国商会会长。

【首届世界象商大会召开】 9月14—16日,首届世界象商大会举行,象商总会成立,40余名海外侨商参加大会。墨西哥侨胞包荣林当选首届象商总会执行会长。

【包荣林王一鸣等获评第三批"荣誉象山人""爱乡楷模"】 首届世界象商大会上,墨西哥侨胞包荣林、留英博士王一鸣、法国专家詹尼皮埃尔获评第三批"荣誉象山人""爱乡楷模",并在大会举行授予仪式。

【叶剑鸣书记出席香港象山联谊会国庆中秋茶话会】 9月27日下午,香港象山联谊会在香港尚品荟举行2017国庆中秋茶话会。县委书记叶剑鸣等一行与20多位会员相聚一堂,互递乡音,畅叙乡情,齐贺双节,共祝象山和香港的明天会更好。县委统战部常务副部长石初光主持茶话会。

【象山(香港)投资环境推介会暨香港象山联谊会六周年庆典举行】 12月9日上午,2017宁波象山(香港)投资环境推介会暨香港象山联谊会六周年庆典在香港举行,县委常委、统战部部长陈爱武出席典礼并致辞。会议选举产生以赵小蝶为会长的香港象山联谊会第四届理事会,并聘请陈秀忠、周辞美为名誉顾问。香港宁兴集团有限公司、香港甬港联谊会、兄弟县市区联谊会、香港象山联谊会会员代表等100余人参加庆典。县委统战部常务副部长石初光主持会议。

【香港大埔渔民合作社访问团到象山考察】 8月20日至23日,香港大埔渔民生活改善有限责任合作社代表团一行22人到象山考察。其间,县委副书记、县长黄焕利,县委常委、统战部部长陈爱武会见代表团一行。县委统战部常务副部长、侨办主任、侨联主席翁华清,侨办副主任、侨联副主席郑颖全程陪同。在象山期间,代表团一行先后赴泗洲头镇、黄避岙乡、石浦镇等地开展渔业生产、渔民转产转业、渔业休闲旅游情况现场考察,走访象山红升水产养殖有限公司、象山港湾水产苗种有限公司、石浦渔港古城、协顺海洋旅游发展有限公司等企业,并与他们进行座谈、沟通与交流,了解县渔业生产与渔业休闲旅游情况。

【"四海一家·浙港同行"香港青年到象山交流学习】 "四海一家·浙港同行"——浙港青年庆祝香港回归祖国20周年交流活动在浙江各市举行。8月2日,70余名香港青少年到象山交流学习,分别参观象山影视城、石浦渔港古城。县委统战部常务副部长、侨办主任、侨联主席翁华清陪同考察。此次活动在浙江省委、省政府的领导和支持下,在中央政府驻港联络办的支持下,由浙江海外联谊会和香港新家园协会等联合举办,吸引了约2000名香港青少年参加,是香港回归祖国以来单次规模最大的香港青少年赴内地交流活动。其中240名香港青少年来甬考察交流,并分赴慈溪、奉化、宁海、象山等县市区,感受宁波的文化和发展。

【省侨联副主席张维仁到象山调研】 7月4—5日,省侨联副主席张维仁一行到象山开展基层侨联工作调研,省侨联副主席、市侨联主席李承成陪同。县委常委、统战部部长陈爱武会见张维仁一行,县委统战部常务副部长、县侨联主席翁华清全程陪同调研。张维仁、李承成一行先后调研丹东街道塔山社区居委会、丹东街道侨联、宁波锦浪新能源科技有限公司、才华剪纸艺术馆。

【首届“汉章教育基金”发放仪式举行】 6月13日，县第十一届“陈汉章读书节”暨首届“汉章教育基金”发放仪式在汉章小学举行，8名“汉章美德少年”、10名“汉章书香教师”获颁教育金。2016年9月，旅居美国、澳大利亚及中国香港、台湾地区等地的陈汉章先生后人带头出资设立100万元“汉章教育基金”，定向用于县汉章小学奖教、奖学和助学，此项义举获第四届“象山慈善奖”。

【叶剑鸣会见墨西哥杜兰戈尔市政府代表团】 5月7日，县委书记叶剑鸣会见墨西哥杜兰戈尔市市长、墨西哥城市联合会会长何塞·雷蒙·恩里克斯·埃雷拉率领的杜兰戈尔市政府代表团。县委常委、统战部部长陈爱武、副县长周坚栋会见时在座。在象山期间，代表团一行还考察了戴维医疗器械、裕天海洋生物等企业，洽谈项目合作事宜。

【日本海外（人才）工作联络站成立】 为促进象山对外政治、经济、文化交流与合作，加强在日象山籍侨胞与家乡的联系与沟通，成立日本海外(人才)工作联络站，谷志杰任日本海外(人才)工作联络站负责人。

【县侨联九届六次全委会召开】 2月22日，县侨联召开九届六次全委会，县侨联主席、副主席、秘书长、常务委员、委员近30人参加。县委常委、统战部部长陈爱武出席会议并讲话，县委统战部常务副部长、县侨联主席翁华清作工作报告，县侨联副主席郑颖主持会议并组织学习。

【王一鸣荣获“2016十大风云甬商”创业创新奖】 在1月17日举行的“十大风云甬商”颁奖典礼上，18位宁波企业家代表分别收获十个常规奖项、两个单项奖和“中国制造2025”特别奖，其中，县留英博士王一鸣荣获创业创新奖。市领导余红艺、施孝国、陈仲朝、陈安平，以及市政府秘书长王建社出席此次颁奖典礼。

（鲍伟伟）

涉台工作

【概况】 2017年以来，县对台工作在县委、县政府正确领导和上级台办的关心指导下，坚持以中共十八大和十八届六中全会精神为指导，全面贯彻落实2017年中央、省市对台工作会议精神，发挥县对台工作优势，努力推进象台经贸合作、深化基层交流交往，深化工作措施，优化服务内涵，为促进象台两地互赢发展作出应有贡献。

【推进对台农业合作，引进台湾优势农业项目】 2017年内三月，县台通公司与台湾台中市东势区农会合作在县新桥镇打造“东势果园”，项目占地16.67公顷，引进了台湾15个水果品种，完成建设投资1200万元。该果园完全按照台湾果园的设计、管理、培育模式，引进台湾农业良种，推广先进种植经验和管理技术，旨在打造原汁原味的台湾果园。

【对台小额贸易稳步发展】 发挥上级台办的指导作用，加强与重点对台小额贸易企业的结对服务工作，定期走访，帮助企业规范经营，拓展业务范围。截至2017年年底，年内对台小额贸易进出口30个航次，吞吐量约3247吨，根据海关数据统计，2017年度县对台小额贸易额总额为575.9万美元，与2016年同比增长52.5%。

【举办“石浦—台东富冈如意信俗十周年庆”系列活动】 8月8日，来自台湾台东县富冈新村的46位村民代表与石浦当地民众一起，在石浦镇举行如意妈祖省亲迎亲仪式。活动期间富冈新村村民代表还参加渔山谒祖、乡亲叙旧、瞻仰“如意往来”碑等活动，通过这一系列活动，丰富了两地民间交流活动的内涵，展现了两地民俗民风的魅力，同时加深了两地民众的交流与交往。

【举办象台精致果园交流活动】 根据2017浙江·台湾合作周宁波专场活动安排，象山县于9月17日举办以“深化农业交流合作，惠及两岸基层民众”为主题的象台精致果园交流活动，台中市东势区农会理事长刘正铭、农会总干事田士欣等一行12人先后来到了晓塘湾边村柑橘基地、龙兴生态农业科技开发有限公司、象山佰季果蔬专业合作社、宁波东势农业发展有限公司，实地参观县农业发展情况，并与县20余名技术人员、果蔬专家、县农业龙头企业负责人在种苗培育、种植、现代果园管理模式等方面开展深入交流和现场辅导。县林业园艺学会还与台湾地区台中市东势区农会签订了关于进行友好交流的协议书。此次活动旨在为象山与东势之间更全面的农业交流合作奠定基础，增进两地同胞的深情厚谊。

【举办第三届中国·宁波海峡两岸医院管理论坛】 由宁波市第四医院和台湾彰化基督教医院主办的第三届中国·宁波海峡两岸医院管理论坛于11月16日至18日在象山县举办。活动聚焦分享第六版JCI认证经验、探讨国内医院评审最新做法、聚焦医院精细化管理三大平台等内容，和国内其他医院分享中国特色的中西合璧医院管理新模式新思路，探索最新版医院评审评价制度，努力搭建了一个开放、互信、交流、分享的交流平台。

【发挥海峡两岸交流基地展示中心窗口作用】 2017年，象山县相继接待台湾南投县竹山镇里长团、埔里镇校长团、志工团等18个台湾考察团350余人，以及德清县台办两批团组，通过展示象山县对台交流交往的历史与发展情况，扩大海峡两岸交流基地的影响力。

【加强台胞台属的联络联谊和走访慰问】 开展对重点台属台胞、困难台属、台资企业的春节、重阳节慰问走访工作，共计走访41人次11家企业，发放慰问款项40900元。组织开展丰富多样的台属台胞活动，如台联会理事对台形势教育会，台属政协委员参政议政培训会，组织台属台胞参加宁波市台属台胞中秋联谊会、2017第六届甬台木球锦标赛活动并获得佳绩。5月，组织县台联会理事赴德清、淳安一带考察对台工作。

（郑　杰）

机关事务管理

【概况】 2017年,县机关事务局围绕建成“政治坚定、业务过硬、服务至上、廉洁自律”后勤铁军目标,以项目化管理、精细化服务、智能化平台、规范化党建为重点,构建“一线四点”的后勤发展新格局,服务保障能力、统筹管理能力、改革创新能力得到有效提升。后勤服务全面提效,全年累计完成县府大院餐饮服务1.2万人次、工程项目维修165次,商务楼会议接待220场次、餐饮服务2.5万人次、工程项目维修700余次。县府大院获评宁波市先进保卫组织。公车改革纵深推进。全年公务用车管理中心完成出车任务600余次,重点服务保障了县两会、全省特色小镇镇长论坛、全市推广“村民说事”现场会、第二十届中国(象山)开渔节、世界象商大会等重大活动10次。公房管理逐步完善。全年调配办公用房12处,总面积3100平方米;完成维修改造工程6处,总面积8000平方米。节能创建有效开展。2017年人均综合能耗、单位面积能耗和人均水耗同比下降2.4%、2.2%、4.2%。

【召开党风廉政建设动员会议】 3月15日,机关事务局召开党风廉政建设动员会议,学习传达县第十四次党代会精神,总结回顾2016年廉政建设工作完成情况并部署2017年主要工作,全局干部职工共70余人参会,县纪委派驻第二纪检组列席会议。会上,县委党校老师应邀作《不忘初心 做守规矩讲纪律合格党员》主题党课,通过讲解典型事例、阐述名言警句相结合形式,深入解读了守规矩意义、规矩基本内容以及如何遵守规矩等内容,引导干部职工强化自律、不忘初衷。

【出台工作人员问责办法】 为加强机关内部管理,深化机关作风和行政效能建设,4月24日出台《象山县机关事务管理局工作人员问责办法》,办法共总则、问责方式、问责内容、问责程序、附则五章,对涉及违纪违规的28种情况进行明确。

【机关事务服务中心正式运行】 4月27日,机关事务服务中心正式运行,调选正科级人员1名担任服务中心主任,统筹管理县府大院和商务楼餐饮、绿化、保洁等工作。自此,机关事务管理职能部门完善为节能科、房产科、车管科、财务科、办公室、服务中心6个。

【保障全国海洋伏季休渔会议】 5月1日,全国海洋伏季休渔会议在县石浦镇召开。该次会议由农业部组织牵头,来自各省市200个相关单位人员参加。机关事务局负责此次现场会的后勤保障工作。机关事务局与捷邦客运有限公司洽谈合作,及时更新部分与会人员返程信息,统筹安排返程用车,满足与会人员的用车要求。该次会议用车145次,用车保障工作圆满完成,受到与会领导和代表们的肯定。

【捡垃圾环保活动助跑美丽乡村行】 为传递“保护环境,你我共行”环保理念,5月6日上午,机关事务局局党支部组织党员志愿者5名赴墙头镇方家岙水库开展了捡垃圾助跑美丽乡村行活动。党员志愿者们在水库边捡拾路人丢弃的碎纸屑、烟头、塑料袋等,切实为和美乡村建设贡献自己的力量。

【荣获驾驶技能比赛三等奖】 5月20日在奉化举办全市机关事务管理系统汽车驾驶技能比武。县三名驾驶员参加比赛,经场地竞赛 、轮胎拆装、安全检视3个比赛项目,最终县荣获集体三等奖,1名驾驶员荣获个人三等奖。

【“孙茂芳式五小”志愿服务“和美乡村行”行动】 为深入开展“孙茂芳式五小”志愿服务“和美乡村行”行动,5月26日,副局长、支部书记林梦梦赴丹西街道西港村、石浦上湾村开展对接工作,了解基层实际情况和问题难处,表示要加大对接帮扶力度,真正为基层谋实事、办好事。随后,林梦梦前往石浦新鹤村居家养老服务点开展“送清凉、送温暖”活动。

【完成公车过户】 5月中旬,经过3次集中分批过户,全县118辆应急机要通讯用车、9辆一般执法执勤、34辆行政执法用车统一过户至公务用车管理中心。机关事务管理局同步对接车辆投保公司,协助参改单位完成投保信息变更,同时重新签订《派驻车辆委托管理责任书》,公务用车平台统一管理、统一调度具备条件。

【商务楼成功申报省级节约型示范单位】 6月9日,商务楼成功申报省级节约型示范单位。机关事务管理局与浙江万泰认证公司合作,万泰作为示范创建技术指导方,对县行政中心、能源资源管理、建筑物及附属设施、用能基本信息等情况进行核实,局节能科工作人员以及物业水电管理人员做好配合工作,确保创建工作高质量推进。

【试点合同能源管理项目】 6月19日,机关事务局与阳光照明LED公司合作于县行政中心试点合同能源管理项目,采用“企业全盘投入+节能效益分享”模式推进LED照明全域改造,完成9620支荧光灯更换工作,年均节能效益达27万元。

【召开县管后备干部民主推荐】 11月2日,召开县管后备干部民主推荐。会上局长胡振宇作县管后备干部推荐的动员报告,主持人作推荐表填写说明后与会人员填写了推荐表。

【召开年度工作思路调研】 12月14日,召开市局年度工作思路调研会议,由局长胡振宇作2017年工作总结和2018年工作思路汇报,市局给出相关建议指导。

2017年重点工程建设项目基本情况

【概况】 2017年以来,面对错综复杂的经济形势,主动适应新常态,深入一线破难题,狠抓前期促开工,有效监管抓进度,创新机制强推进,圆满完成重点工程建设目标任务。109个县重点工程项目,全年完成投资133亿元(与2016年相比增加项目29个、年度投资15亿元,增幅分别为36%、11%)。象山县34个市重点工程建设项目总投资446.48

亿元,年度计划投资44.47亿元,新开工项目5个,完工项目4个。全年完成投资55.59亿元,占年计划125%,4个项目实现开工(日星三期未开工),5个项目实现完工或投用(鹤浦峙龙塘农光互补电站提前完工)。象山县13个省重点建设项目总投资152.4亿元,年度计划投资17.57亿元,新开工项目4个,完工项目1个。全年完成投资17.57亿元,占年计划100%,3个项目全部实现开工(日星三期未开工),1个完工。

【落实项目责任】 继续执行项目中心制,建立分级分层协调机制,制订了《关于扩大有效投资推进重点工程的实施意见》,成立了象山县扩大有效投资推进重点工程领导小组和办公室;推行“一个项目一套班子”模式,下达2017年重点工程建设项目计划,明确年度投资额、形象进度、责任单位和配合单位,对开工类项目明确开工时间节点,并要求项目单位根据项目年度建设目标倒排时间,明确月度计划;印发《2017年县重点(前期)工程建设目标任务责任分解》,落实责任领导和联系领导;建立重大项目工作推进月报、跟踪联系和督查等制度,开展月公示、季度通报、年中督查、年末考核。完善重点工程挂职干部制度,选派3名挂职干部充实到重点工程指导督查组,开展项目推进督查、指导、协调等工作。根据《象山县重大项目储备管理办法(试行)》和《象山县重大项期工作管理暂行办法》,加强重大项目储备,加快前期工作推进,建立了部门协作、分工负责、合力推进的联动工作机制。

【破解瓶颈制约】 建立了县政府分管领导、部门一把手跟踪报批负责制,加强涉海涉林涉土等向上报批事项对接落实。制订出台《重点工程项目工作组管理办法》,抽调建设、征迁、审批、要素保障等部分单位人员组建10个重点工程项目工作组,协助加快推进项目建设。优化完善征迁管理机制,强化房屋征收政策制订和指导,专门设立县房屋征收办公室,完善出台《象山县房屋征收拆迁补偿、补助、奖励规定》《象山县房屋征收拆迁资金使用和管理办法》《关于完善被征地养老保障有关政策》等办法,落实属地包干制。优化投资环境,制订《加强建设环境专项整治工作的实施意见》和《百名政法干警联系重点工程项目办法》《基层派出所服务重点工程考核办法》,并充分发挥重点工程流动警务室作用,在全县范围内开展建设环境整治行动,依法打击“三抢”行为,有效地遏制了不法分子阻挠工程,据统计全年集中清理抢种苗木20万余株,刑事拘留、行政拘留共计100余人,警告谈话200余人次。建立完善县级领导联系重点工程制度,深入开展重大项目社会稳定风险评估,有效地推进重大项目建设。

【项目协调服务】 建立县级领导认领项目制,不定期赴现场办公协调解决各类困难和问题;县重点办会同督导组深入项目现场,对照每个项目时间节点摸实情、找症结、寻对策、破难题,在建项目抓进度,开工项目抓前期,据统计,共排摸推进中困难和问题130余个,协调解决60多个。深化行政审批制度改革,激活“互联网+政务服务”机制,整合项目联办代办功能,推进服务窗口集成,出台了《企业投资项目50天高效审批实施办法》和《象山县基本建设项目“一窗受理”实施方案》,实行周对接指导和“一窗受理”;深化“1+6+X”工作机制,召开联合协调会议20多次,协调解决100余个项目审批中存在的各类问题;不定期召开项目审批对接会,对10多个审批进度偏缓的项目量身定制审批流程,开展手把手对接指导。建立了初步设计概算审查评审制,加强对政府项目造价管理研究,规范中介机构管理机制。同时,针对工程石料供应需求和建设环境现状,形成了《县矿产资源管理及石料保障的思考》和《县重点工程建设环境存在问题及对策思考》等调研材料,并获得县领导批示。

【创新督查考核机制】 建立重大项目动态管理考核机制,制定出台《象山县重大项目网上动态管理考核办法》,推行项目一页纸管理模式,网上月度对账考核。实行县四套班子督查、两办督查、督导组督查、重点办督查的四级督查机制,对问题项目实行周跟踪督查,发放督办提醒单,2017全年累计举行各类督查会50余次,实地督查200多项次,开展人大、政协重点工程督查活动3次,刊发督查专报20余期。实行图表彩信督办和“三色令”督办制度,每月发送督办短信近80条,2017全年发放黄色督办单23张、橙色督办单2张,党纪处理8人,问责2人,廉政谈话1人。开展重点工程“争先创优”立功竞赛活动,加强督促指导。

【廉政安全管理】 建立完善重点工程保廉体系,开展在建重点工程(政府投资项目)标后管理检查,督促项目单位落实整改措施,规范工程管理。依托项目电子监察系统,对政府性投资项目审批情况进行网络监察,完善各类招投标制度,加强工程审计监督、项目稽查和财务管理,严格防范和杜绝腐败漏洞。加强项目论证,严格做好项目岸线利用、水土保持、通航影响等方案评审和环评、节能审查,严格按规定实施。县发改局分批次组织财政、审计等部门对政府投资项目执行情况进行专项检查。紧抓安全生产工作,2017年集中时间和精力开展了2次全县在建重点工程安全大检查,对县内在建工程安全生产情况进行通报,发放整改通知书18张,督促项目单位加强隐患排查,落实整改措施。

表15

象山县2017年常务线重点工程建设项目情况一览表

单位:万元

序号	项目名称	总投资	至2016年年底完成投资	2017年计划		1—12月进展情况			计划开工	责任单位
				投资	形象进度	投资	占年计划(%)	形象进度		
总计	共17项	2621399	976691	209373		265962	127.03			
新开工项目(9项)		461000	0	66800		91401	136.83			
1	象山影视大道	12000	0	5500	基本完成路基和桥梁工程	6000	109.09	第一标段地下管线工程及3号箱涵完成;第二标段塘渣完成30%,二号桥桩基础完成80%	4月	宁波影视文化产业区管委会
2	甬台温管输天然气象山支线	28000	0	2000	进场施工	2000	100.00	进场施工	12月	县管输天然气工程建设指挥部
3	大目湾世茂城市综合体三期项目	65000	0	8000	12号地块桩基工程完成50%	19083	238.54	12号地块1-4#楼主体结顶,5、6、7#楼完成主体5层,8、9#楼完成主体7层	10月	县大目湾开发管委会
4	大目湾邦泰城市综合体二期项目	47000	0	14000	主体结顶	32808	234.34	北区内外墙粉刷和南区二次结构砌筑施工	1月	县大目湾开发管委会
5	中国海洋渔文化展示馆(博物馆)项目	18000	0	6000	完成加固工程,进入装修阶段	7210	120.17	加固工程完成工程量的30%,整体建筑扩初方案完成	7月	县旅游集团
6	游仙寨旅游开发项目	20000	0	2000	基本完成酒店桩基工程	0	0.00	完成项目备案登记,开展征地签约洽谈	10月	丹东街道办事处
7	茅洋乡旅游配套工程	31000	0	9300	完成部分骑行绿道、旅游公厕、管溪公园、停车场,旅游集散中心动建	9300	100.00	完成旅客咨询服务站、旅游公厕、自驾车风情廊道建设,花墙民宿基础设施配套完成,山林、田园生态绿道施工	5月	茅洋乡政府
8	中铁城市综合体项目	90000	0	15000	完成住宅区块桩基工程10%	15000	100.00	场地排水板施工,塘渣堆载	10月	县大目湾开发管委会
9	金诚之星项目	150000	0	5000	力争动建	0	0.00	完成平基和钻探	12月	县大目湾开发管委会
续建项目(8项)		2160399	976691	142573		174561	122.44			

续表15

序号	项目名称	总投资	至2016年年底完成投资	2017年计划		1—12月进展情况			计划开工	责任单位
				投资	形象进度	投资	占年计划(%)	形象进度		
10	大目湾新城基础设施建设	500000	337795	27000	完成沿湾路、悦洋路、银波路等道路、桥梁、管线部分工程,完成部分场平填筑及路基处理,完成东大河、西大河、内湾中心区部分景观工程	27710	102.63	银波路完工,内湾中心区广场透水混凝土浇筑完成,规划8路、9路工程行道树种植,来薰路4号桥系梁浇筑完成,悦洋路西段完成路基工程	—	县大目湾开发管委会
11	半边山旅游度假区	450000	164786	25000	完成五彩渔镇主体结构	29068	116.27	水系及一期景观水系、3号路I标、II标和金山环路一期工疗段竣工结算;景区燃气站消防安装及辅助用房装修完成。五彩渔镇B2屋面防水施工50%、E1屋面防水施工50%;A2屋面找坡;B4栋三层模板安装完成;B8楼栋挡墙外基础施工完成;B9楼栋挡墙外侧基础施工;B10楼栋一层支架搭设完成;A5栋屋面浇筑完成;A7栋屋面浇筑完成;五彩渔镇二期地下室:工程桩完成50根;支撑梁开始浇筑。欢乐海洋运动会所地下室顶板浇筑	—	县旅委
12	宁波工人疗养院	60399	44826	15573	完工	15600	100.17	完工	—	县旅委 县总工会
13	大目湾亲和源养老项目	50000	22050	10000	一期完工,二期主体工程完成	15033	150.33	一期完工;二期市政、电力排管施工及外墙施工	—	县大目湾开发管委会
14	华美大目湾城市综合体项目	300000	55350	10000	二期部分主体完成	23569	235.69	二期1#地块桩基完成50%,2#地块8幢楼主体封顶	—	县大目湾开发管委会
15	浙江广电象山影视基地	200000	58419	25000	二期完工,三期主体建设	15300	61.20	一、二期竣工;三期完成项目备案,优化方案设计,基本完成场平工程	—	宁波影视文化产业区管委会

续表15

序号	项目名称	总投资	至2016年年底完成投资	2017年计划		1—12月进展情况			计划开工	责任单位
				投资	形象进度	投资	占年计划(%)	形象进度		
16	东海铭城	560000	288465	20000	酒店精装完成50%；养生中心完工；恒大JX01-01-18地块主体完成50%；JX01-01-19地块完成外围市政绿化工程	30190	150.95	酒店精装总体安装5%；盘山公路景观平台铺装99%；恒大幼儿园外立面完成，9#楼外墙真石漆完成，13#楼精装安装完成80%，15#、16#楼精装安装完成75%，14#楼精装安装完成50%，3#、4#商业石材完成	—	爵溪街道办事处
17	浙江海阔天空水上乐园	40000	5000	10000	游乐设施主体完成	18091	180.91	大型设备安装完成、漂流河完成、造浪地装饰完成50%	—	县大目湾开发管委会

表16

象山县2017年城建交通线重点工程建设项目情况一览表

单位：万元

序号	项目名称	总投资	至2016年年底完成投资	2017年计划		1—12月进展情况			计划开工	责任单位
				投资	形象进度	投资	占年计划(%)	形象进度		
总计	共29项	2572048	941527	595073		590612	99.25			
新开工项目(11项)		656062	0	146600		143001	97.55			
1	天安路(象山港路至滨海大道)改造工程	8000	0	5000	完成工程量60%	4000	80.00	宝海路至滨海大道段围挡施工	6月	县住建局
2	塔山遗址公园	8000	0	5600	完成主体工程	2500	44.64	进场施工	5月	县住建局
3	生活垃圾生态化循环改造项目	60000	0	3000	完成部分治水、治气、道路建设	3001	100.03	完成垃圾填埋场导气、排水、竖井工程	8月	县综合行政执法局
4	沈海高速石浦连接线	374000	0	60000	路基、桥涵施工	60000	100.00	进场施工	8月	县高速公路建设指挥部
5	城市天然气利用工程	13000	0	2000	进场施工	2000	100.00	西周段管线动建	12月	县住建局
6	人才公寓二期	70000	0	25000	完成桩基工程60%	25150	100.60	桩基施工	9月	县城投集团

续表16

序号	项目名称	总投资	至2016年年底完成投资	2017年计划		1—12月进展情况			计划开工	责任单位
				投资	形象进度	投资	占年计划(%)	形象进度		
7	青草巷区块棚户区改造工程	46000	0	36500	地下室基础底板施工	36550	100.14	完成两幢保留修缮建筑落架工作；完成试桩工程69%	6月	县城投集团
8	甬台温高速复线配套工程	6062	0	2500	完成路基10%	2500	100.00	路基完成7%，桥涵完成1%	10月	县交通集团
9	象山县三角地至高泥公路提升改造工程	6000	0	2000	路基施工	2000	100.00	进场施工	12月	县交通集团
10	悦海锦苑项目	65000	0	5000	完成住宅区部分桩基工程	5300	106.00	桩基施工	10月	石浦镇政府
续建项目(19项)		1915986	941527	448473		447611	99.81			
11	中心城区防洪排涝工程	80000	36562	17163	中央河(西大河至南大河)、白石泾河(共青路至丹南路)、九顷河(沿海南线至中央河)完工；东大河(殷夫公园至横大河)河道开挖；新华路(建设路至丹峰路)暗渠完工	17163	100.00	白石河(共青路至丹南路)完工；九顷河(沿海南线至中央河)完工；中央河(西大河至南大河)完工；史家泾河开工；东大河(殷夫公园至横大河)河道开挖；新华路(建设路至丹峰路)暗渠完工	—	县住建局
12	殷夫公园	25619	22100	3519	完工	2100	59.68	2幢管理房完成，殷夫楼主体完成，长廊、公厕等4个小单体完成结构施工	—	县住建局
13	中心城区污水三期工程	45799	35543	3152	海山路、政实路污水主干管及泵站工程完工；市政污水管网建设，非居民用户污染源收纳管工程施工	2700	85.66	城中村污水改造工程累计3个村完工，3个村在建；丹东丹西老小区污水改造工程完成85%；市政道路污水工程完成管网8.5公里；中心城区三期污水厂扩建工程反硝化设备安装完工等待验收	—	县住建局

续表16

序号	项目名称	总投资	至2016年年底完成投资	2017年计划		1—12月进展情况			计划开工	责任单位
				投资	形象进度	投资	占年计划(%)	形象进度		
14	中心城区环城西路(丹南路-滨海大道)工程	44872	13150	13255	丹阳路至丹山路路基施工,丹山路至滨海大道完成部分路基	13255	100.00	三期丹阳路到象山河路段招投标完成;四期象山河路至丹山路段完成东首半幅箱涵以北路段的塘渣层和地下管线铺设;五期丹山路至滨海大道进场开工	—	县住建局
15	石浦高速公路新桥连接线(下七里至大圻头公路工程)	91706	35500	24000	完成路基工程52%、桥梁工程61%	25000	104.17	路基完成91%,桥梁完成83%	—	县交通运输局
16	71省道盛宁线东陈至茅洋段改建工程(高速东陈茅洋连接线)	50237	23200	14000	完成路面工程50%和桥梁工程	15000	107.14	完成路面13%和桥梁	—	县交通运输局
17	大金山隧道及接线工程二期	21062	13500	7562	完工	7562	100.00	完工	—	县交通运输局
18	石浦高速公路定塘连接线(马漕线改建工程)	81065	6000	20000	完成路基工程42%、桥梁工程30%、隧道工程31%	21000	105.00	路基完成19%,桥梁完成14%,隧道完成15%	—	县交通运输局
19	沿海南线滨海大道至金开路拓宽工程	21609	2000	5000	完成路基工程35%、桥涵工程46%	5000	100.00	路基完成35%,桥梁完成30%	—	县交通运输局
20	丹大线产业区至大徐汤家店段改建工程	30837	3000	10000	完成路基工程60%、桥涵工程50%	10000	100.00	路基完成36%,桥梁完成42%	—	县交通集团
21	鹤浦门扇后至蟹厂公路工程	7450	2000	3000	完成路基工程90%、桥梁工程90%	3000	100.00	路基完成76%,桥涵完成工程66%	—	县交通集团
22	象山县客运东站	23811	16550	7261	完工	7300	100.54	完工	—	县城投集团 县交通集团

续表16

序号	项目名称	总投资	至2016年年底完成投资	2017年计划		1—12月进展情况			计划开工	责任单位
				投资	形象进度	投资	占年计划(%)	形象进度		
23	石浦港区主航道一期工程	17361	11500	5861	完工	5861	100.00	完工	—	县港航局
24	三门湾大桥及接线工程(宁波段)	1006779	498512	210000	基本完成路基、桥梁、隧道工程	210000	100.00	完成桩基、路基开挖及填筑100%、隧道二衬100%、墩身100%、预制梁99.8%、现浇梁95%	—	县高速公路建设指挥部
25	鹤浦镇污水处理工程	18700	15000	3700	完工	3900	105.41	完工	—	鹤浦镇政府
26	宁波市象山现代物流园公共服务中心	62739	41500	11000	一期工程完工，二期动建	12000	109.09	一期完工，二期完善初步设计	—	县交通集团 县城投集团
27	象山港一号文化广场	50000	36000	14000	完工	14000	100.00	完工	—	丹东街道办事处
28	后山地块开发项目	170000	86000	56000	1号地块交付，2号地块绿化工程施工，3号地块配套工程施工，4号地块桩基施工	56000	100.00	1号地块完工；2号地块一期室外雨水工程完成，二期基础工程完成；3号地块基础工程完成85%；4、5号地块方案讨论	—	丹东街道办事处
29	上吴城中村改造工程	66340	43910	20000	完成联排别墅建设和高层主体结构	16770	83.85	外墙装修基本完成，部分设施设备检测	—	丹西街道办事处

表17

象山县2017年工业线重点工程建设项目情况一览表

单位:万元

序号	项目名称	总投资	至2016年年底完成投资	2017年计划		1—12月进展情况			计划开工	责任单位
				投资	形象进度	投资	占年计划(%)	形象进度		
总计	共36项	1247329	222530	298108	0	261323	87.66			
新开工项目(19项)		474958	0	124000		94177	75.95			
1	浙江新篁竹叶标准提取物生物工程	57950	0	14000	完成基础工程	9000	64.29	桩基施工	8月	象山经济开发区管委会
2	宁波勤邦新材料二期项目	13500	0	10000	厂房主体结顶	10800	108.00	项目竣工完成,设备安装基本完成	8月	象山经济开发区管委会
3	宾霸里布和高档黑炭衬生产项目	10000	0	5000	完成基础工程	0	0.00	准备规划许可证办理	10月	象山经济开发区管委会
4	宁波永超印花中心	15000	0	5000	厂房主体建设	6100	122.00	1#、2#、3#主体基本完成	7月	象山经济开发区管委会
5	亚大汽车电子阀生产项目	10000	0	5000	完成厂房改造、设备安装	9300	186.00	一期完工;二期主体完成40%	3月	象山经济开发区管委会
6	华昊汽车饰件及电渡生产线二期项目	10000	0	5000	完成厂房改造、设备安装	5000	100.00	厂房改造完成,设备安装基本完成	3月	象山经济开发区管委会
7	弗凡导航主板生产项目	10000	0	5000	主体建设	3500	70.00	基础工程完成50%	6月	丹东街道办事处 象山经济开发区管委会
8	宁波合力汽车配件生产项目	10000	0	2000	完成桩基工程	6300	315.00	完工	10月	丹西街道办事处
9	恒劲联合盘扣式脚手架排架项目	14000	0	5000	一期厂房主体完成	0	0.00	施工图设计	5月	石浦镇政府
10	雅君迪音响器材项目	15000	0	8000	一期主体建设	1100	13.75	基础工程完成40%	8月	贤庠镇政府
11	紫程重型卡车项目	30000	0	8000	一期桩基施工	2300	28.75	完成贤庠2000平方米厂房装修和二次实地测试,滨海工业区厂房装修基本完成,购置设备	12月	贤庠镇政府

续表17

序号	项目名称	总投资	至2016年年底完成投资	2017年计划		1—12月进展情况			计划开工	责任单位
				投资	形象进度	投资	占年计划(%)	形象进度		
12	宁波启泽屋顶分布式光伏发电项目	90000	0	5000	完成装机容量8兆瓦	6597	131.94	完成1975户农户太阳能安装	2月	泗洲头镇政府
13	大中庄通用码头	22508	0	11000	完成桩基工程	6300	57.27	桩基施工	10月	象山经济开发区管委会
14	沪山影视基地建设项目	12000	0	7000	完成摄影棚建设	5200	74.29	完成内场搭建及配套绿化、停车场建设	3月	爵溪街道办事处
15	好年华影视基地建设项目	10000	0	3000	完成摄影棚建设	5000	166.67	完成1号、2号摄影棚配套建设	3月	爵溪街道办事处
16	中桥影视加工制造基地一期	10000	0	2000	主体建设	5500	275.00	完工	8月	新桥镇政府
17	大中庄基础设施建设	17000	0	4000	完成经三路地基处理，河道驳岸施工	4180	104.50	经三路地基处理完成10%	10月	象山经济开发区管委会
18	涂茨镇黄沙塘25MW渔光互补光伏发电项目	18000	0	10000	完成桩基工程，光伏板安装	2000	20.00	桩基施工	10月	涂茨镇政府
19	波威重工大型机械加工制造项目	100000	0	10000	启动部分改造	6000	60.00	进场道路施工，部分设备改造且试生产	10月	象山经济开发区管委会
	续建项目(17项)	772371	222530	174108		167146	96.00			
20	象山赛帆创业园	59800	4000	12000	完成基础工程及部分主体工程	12700	105.83	地下室混凝土浇筑基本完成	—	象山经济开发区管委会
21	日星大型风电装备项目(日星三期)	58000	3000	15000	完成铸造车间基础工程	600	4.00	结构设计方案确认	—	象山经济开发区管委会
22	象山输变电工程	29029	3000	23022	石浦变、柴溪变、檀头山变完工；白沙变4月份开工，土建工程完成，电气安装	20700	89.91	110千伏柴溪变竣工，110千伏石浦变土建基本完成，110千伏白沙变消防水池施工，35千伏檀头变配电装置楼结顶	—	县供电公司

续表17

序号	项目名称	总投资	至2016年年底完成投资	2017年计划		1—12月进展情况			计划开工	责任单位
				投资	形象进度	投资	占年计划(%)	形象进度		
23	宁波正源热电联产改扩建项目	46000	22599	10000	一炉一机投产(6号炉),3000平方米配套厂房建设	12422	124.22	主厂房完工,新增一炉一机工程竣工并网发电	—	爵溪街道办事处
24	西周小微企业集聚示范区	52000	25092	10000	14家企业基本完成厂房建设	10050	100.50	14家企业厂房基础建设完成75%,其中5家主体施工;公建部分6台变压器施工安装,集聚区内路灯基础施工,科研中心及食堂大楼中央空调外机吊装;政府投资标准厂房施工、监理招标公告发布	—	西周镇政府
25	宁波九龙紧固件项目	25000	23600	1400	完工	6100	435.71	完工	—	贤庠镇政府 象山经济开发区管委会
26	普思拓金属科技项目	12200	7020	5180	完工	6480	125.10	完工	—	贤庠镇政府
27	金汇精密制造项目	50000	8700	25000	一期完工	15825	63.30	完成一期主体工程,市政配套工程施工,设备购置	—	贤庠镇政府
28	鹤浦镇小微企业创业园	21000	11800	5000	3家企业厂房完工,2家企业厂房主体完成,市政道路完工	5300	106.00	金煜橡胶、安信钢丝、忠宏纸箱厂、广源船配完工;恒诺螺旋桨和万国船配主体厂房建设完成;园区内道路路基修建完成	—	鹤浦镇政府
29	鹤浦峙龙塘农光互补电站项目	24500	9000	15500	完工	16300	105.16	完工	—	鹤浦镇政府
30	宁波农发啦屋顶分布式光伏发电项目	200000	21500	20000	完成5000户光伏发电机组安装	29150	145.75	完成7175户太阳能光板安装	—	东陈乡政府
31	宁波利明人防及预制砂浆项目	10000	2600	7000	预制砂浆厂房主体完成,设备调试完毕	7000	100.00	完工	—	丹西街道办事处
32	宁波东顺电器电子元件生产项目	12000	3500	2500	一期厂房完工,二期争取动建	3313	132.52	一期工程竣工投产	—	爵溪街道办事处

续表17

序号	项目名称	总投资	至2016年年底完成投资	2017年计划		1—12月进展情况			计划开工	责任单位
				投资	形象进度	投资	占年计划(%)	形象进度		
33	城南高新创业园配套基础设施一期	66800	43040	5000	完成官河路等道路工程主体及其配套交通设施、路灯、绿化等工程	7000	140.00	城南高新创业园配套基础设施一期完工，环城西路等六条道路人行道工程完成验收，城南高新创业园北侧绿化工程完成	—	象山经济开发区管委会
34	仁义涂市政基础设施建设	73086	11499	8000	完成路基、平基工程	8400	105.00	路基基本完成堆载部分塘渣填筑，平基工程基本完成	—	象山经济开发区管委会
35	城东工业园河道生态建设项目	26256	21750	4506	完工	5006	111.10	完工	—	象山经济开发区管委会
36	门前塘园区污水处理厂	6700	830	5000	完成主体结构	800	16.00	桩基工程完成30%	—	石浦镇政府

表18

象山县2017年商贸金融线重点工程建设项目情况一览表

单位：万元

序号	项目名称	总投资	至2016年年底完成投资	2017年计划		1—12月进展情况			计划开工	责任单位
				投资	形象进度	投资	占年计划(%)	形象进度		
总计	共5项	139000	33707	40200		42018	104.52			
	新开工项目(1项)	15000	0	5000		6200	124.00			
1	戴维商业广场	15000	0	5000	完成主体二层	6200	124.00	地下室顶板施工	4月	石浦镇政府
	续建项目(4项)	124000	33707	35200		35818	101.76			
2	象山县地方储备粮库工程	20000	6610	4500	定塘粮库和石浦军粮站完工，西周粮库主体完工，贤庠粮库动建	4500	100.00	石浦军粮站和定塘粮库竣工验收，西周粮库主体结顶，象山北粮库开展可研报告审批	—	县商务局
3	象山县农村信用合作联社综合办公大楼	30000	3700	5000	主体三层施工	5015	100.30	主体一层施工	—	县金融办

续表18

序号	项目名称	总投资	至2016年年底完成投资	2017年计划		1—12月进展情况			计划开工	责任单位
				投资	形象进度	投资	占年计划(%)	形象进度		
4	申菱综合体项目	60000	17097	18000	商业地块主体结顶,住宅地块主体及配套设施施工	18603	103.35	商业综合体装修施工;住宅楼1#、2#楼内外砖砌体三层施工,3#、6#、7#楼主体结构验收,5#楼内外墙面抹灰施工,8#楼装修施工	—	石浦镇政府
5	西周昌明路商业精品街项目	14000	6300	7700	完工	7700	100.00	完工	—	西周镇政府

表19　象山县2017年农业水利线重点工程建设项目情况一览表

单位:万元

序号	项目名称	总投资	至2016年年底完成投资	2017年计划		1—12月进展情况			计划开工	责任单位
				投资	形象进度	投资	占年计划(%)	形象进度		
总计	共14项	1170402	208446	92271		73123	79.25			
	新开工项目(6项)	67955	0	24500		19937	81.38			
1	渔业船舶防台避风锚地改扩建工程	6459	0	2000	完成工程量20%	2000	100.00	应急通道主体及墩台桩基施工	8月	县海洋与渔业局
2	象山县下沈标准海塘维修加固工程	20000	0	5000	完成工程量30%	5000	100.00	土石方工程完成20%,三通一平等临时工程完工	5月	西周镇政府
3	鹤浦大河水环境整治工程(二期)	8100	0	2500	完成工程量30%	1200	48.00	进场施工	9月	鹤浦镇政府
4	泗洲头溪流域治理工程	9000	0	2000	完成河道整治2.4公里	0	0.00	开展招投标工作	10月	泗洲头镇政府
5	黄湾海塘维修加固工程三期	10000	0	3000	完成工程量20%	3000	100.00	临时道路建设500米,施工场地清理,2#新建水闸施工	5月	高塘岛乡政府
6	宁波市水产种业园区基础设施建设工程一期	14396	0	10000	完成工程量40%	8737	87.37	道路工程完成15%,排水河道完成70%	1月	县海洋与渔业局

续表19

序号	项目名称	总投资	至2016年年底完成投资	2017年计划		1—12月进展情况			计划开工	责任单位
				投资	形象进度	投资	占年计划(%)	形象进度		
续建项目(8项)		1102447	208446	67771		53186	78.48			
7	大塘港防洪排涝工程	10400	6400	2000	完成强大湾闸、库岸整治3公里	2000	100.00	强大湾主体工程完工,护岸工程主体施工	—	县水利局
8	宁波(象山)东部沿海防洪(潮)工程	794700	20000	20000	完成配套设施建设,主体工程开工	5188	25.94	一标施工道路完成33%,完成矿山环评和水土保持审批,修改完善农业围垦用海规划、初步设计和施工图设计(因海洋审批原因暂停)	—	东海湾开发建设管理中心
9	象山县道人山土地开发项目(象山道人山造地工程)	18462	12259	3000	一期完工,二期完成60%	3764	125.47	土地开发项目整体完成92.5%。其中一期(I标段)完工,二期项目(II标)完成93.5%	—	道人山围涂工程指挥部
10	石浦中心渔港和海岸带建设项目	16189	3695	10000	完成石浦港清淤工程,中心渔港工程完成70%	7830	78.30	陆域减排项目完成,中心渔港改扩建项目完成42%,石浦港清淤项目纳泥区施工	—	石浦镇政府
11	西周镇区防洪排涝工程	33000	20285	4000	完成淡港三期、下沈流域一期	4020	100.50	下沈流域一期及西周西闸拆建工程完工,淡港三期基本完工,杨岙溪小流域项目82%,河道清淤完成90%,西周小流域完成初步设计	—	西周镇政府
12	鹤浦水糊涂二期围涂工程	36100	23882	7000	基本完成主体工程	7112	101.60	Ⅰ标段主堤完成外侧镇压层块石理砌、埋石砼地梁、干砌石护坡、防浪墙基础砼,完成水闸闸室段,基本完成2#、3#、4#进场道路抛石填筑,1#临时码头完成95%;Ⅱ标段:主堤完成外海侧块石理砌、扭王块安装、干砌石护坡,完成闭气土方填筑、水闸工程施工,生活区房屋搭建完成,2#临时码头完成100%	—	鹤浦镇政府

续表19

序号	项目名称	总投资	至2016年年底完成投资	2017年计划		1—12月进展情况			计划开工	责任单位
				投资	形象进度	投资	占年计划(%)	形象进度		
13	高塘岛黄沙岙围涂工程	33596	31825	1771	完工	1772	100.06	完工	—	高塘岛乡政府
14	象山国际水产保税冷链物流基地	160000	90100	20000	2号冷库及附属车间工程主体施工，宿舍楼动建；码头及配套工程开展施工图设计	21500	107.50	生物车间完工，附属食堂完成装修，2#冷库桩基础施工完成5%，继续输电线路点位调整，码头工可报告已通过省海港委专家组论证	—	鹤浦镇政府

表20

象山县2017年文教卫线重点工程建设项目情况一览表

单位：万元

序号	项目名称	总投资	至2016年年底完成投资	2017年计划		1—12月进展情况			计划开工	责任单位
				投资	形象进度	投资	占年计划(%)	形象进度		
总计	共5项	92406	3005	23000		16136	70.16			
	新开工项目(4项)	52000	0	15000		8076	53.84			
1	象山电大迁建工程	9500	0	4000	主体施工	4500	112.50	主体一层完成	7月	县教育局
2	象山县集成学校	10000	0	3000	地下室施工	3000	100.00	完成桩基工程	10月	县教育局
3	石浦文体中心	18000	0	3000	桩基施工	0	0.00	初步设计修改	10月	石浦镇政府
4	黄避岙中央塘区块综合开发项目	14500	0	5000	完成中心小学迁建、公交场站，企业公寓楼主体建设	576	11.52	中心小学迁建工程、公交场站建设工程进场施工；企业公寓楼土地招拍挂	3月	黄避岙乡政府
	续建项目(1项)	40406	3005	8000		8060	100.75			
5	县中医院迁建工程	40406	3005	8000	完成部分主体一层	8060	100.75	住院楼地下室底板施工	—	县城投集团

表21

象山县2017年象保线重点工程建设项目情况一览表

单位：万元

序号	项目名称	总投资	至2016年年底完成投资	2017年计划		1—12月进展情况			计划开工	责任单位
				投资	形象进度	投资	占年计划(%)	形象进度		
总计	共3项	324800	28385	71950		81563	113.36			
	新开工项目(1项)	90300	0	8000		0	0.00			
1	东湾石场平山工程一期(航天科技城基础设施项目一期)	90300	0	8000	完成75万方石料开采	0	0.00	编制可行性研究报告	6月	象保合作区管委会
	续建项目(2项)	234500	28385	63950		81563	127.54			
2	航天智慧科技城公共设施一期	174500	3000	45000	生产力中心主体建设；市政基础设施完成路基堆载和河道护岸50%	46948	104.33	生产力中心桩承台完成80%，办公区、地下室钢筋绑扎完成，厂房区梁板浇筑完成40%；市政基础碎石垫层完成82%，排水板完成70%，塘渣堆载完成45%	—	象保合作区管委会
3	象保合作区邻里中心建设项目	60000	25385	18950	一期完工，二期装修施工	34615	182.66	完成土建竣工验收	—	象保合作区管委会

政协象山县委员会

综 述

2017年,是政协十届县委员会的开局之年。本届政协共有委员240人,设中共、无党派、共青团、总工会、妇联、工商联等17个界别组。县政协机关内设"一办五委",即办公室、提案委员会、经济科技和城建资源环境委员会、教文卫体和文史资料委员会、社会法制和港澳台侨委员会、委员工作委员会。在乡镇街道设丹东、丹西、爵溪和石浦、西周等18个联络工作委员会。县有省政协委员1人,市政协委员12人。县政协及其常委会在中共县委的坚强领导下,坚持以习近平新时代中国特色社会主义思想为指导,贯彻中共十八大、十八届历次全会和中共十九大精神,全面落实省市县党代会决策部署,团结依靠政协各参加单位和广大政协委员,牢牢把握团结和民主两大主题,提高政治站位,紧扣发展大局,倾情履职惠民,为加快建设宁波现代化滨海城区做出努力。

全体会议 常委会议 主席会议

【县政协十届一次会议】 政协第十届县委员会第一次会议,于2017年2月13日至2月16日在黄金海岸大酒店召开。出席委员240人,列席142人。在象省、市政协委员,县政协历届秘书长以上老领导、县级机关各部门和县政协各镇乡(街道)联络工作委员会副主任(联络员)等列席会议。第一次全体会议分别听取了九届县政协主席白国璋和副主席欧亚群所作的常委会工作报告和提案工作报告。第二次全体会议上,11位政协委员代表各自的界别组、联委会,围绕工业转型升级、全域旅游发展等中心工作以及社会关注的热点、焦点问题作参政议政专题发言。县委副书记、县长黄焕利肯定委员们的发言,要求有关部门研究解决。第三次全体会议进行大会选举,通过《选举办法》和总监票人名单。选举俞骏为政协第十届县委员会主席,欧亚群、周平飞、叶富兴、励茂平、莫俶茜为副主席,翁英豪为秘书长,选举产生王晓、叶国栋、叶维琴、史丹丹、史静波、包荣升、吕彤、吕伟宏、朱爱春、沈颖洪、宋松、宋厘国、张日成、张西平、张明珠、张承志、陆振一、陈子敏、陈明吉、林平安、林盛旻、周文、周虹、周礼胜、周华琴、周姣华、郑辉、胡玲英、洪佩平、莲智、徐辉、徐贤国、翁华清、翁雅丹、黄庆宏、董雪兰、谢彩娟、赖伟杰、潘安平、潘国昌等40名常务委员。第四次全体会议听取县委书记叶剑鸣代表中共县委所作的重要讲话;通报大会期间提案收集和初审情况;通过县政协十届一次会议决议。在该次大会期间,委员们还分组审议政协常委会工作报告和提案工作报告,列席县十八届人大一次会议,听取和协商讨论《政府工作报告》及其他有关报告。

【县政协十届一次常委会议】 2月16日召开,县政协主席俞骏主持会议。会议通过十届县政协机构设置的议案。通过县政协副秘书长、各委办正副主任、各界别组正副组长、各镇乡(街道)联络工作委员会主任的任命和各专委会、联委会组成人员名单。通过关于政协各专委会对口联系界别及联委会的安排决定。通过2017年工作要点和行事历。通报十届县政协主席、副主席、秘书长工作分工和政协各镇乡(街道)联络工作委员会副主任的任命决定。

2017年2月13日,县政协十届一次会议召开

【县政协十届二次常委会议】 6月29日召开，举行以“社会保障”为主题的协商交流会，县政协副主席欧亚群主持会议。18名政协委员围绕社会保险、养老服务、社会救助、残疾人权益保障、扶贫开发、慈善公益等六方面问题，与县人力社保局、县民政局、县农办、县残联、县慈善总会、县红十字会负责人进行了面对面的协商交流。副县长华弼天出席会议并讲话。

【县政协十届三次常委会议】 8月9日召开，县政协主席俞骏主持会议。县委副书记、县长黄焕利通报全县上半年经济社会发展情况，县政府办公室作关于县政协十届一次会议以来委员提案办理情况的报告。吕伟宏、黄庆宏等常委就产业发展、平台打造、项目建设等方面作了议政发言。通报县政协上半年工作情况，通过县政协相关规章制度和有关人事任免事项，传达学习习近平总书记“7·26”重要讲话精神。

【县政协十届四次常委会议】 10月25日召开，就“优化工业营商环境”重点调研课题进行参政议政。县委副书记、县长黄焕利出席会议并讲话，县政协主席俞骏主持会议。县政府办、科技局、财政局、审管办、教育局、发改局、规划管理中心、交通运输局、经信局、象山经济开发区管委会主要负责人参加。县政协经科委、教文卫体委、委员工委课题组围绕优化工业营商环境，就完善县公共技术服务平台、加快完善经济开发区基础设施配套、改善工业审批服务环境等作课题调研成果报告。传达学习中共十九大会议精神，通过有关人事任免。

【县十届政协主席会议】 2017年，十届县政协共举行主席会议12次。汇总如下：

表22　　2017年度十届县政协主席会议情况一览表

时　间	会　次	会议主要情况
2月21日	第一次主席会议	县政协主席俞骏主持会议。研究部署2017年度政协工作，讨论通过政协工作责任分解，布置近期工作，启动相关课题调研
3月13日	第二次主席会议	县政协主席俞骏主持会议。审议县政协十届一次会议提案相关情况，确定五件提案为重点提案，明确重点提案督办分工。听取县环保局关于剿灭劣Ⅴ类水行动工作情况的通报，讨论通过《象山县政协“五水共治”专项集体民主监督暨“干、查、督”大行动实施方案》和《关于建立协商恳谈会制度的实施意见》
4月21日	第三次主席会议	专项视察棚户区改造工作情况。县政协主席俞骏讲话，副主席叶富兴主持会议。实地视察塔山路、青草巷等棚改区块，县棚改办、县规划管理中心负责人作县棚改工作的相关情况通报，叶国栋、汪海月、郑松才、刘长军、陈孝林、王亚玲、王惠等与会委员围绕推进县棚户区改造工作，提出加强规划统筹、注重投入产出、加快项目建设等建议。副县长周坚栋出席会议并讲话
5月26日	第四次主席会议	就整合提升县基层社会治理网格化管理水平进行专项议政。县政协主席俞骏讲话，副主席莫俶茜主持会议，听取县委政法委关于县网格化社会管理情况的通报，县政协社法委课题组作完善网格化管理的专题议政发言，孙嘉国、郑颖、陈孝林、汪剑军、黄恩荣、杨根祥、俞晓圆、叶维琴、姚辉等与会委员针对网格化管理中存在的问题，提出深化网格建设、加大事务整合、加强平台支撑、完善考核管理、建设专职化队伍等意见建议。县委副书记、政法委书记孙小雄出席会议并讲话
8月11日	第五次主席会议	围绕破解建筑业发展难题进行专项议政。县政协主席俞骏讲话，副主席周平飞主持会议，听取了县建筑业管理局关于县建筑业发展情况的汇报，县政协经科委课题组作破解建筑业难题的专题议政发言，姜乐平、周姣华、林盛旻、宋祖益、洪雁、俞海江、王惠等与会委员从加强税务筹划、创新融资方式、促进企业精细化管理、推动建筑工业化等提出意见建议。副县长周坚栋出席会议并讲话
8月17日	第六次主席会议	专项视察“最多跑一次”改革举措落实情况。县政协主席俞骏讲话，副主席莫俶茜主持会议。实地视察墙头镇便民服务中心、县行政服务中心，听取县编委办、县审管办相关工作介绍。社法委课题组作专题议政发言，翁雅丹、励成、陈孝林、周密益、陈孝敏、林雅等与会委员就推进“最多跑一次”改革工作建言献策，提出整合审批事项、深化难点事项改革、优化网上办理等针对性改进建议。副县长卢飞出席会议并讲话

续表22

时 间	会 次	会议主要情况
9月4日	第七次主席会议	就推进县“双下沉、两提升”工作进行专项议政。县政协主席俞骏讲话，副主席励茂平主持会议。县卫计局作关于县“双下沉、两提升”工作的汇报，县政协教文卫体委课题组作专题议政发言，王晓、周密益、吕彤、戴天刚、陈春静、宋厘国等与会委员提出了整合基层优质医疗资源、加强与上级医院合作、建立下沉专家考评体系、重视本土化医疗人才培养等意见建议。副县长钮晶莹出席会议并讲话
9月19日	第八次主席会议	就县政协十届一次会议重点提案办理落实情况进行专项议政。县政协主席俞骏讲话，副主席欧亚群主持会议。县政府办作关于加快精品民宿建设、加强农产品种植流通环节农药残留检测、完善工业园区配套设施和公共服务、提高火灾防范和救生能力、加强心理健康教育与促进工作等5件重点提案办理情况的汇报。徐贤国、吕彤、俞晓圆、叶维琴等与会委员提出了加强乡村旅游安全监管、扩大农产品农药残留检测范围、提升工业园区公共交通服务能力、加大市民消防安全培训力度、加强心理咨询师队伍建设等意见建议，促进重点提案建议落实。县委常委、常务副县长陈兴立出席会议并讲话
9月22日	第九次主席会议	就《象山县域总体规划(2018—2035年)》编制和“多规融合”情况进行专题协商。县政协主席俞骏主持会议并讲话。县规划管理中心作关于《象山县域总体规划(2018—2035年)》编制和“多规融合”情况的介绍说明。蔡海江、张立宏、陆振一、王惠、吴攀、田领土、金从标、洪健、项跃波、励成等与会委员提出县域总体规划要优化中心城区功能布局、加强基础设施建设、注重古建筑保护利用等建议
10月20日	第十次主席会议	就县重点工程建设情况开展知情性视察。县政协主席俞骏讲话，副主席周平飞主持会议。实地视察县客运东站、宁波永超印花中心、丹大线产业区至大徐汤家店段改建工程等项目，县发改局作有关重点工程建设情况介绍。黄刚、蔡海江、陈孝林、张西平、田领土、赖磅茫、洪健、俞海江、王惠等与会委员提出在重点工程建设中发挥法律顾问作用、对引进项目做好后续配套服务、建立常规性设备询价数据库等意见建议。副县长周坚栋出席会议并讲话
9月28日	老城区改造规划专题协商主席会议	就县老城区改造规划进行专题协商。县政协主席俞骏主持会议并讲话。县规划管理中心作有关老城区改造规划情况介绍。与会人员建议老城区改造规划要找准老城区定位，注重历史文化传承，融入新兴元素，完善基础设施，优化老城区功能布局
11月15日	棚户区改造工作专题协商主席会议	就县棚户区改造工作情况进行专题协商。县政协主席俞骏主持会议并讲话。县住建局作有关棚户区改造工作情况介绍。与会人员从棚改工作实际出发，提出了做好基础配套设施、提前谋划解决后续安置房源、抓紧棚改区块清零工作、加快拆迁区块建设等意见建议

协商恳谈会

【第一次协商恳谈会】 4月28日召开，围绕全县党风廉政建设情况开展协商恳谈。县政协主席俞骏主持会议，县委常委、纪委书记、监察委员会主任胡杰作关于全县党风廉政建设和监察委员会工作情况的通报，7名与会人员围绕主题发言提问，县纪委相关负责人就委员提问作了详细解答。

【第二次协商恳谈会】 5月12日召开，专题就石鹤汽渡班次安排情况开展协商恳谈。县政协主席俞骏主持会议，鹤浦镇、县港航局、县轮渡公司相关负责人参加会议。围绕汽渡班次安排，委员们建议增加高峰时段汽渡班次、缩短间隔时间、延长晚间汽渡运行等，满足海岛群众的出行需要。县港航局、县轮渡公司相关负责人详细解答委员提出的问题，表示将根据实际情况，结合委员建议，适时调整汽渡班次。

【第三次协商恳谈会】 7月24日召开，专题就城市书房布点情况开展协商恳谈。县政协副主席励茂平主持会议，县政协教文卫体委组织协商。县政府办、文广新局、教育局、规划管理中心、财政局、房征办、机关事务局及石浦镇、鹤浦镇等相关负责人参加会议。县文广新局作关于县全民阅读“书香象山”建设三年行动计划及“城市书房”和“乡镇书吧”建设工作情况的介绍。政协委员与相关单位负责人就增设城市书房布点情况进行交流协商，并就加快推进“城市书房”和“乡镇书吧”布局，做好全县首家“乡镇书吧”试点建设等达成共识。

【第四次协商恳谈会】 7月27日召开，专题就“松兰山景区门票及品质提升事宜”开展协商恳谈。县政协主席俞骏参加会议并讲话，副主席莫俶茜主持会议，县政协社法委组织协商。县大目湾开发管委会、县松兰山旅游度假区管委会、县松兰山旅游开发有限公司、黄金海岸大酒店、海景大酒店和心海度假村相关负责人参加会议。与会委员建议抓住国家级旅游度假区创建和亚运会帆船(帆板)运动基地建设机遇，着力加强松兰山景区建设、引进专业力量新建或改造提升酒店、丰富景区旅游业态和体验项目、调整优化门票收费等。县松兰山旅游度假区管委会、县松兰山旅游开发有限公司负责人就相关问题进行了详细解答说明，表示对委员建议将结合实际实施，提升松兰山景区品质。

【第五次协商恳谈会】 9月11日召开，专题就城区健身休闲步道建设情况开展协商恳谈。县政协主席俞骏参加会议并讲话，副主席欧亚群主持会议，县政协提案委组织协商。县政府办、县住建局、县教育局、县文广新闻出版(体育)局、县财政局、县规划管理中心相关负责人参加会议。与会委员建议以全域旅游示范县和省园林城市创建为契机，完善城区健身步道及设施建设，更好满足群众健身需求，提升居民生活品质。相关部门负责人对委员提出的相关问题及建议进行了详细解答说明，表示在城区休闲健身步道、绿地公园规划建设、东谷湖等重点区域环境打造、小区游步道谋划、学校运动场所开放等问题上将采纳委员意见建议，完善休闲健身步道，更好满足群众的需求。

【第六次协商恳谈会】 12月7日召开，专题就改善中心城区生活垃圾中转站扰民问题开展协商交流。县政协副主席周平飞主持会议，县政协经科委和委员工委组织协商。与会委员围绕改善中心城区生活垃圾中转站扰民问题，提出加强除臭设备配备、加快站点设施建设、改进环卫作业方式、科学规划新建项目、加强宣传引导等意见建议。县综合行政执法局及县环卫处相关负责人就相关问题及建议进行解答说明，表示将在改进作业方式、改造设备设施、减少垃圾臭气、降低作业噪音等方面采纳委员意见建议，提升城市形象，改善居民生活品质。

“象山政协·崇学讲堂”

【第一期崇学讲堂】 4月28日，“象山政协·崇学讲堂”正式开讲。邀请中国人民政协理论研究会常务理事、中国政协《理论研究》杂志执行主编原冬平作专题讲座。县政协主席俞骏主持讲座。原冬平围绕学习贯彻习近平总书记在庆祝人民政协成立65周年大会上的重要讲话和关于人民政协工作的新思想新论断，从准确把握好人民政协的性质定位、发挥好政协专门协商机构的作用、切实运用好人民政协的话语权三个方面进行阐述和解读，并对政协委员如何履行好职责、发挥好作用提出了指导意见。

【第二期崇学讲堂】 7月10日举行，邀请浙江省社科联党组书记、副主席盛世豪就学习贯彻省第十四次党代会精神作专题讲座。县政协主席俞骏主持讲座。县政协委员、县各民主党派基层组织成员、统战社团理事以上成员等参加讲座。盛世豪从全面认识过去五年发展成就、牢牢把握报告主线内涵、深刻认识“两个高水平”、坚持“四个强省”工作导向、准确领会“六个浙江”的具体目标等方面，对省第十四次党代会精神作了全面阐释。

【第三期崇学讲堂】 9月22日举行，邀请县政协常委、县住建局副局长、县“五水共治”专家组组长潘国昌以“全面剿灭劣V类水”为主题作专题报告。县政协副主席周平飞主持讲座。潘国昌运用国内外河道治理和生态修复的成功案例，就水环境质量改善目标、河道水质治理、河流生态修复等三方面内容作详细介绍，为各监督小组推进剿灭劣V类水专项民主监督工作提供了指导。

【第四期崇学讲堂】 12月1日举行，邀请宁波市委党校副校长、教授郑湘娟作中共十九大精神专题辅导。县委常委、统战部长陈爱武主持讲座。县政协委员，在象省、市政协委员，县各民主党派基层组织成员、统战社团理事以上成员等参加讲座。郑湘娟紧扣中共十九大报告原文，通过中外横向和历史纵向比较，从中国特色社会主义进入新时代的主要依据、基本内涵、伟大意义、习近平新时代中国特色社会主义思想的历史地位和丰富内涵等方面，深入浅出地对中共十九大提出的新时代、新思想、新征程等概念作了系统深刻的解读。

2017年12月1日，第四期“象山政协·崇学讲堂”中共十九大精神专题讲座

协商议政 民主监督 提案工作

【协商议政】 十届一次会议期间，围绕县委、县政府中心工作，聚焦事关全县经济社会发展的重大问题，组织委员就工业经济、全域旅游、滨海城区建设等议题开展协商建言，提出完善工业园区配套设施、推动建筑业转型发展、提升松兰山景区品质等意见建议86条，形成《象山县政协十届一次会议协商纪要》报送县委、县政府，促进全会协商成果的转化和落实。各界别组、联委会就加快推进县中小企业转型升级、加大闲置土地利用力度、打造“竹乡古村”山区特色旅游精品线等11个议题进行大会参政议政发言，提出建设性意见建议。县党政领导到会听取委员发言，及时批转落实，促进了建议转化。

【“五水共治”专项民主监督】 3月22日，组织委员参加由省政协召开的聚焦全面剿灭劣V类水，深化开展“三级政协联动、万名委员同行、助推‘五水共治’决战治污水、大战防洪水排涝水”专项集体民主监督动员会暨“干、查、督”大行动启动仪式视频会议。会后，制定形成《象山县政协“五水共治”专项集体民主监督暨“干、查、督”大行动实施方案》，抽调100多名省市县政协委员分6个民主监督组、下设18个监督小组，对2个县控断面、114个劣V类小微水体和100多个“污水零直排区创建”建设项目进行专项监督。6个民主监督组分别在主席、副主席的带领下赴各乡镇(街道)开展剿灭劣V类水专项民主监督活动。据统计，各监督组累计开展专项监督90余次，提出意见建议120余条。梳理形成《妥善处置乡镇垃圾中转站垃圾压榨液的建议》《象山县建筑泥浆违法排放的情况反映》《民宿(农家客栈)生活污水处理的建议》等5篇建议，以《专项民主监督专刊》形式报送县委、县政府，均得到县委、县政府主要领导批示。

【“深化婚丧礼俗整治”专项民主监督】 9月26日，县政协提案委组织开展“深化婚丧礼俗整治”专项民主监督。县政协副主席欧亚群参加会议。县文明办作关于县婚丧礼俗整治工作情况介绍。与会委员提出了加强部门联动、发挥红白理事会作用、遏制人情礼金、推行生态墓葬、加强宣传教育、建立长效机制等意见建议。县委宣传部、民政局等部门负责人就有关问题进行解释说明。县委常委、宣传部部长罗来兴参加会议并就工作具体部署。

【“美丽集镇建设”专项民主监督】 7月初，县政协经科委组织委员调研县小城镇环境综合整治(美丽集镇建设)推进情况。9月8日，与县住建局、县规划管理中心、县卫计局、县供电局、县广播电视台等进行协商交流。县政协副主席周平飞参加会议，与会委员提出加强规划设计引领、精准实施“6+1”工程、挖掘当地自然和文化资源、建立长效管理机制等意见建议，助推美丽集镇建设加快推进。

【“网络监管”专项民主监督】 11月3日，县政协社法委组织侨联和特邀界别组委员，实地视察象山港新闻中心门户网站和公安局网警大队网监管理中心，详细了解当前县网络监管执法的总体情况，与相关部门开展座谈交流。与会委员建言，提出要加强内控体系建设、加强微信及网络公众号等新媒体监管、加大对网络电信诈骗等违法行为打击力度等建议。县网信办、县公安局、县新闻中心相关负责人就有关问题进行交流说明。

【“民工子弟学校办学情况”专项民主监督】 4月19日，县政协教文卫体委组织委员视察启力学校、社会职业学校及集成学校地块建设情况，与县教育局开展座谈交流。县政协副主席励茂平参加会议，与会委员针对外来务工人员子女就读需求和民工子弟学校的办学压力，提出要完善教育规划布局、加大财政支持力度、提高民工子弟学校办学质量、引导和鼓励多方参与民办教育等建议。

【城乡生活垃圾分类工作视察】 6月8日，县政协提案委组织部分政协委员对城乡生活垃圾分类工作情况开展知情性视察。县政协主席俞骏，副主席欧亚群参加视察活动。委员们实地视察了墙头镇厨余垃圾处理站、盛王张村、丹西街道墙头小区、城区厨余垃圾处理站，听取了县农办、县综合行政执法局相关工作介绍，并就推进城乡生活垃圾分类工作建言，提出了理顺工作机制、加强源头分类指导、完善终端处置设施、加大宣传引导力度等意见建议。副县长周坚栋，县农办、县综合行政执法局、县住建局、丹东街道、丹西街道负责参加活动。

【社区居家养老服务平台建设视察】 8月25日，县政协社法委组织妇联界别组委员赴丹东街道塔山社区、丹西街道新建社区、石浦镇九市曲社区等开展居家养老服务平台建设专题视察，听取县民政局、丹东街道、丹西街道等情况汇报，了解社区干部和居民对居家养老服务平台的情况反映，形成《关于加快县社区居家养老服务平台建设的意见》参政议政材料，及时向县委、县政府和有关部门反映，助推民生工作改善。

【创建全国文明城市和省文明县工作视察】 10月23日，县政协教文卫体委组织部分委员对县创建全国文明城市和省文明县工作情况开展专题视察。县政协副主席励茂平参加活动。委员们实地视察了丹东街道下半河村、丹桂花园住宅小区、蓬莱菜市场、新花卉市场、水果批发市场和木材市场等地的环境整治管理情况，与相关部门进行座谈交流，听取县委宣传部文明办关于县创建全国文明城市和省文明县工作的情况介绍。就规划引领、基础配套、宣传氛围、部门联动、市民素质、长效机制等方面提出建议意见。县商务局、县市场监管局、县卫计局和丹东街道、丹西街道等负责参加活动。

【少数民族工作情况视察】 10月27日，县政协社法委组织民族宗教界别组委员对少数民族工作情况开展知情性视察，县政协副主席莫俶茜参加活动。委员们赴晓塘乡实地走访了少数民族居家地和创业基地，听取了县民宗局、晓塘乡等情况介绍，详细了解县少数民族群众的生产生活情况和相关涉及少数民族的组织和载体运行状况，并提出加大对少数民族扶持、深度挖掘少数民族文化等意见建议。

【中小学（幼儿园）食堂管理工作视察】 12月22日，县政协社法委组织民族宗教界别组委员对县中小学（幼儿园）食堂管理工作开展调研，县政协副主席莫假茜参加活动。委员们听取了县教育局有关情况介绍，实地走访察看了丹城五小、文峰学校食堂就餐场地、烹调间等卫生状况，详细了解午餐菜品、食材原料等质量情况，仔细询问从业人员持证、培训等相关情况，并对学校食堂菜品品种、饭菜保温等方面提出了意见建议。

【提案工作】 县政协十届一次会议以来，县政协坚持"提得准、办得好、见实效"的提案工作思路，做好新一届委员提案撰写培训指导，依托新闻媒体、网络媒介等广泛征集提案线索，共收到提案219件。其中，全会期间提案214件，闭会期间提案5件；集体提案52件，委员提案167件。经审查，立案215件，撤案2件，转信访2件，并案处理后191件。确定《关于完善工业园区配套设施和公共服务的建议》《关于加快象山精品民宿建设的建议》《关于加强农产品种植流通环节农药残留检测的建议》《关于加强心理健康教育与促进工作的建议》《关于提高火灾防范和救生能力的建议》等5件重点提案，由县委、县政府领导领衔面商、县政协副主席分工督办，主席会议开展专项议政，推动精品民宿、消防安全保障等热点问题逐步解决。确定重要提案34件，办理答复前均与委员面商沟通，取得良好协商成效。建立与县政府督查部门联合督办机制，协同检查并定期通报承办单位办理进度，对A、B类提案承诺答复事项开展"回头看"，对12家承办大户进行联合督查，推动主办单位答复承诺事项的落实。提案所提意见和建议解决或基本解决的37件（A类），占17%；正在解决或列入计划拟解决的163件（B类），占76%；因条件限制暂时难以解决（C类）或留作参考的（D类）15件，占7%。

对口协商

【智慧旅游对口协商】 8月25日，县政协经科委就智慧旅游建设与县旅委、县大目湾开发管委会、宁波影视文化产业区管委会、县石浦渔港开发管委会、县旅游集团等单位进行了对口协商。县政协副主席周平飞参加协商。委员们提出将智慧旅游建设纳入象山全域旅游建设总体规划、加强部门统筹联动、广泛调动社会资本参与建设、打造智慧旅游核心景区等建议。会后，整理形成《关于加快推进象山智慧旅游建设的对口协商建议》。

【南田县署修复工程项目对口协商】 5月初，县政协教文卫体委组织部分政协委员调研南田县署修复工程建设相关情况调研，帮助搜集南田县署相关文史资料。5月15日，与县文广新局、鹤浦镇等单位进行对口协商，县政协副主席励茂平参加协商，6位委员围绕南田县署修复工作建言献策。

【人才公寓后续政策对口协商】 6月初，县政协社法委组织共青团界别组委员调研人才公寓建设和政策相关情况。6月26日，与县人才办、人力社保局、住建局、财政局和城投集团等单位进行对口协商，县政协副主席莫假茜参加协商，5位委员建言人才公寓工作，提出扩大政策享受对象范围、增加人才公寓供给、实施人才住房货币安置、方便人才申购置换房产等建议，形成《关于县人才公寓后续政策的对口协商建议》。

界别与联委会工作

【界别工作会议】 9月21日召开，县政协主席俞骏参加会议并讲话，副主席周平飞主持会议。无党派、总工会、教育、社会科学和社会福利与社会保障、经济等界别组，其他界别组作书面交流。全面总结界别工作成效，明确界别工作重点，注重发挥界别特色作用。

【联委会工作会议】 9月7日召开，县政协主席俞骏参加并作讲话，副主席周平飞主持会议。政协丹东街道、石浦镇、西周镇、鹤浦镇、泗洲头镇、黄避岙乡等6个镇乡（街道）联委会作交流发言，总结联委会工作成效，厘清联委会工作职责，明确履职重点，助推区域发展。

【界别活动】 界别组着眼自身优势，注重发挥界别特色，组织开展丰富多彩的界别活动。围绕"促进建筑业转型发展""整合提升社会治理网格化管理水平"、推进医疗卫生"双下沉、两提升"等课题开展深入调研，建言献策，发挥界别集体作用。以界别名义开展课题调研22次，组织专题视察监督38次，开展社会服务活动23次，撰写提案18件，反映社情民意信息65篇。

【联委会活动】 联委会坚持以助推区域发展为重点，以联片活动为载体，组织开展专题学习培训、专项民主监督、调研视察等活动，在助推剿灭劣V类水、"最多跑一次"改革、重点工程推进、村民说事等专项工作中作为，为服务经济社会发展发挥独特作用。共组织专题调研和视察活动86次，联片活动15次，开展爱心救助等公益活动26次，撰写提案35件，反映社情民意信息112篇。

联谊 文史 宣传

【政协委员"走基层、办实事"服务月活动】 9月27日，启动政协委员"走基层、办实事"服务月活动。累计开展送科技、送医药、送文化等活动10次，服务群众800余人次，发放各类宣传资料1200余份。农业界别组委员到定塘镇开展"送农业科技下乡"活动，县政协常委、高级农艺师、柑橘种植技术专家陈子敏在定塘镇举办"红美人"栽培技术讲座，赴精创家庭农场进行现场技术指导，为种植户答疑解惑。医药卫生界别组和科协界别组委员到高塘岛乡江北村、鹤浦镇敬老院开展"送医送药下乡"活动，开展常规身体检查、疾病预防宣传、免费发放常用药品等。妇联界别组、社会科学和社会福利与社会保障界别组委员在涂茨镇开展"送文化下乡"活动，县政协委员盛红娣作"如何与孩子共同幸福成长"讲座，发放相关书籍及光盘。同时，文体艺术和新闻出版界、教育界等和镇乡(街道)联委会也相继开展了送教下乡、扶贫帮困等各类服务活动。

【中秋茶话会】 9月30日，县政协、县委统战部联合举办"喜迎十九大·共话新发展"2017年中秋茶话会，县政协主席俞骏出席并致辞，县委常委、统战部部长陈爱武主持会议。在象省、市政协委员，县政协常委、界别组长、联委会主任、部分委员代表，县各民主党派基层组织、工商联负责人，无党派人士代表，台胞台属、归侨侨眷、归国留学人员、民族宗教界人士、民营企业家代表等社会各界人士参加茶话会，增进社会各界人士的联络联谊。

《伏季休渔背景下象山渔产品供给侧改革的几点建议》《关于县人才公寓后续政策的对口协商建议》等6期得到县委、县政府领导批示，其中县委书记批示4期，县长批示3期。共编发《社情民意》21期，《关于保护河塘鱼类生物的建议》《关于缓解象山中心菜市场停车难问题的建议》《旧城拆迁工作凸现的社会现象亟需引起关注》《关于适时增加石鹤汽渡班次的建议》《关于重视和解决瓶装燃气有关问题的建议》《关于加强农村家宴厨师管理的建议》《关于加强非机动车辆运行和停放管理的建议》《关于规范养殖户使用农药清理滩涂行为的建议》《关于新增中心城区公交线路的建议》等9期得到县委、县政府领导批示，其中县委书记批示4期。共编发《五水共治专项民主监督专刊》5期，《关于民宿(农家客栈)生活污水处理的建议》《关于推进城乡

2017年9月30日，县政协办、县委统战部联合举办县各界人士中秋茶话会

【《参政议政》《社情民意》《五水共治专项民主监督专刊》发挥畅通渠道作用】 全年共编发《参政议政》14期，《棚户区改造工作专项视察意见》《关于加强渔业安全生产监管的建议》《关于发挥民间救援组织作用的建议》《生活垃圾分类知情性视察意见》

生活污水截污纳管的建议》《关于县建筑泥浆违法排放的情况反映》《关于妥善处置乡镇垃圾中转站垃圾压榨液的建议》《关于整治农村溪坑洗衣污染的建议》等5期得到县委、县政府领导批示，其中县委书记批示3期，县长批示1期。

【《象山政协》发挥宣传窗口作用】 《象山政协》刊物以"立足政协、面向社会、服务经济、宣传象山、交流工作"为宗旨，成为反映象山政协的一个窗口。2017年，《象山政协》共刊发6期，每期发行300余册，得到委员和读者的好评。

【"委员视角""政协视线"发挥媒体监督作用】 为加强媒体监督，扩大对政协及政协委员的宣传，2017年，县政协对县内主流媒体的合作栏目进行了更名和改版。将《今日象山》的"民情热线"改为"委员视角"，突出监督性；将象山电视台的"政协视线"进行改版，延长栏目时间，扩大界别、联委会及政协委员的宣传。全年共刊发《委员视角》14期，播放《政协视线》12期，反映的不少问题及建议得到政府相关部门重视。

【对外宣传加强】 加强政协对外宣传工作，及时反映政协及政协委员的工作动态，展示在政治协商、民主监督、参政议政的特色和亮点工作。在《人民政协报》《联谊报》《宁波政协》等媒体上发表政协新闻宣传稿23篇，是往年刊发数量的3倍，其中《恳谈会上的民生温度》在省政协《联谊报》头版头条刊发；在县级以上媒体上报道政协有关活动60余篇，提升了政协社会影响。同时建立微信群，微信公众号，全年推送微信48篇。

【注重文史拾遗补阙】 县政协文史委按照亲历、亲见、亲闻"三亲"要求，贯彻"存史、资政、团结、育人"方针，稳定文史工作队伍、加强文史资料员和信息员队伍建设，开展文史资料的收集、整理和编辑出版工作。一是编撰出版《明清时期象山海防》书籍。召开征集文稿、收集史料座谈会和编审会议，在《今日象山》刊登征集启事，走访县人武部、县志办、部分乡镇等，查阅县档案馆和文管会有关档案资料，引用、借鉴和参考了《中国军事通史，明代军事史》、民国《象山县志》《象山县军事志》《南田县志》《宁波明清海防研究》《石浦镇志》等30余本书目、文集，实地踏勘有关历史遗迹，收集梳理象山明清海防遗迹，完成编撰任务。二是征集古村落楹联材料。整理收集东门渔村、东陈村、溪里

方村等古村落楹联，完成《浙江古村落楹联集萃》的征集任务。三是加强文史交流宣传。发掘收集元末明初高僧楚石梵琦禅师研究资料，参与楚石梵琦禅师文化交流活动。在《浙江文史资料》刊物上宣传县文史工作成效和经验，做好对外文化宣传与交流，宣传县特色资源，提升象山历史悠久、代有名流、文化底蕴深厚的文化大县形象。

【联谊团体作用发挥】 县政协之友联谊会开展学习畅谈活动12次，学习中共十九大、习近平总书记系列讲话精神以及国内外重大形势等，累计参加170余人次；开展半边山旅游度假区、美丽乡村建设、中小企业发展、古民居保护利用、爵溪学校教育等考察调研活动10余次，建言献策；共反映社情民意信息7篇，参政议政材料3篇，其中被县政协录用社情民意3篇，其他文章3篇，得到县领导批示3篇。县政协书画院开展专题创作，为县政协十届一次会议召开营造了热烈气氛；主办“喜迎十九大，书画添光彩”县政协书画院书画作品展，喜迎十九大的召开；与县直机关党工委、象山经济开发区管委会联合举办“书传统家规、扬清风正气”全县机关干部家规家训书画大赛，引导广大机关干部廉洁齐家、涵育清风正气；与兰州安宁等地开展对外书画交流活动；纪念书画院成立30周年，编印《象山县政协书画院会员作品集》。缨溪诗社编印《缨溪风》2016—2017年作品年鉴；举办大塘港诗会、首届原则诗歌作品征集比赛、“美丽松兰山”诗歌征文大奖赛等活动，搭建创作平台，丰富作品创作。每逢周日举办传统诗词培训讲座，让传统诗词走进平常的生活；设立“缨溪诗词文化讲堂”，举办古典诗词吟诵、诗人的主体精神与当代诗词创作欣赏漫谈等为主题的缨溪诗词文化讲堂，扩大诗词文化宣传。

民主党派 社会团体

民主同盟象山支部

【概况】 截至2017年12月,民盟县基层委员会共有盟员67人,其中博士后1人,在读博士2人、硕士10人,正高职称9人,副高职称27人。在原有20人担任市县人大代表政协委员的基础上,2017年新增1名浙江省政协委员。2017年新增王森栋、钱豪和翁立东等3名盟员。省级劳模2人,市级劳模1人,省市级个人工作室3个。民盟县基层委员会获得2016—2017年度宁波市盟务工作先进集体以及“不忘合作初心、继续携手前进”专题教育活动先进集体等荣誉。陈荣、马绪巍和王李渊等三位盟员被评为2016—2017年度优秀盟员。

【民盟县基层委员会第一届第二次会议】 3月10日,民盟县基层委员会第一届第二次会议召开。县委常委、统战部部长陈爱武,民盟宁波市委员会专职副主委郭强,县人大常委会副主任、民盟县基层委员会主委胡建萍参加会议。会议总结了2016年度工作,部署安排2017年盟务工作,表彰各类先进,传达学习中共十八届六中全会和县第十四次党代会精神及民盟宁波市委员会关于开展“不忘合作初心、继续携手前进”专题教育实施方案。

【专题教育活动】 5月11日,民盟县基层委员会教育支部盟员一行18人在县人大常委会副主任、民盟县基层委员会主委胡建萍的带领下,赴嘉兴开展“不忘合作初心、继续携手前进”专题教育活动。胡建萍主委一行参观了全国盟员思想教育基地——沈钧儒纪念馆,还和民盟秀洲区基层委员会进行了交流座谈。

【参政议政和信息宣传工作会议】 7月5日,民盟县基层委员会召开参政议政和信息宣传工作会议。县人大常委会副主任、基层委员会主委胡建萍出席会议并讲话,会议由副主委史丹丹主持。分管参政议政工作的陈俊、林娅就上半年各支部的社情民意、调研课题撰写情况,以及盟刊《象盟集萃》的征稿要求进行了通报说明。

【慰问盟员】 7月17日,县人大常委会副主任、民盟县基层委员会主委胡建萍,县委统战部副部长沈颖洪一行慰问“浙江民盟榜样人物”获得者陈淑芳盟员。

【民盟象山基层委员会文化卫生支部会议】 7月26日,民盟象山基层委员会文化卫生支部在象山丹山画苑召开支部会议,会议由支部主委马绪巍主持,全体支部盟员参加。会上马主委传达基层委员会参政议政和信息宣传工作的会议精神,总结上半年支部参政议政情况,并对下半年的工作做详尽部署。

【旁听法院庭审】 8月14日下午,民盟象山基层委员会经济综合支部组织前往县法院旁听了一起机动车道路交通事故责任纠纷的庭审。该支部十二位盟员旁听了整个案件的审理过程,并于庭后召开了座谈,就合议庭对整个庭审的控制、双方证据的展示、证人的盘问以及中立性的把握等方面进行了讨论,提出了意见和建议。

【调研活动】 以聚焦问题精准、调研问题扎实、解决问题可行为标准,拓宽参政议政的渠道和视野,开展考察调研活动。

11月19日,民盟县基层委员会组织全体盟员深入调研全域旅游工作。县人大常委会副主任、民盟县基层委员会主委胡建萍参加活动。调研组一行听取县旅委智慧旅游大数据平台建设、全域旅游示范区创建及全域旅游宣传等工作情况介绍,实地走访贤庠镇枫康养生园、黄避岙乡“斑斓海岸”风景线和安澜别院民宿等,盟员们就提升全域旅游发展水平、加大全域旅游营销力度等工作提出了建设性的意见和建议。

【年度盟市委招标课题工作】 陈淑芳的《关于农业循环经济产业联盟发展思路之构想——以宁波市县为蓝本》和王李渊的《中小企业劳动关系管理存在的问题及解决路径——以县中小企业现状为样本》的课题为盟市委招标课题。其中陈淑芳的课题获得第二届“浙江法学论坛”征文优秀奖。

【助农服务】 深化泗洲头镇“畜牧同心基地”助农服务工作。在技术服务、赠建消毒装置基础上,协调农林局、泗洲头镇,组织苗木,落实基地。3月10日,组织盟员栽种银杏、苦丁茶、桂花等树苗80余株,建设同心基地民盟林,着力打造绿色生态畜牧养殖基地。

【“润禾”服务项目】 “润禾同心基地”先后承办了县第四届竹根雕青年艺人技艺大赛和“青苗杯”学生竹根雕技能比赛,并于宁波建设工程学校“竹根雕名大师工作室”合作研发了富有象山渔文化特色的竹根雕旅游工艺品。

中国民主促进会象山支部委员会

【概况】 中国民主促进会县支部(民进县支部)成立于2013年4月11日,现有会员19人，王安静任主委，杨盛昂、宋厘国任副主委。2017年，民进象山支部被民进浙江省委会授予优秀基层支部、2012—2016年度先进集体称号，被民进宁波市委会授予优秀基层支部荣誉。

【召开年度工作会议】 2月23日，民进县支部召开年度工作会议，总结2016年工作，部署2017年工作。民进宁波市委会主委吴国平、专职副主委徐建成、组宣处处长梅旭东，县委常委、统战部长陈爱武，副部长沈颖洪出席会议，民进宁波市委会主委吴国平，县委常委、统战部长陈爱武分别讲话。

【第四季“父亲联盟行动”】 6月25日，“父亲联盟行动”第四季启动仪式在县文化中心举行。民进市委会专职副主委徐建成，县委常委、统战部部长陈爱武，县委统战部副部长沈颖洪，民进市委会副主委、支部主委王安静，县财政局局长董连胜，县教育局局长胡海峥等出席活动。第四季的活动主题为“象山文化地标毅行”，活动表彰了父亲联盟行动第二批“好父亲”57位，并为19所实验学校授旗。

【第六次会员大会】 11月23日，民进象山支部委员会第六次会员大会召开，主委王安静作《象山县支部第一届委员会工作报告》，会议选举产生民进县支部第二届委员会，杨盛昂当选为主委，宋厘国、洪佩平、吴永建当选为副主委，陈再宏、陈红飞、虞亚凤当选委员。县委书记叶剑鸣出席并讲话，民进宁波市委会主委吴国平，县委书记叶剑鸣，民进浙江省委会副主委、宁波市委会主委吴国平，民进宁波市委会副主委、余姚市副市长王安静等应邀出席。县领导陈爱武、胡建萍、钮晶莹、励茂平等出席会议。

【参政议政】 聚焦中共县委县政府重大改革课题、人民群众普遍关心的现实问题、热点问题，重点围绕全域旅游、教育文化、环境整治等问题，开展调研活动和参政议政工作。支部会员通过调查研究，在市政协十五届、县政协十届一次会议和县人大一次会议上共提出提案和建议9个，撰写调研报告和观察与建议4个。

表23　**民进象山支部会员的提案（建议）、建言献计情况表**

序号	标 题（案 由）	提 案 者	性　质
1	关于学校周边小吃店路边摊整治，确保食品安全的建议	解爱静	政协提案
2	关于将“县公路管理段”更名为“县公路管理局”的建议	解爱静	政协提案
3	肯定和重视中职学校毕业生在“大众创业、万众创新”中的作用	宋厘国	政协提案
4	关于推进县社区居家养老的建议	宋厘国	政协提案
5	关于开展多方联动，助推“乡风文明”建设的建议	杨惠芳	政协提案
6	关于开通城区至影视城公交线路的建议	洪佩平	政协提案
7	关于关注中小学教师身心健康，提高教师定期体检水平与效果的建议	侯珊红	市政协重点提案
8	关于开放博物馆成为学生的社会大课堂 建议	侯珊红	市政协提案
9	视场重点实事工程建设情况	朱文荣	人大建议
10	关于城乡规划 “多规合一”管理情况进行调研	朱文荣	调研报告
11	关于举办中国（宁波）网剧节，促进宁波影视之城建设的建议	支部集体	调研报告
12	民进县支部建议创办首届“中国网剧节”	支部集体	观察建议
13	关于依托象山影视城举办中国（宁波）网剧节的建议	宋厘国 吴春妍	观察建议

（陈红飞）

农工党象山支部委员会

【概况】 2017年，农工党象山支部共有党员15名，主体界别医药卫生界占46.7%，本科以上学历15人、正高职称1人、副高职称7人。担任县政协委员5人，其中担任县政协常委2人、兼任宁波市政协农工党界别组委员1人。当选农工党浙江省第十二届委员会代表1人。

【组织建设】 支部注重党员思想素质提升，组织开展自学内容、集中培训等活动。年初，布置自学中共历史和“两学一做”精神，读《王阳明知行合一》。4月14日，农工党宁波市委会在象山举办“不忘初心、继续携手前进”专题教育活动，参加活动10人。4月21日，组织全体党员前往省委党校，请董金华教授作《学习领会四个全面战略布局，贯彻落实习近平系列讲话精神》讲座。8月25日，组织党员学习习近平“7·26”讲话精神，同时组织支部全体政协委员和部分党员参加象山政协崇学讲堂三期主题讲座。6月，参加县委统战部组织县党外代表人士红色主题教育培训班1人，参加市委会组织的骨干培训班1人，参加宁波市政协委员培训班1人。

重视党员发展工作,2017年共组织考察后备对象10名,新发展党员1名,转出党员1名。

【参政议政】 一是支部组织调研,4月,组织在杭州开展全域旅游和共享单车调研,在鹤浦开展和美海岛建设调研;二是党员分组调研中药代煎、新农村建设和医养结合工作;三是根据县委统战部“大脚板走一线,小分队破难题”的要求选择医疗卫生服务“双下沉、两提升”调研,承接了农工党宁波市委会的关于加强全科医生队伍建设的调研课题;四是组织政协委员参加专题调研,分别参加“五水共治”监督、心理健康服务、最多跑一次、“十三五”规划等调研。同时,将调研转化成参政议政成果,孙丽姹撰写的《农工党象山支部建议新农村建设要留点乡愁》在县委统战部《观察与建议》第十七期,受到叶剑鸣书记的亲笔批示,刘波报送《中药代煎监管真空待规范》在联谊报8月10日专题调查研上发表,朱爱春执笔的《关于加强全科医生制度建设的建议》被农工党市委会录用,另外5名委员共向县政协提出提案7个,向市政协提出提案1个,报送县政协社情民意2篇,励成被评为2016年农工党市委会反映社情民意信息工作先进个人。

【服务社会】 4月15日,组织党员参加肿瘤防治宣传周活动。9月28日,深入高塘、鹤浦海岛地区针对老年人开展健康宣传和义诊。傅延功退休后向宁海县图书馆捐赠《医宗金鑑》一套,黄胜加入象山雄鹰户外救护队。年底,支部策划举办“象·健康”主题活动,分享传递健康知识,形成品牌效应。

(吴益燕)

总工会

【概况】 2017年以来,在县委和上级工会领导下,县总工会围绕县委、县政府中心大局,以构建和谐劳动关系为主线,以服务经济社会发展为主战场,推进工会改革,强化基层基础,做强传统品牌、提升服务实效,推进工会组织的创新转型,各项工作取得进展和明显成效。全县基层工会数1249家,涵盖企业数4230家,会员数达19.5万人。

【职工技术创新】 开展首届职工技能运动会,2017全年开展技能大赛12场,1000余名职工参加。整合优秀技术能手、首席工人、劳模工作室带头人,进入中小企业开展技术帮扶活动。发挥劳模工作室聚能效应,陈淑芳、朱佩龙劳模创新工作室被评为省级劳模创新工作室。开展“寻找身边工匠”活动,评选出首届20名“半岛工匠”,其中2名被评选为“港城工匠”,1名为“浙江工匠”。开设“工会学堂”,2017全年开课45期,受益职工1.5万人次。

【扩大和谐企业创建】 完善县、镇乡(街道)、企业三级联动的创建工作运行机制,最大限度扩大企业参与面。全县共有163家县级和谐企业、36家市级和谐企业。参与宁波市企业社会责任评价工作,3家企业被评定为宁波市企业社会责任评价优秀级,13家企业被评定为宁波市社会责任评价达标级,国网浙江县供电公司被评定为宁波市社会责任评价标兵级。开展首届“双爱”活动优秀企业家和优秀职工评选工作,评选出20名优秀企业家和30名优秀职工。

【维护职工合法权益】 推进法律服务的纵深扩展,深化与浙江丹峰律师事务所合作,在派驻律师的基础上,开设微信平台法律在线专栏。做实职工信访维稳工作,接待来信来访16件,涉及资金97.8万元;受理法律援助案件20件;调解中心来访接待受理案件年内共84件,涉及金额581.5万元;中共十九大期间施行劳动关系不稳定因素日报制度。推动工资集体协商的扩面提质,宁波茂宁制衣有限公司和鹤浦镇船舶行业被授予“宁波市工资集体协商精细化示范单位”称号。

【劳动保护】 开展“安康杯”竞赛活动,县总工会获市级“安康杯”竞赛优秀组织单位,贤庠镇人民政府获市安康杯竞赛乡镇(街道)示范点,宁波兄弟服饰有限公司成衣二厂机修保全组获省级“安康杯”竞赛优胜班组称号。开展安全生产合理化建议“金点子”评选,收到“金点子”26个,宁波日星铸业有限公司丁配东《除尘机粉尘湿法自动搅拌排放机》荣获宁波市安全生产合理化“十佳金点子奖”。开展“三送一强”为主的高温期间劳动保护集中行动,会同人社、安监、卫生等部门开展工伤事故预防联动机制建设,鉴定工伤人员420名、病退人员50名,工伤死亡事故调查处理12起。

【优化“三卡”】 拓展“五一”服务卡合作银行,引进民生银行推出“五一惠卡”,开通网上支付渠道,签约特约商户近160家,开展5元看电影、抢象山土特产、抢优惠券等系列活动15次,受惠6.5万人次,受惠金额53.5万元。做好农信联社蓝领通小额贷款工作,全年累计贷款余额3.17亿元。发放职工互助医疗服务卡,提高职工知晓率和赔付面,组织职工参加医疗互助保障44650人次,总参保金额108.5万元,为156名职工报销与赔付互助保障金65.6万元。

【暖心实事项目】 春节慰问困难职工470人,送去慰问金54.58万元;开展五一困难职工赠送物资受惠职工140名;金秋助学帮扶困难职工子女140人,发放助学金17.09万元;组织100名一线职工开展疗休养;组织1200名一线职工开展健康体检。开展示范职工食堂创建工作,宁波申菱电梯配件有限公司、宁波华翔电子股份有限公司被评为市级示范职工食堂。做好就业服务工作,举办招聘会,提供岗位3000个。开展6场“玫瑰之约”青年职工联谊活动,建成“五一母婴室”6家。

【“双爱”职企文化活动】 推进文化阵地建设,县新职工文化活动中心进入装修报批阶段;西周区域职工文化活动在华翔公司成功创建为首家宁波市区域职工文化活动中心;泗洲头镇区域职工文体活动中心2018年1月投入运营;爵溪街道工人文化宫、贤庠镇众创空间“智汇·家”即将落成。开展“文化惠企半岛行”活动,结合平安象山建设宣传,送出慰问演出10场,观演职工约2万人次。打造全国、省市县级“职工书屋”20家,赠送书籍5000余册,送电影进企业90余场,观看职工1.6万余人次。

【"温暖娘家人"志愿活动】　深化"温暖娘家人"品牌，内设扶贫帮困、法律维权、技师攻关等10支志愿分队。抢险救灾队参与抗台、安全疏导、消防演习、安保等21次，服务群众2000余人次，溺水救险、寻人等45起。环境保护队相继在东陈红岩村、西周隔溪张村等地开展村庄道路清扫和剿灭劣V类水河道清理活动。义务红娘队举办单身职工相亲活动4场，参与职工300余人。县总工会"温暖娘家人"职工志愿服务团队被评为"县志愿服务先进集体"。

【职工文体赛事活动】　依托"象山惠"微信平台，开展"喜迎中共十九大"主题征文、书画、摄影等比赛，共收到作品300余份，获奖职工90名。举办县第二届"闹元宵"乒协杯团体赛、"庆五·一"职工钓鱼比赛、县第二届职工篮球比赛、2017年全国桥牌通讯系列赛(象山赛区)。开展"公益乐学"活动30期。组织职工参加市级比赛活动，县工人文化宫和天安集团分别荣获文艺节目会演"优秀演出奖"和"优秀企业歌曲奖"。

【工会体制改革】　起草《象山县总工会改革实施方案》，制定五个方面22项具体措施，得到县委研究同意。改革县总内设机构，调整为办公室(财务部)，组织人事和基层工作部，权益保障和经济工作部，宣传教育和网络工作部。探索工会干部兼职制度，18个镇乡(街道)设兼职副主席38名，兼职协理员57名。局、直机关工委更名为局、直机关工会联合会。全市率先实施《职业化工会工作者管理办法》和33名工会工作者"五位一体"薪酬绩效考核工作。深化"1+X绩效积分"岗位津贴制度，在全国得到推广，评为2017年第26届全国工会好信息二等奖。

【发挥基层作用】　全面深化"活力基层工会"星级创建活动，三星级以上活力基层工会达800家。重点培育"模范职工之家""示范工会"、特色行业区域工会，分别新增30家、10家、10家。深化基层民主参与，成功创建海螺水泥、霍思特精密机械、日升集团、天安(集团)4家为市级厂务公开民主管理工作先进单位。"小三级"工会建设再上新台阶，贤庠镇总工会在全市党建带工建暨加强基层三级工会建设工作推进会作典型发言。

【组织人事变动】　4月17日，召开县总工会十四届七次全委会议，选举县人大常委会副主任、党组成员伊珍林为县总工会第十四届委员会委员、常委、主席。9月11日，翁华清被任命为县总工会党组书记。9月19日，召开县总工会十四届八次全委会议，选举翁华清为县总工会十四届委员会常委、常务副主席。

（石　磊）

共青团县委员会

【概况】　2017年，团县委围绕县委和上级团委的决策部署，贯彻落实各级中共群团工作会议精神，立足"凝聚青年、服务大局、当好桥梁、从严治团"的四维工作格局，严格落实党建带团建制度，深化改革攻坚，坚持虚功实做，团的各项工作取得了新进展。2017年，1位创业青年被评为全国农村青年致富带头人，1位团员被评为全国最美中职生，1位创业青年被评为浙江省农村青年致富带头人，1位青年被评为浙江向上向善好青年，1个团支部被评为宁波市五四红旗团支部(总支)，8个团组织被评为市级先进团组织，6家团组织被评为市级青年文明号，8名团干部被评为市级优秀团干部，7名团员被评为市级优秀团员，1位志愿者被评为宁波市最美志愿者，1位青年被评为宁波市最佳志愿服务工作者。

【先进典型】　注重典型引领，组织"杰出青年""美德少年""最美河小二"等评选推荐工作，五四主题团日活动期间开展2017年"十大杰出青年"颁奖典礼，以榜样的力量教育、引导、激励全县广大青年创造青春业绩。注重分类引导，针对青年职工，开展青年岗位能手评选，组织青工技能比武，提升青工综合素养；针对青少年学生，开展道德实践教育、雏鹰争章等活动，评选县级以上"美德少年"89人，其中2名被推选为浙江省少先队员代表，参加中国少年先锋队浙江省第七次代表大会。深化青年文明号创建工作，实施青年文明号"3S"行动，共有19家集体获评县级青年文明号、6家集体获评市级青年文明号。

【网络阵地建设】　布局"互联网+"思想引导体系，打造三横三纵"网上共青团"矩阵，在"象山新青年"微信公众号推出少年派、青云志、亲青恋、青法堂等栏目，精心设计开展各类网络主题教育活动，受到青少年广泛关注和参与，多次上榜宁波市团委新媒体十强。推进"青年之声"与团工作全面融合，试点开展智慧团建系统录入和应用，联合推出"象山惠"群团网络服务平台，为象山青年提供就业创业、公益志愿、生活购物等多项网上服务。吸纳团队干部、机关青年、网络达人等群体，组建1000余人的网评员、网络文明志愿者队伍，在网上努力发出"青年好声音"。

【助力五水共治】　扎实开展"河小二"青春治水工作，结合象山实际，创新性地推出"海小二"青春建功岗，联动推进五水共治和蓝色护海行动。组建18个"河小二"青年突击队，建立116个志愿服务小队，为全县2个县控断面、114个小微水体配备河长助理116人，招募"河小二""海小二"7300余人，顺利承办市第四次"河小二助夺大禹鼎"十万青少年助力剿灭劣V类水攻坚行动大会战，开展"跟着河长去巡河""净滩护海""治水讲堂"等活动3100余次。

【助力志愿公益】　推进全县志愿服务工作一体化建设，全力构建"枢纽型"青年组织体系，开展WE志愿平台的整合推广，在全大市率先推出外来人口志愿服务积分政策，让志愿者在升学、就业、创业、落户、享受公共服务等方面得到优待。在年内国际志愿者日当天成立了全市首家志愿服务联合会，整合优化全县志愿服务资源，实现注册志愿者10万余人、注册志愿者队伍200余支。打响"中国青年志愿者蓝色护海行动"品牌，围绕平安象山、防台救灾、全域旅游等，开展各类志愿服务活动，年均服务时间超10万小时。开展"万人圆梦"活动,累计实现青少年"微梦想"1000余个。

【服务创业创新】 促进青年创业就业,累计发放青年创业贷款逾3.7亿元,惠及青年4026户,成功推荐县内4家优质企业在宁波股权交易中心"青创板"挂牌。成功推荐潘孝球当选"全国农村青年致富带头人"、胡祖广当选"全省农村青年致富带头人"。开展青创农场建设,扎实推进县级青创农场选址及装修工作,室内占地3000平方米,室外近6.67公顷农田,并引进专业运营团队,计划年内启用,建成后将实现"农创项目孵化、服务政策对接、人才队伍培训、创业交流合作"四大功能,同时培育生态循环农场、农旅休闲农场、电商特色农场等县内乡镇青创农场示范点,逐步形成以县级平台为依托辐射全县,打造"1+N"的布局模式,营造乡村振兴、青年创业的良好氛围。

【青少年权益维护】 深入推进重点青少年群体服务管理和预防犯罪工作,升级"七色花"关护套餐,实施再犯预防、临界预防和早期预防分类预防法,重点青少年群体服务覆盖率100%。实施青少年平安行动,以"三禁三自"为重点,开展"青少年禁毒防艾志愿行动""珍爱生命、远离毒品"等项目。参与筹建全县"天使儿童之家"公益项目,组织外来务工子女与留守儿童参加"花朵保护伞""为生命护跑"等自护教育活动。用好"宁波银行公益助学金"、省公益金,开展结对助学、助困行动,帮扶资金达15万元。响应号召团市委提出的"脱贫攻坚青春建功行动",为贵州科汪小学建造爱心食堂,捐助资金达10万余元。

【服务青年交友】 针对青年婚恋交友需求,打造"美丽佳缘"等多元化交友活动项目,开展"缘来是你"青春派对等各类交友活动3次;开展"共青团与人大代表、政协委员面对面"活动,为解决大龄男女婚恋问题献计献策。针对青年文化需求,推出青春文化夜市、青年读书会、公益马拉松等项目,组织参与"2017美丽乡村环浙骑游(象山站)"等活动,掀起青年时尚健康的生活新热潮。

【共青团改革】 根据上级共青团改革精神,结合象山实际出台《象山县共青团改革实施方案》。2017年内9月顺利召开县第十九次团代会,结合团县委换届,采取专挂兼相结合的方式配备团的领导机关干部,团县委常委会委员、全委会委员和团代表中基层一线代表比例分别不少于30%、50%和80%。指导乡镇团委开展集中换届,实现专兼挂成员合理搭配和各行业各领域的广泛代表性,普遍形成由9—21名委员组成的乡镇(街道)团的委员会。稳步推进青联、少先队、学校共青团改革。

【从严治团】 坚持以学促行,深入开展"两学一做"主题教育活动,组织参与"青春塔山"干部读书会,举办新时代团干部素质提升专题培训班,组织全县直属团组织团干部进高校学习中共十九大精神和团务知识,团干部党性修养和能力素质得到有效提升。坚持以行践学,全面开展共青团"大脚掌走基层""一员双岗双建功"等项目,落实"1+100"联系青年制度,全县各级团干部走访村(社区)、学校、企业等团组织420余家,走访联系各类青少年6000余名,征求各类青年建议800余条。加强团干部协管力度,落实片区工作制度,推行"短板工作法",加大对团工作考核、通报、督查力度。

【少儿慈善春晚】 1月20日晚,"2017爱让我们在一起"——第三届善行象山少儿慈善春晚在县文化活动中心进行。来自县中小学、幼儿园400多位小朋友登台献唱,700多位爱心家长和市民们坐满整个会场。通过现场拍卖、爱心门票以及场外义卖的方式,将所得善款全部捐款给县慈善总会。现场拍卖更是让全场动容。剪纸、书法、绘画、竹根雕、鱼拓等6件作品,共拍卖27700元,所获款项将全部用以充实县重症儿童基金。

【"三五"学雷锋系列活动】 3月5日,2017年县"三五"学雷锋系列活动暨剿灭劣Ⅴ类水、建设"污水零直排区"志愿服务行动启动仪式在国际风情街西广场举行,该次志愿服务行动以"弘扬志愿精神,踊跃投身五水共治"为主题,来自18个镇乡(街道)、县直属机关团组织、志愿服务组织的百余名代表参加仪式。启动仪式上,分别表彰了2016年度县志愿服务先进集体、志愿服务先进工作者和优秀志愿者,正式成立了18支"五水共治"志愿服务队,并对全国岗位学雷锋标兵陈晗进行了专访。启动仪式结束后,16个民间公益组织和青年志愿服务队伍设摊开展政策宣传、急救培训、爱心义卖、法律咨询、中医义诊、志愿者招募等各类便民志愿服务,以"公益集市"的形式诠释发扬雷锋精神,传播公益服务理念。县各级青年志愿服务组织主动发扬"奉献、友爱、互助、进步"精神,广泛参与治水护水、植绿护绿、海洋生态保护等活动,营造出了良好的治水氛围。今后,这18支"五水共治"志愿服务队也将扛起"治水"之责,全力推动志愿服务与"五水共治"紧密结合。通过踊跃参与"清三河""护三水""争当河小二"等一系列治水志愿服务活动,助力象山"污水零直排区"建设,形成全社会参与治水的强大合力。

【纪念中国共青团成立95周年】 5月3日下午,县文化活动中心旌旗摇曳,歌声飞扬。为纪念中国共青团成立95周年,营造向上的氛围,引领全县团员青年秉承五四"爱国、进步、民主、科学"的精神,围绕县委、县政府"双突破双驱动"战略,以"县十大杰出青年"的榜样示范作用来引导青年、教育青年、感召青年,展青年铁军之风采,为助力建设"两强两美"宁波现代化滨海城区贡献青春力量,共青团县委举办了以"不忘初心跟党走,青年铁军展风采——为加快建设宁波现代化滨海城区贡献青春力量"为主题的县纪念建团95周年主题团日活动暨2017年"县十大杰出青年"颁奖典礼。县委书记叶剑鸣出席活动并致辞,县委副书记、县长黄焕利,县委常委、统战部部长陈爱武,县人大常委会副主任陈柳松,县政协副主席欧亚群出席活动,来自全县各条战线的团干部、青年职工、学生团员等500余名青年代表参加。

【"海小二"青春建功岗】 9月6日,团县委联合县"五水共治"办公室、县海洋与渔业局等部门，在前期“河小二”行动的基础上，依托中国青年志愿者蓝色护海行动，创新推出了“海小二”青春建功岗。全县200余名治水青年志愿者齐聚黄避岙乡，开展市“河小二助夺大禹鼎”十万青少年助力剿劣攻坚行动第四次大会战暨县“海小二”青春建功岗集中行动。专门开设“治水讲堂”，为全力做好“五水共治”工作，增强全民治水护水的责任意识，在黄避岙乡塔头旺村文化礼堂，第一期“治水讲堂”如期开讲。

【中国共产主义青年团县第十九次代表大会】 9月29日，中国共产主义青年团县第十九次代表大会在象山黄金海岸大酒店召开。会议总结县第十八次团代会以来全县共青团工作，全面部署今后三年共青团工作，动员全县各级团组织、广大团员青年为加快建设“两强两美”宁波现代化滨海城区贡献青春力量。县领导叶剑鸣、黄焕利、金红旗、俞骏、孙小雄、罗来兴、刘国中、蔡特、范焕平、陈爱武、奚海峰、陈善方、华弼天，团市委副书记林斌出席会议。在圆满完成各项议程后，共青团县第十九次代表大会胜利闭幕。县委副书记、政法委书记孙小雄出席会议并讲话。大会选举产生了共青团县第十九届委员会委员、候补委员。大会审议通过了《关于工作报告的决议》，审议通过了《关于落实全面从严治党要求、推进从严治团的决议》。团县委副书记宋松致闭幕词。孙小雄对全县共青团工作提出殷切希望，他说，广大青年要咬定发展大局，从自己做起、从本职做起，自觉把个人的人生目标、职业理想与象山的振兴发展、早日实现“城区梦”紧密结合起来，形成汇流成河、同奔大海的强大合力。要担当时代使命，以青年行动赢得发展主动。

【县志愿服务联合会成立】 12月5日，共青团县委联合县文明办、县民政局召开县志愿服务联合会第一次会员大会。宁波市文明办副主任祝建平，共青团宁波市委副书记吴生莲，中共县委常委、宣传部部长罗来兴，县政协副主席欧亚群，中共县委宣传部常务副部长、县文明办主任励胜利，县民政局局长芦祖水，共青团县委书记俞欢欢等出席了该次活动，151名来自志愿服务组织的负责人参加了会员大会。

妇女联合会

【概况】 2017年，县妇联把握联系和服务广大妇女的生命线，坚持党建带妇建的发展之路，打好群团改革与妇女发展组合拳，发挥巾帼铁军作用，从夯实基层基础、服务妇女发展、维护合法权益、推进家庭建设、关爱妇女儿童等方面下功夫，成为全县广大妇女全面进步的坚强后盾。县妇联荣获“2017年度全国妇女舆论宣传阵地先进单位”荣誉称号，“全域旅游·巾帼先行”主题活动被评为宁波市妇联系统优秀特色工作奖。

【村级妇代会改建妇联工作】 出台《象山县关于开展村妇代会改建妇联工作的实施方案》，召开部署村妇联改建工作专题会议，成立村级妇代会改建妇联（简称“会改联”）工作领导小组。2017年1月18日，首个试点村改建工作在墙头镇洋北村举行，全县18个镇乡（街道）妇联主席现场观摩学习。1月，完成17个村的试点工作，超宁波市妇联下达的2个试点村的目标任务，是全市完成试点村最多的县市区。4月，在全省妇联基层组织改革工作会议作交流发言。6月底完成全县村级“会改联”工作，新增村级妇联执委4428人，建立功能性活动小组847个。

【镇乡（街道）妇联改革】 10月底，县妇联完成18个镇乡（街道）妇联的改革，新增镇乡（街道）妇联执委117人、兼职副主席22名，完成了省市妇联要求镇乡（街道）妇联增设妇联执委达15人以上、配齐兼职副主席2名的改革任务。并配合县委组织部出台《关于推进党建带群建工作的实施意见》，深化镇乡（街道）妇联组织区域化建设。

【购买社会组织服务】 以县妇儿活动中心为枢纽构建“1+X”枢纽型女性社会组织体系，强化服务家庭、妇女儿童的品牌建设，购买未成年人传统文化培训、女性素质提升培训等社会组织课程服务80多场次，完成17万元的政府购买服务项目3项（省妇儿基金会“焕新乐园”、市妇联“关爱老妇女主任”和“手工作坊培育”）。

【搭建创业就业平台】 通过基层发动和网上报名的方式举办2期电商培训班，培训学员78名，引导鼓励农村妇女投身电子商务创业。组织县英姿果蔬专业合作社、枫康生物有限公司等妇女创业示范基地负责人参加宁波市电商集市日活动，推销象山特色名优产品。组织60名来料加工经纪人、女能手等开展为期5天的微商培训。开展第14期“好阿姨”月嫂培训，93名妇女取得育婴师证书。5—12月，开展“母亲素养提升工程”点单式技能培训9场次，组织350余名妇女参加面点师、茶艺师、育婴员等就业技能培训，并通过培训考试获得上岗技能证书。组织女能手赴慈溪、镇海等女性创业示范基地参观学习，提高她们的创业热情。12月19—20日，组织部分镇乡（街道）妇联主席和“妇字号”农家乐业主20人赴舟山嵊泗参观学习，参观了嵊泗县五龙乡田岙村、东海渔村等特色农家乐。

【妇女创业联保贷款】 联合县农村信用联社出台《关于深化妇女创业贷款工作的通知》（象信联〔2017〕341号），拓展妇女创业贷款渠道。2017年年底，贷款额达2.4152亿多元，受惠妇女3108户，并对48名优秀小额贷款创业女性进行15万元财政贴息补助。

【“平安家庭”创建】 调整了县“平安家庭”创建活动领导小组，根据浙江省“平安家庭”工作考核细则，进行责任分解，明确各成员单位的职责，增强维护妇女权益的协同合力。开展普法宣传，优化“平安家庭”创建氛围，利用“三八”维权月、“6·26”国际禁毒日、“12·4”全国法制宣传日等重要节点，上下联动，组织开展普法宣传活动100余场，发放各类宣传资料2万余份。开展“共建共享和谐新象山”为主题的微信有奖竞答系列活动，吸引参与知识竞答粉丝1万余人，提高“平安家庭”创建工作知晓率、参与率、满意率。参与“平安渔港”创建，制订《象山县妇联深化“平安渔港”创建工作实施方案》,组织开展渔嫂技能培训、爱心帮扶、平安知识宣传、安全监管等活动,深化“平安渔嫂之家”作用,鹤浦“平安渔嫂”工作在《中国妇女报》《浙江妇运》进行专题报道。

【妇女儿童关爱】 对西周镇等5个镇乡任职三十年以上的40位村级老妇代会主任开展走访慰问,共送去慰问金2.4万元。发动全县妇女开展“为贫病妇女捐10元”“康乃馨救助金”捐助活动,争取到各级贫困“两癌”妇女救助名额46人,涉及救助资金38万元。推动针对妇科重大疾病的“安康”保险普及,全县共参保2.46万人,帮助24名患病女性获得理赔金120万元。“六一”节期间,开展全县慰问活动、“最美的六一礼物”微话题讨论活动,组织留守儿童参观市科技馆、海洋馆等关爱活动,对智障学校的“特殊儿童”开展多种形式的关爱活动。组织女企业家协会等社会组织开展助学、“爱让我们在一起——关爱重症儿童”等活动,动员全社会参与关心儿童,为他们的健康成长创造良好的社会环境。县妇儿工委办牵头承接联合国儿童基金会“2016—2020浙江省县学龄前儿童溺水干预项目”,完成前期相关工作。

【文明家庭】 制订《象山县家庭文明建设三年行动计划》,出台《象山县文明家庭评选标准和评选办法》。开展5·15“明家训·传家风”国际家庭日主题文艺活动,向全县家庭发出了“立家规、传家训、正家风”的倡议,并向12户优秀家庭赠送了家风家训书法作品;联合县文明办开展“明家训·传家风　寻找‘最美家庭’”等活动,通过群众发现、媒体寻访、家庭自荐和各级推荐等形式共推选出县级“最美家庭”63户。涌现出全国级“最美家庭”、省市级“文明家庭”“书香家庭”“绿色家庭”等各级特色文明家庭近40户。在省市县三级微信公众号共展播“三个注重”宣传8期次,带领各级妇联组织开展“三个注重”进村入户宣传活动;春节期间,通过开展“鸡”念幸福时刻——最美全家福征集活动,以寓教于乐的方式将传承传统文化和传承优良家风家训紧密结合。

【巾帼助推全域旅游】 “三八”妇女节期间,启动“全域旅游·巾帼先行”主题活动,组建全县36支巾帼旅游志愿者队伍。通过“象山女性”微信公众号向全市招募100名乡村旅游体验者赴茅洋乡溪东村开展“美丽乡村大闯关”系列活动,体验当地乡村民俗风情和传统文化,推介乡村旅游。开展“为象山美景代言”主题摄影作品评选、“全域旅游·巾帼先行”——象山特色农旅产品展示等活动,营造全域旅游创建氛围。县妇联将“全域旅游·巾帼先行”主题活动工作作为县妇联2017年特色工作。

【妇女儿童十三五规划】 县妇联牵头编制了《象山县妇女发展规划(2016—2020年)》和《象山县儿童发展规划(2016—2020年)》,并于2017年7月10日由象山县人民政府印发(象政发〔2017〕123号)。

【县妇联十五届六次执委(扩大)会议】 1月20日,县十五届六次执委(扩大)会议在象山宾馆召开。县妇联第十五届执委,各镇乡(街道)妇联主席、副主席,县级机关妇委会(妇工委)主任、副主任等共计120余人参加会议。县妇联主席蒋凌燕作《凝心聚力担使命　改革创新促发展　带领广大妇女为建设宁波现代化滨海城区贡献力量》的年度工作报告,县委常委、统战部部长陈爱武出席会议并作重要讲话,会议由县妇联副主席周华琴主持。会议增选了吴美赞、陈静两位为县妇联十五届执委。

【专项巡察工作】 根据《关于开展2017年度县级部门专项巡察的通知》(县委办〔2017〕47号)工作要求,从4月下旬开始,第一片专项组对县妇联开展全面巡察工作。4月13日上午,召开了巡察工作动员会,县纪委副书记、监察委员会副主任、巡察办主任娄海东,县纪委常委、县委第一片组专项巡察组牵头领导赖东海及县纪委派驻第一至第五纪检组全体出席会议。县妇联机关全体干部及塔山幼儿园班子成员参加了动员会议。会议由县妇联主席蒋凌燕主持。10月17日下午,巡察结果反馈工作会议召开,就前阶段对县妇联的巡察结果作了反馈,并详细指出了该次县妇联巡察中发现的在加强中共领导和中共建设、执行中共政治纪律和规矩方面,在落实全面从严治党主体责任和纪检监督责任方面,在执行中央八项规定精神,省委、市委、县委有关作风建设规定方面,在加强党风廉政建设和反腐败工作方面,在执行组织纪律、民主集中制和干部选拔任用方面等五大类问题,并提出了中共建设、从严治党主体责任等六方面的建议。

【巾帼文明岗现场会】 10月12日,宁波市旅游行业巾帼文明岗创建工作现场会在石浦渔港古城举行,全市各行各业的120多位巾帼文明岗创建人员参加活动。县副县长华弼天出席现场会。省级文明岗石浦渔港古城的海螺岗展示了渔港女儿美好的文明形象。

【暑期少儿茶艺培训班】 7月20日至8月16日,县妇联结合假日学校活动,邀请国家高级茶艺师、象山七碗茶舍创办人范晓霞,在县妇女儿童活动中心举办5场传统文化传承课堂——暑期少儿茶艺培训班,共有88名儿童在家长的陪同下参与培训活动。通过给孩子学习温杯、纳茶、洗茶、冲泡、奉茶等冲泡流程,让孩子们认识茶具、学行礼仪,接触茶文化,感悟孝悌之道,弘扬和传承传统文化。

【优雅女性学堂开班】 县妇联结合“母亲素养提升工程”的实施开设“优雅女性学堂”。11月1日,第一期“优雅女性学堂”在象山新国穗培训学校开班,近30名妇联系统干部参加了中式糕点制作培训。

【全国妇联影视中心摄制组到象山拍摄陈淑芳事迹】 7月4日至6日,全国妇联影视中心的两位编辑专程到象山,对获得全国“三八”红旗手、其家庭获得首届全国文明家庭的陈淑芳进行专题采访拍摄。摄制组编辑到县第一人民医院住院部、养殖户家庭、养殖场及陈淑芳工作室、县妇联等进行了采访拍摄,对陈淑芳的生活、工作及其家庭等全方位进行了解摄像取镜,全面诠释了一个海岛女博士兽医集爱岗敬业、孝老爱亲、热心公益等素养于一身的现代优秀典型女性风采。此次专题采访拍摄作品将推荐给中组部现代远程教育网站，在全国进行宣传教育播放。

【市妇联主席顾卫卫到象山调研】　11月14日上午，宁波市妇联党组书记、主席顾卫卫到县调研基层妇联工作，听取了县2017年妇联工作情况及2018年工作思路的汇报，对县在扶持女性创业发展、激发基层妇联组织活力及妇联改革等方面创新做法给予肯定，并要求县妇联围绕"党政所急、妇女所需、妇联所能"，找准工作定位，突出重点特色，补齐短板，重点突破做好镇乡（街道）妇联区域化工作和行业妇女组织创新工作，推动全县妇女儿童事业又好又快发展。县妇联主席蒋凌燕、副主席周华琴、党组成员陈凤霞等陪同调研。

【典型女性宣传】　全国文明家庭——陈淑芳家庭、省三八红旗手王丽亚等先进典型为全省各地开展宣讲80多场次，受益干部群众12000余人次；陈淑芳及其家庭事迹在《中国妇女报》《中国妇女》、中国文明网、中国女网等全国级媒体刊出；"中国好人"老妇女主任康兰香事迹在《中国妇女报》刊出。

（陈凤霞）

县科学技术协会

【概况】　县科学技术协会（以下简称县科协）是县级学会、县属企事业单位科协组成的科技工作者的群众组织，是县委领导下的人民团体，是党和政府联系科技工作者的桥梁和纽带，是推动县科技事业发展的重要力量和科技工作者之家，现由32个县级学会、2家企业科协组成。

【加强学会管理】　根据《象山县行业协会商会与行政机关脱钩实施方案》（县委办〔2017〕85号）等文件精神，开展行业学会脱钩工作专题调研，指导县养猪专业技术协会、县养鹅专业技术协会、县养鸡专业技术协会、县紫菜产业协会、县农业生产资料行业协会等5家行业协会参与第一、二批脱钩试点工作。根据《关于开展社会团体清理规范工作的通知》（县委办发〔2017〕41号），指导县养猪专业技术协会、县养鹅专业技术协会、县养鸡专业技术协会、县紫菜产业协会、县农业生产资料行业协会、县秘书学会、县农机学会、县老科技工作者协会8家业务相近或职能改变的学（协）会开展社会团体依法清理工作，实现优化整合。配合县委组织部门开展学会收费和兼职情况调查，促进学会规范发展。

【首个"全国科技工作者日"活动】　2016年，国务院批准将每年的5月30日定为"全国科技工作者日"，2017年迎来了首个"全国科技工作者日"，活动以"精忠报国、敢为人先、拼搏奉献"为主题。5月26日，县2017年首个"全国科技工作者日"活动暨青年科技人才创业创新交流会举行，来自浮田生物、启鑫能源、三安制阀等企业的40余名优秀科技工作者代表齐聚一堂，共商科技创新发展大计。会上，与会人员结合当前实际，畅谈了在创业创新以及成长成才中需要重点解决的困难问题，探讨了科技工作者的责任和担当，表达了甘于奉献、创新报国的心声和意愿。当天，还参观了宁波锦浪新能源科技股份有限公司。象山县还围绕该主题开展科技惠民下乡、健康卫生科普讲座等活动，歌颂科技工作者锐意创新、奋力拼搏的精神，全力营造尊重知识、尊重人才的良好社会氛围。

【学术交流平台建设】　组织企业科技人员参加宁波市科技人才周，海智宁波之旅、企业科协主席论坛等活动；中国水产学会宁波（象山）服务站开展南美白对虾养殖和生态养殖技术交流研讨会；县药学会开展药师技术提升沙龙；县金融学会举办综合研讨会等。开展县2015—2016年优秀自然科学论文评选活动，并向市科协推荐申报优秀自然科学论文。

【"智力七巧板"比赛】　4月26日，由县教育局、县科协、象山团县委、县关心下一代工作委员会联合举办，县青少年科技活动中心承办的全县小学生智力七巧板比赛在县实验小学举行。比赛分个人赛和团体赛。个人赛有235名小学生参加，分低段、中段、高段分组比赛。团体赛采用现场出题，现场作画，现场评出结果；团体赛的主题"机器人的故事"，有62支队伍（小学组32支，幼儿组30支）、共280名小朋友参加。

【县中小学生三模赛】　5月12日至13日，象山县在滨海学校举办了全县中小学生三模赛。49所学校700余名中小学生参加，分设手掷滑翔机、初级橡筋、纸飞机、"水火箭"等12个项目。

【参加第31届浙江省青少年科技创新大赛】　4月21日至22日，第31届浙江省青少年科技创新大赛举行，主题为"体验·创新·成长"。县选手在创新大赛上共夺得奖牌15块，其中一等奖6块、二等奖6块、三等奖3块。

表24　　2017年县青少年科技创新项目参加省赛获奖情况表

序号	作品名称	选手	辅导老师	学校名称	奖项
1	大棚膜收放卷轴装置	肖屹臻	陈燕燕 王银萍	实验小学	省一等奖
2	平移式多功能自动开关窗	邬子涵	许照春 秦赛萍 邬松配	实验小学	省一等奖

续表24

序号	作品名称	选手	辅导老师	学校名称	奖项
3	智能轨道停车库创新设计	郑尚原	赖海波 沙晓晴	丹城第五小学	省一等奖
4	春节采摘的橘子——“媛小春”的品质特性与高接换种探究	沈笑羽	何华军 陈子敏 洪丹丹	大目湾实验学校	省一等奖
5	浙东大白鹅海水养殖实践与探究	鲍迪安	王银萍 张品雪	实验小学	省二等奖
6	浒苔陆上设施化养殖技术探索与试验	张景亮	章建鹤 朱文荣	象山港书院	省二等奖
7	高密度养虾尾水用于养殖缢蛏模式实践	贺语贝	刘长军 郑静亚	象山港书院	省二等奖
8	坛紫菜贝壳二次育苗的实践与探究	包雨弘	王银萍 盛增勇	实验小学	省二等奖
9	U型通光器在“春香”完熟栽培中的应用	吴子骥	戴铭红	象山港书院	省二等奖
10	智能加工的工件定位及落料的装置	葛海悦	王炳瑜	文峰学校	省三等奖

表25

2017年县青少年科技实践活动参加省赛获奖情况表

序号	作品名称	选手	辅导老师	学校名称	奖项
1	关于海岛水产养殖加工的调查报告	童恒奕科技小组	罗柳燕	鹤浦镇中心小学	省一等奖

表26

2017年县科幻画参加省赛获奖情况表

序号	作品名称	选手	辅导老师	学校名称	备注
1	盐差能发电站	王英涵	聂丹宇	丹城第五小学	省一等奖
2	交通防堵 空中智能救援机	谢易恒	沈雪雁	实验小学	省二等奖
3	精绝城	向梓萁	胡安定	丹城第四小学	省三等奖
4	太空飞船维修站	邓雨涛	张　远	爵溪学校	省三等奖

（陈燕敏）

县工商联

【概况】 县工商业联合会是中华全国工商业联合会的地方组织，简称县工商联，又称县商会，成立于1953年。2017年，拥有2208家（个）会员，辖18个镇乡街道商会、7个行业商会、4个异地商会。县工商联获评全国“五好”县级工商联，民营企业调查点工作获评全国工商联系统中市唯一一家优秀基层工商联，创二代工作获评市工商联系统创新工作二等奖。

【县工商联十届二次执委（扩大）会议召开】 4月21日，县工商联（商会）十届二次执委会召开。县委常委、统战部部长陈爱武，县政协副主席欧亚群、励茂平出席会议。会议通报该会自2016年10月换届以来的工作情况，部署2017年度重点工作，表彰2016年度基层商会工作先进集体和先进个人。会末，欧亚群作《传统文化与企业发展》主题讲座。

4月21日，县委常委、统战部部长陈爱武(右四)和县工商联全体班子成员出席县工商联十届二次执委(扩大)会议　(尹建成　摄)

表27　2017年县基层商会基本情况一览表

序号	名称	成立时间	会员数	会长	秘书长
1	丹东商会	2009.07	71	洪松茂	吴贤宝
2	丹西商会	2009.07	85	胡全福	白少艳
3	爵溪商会	1999.09	85	陈　照	林将伟
4	石浦商会	1989.12	89	卢国平	吴友夫
5	西周商会	1997.12	99	周晓峰	郑慈松
6	南田商会	2007.12	53	李红蓥	钱大海
7	贤庠商会	2007.09	54	沈永平	乐美忠
8	墙头商会	1998.06	48	朱旌铭	孙志敏
9	泗洲头商会	2008.07	34	励小伟	胡普升
10	定塘商会	2009.07	40	吴永叶	金国文
11	涂茨商会	2007.11	34	孙全福	陈兴东
12	大徐商会	1997.12	59	柴常国	杨　盛
13	新桥商会	2008.11	35	徐根兴	魏成国
14	东陈商会	2005.12	86	王星平	屠华江
15	晓塘商会	2008.08	45	冯宗平	李　彪
16	黄避岙商会	2009.07	27	许宝国	俞　勇
17	茅洋商会	2008.12	36	石维坚	石　磊
18	高塘岛商会	2009.07	33	戴福青	鲍建祥
19	日杂百货商会	2004.12	357	余云兴	陈亚琴
20	医药行业商会	2008.09	66	盛旭表	黄昭勇

续表27

序号	名称	成立时间	会员数	会长	秘书长
21	家居商会	2009.06	94	周渭明	连才友
22	广告商会	2010.07	56	励和军	黎明运
23	广东商会	2010.10	138	胡英锡	郑　琴
24	数码商会	2011.11	73	董　腾	张银亚
25	芜湖分会	2012.11	29	史海军	赵小娟
26	医疗器械商会	2012.11	49	陈云勤	顾荣辉
27	杭州商会	2014.10	75	蒋善会	郑钧芳
28	输配电行业商会	2015.06	40	蒋善文	濮国锋
29	江苏象山商会	2016.06	76	陈海昌	林厚存

【县工商联成立60周年纪念座谈会召开】 9月15日，县工商联成立60周年纪念座谈会召开，县委副书记、县长黄焕利，宁波市委统战部副部长、市工商联党组书记黄辉出席会议并讲话。县委常委、统战部部长陈爱武主持会议，县领导胡建萍、石坚定、钮晶莹、励茂平出席会议。县工商联副主席、县商会副会长、基层商会会长、异地商会会长等参加会议。各民主党派、群团组织负责人应邀出席会议。县工商联主席励茂平作了工作报告，回顾总结60年工商联的发展历程和工作体会，并对今后工作作出部署。县工商联老领导、企业家代表作交流发言。

县委副书记、县长黄焕利(右四)，宁波市委统战部副部长、市工商联党组书记黄辉(左三)出席会议 (尹建成　摄)

【参政议政】 县工商联围绕县委、县政府的中心工作和非公有制经济人士关心的热点、难点问题，开展调研活动和参政议政工作。在年初县政协十届一次会议上，工商联界别针对全县经济社会发展中的热点、难点问题，通过调查研究，共提出联名提案15个、个人提案6个，作大会参政议政发言1个。组织界别委员参与剿灭劣V类水等中心工作的民主监督活动。

表28　工商联界别委员在县政协十届一次会议上的提案一览表

序号	标题(案由)	提案者	性质
1	关于协助新创企业整合资源的建议	洪　健	个　人
2	关于合力破解企业技术难题的建议	吕伟宏、徐贤国、张日成	联　名
3	关于推进象山中小企业挂牌上市的建议	潘立平、王爱敏	联　名
4	关于尽快开发城东工业区住宅开发并纳入四小学区的提议	顾学锋	个　人
5	关于增设和优化工业园区公共交通服务的建议	顾学锋、潘立平	联　名
6	关于“突出重点、调整布局、利用闲置厂房、多元化投入加快城东工业园区配套设施建设”的建议	潘立平	个　人
7	关于完善工业园区配套设施和公共服务的建议	徐贤国、顾学锋	联　名

续表28

序号	标 题（案 由）	提 案 者	性 质
8	关于加强对小微企业集聚区进行管理和扶持的建议	冯　艇、张利文	联　名
9	关于要求取消银行抵押贷款追加个人信用担保的提案	顾学锋、余　涛	联　名
10	关于整治街头流动烧烤经营的建议	陆海滨、项跃波、田领土	联　名
11	关于解决运输车安装液压尾板上路难、营运证年审难的建议	杨昌茂	个　人
12	关于改造老丹爵线马兰山段的建议	陆海滨、田领土、杜锡仁	联　名
13	关于调整城区商业街隔离带的建议	张岳兵、董　腾、顾学锋等	联　名
14	关于企业环保治理精准帮扶的建议	沈启苗	个　人
15	关于要求加强工业固体废弃物倾倒处置管理的建议	何照兴、夏　行	联　名
16	关于加强养犬管理倡导文明养犬新风尚的建议	张岳兵	个　人
17	关于提高火灾防范和救生能力的建议	吕伟宏、张岳兵、徐贤国等	联　名
18	关于加强县青少年儿童眼睛近视干预的建议	陆海滨、项跃波、田领土等	联　名
19	关于保障乡镇企业员工子女托管安全的建议	孙全福、顾学锋等	联　名
20	关于加强核电知识科普宣传的建议	吕伟宏、励　成等	联　名
21	关于创新人才机制，出台远城区乡镇人才扶助政策的建议	冯　艇、杨　溢	联　名

【调研走访】　围绕企业生产经营实际，有针对性地开展“问千家进百企”调研走访活动，先后走访30多家不同行业、不同规模的中小微企业，并就企业用工、生产订单、技改项目等问题进行问卷调查，帮助企业查找问题、寻求对策。结合涉企部门工作职能，落实企服责任人制度服务联系企业，了解企业运作情况，及时向县有关部门反馈存在问题和建议。配合市联到象山调研，召集10位企业家召开专题座谈会，实地走访2家企业，就深入推进“三去一降一补（去产能、去库存、去杠杆、降成本、补短板）”等方面提出对策建议。配合市联开展2016年度上规模民营企业调研工作，组织14家企业参与，其中超60亿元营业收入的企业3家。参与县委1号课题“现代化滨海城区”调研。发动各基层商会参与公共服务“啄木鸟”专项行动，开展“商会啄木鸟”巡访排查活动，汇集31条意见建议上报县改革办。配合市联做好激发民间投资活力的调查。

【会员企业】　县商会大厦完成竣工验收。基层商会互助资金会平台得以巩固提升，2017年初完成了2016年度的考评工作，并联合县财政局完成200万元的奖励资金发放，同时就基层商会互助资金会有关债务上诉情况开展调查，更好地调动基层的积极性和主动性。基层商会互助资金会全年累计周转476次，帮扶企业233家次，周转金额6.5亿元，有效地缓解了中小企业融资难问题。与县人社局联手开展送服务进商会活动，先后走入定塘、爵溪、晓塘等3家商会；与县检察院联合出台《关于加强协作保障和促进县非公有制经济健康发展的意见》。

【执常委专题培训会】　12月15日，县工商联组织召开执常委专题培训班，全县60余位民营企业家参加培训。县政协副主席、县工商联主席励茂平以及工商联全体班子成员参加了会议。县委统战部副部长、工商联党组书记张日成主持会议并作总结发言。集中学习后，安排与会企业家一起走进县消防大队，聆听消防大队长等讲解消防法律法规、消防设施及器材操作维护知识、常见火灾扑救知识等，观看解剖重特大火灾的典型案例。通过实地参观学习，使企业家们对消防有了更直接更具体的感性认识，提升对企业消防安全工作的关注度和重视度。

【商会系统首届羽毛球比赛】　为凝聚商会力量、丰富会员文体生活，县商会于12月15—16日举办系统内首届羽毛球比赛，共5个镇乡（街道）商会和5个行业商会的代表队参赛。经过角逐，团体赛由输配电、医疗器械、石浦等3家商会分别荣获第一、二、三名。单项赛中，男子单打冠军是数码商会选派的王思杰、女子单打冠军是广告商会选派的姚妲妮、男子双打冠军是石浦商会选派的方希杰与陈晖、混合双打冠军是数码商会选派的王思杰与付佳苓。

【“象上吧·青年”分享会】　3月30日，由县委统战部、团县委、县工商联、县侨办、县侨联联合举办的“象上吧·青年”交流分享在象山国际大酒店举行，留英博士、全国宁波商会会长郎旺凯与来自县海创会、县青联、县新创会、县工商联基层商会的百余名青年代表分享创业经历。县委常委、统战部部长陈爱武，县政协副主席、工商联主席励茂平等出席活动。

残疾人联合会

【概况】 2017年,县残联全面实施残疾人事业发展“十三五”规划,加快推进残疾人小康进程,深入实施共享小康工程,全力推进“共筑中国梦,同创文明城”——残疾人共建共享主题活动,加强助残服务能力建设,各项工作得到了扎实的推进和长足的发展。全县有残疾人3.3万名,持证残疾人16590名,其中:肢体残疾人8128名,视力残疾人1926名,听力残疾人2284名,言语残疾人168名,智力残疾人1724名,精神残疾人1781名,多重残疾人579名。

【保障残疾人基本生活】 细化“两项补贴”工作措施,确保符合条件的残疾人应保尽保、应补尽补,2017全年累计发放两项补贴资金4959.5万元,惠及全县7800多名困难残疾人和6800多名重度残疾人;会同住建局,依靠镇乡(街道)城建办,实施残疾人安居工程,落实农村残疾人房屋修缮和新建88户,共80余万元,确保残疾人享有安全的基本住房。

【保障残疾人合法权益】 督促惠残政策全面运行,推进公共场所无障碍建设体系,通过人大代表建议、政协委员提案、社情民意反映等方式,切实维护残疾人合法权益;实施无障碍设施改造进家庭活动,全面排摸残疾人家庭无障碍改造需求,会同专业施工人员逐个上门勘查、设计,提出个性化改造方案,完成136户任务指标;加强残疾人法律援助、救助和信访维权工作,深入排查掌握残疾人的各种矛盾纠纷和不稳定因素,及时化解矛盾,切实维护残疾人合法权益,维护社会和谐稳定。

【落实医疗救助政策】 在镇乡(街道)组织申请、审核基础上,密切与民政、慈善、人社等部门协作,确保困难残疾人家庭医疗救助政策的落实,加强对残疾人家庭大病医保后的医疗救助,做到该补助的一个不漏;资助低保和低保边缘家庭的残疾人、重度残疾人参加城乡居民基本医疗保险,个人缴费部分由政府补助,其他残疾人参加城乡居民基本医疗保险个人缴费部分,给予适当补贴,为2000余名精神、智力三、四级的残疾人提供城乡居民基本医疗保险个人缴费部分补助资金50万元。

【拓宽残疾人就业渠道】 全国助残日期间,会同县人社局、县民政局共同举办第九届残疾人就业洽谈会,提供适合残疾人的工作岗位388个,180余名残疾人参加洽谈,46名残疾人与企业达成就业意向;瞄准残疾人就业需求,会同农林、人社等职能部门,组织开展残疾人职业技能培训,前三季度完成市残联下达的残疾人职业技能培训任务,参加培训人数达293名,残疾人新增就业105名;依法推进按比例就业,完成市残联下达的任务914人,新增47人;推进省、市、县三级阳光家园建设计划,帮助精神、智力残疾人实现辅助性就业,其中省、市阳光家园安置中轻度智力、精神残疾人134名。

【实施精准康复服务工程】 实施儿童抢救性康复项目,为6名脑瘫儿童、3名听力儿童、6名孤独症、3名弱智儿童提供转介服务,为18名残疾儿童提供康复资金补助;实施精神残疾人服药补贴全覆盖,做好精神残疾人服药管理,发放助医卡700本,为30名精神患者提供住院资金补助。残疾人辅具网上适配服务有序开展,为47名听力障碍者免费验配了助听器,为10名低视力者免费验配了助视器,为 16名肢残者安装了假肢,提供残疾人辅助器具服务991人。

【加快康复医院建设】 8月,举办了县首届康复论坛,进行康复学术交流、普及残疾预防和康复知识,还与宁波二院建立了战略合作关系,引进了优质的医疗资源,为促进残疾人康复事业和建设“健康象山”发挥了作用。截至11月底,医院共服务3992人次,入院233人次。

【推进项目化管理】 编制年度残疾人重点任务目标项目清单,每项重点任务都有具体的实施方案,明确责任领导、责任科室、责任人、主要措施和完成时限。结合机关干部“岗位对责、绩效对账”管理工作,建立“一把手负总责、分管领导具体负责、责任科室各司其职”的项目化责任机制,按照每项任务推进计划、时间节点,以“挂图作战、进度倒逼”的方式狠抓项目推进,真正做到人人身上有任务,个个肩上有责任,形成“一级抓一级、层层抓落实”的良好工作格局。

【进行数字化考核】 结合机关干部“岗位对责、绩效对账”管理工作,制作了干部职工“双对”工作目标任务及完成进度表,严格实施机关干部月度工作绩效连带责任的评分办法,制定“双排”实施办法,对工作拖沓、办事不力、绩效差的干部与年度考核奖金、中层聘用等紧密关联,摒弃做好与做差、做与不做一个样的不良风气,努力营造协同作战、相互支持的工作氛围。同时,还建立了全体干部职工月度汇报制度,做到月初有部署、月中有督促、月末有小结,实现线下干事与会上说事、网上记事相互结合,压紧压实工作责任,构建横向到边、纵向到底的责任落实和考核体系,确保重点任务有效落实。

(张薇薇)

法治　军事

政府法治建设

【概况】 2017年，象山县政法系统贯彻中央及省、市政法信访工作会议精神，围绕县委“双突破双驱动”战略布局，以保障中共十九大胜利召开为首要政治任务，以夺取“平安金鼎”为必胜目标，围绕服务发展、守护正义的主题，创新机制、整合资源、强化落实，为维护社会大局稳定、保障人民安居乐业、促进经济社会发展发挥了作用。2017年，全县刑事立案2745起，同比下降28.7%，其中盗窃发案1513起，同比下降40.3%，两抢发案7起，同比下降66.7%。受理审判执行案件18827件，办结17141件，一线法官人均结案316.6件。办理审查批捕案件659件942人，办理移送审查起诉案件1010件1396人。各级人民调解组织调处成功各类矛盾纠纷4060件，涉及金额1.5亿元，调解成功率达98.9%。县公共法律服务中心提供法律咨询4571人次，其中涉法涉诉1048件，办理法律援助案件1409件。县连续12年获得“平安县”称号，被省委、省政府授予“平安金鼎”；被市委、市政府授予2017年度市级社会治安综合治理工作考核优秀集体。县委政法委领导班子被授予2017年度全县“好班子”荣誉称号，牵头的中共十九大维稳安保工作专班被授予2017年度全县“好团队”荣誉称号。同时，获得全县中共十九大和第四届世界互联网大会维稳安保工作中作出突出贡献的集体和全县重点工程立功竞赛先进集体。

【维护稳定工作】 2017年，圆满完成“一带一路”北京高峰论坛、金砖峰会、全市“村民说事”现场会、“二十届开渔节”、第四届世界互联网大会等维稳安保活动，妥善处置各类群体性事件。中共十九大期间，严格执行24小时值班备勤、领导带班和重大情况请示报告等制度，强化协调联动，扎实开展安全生产大检查，全面确保社会大局和谐稳定。每日发动平安志愿者、机关干部、社区工作者、村党员干部和网格长等3000余人次，加强治安复杂区域和场所巡查，形成上下联动，齐抓共管的良好局面。

【服务经济发展】 开展建设环境专项整治。全县共破获建设领域敲诈勒索、寻衅滋事、扰乱单位秩序等案件40起，采取刑事强制措施89人，行政拘留26人，判处刑事处罚9件45人，查处村干部插手工程项目违纪案件6起，党纪处理8人，问责2人；拔除抢种苗木12处，近18万株，获得广大群众和社会各界的肯定。开展恶意逃废债整治。排摸涉嫌恶意逃废银行债务线索37个，立案侦办18起，其中起诉8起11人，刑拘（取保）2人，上网追逃2人；开展“金融机构不良资产司法处置百日执行会战”行动，清收金融债权2.73亿元；促使16家企业主动做出配合法院、银行处置财产的承诺，涉及银行贷款金额5.5亿元。开展旅游景区治安环境整治。成立旅游警察大队，处置涉景区案件15起，对8人采取刑事强制措施。开展专项排查10余次，梳理突出问题6项，化解各类安全隐患和矛盾纠纷57起，为全域旅游营造良好的法治氛围。保障村级组织换届选举。对破坏选举的违法行为零容忍，查处影响村（社区）组织换届案件27起，其中刑事案件2起，取保候审8人，行政案件25起，行政拘留31人。

【平安综治工作】 以夺取“平安金鼎”为必胜目标，深化平安综治责任制，对4个乡镇、5个部门的主要负责人进行约谈。每年选取2个乡镇、2个部门进行述职评议。推进“一中心四平台全科网格”建设。建成县、乡两级社会治理综合指挥平台，优化调整网格，整合村级事务员，落实1800余万元用于专职网格长队伍建设，收集各类事件上报74764件，处置率达100%，有效整改处置隐患2.2万余起。同时，将“村民说事”制度有机融合到“一中心四平台全科网格”系统，村民说事以事件上报6550件，处置率达100%。深化“平安渔港”创建。建成石浦港社会治理综合指挥中心，创新设立海上网格15个，落实专职巡控员115名，沿线治安岗亭22个，整合执法船艇，强化值班巡航。推进“一打三整治”工作，破获舟山籍团伙盗油案1起，涉案金额500余万元，破获非法捕捞水产品案28起，采取刑事强制措施188人。推进“雪亮”工程建设。整合共享视频监控资源8500余路，新建视频监控点位350个，高清化改造视频监控资源550个。投入359万余元，完成2家天主教、35家基督教、20家佛教场所共330只视频监控，实现宗教场所视频全覆盖。深化大调解机制建设。健全完善公共法律服务中心，完善“你点调”等机制，妥善化解较大矛盾纠纷15起。完善“警调衔接”和“警民说事”机制，受理涉警来信来访310件，同比下降6.3%，办结率达66.8%。完善诉调对接机制，引导诉前调解1875件，以调解撤诉方式结案4298件，调撤率达52.24%。

【政法队伍建设】 以组建政法干警读书会为抓手，定期组织开展学习教育活动，全力提升、全面展示政法队伍良好形象。深入开展绝对忠诚教育。抓好中国特色社会主义理论体系特别是习近平新时代中国特色社会主义思想的学习,推进"两学一做"学习教育常态化制度化,深入开展社会主义法治理念教育,引导政法干警坚定理想信念,牢固树立"四个意识",着力增强"四个自信",严守中共政治纪律和政治规矩。加强教育培训和实践锻炼。组织开展"品一篇文章、承一段家风"、法苑讲堂、辩论赛等主题活动。派驻259名政法干警至全县107个重点工程项目,开展"政法干警走一线、破解难题促发展"活动,做好法律咨询、隐患排查、矛盾化解、河道巡查等工作,提高政法干警的履职能力和实战水平。健全廉政风险防控体系。围绕立案、侦查、批捕、起诉、审判、执行等重点环节和关键岗位,深入查找廉政风险隐患,科学配置执法司法权,从源头上预防和减少司法腐败问题的发生。深入推进党风廉政建设主体责任,刚性执行重大事项报告和核查制度,全面推进作风建设和效能建设。全面展示政法干警风采。举办"护航十九大·平安夺金鼎"——建设平安象山主题文艺会演,以喜闻乐见的形式,向广大群众诠释平安象山建设的深刻内涵。组织开展2017年度"忠诚卫士"评选表彰活动和"身边的榜样力量——政法好故事"宣传推送活动,全面展示政法干警良好形象,增进社会各界对政法工作的理解和支持。

(蔡芝芝)

公　安

【概况】 2017年,县公安局设有办公室、情指联勤中心、政治处、行政许可科、出入境管理科、信息通讯科、警务保障室、审计室等8个综合管理机构,国内安全保卫大队、网络警察大队、禁毒大队、行动侦察大队、法制大队、警务督察大队、治安大队、刑事侦查大队、经济犯罪侦查大队、巡特警大队、交通警察大队等11个执法勤务机构,看守所、拘留所、丹东、丹西、石浦、西周、墙头、大徐、泗洲头、定山、新桥、鹤浦、东陈等监管、派出机构和爵溪、石浦、西泽、高塘4个边防派出所。全局共有582人,其中民警552人、职工30人,文化程度分别为硕士5人、本科465人、大专96人、高中及以下16人,民警数占全县常住人口数的1.05‰。

2017年,县公安局在县委、县政府和上级公安机关的坚强领导下,在人大、政协和社会各界、广大群众的民主监督、通力支持下,深入贯彻中共十八届系列全会、中共十九大和习近平总书记系列重要讲话精神,围绕维护国家安全和社会稳定总任务,以中共十九大安保为主线,强化中心大局意识,强化公安履职能力建设,全力打造象山公安铁军,完成各项工作任务,为全县加快建设"两强两美"宁波现代化滨海城区作出应有贡献。2017年,该局刑事案件立案2745起,同比下降28.7%,查处治安案件2588起,同比增长32.9%。刑事拘留1533人,行政处罚3659人。命案发5起,破6起,破案率100%。被评为全省优秀公安局,蝉联全市优秀公安局。

【严打恶性刑事犯罪】 2017年,县公安局注重信息碰撞和视频研判,夯实侦查基础,依法从重从快打击严重刑事犯罪,先后破获丹东"2·2"故意伤害致死案、西周"3·27"故意杀人案、石浦"10·26"故意伤害致死案、丹西"12·11"故意杀人案、石浦"12·31"抢劫杀人案等多起恶性疑难案件。是年,命案发5起,破6起,其中一起为17年前的石浦"2000·7·9"命案积案,破案率100%。

【推进打黑除恶】 2017年,县公安局以"除暴缉枪顶格严管"百日大会战专项行动为抓手,回应社会关切,对群众高度关注的涉黑涉恶案件深挖严打、顶格处置。2017年,共破获黑恶案件108起,同比上升107.7%;刑拘黑恶人员215人、起诉176人,分别同比上升87%、89.2%;其中,查处涉枪案件12起,抓获违法犯罪嫌疑人15人。

【打击侵财犯罪】 2017年,县公安局综合运用合成作战、专业研判、分类打击等手段,应对电信诈骗等新型案件高发态势。深入开展"三打一整治"等打侵财专项行动,相继破获"6·27"湖南长沙通讯(网络)诈骗案、象山系列性盗窃柴油案、"7·10"石浦入室盗窃案等一批重特大侵财案件。是年,共破获侵财型案件771起、诈骗案件335起,查处犯罪嫌疑人499人、团伙25个,盗窃发案1513起,同比下降40.34%。

【打击经济犯罪】 2017年,县公安局坚持"服务经济为第一要务,预防犯罪为第一效益"理念,对P2P集资犯罪、传销行、涉众型经济犯罪等坚持从重从快、严厉打击。深化"大脚板走一线、小分队破难题"攻坚行动,深化整治恶意逃废债专项行动,立案侦办13起,起诉10人,取保2人、刑拘追逃2人,约谈19名欠薪企业主,追回经济损失5739万元。19家企业与银行达成协议,承诺还款5.5亿元,切实维护全县金融秩序。

【打击涉毒犯罪】 2017年,县公安局完善警种协同、合成作战、大案统筹工作机制,开辟缉毒"网上战场",深入挖掘涉毒线索,拓宽破案信息渠道,确保"一网打尽、打深打透"。是年,共破获涉毒案件105起,抓获犯罪嫌疑人105名、吸毒人员528名,强制戒毒170人。

【打击黄赌犯罪】 2017年,县公安局因地制宜开展涉黄涉赌专项打击行动,切实治理黄赌违法犯罪行为等社会丑陋现象。是年,共查处涉黄涉赌人员1384人,其中刑事处罚142人、行政处罚1242人;捣毁黄赌窝点106处,处罚涉赌涉黄场所14家,查处黄赌团伙20个。

【打击涉选违法犯罪】 2017年,县公安局对涉选违法行为零容忍,以高压严打态势狠刹拉票贿选歪风。是年,严查各类阻碍选举秩序案件27起,刑拘(取保)8人,行政拘留31人,警告性谈话136人,资格审查1.7万人次,发现不能和不宜情形69人次。

【打击网络犯罪】 2017年,县公安局深入打击网络谣言及有害信息,坚决取缔网上非法组织,确保网络空间安全、清朗。是年,侦破网络案件246起,刑拘159人。

【中共十九大维稳安保工作】 2017年,县公安局围绕平安护航十九大,坚持最高标准、最严要求,源头排查化解不稳定因素和公安安全隐患,从严从实从细抓好各项安保工作措施落实，力保象山不出事、象山人不惹事，以象山的绝对稳定助力中共十九大胜利召开。是年，305名涉稳重点对象全部列入十九大安保库，列管重性精神病人144人；24小时运作墙头、黄避岙2个高速出入口和象宁、泗洲头等7个卡点的设卡盘查工作，投入警力1502人次，检查车辆5.2万辆，核查人员9万余人，查获法院临控对象42人，拦截重点信访对象5人。

【推进“最多跑一次”改革】 2017年，县公安局坚持“以人民为中心”理念，通过厘清事项清单、搭建信息平台、优化审批要素、盘活服务机制，跑出公安“加速度”。是年，梳理出权力事项830项，其中审批类事项124项、行政处罚类事项705项、行政奖励类事项16项，实现公安“最多跑一次”事项94项，实现率93.1%，有28项事项实现“零跑”；在茅洋乡、涂茨镇和黄避岙乡新设3个户籍窗口，为群众办证办事提供便利。

【“平安渔港”建设】 2017年，县公安局强化边防渔船民管理，提高管船管海能力。强化“一打三整治”工作，会同县海洋与渔业局、港航局、海关等涉海部门联合执法，高压严打非法捕捞、破坏海洋生态环境等违法行为，协助渔政和乡镇取缔“三无”船舶。是年，查处非法捕捞案件27起，采取刑事强制措施174人，同比上升18.4%；查处成品油案件19起，收缴成品油4070余吨。

【保障重点工程建设】 2017年，县公安局坚持“党政有呼、公安必应”，深化建设环境专项整治，健全县公安局重点工程流动警务室建设和“项目驻警”制度，严打严惩建设领域违法犯罪，及时化解各类矛盾纠纷，全力保障重点工程、重大项目建设顺利进行。是年，共破获强包强揽、敲诈勒索、阻工等案件40起，采取刑事强制措施89人，行政拘留26人，警告性谈话102人，保障清理13万余株非法抢种树木。

【实有人口管理】 2017年，县公安局深化户籍制度改革，强化以无户口人员落户为重点的户口清理整顿工作。出台《象山县流动人口量化结分申评办法》，实现流动人口由条件管理向积分管理转变。是年，共排查出租房屋21余万间，核查流动人口30余万人次，注销13万间无效出租房信息、16万条流动人口信息，对817名高危外口逐人建档、动态管理，实现流动人口居住信息登记率97%，准确率98%，居住房屋登记率100%。

【行业场所管理】 2017年，县公安局严格落实行业、场所和行业主管部门的主体责任、监管责任，全面推行行业场所等级化管理和实名登记制度，特别针对寄递物流管理，严格落实三防建设和3个100%工作，全面推动行业场所安全隐患清零。是年，共查处宾馆330家次、KTV19家、网吧50家，消除安全隐患77处；查处移交寄递案件36起，处罚18起。

【农家客栈管理】 2017年，县公安局对全县513家农家客栈，加强旅客信息实名登记，落实治安和消防安全管理，通过集中整治、集中培训、集中安装、集中推介等方式，民宿登记系统配置率达到100%。是年，276家民宿申领特种行业许可证，226家安装旅馆业治安信息管理系统，287家使用APP系统。

【景区治安维护】 2017年，县公安局全方位对接旅游治安管理，成立全市首支旅游警察大队，健全旅游监管定期会商机制，提高涉旅案件处置效率，着力夯实视频监控，治安、消防和交通管理等基础性工作，助力全县全域旅游示范区创建。是年，查处景区案件13起，刑拘4人、行政处罚10人。

【强化动态巡防处置】 2017年，县公安局完善“135”快速反应控制圈，加强对巡特警队员和应急力量的常态化区域性拉练、集中管理训练，建好专业突击作战单元，提升应急处突水平。接有效警情9.8万余起，同比下降12.13%；发街路面案件1100起、两抢案件7起，分别同比下降27.9%、66.7%。

【整治交通秩序乱象】 2017年，县公安局以“一创一治”系列专项行动为抓手，提高交通事故预防、城区疏堵保畅和便民服务能力。加强重点驾驶人、重点单位分层次动态管理，强化科技信息应用，提升交通管理的精细化水平。交通事故发2.2万起，同比上升2.5%。其中，亡人交通事故73起，死亡75人，同比分别下降31.1%、29.2%。

【消防管理】 2017年，县公安局以人员密集场所、易燃易爆单位、高层建筑、群租房为重点，推进火灾隐患大排查大整治，推广安装电瓶车智能充电桩2000余个，在10个小区、50家企业设置集中充电点，全力预防和遏制重特大火灾事故。是年，组织开展消防安全检查5027家，督促整改隐患6657处，临时查封84家，责令“三停”62家，罚款119.5万元，行政拘留27人；发生火灾215起，同比下降20%，死亡2人。

【全息感知体系建设】 2017年，县公安局制定县公安局信息化建设“第一战略”三年规划和实施方案，将“全息感知”网络体系建设分为7大类27小项。加快“雪亮工程”项目建设，依托县视频资源共享中心，有效整合各类视频监控资源8500余路，全县57家宗教场所安装260个内部视频和57个外部视频，实现全覆盖。是年，共新建、改建高清视频690个，18个镇乡街道视频接入共享中心，全县429个行政村视频监控覆盖率达87.6%。

【警务装备保障】 2017年，县公安局强化项目需求统筹整合，牢固树立质量效益理念，坚持保障与管理并重，着眼基层一线实战需求，改进警用武器装备质量管控、动态调整、流程审批、应急调拨等工作，努力把警务保障能力提升到一个新水平。是年，共更新执法执勤车和特殊用途车5辆，完成刑侦DNA实验室建设、350兆无线数字集群系统以及技侦专用车、场所改造。同时，保障153万元人民币专项经费，完成智能化枪柜改造。

【基层队房建设】 2017年，县公安局把基层基础作为公安工作基石，主动谋划基层队房建设，改善基层工作环境。是年，新建新桥派出所、鹤浦派出所及两地交警中队，推动大徐派出所搬迁至县经济开发区。

【执法规范化建设】 2017年，县公安局严格落实科所队长办案和执法办案五级审核制度，探索建立法制部门案件审核退回记分制度。常态运作网上视频督察中心，对办案区"四个一律"执行情况、接处警等执法办案过程开展全天候、全方位、回溯式监督，通过执法巡查下达督促指令650余次、纠正执法不规范行为525起。开展多种形式的法制培训，适应以审判为中心的刑事诉讼改革，提高执法办案能力。是年，全局基本级、中级和高级执法资格考试通过率分别为100%、64.48%和4.01%，9人通过国家司法考试。

【"两学一做""无限忠诚·走在前列"教育实践活动】 2017年，县公安局围绕学习中共十九大精神，巩固"两学一做"和"无限忠诚·走在前列"主题教育成果，教育全体民警、职工、辅警"不忘初心、牢记使命"，增强"四种意识"。全面加强和规范党内政治生活，健全常态化政治理论学习，发挥基层党组织的战斗堡垒作用和党员的先锋模范作用，实现"以党建带队建"。

【先进典型培养】 2017年，县公安局以加强警营协会运作为抓手，活跃警营文化生活。做强秤卫东、张斌闻等公安典型，深入"好民警好辅警"选树，继续推动"徐祥青爱民警队"将爱心"走出去"，将善行"做到底"，弘扬警营正能量。是年，秤卫东被评为全国优秀人民警察、全省模范人民警察，马绪悦、张方军被评为全省优秀人民警察，林钏、钱挺立、褚伟强、张方军被评为全市优秀人民警察，有25个集体、44名个人受到省厅表彰，2个集体荣立二等功，2个集体、7名个人荣立三等功。

【破获"2000·7·9"命案积案】 2000年7月9日，犯罪嫌疑人刘某某溜门入室进入被害人林某某家中，用手扼颈致林某某昏迷，并将其拖至放满水的卫生间浴缸内，刘某某抢走被害人戒指、人民币后逃离现场，林某某窒息死亡。经侦查，县公安局发现租住在林某某家的刘某某有重大作案嫌疑，该刘案发后潜逃去向不明，2000年7月18日对刘某某上网追逃。其间，县公安局始终未放弃对犯罪嫌疑人刘某某的追捕，直至2017年11月份，通过人像比对技术，发现犯罪嫌疑人刘某某可能潜逃至福建省厦门市。县公安局在市公安局刑侦支队的通力支持下，立即赶赴厦门抓捕，并于2017年11月24日中午，在厦门市某宿舍内顺利抓获犯罪嫌疑人刘某某。经审讯，刘某某对其杀害林某某的犯罪事实供认不讳。

【破获"4·17"系列性柴油盗窃案】 2012年以来，县石浦镇、鹤浦镇、高塘岛乡等地频繁发生渔船柴油被盗案件。县公安局加强侦查研判，串并案件100余起，发现盗窃嫌疑人落脚地在舟山地区，并通过多次走访确认嫌疑人身份及作案船只。2017年6月29日晚，象山公安局出动警力30余名，在舟山普陀区和定海区两地同时收网，抓获犯罪嫌疑人虞某某等4人。经审讯，该4人2012年以来多次自驾船只，窜至县渔港盗取柴油并运至舟山出售获利，累计作案上百起，涉案价值500余万元人民币。

【破获"6·27"特大电信诈骗案】 2016年6月27日，县公安局接到被害人朱某报案称：2016年3月至4月期间，其在网上通过某投资公司炒现货原油，被骗人民币37.4万元。县公安局迅速成立专案组，对涉案投资公司的账户进行调查，发现该公司位于湖南省长沙市，有重大诈骗嫌疑。2017年3月9日上午，县公安局在湖南省邵阳县抓获犯罪嫌疑人周某某、黄某某，经审查，两人交代于2016年3月至4月期间，由犯罪嫌疑人周某某利用QQ骗取被害人朱某信任，在其公司开户进行现货原油投资，后在黄某某提供的虚假指导下，以对赌形式诈骗朱女士37.4万元人民币。掌握确凿诈骗证据后，2017年3月16日，县公安局抽调全局170余名警力奔赴长沙，并于3月17日成功捣毁位于湖南长沙市某大厦内的2处诈骗公司窝点，一举抓获以唐某为首的诈骗嫌疑人77名，查扣作案电脑50余台，涉案金额上千万元。

【破获"12·31"抢劫杀人案件案】 2017年12月31日凌晨1时许，县公安局接到报警称：石浦镇建业路有人受伤。民警到达现场后，发现两名女子庞某某、李某被刀捅伤，后经医院抢救无效死亡。经侦查，县公安局于当日12时许在石浦镇某小区一出租房内抓获犯罪嫌疑人刘某某。经审讯，犯罪嫌疑人刘某某交代因盗窃未遂，将发现其行迹的庞某某、李某用刀捅伤致死的犯罪事实。

检　察

【概况】 2017年，县人民检察院以习近平新时代中国特色社会主义思想为指导，围绕县委中心工作，主动适应检察工作面临的新形势新要求，坚持绿色司法理念，深化检察体制改革，强化法律监督职责，打造过硬检察队伍，各项工作取得新进展。全年批准逮捕各类刑事案件犯罪嫌疑人679人，提起公诉1047人。2017年，共获得集体和个人县级以上荣誉44项，其中国家级荣誉3项、省级荣誉5项、市级荣誉17项。

【履行批捕起诉职能】 发挥打击犯罪的职能作用，重点加大对影响社会稳定的盗抢骗、黄赌毒、严重暴力犯罪的惩治力度。保护群众切身利益，对非法吸收公众存款、电信网络诈骗等涉众型犯罪，批准逮捕嫌疑人70人，提起公诉47人，其中一起利用原油期货交易平台实施的诈骗案，涉案金额近亿元，批准逮捕嫌疑人26人。回应群众期盼，对黄赌毒等影响社会管理秩序的犯罪，批准逮捕嫌疑人130人，提起公诉196人。快速办理简单刑事案件，起诉危险驾驶、盗窃犯罪嫌疑人461人，平均办案周期缩短至10日。

【建设环境专项整治】 贯彻县委、县政府重点工程建设环境专项整治工作部署，打击破坏建设环境犯罪，批准逮捕建设工程领域敲诈勒索、寻衅滋事等犯罪嫌疑人30人，提起公诉45人。落实县委"政法干警走一线、破解难题促发展"工作要求，由中层以上检察人员结对重点工程项目20个，实地走访调研

60余次，为工程项目顺利开展提供法律服务。

【服务"一带一路"建设】　助力"一打三整治"专项行动，加强海洋渔业资源保护，批准逮捕非法捕捞水产品犯罪嫌疑人61人，提起公诉58人，分别占全市同类案件的80.6%和46.7%。挖掘案件线索，打击非法回收渔船废油、污染海洋环境和严重危及航运安全的盗窃类犯罪案件。维护县域金融环境稳定，将恶意逃废债、严重损害金融单位合法权益的犯罪行为列为打击重点。惩治危害经济发展的刑事犯罪，办理针对企业的盗窃、职务侵占等案件12件，维护企业正常生产经营。在把握法治原则的前提下，依法不起诉涉嫌轻微刑事犯罪的企业负责人和经营骨干。

5月21日，县人民检察院与县海洋与渔业局开展渔业联合执法行动　（王艺格　摄）

【坚持柔性司法】　准确把握法律和政策界限，坚持少捕慎诉，无社会危险性不批准逮捕121人，相对不起诉139人，同比分别增长59.2%和93.1%。开展羁押必要性审查，根据羁押条件变化，适时对15人变更强制措施。强化检察环节司法救助，为刑事被害人提供救助金，传递司法温度。加强涉罪未成年人教育挽救，建成心理疏导、宣告听证训诫等独立办案区，成立"检爱"志愿者服务队，针对在校生和留守儿童开展普法宣传10场，受教育人数达3000余人。

【提升司法办案质量】　深化案件质量管控体系建设，强化检察官联席会议、诉前会议、案件公开审查等制度，解决重大疑难、敏感复杂和新类型案件办理中遇到的问题，提升案件办理质效。深入推进客观性证据审查模式，坚决排除非法证据，推动侦查人员、证人、鉴定人出庭作证。开展案件质量集中评查和专项评查活动，共评查案件66件，编发案件质量评查通报3期，书面通报问题13个，要求职能部门从制度落实、工作细节上规范整改，促进执法办案规范化。

【刑事诉讼监督】　严格侦查活动监督，因证据不足、不构成犯罪不批准逮捕112人，不起诉12人，监督公安机关立案10人，追捕4人，追诉漏犯5人，追诉漏罪13项。及时发现并纠正裁判错误、程序违法等问题，提出抗诉、发出再审检察建议3件。坚持监督关口前移，联合县公安局出台《检察院公诉部门提前介入公安局经济犯罪侦查工作的暂行规定》《重大疑难复杂敏感刑事案件检察院提前介入与公安局听取意见工作规定》等文件，规范侦查取证，退补率和撤案率同比分别下降15.4%和36.8%。深化海洋渔业执法专项监督，健全行政执法与刑事司法衔接机制，在东海渔场修复振兴行动中，建议行政机关移送立案涉嫌非法捕捞水产品犯罪15件101人。

【民事行政监督】　继续强化对法院民事、行政生效裁判的监督，严肃查处虚假诉讼，成功突破宁波市首例虚假仲裁案件，向公安机关移送犯罪线索1件，向相关部门发出检察建议9份，均被采纳。履行公益诉讼检察监督新职能，排摸线索，办理一起非法向海洋倾倒建筑泥浆行政公益诉讼案件，启动诉前程序，督促行政机关依法履行职责。

【成立驻派出所检察工作室】　为提升办案质量、防范冤错案件，建立健全检察机关对公安派出所的监督制度，设立驻派出所检察工作室。驻派出所检察工作室办公地点设在县公安局石浦派出所，由县人民检察院选派业务骨干，按照"监督不越权、指导不干预、引导不包办"的原则，对派出所的刑事案件办理工作进行引导侦查取证，通过建立信息共享平台和联席会议制度，共同研究重大问题，提出解决办法。

【推进"阳光检察"】　自觉接受人大监督，主动备案重要文件及法律文书134份，依法提请任命检察员3名，参与"两官"履职评议活动，落实评议意见整改。加强与人大代表沟通交流，寄送简报5期，《象山检察》刊物4期，推送手机报11期，邀请代表到检察院视察指导，增进代表对检察工作的了解。重视政协民主监督作用，邀请政协委员参加案件公开审查、公开听证2次。召开人民监督员监督会议，在检察办案中听取意见，监督撤案4件4人。发挥官方网站主阵地作用，公开法律文书765份，案件程序性信息1383条，发布重要案件信息21条。利用官方微博、微信等新媒体平台，推送检察工作动态348条，开展宪法日宣传等普法活动，宣传检察职能，保障公众知情权。

【"检察开放日"活动】　5月31日，组织开展以"法治进校园，护航未成年人成

6月6日，县人民检察院驻石浦派出所检察工作室揭牌成立 （方芳 摄）

3月15日，县人民检察院首次启用远程视频提审系统 （方芳 摄）

长”为主题的“检察开放日”活动，邀请部分县人大代表、政协委员、人民监督员，县教育局、共青团、关工委代表以及学校教师等，到县技工学校共同关护未成年人成长。与会人员针对如何有效加强未成年人的法治教育和未成年人检察工作发展等问题踊跃发言，为检察机关做好预防和减少未成年人犯罪工作建言献策。

【“最多跑一次”改革】 建成“一站式”检察服务大厅，整合业务功能，优化办事流程，受理案件查询1000余次，接待律师阅卷200余次，减少“多头跑、折返跑”现象。确立行贿犯罪档案查询“立查立给”机制，审核期限由3天缩短至1天，对同时段多个投标业务待查询企业，实行一次性“打包”查询服务，分别开具给付结果告知函，避免企业“重复跑”，办理行贿犯罪档案查询2246次，涉及单位4003家、个人6355人。主动深入海岛上门办案，就地解决年老涉案人员到案难、法律咨询服务不及时等问题，实现群众“零次跑”。

【启用远程视频提审系统】 3月15日，首次启用新建成的远程视频提审系统，在检察院远程视频提审室内，用30分钟对1名羁押在县看守所的盗窃犯罪嫌疑人完成提审，使得办案人员免除了往返看守所、排队办理提审手续等环节而节省约50%的通常办案时间，大幅提高办案效率。审讯实行全程同步录音录像，并在视频中显示提审时间、湿度及温度等内容，彰显了办案规范化、司法透明化的科技强检效果。

【司法体制改革】 顺利完成员额检察官、检察辅助人员、司法行政人员分类定岗，做好第二批员额检察官遴选工作，共遴选员额检察官25名，占队伍编制总数32.47%，优化分配办案力量，组建新型办案组织23个，实现队伍扁平化、专业化管理。落实司法责任制改革，根据权力清单确定具体办案标准与要求，细化员额检察官主体责任。完成检察人员绩效考核、检察官工资套改、检察官单独职务序列转升等工作，完善检察人员职务保障。制定领导干部办案工作实施意见，明确入额领导办案类型与数量，逐步实现领导带头办案常态化。

【内设机构改革】 贯彻中共中央、浙江省委关于司法体制改革的工作部署，科学整合内设机构，职能部门由11个精简至8个，作出以下调整：保留办公室；更名政治处、侦查监督科、公诉科、监所检察科、案件管理办公室为政治部、侦查监督部、公诉部、刑事执行检察部、案件管理部；整合民事行政检察科、控告申诉检察科为检察监督部；整合行政装备科、检察技术科、司法警察大队为检务保障部(保留司法警察大队牌子)。

【典型选树工作】 挖掘先进典型，以身边事带动身边人，举行“学习十九大精神，榜样力量引领前行”暨“浙检英模大讲堂”活动，专题学习肖士华先进事迹。结合报刊媒体、官方微博、微信等阵地，全面宣传典型，形成崇尚先进、学习先进、争当先进的良好氛围，被《宁波日报》录用人物宣传1篇，被《今日象山》录用人物宣传4篇。肖士华荣获2017年度全县“好干部”称号，薛璐璐获评县级2017年度“忠诚卫士”，饶元玲获评县级2017年度“忠诚卫士”提名奖。

【检察品牌建设】 重视实战锻炼，组织参加各类辩论赛，在宁波市首届检察机关辩论赛中，选派的两支队伍分别荣获团体二等奖和三等奖，2名干警荣获“十佳辩手”称号，3名干警荣获“优秀辩手”称号。1名干警代表宁波市检察系统参加浙江省第三届控辩对抗赛，以全大市最好成绩获评优秀辩手。强化理论调研，培养调研人才，组建调研团队，被市级以上刊物、论坛征文录用调研文章22篇，其中4篇文章获得省级以上奖励，1名干警作为浙江省基层检察院唯一代表，在全国第六届民事行政检察年会上交流发言。

（方　芳）

法　院

【概况】 2017年，象山县院坚持以习近平新时代中国特色社会主义思想为指导，不忘初心、牢记使命，忠实履行宪法和法律赋予的职责，各项工作取得新的进展。全年共受理各类案件18827件，办结17141件，同比分别上升28.15%和12.27%。一线法官年人均结案316.55件，同比增加48.71件。

【审结各类刑事案件742件】 审结刑事案件742件984人，同比分别下降23.19%和20.19%。依法严厉打击故意杀人、故意伤害、强奸、抢劫、盗窃、诈骗等侵犯公民人身财产权利犯罪，涉枪、危险驾驶等危害公共安全犯罪，以及聚众斗殴、寻衅滋事、黄赌毒等破坏社会治安犯罪，共审结三大类犯罪725件959人，包括一起被告人达12名、涉案金额超过500万元的跨省电信诈骗案件。坚决打击破坏市场经济秩序犯罪，审结非法经营、非法吸收公众存款、假冒注册商标等犯罪13件20人。坚持重遏制、强高压、长震慑，审结贪污、受贿等职务犯罪4件5人，审结市首例由监察委移送审查起诉的案件。贯彻宽严相济刑事政策，依法对317名初犯、偶犯、从犯判处缓刑、单处罚金或免予刑事处罚。从严惩治针对未成年人的性侵害和校园暴力行为，切实加强少年司法，审结涉少刑事案件22件29人。

【审结各类民商事案件9175件】 审结民商事案件9175件，同比上升13.61%。探索引导调解、特邀调解和法官调解“三调合一”，主动邀请乡镇社区干部、便民联络员、网格员、律师等共同参与调解，在四个派出法庭均设立陪审员调解室，共引导诉前调解2232件，以调解撤诉方式结案4794件，调撤率52.25%。织密扎牢民生司法保障网，审结财产损害、交通事故、医疗、物业等纠纷案件1436件，审结民间借贷纠纷案件3357件，标的额9.64亿元。着力营造稳定公平透明、可预期的营商环境，审结买卖、承揽、房地产、建设工程等合同类纠纷案件2332件。以金融服务实体经济作为金融审判的价值导向，审结金融纠纷案件1039件。准确理解、有效运用公司法最新司法解释，审结股东资格确认、股权转让等纠纷案件28件，促进完善法人治理结构，释放公司市场活力。

【审结行政诉讼案件72件】 审结行政诉讼案件72件，同比上升30.91%，其中异地管辖案件23件。监督和支持并重，严格把握合法性原则，审查环保、计生、城管等非诉行政案件387件，准予执行378件。贯彻“三改一拆”行动部署，促进提升“无违建县”建设水平，专项清理国土非诉执行积案255件。协同推进行政机关负责人出庭应诉工作，行政机关负责人出庭应诉率超过97%。深化司法与行政良性互动，采取座谈研讨、组织旁听庭审、通报涉诉情况等方式，完善预防和化解行政争议机制。

【执结各类案件6278件】 全力落实最高法院关于“用两到三年时间基本解决执行难”的决策部署，执结各类案件6278件，执行到位金额12.69亿元，同比分别上升12.63%和65.67%，执行工作在全市考核中位于前列。提升执行强度，严格落实24小时备勤制度，并实行周一、周三晚及周六加班。开展“雷霆行动”“零点行动”等一批专项行动，有效突破腾房难、找人难等执行症结。依靠现代科技着力提升财产查控效率，2017全年共冻结被执行人存款2.23亿元，查封房产1529处。在中国执行信息公开网、“象山发布”、官方微信等网络平台公布失信被执行人2811例，开展“曝光公告张贴到家”专项行动，对“老赖”形成强大的社会舆论压力。健全基本解决执行难工作大格局，联合相关单位开展失信惩戒，对接县公安局、供电公司建立车辆远程查控、待执房屋断电等协作机制，形成共破执行难的强大合力。突出执行工作的强制性，最大程度打击抗拒执行行为，依法拘传、拘留、罚款被执行人997人，追究刑事责任1人。

【助推重点工作】 围绕加快建设宁波现代化滨海城区和“双突破双驱动”战略，在冲刺平安金鼎、全域旅游示范区创建、治水拆违等重点工作中凝神聚焦发力，出台提供相应司法保障的实施意见。妥善审理因棚户区改造、高速石浦连接线建设引发的民事案件，配合做好征迁协调工作，促进个人利益与公共利益的有效平衡。参与全县建设环境专项整治，安排干警联系35项重点工程项目，从严从快判处阻挠施工、强迫交易、敲诈勒索等刑事犯罪9件45人。全力配合“一打三整治”专项行动，判处非法捕捞水产品犯罪18件49人。在村和社区组织换届选举期间，协助做好对1万余名候选人的资格审查工作，共筛选出资格不符人员200余名，妥善处置一起选民资格案件，保障换届选举顺利进行。

【助推县域经济转型升级】 研究经济发展形势对司法服务的新要求，开展精准服务企业专项行动，分批走访45家各类企业，实地了解生产经营情况，确保司法服务与企业实际需求无缝对接。开展企业破产案件攻坚年活动，清理债权债务39.17亿元，盘活土地资源34.22万平方米、房屋面积（包括工业厂房）28.22万平方米，促进1家僵尸企业有序退出市场，促成5家企业重整成功，努力实现“破中有产”。参与整治恶意逃废债专项行动，开展“金融机构不良资产司法处置百日执行会战”，清收金融债权2.73亿元，有效阻断企业资金链、担保链的风险扩散，保障经济和金融良性循环健康发展。

【社会治理】 建立"村民说事、法官说法"联动机制，为村民说事提供法律指引，助力打造基层法治化治理的"象山样本"。及时向党政机关和有关单位发送区域涉诉分析报告3份、司法建议4件，发布涉工业企业、涉商品房买卖等审判白皮书并召开新闻发布会，为提升社会治理现代化水平贡献"法院智慧"。与县人民检察院、公安局、信访局联合发布规范信访活动通告，依法打击非正常上访，引导群众理性表达诉求。深化诉访分离改革，受理申诉、申请再审案件7件，经审查后提起再审5件。

【便民服务】 落实司法领域"最多跑一次"改革，全面推进"三大机制"建设。开展跨域立案、网上立案、延伸立案，用快速便捷的服务提升当事人的立案体验。建成具备近百项功能的新型诉讼服务中心，中心划分立案登记、联合调解、民商事速裁等多个功能区，配备自助导诉系统、智能文件中转柜等便民设施，为群众提供一站式、综合性、全方位的诉讼服务。启用新执行服务大厅，统一办理执行接待、释明告知、案件查询等事项，实现执行事务集约化。设立渔港家事纠纷审理站、驻海岛法官工作站，把司法服务延伸到最基层。

【利民举措】 完善家事审判庭前信息采集、家事调查和家事回访制度，全面保护当事人身份利益、情感利益和财产权益，共审结婚姻家庭案件645件。开展涉民生案件专项执行，为赡养、抚养、追索劳动报酬等案件当事人执行到位款项2037.91万元，判决拒不支付劳动报酬犯罪4件4人，切实保护弱势群体的合法权益。贯彻"应救尽救"的司法救助原则，共缓、减、免诉讼费608.53万元，为67名被害人、困难当事人发放司法救助金39.74万元。开展送法入村、送法进军营、"解家事、传家风"等法治宣传活动22次，向公众提示"在校生涉校园贷""购房合同陷阱"等法律风险35条，营造学法用法、依法维权、防范风险的良好氛围。

【阳光司法】 以保障群众知情权为核心，健全审判流程、庭审活动、裁判文书、执行信息四大公开平台，全年网上公布裁判文书6818份，开展庭审网络直播199次，网上公示暂予监外执行案件8件。坚持公开透明便民的网络司法拍卖制度，共向淘宝网上传各类拍品514件，拍卖成交额9.27亿元，为当事人节省佣金2467.45万元。全面推进庭审记录改革，共有5625起案件采用全程录音录像的方式记录。推动浙江智慧法院APP、远程视频庭审、陪审员随机抽取等系统平台在审判实务中的应用，使人力与科技深度融合，更好地满足群众多元司法需求。

【人员机构改革】 严格执行遴选程序和标准，组织开展第二批员额法官遴选工作，让更多优秀法官到审执一线公正司法、服务群众。推进单独职务序列改革，按时完成首批入额法官等级转换评定和晋升工作。根据本院实际情况，探索内设机构改革，建立"五中心一综合"，形成机构设置合理、职责分工明确、运行高效顺畅的新型管理模式。坚持扁平化管理和专业化建设相结合，打通庭室壁垒，将民商事审判条线整合为难案、简案、调解"三大组"和一个专司破产的审判庭，有效减少管理层级，降低司法资源内部损耗。

【规范审判权力运行】 深入推进司法责任制改革，取消案件审批，员额法官独立签发裁判文书占比超过85%，审判委员会讨论案件数同比下降超过40%。组建以法官为核心、以审判业务需求为导向的专业化审判团队，让法官集中精力处理判断、裁定等核心事务。严格落实入额领导办案责任，院庭长回归办案本位，办结各类案件5336件。加快推进以审判为中心的刑事诉讼制度改革，让庭审真正成为查明事实真相的关键，全年通知侦查人员、鉴定人员、证人出庭作证10次，通知法律援助机构为76名可能被判处三年以上有期徒刑的被告人指派辩护律师，坚决守住防止冤假错案的底线。

【优化执行工作模式】 将强制执行、警务保障、评估拍卖等工作职责一体化纳入执行警务中心，建立资源共享、规范高效的新型执行机制。全面推进执行指挥中心实体化运作，使其成为集远程协调指挥、信息公开、监督管理、决策分析等功能于一体的执行工作"中枢神经"，实现统一管理、统一指挥、统一协调。在县拘留所设立司法拘留社会矛盾化解工作室，对失信被执行人采取收拘前谈话、关押后教育等措施，8月份成立以来引导失信被执行人自动履行款项116.12万元。理顺执行案件移送破产审查工作机制，审查"执转破"案件19件(涉及执行案件226件)，有效解决了涉破产企业的执行难问题。推进"互联网+执行"，与网易直播平台合作对强制执行某娱乐场所的全过程进行网络直播，共吸引6万余名网民在线围观。

【改进审判管理】 制定院庭长权力清单和责任清单，推动审判管理监督由微观的一般业务审批，转向宏观的全院、全员、全过程的案件质量效率监督。建立科学化、精细化的评估通报体系，扎实开展案件常规评查和各类专项、定向评查，及时发布审判运行态势分析，倒逼提升审判质效。切实规范司法档案管理，创建示范数字档案室，顺利通过了市中院、市档案局的联合考评。完善集中送达模式，实行错时送达、送达"名单库"等机制，民商事案件直接送达率达87.57%。

【抓好党建工作】 精心安排、周密部署、层层动员，采取党组中心组理论学习、党支部学习讨论、组织撰写心得体会等形式，迅速兴起学习宣传贯彻中共十九大精神热潮。成立加强意识形态工作领导小组，引导督促干警做到头脑清醒、立场坚定。落实全面从严治党要求，制定推进"两学一做"学习教育常态化制度化等方面的实施方案，开展"三会一课"、组织生活会、党员固定日等活动和各类志愿服务行动，促进党建工作迈上新台阶。院机关党委被评为县2017年度服务型党组织建设示范点和五星级党组织。

【接受社会各界监督】 及时办理答复代表建议7件、县人大常委会交办的信访件13件，迎接县人大常委会对院人民陪审工作的视察，将接受人大监督作为正确履职的重要保障。坚持向人大汇报重要工作进展、重大人事调整，报送主要文件19件、大要案23件。接受政协民主监督，及时通报法院工作，虚心听取各方面意见。依法接受检察机关诉讼监督，办理检察建议7件，受理检察机关抗诉案件2件。高度重视新闻媒体和社会公众监督，主动邀请媒体现场报道审判执行11次，举行“公众开放日”5次，完善在线投诉建议平台和网络舆情研判回应机制，广泛凝聚智慧和力量，共同推进司法公正和法治建设。

（鲁　云）

司法行政

【概况】 2017年，县司法局以“自增压勇担当，围绕中心作保障”为主线，履行司法行政各项工作职能，为实现“平安象山、法治象山”建设作出了贡献。一年内，全县各级调解组织共调解成功各类矛盾纠纷4017起，成功率达98.94%，涉及金额1.5亿元，涉及当事人数8732人。公共法律服务中心接待群众来电来访咨询4571人次，其中接待涉法涉诉信访1048件；办理法律援助案件1409件，挽回经济损失2505.76万余元；新创建全国级“民主法治（示范）村（社区）”1个，市级6个，四星级转市级4个，复核市级2个。县普法办牵头策划法治宣传精品项目54个，组建“七五”普法志愿者队伍、普法联络员队伍、普法讲师团及法治文艺演出队，共开展送法下乡、法治文艺演出、书法摄影展等活动27场次，发放宣传资料3.5万余份。全县列管刑满释放人员3384人，安全监管社区服刑人员570人，无一发生脱漏管事件、刑事再犯罪事件、个人极端事件以及赴省去京上访或参与涉稳群体性事件。

【“3·15”消费者权益保护日活动】 3月15日，为纪念“3·15”国际消费者权益保护日，维护消费者合法权益，营造公平、公正、和谐的消费环境，县司法局联合县市场监督局、消保委、烟草局等部门在象山涌金广场开展以“网络诚信、消费无忧”为主题的普法宣传活动。活动现场，各部门工作人员为前来咨询的人民群众耐心讲解法律问题，分发法律知识宣传册，发放相关法律宣传资料，极大地提高了消费者的维权意识。

【普法教育领导小组工作会议】 4月6日，县普法办组织召开普法教育领导小组工作会议，县委副书记、政法委书记、县普法教育领导小组组长孙小雄出席会议并对2017年的普法工作提出了要求。全县普法工作要围绕全县经济社会发展大局，做好各类重点工作的法律法规宣传；要加强普法宣传的针对性和有效性，突出抓好领导干部、青少年、农民、渔民等重点对象的法治宣传教育，针对不同对象，分类宣传；要加大普法宣传的覆盖面和影响力，整合电视台、广播台、报纸、官方网站、微信微博等网络媒体资源，发挥“两台三网一报”主流宣传作用，加强普法宣传队伍建设，吸收各类普法人才，带好普法宣传志愿者队伍和普法讲师团队伍，开展各类法治宣传活动。

【全县律师工作座谈会】 4月12日，县召开全县律师工作座谈会，县委副书记、政法委书记孙小雄出席会议，人大法工委、政协社法委、县政法委、县信访局、县财政局、县法制办等12个部门主要负责人和律师事务所、基层法律服务所负责人、2名律师代表参加会议。此次会议先由律师代表就保障律师执业权利、加强律师队伍建设等方面发表意见。孙小雄副书记对律师队伍建设提出了要求，明确了律师队伍的重要性，要求公检法司发挥主体作用，完善相关制度，强化共同体意识，推进司法人和律师的良性互动；要求律师提高自身业务素质、政治素养，做群众的服务者、法治的捍卫者、职业良知的践行者。2017年，县出台《关于加强和改进律师工作的实施意见》，明确律师诚信执业要求，保障律师执业权利，加大政策扶持力度。县司法局开展“律师进企·精准服务”法律服务活动，推荐优秀律师担任企业法律顾问，组织法律工作者到企业开展相关法律活动，累计走访企业1003家。

【省司法厅党委委员、副厅长金登尚到县调研社区矫正工作】 4月12日至13日，省司法厅党委委员、副厅长金登尚来到县调研社区矫正工作，先后到县公共法律服务中心、丹东街道司法所，并实地察看了筹建中的县社区矫正中心。金登尚副厅长对县社区矫正工作给予了肯定，他强调要加快社区矫正中心建设，确保质量好标准高，推进集执法、教育和管理等功能为一体的社区矫正中心建设；要加强教育管理工作，确保不脱管不漏管，结合“互联网+”监管体系建设，全面提升社区矫正监管水平，加强教育矫正工作；要加强队伍建设，确保执法规范，贯彻执行司法部社

4月12日至13日，省司法厅党委委员、副厅长金登尚到县调研社区矫正工作

（江薇蕾　摄）

区矫正工作人员“六不准”和《浙江省社区矫正工作人员“八条禁令”》要求，加强执法人员和社会工作者队伍的思想政治建设、业务作风建设和反腐倡廉建设，提高工作队伍素质。

【全县“七五”普法讲师团成员工作座谈会】 6月5日，县普法办组织召开全县“七五”普法讲师团成员工作座谈会。该次成立的全县“七五”普法讲师团共有24名成员，由县一批法律基础扎实、授课经验丰富、政治素质可靠且热心普法事业的公检法司机关干部、执法部门工作者和律师组成，任期五年，自聘任之日始至2020年年底。会上为县“七五”普法讲师团成员颁发了聘书。座谈会针对如何提升“七五”普法实效、提高讲师团服务水平等方面进行了深入交流，各讲师团成员要以重点普法清单为依据，根据擅长领域，部署分配宣讲任务：宣讲任务课程可与各时间节点或结合内部培训灵活变通，丰富形式；讲课对象尽量面向基层、面向执法单位，面向学校，要以案释法，不照本宣科。

【宁波市司法局党委书记、局长吕强批示肯定县打造公共法律服务中心升级版】 7月8日，宁波市司法局党委书记、局长吕强对县公共法律服务中心简报第九期《象山县司法局实施“五项工程” 构建“五大体系”全力打造公共法律服务中心升级版》上作出批示：县坚持实施线上线下“双驱动”，全力打造公共法律服务中心升级版，目标明确，定位精准，举措扎实，希望尽快取得成绩，为全市公共法律服务中心建设提供“象山样本”。象山司法局借助“互联网+”，整合现有资源，全心全意打造公共法律服务中心升级版，使公共法律服务中心建设呈现出了现代“法律超市”的良好态势。

【组建普法志愿者文艺宣传队】 7月，县普法办根据县“七五”普法规划，为普法工作营造浓厚氛围，结合当前工作实际情况，组建了一支普法志愿者文艺宣传队。7月22日晚，由县普法办、县文广新局以及晓塘乡人民政府主办的县第十二届西边塘葡萄节普法宣传文艺晚会在西边塘村成功举办，晚会开始前，县普法领导小组办公室主任、县司法局局长贺挺对普法志愿者文艺宣传队进行了授旗仪式。普法志愿者文艺宣传队的成功组建并顺利演出，改变了以往就宣传而宣传的传统普法形式，将普法宣传与文艺活动紧密结合不仅丰富了群众的文化生活，增强了群众的法律意识，更有力地推动了县的法治文化建设，对于促进社会和谐稳定发挥了作用。

【举办县人民调解业务知识培训班】 8月9日至8月11日，县司法局举办了全县人民调解员业务培训班，各司法所所长、各镇乡(街道)、村(社区)专职人民调解员以及行业性专业调委会调解员100余人参加此次培训。此次培训以全面提高人民调解员的法律素养、调解能力和技巧为着力点，邀请了多名法律专业工作者、基层调解经验丰富的调解专家就人民调解工作的方法与技巧、涉及的常见法律问题等进行了深入细致的讲解，规范县人民调解工作，有效提升人民调解员的政策法律水平和调解技能，为护航中共十九大，发挥人民调解在化解矛盾纠纷、构建和谐社会中的职能作用打下坚实基础。

【编印县公共法律服务中心工作剪影】 8月20日，县司法局经过一系列的搜集整理前期工作，编印完成了《法律超市——县公共法律服务中心工作剪影》，该画册由领导批示、领导视察、工作交流、媒体聚焦、办案风采等十一块内容组成，全面真实客观地记录和再现了县公共法律服务工作的发展历程和取得的丰硕成果，提高了公共法律服务社会知晓率。县公共法律服务中心按照“4+X”设置标准，设置了法律咨询、法律援助、人民调解、综合服务4个必设窗口，增设了涉法涉诉、行政审批、劳动争议联合调解等7个自选窗口，使群众在“一站式”平台上享受法律服务，有力促进了社会公平公正、和谐稳定，真正起到了弱势群体的“保护伞”、社会稳定的“减压阀”和服务百姓的“法律超市”的功能作用。

【喜迎中共十九大主题书法摄影展】 10月12日，县普法办、县法制办、县司法局、县文联主办的“喜迎十九大·聚焦法治象山”书法摄影展在县文化活动中心开幕，县委常委、宣传部部长罗来兴，县普法教育领导小组办公室主任、司法局局长贺挺，县法制办主任李文宏，县各单位各部门分管普法领导、联络员和党员干部参观展览。该次展览旨在深入贯彻落实习近平总书记提出的“依靠文化自信坚定理想信念”的要求，通过书法摄影艺术形式，多视角展示县法治宣传教育工作成果。作品征集自2017年8月启动，县普法办、县文联组织全县文艺家和文艺爱好者创作了一批法治象山生动实践和优秀成果或好的普法形式的书法、摄影作品，最终确定80组作品(其中，书法作品40组、摄影作品40组)，在中共十九大胜利召开前夕进行公开展览。在象山文化活动中心的展出时间从10月12日至27日，展期半个月，展览向公众免费开放。

【聘任法律法制副校长】 11月29日，全县24所学校聘任了律师法治副校长，聘任仪式在大目湾实验学校举行。县普法办、县教育局、县司法局为律师法治副校长颁发聘书。2017年，县普法办、县教育局、县司法局谋划，联合遴选了24名能力强、业务精、素质高的律师，担任包括文峰学校、外国语学校、石浦中学、金星学校等全县24所中学的律师法治副校长。象山县在全市首批实现“公安、律师双法治副校长”模式，着力提高青少年法治教育实效。活动同时进行了学生法治演讲。李芝巧律师为全体师生做了未成年人法治教育主题讲座。

【公布全县市级人民调解员等级评定结果】 12月29日，宁波市司法局公布2017年度宁波市人民调解员等级评定结果，县调委会主任潘晓、县交通事故纠纷调委会调解员吴柯松、丹东街道调委会调解员槐珺、徐安明，丹西街道调委会调解员蒋先进、爵溪街道调委会调解员贺力定、石浦镇调委会调解员金国兴、西周镇东瀛村调委会调解员陈小年、鹤浦镇樊岙村调委会调解员周正贵、定塘镇调委会主任叶维品、涂茨镇调委会调解员金行茂、高塘岛乡调委会调解员王才昕获评一级。县共有调解员2067名，除了最新评定的市一级人民调解员以外，还有县一级人民调解员6名，县二级人民调解员25名。

【建成青少年法治实践教育基地】 12月，在县茅洋乡建成特色法治平台——青少年法治实践教育基地，该基地位于县茅洋乡民俗文化村内，占地673平方米，设置了8个以法治教育、生命教育、爱国主义教育、禁毒宣传等为内容的展厅，灵活采用展板、互动设计等形式，融入案例分析、法治典故、法条解释等内容，宣传弘扬法治文化，引导小学生尊法、学法、守法、用法。将创新与法治理念融入实践学习活动中，利用现代多媒体、互联网、虚拟现实等技术手段，搭载数字化教学设备，以新方式加强青少年法治宣传教育。

仲 裁

【概况】 2017年，县法制办在省、市法制办的关心指导下，在县委、县政府的正确领导下，深入学习习近平新时代中国特色社会主义思想，全面贯彻落实中共十九大精神，牢牢把握深入推进依法行政、加快建设法治政府这条主线，坚持科学规划、统筹安排、围绕中心、服务大局，为推进经济健康发展、社会和谐稳定提供了有力的法制保障。

11月29日，全县24所学校聘任律师法治副校长 （吴成良 摄）

12月，县建成青少年法治实践教育基地 （吴成良 摄）

【夯实法治政府建设基础】 2017年3月27日，为加强对法治政府建设及依法行政工作的组织领导和统筹协调，对县建设法治政府（依法行政）工作领导小组成员进行了调整。4月6日，召开全县政府法制工作会议，对2017年法治政府建设重点工作任务进行部署，切实将政府各项工作纳入法治轨道。8月7日，县建设法治政府（依法行政）工作领导小组办公室印发《关于实施2017年度法治政府建设推进工作考核评价的通知》，完善和优化考核指标体系，落实责任，狠抓落实。10月9日，象山县人民政府办公室印发《2017年度法治政府建设重点任务分工方案》，对法治政府建设主要工作任务进行细化分解，明确牵头单位和责任单位，确保年度工作任务顺利完成。

【落实行政复议体制改革】 2017年度，县政府新收行政复议申请51件，其中受理41，2016年结转7件。在审理结案的41件案件中，作出维持原具体行政行为19件，以撤销、变更、责令履行等方式直接纠错的12件，经复议协调行政争议得到化解后申请人自愿撤回行政复议申请的7件，驳回行政复议申请3件。县落实行政复议体制改革。在2016年印发的《象山县相对集中行政复议权改革工作方案（试行）》基础上，2017年年初起草《象山县行政复议体制改革方案》，县法制办组织考察团先后赴黄岩、义乌等地学习行政复议改革的先行经验和做法，于年底基本完成了行政复议体制改革工作。

【领导干部法治能力建设】 （1）开展常务会议集体学法活动。年初，根据县委县政府年度中心工作和重点工作，制定学法计划安排，明确学法的内容。由各部门主要负责人或政府法律顾问授课，围绕县政府中心工作，着眼于提高领导干部法治思维能力，以与政府工作关系密切的部门法律为重点，对新制定或修改、修订的重要法律法规进行解读，对政府法治工作中的重点问题进行分析。全年开展集体学法活动6次,内容包括《企业投资项目核准和备案管理条例》《海域使用管理的制度和审批》《关于加强耕地保护和占补平衡的意见》《浙江省审计条例》《浙江省行政程序办法》《消防安全责任制实施办法》等。(2)组织法治政府建设专题培训班。2017年11月,县法制办举办法治政府建设专题培训班,全县67名行政执法部门及镇乡(街道)分管政府法制工作的领导参训,提升法制干部协调推进法治政府建设工作能力。(3)规范行政执法人员证件申领和管理工作。组织2017年申领省行政执法证人员综合法律知识网上考试,共267人报名,实际参考人数为237人,通过189人,通过率为80%。全县持证人数1185个,注销441个,调离519个。

【主动调研当好政府参谋助手】 (1)参与"三改一拆""五水共治""一打三整治""棚户区改造"等专项行动,为相关部门、县政府提供政策法律支持。在2017年中央环保组督查活动中,在人员相对紧张的情况下,县法制办抽调1人到专项组办公,为专项行动提供专业服务。(2)参与信访积案化解。落实了律师参与党政领导信访接待活动,为领导释法解疑提供法律咨询,正确引导信访当事人以理性合法的方式表达诉求,做好疏导协调工作,为缓解信访压力。(3)主动参与重大工程项目推进、招商引资、重大合同签订等重大事项的合法性审查,严格把关,对可能出现的法律风险进行分析,及时提出意见建议。2017年,参与重大合同合法性备案审查65件,大大降低了合同风险,当年未发生重大合同履约纠纷。(4)立足现状深入调研活动。年内,县法制办针对县一些工业企业擅自改变土地用途的突出乱象,深入经济开发区调研企业变更土地房屋用途基本情况,提出法律处置建议和预防措施,为县的产业规划布局和经济发展提供法制保障。

军　事

【概况】 2017年,以习近平主席关于加强国防和军队建设的一系列重要论述为指导,贯彻省军区、军分区党委扩大会议精神,坚持抓重点求突破、抓基层促落实、抓训练强队伍、抓短板夯基础,圆满完成了年度各项工作任务。2017年军事工作的突出的特点是:"实战"为本,抓训练落实;以"大事"为责,促进训练推进;行动方案对接。加强了党管武装力度,提升武装工作整体水平,国防动员基础建设取得较大进展,后备力量服务保障作用发挥明显。

【保障海训部队】 先后接待部队勘察人员4批次,召开军地协调会3次,年内,共保障某集团军某师近万名官兵到象山海训,组织协调了渔山岛清理事宜军地非常满意,开启了军民融合新篇章。

【民兵参建工作】 组织广大民兵预备役人员投身"平安象山"建设,在抗台救灾、"开渔节"安保、夜间治安巡逻等维护社会稳定中取得了不可或缺的作用,10月共出动5906人次参加中共十九大安保巡逻重大任务。

【征兵工作】 县2017年夏秋季征兵工作,在市征兵办和县委、县政府的坚强领导下,坚决执行上级征兵命令,以确保新兵质量为核心,军地双方精心组织、团结协作,强化组织领导,深入宣传发动,推进改革,在各级各部门共同努力下,圆满地完成兵员征集任务,大学生比例达89.8%,兵员质量有较大提高。体现出以下特点:一是攥指成拳,组织领导在"高位"上下功夫。二是齐心协力,准备工作在"细节"上下功夫。三是脱鞋下田,征兵程序在"踩实"上下功夫。四是发挥优势,征兵保障在"落实"上下功夫。

【国防动员潜力调查】 根据现实军事斗争准备需要,立足担负的动员保障任务,扎实推进国防动员各项准备,国防动员平战转换、快速动员、保障和综合防护能力显著提升。一是扎实抓好潜力数据调查。为切实跟踪掌握全县国防动员潜力,扎扎实实开展了地方拥军支前潜力调查统计和退伍军人服预备役登记统计,重新核实了现役部队预编兵员和预编预备役军官登记统计,为拟制各类动员方案提供了依据。二是加强经济动员建设。按照"打基础、拓领域、上台阶"的总体思路和要求,加强经动人员队伍建设,提高了国防观念和军事素质。组织潜力调查,对全县行政区域的自然条件、经济概况、运输工具、粮食需求、机械制造、电子通信、医药化工、软件开发等军民通用、科技含量高的企业、产品和科技专业人员、重要物品的生产能力等进行一步普查归类,确实掌握象山地区可直接为国防和作战服务的企业潜力。

【整组工作】 县民兵整组工作在市国动委、宁波军分区和县委、县政府的指导下,经过县、乡镇(街道)、村三级共同努力,军地通力合作,圆满完主要做法是:党委统一领导,军地共同推进,确保了民兵整组工作的有效开展;遵循科学规律,强化标准意识,确保了民兵整组工作的扎实推进。

【全民国防教育】 爵溪街道在腾蛟公园大型电子显示屏上每月播映8次以上国防教育为主题的宣传节目,邀请边防派出所官兵到村农民会所举办国防知识讲座;鹤浦镇成立"深蓝军地青年联合会",每季度组织一次军地青年干部联合读书会,邀请军地双方青年干部交叉讲课。

【双拥共建工作】 贤庠镇发挥"退伍军人志愿服务队"作用,与现役军人家属开展"结对帮扶",帮助现役军人家庭解决实际困难;大徐镇、高塘岛乡重视做好拥军优属工作,组织走访抗美援朝和越战老兵,召开座谈会,了解生活状况,帮助解决实际困难;东红船业等企业为驻训部队送去空调,组织职工文艺队到驻地慰问退伍老兵和组织现场招聘会,安排5名退伍士兵就业;县教育局组织6000多名学生参加军训和"军事夏令营"活动;每逢"八一"、春节等节日,各镇乡街道和有关部门主动慰问驻地驻训部队,体现了县拥军优良传统;在军分区指导下,总结的县瞄准打仗拥军支前经验被军区转发,得到总政、军区首长和省市委领导批示肯定,新华社等中央14家新闻媒体、《浙江日报》等16家省市新闻媒体作了集中报道。

【兵役登记进校园】 2017年3月始，征兵宣传活动有序开展，兵役登记进校园宣传活动第一站——宁波建设工程学校，后陆续走进象山中学、象山二中、象山三中、滨海学校等。活动过程中，人武部工作人员通过设立宣传展台、悬挂宣传横幅、发放宣传手册等形式，向学生详细介绍征集对象、条件、报名时间与流程，着重讲解适龄青年应征入伍、履行兵役义务的必要性和相关优待政策，鼓励适龄青年踊跃报名参军，为国防建设尽一份自己的力量。

【省委、市委领导一行慰问驻象部队】 7月26日下午，省委副书记、市委书记唐一军率省、市慰问团，来县走访慰问驻象山部队官兵，向他们致以崇高的敬意和节日的问候，对他们为浙江、宁波改革开放和现代化建设作出的重大贡献表示衷心的感谢。县领导叶剑鸣、黄焕利等陪同。此行还慰问了老复员军人张克方和退伍军人鲍宏在。

【退役士兵返乡欢迎仪式暨专场招聘会】 2017年10月9日，由县人武部、县人力资源和社会保障局、县民政局联合在县体育馆举行退役士兵返乡欢迎仪式暨专场招聘会，160余名退役士兵、40余家企业参会，现场提供就业岗位180余个，招聘会现场气氛热烈，60余名退役士兵与企业达成初步意向。

【红旗党支部建设】 推进县第二批红旗党支部样板单位建设遴选7家单位：丹西街道、定塘镇、涂茨镇、贤庠镇、西周蓝天救援队、交通与运输局、东红船业、年底结合党管武装考核进行验收，得到市委领导与分区领导的肯定。12月13日，丹西街道仇家山村民兵连党支部召开现场会，全体专武干部实地参观了连部、物资库和党员活动室。第二批样板单位建设取得明显成效。

【议军会暨“军事日”活动】 2017年11月24日，县委书记叶剑鸣召集县委、县政府有关单位负责人，于象山宾馆专题召开县委议军会议，会上，县人武部钱旭勇部长组织了习近平总书记强军兴军思想专题授课，县委常委、县人武部政委刘国中作了关于后备力量建设情况和办公楼搬迁工程建设现状及问题的汇报，县领导及相关部门负责人就县人武部提出的问题作了专题协调，达成一致意见，最后叶剑鸣书记作了重要讲话。会议明确了县人武部办公楼搬迁工程推进工作。会后组织四套班子领导至91681部队过“军事日”活动，参观现役舰艇、接受国防教育等。

农业　农村

综　述

2017年，县实现农业总产值135亿元、全省排名第二，比上年增长2.96%，其中渔业产值103.26亿元，同比增长3.4%，农村居民人均可支配收入28385元，比上年增长8.7%，荣获首批国家生态文明建设示范县、全国“平安农机”示范县、浙江省社会主义新农村建设优秀单位、省级农产品质量安全可追溯体系县、浙江省农村生活垃圾治理工作优胜县等称号。

农业产值全省第二。2017年，全县农业供给侧结构性改革工作扎实推进，实现农业总产值135亿元、全省排名第二。立项中央财政重大农业技术推广项目10个，“三品一标”生产主体达到150家，拥有国家地理标志证明商标7个。现代渔业加快升级，实现远洋渔业产值超过1亿元、同比增长14.3%，拥有休闲渔船公司5家、休闲渔船22条，省渔业转型发展先行示范区创建加快推进。乡村旅游发展势头强劲，引进乡伴文旅、途家网、驴妈妈等一批国内知名品牌，累计建成高端精品民宿14家，农家客栈床位1.1万张、占全市总量一半以上。

农村环境全省领先。深入实施农村“三居”专项行动，获评省美丽乡村示范乡镇1个、特色精品村5个、AAA级景区村6个，石浦东门渔村被农业部评为全国“最美渔村”。坚定打好“治水拆违”“一打三整治”等专项行动，剿灭劣V类水通过市级验收，全年完成拆违104万平方米、“三改”344万平方米，“湾(滩)长制”全国推广。小城镇环境综合整治、“垃圾革命”等工作扎实实施，获评省小城镇环境综合整治优秀县，入选全国首批农村生活垃圾分类和资源化利用示范县。

农民生活日趋见好。农民收入稳步增长，2017年农民人均可支配收入达到28385元、同比增长8.7%，快于GDP及城镇居民收入增速。农村社会保障水平提高，本地户籍人员各类养老保险(障)参保率达90.8%，医保参保率达98%，新增民办养老机构6家、床位469张，解危农村危旧房743户、8.3万平方米。城乡基本公共服务更加均等，改扩建乡镇小学、幼儿园25个，省等级卫生院(社区卫生服务中心)创建实现全覆盖，新建农村文化礼堂31家，改造提升农村公路25公里，实施河道清淤、农村供水管网改造等农村水利项目201个。

农村治理全国闻名。圆满完成新一届村级组织换届选举，近三分之一的村书记、二分之一的村主任调整，一批懂农业、爱农民、善经营的治村能人走马上任。“村民说事”成为全国乡村治理样板，镇乡(街道)“四平台全科网格”实现全覆盖。群众安全感增强，“平安渔港”等基层系列平安创建扎实开展，全县490个行政村视频监控覆盖率达87.6%。乡风文明成为新风尚，“善行象山”等系列主题活动开展，婚丧礼俗村级红白理事会建设实现全覆盖，新规执行率99.7%。基层党风廉政建设加强，农村“小微权力”规范化运行，查处村干部插手工程项目违纪案件7起。

农村改革稳步推进。制订《象山县农村产权制度改革政策汇编》，使农村集体产权交易做到有章可循。严格按照统一交易规则、统一交易鉴证、统一信息发布、统一收费标准、统一监督管理、统一平台建设“六统一”模式进行管理。在2016年建立的“3+3”信息发布体系基础上，对微信公众平台进行升级开发，将公众号与网站无缝对接，增加权证查询功能，累计完成各类产权交易1470宗、总金额8.2亿元。农村金融改革深入实施，农村信用体系加快建设，信息入库农户达到14.3万户；农村普惠金融蓬勃发展，累计建成金融服务点815个，农业贷款余额160亿元，占全县总贷款的四分之一。

种 植 业

【概况】　2017年，县围绕“农业增效、农民增收”目标，以农业供给侧结构性改革为主线，创新农作制度，优化产业结构，发展高效、优质、精品、生态、安全农业，全面提升农业发展效益和现代化水平。2017年，该县种植业实现增产增收，全年农作物播种面积达2.73万公顷，比2016年增长1.5%，总产量34.45万吨，比2016年增长0.4%，总产值7.59亿元，比2016年增长3.3%。

【发放各类粮食补贴1993万元】　县继续高度重视粮食生产，抓好各类惠农扶粮政策的宣传，落实农业“三项补贴”改革，全年共发放各项粮食补贴资金1993万元，其中发放规模种粮大户补贴928.33万元、耕地地力保护补贴475.80万元。

【政策性农业保险赔付1901.36万元】　2017年，该县政策性农业保险增种扩面，启动大黄鱼、紫菜气象指数保险试点工作，柑橘气象指数保险试点乡镇增至4个，加大政策性农业保险对农业稳定发展的促进作用。全年共收取各类保费2235.14万元，实现保额8.72亿元。做好灾害气候造成农业受灾的定损和理赔工作，全县2900户受灾农户共收到政策性农业保险赔付1901.36万元，比2016年增加409.16万元。

【粮食实现增产增收】 2017年，县粮食实现增产增收，全年粮食作物播种面积1.53万公顷，比2016年减少7.7%，总产量10.67万吨，比2016年增长0.7%。春粮增产增收，播种面积3700公顷、产量1.02万吨，同比2016年分别增长29.0%和8.5%。早稻稳面增产，由于早稻生长后期气候适宜，病虫害防治到位，平均亩产479公斤，比2016年增长5.27%；总产0.43万吨，比2016年增长4.9%。晚稻减产减收，播种面积8653公顷，比2016年减少3.4%，平均亩产568公斤，比2016年增长1.9%，总产7.38万吨，比2016年减少1.5%，其中单季晚稻8533公顷、亩产570公斤、产量7.30万吨，同比2016年分别减少1.9 %、增长1.8%、减少0.2%；连作晚稻120公顷、亩产460公斤、总产828吨，同比2016年分别减少52.6 %、增长1.1%、减少52.1%。

【经作增产增收】 2017全年经作播种面积1.20万公顷，产量23.78万吨，产值4.38亿元，同比2016年分别增长3%、增长4%、增长4.1%。其中蔬菜播种面积9740公顷，比2016年增长3.2%，产量17.98万吨，比2016年减少7.7%，产值2.96亿元，比2016年减少10.3%。瓜用果实种面积1446.7公顷，比2016年减少5.4%，产量5.5万吨，比2016年增长27.9%，产值1.01亿元，比2016年增长11.0%。

【粮食生产功能区标准化项目验收及管护工作】 2017年该县高塘岛乡珠门塘和泗洲头镇苏岙片粮食生产功能区标准化建设项目市级验收。截至2017年年底，累计建成粮食生产功能区标准化项目34个、面积5415.4公顷。同时，继续实施粮食生产功能区管护工作，下拨2017年粮食生产功能区管护经费152万元，将全县11个市级粮食生产功能区（面积4352公顷）纳入管护范围，对功能区内基础设施进行日常维护和修理。

【强化粮食生产用种保障】 加强粮食生产种子保障供应能力，县继续抓好粮食种子主渠道建设，做好种子的质量检测、调运、储备、供应工作，落实储备种子5万公斤，其中救灾种子储备2.5万公斤，风险种子储备2.5万公斤。2017年，该县重点做好超级稻种子的余缺调剂与有序供应，全年供应水稻种子10.7万公斤，其中早稻种子5.2万公斤、杂交稻种子5.12万公斤、常规稻种子1.2万公斤，基本满足全县用种需求。完成种子质量检验20批次，平均发芽率85%以上。

【首次网上竞价销售到期储备种子】 为保障粮食生产安全和减少传统低价销售转商损失，8月15日，县首次通过宁波网上粮食市场竞价交易平台销售2016年储备的到期救灾备荒种子30吨。其中，早籼谷17吨，成交价2484元/吨；晚粳谷13吨，成交价2900元/吨，成交价比传统低价销售给畜禽养殖场高近10%，为到期储备种子轮换转商提供高效、便捷新途径。

【种植业新品种示范与留种】 开展粮食与经作作物新品种展示工作，2017年，在西周镇航头村等地建立农作物新品种展示基地4个，展示示范新品种47个，建立示范方5个。推进农业供给侧结构性改革，引进优质米如中浙优8号、宜香优2115、嘉58等品种，结合"稻渔共生"模式示范推广，鼓励农户自创稻米品牌，提升象山大米知名度。继续做好东陈种质资源展示圃，定塘"宏大1号"冬瓜留种基地，定塘甘蓝类蔬菜引种展示基地建设等工作。

【环境友好型肥料推广应用】 县继续开展有机肥、有机无机复混肥、配方肥的推广应用，并将此项工作作为"五水共治农业水环境治理""农业部肥药双减行动计划"的重要抓手和实施载体，深入推进农业面源污染整治和废弃物综合利用。2017全年推广应用有机肥7347.66吨、有机无机复混肥1019.5吨、配方肥1260.18吨、消纳补贴污泥有机肥4090吨，主要用于道路绿化、山林复绿和绿化苗木栽培等。

【实施土肥提升工程】 开展新垦造耕地土壤培肥项目和实施标准农田质量提升土壤培肥项目，全年实施标准农田质量提升土壤培肥项目面积846.7公顷，涉及西周镇、贤庠镇、鹤浦镇、新桥镇、黄避岙乡和高塘岛乡6个乡镇；完成冬季深翻耕和冬绿肥种植面积94.5公顷和183.6公顷，项目区内推广有机肥1213.5吨、有机无机复混肥1019.5吨。

【技术研究与应用推广】 该县通过自主创新、合作和引进等方式，强化农业科技驱动力，促成成果转化应用。全年实施"稻渔共生示范基地建设"等农业"五新"项目36项，应用绿色防控、秸秆还田等新优技术6项，建立市级粮食高产高效示范区17个、面积168.3公顷，其中单季稻高产高效示范区平均亩产790公斤。继续与中国水稻研究所、省植物保护检疫局开展智慧型测报灯联合试验研究，与浙江大学合作开展稻曲病防控技术研究，参与中国水稻研究所的"水稻害虫与天敌"、全国农业技术推广服务中心的"高空测报灯诱测高空迁飞害虫"等项目。

【盐土农业开发扩大成效】 2017年，该县继续推进滩涂盐碱地改良与开发利用，在与浙江大学、中国水稻研究所合作的同时，又与青岛海水稻研发中心合作，引入17个品种试种筛选。落实道人山耐盐碱水稻试验种植面积53.3公顷，比2016年增加35.4公顷，平均亩产达350公斤。落实碱蓬等耐盐碱蔬菜示范种植面积10.2公顷、西瓜示范种植0.7公顷。

【引进种植业新品种47个】 加大良种引进推广力度，2017年共引进种植业新品种47个，其中粮食品种30个、经作品种17个。开展粮食作物新品种展示示范，在西周镇航头村建立晚稻新品种展示基地各1个。开展番茄、甜瓜、茄子品种对比试验3个，引种试验4个。

【推广绿色防控和农药减量技术】 2017年，县开展"打造美丽田园，建设美丽农业"专项行动，推广绿色防控和农药减量技术。该县按照水稻重大病虫综合防治技术、蔬菜病虫无害化治理等技术规范，指导基地、农户开展水稻、果蔬病虫绿色防控。示范推广BT、绿颖等生物农药和矿物源农药,全面应用高效、低毒、低残留农药,基本制止高毒高残留农药的使用。全年发放杀虫灯150盏、诱捕器210套、性诱剂2000余根、黄色粘板2000张。开展"稻—鸭(鱼)"生态防控示范20公顷,实施水稻统防统治5733.3公顷次,水稻、果蔬等作物病虫害绿色防控面积3600公顷次,实现农药减量24.3吨。

【农作物疫情疫病监测防控】 加强植物疫情疫病监测,设立红火蚁、稻水象甲、柑橘木虱等疫情监测点16个。抓好疫情普查监测,2017全年共调查水稻面积3733.52公顷次,未发现细菌性穗枯病和稻水象甲危害现象。完成红火蚁、玉米致死性坏死病、李痘病害、梨树疫病、黄瓜绿斑驳花叶病毒病及瓜类果斑病等疫情的调查和甘薯茎腐病普查,共调查玉米、桃李、梨树和西甜瓜等作物面积2168.9公顷,未发现疫情;普查甘薯面积1866.8公顷次,发生31.7公顷,防治800公顷次。开展柑橘黄龙病防控4000公顷次,挖除病株3414株。开展加拿大一枝黄花防控工作,防治面积2466.8公顷次。全年发布农作物病虫情报16期、3500份;向市级以上农业部门上报油菜、小麦、水稻病虫情报400期。

【全市农作物生物灾害应急演练活动在象山举办】 6月23日,宁波市农作物生物灾害应急演练活动在象山举办,市重大农业植物疫情防控指挥部办公室主任、市农业局副局长凌永建,市种植业管理总站站长陆惠斌,各县(市、区)植保、植检工作人员40余人参加观摩。此次应急演练以该县东陈乡樟岙村柑橘园发生柑橘木虱危害为模拟案例,在虫害零星发生但带毒率较高的紧急情况下,县重大农业植物疫情防控指挥部办公室立即启动农业生物灾害Ⅱ级应急响应,该县有关部门各司其职,迅速组织专业防控队伍开展化学防控,全力扑灭疫情。整个演练分视频和现场两部分,内容包括疫情发现、疫情调查、疫情分析、疫情报告、应急预案启动、现场响应等六个方面。此次实战演练检验农作物生物灾害应急预案的可操作性,加强重大农业植物疫情防控应急队伍的快速反应和实战能力,全面提升应对突发重大农业有害生物疫情的预警及防控能力。

【灭鼠覆盖率93%以上】 做好农村灭鼠工作,制定《关于做好2017年全县统一灭鼠工作的意见》及技术方案,印发灭鼠技术资料3100余份,投溴敌隆商品毒饵及大米毒饵31.9吨,完成农田灭鼠1.62万公顷、室内灭鼠13.2万户,农田和室内灭鼠覆盖率均达93%上,灭鼠期间无人畜中毒事故报告。同时,在丹东街道、丹西街道、西周镇、鹤浦镇、东陈乡等5地开展专业灭鼠队伍社会化灭鼠。

林　业

【概况】 2017年,县践行"绿水青山就是金山银山"发展理念,围绕"五年绿化平原水乡,十年建成森林浙江"决策部署,发展优质、高效、精品、生态、安全林特业,深入推进农业供给侧结构性改革,努力提升生态产品和林产品供给能力,全县森林生态、林业经济、林业改革、发展环境等方面均得到显著提升。2017年,县林特产业实现产值7.2亿元,比2016年增长12.5%。

【水果产业产值增长13.7%】 2017年,县通过品种结构调整和品牌推广,水果产业步入快速发展轨道,表现出较强的增长势头,全县新发展水果388公顷,总面积达1.4万公顷,水果总产量13.59万吨,比2016年增长5.6%,实现总产值6.0亿,比2016年增长13.7%。

【象山柑橘转型升级成效明显】 自2009年以来,县设置专项资金,实施柑橘供给侧结构性改革,着力优化品种结构,培育精品柑橘。加强柑橘品种结构优化,将传统过量的中晚熟温州蜜柑栽培面积从占比85%以上减至50%以内,建成以"大分""宫川""大叶尾张"等为主导、以"红美人"等为特色的精品柑橘生产体系。2017年引进柑橘新品种12个,推广柑橘优新良种283万株。加强柑橘优新技术研发,以柑橘高品质、促早、周年鲜果供应为目标,试验"红美人"等杂柑加温促早栽培、双膜保温完熟栽培、特色迟熟杂柑三膜越冬栽培等,发展全国唯一的特有柑橘产业园。2017年,该县柑橘种植面积达7101公顷,全年产量10.5万吨,比2016年增长7.4%,实现产值3.03亿元,比2016年增长9.7%。

【杨梅减产减收】 2017年,县杨梅种植面积3043公顷,与2016年基本持平。2017年是杨梅生产小年,全年产量7863吨,比2015年减少46.6%,同时受连续梅雨天气影响,杨梅落果、烂果严重,销售量4015吨,实现产值3212万元,比2016年减少62.4%。由于2017年杨梅产量减少较多,销售均价8.0元/公斤,比2016年增长37.9%,象山乌紫杨梅、安海王子等新品种精品杨梅销售价格高达40～60元/公斤。

【枇杷产量8255吨】 2017年,县枇杷种植面积1487公顷,比2016年减少54.6公顷,减少1.2%,产量8255吨,比2016年增长474%。为促进销售,该县走农旅融合、产地直销、农超对接、设立专营店等多元销售模式,全年实现产值1.48亿元,比2016年增长188.3%,枇杷销售平均价格17.9元/公斤,比2016年减少50.4%。

【葡萄减产减收】 2017年,全县葡萄种植面积621公顷,比2016年增长0.8%,全年葡萄产量7503吨,比2016年减少14.0%,销售均价达9.0元/公斤,比2016年增长7.1%,实现产值6752万元,比2016年减少7.8%。

【茶叶减产增收】 2017年,全县茶叶产量333.5吨,比2016年减少36%,实现产值4133万元,比2016年增长10%。其中,名优茶产量63.5吨,比2016年增长9%,产值3767万元,比2016年增长12%;珠茶产量170吨,比2016年减少63%,产值136万元,比2016年减少65%;首次加工生产出口红碎茶100吨,价值230万元人民币。

【"野茗红"红茶获"中茶杯"全国名优茶评比一等奖】 2017年,象山茅洋南充茶场选送的“野茗红”牌野茗红（福鼎大白）红茶在第十二届“中茶杯”全国名优茶评比中荣获一等奖，这是该县红茶生产上取得的最高奖项。第十二届“中茶杯”全国名优茶评比活动共收到全国20个省（市、自治区）选送的903个茶叶样品，其中红茶236个。

【花木竞争加剧】 随着史家山隧道工程、大目湾中心广场和西大河工程等县重点工程的推进，国家全域旅游示范区、省级园林城市的创建，苗木需求稳定，但受县外苗木市场冲击较大，交易量有所减少。2017年，县规模苗圃企业53家，花木总面积稳定在870公顷，花卉苗木总体价格保持平稳，实现产值5000万元，比2016年减少13.8%。

【林业科技创新】 2017年，该县投入150万元实施《高抗氧化物质含量杂柑新品种筛选与示范》等林特业“五新”项目19个，申报并立项《“红美人”等特色杂柑精致高效栽培技术集成与示范》县重大农业攻关项目1个、《基于土壤缺素症改良的柑橘果实品质提升技术研究与示范推广》等中央财政重大农业技术推广项目3个，结对省151人才项目3个。创新加工生产模式，开展茶叶鲜叶箱式装置摊青和枇杷浅加温防冻设施栽培试验并获成功，探索“红美人”柑橘浅加温栽培、自配自制腐殖酸液肥改良海涂橘园等新模式、新技术。注重成果转化和推广，《柑橘杂交育种关键技术集成及新品种选育示范》等3个项目获市科学技术成果登记，《强树势、高抗逆性优质杂柑新品种选育与研究》获市农业实用技术推广三等奖。新建象山鹤浦丰产家庭农场春香示范基地、丹西街道潘家桥竹林下种植黄精示范点、茶园虫害绿色防控应用示范点6个。

【强化柑橘种苗产业】 2017年，县加强柑橘种质资源保护开发，以种质资源圃、杂交育种园建设为基础，以柑橘采穗圃建设为重点，以品种保护和技术体系为支撑，加快品种资源的提纯复壮，保障该县地方产业发展。2017年新建柑橘种质资源圃1000平方米，保存柑橘品种112个，新建柑橘杂交育种园1000平方米，获杂交后代200个。

【“象山柑橘”获中国地理标志证明商标】 9月20日，由该县林业部门申报的“象山柑橘”地理标志证明商标正式通过国家工商总局商标局的审核，成为国家地理标志证明商标的农产品。截至2017年年底，该县共拥有国家地理标志证明商标的农产品7个，分别是象山白鹅（活鹅）、象山白鹅（加工产品）、象山大黄鱼、象山梭子蟹、象山紫菜、南田泥螺、象山柑橘。

【首届象山柑橘文化节】 12月23日，象山首届柑橘文化节在定塘镇小湾塘村象山柑橘博览园开幕。象山柑橘博览园是宁波市首家集柑橘育苗、无病毒接穗、沼液肥研发中心、仓储销售、社会化服务、文化展示和休闲等功能为一体的博览园。此次柑橘文化节通过展示象山柑橘文化、柑橘新品种、先进栽培技术等内容，举办象山柑橘“红美人”擂台赛、柑橘拍卖等系列节庆活动，展现象山柑橘产业发展成果，丰富品牌内涵和品牌文化，提升柑橘产业发展优势，使柑橘成为“象山名片，农业支柱，经济财源”。

【森林象山建设】 2017年，县在成功创建为浙江省森林城市的基础上，紧密结合省级园林城市创建，组织开展城乡绿化美化彩化工作，为创建国家级森林城市夯实基础。全年投入绿化项目建设资金1.5亿元，完成平原绿化137.5公顷，通道绿化彩化60.5公里；高塘岛乡成功创建省级森林城镇，涂茨镇、大徐镇成功创建市级森林城镇，累计创建省市级森林城镇10个，省级森林村庄12个；贤庠镇铁皮石斛枫康基地入选浙江省“多彩浙江—最美赏花胜地”，丹西街道仇家山村、高塘岛乡杏八村成功创建宁波市美丽森林村庄，丹西街道山头董村、贤庠镇章家墩村等20个村成功创建“一村一树”示范村；建成石浦镇鸡鸣村、晓湾村等20个村庄森林休闲公园。

【山体森林优化改造】 2017年，县继续通过人工抚育培育、补植改造等措施，开展珍贵彩色森林示范基地建设，全年完成山体森林优化改造面积445.8公顷。黄避岙乡谢家村和东塔村，泗洲头镇东联村和白仙山林区；茅洋乡花墙村和溪东村等四边区域山体完成森林抚育面积266.7公顷，补植浙江楠、浙江樟、山樱花、双红紫薇等珍贵彩色树种苗木2.57万株，完成珍贵树种培育14.1万株。同时，结合林特产业发展，完成低产低效林改造面积179.1公顷，种植柑橘、桃、枇杷、香榧等经济林苗木10万余株。

【森林病虫害防治】 象山县继续以14个林业有害生物监测点为平台，全面开展林业有害生物监测、防治工作。据统计，全年共发生林业有害生物面积1893公顷，其中松材线虫病1525公顷、柳杉毛虫144公顷、竹卵园蝽224公顷；无公害防治作业面积1723公顷，林木种苗产地检疫600公顷，林业有害生物成灾率、无公害防治率、测报准确率、种苗产地检疫率均达到宁波市“十三五”林业有害生物防治目标管理指标的要求。

【松材线虫病防治】 2017年，县共发生松材线虫病1525公顷，全县森林病虫害成灾率控制在23‰，低于宁波市“十三五”林业有害生物防治目标管理指标35.8‰的指标。为抓好病疫木清理，该县出台《象山县松材线虫病防控实施方案》，下拨专项资金117万元，清理病死松树1.2万株，无害化处理疫木626吨，注射免疫剂30000支，防治成效明显。

【柑橘种苗监管】 2017年，该县加大柑橘产业保护力度，深入开展柑橘种苗检疫专项行动，严防疫情种苗流入市场。开展柑橘种苗产地检疫和市场检疫，出动专职检疫人员286人次，产地检疫柑橘种苗29.7公顷次、1338万株次，采集3076份橘苗样品进行柑橘黄龙病PCR检测。同时加大执法力度，重点打击从县外调入无证种苗违法违规行为，对县外调入无植物检疫证的橘苗进行扣押，在定塘镇、高塘岛乡、丹西街道等主要农贸市场开展市场检疫9次，查获无证橘苗12580株。

【建成林区道路143.9公里】 2017年，县实际林区道路建设长度13.3公里，下拨林区道路补助资金64.4万元，截至2017年年底，该县累计建成林区道路

143.9公里。同时,强化林区道路审批后监督,实行审批前现场踏勘与审批后建设进度监督相结合,保证林区道路建设有效落实。

【生态公益林管理】 2017年底,县拥有县级以上生态公益林3.9万公顷,其中实施森林生态效益补偿的国家级生态公益林9837.2公顷、省级生态公益林18925.1公顷、市级生态公益林8064.7公顷。完善公益林补助直拨到户,下拨补助资金2254万元,并做好生态公益林补助户名、帐号更改及户头分户、新增等变更工作,全年变更达720户。强化生态公益林变更调整管理,完成2016年度4.2公顷公益林征占用后的变更调整工作。加大生态公益林资源监测,更新完善了公益林矢量数据库。

【林地变更调查工作】 2017年3月1日至4月20日,该县完成新一轮林地变更调查工作。此次林地变更调查具体收集2014—2016年期间林地经营(主要包括造林、森林采伐、林地征占用、林业案件及公益林调整等)相关资料,落实(2014—2016年)林地范围变化调查、林地范围内地类变化调查和管理属性变更等工作,形成林地变更调查数据库及编写了调查报告,为实现林地及森林资源一张图管理提供了依据。

畜牧业

【概况】 2017年,根据省委、省政府"五水共治"和剿灭"劣V类水"专项行动要求,县加大畜禽养殖污染防治力度,全面推进美丽生态牧场建设,突破资源、环境对畜牧业发展的制约,推动畜牧业转型升级和美丽畜牧业发展。同时,加强动物防疫能力,有效降低畜产品安全风险。2017年,畜牧业生产能力筑底回升,全年肉类总产量1.62万吨,比2016年增长7.9%;禽蛋总产量0.81万吨,比2016年减少14.7%;畜牧业产值6.3亿元,比2016年增长2.9%。

【生猪利润可观】 2017年,县生猪饲养量18.9万头,其中存栏7.6万头,出栏11.3万头,比2016年分别增长12.6%、14.3%和11.6%。母猪0.77万头,比2016年增长6.9%。2017年生猪价格继续高位运行,全年平均收购价格达到16.4元/公斤,最高收购价达19元/公斤,最低收购价14.8元/公斤,加上2017年生猪饲料原料价格低,生猪养猪利润可观,实现生猪产值3.14亿元,比2016年增长1.9%,每头生猪盈利在450元左右。

【家禽饲养量基本稳定】 2017年,全县家禽饲养量继续下滑,降幅收窄且趋于稳定,全年家禽饲养量236.64万羽,比2016年减少0.6%,其中存栏89.2万羽,比2016年增长6.2%,出栏147.44万羽,比2016年减少4.3%。蛋禽存栏52.97万羽,比2016年增长9.8%,其中蛋鸡存栏39.97万羽,比2016年增长12.6%,蛋鸭存栏13万羽,比2016年增长3.4%。肉鸡以优质三黄鸡为主,存栏9.03万羽,比2016年增长5.12%,出栏36.62万羽,比2016年减少6.58%。肉鸭出栏8.7万羽,比2016年减少17.14%。鹌鹑、鸽子等特色禽类存栏13万羽以上。

【浙东白鹅全产业链产值达1.82亿元】 2017年县浙东白鹅饲养量79.95万羽,比2016年减少2.4%,浙东白鹅种鹅销售形势继续向好,形成养、孵、销一条龙产业体系并确立较明显的市场优势,全年销售浙东白鹅种苗476万羽,比2016年增长2.2%。2017年,该县浙东白鹅种鹅实现全产业链产值1.82亿元。

【食草动物养殖】 2017年,县牛饲养量0.159万头,与2016年持平。山羊饲养量3.61万头,比2016年增长1.4%。受畜禽养殖场整治兔场拆除、兔业市场不稳定等因素影响,全县无兔存栏。蜜蜂产业保持平稳,全县外出养蜂100户,存栏蜜蜂1.25万箱。

【网易味央猪养殖项目】 为破解环境、资源对现代农业发展的制约,县围绕大平台、大项目建设,引进网易味央猪养殖项目,推动农业转型升级和供给侧结构性改革。3月,该县与网易宁波考拉公司就海岛滩涂地养殖生猪进行初次交流,4月底初步形成合作意向并草签投资建设网易味央(象山)现代农业产业园项目备忘录。9月该县与网易味央公司签订项目战略协议,初步确定高塘岛乡黄沙岙围垦区块(约208.8公顷)作为网易味央(象山)现代农业产业园项目用地,项目计划2019年7月开工建设,总投资4.5亿元,建设全年生猪出栏15万头的网易味央现代农业产业园。截至2017年年底,黄沙岙一期造地工程验收入库,二期造地进入验收入库阶段,交通部门完成项目进场道路初步方案设计,水务集团启动供水方案设计,中标单位宁波市盛甬海洋技术有限公司着手开展项目用地海域使用论证和海洋环评等前期工作。

【全市发酵床养殖培训现场会在象召开】 为贯彻落实市委、市政府"五水共治"重大决策部署,全面推进畜禽养殖粪污处理和资源化利用,总结交流和推广应用发酵床养殖技术,10月24—25日,宁波市发酵床养殖培训现场会在县召开,宁波市农业局副局长茅剑辉,市畜牧兽医局局长葛民乐、副局长余全法,各区县(市)畜牧兽医局(站)、规模养殖场负责人共计100余人参加了该次会议。会议邀请浙江省畜牧技术推广总站何世山研究员和宁波中敬方舟环保科技有限公司郭鹏博士对养殖场除臭技术和发酵床养殖技术进行了专题培训,现场考察象山双利牧业有限公司和象山新源畜牧养殖专业合作社生猪发酵床养殖。

【推广发酵床养殖12家】 为有效破解规模养殖业粪污消纳难题,县探索畜禽发酵床养殖技术,通过在栏舍内铺设由锯木糠、谷壳、有益微生物制剂等混合发酵制成的有机垫料,有机垫料可吸收、分解畜禽粪尿,实现养殖污染"零排放",既消除粪污臭味,又产出优质有机肥。据测算,采用该模式养殖1000头生猪,每年可减少粪污排放2400吨,产出优质有机肥600吨。2017年,县推广发酵床养殖模式12家。

【创建省级美丽生态牧场9家】 2017年,县按照"场区布局合理、设施制度完善、生产全程清洁、产出安全高效、资源循环利用、整体绿化美化"的美丽生态牧场标准,通过改善养殖场设施设备,规范场区制度建设,加快美丽生态牧场创建,推进畜牧业转型升级和绿色发展。全年创建完成9家省级美丽生态牧场,分别是象山翔宇鸭业有限公司、象山双利牧业有限公司、象山新源畜牧专业合作社、象山海川畜牧养殖专业合作社、象山高塘岛乡同心畜牧养殖专业合作社、象山西周任兴家庭农场、县农福生猪专业合作社、县贤庠陈忠兴养殖场、象山泽锆家庭农场。

【重大动物疫病防控】 2017全年共免疫家禽高致病性禽流感230.43万羽次,使用疫苗210.85万毫升。免疫生猪口蹄疫29.7万头次,使用疫苗53.13万毫升;免疫牛口蹄疫0.165万头次、羊口蹄疫2.93万头次,使用疫苗5.38万毫升;免疫猪瘟29.7万头次,使用疫苗56.28万毫升;免疫猪高致病性蓝耳病13.12万头次,使用疫苗20.02万头份;免疫小反刍兽疫1.02万头次,使用疫苗2.55万毫升,全力保障全县动物生产安全。同时,加大检疫力度,全年生猪检疫12.64万头,检疫率达100%。严格落实和规范生猪定点屠宰检疫,全年定点屠宰检疫生猪11.8万头,检出并无害化处理病害猪156头,销毁病害产品76320公斤,定点屠宰检疫率、无害化处理率均达100%。

【动物疫病监测】 2017年,按照省、市重大动物疫病检测要求,县对全县335个畜禽场户的8238份血清等样品进行检测。全年检测重大动物疫病抗体18753份,其中禽流感H5N1-Re6、Re7、Re8的抗体合格率分别为95.7%、91.7%、93.4%,鸡新城疫抗体合格率为75.6%,猪瘟抗体合格率90.4%、猪O型口蹄疫的抗体合格率为86.3%、猪高致病性蓝耳病的抗体合格率为86.3%。

【畜产品安全监管】 2017年,县严格落实病死动物无害化处理机制,全县38个规模养殖场、3个乡镇和屠宰场建立病死动物冷冻收集房,全年集中式无害化处理养殖环节病死畜禽30425头(羽);屠宰环节病害猪127头、病害产品45.8吨,有效控制病死动物乱丢现象和流入餐桌的风险。做好规模生猪养殖场准出制度落实,全年新增准出制度养殖场11家,累计达51家,并配备质检员,落实"瘦肉精"自检工作。全年开展"瘦肉精"专项检测4次,共检测样品1100余份,未检出阳性。配合上级部门对屠宰场、养殖场、农贸市场、商超开展畜产品质量安全抽检,抽检猪肉、牛肉、鸡蛋等畜产品171份,抽检合格率98.8%。

【动物卫生监督执法】 2017年,县加强畜产品质量安全监管行政执法力度,保障动物防疫和畜产品的安全。全年立案11件,结案11件,其中从省外调入动物及动物产品未向调入地动物卫生监督机构申报备案6件,共行政罚款4500元;经营依法应当检疫而未经检疫的动物及动物产品案5件,共行政罚款3784元。

【全市沼气安全生产暨沼液综合利用现场会在象山召开】 6月30日,宁波市沼气安全生产暨沼液综合利用现场会在象山召开,市农业局党委委员张玉申、市农业局安委办副主任陈群、各区县(市)农村能源负责人、沼气使用或沼液利用户共计60余人参加会议。会议组织参观考察象山海川畜牧养殖合作社沼气工程、新桥高湾红达莲藕专业合作社沼液利用及宁波龙生态农业科技开发有限公司生态循环农业3个示范点,通过听取考察点现场安全隐患排查、讲解分析和实地查看等方式,更好地了解沼气生产安全以及沼气沼液资源利用等工作现状。同时,市种植业管理总站农艺师齐琳从沼液特性、沼液综合利用重要性、沼液综合利用情况和典型案例等方面对沼液综合利用技术进行授课和讲解。

【推进智慧畜牧业建设】 截至2017年底,该县15个镇乡(除丹东街道、丹西街道、爵溪街道外)均建立了智慧畜牧业信息平台,并配备信息管理人员,逐步健全完善智慧畜牧业管理工作。2017年,录入耳标信息11.03万条,录入免疫信息77.22万头(羽)次,录入产地检疫40.90万头(羽),上传信息129.14万条。

农业产业化

【概况】 2017年,县深入践行"创新、协调、绿色、开放、共享"五大发展理念,以农业供给侧结构性改革为方向,以公用品牌建设为抓手,以农业科技创新为驱动,以经营主体培育为突破,加快推进农业产业转型升级,全面打造精致美丽农业,全县农业产业结构优化、有效供给能力提升、农业环境改善、农业现代化水平提高。

【现代农业园区项目建设】 县继续推进现代农业园区建设,提升农业产业基地水平,建成市级现代农业园区3个,实际补助资金931.6万元。其中泗洲头杨梅主导产业示范区项目实际总投资368.4万元,下拨补助资金321万元;定塘果蔬主导产业示范区项目实际总投资552.17万元,下拨补助资金321万元;大徐杨梅主导产业示范区项目实际总投资321.68万元,下拨补助资金289.6万元。同时,2017年共立项实施8个县级精品园项目,计划总投资1975.35万元、补助292万元。建成县石浦绿藤水果精品园、县泗洲头恒诚树莓精品园、县涂茨盛腾果蔬精品园、县东陈样样红水果精品园、县贤庠枫康水果精品园、县茅洋宏顺南美白对虾苗种精品园、县鹤浦红卫塘紫菜养殖精品园等7个项目,实际补助资金244.7万元。

【5家企业被认定为省级现代生态循环农业示范主体】 按照"政府推动、企业为主、科技支撑"的理念,该县以省级生态循环农业示范县和示范区发展为抓手,培育省级生态循环农业示范主体。2017年全年共有宁波七禾加百列农业科技有限公司、象山新桥潭美家庭农场、宁波盛腾农业科技发展有限公司、县农福生猪专业合作社、象山红升水产养殖有限公司等5家企业被认定为省级现代生态循环农业示范主体。截至2017年年底,全县省级现代生态循环农业示范主体累计达16家。

【推进农村有机废弃物资源化利用试点工程项目】 推进农村有机废弃物资源

化利用(高塘岛)试点服务项目实施,县农林部门做好技术服务指导,高塘岛乡人民政府落实项目用地和政策处理,浙江延杭智能科技有限公司负责具体建设,截至2017年年底,该项目累计投入420万元,基本完成基础设施和厂房框架结构建设。

【打造"半岛味道"公用品牌助推农产品销售】 2017年,县实施农业品牌强企富农战略,打造"半岛味道"公用品牌,加大本地柑橘、梭子蟹等特色优质农产品推介力度,推行线上销售、线下体验相结合的模式推动县域农产品销售,做大做强本地特色农产品的知名度和美誉度。截至2017年底,建立象山"半岛味道"网上微商城,建成2家"半岛味道"农产品体验中心品牌店,上架各类特色农产品100余种,合作企业达20家,实现销售总额600余万元。

【象山柑橘、梭子蟹区域公用品牌(杭州)推介会】 11月24日,象山柑橘、象山梭子蟹区域公用品牌推介会在杭州萧山举行,推介会由县人民政府、宁波市农业局、宁波市林业局、宁波市海洋与渔业局、宁波市供销合作社联合社共同主办,浙江省农业厅副厅长陈利江、浙江省林业厅副厅长王章明、浙江省林业厅产业处主任康志雄、浙江省供销社副主任童日晖、浙江省海洋与渔业局副局长童加朝、浙江省柑橘研究所副所长徐建国、宁波市政府副市长卞吉安、宁波市政府副秘书长宣柏林、宁波市农业局局长李强及市林业局、市海洋与渔业局、宁波市供销合作社联合社、县政府领导及全国各地70余家客商和20多家新闻媒体参加,取得了宣传推广作用,共签订象山柑橘、象山梭子蟹战略合作协议和购销合同2份。

【探索分散农户农产品质量安全信息卡管理】 该县在规模生产主体实施农产品合格证管理的基础上,将监管范围延伸至广大分散农户,在新桥镇和晓塘乡探索实行分散农户农产品生产信息卡管理。该模式将分散农户生产基本信息录入个人专属信息卡,建立"一户一档一卡",并为市场配备电脑、电子显示屏、扫码枪等市场准入设施设备,农户可凭借信息卡扫码入市销售农产品,实现"农产品产地就近检测+检测结果录入信息卡+农户凭卡进入市场"农产品产地准出与市场准入新机制。2017年,录入分散农户1440个,实现信息化管理。

【农产品质量安全信用体系建设】 县构建"以信用为核心,事前承诺、事中监管、事后评价"的信用体系建设,结合国家农产品质量安全信用体系试点县和省级信用县创建,落实农产品质量"红黑名单"制度,开展信用等级评定,实行农产品质量安全信用与银行征信和申报财政补贴项目挂钩,倒逼生产经营主体加强自律。将523家规模以上食用农产品生产主体及一般规模生产者列入信用评定对象,113家生产主体获评A级,296家生产主体获评B级,106家生产主体获评C级,8家生产主体获评D级。同时,将523家生产主体质量安全信用信息录入"县企业信用信息平台",实行信用信息社会共享、分类管理、管扶联动。2017年,全县共有29家主体列入失信惩戒、44家主体列入信用激励名单。

【建成宁波市首批村级农产品快速检测室】 为实现农产品产地准出检测网络全覆盖,全面提升农产品质量安全水平,该县率先在定塘镇试点建设村级农产品快速检测室。9月27日,象山英姿果蔬专业合作社、象山定塘国维果蔬专业合作社、宁波龙兴生态农业科技开发公司、宁波绿畅农业发展有限公司等4家村级农产品快速检测室正式挂牌投入使用,成为全市首批村级农产品快速检测室。快速检测室可为周边3~5公里一般规模以上农业主体免费提供产品上市前农药残留检测服务,检测合格的农产品将以"食用农产品合格证"为依据,准许进入各农贸批发市场进行销售。

【举办首届农(水)产品质量安全快速检测技能竞赛】 8月25日,县举办首届农(水)产品质量安全快速检测技能竞赛。此次竞赛由县农林局、县海洋与渔业局、县总工会和县团委联合主办,采取理论知识考试和现场快速检测操作考核。该县18个镇乡(街道)24名选手参加种植产品农药残留和水产品药物残留定性快速检测技能竞赛。经过角逐,石浦镇的纪文俊、大徐镇的陈景葳和新桥镇的靳立兵3人获得"象山青年岗位能手"荣誉称号,纪文俊获得"县技术能手"荣誉称号。

【实施农业科技项目】 开展"智慧农业"扶持专项资金项目验收,象山红岩样样红水果专业合作社的"农业物联网系统" 等13个项目通过验收,共发放补助资金51万元。依托浙江大学、浙江清华长三角研究院、宁波市农科院等"校县""院地"科技合作平台,帮助企业引进科技合作项目,在东陈工业园区建立年处理1.8万吨餐厨垃圾项目1个,解决道人山盐碱地改良技术难题,在晓塘乡双联峙成功建立田园秸秆综合利用模式,深度开发沼液资源化循环利用,申报受理发明专利2项。

【加强科技人才对外合作】 2017年,该县加强与省、市农科院、浙江大学等高等科研院校的合作交流,对接浙江清华长三角研究院,组织乡镇、企业等代表进行考察学习。同时,组织开展省151人才服务结对,落实3家单位与6位专家进行技术结对,建立2个专家服务工作站,6位青年干部结对拜师。

【农业项目管理规范化建设】 为规范农业项目实施管理和预防职务犯罪,县严格执行《象山县农业项目管理办法》和《象山县农林局农业小微项目管理办法(试行)》,通过网上公示、专家评审、联席会审等措施,做到项目信息公开、择优录取,并杜绝项目多头申报、重复补助等现象的发生。2017年共组织县联席会议8次,农业(小微)项目专家评审10次,评审各类农业项目84个,在项目实施过程中加强监督管理和质量跟踪,取消县晓塘合心柑橘精品园精品园项目。

【推进基层农技推广体系建设】 2017年,县继续扎实推进全国基层农技推广体系改革与建设工作,围绕该县农业主导品种,制定并推介发布2017年农业主导品种和主推技术,其中种植业主导品种56个、主推技术8项,林特业主导品种28个、主推技术10项,畜牧业主导品种13个、主推技术7项。培育农业科技示范户258个,建立科技示范基地4个,分别为象山鹤浦丰产家庭农场、宁波稻渔情生态农业有限公司、象山羿王富硒农产品专业合作社联合社、象山甬红果蔬有限公司,实现主导品种和主推技术入户率与到位率达96%以上。

【品牌优农战略】 实施农业品牌创优战略,提升农产品附加值,促进农业增效、农民增收。2017年,该县新增省著名商标2个、市名牌农产品2个、国家地理标志证明商标1个,累计拥有国家地理标志证明商标7个,国家地理标志保护(农)产品2个,省名牌、省名牌农产品、著名商标38个,市名牌、市名牌农产品、知名商标38个。继续做好农产品展示展销工作,全年组织参加宁波食博会、东盟博览会、中国绿色食品博览会等10个活动。同时,推荐象山米馒头参加省农业厅组织开展的寻找"浙江十大农家特色小吃"活动,获评"浙江十大农家特色小吃"。

【大学生农业创业基地数达75个】 继续实施大学生创业就业政策扶持,出台《关于做好2017年度大学生在农业生产领域就业创业扶持申报的通知》,全年共补助创业大学生11个、引进人才的农业经营主体9家,发放补助47.5万元。截至2017年年底,该县共有大学生创业基地75个、面积246.5公顷。

【"三品一标"农产品】 推动以"三品一标"为代表的绿色优质农产品健康发展,严把无公害农产品、绿色食品准入门槛,全年新申报无公害农产品产地31个,面积200公顷,新增绿色食品25个。严格"三品一标"证后监管,坚决清退不达标企业,全年撤销无公害产地14个,取消绿色食品1个,"三品一标"的复查换证和绿色续展认证淘汰率达25%,确保"三品一标"发展质量。截至2017年底,该县共有"三品一标"生产主体150家,产地面积2.13万公顷,占全县农产品种植面积比率为63.4%;拥有无公害农产品154个,绿色食品57个,有机食品3个,国家地理标志证明商标7个,"三品一标"农产品占主要食用农产品62.6%。

【实施全国基层农技推广体系改革与建设项目】 2017年,县继续实施基层农技推广体系改革与建设补助项目,全年投入专项经费98.88万元,遴选出86名骨干农技人员,其中种植业36名、林特业28名、畜牧业22名;遴选出科技示范户258户,其中水稻种植户108户、柑橘种植户84户、白鹅养殖户66户。自2012年项目实施以来,该县完善农技推广责任制度、绩效考核、知识更新、进村入户等基层农技人员管理机制,基本建成了职能明确、机构完善、队伍精干、保障有力、运转高效、服务到位、支撑有力、农民满意的基层农技推广体系,建立了竞争上岗制度、农技推广责任制度、绩效考核制度、知识更新制度等基层农技人员管理机制,形成了"一个主导产业、一个技术团队、一个产业项目、一批示范基地"的农技推广网络体系。

【培育新型农业经营主体带头人344名】 2017年,县继续实施全国新型职业农民试点县工作,确定县成人教育中心、象山开渔吉果蔬富硒营养科技专业合作社、象山旭晖农庄有限公司3家单位为新型职业农民培训机构,县英姿果蔬专业合作社、象山泗洲头灵墩山庄加强农场、象山龙宇果蔬专业合作社、象山亿禾农业科技有限公司、象山西周明朗农场、象山开渔吉果蔬富硒营养科技专业合作社、象山安骥畜牧兽医服务有限公司等7家单位为首批新型职业农民教学实训基地。制定出台《象山县新型职业农民认定管理办法》,开展新型职业农民培训学员遴选,累计举办柑橘、超级稻、草莓等新型职业农民培训6个班,培训生产经营型新型职业农民314人。培育现代青年农场主20人、农机专业合作社带头人10人,全年累计培育新型职业农业经营主体带头人344人,超额完成上级下达的培训任务。

农经管理

【概况】 2017年,县以深化农业农村改革为抓手,扎实推进农村土地承包经营权确权登记颁证工作,切实提升"三资"管理规范化水平,全力推进土地流转及承包经营权权能显化,全面完成村(股份)经济合作社完成换届选举,农村发展活力日益增强。

【农村土地承包经营权确权登记颁证工作】 象县于2015年启动农村土地承包经营权确权登记颁证试点工作,并于2016年在全县全面铺开。2017年,该县结合茅洋乡试点及2016年前期工作经验,按照"尊重历史、实事求是、确保质量"的原则,牢牢把握时间节点,对目标任务再明确、责任工作再落实、实行方案再细化,倒排时间表,全力推进农村土地承包经营权确权登记颁证工作。全年共发出通报8期,对工作进度推进较慢的乡镇发出"三色"督查令。严格按照相关政策法规,做到规定原则不突破、执行标准不走样、程序履行不变通,确保工作质量。12月13日,该县农村土地确权测绘成果顺利通过省测绘质量监督检验站质量检查验收,成为全市继试点单位后第二个通过省测绘检查验收的单位。截至2017年年底,全县377个需确权村全部完成外业测绘,完成承包地测绘面积1.43万公顷,完成内业资料村376个,完成一轮公示村359个,一轮公示完成率95.2%。

【完成村社(股份)经济合作社换届选举】 2017年,该县500个村(股份)经济合作社完成换届选举,共选举产生股东代表19421名,董事会成员1554名,监事会成员1564名,新一届村股份经济合作社董事长由村党组织书记兼任率达97%,监事会主任由村监会主任兼任率达100%。

【加大土(林)地流转扶持力度】 2017年,该县新增土地流转面积118.94公顷,累计流转土地12740公顷,占承包耕地总面积的74.28%,其中规模经营面积达10893公顷,规模经营土地占流转土地面积的85.54%。全年发放土地承包经营权流转及农业规模经营扶持资金21.68万元,其中整村流转土地补助5万元,涉及土地流转面积20.4公顷;规模经营主体新流入土地承包经营权补助14.43万元,涉及主体12个、农户813户,面积120.2公顷;规模经营主体新流入林地承包经营权补助2.26万元,涉及村数2个,面积30.1公顷。截至2017年年底,该县有32个村的1333.3公顷土地实现整畈、整村流转。

【全面完成年度"百村审计"任务】 2017年,县完成"百村审计"村176个,完成年度任务的100.57%,其中财务收支审计164个、其他专项审计12个,并完成财务清理检查村数49个。全年审计金额达21.88亿元,查处违规违纪金额67.6万元,收回各类款项8万元,共下达整改措施257条。加强全县村级资金源头管理和民主公开,一年4次的财务公开率均达99%以上。

【柑橘气象指数保险试点扩大到4个乡镇】 2017年,该县对柑橘气象指数保险进行扩面,保险试点从2个乡镇扩大到4个乡镇,分别由中国人民财产保险股份有限公司宁波分公司(简称人保财险)在鹤浦镇、高塘岛乡试点承保,中国太平洋财产保险股份有限公司(简称太保财险)在定塘镇、晓塘乡试点承保,4个乡镇共签订保单250户,投保面积193.1公顷,收取保费88.73万元,承包风险总额879.4万元。受两次暴雨影响,4个试点乡镇柑橘投保农户均达到降雨赔付标准,2家保险公司根据气象局提供降雨资料启动理赔程序,共赔付47.44万元。

【森林火灾受害率0.027‰】 以平安林区建设为抓手,全力抓好森林防火各项措施落实,全面提高森林火灾防控水平,2017年该县发生森林火情8起,较大森林火灾1起,过火面积5.12公顷,受灾面积0.41公顷,森林火灾受害率0.027‰。2017年,该县重点加强森林消防扑救队伍建设,投入19.5万元为全县护林巡查队员和森林消防队员统一办理了保额为70万元的人身意外伤害保险和15万元的医疗险,另投入9.12万元为76名县级森林消防扑救队员办理了保额为50万元的人身意外伤害保险。同时,加强森林防火宣传教育,向全县市民群发森林防火公益短信160余万条,印发禁火令4000份,悬挂横幅180幅,小红旗8000枚,张贴标语3300张,做到防火宣传全覆盖。春节、清明期间,全县250名护林巡查员加大巡查力度,累计增派以联村干部、村干部为主的临时人员1700名,设检查卡点442个,对重点林区、进山路口等重要部位进行了重点监控,制止上坟烧纸、燃放鞭炮等违章用火1万余次。

【农业投入品监管】 2017年,县以创建国家农产品质量安全县为抓手,全力抓好农业投入品质量安全行政监督执法,对重点区域、重点市场、主要农产品巡查监管实现全覆盖。全年开展"绿剑"护农专项执法行动8次,出动执法人员517人次,检查各类农业投入品生产经营主体和使用主体304家,抽检各类农业投入品102批次。强化"检打联动",立案查处违法行为13起,查获假劣农资6667公斤,收缴罚没款4.87万元,检测出不合格农产品4批次,无害化处理不合格农产品100公斤。

【依法保障重点工程用地需求】 推进全县"双突破双驱动"战略的实施,县林业部门继续履行项目的审核报批服务和项目监督管理。一方面加强县重点工程、旅游项目等占用林地报批服务,指导建设单位做好项目用地相关材料的整理,并及时审核上报上级主管部门。另一方面,与上级主管部门进行对接沟通,以获得上级主管部门的支持与额外用林指标。2017年,该县林业部门完成项目报批10个、获批林地面积63.06公顷。

【法治政府建设】 县加强农林行政处罚审核和行政许可的法制监督,严格执行执法决定法制审核制度,严把审核关、质量关、管理关,并对重大案件采用案件会商、集体讨论等形式,逐步统一和规范执法文书的说理性操作。2017年共审核行政处罚案71件(林业案件46件、农业案件14件,动监所案件11件),集体讨论重大案卷4件。对2016年6月至2017年5月行政处罚和行政许可案卷进行检查,通过自查、交叉检查等方式发现问题12个,并全部整改到位。

【农业信息化建设】 建设完善农业科技信息服务体系,加大农民信箱成效宣传,组织更新和完善农民信箱平台信息发布,2017年审核发布各类网站信息6575条,宁波农经网信息得分2213分,居全市第一位,其中涂茨镇黄沙村,黄避岙乡谢家村、鸭屿村、高泥村、鲁家岙村被省农业厅评为万村联网新农村网站季度之星。强化农业信息服务工作,发布每日一助信息353条,防冻抗寒气象预警和技术指导等25万余人次。开展农民手机应用技术推广,掌上农民信箱推广应用达3984人,同时完成县新型业态服务平台二期终验收。

【林业资源保护】 根据省林业厅、省公安厅的统一安排部署,2017年县先后组织开展了"利剑"行动、"飓风1号"等系列专项行动,以高压态势严厉打击非法占用林地等涉林违法犯罪专项行动。2017年,该县森林公安局共出警548车次,出动警力2192人次,共依法受理各类森林案件48起,处理各类违法犯罪人员(单位)共50人(家),其中刑事案件4起(非法占用农用地案1起,非法狩猎案3起);行政案件44起(滥伐林木案4起;盗伐林木案1起;过失引起森林火灾案5起;非法收购无合法来源证明的木材案2起;森林防火期内野外用火案1起;违法运输木材案1起;使用禁用工具、方法猎捕野生动物案1起;擅自改变林地用途29起),收缴行政罚款39.83万元。

【野生动植物保护】 象山县将森林和野生动植物资源作为维护生态安全的屏障和推动"全域旅游"战略的保障,精心呵护,全力维护。一方面加大打击力度,开展打击破坏森林和野生动植物违法犯罪暨"利剑"专项行动,共出动警力56人次,查处非法狩猎鸟类案件1起。另一方面加强宣传教育,开展"爱鸟周"宣传活动,参加科技下乡和"3·19森林消防日"活动宣传,发放野生动物宣传图片500张,法律法规宣传册100本。与县科协联合编辑出版《象山县鸟类图谱》4000本,向城区各小学发放图谱书2500本、县级机关单位500本,在花岙岛、半边山、松兰山、省级森林公园等重点区域新设立了野生动物保护宣传牌共12块,提高全民保护野生动物意识。2017年,该县林业部门共救助角鹿、刺猬、大鲵、猫头鹰等各类野生动物263只，收缴鸟笼23只、铁夹139付、弹弓7付，拆除捕鸟网45张。

【古树名木资源普查】 2017年，该县在2012年普查的基础上完成全县古树名木资源普查工作。该县共有古树名木335株，其中散生古树名木284株，古树群3群51株，主要树种为香樟、朴树、枫香、银杏和枫杨。古树树龄500年以上属于国家一级古树的有15株，其中树龄在1000年以上的有2株，分别为东陈乡樟岙村的樟树和泗洲头镇苏岙村的银杏；古树树龄300～500年属于国家二级古树的有29株，古树树龄100-300年属于国家三级古树的有291株。

【铲除罂粟897株】 县森林公安局加强与县公安局禁毒大队、各地派出所等部门的协调和配合，强化情报共享和防控联动，严厉打击民众非法种植罂粟等毒品原植物的行为。一方面开展“2017利剑2号”禁毒铲种专项行动，对全县范围内的毒品原植物种植情况进行逐一排查，在丹东街道梅溪村、鹤浦镇蟹厂村和新桥镇海台村3处共铲除毒品原植物(罂粟)897株；另一方面加大种植毒品原植物的危害及禁种铲毒的宣传，开展宣传活动3次，发放宣传画册5000份、资料2000份，并将禁毒科普教育延伸到全县中小学。

【农业行政审批服务群众满意率100%】 2017年，县行政服务窗口(农林窗口)共受理、审批项目15项共1715件，其中即办件1423件、承诺件292件，按时办结率100%，群众测评满意度100%。办理使用林地许可项目57宗、面积102.04公顷，其中长期使用林地30宗、面积70.06公顷，临时使用林地18宗、面积22.19公顷，林业生产服务设施使用林地9宗、面积9.80公顷，共收取森林植被恢复费1985.84万元。

【农业生产事故调处9起】 维护农民切身利益，保障社会和谐稳定，县继续做好农业生产事故调处，全年共受理举报投诉和农业生产事故9起，完成调处农业生产事故9起，其中因农资经营户指导不当引发纠纷2起，农民获得补(赔)偿金额6.6万元，帮助挽回经济损失11万元。

（赵　鑫）

渔　业

【概况】 2017年，全县水产品总产量60.1万吨，同比减少0.80%，其中国内海洋捕捞产量45.6万吨，同比减少2.96%，海水养殖产量12.4万吨，同比增加7.48%，淡水养殖产量11241吨，同比增加1.72%。远洋渔业产量10300吨，同比增加2.44%。渔业总产值60.6亿元，同比增加2.47%。出口创汇1.75亿美元。全县渔业乡(镇)10个，渔业村38个，渔业人口54242人，其中渔业从业人员48032人，渔民人均收入31694元。

【“一打三整治”专项整治行动】 2017年，县“一打三整治”行动共开展各类执法检查3000余次(其中海上执法651航次)，清理禁用网具5000余顶，查扣违禁渔获物约12.6万公斤，查获违规作业渔船180艘，其中“三无”渔船66艘，依法立案180起，移交公安机关43起，涉案人员216人，依法采取刑事拘留174人，其中40人被判处有期徒刑；依法行政拘留“无证驾驶机动船舶”4人，依法处罚防台期间不听从指令的渔船14艘、违反规定造成责任事故的渔船5艘。放流大黄鱼、黑雕、条石雕等8种种苗4.5亿尾。

【推行“滩长制”】 为保护海洋生态环境，修复振兴浙江渔场，全面、彻底、干净取缔禁用渔具，县总结以往开展违禁网具清理行动经验，借鉴“河长制”，于2016年11月率先实施“滩长制”管理模式，受到农业部和省市领导高度肯定，要求总结象山经验，并在全国、全省推广“滩长制”。确定县级“滩长”34名，乡镇级“滩长”116名，护滩员118名，建立起覆盖全县的禁用网具新型管理体系，并在各地滩涂设置县“滩长制”管理公示牌。2017年，全县开展巡查1200余次，清理滩涂地笼网10万余顶、浅海地笼网5000余顶，串网1万余米，查处滩涂“三无”渔船38艘、入海排污口2个，打击非法占用、破坏海岸线2起。

【贯彻《省人大常委会关于加强海洋幼鱼资源保护促进浙江渔场修复振兴的决定》工作会议】 1月13日，县修复振兴浙江渔场暨“一打三整治”领导小组办公室召开宣传贯彻《省人大常委会关于加强海洋幼鱼资源保护促进浙江渔场修复振兴的决定》(以下简称《决定》)工作会议。领导小组成员单位及重点渔业镇乡负责人等参加会议。会上，县海洋与渔业局向参会人员宣读《决定》内容，并深刻阐述了《决定》出台的背景，县委常委干维岳作重要讲话。

【象山飞润生物挂牌上市新三板】 1月13日，宁波飞润海洋生物科技股份有限公司在北京金融街举办了新三板挂牌上市敲钟仪式(股票代码：870288)。该公司位于县石浦金星门前塘水产品工业园区，是一家水产品精深加工企业。公司主要从事海洋水产品的生产、加工、销售，海洋生物制品及其生产技术的研究开发，主要产品有冷冻、干、熟系列鱿鱼制品。飞润生物在全国中小企业股份转让系统正式挂牌上市，标志着公司发展迈向了一个新的里程碑。

【出台《象山县渔供小型船舶安全管理规定》】 从2月1日起，渔供小型船舶按活动区域实行分类经营限制，系上新的“安全带”。该规定按照船体质量、营运性质和服务对象不同，分为三类，船名统一编号。新规扩大了渔供小型船舶的运营范围，同时根据海域状况，分级设定不同的进入“门槛”，有助于规范“海上的士”运营秩序，降低事故风险，为海上休闲旅游发展提供有力保障。

【李书民到象山督导检查渔业油补政策调整落实情况】 2月21日，农业部渔业渔政管理局副局长李书民一行在省海洋与渔业局童家朝副局长的陪同下到象山督导检查渔业油补政策调整落实情况，会上奉化区农林局、县海洋与渔业局、宁波市海洋与渔业局分别作了渔业油补政策调整落实情况汇报，并根据实际情况有针对性地提出在油补政策调整中出现的问题意见与建议。

【象山动建全市首个跑道式流水养殖基地】 3月28日，象山港水产引种育种有限公司和红升水产养殖有限公司开工建设跑道式流水养殖基地，项目总投资200万元，占地4.67余公顷，计划投放石斑鱼6万尾、大黄鱼2万尾、黑鲷1万尾。跑道式流水养殖通过增氧、加速水流方式，节约成本，实现流水生态循环。

【初级水产品质量安全监管工作暨专题培训会议】 4月18日，县海洋与渔业局组织全县各乡镇渔业负责人、渔技员、渔业养殖户等人员进行了初级水产品质量安全专题培训。会上宁波市海洋渔业研究院发言人对《浙江省农产品质量安全规定》和养殖相关知识做详细介绍和讲解。县海洋与渔业局史晔成副局长、方跃总工程师对2017年初级水产品质量安全监管工作和“百日攻坚”行动做详细部署。

【全国海洋伏季休渔专项执法行动启动会】 5月1日，全国海洋伏季休渔专项执法行动启动会在浙江宁波象山主会场举行。启动会由农业部和中国海警局联合举办，农业部副部长于康震、中国海警局副局长陈毅德、浙江省副省长孙景淼、宁波市副市长卞吉安出席会议。启动会上，农业部和中国海警局领导对2017年全国海洋伏季休渔工作进行了部署，要求涉海涉渔地区根据各海区实际情况，在执法各环节、各领域密切协作配合，努力打造陆地、港口和海上“三位一体”链条式监管，不留盲区、不留死角。全国沿海各省(区、市)渔业行政主管部门及其所属渔政监督管理机构负责人，部分重点渔业地市政府分管领导、渔业行政主管部门以及中国海警各分局、总队负责人到场参会；中央外办、公安部等有关部门司局负责人受邀参会。

【2017年首例非法捕捞水产品案件】 5月17日21时许，县海洋与渔业行政执法大队经过周密部署，采取快艇先行渔政船保障的方式前往石浦港附近海域开展突击行动。凌晨1时27分，中国渔政33205雷达显示该海域有目标出现，快艇迅速向目标靠近，当场发现一艘未刷写船名号的钢质小型渔船正在海上非法捕捞，执法人员登临检查后发现该船载有100余顶地笼网和少许新鲜渔获物，遂将违法渔船扣押回港调查处理。5月18日8时许，县海洋与渔业行政执法大队将案件移交至县公安局，县公安局迅速启动联合办案机制，以非法捕捞水产品罪立案侦查，对犯罪嫌疑人朱某某(县鹤浦镇人)和俞某某(县鹤浦镇人)刑事拘留。

2017年5月1日，全国海洋伏季休渔专项执法行动启动会在象山召开

【增殖放流乌贼】 6月8日，县海洋与渔业局在南韭山海区开展年内首次增殖放流活动，将200万粒曼氏无针乌贼受精卵成功放流该海域，这是象山首次放流乌贼品种。曼氏无针乌贼曾是国传统的“四大海产”之一，与大黄鱼、小黄鱼、带鱼齐名。由于过度捕捞，导致了该资源的严重枯竭。曼氏无针乌贼增殖放流成为修复和养护该资源的关键，也是农业部确定在东海海域开展人工增殖放流的重要品种之一。此次增殖放流，对该资源修复起到了推动作用，将为东部海区曼氏无针乌贼资源的修复和可利用奠定基础。

【清港行动】 6月26日，县海洋与渔业局联合爵溪街道、爵溪边防派出所开展清港行动，对停靠在公屿下埠门码头和电厂码头的涉渔“三无”船舶进行了强制清理。县海洋与渔业局共出动4艘渔政执法船舶、2艘护渔船、50余名执法人员，爵溪街道出动70人维护岸上秩序，查获30艘涉渔“三无”船舶。

【象山渔山列岛首次增殖放流贻贝】 7月3日，县在渔山列岛海域增殖放流1540万粒厚壳贻贝苗种。这是县建设海洋牧场、打造“海底银行”投放的首批“土著”贝藻类品种。

【签下全国首单网箱大黄鱼养殖气象指数保险】 7月31日，象山签下全国首单网箱大黄鱼养殖气象指数保险，推动宁波市政策性农业保险从陆地走向“蓝海”。此保险为象山专门为大黄鱼量身定制的创新型保险产品，兼具“渔业保险”和“指数保险”双重属性，2017年在象山试点承保20万立方米，保险保障达2000万元。

【1422艘渔船8月1日出海开捕“第一网”】 8月1日12时，县1422艘桁杆拖虾、笼壶类、刺网类、围网类及船敷箕状敷网类作业渔船结束为期3个月的伏季休渔，出海开捕“第一网”。

【签订全国首单享受财政补贴的紫菜养殖风力指数保险保单】 8月9日，全国首单享受财政补贴的紫菜养殖风力指数保险保单在象山高塘岛乡成功签订。这一保险以紫菜养殖期间的“阵风风灾+热带气旋风灾”指数作为保险对象，保险期间，保险紫菜所在海域遭遇日极大风速高于22.5米／秒（含）和因热带气旋影响日极大风速高于24.5米/秒（含），保险人按约定的赔偿比例予以赔款，根据合同，养殖户最高可以拿到5000元/亩的赔偿。紫菜养殖风力指数保险中每亩保险费为400元，按计划，年内县试点面积将达266.67公顷。试点中，投保的养殖户能够享受50%的财政补贴，为养殖户规模化养殖增添底气。

【第一届农(水)产品质量安全快速检测技能竞赛】 8月25日，由县农林局、县海洋与渔业局、县总工会、共青团县委员会联合主办，县农产品质量检测中心、县海洋与渔业质量技术检测中心共同承办的县第一届农(水)产品质量安全快速检测技能竞赛在象山海洋酒店顺利召开。各镇(乡)人民政府、街道办事处、农(渔)业生产主体农(水)产品快速检测人员参与此次竞赛。竞赛采取理论知识考试和现场快速检测操作考核相结合的形式进行。石浦镇纪文俊、新桥镇靳立兵和大徐镇陈景葳获得“象山青年岗位能手”称号。

【卞吉安到象山调研涉渔养殖业转型升级情况】 9月29日，宁波市副市长卞吉安来县调研涉渔养殖业转型升级情况，市政府副秘书长宣柏林、市海洋与渔业局局长陈少春、县委常委、县政府党组成员干维岳、县海洋与渔业局局长黄建国陪同调研。卞吉安一行先后来到黄避岙乡象山港湾水产苗种有限公司、象山旭文海藻开发有限公司，泗洲头镇红升水产养殖公司和茅洋乡宏顺水产养殖公司，分别调研了大黄鱼育苗、海藻育苗加工、石斑鱼养殖和集约化养虾情况。

第二十届中国(象山)开渔节祭海仪式

【第二十届中国(象山)开渔节祭海仪式举行】 9月16日，第二十届中国(象山)开渔节祭海仪式在石浦中国渔村举行，古老的民俗盛典再现渔区。县委副书记、县长黄焕利担任此次祭海仪式主祭人。16个渔村共120名渔民代表组成的陪祭团手捧高香，列队依次前往祭坛敬香，向大海奉呈虔诚、恳祈平安。

【水生动物防疫系统实验室检测能力测试】 10月12日，由全国水产技术推广总站举办的“2017年水生动物防疫系统实验室检测技术培训班”在杭州召开。县海洋与渔业质量技术检测中心“白斑综合征”和“传染性皮下和造血器官坏死病”两项疫病检测能力申报通过测试。

【渔业船员培训】 县海洋与渔业局形成“以基地式培训为基础、以下乡式培训为特色、以网络式培训为方向”的培训模式。2017年，共组织开展各类渔业船员培训85期，共计4763人次。组织船东船长面对面教育培训7期，为1600余名船东船长开展安全教育培训。

【全年增殖放流5亿苗种】 2017年以来，象山县累计放流各类苗种约5亿尾(粒)，完成年度计划的200%。增殖放流包括大黄鱼、日本对虾、黑鲷、曼式无针乌贼、贝类等10多个品种，以象山港、南韭山、渔山列岛、蟹钳港等海域为主，放流耗资340万元。

表29

2017年浙江省海难救助情况统计表

序号	时间	地点	救助船	被救助船	航时（小时）	航程（海里）	救助渔民人数（人）	挽回直接经济损失（万元）	投入救助费用（万元）
1	1月2日12:10—16:40	N28°39′E122 °21′	中国渔政33205	浙象渔25303	4.5	70	1	—	5
2	1月15日13:20—16日20:02	N29°28′700″E122 °01′200″	中国渔政33205	浙象渔08064	19	178	—	—	10
3	1月22日14:30—24日17:00	N29°27′E122 °08′	中国渔政33208	浙象渔07057	43	137	—	—	6
4	2月4日14:00— 23:10	N29°47′E124 °08′	中国渔政33208	浙象渔28019	9	170	1	—	3
5	2月14日21:20—2月15日2:30	N28°13′E122 °52′	中国渔政33208	浙象渔30101	7	68	1	—	2.3
6	2月15日10:30—17:50	N27°47′E122 °56′	中国渔政33208	浙象渔23082	8.5	83	1	—	2.6
7	2月23日23:25—24日5:40	汰网屿	中国渔政33206	浙临渔12378	6	4	—	—	0.3
8	2月21日10:20—27日10:45	象山港西沪港口	中国渔政33208		43	151	—	—	3.5
9	3月30日至4月1日	E122°03′300″N29°15′	中国渔政33208	浙象渔02198	72小时40分	260	—	—	5
10	4月29日18:55—19:35	屏风山海域	中国渔政33206		45分钟	7	—	—	0.3
11	5月2日22:10—5月3日10:25	N28°59′E121°56′	中国渔政33208	XHC29WRECK	11	98	6	—	2
12	5月3日8:45—11:50	N29°04′570″E121°59′554″	中国渔政33205	XHC29WRECK	3	40	—	—	3
13	5月17日18:30—19:30	渔政码头对出海域	中国渔政33206	浙象渔50253	1	2	—	—	0.15
14	7月10日12:35—18:15	昌国盐场、屏风山等海域	中国海监7023	紫菜养殖船	5.5	35	—	—	0.5
15	7月16日21:50—7月17日1:40	N28°53′180″E122°15′180″	中国渔政33205		4	52	1	—	4
16	7月22日5:500—11:00	铜瓦门大桥附近海域	中国渔政33206		6	35	—	—	1
17	8月5日17:45—18:55	大沙海域	中国渔政33206		1	6	—	—	0.3
18	8月20日15:35—17:00	东门老虎礁	中国渔政33206	浙象渔29302	1.5	4	—	—	0.3
19	8月22日19:32—23:12	南韭山西北大湾	中国渔政33205		4	40	1	—	4
20	8月26日22:10—00:20	纱帽屿海域	中国渔政33206	浙椒渔73004	2	21	6	—	0.6
21	9月17日15:10—18日17:55	N29°21′E123°03′	中国渔政33205	浙象渔47061	28	190	6	—	15

续表29

序号	时间	地点	救助船	被救助船	航时（小时）	航程（海里）	救助渔民人数（人）	挽回直接经济损失（万元）	投入救助费用（万元）
22	9月22日3:50—6:40	东门胡礁湾嘴头	中国渔政33206	浙象渔30077	2.5	5	—	—	0.5
23	9月24日23:00—25日2:00	大乌礁海域	中国渔政33206	浙象渔46075	3	18	7	—	1
24	9月30日7:30—11:30	N28°44′E122°11′	中国渔政33205	浙象渔10021	4	80	1	—	5
25	10月16日8:30—16:00	N29°24′336″E121°58′222″	中国渔政33205	松兰山龙洞小船	7.5	70	1	—	5
26	10月17日10:00—18日15:00	N29°06′E123°41′；N29°19′E122°55′	中国渔政33205	浙象渔45067、29508、30310	7	101	2	—	10
27	10月19日8:00—14:00	北渔山西码头	中国渔政33205		6	60	1	—	6
28	10月20日2:15—5:15	东门老虎礁	中国渔政33206	浙象渔21038	3	4	—	—	0.5
29	10月24日00:40—2:30	称柱礁	中国渔政33206	浙象渔48081	1.5	16	—	—	0.5
30	10月27日2:50—4:30	下湾门塞栅礁	中国渔政33206	浙象渔25010	1.5	8	—	—	0.35
31	11月6日21:30—11月7日6:30	N28°05′E123°16′	中国渔政33205	浙象渔47081	9	151	1	—	8
32	11月12日16:00—17:00	爵溪羊背山	中国渔政33205	小渔船	1	25	—	—	1
33	11月20日18:30—22:20	N28°56′E123°43′	中国渔政33205	浙象渔46106	4	50	1	—	2
34	11月22日9:10—20:20	N28°28′E123°33′	中国渔政33205	浙象渔47100	11	90	1	—	11
35	12月24日13:00—21:10	N28°39′E122°55′	中国渔政33205	浙象渔50289	8	100	1	—	8
36	12月25日18:00—26日16:56	N30°44′E126°30′	中国渔政33205	浙象渔40015	24	500	1	—	24
37	12月28日00:10—1:20	东门老虎礁	中国渔政33206	浙象渔30290	1	4	—	—	0.15
38	12月30日8:30—10:00	好望角码头	中国渔政33206	浙象渔50036	1.5	2	—	—	0.15
39	12月31日19:50—23:00	鸡笼礁	中国渔政33206	浙象渔66096	3	24	5	—	0.5
合计					376小时55分钟	2959	46	—	154.05

表30

渔业船舶拥有量统计表

表　　号:水产年报 13 表
制表机关:农业部
批准机关:国家统计局
文　　号:国统制〔2011〕160号

渔业船舶拥有量

填报机关名称:

20　年

项目		指标关系	合计			其中:海洋渔业		
			艘	总吨位	千瓦	艘	总吨位	千瓦
一、机动渔船合计		1=2+15=18+19+20	3414	338468	511658.98	3414	338468	511658.98
(一)、生产渔船		2=3+14	3261	310718	464411.79	3261	310718	464411.78
1、捕捞渔船		3=4+~+7=8+~+13	2678	309221	453391.05	2678	309221	453391.04
捕捞渔船按功率分	441千瓦以上(600马力以上)	4	15	5447	6845	15	5447	6845
	184-440千瓦(250-599马力)	5	1616	272612	406692.41	1616	272612	406692.41
	44-183千瓦(60-249马力)	6	244	27396	28494	244	27396	28494
	43千瓦以下(59马力以下)	7	803	3766	11359.64	803	3766	11359.64
捕捞渔船按作业类型分	拖网	8	—	—	—	1454	237853	361513
	围网	9	—	—	—	49	15253	17631
	刺网	10	—	—	—	1157	52747	71308.84
	张网	11	—	—	—	0	0	0
	钓业	12	—	—	—	5	565	533.2
	其他	13	—	—	—	13	2803	2405
2、养殖渔船		14	583	1497	11020.74	583	1497	11020.74
(二)、辅助渔船		15	153	27750	47247.2	153	27750	47247.2
其中:捕捞辅助船		16	149	27041	42769.2	149	27041	42769.2
渔业执法船		17	4	709	4478	4	709	4478
机动渔船按船长分	24米以上	18	1934	329237	480814.31	1934	329237	480814.31
	12-24米	19	165	5253	11384.42	165	5253	11384.42
	12米以下	20	1315	3978	19460.25	1315	3978	19460.25
二、非机动渔船		21			—			—

表31

2017年县水生野生动物救助奖励资金发放统计表

序号	救助人	联系电话	发生时间	种　类	救助及处理情况	保护级别	奖励金额(元)
1	陈云国	13601586224	2017年2月3日	小须鲸	小须鲸长5米,约1吨;捕获时死亡,运送至南京师范大学做标本	国家二级保护动物	5500
2	张建定	15867584968	2017年3月25日	江　豚	长约1.3米,90斤,活体,救助人当场放生	国家二级保护动物	3000
3	余小荣	13456111121	2017年4月14日	中华鲟	长约1米,重约50斤,活体,救助人当场放生	国家一级保护动物	4000
4	陈嘉明	13566376227	2017年4月25日	蠵(XI)龟	长约1.2米,重约200斤,活体,在涂茨四角山附近放生	国家二级保护动物	3000
5	郁卫平	13506686083	2017年8月5日	中华鲟	长约1.6米;重约30斤,活体,救助人当场放生	国家一级保护动物	4000
合　计							19500

农业机械

【概况】 2017年,在县委、县政府和上级业务主管部门的正确领导和关心支持下,县农机局围绕县农业"两区"建设目标,以提升农机化水平,服务现代农业发展为总要求,落实各项惠农政策,推进农机服务创新,增强农机科技支撑,提升农机监管水平,农机化工作保持了强劲的发展势头,为全县现代农业高效快速发展提供了有力支撑。农机购置补贴发放资金总计390.3 万元,其中中央补贴资金248.8万元(含报废更新补贴资金 9.6万元),市级补贴资金87.3万元,县级补贴资金98.3万元。受理各类农机具244 台(套),受益农户293户。主要补贴机具有:耕整地机械127台,田间管理机械17台,水稻插秧机18台,拖拉机9台,粮食烘干机21台,联合收割机17台,育秧流水线9台(套),农产品初加工机械22台,秸秆粉碎还田机1台,水稻穴直播机1台,简易保险储藏设备1套。新建作业服务公司1家,市级示范合作社2家,系统示范合作社3家。截至2017年年底,全县共有农机专业合作社57家,农机作业服务公司4家,其中全国示范农机专业合作社1家。顺利通过全国"平安农机"示范县创建验收。

【便民惠民措施深化】 推动"四张清单一张网"的深化改革,全面梳理"最多跑一次"办事事项清单,其中审批事项7项,公共服务事项2项。与中国石化象山分公司共同推出惠农便民服务措施,提供"三优一免"专项农用柴油300吨。对注册登记,参加年度安全技术检验合格的纯农田作业拖拉机和联合收割机实行定额保险补贴,截至政策性保险补贴共计9.74万元,其中纯农田拖拉机投保434辆,收割机投保210辆。创新开展了烘干机保险补贴试点工作,每台烘干机每年保费1000元,由烘干机机主和县农机局按1:1比例共同承担,共93台粮食烘干机进行了投保。

【农机服务】 全省首次引进土壤修复灭菌杀虫机,通过高温蒸汽杀灭土壤中细菌、害虫虫卵和幼虫、杂草种子和幼苗等,探索土壤无害化修复,为县争创农产品质量安全示范县、生态文明示范县提供农机保障。8月2日,在定塘镇方前村召开了现场会,宁波市卞吉安副市长对此专门作了批示;抓好"全域旅游"保障,全市首次引进秸秆打捆机,开展秸秆综合利用,实现变废为宝,10月13日,在墙头镇戴港村成功举办了秸秆打捆现场观摩会;打造农机4S服务中心,与县供销联社共同开发利用丰润农资公司园区,开展农机作业、维修、培训、销售、加工、储藏等综合性服务。围绕全县中心工作,有效地发挥和拓展了农机服务保障功能。

【完成省农业"机器换人"示范乡镇、基地创建工作】 通过普及农机装备应用、推进农机农艺融合、提升农机社会化服务等途径,完成丹东街道、贤庠镇、涂茨镇、晓塘乡等4家省级示范乡镇创建工作;完成县联富农机服务专业合作社示范基地、县大徐李成农机专业合作社示范基地、县东城农机专业合作社示范基地、象山天禾农机服务专业合作社示范基地、象山金秋农机专业合作社示范基地、县绿洲农机专业合作社示范基地、县鹤浦绿农农机专业合作社示范基地、象山环岛粮食全程农业机械化专业合作社示范基地、象山谷丰农机专业合作社示范基地、宁波宏森源农业科技有限公司食用菌示范基地等10家示范基地创建工作。

(李 尧)

新农村建设

【概况】 2017年,象山县围绕实现"美村、强村、富民"总体目标,坚持推进梳理式改造,深入实施农村"双治"工作,加快推进美丽分类创建,发展村级集体经济,继续深化农村综合改革,实现省标薄弱村全面消除,成功入选全国首批农村生活垃圾分类和资源化利用示范创建县,荣获省社会主义新农村建设优秀单位、省农村生活垃圾分类工作优胜县、省"千万农民素质提升工程"优秀县等称号。

【全县农村工作会议召开】 2017年2月22日,县农村工作会议召开,回顾总结2016年"三农"工作,部署2017年主要任务。县委书记叶剑鸣要求,要以村级组织换届为龙头,全面加强农村基层组织建设,选优配强村级带头人,全面规范村级组织运行,提升基层党组织战斗力。要以提档升级为目标,争当全省美丽乡村示范县样板,坚定不移打好"拆治归"组合拳,聚力打造一批景区村,培育乡土文明新风,发展乡村旅游。要以壮大村集体经济为核心,加快推动强村富民,坚决打好集体经济薄弱村歼灭战和低收入农户扶贫攻坚战。要以质量效益为方向,推进农业供给侧结构性改革,发展绿色有机农业,实施品牌发展战略,建设一批现代农业综合体,做活"鱼"的文章。叶剑鸣强调,要自觉践行新发展理念,围绕全面融入宁波都市区、深入实施"双突破双驱动"战略要求,坚持以全域景区化为统领,深化农业供给侧结构性改革,在新起点上提升美丽乡村建设水平,全力打造"生态生产生活三生融合,美丽环境美丽经济美丽人文三美齐发"的美丽乡村建设象山样板。县委副书记、县长黄焕利主持会议。金红旗、俞骏、孙小雄等县四套班子领导出席会议。会议对2016年度"三农"工作先进单位和个人进行表彰。

【美丽乡村分类创建】 完善镇乡美丽乡村建设规划,整区域推进分类创建,加大村庄示范和全域整治力度,实现区域空间布局合理、村庄建设特色分明、镇域环境干净洁美、产业经济特色鲜明、农民素质全面提升的美丽乡村示范乡镇目标。2017年完成定塘镇、茅洋乡2个市级美丽乡村示范乡镇创建,启动泗洲头镇、新桥镇2个示范乡镇建设。按照"一村一韵一特一业"的建设思路,深化村庄主题内涵挖掘,培育美丽富民业态,加大建设力度,全年完成创建市级美丽乡村示范村5个、提升村9个、县级特色村12个,启动东门渔村、溪里方、方家岙、碶头陈、樟岙等5个AAA级景区村建设,打造A级景区村30个。以"乐居、乐业、乐游、乐活"为原则,做足"山、水、林、田、路、房"文章,科学布局乡村旅游节点,统一设置标识标牌,推进沿线环境整治、村庄绿化美化，串珠成链打造美丽乡村风景线路。完成盛宁段“仙花灵境”养生乡村风景线、中西部山水风情线2条市级美丽乡村风景线创建，启动涂茨“东海仙子湾”、晓塘“七彩果乡”、黄避岙“斑斓西沪”等3条风景线建设。

【农村“双治”工作】 加大农村生活污水处理自然村覆盖面，继续新建剩余47个项目村（113个自然村），力争到年底前实现应建村和自然村全覆盖。制定完善县农村生活污水治理提升三年行动方案，重点对上一轮建成的部分低标准污水治理项目实施改造提升，完成提标改造村9个。巩固完善“户分、村收、有效处理”的农村生活垃圾处理体系，全面推行垃圾减量化资源化无害化处理。改造升级现有垃圾阳光房，优化处理工艺，试点推广垃圾机械成肥设施，实现有机垃圾减量和资源利用。加大面上推进力度，扩大覆盖率和实施面，茅洋乡、定塘镇、泗洲头镇、新桥镇等4个镇乡全域推进，其余镇乡（街道）扩面到70%村庄，完成15个省级试点村和4个市级机械成肥试点建设，6月成功入选全国首批农村生活垃圾分类和资源化利用示范县。

【村庄环境整洁美化】 以村庄示范创建为重点，继续开展村内破旧房屋集中清理，提升农村基础设施和环境面貌，全年实施“一户多宅”清理及村庄梳理改造78个村，共拆除“一户多宅”及旧房2795间，8.4万平方米，占地面积13.95公顷，涉及农户1083户。加大拆后综合再利用，按照“宜耕则耕、宜建则建、宜通则通、宜绿则绿”要求，结合村庄建设布局，有效利用拆后闲置空地，做好拆改结合、拆用结合、拆美结合文章。开展美丽庭院示范村、示范户、合格户创建评比活动，引导农户加大庭院及房前屋后的菜园、果园、田园环境整治，把农户庭院建成精致小品，实现“洁化、序化、绿化、美化”目标，全年建成美丽庭院示范村39个、示范户400户、合格户2000户。

【村级集体经济】 全面开展村集体经济情况普查，准确摸清家底，实施新一轮集体经济发展扶持，坚持扶弱育强促中间，多途径开辟村集体增收新路子。优化集体经济发展机制，筹建县集体经济发展基金和发展项目库，启动县级集体经济创收基地建设，至2017年全县行政村实现集体经济收入5.5亿元，其中经营性收入2.5亿元，全面完成省定19个经济薄弱村转化任务。探索村级债务减负措施，开展村集体授信放贷试点，化解村级民间高利率债务，减轻村集体利息支出负担。制定普惠金融提升工程五年行动计划，提高农村金融服务质量和水平。扩大金融支持“三农”发展的受益面，农业贷款余额160亿元，占全县总贷款的四分之一。增加农业政策性地方特色险种，扩大有险种参保率。完善农业政策性担保公司运行机制。加大工作调研力度，出台村庄建设规范导则，以制度形式规范农村建设行为，减少村集体不合理负担。研究出台村级债务管控制度，建立村级债务申报审批监管体系。

水利　水务

综　述

2017年,县水利系统以县十四次党代会精神为指导,围绕县委县政府"双突破双驱动"战略,以"一保一促一提四服务"为工作主线,深化"五水共治""治水强基",紧扣重点推进项目建设,突出抓好防汛抗旱、水环境水生态保护、水利改革创新等工作,攻坚克难,勇于创新,扎实推进各项水利事业全面发展。

水利设施建设

【概况】 2017年,县水利系统努力克服不利气候、政策处理等困难,继续加大力度推进水利项目建设,全社会完成水利总投资10.4亿元,圆满完成了年度水利建设任务。

【重点工程建设】 鹤浦水湖涂二期围涂工程完成投资8500万元,主堤碎石垫、镇压层完成;宁波(象山)东部沿海防洪(潮)工程完成投资5188万元,累计完成一标施工道路工程建设33%;高塘岛黄沙岙围涂工程完成投资1771万元,完成田间道路填筑;县道人山土地开发项目(象山道人山造地工程)完成投资3764万元,一期(I标段)总体全部完工,II标段田间道路石整体加高至1.5高程。下沈标准海塘维修加固工程完成投资5000万元,正在场地平整,临时工程施工;黄湾海塘维修加固工程三期完成投资3000万元,正在临时道路施工。

【防汛工程建设】 推进"防洪排涝"2020项目,中心城区防洪排涝工程东大河改造工程完成投资1.2亿元,项目PPP招标完成,入场施工;大塘港片区防洪排涝工程完成投资8400万元,强大湾闸完成主体工程,护岸工程主体工程施工。小流域治理完成投资7362万元,大徐溪、大明溪、鹤浦流域等五处小流域治理完工;中小型水库除险加固完成投资2535万元,新民水库、马岗水库、东坑里水库等3座中小型水库完成除险加固;海塘维修加固工程完成投资3301万元,东塘海塘、苏岙塘闸、跃进塘闸、大目涂二期海塘完成维修加固。

【生态水利建设】 继续开展河湖库塘清淤工作,完成清淤103万立方米,同时落实河道保洁管理长效机制,年落实保洁资金700余万元,巩固清淤工作成果。整治河道18公里,完工38处,推进鹤浦水环境示范镇建设,完成珠门村、洋岙村等6个村水环境整治,穿村溪坑整治完工26处。完成全县114个劣V类小微水体整治,九龙江和腾蛟河两个县控劣V类断面水质稳定在V类及以上。

【民生水利建设】 农业节水项目完成投资1485万元,完工24处,新增266.67公顷节水灌溉面积;农民饮水安全提升工程完成投资2795万元,完工58个项目;农村生活污水分散式治理完成投资1.16亿元,完工42个村。

防 汛 抗 旱

【概况】 立足防大汛、抗大旱,查找薄弱环节,全面落实各项应对措施,扎实有效地做好防汛抗旱工作,为促进经济平稳健康发展、保持社会和谐稳定提供有力保障。

【基层防汛防台体系建设】 根据新一轮的村级换届,调整落实县、乡镇、村三级防汛组织,517个行政村(社区)全部完成村级防汛形势图更新。调整落实全县重要海塘、山塘、流域和中小型水库、地质灾害点防汛责任人200多人,并在《今日象山》进行了公布,接受社会监督。对防汛指挥系统的软硬件进行检查维护,对横坑里、兴坑、里考坑、九龙江等遥测站进行维修,确保系统正常运行。

【防汛检查督查】 印发《关于开展2017年汛前防汛安全检查工作的通知》,派出由水利、海洋、国土、住建、民政等部门组成的5个检查组,赴各镇乡(街道)和各中型水库,对防汛防旱工程与非工程措施进行了全面检查,共检查各类涉水工程1230处,对64处防汛隐患整改进行督促,通过"回头看"、督办等方式要求责任单位和责任人及时采取措施,限期整改落实到位。

【防汛抗旱两手抓】 2017年,县汛期降雨较少,分布不均匀,1月至10月中旬,全县平均降水比常年偏少12%,供水形势一度严峻。为保证供水安全,县防指多次召集有关部门进行旱情会商,提出应对措施。防汛期间受到两次梅暴雨、18号台风"泰利"和"10·15"强降雨影响,在防御过程中,始终坚持把确保人民群众生命安全作为首要任务,加强监测预警,及时启动应急响应,督促落实水利工程安全巡查、地质灾害点巡查、城镇排涝等防范措施,督促做好渔船避风、沿海旅游景点关闭、人员转移等防汛防台应急处置预案,由于应对及时,措施到位,全县无灾害发生,供水紧张局势缓解,取得防汛抗旱工作的胜利。

水资源管理

【概况】 县水利局以最严格水资源管理为抓手，加大依法行政力度，开展"最多跑一次"改革，加强水事违法案件查处，水政水资源管理工作取得新成效。

【水资源水土管理】 落实最严格水资源管理制度。按照《象山县落实最严格水资源管理制度实施方案》，严格执行总量控制、用水效率、纳污能力"三条红线"，2017年获评宁波市最严格水资源管理优秀县。加强开发建设项目水保监督检查，制定水保项目监督检查方案，对县开发建设项目的水土保持方案落实情况进行跟踪监督检查50余次。同时根据双随机抽查监管方案要求开展对水保项目抽查监管4次，印发监督检查意见4份，督促建设单位限期整改落实到位。

【行政审批和规费征收】 做好最多跑一次事项调整比对工作，共梳理22项群众和企业办事事项，全部实现"最多跑一次"。编制服务指南，明确审批事项的办理流程、办理条件、申报材料、承诺期限等内容，在政务网平台上公开审批流程及各类表格下载，截至2017年年底，共办理行政审批项目46件，其中取水许可22个，水土保持方案审批9个、涉河涉堤建设项目审批4个，水利工程管理范围设施审批2个，水土保持设施验收9个。均按时办结，服务获得群众和企业一致认可，工作满意度测评率100%。2017年，累计收缴各类规费1616.69万元，其中水资源费1437.55，水土保持补偿费179.14万元。

【水政巡查】 水政巡查执法有力，2017年水政巡查共出动520人次，处理各类水事违法案件35起，立案查处4起，结案4起，罚款16万元，发出《责令(限期)改正通知书》11份，有效维护了正常的水事秩序。

水利工程管理

【概况】 为发挥工程应有效益，坚持建管并重，通过标准化管理、行业管理、质量安全监管，全力推进工程长效管理体系建设，水管工作取得显著成效。

【水利工程标准化管理】 完成创建项目验收工作，2017年验收市级创标工程30个、县级创标工程39个。70个省级创标工程视频监控、水位报警器通过验收，标识标牌全部安装完毕。组织开展水利标准化推进会、管理平台、标准化视频会议、巡查手机等业务培训，共有500余人次参加。

【水利行业管理】 完成2017—2018年新一轮施工企业预选承包商库审查工作，根据实际情况，修改完善施工企业预选承包商管理和考核办法。根据市水利建设市场主体信用评价管理办法，委托第三方单位，开展对合同价500万元以上在建工程施工企业评价工作。开展水利工程建设领域专项整治工作，制定实施方案，在建项目工地张贴宣传标语，并利用气象预报屏幕宣传整治工作，对存在问题进行调查摸底并汇总，逐一进行研究和解决。

水利改革发展

【概况】 2017年，县水利系统高度重视水利建设，坚持科学谋划兴水利、全面参与建水利、脚踏实地干水利、建章立制管水利，创出鲜明的特色。

【助推全域旅游】 发挥水利建设对旅游经济的支撑作用，配套旅游建设，支撑旅游发展。结合剿灭劣五类水专项行动，开展亲水河道建设，呈现"水清、岸绿、景美"村庄水环境。2017年，清淤103公里103万方，建设洋岙、中站村等6个水环境整治示范村，建设穿村溪坑整治26处。同时，加大精品水利工程打造力度，正在实施的大徐溪流域治理二期工程，泗洲头流域治理工程，在建设过程中考虑外观造型要求，将水利资源可转化为旅游资源，为县旅游带来别样"风景"。

【水利管理】 全面落实标准化管理，开发"水利工程移动巡查重点系统"，涵盖山塘、中型水库、海塘、堤防、水闸、农村供水、水文测站、中型灌区八大类837个工程，依托手机APP实现水利工程巡查的移动化、网络化、智能化。推进小型水利工程管理体制改革，在鹤浦镇和高塘岛乡实施山塘管理体制改革试点基础上，全面开展山塘标准化管理创建，印发全省第一本山塘不动产权证，起草《象山县山塘所有权证办理程序》《象山县小型水利工程使用权抵押贷款管理办法》《象山县小型水利工程使用权抵押登记实施细则》等管理办法。

【安全检测机制】 聘请第三方安全生产检测机构，对在建的投资500万元以上的11个水利工程进行检查。重点落实爵溪东塘海塘、鹤浦镇水湖涂二期围涂工程Ⅱ标段、高塘岛乡黄沙岙土地开发项目、大塘港强大湾闸工程、道人山土地开发项目Ⅱ标段等项目的隐患整改，完成隐患点整改40余项。

【破解村级水站建管难题】 为有效解决偏远村庄生产生活用水"最后一公里"问题，提出向乡镇水厂购买专业服务的思路，由所在乡镇水厂委派懂技术、有经验、责任心强的专职技术人员管理，负责水站日常运行和水质检测、工程检修等技术工作，另每个水站由镇政府聘用一名村水务员负责水站绿化卫生、水费收缴、工程报修等监管型工作。县财政每年落实50万元专项经费，采取以奖代补的形式保障全县村级水站的运行维护，有效保障了偏远村庄0.87万元群众饮水安全。此项工作得到了孙景森副省长的批示，获得了水利部和省水利厅专家领导的高度肯定。

打造水利铁军

【概况】 落实中央全面从严治党以及省、市、县关于从严加强干部队伍建设的决策部署，扎实推进"两学一做"常态化制度化建设，打造象山水利铁军。

【正风肃纪】 严格执行《准则》《条例》有关规定，落实中央、省、市、县委各项规定。修改完善《象山县水利局机关工作人员问责办法》，加大效能检查力度，2017年以来局纪委共开展效能检查24次，问责3人，将问责扣分情况与经济处罚、年度评优评先相挂钩，在局系统营造风清气正的良好氛围。

工　业

综　述

2017年,象山县工业经济在县委、县政府的高度重视下,第一时间抢抓宁波市成为全国首个“中国制造2025”试点示范城市机遇,实施“双突破双驱动”发展战略和“四创四强”工程,坚持稳中求进总基调,深化供给侧结构性改革,做好外引内育文章,突出抓重点、强基础、补短板,加快推动工业发展形成全面突破之势,为跻身全省工业第一梯队打下扎实基础。

2017年,全县累计实现规模以上工业产值649.1亿元,同比增长12.2%;实现规模以上销售产值592.6亿元,同比增长13.3%;累计产销率91.3%。累计实现规模以上工业增加值131.0亿元,同比增长9.8%,高于全市平均0.2个百分点。全部工业企业用电总量为131236.3万千瓦时,同比增长10.3%。全县159项500万元以上工业项目完成投资66.17亿元,同比增长10.1%。新增规模企业95家,总量达到512家。

2017年年初来,根据全县工业发展现状,统筹布局,制定完善顶层设计。加强政策谋划,制定“十三五”工业发展规划,全面部署出台推进“中国制造2025”实施方案(2017—2019年)、年度推进计划和“中国制造2025”若干意见等政策,构建以“中国制造2025”若干意见为总纲,科技创新、产业基金、招商引资、优化营商环境等为辅的“1+9”政策体系,明确产业主攻方向和目标任务。每年安排2亿元工业扶持资金,重点扶持智能制造、强企强链、平台打造等领域的创业创新。

【工业系统会议】 2017年3月28日,县工业系统会议召开,会议明确年内工业经济发展各项目标任务。副县长石坚定出席会议并作讲话,18个工业副镇乡长以及县经信局、招商局、科技局、安监局、工投集团、开发区等相关单位参会。副县长石坚定对年内的工业工作进行了再动员、再部署,要求各部门、镇乡(街道)落实招商协调、项目推进、帮困解难、精准服务等四大工作机制,围绕目标、项目、责任抓落实。副县长石坚定强调,2017年是“两年打基础、三年求突破”的第二年,也是至为关键的一年,直接关系到“三年求突破,跻身一梯队”的既定目标是否实现,全县上下要围绕对接“中国制造2025”试点城市建设核心,依托县海洋资源临港岸线和现有产业优势,构建“6+1”产业体系,突破招商引资和企业培育两个重点,落实科技创新、平台建设和安全生产三大保障,努力开创经济新常态下工业发展新局面。

【对接“中国制造2025”暨工业强县工作推进会】 2017年4月18日,县召开对接“中国制造2025”暨工业强县工作推进会。县委书记叶剑鸣在会上强调,要围绕工业强县“奋战二三五,跻身一梯队”目标,抢抓机遇,夯实工业发展基础。叶剑鸣指出2017年是打牢工业基础的关键之年,各地各部门一定要拿出猛虎扑食、虎口夺食的干劲和勇气,自加压、奋力拼搏,真正跑出工业强县建设的加速度,为加快建设宁波现代化滨海城区奠定坚实基础。主动对接“中国制造2025”,结合实际,打造亮点,努力在推动宁波建设“中国制造2025”试点示范城市上提供象山样本;运用“互联网+”“智能+”等工具,培育发展智能经济。深化“最多跑一次”改革,深入一线精准服务,着力构建“亲”“清”政商关系。要打造工业铁军,建设一支敢于担当的工业干部队伍、勇立潮头的企业家队伍、充满活力的高技能人才队伍,为工业强县建设提供坚强保障。会上,县政府与18个镇乡(街道)签订了推进“中国制造2025”试点示范城市建设目标任务责任书。县招商局、象山经济开发区、石浦镇、西周镇、贤庠镇、大徐镇作表态发言。

【县“中国制造2025”试点方案】 2017年4月21日,《象山县推进“中国制造2025”试点示范工作实施方案》(以下简称《方案》)发布实施。《方案》提出,从2017年起通过未来3年时间建设,象山在高端装备、海洋生物(生命健康)、新能源、新材料等新兴产业的重要领域和关键技术环节研发创新上取得重大成果,在汽模配部件、时尚针织服装为代表的传统优势产业领域实现较大提升,打造一批具有较强国际竞争力的单项冠军,提升一批工业和信息化深度融合试点示范企业,初步实现“海洋立县、科技兴县、工业强县”的总体战略目标。到2019年,全县力争实现规模以上工业总产值860亿元以上,年均增长13%;规模以上工业增加值175亿元以上,年均增长13%;三年内累计完成工业固定资产投资超过230亿元。战略性新兴产业、高新技术产业和装备制造业增加值在全县规模以上工业增加值中的比重分别达22%、38%和55%,年产值超十亿元制造业企业数量达到15家左右。将重点发展时尚针织休闲服装、汽模配部件、高端装备制造、海洋生物(生命健康)、新能源和新材料等六大产业,培育发展大数据、大平台应用为主的智能经济,以信息经济串联六大产业，努力打造形成一体化的“6+1”产业体系。

【2016年度象山工业·开放型经济风云榜颁奖典礼】 2017年5月12日，2016年度象山工业·开放型经济风云榜颁奖典礼在县文化活动中心举行，通过表彰先进、树立榜样，弘扬企业家精神，在全社会营造“尊重企业家、爱护企业家、支持企业家”的浓厚氛围，为全县早日跻身全省工业强县第一梯队凝聚共识、汇聚力量。叶剑鸣、黄焕利、俞骏等县四套班子领导出席，并为获奖者颁奖。颁奖典礼表彰了2016年度工业纳税前四十强企业(包含特别贡献奖、金奖、银奖、铜奖)、县长质量奖、工业企业成长之星、综合效益评价优胜企业、对外及对港澳台贸易明星企业、外经明星企业、智造与创新先进企业、工业先进镇乡(街道)、招商引资工作先进单位、对外及对港澳台贸易工作先进单位。

【象山企业家俱乐部成立】 2017年5月23日，县举行推进“中国制造2025”高峰论坛暨企业家俱乐部成立大会。县领导叶剑鸣、黄焕利、金红旗、奚海峰、石坚定等出席。市经信委相关领导应邀出席。县委副书记、县长黄焕利对企业家俱乐部的成立表示祝贺。会议选举产生了第一届象山企业家俱乐部主席、副主席、监事长、秘书长。会上，国内顶尖的工业4.0实践专家、智能制造产业联盟秘书长曾玉波，就发展智能制造为与会人员作了专题讲座。县政府与盛景科技公司签订了战略合作协议。盛景科技与全县10家拟上市企业签订了合作协议。

工业技术改造

【概况】 2017年，面对复杂严峻的宏观经济形势，县坚持工业强县，突出一线服务办实事，贯彻“最多跑一次”理念，全力推进项目建设，促进企业科技创新，推动产业结构调整，引导两化深度融合。1—12月，159个500万元以上工业投资项目完成投资66.17亿元，同比增长10.1%。全年完成技术改造投资35.9亿元，同比下降12.5%，工业投资(技术改造)项目获得上级预拨资金8500万元。

【两项新产品通过市级投产鉴定】 1月20日，县信制药开发的“LD3000-6多效蒸馏水机”和启鑫新能源开发的“高效N型太阳能双面电池”通过市经信局投产鉴定。“LD3000-6多效蒸馏水机”采用三级分离技术，大大提高了汽液分离的效果，细菌内毒素的含量比《中国药典2010》标准降低50%以上，解决了管道无法有效消毒和灭菌的难题，降低了微生物污染的风险，确保进水管回路满足无菌要求，降低了能源消耗，提高了蒸馏水的品质，填补了国内多项技术空白，其综合技术性能处于国内同类产品的领先水平。“高效N型太阳能双面电池”采用硼源旋涂扩散技术，提高了硼源在硅片表面的均匀性；采用正反面热氧化钝化工艺，有效降低了表面复合，提高了开路电压；采用两次印刷技术，降低了电池的串联电阻，提高了电池的填充因子。产品相关技术获发明专利2项，实用新型专利5项，产品性能达到国内同类产品领先水平。

【企业推广精益管理】 2017年2月3日，县经信局联合县财政局下达2016年度市级管理咨询项目补助资金，合力制动等4家企业享受补助53.8万元。另外，戴维医疗、骏嘉重型等13家企业被认定为县级项目，将给予补助总额101万元。2017年来，县设立中小企业管理咨询和创新专项资金，重点支持企业实施发展战略编制、精益生产管理、流程再造等管理咨询项目。根据相关办法，项目验收结果分为优秀、合格和待整改三类，对合格以上的县级项目分别按管理咨询服务支出的实际发生额不超过30%、20%给予补助，最高不超过10万元；市级项目分别按管理咨询服务支出的实际发生额不超过50%、40%给予补助，最高不超过20万元；被认定为示范企业的增加补助10万元。

【县253个新产品列入市新产品试产计划】 2017年2月23日，2016年度宁波市第三批工业新产品试产计划项目公布，县戴维医疗的婴儿培养箱等127项新产品列入该计划。这样，2016年度全县共有253项新产品列入市新产品试产计划。县加大工业创新投入力度，加快新产品研发和推广应用，取得成效。新产品因其较高的科技含量和附加值，且竞争对手较少，投放市场后往往表现强劲。统计数据显示，去年全县规模以上企业完成新产品产值217.99亿元，同比增长8.1%，高出规模以上工业产值1.6个百分点；新产品产值率37.3%，高出全市平均水平5.3个百分点。

【中国轻工机械协会理事长刘安江一行赴西周镇调研】 2017年3月21日，中国轻工机械协会理事长刘安江一行赴西周镇调研精酿设备发展情况，县政府办公室副主任金良、西周镇工业副镇长汤世祥等陪同调研。刘安江一行来到乐惠公司参观了整套生产体系。随后，调研小组与乐惠公司相关负责人等在会议上就未来精酿设备发展态势、政府与行业如何联合引导精酿设备发展、政府与企业对行业发展精酿设备要求等三个问题展开讨论。最后，金良汇报了县食品机械企业的现状、存在不足与困难，并对精酿设备的未来发展提出相关建议。刘安江强调，未来县精酿设备发展需要做好以下三方面工作：一是企业加强管理，做到传统工艺与高端设备有机结合；二是行业与企业加强沟通，明确发展方向，避免走歪路；三是政府加大扶持力度，推动县精酿设备产业基地建设，形成集群效应。

【博禄德电子有限公司率先启动“两化”融合管理体系贯标】 2017年3月23日，宁波博禄德电子有限公司举行“两化”融合管理体系贯标项目启动会，这是全县第一家启动“两化”融合管理体系贯标的企业，咨询辅导机构宁波弗瑞德企业管理顾问有限公司总经理郑善国做“两化”融合管理体系宣贯培训。博禄德公司作了项目动员，要求各级管理人员将“两化”融合管理体系贯标工作作为公司中心工作任务之一来抓，要参与和配合项目部的工作，期望通过“两化”融合管理体系的贯标实施，梳理公司工业化和信息化的管理现状，对企业发展预期等提出合理化建议，以此打造企业可发展的竞争优势。

【《高污染燃料锅炉淘汰改造工作补充意见》】 2017年4月24日，县出台《关于推进全县高污染燃料锅炉淘汰改造工作的若干补充意见》(以下简称《补充意见》)。《补充意见》明确规定全县10蒸吨及以下的高污染燃料锅炉，原则上必须在2017年底前完成淘汰改造工作，逾期不再补助；对涉及民生、特殊工艺要求和用途的锅炉，确需保留的，由企业向所在镇乡(街道)提出改造提升方案，经相关部门初步审核后在媒体上进行公示，公示期满后提交县政府发文并对外公布同意暂缓淘汰改造，待市县统一工作部署再行淘汰改造，但不享受相关财政补助；列入鱼粉厂整治范围企业且领取当年锅炉拆除补助，将再给予一定市级部分补助。

【县(上海)投资合作促进会】 5月17日，县(上海)投资合作促进会在沪举行。生态旅游智能岛开发战略合作项目、中车振华智能制造项目、县域轨道交通PPP合作项目、苏州海融天战略合作项目、大型机械加工制造项目等5个项目现场签约，计划总投资达207.5亿元。上海市原副市长胡延照，宁波市经合局副局长谢再盛应邀出席。县委书记叶剑鸣出席并致辞。县委副书记、县长黄焕利介绍象山经济社会发展近况及投资环境。县领导金红旗、俞骏等出席。

【“中国制造2025”试点示范工作加快智能经济发展的若干意见】 2017年6月15日，县发布推进“中国制造2025”试点示范工作加快智能经济发展的若干意见。根据《意见》，每年将安排资金2亿元，重点扶持智能制造、强企强链、平台打造等领域的创业创新，加快发展新经济、培育壮大新动能。《意见》包含产业体系、智能升级、科技创新、企业梯队、质量品牌、绿色发展、供给侧改革等七个方面扶持内容。将“6+1”产业、七大细分行业和八大重点工程作为重中之重，注重强企强链培育，鼓励企业培育发展智能制造新模式，促进与互联网的融合发展，对符合产业导向的行业龙头企业和创新型高成长企业实行三年目标合同管理；重视产业组织建设，建立推动产业智能化、绿色化、现代化发展的正向激励机制，落实推动淘汰落后产能、整治低小散、企业分类综合评价等负向倒逼机制。在智能制造方面，重点支持制造模式创新、机器换人、智能产品、七大细分行业技改、工业“四基”项目及两化融合项目，分别给予10%以内最高800万元补助。在单项冠军培育方面，重点支持5000万元至5亿元左右的上台阶企业和一批单项冠军企业的培育。在大平台方面，重点支持制造业创新中心、制造业特色小镇、有集成功能的制造云平台。在大保障方面，重点做好金融支持、土地要素供给改革、产业基金配套、审批服务环境优化等工作。

【78项产品列入市第一批工业新产品试产计划】 2017年8月7日，宁波市经信委公布2017年宁波市第一批工业新产品试产计划项目，县申菱电梯、贝德尔电讯电机、合力模具等27家企业的78个新产品列入该计划，产品涉及电器、机械、模具等多个领域。其中，采用技术标准达到国际领先水平的3项、国际先进水平的5项、国内领先水平的42项、国内先进水平的23项、填补国内空白的5项。本批新产品试产研发投入0.66亿元，项目投产后新增产值2.63亿元、利税0.33亿元。

【企业“智造”最高补助800万元】 9月30日，象山县出台工业企业技术改造专项扶持资金管理办法。办法明确，在当前“中国制造2025”大背景下，县每年安排4000万元专项资金，用于扶持智能装备产品生产项目、“机器换人”等七大技术改造项目，鼓励企业建设生产高档数控机床、专用智能化成套装备及核心关键部件项目，实施产品数据管理系统(PDM)、车间制造执行系统(MES)、产品全生命周期管理(PLM)等项目，实现生产高效系统与集成。突出支持新增设备、技术、软件投资在300万元以上的离散型和流程型智能制造、网络协同制造、个性化定制、远程智能运维服务等智能制造项目；帮助突破关键基础件等工业强基项目；提升新能源和海工装备、汽车轻量化部件、智能电网装备、高端基础件、海洋生物制品、医疗保健设备及器械、新型功能材料等七大细分行业。根据该办法，智能制造项目按软性实际投入的30%，设备、技术实际投入的10%予以一次性补助，最高可达800万元。智能装备产品生产项目按设备、技术实际投入的10%予以一次性补助，七大细分产业、工业强基项目按设备、技术实际投入的8%予以一次性补助，最高均不超过500万元。另外，对购置县本地企业生产的装备，将在上述补助标准基础上再提高2个百分点。

【县3家企业入列国家“两化融合”贯标试点单位】 9月21日，经企业自主申报、各组织单位推荐和专家评审，工信部对拟核定的贯标试点企业进行公示。象山县申菱电梯、华翔特雷姆、启鑫新能源3家企业入围，占宁波全大市的33%。两化融合贯标有利于推动企业战略转型、管理变革、流程优化、技术创新和数据开发利用。为提高企业信息应用水平，支持企业建设数字化车间和智能制造生产线，象山县加大工业企业信息化扶持力度，对通过认定的两化融合项目，根据项目实际效果按软性实际投入给予10%～30%的补助。对列入数字化车间或智能制造示范计划的项目，按软性投资财务数给予30%的补助，最高限额为50万元。对被认定为国家级、省级、市级两化深度融合示范试点企业的，分别给予50万元、30万元、20万元补助；对通过国家级、宁波市级两化融合管理体系贯标验收的企业，分别给予20万元、10万元补助。

【县喜增5个名牌产品】 2017年12月15日，县宁波锦浪新能源科技股份有限公司的“逆变器”和宁波枫康生物科技有限公司的“铁皮石斛”荣获2017年度浙江名牌产品称号。锦浪新能源生产的并网逆变器在转换效率、电能质量等常规参数方面处于市场领先水平，凭借其良好的可靠性和性能优势，出口60多个国家，在各个主流市场积累了具有优势的生产资源和销售资源。枫康公司一直致力于铁皮石斛的“研发-种植-销售”，走出了一条全产业链发展之路，以种苗种植本地化保证了铁皮石斛的高成活率、高生产率与优质性。此外，县宁波华众塑料制品有限公司的“汽车内外饰件”、宁波锦浪新能源科技股份有限公司的“GCI-5K-2G逆变器”和宁波甬南针织有限公司的“棉针织内衣”名列2017年度宁波名牌产品榜单。截至年底，全县名牌产品保有量47个（省名牌产品19个、市名牌产品28个），其中农业名牌占12个。

【获得工业技改补助8500万元】 县工业投资（技术改造）项目共获得国家、市补助资金8500万元，为历年来最多。其中合力模具的轿车车身结构件及底盘结构件等压铸模具项目，去年中标国家工业强基项目，获得中央资金补助4200万元。另外全县29个工业投资（技术改造）项目列入市项目计划，获得市级预拨资金4370万元。

（练　黎）

针织服装业

【概况】 2017年，县针织行业保持缓中趋稳、稳中有进的发展态势，行业盈利能力稳定，运行质量改善，依然是支撑全县工业经济的重要力量。随着进入经济发展“新常态”，面对较高的综合成本与国际竞争压力，全县针织行业将继续坚持稳中求进的总基调，在供给侧结构性改革和创新驱动发展战略的引领下，紧密围绕针织行业“十三五”规划重点任务，贯彻落实“三品”战略，夯实稳中向好的基础。182家针织规模以上企业（2000万）实现工业总产值116.21亿元，同比增长6.01%，占全县的17.90%；主营业务收入实现102.37亿元，同比增长0.66%，占全县的18.26%；实现利润总额2.42亿元，同比增长21.28%，占全县的5.8%；实现利税总额5.76亿元，同比增长8.28%，占全县的9.57%。

【对外及对港澳台贸易出口】 全县实现对外及对港澳台贸易出口额59.57亿元，同比增长2.75%，占全县对外及对港澳台贸易出口额的47.88%；自营出口额10.18亿美元，同比增长3.79%；其中出口亚洲3.55亿美元，同比增长1.97%；东盟1.02亿美元，同比增长7.48%；欧洲2.20亿美元，同比增长1.89%；欧盟2.06亿美元，同比增长2.37%；北美洲2.98亿美元，同比增长9.02%；非洲0.54亿美元，同比下降19.57%，拉丁美洲0.45亿元，同比增长2.93%；大洋洲0.47亿美元，同比增长40.75%。

【打造“旅游+针织”创建全域旅游示范区】 2017年是象山县创建国家全域旅游示范区的决胜之年，也是建设高水平旅游强县的攻坚之年。全县上下贯彻县十四次党代会精神，深入实施“双突破双驱动”战略，攻坚克难，创新突破。针织行业产品作为“工业+”旅游的切入点，重点打造“旅游+针织”市场和产品，以打造象山针织品市场为突破口，努力实现旅游与工业融合，为确保国家全域旅游示范区顺利创建，协会将针织产业每月上报县全域旅游示范区创建工作具体任务及进度表，汇报创建进展情况。

【针织行业加大技改投入】 宁波永超印花、爵溪中意织造厂、宁波能通印染等近20家针织企业共实现工业投资1.86亿元，包括机器换人、技改、固定资产投资、部分设备改造等项目，其中机器换人项目实现883万元。县鼓励企业投入具有自动化程度高、生产效率高、节能低排放等特征的装备，将“机器换人”和平幅连续冷轧堆染色生产线等新型装备列入县重点补助目录。2017年兄弟服饰印花流水线引进“机器人”，该机器人是兄弟公司与浙江大学合作研制的，在县内针织企业尚属首例。机器人代替人工传递，准确快速、效率倍增，整条印花生产线由半自动升级为全自动，一个机器人可以对应解决两条流水线的工序要求，有效地缓解了人工成本带来的压力。对全县针织产业升级有着推动的作用。

【针织服装培训】 2017年全年，县针织业协会组织开展针织行业职业技术培训12课次，共培训40人；针织行业电子商务培训9课次，共培训26人；针织行业质量提升培训30人。开展培训发挥象山针织服装培训学校的职业教育，加强了与大专院校和科研院所的合作，为企业培育各类实用人才，响应了县委县政府的人才强县战略。

【县针织行业协会第五届三次理事会议】 2017年3月16日，县针织行业协会第五届三次理事会议暨行业发展研讨会在县经信局会议室召开，主管部门领导及行业理事会成员参加会议。会上，县经信局局长周良虹对针织行业在新的一年里提出了“着力推进‘供给侧’结构性改革，实现‘三品端’有效提升”的工作意见，并对针织行业2016年度工作和行业发展趋势进行了总结和分析，对2017年的工作计划统一思想，明确了当前和今后工作目标、任务、重点。会议特别强调了2017年针织产业的主要工作是围绕“十三五”战略纲领，着力推进“供给侧”结构性改革，求同存异，顺势而行，全面实施“三品端”行动计划，努力实现“三品端”有效提升，深化重要领域和关键环节的调整提升，响应县委县政府提出的“时尚针织服装”振兴计划，走出一条属于自己的发展道路。会上还听取审议同意协会2016年财务收支情况。一致通过协会章程修改提案和增设执行副会长的决议，执行副会长为负责协会日常事务性全面工作，重大事宜向会长或交理事会议汇报同意后方能实施。

【全县工业企业“行业生产安全讲座及演练”培训班】 2017年3月28日至30日，在浙江甬南控股集团有限公司等公司场地举办全县工业企业“行业生产安全讲座及演练”培训班，针对针纺织等工业行业的实体企业开展国家安全生产法律法规、安全隐患风险识别与防范应对培训，并开展安全实务技术和现场演练。此次培训旨在强化企业安全生产自主性，通过加强安全生产为企业赢得更为广阔的利润空间，变“要我做”为“我要做”，并对建立安全生产体系、科学整体布局、合理安装设施、规范操作设备、健全安监考核机制等方面进行系统性的剖析引导，为企业安全生产达标奠定基础。

【全县针织印染企业会议】 2017年3月31日，县针织印染企业会议在宁波鹰星针纺有限公司会议室召开，全县10家印染企业的负责人及代表出席会议。会议提出染整应收款项的原则，为严防不遵守合同标的和信誉不良的企业，逐月作出通报交流，避免造成对染整企业的经济损失。会议决议全棉浅色指导价、黑色指导价等等。规范了全县针织染整行业生产秩序,有效防范行业的无序竞争,加强行规行约自律建设,加强安全防范和节能工作的落实,推进了全县染整行业的转型升级。

【县职工技能运动会(服装制作大赛)】 2017年6月13日,县职工技能运动会(服装制作大赛)在爵溪街道成人学校举行。比赛制版、裁剪、缝制、整烫等项目。全县来自各乡镇的36名选手参加此次比赛。该次比赛一等奖获得者将被授予"县技术操作能手"称号,同时列为下届"半岛工匠"候选对象。

【浙江理工大学象山针织研究院合作洽谈】 2017年9月20日,象山县与浙江理工大学在杭州开展了就共建"浙江理工大学象山针织研究院"合作洽谈,省专家服务中心主任陈华良,浙江理工大学副校长陈文华,副县长华弼天,县经信局、科技局、人社局、针织协会等部门及企业参加座谈交流。座谈会上,副县长华弼天首先介绍了县的基本情况,双方深化合作有着良好前景。实现针织产业提质升级这一目标需要强大的科技、人才支撑和智力保障,需要借助浙江理工大学这方面的独特优势,合作组建"象山针织研究院"。副校长陈文华表示,下一步将加大对县针织产业发展关键技术的研究开发,发挥人才智力优势、促进科技成果转化,为象山经济发展增添活力与后劲。会上,兄弟服饰、润宇印染等企业负责人提出了对针织服装产业发展的看法,以及对企业转型的设想、合作的期望,表示将全力配合基地建设,围绕做大做强,实现企业的华丽转身。

【象山参展第二十一届宁波服博会】 2017年10月22日,为期4天的第二十一届宁波国际服装节完美落幕。4万平方米展馆内,来自12个国家和地区的239家展商、210个知名品牌同台亮相。展会融合了时尚、科技、艺术、文化等诸多元素,通过静态展示、时尚发布、高峰论坛、商贸对接等形式打造了一场时尚盛宴。在本届服博会上,县展区呈现三大特点,一是布展格调上服从整体统一布局。内部所有参展企业设计统一而不失个性,整体开放式,使得展位布局亮堂高雅。17家企业构成40个展位,500平方米面积规模的象山——中国针织名城,展示针织男装、女装、童装、袜子、T恤、运动衫、绒衫、内衣等九大系列,形成一片时尚小天地。二是在展现"巨鹰""甬南"等大企业品牌形象的同时,也展示贴牌的各世界品牌针织服装服饰,引导小企业与外商零距离接触。在该次展会组织上,组织小企业参展,让其借助服交会平台结识客商。三是组织人员在筹备上及参展现场全心全意为企业和客商服务,不仅采用摊位费全免的措施,同时对整体特装布展进行广告公司竞标,为参展企业提供免费、个性化设计布展,还提供模特、衣架、展示台等服务,大大降低各企业工作量。此次宁波服装节参展的企业都有所收获,各大展区、各个集群、各家展商的参展成果可谓遍地开花。县7个镇乡(街道)的巨鹰、甬南、海润、毛毛雨等大小17家企业参展。现场意向及签单成交总额120万美元。

【前三季度全县针织规模以上产值逾百亿】 2017年前三季度,全县针织规模以上企业累计完成工业总产值101.04亿元、同比增长14.43%,较去年提高14.29亿元,且连续9个月两位数增长,产业呈现回暖向好态势。1—9月,出口日本累计实现7179万美元,连续5个月呈正增长趋势。面对日益加剧的竞争环境,县针织企业纷纷勤练"内功",加强面料和产品创新,实现由单一的纬编针织向经编针织等新型面料转型,推动传统产品向精品化、时尚化的职业装、运动休闲装等系列发展,逐步向中高端市场抢占更大份额。同时为加快推动针织产业转型升级,县加大针织服装技改补助力度,鼓励企业投入具有自动化程度高、生产效率高、节能低排放等特征的装备,通过引进或改造原有生产线来提升"智能制造"水平。

【县"国家级出口针织服装质量安全示范区"通过复评】 2017年12月12日"国家级出口针织服装质量安全示范区"复评工作结束。经国家考评专家组严格评审,一致同意县"国家级出口针织服装质量安全示范区"通过复评。专家组听取县三年来质量安全示范区相关工作汇报,并通过查阅台账资料、实地走访针织企业等方式,对全县出口针织服装情况进行现场验证。专家组认为,县针织行业实现了政府主导、部门联动、企业自主、服务共建的上下联动机制,实施质量提升行动,推动中国服装设计师原创基地·象山时尚基地,爵溪时尚针织特色小镇等建设与发展,企业投入具有自动化程度高、节能低排放等特征的装备,全力提升生产效率与产品质量。县于2015年1月被认定为国家级出口针织服装质量安全示范区,也是宁波市首家国家级出口工业产品质量安全示范区。2016年8月,县又在全国率先试水针织服装"同线同标同质",成为宁波市首个启动"同线同标同质"的示范区。

【诚鑫针织:技术改造】 象山诚鑫针织面料有限公司位于爵溪北塘工业区的诚鑫针织面料有限公司,近两年来,诚鑫针织加大技术改造和创新力度,先后投入近400万元,通过改造、更换生产线,实现了产品的提档升级,公司有300多种新型面料。与传统面料相比,新型面料的产值增长10%以上,诚鑫针织的生产效益大幅提升。2016年生产总值突破8000万元。技术改造和产品创新,将公司的针织产品推到市场前沿,使传统产业焕发了新的生机与活力。

(练 黎)

电力工业

【概况】 2017年,象山电网全社会用电量233386.4万千瓦,同比上升7.81%。其中第一产业用电量5728.9万千瓦,同比上升3.82%;第二产业用电量135687.1万千瓦,同比上升8.79%;第三产业用电量40574.1万千瓦,同比上升11.20%。工业用电量累计131236.3万千瓦时,同比上升10.29%,占比56.23%;城乡居民生活用电51396.4万千瓦时,同比上升3.31%,占比22.02%。国网浙江象山县供电有限公司主业营业总额达13.36亿元,实现利润1773.26万元;资产总额7.44亿元,资产负债率51.11%。公司连续六年荣获"全国安康杯优胜企业"荣誉称号;在浙江省电力有限公司对标中创下历史最好成绩，名列第三，连续五年保持标杆；荣获国网宁波供电公司2017年度先进单位。

【各级电网建设】 顺利投运110千伏柴溪变、35千伏石定线改造工程，新增变电容量10万千伏安、35千伏线路63公里。稳步推进110千伏白沙变、110千伏石浦变异地改造及35千伏檀头山输变电工程。有序开展110千伏新桥输变电工程前期工作。全年累计配网投资1.79亿元，实施常规配网项目31个、城农网升级改造项目25个、新增及改造10千伏线路509.04公里、配变容量14.32万千伏安。推进小城镇环境综合整治，顺利完成首批6个乡镇“美丽集镇”上改下工程。

【象山电网迈入50万千瓦时代】 8月8日12时45分，县最高用电负荷突破50万千瓦大关，达51.9万千瓦，标志着象山电网正式迈入50万千瓦负荷时代。立秋以来，气温居高不下，最高可达35℃以上，高温拉动用电需求攀升，全县用电负荷实现“六级跳”后，于8月8日再度创出新高，高达51.9万千瓦，一举突破50万千瓦大关。负荷屡创新高形势下，象山电网总体供用电平衡，高峰时段部分线路设备接近重载运行，对此，国网县供电公司周密部署、合理调整电网运行方式，提前制定各项应急预案，加强应急值班报修力量，确保第一时间应对处置各类电力故障，保障电网运行安全稳定。

【全县电力工作会议】 5月23日，县政府召开2017年全县电力工作会议。会议回顾了2016年及“十三五”期间全县电网建设工作，研究部署2017年电网建设各项目标任务。会上，县政府副县长石坚定作重要讲话，高度评价了2016年县电网建设取得的显著成就。会议表彰了2016年度全县电网建设优秀单位、先进个人；石坚定代表县政府与镇乡街道和县级相关单位领导签订了《2017年度电网建设工作责任书》。

【光伏厂家技术规范研讨会】 为明确光伏并网技术规范，推进分布式居民光伏项目有序规范建设，4月20日，国网县供电公司召开象山地区光伏厂家技术规范研讨会。研讨会上，公司对光伏并网相关技术标准进行了宣贯，对文件的规定逐一进行解读，对存在的问题逐一进行解答，同时明确增量光伏用户相关规范需严格按照文件执行，存量光伏用户在规定时限内完成涉及安全问题的整改。会上，各光伏厂家针对规范及实际项目踊跃发言，交流本企业经验特色、当前光伏产业发展形势和应对举措等。

【抵御台风“泰利”】 台风“泰利”自9月14日起对象山造成大风及强降雨影响，国网县供电公司员工始终坚守抗台第一线，全力做好防汛抗台工作，累计出动输变配电巡视人员695人次、特巡车辆104辆次；共砍伐、修剪树木毛竹589棵；加固、拆除输变配电设施周遍广告牌、临时建筑物、塑料大棚等108处；消除输变配电设施危险点70处，巡视配变389个台区。经过连日努力，象山电网运行平稳，没有发生因台风造成的主网设备故障，以及线路跳闸、接地等停电影响。

【重要用户反事故演习】 为加强重要用户管理，提高重要用户停电应急处置能力，12月7日，国网县供电公司与县第一人民医院共同举行了2017年重要用户反事故演习。该次举办的反事故演习课题为人民医院3#变压器突发故障停运，要求人民医院值班电工及时切换负荷并排查故障，旨在检验人民医院停电后的应变处置能力，确保人民医院在应对各类停电事故时指挥有力，措施有方，操作有序。演习过程中，人民医院值班人员根据要求完成了汇报、切换负荷等一系列程序，确保了重要负荷的用电，整个演习过程通畅有序，效果良好。

【政企联动推进电网建设】 2月15日，宁波市发改委、县发改局与国网宁波供电公司相关部门交流象山电网建设重点项目推进工作。会议针对电力部门在农用线路改造、电力设施保护、家保安装、表后线服务、“三线搭接”治理等方面的工作展开讨论。同时，就深化政企联动共推电网建设达成了共识，真正实现了政府部门对电力工作的全覆盖、全过程的配合，为电网建设工作提供强有力的保障。

【首次独立开展110千伏变电站C检工作】 9月13日，爵溪变Ⅰ段设备C检顺利完成，恢复正常运行，标志着国网县供电公司第一次独立承担的综合检修作业工作，翻开了110千伏变电站检修工作的新篇章。110千伏变电站综合检修是一项复杂的系统工程，为确保变电站C检工作万无一失，公司前后组织专业骨干人员及邀请市修试专家对现场进行了多次踏勘，根据踏勘结果，以“一条问题一个方案”的原则确定解决方案，逐条分析现场各类安全危险。与此同时，公司统筹好现场人员的检修工作量，明确分工和责任，在时间紧任务重人员少的客观条件下，最大限度提高工作效率，确保工作的安全。运行人员提前做好了操作票以及工作票的审核，制定了详细的危险点预控措施，上报审批，力求首次作业标准规范实施。

【“消防宣传日”构筑安全“防火墙”】 为夯实消防安全基础，切实消除消防安全隐患，11月9日，国网县供电公司以“11·9”消防日宣传活动契机，开展消防安全专项检查，紧盯变电所、营业办公场所、各站所食堂、物资仓库等重点处所的火灾隐患排查，组织专业人员逐一检查消防设施运行、灭火器材配置、安全疏散设施与通道、变电站电缆防火工作管理等，全面构筑安全“防火墙”。公司还邀请了宁波市防火中心专业人员，对百余名来自各部室及一线单位的电力员工开展消防安全知识培训。以通俗易懂、喜闻乐见的方式围绕如何报警及消防器材的使用、火场的自救与逃生等内容为电力员工进行了讲解示范，旨在提高员工应对突发火灾事件的能力，掌握防火、灭火的自救技能，加强安全工作管理。

（王启翔）

电器工业

【概况】 输变电行业是县五大传统优势产业之一，从20世纪60年代发展有

40余年,2017年拥有各类输变电企业50余家,涵盖开关柜、变电站、电力检修安全工具、逆变器等各种类型产品。其中规模以上企业19家,1—12月,输变电行业累计实现产值44.52亿元,同比增长20.54%。

【启鑫电力:建成碳交易市场背景下的首个工商业光伏电站】 1月20日,甬南控股集团的厂房屋顶上多了一排排整齐排列的蓝色太阳能光伏板,为偌大的厂房屋顶增添了一分色彩和景色。甬南控股集团屋顶分布式光伏电站装机容量1.18兆瓦,项目所在地平均年日照数约1504小时,年平均发电量约为125万千瓦时,电站可运行25年,共可发电约3125万千瓦时。此项目启鑫电力自行完成项目投资、工程方案设计、项目施工、电站并网以及后期电站运行维护工作,利用甬南公司生产制造车间、食堂、1号和2号宿舍楼总面积为1.8万平方米的屋顶,铺设功率为260瓦的太阳能光伏板4550块。甬南公司与启鑫电力签署达成屋顶租赁协议,可享受长达25年的屋顶租赁费用,使得原本闲置的厂房屋顶成为可产生固定投资收益的资产,每平方米屋顶超过100元。光伏电站是企业参与到碳排放权交易市场中最核心的手段。甬南公司年内初成功并网,是碳交易的第一家工商企业。初步计算,甬南1.18兆瓦光伏电站项目,年可减少1119.73吨二氧化碳,按照50元左右成交价格计算,每年获得5.6万元收益,25年至少获得130万元收益。

【贝德尔电讯电机:顺利开复工力争鸡年开门红】 2月20日,宁波贝德尔电讯电机有限公司车间呈现一派繁荣景象,企业正在加紧赶制订单。春节过后,正月初八该公司顺利开复工,生产线全面运转,员工到岗率近乎100%。2015年,贝德尔公司投资亿元建设、面积近4公顷的新厂区在石浦昌国科技园区拔地而起。搬入新厂区后,公司强化基础管理、增加技术投入,新引进多条自动化或者半自动化交直流风机生产线,致力打造数字化车间。公司先后获得"国家高新技术企业""宁波市科技型企业""县潜力型企业"等称号。去年,"年产500万套交直流风机生产线技术改造项目"总投资800万元,完成投资479万元,年内将继续加快设备更新和技术改造步伐。去年公司实现总产值6000万元,同比增长28%,2017年产值同比增长25%~30%。

【浙江启鑫新能源:进出口额进入宁波企业前200】 2017年2月20日宁波市商务委公布了"2016年宁波市进出口额前200位企业排行榜",县浙江启鑫新能源科技股份有限公司等8家企业榜上有名。启鑫是一家专业制造、研发、销售太阳能光伏产品的集团化高新科技企业,是第一批进入63家国家工信部名录企业之一,拥有300兆瓦的电池片产能和600兆瓦的组件产能,去年公司实现产值12.5亿元。为提高电站效能,启鑫与多家科研机构共同投资3000万元成功研发N型硅太阳能双面电池。

【天安朱佩龙:获评"浙江制造"大工匠】 2017年4月6日,在首届寻找"浙江制造"大工匠发布典礼上,天安集团中压电器研究所朱佩龙捧回了"浙江制造"大工匠奖。获评首届"浙江制造"大工匠共有20人,有来自一线操作岗位技术人员,有标准制定、品牌引领方面突破的团队领头羊。朱佩龙获得国家发明专利10项,参与制订国家和行业标准7项,原创性设计研发新产品11项,在酒泉卫星发射基地、三峡电站、秦山核电站等国内许多重大工程中都有应用。

【天安智能:以技术创新抢占高端市场】 2017年5月3日,宁波天安智能电网科技股份有限公司新研发的新型环网柜,价值100多万元,本月将交付客户。新研发的开关柜更加小巧、简洁、精致。新研发的柜子实现了隔离开关与断路器两种开关的一体化,性能更稳定,操作更方便。配变电市场竞争十分激烈,天安智能公司主动调整产品结构,注重科技创新,抢占高端市场。公司成立40余人的科研团队,在宁波设立研发工作室,与西安交通大学等知名高校开展产学研合作项目,推进自主研发与源头创新,每年投入销售收入近5%的专项科研资金,用于研发节能、环保、智能的高压开关系列产品。由此,12~40.5千伏真空断路器、真空负荷开关、户外真空断路器,以及变电站微机保护、智能终端及自动化监控系统等20多个新产品相继面市。天安智能电网公司先人一步,研究采用干燥空气替代六氟化硫作为绝缘介质,极大降低有害气体对环境的影响。此项技术在国内处于领先水平,产品通过国家检测中心型式试验并投入批量生产。该产品在刚刚结束的德国汉诺威博览会上,引起各国电网客户浓厚兴趣,纷纷来电咨询或要求前来考察,有意采购试用。

【日升集团再获国字号"金名片"】 2017年5月5日,县市场监督管理局将国家级"守合同重信用"企业荣誉牌颁发给了日升集团。这是继国家级高新技术企业、国家级企业博士后科研工作站、国家知识产权优势企业、国家火炬计划项目、国家重点新产品等荣誉后,日升集团获得的又一张国字号"金名片"。

【古巴代表团到象山考察】 2017年6月13日,古巴代表团一行二十余人在古巴电子集团副总裁阿拉贝尔的带领下来到象山,走访调研启鑫新能源等4家企业,赛迪研究院、市经信委等相关人员参与调研,县经信局副局长屠方宏陪同调研。在启鑫新能源,古巴代表团对该公司的光伏发电实时发电量监测系统表现出浓厚兴趣,深入了解了整个系统的相关运行情况。在调研企业、产品、产业链等基本情况后,希望启鑫新能源能在古巴建设分布式光伏发电、光伏电站等项目,促进古巴新能源产业的发展。在戴维医疗、锦浪新能源、天安集团等企业,古巴代表团深入生产车间了解企业生产情况,与企业代表进行座谈,了解企业生产、经营、管理等方面情况,并表达了相关合作意向。

【天安集团:跻身宁波百强企业】 2017年8月8日,宁波市企业联合会、宁波市企业家协会和宁波市工业经济联合会公布了2017年宁波市综合百强企业榜单,天安集团有三个单项上榜。继2015年后,天安年内再次荣登宁波市百强企业榜,分获宁波市综合百强企业70位,宁波市制造业百强企业38位,"宁波·竞争力"百强企业29位。能够获得多项荣誉并且排名靠前，表明企业在全球经济下滑，国内经济复苏放缓，国际市场竞争日趋加剧的大气候下，仍保持强劲的竞争力，经济发展处于上升态势，为输变电行业中为数不多的佼佼者。被称为宁波企业“福布斯”榜的宁波百强企业榜是由宁波市企业联合会、企业家协会、工业经济联合会举办的。榜单按照企业自愿申报原则，以2016年营业收入多少进行排序，筛选了驰名商标获得、标准参与制订、专利版权情况、获奖产品、企业质量管理等20项核心指标。

【日升：起草“浙江制造”标准】 2017年8月10日，列入2017年度第一批“浙江制造”标准制订计划的《智能真空断路器标准》研讨会在日升集团公司举行。《智能真空断路器标准》是全县第一个成功立项的“浙江制造”标准。“浙江制造”标准是标杆标准、领跑者标准、先进标准。其主要技术指标要求达到国内一流、国际先进。“浙江制造”品牌采用先进的管理模式，保证产品制造水平稳定，技术工艺达到国际先进水平，以标杆作用引领行业提升。日升集团作为国家输配电行业重点骨干企业，参与行业国家标准的制修订工作。由该公司设计生产的智能真空断路器在配电网中用于开断、关合负载电流、过载电流、短路电流、零序电流，适用于变电站、工矿企业、城乡电网。该产品采用国际最先进的数字化电子和通信技术，与最新的绝缘固封技术相结合，具有优异的耐受户外条件能力和工作状态，可视性强、体积小、重量轻、外型美观、免维护、安装简便。研讨会根据“浙江制造”品牌建设的要求，对《智能真空断路器标准》的先进性及完整性进行探讨，明确修改要求，并从产品的制造工艺、性能指标、检验检测、装备保障以及质量承诺等方面展开讨论，力求标准达到引领行业、接轨国际的要求。日升集团将修改、完善标准内容，并征求行业及产品上下游企业的意见，尽快形成《智能真空断路器标准》，报“浙江制造”品牌建设促进会审定。

【天安技工张晓鸣获宁波“技能之星”工具钳工职业技能电视大赛二等奖】 2017年9月8日，在2017年宁波“技能之星”工具钳工职业技能电视大赛中，天安集团孵化实业公司张晓鸣夺得二等奖，这是天安技工第二次在该赛事上获得佳绩。该次大赛由宁波市人社局等部门联合举办，来自于宁波市各县区企业的50多名优秀技工参与比赛。在竞赛场上，通过审图、划线、锯割、锉削、钻孔、錾削等各道工序，张晓鸣凭着扎实的实操硬功夫，精雕细琢完成多件套的配合赛件，以及对理论知识试题的熟练应对，从众多选手中脱颖而出，获得技能大赛二等奖，并取得了相应的技师资格证书。2002年，张晓鸣参加宁波市高级钳工技术比武，从40多名参赛者中胜出，被市总工会授予职工技术能手称号，并破格晋升为高级工。2005年，张晓鸣被推举为宁波市首席工人。

【启鑫光伏扶贫项目】 2017年9月19日，浙江启鑫新能源科技股份有限公司走进陕西省榆林市米脂县杨家沟学校，向该校捐赠了一套装机容量为10千瓦的光伏发电站。杨家沟学校有在校生237人、教职工31人，由于该镇停电状况较为频繁，严重影响了学校的正常教学。获悉这一情况后，启鑫立即赶赴该地，践行企业的社会责任，为贫困地区的孩子们送去光伏电站，利用绿色清洁能源“照亮”孩子们的学习场所。该套光伏发电设备年发电量为14000千瓦时，年收益为10500元，可发电25年以上，并网收益将全部归校方所有，届时通过该笔收益可改善教学条件。截至年底，不到一年的时间里，启鑫在河南、河北、山东、湖南等地成功中标139.7兆瓦光伏扶贫项目，总投资约8.34亿元，在国内光伏扶贫市场中引领风骚，为实现低碳减排和减贫发展双丰收贡献了力量。

【启鑫新能源让“双玻+”无限可能】 2017年10月19日，第三届“双玻+前沿技术创新设计应用峰会”在北京临空皇冠酒店召开。浙江启鑫新能源科技股份有限公司出席该次会议，并获得由上海太阳能学会、光伏领跑者创新论坛、中国质量认证中心联合颁发的“‘双玻+’高效电池技术创新贡献奖”。本届峰会主题为“让‘双玻+’无限可能”，汇聚业内专注于双玻组件设计、研发、生产、测试、认证及应用的专业人士，重点围绕采用双玻组件结构载体平台进行“双玻+前沿技术”的研发制造创新进行深层次的交流讨论，被业内誉为“国内最专业的双玻盛会”，大会所颁发的奖项也受到第三方认证机构的权威公证。双玻作为一种新型的组件结构，得到越来越多的关注，成为领跑者计划的先进技术示范应用。无论从寿命、成本、可靠性，还是更高系统电压等级都符合了电站投资最关注的需求，超越了“技术应用突破”，越来越被未来电站技术选型青睐，将大面积替代传统组件并大大拓宽应用环境和范围。作为一个有创造力的双玻人，启鑫新能源将始终坚持品质优先的原则，秉承着工匠精神，恪尽职守。用精益求精的态度把严谨，专注，以及坚持一丝不苟融入研发，以颠覆式地创新推动“双玻+”技术在分布式光伏电站中的全新应用。

【天安集团屡获城市地铁大单】 2017年11月2日，天安集团通过投标成功拿到北京市城市轨道7号线二期400伏开关柜项目336台OKKEN开关柜供货合同，这是该公司第五次赢得北京地铁大单。2009年，天安集团抓住国家发展城市轨道交通项目机遇，专门成立营销大项目部，由专人跟踪并配合与服务销售人员紧盯各大城市地铁项目投资动向，并成功敲开杭州地铁大门。同年10月，北京地铁进行输变电项目招标，天安集团与包括ABB、西门子等7家世界著名和国内知名企业相继通过资格审查，同台竞标，最终与施耐德技术合作生产的OKKEN品牌柜因安全可靠，技术领先，分别拿到了北京地铁大兴、亦庄两条线路共3400万元低压开关柜订单。之后，公司又相继中标天津地铁2号线和3号线，承揽北京地铁大兴、亦庄两条线路有源滤波柜近4000万元合同。2011年8月，“天安”又与11家企业同台竞标，成功角逐家门口城市轨道生意，揽得宁波地铁1号线起自高桥西站，终至东环南路站近2000余万元低压产品订单。2011年10月、11月，北京地铁工程14号线1亿元的低压配电柜中标通知书再次发到天安，这不仅是公司获得的最大一个地铁大单，也是有史以来最大的一个单项产品订单。2014年4月中旬,天安承揽北京地铁工程,大兴线800多万元有源滤波柜合同。

【天安电气参展 2017上海国际电力电工展】 2017年12月20日,第十一届上海国际电力设备及技术展览会在上海国际博览中心举行,天安电气集团首次组织产品参加了该次展会。为展示企业品牌形象,推广公司拳头产品,公司技术监察部组织力量赴上海参加展会,通过产品实物,展板介绍以及视频轮回播放等多种形式向客户介绍产品。在三天展期中,公司展台共计接待国内外观众超过1000人次,发放产品样本700多册。公司展品中XGN49-40.5充气柜、HXGT6B-12环保气体柜、QPT1直流牵引开关柜这三款产品最为吸引观众眼球,法国、日本、比利时、澳大利亚等国家的买家团纷至沓来。其中XGN49-40.5充气柜以其体积小、电流大、出口业绩多等优势深受海外买家的好评和喜爱。

(练　黎)

汽车制造、零配件工业

【概况】 以华翔集团为龙头的汽车及配件行业是象山重点盈利行业。2017年全县规模以上汽车行业企业59家,其中宁波华翔电子股份有限公司和宁波华众塑料制品有限公司两家为上市企业。全年完成产值136.84亿元,比上年增长14.4%,主营业务收入111.76亿元,增长13.1%,利润15.63亿元,下降13.8%。资产总额206.95亿元,从业人员11159人。

【华翔集团注重企业文化颁发首批"华翔英雄"】 2017年1月10日,华翔集团举行总结表彰大会,12名企业发展功臣被授予"华翔英雄"荣誉称号,各奖励一枚沉甸甸的"华翔英雄"金牌并颁发荣誉证书。谈到评选首批"华翔英雄",董事局主席周辞美说,华翔集团30多年的发展关键在于汇聚了一批骨干精英。举行表彰,一方面是回馈优秀老员工,另一方面希望能激励更多华翔人同舟共济创大业。华翔集团拥有遍布国内外的60余家控股参股公司,正进军汽车电子行业和轻量化材料领域,成为国内汽车零部件行业的标杆企业。2016年象山本部上缴税金约4亿元,同比增长10%左右。

【紫程重卡完成首台轻型电驱矿用自卸车平地测试】 2017年6月5日,紫程(宁波)电动重型卡车有限公司自主研发的首台轻型电驱矿用自卸车C60经过5个月装配调试,开始进行首次二十多公里的平地测试。7月1日,在县交警、县路政等部门协助下,经两个多小时的行驶,通过城区道路到达滨海工业园新厂房,顺利完成平地测试。在接下来的几天该公司还对C60进行严格的试车试验,在完成全面试验后将正式投向市场。紫程重卡C60矿用自卸车,对国内同类产品具有3大明显优势:一是节能效果明显,采用混合动力技术,优化匹配获得最佳燃油和排放特性,达到较低的使用成本;二是使用寿命长,结构更加简化,柔性布置的模块化电传动系统代替了复杂的机械传动系统,传动系结构简单,轻松实现无级变速的同时减少机械零件磨损,提高使用寿命;三是使用效率更高,传动链更短,相同油耗下可以提供更多动力,提高生产效率。在车架方面采用箱形梁焊接车架,从而可靠性更高、故障少、维护少、出勤率高。紫程重卡是贤庠镇2016年底新引进的在宁波(北京)投资环境推介会签约的大型项目,也是全县首个电动重型卡车研发及大批量生产基地项目,为2017年县重点工程项目,总投资约3亿元,一期采用租用欧特厂房进行产品研发、装配和调试,二期进入滨海工业园2万平方米厂房正式投产。

【百易汽车"机器换人"降本增效】 8月20日,技术人员正通过自动化设备对汽车饰条进行组装卡扣。与原先纯手工操作相比,"机器换人"不仅极大地提高了企业的生产效率,还降低了产品废品率。百易汽车坐落于滨海工业园,主要生产装饰条、密封条、内外水切等汽车部件。在"中国制造2025"引领下,百易汽车以工业自动化为突破口谋划转型升级,投资300余万元引进和研发自动化生产设备。自动化的投入,不仅减少人工、提升营业利润,还有效增强了产品质量的稳定性。自动化改造后,密封条熔接机由单工位更换为双工位,汽车挡风玻璃三边密封条的自动贴胶和冲切生产线工人从原先5个减少到1个,且效率提升了50%。在十余年里,百易汽车从一家无名小厂,成长为年产值五千万元的高新技术企业,成功获评2016年浙江省小微企业成长之星、2017年度县科技型"小巨人"企业。企业拥有国内先进的滚压及成型押出、静电植绒等自动化生产线,与东软电子、吉利汽车、上海耀皮等多家企业签订了供货协议。

【华翔集团"赶潮"汽车智能化轻量化】 2017年9月8日,华翔集团与智能制造领军企业智昌集团签署"集团级智能工厂"战略合作协议。双方将在机器人核心控制器、工业机器人、智能工厂应用等多个领域展开合作,共同推进华翔集团智能制造及产业升级,为宁波建设"中国制造2025"首个试点示范城市作出努力。未来几年,华翔集团将建设大量采用机器人的"无人工厂",计划引进5000台机器人,在基本不增加工人的前提下实现产值大幅提升。在轻量化发展战略上,华翔集团认准热成型、碳纤维、自然纤维、新型铝材、以塑代钢等方向,以塑料为主的新材料替代传统钢材作为车身零部件的主要原材料,使得产品重量降低至原重量的四分之一到八分之一,公司投资3000万元自主研发"以塑代钢"底护板全自动生产线,将全面进入华众现有中高端客户群体。两大项目全部达产后,可为公司贡献5亿元的税前利润。华翔集团将按照国际化运营、智能化制造、精益化管理的目标,打造成为国内汽车零部件行业的标杆企业。力争到2020年全集团营业收入突破400亿元,其中,象山本部力争实现2017年90亿元、2018年100亿元、2020年150亿元~200亿元的销售收入。

(练　黎)

船舶工业

【概况】 2017年,全县船舶工业企业受国内外市场下行影响,面临"订单难""融资难""交船难"等风险。航运市场陷入低迷,县船舶价格低位运行,订单量趋于下降，船舶企业经营能力面临严峻考验。另一方面，船舶业结构性矛盾依然存在，企业呈现两极分化趋势，转型升级脚步有待加快。全县11家规模以上船舶修造企业实现工业总产值32.34亿元，同比增长24.66%，销售产值22.45亿元，上升31.01%，利润7954万元，增长23.5%，从业人员2153人。

【海泰达智造公司逐梦“机器人造船”】 1月23日，海泰达智造公司引进一个“以一顶十”的机器人焊接系统工作站，来颠覆传统手工造船。在总占地面积86.67余公顷的县石浦镇打鼓峙造船基地，宁波海泰达制造有限公司是一家名不见经传的小企业，甚至其厂房都是租用在一家大型造船企业内。该公司调整优化公司原主营业务，确立了以智能制造为核心的经营方针，开拓高附加值新型船舶制造。2017年，引进一批制造业人才并与中国机械科学研究浙江分院、武汉理工大学等高等院校建立合作关系，采购了多套焊接机器人与自动化设备。一个为海泰达公司量身定做的、价值300多万元的大型瓦楞板机器人焊接系统工作站，完成前期设计、订购等手续，届时，传统的石浦打鼓峙造船基地将迎来造船智能化时代。

【新乐造船通过清洁生产审核】 1月13日，浙江新乐造船有限公司顺利通过清洁生产审核。清洁生产是指企业采取改进技术、使用清洁的能源和原料、采用先进的工艺技术与设备、改善管理、综合利用等措施，从源头削减污染，提高资源利用效率，减少或者避免生产、服务和产品使用过程中污染物的产生和排放，以减轻或者消除对人类健康和环境的危害。该公司建立推行和管理清洁生产的组织机构、建立促进实施清洁生产的管理制度、制定清洁生产计划及编写清洁生产审核报告。该清洁生产审核五年一次，2011年，该公司通过清洁生产验收。

【新乐造船摘取行业“皇冠上的明珠”】 3月13日，中国首制3万立方米双燃料机LNG船在浙江新乐造船顺利下水，这是中国造船企业在技术创新领域获得再一次重大突破。LNG船是在零下163℃低温下运输LNG的专用船舶，具有高技术、高难度、高附加值特点，被喻为世界造船业“皇冠上的明珠”，其造价为同吨位油轮的5至6倍，甚至高于波音747飞机，只有欧洲、日本、韩国、中国等少数国家和地区能够建造。此次下水的3万方双燃料机LNG船由新乐造船与上海欧得利船舶工程有限公司共同自主研发，是中国第一艘拥有自主知识产权的LNG船舶。该船总长181米，型宽28米，型深19米，吃水深7.8米，配备一台双燃料主机，属无限航区船舶。建造上采用具有自主知识产权的独立C型货舱技术，主推进系统的双燃料发动机也属国内首次应用。该船按照国际天然气运输标准设计，入级中国CCS船级社，并由法国BV船级社提供技术咨询，主要用于国内大型LNG接收终端和LNG卫星站间的转程运输，投入使用后将大大提高短程LNG运输效率，降低运输成本。

【县4艘渔船“搭乘”特种船出口】 3月21日，县建造的4艘拖网渔船“搭乘”德国赛尔公司特种船出口非洲几内亚比绍。这是浙江省首次采用重大件运输船承运渔船出口。这4艘拖网渔船在宁波梅山保税港区完成交接，一月后可运抵非洲几内亚比绍。出运的渔船货值约2800万元，单艘船舶重量达450吨，由县高塘岛乡造船企业建造。新模式下的交船时间缩短了近一个月，人工及燃油成本减少约400万元，更有利于保障海上运输过程中的生命和渔船财产安全。后续将有20余艘同类型渔船采用整船载运模式出口，在当前船舶制造业低迷的情况下，新的交船模式为渔船出口提供了新途径，也开拓了临港工业业务新领域。

【《特种设备安全隐患排查和治理》座谈】 4月21日，县船舶业协会协同县质监局，召开《特种设备安全隐患排查和治理》座谈。全县25家船舶修造企业分管领导参加会议，会上县质监局传达《浙江省特种设备安全排查和治理方案》，提出船舶修造企业排查隐患和检修特种设备的任务和要求，重点突出对大型起重设备严格检查，不留隐患，并安装安全监控系统。

【县船舶行业协会开展多项船舶技能比赛】 5月18日，县船舶行业协会协同县总工会、县经信局举办2017年象山船舶行业“东红杯”起重设备技能大赛，16家企业70名选手参赛；2017年7月13日，县船舶行业协会协同石浦镇政府，举办2017年石浦镇船舶企业“金川杯”焊工技能大赛，石浦镇12家企业20名选手参赛。技能大赛的开展，展示了县船舶行业员工的风采，促进了县船舶企业间的交流，弘扬了“工匠精神”，取得了不错的成效。

【县首场清港行动严查“三无”船舶】 6月26日，县海洋与渔业局联合爵溪街道、爵溪边防派出所开展清港行动，对停靠在公屿下埠门码头和电厂码头的涉渔“三无”船舶进行了强制清理。这是县年内首场涉渔“三无”船舶清港行动。县海洋与渔业局共出动4艘渔政执法船舶、2艘护渔船、50余名执法人员，爵溪街道出动70人维护岸上秩序。当天，共查获30艘涉渔“三无”船舶。

【全面管控四类涉渔企业】 2017年7月28日，县经信局牵头联合海洋与渔业、市场监管、公安、边防等部门，前往县石浦镇、鹤浦镇开展针对制冰、渔具加工、船舶修造、水产品加工等四类企业的“一打三整治”联合执法行动。执法组分别召开了水产品加工企业和船舶修造企业座谈会，要求广大企业提高规范经营意识，主动加强管理，切实担负起保护渔业资源的责任。年内以来，该局切实开展海洋渔业领域非法生产经营行为综合管控，先后在石浦、鹤浦、高塘岛三个重点渔业乡镇，走访90余家制冰、渔具加工、船舶修造、水产品加工等企业共170余次。联合相关部门开展6次联合执法，出动相关执法人员80人次，抽查企业70余家次。据介绍，将继续加强宣传和督查力度，健全企业台账管理制度；以制冰企业和水产品加工企业为重点，继续牵头做好对“四大类”企业的联合执法工作，严厉打击违法行为。

【船舶修造行业安全大检查】 8月20日，县经信局联合县安监局、县消防大队赴石浦镇、鹤浦镇等环石浦港镇乡召开船舶修造行业安全生产大检查工作推进会。会上县经信局副局长邱财学就近期出台的《关于开展船舶修造企业安全生产专项整治的通知》《关于开展县船舶修造业及民爆行业安全生产大检查工作方案》及《床波修造企业安全管理检查指导手册》等政策内容进行详细解读,就安全生产检查工作进行部署。大检查共分3个阶段,其中近期为集中整治阶段,先由县经信局联合当地辖区工贸办、安监所对县内25家船舶修造企业进行全面排查安全隐患并限期整改。

【渔船修理工作研讨会】 2017年9月20日,县船舶业协会在石浦半岛酒店召开渔船修理工作研讨会,15家船厂负责人和县经信局、县安监局、县海洋局等政府部门负责人参加此次研讨会。会上,各负责人从安全、质量、环保、效益等多方面深刻剖析了船厂"以出租船台或场地为主"的模式给企业所带来的危害。并最终达成共识:一是规范使用统一的渔船修理合同;二是各厂根据《修理项目表》在合理的价格区间开展有序竞争;三是统一规定渔船修理工程的操作流程,上墙明示;四是由厂方招收所有用工并实行统一管理,及时办理工伤保险。

【县4艘船1名船长 荣膺"诚信"称号】 2017年11月6日,国家海事局公布2017年安全诚信公司、船舶、船长评选结果。县宁波银星海运有限公司的"金富星9""金富星602"和宁波神鱼海运有限公司的"神鱼68"、宁波大唐海运有限公司的"大唐77"获称"2017年度安全诚信船舶",宁波银星海运有限公司的许明德荣膺"2017年度安全诚信船长"称号。安全诚信船舶、安全诚信船长由国家海事局组成专家评选委员会,在全国的候选船舶与候选船长中评审确定。

【印度尼西亚东努沙登加拉省代表团到象山访问县船舶业】 2017年 11月24日,副县长钮晶莹会见了由印度尼西亚东努沙登加拉省省长弗朗斯·勒布·拉亚率领的东努省代表团一行。座谈会上,钮晶莹代表县委、县政府对代表团一行表示欢迎并介绍了县基本情况,代表团一行还观看了县宣传片。弗朗斯·勒布·拉亚的热情接待表示感谢,希望通过此次交流,更推动两地深入开展合作。

【船舶总运力首破百万吨】 2017年全年,象山籍船舶总运力达115.99万载重吨,新增运力31.29万载重吨,同比增长36.94%。这是县船舶总运力首次突破百万吨,创历史新高。新增船舶以散货类运输船舶为主,平均运力3.91万载重吨,单船最大运力达7.42万载重吨。去年以来,全县出台"一船一议"联席会议制度、船舶修造业"绿色通道"等系列举措,为象山航运业健康发展提供了有效保障。

【新乐造船创新是企业发展】 创新,对于企业来讲,就是寻找生机和出路的必要条件。新乐造船依托技术创新,在激烈的市场竞争中赢得主动。县人大代表、宁波新乐造船集团有限公司总经理刘文忠自接手新乐造船后,以开拓进取之精神带领公司在特种船舶领域闯出一片新天地,在国内中小民营船厂中独领风骚。2010年前后,国内外船舶行业下滑,为顶住压力,新乐造船用自有资金投资研发建造了国内首制、具有自主知识产权的19900吨双相不锈钢化学品船。这是新乐造船普通二类化学品船的升级产品,有着高技术含量、高附加值特点。2012年交付后,荣获了宁波市重点工业新产品二等奖,向外界展示了新乐造船的技术实力,成为赢得生产合同的重要筹码,19800吨、13000吨、13200吨等一批不锈钢化学品船的订单接踵而来。

(练 黎)

模具工业

【概况】 象山铸造模具创始于20世纪70年代。2017年,模具行业拥有规模以上企业14家,累计实现产值14.37亿元,同比增长12.8%,销售产值13.37亿元,同比增长15.9%;利税总额2.02亿元,同比增长9.61%。利润总额1.5亿元,同比增长20.7%。重点企业拉动作用明显,合力模具成功上市,主营业务收入5.4亿元,主营业务收入增长率18.22%,净利润总额8.18亿元,净利润增长率4.35%。

【同家模具打造汽车发动机缸体模具优秀品牌】 1月20日,县丹东街道同家模具制造公司研发的"宝马48Q"铝合金缸盖浇铸模具被宁波市经信委列入2016年度重点新产品项目,该产品是特地为宝马公司新车型研发的。同家公司新近投资2000万元,从德国引进3台五轴高速加工中心,每年合作、自主开发10多套新产品。公司还推出多项节能环保新工艺,其综合技术处于国内同行领先水平。同家公司与宝马、一汽、上汽、现代以及西班牙、葡萄牙、法国等9家著名汽车制造商长期合作,努力打造汽车发动机缸体模具优秀品牌。2016年同家公司完成销售额9200万元,比上年增长30%。

【县多家企业入选《中国模具之都十三五规划》】 2017年2月28日,《中国模具之都十三五规划》(甬模协字〔2017〕1号)文件发布。县合力模具、全力机械等4家企业列入规划中30家重点发展企业名单,光辉磁业、华众模具等10家企业被列入规划中40家精、专、特企业名单。同时,县经信局被评为第十二届中国模具之都博览会先进组团单位。

【县蝉联"中国铸模之乡"】 2017年3月8日,"中国铸造模具之乡"复评工作结束。由中国铸造模具协会副秘书长王东升带领的专家组,经过严格评审,一致同意县通过"中国铸造模具之乡"复评。专家组对全县模具铸造行业在技术创新进步、产品门类开发、市场差异化竞争和高精尖客户合作上出现的良好势头,给予了高度评价。并认为,县模具铸造行业形成了从研发、生产到检测的完整产业环,在汽车模具乃至高铁、航空等领域都有建树。象山县在2010年获得"中国铸造模具之乡"称号,2013年顺利通过复评,年内为第二次复评。全县拥有铸造模具企业50余家,其中有高新技术企业7家,建成市级以上企业研发机构4个、企业技术中心2家，获得精模奖6次、各项发明专利18个、省市级名牌产品4个。2016年全行业实现规模以上企业产值11.8亿元。

【合力模具举办博士后出入站报告会】 2017年5月18日，县人力资源和社会保障局与上海大学联合培养企业博士后结题、开题报告会暨出、入站报告会在宁波合力模具科技股份有限公司举行。该次有1名博士进行博士后结题考核报告、1名博士进行博士后开题考核报告。在站期间，杨浩鹏共在国内外刊物发表了6篇技术论文并申请了1项国内发明专利。该报告得到考核小组专家一致认可。据介绍，县博士后科研工作站自2010年11月建站以来，累计招收6名博士后，其中出站博士后2名，累计博士后工作站和博士后研究人员资助将达到150余万元。博士后研究课题涉及新材料、机电一体化、电子信息、智能电网等前沿领域，与县产业发展紧密结合，其中博士后研究人员在站期间在国内外核心期刊发表论文25篇，获得授权发明专利15项，多项科研成果实现产业化，为助推企业转型发展发挥了作用。

【同家模具配备新装备】 9月7日，国内一家著名汽车企业考察组来到丹东街道同家模具制造公司，物色高精密度模具供应伙伴。客人走进新组建车间，看到大小机床陈列两旁，成品、半成品分类别档，码放整齐；里侧恒温分车间里，3台五轴高速铣床电脑控制，丝丝运转，不禁颔首赞赏。经接洽，客户认可同家的装备实力，双方达成合作意向。随着汽车、动力产品升级换代，国内外客户对汽车发动机模具精密度提出更高要求。为适应市场需求，2017年年内同家公司投入2000多万元，添置2台进口五轴高速铣床、10多台先进机床，并集中安装在新车间，形成装备一流的加工中心。同家公司还聘请台湾专家推行精益化6S管理模式，开展各类培训，提高全员素质。先进装备，过硬技术，引来国内宝马、现代、丰田等十几家汽车商青睐。2017年，实现产值1.2亿元，同比增长20%。

【合力科技在上交所挂牌上市】 12月4日，宁波合力模具科技股份有限公司在上海证券交易所主板挂牌上市，成为县第七家上市企业。宁波市委常委、副市长刘长春，上海交通大学教授、中国工程院院士丁文江，市政府副秘书长、市金融办主任姚蓓军，市政府副秘书长杨小平；县领导叶剑鸣、俞骏、陈柳松、华弼天、石坚定及合力科技董事长、总经理施良才等出席上市相关活动。合力科技成立于2000年11月，通过10余年来的发展，现成长为一个集大型压铸模具、低压铸造模具、重力铸造模具、各种造型线、冷热(壳)芯盒模具、热成型冲压模具研发、设计、制作为一体的国家高新技术企业。合力科技该次共发行2800万股，发行价14.22元/股。发行后公司总股本11200万股，股票简称“合力科技”，股票代码“603917”。上市仪式上，刘长春代表市委、市政府对合力科技上市表示祝贺。并希望企业抓住上市机遇，继续推进创业创新，增强核心竞争力和盈利能力；同时，坚守诚信发展原则，主动承担社会责任，切实维护好广大投资者的利益。

（练　黎）

水产、食品工业

【概况】 水产品加工业是县传统优势产业、地方特色产业，也是重要的支柱产业，对推动全县社会经济发展起到了十分重要的作用。然而近几年来，受海洋资源衰退、原材料价格上涨、资金需求紧张、旺期用工短缺、土地供给不足等因素制约，以及面临节能环保、涉氨整治的压力，全县水产品加工业受到很大影响。2017年，象山县共有2000万以上规模企业27家，主要龙头企业有：飞日水产、华毅水产等。1—12月全县水产、食品行业累计完成规模以上总产值33.98亿元，同比下降2.5%；实现销售产值31.19亿元，同比下降2.3%；实现利税总额1.62亿元，同比下降4.9%，其中利润1.17亿元，同比下降6.2%。

【新型水产产业联合体在石浦挂牌】 2017年1月10日，县首家由商贸企业牵头组建的新型水产产业联合体——聚鑫水产养殖专业合作社在石浦镇挂牌成立。县领导孙小雄、奚海峰、叶富兴出席挂牌仪式。组建水产产业联合体，是全县年内为推动水产产业转型发展而采取的有力举措。聚鑫水产养殖专业合作社由宁波易家鲜商贸发展有限公司发起成立，成员包括捕捞渔船17艘、养殖户32户、水产品经纪人18人。合作社在北京西南郊肉类水产批发市场设立了直营网点。合作社将采取“龙头企业＋合作社＋基地渔民”模式，实行产供销一体化经营，通过整合、配置社员资源，形成分工合理、优势互补、高效联合的利益共同体，打造一条从“渔场—基地—市场”的快捷活鲜产业链。

【宁波飞润海洋生物科技股份有限公司在新三板挂牌上市】 2017年1月13日，宁波飞润海洋生物科技股份有限公司在北京金融街举办新三板挂牌上市敲钟仪式(股票代码:870288)。该公司成立于2012年，主要产品有冷冻、干、熟系列鱿鱼制品，凭借科学的质量管理体系和先进的技术加工水平，产品销往日本、美国、英国等十多个国家和地区。近几年产值逐年增长，2016年实现产值约1.5亿元，同比增长30%。此次新三板成功挂牌，为公司规范经营管理、拓展发展空间提供了有利条件。

【枫康集团引智深耕石斛产业】 2017年8月2日，宁波枫康生物科技公司正式更名为“浙江枫康集团有限公司”，产业领域拓宽至生物科技公司、中药饮片厂等七大块。作为2013年引入的投资3亿元的浙商回归企业，近三年来枫康集团从零起步，每年产出以50%以上的速度递增，年内1—8月更是达4908万元，同比增长347.0%，年内产值能达到8000万元，并在年内7月荣获省“小升规”创业之星称号。枫康集团是一家专业从事铁皮石斛研究开发利用的企业，着眼于罕见珍稀种源东海石斛的综合利用，将石斛生物量50%的叶片和花进行精加工，开发成高附加值的产品，先后开发出石斛精制茶、石斛饮料、石斛超微石斛粉、石斛口含片、石斛口服片、石斛日用化工产品等系列产品。与工程院院士等国内5个顶尖团队签约。投资3.5亿元建立了120余公顷的铁皮石斛仿野生种植基地——枫康养生园，被纳入国家星火计划；投资500多万元建成智能物联网系统、智能喷灌系统和全面追溯系统等实现种植管理的自动化和智能化，铁皮石斛有机栽培和农业物联网建设及运用上处于行业领先地位。

【象山海鲜成为东方航空指定食品】 2017年8月17日，象山海鲜休闲食品——香酥小黄鱼成为东方航空的指定食品之一，为无数航空旅客带去象山美味。香酥小黄鱼由宁波兰洋水产食品有限公司生产，口感鲜美。宁波兰洋水产食品有限公司位于石浦水产品加工园区，公司成立于1999年，拥有自营进出口权，该公司生产的"俏鱼仔"干制风味水产品系列共有海鲜休闲食品15种，主要销往联华、大润发、麦德龙等多家大型超市，在韩国、美国、越南等多国注册商标。该系列产品原料均采用东海野生海捕原料鱼生产加工，原辅料均采自公司评估的合格供应商，每批次进行合格验收后投入生产。除了海鲜休闲食品，该公司还主打鱼糜加工和金枪鱼罐头加工，并远销到了韩国、日本、美国、中东等国家和中国台湾地区。

【乐惠国际在上交所挂牌上市】 2017年11月13日上午9点30分，宁波乐惠国际工程装备股份有限公司在上海证券交易所主板正式挂牌上市，成为全县第六家上市企业。宁波市副市长陈仲朝，县领导叶剑鸣、金红旗、俞骏、华弼天、石坚定及乐惠国际董事长赖云来，乐惠国际董事、总经理黄粤宁等出席上市仪式。乐惠国际是一家专注于啤酒酿造过程装备及无菌灌装设备的设计研发、制造、安装的企业。其中，啤酒酿造设备涵盖啤酒生产过程所需的核心设备，可提供原料处理系统、糖化系统、发酵系统交钥匙工程服务，是全球少数具备啤酒厂整厂交钥匙能力的供应商之一。无菌灌装设备主要包括啤酒纯生灌装设备及饮料无菌冷灌装的设备和技术，适用于玻璃瓶、易拉罐、PET瓶、不锈钢桶等多种包装形态。公司既可生产灌装线上的关键单机设备，也可以为客户提供"一站式"的整体包装解决方案。据了解，乐惠国际该次共发行1865万股，发行价19.71元/股，发行市盈率22.99倍，发行后总股本7450万股，股票代码"603076"。首日开盘价位23.65元/股，开盘秒停，涨幅43.99%，报收于28.38元/股。

【鑫柔蛋白海洋生物车间顺利通过现场验收】 2017年12月11日，中国供销集团(宁波)海洋经济发展限公司旗下全资科技企业——宁波鑫柔蛋白有限公司的海洋生物车间顺利通过现场验收。来自国家海洋研究所、浙江工业大学、宁波大学、浙江万里学院的联合验收专家组一行7人以及宁波市海洋与渔业局、市财政局、市发改委的有关专家和领导以及县相关部门的负责人，亲临验收现场。海洋生物车间是宁波海洋公司水产冷链物流园的重点项目，是宁波海洋公司为打造海洋产业链，提高了水产品深加工技术水平和附加值，加速水产品规模化生产，满足和适应国内外海洋生物制品市场需求及未来发展而精心规划的。从2014年进行可行性论证到批准立项，规划设计到工艺选择，设备选型订购到厂房选址建设施工，设备调试到产品试生产运行，历时3年时间。在国内行业专家和科研机构的协助和共同努力下，打造了一个以海洋低值鱼贝类和水产加工副产物等大宗水产品为原料，利用现代酶解技术，生产加工胶原蛋肽等各类海洋功能性蛋白活性肽的现代化海洋生物工厂。

(练　黎)

象山经济开发区

【概况】 2017年，象山经济开发区深入贯彻"双突破双驱动""工业强县"战略，牢牢把握"奋战二三五，跻身一梯队"目标要求，集中精力抓好招商引资、项目建设、平台发展、企业服务等重点工作，园区经济运行稳健，向好发展。全年共落户项目37个，亿元以上投资项目21个。全年完成实际外资及港澳台资金3203万美元，同比增长4.1%；实际国内资金20.3亿元，同比增长123%；浙商回归资金7.52亿元，同比增长41.9%。203家规模以上企业全年实现规模以上工业产值226亿元，同比增长16.7%；规模以上工业增加值36.6亿元，同比增长7.8%；利润10.4亿元，同比增长12.7%；新产品产值率49%。

【重大项目集中开工仪式】 2月21日，全县扩大有效投资重大项目集中开工仪式在象山经济开发区赛帆创业园项目施工现场举行。集中开工的15个项目，总投资56.16亿元，年度计划投资14.15亿元。涉及产业项目10个，民生和基础设施项目5个。分别为象山赛帆创业园、年产20万吨大型风电装备(新日星基地)项目、石浦高速公路定塘连接线(马漕线改建)工程、丹大线产业区至大徐段改建工程、沿海南线滨海大道至金开路拓宽工程、象山中医院迁建工程、浙江新篁竹叶标准提取物生物工程、宁波永超印花中心项目、水产种业园区基础设施建设工程一期、大目湾邦泰城市综合体二期、鹤浦小网巾农光互补光伏发电项目、宁波启泽屋顶分布式光伏发电项目、沪山影视基地、好年华影视基地、戴维商业广场。

【新篁生物工程项目开工】 8月18日，浙江新篁竹叶标准提取物生物工程项目开工典礼在象山经济开发区城东工业园举行。新篁竹叶标准提取物生物工程项目总投资12亿元，一期投资5.8亿元，投产后可实现年产值约10亿元,全部投产后可实现年产值约50亿元。项目采用现代生物提取和分离技术，以竹叶为原料，从植物中提取对人体有益的各项成分，研发绿色、健康的生物制品，为市场提供放心的食品和饲料添加剂。

【经济运行】 规模以上工业产值、固定资产投资、工业投资等年度目标任务顺利完成。全年实现规模以上工业产值226亿元，同比增长16.7%；规模以上工业增加值36.6亿元，同比增长7..8%；利润10.4亿元，同比增长12.7%；新产品产值率49%。新增规模以上企业20家，其中亿元以上企业2家。203家规模以上企业中，156家产值实现增长，65 家企业增幅达30%以上；负增长企业数47家，同比减少15家。大项目建设带动效应明显，71个项目完成固定资产投资33.4亿元，同比增长23.7%，其中56个工业项目完成工业投资27.7亿元，同比增长16.7%；技改19.1亿元，同比增长27.3%。

【科普特改性塑料生产项目】 7月12日，由浙江科普特新材料有限公司投资的改性塑料相关产业项目签约。项目落户于城东工业园C-2-07-1区块，项目用地面积19917.5平方米，约2.2公顷。项目总投资1亿人民币，注册资本3000万元人民币。项目建成投产后，年产值达8000万元以上。

【牦牛宾霸里布及高档黑炭衬生产项目】 8月30日，由宁波宜阳宾霸纺织品有限公司和宁波莱龙宝马衬布有限公司投资的宾霸里布及高档黑炭衬相关产业项目签约。项目落户于城东工业园C-2-03-2和C-2-03-3区块，项目用地面积58569.92平方米，约5.86公顷。项目总投资1.8亿人民币，注册资本1752.38万元人民币，外资及港澳台资金800万美元。项目建成投产后，年产值达2.9亿元以上。

【波威大型钢结构生产项目】 9月26日，由浙江波威重工有限公司投资的大型机械加工制造相关产业项目签约。项目落户于临港装备工业园大港口区块，项目用地面积128381.4平方米，约12.84公顷。项目总投资10亿人民币，注册资本2亿人民币。项目建成投产后，年产值达5.8亿元以上。

【象山置信智造谷项目】 10月27日，由宁波象山国能置信置业有限公司投资的国能置信工业园相关产业项目签约。项目落户于城东工业园D-3-01区块，项目用地面积162324.5平方米，约16.23公顷。项目总投资8亿人民币，注册资本1亿人民币。项目建成投产后，年产值达5亿元以上。

【劳伦斯电镀汽配生产项目】 10月13日，由宁波劳伦斯表面技术有限公司投资的电镀汽配件相关产业项目签约。项目落户于城东工业园区块，项目用地面积51661.63平方米，约5.2公顷。项目总投资1.8亿元人民币，注册资本2600万元人民币。项目建成投产后，年产值达2.8亿元以上。

【天顺智能节能电气生产项目】 10月30日，由宁波天顺电气有限公司投资的智能节能电气相关产业项目签约。项目落户于滨海工业园E-9-2区块，项目用地面积15715.1平方米，约1.57公顷。项目总投资1亿人民币，注册资本1亿人民币。项目建成投产后，年产值达1亿元以上。

【重点工程项目】 2017年16个实施类重点项目累计完成投资9.4亿元。政府投资项目累计完成投资2.92亿元，完成年度计划107.21%。其中，城南高新创业园配套基础设施一期项目环城西路等六条道路人行道工程验收，城南高新创业园北侧绿化工程完成；仁义涂市政基础设施建设平基工程基本完成；城东工业园河道生态建设项目完工；大中庄通用码头项目桩基进场施工。11个工业项目全年完成投资6.48亿元，其中，象山赛帆创业园地下室混凝土浇筑基本完成；日星大型风电装备项目结构设计方案确认；宁波九龙紧固件项目进行厂房附属设施建设；浙江新篁竹叶标准提取物生物工程开始桩基施工；宁波勤邦新材料二期项目竣工，设备安装基本完成；宁波永超印花中心完成部分主体工程；亚大汽车电子阀生产项目一期完工，二期主体完成40%；华昊汽车饰件及电渡生产线二期项目厂房改造及设备安装基本完成；弗凡导航主板生产项目基础工程完成50%；波威重工大型机械加工制造项目进场道路开始施工，部分设备改造完成并进行试生产。

【勤邦新材料二期项目动建】 宁波勤邦新材料项目落户象山经济开发区城南高新创业园，主要从事聚酯薄膜研发、生产和销售。2016年实现销售收入1.5亿元，企业经营业务的迅猛增长，迫切需要提高生产能力，勤邦公司董事会决定实施二期项目。开发区管委会协同县有关部门精准服务，公司仅用两个月时间就完成全部审批手续，拿到施工许可证。2017年4月，二期项目正式开工，比原计划提前了4个月。项目计划总投资1.5亿元，其中生产线投资1.2亿元，厂房面积约1.1万平方米。

【园区整合】 资产和管理移交顺利。示范园区部分社会事务移交丹西街道负责，城管开发区执法中队、环保工作站成立，明确了交通、治安管理等职责。城东污水处理有限公司移交县水务集团管理。

【中石化炼化工程集团装备技术中心落户】 12月28日，中石化炼化工程集团装备中心揭牌仪式，在象山经济开发区临港装备工业园的中石化炼化集团宁波工程有限公司象山制造基地——宁波天翼装备技术有限公司举行。炼化工程集团宁波工程有限公司象山制造基地建立以来，为加快县临港工业发展发挥了重要作用，此次中石化炼化工程集团装备技术中心落户，将有力推动县加快发展新经济、培育壮大新动能，形成以“智能升级、智慧转化、智力集聚”为主要特征的“象山智造”。

（周时学）

浙江大唐乌沙山发电

【概况】 浙江大唐乌沙山发电有限责任公司（以下简称乌沙山发电公司）现装机容量为4台60万千瓦级国产超临界燃煤发电机组。工程自2003年10月开始筹建，于2006年机组全部投产运行，总投资90.34亿元。投产十多年来，保持安全生产长周期纪录，截至2017年12月底，累计发电1529亿千瓦时，创造利润近61亿元，上缴税收逾56亿元。公司先后荣获全国电力行业优秀企业、全国电力安全生产标准化一级达标企业、电力安全先进单位、全国“安康杯”优胜单位、AAAA标准化良好行为企业、浙江省文明单位等多项国家、行业和省部级称号；十台次机组在全国大机组竞赛中获奖，三台次机组被评为可靠性“金牌”机组。

【经营业绩】 2017年，乌沙山发电公司发电量累计完成124.78亿千瓦时，同比增加14.86亿千瓦时；利用小时累计完成5199小时，居区域五大同类第一。

【节能减排】 2017年，乌沙山发电公司开展优化运行和“达设计值”活动，优化小指标竞赛活动，提升机组运行经济水平。2017年四耗指标继续保持集团公司先进水平。3、4号机组分别荣获

2016年度全国火电600MW级超临界湿冷机组二、三等奖，3号机组获得2016年度电力可靠性优胜机组。

【科技创新】 2017年，乌沙山发电公司通过强化科技创新顶层设计，全年科技成果、优秀论文、专利发明和标准化贡献等获市级以上各类奖项59项次，发表科技及管理论文39篇，其中《大型火电机组深度调峰运行优化及控制研究》获得全国电力职工技术成果一等奖。

【党建工作】 6月30日，乌沙山发电公司举行庆祝中国共产党成立96周年大会暨"红色诗歌话英雄，大唐精神铸铁军"诗歌朗诵会。回顾红色历史、表彰先进、重温入党誓词、开展红色经典诵读系列活动，突出"红色"主题，传承"红色"基因，表达对中共忠诚和热爱之情，体现了广大党员坚定理想信念，瞄准目标认清形势，向先进看齐，立足岗位争做大唐精神践行者的决心。

浙台(象山石浦)经贸合作

【概况】 2017年，浙台(象山石浦)经贸合作区紧抓海洋经济发展和两岸经贸合作两条主线，以"两岸渔业合作、口岸开放、对台贸易"为三大中心任务，拓展县经济社会发展新空间。2017年度，浙台经贸合作区所辖区域两镇两乡(石浦镇、鹤浦镇、高塘岛乡、晓塘乡)共完成固定资产投资38.2亿元，实际引进县外国内资金108693万元，实际利用外资及港澳台资金1187万美元，对外及对港澳台贸易进出口总额20.15亿元，其中出口19.24亿元，另宁波象保合作区完成固定资产投资5.8亿元，实现税收收入11148.88万元。

【多方建设海峡两岸石斑鱼养殖基地项目】 为整合资源合力推进项目建设，2017年10月24日，浙台经贸合作区管委会与中国供销集团(宁波)海洋经济发展有限公司、上海甬聚拓容资产管理有限公司签订三方战略合作框架协议，共同成立运作"宁波海峡两岸海洋文旅特色小镇发展有限公司"(暂名)作为项目运营管理公司，公司拟注册资金人民币5亿元。

【国际水产冷链物流基地一期竣工】 国际水产冷链物流基地位于鹤浦镇盘基塘，总投资12亿元，占地面积约43.4公顷，着力打造一个集远洋渔业、水产交易、保税仓储、加工贸易、物流配送为一体的国际水产冷链物流基地。2017年10月20日，国际水产冷链物流基地一期竣工投产。1号冷库和4000平方米的海洋生物加工厂生产运行。

【保障象保区建设要素资源】 新桥盐场326.67公顷和旦门盐场125.33公顷土地交付使用。迁移坟墓300多座，电力、电信、移动、联通等地面公用设施迁移，盐场场部人员、盐民、养殖户等各类政策处理对象得到妥善处置。区块内鱼得水公司、鑫亿水产、海洋大学基地、东盛水产公司、象山水产技术推广站等企业征迁补偿工作以及兢业育苗厂、海宝宝公司资产评估工作完成。东湾村移村签约率达100%并完成村民村庄腾空和旧房拆除工作，为东湾山矿山开采报批和旦门盐场开发建设提供了保障。

【石浦港区新港码头第四次临时开放】 2017年8月7日，经国家交通部批复同意石浦新港码头第四次临时开放(交海批〔2017〕28号)，进出期限延长至2018年2月。大吨位(8000吨)新造出口船舶直接在石浦口岸查验出境交接。

【石浦港口贸易发展】 2017年，石浦口岸完成进出口贸易额2712.1万美元，吞吐量5841.7吨，同比增长14.4%。其中，域内水产品企业出口到韩国的活水鱼55个航次，吞吐量约1625.3吨，贸易额为1083.1万美元，与2016年基本持平；对台小额贸易进出口40个航次，吞吐量约4216.4吨，贸易额约1629万美元，同比增长54.6%。此外，出口新加坡的对外及对港澳台贸易船舶1艘，吞吐量约2000吨，货值830万美元。

【签订水产品战略合作协议】 2017年2月14日，与加拿大新穗华集团签订了水产品战略合作协议，拟在水产冷链物流和水产高科技领域开展合作，未来将进口100万吨以上加拿大水产品落户石浦打鼓峙基地。

【签订北欧(中国)陆上渔业养殖项目投资合作协议】 2017年6月9日，在第十九届中国浙江投资贸易洽谈会重大外资及港澳台资金项目签约仪式上，与ONO控股有限公司签订了北欧(中国)陆上渔业养殖项目投资合作协议。北欧(中国)陆上渔业养殖项目拟选址高塘岛乡珠门区块，规划用地6.67余公顷，计划总投资6000万欧元，其中注册资金2000万欧元，专业从事大西洋三文鱼及鲑鱼的养殖，涵盖孵化到生长、宰杀和初加工的全过程。完成了名称预核准(宁波诺迪克水产有限公司)。

【宁波(中国)水产城项目落户打鼓峙】 宁波(中国)水产城项目拟落户石浦镇打鼓峙岛区块，总投资50亿元，规划总面积约266.67公顷，致力于打造全国有影响力的、长三角规模最大的水产品交易中心、冷链中心和贸易中心。线上电子交易商城运营公司"宁波东海兴业水产电子商务有限公司"于2017年8月完成注册，注册资本3000万元，上线试运行，并成立一个专门的工作组入驻石浦新港码头，与浙台经贸合作区管委会协同办公，负责筹建中国水产城的平台供应端——集货分拣中心。该中心主要负责原产地水产品集聚、质检、分拣和流通，是中国水产城电子交易商城线下实体和流通集散基地，该分拣中心在石浦新港码头进行试运行。同时，组建了一支海上接渔队，租用了三艘运板船(1万箱、5000箱、3000箱各一艘)，机动穿行于渔船和码头之间，有效解决了"有鱼无市场，有市场无鱼"痛点。为加快水产城的改制重组，县政府专门成立水产城重组改制领导小组，水产城改制的框架协议成型。打鼓峙岛内政策处理工作基本完成，与3家船厂签订了整体资产收购协议，编制完成了整岛开发概念性规划和产业发展规划。

(梅雨嫣)

象保合作区

【概况】 2017年是象保区开发建设的第四个年头，也是区域攻坚克难谋发展、迎难而上求突破的关键一年。一年内，在区县党委政府的关心支持和全区干部职工共同努力下，区域发展取得了阶段性成效，发展定位提升，市第十三次党代会将航天智慧科技城定位为全市重大创新平台和全市三大科技城之一，市政府2018年政府工作报告中要求航天智慧科技城作为全市重要创新平台，要求加快推进；宁波市政府与航天科工集团合作共建宁波国家级云制造示范基地协议正式签订，计划首批落户的航天云网、深圳工研院宁波项目实质性启动；首家自建厂房的航天楷源生物项目正式落户和开工建设；邻里中心一期、再生水厂一期项目基本竣工，生产力中心建设顺利推进，全年完成固定资产投资8.9亿元；旦门盐场土地顺利交付，东湾村如期迁移；“大脚板走一线、小分队破难题”活动深入开展，综合保税区审批部委会审过半，市委支持航天智慧科技城发展意见文稿市委、市政府主要领导批示，正征求相关单位意见；创建文明机关，经综合考核评定，象保区管委会被评为保税区管委会文明机关创建达标单位。

【招商引资】 税源招商初显成效，累计引进各类企业486个，注册资本136亿元，累计实现财政收入5亿元；其中2017年新引进企业286家，注册资本67亿元，实现财政收入1.14亿元。航天科技城建设有限公司引进税源型项目12家，注册资本17.2亿元。通过兴富资本以商引商，引进股权投资等项目136个，注册资本42亿元，投资金融类企业纳税800万元，年内2月又缴纳3000万元。

全面拓展实体招商。2017年全年新引进落户实业型项目3家。其中楷源生物项目于2017年11月正式开工，项目首期投资5.3亿元人民币，占地7.67公顷，建成10条年产万吨高谷维素稻米油生产线，并计划逐步扩产至200条生产线，总投资将超过50亿元。恒胜电器、以默机电等2个项目在周边选择厂房生产，待区内标准厂房建成后回迁。航天云网、航天深圳工研院宁波项目等云制造线上、线下项目正在办理落户手续，在区县的支持下，在宁波进口中心、保税区港航大厦、百度云数据中心、市人才公寓等地确定办公生活用房，着力解决企业入驻前的保障问题。总投资30亿元的中川影视、总投资7亿元的北京银寰影像制作、北大科技园宁波分园、台湾交通大学校友会微电子研究院等项目基本确定落户意向。此外，还有总投资200亿元的重型火箭总装基地项目、总投资20亿元的商用航天发射项目等一批重大项目在谈。

【工程建设】 启动区基础设施建设全面展开，启动区场平工程（总开采方量550万方）完工，总投资11.1亿元的市政设施项目同步建设，总投资9.7亿元的高速连接线项目年内底交付使用。

生产生活设施逐步完善，总投资6亿元、建筑面积16万平方米的邻里中心一期项目基本建成，其中首期办公生活用房年内4月中旬交付使用。总投资6.3亿元、建筑面积15万平方米的生产力中心项目在建，其中标准厂房下月结顶。

生态环保设施同步推进，日处理污水2万吨的再生水厂基本建成，即将投入使用；太阳能分布式电站总投资13.5亿元，根据建设进度分批建设，逐步实现屋顶全覆盖，将提供园区总用电量的20%。

【要素资源保障】 区内原新桥盐场、旦门盐场土地征迁、政策处理基本完成，主要地块交付使用，可用面积5.2平方公里（515.8公顷）。区内东湾村征迁和移村工作如期完成。东湾山采石审批按先易后难方式分批推进，首期不涉及国家二级林地审批区域由县审批，开采方量为1030万立方米，可满足近期开发建设需要；对涉及的国家二级公益林地、限制建设区将分别上报林业部、省国土资源厅审批。

（张　夏）

金　融

综　述

【概况】 截至2017年年末，全县共有银行业金融机构22家，网点156个，银行从业者2449名，自助银行181家，ATM机234台，存取款一体机316台。本外币存款余额为538.62亿元，比年初增加13.65亿元，同比增长2.60%；本外币贷款余额为723.74亿元，比年初增加53.65亿元，同比增长8.01%。据初步统计，2017年年末全县银行业中小微企业贷款余额302.08 亿元，比年初增加26.32亿元，涉农贷款余额357.20亿元，比年初减少9.17亿元。2017年年末全县不良贷款余额为14.81亿元，比年初增加1.18亿元，不良贷款率为2.05%，比年初上升0.01个百分点。

【监管职能】 2017年，宁波银监局象山办事处在上级部门的领导下，在县委、县政府的正确指导下，以推动象山银行业稳健发展为工作重心，履行办事处各项工作部署，密切配合政府部门防范化解区域金融风险，各项工作有序开展。

着力防范化解金融风险，维护区域金融稳定。配合县委、县政府开展“整治恶意逃废银行债务专项行动”，汇总辖区银行报送的逃废债线索，并向县政法委反馈相关情况；参加逃废债线索分析会，推动银行与公安“面对面”对接。开展互联网金融风险专项整治，打击非法金融活动。由县整治办牵头，对辖区互联网金融企业进行两轮次现场核查，配合开展中共十九大前重点互金企业排查筛查，对存在风险苗头的互联网金融企业进行约谈。参加困企帮扶协调。年内参加县政府牵头组织的困企帮扶协调会4次。配合市银监局指导组建天安集团债权人委员会。配合公安部门开展第五轮金融安全评估，对辖内全部网点开展金融安全评估，覆盖面100%。

提升监管服务，提升监管履职水平。按照“最多跑一趟”的精神办理行政许可初审事项。全年共办结行政许可初审事项20余项，其中有10家银行机构主要负责人发生变动。象山国民村镇银行墙头、泗洲头分理处顺利开业；浙商银行进驻象山开设象山支行，恒丰银行象山支行筹建工作顺利进行。完成政协提案的主办工作。年内承办2件政协提案，按照办件要求与提案委员进行面商，就相关监管规定进行解释说明，最终达到政协委员的满意。加强金融消费者合法权益保护。全年办事处共处理投诉事件47起，其中处理上门、来电来函投诉33起，通过象山“民生回应”平台处理投诉事项14起，投诉事项基本得到妥善处理。配合地方政府开展相关工作，完成年度“银行业服务满意度测评”工作，加强与县金融办，人民银行县支行等金融主管单位的合作。

（余艳萍）

政策性银行

【中国农业发展银行县支行】 中国农业发展银行县支行下辖1个营业部，共17名员工。该行深入贯彻习近平新时代中国特色社会主义思想和中共十九大精神，突出支农重点、在服务“三农”和区域经济建设中实现可发展。至2017年末，各项贷款余额215755万元，创建行巅峰。其中：政策性贷款209037万元，自营性贷款6718万元；各项存款62477万元；利润3196万元，实现规模、质量、效益三者的协调发展。该行以服务“三农”为根本宗旨，实施乡村振兴战略，开启美丽乡村建设征程。深入实施“五水共治”“三改一拆”和“四边三化”一系列重大措施，发挥支农骨干作用，在支持农村基础设施建设方面贡献重要力量，履行农业政策性支农职责，统筹城乡一体化发展。稳定粮食市场，确保县粮食安全，做好收购资金供应，完成县地方储备粮扩容增储工作。围绕县政府项目建设规划，培育高端客户，加大对土地整治和高标准农田建设，棚户区改造等“三农”领域信贷支持，开创农业政策性金融工作新局面。2017年支持县政府项目2个，全年累计发放中长期贷款33800万元，其中县棚户区投资开发有限公司30000万元，县粮食收储有限公司3800万元，发挥“稳增长、促改革、调结构、惠民生”中的重要作用。支持地方政府消化债务，减轻政府负担。采用定向承销的方式对政府债券予以置换，收回中长期贷款1475万元。面对复杂的经济形势，结合监管改善和企业诉求，助力实施乡村振兴战略，扶持推动县农村金融发展，实现服务“三农”新发展、新跨越。

【中国工商银行县支行】 中国工商银行县支行下辖一个营业部，6家网点，共有员工193人，集中分布在中心城区、石浦镇两地。2017年年末，本外币各项存款余额67.84亿元，贷款余额93.86亿元，实现拨备后利润2.05亿元，五级分类不良贷款占比0.39%。面对复杂多变的经营环境和日趋激烈的竞争形势，该行贯彻工行总行转型决策部署及上级分行“领先发展”工作要求，着力拓市场、稳质量、调结构、抓改革、转作风，取得了良好的经营业绩。

2017年，该行贯彻落实县委、县政

府有关经济金融重大决策，全力助推区域经济大发展，主动承担起工行作为大行的责任和义务，与困难企业共渡难关，做到不首先压贷、不首先抽贷，做好转贷工作，为维护县金融稳定保驾护航。截至2017年年末，本外币贷款总额93.86亿元，比年初增加4.05亿元。2017年，该行一如既往帮扶中小微企业解决融资难题，以分行下放500万元抵质押项下的小微企业审批权限为依托，立足实体经济，拓展小微客户。同时推动民生领域建设，重点推动中医院迁建工程、汽车东站工程、学校迁建工程、五水共治等项目。

【中国建设银行象山支行】 中国建设银行县支行下辖6个营业网点、16家离行式自助银行，共有员工130人。2017年，建设银行象山支行在各主管部门和上级行的正确指导下，贯彻落实宏观经济政策和监管要求，实现本外币一般性存款余额42.75亿元，各项贷款余额62.71亿元，整体业务经营和管理工作稳健发展。

2017年，该行立足区域和支行实际，在实现自身业务发展的同时，主动承担起大行的责任和义务，为助推县域经济发展做出一定贡献。对接政府相关部门，着力支持县域重点项目，包括"三路一桥"PPP项目、71省道改建PPP项目、浙江广电象山影视基地一、二期项目、半边山旅游项目、宁波象保再生水厂等。优化信贷结构，全力以赴拓展高新技术企业等工业企业，完成拟上市公司宁波锦浪新能源科技股份有限公司的6000万元授信工作等。扶持小微企业发展，在当前信贷资源有限的困境下，向上级行争取信贷规模，并推出"网银循环贷""云税贷""小微快贷"等小额贷款产品，云税贷于2017年11月25日上线，截至2017年年末，建设银行象山支行为35户小微企业提供授信，授信金额2813万元，"秒批秒贷"贷款新品种获得了客户良好的口碑和赞誉。2017年，该行获全市先进保卫组织等荣誉。

【中国农业银行县支行】 中国农业银行县支行下辖8个二级支行、1个营业部，12个离行式自助银行，共有员工242人。截至2017年年末，该行本外币各项存款余额51.09亿元，比年初减少6.88亿元；本外币各项贷款余额74.08亿元，比年初增加1.94亿元。

2017年，该行向上级行报批项目贷款6笔，共计金额16.22亿元，其中为象山重点光伏发电项目授信近2亿元；该行对接华翔集团等企业信贷需求，为县域部分企业新增贷款3亿元。为服务"中国制造2025"，推出了包括"简式贷""智动贷""银税通"在内的多个特色产品，全行小微企业贷款增长2.18亿元。该行强化"银医通""银校通"等系统营销和建设；台胞医院、西周卫生院、爵溪卫生院"银医通"项目成功上线。"智能机器先行"，按照分行部署推广ATM刷脸取款机，增强客户小额取现体验。自助银行立项上报四个，低效自助银行撤销一个。打通住房金融服务乡镇"最后一公里"，在西周地区首家设立公积金贷款延伸服务点。首家开展工商驻点代办服务，新增结算账户346个，同比增加51%。安保亮点突出，成为宁波农行系统内第二家、县金融机构第一家获评"宁波市治安安全五星单位"，全年无重大案件和安全生产事故。围绕服务实体经济、普惠金融等重点工作，加大宣传力度，在内外部各类媒介刊发报道60余篇。

【中国银行县支行】 中国银行县支行本级设立6个部门，下辖5个二级支行，共有员工150人。2017年，以"控风险、提效能、强管理、育人才"为工作主旨，实现人民币各项存款余额42.5亿元，人民币各项贷款余额64.5亿元，外币各项存款余额5206万美元，外币各项贷款余额2063万美元，整体业务经营和管理工作实现稳健发展。

象山中行以"承担社会责任，做当地最好的银行"为战略目标，以"三年规划"为重点，求存谋变，根据创新化、精细化、差异化的发展思路，将内控合规和经营效益作为两大抓手，推进"六大工程"建设，逐步形成具有竞争力的产品体系，完善企业治理机制。

2017年，该行助力"中国制造2025"，对高端制造业、海洋经济产业、涉农产业、高新科技产业、高端服务业等产业给予重点信贷支持。支持象山棚户区改造项目、航天PPP项目、浙江广电象山影视基地项目、中医院"智慧医疗"、国投水利等项目，助推县域经济发展。推动CCS业务，为对外及对港澳台贸易企业提供资金帮助，并提升客户持有外币期间的收益率；叙做内保外贷业务，解决境内企业境外子公司融资难的问题，有力支持县重点企业拓展海外业务；推出"税融易"和"租融易"，为众多中小微企业融资和担保提供实实在在帮助。推进渠道建设转型升级，全年共有3家营业网点增设智能柜台，服务更为快捷方便。落实"普惠金融"政策，开展金融服务"四进"活动，向企业员工、军人、学生、居民普及金融基础知识，提高广大群众的金融知识能力，获得一致好评。

【中信银行县支行】 中信银行县支行成立于2013年3月，位于县新华路298号，内设行长室、综合管理部、公司业务部、零售业务部、营业部五个部门，外有离行式自助银行3家，全行共23名正式员工。

截至2017年年末，中信银行象山支行本外币各项存款余额121859万元，较年初基本持平，其中，对公存款余额101947万元，储蓄存款余额19913万元；本外币各项贷款余额255261万元，较年初减少12934万元，其中，对公贷款余额174979，零售贷款余额80282万元；不良贷款余额2663万元，不良贷款率1.04%。

2017年，中信银行象山支行以"工业强县""全域旅游"等经济新形势发展为依托，加大对县重点项目、重点工程的信贷投放，2017年全年对县大目湾经济开发总公司、象山现代物流园区开发有限公司、县旅游集团、县水务集团、象山石浦城市投资建设发展有限公司等一批重大项目实现信贷累计投放22亿元，对旅游、交通、物流、城市建设等众多领域进行了信贷支持，2017年该行助力县"全域旅游"经济发展，深入推广"全域旅游贷"，对重点景区开发建设、旅游星级酒店、优质旅行社、民宿等全域旅游产业链给予了一定规模的信贷支持，全年实现信贷累计投放6.6亿元；同时，继续支持中小微企业实体经济发展，围绕"中国制造2025"行动纲领要求，加大对高端制造业的信贷资源倾斜,全年为80家中小微企业提供授信,年累计投放16.5亿元;2017年,该行主动创新,拓展,加强对个人消费者资金需求的支持,创新推出了公积金信用贷、信秒贷、税金贷等个贷业务品种,并推广住房按揭贷款等个贷业务,全年共发放个人贷款904笔,年累计投放4.2亿元。

【光大银行县支行】 光大银行县支行成立于2010年10月,支行下设办公室、零售业务部、公司业务部、运营部;共有26名员工。2017年末,该行各项存款达15.95亿元,其中对公存款本外币余额13.75亿元;零售存款2.2亿元;12月末贷款达41.4亿元,其中公司贷款38.1亿元(公司贷款表外投放23.77亿元),零售贷款3.3亿元。在国家对金融市场监管严格的环境下,该行在防范信用风险、合规风险的前提下,深化与县重点基础设施项目、新型城镇化建设等符合国家产业政策投向的业务合作,同时也对2025制造业名单按规模开展分类,名单内的上市公司、上规模的企业行均给予政策审批绿色通道,针对名单内小型企业,行引进银保渠道与保险公司建立战略合作,开展额度1000万元向下的业务合作,业务流程简便,操作周期短切实缓解小企业融资难的局面。同时也加大围绕保障和改善民生所涉及的教育、医疗、养老、文化等服务业的支持力度,满足各行业合理信贷的需求。结合分行政策加大支持普惠金融发展,加大对小微企业和"三农"领域的金融创新和服务力度,在有效控制风险的前提下,全力支持中小微企业的发展。2017年支行荣获宁波市治安安全单位"三星"单位;2017年宁波市银行业金融机构假币收缴业务规范化活动中获得先进网点;2017年度宁波分行反洗钱劳动竞赛"支行管理优胜奖"一等奖。

【交通银行县支行】 交通银行县支行位于象山天安路162号,下设行长室、办公室、公司部、个金部、营运部,外设4家离行式自助银行,有正式员工31人。2017年,交通银行象山支行围绕总分行"三大任务、三大重点、三大目标",截至12月末,该行各项存款余额13.37亿元,各项贷款余额27亿元,不良贷款3419万元,不良率为1.26%。

2017年,该行立足象山区域经济,支持县域重点大项目、小微企业、涉农企业和民生项目,全力支持实体经济发展。2017年度中小企业贷款余额159938万元,占支行贷款总规模的58.98%;参与政府基金存款账户存放招标工作,对接工投集团资产收购项目、城投集团"美丽乡镇"、县防洪排涝工程政府购买服务项目和县开发经营经营公司教育提升项目。通过产品创新,通过股交中心渠道推出挂牌贷,切实有效降低企业融资成本和提高企业融资额度。

在2017年度,该行荣获象山支行金融机构综合考评B等次,荣获宁波分行会计营运综合考评优胜单位,该行员工何秀定荣获中国银行业文明规范服务"明星大堂经理"称号。

【民生银行县支行】 民生银行县支行下辖1个营业部,1个社区支行、1个小微支行、5个自助银行,有39名员工。2017年该行在县委、县政府及上级行的领导下,在相关部门的支持下,始终牢记金融服务地方发展的使命,2017年保持稳健良好的发展态势。截至2017年年末,各项存款年日均达12.5亿元;各项贷款余额28.5亿元;全年实现净利润5934万元。

2017年,该行受风险资本控制,资金面比较紧张,贷款额度有限,影响了对授信企业的投放,特别是水产加工企业渔货收购涉及渔民,除贷款外其他可用的金融产品不多,投放困难。为此该行运用"海洋渔业特色支行"之资源,对渔货收购环节进行调研,并向总行提交专门报告,创新计划采用水产渔业产业链商票包买业务模式,此项举措后续可解决水产加工的收购资金发放问题。支行深入当地渔民融资需求调研,并围绕客户需求开展金融服务方案定制,与总分行相关管理部门沟通和争取,在2017年12月取得与当地保险公司合作,该合作项目通过总行审批,并获批3000万元合作额度,以渔民渔货保单作质押,"随质随融",该项金融服务提升了渔民融资便利,加快资金周转,减轻了渔民利息负担。该合作项目在前期试行成功的基础上,行后续将加大该项业务的推广力度。该融资产品的推出,是民生银行象山支行为深入服务象山地区渔民普惠金融的又一创新、有效、引领型举措。

【民泰银行县支行】 民泰银行县支行地处丹东街道丹峰东路299~315号,设有行长室、综合部、营业部和3个业务部,在册员工共计30人。截至2017年年末,浙江民泰商业银行宁波象山支行各项存款余额28002万元,比年初减少2904万元,降低9.40%。各项贷款余额37942万元,比年初增加789万元,增幅2.12%,实现财政总收入2381万元,账面利润785万元。

自象山支行列入民泰银行的标杆支行,支行一直坚持以创新求发展的经营思路,履行模范支行带头作用,踏实走出了一条具有民泰特色,与村民融合的发展之路。支行围绕民泰银行总、分行确定的工作目标,通过信贷服务、企业文化建设、进村入户整村授信的全新发展模式,推进各项工作稳步发展。2017年,该行依托象山港海洋特色经济和块状特色产业经济等优势,以整村授信的批量化作业模式,拓宽"三农"基础客户群体,重点涉及养殖业、乡村休闲旅游、渔业等市场,推出渔多宝、民宿贷等多项创新贷款产品及贷记卡——薪乐卡,贷款及贷记卡累计发生额32153万元,惠及914个批量客户,切实满足农户金融需求。

【宁波东海银行县支行】 宁波东海银行县支行下辖1个营业部、5家支行,146名员工。2017年,该行围绕"双零"目标,拓展零售业务,继续提升运营管理水平,资产业务总量有所增长,风险资产逐步压缩、盘活,负债业务呈现走高后回落,零售业务继续保持增长态势。2017年度获"金融风险防控先进奖"。在县金融系统业务技能"付费通杯"大赛中获团体第五名、个人全能第五名好成绩;在安全评估验收工作中,以总分99.84分的成绩列本地23家金融机构之首。截至2017年年末,存款余额100827万元,比年初减少4285万元,减少4.08%。2017年日均存款115364万元,比基数增加8152万元,增长7.6%，完成全年考核指标的50.95%。贷款余额107036万元，比年初减少18574万元，下降14.79%。其中：抵质押贷款24848万元，比年初减少6936万元；保证贷款82167万元，比年初减少11659万元；信用贷款余额20万元，与年初持平。结构化融资敞口余额达30800万元，比年初增加了22800万元，增长285%。逾期（含欠息）贷款余额3307万元，比年初减少2653万元；逾期（含欠息）90天以上贷款余额2256万元，比年初减少3114万元，全面完成了"双零"工作目标。开展与中国人民财产保险股份有限公司开展合作的"福险通"业务，推动上线"渔业准造证融资业务"，完成对辖内3家合作担保公司、船福贷、渔易贷的续授信的授信及政府国有背景担保公司再担保合作协议签订业务。2017年以来，审批发放具有现金流的国有企业客户贷款9笔，金额2.45亿元；审批发放具有现金流的国有企业客户结构化融资5笔，金额2.63亿元；对接2笔国有企业授信，拟授信总额0.85亿元。

【宁波银行县支行】 2017年，宁波银行县支行下辖营业部1个、二级网点5个，区域辐射丹城、石浦、西周、东陈，贤庠，共有150多名员工。营业部内设8个部门：行长室、综合部、业务管理部、公司业务部、交易银行部、零售公司部、个人银行部、运营部。截至2017年12月，宁波银行股份有限公司象山支行存款余额达到35.5亿元，比年初增加3.1亿元，贷款余额达到31.3亿元，比年初减少2.6亿元。该行深化多元化利润中心建设，探索综合化经营模式，建立多元化的盈利渠道，打造出公司银行、个人银行、零售公司、金融市场、资产管理、资产托管、投资银行、信用卡等利润中心。同时完善全流程风险管理体系，实施授信业务名单制，将风险关口前移，将风险成本降至最低。另外，面对金融科技的浪潮，通过技术创新、服务创新和产品创新，打造金融科技核心竞争力。2017年贤庠支行智能网点试点见成效。该行坚守"诚信敬业、合规高效、融合创新"的理念，为客户提供最优质服务，2017年被评为A级外汇指定银行。

【平安银行县支行】 平安银行象山支行是平安银行股份有限公司宁波分行驻象山的一级支行机构，前身为深圳发展银行股份有限公司宁波象山支行，2009年9月开始筹备，2009年12月17日正式挂牌成立，于2012年8月27日正式更名为平安银行股份有限公司宁波象山支行。该行现有员工23人，营业网点1个，24小时自助设备银行一个。网点设行长室、公司部、零售部、运营部、小微部、风险管理部和综合室。该行以国家经济政策为导向，以贴近发展县实体经济为目标，围绕县重点开发项目和重大战略规划，开展各种创新手段为象山经济发展做出贡献，信贷资金全力服务"三农"经济和支持中小微企业，对县支柱和新兴产业，如旅游业、影视业、水产业及各个乡镇实体经济体给予信贷政策倾斜。该行根据县海洋性经济特色，结合总行优秀金融供应链系统，研发鱼粉抵押、水产品货押等金融创新产品，成为象山同行中首家开办鱼粉及水产品货押业务的机构。同时该行顺应网络金融的大趋势，凭借平安集团资源优势以及科技力量推进网络金融业务发展，发票贷、税金贷等基于网络大数据类信用产品稳步推出，为中小企业解决出口回款以及退税款审核周期国内资金周转问题。坚持"科技引领、零售突破、对公做精"的战略方针，以实现"一个客户、一个账户、多项服务、多个产品"为目标，为客户提供全方位的综合金融服务。"科技引领"，用互联网技术和思维改造业务和队伍，创新业务和服务模式，探索差异化经营；"零售突破"，创新SAT（社交化+移动化+远程化）智能化服务模式，打造丰富的金融和生活场景，推动零售高质量经营和服务，全面推进智能化零售银行转型；"对公做精"，以行业化为基础，坚持"商行+投行+投资"模式，精控规模、精耕客户、精控风险、精益效率，发挥资金同业的桥梁作用，通过强大的产品与交易能力，打造"三化两轻"的精品公司银行。该行自2016年开始全面向零售银行转型，全力打造智能化零售银行，推进精品公司银行双轻化。"金领通""薪易通"循环授信产品，以独特的创新性，为客户提供随借随还、按日计息的借贷体验。汽车金融加强渠道创新和服务创新，市场份额保持领先地位。作为零售转型的亮点之一，口袋银行APP4.0的整合上线，承载了零售业务的全产品及服务，并通过人工智能、大数据、生物识别技术等先进科技，为客户提供智能化、个性化的服务体验。

【浦发银行县支行】 浦发银行县支行现有营业网点两个，分别是象山支行和石浦小微支行，员工35名。该行坚持稳健的经营发展思路，创新发展模式，多渠道加大信贷投放，全力为地方经济增长提供金融支持，截至2017年年末，本外币各项存款余额81602万元，比年初减少55743万元。其中，个人存款余额18527万元，对公存款余额60973万元。本外币贷款余额为294062万元，比年初增加58929万元。其中对公贷款余额188671万元，比年初增加44424万元；个人贷款余额105391万元，比年初增加14505万元。公司业务方面，争取上级行信贷资金，及时化解不良贷款，真正实现企业融资需求满足、融资成本降低，银行存款增加、中收提高、不良率得到良好控制的银企双赢局面，全年新增6家1000万元以上授信客户。一是发放项目贷款5.5亿元，有力地支持了县里园区、养老等重点项目建设，带动中收与基础存款较快增长；二是发展融资租赁及国内证业务，达到增存款、提中收、消规模目标，全年完成2.95亿元，顺利地完成分行任务；三是全年完成票据直贴业务15000万元，完成大宗衍生品交易6500万元，直接带动中收50多万元，带动基础性存款1亿多；四是及时、快速把行两户大额不良贷款打包转让给外部资产管理公司，其中一笔1.7亿贷款9月底出现不良，10月即完成实际的打包转让工作。零售业务方面，继续利用浦发优势产品，为县个人客户提供最有效的金融解决方案。一是生产经营性贷款中的"房抵快贷"，多样性还款方式解决了在创业初期现金流有限，还款来源不足的难题；二是网络贷款"浦银点贷"系列产品准入客群更加多元化，除了原有的他行按揭和诺诺发票贷客群，2017年新推出点贷优质企业主动授信业务，真正实现信用贷款在网上银行、手机银行、微信银行上自助申，全程在线，足不出户，一点即贷;三是信用卡业务,“玩转商圈”和“礼券银行”成为知名品牌;四是做大“靠浦E投”,利用总行的互联网投融资平台,发布融资项目信息42次,融到资金1857.49万元,丰富了小微企业的小额融资渠道;五是利用“普惠存”“存贷易”“月月付息大额存款”等产品提高存款客户的利息收益;六是利用“消贷易”“融资易”产品,使生产经营性贷款和消费贷款真正做到随借随还,大大降低贷款客户利息支出。

【上海银行县支行】 上海银行县支行有网点1家,员工24名。2017年,该行有效应对外部经营形势变化,深入推进“精品银行”战略,推动业务转型发展。各项业务保持稳健发展,截至2017年末,人民币各项存款余额117593万元,比年初新增1442万元,增幅2.27%。人民币各项贷款余额385731万元,比年初新增164279万元,增幅74.18%。资产质量向好,不良贷款余额3069万元,比年初减少2341万元,不良率0.79%,比年初下降 1.65 %,实现了“双降”。2017年,该行围绕核心客户、核心业务“双核”提升,深耕存量客户,对公贷款规模再上新台阶。深化网点零售化转型,获客能力明显提升。加强信贷风险防范,加快不良处置。加强内部管理,全面提高竞争力。同时主动履行社会责任,开展党员示范岗、扶贫帮困等系列活动,分别到西周官山村、大徐居家养老中心进行慰问。2018年,该行将主动对接全行发展战略和年度重点工作,加快发展,推进转型,推动新三年发展规划。

【台州银行县支行】 2月10日,台州银行宁波象山支行正式对外营业,设有业务拓展部、小额信贷部、前台业务部3个部门,共有员工19名。该行自开业以来始终秉持“社区银行”商业模式,坚持“服务地方经济、服务小微客户、服务‘三农’客户”的市场定位,以整村授信的批量化作业模式,为海产品养殖、渔船捕捞、农行种植业等农业经营户提供便捷的金融服务,深入企业,为模具制造等中国制造2025提供有力的信贷支持。以行业专业化经营为特色,兴农卡、信用易贷等业务在市场中初步树立起良好的品牌形象。截至2017年年末,各项存款余额4144万元,各项贷款余额8211万元,不良贷款余额为25万元,开发主推村居15个,举办整体授信活动27场,发放授信牌5个,授信金额达5700万元。

【象山国民村镇银行】 截至2017年末,象山国民村镇银行各项存款余额224278.63万元,比年初减少28515.5万元,其中对公存款82945.18万元,比年初减少27834.68万元;储蓄存款141333.45万元,比年初减少680.81万元;各项贷款余额197994.66万元,比年初增加6837.23万元,其中对公贷款45701.33万元,比年初增加320.64万元,个人贷款152293.33万元,比年初增加6516.59万元,在全行贷款中,涉农贷款余额187255.93万元,占比94.58%。

业务创新方面。该行在信贷投放中重点倾向“三农”,创新“易农贷”产品;开发了“保险公司+农户”贷款、推广“国民信用贷”,有效拓宽农户融资渠道;针对石浦、鹤浦等县域传统渔业重镇推出了“海鲜质押贷款”,有效缓解企业季节性远洋捕捞和海产品收购的资金需求;加大与县民个私协会全面合作,在6个分会建立银企俱乐部;与宁波启鑫新能源公司联合推出“绿能贷”产品,助推绿色信贷发展。企业文化方面。该行与县慈善总会延续慈善冠名基金,将留本金额增至1500万元,每年继续捐赠到账50万元,定向用于慈善济困项目。不定期走访联系乡镇、联系村,开展访贫问苦,深入鹤浦、高塘等海岛地区开展结对帮扶,累计开展公益捐赠达200万元,获得县最具爱心企业奖、第三届县慈善奖机构奖等荣誉。参加鄞州银行组织的合规文化节,组织员工开展合规考试,培育合规文化,让合规文化深入人心。行工会组织参加2017年鄞州银行“蜜蜂杯”歌舞大赛喜获一等奖。取得成绩方面。先后荣获县银行业金融机构综合评价A类行、中国地方金融2016年度十佳支持三农银行,这是象山国民摘取的第三块全国性荣誉奖牌,在此之前,象山国民村镇银行分别荣获过全国十佳村镇银行和十佳成长性银行。

【象山中银富登村镇银行】 2013年9月18日开业,并且于2015年2月1日、2015年12月31日各在丹东街道、石浦镇开设支行,在编员工60人。截至2017年年末,各项存款余额1.60亿元,各项贷款余额4.14亿元,开户数17348户。2017年的营业收入为2088万元。为更好地服务基层,服务社区,该行进行了转型升级,根据象山当地实际情况,自主研发产品,因地制宜地设计出接地气的金融产品。与此同时,客户经理响应“千名客户经理进万家企业”的号召,走访了1000多家小微企业,为客户群体的建立和品牌的宣传付出了巨大的努力。具体做法是:抓住中小企业的需求,发挥行的产品优势。象山中银富登村镇银行成功在推出续贷保贷款产品,向符合条件的中小企业提供快速贷款,享受一年到期后不还本即可自动续贷的优惠政策。为辖区内中小微企业提供融资“快车道”,续接发展“生命链”。瞄准市场,开拓适合当地新产品。该行“三农”金融部全体在服务好县域微小企业及个体工商户的同时,开拓创新,在总部支持下,推出了适合水产养殖户的欣农贷(水产养殖)产品,与当地乡镇政府有关部门对接后,开展了数十场大型的产品推荐会,受到广大养殖户的欢迎,经过一年多的努力,累计成功发放信贷资金10436多万元,并有后续800多万元信贷资金在继续发放中。结合欣农贷产品成功推出的经验,该行又在开拓适合于海洋捕捞的渔船抵押贷款产品,于2015年3月推出,截至2017年年底放款254笔共计7464余万元。关注社区,发掘个人金融服务新群体。象山中银富登村镇银行秉承行总部的品牌定位,服务于行周边的社区百姓,服务理念:没有VIP的客户,只有VIP的服务。在产品服务上,该行能满足当地金融机构服务相对空缺的客户群体,推出了兴家贷,二手房安居贷,该行的还有一个特点是给客户提供简单、更方便、更安全的金融服务。在资料完备的条件下,最快2个工作日内可获得审批。另外“信用贷”产品凭个人客户良好的信用记录提供的无抵押无担保的贷款,可用于个人投资创业、大额消费、装修等用途。

【县农村信用合作联社】　截至2017年末，县农村信用合作联社各项存款135.19亿元，比年初新增16.31亿元，增长13.72%。各项贷款93.99亿元，比年初新增4.22亿元，增长4.71%。五级不良贷款余额2.78亿元，五级不良率2.96%。实现各项业务收入8.54亿元，比上年增长9.27%，实现账面利润1.81亿元，比上年增长4.65%，上缴国家税收5918万元。2017年象山农信联社以普惠金融五年提升工程为抓手，稳固与政府及部门的合作基础。年内开展及下步即将开展的合作业务达到23项，包括推出智慧校园、智慧医疗、智慧旅游、智慧停车、智慧菜场、智慧养老等智慧系列项目；开通非税缴费柜面通业务；开办公务员代发工资业务，覆盖全县除石浦外的17个乡镇；上线运行国土使用权网上交易保证金管理系统；全面代理工商营业执照代理业务；与乡镇政府合作村级授信业务模式做法先后被县委常委干维岳、副市长卞吉安批示肯定；与象山拆迁事务所和棚改公司合作，参与棚改资金代理工作，取得象山第四期棚改资金代理行资格；全面代理新生婴儿及未开卡者社保卡直接窗口发放等。在基础管理方面，一是加强补短板工作，以"比学赶超年"活动为抓手，找准电子银行、不良贷款、内部管理三大主要"短板"，通过行社交流学习、制度完善、短板PK等各种方式，营造良好的互学互进氛围；二是加强信访基础管理，以"金融护航十九大"为契机，加强金融维稳，开展信访积案排查化解行动，发挥主任接待日、主任热线电话及网络新闻发言人三大机制作用；三是加强安全生产管理，以第五轮"安全评估年"为契机，落实GA38新标准，强化人防、物防、技防建设，实现了"双录"设备的网点全覆盖；四是加强会计规范管理，以会计基础等级管理为抓手，提升会计管理水平，切实有效防范会计操作风险。在内部管理方面，一是完善合规制度体系，梳理各类制度710个，完善各部门职责及组织架构，落实各条线重新制定相应的人员岗位职责，对信贷机制重新梳理、评估和改造；二是推进新的风险经理管理模式，增强风险经理履职实践，落地风险经理的业务操作流程、管理和考核；三是修订完善各条线薪酬考核体系，提高合规绩效考核与管理人员挂钩比例；四是推动合规文化氛围，出台"触红线"管理办法、员工行为十条禁令，完善员工行为动态管理，开展合规讲堂，编印合规读本，整理信贷问题100例，打造违规问题库，举办了合规知识考试。在队伍建设方面，一是注重干部队伍考核，修订干部管理办法，推进干部能上能下机制建设；二是注重干部监督管理，借助审计管理系统、反洗钱平台、个人征信、法院系统、市场监督局等外部途径及谈心谈话等各种方式重点关注干部员工社交、收入异常、员工涉诉、涉商及与客户非正常资金往来现象；三是注重党性修养教育，通过开展中共十九大报告学习、邀请全国道德模范、当代雷锋孙茂芳宣讲等方式加强党建学习活动，筑牢党员和干部思想根基。

【招行银行县支行】　招行银行县支行成立于2010年5月，2015年起实行事业部制管理，下设公司金融客户部、零售银行部、零售信贷部和运营部，共有1家网点、1家在行式自助银行和35名员工。靠"因您而变"的服务信念，招行金融服务口碑得到众多用户的认可。抓住客户的需求，全力打造专业化服务，建立银行零售客户的分层服务体系，行意识到服务需要一套相辅相成的体系，将"因您而变"的理论注入血液，在服务理念、服务创新、服务方式、服务管理等方面打造全流程的客户服务体验，并促进整体服务的螺旋式修复和发展。

2017年，该行信贷资源向辖内中国制造2025、绿色经济、旅游经济和"三农"政府倾斜，投入信贷规模占总量的75%，有效帮助解决辖内中小企业和"三农"企业融资难问题，扶持辖区内"中国制造2025"、绿色经济、旅游经济和"三农"政府倾斜，从而促进辖区内经济健康平稳发展；同时该行贷款支持特色产业、绿色产业、重点项目等战略新兴产业，以促进象山经济结构调整和产业转型升级。截至2017年年末，该行信贷余额为205730万元，同比新增35044万元。

【浙江泰隆商业银行县支行】　2017年，是浙江泰隆商业银行县支行成立的第三年，在2015年支行落地开局、2016年稳步经营的基础上，泰隆银行社区化经营工作推进、各项业务指标完成情况良好、队伍建设与柜面运营服务能力提升等方面取得了一定的成绩。象山支行设置营业部及3个业务团队，共有员工31名。

截至2017年年末，该行各项存款余额55085万元，比年初增长39167万元，其中个人存款12367万元，比年初增长6383万元。各项贷款余额27424万元，比年初增长2519万元。2017年，该行因地制宜、实事求是，实行了支行子社区推进2.0版本的"AB双子社区"制，有效提高了支行社区化经营的效率。根据变化的外部竞争形势，确定高塘岛乡综合社区版块作为随贷通"存贷卡"的主推试点综合社区，取得了初步的成效。

2017年，该行获评"中国银行业文明规范服务四星级营业网点"称号；荣获2017年度县金融风险防控先进单位、2017年度县金融系统信息工作先进单位。同时泰隆银行象山支行副行长徐荣被宁波市人民银行中心支行评为"全国硬币自循环试点工作先进个人"荣誉称号；行政综合岗钱洋被宁波市公安局评为"2017年度安全保卫工作先进个人"。

【浙商银行县支行】　浙商银行县支行于2017年6月26日正式开业，内设行长室、综合管理部、风险管理部、公司业务一部、小企业业务一部、个人银行部和营业部，共有25名员工。截至2017年12月，各项存款余额1.4亿元，各项贷款余额3.4亿元，不良贷款及不良率为0，全年安全无事故。该行开业后围绕发展定位，拓展各项业务，公私联动，利用公司条线授信棚改项目的契机，落实拆迁户的拆迁款发放工作，做大做强小企业贷款业务，发挥行小企业产品体系丰富、运用灵活、审批效率高等优势在当地打响品牌知名度。截至12月31日支行公司存款0.4亿元，个人存款余额1亿元，个人贷款余额1.6亿元，对公贷款1.8亿元。该行以提高服务能力为基点，注重客户关系管理，有效提升客户服务模式，提高核心竞争能力，努力实现以中小企业客户为主向大、中、小客户并重的客户结构转变。做好资产业务，做大负债业务，培育优质核心客户，加大对当地经济社会发展的支持力度。支行推进存款重点客户的开拓与维护，特别是与政府机关、乡镇街道、事业单位及村级合作社的联系，利用增利等优势产品加大、加快储蓄存款的营销，营销新落户项目。同时根据象山产业结构和特点，着重选择模具、汽配、水产、旅游等行业客户，加大资产规模建设。

【中国人寿保险股份有限公司县支公司】 2017年，象山县共有中国人寿、太保寿险、平安寿险等11家寿险经营机构，全县人身险总保费收入7.5亿元，增长32.3%。中国人寿保险股份有限公司县支公司实现股份总保费收入1.87亿元，继续保持行业主导地位。

2017年10月，公司向县人民教育基金会捐赠人民币8万元，主要用于帮助师生解决医疗方面的特殊困难、资助家庭困难学生完成学业及救助贫困教师、奖励优秀教师和学生等用途；2017年2月，公司连续十分余年为县"两会"提供高额保险保障；2017年8月，公司作为主要参与单位之一，参加由县金融办在县内城区主要群众集散地组织举办的"保险知识普及月"宣传活动，通过设置户外宣传台、摆放宣传海报、易拉宝、发放宣传折页、现场咨询等方式进行保险相关知识的宣传；2017年1月，公司联合县计生协会连续四年开展以困难计生家庭为重点对象的圆梦微心愿专项活动，更好地树立了中国人寿"国"字号品牌，夯实了企业服务民生的信念，践行了中国人寿"相知多年 值得托付"的庄严承诺。

2017年，公司以宁波创建国家保险创新综合试验区为契机，参与有关工作，贯彻落实县府办《关于推进对接宁波国家保险创新综合试验区重点改革项目实施方案的通知》精神和要求，重点围绕独生子女意外伤害及60周岁以上独生子女父母住院护理等独生子女家庭综合保险、80周岁以上高龄老人及低保困难老人意外性保险等产品的开发，以及医保个人账户历年结余购买商业健康保险及税优型商业健康保险等产品的推广，相继与县政府有关部门进行了对接。2007年以来，公司相继承办了新农合及城乡居民大病保险、城乡居民和城镇职工的大病特药保险；全县所有参保对象的基本医疗部分项目服务外包；全县所有参保对象的异地大额医疗费用核查；民政优抚对象和社救人员的医疗费用结报等业务。十年来，新农合工作得到了健康、快速发展，农村居民参合率提升，年度筹集资金和支付资金增长，参合农民的满意度实现95%以上。2017年，城乡居民基本医保经办人数达34万余人，较2016年新农合基本医保经办覆盖人群净增近5万人。2017年12月21日，县民政局主要领导携优抚、社救负责人到公司健康保险部所在的民政大厅送上锦旗，上书"政保合作、三方共赢"。

【中国人民人寿保险股份有限公司县支公司】 中国人民人寿包险股份有限公司县支公司成立于2010年，公司经营场所地址为县丹东街道丹阳路558号2-2104室(财富中心21楼)。中国人保寿险肩负"人民保险，服务人民"的光荣使命服务经济社会发展，保障人民品质生活，为客户提供意外、养老、重疾、理财等保险产品。树立"服务基层，服务销售，服务客户"的大服务理念，切实提升服务能力。强化基础性管理工作，为客户提供温馨愉悦的服务环境。2017年在总人力稳步增长的同时，公司全年实现新单规模保费2247.74万元。

【中国人寿财产保险股份有限公司象山支公司】 中国人寿财产保险股份有限公司县支公司主要经营机动车辆保险、企业(家庭)财产保险、责任保险、信用保险和保证保险、短期健康保险和意外伤害保险等。公司内设车险业务部、非车险业务部、互动业务部、综合管理部、客户服务中心，2017年有员工27名。

2017年，公司深入贯彻落实上级公司年度工作会议要求，坚持加快发展，坚持效益发展，坚持创新发展，坚持合规发展。全面从严治党，强化作风建设；夯实管理基础，强化精细管控；推进业务结构调整，立足改革创新，增强公司发展后劲。该公司按照上级党委的要求，重点做好以下工作：强信念、抓作风，落实全面从严治党。在保险创新领域，公司把握国家保险创新综合试验区落地的战略机遇，开展保险创新工作，巩固优势领域的发展成果，全年完成总保费收入3776.44万元。至12月底，公司获得保监局授予的宁波保险业"文明服务窗口"称号一次；总公司授予"创先争优先进基层党组织"称号二次。2014年，该公司被分公司授予"优秀客服中心""信息工作先进单位"和"反洗钱先进单位"称号；被象山县人民银行评为"平安金融"创建达标单位；连续保持总公司授予"三星级窗口服务网点"称号。

【 新华人寿保险股份有限公司象山支公司】 新华人寿象山支公司下辖营业部1家，外勤营业部2家，营业组15家，拥有内勤员工8人，续收专员3人，外勤人力122人，2017年实现期交保费1300万元，同比实现26%正增长，在新业务上占比宁波分公司30%份额，不管从保费数量上还是人力规模上，象山支公司全部领先全辖支公司。公司秉承着客户第一，服务至上的理念；做真保险，真做保险的经营哲学；围绕着活动经营，创新营销的思路，为象山的寿险市场发展助力！

【阳光人寿保险股份有限公司象山支公司】 截至2017年年末，公司机构设置为：象山支公司1个，内勤人员3人，综拓人员1人，外勤人员60人，持证率达到100%。公司2017年度总体保费收入为1366.91万元，团体保费0万元，个险保费收入为1366.91万元，个险新单保费收入为565.86万元，个险续期保费收入为801.04万元，2017年整体业务发展平稳。公司开展企业文化建设，规定新人进入公司必须要接受阳光礼仪和文化方面课程的培训。日常工作中也会在每日晨会要求所有员工齐唱公司司歌司训，通过日常工作渗透阳光文化。

【光大证券股份有限公司县象山港路证券营业部】 光大证券股份有限公司县象山港路证券营业部是光大证券股份有限公司下属的1个营业部，有24名员工。2017年年末，资产总额66亿元，净收入2568万元，合计交易量982亿元，净利润1457万元，在总公司一百多家营业部中排名第24位。

2017年象山营业部在PB业务发展方面取得了很大的提高，本年度引入私募1.97亿元，实现收入129.43万元；实现权益类基金产品1.1873亿元，固收类产品销售5.1115亿元，完成率分别170%和135%。营业部将加大对员工销售意识和能力的培养，使产品销售实现有效发展。

【浙商证券股份有限公司象山靖南大街证券营业部】 浙商证券股份有限公司象山靖南大街证券营业部成立于2010年2月，现有员工28位，其中经纪人7位。截至2017年12月，象山营业部经纪业务等资产规模达近18亿元(不包括限售股市值)。浙商证券象山营业部紧跟公司总部的步伐，开展综合投融资等创新业务，业务涉及融资融券业务、新三板业务、债券承揽业务、IB业务、期权业务、约定式购回业务、质押式回购业务、撮合投融资业务、代销各类理财产品等，均取得了一定的成绩。由浙商证券包装在新三板挂牌的企业有2家：启鑫新能、浙江钰烯，下一步将联合公司总部的投行力量辅导象山有潜力的企业挂牌上市。在未来的证券发展道路上，浙商证券象山营业部将实行传统经纪业务与创新业务两手抓而且两手都要硬的方针，与其他兄弟金融单位共同推进象山地区金融业的快速发展，打造具有浙商特色的财富增值服务商。

商 贸

国内商贸

【概况】 2017年,全县实现社会消费品零售总额191.2亿元,同比增长11.8%;实现商品销售总额526.9亿元,同比增长18%;商贸服务业增加值69.6亿元,同比增长11.3%,占全县GDP总量的13.95%,占第三产业的34.66%;全县商贸企业、经营户超过3.6万家,商贸服务业从业人员约占全县就业总人数的四分之一。

【培育消费新增长点】 开展书香半岛、文艺盛宴等系列月光经济专题活动,拉动消费。博浪海港城获评市级特色夜市街区,"风情·月夜"和"象山好声音"等活动获评市级月光经济品牌活动。举办2017象山购物节、车展、家电主题月等活动。创新举办第十五届象山海鲜美食节,首次发布动漫形象、美食地图,开展厨王争霸赛、冬季"象山十六碗"等系列活动,打响象山海鲜品牌。文化广场、一兆韦德等相继建成;奔驰、斯柯达等4S店落户开业;东海铭城、申怡广场、石浦申菱综合体等项目进入招商阶段,大贸五金机电市场正在建设中;石浦戴维广场、西周商业精品街等乡镇重点商贸项目建设进展顺利;城南市场等前期工作加快推进。

【保障民生工程】 投入100万元完成蓬莱菜场等4家省放心市场创建,投入780万元完成汪家河等5个菜市场改造提升工程。汪家河菜场水产场、大徐菜场改建工作有序推进。抓好市场内外环境卫生整治工作,试点成立汪家河菜场外围综合管理中队,开展城区主要菜市场外围综合整治工作。牵头推进中心菜场停车难整治工作。制订县新建菜篮子基地考核验收办法,规范菜篮子资金的使用。完成年度粮食安全责任制考核,出台《象山县粮食供给应急预案》。2017年签订订单粮食农户2975户,完成收购地产粮食3.02万吨。落实地方储备粮计划,完成储备粮轮换2.9万吨。推进军民融合式发展业务,本地产的"艾情"大米通过农村淘宝平台全年销量达1800吨。推进地方储备粮库工程,定塘粮库、石浦军粮站完工,西周粮库主体结顶,象山北粮库前期工程顺利推进。

【2017年春节市场供应情况】 春节前夕,县商务局调研商(市)场、超市、菜篮子基地等单位23家,指导企业广开货源渠道,增加蔬菜、粮油、肉蛋等居民生活必需品储备,确保市场货源供应充足。截至1月26日,各大超市货源存量较平时增长30%以上;中心菜市场落实蔬菜、水产可批发量较平时增长30%~50%;石油、燃料油存量充足,可应急保供2个月以上;落实耐储藏蔬菜2000吨,活体生猪3000头,成品米900吨,食用油150吨。落实专人对重点监测的商(市)场、超市的销售情况进行监测,随时掌握粮油、菜篮子商品和生产资料共3大类近50种主要商品的价格和供应变化情况,对大米、食用油、肉类等生活必需品市场价格和供应情况进行全天候监控。春节期间未出现价格异常波动现象。

【2017年春节期间县商贸消费情况】 春节期间,县消费市场运行井然有序,全县列入监测的24家重点商贸企业实现销售额6398万元,同比增长6%,其中东方商厦、新太百货、太平洋广场等3家主力百货商场实现销售额1330余万元,较去年同比增长10.8%,大润发、联华等2家大型超市实现营业额2900余万元。住餐消费走高,同学会、旅游团宴、家庭聚餐等成为节日餐饮消费市场主力,全县列入监测的11家餐饮企业实现营业额816万元,同比增长14.9%。城区商业综合广场人气爆棚,博浪海港城7天销售额1000余万元,日均吸引顾客20000余人次,华影国际影城和时代影院7天票房210万元,场均上座率超过50%。菜篮子商品供需两旺且储备充足,蔬菜、肉禽蛋、副食品、水产品价格总体平稳,野生宝蟹、解冻大白鳊等高档水产品价格分别为240~280元/公斤、320~380元/公斤,同比分别下降35%、5%。(附2017年春节黄金周统计监测的名单)

表32 2017年春节黄金周统计监测的名单表

序号	企业名称
1	三江购物俱乐部
2	象山家家福超市有限公司
3	石浦联华超市
4	宁波联合联华(丹南路)连锁店
5	象山美大百货
6	新太百货
7	现代家电
8	象山太平洋家电有限公司
9	苏宁电器有限公司象山天安店
10	象山大润发商业有限公司
11	宁波华翔汽车销售服务有限公司

续表32

序号	企业名称
12	雅戈尔服饰专卖店
13	象山养生堂药品连锁有限公司
14	象山龙宫酒店
15	海城3号
16	宁波象山港国际大酒店有限公司
17	黄金海岸大酒店
18	波松兰山海景大酒店有限公司
19	象山金纬大酒店
20	象山新东谷湖大酒店有限公司
21	象山荔港开元大酒店分公司
22	宁波石浦半岛酒店有公司
23	象山港海鲜美食城
24	港湾海洋酒店

【县商务局获2016年度省粮食收购工作先进单位】 2月20日,县商务局荣获2016年度省粮食收购工作先进单位。2016年以来,县商务局围绕保障粮食安全这个总目标,为切实解决农民在售粮期间劳动力紧缺、人力成本偏高、运输能力偏弱的实际困难,添置和配备了散装粮食运输车、输送机、除杂机、补仓机、地磅等设备,并在县中心粮库探索开展粮食收购"一站式"服务,对售粮大户采取上门验质、预约收购、增设临时收购点、延长服务时间、完善粮食烘干功能等便民服务措施。2016年帮助农户烘干潮粮5000余吨,发放预购定金63万元,贴息1.9万元,累计收购地产粮食31215吨,确保县地产粮食的高收购量。

【县荣获2016年度宁波市商贸民生发展奖金奖】 3月15日,县荣获2016年度宁波市商贸民生发展奖金奖。2016年,县商务局成功创建省放心菜市场2家,农村菜市场改造提升7家,创建市级菜篮子商品基地3家。2017年,成功创建省放心菜市场4家,农村菜市场改造提升5家,成功创建市级菜篮子商品基地4家。截至2017年年底,有市级菜篮子基地28家,市县两级菜篮子基地总产能同2016年提高7%。

表33　**历年来省放心菜市场创建名单表**

2014年	城东市场,蓬莱菜场
2015年	鹤浦菜场,爵溪菜场,石浦菜场
2016年	西周菜场,石浦新港菜场
2017年	蓬莱菜场,城东市场,汪家河蔬菜场,中心菜市场

【全县商贸流通工作会议召开】 4月1日,全县商贸流通工作会议于东谷湖度假酒店召开,会议总结2016年全县商贸流通工作,分析现阶段商贸流通业发展新形势新情况,研究部署工作任务。副县长华弼天出席会议并讲话。

会议指出,当前商贸经济发展面临新的挑战和机遇,县商贸流通行业正处于加速转型、提升发展的关键期,做好新形势新常态下的商贸流通工作,责任重大。要做好规划布局,坚持与规划部门形成联动,坚持城乡统筹发展,坚持错位发展原则,推动全县商贸流通行业实现提档升级。要准确把握市场消费热点,加强新型商贸业态培育,确保完成全年社零增长目标任务。要建立重点商贸项目信息库,强化实施类项目跟踪指导,全力推进项目工作进度。要坚定不移地推进创业创新,发展"互联网+"相关业态,加快推进"电商换市"步伐。要部署好食品安全和安全生产工作,做到措施到位、力度不减、责任上肩。要加强组织领导、政策扶持和队伍建设,形成合力,切实提升商贸发展氛围。

【西周粮食储备库工程顺利开工】 6月上旬,县重点工程西周粮食储备库正式开工动建。该粮库位于甬台温高速象山连接线西周镇莲花淡港大桥西南面,项目用地2.53公顷,建设库容1万吨,建筑面积6558平方米,其中包括3幢高大平房仓以及配套用房和附属设施,总投资4000万元。项目建成后将有效满足地方储备粮规模增加的需要,解决县储粮条件差、库容紧张的问题。

【宁波市粮食局局长任学军到象山调研粮食产业经济发展】 6月5日,宁波市粮食局局长任学军一行到象山调研粮食产业经济发展。县人民政府县长黄焕利、副县长华弼天、副县长卢飞、县商务局局长徐展群陪同调研座谈。上午,在华弼天副县长的陪同下,任学军局长一行先后深入县墙头中心粮库、宁波长江酿造有限公司、宁波团圆团食品有限公司进行实地调研,听取粮食收储公司、粮食加工企业的生产经营情况,与大家共商粮食产业经济发展大计,共谋企业发展良策。下午的座谈会由卢飞副县长主持。任学军局长首先听取了县粮食局徐展群局长汇报2016年粮食工作情况,并与县5家粮食企业负责人进行深入交流,了解县粮食企业经营情况、存在问题和困难,征求他们对粮食部门的意见和建议。

【落实4000吨早稻小麦订单】 6月10日,县商务局完成年内早稻小麦订单签订工作,共与30户市定种粮大户签订早稻订单3300吨,小麦订单700吨,早稻小麦订单总量与2016年持平。

【早稻小麦收购入库达6026吨】 2017年县订单早稻收购价为每50公斤133元,价外补贴23元,市定种粮大户和专业合作社(承包面积1.33公顷以上)再给予收购环节直接补贴9元。自7月下旬实施早稻收购工作以来,县商务局设立收购站点3个,落实一线收购人员34名,准备仓容5000吨,收购资金1000万元,确保粮农就近卖粮、方便卖粮,售粮款现场付清。着力提升"四上墙""五公开"等传统服务,提供烘干机19台、使用小型输送机6台,切实提高售粮效率。截至8月31日,共走访种粮户213户,完成早稻收购入库4311吨,小麦收购入库1715吨,创近5年早稻收购量新高。

【奔驰象山4S店开业】 6月16日,宁波中升星徽汽车销售服务有限公司(奔驰象山4S店)开业。该4S店位于县东陈汽车城。至此,东陈汽车城共聚集了13家汽车4S企业,奔驰品牌的入驻满足了县市民高端豪华轿车的消费需求,也为县汽车消费市场注入了新活力。该4S店占地规模达1.1万平方米,展厅加售后营业面积达2500多平方米,开业十天,累计销售实现1000余万元。

【汪家河蔬菜场开业】 7月1日,汪家河菜场的蔬菜场全新开业。该菜场于2016年5月开始动工改造,于2017年6月完成竣工验收。蔬菜场严格按照四星级市场标准改造、放心菜场的硬件标准建造,建筑面积2760平方米,总投资金额为1400万元,拥有标准摊位126个,其中自产自销摊位46个,营业房7间,管理用房5间。二层为停车场,共设置机动车位77个,非机动车位188个,供消费者和经营户停放,满足市民停车需求。

【参加宁波市第十届淡季商品展销会】 7月21日至24日,由宁波市商务委员会组织的宁波市第十届淡季商品展销会在国际会议展览中心2号馆举行。此次展销会占地面积约4800平方米,设置展位200余个,参展企业约150家,展销产品包括时令蔬菜、肉禽蛋、豆类制品、淡水鱼、淡菜等商品。县共有8家菜篮子基地、企业以名特优农副产品为主推产品,分别有象山米馒头、象山海鸡鸭蛋、象山梅岭鸡、象山鱼鲞、南美白对虾及黄避岙海带等一系列象山名特优产品。在展销会中,象山农副产品因"质优价廉"而广受宁波市市民青睐。在历时4天的展销会中,象山8家基地企业销售额共计13余万元,取得了不错的销售成绩。

【2017购物节汽车展销售火爆】 7月28日—30日,县购物节汽车展在人民广场圆满落幕。据县商务局初步统计,三天车展共吸引6000余人次前来观展,宝马、奔驰、东风本田、广汽丰田、东风日产等14个主流品牌带来60余款车型,共实现销量218辆,销售额约3500万元,销售额较2016年增长30%,其中东风日产、上海大众、广汽丰田、东风本田等汽车品牌表现不俗,销量均超过20辆。

【象山购物节】 2017象山购物节于7月21日启幕,活动时间至8月8日,历时18天。本届购物节由县人民政府主办、县商务局具体承办。以"时尚消费,乐享生活"为主题,其间,重点推出"商贸大联盟""商贸博览会""网络购物节""美丽夜象山"等四个板块内容,着力营造"购物实惠、享乐惬意"的消费氛围,城区内夜市街区、广场、商场超市、餐饮商户、汽车4S店等100多家商家参与。据不完全统计,城区商业街区、商场超市、餐饮商户、汽车4S店等100多家企业实现销售额约8400万元,较2016年增长12%。"微信摇一摇"作为购物节亮点节目之一,年内参与人数达2.32万余人,摇出奖券10.5万张,摇中金额8.9万元,兑换消费7万余元,其中多数用于超市、街区消费兑换,拉动消费1800余万元。此外,为期3天的品牌汽车展是本届购物节的主力促销活动,共吸引6000余人次前来观展,实现销量218辆,销售额约3500万元,销售额较2016年增长30%。东方商厦"百家品牌大联盟"折扣优惠,博浪太平洋"燃情盛夏,high够暑期"主题系列活动,共实现销售额850余万元,日均吸引客流4500余人次。本届购物节也为夜市活动增添不少人气。其间,共推出了涌金广场"我是歌手"综艺比赛、国际风情街"象山好戏曲"等12项夜间主题文娱活动,吸引大批市民前来观看。8月11日晚上,由团县委主办的大学生创意集市爱心义卖、"爱·点亮星空"县困境儿童点燃希望爱心行动暨"天使儿童之家"公益活动,得到广大市民的热切关注,当晚共募集善款1.7余万元,为本届购物节增添了爱心力量。

【县长黄焕利、副县长华弼天调研象山农贸市场和象山石材市场】 7月14日下午,县长黄焕利、副县长华弼天一行赴象山农贸市场和象山石材市场视察。县商务局、县国土局、县规划中心、县住建局、丹东街道、丹西街道等9个单位负责人陪同考察。县长黄焕利走访了木材市场、石材市场、象山物流园区三地,听取了相关单位负责人汇报后,提出以下两点意见和要求,一是象山农贸市场由于屋顶漏水、电线老化、墙面开裂、存在严重消防安全隐患,要求相关部门抓紧对接,早日将象山农贸市场(木材市场和水果市场)搬迁到象山物流园区。二是石材市场暂时不搬迁,三年后考虑迁移至象山物流园区北面一地块,但要按照环保部门要求,加紧安装环保设备,确保石材市场环保达标。

【副县长华弼天带队联合开展商贸流通领域安全生产大检查】 7月27日,由副县长华弼天带队,县商务局、消防大队,安监局、住建局、市场监管局等部门联合对超市、市场、酒店、餐饮等人员密集场所进行安全生产大检查。

检查组先后对汪家河菜场,东谷湖大酒店、大润发超市、龙宫酒店等企业进行了安全生产大检查,在检查的过程中,检查组对被检查企业的消防设施,消控室值班情况以及台账建立情况进行了重点检查。其中大润发在消防设施,安全通道以及台账建立等方面做得比较规范到位,检查组给予了肯定;同时对检查中发现个别企业存在台账建立不完善,灭火器压力不足,消防通道堵塞等情况,检查组现场责令企业进行了整改。华县长要求各商贸企业在中共十九大即将召开之际,加强安全教育,强化员工安全意识,深入开展安全隐患排查整改,始终把"安全"放首位,紧绷"高压"这根弦,确保各项安全生产工作落实到位。

【"一户一策"夯实推进棚改工作】 自县棚改工作开展实施以来,县商务局"一户一策"因户制宜推进棚改行动实现清障利策。因涉及的拆迁对象有转制下岗无房职工、死亡职工遗属等复杂情况,工作人员对棚改政策进行"一对一"解答,对各类资产纠纷问题进行调处协商,确保涉及征迁的居民100%知晓、理解并配合拆迁。截至7月底,共走访搬迁户168人次,开展各类协调30场次,成功签约52户,腾空建筑面积约5500平方米,完成率100%。

【"八一"拥军团走访慰问驻象山部队】 "八一"建军节来临前夕,县商务局局长徐展群、副局长朱财旭一行人走访慰问42支队、小网巾等多支驻象山部队,带着全局干部职工的深厚情谊送去问候和祝福,共叙军民鱼水情。以局长徐展群为代表的一行拥军团与驻象山官兵开展了座谈会进行深切交流,期间了解了人民子弟兵的军营生活情况、军粮供应情况。

【宁波市粮食局处长朱雄伟到象山检查军粮管理情况】 8月31日，市粮食局朱雄伟处长一行3人对县军粮质量和军粮筹措管理专项工作进行检查。期间，检查组听取了该县关于军粮质量和军粮筹措管理专项检查工作情况汇报和《浙江省军粮筹措管理办法》贯彻落实情况，全面检查了军供站粮油质量管理制度、军粮质量档案、军粮入库、保管、出库各环节工作台账，核查了军粮包装、库存粮食质量卫生和自查工作底稿等情况，并对军供大米和面粉的库存情况进行检查。从检查情况来看，象山军供站严格执行军粮质量站长负责制，军粮实行专库储存、专人管理，入库"一批一检一报告"，军供站库房整洁、码垛规范，军粮质量稳定、服务到位，军供站坚持春节、"八一"等重要节日走访慰问部队，自觉接受部队监督，军地联系畅通，沟通配合密切，未发生断供、欠供现象和辖区军粮质量问题。

【县商务局召开务虚工作会】 9月1日上午，县商务局召开2017年务虚工作会议，会议深入分析当前商贸经济形势，科学谋划商务工作。副县长华弼天、副主任陈海波，商务局局班子成员、科室负责人、市场中心副主任及下属企业负责人参加了该次会议。副县长华弼天指出：一是要做好当前商贸工作，营造良好招商引资发展环境，加大重点项目建设力度，优化消费结构，做好"旅游＋商贸"融合文章，助推全域旅游转型发展。二是要抓好安全生产、信访维稳、棚户改造等重点工作，坚持问题导向，落实主体责任，加强隐患排查，精准发力，创先争优，确保完成目标任务。三是要加强机关自身建设，提升商务铁军形象。开展政治理论和业务知识学习，强化服务、改进作风，全面提高干部队伍素质，更好地适应商务发展的新形势和新要求。

【象山中心菜场县首家微型消防站投用】 8月22日，县中心菜场首家微型消防站投入使用，消防站队员由19名市场管理人员组成，同时制定工作职责、防火巡查、灭火救援等各项工作制度，现配备15套消防服以及完善的灭火工具，包括应急照明灯、防毒面具、灭火水枪等。采取"巡查、检查、督查"的模式，24小时不间断开展市场巡逻，对入场消防设施进行维护和保养，并梳理造册、分析和总结，研判菜场内安全形势，切实做到安全红线不触碰的要求。

【落实储备物资做好抗台应急工作】 2017年18号台风"泰利"于9月13日早晨5点钟位于浙江象山东南方约760公里的西北太平洋洋面上，就是北纬23.9度、东经126.4度，中心附近最大风力有13级(38米/秒)。县商务局及时切实做好应急物资的摸底、筹集、储备工作，维护市场秩序，保障台风期间物资正常供应。落实成品大米储备900吨，食用油150吨，生猪储备1万头，耐储藏蔬菜2000吨，大豆50吨。另外，大润发、世纪联华等超市落实3种常备应急商品储备，即矿泉水6万瓶、八宝粥6万罐、饼干6万包，要求24小时内落实手电筒、雨衣、蜡烛等5种不常备储备物资，即手电筒9000个、干电池1.8万节、蜡烛9000支、雨衣9000件、雨鞋9000双。

【县人大视察南庄菜场改造提升工程】 9月份，人大常委会视察小组深入南庄六升菜市场开展实地督查工作，对市场的整体布局、场外停车以及各项制度上墙、豆制品管理、卫生保洁等一一提出整改意见，要求扎实推进改造提升工程，巩固成效，确保这一"民生实事工程"落到实处，抓出实效。同时，对改造提升工作给予肯定，要求相关负责部门稳步推进工程进度，确保在预期时间内完成任务。南庄六升菜市场改造工程列入2017年市政府民生实事项目和县重点民生实事工程。计划资金投入40万元，改造标准摊位101个，自产自销摊位80个，营业房4间，管理用房1间。

【国庆中秋期间象山商贸情况】 国庆中秋8天假期市场呈现供需平稳态势，全县23家监测统计商贸企业共实现销售额5296万元，同比增长6.2%。全县10家监测饭店（酒店）共实现营业额1522万元，同比增长5.0%，其中黄金海岸大酒店营业额同比增长36%，象山港海鲜美食城营业额同比增长35%。商超消费保持旺盛，全县重点监测的5家超市共实现销售额1589万元，同比增长20.4%。3家大型家电卖场共实现销售额479万元，同比略有上升。东方商厦、博浪太平洋广场累计销售额580万元，其中博浪太平洋广场日均客流达4万人次，总销售额478万元。监测内的量贩式KTV、影院等休闲消费场所共实现营业额79万元，较2016年基本持平。

【县粮食收储有限公司举行"一规定两守则"培训】 10月10日，县粮食收储有限公司举办了"一规定两守则"（《粮油储存安全责任暂行规定》《粮油储存安全守则》《粮库安全生产守则》）培训班。公司中层以上工作人员20余人参加了培训。培训从落实安全储粮和安全生产责任、熟悉安全储粮应知会业务知识、预防安全生产事故等方面，对"一规定两守则"进行详细解读。并观看了粮食行业安全生产典型案例警示片。会后，要求各分公司通过组织集中学习、分组讨论学习、个别自由学习等方式，组织好"一规定两守则"的全员培训工作，使粮食收储企业107位从业人员特别是一线管理与作业人员做到"两个安全"的应知、应会，促进"两个安全"作业与管理行为规范，确保安全生产和安全储粮的各项要求落到实处。11月，公司还将举行"一规定两守则"知识竞赛，并配合省粮食局做好网上测评工作。

【国家粮食局监督检查司莅临县检查指导工作】 11月，国家粮食局监督检查司刘司长一行5人就军粮质量及军粮供应工作对县进行了专项检查。浙江省军粮供应服务中心主任陆金荣、宁波市粮食局局长颜华以及县商务局局长徐展群等人陪同检查。检查组首先对墙头军粮供应站进行了现场检查，详细了解储粮安全、军粮质量和日常管理等有关情况，对一些批次的军粮进行了抽样检查，同时仔细查看了购销凭证、质量报告及相关台账资料。随后，视察石浦军粮站的仓库和办公设施。在听取相关人员的工作汇报后，刘司长对县军粮供应工作给予了肯定。

【商贸企业安全生产主体责任培训】 11月13日，县商务局组织全县重点商贸企业安全管理人员开展企业安全生产主体责任培训。该次培训以安全生产的标准体系、企业安全管理上的问题和主体责任的落实与实践开展讲座。重点培训了安全生产的法律法规、标准体系和安全理念,及各商贸企业的主要负责人和安全管理人员的职责;并在培训会上观看了关于安全生产警示教育短片和图文。通过此次培训,使商贸企业安管人员更深刻认识到安全生产中的重要性和当前安全生产的形势,加强了商贸企业从业人员的安全生产知识,掌握重点安全防范和隐患排查技能,切实防范和遏制各类生产安全事故发生,确保全县商贸领域安全生产形势稳定。

【县新增4家市级“菜篮子”基地】 11月14日,宁波市商务委员会市场秩序处副处长鲍伟伟带队的验收组到象山开展2017年度市级菜篮子基地审核验收工作。县蓝尚、鱼得水、绿沣、群兴等4家新建申报基地顺利通过宁波市考核组的考核评比,成功获得市级菜篮子商品供应基地称号。

11月13日,县商务局组织全县重点商贸企业安全管理人员开展企业安全生产主体责任培训

【冬季“象山十六碗”】 11月19日,在象山味道研发文创中心,县餐饮协会厨师分会的厨师们现场制作发布冬季“象山十六碗”。以冬季食材为原料的“海鲜十六碗”,分为4道冷菜和12道热菜:象山咸宝蟹、雪菜煮冬笋、特色鲻鱼冻、鱼露浸白鹅、番薯面黄三、倒笃活宝蟹、苔菜拖虾、大焙鲜墨鱼、盐水煮白虾、抱盐大鲳鱼、红烧鲜带鱼、沸水氽银蚶、葱油鲜紫菜、黄豆芽鳗鲞、石浦鱼包肉、象山大杂烩。此次发布的冬季“象山十六碗”,于11月25日开幕的第十五届象山海鲜美食节上与广大市民正式见面。

【石浦观鱼弄及三湾路危房改造工作并验收】 10月20日,石浦观鱼弄及三湾路危房改造工程顺利完成并通过住建局等有关部门合格验收。2017年年内以来,县商务局对观鱼弄4号楼进行拆除重建,对观鱼弄2号楼、6号楼及三湾路19~29号房屋进行内外墙双面钢筋网水泥砂浆加固、屋面翻新、门窗更换、水电管路替换整理等修建工作。该危房解危工程提前4个月全面完成,并通过住建局等有关部门的合格验收,顺利交付住户使用。此次改造占地面积约630平方米,建筑面积约1360平方米,涉及住户24户,投资金额约300万元,100%完成改造任务。

【县委党校副校长柳小平为象山商务人宣讲中共十九大精神】 12月11日下午,县委党校柳小平副校长到商务局作以“学习贯彻中共十九大精神全面建设社会主义现代化强国”为主题的宣讲报告。县商务局副书记、副局长张继锋主持,全体局机关干部职工,市场中心、粮食收储有限公司中层副职,下属各党支部书记70余人参加。

【菜市场污水处理系统通过验收】 县商务局根据菜市场营业面积、摊位数等制订农贸市场污水处理计划,因地制宜安装不同的污水处理设备,其中中心菜市场污水处理项目投资100余万元,汪家河菜市场污水处理系统项目投资30多万,均于2017年年底通过验收,两家菜市场排放口排放的废水中PH、化学需氧量、悬浮物、总磷、氨氮均达到《污水排入城镇下水道水质标准》(GB/T 31962-2015)A等级标准,处理后可直接纳管排放。中心菜市场和汪家河菜市场污水处理系统的建设,对推进环保模范县城建设,实现经济发展和环境保护的双赢,有着重要的意义。

【5家农村菜市场完成改造提升并验收】 2017年列入县民生实事项目的是改造提升菜市场5个,分别是西周下沈菜场、南庄六升菜场、鹤浦樊岙菜场、晓塘白玉湾菜场和汪家河蔬菜场,总改造面积6000余平方米,2017年度总投入780万元年底全部通过验收。

【县商务局粮食风险基金项目绩效评估获优秀】 为提高粮食风险基金使用绩效和科学化精细化管理水平,提高政府执行力和公信力,县商务局对2017年粮食风险基金项目进行自评价,并申报县财政局进行绩效考评。该次预评主要从业务指标、效益指标、财务指标这三个方面展开,包括管理制度保障、业务指标的设定及完成程度、资金落实情况、资金支出情况、项目实施的效益、各层次群众满意度等项目。2017年6月底县商务局完成自评申报工作,7—12月由县财政局委托第三方机构对粮食风险基金项目进行绩效评估,截至12月31日,自评申报工作全部完成,经第三方机构评估县商务局粮食风险基金项目绩效评估获得"优秀"等级。

12月19日,县农合联现代农业服务中心正式开业

供销服务

【概况】 2017年,县供销联社推进生产、供销、信用"三位一体"综合改革,完成年度目标任务。全系统全年实现销售总额12.42亿元,同比增长12.5%;实现利润330万元,同比增长8%。

【推进农合联改革】 深化县镇两级农合联建设:落实《象山县深化供销合作社和农业生产经营管理体制改革构建"三位一体"农民合作经济组织体系的实施方案》,完成县农合联民政登记,17个镇乡街道农合联也完成民政登记注册。赴衢州、缙云、义乌、余姚等地考察调研,汲取他们"三位一体"农合联建设的先进做法和经验,结合县实际,摸索适宜县农合联改革发展的路子,同时开展农合联合作经济组织成员意见征询问卷调查,建成县镇两级农合联会员基本情况资料库。筹建县农合联农事服务中心:由县丰润农资公司牵头绿丰农机、助农农机作业两家公司合资筹建县农合联农事服务中心——农益家现代农业服务中心。服务中心位于农资配送中心二期,由先期建的农资配送中心和年内新建的农机综合服务中心两部分组成,中心规划占地面积2.13公顷,建筑面积近1万平方米,项目投资接近6500万元,其中年内新建的农机综合服务中心面积1600平方米,新投入建设资金近400万元。服务中心具备三项主要功能:一是开展生产指导、技术咨询、统防统治、农资废旧物回收处置、农产品农残检测、农机作业、农机维修、农机租赁、气象信息等生产合作服务;二是开展农资配送供应,农机展示展销、农产品产销对接及电商服务等供销合作服务;三是受农业信用金融企业及保险企业的联合委托,开展普惠金融、农信担保等信用合作服务。这三项服务功能的建立和完善将极大促进为农服务工作的开展,推动实现农业现代化。探索新建镇级农合联现代农业服务中心:按照镇级农合联建设标准,突出生产、供销、信用三大服务功能,率先在定塘镇、新桥镇两大农业乡镇示范筹建镇级现代农业服务中心。镇级服务中心坚持因地制宜、创新发展,比如定塘镇农合联现代农业服务中心围绕当地农业主导产业,新建县柑橘博览园,扩建13.33公顷"红美人"柑橘生产基地,引进有机肥生产流水线,创建农产品销售公司、新建柑橘("红美人")展示配送中心,推进服务中心实体化运作。培育农产品品牌:一方面着力提升"红美人"品牌,实地调研县内"红美人"柑橘生产基地和衢州柑橘博览园,专门邀请设计单位制作象山"红美人"宣传视频资料片和宣传册子,主动对接"网易""天下星农""惠众在线""名品互连"等新媒体,统一宣传象山"红美人"柑橘区域公用品牌。11月举办象山品牌塑造培训班,邀请农业部有关行业专家前往象山的柑橘产业基地、柑橘加工、流通企业等参观考察交流座谈,参与品牌建设座谈会,共同研讨象山柑橘产业发展和品牌塑造方法、路径,并邀请农产品渠道商、服务商等公司的专家进行品牌授课。另一方面参展参评,拓展实体门店。推荐"野茗""半岛仙茗"茶叶参加2017"华茗杯"全国名优茶产品质量评选,其中"野茗"白茶获得绿茶特别金奖,"半岛仙茗"茶叶获得绿茶金奖,"野茗"红茶获得红茶优胜奖。开设正瑞食品宁波邱隘象山名优特农产品直营店,统一悬挂"海洋谷"区域公用品牌,展示展销象山名特优农产品。此外,还走访有关人大代表、政协委员,了解全县农产品公用品牌发展滞后的主要问题,从破解品牌建设瓶颈入手,答复人大代表、政协委员关于加强农产品区域公用品牌建设提案协办件。

【农产品电子商务】 依托"淘宝特色中国·象山馆",发展电子商务,年内全年"象山馆"销售额达6392万元。策划活动做大市场:5月推出"2017象山白枇杷网络直销节"活动,成立象山枇杷"白仙子"促销团队,对接网易严选、供销e家、"天下星农"等知名电商平台,一周时间内销售白枇杷3000斤。10月底组织象山农特产品参加2017美丽乡村·环浙骑游(象山站)"四美"博览会。11月至12月开展为期40天的打造"蟹"逅舌尖上的"美人"——2017象山柑橘"红美人"&梭子蟹互联网美食节,以宁波、上海、杭州线下食博会为契机,依托互联网平台展示象山柑橘"红美人"和象山梭子蟹,打造"互联网+"美食节。参加展会推介品牌:参加在上海举办的第十届iFresh亚洲果蔬产业博览会,参展的象山红美人产品在该次展会期间受到了有关渠道商和专业观众的青睐,与潜在合作单位达成了初步意向。开展网络直播推介活动:11月20日在象山晓塘"龙之梦"生态农业公司和石浦特色民宿"饮海三湾"分别进行了一场"红美人"柑橘网络直播推介活动。通过展示主厨现场制作的清蒸梭子蟹、葱油梭子蟹、梭子蟹炒年糕、梭子蟹土豆汤等九大梭子蟹特色菜肴,使销售更加多元化和高效率,打造象山柑橘和梭子蟹成为农产品中的"网红"。举办培训培养人才:2017年全年举办电商培训主题培训6期,培训400人次,培训内容涵盖微营销培训、电商技能提升班(美工)、电商创业基础培训班、农产品区域品牌打造培训班等。其中"红美人"专题培训班还邀请省市网络(电商微商)、种植、栽培、土壤、营养等专家和团队,讲授农产品质量追溯体系、食品安全法、散装自制食品加工生产管理知识等课程,实现象山"红美人"种植户直接授课和精准服务。此外选派11人参加市农民经纪人培训,8人参加初级茶艺师考级培训,6人参加中级茶艺师考级培训,7人参加初中级评茶员考级培训。

【农事综合服务】 有力保障农资供应:在备春耕、双夏期间,县丰润农资公司做好农资储备和供应计划。春耕期间共组织化肥2000余吨、农药100余吨;"双夏"期间配送供应主要农资商品500余吨,采购的农资商品及时调拨并配送至110余家农资连锁网点和种粮大户,农资商品做到了品全、量足、质优、价惠,支持和服务"三农"工作,有力确保了农资供应和价格平稳,从而保证了春耕备耕农业生产的顺利进行。有效推广测土配方肥:加强农企合作,扩大配方肥的应用,2017年年内推广测土配方肥1040余吨,提高亩产增加50公斤左右,降低每亩投肥成本30元,切实维护了农民的利益。推进农业水环境污染治理,共归集、处置农药包装废弃物67吨,回收率达82.2%。农技特色服务有为:通过《病虫情报》、手机信息平台等形式为种植户发布农资价格、病虫害防治技术、灾害性气象等农事信息5期700余条,指导农民开展病虫害防治,保障和促进了农业生产的顺利开展。组织召开农药巴佰金交流会济南中科核心客户研讨会、供销系统"备春耕"种植大户农业技术培训班、农资经营单位《农药管理条例》培训、种粮大户培训班和日本农协制度培训班等会议培训,提升服务对象业务技能。

(姚海红)

烟草专卖

【概况】 2017年,县烟草专卖局(分公司)围绕年度重点工作,稳中求进强基础,攻坚进位求突破,稳步推进经营管理各项工作,圆满完成年度目标任务,保持了稳健发展的良好态势。2017年全年实现销量2.49万箱,同比下降2.53%,完成年度计划的97.65%;销售额11.8亿元,同比减少0.89%;单箱销售额4.74万元,名列全市第一,同比增长1.69%;实现税利3.38亿元,同比下降0.37%,完成年度目标100.25%;实现利润2.73亿元,同比下降1.88%。2017年全年共查获各类涉烟违法案件207起,同比减少142起;涉案卷烟1.18万条,同比增长135.5%;案值184.6万元,同比增长3.65%;罚没款20.5万元,同比增长10.81%。

11月24日,杭州萧山品牌推介会

【国家烟草专卖局副局长赵洪顺一行到象山烟草调研】 10月12日，国家烟草专卖局副局长赵洪顺一行到象山烟草调研。调研组一行实地走访了县多家不同类别、不同业态的卷烟零售客户，详细了解了卷烟销售、市场价格、终端库存和客户盈利等卷烟零售市场情况以及定制品牌培育、支付宝结算、客户服务等工作情况，对象山市场状态和终端基础均感到满意。

【打击非法流动真烟】 以查处省外非法流入卷烟为重点，强化物流监管，严查违法大户。2017年全年共查获5万元以上真烟案件11起，查获非流真烟11120.8条，同比增长125.7%，创历史新高，被查获外流卷烟数量为全市最少；查处大户违法案件8起，停业整顿1户，主动歇业2户。

【破获二级国标网络案】 2016年查获的"7.27"移动互联网销假网络案件，4名涉案人员于2017年被判刑，涉案总金额达121万元，2017年10月被浙江省烟草专卖局正式确认为二级国标网络案，实现了近三年打假破网零突破。

【经营结构】 全年重点品牌销售2.23万箱，同比减少1.61%，比重89.66%，同比提升0.84个百分点。定制品牌"创客""乌镇之恋"分别销售70.94箱、10.33箱，合计贡献销售额387.82万元，"小云端"及时预热造势；国产细支烟销售3634箱，同比增长69.38%。省产烟销售比重同比下降0.27个百分点，省产烟与省外烟比重为44.3-4:55.55。

【现代营销模式形成】 推广支付宝，畅通零消环节。开通支付宝结算477户，占比9.99%，完成年度目标的113%，累计有效2笔消费21.75万笔，完成年度目标的209.13%，全年开通客户数、有效笔数任务均提前完成。推广应用钉钉移动拜访，提升营销人员拜访办公效率。定制品牌推出旅游礼盒包装，市场试水反映良好。

【分层分类对标深化】 紧盯企业发展短板，着力改善优化指标，管理质量和效益提升。在全省同组15个分公司"同场赛马"中，管理、效率类"人均可控费用"指标列同组第四、物流类"物流费用增减幅度"指标列同组第六、专卖类"查获的卷烟数量与卷烟销量的比较"指标排名上升3位。全年可控费用同比下降10.25%，其中业务招待费、会议费同比分别下降4.76%、34.78%；物流总费用同比下降3.61%，单户次平均配送费用同比下降3.36%，单车次终端送货量同比增长6.16%。

2017年10月12日，国家烟草专卖局副局长赵洪顺（前排右三）走访调研象山卷烟市场　（吴　昊　摄）

【规范采购】 将福利采购纳入采购管理，全面推行电商采购，电商采购金额8.65万元，公开招标率达81.72%。

【QC创新成果】 与宁波市烟草专卖局（公司）合作的创新项目《特定卷烟消费市场的探索与实践》在浙江省烟草专卖局（公司）立项，《缩短客户经理维护零售客户店容时间》被评为全市烟草系统优秀QC小组活动成果二等奖。

（陈明冬）

对外及对港澳台贸易

【概况】 在一系列稳外措施的刺激下，县对外及对港澳台贸易出口发展势头强劲，增幅一直在25%~35%之间高位运行，传统出口行业的稳步增长、小微企业出口规模的扩大，以及招商引资的成效显现，成为维系县对外及对港澳台贸易出口快速增长的客观因素。2017年，全县完成对外及对港澳台贸易进出口191.5亿元，同比增长20.4%。其中出口179亿元，同比增长18.9%，增长率位居全市第三，进口12.5亿元，同比增长48.9%。

【机电类产品出口增长明显】 针织品、机电产品、农产品占县对外及对港澳台贸易出口的比例在90%以上。其中，针纺类出口额10.2亿美元，同比增长3.8%，农产品类出口额2.1亿美元，同比下降4.6%，机电产品在新能源、汽配类产品的带动下，出口呈较快增长，全年出口9.1亿美元，同比增长11.4%。

【小微企业拉动作用明显】 全年进出口有实绩企业475家，其中进出口千万美元以上企业37家；对外及对港澳台贸易进出口全县排名前50位企业全年自营进出口额14.4亿美元，同比下降7.3%，占全县出口总额的74.6%，龙头企业支撑作用有所弱化。其中中瑞进出口全年出口4.2亿美元，同比下降10.4%，华翔集团全年出口1.1亿美元，同比下降2.5%。其中小微企业出口增长迅猛，同比增长34%。

【363家次企业参加境内外展会】 全年共组织180家次企业274个摊位组团

参加拉斯维加斯服装展、沙特中国商品智造展等境外交易会。组织183家次企业258只摊位参加华交会、广交会等境内交易会。

【平台服务成效显著】 全县小微对外及对港澳台贸易企业服务平台全面启动并实现较大突破。其中小微企业信保统保平台将全县出口额在300万美元~500万美元的对外及对港澳台贸易出口企业纳入统保平台,共223家企业参加信保统保平台,参保率达到84%。与中瑞公司合作开展的小微企业出口代理代办服务平台有46家参加企业,43家企业开始运作并取得初步成效,完成单证业务320票。同时加强对企业对外及对港澳台贸易出口风险和企业财务操作的培训,全年组织出口退税政策解析培训350余人次,出口风险防范培训13次460余人次。

【20家企业获对外及对港澳台贸易出口明星企业称号】 2017年全县20家企业被评为对外及对港澳台贸易出口明星企业,分别是:宁波中瑞进出口有限公司、华翔集团股份有限公司、宁波森语国际贸易有限公司、浙江甬南控股集团有限公司、浙江巨鹰集团股份有限公司、宁波兄弟服饰有限公司、宁波威霖住宅设施有限公司、宁波锦浪新能源科技股份有限公司、宁波博禄德电子有限公司、宁波爵溪进出口有限公司、宁波博大船业有限公司、宁波华中进出口有限公司、象山锦秀服饰有限公司、宁波谊胜针织有限公司、宁波涌丰进出口有限公司、宁波华生压缩机有限公司、宁波日达服装有限公司、宁波正业控股集团有限公司、宁波三泰照明电器有限公司、宁波索克丝国际贸易有限公司

【10人获"十大"外销员称号】 2017年10人被评为县"十大"外销员。分别是:吴海鹰、顾学锋、王科、周谦、金励、郑才玉、陈映光 、沈斌、丁斌渊、庄亚丽。"十大"外销员所在企业2017年自营出口额均在1000万美元以上,并在境外参展、市场拓展、对外及对港澳台贸易业务知识应用、创业创新等各方面都有突出表现。

招商引资

【概况】 2017年,以深化"工业强县"为契机,招商引资"一号工程"有序推进。全年合同利用外资及港澳台资金2.5亿美元,同比增长8.2%,实际利用外资及港澳台资金1.4亿美元,同比增长14.6%。利用国内资金62亿元,同比增长45.6%,浙商回归利用资金30.5亿元,同比增长16%。

【形成全民招商氛围】 招商引资"一号工程"牢固树立,县主要领导亲力亲为抓招商,重大项目亲自对接洽谈;县级领导重大项目联系包干制有力推进,30个项目实现签约,总投资超过300亿元;各产业平台和乡镇街道的主阵地、主力军作用发挥,招商性空前高涨;招商局牵头联动招商成常态,先后组织各大平台、乡镇街道、各地商会开展招商活动40场次,新聘请招商顾问30名,共引进签约项目15个,提供线索项目30个;驻点招商成效显现,三大联络处跟进农业生态产业园建设、LED照明蓝宝石衬底生产等意向项目12个,总投资超过30亿元。全县上下良好的招商氛围和招商格局基本形成。

【在外影响力】 县通过召开世界象商大会、上海投资推进会、小型招商推介会、创立象山籍深圳青年创业者联盟等形式,大规模走出去举办各类招商活动20场次,拜访和接待客商100多人次,合计31个项目实现签约,投资总额159亿元。借助省、市大平台开展招商活动,参加浙洽会、"宁波周"和甬港论坛等系列招商活动12场次,主动出去推介象山,拜访客商,对接项目;同时,高质量引进来,开展大企业大项目招商,中车城市交通、开开集团、东海兴业等几十家企业和客商应邀到象山考察投资,收集在谈线索项目58个,总投资超300亿元,极大地提升了县在外的美誉度和社会影响力。

【招商项目量质同步提升】 2016年以来,全县引进项目数量和质量均呈现爆发性增长,实现招商引资签约项目150个(两年签约项目超过之前5年总和),总投资790.4亿元,工业项目110个(亿元以上55个),总投资228.4亿元(亿元以上212.4亿元)。其中2017年全县新签约重点项目76个(工业项目55个),总投资642.1亿元;亿元以上项目39个(工业项目24个),总投资628.9亿元;总投资10亿元以上项目10个(工业项目6个),总投资494.8亿元。工业项目进展较快,2016年签约项目中,金汇铸造等4个项目当年动建,飞宜光电等11个项目当年投产,永超印花等5个项目年内新动建,德远洁具等7个项目年内新投产,日星铸造等8个项目计划年内动建(投产),累计转化率可达64.8%。2017年签约项目中,海硕生物动建,天顺电器等10个项目投产,波威重工等15个项目计划动建(投产),当年转化率可达55.3%。

【10人获"十大"招商员称号】 2017年10人被评为县"十大"招商员。分别是:赖宇峰、庞伟总、张威明、吴海南、李卫星、伊建新、杨夏、称丹波、杨杰、吴仁立、蒋海珍、王丛丛。

对外经济合作

【概况】 2017年,外经工作继续领先,对外投资实现突破。全县完成境外工程营业额4.88亿美元;新批设立境外企业(机构)20家,核准中方投资额1.81亿美元,实际中方投资额3449万美元。

【境外承包工程稳定发展】 境外承包工程营业额平稳增长,全县完成境外承包工程营业额4.88亿美元,总量继续位列全市第一。县具有对外承包工程资格的企业达8家,有境外承包工程实绩企业6家,在建重点项目10项,涉及蒙古、埃塞俄比亚、缅甸、菲律宾、科特迪瓦等国。龙元菲律宾赌场项目(合同额8亿美元)等重点工程项目洽谈均进展顺利。

【外经领域快速拓展】 象山县远洋捕捞和成套设备安装业务高歌猛进,欧亚公司共有7艘船舶开展远洋捕捞,营业额超过1600万美元,同比增长60.9%。

乐惠公司分别在缅甸、菲律宾、科特迪瓦等国签下啤酒生产设备安装工程，营业额达2658万美元。宁波沪港食品机械制造有限公司分别在日本、美国开展啤酒生产设备安装工程，营业额达1456万美元，同比增长90.9%。

【境外投资重点突破】 全县实现境外投资1.81亿美元，均为工业企业对外投资，境外中方投资额500万美元以上项目7个。其中，华翔电子公司向其德国公司增资了1亿美元，宁波博禄德电子有限公司在越南投资设立了越南盛大电子责任有限公司（核准中方投资额2000万美元），宁波乐惠国际工程装备股份有限公司在德国并购了德国包装有限公司100%股权（核准中方投资额为474.84万美元）。

【6家企业获外经工作明星企业称号】 2017年，全县6家企业获外经工作明星企业称号，分别是：华翔集团有限公司、宁波乐惠国际工程装备股份有限公司、宏润建设集团股份有限公司、龙元建设集团股份有限公司、宁波欧亚远洋渔业有限公司、宁波博禄德电子有限公司。

（史刚峰）

水产贸易

【概况】 中国水产城位于县石浦港畔，占地面积8.85公顷，建筑面积55554平方米，总投资2.1亿元人民币（其中利用世界银行贷款379.7万美元）。2006年10月兴建，2008年12月竣工，2009年2月6日正式开业。市场建有交易大厅2万平方米，临街和内街商铺3.2万平方米，制冰厂1225平方米，停车场9900平方米，办公楼3068平方米，海岸线长657米，500吨级渔船停靠专用码头5座，以及道路、排污、水电、绿化等配套服务设施。分为水产品交易区、码头装卸区、综合服务区、物流停车区、管理办公区等五大功能区块，集交易、加工、物流、信息、金融、餐饮、住宿等多种服务功能于一体的大型水产品专业批发市场。先后获得农业产业化国家重点龙头企业、农业部定点鲜活农产品中心批发市场、浙江省重点市场、浙江省四星级文明规范市场、浙江省重点农副产品批发市场、浙江省区域性重点商品市场、浙江省规范化市场、宁波市重点商品市场等30多项荣誉。2017年，市场水产品交易量达55万吨，交易额达63.38亿元人民币。

【水产城改制重组】 11月20日，根据县人民政府办公室印发《浙江象山水产城实业有限公司重组改制方案》，对中国水产城投资管理主体，即浙江象山水产城实业有限公司进行增资扩股，通过宁波市产权交易中心公开征集投资者。增资扩股后，新公司总股本金设置暂定为3亿元人民币。象山水产城冷藏有限公司更名为象山水产渔业经营发展有限公司，占新公司注册资金20%。新投资者以货币出资占新公司注册资金80%。增资扩股所筹集资金，主要用于公司水产品交易平台拓展、交易服务配套设施建设及其他新项目的开发。

【石浦渔人码头易主】 11月30日，县水产城旗下实体石浦渔人码头资产划转县旅游集团，县旅游集团支付资产交易对价款8200万元，水产城实业公司原派驻石浦渔人码头管理的7名国企职工的劳资关系转入县旅游集团。浙江象山水产城实业有限公司下属子公司象山水产城渔人码头海洋休闲有限公司股权划入县旅游集团，成为县旅游集团的全资子公司。

【水产加工业】 2015年10月，石浦镇政府牵头协调，由石浦镇政府、浙江象山水产城实业有限公司和县水产行业协会三方出资2000万元设立水产企业应急转贷资金。2017年，累计使用应急转贷资金14268万元，服务企业39家。同时，从2013年10月开始，由水产城实业公司出面开展水产企业商票贴现业务。2017年，商票贴现业务总规模6956万元，服务企业11家。

【推动海鲜电商业发展】 宁波中渔在线电子商务有限公司（浙江象山水产城实业有限公司占股份27.27%），依托中国水产城实体市场资源优势，通过线上交易平台、线下合作门店和东方电视购物等销售模式，拓展上海海鲜市场。2017年，公司实现水产品销售收入1816万元。

（鲍斌儒）

旅游

综述

2017年,全县旅游工作围绕"国家全域旅游示范区"创建目标,按照"全域化、精品化、智慧化"要求,深入实施"四全四特"工程,深化改革创新,加快项目建设,促进产业融合,推进旅游业跨越发展。全年年接待游客2200万人次,旅游经济收入240亿元,同比增长12%和28%。2017年,全县共有国家AAAA级景区4家,AAA级景区1家,省级旅游度假区1个,国家海钓竞赛基地1个,国际自驾车露营基地2个,省市级以上休闲基地22个,省市级以上农家乐特色村(休闲旅游示范点)25个,A级景区村33个,民宿(农家客栈)602家,床位数1.1万余张,拥有旅行社20家(其中四星级旅行社2家,三星级旅行社6家),高标准旅游饭店12家,花级酒店8家,特色客栈2家,导游员224名(其中高级导游11名,中级导游23名),旅游直接从业人员万余名。

资源开发

【旅游项目建设】 2017年,全县在建旅游重点项目11个,完成投资12.58亿元。半边山旅游度假区项目年投入资金29068万元,五彩渔镇一期完成主体结构,二期完成桩基施工,欢乐海洋工程完成地下室顶板浇筑;东海铭城项目年投入资金28682万元,温泉和海鲜街竣工,希尔顿酒店主体完工,养生中心完工;海阔天空水上乐园项目年投入资金18091万元,一期大型设备完成安装,漂流河完工,造浪池装饰完成50%;宁波工人疗养院项目年投入资金15600万元,竣工验收;浙江广电象山影视基地年投入资金13900万元,一期、二期完工,三期完成项目备案;茅洋乡旅游配套工程年投入资金9300万元,旅游咨询服务中心、旅游厕所、生态停车场、自驾车风情廊道完工;象山影视大道工程年投入资金6000万元,第一标段场地平整完成,第二标段塘渣完成30%;白沙湾度假村年投入资金2014万元,酒店复工,六期公寓主体施工;枫康养生园年投入资金1800万元,小木屋、旅游厕所、中医文化广场完工;松兰山沿海景观带年投入资金690万,游步道完工;檀头山固岸保滩工程年投入资金680万元,竣工验收。

【旅游规划编制】 编制完成《象山县全域旅游交通标牌系统规划设计》成果稿。编制《象山县旅游交通规划》《象山县西部自驾车风景道旅游规划》《象山县环石浦港区域规划》等专项或区域性规划。协助指导镇乡编制完成《象山县大徐镇旅游发展总体规划》《象山县茅洋乡旅游发展规划》《象山县涂茨镇长沙村旅游发展详细规划》《新桥镇旅游发展总体规划》等区域规划。完成《象山涂茨·小海文旅度假项目》旅游项目联审。

【省市休闲旅游基地创建】 1月,宁波枫康石斛养生园通过浙江省中医药文化养生旅游示范基地创建验收工作;12月,宁波枫康生物科技有限公司、泗洲头镇峙前村通过浙江省果蔬采摘旅游基地和浙江省老年养生旅游示范基地创建验收工作;欢心农庄、新桥镇灵岙村通过宁波市露营地休闲旅游基地和宁波市民宿休闲旅游基地创建验收工作。

宣传促销

【举办全国融媒体象山全域旅游采风大会暨旅游达人自驾游体验活动】 4月12日至14日,举办全国融媒体象山全域旅游采风大会暨旅游达人自驾游体验活动。全国融媒体和旅游达人代表、旅游自媒体大咖等共22名媒体人参加体验活动。通过三天两晚的象山旅游线路体验,记者和旅游自媒体大咖一起见证象山全域旅游建设之美,并用镜头和文字向外界展示、传播象山全域旅游美景和风情,利用全媒体平台,宣传报道象山全域旅游建设成效,让更多的人了解象山、品味象山。

【江西人游象山旅游首发体验团】 4月17—22日,组织象山旅游企业参加江西推介会,新推出"趣象山旅游"三条精品旅游线路,打造春夏海滨旅游新产品。4月19日,在南昌·宁波旅游推广周活动中,启动江西人游象山旅游首发体验团,正式拉开象山、江西两地互游序幕。

【象山开渔之旅走进宁波推广活动】 8月18日下午,象山开渔之旅走进宁波推广活动在宁波南塘老街举行。活动由县人民政府、宁波市旅游局主办,宁波国际旅游交流中心、县旅游发展委员会承办。活动分为"爱象山爱旅游互动活动区"与"开渔集市区"两部分,共策划、设计12项民俗演出和游客体验活动。现场还举行了贝尔生存训练营落户象山、千人亲子挑战赛以及味道象山之寻找妈妈的味道美味体验团启动仪式等活动。

【象山全域旅游品牌发布会】　8月28日，象山全域旅游品牌“嗨象山”发布会在杭州举行。发布会上，象山正式公布“嗨象山”旅游新口号、旅游品牌IP形象、象山旅游Logo，并签约落地项目10个，共计投资81亿元。象山与景域集团、省旅游职业学院、省旅游信息中心签订战略合作协议，从运营、人才、智慧旅游三个维度进行全面布局，共同推进国家全域旅游示范区创建。

【“嗨象山”主题馆首次亮相宁波国际旅游展】　9月1日，嗨象山主题馆在2017宁波国际旅游展上首次亮相。象山馆共10个展位，馆内设有旅游线路（旅行社）、餐饮住宿（宾馆饭店）、特色小吃等现场展销，还有象山四大景区门票对折特卖、自驾游线路特惠以及现场体验象山非物质文化遗产项目鱼编制作，涵盖了吃住行游购娱等旅游全要素。

【中国（象山）长三角滨海旅游创新发展峰会】　9月16日下午，中国（象山）长三角滨海旅游创新发展峰会在象山半边山皇冠假日酒店举行，300多位旅游业大咖出席会议为打造全域旅游的“象山模式”出谋划策。会上，中国社会科学院旅游研究中心特约研究员魏小安、北京巅峰智业旅游文化创意股份有限公司创始人刘峰、途家网CEO罗军等业内知名人士分别作了主旨演讲。同时，象山智慧旅游大数据平台在峰会上正式上线，象山全域旅游正式迈入“大数据”时代。

【象山智慧旅游平台正式上线】　9月16日，中国（象山）长三角滨海旅游创新发展峰会上，象山智慧旅游平台正式上线。县智慧旅游项目采用“一中心三平台”的概念建设，包括全域旅游大数据中心、管理决策平台、公共服务平台和精准营销平台，旨在实现县旅游数据的整合、互通、共享，为游客提供更全面、更人性化的优质服务。

【全省职工疗休养工作现场推进会】　9月26日上午，省职工疗休养工作现场推进会暨工会工作品牌宣传会在象山半边山工人疗养院举行。浙江省总工会副主席董建伟，宁波市总工会党组书记、常务副主席王爱民，县领导陈爱武、伊珍林出席会议。县旅游部门通过播放形象宣传片、象山整体旅游资源推介、疗休养产品线路推介等方式，全面展示了县的休闲产品、海洋节庆、海鲜美食、特种业态、旅游环境等方面疗休养资源优势。

【全域旅游惠民月活动】　11月11—30日，开展象山人游象山惠民活动，推出景区门票特惠、彩虹公益跑、文创集市免费体验、自驾海鲜宴、民宿体验等活动，实现“全域旅游，全民共享”。

行业管理

【行业品质提升】　象山鸿祥大酒店被评为2017年度宁波市十佳花级酒店。象山黄金海岸大酒店通过四星级酒店复核，象山半岛旅行社通过三星旅行社复核。象山金马旅行社等8家星级旅行社作为宁波市首批电子合同试点单位开展电子合同试点工作。象山影视城被评为全市旅游行业“文明先行·文明践行”示范单位，象山旅游志愿者大队评为全市旅游行业“文明先行·文明践行”示范窗口。开展全域旅游专题培训、地接讲解员（景区导游员）培训、乡村旅游发展综合培训、旅游行业素质提升等各类培训20余次，累计参与培训人数2000余人次。选拔两名导游代表宁波市参加浙江省导游大赛暨“第三届全国导游大赛”选拔赛，分别获得省导游大赛三等奖和优胜奖。

【全县全国中高级导游员资格证书通过人数创历史新高】　1月27日，浙江省旅游局公布2016年中高级导游等级考试和导游人员资格考试合格人员名单，象山51名导游榜上有名。其中，4人获得全国高级导游员资格证书，7人获得全国中级导游员资格证书，40人获得全国导游员资格证书，通过人数创历史新高。

【象山导游在省导游大赛上获佳绩】　3月3日，2017年浙江省导游大赛落下帷幕，大赛以“树职业道德、赛职业技能、展职业风采”为主题，共分个人展示、自选导游讲解、即兴讲解和综合应对能力问答四个环节。全省11个地市共30名导游进入决赛，宁波3位导游参赛，其中2名为象山导游。经过激烈角逐，象山导游陈关东、奚俞分别获得全省导游大赛三等奖和优胜奖。

【宁波工人疗养院】　3月28日，宁波工人疗养院（半边山度假酒店）正式投入使用。酒店位于象山半边山旅游度假区，距离石浦镇中心5公里，县城25公里，宁波市区70公里。院区占地面积约5.04万平方米，总建筑面积7.61万平方米，项目总投资约7亿元。主要分为疗养区、体检区、接待区、专家公寓楼等四大功能区块。院内共有312套各类客房；6间不同大小、规格的会议、培训室；近4000平方米的体检中心及多个餐厅、宴会厅和餐饮包厢。截至2017年年底，象山共有高品质酒店12家。

【文明旅游宣传】　4月12日，开展“文明旅游　行业先行”主题实践活动，县旅游主管部门工作人员以及全县各旅行社、旅游景区80余位实习地接导游培训人员参加活动，在签字板上签字，承诺做文明旅游行业带头人。4月底，启动首届“文明旅游”小小导游大赛，以“大手拉小手”方式创新文明旅游宣传新途径。8月2日，开展“做文明礼让好游客，传文明旅游正能量”文明旅游广场宣传活动，县内10余家旅行社在广场上向市民们讲解文明旅游知识，发放倡议书2000余份，营造了文明旅游的良好社会氛围。9月，出台《旅游不文明行为记录制度》《旅游企业和从业人员的信用评价机制》《旅游“红黑榜”评价机制》，推进旅游诚信建设工作，提升公民文明出游意识。

【县地接讲解员培训班】　4月12日至4月14日，县旅游主管部门举办2017年地接讲解员培训班，来自全县各旅行社、旅游景区80余位学员参加培训。培训邀请旅游院校老师、旅游行业专家、高级导游授课，内容包括本地旅游知识、导游业务、导游讲解技巧、旅游文化、导游职业道德、对客服务心理、象山主要景区讲解等。

【首届小小导游大赛】 5月15日,象山"全域旅游,文明旅游"首届小小导游大赛拉开帷幕。大赛由县旅游发展委员会主办,县文明办、县电视台、团县委联合协办,全县各个学校的300余名小朋友参与比赛。活动以"小手拉大手"的新形式宣传文明旅游,向"游客"们展示象山的人文景观、历史文化。最终10位小选手脱颖而出获得一、二、三等奖。

【构建全域旅游目的地救援体系】 6月21日,2017年县海上防溺水应急救援演练暨全域旅游目的地救援体系启动仪式活动在松兰山旅游度假区举行。全县18个镇乡(街道)应急救援小分队、5支民间户外专业救援队以及县内涉海景区应急救援队等260余人参加活动。启动仪式上,蓝豚救援队队员从当前安全形势入手,开展了防溺水应急救生理论培训,并现场模拟5种不同情形突发溺水场景,进行防溺水应急救援演练。启动仪式还为18个镇乡(街道)的应急救援小分队、5支民间户外专业救援队队伍进行了授旗。象山各镇乡(街道)在统一组建旅游目的地应急救援小分队的基础上,根据实际需要,就近与县内的7支民间户外专业救援队签订定向结对协议书,形成以救援队为点,所结对镇乡(街道)为面的"1+N"全域旅游目的地救援体系网。

【县旅游业协会与行政部门正式"脱钩"】 7月28日,县旅游业协会第三届会员大会召开,县委常委、常务副县长陈兴立出席会议。县旅游业协会作为首批试点单位,率先与县旅游发展委员会脱钩,原旅游协会名称、章程、会员单位、理事单位等根据相关要求做出变更调整并重新注册登记,同时在协会内部设立旅游景区景点、旅游饭店、旅行社、旅游专业人才委员会等四个专业分会。全县共有82家涉旅企业和35名旅游行业资深人士、专家人士加入县旅游协会。

【举办宁波市导游大赛选拔赛】 9月27日,2017年宁波市导游大赛选拔赛在宁波松兰山海景大酒店举行,全县19家旅行社、导服中心及四大景区共13名导游参加。选拔赛以"弘扬工匠精神,展示行业风采"为主题,内容包涵综合知识测试、景点讲解、选题演讲、风采展示四个方面,以笔试与面试相结合的形式展开。邀请院校老师、旅游资深专家作为评委,通过对选手的综合知识储备水平、专业讲解能力、沟通协调能力、对宁波城市文化旅游发展以及导游职业规范的熟悉程度等方面的考察,最终评选出7名优秀导游人员代表象山参加宁波市导游风采大赛。

【全域旅游金融创新】 9月6日,县旅游发展委员会、县农信社、人保财产象山支公司三方签订《象山县"政银保"合作协议》。"政银保"是政府、银行、保险公司抱团服务旅游的金融产品。贷款对象主要为特色民宿、小型特色文化主题酒店和新业态旅游项目,借款人为个人客户的单笔贷款最高可达100万元,借款人为企业客户的单笔金额最高可达300万元。

【全域旅游综合保险】 9月6日,县旅游发展委员会与中国人民财产保险股份有限公司象山支公司签订《象山县全域旅游综合保险合作协议》,为每名到象山的游客购买一份旅游意外保险保障。保障对象为到县境内的所有游客(包括探险游、观光游、商务游、自驾游、自由行、自助游等不同方式在象旅游的所有游客),在为期一年的保险期间内,游客在旅游过程中发生意外事故(车辆交通事故除外)而导致保障对象人身伤亡,人保财险将按照每人伤亡责任限额10万元、每人医疗费用责任限额2万元、每次事故责任限额50万元进行赔付。

影视文化产业

【概况】 2017年是县"双驱动、双突破"发展战略的关键年。宁波影视文化产业区以创建全省唯一影视类特色小镇为契机,以围绕电影、回归电影为发展思路,2017年,影视产业区实现经营性收入16.28亿元,同比增长79%,实现税收8412万元,接待游客224万人次,同比增长22%,门票、商贸和影视拍摄等经营性收入9607万元。其中"十一"黄金周接待游客量9.8万人,门票收入1025万元,均同比增长43%,创象山影视城历年节假日门票收入和游客量之最;驻地拍摄剧组146个,同比增长24%,创历年拍摄数量新高。8月2日,象山星光影视小镇进入第三批省级特色小镇创建名单,成为全省唯一影视类创建小镇;8月21日,举办第三届省级特色小镇论坛,108位省级特色小镇镇长齐聚象山星光影视小镇,对小镇的小镇建设和产业发展高度评价。8月21日,李关定副市长对象山星光影视小镇创建工作作肯定批示。8月17日—19日,象山影视城与中国电影家协会、浙江省文学艺术界联合会、浙江省电影家协会联合举办首届中国戏曲电影盛典。9月22日,召开全国影视文化产业知名品牌创建示范区动员会,大活动大事件的开展推进象山影视城大平台建设,成为象山旅游经济和文化产业发展的金名片。

【象山影视城7剧组3700余人春节"扎堆"赶戏】 《醉玲珑》《将军在上》《终极三国》等7个剧组共计3700余位演职人员在象山影视城过年,其中《醉玲珑》剧组驻象山拍摄5个月,《终极三国》档期排至2017年5月。象山影视城落实"一对一"剧组专人服务,协助剧组采购年货、预订年夜饭,发放慰问品600余份,安排入住城区、石浦等地近30家酒店1700余人次,周边上盘村、灵岙村等3个演员村及黄公岙入住2000余人。春节期间剧组将配合开展"天天明星拜年会""明星见面会"等专场活动6次。

【象山影视城第五届影视庙会】 新春首周,借助春节在拍剧组"扎堆"赶戏推出象山影视城第六届影视庙会。节日当天,盘鼓迎宾、环球飞车、福禄寿喜派红包、天天明星拜年会、明星砸金蛋、三仙归洞、吹破天、上刀山等民间绝活、年味一条街等庙会活动让游客大饱眼福。春节期间,象山影视城累计接待游客16.15万人次,门票收入777万元,同比分别增长10.1%和48%。

象山影视城盘鼓迎宾　（张陆沁　摄）

【千人汉服学国学】 3月18日，象山影视城第五届踏青节（桃花节）系列主题活动“拜师学艺昆仑虚，千人汉服学国学”在大理皇宫举行。活动当天，来自象山丹城五小的小朋友们穿上汉服，体验集体拜孔、形体礼仪、表演写字等完整的开蒙礼流程，感受先人留下的传统习俗，吸取尊师爱学的思想精华，从而引导参礼儿童感受父母的养育之恩，感谢老师的辛勤教导，为小朋友们带来传统文化教育的开篇之笔。

象山影视城“千人穿汉服”活动现场（张陆沁　摄））

【风劲角弓鸣，英雄猎影城】 3月19日，2017“ACAC”国际传统弓象山论箭大赛在象山影视城古战场举行。该次大赛有来自7个国家的52个代表团，共198位运动员参赛，上演了一场别开生面的射箭大赛。

【象山影视城实现粉丝效应一季度成绩创新高】 象山影视城依托《三生三世十里桃花》《上古情歌》等热播剧，扩大粉丝经济效应，推出明星探班游、“看三生三世十里桃花，游象山影视城”等特色路线，助推影视旅游升级发展。一季度共接待游客41.2万人次，门票收入1494.7万元，同比分别增长3.1%和55.7%，拍摄剧组36个、同比增长100%，拍摄天数880天、同比增长130%，预约剧组《狼殿下》《刺局》等10余个。

【清明小长假创单日历史新高】 清明小长假三天，象山影视城共接待游客50645人次，同比增长74%。门票收入同比增长171%。其中清明小长假第二天，景区接待游客22315人次，同比增长113%，门票收入同比增长219%，创清明小长假单日历史新高。

【象山影视城荣获“浙江省五一劳动奖状”】 4月28日，浙江省“五一”劳动奖评选结果揭晓，象山影视城开发有限公司作为全省唯一一家旅游风景区，荣获“浙江省五一劳动奖状”荣誉称号，也是县唯一一家获此殊荣的单位。

【“五一成绩单”500万完美收官】 4月29日，象山影视城举办第九届影视嘉年华，围绕“电影，一起来狂欢”主题打造特色活动。借力“五一”期间在拍剧组推出天天明星见面会，更有影视飞车特技趴、巴西女郎齐热舞，借势《三生三世十里桃花》推出“三生三世十里桃花”诛仙台剧情再现等新内容。此外“五一”期间，根据《思美人》的热播，与爱奇艺合作推出“看思美人游象山影视城”推广宣传。“五一”小长假三天，象山影视城门票收入共计500万元，创“五一”小长假历史新高。

《白夜侠》明星见面会　（张陆沁　摄）

【浙江省人大常委会委员胡坚到象山影视城调研】 5月9日，浙江省人大常委会委员、教科文卫委员会副主任委员胡坚，宁波市人大教科文卫委员会主任委员杨小朵到象山调研公共文化服务和文化产业发展工作。县人大常委会主任金红旗，县委副书记、政法委书记孙小雄，县人大常委会副主任胡建萍陪同相关活动。胡坚实地考察了象山影视城并听取了县相关部门汇报。

【端午小长假创历史新双高】 端午小长假三天，象山影视城景区游客接待量突破5万人次，同比增长15%。门票收入200万元，同比增长56%。创端午小长假双历史新高。

【智慧景区提升旅游信息化管理建设】 象山影视城根据游客出行、消费方式转变，通过安装出口闸机、“智游宝”、身份证自动识别系统及二维码扫码机等设备提升游客满意度。同时实现游客服务中心、影视城大酒店、神雕广场及大理皇宫区域的WiFi全覆盖，完成景区二维码导览导视牌和语音导游功能，完成景区官网改版，开通在线预定、支付功能，完成与“智游宝”系统的连接，实现了线上线下一站式电子购票服务，全面打造智慧景区。

【招商引资】 6月30日，县人民政府出台完善的《关于扶持宁波影视文化产业区影视产业发展的若干意见》，在企业落户、企业奖励和税收政策等方面推进影视文化产业发展。在企业招商上，参加上海国际电影节、金鸡百花电影节、深圳周、香港国际影视展等招商推介会和投融资洽谈会，提升象山影视城的知名度；在企业注册上，切实提供实行最多跑一次和五天办结的高效方式，并实行零收费服务。在企业奖励服务上，实行一次性提供材料、全程代办、季度返税的服务。在政策扶持下，依靠象山注册流程简化、服务效率较高、落户成本较低的招商平台，年内以来引进企业落户391家，落户企业营业总收入13亿元，税收达7029万元，同比分别增长75%、180%和89%。王宝强、汤唯、张纪中等13家知名影视工作室相继落户，落户企业总数达700家，达到全省落户企业的28%。共有133家落户企业申请财政奖励，发放奖励及补助2959.85万元。新增象山泽悦、象山守诚、宁波大德圆融3家企业上规。

【第四届泼水节】 7月1日至9月3日，象山影视城举办第四届泼水节。泼水节开幕式当天，正在象山影视城取景拍摄电视剧《狼殿下》剧组的演员马东辰和赵崔玮空降泼水节现场。作为关爱小候鸟使者助力关爱小候鸟计划现场为小朋友们发放水枪、图书等礼品并和小朋友们一起互泼玩乐零距离互动并宣布象山影视城第四届泼水节正式开幕。此外更有吃西瓜大赛以及大型情景剧《泼水的传说》演艺秀助阵泼水节。

《泼水的传说》演艺秀　(张陆沁　摄)

【"民国狂欢夜"夜游项目】 7月1日至8月31日,象山影视城围绕"夜经济"主题,启动"民国狂欢夜"夜游项目,举办荧光之夜、民谣之夜和明星之夜等主题周,以"白+黑"模式丰富旅游产品。据统计,7—8月份夜游接待游客1.58万人数,门票收入75.5万元。

夜游现场

【浸入式民国影视主题乐园在象山开园】 7月2日,中国海影城首期园区——"海上传奇"主题乐园正式开园试运营,海影城项目由浙江广电集团和县联合打造,总投资15亿元,占地面积约66.67公顷,全部建成将成为浙东海洋旅游新的热点目的地。一是配强力量,助推影视旅游发展。与浙江广电集团建立良好合作关系,整合浙江广电优质传播资源、标杆节目、IP项目落地,提升园区知名度。推出"店小二"式全方位服务,保障海影城项目有序推进。二是拓宽布局,丰富影视场景建筑。邀请国内顶尖电影美术设计师团队,融合多元文化建成50幢形态各异的民国风格单体建筑,集聚街巷空间、院落空间、特色民国码头及火车站场景等拍摄要素。三是创新演艺,满足游客互动需求。首创全园浸入式游乐概念,策划推出优惠换装活动,引导游客换上园区准备的民国风格服装游玩,为游客提供全新的游乐体验。开发悬幻情景剧场《夜半歌声》和动感体验剧场《上海滩传奇》等游乐项目,全面满足游客体验式需求。

【影视管委会谋划全面筑牢夏季高温"安全墙"】 7月份酷暑时节,为提升高温天气游客游览舒适度,保障剧组拍摄期间安全,影视管委会及时谋划安排,做到以下三点。一是落实责任分工。召开景区安全工作动员会,结合景区夏季高温旅游安全工作特点,完善高温防暑应急预案,成立专门领导小组,分别对游客、剧组、在建工程、一线员工等4个方面责任进行明确,加强景区安全工作管理。二是提升景区硬件设施。在水帘洞路口、北大门等游客聚集处安装雾森清凉点8处、大型排风扇20余台、降温冰块20处、遮阳伞100顶、休闲桌椅120余套供游客休息,增设直饮水服务点10个;景区内设立"防暑用品免费提供点"10个,提供风油精、藿香正气胶囊、人丹等5类药品550余份,导游、电瓶车驾驶员、物业等配备防暑急救包40个。三是加强景区巡查服务。针对私拉电线、废纸堆放、易燃易爆物品管理、车辆隐患等情况,对演出团、经营户等12家单位进行检查,共发现隐患3条,责令整改3条,整改率100%;景区内设置温馨提示牌20块,借助微信、短信、户外LED屏等,发送防暑降温信息18 条,向10个在拍剧组和13个置景剧组发送高温安全(防暑)温馨提示单。开展员工应急救护培训1次,培训员工100人次。

【《极限挑战》在象山影视城录制】 8月2日,《极限挑战》第三季第十期在象山影视城顺利录制完毕。这是继2015年录制《全民加速中》之后,象山影视城再一次顺利录制大型综艺类真人秀节目。

极限男人帮齐聚桃源行宫

(张陆沁　摄)

【象山影视城为全省唯一创建类影视特色小镇】 8月2日,全省特色小镇规划建设工作现场推进会发布第三批省级特色小镇创建名单,象山星光影视小镇成功入选,成为迄今108家创建单位中唯一的影视特色小镇。象山星光影视小镇以象山影视城为主体区域,规划面积3.12平方公里,建设面积1.09平方公里,着力打造集影视旅游、休闲度假、影视制作、艺术众创等功能于一体的中国知名影视旅游特色小镇。

【中国首届戏曲电影节系列活动】 以活动为载体,在产业推广同时推进产业融合,有效搭建形象宣传、文化交流、产业合作的平台。7月6日至8日在象山举办了首届中国戏曲电影展推优评选会。经过11位专家评委投票从37部参展影片中最终诞生了10部优秀戏曲影片、1部优秀原创戏曲电影以及1部优秀改编戏曲电影三项大奖。8月16日至18日,象山影视城与浙江省电影家协会共同承办首届中国戏曲电影展系列活动,此次活动共设有戏曲电影高峰论坛、戏曲电影交流与合作推介会、戏曲电影颁奖盛典等"配套内容";8月17日晚,首届中国戏曲电影展获奖作品揭晓。中国电影家协会分党组书记、副主席张宏,浙江省委宣传部副部长唐中祥,浙江省文联党组书记、副主席田宇原,文化部艺术司副司长吕育忠,宁波市委常委刘长春,宁波市委宣传部副部长张文杰,宁波市文化广电新闻出版局局长张爱琴,县委书记叶剑鸣、象山县人民政府县长黄焕利等领导及200多名来自全国的电影人、戏曲名角共襄盛世。活动取得圆满成功。

首届戏曲电影展开幕式（张陆沁　摄）

【237位镇长齐聚星光影视小镇】 8月21日，来自浙江省237位特色小镇镇长齐聚象山星光影视小镇采风，感受这座小镇独特魅力。在此次采风活动，镇长们考察了神雕侠侣城、春秋战国城、民国城、唐城、海影城、水下摄影棚和数字摄影棚等。深入拍摄现场，感受剧组日常拍摄和设备，影视城独特的旅游资源、丰富的影视拍摄资源，给他们留下了深刻印象。“镇长”采风团还亲身体验各项演艺活动，影视城内三步一景，五步一体验，一条街上甚至同时拥有数场现场表演，既有武大郎、潘金莲、西门庆与杨过的时空混搭，王员外抛绣球招亲的武侠经典桥段，也有吊威亚和江湖绝技等大型舞台体验，获得了镇长们的一致称赞。

“镇长”采风团观看“三仙归洞”表演（张陆沁　摄）

【“全国影视文化产业知名品牌创建示范区”建设工作动员大会】 9月22日，县政府召开“全国影视文化产业知名品牌创建示范区”建设工作动员会。县市场监管局、县旅委、县文广新局等22个单位分管负责人，县市场监管局相关科室、站、所负责人，宁波影视文化产业区管委会中层以上干部，以及宁波影视文化产业区落户企业负责人共54人参加这次会议。这次动员大会肯定了知名品牌示范区创建工作阶段性成效，高度统一了各部门单位及广大企业的思想认识，明确了知名品牌创建工作职责，分解落实各项创建工作任务，将全面深入推进知名品牌示范区创建工作。

【象山影视城新建“唐城”】 为丰富影视场景，填补全国影视基地唐景空白，年内6月，象山影视城与徐州仨仁影视公司合作投资5500万元新建“唐城”项目。该项目位于象山影视城原陆家庄区域，占地面积4.73公顷，包含景教、万泉宅、霍寨、古代坊墙等唐朝典型建筑65幢，于10月份全部完工。11月11日，由曹盾导演投资5亿元的《长安十二时辰》剧组首个入驻开拍，拍摄周期6个月。《捉妖记3》《帝王业》等8个剧组预约拍摄。

唐城全景（张陆沁　摄）

【象山影视城第十届影视嘉年华获2017宁波旅游节社会办节一等奖】 11月3日，在2017宁波旅游节闭幕式暨“畅想2020”—宁波城市旅游主题推介会上象山影视城获得2017宁波旅游节社会办节一等奖

原国家旅游局副局长吴文学为象山影视城颁奖（张陆沁　摄）

【宣传工作新格局】 立足节庆宣传和影视宣传，在维护好与传统媒体关系的基础上，加大与新媒体合作。与新浪APP头条、中新网、《宁波日报》等200多家媒体合作新闻报道4600余篇，其中宁波日报报道60次，头版14次。首届中国戏曲电影节在央视戏曲频道、《中国文化报》《中国电影报》等48家媒体宣传报道。在节庆宣传上，泼水节期间发布微信105篇，阅读量达24万+，《4位香港巨星跑象山来避暑！猴赛雷的民国狂欢》阅读量达5000+，《六男“极限挑战”象山影视城，@象山人自动转发《走起！》阅读量达13164人次。夜游宣传上，在宁波各县市区及浙江旅游等16个微信公众号平台发布，总阅读量达13万人次；“十一”国庆黄金周发布微信44篇，阅读量达15万次。其中《今日象山》影视城门票收入超200万，创历年国庆长假单日新高！和《国庆黄金周首日，象山影视城人气火爆！》阅读量达7000+。在影视宣传上，围绕剧组开机、剧组杀青、剧组探班、明星生日会、明星专访等内容发布稿件38篇次，推荐总量2800万+，阅读总量4.1万；其中《景甜教你如何“自残式”防蚊！》视频得到新浪微博、当日头条等平台推荐，总播放量高达77万+，影视宣传工作取得显著成效。

【驻地拍摄剧组井喷】 2017年，象山影视城剧组引进数量创历年新高，相继接待《武动乾坤》《狼殿下》《功夫联盟》《真三国无双》等剧组220个，其中拍摄剧组150个，拍摄天数3615天，同比分别增长24%、21.4%。国庆中秋长假后，单日在拍剧组达15个，稳居国内影视基地拍摄剧组数量第二位。

《武动乾坤》剧组开机仪式（张陆沁　摄）

《真·三国无双》剧组杀青（张陆沁　摄）

【首届演艺岗位技术技能竞赛】 12月19日，为促进各岗位技能技巧的学习与交流，激励演职人员努力提升自己的专业技能，形成“比、学、赶、帮、超”的良好气氛，达到提高演艺综合服务水平的目的，象山影视城首届演艺岗位技术技能竞赛在民国城魔术剧场举行。

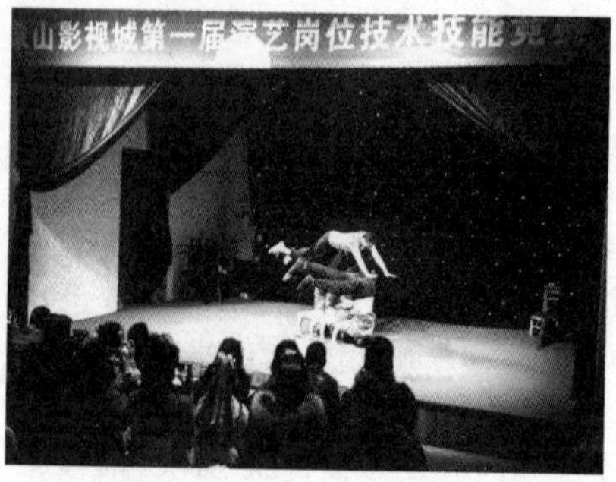

首届演艺岗位技术技能竞赛

（张陆沁 摄）

【宁波市首家侨资投资影视类企业落户】 12月19日，由浙江涅槃影业和香港明星洪天明共同合作成立的象山涅槃影业有限公司落户宁波影视文化产业区，注册资金300万元人民币，为2017年市第一家台港澳侨投资企业，产业区第一家中外合作影视类企业。主要经营电影摄制、演出经纪、组织文化艺术交流等活动。产业区管委会全程做好代办服务，通过协调市场监督局、国安局、招商局、市外经贸委等多个部门，解决名称核查、房屋租赁涉外事项审批、合营企业协议等问题，成功推动企业落户。

【全国影视文化产业知名品牌创建专题讲座】 为了推进全国影视文化产业知名品牌创建工作，提升全员素质，规范影视文化产业管理，保障影视文化产业稳定发展。12月21日下午，宁波影视文化产业区管委会邀请中国计量大学教授、副院长钱晓耀为管委会中层以上干部及象山影视城开发有限公司，宁波石勇影视文化传播有限公司，浙江广电象山影视(基地)有限公司，宁波时光坐标影视传媒有限公司，宁波星殿文化发展有限公司等5家标杆示范企业做全国影视文化产业知名品牌创建专题讲座。

（王闻一）

渔港旅游开发

【概况】 2017年，县石浦渔港旅游开发管理委员会旅游体制改革后，完成与县旅游集团的交接工作，实现政企分开，并加快融入石浦镇政府，围绕创建国家全域旅游示范区和石浦渔港风情小镇创建的目标，坚持“高起点规划、高标准建设、高要求规范、高品质提升”要求，与石浦镇联合成立“全域旅游和风情小镇”创建工作领导小组，组织协调创建工作的推进和落实，同时联合驻石相关职能部门建立创建工作联席会议制度，定期研究推进创建工作，及时破解工作推进中的困难和问题，保障各项工作有序推进。截至2017年年末，共完成3项规划编制，引进4个高端旅游项目，完成改造城区厕所45座、旅游厕所13座，完成中国渔村与半边山景区的“最后一公里”环境整治，并成功创建浙江省首批旅游风情小镇。

【半边山旅游度假区】 东海半边山旅游度假区项目总用地8平方公里，建设用地335.66公顷，旅游项目总投入逾50亿元，为华东地区最大的生态型综合性海洋旅游项目。度假区依托该区域山脉、海洋、沙滩、海岛、渔村等自然与人文资源，遵循低碳、生态、智慧的理念，打造集大众旅游、商务休闲、滨海度假、康体养生于一体的海滨度假休闲胜地。经过多年打造，至2017年年底，皇冠假日、工人疗养院两大酒店相继开张营业；五彩渔镇一期主体建筑结顶，二期围护桩、工程桩施工全部完成；四季渔庄完成水系管理房、培植基地、海防巢营建设；欢乐海洋2个主体建筑结顶，管理用房人工挖孔桩施工完成，地下室部分完成，基础开始施工，威尼斯大道约完成70%，投入使用；房车营地水塘头地块完成概念方案设计；海防营地块计划购置房车两辆；自行车道8公里全部建设完成，游步道与道路连接完成40公里，完成总工程量的80%。

【石浦乡村旅游转型发展】 2017年，沙塘湾“宁波民宿第一村”与东门“中国最美渔村”民俗文化村落特色区块开发效果显著。沙塘湾村引进和培育特色民宿，完成农房流转23户，其中宁波目的地旅行16户14幢，小湾4幢动工建设，旅游集团7户；入口隧道改造工程完成立项；居家养老项目完成编制概算，规划报批；溪坑整治工程完成初步方案设计；小湾道路完成路面浇筑，综合管线项目全面实施。东门村依托中央资金，完成《东门岛生态保护与修复项目实施方案》编制，并着手各项目的实施推进。完成古宅修复10座；直街立面改造完成总工程量的20%；气象平台完成总工程量的85%；污水处理工程完成总工程量的80%。同时加快以饮海三湾金宿级民宿为标杆的特色民宿培育，支持鼓励特色民宿发展，推进石浦三湾路廊片区、对面山湖礁湾等区块精品民宿项目建设，引导现有民宿提升文化内涵并做好规范建设，确保诚信经营，规范运作。

【石浦旅游滨海绿道和观景平台项目】 3月份启动石浦滨海绿道项目。该项目东北至半边山景区，东南至东门岛，西南至炮台山、大金山、后岗山区域，总共10条绿道，结合石浦镇“山、海、城、田、岛”的生态特征，分山地型、滨海型、城镇型、乡野型四种不同类型，总长度38261米，总投资约6000万元。截至2017年年底，炮台山步道景观平台及绿道进场施工，完成总工程量的30%，建设费用约450万元；绿道2号、3号、5号线完成初步设计，建设费用约1600万元；东门岛的8号、9号线绿道完成初步设计正在完善。

【石浦渔港风情小镇受邀参加浙江旅游交易会】 12月29日，县石浦渔港旅游开发管理委员会参加由浙江省旅游局牵头的浙江(上海)旅游交易会暨“美景、美食、美宿、美购”特卖会，在为期三天的展会上，石浦渔港风情小镇通过盘扣、鱼拓、船模等渔文化特色手工艺品售卖、发放各类旅游纪念品和宣传册等形式，展示石浦独具特色的地方文化和民俗风情，提升石浦渔港风情小镇的知名度、认可度和满意度。据统计，参观象山渔港风情小镇展台的游客共约2100人次，发放各类宣传册4000余份。

【石浦渔港古城二期棚改项目推进】 石浦渔港古城二期棚改项目,根据调查摸底和判断分析结果,细分为水门头、碗行街以东、谢家弄、倪家弄、幸福路以南、牌坊井以东、老食品厂、老医院、营房街、中街、蔡家弄等十一个区块,共涉及征迁户2460户,其中私房1875户、公房585户,总用地面积约18.0万平方米,总建筑面积约17.9万平方米。在前期开展入户调查、全面掌握底数基础上,经县征收办、县棚改办等部门研究分析,坚持"以块带面、以易破难"原则,分三批推进老城区改造项目。第一批改造区块即三、四、五区块,总涉及户数654户,其中私房456户、公房198户,于3月27日启动意愿征询,同意率分别为99.7%、99.5%、98.3%;于6月1日由宁波联和房地产评估有限公司正式入场评估;于7月20日启动签约,8月28日结束,签约期为40天,前四天三个区块私房签约率均达61%,第七天第三、四区块签约生效,第九天第五区块签约生效,截至8月28日,第三区块(谢家弄)总户数288户,签约286户,签约率99%。第四区块(倪家弄)总户数194户,签约194户,签约率100%。第五区块(幸福路以南)总户数172户,签约170户,签约率98%;据初步统计,三、四、五区块签约金额分别为1.36亿元,1.09亿元,1.25亿元,共计3.7亿元,其中私房占3亿元,公房占0.7亿元,协议生效后30日内即8月30日前拨付40%补偿款,截至,发放完毕。第二批改造区块即六、七、八、九、十一区块,总涉及户数1099户,其中私房851户、公房248户,于6月29日启动意愿征询,同意率分别为98.5%、100%、96.4%、96.1%、97.8%;截至年底,完成房屋测量工作,并开始签约。第三批改造区块即一、二、十区块,总涉及户数707户,其中私房569户、公房138户,截至年底,开展房屋测量工作。

【创建浙江省首批旅游风情小镇】 县石浦渔港旅游开发管理委员会,结合"浙江省旅游风情小镇"创建要求,以石浦渔港古城及渔港路沿岸为核心区域,强化体制机制保障、丰富旅游产业形态、挖掘渔港特色风情。成立由县主要领导牵头的县、镇两级风情小镇创建工作领导小组、建立风情小镇创建工作联席会议制度和专门的运营机构。委托浙江旅游科学研究院专家团队开展环石浦港区域旅游资源普查、风情小镇创建规划编制、和特色风情挖掘展示等工作。推动一站式集成度假屋、石浦渔港"绿眉毛"休闲渔船、"游仙东门"高端酒店等项目建设,谋划海钓旅游业态,落实"南京号"退役军舰开发利用。立足石浦独特的海洋渔文化和海鲜美食文化优势,发挥旅游业的融合、催化和集成作用,做好"旅游+"文章。做大做强石浦旅游节庆,加大中国开渔节、"三月三"、海鲜美食节等旅游节庆宣传力度,丰富活动内容,深化打造"石浦十四夜""六月六"等地方特色民俗节庆活动,打响石浦海洋渔文化品牌。传承和挖掘石浦传统特色美食,组织海鲜创新菜评比,征集石浦海鲜菜名,研究海鲜推广菜品,打响中国海鲜之都的石浦海鲜品牌。推进滨海绿道、观景平台建设,加大旅游厕所改造提升力度,加快东门气象平台、直街立面改造等建设;协同石浦镇政府统筹交通标志标牌及旅游标志标牌设计,并进行统一制作和安装;推动智慧旅游建设,完善游客咨询、自助讲解、购票等服务体系,为游客提供更加便捷、人性化的旅游服务。截至2017年年底,共细化工作任务280余项,召开协调会议13次,开展集中督查11次;制作并发放宣传手册2000份,完善标识标牌38处、美化旅游厕所7处;在汽车东站、海丰广场等重要区域布置景观灯18根、渔文化特色景观5处;在渔港路、金山路等重要路段布置花箱34组,耳旗、威风旗413枚,灯箱广告200余个。在全省旅游工作会议上,省政府公布了首批14家浙江省旅游风情小镇名单,石浦镇榜上有名。

张民奎

乡村旅游

【概况】 2017年,县乡村旅游共接待游客549万人次,直接营业收入5.71亿元,同比增长18.3%和18.5%。新增2家省级休闲旅游示范村,1家省级农家客栈(民宿)集聚村,2家省五星级经营户,4家省四星级经营户,1家市级农家乐客栈(民宿)集聚村,2家市级农家乐休闲旅游特色村,9家市级三星级农家乐星级经营户。全县共有各类农家乐特色村、示范点36个,星级经营户93家,民宿(农家客栈)共602家,床位数1.1万余张。

【"三特"创建工作】 2月,县政府办公室印发《关于开展旅游"特色乡镇""特色乡村""特色民宿"创建工作实施意见》,启动"三特"创建工作。5月,县旅游部门制定出台《象山县旅游特色镇乡(街道)创建标准(试行)》《象山县旅游特色村创建标准(试行)》;8月,县旅游部门制定出台《象山县特色民宿星级评定工作的指导意见》,指导"三特"创建工作。在各镇乡(街道)、行政村自愿申报、专家评定的基础上,最终确定泗洲头镇等3个镇乡(街道)列入首批县旅游特色镇乡(街道)创建名单;确定碶头陈村等7个行政村列入首批县旅游特色村创建名单;饮海三湾等11家民宿列入首批县旅游特色名宿创建名单。

【《象山县民宿管理办法(试行)》】 8月,县旅游部门联合审管办、公安、环保、消防、卫生等相关部门出台《象山县民宿管理办法(试行)》,明确民宿定义和实施范围,并详细规定民宿的建筑设施、消防安全、食品卫生和经营管理,明确了民宿的审批程序。明确公安、环保、消防、卫生、市场监督管理等相关部门职责,县旅游部门牵头综合协调,审管办牵头相关部门对申报的民宿统一踏勘、统一验收,对符合要求的民宿发放相关经营许可证,实行统一管理、一次性办证等服务。

【首批33个A级景区村庄创建成功】 根据《浙江省A级景区村庄服务与管理指南》《浙江省A级景区村庄服务质量等级评价细则》有关要求,县33个村被评为浙江省A级景区村庄。其中,茅洋乡银洋村、墙头镇方家岙村、晓塘乡西边塘村等6个村庄被评为浙江省首批AAA级景区村庄。

【乡村旅游业务管理能力提升培训班】 12月26日至28日，象山举办乡村旅游业务管理能力提升培训班，全县18个镇乡(街道)旅游分管领导及相关工作人员共52人参加培训。

培训采取专家授课、现场教学及研讨交流结合的方式进行。理论培训邀请了浙江旅游职业学院章览教授进行授课，主要围绕浙江省A级景区村创建标准、建设中的误区及创新思路、旅游厕所标准等内容进行解读，为下一步A级景区村庄创建打开思路。同时，组织学员前往天台县安科村、张思古村、后岸村及温岭市石塘镇实地考察学习先进工作经验。

【象山代表队在市农家特色菜大赛获得佳绩】 9月24日，象山三支代表队参加由宁波市农旅办主办，宁波市农家乐休闲旅游协会等相关部门联合举办的2017年宁波市农家特色菜大赛。象山代表队获得团体三等奖，象山民俗文化村“海岛主题”展台荣获海岛类展台铜奖，方家岙旅游服务部“方家岙”展台获山区类展台铜奖；象山民俗文化村“海天福地”获热菜类金奖、萝卜团获点心类铜奖，方家岙村“方家四香”获冷菜类铜奖、米馒头获点心类铜奖；方家岙村欧吉夫、沙地村奚士赞获“银勺大厨奖”，民俗文化村鲍海祥获“铜勺大厨奖”。

旅游投资

【概况】 2017年，县旅游集团围绕“双突破双驱动”战略，以全域旅游创建为目标，以项目建设和业态提升为突破点，先后完成职能核定、架构设置、清产核资、股权划转、岗位定编、人员安置及内控体系完善等改革重组系列工作，并于4月份顺利通过重组方案。加快推进石浦一冷、沙塘湾、檀头山等在建工程，平稳接管运营石浦渔港景区，招商引资、投融资运作、智慧旅游建设等工作均取得了阶段性成效。石浦渔港累计接待游客217万人次，门船票等经营性收入达3065.8万元，同比分别增长12.5%和10.9%。

项目建设

【石浦一冷渔文化创意园项目顺利推进】 石浦一冷渔文化创意园位于石浦第一冷冻厂原址，该厂区总用地面积为0.90公顷，总建筑面积约13200平方米，是石浦港渔业生产加工的重要遗存，具有特殊的渔文化资源价值。为保护和传承县海洋渔文化，挖掘和展示海洋渔文化内涵，2017年，旅游集团在石浦第一冷冻厂原建筑的基础上启动渔文化创意园改造工程。该项目总占地面积约9415平方米，总建筑面积约1.4万平方米，总投入约1.8亿元人民币，以渔港文化和工业文化为底蕴，建成一个集渔文化展览展示馆，集藏品陈列、文创基地、展览展示、科普教育、旅游观光、文化休闲、趣味体验等功能为一体化的全国性渔文化交流平台。规划主要内容包括：渔文化展示体验馆、文创体验中心、主题餐厅、休闲集市、特色民宿、渔文化广场等。2017年并先后完成地块产权划归、房屋鉴定和主体结构加固设计、概念性总体方案，10月中旬完成主体加固工程招投标后进场施工。

【石浦沙塘湾民宿开发项目完成签约和规划设计】 2017年6月，旅游集团与上海鑫滇酒店投资管理有限公司(橡树缘)达成石浦沙塘湾民宿开发项目的合作意向，9月份签订协议，并按照集团20%，橡树缘80%比例共同出资成立县缘海旅游发展有限公司，注册资金为500万元。项目首期计划投资2000万元，建设8栋滨海休闲度假类高端民宿。民宿规划设计委托上海同济大学建筑研究院完成二轮调整，12月中旬进场施工。

【檀头山固岸保滩工程竣工】 檀头山固岸保滩工程于2015年7月启动，工程总投资6188.72万元，涉及海堤加固、旅游道路、生态处理等项目。2017年1月份，旅游集团正式接管檀头山岛景区，并加快推进檀头山姊妹沙滩固岸保滩工程项目、海中沙埕至大王宫道路项目等重大在建项目进度。累计完成沙埕露营基地场、沙滩瞭望台等项目18个，并着手落实檀头山景区停车场及配套工程、檀头山公共客运码头工程项目2个，该项目于7月底竣工。

【石浦彩虹坊项目】 石浦彩虹坊区块位于石浦渔港南路，项目总用地面积8392.45平方米，建筑占地面积223.89平方米，总建筑面积512.5平方米，总投入约1000万元。该项目将作为石浦古城景区与一冷文创园项目的过渡区域，通过改建及绿化、景观等附属设施的改造提升，打造成城市居民休闲游憩以及游客度假游览区域，2017年完成项目初步设计方案。

【宁波花岙岛蓝色海湾保护开发有限公司】 2017年6月，集团和高塘岛乡政府分别按61%、39%比例出资成立宁波花岙岛蓝色海湾保护开发有限公司，共同开发花岙岛蓝色海湾整治工程。项目总投入约1.8亿元，主要包括天作塘保护修复、生态绿道建设、环岛主干道提升等工程。

【浙江首个海岛地质公园——花岙岛省级地质公园通过验收】 2017年8月份，省国土资源厅组织相关专家对县花岙岛创建省级地质公园进行验收，专家组对地质公园整体建设、科普影片、台帐资料等给予高度肯定，一致通过验收。花岙岛省级地质公园位于高塘岛乡花岙岛东北端，占地面积约35.7平方千米，以火山岩地貌与海蚀海积地貌为主，是世界三大火山岩地貌之一。自创建以来，创建办和县旅游集团严格按照《省级地质公园验收标准》扎实推进创建工作。先后高标准编制《花岙岛省级地质公园规划》，制定地质公园建设方案，开展地质公园科普、科研和宣传活动，完成地质博物馆，地质公园主碑、游客服务中心、广场等项目建设工作。花岙岛省级地质公园以历史文化、渔盐文化、养生文化、民俗文化为特色，是集科学考察、科普教育、观光游览、度假养生、休闲运动等多功能于一体的浙江省首个海岛地质公园。此次成功创建，将对推动县海岛建设，提升海洋旅游发展水平带来重要意义。

规划招商

【签订茅洋民俗文化村项目策划合同】 5月中旬，集团委托上海奇创公司对茅洋民俗文化村进行概念策划方案制作，并正式签订项目策划合同。计划投资1亿元用于项目新建和改造提升，打造成集研学基地、手工艺街区、客栈（民宿）、户外运动区、营地区、树屋区和服务区于一体的文化休闲旅游项目。

【石浦海峡广场对外招商】 3月份，按照统一布局、统一发包和统一管理的模式，集团全面启动海峡广场业态提升工作。6月14日，石浦海峡广场对外发布招商公告，招商面积约4091平方米，主要涵盖象山特色小吃、江浙沪连锁品牌小吃、跨国连锁餐厅、象山名优特产店、“非遗”展示、休闲茶楼等旅游文化休闲类。截至12月份，完成星巴克等8家商铺签约入驻。

【象山途象旅游发展有限公司成立】 11月，途家网与集团签订合作协议，双方注册成立象山途象旅游发展有限公司，途家网占股60%，集团占股40%，首期注册资金200万元，拟开发合作运营精品民宿项目。

【象山伴旅商务平台上线运营】 9月，与宁波云朵网络公司合资成立宁波云象旅游有限公司，共同开发象山伴旅商务平台，平台包括旅游信息服务、旅游电商平台、旅游服务全程追溯系统三大版块。在完成前期审批、工商名称核准及办公场地租赁等相关工作基础上，签订了象山海鲜王、团圆团点心等20余家象山特色产品企业（商户）平台合作意向书，12月12日该平台上线试运营。

投融资

【集团投融资运作取得新突破】 2017年，集团逐步调整信贷融资结构，累计调整一年期到中长期银行借款10.4亿元，占比62%。拓展新融资渠道，与银江资本、宁波旅投合作设立象山银江文旅产业基金，总规模10亿元，首期1亿元，拟投象山一流文创旅游作品和特色旅游项目。在宁波金融专家团队指导下，委托宁波科信会计师事务所对集团现有资产等进行全面核实调查，并出具尽调报告。通过资产评估增值、费用资本化等手段，资产负债率从147%下调至87%。

景区旅游

【石浦渔港古城举办第四届新春庙会】 1月28日至2月12日，石浦渔港古城举办第四届新春庙会，该活动融入了渔文化精髓与创新元素，包括品味传统小吃、舞狮迎春、“新年祈福”撞福钟、“中国年回忆”年画巡展等20个传统年味活动，吸引来自全国各地的游客参与观看。其中踩街舞龙巡游、具有浓郁渔乡特色的民俗队伍踩街、免费品尝石浦糊腊羹等十四夜活动让游客感受到浓浓年味。

【石浦渔港启动12周年庆系列活动】 4月29日至5月31日，石浦渔港以“魅力渔港·耀庆周年”为口号，正式拉开12周年庆活动序幕。周年庆结合“渔俗”“渔趣”“渔鲜”等渔文化元素，策划徒步旅游日、渔嫂织网比赛、老渔民特色演艺等10多项主题活动，推出渔家号子、魔术、变脸、象山十六碗口技、包粽子、雄黄点额、鱼灯制作等20余个互动体验类节目，让游客感受浓厚的石浦渔文化和象山“非遗”文化。同时，檀头山还将举办“青春不停步”千人徒步活动，结合音乐、烧烤、篝火、露天电影等内容，打造沙滩露营基地。

【石浦渔港启动第三届檀头山湿身节·古城童真节活动】 7月初，石浦渔港旅游启动第三届檀头山湿身节·古城童真节活动。该活动为期两个月，以檀头山海岛游和古城民俗游为核心，主要包括檀头山鸡尾酒嘉年华、主题夜、古城“非遗”手工课三大主题活动。游客既可在檀头山海水湿身大战、千人混帐夜、海岛总动员、音乐篝火趴等10余项活动中体验海岛度假游；也可走进古城景区欣赏石浦民俗风情展演，品尝年代特色、小吃，上一堂鱼香包、刺绣、鱼骨画、鱼灯、鱼编等“非遗”手工体验课，感受一座“活着”古渔镇的文化底蕴与风情。

【石浦渔港举办第四届渔民国庆节】 10月1—8日，石浦渔港举办第四届渔民国庆节，推出古城景区公鸡代娶、辣螺姑娘、赶小海等渔文化民俗汇演及檀头山岛赏月活动。

【环境综合整治为石浦渔港古城增“新颜”】 为营造良好的旅游环境，提升石浦渔港古城景区形象，推动国家级全域旅游示范区创建。6月开始，石浦渔港公司联合石浦镇政府、渔港管委会、市场监管局、石浦派出所、石浦行政执法局、石浦交警中队等多家单位，开展古城景区环境综合整治工作。前期，通过举办景区经营户专题讲座，发放环境整治告知书、商户整改通知书、免费上门改造商铺门面等形式，提前做好调查摸底和上门动员工作。7月1日起，联合执法队对江心街、碗行街、中街区域进行20余次的集中整治，共出动执法人员300人次，整治乱搭乱挂、占道经营超过60处，并清理了占道经营物品和沿街杂物，景区旅游环境秩序得到明显改善。

【海洋公司建成浙江首个水上客渡运船舶移动气象站】 12月，县海洋休闲旅游发展有限公司在石浦至渔山列岛航线和檀头山航线的“渔光曲3号”“渔光曲7号”船舶上成功安装浙江范围内首个水上客渡运移动气象站并投入运行。该型海上移动气象站是国内先进的自动气象观测设施，能够24小时不间断接收气象部门的实时气象预报信息。同时，将船舶现场海上风速、风向、能见度等气象观测要素通过GPRS通信实时地传输到气象部门，为气象部门作出准确预报提供实况数据。

【真人秀节目《七十二层奇楼》在县花岙岛取景拍摄】 4月27日下午，国内首档明星户外悬疑探秘类真人秀节目《七十二层奇楼》在县花岙岛取景拍摄。人气“小鲜肉”吴亦凡、吴磊，香港演员任达华、“当红花旦”赵丽颖、二人转演员王小利等明星参加录制。

信息化和信息产业

信息基础设施

【概况】 2017年,象山县推进信息网络基础建设,移动、电信、联通新增约220个AP,4G宏站规模达到659个,新增NBIOT网络800M基站331个。加快智慧城市建设,重点发展智慧旅游、智慧交通、智慧健康等项目,发展软件产业,全年实现软件及信息技术服务产值5.1亿元,同比增长18%。

【市经信委副书记徐红一行赴县调研智慧城市建设情况】 2月17日,市经信委副书记、副主任,市智慧办主任徐红一行赴象山县调研智慧城市建设情况,县经信局副局长屠方宏及信息化科相关人员陪同调研。徐红一行先后走访了石浦城管局、宁波盛洋电子有限公司。徐红强调,在智慧城市建设中需要着重做好以下三方面工作:一是加快完善工作推进机制,做好系统的谋划对接工作;二是加强信息资源整合共享,尤其基于政务云平台及基层社会治理等应用平台的对接工作;三是加快特色产业的培育,助力"中国制造2025"试点示范城市建设。

【投放1000辆公共自行车】 3月9日,作为宁波市域范围内最后一个尚未投放公共自行车的县市区,象山县年内也要投公共自行车。计划首批在丹城投放1000辆,3年内达到3000辆规模。采取无桩模式,而且与市面上流行的共享单车不同,象山公共自行车不仅支持手机APP,使用市民卡也能对其解锁。

【县智慧办联合电子政务办在象山宾馆召开全县信息化建设座谈会】 3月20日下午,县智慧办联合电子政务办在象山宾馆召开县信息化建设座谈会,网信办、公安局、市场监管局等近二十个部门的信息化科室负责人参会,参会者对本部门2016年的信息建设情况及2017年主要的工作计划进行交流分享,该座谈会对象山县2017年内开展好智慧城市建设奠定基础。

【"信息化+慢病管理"创建慢性病管理新模式】 为加强对高血压、糖尿病等慢性病患者管理,5月3日,象山县首创"信息化+慢病管理"模式,即在县区域卫生信息平台上搭建县慢病管理平台,对县所有医疗机构慢病报卡进行实时收集、上报及审核,与慢病患者电子健康档案匹配后,将患者诊断、近期药物治疗、最近一次检查等情况通过报卡印发至17家基层卫生院。基层卫生院根据报卡信息,及时对辖区内慢病患者进行管理,并将随访记录实时上传至县区域卫生信息平台。

【工控系统网络安全检查工作会议召开】 5月5日上午,县企业工控系统网络安全检查工作会议召开,大唐乌沙山电厂在内的10家企业参加会议。 会上,县经信局信息化科科长张宇传达工信部、省、市三级职能部门的文件精神,布置县相关企业的检查要求。通过介绍两起工控系统网络安全的经典案例,告知与会企业代表当前工控系统的安全形势。张宇强调,要认识加强工控系统网络安全工作的重要性,要求企业相关工作及时向领导汇报,抓紧做好自检查,明确安全防控责任,加快建设企业自身防控机制。

【云朵网络在文化产业大数据领域开创天地】 6月30日,浙江省文化产业改革领导小组办公室正式在全省宣传系统启用"浙朵云文化产业大数据服务平台",服务于浙江省市县三级党委政府及其辖区内10多万家文化产业企业与机构,将率先在省内实现企业上云。"浙朵云"主要利用互联网、云计算、大数据等信息技术和管理模式,整合文化产业中的各类数据资源,建设标准统一的信息共享服务平台和互联互通的网络服务体系。该平台通过数据模型形成行业、区域以及产业的全样本指数和企业独立评级,通过大数据更精准更高效地建立政府、企业以及第三方之间的诚信互动服务体系。

【县300万元专项资金支持"企业上云"计划】 7月7日,2017年宁波智慧城市发展论坛暨县"企业上云"启动仪式在海洋酒店举行,阿里云,电信、移动、联通三大运营商以及云朵网分别与县人民政府签订"企业上云"战略合作协议。副县长石坚定出席活动。"企业上云"是指企业共享IT资源,根据自己不同的IT需求,从虚拟云上获取到不同的资源,"上云"是企业节省成本、提高效率的有效办法。象山县特安排300万元设立"企业上云"专项资金。对初阶上云企业每家一次性补助1000元,对中阶上云企业每家一次性补助2500元,对高阶上云企业每家一次性补助5000元。此外,评上省级优秀云应用服务商的企业,县级财政配套补助10万元;评上省级标杆应用案例的企业,县级财政配套补助10万元。

【县卫生计生局引进银医通项目解决"痛点"诊疗模式】 8月15日,卫生计生局引进银医通项目解决现有诊疗模式下"三长一短"(即排队挂号、付费和候诊时间长,诊疗时间短)问题。该项目具有自助挂号、缴费和检验单据打印等功能，患者可以通过银联卡、微信和支付宝等方式实现医疗费用在银行、医院和社保部门间的实时结算。该项目完成移动支付平台的对接和调试工作，并在县第一人民医院和丹城中心卫生院率先试运行。

【首届智慧城市县域经济发展论坛】 9月9日下午，县举办第七届智慧城市技术与应用产品博览会暨首届智慧城市县域经济发展论坛。此次论坛主题是“智汇县域，互联互融”，围绕高水平促进智慧城市县域经济发展开展交流探讨。云朵网络、安路海联、蓝洞物联科技等企业分别从数据链重构公共服务生态、海上移动“互联网+”、智慧路灯等角度畅谈智慧城市建设，给予现场来宾很多启发与思索。本届智博会有3个项目成功签约，分别是海上移动通信平台布置和海上大数据运营、城市宝、智慧象山项目。

【智慧旅游助推象山全域发展】 9月16日，由浙江省旅游局指导，县人民政府、宁波市旅游局主办的“长三角海滨旅游创新发展峰会”在象山皇冠假日酒店顺利举行。省旅游局副局长钟新章、县委书记叶剑鸣出席会议。会上，省旅游局副局长钟新章对象山为全省的滨海旅游事业做出的贡献表示肯定。象山智慧旅游大数据平台在此次峰会上正式上线。象山智慧旅游项目采用“一中心三平台”的概念建设，包括全域旅游大数据中心、管理决策平台、公共服务平台和精准营销平台，力争打造成以海洋为主题的全域智慧旅游目的地新型标杆。

【县电动车防盗进入“智能化”】 10月8日，县公安局与浙江大华智安物联网技术有限公司签订了县电动车智能防盗管控系统项目合作协议，10月15日至11月30日，县将开展电动车(含电动自行车、电动三轮车)智能防盗备案登记工作。这标志着县电动车防盗将实现“云手段”打击防范。电动车智能防盗管理系统，利用物联网技术，通过安装在电动车上的智能设备对车辆进行实时信息采集，实现“车、物、人”的无缝对接。如果车辆被盗抢，公安部门可通过智能手段追踪被盗车辆的大概位置，快速追车破案。

【象山教育大数据平台启用】 10月18日，县教育局举办大数据平台启动仪式。局党委书记、局长胡海峥出席仪式并宣布教育大数据平台正式启用。县教育大数据平台具有多方面优势，一是实现数据查看“三屏”统一，数据同步展现；二是采用“1+N”设计架构，功能齐全，实用性强，实现数据查看、监控视频、网上办公一站式服务；三是数据融合统一规范，教育局自主编写县教育数据标准，实现全国教师信息系统、浙江省学籍管理系统、全国学前教育管理系统、全国职业教育管理系统、校舍动态监测系统等近10个业务系统数据融合使用。

【航天智慧科技城建设热潮涌动】 11月16日，宁波航天智慧科技城被列为全市首批特色小镇建设项目。宁波市委、市政府与中国航天科工集团合作商谈宁波航天智慧科技城建设国家级制造云示范基地，签订合作协议，规模达到117.4亿元，公共打造长三角企业转型升级承载区、国家级云制造示范基地、国际云制造创新中心。

【县推出智慧停车系统】 12月1日，县智慧城管与县广播电视台联合推出的智慧停车系统上线运营。智慧停车系统利用智慧城管平台大数据和48个高清摄像头，实现快速找到车位、定位监控、完成自动取证等功能。今后，县城区内的咪表停车收费系统将被取消，逐步由智慧停车系统替代。

【象山网联会理事单位云朵网络第三次取得世界互联网大会“门票”】 12月5日，第四届世界互联网大会在拥有千年历史的乌镇落下帷幕。象山网联会理事单位宁波云朵网络科技股份有限公司是第三次取得世界互联网大会“门票”，在长亭科技、中之杰等一批“甬家军”中绽放象山的“互联网之光”。此次参会主要是展示文化产业大数据公共服务平台。在全国范围内，云朵网络将和陕西、吉林等省份签约，联合推动基于数据的中国文化产业的公共服务云。

（练　黎）

电子商务

【概况】 2017年，全县实现网络零售总额15.15亿元，同比增长32.8%。开展“农村淘宝”合伙人招募活动15批次，新建农村电商服务站82个，其中“农村淘宝”9个，“邮乐购”73个。2017年全县农村淘宝服务站共为村民服务网络代购40.5万单，金额4770余万元。通过“天猫”“1688阿里批发”等第三方电商平台对针织产品进行网络销售。开展农产品“互联网+流通”，组织“象山红美人”“象山柑橘”网络直销节，宣传推广象山优质农产品公共品牌，2017年象山全县海鲜、糕点等特产网络零售累计超1亿元。电商创业园区引进专业园区服务团队安韵公司进行统一管理服务。建立电商公共服务中心和电商孵化基地，打造“素子园”等知名电商品牌，孵化电商团队5个，建成跨境电商创业园。

【浙江省农村电商专家团队到象山开展精准服务活动】 5月17日上午，浙江省就业局、杭州电商促进会相关领导、专家团队一行到象山开展为期三天的农村电商精准服务活动，为象山农村电商企业的发展面对面出谋划策，量身订制行之有效的解决方案。

【网络广告业务知识培训】 5月20日，县商务局和县市场监管局针对县中小型电商企业负责人在县电子商务服务中心联合举办了一场关于广告法网络广告的培训。培训邀请到了县市场监管局的黄增颖主任阐述了在网上如何正确推广保健食品、药品、医疗、医疗器械、教育培训、农产品以及需要注意的事项，重点讲解了《互联网管理暂行办法》以及如何正确地在网络上进行广告宣传而不违反广告法的相关规定。此次培训增强了商家的知识产权保护意识以及如何合理合法地在网上进行网络推广，提高了群众的法制意识，有助于促进县电商经济的健康发展。

【市口岸办副主任陈利珍调研县跨境电商产业】 6月6日,市口岸办党组副书记、副主任陈利珍一行4人到县调研象山跨境电商产业情况,副县长华弼天、县商务局局长徐展群陪同调研 。

【象山县开展全县领导干部电子商务专题培训】 6月20日,县委组织部与县商务局联合举办全县领导干部电子商务专题培训班。副县长卢飞出席开班仪式,各有关部门和各镇乡街道分管电商工作领导参加培训。培训为期共五天,采取集中授课、现场教学、参观考察等方式,邀请知名电商讲师围绕互联网思维、跨境电商、农村电商等内容进行专题分析辅导,阐述了县域电商发展新理念和传统企业电商下转型新出路,提出了农村电商结合旅游发展新思路,并实地参观了网易集团和"梦想小镇"。

【副县长卢飞调研跨境电子商务试点企业】 6月下旬,副县长卢飞率县商务局、县招商局等小分队成员单位,赴跨境电子商务试点企业宁波中瑞进出口有限公司和宁波华翔进出口有限公司调研。

【残疾人电商创业孵化基地启动仪式】 9月25日下午,县残疾人电商孵化基地启动仪式在县电子阿商务创业园中举行,县委常委、统战部部长陈爱武出席了仪式。县人社局、商务局、经信局、供销社分管领导,各镇乡(街道)残联理事长,村级残疾人专职委员,残疾人电商代表、扶残志愿者及残联中层以上干部,共有70余人次参加了启动仪式。县残联理事长谢彩娟主持仪式。

(林芳羽)

9月25日,县残疾人电商孵化基地启动仪式在县电子阿商务创业园中举行,县委常委、统战部部长陈爱武出席该次仪式

电子政务

【概况】 县人民政府网站再次入选宁波市政府系统"十五佳网站"。按照国办、省市文件精神要求推进政府网站集约化建设,关停了所有政府部门、乡镇网站,统一使用县政府建站平台,同时县启动了把县政府门户网站迁移到宁波市网站统一技术平台工作,制定网站改版优化方案,对网站栏目(包括信息公开栏目)等进行了咨询。

推进政务服务网建设。梳理各类事项,完成县部门和镇乡街道的公共服务事项梳理,核对岗位人员,共梳理公共服务事项1007项并推送至省权力事项库中,完成县"最多跑一次"事项梳理,共梳理事项2709项,并在政务服务网上公布;延伸权力运行系统,继续完善镇乡街道网上服务站点,核对网上办理事项指南,拓展权力运行系统使用广度,针对镇乡街道工作人员开展培训工作,指导窗口工作人员使用权力运行系统受理事项,走访镇乡街道,并根据实际情况提出事项流程的修改方案,使事项流程更加合理便捷,大大提升县镇乡街道办件量。实行一窗受理平台,指导部门梳理一窗受理平台事项,尽可能将可纳入的事项纳入一窗受理平台,共纳入事项981项,协助部门开展自建系统与一窗受理平台的业务转移工作,指导部门开展电子印章申请,并在网上审批过程中使用电子印章系统。

对电子公文系统实施升级改造,全县安装电子公文客户端总数145家。基本完成新版电子公文与协同办公系统对接工作。推广省政务移动办公(钉钉)系统,总注册人数7106人,激活人数3888人。

电 信

【概况】 中国电信象山分公司成立于1998年9月1日,截至2017年年底,全局拥有支局11家,30家自办营业厅,电信用户13.02余万户。

2017年,中国电信象山分公司坚持党建工作为统领,以"两学一做"学习教育为抓手,全面接应完成上级公司党委布置的工作要求,围绕中心,服务大局,夯实党建工作基础,紧密围绕中国电信转型3.0发展战略,提升倒三角支撑服务能力,激发活力,提升能力,强化执行力,直面困难,优化渠道,强化支撑,全力以赴加快转型升级,冲刺业务收入和各项主要经营指标,做域内领先的综合智能信息服务运营商。

2017年,中国电信象山分公司响应县政府号召,通过光纤网络保障、移动和固话通讯保障,投身全县"美丽集镇建设""上改下""农村信息化"等专项工作,保障并配合美丽集镇建设等工作及时有序开展,在瞬息万变的大数据时代为县域经济健康发展、社会和谐稳定贡献力量。

【综合业绩】 2017年,县分公司,收入完成率100%,收入同比增长率4.3%。加快基础网络建设。各专业紧密配合,1800M四期基站362个开通工作。

L800M总规模335个基站。节能减排：1—12月，通过退网下电、空调节能和电价压降等手段，节能54.9万元，本地网第二。落实上级公司的应急通信工作指示，有效组织防灾抗灾工作，同时做好重大社会活动、突发事件现场等的通信应急保障。开展应急演练；优化网络系统配置，加强重点路由，重点客户的保障等工作；强化专项工作的应急准备和落实工作。

【支局承包动员会】 1月11日下午，象山分公司召开2017年支局承包动员大会，支局长、商客支局长、网格经理、营业店长、各部门主管以上人员及有意参与支局承包的相关员工参加会议。人力资源主管章苏丹就2017年支局承包方案、支局收入切盘规则及考核办法做了详细解读。分公司副总经理董海阳就2017年支局承包工作进行了动员和要求。

【黄焕利县长节前慰问象山电信】 1月23日上午九点，县人民政府黄焕利县长携四套班子到分公司进行节前慰问，徐忠波副总经理（主持工作）等班子领导陪同黄县长一行分别到机房、营业厅看望值班人员并送去节日的问候，感谢象山电信为助推象山经济发展所做的贡献，勉励电信员工春节期间坚守岗位，服务于大众，并保重好身体，为象山人民建功立业。

下午，分公司领导董海阳带领工会、爵溪支局相关人员一行专程前往宁波解放军113医院，代表分公司党委、行政和工会看望慰问了患病昏迷的困难员工（困难党员）竺晓伟，向其家属及医生询问了治疗情况，鼓励与其一起树立信心、战胜病魔。同时，还送去了企业的温暖和困难补助金，并祝他早日康复、新春快乐！

【QC创新成果】 2月7日下午，2017年象山分公司成立由四名大学生组成的QC课题项目团队。张晓晗任组长，成员有吴姜云、周炅炅、黄任吉。

资深副总裁姚亮到会讲话，勉励大学生团队学一行爱一行，通过平时工作上的细致观察，找出项目的课题，再经过科学的分析、总结、归纳，形成QC项目管理的一系列流程及发表创新成果。

【获得浙江省第十一届消费者信得过单位】 3月15日，经县消保委审查推荐，第三方评估机构审核、抽查考评，省消费者信得过单位评价委员会审定，并向社会公示，广泛征求社会各界和消费者的意见，象山电信分公司被授予浙江省“第十一届消费者信得过单位”称号，象山分公司是连续4届获此殊荣，县、市级消费者信得过单位连续荣获，一系列荣誉体现了社会、媒体和消费者对于电信服务的肯定，大大树立了象山电信的服务口碑。

【康乃馨救助捐款活动】 象山分公司女员工们响应县妇联向全县人民发出的“为贫病妇女捐10元”的倡议，开展了“康乃馨”救助捐款活动。共筹得捐款2745元，统一捐赠至县慈善总会。

【“对标先进找差距，夯实基础促发展”主题先锋沙龙】 4月19日，象山分公司党委组织了2017年第二期先锋沙龙活动，分公司领导班子成员、党委理论学习中心组成员、各支部委员参加了该次沙龙，沙龙由分公司党委委员姚亮主持。

【病魔无情，人间有爱】 5月4日，象山分公司工会主席董海阳，把象山分公司全体员工的56394.5元募捐款，交给了重病员工竺晓伟家属的手中。

【浙江电信“企业上云　天翼随行”正式启动发布会】 5月17日下午3时，在象山分公司八楼电话电视会议室召开了浙江电信“企业上云　天翼随行”正式启动的发布会。分公司领导、县经信局及全县30多家企业负责人聆听了省公司专家对企业上云的行业解决方案。

【毛宁飞参加城区联合支部专题党课】 6月16日，市公司党委委员、副总经理毛宁飞参加了象山分公司城区联合党支部的学习会。

【智能组网攻坚】 6月9—13日，丹西片区在区域内梧桐御府和丹河家园两个小区开展智能组网攻坚活动，5天时间共发展智能组网125户，增收36277元。

【社区经理营维合一操作技能比赛圆满结束】 2017年社区经理营维合一操作技能比赛今天下午圆满结束，经过理论，装维技能实操，营销销讲三轮比赛，最终丹西支局的郑安乐荣获个人一等奖，丹东支局陈旋、尹文武，丹西支局丁黎光荣获个人二等奖，鹤浦支局陈海敏，丹东支局史梅文、叶波，丹西支局张珅骏，东陈邮电所陈伟宝，石浦支局王趋晗荣获个人三等奖。

【“学标杆强执行—勇担当破难题”先锋沙龙】 7月19日上午，象山分公司党委2017年第三期先锋沙龙在公司四楼会议室召开。该次沙龙的主题是“学标杆强执行　勇担当破难题”。分公司党委委员、各支部委员、党委理论学习中心组成员、团委成员参加，活动由分公司党委委员姚亮主持。

【2017年“智慧家庭”营维技能大赛象山小组荣获小组二等奖】 在7月21—23日的宁波本地网2017年“智慧家庭”营维技能大赛暨营销PK赛中，象山分公司的两组参赛选手顶着炎炎烈日，团结合作，奋勇拼搏，克服种种困难，努力坚持，不言放弃，最终以理论分加营销分第7名的总成绩荣获团体三等奖，其中陶建、张海伟、史梅文小组在参赛的23支队伍中脱颖而出，以总分第6名的好成绩荣获小组二等奖，陶建和张海伟荣获个人最佳优秀奖。

【后备支局长先锋沙龙】 7月27日晚上，象山分公司召开了后备支局长先锋沙龙会议。分公司董海阳副总经理作了专题宣讲，提出后备支局长要敢于担当、主动作为、勇于创新；要深入支局、融入一线、聚焦重点；协调解决一线实际问题与困难，推进企业健康发展。分公司各专业线主管也分别就团队管理、三季度重点业务等方面进行了培训。12位后备支局长针对沙龙主题：“学标杆、强执行、勇担当、破难题”展开了学习讨论。

【钱志强带领支撑团队梳理重点ICT项目商机】 8月1日，信产公司钱志强总助带领集成和数通大数据支撑团队来到象山分公司，与象山分公司就年内重点ICT项目商机逐一进行了盘点和互动交流；应分公司要求，数通公司大数据专家提供了详尽的区域洞察技术方案及可研报告，并对技术方案作了详细的技术剖析及应对说明。

通过这次交流互动，双方更加清晰了重点项目的关键时间点和下一步跟进分工，也增强了象山分公司ICT团队获取制高点项目的信心。

【党委扩大会议】 8月12日，省公司召开划小承包再提升全省推进会。划小承包是中国电信深化改革、重塑运营的重要战略，是激发活力、改善机制的重要举措，是员工创业、实现价值的重要平台。

8月14日上午，象山分公司立即召开党委扩大会议，徐忠波副总经理（主持工作）在会上组织大家学习了安徽亳州等经验，传达省公司划小承包“再提升”工作推进办法、目标和要求，学习了市公司党委倡议书，动员各部门全体员工参加划小承包。

【广场舞大赛象山赛区完美落幕】 8月19日晚间，天翼高清、浙江IPTV“舞比快乐”首届广场大赛宁波——象山赛区海选在风情街广场完美落幕。本场海选活动，共有16支队伍参赛，现场人气爆棚，演员热情如火，各个节目引得观众阵阵掌声。

【团委换届选举】 为加强和改进团组织建设，2017年9月1日，在分公司8楼会议室召开了团员大会，进行团委换届选举。

分公司现有团员30名，实到团员24名，超过应到团员人数的4/5，符合换届改选的有关规定。全体团员采用无记名差额投票方式，产生新一届的团委委员名单。这次团委换届选举工作组织严密，程序规范，进展顺利。

新一届团委委员及分工情况：团委书记黄任吉、宣传委员俞照南、组织委员周炅炅、文体委员陈旦、生活委员郑怡卿。

党委委员姚亮总结发言。通过这次换届选举大会，全体团员得到了一次严肃、民主的团内生活的形式和内容教育。整个会议在庄重而热烈的气氛中圆满完成。

【五级划小承包签约仪式】 9月12日中午，经过竞标区域公示、承包人申请、资格审查、面试评选、公告公示之后，象山分公司进行了五级划小承包签约仪式。副总经理徐忠波再一次对划小承包做了深入的分析，指出划小承包是象山电信未来唯一的出路，只有切实做好划小承包，深入推进改革，中国电信才能在市场化的浪潮中劈波斩浪，才能达到员工致富企业增收的双赢局面。

签约代表黄海斌上台发言，对这次的承包充满期许，并且表示有信心能做大做强。

【曾卫民调研慰问】 10月11日上午，市公司曾卫民总经理、毛宁飞副总经理携相关部门负责人到象山分公司调研慰问。曾卫民总经理深入一线，详细了解了五级划小承包、红包村、易服务小栈、门店和卖场运营等情况，并进行了沟通和指导。期间，曾卫民总经理听取了象山分公司工作汇报。象山分公司徐忠波副总经理（主持工作）等全程陪同调研。

【三小时完成县政法委视联网移机任务】 11月2日分公司收到了县中共十九大维稳安保工作领导小组办公室致徐总的一封感谢信，信中高度赞扬了公司在维稳安保相关工作中的支持与奉献，并感谢在为县实现“不出事、不惹事”工作目标作出了贡献。

10月11日上午11点，政企客户部、办公室同时收到了县政法委的工作指示，要求象山电信在下午4点前将县政法委会议室的视联网移机到南部商务区后勤楼2楼。这样的工作按照常规步骤最快也需要2天，要在4个小时内完成正常开通压力确实非常大。公司领导得知此项目后非常重视，立刻成立保障小组，要求政企部负责协调、联系相关事项；由网络支撑中心牵头负责安装、调测。由于对该区域网络结构不熟悉，线路施放困难重重，若要在4个小时内完成恐怕无法做到。为确保县政法委能在下午4点顺利开会，客户经理想到了借用3楼县人民防控办公室的视联网进行调试，经过政企部相关人员协调和网络支撑中心等同事们的全力配合和努力在下午3点提前开通。然而，第二天工作小组又来电话，要求电信将二楼的所有WiFi、视频监控、监管人员平台移动到3楼，并放到一个大屏上。这是对电信的信任和技术上肯定！政企部相关人员、网络支撑中心王海锋、张文洋等保障小组人员放弃周六休息，排除网络不熟悉等困难，经过一天多的努力，将所有设备按要求完成了迁移。在后来的应用过程中，每当维稳办工作人员由于操作不熟练需要支撑时，他们随叫随到全力保证整个系统正常运行，确保维稳安保指挥协调工作高效畅通。

【召开诚信经营会议】 11月17日下午，分公司在五楼会议室召开“强化诚信经营、确保业绩真实”会议，公司纪委成员、销售部、政企部相关人员参加。

【消防知识培训、演习】 为落实年度安全生产的工作安排，全面提高员工消防安全意识。分公司于12月1日下午2点在8楼会议室邀请象山消防大队老师为全体员工进行消防知识培训，并在课后开展火灾逃生及相关应急演练。

【超额完成划小承包工作】 通过公开招聘、报名、竞聘、公示等一系列流程，象山分公司12月又完成了3个政企片区和5个公众片区的划小承包工作。至2017年12月20日统计，象山分公司按计划全面并超额完成了2017年度划小承包工作。

（陈　旦）

移动通信

【概况】 中国移动通信集团浙江有限公司象山分公司（以下简称中国移动象山分公司）成立于1997年7月，截至2017年12月底在职员工213名，拥有自办营业厅10家，乡镇支局10家，移动基站930个，宽带覆盖量30余万，各类营业网点300余家，网点遍布城区乡镇、海岛、农村，移动手机用户超过59.9万户。公司秉持"正德厚生·臻于至善"核心价值观，以"创无限通信世界，做信息社会栋梁"为使命，努力为县域经济健康发展、社会和谐稳定贡献力量。

【经营状况】 2017年，中国移动象山分公司深入学习贯彻习近平新时代中国特色社会主义思想和中共十九大精神，不忘初心、牢记使命，在县委、县政府及上级公司的正确领导下，融入地方经济建设和发展，紧扣"发展创优、转型创先"目标要求，围绕"四个前列"工作目标，努力开创公司转型升级发展新局面，全年运营收入达到3.57亿元，上交本地税收800余万元，网络总投资5600余万元，解决就业人数1000来人。始终保持行业内领先和主导地位。

【"4G+一号工程"建设】 公司高度重视网络建设，向上级公司争取资源，2017年根据甬台温复线高速连接线、城区弱覆盖集中区域、各乡镇弱覆盖和城区建基站困难及密集区域的老小区楼宇等共新建宏站87个、微站建设58个。

【光网城市和无线城市建设】 推进老小区光纤到户改造，农村FTTH改造，累计光网覆盖用户达263937万余户，除渔山岛、花岙岛等个别渔村外，实现光网接入点全覆盖；配合县政府"全域旅游"项目，做好墙头方家岙、溪里方、泗洲头何婆岭等WiFi网络AP57个，并统一接入iningbo平台。

【智慧城市建设】 2017年继续做好水利局巡防系统、智慧城管二期、畜牧站视频监控等项目的落实工作；开展企业上云企业宣讲会，推荐有代表性的企业参与全省"企业上云"标杆评比，累计完成678家企业上云业务发展量；以薪资、审批、签到等彩云应用做好象山博宇汽车模塑制造有限公司、宁波劳伦斯汽车内饰件有限公司等160余家集团彩云的发展工作，引领象山企业走上智慧化发展平台。

【物联网发展】 公司物联网连接数达155715个，主要应用于逆变器设备、车载设备、船载北斗定位设备等等诸多场景。拓展本地企业物联网业务的同时，走出去，引入杭州品联科技有限公司、宁波水盒子环保科技有限公司、上海朔思科技有限公司等非本地集团的物联网业务，涉及智能电站、净水器等多行业应用，形成多行业应用成功案例，为2018年实现物超人打下坚实基础。

【优化服务水平】 聚焦"品质服务年"，推动服务工作迈上新台阶，始终将"客户为根、服务为本"落到实处，在做好员工业务服务素质的提升工作的同时，2017年新建加盟厅6家、社区店1家，方便客服随时随地办理业务；政企客户服务全省率先推出72小时业务开通、7*24小时在线服务等政企服务"八项承诺"，2017年客户满意度稳中有升，营业厅触点满意率1—12月份平99.67%，全市前茅。

【网络信息安全和应急通信保障服务】 强化不良信息治理、垃圾短彩信治理、账号合规管理等各项工作，营造良好通信环境；同时在县委、县政府的统一指挥下，配合做好防台抗台工作，圆满完成第二十届"中国开渔节"、石浦"三月三"、象山影视城"十一"等重大节庆活动的通信保障工作。

【员工投身社会公益事业】 2017年，公司先后组织员工开展慈善一日捐、向环卫工人、执勤交警赠送爱心水、"七一"驻象部队慰问等公益活动10余次，地履行了社会公民职责。

（徐金燕）

中国联通

【概况】 中国联合网络通信有限公司宁波市县分公司（以下简称象山联通）是中国联合网络通信有限公司在象山的分支机构，于2008年12月由原中国联通有限公司象山分公司和原中国网络通信集团公司象山分公司合并而成。公司下设综合部、政企部、市场部、网络部以及五个自营厅。拥有象山2G物理基站223个，室分39个。3G物理基站 350个，3G室分73个。4G物理基站357个，室分50个，渠道40多家，网点遍布各乡镇、海岛、农村、移动手机用户超过18万。公司秉承"竞争实现超越，创新开拓未来，激情战胜艰险，诚信立足天下"的核心价值观，以致力于成为"信息生活的创新服务领导者"为使命，一如既往继续推进企业的创新发展进程，以全业务经营和4G发展为引擎，坚持以用户为中心，加强技术、业务、服务和管理创新，提升综合实力和核心竞争力，全面满足广大用户的信息服务需求，在象山国民经济和社会信息化进程中发挥主力军作用。

2017年，象山分公司坚持以科学的发展观统领全局，全面落实"安全第一，预防为主"的生产方针，以效益提升为工作的出发点和落脚点，以快速发展解决前进中遇到的困难和问题，以创新实现公司有效转型和发展，使各项业务、服务质量得到了提升。

【终端换机团购活动】 1月6日至8日，为激活社会渠道销售动力，借助社会渠道及终端厂家力量来带动终端换机工作，增加联通与目标用户的接触面，推进社会网点进行终端换机团购活动，省公司在全省范围组成23个"走出去换机"团进行"千团会战"社会活动点团购换机的PK赛，宁波联通按照省公司活动要求，安排象山、慈溪、北仑等三个县分公司参加了该次"千团会战"活动。相关县市分公司和渠道门店通过前后台联动、终端厂家进驻、确定精准用户目标、加强现场布置和宣传、"走出去""请进来"等多种举措，形成你追我赶的良性竞争氛围，确保了活动达到预期的成效。

【"冰激凌"系列产品首发】 1月11日，宁波联通"冰激凌系列产品"首发，推出"全国流量任性用 ，全国语音畅快打"。中国联通以用户利益为核心，将把冰激凌系列套餐作为产品优化的标杆，以零捆绑、流量超多、操作简单、方便用户使用等为产品优化的原则，在语音、流量享受超级额度的基础上，实现终端套餐不捆绑、档位随意更换、套餐档位精简、新老用户优惠同享等特点的产品优化，为用户带来更加放心地使用体验，并从多个层面丰富联通"沃4G+"极速网络的匠心意义。

【联名信用卡上市】 3月31日,中国联通宁波市分公司与上海银行宁波分行举行联名信用卡上市发布会,共同推出"上银联通久久手机卡"和"上海银行联通联名卡",这是继上海银行与上海联通联合发行联名信用卡之后,在全国范围内的第二张联通联名卡,也是4G时代浙江联通首款深度整合金融+通信服务联名信用卡和手机卡。

【"企业上云"启动仪式】 7月7日上午,由县人民政府主办的2017年宁波智慧城市发展论坛暨县"企业上云"启动仪式在象山海洋酒店举行,会上,县人民政府与宁波联通象山分公司签订了"企业上云"战略合作协议,象山联通被授予首批象山"企业上云"认证服务商。

【"王者荣耀争霸赛"活动】 7月,为发挥腾讯王卡和大神卡市场优势,聚焦年轻市场用户与学生用户市场,促进2I2C互联网业务发展,宁波联通各县分先后分别以"王者荣耀"游戏为卖点,通过组织"王者荣耀争霸赛"等相关线上线下互动活动,实施"新通路"引流。

【iPhone X苹果首销】 11月3日,iPhone X苹果十周年纪念版手机在中国的首销日上午八点,营业厅正式发售iPhone X手机。上午8点1分,宁波第一台iPhone X在北仑联通新碶营业厅售出,购机用户为10年在网的联通老用户,该次购买256G银色iPhone X参加了4G 196合约套餐。随后,宁波联通海曙天一、鄞州万达、奉化华信、余姚南雷路、江东百丈、余姚玉立、象山天安、海曙中山西路、海曙石碶北路等营业厅也纷纷破零,售出自己县市分公司的第一台iPhone X手机。

【天安路营业厅荣获全国百强店】 12月,宁波象山天安路营业厅、宁波海曙石碶营业厅获"中国联通2017年年度全国百强店长";宁波北仑新碶营业厅、宁波余姚南雷路营业厅获"中国联通2017年年度浙江省十佳推荐"。

【"企业上云,与沃共赢"的宣讲活动】 为深入实施"中国制造2025"计划,2017年9月28日由象山经济开发区和中国联通象山公司共同举办的"企业上云,与沃共赢"的宣讲活动。此次活动邀请了经济开发区的领导、县经信局的领导和68家规模型企业参加了此次活动。活动主要听取了县经信局关于扶持中小企业优惠政策解读,听取了中国联通钉钉、沃云、物联网业务的讲解。整个活动得到了各级领导及来访企业的一致好评,同时为以后进企做了铺垫。

【宁波联通面向所有手机电话用户取消国内长途费和漫游费】 自2017年9月1日起,宁波联通面向所有2G、3G、4G手机套餐用户都取消语音通话的国内长途、漫游资费。国内语音通话接听免费,主叫通话资费标准按照用户原有本地语音通话资费标准执行,且用户无需申请,自动生效。

3月5日,国务院总理李克强在政府工作报告中提出:"年内网络提速降费要迈出更大步伐,年内全部取消手机国内长途和漫游费,大幅降低中小企业互联网专线接入资费,降低国际长途电话费"。宁波联通在加快落实全面取消手机长途及漫游费的同时,降低了国际长途电话与国际漫游资费水平;大幅度降低了面向中小企业互联网专线接入资费;面向青年、学生、网民等互联网偏好的消费者对流量消费的需求,创新产品业务,让利消费者,彻底实现消费者对流量消费大胆用、放心用。

【宁波联通与宁波电信联合实施"落实提速降费,推广六模全网通终端"行动】 3月31日,在工信部和上级公司的指导下,宁波联通与宁波电信联合启动实施"落实提速降费,推广六模全网通终端"行动,推出六模全网通终端五大行动举措,促进全行业的健康发展,助力实体经济的振兴和产业链的发展壮大,让提速降费给消费者带来更多"获得感",将习近平总书记要求的"为老百姓提供用得上、用得起、用得好的信息服务"落到实处。

其中推出六模全网通终端五大行动举措具体有:(1)落实全网通国标要求,推动企业标准演进。在国家标准基础上,细化更新企业标准,从全网通1.0演进到全网通2.0,使得终端支持的频段更加丰富,能够支持全球410个运营商网络,满足全球99%覆盖区域的漫游,具备成为全球运营商共同遵循的标准基础。标准中还将增加4G+、VoLTE、双卡盲插等新功能,为广大用户带来更好的消费体验和更多实惠。(2)全产业共同努力,推动全网通成为国际标准。在国家有关部门支持下,联合国内标准组织、科研机构和主要的芯片、终端厂商、测试仪表厂商,推动全网通成为全球通行的终端认证标准。(3)提升用户体验,让消费者得实惠。双方将统一手机连锁卖场、电器商城、互联网电商、手机专卖店、零售点等销售点的全网通标识,为用户选择、体验、购买全网通终端提供便利。(4)方便用户购买,增加全网通终端销售网点。加大双方在渠道销售方面的合作力度,联合渠道合作伙伴及终端厂商共同主推全网通。双方将在供应保障、销售展陈、服务培训等方面保持一致,提升用户购买体验。(5)产业联合,打造全系列全网通产品。终端生产制造企业将全系列产品支持全网通。厂商渠道、运营商渠道、连锁渠道等产业链各方共同努力,为广大用户打造公平、自由、开放的消费环境。

2015年12月,中国电信和中国联通首次联合发布《六模全网通终端白皮书》,推广全网通终端普及。2016年4月,工业和信息化部正式颁布六模全网通手机国家标准,该标准的实施是落实提速降费工作的重要手段。2017年,是国家深入推进提速降费的关键之年,中国电信和中国联通在工信部的指导下,再次联合发布推广六模全网通终端行动计划。

【美丽集镇工程建设】 通过拜访政府单位,与石浦镇政府进行多方位的建设内容沟通,获得对方肯定,签订了美丽集镇工程建设项目;通过与经信局、旅游局的沟通,在全县14个乡镇22个特色村中获得4个乡镇和7个旅游特色村约WiFi的建设份额。

(陈　雪)

城乡建设和管理

城乡规划

【概况】 2017年,县城乡规划工作以规划建设"面向世界、国内一流"的宁波现代化滨海城区为目标,深入贯彻落实"双突破双驱动"发展战略,全面发挥规划引领作用,着力统筹城乡发展,强化规划保障,全面提升城乡品质,完成了全年各项工作任务。2017年全年,编制城乡各类规划51个;共核发《建设项目选址意见书》78本,计用地面积约126.19万平方米;核发《建设用地规划许可证》82本,计用地面积约241.63万平方米;核发"建设工程规划许可证"766本,计面积为212.49万平方米;核发乡村"建设工程许可证"1396本,计面积为35.50万平方米;核发"规划核实确认书"89本,计面积为163.46万平方米。

2017年,县规划局被评为宁波市历史文化名城名镇名村保护先进集体,2017年度"三改一拆"先进集体、县小城镇环境综合整治先进单位、县棚户区改造工作先进集体等荣誉称号。

【规划前瞻性研究】 完成县域总规(2018—2035)编制。按照"政府组织、专家领衔、部门合作、公众参与、科学决策"的原则,在前期完成县域总规实施评估基础上:

全面完成"多规融合"改革。出台《象山县"多规融合"管理办法》及《象山县建设项目生成管理办法》。依据国土、环保的新数据标准,融合旅游、交通、农林等相关空间管控要素,修正各控制体系,补充各开发边界,完成象山多规融合信息协同平台试运行。

城市"双修"研究扎实开展。落实国家、省市城市双修工作精神要求,加强中心城区存量用地规划研究,完成《象山县中心城区海绵城市专项规划》《象山县城市五线(绿线、蓝线、紫线、黄线、红线)规划》《象山县城乡污水处理专项规划》,并及时进行了公布。深入开展中心城区老城区整体更新改造规划研究,危旧房拆后利用研究。同时,落实并完成县委一号课题子课题"城中村改造"与"美丽象山愿景"的调研工作。

【城乡统筹】 完成中心城区专项规划编制。编制完成《宁波现代化滨海城区(迎接亚运、城市双修)行动计划》,按照"面向世界、国内一流"标准指导今后五年城市建设。行动规划的范围涵盖中心城区主城区及三个高速公路出口至城区沿线区域,针对象山建设宁波现代化滨海城区的发展目标和承接亚运会帆船赛事的重大机遇,明确近五年行动计划、项目编制库及重大建设项目安排等。完成《赤坎水库东侧地段控规》《东谷湖片区控规》审议,编制完成《新一轮中心城区未利用地环境提升规划研究》。

村镇规划编制稳步推进。全县实现镇乡域总规全覆盖。在镇乡域总规引领下扎实推进镇区控规编制,确保项目建设合规合法。全面完成16个镇乡(街道)环境综合整治(美丽集镇)规划编制,并报省市备案,其中茅洋乡、高塘岛乡环境综合整治规划入选了省级小城镇规划编制优秀方案样板。全面实施村(居)民带图审批制度,严格督查指导,提前完成全县328个村庄规划编制任务。

有序引导乡村传统风貌建设。出台《象山县传统风貌农房建设专项资金管理办法》,明确了传统风貌农房建设专项资金的设立目标、补助对象、补助标准、申请范围以及申报程序等,办法于2017年5月1日起正式实施。确定东陈乡红岩东湾自然村、西周镇尖坑村、涂茨镇旭拱岙村为县首批传统风貌农房试点村。印发村居民建房5种套型的全套建筑结构、水电、管线、建筑造价、材料等施工图2000余份,免费提供建房户使用。

【"三名"保护】 助推墙头镇溪里方村、晓塘乡黄埠村、新桥镇东溪村成功入选浙江省第一批传统村落名录;指导溪里方村、墙头村、黄埠村、东溪村第五批国家传统村落申报工作。全面完成历史文化名村保护规划编制,在全县967处历史建筑资源点筛选的基础上,石浦镇中街铜器店等51处建筑入选为县第一批历史建筑。同时,组织相关部门、专家完成18个保护性建筑修缮项目验收,并按相关程序完成资金拨付。组织开展历史建筑修缮项目21处,建筑面积1.5万平方米,争取市级补助资金620万元,累计投入修缮资金1300余万元。

【行政审批服务】 践行"最多跑一次"改革。减少竣工测量资料审核6项、取消所有工业项目建设工程规划许可证部门前置(在竣工核实前提供),明确工业项目只要取得土地权证和通过方案审查后,就可办理建设工程规划许可证;通过强化内部管理,压缩审批时间20%。共29个审批事项中有27个事项实现"最多跑一次",占所有事项的93.1%。

【规划宣传】 根据年度规划宣传计划,开展规划宣传月进行集中宣传,利用规划展示馆、政务微信、规划网站、象山愿景主题征文、线上有奖编制方案意见征集、主题座谈、信息公开等方式实践"开门办规划"理念。2017年全年在全县各村张贴和发放《象山县乡村建房图集》

宣传画报4500余张、《象山县设施农业用房方案图集》宣传画报1200余张。共举办规划大讲堂12场次，涉及12个乡镇联村干部、村主要干部共1200余人次，发放《村(居)民建房指导手册》3800余份。

【规划监管】 网格化监管严查新增违建。继续强化“网格化”动态巡查机制，严控新增违建，共出动执法人员2500余人次，查处违法建设案件83件。其中强制拆除70件;自行整改10件;作出罚没款决定13件。强化矛盾纠纷化解。按时完成县人大建议、政协提案41件，办结率100%，满意率100%。2017年共办理群众信访及民生回应231件，按时办结率达100%，应对行政复议3件，行政诉讼7件，未发生败诉情形。抓好重大活动、重要节点等敏感时期信访形势分析，做好信访问题调处，未发生重大信访事件。

【测绘服务保障】 基础测绘产品丰富。完成全县800平方千米1:2000地形图数据的入库，完成年度地理国情监测和地理空间框架数据更新工作。基本完成地下管线普查，实际完成修补测管线1240公里。获取了全县域1964年、中心城区1982年和1999年的历史遥感影像数据，还原了县的历史面貌。

测绘行业管理加强。按照中央领导批示精神，结合“8·29”测绘法宣传日专题活动，开展了地球仪市场的全方位自查，共检查地图产品种类130余种，发现“问题地图”产品两类共8件。对发现的“问题地图”，及时有效地进行了处理。

“三测合一”改革群众满意度全面提升。“三测合一”改革工作顺利通过县委改革办组织的评估，该项工作获县委主要领导批示肯定，市委改革简报专题刊登县“三测合一”工作，肯定该项工作取得的成效。2017年，共承接规划复核、竣工测绘等项目400件次，不动产测绘项目1600余件次;共完成规划项目320件次，不动产测绘项目1300余件次。

(赖华荣)

建筑业

【概况】 2017年，县建管局全力打造建筑业管理铁军，集中做好企业发展服务指导工作，着力夯实行业发展基础，推动了建筑业健康发展。建筑业各项经济指标名列全市第一，并且在全省的地位也得到了攀升。

【建筑经济主要指标名列全省第五位】 2017年，县完成建筑业总产值1271.8亿元，同比增长5.9%，占全大市的27.6%，实现入库税收6.87亿元，同比增长27.2%，建筑业总产值名列全市第一，在全省的排位由以往第六位从2016年晋升为第五位，2017年保持全省第五位的地位。

【建筑业扶持】 配合县政府修订出台了《关于加强建筑强县建设的若干意见》，起草了《象山县建筑业先进集体及先进个人评选办法》等3个配套文件，引导县建筑业今后发展方向。起草出台了《象山县处置特困建筑业企业实施方案》，为处置特困企业提供了方案，使建筑业企业能够轻装上阵。

【企业帮扶】 配合县政协开展破解建筑业发展难题调研，通过实地走访、座谈会等调研方式，形成了调研报告，着力破解发展难题。加大企业帮扶力度，协调应急转贷等有关事项，牵头配合公安、法院帮助企业催讨应收款。2017年共帮助6家企业办理应急转贷11次计8105万元。继续参与有关企业的司法重整及帮扶工作，共同帮助企业焕发新生。华丰公司完成重整之后的特级资质平移，开展业务承接;梯梯公司破产重整进展顺利，防腐公司也召开债权人大会，通过重组方案。

【打造建筑业人才高地】 2017年，共组织各类培训60班次6068人次，其中在上海、广州、宁波、象山等地组织送教上门面授培训及考试4584人次，网络继续教育培训1484人次;组织继续教育集中考试2695人次。举办了两期建筑信息模型(BIM)培训班，62名企业高级管理人员和67名应用技术人员分别参加对应培训，为发展建筑工业化打下基础。与人社局一起开展2016年度241人的中级职称评审工作(212人获得中级职称资格)，300人的初级职称评审的培训考试，110人高级职称的审核。完成电大建筑专业多证班的报名工作，同时完善电大建筑专业多证班和宁波建设工程学校定向班的培训、管理及选拔办法，提升定向班学生的职业能力，为县建筑业发展提供人才储备。

【优化资质结构】 2017年，共完成20家企业27项资质申报工作。其中3家企业完成资质晋级，其中宏润建设集团股份有限公司建筑工程总承包资质晋升为特级，成为市政、房建双特级施工企业，新批企业9家，1家企业新获水利专业资质。维护浙江省建筑市场监管与诚信系统和宁波市建筑业企业信用管理评价系统，共审核各类人员5144人(其中省系统2357人、市系统2787人)，完成省系统136家次企业资质审核上报，市系统221家次企业资质变更以及349家次企业外出施工登记、诚信证明等工作。

表34

3家施工企业资质晋升情况一览表

序号	企业名称	资质专业名称	晋升前资质等级	晋升后资质等级	批准部门
1	宏润建设集团股份有限公司	建筑工程总承包	一级	特级	住建部
2	宁波正清环保有限公司	环保工程专业承包	三级	二级	浙江省住建厅
3	宁波港丰交通建设有限公司	公路工程总承包	三级	二级	浙江省住建厅

表35　　9家新批企业情况一览表

序号	企 业 名 称	资 质 名 称	法 人 代 表
1	宁波胜安建筑设备租赁有限公司	起重设备安装工程专业承包三级	顾芷羽
2	象山东方输出设备有限公司	建筑机电安装工程专业承包三级	蒋荣富
3	宁波天弘生态建设有限公司	建筑装修装饰工程专业承包二级 建筑工程施工总承包三级 市政公用工程施工总承包三级	施剑叶
4	浙江京航系统集成工程有限公司	钢结构工程专业承包三级 电子与智能化工程专业承包二级	许　萌
5	宁波天晟建设装饰有限公司	建筑装修装饰工程专业承包二级 建筑幕墙工程专业承包二级	蒋志勇
6	宁波鸿顺门窗装饰有限公司	建筑幕墙工程专业承包二级	沈功颂
7	宁波信成机械制造有限公司	建筑机电安装工程专业承包三级	唐东辉
8	宁波宏益建筑劳务有限公司	施工劳务不分等级	杨盛威
9	宁波瑞信工程造价咨询有限公司	招标代理 机构资质暂定级	刘风芳

【全县建筑业企业创优夺杯再创佳绩】 2017年县建筑业企业着力打造精品工程，共获得市级以上优质工程36项，其中国家级优质工程3项，省级优质工程15个，市级优质工程18项。

表36　　2017年县建筑业企业优质工程项目情况一览表

序号	获 奖 名 称	工 程 名 称	承 建 单 位
1	第十四届中国土木工程詹天佑奖	兰州深安黄河大桥工程	宏润建设集团股份有限公司
2	中国土木工程詹天佑奖优秀住宅小区金奖	宏润.翠湖天地翠园(二期)	宏润建设集团股份有限公司
3	国家优质工程奖	紫金港路(文一西路～留祥路)工程	宏润建设集团股份有限公司
4	白玉兰奖	陈家镇裕安社区动迁安置房十六期6#楼	龙元建设集团股份有限公司
5		陈家镇裕安社区配套商品房十三期41#楼	龙元建设集团股份有限公司
6		公交真南路停车场项目	龙元建设集团股份有限公司
7		华新镇新府中路西侧E-4-02、E-4-08地块项目22#楼	龙元建设集团股份有限公司
8		新建万源城C街坊商品住宅及幼儿园项目2标段6号楼	宏润建设集团股份有限公司
9		中铝南方总部项目(南楼)	中达建设集团股份有限公司
10		中铝南方总部项目(北楼)	中达建设集团股份有限公司

续表36

序号	获奖名称	工程名称	承建单位
11	黄山杯	淮北市红星凯越广场-家居馆	华锦建设集团股份有限公司
12	扬子杯	XDG-2009-21号地块B块B-2组团二标6#楼	龙元建设集团股份有限公司
13	钱江杯 (18、浙江市政优质工程金奖示范工程,34、甬江杯。)	澄浪桥及接线工程	宏润建设集团股份有限公司
14	钱江杯	长兴建设商务楼(含长兴县125工程)A楼	华丰建设股份有限公司
16	上海市市政工程金奖	上海轨道交通12号线工程(中春路停车场)	宏润建设集团股份有限公司
17		澄浏南路跨薀藻浜大桥工程	宏润建设集团股份有限公司
19	姑苏杯	苏地2010-B-41地块9#楼、11#楼、12#楼	龙元建设集团股份有限公司
20		恒通佳苑小区市政配套工程Ⅱ标段房	浙江建安实业集团股份有限公司
21	琼花杯	晟地润园三期工程27#楼	龙元建设集团股份有限公司
22	刺铜杯	中骏·商城Ⅱ	龙元建设集团股份有限公司
23	中山市建筑工程优质奖	雅景花园S3地块1、9、10幢高层住宅及地下车库工程	宏润建设集团股份有限公司
24		星光礼寓住宅一期(1-4/9栋及地下室)商住小区工程	宏润建设集团股份有限公司
25	西湖杯	杭政储出(2004)41号D-3、D-4地块	龙元建设集团股份有限公司
26	甬江建设杯	宁波火车邮件转运站工程	龙元建设集团股份有限公司
27	甬江建设杯	望春桥村(望春路以北)旧村改造村民安置二标段(地下室、9#-14#、16#、18#、19#楼)(9个单体)	中达建设集团股份有限公司
28		宁波市图书馆新馆工程	中达建设集团股份有限公司
29		泰山路(通途路-陈华立交)改造提升工程1标段	浙江良和交通建设有限公司
30	瓯江杯	110KV双山变电所工程	华丰建设股份有限公司
31	武汉市市政工程金奖	武汉市轨道交通3号线一期工程	宏润建设集团股份有限公司
32	宁波市政工程优质奖	澄浪桥及接线工程	宏润建设集团股份有限公司
33		泰山路(通途路-陈华立交)改造提升工程1标段	浙江良和交通建设有限公司

【龙元承建的江西省首个PPP子项工程建成通车】 2017年1月11日，由龙元集团投资建设的江西省首个PPP项目子项工程“前进路提升改造工程”，经过42个昼夜奋战后顺利建成通车，正式进入运营期。这是龙元承建PPP项目中建设速度最快的市政项目，也是继山东莒县文心高中公寓楼后第二个正式交付的项目。该项目改造工程总长681.27米，车道宽24米，原路面为混凝土板块，提升改造后为沥青混凝土路面。

【龙元位列全国民企承建PPP项三甲】 龙元建设集团2017年承接业务达495亿元，同比增长30%以上；完成施工产值330亿元，较上年增长10%。2017年，龙元建设中标PPP项目27个，分布在全国15个城市，投资额达323亿元，承接PPP业务额约为传统业务的两倍。自2015年9月以来，累计中标PPP项目53个，总投资额640多亿元，名列全国民营企业第三位。PPP业务带来了企业利税的较快增长，2016年PPP实现利税9100多万元，2017年超过5亿元。形成了比较完善的组织架构，去年成立了龙元天册、明树数据、益城停车、慧农农业等专业运营机构，向运营方向发展的布局也清晰；培育了国内领先的业务团队，公司旗下的明城公司和杭州城投建设员工超过350人，龙元建设专业从事PPP项目工作的超过500人，构筑了覆盖全国的市场网络，组建了6个市场团队、8个区域市场总部、17个市场部，初步形成了广泛覆盖的PPP市场网络；明树数据的大数据服务引领全国PPP行业。

表37 **龙元承接74项上亿工程（其中PPP项目24项）情况一览表**

类别	区域	序号	建设单位	工程名称	合同工程造价（万元）	工程地点
传统	上海	1	河南绿城	蓝城·诚园项目（三标段工程）	28080	河南省
		2	上海城投水务（集团）有限公司	泰和污水处理厂工程TH1.1标（一体化箱体桩基工程）	21680	上海市
		3	上海白龙港污水处理有限公司	白龙港污水处理厂提示改造工程BLG-C2标（地下污水处理厂南部土建工程）	87348	上海市
		4	上海市嘉定自来水有限公司	嘉定区安亭水厂三期扩建工程	16972	上海市
		5	复旦科技园江苏有限公司	智汇佳苑住宅小区工程	35148	江苏省南通市
		6	上海安德森质子医疗科技发展有限公司	东方肝胆外科医院质子治疗中心	32000	上海市
		7	霍尔果斯大地诚泰股权投资管理有限公司	洛旅发甘泉古窑村项目一期	13932	新疆维吾尔自治区
		8	霍尔果斯大地诚泰股权投资管理有限公司	洛旅发甘泉古窑村项目二期	24742	新疆维吾尔自治区
		9	河南同晟置业有限公司	同晟.象湖澜湾1号院项目	22237	河南省
		10	河南同晟置业有限公司	同晟.象湖澜湾2号院项目	23980	河南省
		11	上海城投水务（集团）有限公司	泰和污水处理厂工程TH1.3标（南侧厂区桩基、基坑围护、主体结构及总平面工程）	34966	上海市
		小计			341085	
	广东	1	江门市美拓房地产开发有限公司	江门美的公园天下项目土建施工总承包工程	19793	广东省江门市
		2	惠东宝安鸿基房地产开发有限公司	惠东宝安虹海湾B区总承包工程	24201	广东省惠州市
		3	桂林棕榈仟坤文化旅游投资有限公司	阳朔.兴坪休闲养生度假区项目（一期）工程施工总承包	12250	广西壮族自治区桂林市
		4	广州利合房地产开发有限公司	广州亚运城项目自编号A地块住宅楼A2-1栋、A2-2栋、A2-3栋土建总承包工程	12408	广东省广州市

续表37

类别	区域	序号	建设单位	工程名称	合同工程造价(万元)	工程地点
传统	广东	5	鹤山市源佳房地产开发有限公司	汇源新都二期	25000	广东省江门市
		6	肇庆市东基团星投资开发有限公司	四季金谷北区项目	25000	广东省肇庆市
		7	佛山市顺德区理想房地产投资有限公司	佛山佳兆业容桂金域花园七期项目主体总承包工程	25109	广东省佛山市
		8	协成发有限公司	莱茵商业广场建安工程	16204	广东省广州市
		9	佛山市顺德区新振华房地产有限公司	华夏新城二期七区土建、排水及基坑支护施工工程	17680	广东省佛山市
		10	恩平市汇银房地产开发有限公司	汇银江南富湾四期	16820	广东省江门市
		小计			194466	
	天津	1	天津金昊置业有限公司	蝶恋家园住宅小区A区项目	21292	天津市
		2	天津金昊置业有限公司	蝶恋家园住宅小区B区项目	20604	天津市
		3	天津金昊置业有限公司	蝶恋吉园住宅小区A区项目	18140	天津市
		4	天津金昊置业有限公司	蝶恋吉园住宅小区B区项目	18668	天津市
		5	河北宝申市政工程有限公司	河北宝申市政工程有限公司正定新区2017年投资建设市政项目C标段	50917	河北省石家庄市
		小计			129622	
	江苏	1	苏州南山新程房地产开发有限公司	苏州南山浒关项目苏地2016-WG-13号地块样板段工程	13323	江苏省苏州市
		2	南京盛利置业有限公司	NO.2016G86地块项目1#、3#、(含商业及地下室)、2#、4#-21#(含地下室)、(共21栋)及一至二区地下车库、3#-4#配电房、2#-3#门卫桩基、基坑支护、土石方、土建、水电安装、消防、通风、智能化、钢结构、幕墙、装饰装修工程	14930	江苏省南京市
		3	徐州鼎旭置业有限公司	徐州万科淮西项目A地块(一标段)总承包工程	12389	江苏省徐州市
		4	苏州正瑞置业发展有限公司	正荣·苏州盛泽悦棠湾项目三期总包工程	21084	江苏省苏州市
		5	南京盛利置业有限公司	NO.2016G86地块项目30#(含商业及地下室)、31-35#(含地下室)及五区地下车库桩基、基坑支护、土石方、土建、水电安装、消防、通风、智能化、人防、钢结构、幕墙、装饰装修	11680	江苏省南京市
		6	南京盛利置业有限公司	南京市G86地块六合项目土建及水电安装施工承包工程(二标段)	16346	江苏省南京市
		7	荥阳索河湾新天地置业有限公司	荥阳索河新天地商业项目	10945	河南省郑州市

续表37

类别	区域	序号	建设单位	工程名称	合同工程造价（万元）	工程地点
传统	江苏	8	亳州绿建置业有限公司	亳州绿城桐华郡一期项目	28989	安徽省亳州市
		9	江苏华凯置业有限公司	金色威尼斯四期	14000	江苏省宿迁市
		10	常熟恒程置业有限责任公司	常熟新世纪国际花苑三期B块13#-15#楼、地下车库4、2#配电房、地下人防工程三期	13037	江苏省苏州市
		小计			156723	
	温州	1	永嘉投资集团有限公司	永嘉县地下停车场建设工程EPC项目	15960	浙江省温州市
		2	瑞安市恒驰置业有限公司	瑞安瑞祥新区06-3地块及瑞安下沙塘04-6地块	28722	浙江省温州市
		3	温州新裕置业有限公司	温州桃花岛T04-6至T04-18地块	32975	浙江省温州市
		4	温州世和生态城开发有限公司	温州市林里单元A-05地块房地产建设项目总承包工程	18600	浙江省温州市
		小计			96257	
	宁波舟山	1	宁波京都房地产开发有限公司	宁波杭州湾新区甬新S-1#地块住宅小区工程(施工)	21576	浙江省宁波市
		2	宁波市轨道交通集团有限公司	宁波市轨道交通5号线一期土建工程TJ5112标段施工	26345	浙江省宁波市
		3	舟山市海涂围垦综合开发有限公司	舟山海洋产业集聚区新港邻里中心项目(一期)工程	11543	浙江省舟山市
		4	宁波高新区智慧园开发有限公司	宁波高新区(新材料科技城)智造社区A、B地块项目Ⅱ标	10109	浙江省宁波市
		5	宁波杭州湾新区汽车产业发展有限公司	宁波杭州湾新区智能终端产业园区一期工程(III 标段)	20000	浙江省宁波市
		6	宁波奥体中心投资发展有限公司	宁波奥体中心项目市政绿化工程施工	17245	浙江省宁波市
		7	宁波杭州湾新区汽车产业发展有限公司	宁波杭州湾新区大众广场二期工程	41117	浙江省宁波市
		小计			147935	
	杭州绍兴	1	杭州京瑞置业有限公司	杭政储出【2015】 35 号地块住宅(设配套公建)—3至13号楼及周边地下室工程	36668	浙江省杭州市
		2	杭州国逸实业有限公司	钱江世纪城G-02地块项目	30433	浙江省杭州市
		3	绍兴高新技术产业开发区迪荡新城投资发展有限公司	绍兴市越城区平陶公路(富盛-陶堰镇)提升改造工程EPC总承包项目	11299	浙江省绍兴市
		4	杭州城投海潮建设发展有限公司	望江单元SC0403-R21-02地块农转非居民安置房(含城市居民)项目	41167	浙江省杭州市
		小计			119567	

续表37

类别	区域	序号	建设单位	工程名称	合同工程造价(万元)	工程地点
传统	海南	1	三亚九龙苗圃开发建设有限公司	澜山·金曲”(同心家园二十八期)项目三期	24000	海南省三亚市
		小计			24000	
	福建	1	厦门ABB企业管理服务有限公司	ABB厦门工业中心项目(二号土地)(X2016G01-G)一期上部总承包工程&二期上部总承包工程	18030	福建省厦门市
		小计			18030	
	湖北	1	武汉立德恒盛房地产开发有限公司	青年路372号项目	40000	湖北省武汉市
		小计			40000	
	合计				1267686	
PPP		1	华阴市文体教育基础设施PPP项目	华阴市文体广电局、华阴市教育局	61245	陕西省华阴市
		2	渭南市华州区教育文体基础设施政府和社会资本合作(PPP)项目	华州区教育局、华州区文物旅游局、华州区文体广电局、华州区住房和城乡建设局	129660	陕西省渭南市
		3	邢台经济开发区教育文化体育设施改造提升工程—项目包1	邢台经济开发区教育文化体育办公室	26688	河北省邢台市
		4	宿迁市湖滨新区管理委员会	宿迁山洼人家民宿PPP项目	72500	江苏省宿迁市
		5	天柱县鉴江小流域综合治理PPP项目	天柱县城镇投资管理中心	149100	贵州省天柱县
		6	澧县城区路网建设工程(一期)PPP项目	澧县住房和城乡建设局	438000	湖南省常德市
		7	文山市第一中学城南校区政府和社会资本合作(PPP)项目	文山市教育局	37872	云南省文山市
		8	缙云县养老院及配套工程、杜桥6-2地块(二期)安置房及养老院片市政道路PPP项目	缙云县民政局、缙云县住房和城乡建设局	22272	浙江省缙云县
		9	缙云县壶镇镇下山脱贫安置小区PPP项目	缙云县壶镇镇人民政府	24041	浙江省缙云县
		10	湖州南浔区菱湖医院ppp项目	南浔区菱湖镇人民政府	30106	浙江省湖州市
		11	金台文体中心PPP政府采购项目	宝鸡市金台区住房和城乡建设局	69908	陕西省宝鸡市
		12	六安市水利局	淠河总干渠(九里沟-青龙堰)东部新城段水利综合治理工程PPP项目	229500	安徽省六安市
		13	章贡区教育局	章贡区阳明中学、章江路文体中心及停车场PPP项目	41345	江西省赣州市

续表37

类别	区域	序号	建设单位	工程名称	合同工程造价（万元）	工程地点
PPP		14	淄川区政府投资工程建设中心	淄川区文化中心及城区南部工业遗址旅游PPP项目	58880	山东省淄博市
		15	乌鲁木齐高新技术开发区(新市区)老城区改造提升建设工程指挥部办公室	乌鲁木齐2017年棚户区改造项目-高新区(新市区)丰田村一、二队片区	1000000	新疆乌鲁木齐市
		16	鹿邑县产业集聚区管理委员会	鹿邑县产业集聚区路网、城区周边干线公路路段路口整治、惠济河湿地公园及尾毛产业园基础设施等建设项目	99985	河南省鹿邑县
		17	乌兰察布市科学技术协会	乌兰察布市科技馆内容建设PPP项目中标(成交)公示	18000	内蒙古乌兰察布市
		18	新余市渝水区新兴工业产业园管理委员会	新余市下村工业基地储能小镇和袁河经济开发区标准厂房建设工程PPP项目	91780	江西省新余市
		19	潍坊市奎文区教育局	奎文区教育基础设施政府和社会资本合作(PPP)项目	42800	山东省潍坊市
		20	安徽霍邱经济开发区管委会	霍邱县矿区、园区路网工程PPP项目	73915	安徽省六安市
		21	潍坊市潍城区人民政府	潍州大厦政府和社会资本合作(PPP)项目	25659	山东省潍坊市
		22	玉环市中等职业技术学校迁建工程PPP项目	玉环市中等职业技术学校	132300	浙江省玉环市
		23	吴起县城乡综合治理和发展PPP项目	吴起县经济发展局	144341	陕西省延安市
		24	信丰文教园建设PPP项目	信丰县城乡规划建设局	182000	江西省赣州市
	小计				3201896	
合计					4469582	

【龙元浙江大地钢构公司承建菲律宾燃煤电站项目】 菲律宾考斯瓦根燃煤电站项目，位于菲律宾拉瑙省、考斯瓦根市、巴拉盖自由区，毗邻高速路，距离沥干市西南约23公里。项目业主方为GNPower Ltd.(GN电力公司)，总投资金额为6.9884亿美元，按照两期进行规划，所有辅助设施、电气、土建、基础等均按照4台机组进行设计施工。龙元建设浙江大地钢构承接了除锅炉钢结构之外的所有其他钢结构制作，共计20800余吨。该项目于2016年2月底正式开工，进展顺利。

【龙元控股宁波盛宏生态建设公司】 5月23日，龙元建设集团股份有限公司与宁波盛宏建设工程有限公司签署股权转让协议。通过该次股权转让，龙元建设集团将控股原宁波盛宏建设有限公司的全资子公司——宁波龙元盛宏生态建设工程有限公司。龙元集团总裁赖朝晖和宁波盛宏董事应长钜分别代表双方签署了协议。宁波盛宏建设工程有限公司承建了一大批投资总量多、建设规模大、施工难度高的水利、市政建设工程，拥有水利水电工程施工总承包一级资质。水利工程领域存在巨大的PPP业务前景，龙元集团借此机会将迅速拓展在水利工程领域业务，提升集团公司承接水利PPP项目的能力。

【龙元承建的沃尔沃厂房项目开工】 11月，由龙元建设集团川渝分公司承接了沃尔沃Polestar高性能电动车项目施工总承包工程。该项目为成都市重点招商引资项目，集新能源汽车组装车间，办公楼，餐厅为一体的综合体、建筑面积42536.8平方米，工程造价约1.1亿元。项目竣工后的Polestar生产中心将是中国最环保的汽车工厂之一，项目全过程将采用BIM技术精细化管理，目标是获得全球著名的建筑评估体系LEED金级认证。龙元集团沃尔沃汽车项目部自2012年承接沃尔沃厂房项目以来，分别参与了沃尔沃汽车成都、张家口、大庆等地项目建设，年年被沃尔沃汽车评为优质供应商。

【龙元首次引入省级引导基金参与PPP项目建设】 6月18日，龙元集团首次引入省级PPP引导基金参与PPP项目的投资，该次合作对象是福建省政府和社会资本合作(PPP)引导基金。龙元明城公司财务总监高强参加了PPP引导基金的签约仪式。福建省政府和社会资本合作(PPP)引导基金是2016年10月福建省财政厅与兴业银行共同成立的政府引导基金，总规模200亿元。

【龙元在陕西华州区教育产业园举行PPP项目施工现场观摩会】 5月17日，陕西省移民(搬迁)工程现场观摩大会在龙元集团承建的华州区教育产业园(PPP)项目施工现场举行，陕西省各市市委书记、县委书记和市县两级移民办主要负责人参加观摩活动，省委、省政府主要分管领导全程参加，该次观摩会的人数共170余人。在这之前的5月2日，商州区质监站、安监站组织区内20余家开发公司、施工单位，到龙元集团承建的商州区高级中学PPP项目现场观摩，彰显了龙元集团在陕西省内良好的企业形象。

【龙元承建装配式建筑项目进展顺利】 2015年11月，龙元集团第五建筑公司中标市北高新技术服务业园区N070501单元14-06地块商办用房项目，基坑面积达80000多平方，基坑开挖深度11米，地下两层结构，位于静安区江场路。这是第五建筑公司承接的第一个预制装配式混凝土(PC)建筑，装配率为25%。无论从施工技术、市场经营还是品牌塑造方面来看，该项目意义均十分重大。

【袁家军视察龙元集团PPP项目】 5月25日，浙江省委副书记、代省长袁家军在衢州调研期间，专赴龙元集团投资建设的开化火车站站前片区及周边基础设施配套工程PPP项目工程检查指导，了解项目施工情况，慰问奋斗在一线的工作人员，并对项目建设做出指导意见。龙元开化明化基础设施投资有限公司总经理林战伟向袁家军汇报了企业基本情况，在得知龙元建设落地PPP项目32个、规模高达400亿时，袁家军给予了肯定，并提出了要求。开化火车站站前片区基础设施配套工程PPP项目位于开化县华埠镇(涉及叶溪村、华阳村)，工程建安费67095.73万元，工程建设其他费6256万元，基本预备费5560万元，建设期2年。2016年6月中标，7月22日开工建设。

【国土资源部正副部长考察龙元承建的杭州密渡桥项目】 继2017年11月23日国土资源部副部长赵龙考察杭州市密渡桥路立体车库之后，12月26日，国土资源部部长姜大明再次带队考察该项目，肯定了这座立体车库在解决城市停车难、最大限度集约利用土地资源上的标杆和示范意义。杭州密渡桥路立体车库是由龙元集团旗下的杭州城投建设公司开发投资、建设管理并负责运营维护的，是浙江省首个井筒式地下车库，2014年6月开建时是全国最深的井筒式地下车库。车库采用“三联井筒式”建造方案，深33.5米，占地面积150平方米，建造车位112个，每个车位仅需约1.3平方米，即使算上700多平方米的回车场地、管理用房、绿化等附属设施用地，每个车位占地仅约8平方米，相比传统方式，节约了80%以上的土地资源。运营一年多来，取得了良好的社会效益和经济效益。

【龙元相继在贵州、陕西为贫困学生捐款】 龙元建设广东分公司项目部党支部等10多位党员，从2010年开始，结对帮扶贵州省遵义市余庆县贫困学生97人，累计帮扶资金达80余万元，其中项目部对当地“凉风中学龙元班”捐款20万元，2017年受到当地政府部门表彰，在当地被传为佳话。此外，2017年龙元建设陕西渭南市华州教育园(PPP)项目部党支部共产党员为当地10名优秀大学新生、70名品学兼优贫困高中生颁发助学金共10万元。

【宏润成为地铁领域全国民企单打冠军】 2017年，宏润建设集团产值和承接业务量双双突破150亿元，其中承接业务量同比增长51.44%，销售和净利润均实现较大幅度增长，各项指标创出历史同期最高。公司相继获得中国建筑业竞争力百强企业、全国优秀施工企业等荣誉称号。新中标杭州市博奥过江隧道，进入大盾构新领域；中标合肥、广州、苏州、金华等轨道交通工程；中标宁波、安庆、上海等重大市政及地下工程；中标福州市金山片区水系综合治理等PPP项目3个，合同金额共55.68亿元，特别是联合中标杭绍台铁路PPP项目，顺利进入高铁新领域。宏润继续中标上海、杭州、宁波、南京、苏州、广州地铁项目，又新进入合肥地铁和金华、义乌、东阳城际铁路，达到18个城市。企业自有盾构37台，全年盾构推进16.1公里，共有32个地铁项目在建施工，继续保持地铁领域全国民企单打冠军地位。

【宏润获批建筑工程施工总承包特级资质】 10月26日，住房和城乡建设部发布公告，核准宏润建设集团股份有限公司为建筑工程施工总承包特级企业。至此，该公司在拥有市政公用工程施工总承包特级资质的基础上，又拥有建筑工程施工总承包特级资质，成为“双特级”资质企业，同时还拥有工程设计市政行业甲级、建筑行业甲级资质。

表38　　2017年宏润建设承接上亿元工程情况一览表

序号	建设单位	工程名称	工程地点	承包方式	合同工期 开工	合同工期 竣工	合同工期(天)	合同造价(万元)
1	杭州市钱江新城建设指挥部	杭州市博奥隧道(原名青年路过江隧道)工程	浙江省杭州市	总包			1260	97853.63

续表38

序号	建设单位	工程名称	工程地点	承包方式	合同工期 开工	竣工	合同工期(天)	合同造价(万元)
2	合肥城市轨道交通有限公司	合肥市轨道交通4号线土建施工总承包3标段	安徽省合肥市	联合体施工总承包	2017/3/30	2020/8/15	1234	127155.46
3	福州市城乡建设委员会	福州市金山片区水系综合整治PPP项目	福州市	PPP联合体	2017/4/18	2019/4/17	730	142500
4	宁波市市政工程前期办公室	机场快速路南延工程(绕城高速至岳林东路南)施工Ⅳ标段	浙江省宁波市	总包			312	46953.55
5	广东顺广轨道交通有限公司	广州市轨道交通7号线一期西延顺德段(07标)土建施工项目	广东省	总包	2017/6/1	2020/2/1	975	30036.03
6	苏州市轨道交通集团有限公司	苏州市轨道交通5号线工程土建施工项目(第四批)V-TS-01标段	江苏省苏州市	总包	2017/6/1	2020/5/31	1096	51698.25
7	黑龙江省宏润房地产开发有限公司	宏润·翠湖天地澜园项目施工合同	黑龙江省	总包	2017/5/15	2019/12/20	950	17656.86
8	罗源县住房和城乡建设局/中国水环境集团投资有限公司	罗源县南溪、起步溪流域水环境综合整治及周边路网改造、污水处理工程PPP项目合同	福建省福州市	PPP联合体				95000
9	舟山海城建设有限公司	舟山儿童公园工程	浙江省舟山市	总包	2017/7/21	2018/7/20	365	13276.64
10	金华市轨道交通投资建设有限公司	金华-义乌-东阳市域轨道交通工程土建施工02标段[八一南街站、八一南街站-万达广场站区间、万达广场站、万达广场站战后地下盾构机明挖(明挖放坡终点)]	浙江省金华市	总包			914	60867.32
11	安庆市住房和城乡建设委员会	安庆市皖江大道东段道路及绿化提升工程	安徽省安庆市	总包	2017/9/19	2017/12		24522.69
12	浙江省发展规划研究院	杭绍台铁路PPP项目投资合同	浙江省	PPP联合体				525470
13	宁波市城市排水有限公司	宁波市江东北区污水处理厂提标改造工程	浙江省宁波市	总包				12051.38

续表38

序号	建设单位	工程名称	工程地点	承包方式	合同工期		合同工期(天)	合同造价(万元)
					开工	竣工		
14	杭州市地铁集团有限责任公司	杭州地铁9号线一期工程土建施工SG9-2标段(中央公园站~钱江路站区间、钱江路站、钱江路站~渔人码头站区间、渔人码头站)	浙江省杭州市	总包	2017/10/30	2019/12/31	792	60777
15	宁波市轨道交通集团有限公司	宁波市轨道交通5号线一期土建工程TJ5107标	浙江省宁波市	总包			552	59830.02
16	宁波市市政工程前期办公室	环城南路西延(薛家南路至环镇北路)工程施工II标段	浙江省宁波市	总包			780	48501.78
17	县大目湾新城投资开发有限公司	县大目湾新城沿湾路(悦洋路~迎海路)和乐渔路(松兰大道~规划12路)道路工程(施工)	浙江省宁波市	总包			288	25571.06
18	上海中环天地投资有限公司	红旗村E3地块轨交区间地下保护设施工程	上海市	总包	2017/11/10	2019/9/12	671	40519.66
19	上海市轨道交通十五号线发展有限公司	上海市轨道交通15号线工程土建24标陈太路停车场房建、市政及出入场线(暗埋、敞开、路基段)土建工程	上海市	总包			914	32796
20	盐城市人民政府	盐城市新水源地及引水工程	江苏省盐城市	总包				112146
21	县人民政府	沿海南线滨海大道至金开路段拓宽工程	浙江省县	总包				19700

【宏润承建的上海、杭州、武汉、广州、郑州等城市轨道交通项目进展顺利】

1. 上海市。4月27日下午,上海轨道交通13号线二期104标陈春路站—北蔡站区间下行线贯通,长度为726.674米,14日该线二期104标北蔡站—下南路站区间下行线盾构始发;8月31日,上海市轨道交通17号线7标工程通过竣工验收。

2. 广州市。广州轨道交通21号线17标左线盾构于2017年3月22日到达中新东站(盾构机于2016年4月24日始发);4月24日,该线中间风井至中新东路站区间右线盾构始发;5月20日,该线右线盾构机到达矿山线隧道,再次实现成功对接;10月15日,该线中新东站至朱村站区间左线盾构顺利接收。

3. 武汉市。2月20日,武汉轨道交通7-15标板桥村站至野芷湖站区间右线盾构顺利进洞;3月28日,该线出入段线区间出入段盾构顺利进洞;4月19日,该线野芷湖出入段区间出入段隧道顺利进洞。

4. 郑州市。5月11日,郑州轨道交通3号线03标段,航海东路站正式通过开挖条件验收,进入主体施工阶段;10月29日上午,该线一期工程土建03标项目顺利完成博学路站至航海东路区间右线盾构机始发。

5. 杭州市。7月3日下午,杭州轨道交通2号线西北段工程建成通车。

【宏润开启大盾构时代】 7月25日,宏润建设与中铁工程装备集团有限公司在杭州举行11.7米级泥水平衡式盾构机采购合同暨战略合作签约仪式。在国家发展城市轨道交通背景下,宏润在上海、杭州、郑州等18个城市拥有地铁建设项目,自有盾构机37台。此次签约的两台11.7米泥水平衡盾构机将用于杭州市博奥隧道工程。博奥隧道穿越钱塘江，为双向四车道城市干道，全长约2.8公里，其中盾构段隧道长度1680米，需穿越砂质粉土、粉砂夹粉土、砂质粉土夹淤泥质土等复杂地层，存在软土触变沉降、轴线较难控制等施工难点，这也是宏润首次采用大断面泥水平衡盾构，意义重大。中铁工程装备集团是专业从事盾构机研发制造和技术服务的大型央企，技术力量雄厚、设备齐全领先、高层人才聚集，是国内盾构机研发制造的开拓者和领军者，在国际上享有盛誉。

【宏润建设承建的福州市金山片区水系综合治理PPP项目正式启动】 4月28日上午，福州金山片区水系综合治理PPP项目开工仪式在福州仓山区举行。福州金山片区水系综合治理工程项目由宏润建设、中国水环境集团投资有限公司、中国市政工程西北设计研究院有限公司（联合体）于2017年04月17日中标，以PPP模式投资建设。福州金山片区水系综合治理PPP项目包括整治河道8条，长28.47公里，运维10条，长32.34公里。投资估算建安工程费用总计14.25亿元。联合体负责项目的投融资、建设、运营维护和移交等，其中项目施工总承包主要由宏润建设负责。

【宏润承建的盐城市新水源地及引水工程全线开工】 2月28日上午，作为江苏省重大民生保障项目和盐城市头号为民办实事工程，宏润建设的盐城市新水源地及引水工程全线开工建设。为从根本上解决盐城饮用水安全问题，经过科学论证，决定新辟优质水源，在京杭大运河宝应金氾水段开辟新水源地，通过大口径输水管道将南水北调源头活水引入千家万户，形成从“水源头”到“水龙头”的安全供水体系。本工程是盐城市历史上最大的跨区域引水工程、最大的饮用水提档升级和安全保障工程，更是惠及子孙后代的“生命线”工程。工程总引水规模为每天115万吨，供水范围包括中心城区、大丰区、建湖县、射阳县，受益面积约8936平方公里，受益人口近500万人。

【宏润承建的郑州市南三环东延桥梁工程第三标主线桥通车】 5月27日，宏润承建的郑州市南三环东延线（南台路至107辅道）工程主线桥正式通车。南三环东延线工程（南台路至107辅道）规划为城市快速路，为三环快速路的组成部分，全线采用高架线路，路段全长约6428.37米，规划红线70米，平行匝道段红线74米。高架采用整幅双向六车道，桥宽25.5米。宏润承建的南三环东延线工程桥梁第三标段，线路全长1430公里，包含主线桥12联44跨，工程造价22.24亿元。

【宏润与上海联合产权交易所签署合作意向】 2017年3月1日，“全国PPP资产流转与发展——完善和健全PPP生态圈专题研讨会”在上海举行。研讨会由财政部PPP中心指导，上海联合产权交易所主办。宏润建设与上海联合产权交易所签署合作意向书，旨在财政部PPP中心的指导下，通过双方紧密沟通与合作，互相将对方确定为长期战略合作伙伴，在各地方政府PPP项目方面，相互向对方推介，发挥各自优势，促成双方合作共赢。

【宏润建设杭州分公司党建共建活动有特色】 6月25日下午，宏润建设杭州轨道交通1号线打铁关站2标段党支部联合文晖街道和平苑社区委员会，开展为社区老党员、困难党员送温暖活动，走访20余户老党员，送去慰问金和慰问品；宏润杭州沿江大道管廊项目党支部于2017年5月10日上午，项目部召开了“金丝纽带”——党建共建启动仪式暨项目攻坚会，举行了授旗仪式和党建共建签约仪式，启动仪式之后，项目部参建各方召开项目攻坚现场会，就项目建设等相关问题进行了具体讨论，提出针对性的解决方案，会后实地踏勘工程现场，全力解决难题。

【宏润建设杭州分公司党支部开展金秋助学活动】 宏润建设杭州分公司支部与杭州市质安监总站第二党支部一行，于2017年8月29日清晨驱车前往党建共建村开展“2017年建德市大洋镇庆丰村‘百千万’金秋助学活动”，为孩子们送上祝福和关爱。此次金秋助学活动的受助生为庆丰村家庭生活困难的学生，共10人，其中高中生1人，初中和小学生9人。该次受助额总计6万元，其中初中、高中生每人1万元，小学生每人5000元。党建共建活动双方党员还参观了庆丰村的党建工作，看望了空巢老人。

【宏润助学爱心团深入黔东乡村帮困助学】 2016年10月18—22日，连日的阴雨，宏润助学爱心团一行13人冒着风雨，在贵州省铜仁市碧江区教育局密切配合下，深入九个乡村，资助29所中小学，现场捐款35.9万元，资助家庭贫困的学生187人。宏润助学爱心团是由郑恩辉、张沉鱼夫妇发起并创建的纯公益性民间慈善团体，自2013年成立并开始运作有4年，期间从未间断。成员达40余人，均为爱心人士组成，足迹遍布上海、浙江、河北、安徽、贵州铜仁等地，累计资助贫困学生600余名，资助资金100余万元。宏润助学爱心团资助标准为：小学每生每年1000元，中学每生每年2000元。从年内开始，宏润助学爱心团还特意为考取铜仁一中的受助学生提高了资助标准，每人每年3000元。

【宏润建设荣获全国优秀施工企业称号 鲍立平获全国优秀项目经理称号】 4月21日，中国施工企业管理协会在厦门召开第32次年会，宏润荣获“全国优秀施工企业”称号，鲍立平被评为“2016年度全国工程建设优秀项目经理”。

【宏润建设获县科技创新领军企业】 2016年11月28日下午，全县科技创新暨人才工作会议在县文化活动中心召开。宏润建设获“县科技创新领军企业”。

【宏润建设承建的石浦高速新桥连接线工程获先进集体一等奖】 2月23日，县劳动竞赛委员会、县总工会、县交通运输局联合发文表彰2016年度交通重点工程建设立功竞赛先进集体及个人，宏润建设石浦高速公路新桥连接线项目经理部被评为“施工单位先进集体一等奖”。本项目连续三个季度在县交通局重点工程（立功竞赛）考评中获“第一名”。此外,“石浦高速公路新桥连接线高湾特大桥桥梁班组”还获得了县委办公室、县政府办公室评选的“2016年县重点工程‘争先创优’立功竞赛工人先锋号”的荣誉称号。

【《宏润》期刊、网站荣膺第七届全国建筑行业“优秀期刊”“优秀网站”】 7月20日,宏润建设集团公司主办的《宏润》期刊荣获“第七届全国建筑行业优秀期刊”、同时宏润建设公司网站荣获“第七届全国建筑业优秀网站”,赵余夫、傅珺荣获“第七届全国建筑行业信息宣传优秀工作者”。

【良和承建的台州地下综合管廊项目开建】 12月17日下午,由良和交通建设承建的台州市地下综合管廊一期工程市区段(现代大道、东二路、绿脉南路)首开段在绿脉南路进行第一根双轴水泥搅拌桩试桩,标志着项目正式拉开施工序幕。本项目是良和交通建设首次承建的城市地下综合管廊工程,项目全长15.66公里,其中现代大道段管廊长12.34公里,起点位于教七路,沿在建的现代大道南侧自西向东穿过台州大道、中心大道、东环大道、机场路、S225至东二路。沿线河流密布、道路较多,共穿越19条河道、22段沟塘、10条主干道路及1座在建的高架桥梁。

【良和与央企国企签订三方战略合作协议】 11月8日,良和交通建设与中冶轨道交通有限公司、四川省交通运输厅公路规划勘察设计研究院在北京中冶大厦举行战略合作协议签字仪式,三方确立互为战略合作伙伴关系。本着“互利互惠、资源共享、优势互补、合作共赢、风险分担、共同发展”的原则,战略合作协议签订后,三方将在基础建设、PPP项目、设计施工总承包项目、轨道交通等领域相关业务展开合作;在全国城市互为对方开展业务创造最优惠条件和待遇,共同形成新的发展优势;各方还将建立管理层不定期会晤和沟通机制,最大限度地开展深度合作。据介绍,中冶轨道交通有限公司是中冶集团旗下全资子公司,是世界500强企业,是全球最大最强的冶金建设承包商和冶金企业运营服务商,也是中国基础建设的主力军。四川省交通运输厅公路规划勘察设计研究院是集勘察、设计、咨询、试验检测及科研于一体的大型综合甲级设计研究院(属国企),业务涵盖公路、市政、建筑等领域,从前期规划、勘察设计到试验检测、咨询、施工、监理的全过程,综合实力在全国同类设计院中居于前列。

【良和加大投入力度促使信息化管理全覆盖】 1. 信息化项目(一期)建成运营。2017年8月15日下午,公司在宁波总部举行信息化建设(一期)验收会议。会上浙江良和交通建设有限公司与杭州新中大软件股份有限公司签订了战略合作框架协议。据介绍,良和交通建设自2016年4月份启动信息化建设以来,投入200多万元,共建成七大模块和15个子模块,建立资金管控中心、资产管控平台、企业管控中心、柔性统一平台。2017年9月21日下午,北仑万人沙滩工程信息化启动大会在北仑万人沙滩项经部举行,这是继71省道项经部信息化试点后的又一个信息化试点项经部,标志着良和信息化建设推广又向前迈进了一步。

2. 信息化二期项目启动建设。2017年12月29日下午,良和交通建设与杭州新中大软件有限公司举行信息化建设二期合作签约仪式,标志着公司二期信息化正式启动建设。据悉,信息化建设一期项目在双方一年多的努力下取得了成效,运营效益凸显。二期项目将在一期成果基础上,再投入150万元,对成本管控、项目资金管理、税务筹划、预算管理等模块进行深化,并推广覆盖到各专业分公司和试点项经部,通过1688集成、物料二维码管理、物控管理、远程监控、决策报表的二次开发集成应用,提高公司信息化管理水平。

3. 与阿里巴巴等大企业签订战略合作协议。11月23日-25日,“2017建筑业P20(北京)峰会”在北京举行。在主论坛对话环节中,良和推出了推进“互联网+采购”与“智能印控”的使用成果以及远期推进规划目标、“互联网+的管理深化方案”,得到与会代表的认可。对话环节结束后,良和公司与阿里巴巴、新中大软件股份等两家公司,签订了三方战略合作协议。良和交通建设通过阿里巴巴网络采购平台发布竞价信息,经多方询价比价,最终于2017年11月14日完成了首次办公电脑网络批量采购工作。企业之前选择供应商进行采购,不能做到“货比三家”进行商品价格的对比分析,导致前期预算成本加大,采购的实际成本偏高,区别于传统的线下采购模式,阿里巴巴大企业采购平台利用其在电子商务平台、软件技术服务的资源优势,通过采购平台及其应用系统,向良和交通建设提供优秀供应商,帮助企业通过电商化采购优化供应链,扩大寻源半径,快速获得资源,更高效实现采购目标。

【良和与长安大学、重庆交大等高校开展校企合作】 2017年,良和建设与长安大学、重庆交通大学进行产学研合作。4月26日—27日,良和交通建设董事长王良明带队赴长安大学、重庆交通大学等学校开展专题宣讲、招聘,并与这两所学校对接产学研合作。8月29日,重庆交大学校党委副书记周直一行7人莅临良和交通建设出席产学研合作签约暨教育发展基金捐赠仪式,校企双方签订了产学研合作协议,并共同为产学研合作基地、大学生校外实践教育基地、研究生教育创新基地揭牌。良和交通建设还在长安大学和重庆交大设立了助学金和奖学金,每年分别向两所高校捐赠10万元,两所高校每年优先向良和交通建设推荐不少于20名的优秀毕业生。

【良和交通检测公司摘得交通部沥青对比试验最佳评价】 据交通运输部办公厅〔2017〕224号文件通报,良和交通检测公司在2016年度公路工程试验检测机构沥青针入度及软化点比对试验中,评判结果获得“满意”。良和交通建设检测公司在2016年中,先后经历水泥比对试验、桩基比对试验、沥青比对试验、资质复审换证等大大小小数次检查,均取得优异的成绩。

【良和交通建设71省道项经部荣获“宁波市重点工程立功竞赛模范集体”称号】 良和交通建设71省道盛宁线

东陈至茅洋段改建工程项目经理部荣获"2016年度宁波市重点工程立功竞赛模范集体"称号。此次评选由县交通局推送至象山总工会，再由象山总工会推送至宁波市总工会，评选结果于2017年2月13日在宁波日报上表彰公示。

【良和交通建设大金山隧道QC小组荣获宁波市"甬江建设杯"2017年优秀质量管理小组成果一等奖】 2017年3月2日，宁波市建筑业协会召开了宁波市"甬江建设杯"2017年优秀质量管理小组成果发布会。良和交通建设大金山隧道QC小组申报的《减少浅埋段隧道洞口坍方量》课题，经评审专家初审、书面资料评审、现场发布专家当场打分等，在众多成果中脱颖而出，荣获"甬江建设杯"2017年优秀质量管理小组成果发布会一等奖，并报送浙江省建筑业行业协会参赛。

【良和交通建设跻身全省公路建设项目考核成绩第一梯队】 2017年3月，浙江省交通运输厅印发了关于《2016年度全省公路建设项目考核情况的通报》(〔2017〕10号文件)，良和交通建设多项在建公路项目榜上有名，成绩名列前茅，获得施工标准化优秀项目部1个、信用管理优秀项目部1个、高速公路建设优秀项目部1个、普通国省道建设优秀项目部2个、普通国省道建设年度考核优秀单位及项目2个，得到了省交通厅的肯定和认可，尤其是台州湾大桥及接线工程TS17标的施工，业绩更为突出。

【良和QC小组获得全国性荣誉】 11月1—3日，由中国质量协会、中华全国总工会、中华全国妇女联合会、中国科学技术协会联合主办的全国第39次质量管理小组代表会议在昆明召开。台州湾大桥及接线工程TS17标项经部成立的奔腾QC小组斩获"全国优秀质量管理小组"称号，这是公司QC首次获得全国性荣誉。据介绍，奔腾QC小组以提高桥梁摩擦桩后压浆开塞合格率为课题，按照QC活动流程，群策群力，将开塞合格率从96%提升至99%，对11个可能的末端因素进行因果分析和现场确认，在要因确认环节找到三个要因，针对性地制定对策并进行对策实施，最终将开塞合格率提升至99.5%，达到课题预期目标。课题经宁波市建筑业协会和宁波市质量管理协会推荐，获得全国优秀质量管理小组发表资格，捧得全国优秀质量管理小组大奖。

表39　　2017年县一、二级企业承接上亿元工程一览表

序列	企业名称	工程名称	项目类型	造价(亿元)	地点
1	华锦建设集团股份有限公司	新昌县旧城改造工程PPP项目	PPP	6.00	绍兴市新昌县
2		宁波高新区CX03-02-15地块新建住宅项目	EPC	5.02	宁波市高新区
3		黄骅港综合港区泰地液体化工码头及罐区	土建	1.82	河北省黄骅港
4		碧桂园万山湖1号一期工程	房建	1.60	河南省郑州市荥阳市崔庙镇
5		江山名洲六期南区项目	房建	1.10	江苏省镇江市
6		嵊州天章华府项目	房建	2.50	浙江省嵊州市
7		泉州市城东埭头安置小区工程	房建	4.30	福建省泉州市
8		九峯里(小昆山)项目一期总承包工程	PC	2.20	上海市松江区小昆山镇
9	浙江良和交通建设有限公司	新桥至石浦高速公路	高速公路	6	县
10	宁波景业建设有限公司	县农村信用合作联社综合办公大楼工程	房建	2.40	县
11		象山兰园三期高层建安工程	房建	2.50	县
12	象山宝盛建设有限公司	祈福新邨BG0104059.060及061地块工程	房建	1.90	广东省广州市番禺区
13		万科金域缇香项目二期	房建	2.10	广西南宁市西乡塘区
14	浙江建安实业集团股份有限公司	金华悦江阁项目	建筑安装总承包	1.30	浙江省金华市

续表39

序列	企业名称	工程名称	项目类型	造价(亿元)	地点
15	浙江润业建设有限公司(与龙元合作)	石浦高速公路定塘连接线马漕线改造工程	公路工程	4.70	县
16	浙江润业建设有限公司	杭甬复线杭州湾新区西连接线一期滨海二路标段	公路工程	1.00	杭州湾新区
17	宁波华一建设有限公司	大目湾新城ZX-26-01号02号地块一期	房建	1.95	县大目湾新城
18		大目湾新城ZX-26-01号02号地块二期	房建	1.87	县大目湾新城
19	宁波飞龙建设有限公司	禹城学府华庭建设项目	房建	5.50	山东省禹城市
20	浙江天元建设(集团)有限公司	县中医院迁建工程	房建	1.97	县
21	宁波大成建设有限公司	宁波桃花源房产项目	房建	2.37	宁波市海曙区
22	宁波锦虹建设有限公司	奥克斯年产220万台智能商用空调项目	房建	1.67	宁波市鄞州区
23		华发观山水花园	房建	1.69	广东省中山区
24	宸宇建设集团有限公司	县青草巷特色街区新建项目	房建	1.20	县
25	浙江金能建设有限公司	县人才公寓B组楼	房建	2.9亿元	县

(马建杰)

城乡建设和管理

【概况】 2017年，县住房和城乡建设局统筹安排，有序推进重点实事工程建设，全面加强重点行业监管，全面完成县委、县政府交办的各项工作任务，全县住房城乡建设事业发展取得了新的成绩。全年推进城乡基础建设项目49项、完成投资30.48亿元，较去年增加12.61亿元，打通“断头路”3条，新增专用停车位2448个、公共停车位505个、老小区改造停车位118个，建成地下管廊0.6公里，新增城市绿地面积28.3万平方米，成功创建省级园林城市，清淤河道10条，完成内河整治和排涝渠道建设3公里，累计发放排水许可证251本，新铺设供水管网13.49公里，改造截污点63个，建成污水管网28.5公里，完成16个镇乡(街道)规划方案评审，新增省美丽宜居示范村3个、改造农村低收入农户危旧房249户，安排公共租赁房688套、经济适用房(限价房)360套，累计解危城镇危旧房10.7万平方米，棚改一期、二期基本完成房屋拆除，三期完成房屋腾空，四期基本完成土地房屋测绘，全年累计销售商品4916套58.9万平方米、成交金额49.25亿元。完善了城市功能，提升了城市品位，全面提高城乡建设工作的质量和水平。

中心城区建设

【概况】 8项重点工程完成投资4.4亿元，8项民生实事项目顺利完成。结合城市交通拥堵治理工作，加快市政道路建设，完成投资3.85亿元，打通“断头路”3条，丹山路(南河路至东谷路)、梅溪路、南河路等建成通车，天安路改造加快推进，环城西路道路工程全线动工，殷夫路、来薰路等稳步实施。推进公共停车泊位建设，新增专用停车位2448个、公共停车位505个、老小区改造停车位118个。高标准编制海绵城市和地下管廊专项规范，明确大目湾新城为海绵城市试点区域，6个试点项目总面积3.04平方公里全部完工，建成地下管廊0.6公里。结合“四城”联创工作，改造升级人行道和路面8万平方米，疏通下水管道11.7公里，更换窨井盖344套，养护绿地93万平方米。开展“劣Ⅴ类水剿灭行动”，东大河一期、白石泾河(共青路至丹南路)、九顷河竣工交付，新华路渠道实现贯通，清淤河道10条，完成内河整治和排涝渠道建设3公里。严格执行“河长制”，全面加强排水许可管理，首批“污水零直排区”实现排水全许可，累计发放排水许可证251本。持之以恒抓治污，建成污水管网28.5公里，完成14个农村生活污水集中式处理村建设，改造截污点63个，新铺设供水管网13.49公里，发放节水器具500余套。南大河滨水景观带建成投用，史家山隧道入口景观工程、东谷湖湖心岛工程等项目进展明显，海山公园完成前期并移交城投集团实施，塔山遗址公园、象山港路绿化改造提升工程开工建设，新增城市绿地面积28.3万平方米，成功创建省级园林城市，累计建成县域绿道51公里，获评浙江省绿道和园林绿化工作先进集体。全力冲刺"提升城乡品质、建设美丽象山"三年行动计划，实施项目58项，完成年度投资70亿元，三年累计完成投资170亿元，占计划投资 的127.4%。开展中心城区未利用地环境综合整治，新整治提升20块、累计完成55块。启动实施美丽街区建设工作，选定丹东、丹西各一个试点区域，完成招投标各项前期，开展县委一号课题专题调研，编制"迎接亚运、城市双修"五年（2018—2022年）行动计划实施方案，完成16个镇乡（街道）规划方案评审，茅洋乡、高塘岛乡整治规划荣获省优秀方案，加快项目建设，累计启动整治项目163个，完工108个，完成投资5.97亿元，占年度计划的111%。首批6个达标镇乡76个项目全部完工，完成投资2.77亿元，顺利通过省级考核验收。开展"一加强三整治"行动，"线乱拉"治理等六大行动取得明显成效，全市第一个协调成功管线上改下分摊比例。成功举行全县美丽集镇建设（小城镇环境综合整治行动）"互比互学抓进度"工作推进会，受到市主要领导的高度评价。坚持提品质、亮特色，全力推进"改旧"工作，完成22个"改旧"示范村规划方案评审，其中石浦镇井水村、南向村"改旧"设计方案分获村庄设计优秀案例二等奖和优秀奖，西周镇夏叶村、贤庠镇章家墩村、石浦镇井水村等3个村通过市级验收。加强村镇建设技能人才培育，组织开展"一村一档"及农村建筑工匠培训41人次。推进美丽乡村建设，新增省美丽宜居示范村3个、改造农村低收入农户危旧房249户。

【全县创建省级园林城市业务培训会召开】 1月13日下午，全县创建省级园林城市业务培训会召开。创园办领导李勇勤、市园林局专家王振权；县发改、环保、农林等25家单位联络员参加会议。会议印发了《象山县关于创建省级园林城市工作任务分解的通知》，观看了《宁波市省级园林城市申报材料编写及实地考察迎检指导》PPT课件，并对省级园林城市申报程序、申报材料编写等，进行了座谈讨论。

【全力攻坚"断头路"畅通城市脉络】 采取交通拥堵点专项整治、基础设施配套建设、公共停车位建设等有效措施，推进城区交通拥堵治理工作。五年来，县中心城区累计打通"断头路"23条，投入1500万元对城区丹南路、丹阳路、汇兴路、丹峰路、东谷路等23条道路局部地段进行人行道改造升级，改造面积22367平方米，零星修复人行道18198平方米；对迎恩路、丹南路、天安路、中央河路、滨海大道、丹河路等城区6条道路进行维修保养，共修复沥青路面41963平方米，砼路面13960 平方米，全年中心城区道路完好率始终保持在95%以上；完成新华路绿荫停车场、花鸟市场停车场、四小南侧停车场等建设，共计新增公共停车泊位531个。

【南大河滨水景观带工程全面完工】 该工程位于中心城区主轴节点，全长约2650米，涉及面积约10.3万平方米，其中绿化面积为6.5万平方米，总投资4800万元。建设内容为丹山路以南、滨海大道以北、南大河以西、天安路以东区域沿河景观带，包括河道绿化、景观公园打造、亭廊建造等子项目。工程于2015年4月正式开工，于2017年4月全部完工并通过验收，将完善城市绿地系统，美化提升天安路景观效果，对于改善城市生态环境、提升城市品质起到重要作用。

【丹西街道办事处区块改造项目启动签约】 6月5日，丹西街道办事处区块改造项目启动签约，首日签约53户。该项目总建筑面积约36562平方米，总用地面积33236平方米，总户数约231户，征收范围为东至上进路，西至南街，南至广场路，北至东街。签约期限30天，截至2017年7月4日17时30分结束。

【东大河一期河道整治工程完工】 该工程系中心城区防洪排涝工程之一，北起上平丰河，南至百丈岸碶门，全长1817米，宽30~50米，总投资约8436万元，主要建设内容为河道清淤、拓宽、堤防、景观绿化及东大河百丈岸闸门等。工程于2014年2月正式开工，2017年6月完工。工程有利于提升城区防洪排涝能力，提升城市的滨水景观效果，构建城市生态水系廊道。

【召开美丽集镇建设（小城镇环境综合整治行动）"互比互学抓进度"工作推进会】 8月14日，全县美丽集镇建设（小城镇环境综合整治行动）"互比互学抓进度"工作推进会召开。县委副书记、县长黄焕利参加会议并作重要讲话。县领导应伟刚、周坚栋、钮晶莹、周平飞参加会议。会前，120名各镇乡（街道）及县美丽集镇建设（小城镇环境综合整治行动）领导小组成员单位相关负责人实地参观了茅洋乡、定塘镇的美丽集镇建设工作，两家单位在会上作了经验交流，黄避岙乡、新桥镇、县广播电视台作表态发言。会议就卫生乡镇创建作了工作部署。

【全县海绵城市建设初见成效】 大目湾新城是全县海绵城市建设试点，位于松兰山西南面、东临大目洋，共2.4平方公里，总投资8.5亿元。随着西大河、乐居河、中心广场等一系列建设项目的完工，年内大目湾新城试点区域将超3平方公里，超额完成目标任务。同时，全县海绵城市建设因地制宜，投资2000万元对旧城区实施改造，解决管网老化、雨污合流、排水不畅等问题，最终达到"小雨不积水、大雨不内涝、水体不黑臭、热岛有缓解"的理想效果。

【推进社区品质提升试点工作】 2月份起，通过召开县、街道、社区多层次座谈会、开展专项方案调研，选定丹东、丹西各一个试点区域，确定丹东街道塔山路以北、建设路以南、宾阳路以东、育才路以西区域，丹西街道丹峰路以北、靖南路以南、新丰路以东、来薰路以西区域为试点区域。改造提升方案委托浙江天尚建筑设计有限公司完成编制、并完成社区公示和发改立项，进入标底审核阶段。11月下旬可完成工程招投标，并移交所属街道尽快启动项目建设，年内基本完成试点区域建设。

【省级园林城市考核验收】 11月14—15日，省园林城市考核组对全县前阶段“创园”工作进行考核验收。县领导应伟刚、周坚栋、周平飞及有关部门负责人出席汇报会。省考核组一行对全县道路、绿地、广场、公园及县区大环境绿化情况进行了实地考察，并详细查阅了相关台帐资料，观看了园林城市创建专题报告片。随后在汇报会上，考核组肯定了县创园工作在组织领导、规划引领、园林绿化、生态环境改善、市政设施建设、管理制度完善等方面所取得的成绩。

【县城建干部能力提升专题培训班】 11月27日至12月1日，牵头组织在浙江大学华家池校区举办了全县城建干部能力提升专题培训班。全县各镇乡(街道)城建分管负责人和城建办主任(或副主任)，住建、规划、城投集团等单位分管或业务负责人共40余名参加了该次培训。浙江大学建筑工程学院教授徐雷、浙江大学建筑设计研究院总工程师王靖华等专家教授前来授课，就《城市“双修”》《海绵城市的规划、建设与管理》《新型城镇化与小城镇改革发展》《古代建筑艺术在现代建筑中的运用》等城建知识内容进行了专题讲解，同时还组织大家赴G20改造项目和历史文化街区进行了现场参观。

【省建设厅厅长项永丹到象山调研】 12月18—19日，省建设厅党组书记、厅长项永丹一行到象山调研城乡规划、城中村改造、城乡危旧房治理、小城镇环境综合整治和垃圾处理等工作。省建设厅党组成员、副厅长吴雪桦及相关处室负责人，宁波市政府办公厅副秘书长金伟平、市住建委主任陈寿旦、市规划局局长王丽萍，县委书记叶剑鸣、县长黄焕利、副县长周坚栋，县住建局、县综合行政执法局、县规划管理中心负责人等陪同调研。先后实地考察了墙头镇溪里方村规划建设、墙头镇小城镇环境综合整治、东陈乡水桶岙垃圾填埋场。项永丹希望，象山要在新一轮的城乡建设发展中，围绕美丽县城建设目标，借鉴各地先进经验，驱动规划、建设、管理“三驾马车”，改善城乡面貌，完善基础配套，提升县域形象，推进打造成为具有“山海风貌、田园风光、半岛风情”的精美滨海之城。

【中心城区标志标牌改造提升工程】 7月份启动实施中心城区标志标牌改造提升工程。该工程项目分近、远期实施，其中近期改造提升中心城区公共设施、旅游交通指引和主干道路交通标志牌，远期结合道路改造逐步提升和更新，总投资约2054万元。完成中心城区道路旅游交通标志牌的改造提升，共整改、新增标牌33块，一改以往错乱排版、版面信息过载、种类混杂的现象。

【丹河路(新一路至丰饶路)工程动工建设】 该工程位于中心城区西部，呈东西走向，西至丰饶路，东至新一路，长280米，宽24米，主要建设内容包括道路工程及绿化、电讯、给排水、路灯(红绿灯)和交通设施等配套设施。该道路所处城乡接合部和临街商用房，涉及拆迁户26户，房屋拆迁工作全部结束，工程正式动建。

【天安路(象山港路—滨海大道)大修工程正式开工】 该工程系年内县重点工程，也是世行贷款项目，北起象山港路、南至滨海大道，全长约4956米，概算总投资7556万元。主要建设内容包括道路面层和水稳层的修复、现状桥梁铺装层修复、道路雨水管改造、西侧人行道补建，及景观绿化、综合管线、交通标志、照明等。该工程建成后，将大大改善中心城区主干道交通通行现状，提升城市品质。

【城区路灯照明情况普查】 12月11日晚，联合县路灯管理所，对建设路、塔山路、靖南路、丹峰路、象山港路、天安路、新华路、巨鹰路等城区主干道路灯照明情况进行全面普查，及时发现并掌握中心城区路灯损坏、缺失、路灯昏暗地段(点)等情况，为后期路灯维修及改造提升提供了基础依据。

【新开河路道路绿化品质提升工作】 12月初，组织对新开河路进行了道路绿化品质提升工作，共铺设金森女贞、无刺枸骨、红叶石楠等绿植320平方米，并安装了绿化护栏，防止行人踩踏破坏，为城区增添了一道靓丽的风景线。

行业管理

【概况】 加强建筑市场联动执法，开展建设环境整治，严厉打击违法发包、转包、违法分包等违法违规行为，累计排查工程项目140个，发出整改通知书134份，提出整改意见632条，对89家次企业实施网上信用信息扣分，立案处罚15家。推进装配式建筑发展，组织赴上海学习考察，新开工装配式建筑17项、面积27.3万平方米，被评为2017年度省市建筑工业化工作先进集体。推动绿色建筑快速发展，编制完成《象山县绿色建设专项规划》，新增可再生能源建筑应用面积74.81万平方米。加大民工学校创建力度，新建民工学校100家，培训17803人次。推进建筑工程综合保险试点改革，办理各类保函2.9亿元，综合业绩居全市第二，处理工程欠薪投诉30余起、涉及建筑企业25家、民工1000余人、金额3500余万元。加强商品混凝土及建筑用砂等地方建材源头质量管理，关停拆除落后砖瓦窑4家，完成全县农村建房新墙材使用300户，累计开展墙体材料各类抽检249批次。推进施工标准化管理，在赛凡项目部举行建筑施工现场安全事故应急救援演练，组织观摩宁波市扬尘整治现场推进会，新创建县级以上标化工地4个。加强工程质量巡查稽查工作，开展质量通病防治和第三方检测单位抽查工作，累计抽查在建项目82个、商砼企业5家，发出整改通知书230份，对240家企业实施信用信息网上扣分。

【县中心城区将全面禁止现场搅拌砂浆】 11月下旬，正式出台《象山县预拌砂浆发展和应用管理暂行办法》，规定自2017年3月1日起，凡在中心城区、爵溪街道、大目湾新城等范围内新开工建设工程，实施“禁现”。

【县燃气行业安全生产工作会议】 1月17日，组织召开2017年全县燃气行业安全生产工作会议。会议回顾总结2016年度工作情况，部署2017年度工作计划，并与10家燃气企业签订《2017年度燃气行业安全生产责任书和承诺书》。局领导沈海林出席会议并作讲话。

【县建筑施工质量安全生产工作会议】 3月24日，局组织召开2017年全县建筑施工质量安全生产工作会议。会议由总工余永顺主持，局长黄秀贵出席会议并作讲话。县安监局党组成员荆成龙，质安站、建工科、墙散办等科室人员以及在象山开发、监理、施工单位负责人共120余人参会。会上还与6家在象施工企业签订了《2017年度县建筑施工企业安全生产目标管理责任书》，宁波天蓝置业、宁波科信华正工程咨询、景业建设等单位分别作了表态发言。

【“最多跑一次”窗口审批制度】 一是加大批前指导力度。在一次性告知、“审批指南微信推送服务”的基础上，搭建“住建窗口审批服务指导QQ群”，采取“一对一”指导模式，提供网上咨询服务，对申报资料进行预审，及时修正有关申报材料问题。通过网上咨询服务中心微信预审批系统，完成申报资料的网上预审。二是加大“人性化”服务力度。针对办理施工许可证前的合同备案、质安监受理手续，非要件材料欠缺均可申请容缺受理，在办理施工许可证前补齐即可。实行“代修改、代打印”服务，对申报企业免费代为修改、打印能够修改的相关申报材料。推行快递送达服务，与快递公司签订协议，由企业自愿选择审批批复或许可证的领取方式，对不方便到窗口领取的企业选择由快递送达，无需再次跑窗口，自该业务推行以来，共办理10件。三是实行一次性收费制度。针对城建配套费、新型墙体、散装水泥押金、白蚁防治费、易地绿化费等收费项目，在办理施工许可证前实行一窗受理，一次性告知收费事项的申报资料和收费标准，通过一次性核算、一次性缴费、一次性开票，实现企业窗口缴费只需“跑一次”，年初以来共办理11件。

【“护考”行动确保中高考期间文明施工】 对丹城、石浦两地考点周边200米以内的建筑工地进行地毯式排摸，共出动检查68人次，锁定客运东站、南庄教堂等8个项目，张贴《关于加强中高考期间环境噪音管理的紧急通知》15份。同时严格控制施工现场(城区建筑工程、市政工程)作业时间，规定6月6日晚8点至6月8日下午5点，6月15日晚8点至6月17日晚6点为严管期。加强对建筑工地的不定时巡查排查，要求停止或采用低噪音工艺和施工方法施工，其中晚8点至凌晨6点期间禁止建筑施工作业。

【市园林局专家到象山开展市园林式单位和居住区年检年审】 6月12日，市园林管理局专家组一行4人来到象山，对县市级园林式单位、园林式居住区进行年检年审。此次年检的范围为2015年前被评为宁波市园林式单位(居住区)的单位(居住区)，县世纪花园、绿城·百合公寓、丽景家园等23个单位(居住区)参与了这次年检。

【县城区实行燃气实名销售】 7月4日起，县城区实行瓶装燃气实名销售，市民购买燃气需凭身份证等有效证件。扫描燃气钢瓶上的二维码，就可查询到钢瓶的充装、运输、销售、配送、使用等信息。投放的新钢瓶都投保保险公司，市民缴纳押金后，就可领取专用钢瓶1只，使用年限8年。在使用中只承担钢瓶租赁费，不再承担维修、保养等费用；不用时，可凭押金单，扣减租赁费后退回剩余押金。另外，原先的旧瓶可折价置换。

【半年度局系统信息工作会议】 8月15日下午，半年度局系统信息工作会议召开。副局长戴雅参加会议并作重要讲话。局系统各科室(单位)、工程指挥部信息员参加会议。会议通报了《1—7月份各科室(单位)、指挥部信息录用情况》。副局长戴雅围绕“分析问题、研究对策”两方面就局系统信息工作进行了系统分析和具体部署，要求各位信息员思想再重视、责任再落实、能力再提升，寻找差距、加快迎头赶上，要勤思考、多动手，珍惜和运用好“悦读会”“局中层后备干部人才库”等平台，在信息写作中锻炼能力、提升自己，确保各项信息工作目标任务不折不扣完成，信息队伍综合素质提升。

【县建筑施工安全生产大检查】 8月17日上午，局长黄秀贵带队，总工程师余永顺、质安站站长陪同对县农村信用合作联社综合办公大楼工地进行安全生产大检查，重点检查安全生产主体责任落实情况，安全专项施工方案管理情况等。要求施工企业牢固树立“红线”意识和底线思维，在自查自纠和监督检查中要突出“严”字当头，一旦发现问题隐患及时处理，确保施工安全。

【启动施工图联合审查工作】 9月15日，启动实施了施工图联合审查工作。根据8月22日市住建委等七部门联合发文规定，施工图审查由原来需要报送图审机构、消防、人防、气象四部门审查改为由图审机构一家联审。局行政窗口将按照“统一标准、集中服务、结果互认、依法监管”的要求，运用“互联网+图审”的方式，对原分散申报的建设、消防、人防、气象施工图审查实行“一窗受理、集中服务”，彻底解决办事来回跑、多头跑、重复跑等问题。推进网上数字审图工作，将所有申报材料通过电子文档传输进行审查，力争年底前实现无纸化网上数字审图，实现施工图审查“一次都不跑”的目标。

【中心城区园林绿化养护管理实现市场化运作】 9月初，养护公司启动中心城区绿化养护招标工作，以市场化运营模式实行外包养护，将城区所有道路绿化、公园街旁绿地等总面积约80万平方米、养护经费约800万元、承包养护期2年，划分为4个子包通过政府采购平台进行了公开招投标，确定了4家管养单位，实行管养分离，实现了“专业人干专业事”。这标志着县近二十年的绿化小标段“家庭”养护模式告一段落，正式步入市场化轨道。

【联合开展瓶装燃气"打非治违"专项行动显成效】 10月22日下午,联合公安局、综合行政执法局、商务局、市场监管局、象北燃气公司,对中心城区餐饮场所使用燃气"外逃瓶"进行专项突击检查。重点以步行街、方秧新村等区域餐饮店为主,突击抽查了15家餐饮店,发现使用外逃瓶5家、共20只,查扣超期未检验瓶1只,并移交县综合行政执法局调查处理。

【概况】 牢固树立"四个意识",全面推进"两学一做"学习教育制度化常态化,创新打造"住建夜讲堂""悦读会"特色教育平台,开设中层干部谈思路、讲业务系列课程,推进学习型机关建设。坚持务实整改,全面做好县委第一巡查组巡查"回头看"工作,高质量召开领导班子专题民主生活会和组织生活会。倡导比学赶超,出台《象山县住建局工作人员"双对、双排"考核实施细则(试行)》,建立完善"局系统中层后备干部人才库",严格开展新一轮局系统中层干部选聘,系统内干事创业的氛围浓厚。修订完善《象山县住房和城乡建设局干部职工问责办法》,编制《内部管理手册》,组建局系统监察员队伍,开展"每周一检查、每月一通报、每季一分析",累计开展督查45次、问责5人次、三级连带问责3人次,通报15起,"四风"问题得到有效整治。坚持重大事项集体研究和公开制度,严格落实"三重一大"、党政正职"五不分管"决策制度,办理人大建议和政协提案33件。坚持实干为先,开展"大脚板走一线、小分队破难题"专项行动,环城西路道路工程建设等7个攻坚项目取得突破。开展"打通中梗阻、提升执行力"专项行动,排摸整改中梗阻问题30余项,干部作风向好。深化"最多跑一次"改革,创新开展微信审批指南推送,累计办结审批各类事项819件。高度重视系统稳定问题,做好中共十九大、第四届世界互联网大会、省市县"两会"等重大时期不稳定因素排查整改,2017年全年共受理会办中心投诉566件,信访函件42件,妥善处理商品房质量投诉89起。

【局系统党风廉政建设工作会议】 6月15日下午,组织召开2017年度党风廉政建设工作会议。县纪委宣教室副主任钱正,作《认清当前反腐形势,做到"三慎"》主题讲座,副局长戴雅主持会议,局长黄秀贵作重要讲话,局机关全体干部职工、局属单位(指挥部)班子成员及局系统全体党员近200人参加会议。会议总结回顾了过去一年党风廉政建设情况,部署了年内重点工作,并就打造"勇争一流"住建铁军、推进"两学一做"学习教育常态化制度化等工作进行了动员部署。

【"和美乡村行·关爱学生助成长"赠书活动】 6月2日,副局长戴雅携机关党支部一行12人赴丹西街道白石村三伟民工子弟学校,开展了"和美乡村行 关爱学生助成长"赠书活动。活动专门挑选了一批适合不同年龄阶段孩子阅读的图书,共计560余册,内容涉及教育、文学、艺术、科普、百科知识等多种,鼓励孩子们多读书,在阅读中快乐地成长。

【"奔跑吧·住建人"健步竞赛活动】 5月27日上午,组织全体干部职工及下属单位代表开展"奔跑吧·住建人"健步竞赛活动。提升广大干部职工的综合素质,深入推进全民健身,提升团队凝聚力和向心力,同时多形式加强对省级园林城市创建宣传,全面掀起"人人参与"的创园热潮。

【"物业管理·住房保障"专题讲座】 8月2日晚,举行"物业管理 住房保障"夜讲堂。会议由副局长戴雅主持,局机关全体干部职工共110余人参加会议。物业办主任朱延瑞介绍物业管理相关知识,围绕物业管理起源、概念目的、基本特征、发展趋势、基本内容、收费标准等进行了详细解读。房管中心副主任严峻从住房供应体系的建立过程、含义、具体形式、县情现状、申请条件、优先保障、后续管理等七方面入手,讲解了住房保障相关政策知识。

【"读《人民的名义》,谈住建的铁军"主题微型党课比赛】 8月11日下午,组织举行"读《人民的名义》,谈住建的铁军"主题微型党课比赛。局系统各党支部的9名选手从不同角度结合自身思想和工作实际,都进行了精彩授课,最终来自局机关一支部王月群,建筑设计院党支部王佳一和养护公司党支部杨木龙分获第一、二、三名。此次授课比赛,是局深入推进"两学一做"专题教育活动的一项具体内容,促进了局系统广大党员干部职工思想意识的提高,展现了住建党员不一样的精神风貌,同时更加明确了今后工作目标和动力,为加快打造住建铁军奠定坚实基础。

【"倾听心声·享受阅读"美文朗诵活动】 9月1日晚,组织举行"倾听心声·享受阅读"美文朗诵活动,特别邀请县文广新闻出版局副局长郑华华、省摄影家协会张煜两位专家老师作现场点评或摄影指导。通过举办该次朗诵活动,展示了干部职工的个人文学才艺,增强了机关凝聚力,营造了"读美文、品美文、诵美文"的浓厚氛围,推进了"书香机关"建设。

【"老党员上党课"活动】 11月21日晚,组织开展"老党员上党课"活动。会议由副局长戴雅主持,局机关全体干部职工、局属企事业单位、工程指挥部副职以上干部参加会议。会议邀请正局级干部林升夫作专题讲座。这一节党课让大家从思想上受到了一次深刻的教育洗礼,今后将时刻谨记老党员的教诲,在接下来的实际工作中,学习贯彻中共十九大精神,扎实做好本职工作,努力保持自身廉洁,争当一名人民满意的住建铁军。

房地产业

【概况】 加强房源使用管理,坚持阳光分配,安排公共租赁房688套、经济适用房(限价房)360套。全面实行年审制度,严把资格审查关,完成对754户公(廉)租房租户年审工作。加大租金收缴和动态审核监管力度,创新银行托收方式,公共租赁房租金收缴率达到96%、较去年提升2.4%。存量房网签系统正式上线运行,二手房买卖开启新交易模式,累计交易网签2118件。开展"除隐患、保安全、促转型"治危拆违行动,累计解危城镇危旧房105

幢10.7万平方米。切实加强日常监管工作，落实城镇危旧房屋常态化网格化监管机制，委托专业机构开展房屋幕墙排查建档，对353幢各类危旧房屋和丙类住宅房屋进行安全鉴定，引入社会保险参与危旧房治理，投保3179幢、面积362.8万平方米。全面开展农村危旧房排查，完成排查建档12.9万户、面积2283万平方米。推进农村危房解危工作，治理涉及公共安全C、D级危房167户，累计治理改造自住C级危房1189户、面积12.2万平方米，占两年目标总户数的92.7%。牢牢把握国家棚改工作“窗口期”，健全县级领导干部联系棚改工作和棚改区块竞争性征收机制，全面推行“阳光征收”和货币化安置政策，三年累计获得授信91.21亿元，完成棚改投资49亿元。加速推进重点区块改造，棚改一期、二期基本完成房屋拆除，三期完成房屋腾空、部分启动房屋拆除，四期基本完成土地房屋测绘、确定安置房源并做好征收决定准备，同步抓好城中村改造。累计启动实施改造面积50万平方米、完成征收改造22.3万平方米，均排名全市第一，其中5个区块签约率实现100%，货币化安置及新开工安置房3288套。全面贯彻落实中央和省市调控政策，密切关注市场及房价走势，研究推进商业地产去库存，推行实施商品房销售价格双备案制度，抓好房地产中介市场整顿，推进房地产领域信访“一案一化解”，有力保持房地产市场平稳健康发展态势。全年累计销售商品房4916套58.9万平方米、成交金额49.25亿元，同比分别减少7.1%、9.3%、1%；均价10085元/平方米，同比增长3.1%，其中中心城区销售均价11047元/平方米、同比增长2.7%；二手房累计成交4132套78.86万平方米、成交金额43.35亿元，同比分别下降4%、增长9%、增长5%。商品房可售房源7775套95.9万平方米，同比分别减少11%、6.7%，库存消化周期19.5个月。

【县启动三期棚改项目】 三期棚户区改造项目是县棚改项目的重点区块之一，涉及丹西街道办事处、文昌小区、汪家河区块一(菜场东南侧)、汪家河区块二(菜场北侧)、黄家桥路以东等五个区块，涉及改造户数1524户，土地面积11.53万平方米，建筑面积16.72万平方米，总投资约21亿元。

【实施住房保障工程】 累计建成欢乐家园(一期、二期、三期A标)、石浦幸福苑(一期、二期)、人才公寓一期等各类保障性住房，面积达40余万平方米。全面推行实施公租房常态化受理机制，新受理、审核公租房保障家庭655户，其中实物配租248户，货币补贴407户，实现了“申报一户、核实一户、保障一户”的目标。同步完善轮候制度，完成2013年度、2015年度两个批次293户轮候家庭的配租交付工作。

【县启动四期棚改项目】 7月31日，全县四期棚改项目中心城区区块启动意愿征询，并正式公布了红线图。四期棚改项目中心城区共有象山桥路区块一、象山桥路区块二、象山桥路区块三、粮站区块一、粮站区块二等5个区块改造项目，涉及1442户，建筑面积14.78万平方米。

【县240套公租房成功摇号配租】 8月10日，县广播电视台进行公租房摇号直播，摇号按1:1的比例推出公租住房房源共240套。每套建筑面积约54平方米，分别分布在欢乐家园二期33、35、36和64幢，是12层框架结构住房。公租房是用于解决中低收入保障对象阶段性住房困难的，每月租金按7元/平方米计算，每套每月约378元。

表40　　2017年象山县房地产项目一览表

截至2017年12月31日

序号	项目名称	开发商	销售面积	均价
1	宏润花园	宏润房地产有限公司	1021.28	10121
2	梧桐御府	宁波紫檀房地产有限公司	1266.21	8157
3	金丰花园	象山丹城建设开发有限公司	489.65	10565
4	迎凤山庄	宁波石浦半岛酒店有限公司	113.4	6437
5	白沙湾玫瑰园	宁波泰谷房地产开发有限公司	2073.4	15839
6	海滨佳苑	宁波鸿日房地产开发有限公司	349.04	6475
7	华城世家	宁波华翔房地产有限公司	660.77	3784
8	涌金广场	宁波华翔奔腾置业有限公司	112.27	8000
9	御香苑	宁波碧城置业有限公司	376.04	3138
10	海御官邸	象山金森房地产发展有限公司	1314.91	18889
11	紫悦馨园	宁波中港置业有限公司	1241.18	8391
12	丽景小区	县地产房产开发总公司	2431.5	10361
13	巨和苑	宁波绿都房地产开发有限公司	7009.15	9563

续表40

序号	项目名称	开发商	销售面积	均价
14	百福大厦	象山丰园置业有限公司	795.95	8231
15	塔山三期	县万象房屋开发有限公司	493	13095
16	丹桂花园	县城投置业有限公司	8176.11	11021
17	新港公馆	宁波市江北区新地房产开发有限公司	107.78	6959
18	天玺花园	宁波世茂新里程置业有限公司	268.2	16670
19	紫汀盛园	宁波中港置业有限公司	3788.74	10649
20	明源公寓	象山渔港房地产开发有限公司	127.02	8503
21	丹河家缘	宁波市汇丰建设开发有限公司	238.86	5736
22	白沙湾玫瑰园三期东区	宁波泰谷房地产开发有限公司	133.11	22538
23	世茂玖玺	宁波世茂新里程置业有限公司	126.29	7684
24	御　园	宁波铁工置业有限公司	1421.55	6128
25	锦湖名苑	宁波市信明房地产开发有限公司	2847.18	12438
26	西子华庭	象山巨润置业发展有限公司	205.26	8687
27	东一华庭	象山东方石浦置业有限公司	321.85	8693
28	城南御府	宁波旭富置业有限公司	2266.08	6243
29	和景府	天安电气集团宁波天安房地产开发有限公司	4410.82	10752
30	西沪华城小区	宁波翔神投资发展有限公司	1111.07	4570
31	翡翠苑	宁波鸿瑞置业有限公司	1665.13	8912
32	康桥公寓	宁波石浦半岛置业有限公司	894.81	12190
33	象山东方大厦	象山半球国际贸易有限公司	1819.83	18994
34	渔港花苑	象山渔港房地产开发有限公司	3316.05	9816
35	丰雅苑	宁波丰亿置业有限公司	3961.86	4871
36	博浪海港城	博浪建设(象山)有限公司	3583.59	13655
37	金海湾花苑	象山亿阳房地产开发有限公司	267.04	6134
38	久久华庭	象山桦东房地产开发有限公司	2738.83	9348
39	阳光雅苑二期	象山正鸿房地产有限公司	2833.95	5896
40	荣湾府	宁波信亨置业有限责任公司	1615.05	8173
41	蓝郡小区	宁波甬泉置业有限公司	32581.51	10847
42	学府名苑	象山立盛置业有限公司	3172.91	8598
43	嘉悦景苑	象山金舒置业发展有限公司	5810.48	11338
44	白沙湾玫瑰园三期西区	宁波泰谷房地产开发有限公司	2823.57	24249
45	奥林公馆	象山国基置业有限公司	7333.91	11705
46	城西小区	宁波勤发置业有限公司	461.54	7485
47	腾蛟雅苑	浙江甬南控股集团有限公司	1083.04	6113
48	嵩溪茗都	宁波西瀛置业有限公司	2379.8	5324
49	滨海公馆	县兴港房地产开发有限公司	5277.86	7173

续表40

序号	项目名称	开发商	销售面积	均价
50	半岛华府	宁波石浦半岛置业有限公司	9001.78	7828
51	西和苑	象山渔港房地产开发有限公司	2247.57	8836
52	金都花苑	象山金鸿房地产有限公司	1644.6	10138
53	兰　园	宁波天蓝置业有限公司	1896.87	13028
54	印象江南	象山明洲置业有限公司	5080.82	10869
55	锦明花苑	象山锦泰房地产开发有限公司	7184.83	6974
56	盛世华府	象山恒鼎置业有限公司	19065.19	8357
57	十里澜山小区	浙江山语海房地产开发有限公司	15212.6	9748
58	府邸庄园	宁波甬泉置业有限公司	22660.79	12059
59	壹街区商业广场	宁波申怡置业有限公司	5680.05	9435
60	锦怡花苑	县东方房地产开发有限公司	1553.88	8144
61	牡丹苑	宁波巨鹰房地产开发有限公司	10878.62	10279
62	珍桂苑	象山亿阳房地产开发有限公司	891.9	7146
63	海上华府18、19地块	宁波三立甬恒置业有限公司	5936.22	7858
64	西景佳苑	宁波万亿房地产开发有限公司	7496.57	5825
65	上城公馆	象山众茂房地产有限公司	13142.38	11856
66	永泰华苑	象山南海房地产开发有限公司	17545.56	8653
67	悦兰庭	宁波鸿基置业有限公司	42870.61	10324
68	凯泰商厦	象山凯泰置业有限公司	3595.2	6502
69	盛世昌明商业街	宁波昌明房地产开发有限公司	434.05	8152
70	兰园二期	宁波天蓝置业有限公司	3579.34	29054
71	文仕综合广场	宁波龙象投资有限公司	2639.38	8590
72	熙华府	宁波铁工置业有限公司	50981.96	8095
73	府邸庄园二期	宁波甬泉置业有限公司	5661.47	17455
74	十里澜山东区一期	浙江山语海房地产开发有限公司	21442.75	7673
75	云海居	宁波世茂新里程置业有限公司	29114.7	7496
76	华城悦园	象山华友半岛房地产有限公司	257.47	5608
77	晶都佳苑二期	宁波荔港大酒店有限公司	2810.77	6755
78	丹姚苑	象山姚丰房地产开发有限公司	116.47	9088
79	丹府一品	象山银亿房地产开发有限公司	9326.38	14718
80	兰园三期(全部)	宁波天蓝置业有限公司	9567.78	13274.2
81	玖墅府(玖墅府)	象山石成置业有限公司	21822.12	12729.75
82	宏地首府(−2)	象山坤宏置业有限公司	10803.33	13249.87
83	云海居(−2)	宁波世茂新里程置业有限公司	29680.04	8192.267
84	上嘉园(全部)	宁波石浦半岛酒店有限公司	10065.85	9790.721
85	宏地首府(−1)	象山坤宏置业有限公司	26093.66	13521.15
86	V7十里澜(−2)	浙江山语海房地产开发有限公司	21108.25	8034.67

物业管理

【概况】 2017年,县物业管理更趋规范化,全县物业企业40家,其中一级12家、二级3家、三级25家,管理74个小区(大楼)和单位。

表41　　2017年县物业企业情况一览表

截至2017年12月31日

序号	企业名称	资质	在管小区
1	宁波市亚太酒店物业管理有限公司	一级	梧桐御府、宁波银行
2	绿城物业服务集团有限公司象山分公司	一级	绿城百合公寓、丹桂花园、白沙湾玫瑰园
3	浙江永成物业管理有限公司象山分公司	一级	百福大厦、城南御府、欢乐家园二期
4	宁波联合物业管理有限公司	一级	海御官邸、水木华庭
5	浙江盛元城市物业管理有限公司*象山分公司	一级	紫汀盛园、山水人家二期
6	深圳市嘉诚物业管理有限象山分公司	一级	世纪花园、梅苑中央花城、财富中心、玉兰雅府
7	中铁建(北京)物业管理有限公司象山分公司	一级	山语城
8	上海世茂天成物业服务有限公司象山分公司	一级	世茂天玺、世茂玖玺
9	浙江开元物业管理股份有限公司象山未来城分公司	一级	邦泰城御园
10	金碧物业有限公司象山分公司	一级	
11	北京东方乔戈里物业有限公司宁波分公司	一级	十里澜山
12	宁波银亿物业管理有限公司象山分公司	一级	半边山度假景区
13	宁波泛亚物业服务有限公司	二级	大红鹰家园、阳明花园、海申苑、玉兰雅府、和景府、牡丹苑、东方大厦、城西小区、金都花苑、学府名苑
14	上海保集物业管理有限公司象山分公司	二级	保集蓝郡
15	宁波海曙丽园佳城物业有限公司	二级	
16	县华西物业服务有限公司	三级	昌锦家园、久久华庭、紫金苑、锦怡花园
17	宁波腾越物业服务有限公司	三级	金山佳苑、浦港茗都、浦港佳苑、海景花园、星海名都、港城佳园、紫金华庭、金海湾
18	县大成物业服务有限公司	三级	阳光雅苑
19	县鸿发物业服务有限公司	三级	山水人家、海城华府、丰雅苑
20	宁波铭星物业管理有限公司	三级	东一华庭、翡翠苑、西子华庭、西和苑

续表41

序号	企业名称	资质	在管小区
21	象山瑞润物业管理有限公司	三级	皇城家园
22	象山安保物业公司	三级	汇金大厦
23	象山鸿翔物业服务有限公司	三级	幸福苑、海滨佳苑、金色水岸、小城故事
24	象山保佳物业服务有限公司	三级	半岛康桥、半岛华府
25	象山永信物业管理有限公司	三级	欢乐家园
26	象山尚诚物业有限公司	三级	上城公馆
27	象山迅捷物业管理有限公司	三级	金港花园、东河二期
28	宁波安可物业服务有限公司	三级	丹静公寓
29	象山幸福家园物业服务有限公司	三级	天力大厦、紫悦馨园
30	浙江绿洲物业服务有限公司	三级	
31	上海阮大物业有限公司象山分公司	三级	腾蛟雅苑
32	县文峰物业管理有限公司	三级	国际风情街
33	宁波博浪安捷物业有限公司象山分公司	三级	
34	宁波市鄞州华科物业管理有限公司	三级	崇溪茗都
35	象山伟康物业管理有限公司	三级	象山一院
36	象山天择物业管理有限公司	三级	
37	宁波维众物业服务有限公司	三级	巨和苑
38	宁波市拓展物业象山分公司	三级	西周2小区
39	宁波天勤物业服务有限公司	暂三	
40	宁波嘉亿同正物业服务有限公司	暂三	

城市排水

【概况】 首批"污水零直排区"实现排水全许可，累计发放排水许可证251本。建成污水管网28.5公里，完成14个农村生活污水集中式处理村建设，改造截污点63个。稳步开展供节水工作，新铺设供水管网13.49公里，发放节水器具500余套。

【10条河道清淤工程全面开工】 7月10日，启动实施东大河（丹峰路至丹南路）、南大河（马岗鞍河至宝海路）等10条河道清淤工程，清淤河道全长约17500米，计划总投资1317万元，清淤量约199480立方米，拟采用泥浆泵高压水枪冲淤进行清淤。

【县农村生活污水治理设施运维协管员培训班】 8月初，联合县农办、县水务集团举办首届农村生活污水治理设施运维协管员培训班，邀请宁波大学严永红副教授、宁波工程学院蒋岚副教授作专题授课。全县各乡镇（街道）村级生活污水治理设施运维协管员共180名参加培训。

【完成2017年度沿河截污纳管工作任务】 截至9月底，共完成改造截污点53个、排污口42个，以及梅溪支河（东河二期小区）、门前河（下半河村）等11条河道，新建污水井64座，铺设污水管道2242米，累计完成投资约500万元，圆满完成年度目标任务。

【完成2017年度排水全许可任务】 12月20日，定塘镇公交公司顺利通过排水全许可审批，标志着2017年度排水全许可任务圆满完成。截至年底，累计核发排水全许可证214本，圆满完成2017年度排水全许可任务。

房地产中介

【概况】 2017年，县二手房市场交易量有所上升，房地产中介企业由2016年的40家，增加到72家。

表42　　2017年县房地产中介机构一览表

截至2017年12月31日

序号	机构名称	法人代表或负责人	经营范围	联系电话
1	象山新虹利房地产销售代理有限公司	吴允良	房地产中介、销售代理	18042515857
2	象山丹东新佳园房地产中介服务部	赖才国	房地产中介	13586808918
3	象山叁仁房产中介有限公司	林　楠	二手房的经纪、经销;房产销售代理	13626816793
4	象山丹西荣欣房产中介服务部	朱优华	房地产中介	13336631778
5	象山三升房产中介服务部	杨胜利	房地产中介、	18958299213
6	象山丹东日一胜房地产中介服务部	夏王法	房地产中介	13777032595
7	象山丹城嘉利房地产经纪有限公司	顾英安	房地产经纪	13989358399
8	象山幸福家园房产中介服务部	屠香君	房地产中介	13486063738
9	象山丹东宏远房产中介服务部	钱琴珠	房地产中介	13968394689
10	象山诚发房产中介服务部	陈淑萍	房地产中介	13516780870
11	象山丹城丹通投资信息咨询服务部	张　村	房地产中介	18906601639
12	象山久益房地产信息咨询服务部	沈小高	房地产中介	13429224488
13	象山兴江房地产中介服务部	陈富强	房地产中介	18969822551
14	象山家家福房地产中介服务部	林善权	房地产中介	13095981999
15	象山丹城南源房产中介服务部	杨彩琴	房地产中介	13566376633
16	象山丹东锡安房产中介服务部	马成女	房地产中介	13968379532
17	象山中汉房地产销售代理有限公司	谢忠根	房地产销售代理,房屋中介	13777966111
18	象山丹城永一利房产中介服务部	林月梅	房地产中介	18058232758
19	象山丹城小灵通房产中介服务部	萧　红	房地产中介	13336663297
20	象山丹东诚意房产中介服务部	王小宏	房地产中介	13056813355
21	象山信源房产中介服务部	顾鹏飞	房地产中介	13355748117
22	象山丹城启新房产中介服务部	曹爱珠	房地产中介	18969803346
23	象山丹城宏都房产中介服务部	郑慧娟	房地产中介	18968338353
24	象山美地房地产销售代理有限公司	陈骏虎	房地产中介、销售代理	18058230168
25	县新世纪房地产经纪有限公司	罗赛君	房地产中介	18058200181
26	象山小石头房产经纪有限公司	石伟富	房地产中介、销售代理	13336633890
27	象山丹城鸿达房产中介服务部	史继勇	房地产中介	13858250545
28	象山半岛房产中介服务部	戴望栋	房地产中介	13056852792
29	象山爱家房地产中介服务部	吴杏玉	房地产中介	15958891316

续表42

序号	机 构 名 称	法人代表或负责人	经 营 范 围	联 系 电 话
30	象山丹城来发房产中介服务部	林海勇	房地产中介	13586802316
31	象山丹西光大房产中介服务部	林培玉	房地产中介	13857416565
32	象山丹城益友房产中介服务部	钮素梅	房地产中介	13065610686
33	象山信德房产中介服务部	邱春联	房地产中介	18968333808
34	象山丹城佳居房地产中介服务部	郑　磊	房地产中介	13606786880
35	象山丹城银利房产中介服务部	丁玲娜	房地产中介	15958863550
36	象山金策房地产销售代理有限公司	林　宇	房地产销售代理，房地产营销策划，二手房中介	13566379166
37	象山好房多房产中介服务有限公司	王总秀	房地产中介	18858222861
38	县石浦兴兴中介服务部	沈建芬	房地产中介	13393376858
39	宁波象导网络科技有限公司	张　贤	房产买卖居间、代理	13738881232
40	象山大众房地产经纪有限公司	梅亚益	房地产中介、销售代理	13082953988
41	山丹东林首象房产中介服务部	林　春	房地产中介	13291981868
42	象山强丰房产中介服务部	罗　强	房产中介服务	13566319791
43	象山鑫意房产中介服务部	陈　艳	房产中介	18959399558
44	象山旺源房产中介服务部	李　存	房产中介	15867828008
45	象山天澜房产中介服务部	赖如海	房产中介服务	13566631818
46	象山丹东乐居房产中介服务部	石娅苹	房产中介	18967893658
47	象山铭家房产中介服务部	郑妹琴	房产中介	13968369900
48	石浦金山阿玲房产中介所	龚利华	房屋中介	18888615353
49	石浦海龙装潢设计工作室	张海龙	房地产中介服务	13586802634
50	县石浦阿红房地产中介所	王丽红	房屋中介服务	18957855475
51	县石浦潘小跃房屋中介所	潘小跃	房屋中介	13567852818
52	石浦鑫缘房地产介绍所	张素珠	房屋中介服务	15355115027
53	象山石浦心和房屋介绍所	林振国	房地产信息中介服务	13429227748
54	县石浦鑫山房屋中介所	林爱红	房屋中介服务	13336630281
55	县石浦李老师房屋中介所	李丽君	房屋中介服务	13306669361
56	县石浦新一家房产中介所	郑菊平	房地产中介服务	15105744567
57	县石浦小敏房屋中介所	崔　敏	房屋中介服务	13867832780
58	县石浦圆梦房产中介所	周赛娟	房屋中介服务	13968384722
59	县石浦敏霜房屋中介所	吕敏霜	房产中介	15088451213
60	象山石浦乐居房产中介所	郑　敏	房地产中介服务	18967846592

续表42

序号	机构名称	法人代表或负责人	经营范围	联系电话
61	县石浦阿莲房屋中介所	吴玉莲	房屋中介	18069268566
62	石浦广源房屋中介所	郭云莲	房屋中介服务	18069010110
63	县石浦欢乐房地产中介所	郑忠芝	房屋中介服务	13386613887
64	县石浦宝嘉房屋中介所	林玉莲	房产中介服务	13566645541
65	县石浦骏马房产中介所	吕美英	房屋中介	13336633790
66	县石浦升诚房产中介所	张苏根	房地产中介	13806652715
67	县石浦蔡美房屋中介所	蔡美容	房屋中介	13355981917
68	县石浦浦源房屋中介所	陈宗亿	房屋中介服务	13819852198
69	县石浦新达房产中介所	林达勇	房地产中介服务	13968371210
70	县石浦亿诚房屋中介所	罗英芝	房屋中介	15869570999
71	石浦绿源房产中介所	霍启忠	房屋介绍服务	13858294740
72	县石浦玉泉阿亚房产中介所	陈春亚	房屋中介	18368283266

住房公积金管理

【概况】 县住房改革委员会办公室与宁波市住房公积金管理中心象山分中心合署办公。截至2017年12月底，县累计办理住房补贴13998人，住房补贴资金41150.78万元，手续办结率100%。其中：县属单位13504人，39692.68万元；垂直单位494人，1458.10万元。截至2017年12月底，县共有住房公积金缴存单位1324家（其中正常缴存981家、封存343家），实际缴存36604人。累计归集总额440164.36万元，累计提取277512.92万元，归集余额162651.43万元。累计贷款302350.40万元，贷款余额160151.44万元。累计增值收益（包括风险准备金、管理费用、廉租住房补充资金）20351.24万元。2017年，档案管理通过省住建厅组织验收创建省三级标准、获全市住房公积金系统宣传报道工作先进集体、县级四星级机关党组织。

【处理住房补贴遗留问题】 2017年，鹤浦镇政府、县农林局等单位的相关遗留问题妥善处理完毕。计325人，涉及住房补贴资金875.00万元。其中：全额事业219人，599.49万元；差额事业106人，275.51万元。

【新增人员住房补贴手续】 2017年，共办理新增人员742人，计住房补贴资金1989.40万元。其中：行政退休2人，7.14万元；行政在职105人，300.36万元；全额事业退休24人，79.43万元；全额事业在职401人，1084.29万元；差额事业退休18人，46.37万元；差额事业在职192人，471.81万元。

【兑现住房补贴资金】 2017年，兑现住房补贴资金5580人，4369.10万元。

【保障性住房资格审查】 2017年，完成保障性住房资格审查576人。其中：人才公寓140人，经济适用房436人。

【出具房改证明】 2017年，共出具房改证明439件。

【住房补贴资料归档】 2017年，对住房补贴资料作了全面梳理，纸质档案归档153卷，电子档案归档也同时完成。

【住房公积金业务】 1. 2017年缴存。①净增人数3030人，完成年计划2200人的137.73%；②归集74695.90万元，完成年计划58000.00万元（不包括贷款本金收回18125.22万元）的128.79%。

2. 2017年提取。提取59137.87万元，完成年计划50000.00万元的118.28%。

3. 2017年贷款。放贷52771.00万元，完成年计划46000.00万元的114.72%。其中：(1)住房公积金贷款33966.00万元，完成年计划28000.00万元的121.31%；(2)住房公积金转商业贴息贷款18805.00万元，完成年计划18000.00万元的104.47%。

4. 2017年增值收益。增值收益2196.11万元，完成年计划1800.00万元的122.01%。

【调整完善相关政策】 2017年，先后对住房公积金缴存、提取、贷款的相关政策作了完善和调整。行政事业单位在职人员的每月缴存额度均有不同幅度的提高，规范上市企业缴存证明，规范提取范围和额度，确定住房公积金最高贷款额度为60万元。

【招标确定资金存放】 委托宁波中基国际招标有限公司，对住房公积金及其增值收益定点银行存放进行了公开招投标。其中:6家银行中标入围,开立县住房公积金账户;2家银行作为县住房公积金增值收益的定点存放银行,开立增值收益专户。2017年安排竞争性资金招标存放12770.56万元。

【日常工作】 (1)做好年度结息。为940家缴存单位,33930名缴存职工结付住房公积金利息2176.20万元,人均获得利息收入641.40元,分别比上年同期增长60.80%和50.50%。(2)政策宣传。重点走访相关行政事业单位,着力做好编外人员的缴存扩面。深入多家实力型企业,面对面宣传住房公积金政策。针对性地利用社区和业务承办银行电子屏,广泛宣导。(3)严肃行政执法。依法合规催缴住房公积金,严肃处理拖延、拒缴、骗取住房公积金等违法、违规行为,2017年共受理骗提骗取案件35件、处理投诉案件3件。继续做好清理历年封存个人账户和年度验审工作。(4)严控信贷风险。2017年新增贷款楼盘6个,排查它项权证1035户(其中:"二手房"438户,期房597户),受理期房撤销合同备案218笔。建立逾期贷款催交台账,采用司法途径催讨逾期贷款,逾期率为0.015%,在可控制范围内。建立与业务承办银行举行定期业务工作交流座谈制度,完善考核制度,贷款复核岗前移至业务承办银行。(5)加强网络管理。确保综合管理信息系统安全运作,有效防止"勒索蠕虫"等病毒的侵害。

【服务水平有效提升】 完成《信息化建设助推住房公积金服务升级的思考》调研课题,以"贴心、暖心、舒心和微笑"为主题的"三心一笑"活动成效明显,住房公积金缴存、提取、贷款和"12329"服务热线接听、信息系统操作等各项业务进行综合培训和服务礼仪培训,达到规范操作流程,提升服务水平的目的。窗口服务环境改善,为服务对象提供业务服务指南,完善退休人员提取住房公积金短信提示服务,主动配合做好危旧房治理和棚户区改造范围内拆迁户提取、贷款相关业务服务。

2017年,办理政协委员提案协办件1件,回复信访件3件,回复网民政策咨询22件,无有效投诉。业务档案(1999年1月至2016年12月)移交专业部门管理,档案管理争创省一级顺利通过验收。办公室布局合理调整,机房升级和网络、电路、电话线路完成改造。省行政专项监督检查的反馈意见,得到整改落实。加强政务信息公开,适时公布2016年度住房公积金管理和财务运作情况,接受社会各界监督。派驻农村指导员参与新农村建设,促进城乡文明建设共享。2017年,根据宁波市行政服务中心反馈信息,群众对服务窗口的服务满意度达100%(测评对象为业务办理对象)。

【践行"最多跑一次"改革】 重新调整服务窗口布局,设置6个缴存、提取"一窗通办"综合服务窗口,在"符合法定要求""申请材料齐全"等前提下,各项业务均实现一次性办结。在中心城区外的石浦、西周区域延伸住房公积金服务网点,在城区设置6处住房公积金贷款业务承办银行服务网点,方便职工业务办理。与6家住房公积金业务承办银行建立基础数据接口,实现签约职工住房公积金逐月划转业务,对接全国住房公积金异地转移接续平台,实现"账随人走、钱随账走"。利用"宁波住房公积金"微信和APP客户端服务功能,提供住房公积金个人情况查阅。住房公积金缴存基数、比例调整和年度验审实现网上办理。29个网上审批服务事项实现"最多跑一次",均达到四星级。

(蒋新辉)

12月13日,县综合行政执法局丹东中队举行揭牌仪式。这是县综合行政执法局深化综合执法体制改革"重心下移、属地管理"的又一重要举措 (郑婧 摄)

【城市管理】 县综合行政执法局围绕建设宁波现代化滨海城区这一战略目标,以综合行政执法体制改革为契机,探索城市管理新思路、新方法、新手段,全力推动城市管理工作向精细化、规范化、长效化方向发展。累计依法查处行政处罚案件共1625起,开展集中整治398次、执法力量3952人次,办理行政审批293件、广告6515份,咪表人行道违停抄告11012张,办结人大建议和政协提案26件,受理信访举报件7902件,处置生活垃圾235899吨。成功创建全省首批"无违建县""四边三化"先进县,获评宁波市城市品质提升先进单位等多项荣誉。

【综合行政执法改革取得进展】 与市级同步,2017年年底前人防、石油天然气管道两个领域的执法职能划转,依法开展市容环境、城乡规划等10大类246项执法工作。推动城市管理和执法重心下移,9个基层派驻中队组建到位,逐步形成统一领导、分级负责、条块结合、以块为主的综合执法体系。

【创建全省首批"无违建县"】 中共浙江省委、浙江省人民政府正式发文,公布浙江省第一批"无违建县(市、区)"名单,象山县等6个县(市、区)名列其中,为全宁波市唯一获此殊荣的县(市、区)。2013年以来,县累计拆除违法建筑563万平方米,完成"三改"471.9万平方米,分别完成市下达任务的166.7%和156.3%,全县所有镇乡(街道)通过市"无违建"验收,各项指标达到了省"无违建县"创建标准和要求。

表43

2017年11月县"三改一拆"目标任务完成情况表

截止日期:2017年11月25日

累计进行旧住宅区、城中村、旧厂区改造面积(万平方米)								
三改项目	当月改造		累计改造		市政府下达目标任务	完成任务百分比	完成"三改"总建筑面积	完成任务总百分比
	户/个	建筑面积	户/个	建筑面积				
旧住宅区改造	122	0.61	4251	34.62	25	138.48%	343.68	381.87%
旧厂区改造	0	1.22	47	71.26	40	178.15%		
城中村改造	150	2.46	3781	237.80	25	951.20%		

累计拆除违法建筑面积(万平方米)							
镇 乡(街 道)	县政府下达目标	本月拆违面积	累计拆违面积	占全年目标任务百分比	累计拆违量排序	完成任务百分比排序	当年利用率
爵溪街道	2		2.65	132.7%	16	1	84.1%
定塘镇	3	0.37	3.60	120.1%	9	2	87.7%
西周镇	7	0.32	8.32	118.9%	4	3	90.3%
晓塘乡	2.5		2.96	118.2%	15	4	97.0%
大徐镇	3	0.01	3.54	118.0%	10	5	72.3%
泗洲头镇	3		3.37	112.2%	11	6	89.4%
茅洋乡	4	0.32	4.45	111.1%	7	7	82.4%
新桥镇	3.5		3.85	109.9%	8	8	81.8%
鹤浦镇	4.5		4.93	109.6%	6	9	93.8%
贤庠镇	5.5	0.39	5.97	108.6%	5	10	82.7%
墙头镇	3	0.04	3.26	108.6%	12	11	93.1%
东陈乡	3		3.21	107.1%	13	12	82.1%
高塘岛乡	2.5		2.62	104.7%	17	13	83.9%
涂茨镇	3	0.05	3.13	104.4%	14	14	83.6%
黄避岙乡	2.5		2.58	103.3%	18	15	82.1%
丹西街道	11		11.19	101.7%	2	16	61.7%
丹东街道	11		11.16	101.5%	3	17	83.5%
石浦镇	26		26.05	100.2%	1	18	83.3%
全 县	100	1.49	106.85	106.8%			83.0%

【天安路创建省级街容示范街】 省住建厅正式印发文件，县天安路成功创建2017年省级街容示范街。年初以来，县综合行政执法局拉高标杆、精准施策，围绕街面序化、路面洁化、立面美化“三化”目标，践行“721”工作法，全面开展示范路创建工作。累计整改违章停车、跨门占道、人行道破损、垃圾箱表面脏乱等问题80余处，清理商铺杂物乱堆放、小广告乱张贴30余处，开展跨门占道经营整治15次，安排专人开展街面动态巡控，纠正查处各类违章行为。围绕街面序化、路面洁化、立面美化“三化”目标，中心城区共有省级街容示范街2条、市级示范路7条、市级保序路5条。

【“多措并举树立文明婚丧新风尚”获评宁波市综合执法(城管)系统2016年度“精神文明建设十件新事”】 由县综合行政执法局选送的《多措并举树立文明婚丧新风尚》被评为市综合执法(城管)系统2016年度“精神文明建设十件新事”。2016年以来，为弘扬文明新风，推进移风易俗，破除陈规陋习，县综合行政执法局统筹部署、行动实施婚丧礼俗新规定，多措并举助推婚丧礼俗整治工作。

【“以义代罚”执法新模式】 县综合行政执法局以贯彻落实《宁波市文明行为示范条例》为契机，坚持“执法管理”与“人文关怀”并举，针对处理乱张贴、乱堆乱放、占道经营等领域违章行为，针对初次违法、受到300元及以下罚款且自愿申请参加社会服务的违法行为，创新实践“以义代罚”模式。由违法行为人自愿申请参加文明劝导、清理乱张贴小广告、规范违停等城管义工志愿服务，并按应当受到罚款每50元为一小时为量化标准，代替经济处罚，既减少违法行为人经济损失，体现人性化执法，也壮大社会服务力量，起到惩戒和纠正作用。累计教育处罚100余人次，组织28次志愿服务活动，参加人次约60余人次，执法效果初显。

【智能停车诱导系统】 全面启动智能化停车系统建设，运用“手机APP+地磁车辆检测器+视频抓拍+巡逻车识别”技术，基于覆盖城区主干道及主要停车场车位信息的大数据平台，建立起集停车服务、停车缴费、车场联营、车位信息发布、停车诱导、违停抓拍、监管执法等功能于一体的智能化停车诱导系统。建成后台系统及一期1000个智能化停车泊位，覆盖南街、天安路(建设路—象山港)、靖南路(新丰路—东谷湖)等五条主干道并正式投入使用。全面取消城区原有咪表停车收费系统，引导注册“象山停车”手机APP累计2万人次。

县综合行政执法局探索实施“以义代罚”执法新模式，违法当事人通过志愿服务活动代替经济处罚，传递人性化执法理念 (郭腾达 摄)

【打造综合行政执法铁军】 县综合行政执法局组织召开“打造综合行政执法铁军动员大会”。会上，党组通报了局打造综合执法铁军“1+4”系列文件，即《关于开展锻造“靠得住、打得赢、过得硬”执法铁军队伍的实施方案》《关于严格党内组织生活制度的实施意见》《关于开展基层执法中队规范化建设的实施意见》《关于开展评优评先活动的实施方案》《关于加强系统内部干部教育培训工作的实施意见》，全面开展锻造“靠得住、打得赢、过得硬”执法铁军队伍专题活动。

【户外广告设施专项整治】 抓好户外广告整治攻坚，重点整治各类擅自设置、不规范设置、存在安全隐患和影响市容环境的屋顶广告、大型支架式广告、墙体广告及店面招牌、标识标牌等户外设施。逐一与沿街商户、部分广告商进行走访沟通，分类梳理后开展集中整治，督促店家自拆与单位统一拆除相结合。累计上门入户登记宣传800余次，拆除道路两侧广告120余处，并在墙体广告拆除后用铝箔纸将残损处进行覆盖，保障外立面美化、亮化。通知17家电子屏业主单位，办理补办及登记审批手续，消除安全隐患。定期对靖南大街、工地围挡的公益广告发布情况进行检查，确保发布面积不少于30%。出台《关于构建户外广告长效管理机制的意见(试行)》，明确职责，规范户外广告设施设置审批、管理、运行等长效机制。

【建筑垃圾专项整治】 县综合行政执法局重点对建筑工地施工现场、乱倾倒多发点、清运车辆运输等情况进行检查，开展集中整治120余次，排查乱倒乱排、无资质清运、擅自设置消纳场地等案件线索53起，其中立案44件，定点设卡检查40余次，印发限期改正通知书53份。协调拓展建筑垃圾消纳场地，全面落实好大目湾区块、道人山区块两处作为建筑垃圾消纳场所。探索建筑泥浆资源化利用渠道，扶持泥浆现场干化和工厂化干化项目，多举措破解工程项目建筑泥浆处置难题。

【推进“一打三整治”】 对城区范围内四个菜市场定期开展巡查管控，加强夜间执勤，加大巡查频次，组建菜场网格管理小组，实施菜场无休息日执勤。延伸管控触角，延长执勤时间，实行错时上班，盯牢“街巷市场”“马路市场”，共开展专项集中整治32次，出动执法人员1400余人次，查获违禁渔获物564.8斤，流动销售违禁渔获物行为得到有效管控。强化督导考核，严格督促各属地中队常态化开展巡查整治，从管控力量上、管控时间上、管控布局上全面营造严打、严查、严管的高压氛围，使“一打三整治”工作从突击整治向长效管理转变。

【夏季违法占道突出市容乱象问题专项整治行动】 从7月至9月，县综合行政执法局开展夏季违法占道突出市容乱象问题专项整治行动，以2017年示范路、街面保序道路、重要核心区块，以及社会舆情反映突出的区域为重点整治范围，采取重点点位站岗盯守、机动车巡相结合的方式，全面整治夜宵摊、烧烤摊、水果摊(车载)、冷饮摊、小百货地摊、餐饮店、洗车点等违法占道行为。累计开展集中整治136次，累计教育纠正违法占道行为9337起，查处各类违法案件211起。

【实行“微信+上门”模式助力“最多跑一次”】 通过列好清单、线上服务、微信咨询等方式，打造“微信指导+上门服务”模式，累计通过手机微信预审批平台办理审批事项64件，通过微信回复咨询70余件，事项办结率为100%。精简审批事项，优化办事流程，通过全面梳理，取消人行道临时行驶、停放机动车审批事项及不必要、没有明确规定的13项申报证明材料，最大限度缩短承诺办理时限。对门面装修等临时占道审批事项实行现场申报制度，减少申报时间，让办事群众跑变成工作人员跑。

【生活垃圾分类处置】 组建专项工作班子，落实中心城区100余个督导员和30个保洁员，开展入户指导和楼群分类成效检查，基本建立起垃圾分类培训、入户指导、监督检查、分类收运等工作体系。2017年以来中心城区22个小区、119家企事业单位和镇乡86个行政村先后推广垃圾分类工作，涉及居民数3631户，农户约1.8万户。以媒体平台为载体，开展系统性宣传，累计推送分类常识、资源化利用小窍门等信息80余条，组织垃圾分类宣传进校园、进小区、进农村培训活动约40批次，受众8000余人次，印发宣传册2万册及相关资料8000余份。完善设备保障，落实专项经费，配设户内厨余垃圾收集桶3631只、户外四分类收集桶255只，落实5辆厨余垃圾收运车，建成厨余垃圾终端处置设施，确保垃圾分类从源头到终端的无缝对接。开展垃圾分类工作督查3次，群众知晓率达85%以上。

自12月13日起，县综合行政执法局执法队员统一更换全国统一的新制式服装

（王岩　摄）

【智慧城管】 完善部门联动，突破瓶颈制约，协同网络单位扩展至42个，建立运作石浦分中心，街面高清视频新增至45个，全面接入3278个公安视频，主城区监控覆盖率90%以上，有效扩大智慧城管工作覆盖面。强化服务民生，受理各类案件26785件，结案26324件，按期处置25335件，按期处置率94.59%和处置率98.28%，完成视频督查1482件，路段督查1985件，“96310”热线投诉3120件，与2016年同期相比处置率得到有效提升。

【执法中队规范化建设】 实施兼职法制员制度，组织开展各类业务学习、培训14次，全方位提升执法队伍法律素养。建立9只基层综合执法队伍，强化要素保障，细化内部管理，统一标识执法车辆、配发制服及对讲机、执法记录仪、照相机等执勤装备，力争年底全部通过市星级中队创建。

【统一换装新制服】 自2017年12月13日起，县综合行政执法队员更换全国统一的新制式服装，新制服胸号按照全国统一编排，以“33027”开头，便于标准化管理和市民监督。此次统一换装，是加强队伍正规化建设、树立城管执法队伍良好形象的迫切需要，也是顺应新时期、新形势下城市管理工作的内在要求。换装后，县综合行政执法局将按照“强基础、转作风、树形象、建铁军”的要求，坚决贯彻落实“721工作法”，用更新的理念、更高的标准、更实的举措，精心管理城市，用心服务市民，做规范执法的践行者、做美丽城市的守护者，让城市更美好，让群众更满意。

大目湾新城

【概况】 2017年，大目湾新城完成总投资15.3亿元，超额7.4亿元，完成率全县第一；招商引资工作考核，名列全县第一;区域内世茂四期云锦、中科建飞二期熙华府、十里澜山二期等3大楼盘去化率全县第一;自媒体影响力排名全县第一,全市第五;荣获"宁波市造林绿化先进单位";松兰山国家级度假区创建工作于6月正式启动;松兰山门票1735万元,创总量和增量历史之最;历时5年的松兰山游步道工程提前收官;松兰山名列省级度假区综合考评第二。

【工程建设】 2017年,计划完成政府投资2.7亿元,全年投资2.771亿元,占年度计划的103%,本年度在建项目14个,新开工项目12个,完成项目13个。

1. "三纵四横"主干路网延伸,支路建设健全各区块交通功能。悦洋路滨海景观大道于2月份完成验收,驾车即可览赏外海美景。规划8、9路完成水泥稳定层。悦洋路西段雨水管、综合管线铺设、给水、电力排管全部完成,路基平整完成,来薰路4号桥完成道路桩基及桥梁桩基工程、基础工程完成,待工程全部完工后,海阔天空主题乐园项目外围交通将得到改善。迎海路内湾桥以北道路实现通车,十里澜山项目所在的休闲旅游度假区交通环境得到提升,道路微循环成型。

2. 中心城区景观绿带成形,河道两岸"移步换景"。天安河景观、乐居河景观于1月份通过验收。西大河景观工程景观于6月份完工,并通过验收。配套的景观小品、喷泉、广场、庭院灯等点缀其中,展现出"一步一景、曲径通幽"河岸风光。

3. 银波路道路等(BT)工程道路路面、景观绿化全线铺开。全长6.5公里的沥青路面浇筑完成,道路工程通过验收,内湾中心区绿化工程全部完成,坡地造型、乔木种植完成,绿地效果显现。2.9万平方米的人工沙滩摊铺全部完成,形成金沙碧水。中心广场1.5万平方米地下空间在1月顺利通过验收,结构工程全部完成。

4. 五水共治重要节点——东大河景观工程完成。东大河景观驳岸工程、铺装工程完成,绿化工程完成,并通过验收。即可满足新城防汛排涝重任,又可作为"新城东大门"风景迎接四海宾朋。

5. 配套开发商建设项目推进。配合海阔天空主题乐园项目的清心河、众乐河工程加快实施,进入扫尾阶段。

6. 应急工程海堤维修加固抢修工程防浪墙加高浇筑全线完成,龙口段800米混凝土路面浇筑完成,工程全线完工。

7. 大目湾水系调度控制系统顺利开工,总投资1014万元,2018年年底可完工。通过对16座水闸自控部分的设计建设、光纤网络的建设,构建水系调度控制系统,提升水闸自动化管理水平,实现大目湾水系高效调度管理。

2017年5月26日,金诚集团签约大目湾打造绿色体育竞技小镇

【招商引资】 2017年,累计接待各类客商200余批,涉及休闲旅游、影视文化、科创、健康养老、医疗保健、高等院校等领域。本年度,成功签约金诚特色小镇等10个项目,签约总投资268亿元,其中:影视学院、金诚之星、韩国美容城、乐惠啤酒广场4个项目正式落地。截至2017年年底,共有18个项目在大目湾开工建设。

1. 4大地产项目。世茂地产:总投资35亿元。开发天玺、玖玺等三期,第四、五期云锦在建。"高层"去化率100%。中科地产:总投资20亿元。开发一期邦泰城、二期熙华府,第三期、四期悦景湾在建。楼盘去化率100%。中铁地产:总投资15亿元。开发一期春天里,二期启动建设。"高层"去化率100%。石榴地产:总投资35亿元。完成一期排屋销售,楼盘去化率100%。二期、三期在建。

2. 14个功能性项目建成并投用。浙师大附属大目湾学校:总投资1.95亿元。九年一贯制国有民办学校(含象山港书院)。2016年9月开校,截至2017年底,在读学生972人。杭幼师附属大目湾幼儿园:总投资0.45亿元。计划目标六星级幼儿园,2016年9月开校,截至2017年年底,在园幼儿157名。亲和源养老公寓:总投资6.7亿元。全国连锁养老社区。含养老公寓、疗养中心和酒店。2019年5月前后开业。海阔天空水上乐园:总投资4.5亿元。华东区最大的滨海水上乐园。2018年夏试营业。龙宫文化园:总投资3亿元。完成一期、二期建设,拟作为松兰山度假区旅游接待中心。2019年6月前后开业。大羊屿游艇俱乐部:总投资3亿元。完成一期会所建设。2020年前后建成开业。

3. 3大商业项目情况。金诚之星项目:开发内容为地标性建筑、高档写字楼、星级酒店、大型演艺中心等,总用地面积约5.12公顷,投资总额约12亿元。本年度,取得土地证,进入初步方案设计及各项前期工作。庞德巨星国际文化城:开发内容为干细胞整形美容及美食、商城、演艺、商住楼和韩流时尚空间于一体的国际文化城，总投资4亿元，用地面积约2.8公顷，本年度签订投资开发协议，并启动土地招拍挂程序，并于10月27日摘牌，进入项目方案设计和前期工作。乐惠啤酒广场：项目位于大目湾新城中心广场旁，开发内容包含酒类研发、酒吧餐厅、公寓式酒店、精酿啤酒制作品尝体验中心、酒文化博物馆、体验旅游等为一体的酒文化商业综合体，项目用地面积约2.5公顷，总投资约3亿元。本年度签订投资开发协议，启动土地招拍挂程序，并于10月27日摘牌，进入项目方案设计和前期工作。

4. 多项目签订协议。中国机械总院浙江分院、同恒旅游综合体项目、大目湾绿色体育竞技小镇项目、“林鸿”儿童动漫城、好莱坞影视文化大数据智慧型文旅小镇等项目签订协议。

【城市管理文明规范】 (1)全面落实施工企业文明施工措施，建立通过与工程款拨付挂钩办法确保文明施工措施落实到位。(2)整治新城中心区内的垃圾乱倒现象，对接县环卫所主动帮助落户企业、施工企业解决施工生活过程中产生的各类垃圾。(3)通过服务外包形式，委托物业对中心城区完工13条道路约50万平方米路面进行保洁。(4)与有关部门对接协调建立丹河社区大目湾工作站，落实社区管理职能，加强入驻业主户籍及社会事务处理，经统计2017年度社区居民入住登记率达100%。(5)对工程建设过程中产生的约35万方渣土进行综合利用处置，其中吸收接纳城区棚改及其他建筑渣土20余万立方米，节约大目湾场地平整费用达680万余元。

【水务管理实行标准化模式】 (1)响应宁波市水利局关于大中型闸门标准化管理的要求，实行闸门标准化管理，做好闸门标准化管理的一系列台账资料。龙洞山闸门连续三年被评为市级标化闸门。(2)合理调度水系三年共完成重大水系调度4次，排涝水量达3100余万方，科学协调在建工程、中心城区泄洪及农田灌溉三者间相关矛盾。(3)对影响闸门安全运行的4座外海闸门进行局部修复改造。(4)委托水利部门对影响大坝工程安全运行设施进行检测，制定完成龙洞山海堤、内坡维护方案。(5)安排船只进出港避风3次，近二百船次在台汛期得到妥善安置。(6)完成“五水共治”台账资料，完成“清三河”河长记录、零直排放区及污水纳管等相关工作。

【宣传工作“三提升一建议”】 “三提升”即提升新城形象服务招商引资，提升区域热度协助楼盘房产销售，提升教育品牌做好学校宣传；“一建设”即完善大目湾微生活、期刊、网站三个内部平台的建设。2017年，在各级报刊、网络、电视、户外、新媒体、短信等宣传平台进行全方位宣传，共在《宁波日报》《现代金报》《今日象山》刊发专版31个，发表新闻稿件38篇，象山电视新闻稿件33个。在《象山港网站》、电信大楼和海港城LED、天安路和巨鹰路大型广告牌、公交车体、站牌等进行长期宣传。2017年通过象山发布27条，象山港发布49条，《大目湾微生活》发布288条，协助招商科接待客商300余批次，参加各类宣传会展17次，刊发《大目湾期刊》18、19期，重点突出集中开工、沿海南线改道、松兰山游步道开放、阿拉的海水上乐园建设、实验学校品牌、松兰山旅游旺季等重点活动宣传，扩大新城知名度。

【松兰山启动国家级旅游度假区建设】 经济指标平稳增长。2017年，共接待国内外游客85.74万人次，同比增长13.3%，门票收入1742.6万元，同比增长19.3%。各项旅游指标呈现全面增长态势。实施松兰山品质提升三年行动计划，全面优化旅游规划，扎实推进项目建设，创新市场营销，提升度假区环境。

1. 加强景区形象提升，与腾讯网、凤凰网、新华网、中华网等网络媒体巩固合作，与浙江新闻、象山港网站等新媒体实施战略合作，做大做亮官方微信，随时推送松兰山旅游动态。

2. 加强市场营销力度。与重点旅行社签订合作协议，以异地推介、游客互送等形式，参加由市局、象山旅委牵头的各地推荐会，巩固上海、苏州、宁波、杭州、嘉兴等重点市场，突破台州、丽水、衢州、绍兴、南通等新兴市场，撬动福建、安徽、江西、广东等潜力市场。

3. 策划开展主题活动。策划开展春季风筝节、“非遗”文化展、“五一”狂欢节、“520”网络情人节、端午沙滩农贸集市美食节、“十一”看海玩嗨节等，做到一季一主题，增加度假区人气，提升度假区美誉度。

4. 更新完善安全设施设备。新增救生浮条、救生衣、救生绳、巡逻灯等救生设备，做好水上区域划分工作，更换维护安全标识标牌30余块，对景区内监控设备进行升级改造。

(王　平)

环 境 保 护

综 述

2017年是全县全国生态文明建设示范县的创建验收之年，是创建“污水零直排区”的奠基之年，是迎接中央环保督查的关键之年，也是土壤污染防治的开局之年。2017年，以绿色发展理念和“两山”理论为指引，在县委的正确领导下，在县人大及其常委会的监督支持下，围绕“提质量、补短板、抓改革、严监管、强服务、惠民生”，坚持以“五水共治”为突破口倒逼转型升级，坚持以改革创新推进环境治理体系和环境治理能力现代化，坚持全面从严治党树立环保新形象，确保环境质量改善，确保主要污染物排放下降，确保生态环境安全，推动全县环境保护工作和生态文明建设继续走在全市前列。

2017年，全县空气优良天数343天，优良率为94.0%，比2016年上升3.8%，超标天数明显下降，轻度污染天数比上年少了14天。$PM_{2.5}$浓度均值为29微克/立方米，较去年同期下降1微克/立方米，全年环境空气质量（细颗粒物浓度排名）在宁波市14个辖区中排名第二。降雨酸性程度降低，水库水质普遍改善，地表水水质保持稳定。2017年全县1个国控和4个市控地表水监测断面全部达到Ⅲ类水功能区要求，达标率100%。全县6个市控饮用水水源地均达到Ⅲ类水质要求，达标率100%。全县24个集中式饮用水水源地中有23个年均值达到Ⅲ类水质要求，占总数的95.8%，与上年相比基本持平。城市声环境质量总体，交通噪声得到有效控制。

全年生态环境质量，但县环境质量离人民群众的要求还有差距，改善的速度仍然较缓。环境空气中主要污染物存在超标现象，地表水水质优良率和功能达标率较低，劣Ⅴ类水体还占一定比例，城区河网污染仍然较重，部分水库营养程度改善，但仍存在富营养化风险，近岸海域水质中无机氮、活性磷酸盐浓度较高，交通干线两侧噪声存在超标现象。

水环境保护

【概况】 2017年，县26个地表水监测断面中，Ⅰ～Ⅲ类、Ⅳ、Ⅴ类和劣Ⅴ类断面比例分别为57.7%、19.2%、3.9%和19.2%，功能达标断面比例为57.7%，与上年相比增加11.5%。国控、市控断面为5个，全部达到Ⅲ类水功能区要求，达标率为100%。地表水总体为轻度污染，水质优于上年。2017年，县24个集中式饮用水源地中有23个年均值达到Ⅲ类水质要求，占总数的95.8%，与2016相比水质达标率无太大变化。近岸海域大目洋海域和石浦港海域的水质类别均为劣四类海水，富营养化程度总体较高，水质较差，主要超标指标为无机氮。

【饮用水源监测结果】 2017年，全县共有集中式饮用水水源地监测站位24个，其中市控6个，县控18个。6个市控饮用水水源地均达到Ⅲ类水质要求，达标率为100%，其中樊岙水库水质由上年度的Ⅱ类转为Ⅰ类，溪口水库水质由上年度的Ⅲ类转为Ⅱ类，其余均为Ⅱ类。24个集中式饮用水源地中有23个年均值达到Ⅲ类水质要求（符合Ⅰ类水质标准6个，Ⅱ类水质标准11个，Ⅲ类水质标准6个），占总数的95.8%。虽与2016相比水质达标率无太大变化，但2017年新增Ⅰ类水库6个，较2016年共有7个水库水质有所好转，所有监测项次中共出现了总磷（1次）超标现象。除了东坑里水库下降为Ⅳ类（主要污染物为总磷），其余水库均无变化或有所好转。水库大多为中营养状态，较2016年新增4个贫营养状态。总体说来饮用水水源水质的主要问题仍然是富营养化趋势。

表44

2017年县集中式饮用水源地水质统计表

序号	水源地	等级	2016年水质类别	2017年			
				水质类别	水质达标率	主要超标指标	超标次数
1	溪口水库	市控	Ⅲ	Ⅱ	100	—	0
2	仓岙水库	市控	Ⅱ	Ⅱ	100	—	0
3	樊岙水库	市控	Ⅱ	Ⅰ	100	—	0
4	燕山水库	市控	Ⅱ	Ⅱ	100	—	0

续表44

序号	水源地	等级	2016年水质类别	2017年			
				水质类别	水质达标率	主要超标指标	超标次数
5	上张水库	市控	Ⅱ	Ⅱ	100	—	0
6	平潭水库	市控	Ⅱ	Ⅱ	100	—	0
7	三家村水库	县控	Ⅱ	Ⅱ	100	—	0
8	军民塘水库	县控	Ⅴ	Ⅱ	100	—	0
9	九顷水库	县控	Ⅲ	Ⅲ	100	—	0
10	思娘岙水库	县控	Ⅲ	Ⅲ	100	—	0
11	东坑里水库	县控	Ⅲ	Ⅳ	96	总磷	1
12	小百丈水库	县控	Ⅱ	Ⅱ	100	—	0
13	金架山水库	县控	Ⅱ	Ⅱ	100	—	0
14	龙角岩水库	县控	Ⅲ	Ⅰ	100	—	0
15	岩头陈水库	县控	Ⅱ	Ⅱ	100	—	0
16	利民水库	县控	Ⅲ	Ⅲ	100	—	0
17	方家岙水库	县控	Ⅱ	Ⅱ	100	—	0
18	洪山庙水库	县控	Ⅲ	Ⅰ	100	—	0
19	塘岙水库	县控	Ⅲ	Ⅲ	100	—	0
20	大斜桥水库	县控	Ⅲ	Ⅲ	100	—	0
21	新民水库	县控	Ⅲ	Ⅰ	100	—	0
22	珠溪水库	县控	Ⅱ	Ⅰ	100	—	0
23	隔溪张水库	县控	/	Ⅰ	100	—	0
24	南盘水库	县控	/	Ⅲ	100	—	0

根据湖库富营养程度评价，三家村水库、新民水库、珠溪水库、隔溪张水库为贫营养，其余水库均为中营养，与2016年相比基本保持不变。其中三家村水库有所好转，由中营养转为贫营养。

表45

2016年、2017年县集中式饮用水源地水质富营养统计表

序号	水源地	等级	2016年富营养程度	2017年富营养程度
1	溪口水库	市控	中(39)	中(36)
2	仓岙水库	市控	中(33)	中(32)
3	樊岙水库	市控	中(35)	中(33)
4	燕山水库	市控	中(37)	中(36)
5	上张水库	市控	中(36)	中(35)
6	平潭水库	市控	中(37)	中(36)
7	三家村水库	县控	中(38)	贫(28)
8	军民塘水库	县控	中(48)	中(42)
9	九顷水库	县控	中(44)	中(40)
10	思娘岙水库	县控	中(42)	中(43)

续表45

序　号	水 源 地	等　级	2016年富营养程度	2017年富营养程度
11	东坑里水库	县　控	中(41)	中(43)
12	小百丈水库	县　控	中(38)	中(33)
13	金架山水库	县　控	中(43)	中(37)
14	龙角岩水库	县　控	中(45)	中(32)
15	岩头陈水库	县　控	中(38)	中(38)
16	利民水库	县　控	中(44)	中(38)
17	方家岙水库	县　控	中(36)	中(38)
18	洪山庙水库	县　控	中(41)	中(34)
19	塘岙水库	县　控	中(42)	中(41)
20	大斜桥水库	县　控	中(45)	中(38)
21	新民水库	县　控	—	贫(29)
22	珠溪水库	县　控	—	贫(27)
23	隔溪张水库	县　控	—	贫(27)
24	南盘水库	县　控	—	中(40)

【地表水监测结果及评价】 2017年，县26个地表水监测断面中，功能达标断面比例为57.7%，与上年相比增加11.5%。Ⅰ～Ⅲ类水质优、良好断面数15个，占总数的57.7%；Ⅳ类轻度污染断面5个，占总数的19.2%；Ⅴ类水质中度污染断面数1个，占总数的3.9%；劣Ⅴ类水质重度污染断面数5个，占总数的19.2%。国控、市控断面为5个，全部达到Ⅲ类水功能区要求，达标率为100%。与上年相比Ⅳ类断面减少1个，Ⅴ类断面减少2个。地表水总体为轻度污染，水质优于上年，主要污染指标为氨氮、总磷。没有达到Ⅲ类标准的水域为南大河河网（岳头嘴除外）、燕山河、九龙江、腾蛟河、长塘河、泊戈洋河和乌岩港，其他各河流均为优良。其中岳头嘴、珠溪、鹤浦大河、九龙江、大塘河、雅林溪、横大河共计7个水域的水质状况有所好转，长塘河和泊戈洋河2个水域的水质状况有所下降，其余河流水质状况均无明显变化。污染指数高的监测站位主要集中在象山城区和爵溪街道，其中燕山河的污染指数上升幅度最大。

表46　**2017年县地表水水质评价结果一览表**

名　称	站位名称	等　级	目　标	2016年水质	2017年水质	趋势分析	达标结果
大塘港	浮礁渡	国　控	Ⅲ	Ⅲ(良好)	Ⅲ(良好)	无明显变化	达　标
南大河河网	岳头嘴	市　控	Ⅲ	Ⅳ(轻度污染)	Ⅲ(良好)	有所好转	达　标
下沈港	龙　翔	市　控	Ⅲ	Ⅱ(优)	Ⅱ(优)	无明显变化	达　标
泗洲头溪	后　王	市　控	Ⅱ	Ⅱ(优)	Ⅱ(优)	无明显变化	达　标
珠　溪	珠　溪	市　控	Ⅲ	Ⅱ(优)	Ⅰ(优)	有所好转	达　标
鹤浦大河	蟹厂村	县　控	Ⅲ	Ⅳ(轻度污染)	Ⅲ(良好)	有所好转	达　标
金石引河	树桥头	县　控	Ⅲ	Ⅲ(良好)	Ⅲ(良好)	无明显变化	达　标
九龙江	九龙江村	县　控	Ⅲ	劣Ⅴ(重度污染)	Ⅳ(轻度污染)	有所好转	未达标
腾蛟河	巨鹰大酒店	县　控	Ⅲ	劣Ⅴ(重度污染)	劣Ⅴ(重度污染)	无明显变化	未达标
大塘河	中站村	县　控	Ⅲ	Ⅳ(轻度污染)	Ⅱ(优)	有所好转	达　标
长塘河	渡头村	县　控	Ⅲ	Ⅲ(良好)	Ⅳ(轻度污染)	有所下降	未达标

续表46

名 称	站位名称	等 级	目 标	2016年水质	2017年水质	趋势分析	达标结果
旦仁河	旦义桥	县 控	Ⅲ	Ⅱ(优)	Ⅱ(优)	无明显变化	达 标
管 溪	平桥头	县 控	Ⅲ	Ⅱ(优)	Ⅱ(优)	无明显变化	达 标
横塘岗河	横塘桥头	县 控	Ⅲ	Ⅲ(良好)	Ⅲ(良好)	无明显变化	达 标
雅林溪	清风塘	县 控	Ⅲ	Ⅳ(轻度污染)	Ⅱ(优)	有所好转	达 标
泊戈洋村	泊戈洋村	县 控	Ⅲ	Ⅴ(中度污染)	劣Ⅴ(重度污染)	有所下降	未达标
关头塘村	永新桥	县 控	Ⅲ	Ⅱ(优)	Ⅱ(优)	无明显变化	达 标
东 溪	东溪村	县 控	Ⅲ	Ⅱ(优)	Ⅱ(优)	无明显变化	达 标
亭 溪	大溪蒋村	县 控	Ⅲ	Ⅱ(优)	Ⅱ(优)	无明显变化	达 标
乌岩港	乌岩头陈	县 控	Ⅲ	Ⅳ(轻度污染)	Ⅳ(轻度污染)	无明显变化	未达标
南大河河网	东大河	城区内河	Ⅲ	Ⅴ(中度污染)	Ⅴ(中度污染)	无明显变化	未达标
南大河河网	西大河	城区内河	Ⅲ	Ⅳ(轻度污染)	Ⅳ(轻度污染)	无明显变化	未达标
南大河河网	南大河	城区内河	Ⅲ	劣Ⅴ(重度污染)	劣Ⅴ(重度污染)	无明显变化	未达标
南大河河网	新华河	城区内河	Ⅲ	劣Ⅴ(重度污染)	劣Ⅴ(重度污染)	无明显变化	未达标
南大河河网	横大河	城区内河	Ⅲ	Ⅴ(中度污染)	Ⅳ(轻度污染)	有所好转	未达标
燕山河	燕山河	城区内河	Ⅲ	劣Ⅴ(重度污染)	劣Ⅴ(重度污染)	有所下降	未达标

表47

2017年县地表水污染指数结果一览表

名 称	站位名称	等 级	2016年污染指数	2017年污染指数	主要污染物及超标倍数
大塘港	浮礁渡	国 控	0.27	0.22	
南大河河网	岳头嘴	市 控	0.25	0.17	
下沈港	龙 翔	市 控	0.18	0.12	
泗洲头溪	后 王	市 控	0.36	0.27	
珠 溪	珠 溪	市 控	0.17	0.10	
鹤浦大河	蟹厂村	县 控	0.73	0.76	
金石引河	树桥头	县 控	0.84	0.66	
九龙江	九龙江村	县 控	1.35	0.95	总磷(0.9);化学需氧量(0.8);氨氮(0.8)
腾蛟河	巨鹰大酒店	县 控	4.78	2.24	氨氮(8.5);总磷(5.7);化学需氧量(0.9)
大塘河	中站村	县 控	0.91	0.45	
长塘河	渡头村	县 控	0.61	0.67	化学需氧量(0.6);总磷(0.6)
旦仁河	旦义桥	县 控	0.33	0.23	
管 溪	平桥头	县 控	0.24	0.18	
横塘岗河	横塘桥头	县 控	0.56	0.56	
雅林溪	清风塘	县 控	0.68	0.36	
泊戈洋河	泊戈洋村	县 控	1.04	2.48	氨氮(5.0);总磷(3.5)
关头塘河	永新桥	县 控	0.21	0.18	

续表47

名　称	站位名称	等　级	2016年污染指数	2017年污染指数	主要污染物及超标倍数
东　溪	东溪村	县　控	0.24	0.30	
亭　溪	大溪蒋村	县　控	0.20	0.15	
乌岩港	乌岩头村	县　控	0.94	1.12	总磷(0.7);氨氮(0.6)
南大河河网	东大河	城区内河	1.34	1.28	氨氮(2.9);总磷(0.8);高锰酸盐指数(0.3)
南大河河网	西大河	城区内河	0.82	1.05	氨氮(2.7);总磷(0.8);高锰酸盐指数(0.2)
南大河河网	南大河	城区内河	1.65	1.93	氨氮(7.1);总磷(0.9);高锰酸盐指数(0.2)
南大河河网	新华河	城区内河	2.45	1.99	氨氮(9.1);总磷(5.1);高锰酸盐指数(0.3)
南大河河网	横大河	城区内河	1.23	0.99	氨氮(1.7);总磷(0.7);高锰酸盐指数(0.1)
燕山河	燕山河	城区内河	2.82	6.73	氨氮(144);总磷(0.5)

【近岸海域水质状况】 2017年,县近岸海域富营养化程度总体较高,石浦港水质与上年相比有所恶化,由中度富营养转为重度富营养,大目洋爵溪站位水质略有改善,3个监控点位均为劣四类水质,主要超标指标为无机氮,该指标在所有监测站位都超过四类海水标准,其次为活性磷酸盐。

表48　　**2017年象山近岸海域功能区水质现状表**

海域名称	区划结果		水质现状	超标项目	超标倍数
	类　别	水质目标			
大目洋二类区(爵溪)	二　类	第二类	劣四类	无机氮	2.3
大目洋二类区(大目洋)	二　类	第二类	劣四类	无机氮	2.1
石浦港四类区	四　类	第三类	劣四类	无机氮	1.4

表49　　**大目洋二类区(爵溪站位)海域水质监测和评价结果表**

指　标	类　别	2016年	2017年	类　别
pH	范　围	8.00 ~ 8.03	7.97 ~ 8.09	一　类
	均　值	8.01	8.02	
化学需要量(mg/L)	范　围	0.61 ~ 1.68	0.30 ~ 0.99	一　类
	均　值	1.04	0.66	
石油类(μg/L)	范　围	5.6 ~ 12.2	2.5 ~ 2.7	一　类
	均　值	8.9	2.6	
溶解氧(mg/L)	范　围	6.94 ~ 7.76	7.72 ~ 9.02	一　类
	均　值	7.36	8.31	
汞(μg/L)	范　围	<0.02	<0.02 ~ 0.02	一　类
	均　值	0.01	0.02	
铜(μg/L)	范　围	0.01 ~ 0.51	0.308 ~ 2.12	一　类
	均　值	0.25	1.16	

续表49

指标	类别	2016年	2017年	类别
铅(μg/L)	范围	0.148～0.269	0.008～0.49	一类
	均值	0.22	0.20	
镉(μg/L)	范围	0.021～0.050	0.036～0.045	一类
	均值	0.039	0.041	
砷(μg/L)	范围	0.014～1.39	1.07～2.00	一类
	均值	0.595	1.48	
锌(μg/L)	范围	0.526～2.01	0.108～2.66	一类
	均值	1.25	1.04	
无机氮(mg/L)	范围	0.476～0.582	0.667～0.686	劣四类
	均值	0.520	0.680	
活性磷酸盐(mg/L)	范围	0.030～0.040	0.016～0.039	二类
	均值	0.036	0.028	

表50　大目洋二类区(大目洋站位)海域水质监测和评价结果表

指标	类别	2016年	2017年	类别
pH	范围	7.99～8.04	7.89～8.02	一类
	均值	8.01	7.96	
化学需要量(mg/L)	范围	0.72～1.23	0.59～2.41	一类
	均值	1.01	1.13	
石油类(μg/L)	范围	5.3～6.2	2.7～3.5	一类
	均值	5.75	3.1	
溶解氧(mg/L)	范围	7.03～7.48	7.89～8.49	一类
	均值	7.26	8.11	
汞(μg/L)	范围	<0.02	<0.02	一类
	均值	0.01	0.01	
铜(μg/L)	范围	0.01～0.417	0.214～1.92	一类
	均值	0.198	1.05	
铅(μg/L)	范围	0.068～0.592	<0.003～1.4	一类
	均值	0.30	0.62	
镉(μg/L)	范围	0.041～0.073	0.027～0.046	一类
	均值	0.054	0.038	
砷(μg/L)	范围	0.03～1.43	1.11～2.06	一类
	均值	0.689	1.40	
锌(μg/L)	范围	0.375～1.88	<0.100～2.79	一类
	均值	1.23	1.22	
无机氮(mg/L)	范围	0.444～0.592	0.542～0.738	劣四类
	均值	0.530	0.630	
活性磷酸盐(mg/L)	范围	0.030～0.043	0.013～0.042	二类
	均值	0.036	0.028	

表51 **石浦港四类区海域水质监测和评价结果表**

指 标	类 别	2016年	2017年	类 别
pH	范 围	7.98 ~ 8.00	7.95 ~ 8.00	一 类
	均 值	7.99	7.98	
高锰酸盐指数(mg/L)	范 围	0.62 ~ 1.42	0.71 ~ 2.90	一 类
	均 值	1.04	1.40	
石油类(μg/L)	范 围	6.5 ~ 8.2	3.6 ~ 5.5	一 类
	均 值	7.4	4.6	
溶解氧(mg/L)	范 围	6.91 ~ 7.27	7.91 ~ 8.16	一 类
	均 值	7.13	8.04	
汞(μg/L)	范 围	<0.02	<0.02	一 类
	均 值	0.01	0.01	
铜(μg/L)	范 围	0.01 ~ 0.422	0.374 ~ 2.25	一 类
	均 值	0.21	1.18	
铅(μg/L)	范 围	0.103 ~ 0.684	0.047 ~ 0.999	一 类
	均 值	0.371	0.384	
镉(μg/L)	范 围	0.048 ~ 0.078	0.043 ~ 0.050	一 类
	均 值	0.0613	0.044	
砷(μg/L)	范 围	0.045 ~ 1.30	1.10 ~ 1.89	一 类
	均 值	0.63	1.48	
锌(μg/L)	范 围	0.863 ~ 1.9	0.216 ~ 2.96	一 类
	均 值	1.448	1.26	
无机氮(mg/L)	范 围	0.500 ~ 0.592	0.637 ~ 0.754	劣四类
	均 值	0.552	0.689	
活性磷酸盐(mg/L)	范 围	0.032 ~ 0.044	0.017 ~ 0.042	二 类
	均 值	0.038	0.030	

象山近岸海域水质均属营养型。2017年，石浦港四类区富营养化指数为6.43、大目洋二类区爵溪站位2.79、大目洋站位4.43。根据海域水体水质营养等级划分标准，石浦港四类区为重度富营养、大目洋二类区均为中度富营养。

表52 **营养指数评价结果表**

区 域	2016年营养指数	2016年评价	2017年营养指数	2017年评价
大目洋	4.28	中度富营养	4.43	中度富营养
爵 溪	4.33	中度富营养	2.79	中度富营养
石浦港	4.85	中度富营养	6.43	重度富营养

海洋环境保护

【概况】 2017年,象山坚持生态优先,从宣传入手,提升海洋环境监测监管力度,加强海洋保护区规范化建设和管理,拓展资源保护和生态修复工程,实施海洋生态文明建设,促进海洋经济和环境保护协调发展,全面推进海洋强县建设。

【象山花岙岛获批国家级海洋公园】 经国家海洋局国海环字〔2016〕705号文件批准,象山花岙岛被批准建立国家级海洋公园,这是县的第二个国家级海洋公园、第三个国家级保护区。花岙岛位于浙江省象山县南部的三门湾口东侧、东北距国家中心渔港石浦港约12公里处。岛上地质地貌遗迹类型以火山岩区海岸带地貌景观为主,海蚀景观和海积景观发育,具有鲜明的滨海特色,具备深度发展海洋生态旅游的环境资源、自然景观和人文优势。根据花岙岛国家级海洋公园选划报告,范围包括花岙岛及其附近24个岛礁和周边海域,主要分成重点保护区、生态与资源恢复区和适度利用区三个功能区。

【无人机海岛巡查】 3月1日,中国海监宁波市支队、县海监大队执法人员会同宁波市海洋监测与装备技术服务中心技术人员前往爵溪街道道人山开展"海岛巡查"行动,此次海岛巡查采用无人机航拍方式。无人机使用是强化海洋执法的有效方式,广泛覆盖执法人员日常巡查监管盲区,全方位、全区域、全视野掌握海岛使用情况,有效提升象山海洋监管能力和效率。

【省海监总队开展"双随机"巡查】 4月14日,县海洋与渔业局会同浙江省海监总队、宁波海监支队执法队员前往大洋屿和旦门山岛进行"双随机"海岛巡查。省总队"双随机"巡查主要对海岛用岛情况、规划和实际建设的一致性、是否存在破坏海洋环境情况等方面进行重点巡查。现场技术人员对岛上设施进行测量。海监省总队领导对大洋屿和旦门山岛海岛保护情况和海岛执法工作予以高度肯定,要求保持常态化巡查,切实保护海岛生态环境。

县海洋与渔业局开展应急管理宣传活动

【应急管理宣传活动】 5月15日,县海洋与渔业局在人民广场开展以"关注应急,守护生命"为主题的应急宣传活动。活动主要通过宣传图版展示、分发宣传资料,现场宣传咨询服务等形式,向群众宣传和讲解各类海洋灾害成因及危害、如何有效防灾避险等内容。活动期间,共发放《海洋灾害防御知识手册》《海洋灾害科普知识》《海啸与风暴潮灾害避险手册》等300余份,图板展示12块,现场接受群众咨询20余起。

【开展"6·8"海洋日系列活动】 2017年6月8日,是第十个世界海洋日和全国海洋宣传日。为倡导民众认识海洋、关注海洋、善待海洋,提高民众的护海意识,县海洋与渔业局海洋环保志愿者队伍组织"6·8"海洋日系列活动。此次系列活动分为"海洋知识移动课堂"活动、南韭山海区增殖放流活动和广场宣传活动。通过短信发送、悬挂横幅、图版展览、分发宣传手册等多种方式,广泛宣传与动员社会各界参与海洋环境保护,累计分发水生野生动物保护、海鸟保护、伏季休渔等宣传资料300余份,发送海洋宣传短信1万余条,营造"人人关爱大自然,人人呵护海洋环境"的良好氛围。

【象山推动政企合力养护海洋新模式】 6月12日,民建宁波市委会联合县政府在象山港黄牛礁和南韭山自然保护区两处海域实施大规模岱衢族大黄鱼鱼苗放流行动。100万尾放流鱼苗来自宁波市民建企业家协会近60位企业家"在象山港海域有条鱼·爱心认捐"活动,另外160万尾则由县财政认购。此次活动意在将增殖放流活动由单纯的政府行为提升成为一项社会公益性的、全民参与的事业,鼓励各界人士、社团参与增殖放流,共同回馈海洋。

【韭山列岛保护区中华凤头燕鸥招引项目】 2017年,开展中华凤头燕鸥招引项目,监测到大凤头燕鸥2500余只,中华凤头燕鸥26只,繁殖大凤头燕鸥幼鸟1000余只,中华凤头燕鸥幼鸟10只。为加大燕鸥迁徙路线研究力度,6月27日,保护区联合浙江自然博物馆、俄勒冈州立大学专家共给5只大凤头燕鸥佩戴卫星追踪器;7月25日,保护区与全国环志中心、浙江自然博物馆、美国俄勒冈州立大学、浙江野鸟会、复旦大学、北京林业大学等高校志愿者环志了283只大凤头燕鸥,1只中华凤头燕鸥。

【渔山海域投放宁波市最大规模人工鱼礁】 2016年年底,渔山列岛国家级海

第十三届中国海洋论在象山石浦举行

洋牧场综合示范区人工鱼礁建设项目启动，总投入2300万元。2017年6月，项目实施单位对渔山列岛海域开展本底调查、海洋环境评价、海域论证和可行性研究，确定适合渔山列岛海域地质、洋流、生物特征等因素的人工鱼礁礁体类型，总计1968个礁体(3.82万空方)，其中HUT型礁总量1518个、单层十字礁75个、双层十字礁计划总量375个，属宁波市历年来规模最大一次。

【县率先自主开展县级海域动态监视监测】 8月4日，县国家海域动态监管中心(以下简称县动管中心)对位于涂茨镇毛湾塘的宁波市水产种业园区建设项目围填海工程进行首次海域使用监测。监测工作由宁波市海域海岛使用动态监视监测中心和宁波市盛甬海洋技术有限公司作现场指导，通过RTK测量、拍摄现场照片以及走访调研等方式全面了解项目整体围填海施工进展、用海范围、面积等情况。这是宁波市首次由县一级自主进行海域使用动态监视监测。

【第十三届中国海洋论坛举行】 9月16日，由中国太平洋学会、中国海洋学会、浙江省人民政府、宁波市人民政府共同主办，县人民政府、宁波市海洋与渔业局联合承办的第十三届中国海洋论坛在石浦举行。会议由中国太平洋学会副秘书长潘峰主持。

【国家海洋督察迎检工作】 11月22日，象山召开国家海洋督察迎检工作部署会议，县委常委干维岳、县海洋与渔业局局长黄建国、各镇乡(街道)分管农(渔)业负责人，县级有关部门分管负责人等参会。会议首先由黄建国作迎检工作部署，针对国家海洋督察形式、围填海等重点内容与自查问题等作了情况汇报，会议最后县委常委干维岳发表重要讲话。

【象山防治养殖尾水污染】 象山现有海淡水养殖放养面积13666.67公顷。2017年，全县完成2000多公顷海淡水养殖塘污染源专项治理。建成养殖尾水处理示范点，包含蓄水池、沉淀池、处理池、人工湿地等相关配套养殖尾水处理设施。试点建设低碳高效池塘循环水养鱼系统，在新桥崇埏建成养鱼系统跑道2组6条，在养殖池塘内建造流水养殖槽养殖经济鱼类，槽外池塘养殖梭子蟹、对虾和贝类等。推广“蟹虾贝”“虾鱼”等立体生态混养模式和“虾菜”“虾草”等生态循环养种模式，形成养殖水体良性生态循环，降低养殖尾水中氮、磷等含量。

(朱 妍 曾华斌)

大气环境保护

【概况】 2017年，县空气质量优于2016年，达标天数比例为94.0%，与上年相比上升3.8%，超标天数明显下降，虽然优的天数比上年少了3天，但是良的天数比上年多了16天、轻度污染天数比上年少了14天。2017年年度首要污染物仍为臭氧，环境空气质量综合指数为3.44，都与上年基本持平。2017年县全年环境空气质量(细颗粒物浓度排名)在宁波市14个辖区中排名第二。

【中心城区环境空气】 2017年，县中心城区监测有效天数为363天，达标天数共333天，达标天数比例为91.7%，与上年相比上升4.4%。年度综合指数为3.62，年度首要污染物为臭氧和可吸入颗粒物。细颗粒物年均浓度为30微克/立方米，与上年相比下降3微克/立方米，达到二级标准。全年空气质量最好的为10月，无超标天数，全年空气质量最差的为4月，轻度污染达7天。

表53　　2017年县中心城区空气质量数据统计表

监测月份	统计天数	日指数分布天数、百分比						首要污染物出现天数、百分比							
		Ⅰ级		Ⅱ级		Ⅲ级及以上		细颗粒物		臭 氧		可吸入颗粒物		二氧化氮	
		天 数	百分比%	天 数	百分比%	天 数	百分比%	天 数	百分比%	天 数	百分比%	天 数	百分比%	天 数	百分比%
1月	31	12	38.7	18	58.1	1	3.2	7	22.6	2	6.4	11	35.5	0	0
2月	28	5	17.8	22	78.6	1	3.6	7	25.0	10	35.7	7	25.0	0	0

续表53

监测月份	统计天数	日指数分布天数、百分比						首要污染物出现天数、百分比							
		Ⅰ级		Ⅱ级		Ⅲ级及以上		细颗粒物		臭氧		可吸入颗粒物		二氧化氮	
		天数	百分比%	天数	百分比%	天数	百分比%	天数	百分比%	天数	百分比%	天数	百分比%	天数	百分比%
3月	31	5	16.1	23	74.2	3	9.7	1	3.2	24	77.4	1	3.2	0	0
4月	30	0	0	23	76.7	7	23.3	1	3.3	26	86.7	3	10.0	1	3.3
5月	31	6	19.4	20	64.5	5	16.1	0	0	22	71.0	3	9.7	0	0
6月	30	5	16.7	23	76.7	2	6.7	0	0	22	73.3	3	10.0	0	0
7月	31	14	45.2	16	51.6	1	3.2	0	0	15	48.4	2	6.4	0	0
8月	30	9	30.0	18	60.0	3	10.0	0	0	17	56.7	4	13.3	0	0
9月	30	16	53.3	12	40.0	2	6.7	0	0	12	40.0	2	6.7	0	0
10月	31	14	45.2	17	54.8	0	0	2	6.4	12	38.7	3	9.7	0	0
11月	29	11	37.9	16	55.2	2	6.9	8	27.6	1	3.4	6	20.7	3	10.3
12月	31	4	12.9	24	77.4	3	9.7	16	51.6	0	0	11	38.7	2	6.4
全年	363	101	27.8	232	63.9	30	8.3	42	11.6	163	44.9	56	15.4	6	1.6

表54

2017年县城区各项污染物浓度值统计表

单位:除一氧化碳为毫克/立方米,外均为微克/立方米

监测月份	项目	可吸入颗粒物	细颗粒物	二氧化硫	二氧化氮	一氧化碳	臭氧
1月	样本数	31	31	31	31	31	31
	最小值	23	9	8	9	0.4	21
	最大值	115	77	25	42	1.6	121
	平均值	62	36	12	24	0.8	78
2月	样本数	28	28	28	28	28	28
	最小值	24	7	8	9	0.6	54
	最大值	127	78	17	30	1.4	162
	平均值	65	39	11	20	1.0	102
3月	样本数	31	31	31	31	31	31
	最小值	19	12	8	17	0.5	76
	最大值	107	58	15	32	1.3	169
	平均值	59	32	11	25	0.9	122
4月	样本数	30	30	30	30	30	30
	最小值	21	14	7	15	0.5	73
	最大值	137	62	14	50	1.1	194
	平均值	65	33	10	25	0.7	139
5月	样本数	31	31	31	31	31	31
	最小值	23	11	7	7	0.6	74
	最大值	153	47	15	28	1	192
	平均值	48	22	10	16	0.8	123

续表54

监测月份	项　目	可吸入颗粒物	细颗粒物	二氧化硫	二氧化氮	一氧化碳	臭　氧
6月	样本数	30	30	30	30	30	30
	最小值	11	3	6	10	0.7	56
	最大值	89	44	13	26	1.1	205
	平均值	40	20	9	16	0.9	115
7月	样本数	31	31	31	31	31	31
	最小值	21	8	7	6	0.7	40
	最大值	80	45	11	17	1.1	188
	平均值	46	22	9	11	0.8	100
8月	样本数	30	30	30	30	30	30
	最小值	16	4	7	6	0.3	44
	最大值	87	50	10	17	0.9	180
	平均值	49	24	8	12	0.6	103
9月	样本数	30	30	30	30	30	30
	最小值	18	6	7	9	0.5	60
	最大值	90	62	11	25	1	175
	平均值	43	22	9	16	0.7	101
10月	样本数	31	31	31	31	31	31
	最小值	6	2	4	9	0.4	54
	最大值	100	72	12	31	1	160
	平均值	46	25	7	19	0.7	100
11月	样本数	29	29	30	30	30	30
	最小值	29	9	5	17	0.4	34
	最大值	143	88	18	59	1.3	216
	平均值	61	36	9	34	0.8	76
12月	样本数	31	31	31	31	31	31
	最小值	36	19	7	21	0.5	30
	最大值	245	168	23	59	1.4	106
	平均值	88	54	12	42	0.9	71
年度	样本数	363	363	364	364	364	364
	最小值	6	2	4	6	0.3	21
	最大值	245	168	25	59	1.6	216
	平均值	56	30	10	22	0.8	102

表55

2016、2017年度县中心城区环境空气指数表

项目/时间	单项指数						综合指数
	细颗粒物	可吸入颗粒物	二氧化硫	二氧化氮	一氧化碳	臭氧	
2016年	0.94	0.76	0.17	0.50	0.30	0.94	3.61
2017年	0.86	0.80	0.17	0.55	0.30	0.94	3.62

【石浦地区环境空气】 2017年，石浦地区监测有效天数为360天，达标天数共343天，达标天数比例为95.3%，与上年相比上升4.2%。年度综合指数为3.28，年度首要污染物为臭氧和细颗粒物。细颗粒物年平均浓度为27微克/立方米，与上年持平，达到二级标准。全年空气质量的为2月、3月、6月、7月，均无超标天数，全年空气质量较差的为4月、5月、8月、9月，超标天数均为3天。

表56

2017年象山石浦地区空气质量数据统计表

监测月份	统计天数	日指数分布天数、百分比						首要污染物出现天数、百分比							
		Ⅰ级		Ⅱ级		Ⅲ级及以上		细颗粒物		臭氧		可吸入颗粒物		二氧化氮	
		天数	百分比%	天数	百分比%	天数	百分比%	天数	百分比%	天数	百分比%	天数	百分比%	天数	百分比%
1月	31	13	41.9	17	54.8	1	3.2	12	38.7	1	3.2	3	9.7	2	6.4
2月	28	12	42.8	16	57.1	0	0	8	28.6	5	17.8	3	10.7	1	3.6
3月	31	8	25.8	23	74.2	0	0	5	16.1	17	54.8	3	9.7	0	0
4月	30	3	10.0	24	80.0	3	10.0	4	13.3	23	76.7	0	0	0	0
5月	31	8	25.8	20	64.5	3	9.7	0	0	21	67.7	2	6.4	0	0
6月	28	10	35.7	18	64.3	0	0	0	0	18	64.3	0	0	0	0
7月	31	16	51.6	15	48.4	0	0	0	0	15	48.4	0	0	0	0
8月	30	13	43.3	14	46.7	3	10.0	0	0	15	50.0	1	3.3	0	0
9月	28	14	50.0	11	39.3	3	10.7	1	3.6	13	46.4	0	0	0	0
10月	31	11	35.5	18	58.1	2	6.4	1	3.2	19	61.3	0	0	0	0
11月	30	18	60.0	11	36.7	1	3.3	4	13.3	2	6.7	3	10.0	3	10.0
12月	31	9	29.0	21	67.7	1	3.2	9	29.0	1	3.2	5	16.1	6	19.4
全年	360	135	37.5	208	57.8	17	4.7	44	12.2	150	41.7	20	5.6	12	3.3

表57

2017年县石浦地区各项污染物浓度值统计表

单位：除一氧化碳为毫克/立方米，外均为微克/立方米

监测月份	项目	细颗粒物	可吸入颗粒物	二氧化硫	二氧化氮	一氧化碳	臭氧
1月	样本数	31	31	31	31	31	31
	最小值	7	16	5	10	0.5	19
	最大值	100	95	24	52	1.2	121
	平均值	35	49	11	25	0.8	82

续表57

监测月份	项　目	细颗粒物	可吸入颗粒物	二氧化硫	二氧化氮	一氧化碳	臭　氧
2月	样本数	28	28	28	28	28	28
	最小值	7	18	6	10	0.6	40
	最大值	73	90	16	43	1.5	140
	平均值	37	53	10	25	1.0	92
3月	样本数	31	31	31	31	31	31
	最小值	8	13	5	13	0.7	74
	最大值	75	98	14	34	1.3	151
	平均值	32	48	9	25	0.9	111
4月	样本数	30	30	30	30	30	30
	最小值	10	16	6	10	0.4	70
	最大值	63	84	18	36	1.1	190
	平均值	32	51	10	22	0.7	128
5月	样本数	31	31	31	31	31	31
	最小值	11	20	6	9	0.4	69
	最大值	38	161	13	28	0.7	198
	平均值	22	43	9	18	0.5	121
6月	样本数	28	29	29	29	28	29
	最小值	4	9	7	10	0.3	57
	最大值	44	64	11	37	0.9	159
	平均值	24	33	9	22	0.5	110
7月	样本数	31	31	31	31	31	31
	最小值	3	15	6	7	0.2	46
	最大值	36	57	9	35	0.7	158
	平均值	17	31	8	13	0.5	98
8月	样本数	30	30	30	30	30	30
	最小值	6	13	6	10	0.4	36
	最大值	57	72	8	37	0.8	206
	平均值	21	35	7	17	0.6	106
9月	样本数	28	29	29	29	29	29
	最小值	5	10	4	8	0.4	36
	最大值	53	79	10	30	0.8	196
	平均值	19	30	7	18	0.6	105
10月	样本数	31	31	31	31	31	31
	最小值	2	3	3	9	0.4	54
	最大值	57	82	10	33	0.9	171
	平均值	19	34	6	18	0.5	111

续表57

监测月份	项　目	细颗粒物	可吸入颗粒物	二氧化硫	二氧化氮	一氧化碳	臭　氧
11月	样本数	30	30	30	30	30	30
	最小值	4	13	4	15	0.4	13
	最大值	75	105	17	52	1.1	250
	平均值	30	49	8	31	0.7	86
12月	样本数	31	31	31	31	31	31
	最小值	17	14	5	18	0.7	31
	最大值	140	132	18	60	1.5	117
	平均值	39	54	11	37	1.0	81
年度	样本数	360	362	362	362	361	362
	最小值	2	3	3	7	0.2	13
	最大值	140	161	24	60	1.5	250
	平均值	27	43	9	23	0.7	103

表58　　2016、2017年县石浦地区环境空气指数表

项目 时间	单项指数						综合指数
	细颗粒物	可吸入颗粒物	二氧化硫	二氧化氮	一氧化碳	臭　氧	
2016年	0.77	0.61	0.17	0.50	0.28	0.91	3.24
2017年	0.77	0.61	0.15	0.58	0.28	0.89	3.28

【西周地区环境空气】 2017年，西周地区监测有效天数为365天，达标天数共346天，达标天数比例为94.8%，与上年相比下降1.2%。年度综合指数为3.36，年度首要污染物为臭氧和可吸入颗粒物。细颗粒物年平均浓度为26微克/立方米，与上年相比下降2微克/立方米，达到二级标准。全年空气质量的为1月、2月、3月，均无超标天数；全年空气质量最差的为5月，超标天数为5天。

表59　　2017年象山西周质量数据统计表

监测月份	统计天数	日指数分布天数、百分比						首要污染物出现天数、百分比							
		Ⅰ级		Ⅱ级		Ⅲ级及以上		细颗粒物		臭　氧		可吸入颗粒物		二氧化氮	
		天数	百分比%	天数	百分比%	天数	百分比%	天数	百分比%	天数	百分比%	天数	百分比%	天数	百分比%
1月	31	15	48.4	16	51.6	0	0	11	35.5	1	3.2	4	12.9	1	3.2
2月	28	12	42.8	16	57.1	0	0	6	21.4	9	32.1	2	7.1	0	0
3月	31	10	32.2	21	67.7	0	0	3	9.7	16	51.6	2	6.4	0	0
4月	30	3	10.0	24	80.0	3	10.0	2	6.7	21	70.0	3	10.0	1	3.3
5月	31	4	12.9	22	71.0	5	16.1	0	0	25	80.6	2	6.4	0	0
6月	30	8	26.7	21	70.0	1	3.3	1	3.3	21	70.0	0	0	0	0
7月	31	18	58.1	11	35.5	2	6.4	0	0	13	41.9	0	0	0	0
8月	31	12	38.7	18	58.1	1	3.2	0	0	18	58.1	1	3.2	0	0
9月	30	15	50.0	13	43.3	2	6.7	0	0	14	46.7	1	3.3	0	0

续表59

监测月份	统计天数	日指数分布天数、百分比						首要污染物出现天数、百分比							
		Ⅰ级		Ⅱ级		Ⅲ级及以上		细颗粒物		臭　氧		可吸入颗粒物		二氧化氮	
		天数	百分比%	天数	百分比%	天数	百分比%	天数	百分比%	天数	百分比%	天数	百分比%	天数	百分比%
10月	31	13	41.9	17	54.8	1	3.2	1	3.2	12	38.7	5	16.1	0	0
11月	30	12	40.0	17	56.7	1	3.3	4	13.3	3	10.0	8	26.7	3	10.0
12月	31	3	9.7	25	80.6	3	9.7	8	25.8	0	0	19	61.3	1	3.2
全年	365	125	34.2	221	60.5	19	5.2	36	9.9	153	41.9	47	12.9	6	1.6

表60

2017年县西周地区各项污染物浓度值统计表

单位：除一氧化碳为微克/立方米，外均为微克/立方米

监测月份	项　目	可吸入颗粒物	细颗粒物	二氧化硫	二氧化氮	一氧化碳	臭　氧
1月	样本数	31	31	31	30	31	31
	最小值	22	9	7	12	0.4	22
	最大值	87	69	35	48	1.2	109
	平均值	49	32	14	26	0.9	74
2月	样本数	28	28	28	28	28	28
	最小值	13	6	15	8	0.5	52
	最大值	81	67	23	23	1.2	144
	平均值	47	32	18	13	0.9	94
3月	样本数	30	31	31	29	30	30
	最小值	16	10	11	11	0.3	50
	最大值	83	62	35	35	1.2	148
	平均值	43	28	21	23	0.8	104
4月	样本数	30	30	30	29	30	30
	最小值	19	8	17	15	0.4	59
	最大值	91	52	37	42	1.1	210
	平均值	53	28	24	23	0.7	125
5月	样本数	31	30	31	31	31	31
	最小值	16	9	8	8	0.5	83
	最大值	121	42	19	24	0.8	249
	平均值	40	20	13	14	0.6	133
6月	样本数	30	30	30	30	30	30
	最小值	10	3	12	4	0.5	58
	最大值	56	40	32	20	0.9	192
	平均值	31	18	16	13	0.7	115

续表60

监测月份	项　目	可吸入颗粒物	细颗粒物	二氧化硫	二氧化氮	一氧化碳	臭　氧
7月	样本数	31	31	31	31	31	31
	最小值	20	6	9	4	0.5	44
	最大值	73	44	21	17	0.9	254
	平均值	38	17	14	12	0.7	105
8月	样本数	31	31	31	31	31	31
	最小值	18	5	3	4	0.5	44
	最大值	65	39	26	16	1.0	161
	平均值	39	19	12	12	0.8	104
9月	样本数	30	30	30	30	30	30
	最小值	16	8	9	4	0.5	64
	最大值	74	45	19	23	0.9	178
	平均值	38	18	12	14	0.7	105
10月	样本数	30	31	31	30	31	31
	最小值	9	2	10	7	0.4	55
	最大值	110	57	20	34	1.0	169
	平均值	49	21	12	22	0.6	103
11月	样本数	30	30	30	30	30	30
	最小值	28	9	9	16	0.4	36
	最大值	112	66	21	49	1.2	200
	平均值	56	29	14	29	0.8	76
12月	样本数	31	31	31	31	31	31
	最小值	33	14	11	24	0.6	24
	最大值	226	145	25	52	1.4	104
	平均值	80	44	18	36	0.9	71
年度	样本数	363	364	365	360	364	364
	最小值	9	2	3	4	0.3	22
	最大值	226	145	37	52	1.4	254
	平均值	47	26	16	20	0.8	101

表61

2016、2017年县西周地区环境空气指数表

项目 / 时间	单项指数						综合指数
	细颗粒物	可吸入颗粒物	二氧化硫	二氧化氮	一氧化碳	臭　氧	
2016年	0.80	0.63	0.27	0.55	0.35	0.85	3.45
2017年	0.74	0.67	0.27	0.50	0.28	0.90	3.36

【酸雨现状】 县2017年降雨量为1197毫米，与上年相比降雨量下降496毫米，全年单次降水pH测值在4.54～6.42之间波动。全县降水pH年平均值为5.17，由上年的中酸雨区改善为轻酸雨区，年酸雨率73%，与上年相比下降2%。2017年硫酸根离子与硝酸根离子的当量浓度之比为0.99:1，与上年相比，呈上升态势，说明县酸雨污染特征由原来的硝酸型转为硫酸型与硝酸型并重。

表62　　2017年县降水监测统计表

月份	采雨总数(个)	降雨量(mm)	酸雨率%	pH值		电导率	降水化学成分mg/L								
				范　围	均　值	μs/cm	SO_4^{2-}	NO_3^-	Cl^-	F^-	K^+	Na^+	Ca^{2+}	Mg^{2+}	NH_4^+
1	3	68.5	100.0	5.15～5.41	5.24	3.64	2.22	2.59	1.78	0.08	0.26	1.19	0.64	0.16	0.74
2	—	—	—	—	—	—	—	—	—	—	—	—	—	—	—
3	7	81.5	100.0	4.96～5.36	5.13	4.64	3.98	4.82	1.22	0.18	0.33	0.43	0.75	0.13	0.60
4	5	99.4	100.0	5.03～5.47	5.21	6.20	2.10	2.44	2.16	0.25	0.38	0.30	0.74	0.05	0.78
5	2	79.9	50.0	5.14～5.61	5.42	2.61	2.05	2.52	1.43	0.10	1.18	0.28	0.20	0.06	0.88
6	8	291.2	37.5	5.31～6.42	5.58	5.53	12.5	12.4	2.88	2.02	0.25	0.10	0.62	0.02	0.54
7	1	59.2	0	6.08	6.08	6.41	6.15	4.33	8.97	0.03	0.14	0.04	0.44	0.03	0.78
8	7	74.5	42.9	5.21～5.76	5.63	6.82	0.468	0.711	0.825	0.024	0.54	0.09	0.12	0.04	0.17
9	8	157.8	100.0	4.54～4.81	4.64	2.06	6.11	8.30	9.22	0.042	0.19	0.02	0.05	0.01	0.36
10	3	220	100.0	5.05～5.35	5.20	24.4	1.22	0.146	1.79	0.012	0.21	0.03	0.12	0.03	0.20
11	4	36.9	75.0	5.32～5.63	5.50	6.57	1.76	0.521	1.89	0.061	0.26	0.18	0.08	0.07	0.19
12	4	28.0	50.0	5.45～5.95	5.64	7.97	1.52	0.285	1.86	0.04	0.18	0.03	0.12	0.08	0.17
全年	52	1197	73.1	4.54～6.42	5.17	6.99	5.20	5.27	3.30	0.549	0.325	0.187	0.377	0.046	0.481

声环境保护

【概况】 2017年，县区域环境噪声与上年相比基本持平，道路交通噪声基本保持在70分贝内，声环境质量普遍，功能区昼间噪声基本达标，3类区昼间噪声略有上升，城区整体噪声污染水平基本稳定，但机动车保有量和车流量的增长，导致交通干线两侧昼夜噪声存在超标现象，城区声环境质量仍然有待改善。

【区域噪声】 县城区区域噪声取得有效数据113组，测得昼间区域环境噪声等效声级平均值为54.0dB(A)，属水平，与上年相比上升0.1dB(A)。3类区昼间标准，与上年相比上升1.5dB(A)。

1类区域65个测点，测得区域环境噪声等效声级平均值为 51.2dB(A)，符合《声环境质量标准》1类昼间标准，与上年相比下降0.3 dB(A)；2类区域20个测点，测得区域环境噪声等效声级平均值为56.0 dB(A)，符合《声环境质量标准》2类昼间标准，与上年相比下降0.7dB(A)；3类区域28个测点，测得区域环境噪声等效声级平均值为59.2dB(A)，符合《声环境质量标准》3类昼间标准，与上年相比上升1.5dB(A)。

【功能区噪声】 功能区昼间噪声基本达标，城区整体噪声污染水平基本稳定，4月份监测期间瀛洲小区昼间、东河花园夜间存在噪声超标。交通干线两侧夜间噪声均超标。

表63　　2017年4月县城区功能区噪声监测统计结果表

单位:dB(A)

类别 项目	一类 标准区		二类 标准区		三类 标准区	四类 标准区		
功能区	居民区		混合区		工业区	交通干线两侧		
测点	东河花园	瀛洲小区	步行街	计生局	工业园区	靖南路	象山港路	天安路
昼间	54.3	55.4	51.4	52.1	55.3	63.4	69.7	65.5
夜间	46.4	44.2	41.7	45.5	52.2	58.5	62.9	57.4
昼夜	55.1	55.0	51.5	53.5	50.9	65.8	71.0	66.2

表64

2017年10月县城区功能区噪声监测统计结果

单位:dB(A)

类别 项目	一类 标准区		二类 标准区		三类 标准区	四类 标准区		
功能区	居民区		混合区		工业区	交通干线两侧		
测点	东河花园	瀛洲小区	步行街	计生局	工业园区	靖南路	象山港路	天安路
昼间	46.2	54.7	50.7	50.6	61.3	63.9	67.6	61.6
夜间	44.5	42.9	49.2	49.7	52.3	57.5	61.4	55.7
昼夜	50.8	54.1	55.5	55.9	61.6	65.4	69.2	63.4

4月功能区噪声评价结果:

1类标准区(居民区),瀛洲小区昼间噪声超标,东河花园夜间噪声超标。

2类标准区(混合区),昼间和夜间噪声都达标。

3类标准区(工业区),昼间和夜间噪声都达标。

4类标准区(交通干线),昼间噪声均达标,交通干线两侧夜间噪声均超标。

10月功能区噪声评价结果:

1类标准区(居民区),昼间和夜间噪声都达标。

2类标准区(混合区),昼间和夜间噪声都达标。

3类标准区(工业区),昼间和夜间噪声都达标。

4类标准区(交通干线),昼间噪声都达标,夜间噪声均超标。

【道路交通噪声】 道路交通噪声昼间噪声均值为68.1分贝(A),与上年相比上升1.3。符合《声环境质量标准》AAAA类昼间标准,测点的昼间达标率为75.0%,与上年相比下降21.4%。

表65

2017年县城区交通噪声监测统计结果统计表

序号	路段名称	路段长(米)	路段宽(米)	测点	车流量(辆/小时)	Leq(分贝)	L10(分贝)	L50(分贝)	L90(分贝)
1	建设路	1173	18	社会保障综合服务中心	240	66.0	68.9	64.8	59.7
				新光大宾馆	648	68.8	71.2	66.5	62.4
2	靖南路	1985	24	大脚板浴场	774	66.0	69.9	59.1	53.7
				春夏秋冬	177	67.3	70.5	63.6	55.4
3	丹峰路	2363	26	丹峰西路189号	621	68.2	70.9	65.8	59.9
				宝德汽车美容养护中心	441	66.1	69.1	64.2	58.9
4	象山港路	3274	60	宏利集团	2082	74.7	74.7	70.3	66.6
				象山水利局	763	70.7	73.9	68.8	63.7
				县第一人民医院	725	70.2	71.4	65.3	54.8
5	巨鹰路	1811	60	山水人家	825	67.1	71.3	60.9	50.7
				东河花园二期	343	65.7	69.0	63.2	55.4
6	东谷湖路	1247	38	汇东超市	1590	66.6	69.7	64.9	58.2
				文峰小区东门	1155	65.9	68.4	62.2	55.5
7	育才路	1100	24	文峰小区西门	795	64.9	68.0	62.4	57.1
8	新华路	1010	30	环保局	518	62.2	65.4	56.6	51.0
				大东海休闲城	570	68.2	60.0	52.8	70.9

续表65

序号	路段名称	路段长(米)	路段宽(米)	测点	车流量(辆/小时)	Leq(分贝)	L10(分贝)	L50(分贝)	L90(分贝)
9	天安路	1394	40	消防大队	344	65.4	68.8	62.5	55.0
				中国银行	462	70.4	72.4	67.5	62.0
				春天百货	885	67.9	69.6	66.8	65.0
10	新丰路	766	40	供电局	768	70.0	71.8	65.6	60.5
				南门中学	708	72.4	67.0	60.5	69.6
11	环城西路	972	26	环城西路31号	416	65.1	69.2	59.6	50.6
				城西365线21号	408	62.9	66.0	60.4	54.0
12	丹南路	1350	24	新长城饭店	237	68.9	72.5	65.0	56.4
				新客运中心	282	66.5	69.6	63.1	56.5
13	丹阳路	945	32	水木华庭	1155	62.4	65.6	60.4	54.2
				实验小学南门	296	65.0	68.1	62.7	58.0
14	丹河路	432	24	海洋与渔业局	843	73.0	76.7	66.3	58.1

自然生态环境保护

【概况】 2017年,象山县深入践行“绿水青山就是金山银山”重要思想,全力配合中央环保督察各项工作,履行和落实市委、市政府下达的美丽宁波建设工作任务,自加压、拉高标杆,紧盯“围绕一个重点,紧扣一个核心,坚持一个导向,贯穿一条主线,着力一个落实,强化一个抓手”的工作目标,实现生态文明建设工作稳中有进,保证县域内生态环境质量保持优良:全年空气质量优良率为94.0%, $PM_{2.5}$浓度为29微克/立方米,位列全大市前茅;跨行政区域河流交接断面浮礁渡断面水质考核良好;市控断面地表水环境功能区水质达标率100%,乡镇级以上集中式饮用水源地水质达标率100%。

【提前创建成功国家首批生态文明建设示范县】 根据《关于开展第一批国家生态文明建设示范市县评选工作的通知》(环办生态函〔2017〕1194号)文件和省环保厅要求,申报参选第一批国家生态文明建设示范县,于5月编制完成《象山县生态文明建设规划》,并通过省环保厅组织的专家评审,按照既定程序,提请县人大常委会审议通过颁布实施,并将《规划》报送省环保厅和环保部备案。通过全县各级各部门的共同努力,全面完成各项创建任务,于9月1日顺利通过考核验收,并于9月18日获得环保部命名,提前两年达成目标,也是国家首批、省内五个之一、市里唯一的国家生态文明建设示范区。

【打造独具特色的滨海城市绿道网络系统】 2017年,累计建成县域绿道109.1公里,完成平原绿化137.53公顷、山体森林优化445.8公顷、通道彩化60.5公里,全县公益林保有量达40200公顷,森林覆盖率保持在55.8%,林木蓄积量达到250万立方米,湿地保有量达743.2平方公里。

【启动编制《象山县自然资源资产负债表》】 在组织形式上搭建由县美丽办牵头,环保局、国土局、水利局、农林局、海洋局等有关部门参加的统一工作平台,搜集整理基础资料,利用行政记录,开展补充性调查,评估、比较和选择各种渠道的基础数据。自然资源资产负债表的编制旨在摸清家底,为区域绿色发展评估、生态环境补偿等提供科学的决策支撑,为后续开展领导干部自然资源资产离任审计工作奠定扎实的基础,起到规范和指导象山自然资源保护与生态文明建设的重要作用。

【入海排口整治】 编制出台县入海排污口(入海河流)规范整治工作方案,完成46本需整治的入海排污口(入海河流)“一口一策、一河一策”方案。2017年封堵入海排口17个、整治入海排污口46个、涉养入海闸273个、入海河流治理和水质养护提标38个、统一制作排污口标识牌405个,并通过整体验收。

【土壤环境质量调查】 为查明农用地土壤污染的面积、分布规律、污染物种类和污染程度,综合评价土壤污染环境风险。2017年起,根据国家及省统一部署,制定《象山县土壤污染防治工作实施方案》,由环保、国土、农业、财政、卫计等部门联合开展农用地土壤污染状况详查,共计确定详查点位179个,2017年年底委托并组织第三方采样单位完成野外调查采样工作。

交通 邮政

交通运输

【概况】 县交通部门紧扣“双突破双驱动”战略,为构建现代化综合交通运输体系夯实基础。2017年全年完成投资124422万元,占年计划的104.8%。其中,交通重点工程完成投资102777万元,占年计划的103.9%。

【交通基础设施建设】 截至2017年年底,全县拥有公路里程1389.499公里,公路网密度达100.2公里/百平方公里。其中:国道公路2条(象山港大桥、G527),28.208公里;省道公路3条(茅石线、盛宁线、象西线),129.199公里;县道公路16条,267.411公里;乡道公路38条,191.746公里;专用公路4条,13.827公里;村道公路620条,759.108公里。高速公路21.705公里,一级公路120.603公里,二级公路25.044公里,三级公路376.35公里,四级公路845.797公里。桥梁296座,总计23.773公里,隧道49座,总计20.707公里。

【象山现代物流园区公共服务中心项目(一期)附属及绿化工程入场施工】 2月15日,宁波市象山现代物流园区公共服务中心项目(一期)附属及绿化工程进场施工。该工程总投资约0.25亿元,总面积约15.7万平方米,其中附属工程面积约11.2万平方米,含铺块、沥青混凝土路面、商品混凝土路面,绿化面积约4.5万平方米。

【丹城至林善岙公路工程(二期)顺利通过交工验收】 2月17日,县交通运输局组织召开县丹城至林善岙公路工程(二期)交工质量评定暨交工验收会议。经交工验收委员会评审,同意通过交工验收。该项目总投资8918.9977万元,路线全长2.238公里,按一级公路标准建设,设计时速80公里,于2015年1月23日开工建设。

【副县长华弼天调研象山现代物流园区公共服务中心】 2月22日,副县长华弼天率国土、规划、商贸等部门负责人一行调研宁波市象山现代物流园区公共服务中心。国土、规划、丹西街道等相关部门就土地征用困难、土地成本过高、环城西路建成滞后等问题提出解决方案。

【甬台温高速复线配套工程开工】 3月24日上午,甬台温高速复线配套工程在象山新桥镇举行开工仪式。甬台温高速复线配套工程由石浦高速新桥枢纽接线工程、大下线(K7+640—K8+765段)提升改造工程、新桥下七里至影视城公路工程组成。这条全市南北大动脉与象山地方道路实现无缝衔接。

【县交通部门推进环保“橡胶公路”建设】 4月以来,象山茅石线K31+856—K39+914段进行道路大中修,该路段采用“白改黑”技术。

【石浦高速新桥连接线(上七里至大圻头)开始现浇箱梁施工】 4月19日,石浦高速新桥连接线(上七里至大圻头)开始第一联箱梁浇筑,标志着桥梁工程从下部结构施工正式步入上部结构施工。该工程完成路基工程57%,桥梁工程36%。新桥连接线工程是县投资额最大的在建交通重点项目,工程概算总投资9.17亿元,通过PPP模式融资招标,全线长约7公里,采用一级公路设计标准,双向四车道,设计时速100公里。

【金通路公交首末站工程竣工验收】 4月27日,县金通路公交首末站工程竣工验收顺利完成,县质监站与工程参建单位有关人员参与验收评估。金通路公交首末站是一个集线路公交、车辆停放、维修、办公、综合服务、通信信息等多项功能于一体的现代化公共交通首末站。

【市交通委主任张世方调研象山交通运输工作】 6月7日,市交通运输委主任张世方、总工胡跃军带领相关处室负责人调研指导象山交通运输工作。在听取县交通运输局、港航局工作情况汇报后,围绕象山港二通道前期工作、岳井洋大桥建设模式、县域路网设计等工作进行对接交流。

【大金山隧道左洞顺利贯通】 6月15日,历经18个月的大金山隧道及接线工程(二期)左洞顺利贯通。年内12月底建成通车,同时,右洞将封道进行提升改造。该隧道全长1945米,宽12米,按一级公路标准建造,设计时速60千米每小时。工程概算投资2.1亿元,建设工期为27个月。

【县人大常委会视察交通重点项目建设】 7月14日,县人大常委会副主任伊珍林一行先后来到象山现代物流园公共服务中心、沿海南线滨海大道至金开路拓宽工程、71省道盛宁线东陈至茅洋改建工程、高速新桥连接线、高速公路定塘连接线等施工现场,实地查看工程进展情况,并听取交通部门汇报,了解项目进展以来存在的问题与困难。

【副县长石坚定视察石浦高速公路定塘连接线（马漕线改建）工程】　7月18日，副县长石坚定一行抵达工程施工现场慰问高温作业的一线建设者，并送上夏季防暑降温用品。随后，石坚定实地踏勘石浦高速定塘连接线（马漕线改建工程），详细听取开工以来工程推进情况及建设中存在的问题等汇报。

【大金山隧道及接线工程（二期）主体工程基本完工】　8月底，大金山隧道左洞最后一模二衬混凝土浇筑完毕，标志着该隧道工程主体基本完成，接下来，工程项目部将进行隧道混凝土路面浇筑、机电消防安装、隧道水沟浇筑等施工。

【石浦高速公路定塘连接线（马漕线改建）工程水泥搅拌桩试桩成功】　9月19日，石浦高速公路定塘连接线（马漕线改建）工程项目成功进行水泥搅拌桩试桩施工。该次试桩选定K3+810处作为水泥搅拌桩试桩地点，该段路基水泥搅拌桩桩径60厘米，桩长8.0米，桩距1.8米，正三角形布置。

【市水利局督查石浦高速公路定塘连接线（马漕线改建）工程水土保持情况】　10月19日，市水利局水保督查组实地督查石浦高速公路定塘连接线（马漕线改建）工程、相帽岭脚隧道进出口段、马盘大桥施工现场，详细了解拟采用的泥浆处理方案与措施。

【石浦高速定塘连接线三集中场区投入使用】　11月19日，石浦高速定塘连接线三集中场区建设完成，并顺利通过验收。该场区建设投资1600多万元，占地总面积为35300平方米，集混凝土拌和场、钢筋加工场、T梁预制场、工程试验室及民工生活办公区于一体，设施先进，配备多台数控设备，采用数字化操作。该场区将为工程项目提供6000吨钢筋和14.5万方混凝土。

【小百丈至大文沙公路改造提升工程通过交竣工验收】　12月8日，县小百丈至大文沙农村公路工程交竣工验收会议在鹤浦镇召开，象山交通质监部门对评定程序和内容进行监督。经综合考评后，原则上通过交竣工验收。小百丈至大文沙农村公路改造提升工程，线路全长4.389公里，设计为四级公路。本项目建设有利于优化鹤浦镇路网结构，促进城镇开发，促进区域旅游业开发建设。

【大金山隧道及接线二期工程顺利通过验收】　12月26日，县交通运输局组织开展大金山隧道及接线二期工程交工质量评定及验收，此次验收评定采用内外业相结合的方式，各单位听取参建单位工程建设情况汇报，查阅相关资料，并前往现场进行工程质量鉴定，对路基、路面、桥梁、隧道、交安设施等项目进行检测核查，经过严格评定，工程建设达到合格标准，最终以95.4的高分顺利通过验收。该工程路线总长2709米，工程建设总投资21062万元。

【象山现代物流园区公共服务中心项目（一期）顺利通过竣工验收】　12月29日，象山现代物流园区公共服务中心项目（一期）顺利通过竣工验收。该工程主要包括管理服务区、公共停车区、产业仓储区、城乡配送区和零担作业区。该工程位于象山中心城南部九顷区块，总用地面积约17.6公顷，总建筑面积约11.36万平方米，项目总投资约5.4亿元。

交通运营管理

【概况】　截至2017年年底，客货运方面：全县客运企业4家，客运车辆166辆，班线46条；货运企业16家，货运车辆1342辆。驾培方面：全县驾校共4家，教练车274辆，驾培教练人员446名；公共交通方面：全县城乡公交现有车辆运营430辆（其中新能源15辆），运营线路207条（主线27条、支线15条、区间线165条），运营线路总长度达3023.44公里；丹城城区公交车辆191辆（其中新能源40辆），运营线路32条（主线22条、支线10条），运营线路总长度333.3公里；石浦城区公交车辆70辆，运营线路10条，运营线路总长度96公里；出租车方面：全县出租车企业4家，出租车249辆。另外，个体经营户拥有3辆营运出租车。维修方面：全县共有维修经营业户248家，其中一类维修13家，二类维修37家，三类维修198家。

【市交通委主任劳可军一行到象山督查慰问】　1月19日，市交通委主任劳可军一行先后来到三门湾大桥接线工程一标、三标以及象山新桥连接线工程工地，督查工程进度并慰问现场工作人员。

【全县交通运输工作会议】　2月23日，全县交通运输工作会议顺利召开。会议回顾总结了2016年全县交通运输工作，部署了2017年交通运输工作任务。副县长周坚栋作重要讲话。

【2017年春运工作】　2月21日，为期40天的春运圆满结束。春运期间，安全发送旅客约30万人次，较去年同比减少15.5%，发送班次15237班，同比减少44.4%，旅客周转量3538.138万人公里，加班262班次，主要为宁波、杭州、上海方向。

【石浦驾培场地“18合一”驾驶人培训中心正式运营】　3月1日，石浦驾驶人培训中心正式投入使用，石浦镇原先18处散小驾培场地全部整合至该中心。该中心位于石浦镇兴港路新水产城附近，占地面积约13320平方米，可同时容纳44辆教练车辆开展培训。

【县公路管理段蝉联市“好路杯”金奖】　3月，县公路管理段荣获2016年度宁波市公路“好路杯”考核金奖。

【常务副县长陈兴立调研全域旅游推进工作】　5月31日，常务副县长陈兴立率旅委一行调研县交通运输局全域旅游推进情况。

【县公交志愿服务队获评第三届“象山慈善奖志愿者服务奖”】　5月27日，县公交志愿服务队荣获第三届“象山慈善奖志愿服务奖”称号。

【县成功创建省首批“四好农村路”示范县】　5月27日，省交通运输厅确定省首批“四好农村路”示范县名单，县位列其中。

【县交通运输局连续两次荣获宁波市内部审计先进单位】 6月20日,县交通运输局荣获"2014年至2016年全市内部审计先进单位"的荣誉称号。

【实现"就近刷卡"推进"最多跑一次"改革】 自7月起象山在各个路政治超检测点安装POS机,市民可持有银联标识银行卡,在各检测点缴纳路政罚款、公路配补赔偿等各类款项,实现就近缴纳罚款,成为全市10个县市区中首个实现"就近刷卡"的县。

【县交通运输局举办首期干部培训班暨"交通学堂"开班仪式】 8月11日,县交通运输局举办首期干部培训班暨"交通学堂"开班仪式,局机关全体干部职工、局属各单位班子成员及党务工作人员70余人参加。局长林曙光主持并作开班动员讲话。

【县督导巡查组赴象山现代物流园区开展"大脚板走一线 小分队破难题"活动】 8月10日,县督导巡查组副组长赖奇鲲率相关负责人赴县现代物流园区开展"大脚板走一线 小分队破难题"活动。督导组一行实地查看宁波市象山现代物流园区公共服务中心项目(一期)进展情况,听取项目土地征用、工程进展及招商情况等汇报,了解项目二期推进工作存在的问题与困难。

【县交通部门开通影视城旅游专线】 9月1日,县交通部门开通丹城——影视城直达公交专线,为乘客免去换乘转车麻烦。县城乡公交将投入2辆39座大型客车,日运行8班次。

【市交通委总工胡跃军带队督查象山交通安全生产工作】 9月18日上午,市交通委总工胡跃军一行督查象山交通运输安全生产工作,先后到县客运中心和县安信民爆服务有限公司,实地查看客运中心安检设备、安保人员配备情况以及相关安全设施,对危化品车辆设施设备、消防灭火器、静电接地带配备情况进行了全面检查,并听取企业负责人关于中共十九大安全部署落实情况。

【省内首次监理标准化现场会在象山召开】 9月27日,市公路水运工程监理标准化现场会在象山召开,市交通委总工胡跃军、市质监站站长郑磊以及各市、区、县交通局领导出席会议。市质监站副站长李赛峰主持会议,局长林曙光致欢迎词。

【市美丽经济交通走廊创建工作汇报会在象山召开】 10月11日上午,市美丽经济交通走廊创建工作汇报会在象山召开。省公路局副局长楼晓寅、市公路局局长戚春良、副局长郑嫦月出席会议。

【市客管局局长高云桢到象山开展安全生产督查】 10月17日上午,市客管局局长高云桢一行到象山公交公司开展安全生产督查,重点检查公交安保工作。

【省交通质监局督查指导象山交通质监工作】 10月26日,省交通质监局副局长陈尚新及相关处室负责人一行对71省道盛宁线东陈至茅洋段改建工程、石浦高速公路新桥连接线(上七里至大圻头公路)工程进行督查。

【象山公共交通跑步进入新能源时代】 10月8日,象山园中路公交首末站15台充电桩建设完毕,正式投放的30辆混合动力新能源公交车提供充电保障。

【县交通运输局作为唯一县级代表在中国旅游交通大会上进行经验交流发言】 10月31日至11月3日,2017中国旅游交通大会在博鳌亚洲论坛举行,该次会议吸引来自全国各地近1200名交通行业、旅游行业从业人员参会。11月2日上午,大会分论坛"旅游公路设计"会上,局长林曙光受邀进行交流,林局长以《美丽公路是生态文明的方向:以象山滨海国家旅游风景道为例》为题,阐述关键所在。

【象山首批插电式混合动力公交车投入使用】 11月7日,象山首批30辆插电式混合动力公交车正式投入运营,分别投放至111、120、119、113等 路线使用。标志着象山在创建"公交都市"、提高市民出行质量上,迈出崭新的一步。

【县长黄焕利调研交通工作】 11月23日,县委副书记、县长黄焕利开展交通工作专题调研。局长林曙光汇报单位基本情况和班子建设情况,重点汇报2017年重点工作以及2018年工作思路及项目安排。

【市交通委调研象山交通明年工作思路】 11月30日,市海铁联运办副主任楼滨正一行调研象山交通明年工作思路。局长林曙光汇报2017年象山交通运输主要工作及2018年主要工作思路和项目安排。

【象山首发市民卡推动"智慧交通"建设】 12月13日象山正式推出市民卡(甬城通),刷卡可乘坐象山城区公交和宁波市内开通甬城通服务的公交和地铁。

投融资工作

【概况】 2017年,是交通集团组建完成后按照现代企业运营的开局之年,工程建设进度、完成投资超"双百",完成投资38268万元,占年计划的108.4%;全年融资21.68亿元,有力保障了交通系统建设资金;经营性子公司运营平稳,业绩稳中有升;以人为本,强化管理,实现了集团铁军的有效锤炼。

【塔山公交首末站通过初步设计评审】 5月15日,交通集团组织召开塔山公交首末站初步设计评审会,县发改局、县财政局、县交通运输局、县国土局、县住建局、县环保局、县规划管理中心、国网象山供电公司、交警大队、丹东街道等单位有关代表参加。通过听取设计单位对该项目初步设计方案的详细汇报,专家及各单位代表一致同意通过初步设计。该项目位于塔山路以南,象山福利院以东,总投资1687万元,总用地面积8343.31平方米,总建筑面积2194.32平方米,主要建设内容包括新建综合楼一幢,配电房一幢。

【鹤浦门扇后至蟹厂公路工程开工建设】 4月20日,鹤浦门扇后至蟹厂公路工程开工建设。该项目系县重点工程，概算总投资7450.26万元，其中建安费4394.26万元，起点位于鹤浦镇浦港东路PK16+500处，终点接石三线SK8+045，路线全长1.872公里。按二级公路标准设计，双向两车道，路基宽度12米，设计时速60公里/小时。

【丹大线产业区至大徐段改建工程开工建设】 4月25日，丹大线产业区至大徐段改建工程开工建设。按一级公路双向四车道标准设计，设计速度为80公里/小时，起点位于环港公路桩号为K0+000，终点与盛宁线相接桩号为K4+400，路线全长4.4公里。总用地24.44公顷，概算总投资为30837.49万元，其中建安费为18485.10万元。

【县长黄焕利对交通集团开展专题调研】 5月5日，县长黄焕利对交通集团组建及运营情况开展专题调研，黄县长认为集团在组建过程中成效显著、管理规范、运营专业，取得了令人满意的成绩。同时提出集团需要紧盯县里发展战略，针对县交通短板进行深入调研分析，深化集团发展战略，努力提升县的交通形象；提升投资能力，不忘改制初衷，迎难而上，勇创佳绩。

【甬台温高速复线配套工程通过施工图评审】 6月15日，交通集团组织召开甬台温高速复线配套工程包括新桥枢纽至大下线公路工程、大下线（K7+640—K8+765）改造提升工程、新桥下七里至影视城公路工程K0+000～K0+652.8）、新桥下七里至影视城公路工(K0+652.8—K1+263）施工图评审会议。经专家组及参会代表讨论，一致同意通过该工程施工图评审。

【县三角地至高泥公路提升改造工程通过可行性研究报告评审】 8月18日，交通集团在县行政服务中心三楼会议室组织召开县三角地至高泥公路提升改造工程初步设计审查会议。专家及各单位代表一致同意通过可行性研究报告评审。本项目始于盛宁线三角地，终于北黄金海岸度假村，路线全长12.6公里，路基宽度8.5米，按三级公路设计标准，设计速度30公里/小时，估算投资6000万元。

【甬台温高速复线配套工程开工】 10月1日，甬台温高速复线配套工程开工。该工程(由A线、B线、C线、D线组成）全长3460.07米，项目概算总投资6062万元。其中A线（新桥枢纽至大下线公路工程）起点接三门湾大桥及接线工程新桥枢纽临时收费站，终点至大下线，全长1.072公里；B线［大下线（K7+640—K8+765）改造提升工程］主要对大下线K7+640—K8+765段进行路面改造提升；C线（县新桥下七里至影视城农村公路［K0+000—K0+652.8）工程］起点位于大下线，之后路线向南，顺接规划经一路(拟建)，路线全长0.653公里；D线（县新桥下七里至影视城农村公路［K0+652.8—K1+263）工程］起点位于规划经一路，之后路线向南，顺接影视城大道，路线全长0.61公里。

【县政协领导视察丹大线产业区至大徐段改建工程】 10月20日上午，县政协主席俞骏带领政协委员一行实地视察丹大线产业区至大徐段改建工程。俞骏主席肯定了年内重点工程建设取得的成绩。各部门要狠抓项目质量，确保完成年内项目进度；注重工作协调，确保项目顺利推进；提早谋划，做好明年项目计划。

【交通集团召开2018年务虚工作会议】 10月28日周六，交通集团组织召开2018年务虚工作会议。会上，各部门及子公司负责人梳理了2017年主要工作、工作亮点，深刻剖析存在困难、问题，提出应对措施及建设性想法，并对2018年工作进行谋划，提早部署。交通集团董事长、总经理谢东升全面总结了2017年经济指标和重点工作任务完成情况，分析了集团面临的挑战和机遇，并指出2018年要不忘初心，砥砺前行，以新业绩、新气象努力促使集团工作再上新台阶。

【县首条彩色公路在“十一”期间建成投用】 蛟龙公路是连接省道沿海南线与县半边山景区的重要通道，此次改造提升路段全长2.1公里，道路工程总投资为821万元。蛟龙公路的贯通不仅连通半边山景区的进出路径，同时还有效连接了景区内的彩色塑胶慢行系统，大大提升了县的旅游形象。

【丹大线产业区至大徐段改建工程通过标化工地考核】 11月28日，宁波市公路局副处长张晓阳等对丹大线产业区至大徐段改建工程进行标化工地专项检查。总体评价良好，考核结果为优秀。

【“代建+监理”试点公路项目完成招标】 12月11日，县三角地至高泥公路提升改造工程完成“代建+监理”招标工作。该工程为四级公路，全长12.6公里，设计速度20公里/小时，始于盛宁线三角地，终于北黄金海岸度假村。为“斑斓西沪”建设提供交通支持。

【沿海南线海宁路至白云路段拓宽改建工程通过可行性研究报告评审】 12月20日，县发改局在县行政服务中心三楼会议室组织召开沿海南线海宁路至白云路段拓宽改建工程可行性研究报告评审会，专家及各单位代表一致同意通过可行性研究报告评审。本工程起于海宁路交叉口，路线由东往西，终点于蒋家湾村东侧，接入现状沿海南线，通过规划白云路与高速石浦连接线石浦互通相接，路线全长约3.14公里，公路总用地15.89公顷，采用一级公路设计标准，设计时速60公里/小时，双向六车道，路基断面宽度34米，全线无桥梁仅有涵洞10座，估算投资24887万元。

港　口

【概况】 2017年，象山港航围绕年度中心工作，实现了港航工程项目建设的扎实推进和港航事业的总体稳定。全县货运总运力为103.7万吨，同比增长22%。水路货运量为2615万吨，周转量为298亿吨公里，同比增长10%和15.5%。水路客运量102万人，周转量为323万人公里，同比增长18%和减少2%。实现经营收入9亿元，上缴税收2400万元，同比增长57%和135%。完成吞吐量1120.9万吨，同比增长7.3%。规费收入299.1万元，其中货港费276.5万元、船检费22.6万元。共计办理行政审批服务事项302件,其中行政许可16件,其他审批件286件。行政处罚案件10起,罚没款37.7万元。船舶签证点共检验船舶116艘,同比增长2.5%。

【"最多跑一次"改革】 根据"最多跑一次"改革要求,2017年县港航局将11项行政服务项目全部纳入"最多跑一次"改革清单,实现"最多跑一次"办理全覆盖,其中2项事项"零上门"。同时,将"最多跑一次"改革延伸至船舶检验服务,成立了宁波象山联合船检工作室。

【国有企业体制改革】 2017年,县港航局启动了县汽车轮渡有限公司吸收兼并县水上客运服务有限公司工作,完成了兼并方案、岗位设置及相关规章制度的建立。

【机制体制创新】 2017年度,县港航局编制出台《象山县岸线管理办法》和《象山县港航局小型工程项目规范管理实施办法》,提升全县港口岸线和港航小型工程项目精细化管理水平。编制出台《象山县港口突发事件总体应急预案》和《象山县渡口安全突出事件总体应急预案》,提升全县港口、渡口应急管理水平。

【安全监管和应急处置方式创新】 2017年,县港航局推行安全生产第三方服务外包,委托第三方机构共同参与安全检查、培训教育等。继续推进智慧港航建设,将渔山、檀头山等偏远海岛的12个视频点位接入港航视频监控中心,切实提升了港航安全监管和应急处置能力。

【宁波—舟山港石浦港区主航道一期工程】 2017年,宁波—舟山港石浦港区主航道一期工程完成投资5861万元,为年度计划100%,炸礁、清礁工程全部完成,分别为19.73万立方米和22万立方米,航标工程完成6座灯桩的水工建筑物施工。

【宁波—舟山港石浦港外锚地一期工程前期】 2017年,配套锚地一期工程完成投资1000万元,为年度计划80%,完成了地勘、扫测、工可批复等前期准备工作。

【石浦港清淤工程】 2017年,完成开渔节应急工程铜瓦门外航道和水产城码头疏浚、对面山子堤施工、黄沙岙储泥坑吹填20万立方米。

【陆岛交通均等化提升三年行动计划】 2017年,完成投资450万元,为年度计划100%,共建成改造码头五座,新建渡亭四个,更新渡船一艘。

【落实航运业政策扶持政策】 2017年,共发放航运业优惠政策补助资金93.1万元,水路岛际客运燃油补助资金167.1万元,渡口补助资金41万元。同时争取政府资金帮助企业缓解资金困难,使用应急转贷资金1.2亿元,使用担保资金5180万元。

【水运企业分级分类评定工作】 2017年,县港航局对全县14家航运企业进行现场考评,12家企业达到AAA级标准,2家企业达到2A级标准。

【精准服务县重点工程项目】 2017年,县港航局配合经济开发区完成大中庄5000吨级码头前期工作并开工建设;西泽3000吨级战备滚装码头前沿水域疏浚清障工程完成施工图设计审批及爆破作业许可;协助鹤浦供销集团1万吨级码头项目完成省海港委组织的岸线合理性评估;鹤浦水湖涂5000吨级码头完成初步设计批复;配合开展LNG、石浦引航站、东海兴业等项目选址和前期对接工作;指导开展浙江省海洋运动基地(亚帆基地)、半边山游艇、檀头山旅游码头的前期审批工作。

【推进行业文明创建】 2017年,全年创建省最美丽码头2家,市级文明码头1家,市文明客船2艘,在行业文明创建上取得显著成效。一年内,县水运协会通过组织开展远程培训招聘船员、组建新船试航队伍、举办强化本质安全主题文化沙龙、组织安全体系内部交叉审核和开放式安检等活动,强化了安全管理能力。

【隐患排查治理】 2017年全年共出动检查人员217人次,检查港航企业647家次、渡口乡镇及渡口经营单位49家次、在建水运工程13家次,共排查隐患958条,发布经营资质预警警告6个,约谈企业2家,截至年底整改942条,整改率98.3%。

【"一打三整治"工作】 开展海上交通运输"一打三整治",牵头联合海事、边防及属地乡镇街道,对前期排查出的30艘"三无"船舶进行强制留港停运,通过政策宣传、上门解疑、资金补助等措施的落实,有20艘船舶完成了自行拆解,消除率达82.3%。

【涉港涉海违法建筑物专项整治】 开展涉港涉海违法建筑物整治三年行动计划,2017全年立案查处码头非法经营行为7起,罚款32.7万元,拆除或去功能化非法码头、作业点37处,拆除吊机13台、浮码头16座,完成黄沙卸载点整合6处,完成整体整治率75%。

【"平安渔港"创建】 开展石浦港"平安渔港"创建,划定"海上斑马线",发布"斑马线"航行通告221次,建立渔村、渔船、客运站三方沟通协调机制,消除渔船占泊客运码头隐患,编制《水路客运安全辨识手册和评估指南》,提升水路客运安全生产水平。

【纪律作风建设】 县港航局组织中共十九大精神学习、祭扫烈士墓、参观爱国教育基地、专题讲座等系列活动,力求学习教育做细做实、入脑入心,引导党员干部深入学习思考,营造良好学习氛围。根据上级党组织统一部署,完成党组织、党员信息更新维护和全国党员管理信息系统启用工作。组织签订党风廉政建设责任状,开展党风廉政专题教育,从思想上筑牢反腐倡廉意识。

海　事

【概况】 2017年,县水上货物吞吐量1460万吨,水上旅客运输241万人次,水上车辆运输41万辆。国内航行船舶进出港报告106357艘次(其中客船

94987艘次），国际航行船舶进出口查验111艘次，港口建设费征收405万元。象山海事处全年累计巡航420艘次，巡航时间1194小时，巡航里程11710海里，值守1555小时；巡查1079次，出动执法人员2370人次，巡查里程17421公里，联合执法60余次；检查各类船舶2638艘次。全年行政处罚立案462起，同比增长58.8%；执行罚款金额205万余元，同比增长35.8%。全年象山水域共发生海上交通事故6起，其中小事故4起，一般等级事故2起，死亡（失踪）2人，沉船1艘，直接经济损失526万元。全年共执行搜救抢险任务16次，成功救助21人，救助成功率91.3%。

【基层海事执法模式改革】 象山海事处作为试点单位之一率先开展基层海事执法模式改革。因地制宜打造“沿海型”海事处“全覆盖”工作样板。基层海事执法模式改革正式实施后，9月15日至12月31日期间，象山海事处执行现场综合执法任务1028起，出动现场执法人员2150人次，检查各类船舶577艘次，行政处罚立案100起，拆解“三无”船舶8艘，扣押船舶46艘×天，在执法资源基本持平的情况下，执法强度有效加强，执法质量明显提高，执法精准度显著提升，现场综合执法工作成效显著。

【疏堵并举开展砂石船专项整治】 2017年，象山海事处砂石船违法立案305起，同比增长78%，罚款140余万元，同比增长50%。县人民政府出台《象山县海上交通运输安全“一打三整治”专项行动实施方案》，并划拨150万元船舶拆解专项资金。2017年，县共有15艘“三无”砂石运输船舶自愿进行拆解，砂石船舶累计扣押101艘/天，2名无证驾驶船员移送司法机关处理。2017年县砂石船纳规23艘。辖区海上砂石运输秩序有效改善。

【提升水上客渡运安全管理水平】 关注客运航线“海上斑马线”，组织3期渡工夜校，联合开展客船应急实战演习，推进建立客渡运管理“四个常态化”机制，落实客渡船开航前自查制度，切实提升客渡运企业安全管理能力。建立2017年海洋旅游水上客运安全保障工作机制。推动崇站渡和铜钱礁渡2艘渡船更新工作和英山渡、崇站渡、中垊渡3个渡口改造工作。联合渡口办、乡镇政府妥善解决个别渡船存在的配员不足、超载等安全隐患。

【全省首个客运移动气象站落地象山】 象山海事处结合预警预控及限制开航要求，联合气象、港航、海洋等部门出台《象山县水上客运恶劣天气精准定向预警服务机制》，并由县政府财政出资一百万元在渔山航线“渔光曲3号”和檀头山航线“渔光曲7号”各安装一套船舶移动气象站，确保浙江省内首个水上客运航线移动气象站落地。

【多项措施严防商渔碰撞】 强化航路提醒，实施海巡艇布点前移，以点带面，呼叫提醒与安全通播重叠提醒，提升沿海航路过往船舶的安全意识；及时排除渔船碍航涉客安全隐患，加强“海上斑马线”现场巡航及远程监控，纠正碍航锚泊渔船，确保“客、渔”安全；以案说法，向公司通报典型案例，稳步推进“双进”活动；联合海洋、港航、边防等部门及乡镇政府开展“清网行动”，对相关渔民进行安全宣传告知，对影响航行安全的渔网渔具要求渔民拆除；联合相关部门开展形式多样的商渔碰撞警示教育活动。

【航运公司和船籍港源头管理】 结合海事“双进”活动，强化航运公司走访检查，督促辖区相关航运企业建立完善本单位安全风险分级管控和隐患排查治理机制，落实企业安全主体责任，督促航运公司开展岸基管理人员和船员的安全培训工作，提升相关人员的从业水平。发挥县水上运输协会和船舶协会的作用，落实“点对点、一对一”联系辖区体系公司监管机制，开展船籍港“扫盲”行动，将长期在辖区内航行作业船舶作为重点，梳理名单，消除监管“盲点”。

【服务象山涉水工程项目】 在三门湾大桥、三山涂围垦、石浦港清淤、主航道一期工程项目等重点工程施工期间，主动作为，确保安全监管、服务各项要求有效落实；在地方重大项目推进中，发挥海事专业优势，推进松兰山亚帆中心、LNG储备基地项目落户象山；开通绿色通道，保障国首艘自主研发建造的3万方双燃料LNG船顺利下水。

【服务保障口岸开放】 指导石浦港口岸开放工作，帮扶石浦港新港码头口岸临时开放延期申请获上级批准；联合各口岸单位推进石浦港“引航锚地”开展新建外轮口岸交接工作，确保石浦港首艘新建8000吨级外轮在石浦港外锚地顺利完成口岸交接；推进完善石浦口岸临时开放后拖轮、引航、外供等口岸配套设施建设，推进石浦港航道整治工作。

表66　　2017年象山辖区主要水上交通事故一览表

时间	船舶概况	出事海域	事故概要
5.1	“利安988”轮与“新林海6”轮碰撞事故	象山海螺水泥码头前沿水域（概位29°30′.5N/121°38′.9E）	2017年5月1日03时左右，宁波籍干货船“利安988”轮（总吨498）在象山海螺水泥码头前沿水域，与靠泊的南通籍干货船“新林海6”轮发生触碰，直接经济损失约20万，事故等级为小事故
5.2	“新华辰29”轮自沉事故	象山南田岛鬼礁山东南约1.3海里水域（概位29°04′.6N/121°59′.8E）	2017年5月2日21时05分左右，“新华辰29”轮（总吨992），自石浦驶往温岭松门途中，在象山南田岛鬼礁山东南约1.3海里水域生自沉事故。船上6名船员中4名获救，2人死亡。事故等级为一般等级水上交通事故

续表66

时间	船舶概况	出事海域	事故概要
7.24	“元翔16”轮触礁事故	象山沿海称柱礁水域(概位29°11′.6N,121°59′.4E)	2017年7月24日0时20分左右,舟山籍油船“元翔16”轮(总吨499,净吨279)从舟山天禄油库码头装载汽油约960吨驶往温州航次途中,在象山沿海称柱礁水域发生触礁事故,直接经济损失不超过100万元,事故等级为小事故
9.6	“荣宁99”轮触碰渔业养殖排事故	象山石浦港三门口大桥西北1海里水域(概位29°09′.6N,121°48′.0E)	2017年9月6日10时30分左右,宁波籍干货船“荣宁99”轮(总吨274,净吨153)从泗洲头空载驶往石浦港抛锚航次途中,在象山石浦港三门口大桥西北1海里左右发生触碰事故,直接经济损失估计不超过100万元,事故等级为小事故
10.2	“鑫锦运”与“浙象渔40090”碰撞事故	象山南韭山东偏南约19海里水域(概位:29°22.6′N/122°32.5′E)	2017年10月2日22时35分左右,黄骅籍散货船“鑫锦运”轮从辽宁锦州载运约16440吨玉米,驶往广东茂名水东港航次途中,在象山南韭山东偏南约19海里处,与象山籍渔船“浙象渔40090”轮发生碰撞事故。事故等级为一般等级水上交通事故
11.28	“环海7”轮与“浙椒渔83012”轮碰撞事故	象山石浦港水上客运中心西南面0.6海里水域	2017年11月28日13时左右,宁波籍高速客船“环海7”轮从石浦驶往鹤浦航次途中,在石浦港水上客运中心码头西南约0.6海里处与渔船“浙椒渔83012”轮发生碰撞事故,造成“环海7”轮船上4名旅客及1名船员轻伤,机舱右舷破损。渔船船首外壳轻微凹陷。事故等级为小事故

邮政

【概况】 2017年,县邮政分公司坚持问题导向,以提质增效为主线,将党建工作与企业发展深度融合,加快推进“党建+三个一把手工程”发展,在践行省分公司“四个一流”总体思路,破解发展难题中探索,推进,克服诸多困难和挑战,努力发展各项工作。

【投递部方忠飞获多项县市省级荣誉】 2017年,投递部方忠飞先后获评2016年度“最美象山人”、被授予2017年“县十大杰出青年”荣誉称号、荣登2017年5月—6月“宁波好人”榜、获评2014—2017年度浙江省邮政企业先进个人。

【2017年投递服务质量大检查活动】 2017年5月—7月,县邮政分公司分三个阶段对全县所有投递机构开展投递服务质量大检查活动。该次检查以现场检查为主,同时对各级投递管理人员质量管控履职情况进行检查。通过大检查活动,提高投递人员服务质量意识,强化质量管控措施,落实投递服务规范,全面提升投递服务质量。使客户投诉有责工单率下降50%,有责丢失件下降50%,杜绝虚假信息反馈,退转邮件审核率达100%。

【无着邮件管理提升专项活动】 2017年上半年,县邮政分公司开展无着邮件管理提升专项活动。通过加强环节管控、监督检查和问题考核,利用信息化手段规范生产作业、加强无着管理,提高邮件寄递质量。

【集邮文化(知识)进校园活动】 5月31日,在海韵幼儿园开展集邮文化(知识)进校园活动,举办以“小朋友与邮票的第一次亲密接触”为主题的邮展,通过讲故事、课堂互动提问、集邮知识竞猜等环节,开展集邮知识讲座。

【全体党员接受警示教育】 6月16日,组织全体党员以及各部门各单位负责人、空班金融从业人员到县警示教育基地,接受反腐倡廉和法纪警示教育。发挥教育基地的示范、熏陶作用,培养廉洁奉公、诚信守法的意识。

【完成机构编制调整】 9月底,完成县分公司机构编制调整工作。调整后,机构设五部一室。分别是综合办公室(安全保卫部、党委办公室)、市场营销部、金融业务部、集邮与文化传媒部、包裹快递部、渠道平台部。综合办公室(安全保卫部、党委办公室)下设:运钞保卫班;市场营销部下设:机要室;渠道平台部下设:投递部、电商分销班、驾驶班、计算机维护班、邮件班、集中监控班。

【县前街邮政所迁址更名】 10月22日,县前街邮政所由丹东街道东街15号迁至丹东街道下半河村197号,并更名为“半河邮政所”。该所总面积达110平方米,设置储蓄台席2个,邮政营业台席1个,并配置LED显示屏、液晶电视机及ATM、CRS各1台。

【开展暖心家访活动】 11月,组织开展业务旺季“暖心家访”活动。分公司党委班子成员参加18个金融网点及电商、包裹快递等负责人的家访。家访时携带慰问品、慰问信,表达对员工和家属的感谢、慰问,了解掌握员工的家庭和生活情况,听取并收集对企业的意见和建议。

人力资源管理

就业培训

【概况】 2017年，全年城镇新增就业10540人，城镇失业人员再就业3473人；城镇公益性岗位从业203个，新增残疾人就业125人，城镇登记失业率控制在1%。规范各类社保补贴申报流程，完成2017年上半年度灵活就业人员社保补贴、紧缺工种岗位补贴、用人单位吸纳就业社会保险补贴等各类补贴审核、发放。共发放补贴1173.1249万元。深入开展“春风行动”，举办66场招聘会，2732家次企业进场招聘，提供了15368个岗位。继续做好创业大学生帮扶，落实各项创业政策，挖掘出一批青年大学生创业人员，做好农村电商精准服务，成功办好创业集市，完善创业扶持体系，全年扶持大学生创业实体620家、农电商创业182人、带动就业910人，发放小额创业贷款310笔，金额6487万元；通过石浦镇基层平台示范点建设，推动自助服务下村进户。2017年在全县社区、行政村新增布置26台自助服务一体机，推进“最多跑一次”改革，优化基层服务水平。

【春节前大型综合招聘会】 1月12日，县人力资源和社会保障局举办了“促回乡就业潮，解年底用工荒”大型综合招聘会。此次招聘会是春节前推出的最后一场大型综合招聘会，主要目的在于解决企业年底用工需求缺口，同时促进返乡工人、高校毕业生等人员成功就业。参加招聘的单位共95家，提供岗位400个，包括酒店经理、保险代理、文秘、餐饮服务、培训教师，一线技术工等职位。招聘现场气氛热烈，共有500余人入场进行洽谈，150余人与用人单位达成用工意向。此次招聘会，一方面让待业的群众朋友在年前找份工作，先行一步，春节后不用再为找工作烦恼；另一方面也缓解了春节期间缺工单位的用工需求，取得了非常好的效果。

【农村公益性岗位抽查工作】 县人力资源和社会保障局完成2016年下半年度农村公益性岗位抽查工作。此次抽查涵盖18个镇乡（街道），36个行政村，36名从业人员。通过实地走访、向周边居民询问等方式了解从业人员的岗位范围、到岗次数以及工作情况。下一步，将规范县农村公益性岗位管理，使其发挥作用，使有限的财力能够发挥最大的效益，确保农村公益性岗位促进农村低保户就业的工作依规、有序开展。

【高校毕业生就业补贴创历史新高】 县2016年度中小微企业录用高校毕业生一次性就业补助申报和发放工作结束。戴维、合力模具、启鑫、锦浪、申菱及规划设计院等81家企业共计167人获得79.8万元就业补助，申报人数和补贴金额均创执行政策以来新高。补贴申报可由企业统一申报，也可由毕业生本人直接申报。

【新春招聘会】 2月4日，县举办了新春首场大型招聘会，拉开2017年春季系列招聘会的序幕。招聘现场人气爆棚，来自县城及西周、东陈等周边地区的35家用人单位共提供120余个岗位，需求人数达630余人，岗位工资均在2700元以上，约有350余名求职人员前来应聘，初步达成就业意向的为110余人。2017年春季系列招聘亮点纷呈，一是招聘场次多，通过高密度的招聘会来缓解节后用人单位用人和求职者就业的“两难”问题。二是举办地点广。大型专场招聘会将在县城内的人力资源市场、体育馆、人民广场等地点举办；石浦、墙头、西周等镇乡（街道）也将根据企业需求举办各类招聘会。

【人力资源交流大会暨大中专毕业生供需洽谈会】 2月18日，由县人民政府主办、县人力资源和社会保障局承办的“2017年春节人力资源交流大会暨大中专毕业生供需洽谈会”成功举办，这是最大规模的一次专场招聘会，共计294家县内外企业入场“招贤纳士”，提供就业岗位3000余个，需求人数1万余人，4000多名求职者进场求职，达成初步就业意向近1300人，招聘会成效显著。

【2016年度企业薪酬调查工作】 3月10日，县人力资源和社会保障局组织200余家企业开展2016年度企业薪酬调查培训会议。调查的内容包括2016年度企业人工成本情况和企业从业人员工资报酬情况。企业薪酬调查工作有利于深化企业收入分配制度改革，为政府调节收入分配，研究制定有关政策措施提供科学的决策依据。

【小微企业人力资源贴身管家式服务项目试点工作推进会】 4月14日，县小微企业人力资源贴身管家式服务项目试点工作推进会顺利召开，县人力资源和社会保障局、县就管处领导、全县18个镇乡（街道）社保中心主任、钢杰人力象山分公司负责人、试点小微企业代表、各镇乡（街道）有意向小微企业代表出席了该次会议。2017年计划将试点对接的小微企业数量扩至30家。同时，将引进更多的优质人力资源服务机构，提高服务质量，全力扶持战略新兴企业、电商类企业、大学生创业“新秀企业”等有巨大发展潜力的企业快速发展。

【企业稳岗补贴申领工作】 2016年,县64家企业共享受稳岗补贴113.6万元。稳岗补贴每年申报一次,逾期不予办理。符合条件的企业,在次年2月到4月左右申报。稳岗补贴政策是为稳定就业岗位,鼓励企业采取有效措施不裁员或少裁员而出台的政策。

【省农村电商专家团队“登陆”象山】 5月17日上午,来自浙江省就业局、杭州电商促进会相关领导、专家团队一行到象山开展为期3天的农村电商精准服务活动,为象山农村电商企业的发展面对面出谋划策,量身订制行之有效的解决方案。活动旨在通过农村电商精准服务推动象山农村电商的良性发展,促进创业带动就业的新增长点,为县带来一次技术性的“问候”。同时也加强了象山电商创业者与电商专家团队之间的对接联系,便于日后获取更多的帮助和指导。

【走进邮储银行开展创业担保贷款宣讲】 6月16日,在邮政储蓄银行五楼会议室召开创业担保贷款宣讲会暨就业创业政策解读,邮储银行30多位客户经理参加了此次培训。县一直把创业担保贷款工作作为政府的惠民重点工程,年内还被纳入到政府目标管理考核中。此次精准服务合作银行,对象山就业创业政策宣传及创业担保贷款工作起到了推动作用。截至5月底,全县新增发放创业担保贷款1945万元,扶持创业人员95人,带动就业480余人。

【象山籍大学生进名企活动】 7月11日,县人力资源和社会保障局主办的象山籍大学生进名企活动在经过简单的开幕仪式后正式拉开序幕。县人力资源和社会保障局很好扮演了象山返乡大学生和企业间沟通交流桥梁的角色。促进大学生在学校和社会中将理论与实际更快更好地相结合,提升象山籍大学生的家乡归属感,增强了象山籍大学生回流的吸引力,促进象山籍大学生返乡就业,有利于今后引进高尖端人才工作的开展,实现企业与大学生的双赢。

【县创业集市活动开启】 9月3日晚,县创业集市启动仪式暨颁奖仪式在县人民广场举行。中共县委组织部副部长、县人力资源和社会保障局局长、党委书记陈水明,县人力社保局副局长陆振宇出席启动仪式。通过选树典型,对8名创业新星进行颁奖宣传,浓厚的象山创业氛围,激励大学生勇于创新、敢于创业。

【“迎国庆”就业帮扶大型综合招聘会】 9月22日上午,象山“迎国庆”就业帮扶大型综合招聘会在县人力资源市场举行。此次招聘会共有96家企业进场招贤纳才,提供工作岗位500余个,需求人数约为2000余人,进场应聘的求职人员约600人,280余人当场达成初步就业意向。

【举办退役士兵返乡专场招聘会】 10月9日下午,由县人武部、县人力资源和社会保障局、县民政局联合举办的2017年退役士兵专场招聘会顺利召开,为退役士兵搭建就业平台,打通就业渠道,为他们今后的安居乐业提供保障。现场提供就业岗位180余个。经过洽谈,共计62名退役士兵与用人单位达成了就业意向。

【县首届创业分享沙龙暨资本对接会】 12月27日,由县人力资源和社会保障局主办的首届创业分享沙龙暨资本对接活动成功举行,吸引了70余家企业、8家风投机构及5家银行机构参加。此次活动的成功举办,是象山人社链接创新资源,全方位打造创新创业生态圈的一次有益尝试。通过常态化的活动、精准的创新平台、高端的人才资源,助力初创企业、中小型科技企业做大做强,同时也为创业者搭建平台,提高创业成功率,并以创业带动就业。

人才开发

【概况】 2017年,引进博士16名,硕士98名,海外工程师11名;新建技能自主评价示范企业14家;培训技能人才10421人,其中高技能人才3889人。完善人才政策服务体系,转发实施事业单位科研人员离岗创业创新实施办法,打通人才在事业单位和企业间流动障碍;制定出台《“技能象山”三年行动计划》《高技能人才专项经费使用管理办法》等政策文件,加大高技能人才引进、培育、奖励等方面的资助力度。建成全省首家专家服务基地,邀请专家教授97人服务单位110余家。联合宁波技师学院共建象山高技能人才培训基地,开设维修电工、数控车工、工具钳工等技师培训班培养技师37人。同时,成功举办市级技能大赛2场、县级大赛4场;评选“半岛工匠”20名,评选“半岛金匠”2名、“半岛银匠”5名。建成县人才服务中心,中心涉及4大类28个事项,为各类人才提供专业化、精细化的人才服务。人才安居保障完善,完成人才公寓申购工作,165人符合条件;办理人才租赁房86套;兑现大学生购房补贴1400余万元、受惠大学生近600人。落实“人才绿卡”政策,安排人才子女入学10人、A卡配偶就业1名,发放房租补贴81.2万元,组织88名人才疗休养。

【省千名专家服务企业服务基层象山行暨第一轮合作项目签约仪式举行】 3月31日,省千名专家服务企业服务基层象山行暨第一轮合作项目签约仪式举行,县被确定为全省首家专家服务基地。省人社厅副厅长宓小峰、县委书记叶剑鸣出席并讲话。县委常委、组织部部长范焕平主持。副县长华弼天及省、市人社部门相关领导,部分省“151专家”参加活动。 经过前期“选亲、相亲”活动接洽,省“151专家”团与县部分企事业单位取得了初步成果,共达成10个合作项目,建立6家专家工作站,结成10对师徒。

【绿卡人才疗休养工作】 为解决象山人才健康保障问题,5月1日起,象山启动绿卡人才疗休养工作,报名截止日期为5月12日。按照相关规定,象山“人才绿卡”A、B卡持有人每隔两年或三年可享受一次疗休养,疗休养周期起算时间为2014年1月1日至2016年12月31日。人才疗休养根据个人自愿原则报名参加,报名后未按规定参加或3年内均未报名的,视作自动放弃。

【年度绿卡人才房租补贴申报、审核、公示工作结束】 5月初,县2016年度绿卡人才房租补贴申报、审核、公示工作结束，将给80名人才发放67.6万元的房租补贴。同时兑现各项福利，累计发放房租补贴180万元，组织疗休养190人次，体检420人次，落实子女入学18人。

【赴宁波技师学院对接高技能人才培养】 6月14日上午，县人力资源和社会保障局局长陈水明、副局长张岳忠等领导一行到宁波技师学院交流考察，对接高技能人才培养相关事宜，市人社局副局长王效民、职业能力建设处处长陈美君出席交流会。

【高技能人才培训基地签约暨技师班开班仪式】 7月30日，县高技能人才培训基地签约暨技师班开班仪式在象山港高级技工学校举行。县委组织部副部长、县人力资源和社会保障局局长、党委书记陈水明，宁波技师学院校长李世存出席活动。县人力资源和社会保障局与宁波技师学院签订高技能人才培训基地合作协议，象山4家职业技能培训机构和宁波市技工职业培训学校签订培训合作协议，并进行基地授牌和三个技师班的开班授课活动，最后县人力资源和社会保障局局长陈水明作技师班开班讲话，希望通过此技师班培训，能真正培养出一批行业紧缺、企业急需的高技能人才。

【与浙江理工大学开展针织服装人才科技合作洽谈】 9月20日，在省专家服务中心牵线搭桥下，县与浙江理工大学在杭州开展了针织服装人才科技合作洽谈，共建浙江理工大学针织服装专家服务基地（象山）、浙江理工大学象山研究院、异地人才创业孵化基地、人才培训基地、大学生实践基地等，传导创新理念，培育创新成果，提供技术服务，培养高端人才，走出一条高校与地方产业集群全面合作的新道路。

【人才服务中心开业】 10月9日，县人才服务中心正式开业，中心担负全县的人才服务和管理工作，建成涉及4大类28个事项的一站式综合服务大厅。这是象山落实“最多跑一次”改革、做优人才服务生态的一项重要举措。

【赴哈尔滨开展高校人才交流】 12月4日，县人力资源和社会保障局组织合力模具、威霖住宅、锦浪新能源等8家重点企业，副局长陆振宇一行赴哈尔滨高校进行人才交流对接。现场参观学习了哈尔滨就业地图系统、该市县人力资源和社会保障局职介中心。为下一步象山与两校开展深入合作创造了条件、奠定了基础。

劳动管理

【概况】 2017年，全年开展农民工工资支付、工程建设领域工资支付、维稳十九大等6次专项行动，检查用人单位3124家次，涉及职工3.01万人，发放限期整改指令书66份，经督促补签合同775人、补缴社会保险486人，共接警37次，涉及劳动纠纷职工人数1284人，涉及金额679.74万元。及时维护了农民工的合法权益，规范了企业劳动用工行为。全年立案受理劳动争议案件510件，下降23.4%，涉及劳动者1585人，结案率95.2%，调解率71.3%。举办全县首届“双爱”活动，评出优秀企业家20名、优秀职工30名。大徐、东陈被评为宁波市首批“双爱”示范乡镇、街道，华翔特雷姆被评为宁波市首批“双爱”示范企业。

【“春雷”专项整治行动】 2017年，历时一个月的全县范围内的清理整顿人力资源市场秩序专项行动全面完成。此次专项行动期间，县劳动保障监察大队共检查各类劳务派遣及职业中介机构24家，其中，职业中介机构9家，检查涉及求职人员480余人；劳务派遣机构15家，涉及派遣劳动者人数4489人；检查走访用人单位405家，涉及职工人数2万余人。在检查过程中，县劳动保障监察大队共发放劳动保障询问通知书24份，责令整改指令书1份。检查发现，9家职业中介情况良好，全部证照齐全，按规定公示，档案齐全；14家劳务派遣机构，均按相关规定招录及派遣劳动者，发现一家劳务派遣单位违法使用童工一名，责令其改正并依法行政处罚。405家用人单位情况均良好，无提供虚假信息，超标准收费，向求职者收取招聘费用等违法行为，但有部分企业存在未及时同劳动者签订劳动合同、未依法建立职工名册等违法行为，经象山劳动保障监察中队现场指导，及时改正。

【完成2016年度劳务派遣单位年检工作】 县人力资源和社会保障局对全县范围内2016年12月31日前取得劳务派遣经营许可证的11家劳务派遣单位开展2016年度经营情况检查。此次检查涉及用工单位29家，其中国家机关12家，事业单位14家，国有及国有控股企业1家，股份制企业2家。劳务派遣单位派遣员工总人数有428人，其中295名派遣员工依法参加了养老、医疗、失业、工伤、生育保险，349名派遣员工签订了2年及以上固定期限劳动合同，派遣员工中属于临时性岗位100人、替代性岗位2人、辅助性岗位132人、非“三性”岗位194人。

【劳动保障疑难案件研讨会】 6月22日，县人力资源和社会保障局组织召开劳动保障执法新型、疑难案件研讨会。县人力资源和社会保障局劳动保障监察大队牵头，邀请市劳动保障监察支队、市法规处、市仲裁院、县法制办、县法院、律师事务所共同参加会议。通过研讨加强了交流沟通，促进了共同提高，解决了劳动保障执法办案中的诸多难题，为推进完成人社局劳动保障执法规范化建设迈出重要一步。

【工程建设领域企业工资支付情况专项检查协调会】 6月27日，全县多部门工程建设领域企业工资支付情况专项检查联合协调会在象山召开。该次会议由县府办副主任陈海波主持，人社、发改、住建、交通、水利等行业主管部门参加，主要对各部门前期自查工作开展情况进行汇报，并对联合检查工作进行部署。对检查中发现施工企业和劳务分包企业存在违反劳动保障法律法规行为的，将依法依规及时下达《责令限期改正指令书》予以纠正。对涉嫌存在挂靠承包、违法分包、层层转包等涉及行业主管部门监管职责的，及时将收集的相关证据移交当地事权部门。

【建设领域农民工工资支付专项检查】 截至6月底，227个住建项目、27个交通在建项目及水利在建项目，均完成自查自纠检查工作。7月，全月共检查建筑类企业16家，涉及在建项目18个，涉及劳动者人数878人，涉及金额439.64万元；共发放劳动保障监察询问通知书18份，责令整改指令书5份，责令5家单位限期内支付110人共计12.6万元。

【仲裁院案前调解化纠纷】 1至6月，县劳动人事争议仲裁院受理劳动人事争议仲裁案件294件，半年底结案308件（包括上年结转年内处理完毕的案件），结案率为88.3.%，其中27件争议案件化解于案前调解阶段，收到了良好的社会效应。

【取消劳动能力鉴定收费项目】 在2017年7月19日举行的第三期劳动能力鉴定中，及时取消了因工300元每人次、非因工（因病）280元每人次的劳动能力鉴定费。据统计，2016年县共完成因工、非因工（因病）劳动能力鉴定分别357人和35人，合计392人。取消劳动能力鉴定费收费后，今后每年可为企业和参保群众在劳动能力鉴定方面减少将近12万元的费用，而相关经费由同级财政预算予以保障。

【四期劳动能力鉴定工作顺利完成】 截至9月份，县顺利完成四期劳动能力鉴定工作，实际参加鉴定人数312人次，其中因工276人，因病36人次。因工伤残鉴定评定1～4级伤残3人，7～10级伤残248人，无等级25人；因病鉴定评定完全丧失劳动能力23人，大部分、部分丧失劳动能力及构不成鉴定标准13人次。共有2人申请省鉴定中心再次鉴定，伤残等级均未作变动。下一步，象山区域组将在两个方向改进劳动能力鉴定工作，一是缩短鉴定周期，努力实现每月一次的鉴定工作，二是改革结论书送达方式，按照“最多跑一次”理念，探索邮政EMS送达，方便单位和职工，可以少跑一次。

【参加全市劳动保障监察行政处罚（处理）案卷评查会议】 9月19日，宁波市劳动保障监察行政处罚（处理）案卷评查会议在余姚举行，全市各县人力资源和社会保障局劳动保障监察大队负责人参加会议。该次会议市支队组织各大队对2017年度全市22个行政处罚案卷进行考评，对规范行政处罚规范提出指导意见，对全市的劳动保障行政执法标准树立新的标杆。评审结束后，共有6个大队10个案卷入围“市劳动保障监察2017年度优秀案卷”，象山推荐的案卷成功入围。

【“12·4”宪法宣传日活动】 12月4日是“国家宪法日”，为切实做好国家宪法日宣传活动，在全社会形成学习宪法、尊崇宪法的良好氛围，县人力资源和社会保障局在12月1日上午在县人民广场开展了宪法宣传日活动。

人事管理

【概况】 2017年全年全县共招考录用公务员111人、事业招聘104人，其中录用硕士等高学历人才事业单位25名、公务员10名；完成事业单位招聘工作3次，公开选调8批次，办理各类人员调配手续113人次，均做到了信息公开、程序规范、结果公正。全年召开“双对”例会5次，发放提示单101份，发布简报8期。强化“双对”结果运用，落实考核结果与奖金挂钩制度，有力促进机关队伍的优胜劣汰。稳慎有序做好军转安置，顺利安置2名转业干部和4名随军家属工作。

【年度“双对”工作总结会顺利召开】 1月22日下午，县“双对”工作领导小组办公室召开2016年“双对”工作总结会议，县委办、县府办、县委组织部、县纪委、县人力资源和社会保障局等成员单位参加会议。

【专题组织生活会和开展党员民主评议】 2月14日上午，县人力资源和社会保障局机关第二党支部组织召开专题组织生活会和开展党员民主评议。会议组织党员学习习近平总书记在中共十八届六中全会上的重要讲话精神，学习《关于新形势下党内政治生活的若干准则》和《中国共产党党内监督条例》。最后党员民主评议采取发放测评表的方式，对党员进行投票测评。结合平时党员现实表现，民主投票测评结果，进行综合分析，将民主评议党员结果报上级党组织备案。

【青年读书会】 4月5日下午，县人力资源和社会保障局开展以“团队建设”为主题的青年读书会。会上，6名青年干部通过《团队精神》《领导力21法则》等书，发表了自己对团队建设这一主题的理解。局长陈水明表示，青年读书会是青年干部自我提升的重要平台，通过每月确定主题的读书活动，建立青年读书会长效性机制，干部职工要针对工作开展常态性的思考，将青年读书会的工作效能发挥出来，提升工作创新和发展的推动力。

【2017年度党风廉政建设工作会议】 县人力资源和社会保障局召开了2017年度党风廉政建设工作会议。会上，局党委书记、局长陈水明与各分管领导签订了《象山县人力资源和社会保障局2017年度党风廉政建设责任书》，简单回顾了2016年党风廉政建设工作，对取得的成绩给予了肯定，并实事求是的指出了存在的问题和不足。重点部署了2017年党风廉政建设工作。

【干部家属廉政座谈会】 5月27日下午，县人力资源和社会保障局召开了干部家属廉政座谈会。新提拔的中层干部家属参加了此次座谈。会上，3名干部家属代表就“如何当好廉内助、贤内助”作了发言。副局长王善祥代表局党委督促干部履职尽责，引导干部传承好家风、好家训，树立正确的政绩观，严把家庭廉洁关。

【调研公务员“双对”考核工作】 6月1日，省公务员局考核和奖励处处长李启再一行5人到象山调研公务员“双对”考核工作，县委组织部常务副部长沈成浩、县人力资源和社会保障局局长陈水明、西周镇党委书记史建立、县委第一巡查组组长陈胜跃、石浦镇组织委员王永旭和县水利局副局长俞爱文一同参加调研会议。希望象山在考核体系上加强创新，在考核结果运用方面继续进行探索，从而强化干部的管理力度，为建设“浙江铁军”提供“象山样本”。

【各级机关公务员考试面试工作】 6月3日，2017年县各级机关考试录用公务员面试于县技工学校圆满落幕，共280位考生进入该次面试环节，经过激烈的角逐，最终111名考生通过面试，进入体检环节，首次体检工作将于6月7日完成。年内公务员考试面试在流程上进行了改革，面试不再分上下午，考生自上午7:30前进入候考室后，直到面试结束后才能离开考场。整个面试过程井然有序。

【完成过渡期内机关事业退休“中人”养老待遇核算工作】 近期，县人力资源和社会保障局通过新办法计算方式对2014年10月1日以来退休人员的养老待遇进行重新核算，并于9月底完成全部695名退休人员的核算工作。9月15日宁波召开全市会议后，要求各地9月份完成新老待遇核算工作。县人力资源和社会保障局工作人员从退休人员的角度出发，结合国家政策，赶时间抓进度，按时按质完成该次养老待遇核算工作。

【出台中层及一般干部“双排”办法】 年内，县委、县政府主要领导要求将“双排”工作向中层及一般干部延伸，县“双对”办在前期调研和前后召开六次座谈会的基础上，结合近三年“双对”考核开展过程中积累的经验，形成了《象山县机关中层及一般干部“双排”实施办法（试行）》征求意见稿，在征求意见后于8月29日正式出台“双排”办法。该文件的出台拓展了机关工作人员“双对”考核制度，能有效激发机关工作人员的积极性，推动各项工作的展开。

【公务员“学法用法三年轮训行动”】 10月27日，中共县委组织部、宣传部、县人力资源和社会保障局、县司法局等4部门联合印发《关于实施全县公务员“学法用法三年轮训行动”计划的通知》（象人社发〔2017〕204号），全面部署启动全县公务员“学法用法三年轮训行动”。

【各级机关单位考试录用公务员工作正式启动】 2018年县各级机关单位考试录用公务员公告于11月16日发布，共计划考试录用公务员73名。2018年县级机关单位共计划招录70名；乡镇机关共计划招录3名。计划招录硕研及以上学历职位3个，占比5.1%；计划招录本科及以上学历职位55个，占比93.2%；计划招录大专及以上学历职位1个，占比1.7%。面向选聘到象山村（社区）任职高校毕业生（即“大学生村官”）招录的职位3个，占比5.1%。2018年县各级机关单位考试录用公务员11月22日起正式开始报名。

【2017年新录用公务员初任培训班开班】 12月18日上午，县2017年新录用公务员初任培训在县委党校开班，共有来自县级机关、镇乡（街道）98名新录用公务员参加此次培训。开班典礼由县委党校校长陈东主持，县人力资源和社会保障局局长陈水明出席开班典礼并作动员讲话。

【新录用公务员走进“村民说事”】 12月21日下午，县98名新录用公务员走进西周镇夏叶村，实地学习、参观“村民说事”。夏叶村是“村民说事”的发源地之一，在讲解员西周镇组织委员郑波波的带领下，学员们了解了“村民说事”的起源，以“说、商、办、评”为核心的处理流程，还观看了“村民说事”纪实片。通过对此类基层治理先进村镇的学习，加深了新录用公务员们对象山基层工作的认识，为日后成长为合格的基层公务员奠定基础。

社会服务

综述

017年,县民政局根据中共县委、县政府部署,重点抓好村委会和社区居委会换届选举、涉军群体信访化解和稳控、省养老服务业综合改革试点、象山社会组织学院成立、主动发现救助机制完善、撤县设区调研、民政铁军建设七方面工作,并力求工作创新、务实、有成效。

双拥与优抚

【概况】 拟订并出台《关于完善自谋职业转业士官和1996年冬进藏退伍兵就业帮扶工作有关事项的通知》《象山县部分优抚对象走访慰问办法》和《关于参战(参试)退伍军人社会养老保险贷款管理办法》等3个新政策,并多次征求意见修改完善,提请县委、县政府发文。继续做好就业帮扶,落实了5名自谋职业转业士官就业岗位,对3名有意向要求帮扶的1999年进藏兵进行了就业帮扶,联合人武部、人社局举办退役士兵专场招聘会,并首次举行退役士兵返乡欢迎仪式。开展"爱在优抚"大走访活动,局班子成员带队走访慰问200多名优抚对象,并与37人重点困难优抚对象志愿结对,乡镇走访慰问1100人次以上。建立健全涉军群体重点人员档案及数据库,完成了1978—2014年共2022人符合政府安排工作条件的安置退役士兵全面信息采集任务。

【双拥工作】 2017年8月1日,是中国人民解放军建军90周年,为驻象山部队发放慰问品4200余件,价值120余万元。再为785名优抚对象发放每人价值200元的慰问品,金额达15.7万元。县消防大队年内共接警出动118次、1423人次,出动各种消防车辆260台次、抢救10人、疏散30人。同时开展学校、企业、单位和社区等社会化宣传培训40次2万余人次,开放消防站20次接待7000余人次,设摊发放消防宣传资料2.2万余份,悬挂消防横幅、移动宣传牌35条(块),播放消防视频90余条。各驻象山部队在维护社会稳定中发挥了作用。

【发放现役军人家庭优待金】 依据《浙江省军人抚恤优待办法》《宁波市义务兵家庭优待金发放管理办法》和《象山县义务兵家庭优待金发放管理办法》,2017年度义务兵家庭优待金标准18155元。2017年,县共对436名现役义务兵发放优待金1051.9万元。

【做好困难家庭节日慰问和临时性补助】 2017年春节、"八一"期间,县、局领导慰问优抚对象90户,发放慰问金6.12万元。发放重点优抚对象慰问金51.31万元。同时做好"两参"人员和早期退役义务兵家庭因变故而发生困难的临时性补助工作,2017年,县有675位优抚对象获得临时困难补助,合计发放补助金额70.51万元,基本保障他们的临时生产和生活困难。

【做好转业士官和退役士兵接收安置工作】 接收2017年春季转业士官和2016年冬季退役士兵183名(其中转业士官8名、退役士兵175名)。接收对象中符合新政策安置条件的8名。对175名退役士兵发放一次性经济补助费906.8万元。8名转业士官全部安置到国有企业和事业单位。

【重视信访和维稳工作】 2017年,共劝阻优抚对象集体上访15次,共接待来访160余人次,来信20余件。由于新的安置和优抚政策的变动,县各类优抚对象上访的苗头较多,仍将继续关注他们集体上访的动向,竭尽所能将问题解决在苗头扩散之前。

社会救助

【概况】 2017年,全县共有城乡低保家庭8452户、11614人;最低生活保障标准为612元/月·人,保障金的发放按家庭人均月收入补差执行;全年共累计发放低保对象137535人次、支出救助资金6233万元,人均月保障金453元。共有特困人员744户、748人;其中,机构集中供养人数726人,供养标准为720元/月·人,集中供养率达97%以上;保障金按标准全额发放,全年累计发放特困人员供养对象9171人次。全年共投入特困人员供养基本生活保障、医疗救助等资金1026万元,达到年人均13717元,特困人员的衣、食、住、医、葬得到全面保障。

【元旦春节期间困难群众慰问工作】 按每镇乡(街道)1户排摸出18户困难家庭上报县委办,市、县领导实际走访慰问15户。对8744户城乡低保、特困供养人员、散居孤儿和困境儿童等困难对象发放节日生活补助金524万元,并督促镇乡(街道)在1月25日前全部发放到户。联合福彩办对全县7个散居孤儿进行了走访慰问,并送上慰问金每人1000元。

【困难群众基本生活价格补贴发放工作】 根据宁波市民政局、财政局《关于做好2016年第四季度困难群众基本生活价格补贴发放工作的通知》的文件要求，对全县在册的城乡享受最低生活保障对象、重点优抚对象、特困人员（五保、三无）对象、孤儿基本生活保障对象和农村“三老”人员发放物价补贴。发放标准为每人109元，共发放金额131.4万元，惠及12051人。

【困难群众临时救助工作】 截至2017年年底，共救助困难群众628户，发放救助资金102万元，解决了城乡居民以及外地人员的基本生活，使他们摆脱了临时困境。

【医疗救助工作】 截至2017年年底，民政医疗救助窗口即时结报和手工操作结报共救助对象6184人，其中门诊3392人、住院2792人。共支出医疗救助资金1229万元，其中门诊救助117万元，住院救助1112万元。全年财政按人均22元预算，共安排年度医疗救助资金1200万元，比市考核要求高出5元（29%）。实际支出超过财政预算安排。全年财政安排为17元以上，超过市局民政工作考核要求。安排达户籍人口人均在22元，比市考核要求高出5元（29%），2017年实际支出医疗救助资金为1200万元。

【主动发现救助工作】 截至2017年年底，全县共排摸上报主动发现1495户、3524人疑似需要救助困难对象。经过民政工作人员调查核实，符合条件1204户、2796人享受各项救助，其中纳入特困人员供养3户、3人；纳入低保201户、361人；纳入低保边缘户512户、1292人；医疗救助17户，支出救助资金18.8万元；临时救助342户，支出救助资金44.1万元；慈善救助129户，支出救助资金28.87万元。同时还对徐香月等15位重病或急需手术的困难患者进行医前应急救助，支出救助资金12.8万元。通过主动发现后及时救助，极大地缓解了困难家庭和重病患者家庭的生活经济压力。

【其他相关救助工作】 全县共申请“福彩助行”安装假肢对象6人，其中低保对象3人，低保边缘对象3人，于6月送去省厅接收复查和免费安装手术；申请做“白内障复明手术”困难群众患者335人，名单汇总上报市民政局社会救助处等待接受复查和免费治疗。

【贫困家庭重病和残疾儿童康复训练工作】 根据市局文件要求，发动镇乡（街道）和社会力量参与前期摸底筛查工作，共排摸出15名疑似符合康复训练条件残疾儿童上报市局，经过宁波市恩美儿童福利院的测试审核认定，有3名残疾儿童符合“添翼计划”康复训练条件。本着自愿参与原则，于10月底将鹤浦镇和茅洋乡的2名有意向的残疾儿童送去恩美儿童福利院进行为期3个月的免费康复训练。

【残疾人“两项补贴”制度】 贯彻《关于完善困难残疾人生活补贴和重度残疾人护理补贴制度的实施意见》和《象山县困难残疾人生活补贴实施办法》和《象山县重度残疾人护理补贴实施办法》文件精神，和县残联一起全面落实残疾人“两项补贴”制度。2017年，困难残疾人生活补贴在享人数7829人，累计补助资金2707.1万元；重度残疾人护理补贴在享人数6830人，累计补助资金1811.6万元；两项补贴合计补助资金4518.7万元。

【低保边缘户认定工作】 经过各镇乡（街道）走访排摸、调查核实，核实申报，截至2017年年底，全县共有低保边缘户2296户、5566人，人口占比为1.11%，全面超额完成考核目标任务。

社会养老

【概况】 2017年，通过八大方面的改革，促使养老服务机构健康有力发展、养老服务扶持政策逐步完善、运营体制机制更加健全、养老服务队伍更加专业。一是完善养老服务相关政策，制定了《象山县养老服务业综合改革试点2017年工作计划》《象山县民政局县财政局关于推进养老机构公建民营工作的实施意见》《象山县人民政府办公室关于印发〈县社会福利（养老）机构服务质量建设专项行动方案〉的通知》《关于推进全县养老服务机构与基层医疗卫生机构签约合作的指导意见》；二是推进公办养老机构建设及改革；三是优化养老服务人才队伍建设，完成了两批养老护理员培训工作；四是推进养老服务设施建设，新增6家民办养老机构469张养老床位，吸引社会资本1800多万元；五是推进养医融合发展，通过购买县民营医院或乡镇卫生院的医疗资源，定期为入住养老机构的老年人提供医疗服务、健康讲座；六是强化养老服务机构安全管理工作；七是有力推进养老机构服务质量建设；八是开展政府购买居家养老服务试点工作。

【落实民办养老优惠政策】 8月，下拨了2017年县社会养老服务体系建设专项补助资金707.091万元。对县33家民办养老机构按核定新增床位数进行补助，同时对54家参加养老机构政策性保险的养老院给予资金补助。

【困难老人养老服务补贴制度】 2017年，对低保家庭中的老年人进行了身体评估，被评为重度、中度、轻度依赖的低保老人且接受养老机构服务的，给予养老服务补贴。全县共有141名低保老人享受养老服务补贴制度，按照每人每月1350元、1080元、810元的标准每季度发放一次，下拨3次资金，累计79.74万元。

【民办养老机构日常运营补贴制度】 2017年，对县民办养老机构开展了日常运营补贴制度。全县民办养老机构共收养失能、半失能老年人741名，按照每人每月100、200、300元的标准每季度发放一次，共下拨3次资金136.71万元。

【春节老年节慰问养老机构】 1月春节，慰问了西周镇敬老院、墙头镇敬老院、大徐镇敬老院、茅洋乡敬老院4家养老机构，共送去春节慰问金2万元。10月，在老年节来临之际又慰问了县老年公寓、县福利院、爵溪敬老院、大徐敬老院、鹤浦敬老院、黄避岙敬老院和鹤浦南田墩养老院，7家共送去慰问金3.1万元。

【区域性居家养老服务中心建设】 全县第四家区域性居家养老服务中心位于贤庠镇珠溪村，服务可覆盖珠溪、程家屿、山厂、木瓜、常乐等村。完成第三方承办运行的招标工作,项目总投入180余万元,计划11月正式投入使用。第五家区域性居家养老服务中心位于爵溪街道老城区,服务可覆盖玉泉、瀛海、龙溪、公屿农村、公屿渔村等村(社区),项目总投入151万元。主体结顶,争取年内完成土建工程验收,基本完成装修工程,2018年年初正式投入使用。

【农村集中居家养老服务工作】 县结合新农村建设,推广集中居家养老服务新模式。挤出300万元资金用于集中居家养老公寓建设补助,全县累计建成183个村3343套集中居家养老公寓,安排入住5000多名老人。

【居家养老服务站点建设】 年内,完成了61个村居家养老服务站建设,投入使用。服务站设有办公室、棋牌室、阅览室、聊天室等基本功能用房,有条件的村配建了村医务室。

【居家养老服务机构等级评定工作】 2017年5月,印发了等级评定工作文件。9月,全面推开了等级评定工作。1个评定专家小组(专家来自市场监管局、民政局、老龄办等部门),对74个居家养老服务站进行评定。通过实地查看、翻阅台账、当面问询、民意测评等方式,最后评定A级居家养老服务站有40家,AA级居家养老服务站有1家。年底,将根据等级评定结果,对相应等级的居家养老服务机构给予运行补贴,对开办老年食堂的居家养老服务机构进行加倍补助。

【居家养老服务工作】 县依托"65786578"社区服务信息平台,组建了养老服务加盟企业团队14家,内容涉及家政服务、家电维修、水电维修、医疗保健、法律服务等30个服务项目,为老年人提供优惠的社会化居家养老服务价格。推进居家养老服务机构与基层医疗卫生机构开展签约合作,完成签约合作50%以上,为居家老人提供基本医疗卫生服务。

【高龄津贴工作】 截至2017年10月,全县共发放高龄津贴17.23万人次,发放资金1005.56万元。在老年节来临之际又慰问了全县36位百岁老人,给每位老人送去慰问金和食用油,共计慰问金3.6万元。

社区建设

【概况】 2017年,社会事务科根据年初工作安排,结合中共"两学一做"教育活动,提升社会治理工作,在健全社区组织体系、完善社区管理服务体系、强化社区建设保障体系上下功夫,各项工作目标任务顺利进行。

【优化社区布局】 在社区配套用房改善方面,对新规划建设的小区,主要根据社区布点规划,按每百户40平方标准集中配置;对于老社区用房问题,还有蓬莱、瀛海、凤凰等5个社区是租房办公,他们提出建议方案,主要是借部分机构办公场所搬迁之机予以适当调剂。推动石浦镇(九市曲、文兰、塘头港)逐步改善社区用房,指导公园、新华、金秋等13个社区开展用房功能布局调整。

【健全社区组织】 通过政府扶持等方式,培育社区服务性、公益性、互助性社会组织,发展多种形式的合作组织,2017年新成立了14个社区服务站。支持各类社会组织参与社区治理,实现社区建设、社会组织建设、社工队伍建设"三社联动",提高管理服务科学化水平。

【推进社区建设标准化】 第一批14个社区完成标准化建设,统一社区标识、规范社区工作人员的文明用语、明确办事流程,夯实城市发展基础,提升社区整体形象。第二批14个社区计划在年底前全面完成社区标准化建设。

【探索实施"责任社工——全能社工"服务管理机制】 建立"一门受理"办事机制,将所有窗口统一设置为"综合受理"窗口,实行社区事务"一门受理,后台协同办理"的"一站式"服务,即推行坐班社工能受理办理各类便民服务、政策咨询的工作模式。丹东街道丹河社区为试点社区,争取在2018年年初全县全面推广。

【理顺社区治理关系】 凡属于基层政府职责范围内的事项,不得转嫁给社区;建立完善社区准入制度,凡交由社区办理的社会管理和公共服务事项,应当按照权随责走、费随事转的原则,社区应当协助基层政府开展工作;指导、协调和监督社区内社会组织、业主大会、业主委员会、物业服务企业等开展社区服务,依法维护各方合法权益。并在年底执行社区评议部门制度,对考核末尾的部门进行考核扣分。

【推动全县社会工作专业化、职业化发展】 5月22日,县民政局组织开展为期5天的社会工作师职业水平考试培训,全县共119人参加培训。此次培训开设初级、中级2个培训班,对社会工作综合知识、实务、政策法规等基础知识进行全面细致的辅导。

【社区经费保障】 社区工作经费从2011年的每百户3200元提高到2017年的每百户1万元。全面落实社区专职工作者薪酬待遇,石浦镇分三年提升社区专职工作者薪酬。自2016年1月1日起,取得中、初级社会工作职业水平资格证书并被聘为社区专职工作者的,分别享受每月400元、200元的津贴。

【社区协商】 通过社区标准化建设,整合利用社区会议室、活动室等场所和社区网络载体,建立"居民议事厅"和"网上居民议事厅",健全完善共建理事会、民情恳谈会、民主议事会、社区论坛等形式,完善业委会、物业和社区居委会三位一体工作机制。

【换届选举工作】 根据县委、县政府统一部署,圆满完成第十届社区居民委员会换届选举任务。28个社区全部实行"自荐直选"、"直接选举"率达100%。

【社区公约修订评选展示活动】 在征求各单位意见的基础上,制定了"社区公约"范本,印发文件,限时要求镇乡、街道完成 "社区公约"的修订工作。10月份开展了优秀社区工作征集评选展示活动,共征集了4篇优秀社区公约,通过评选选出1篇社区公约在局网站公示并报送市局参加市级评选展示活动。

地 名 管 理

【概况】 就撤县设区相关程序与市民政局进行对接。组织干部到镇海、北仑等地学习调研撤乡设街道、撤村建居工作，并多次到相关镇乡街道开展调研，完成调研报告撰写工作。牵头相关部门和镇乡街道召开座谈会，对《象山县关于做好撤村建居工作的实施意见》和《工作手册》进行修改完善，并提交县委、县政府。

【做好道路和住宅小区名称命名工作】 根据《宁波市地名管理办法》规定及各单位上报的地名命名申请，年内县共办理了地名命名住宅区12处，道路命名4条，因与宁波市其他县市区道路重名，更名道路名称9条，命名半岛商业广场1个。

【做好地名标志设置】 2017年年内县共设置各类地名标志4325块，其中幢牌97块，门牌3069块，双杆路牌359只，单杆路牌800只。便民中心出具门牌证明1056张。10月24日，民政局经过公开招投标确定与正邦广告公司合作丹城中心城区路牌合约管理运作，此次与正邦广告公司合作建设安装丹城中心城区359只双杆路牌和800余只单杆路牌。此次制作的路牌费用423万元全部由企业出资。

【出版县中心城区地图】 随着县城乡建设和道路交通建设快速发展，特别是3个工业园区建成，原有地图不能适应社会需要。年内10月委托浙江工程规划院制作象山丹城中心城区地图一张，印刷2000份。

【第二次全国地名普查工作】 完成“组织实施类”材料的编辑和光盘刻录上报工作，共上报光盘3张；核查图载地名1497条，并完成比对工作；补拍地名照片592条，多媒体照片覆盖率达100%。

【清理整顿地名文化保护和不规范地名工作】 出台了《关于贯彻〈加强地名文化保护清理整治不规范地名工作实施方案〉的通知》文件，印发了《关于公布〈县第一批历史地名文化保护名录〉的通知》，将80条地名列入县第一批地名文化保护名录，其中20条上报宁波市第一批地名文化保护名录；根据宁波市地名业务管理系统的检测情况，对重名的地名进行了全面的排摸，与相关管理单位进行了协商，完成9条地名的更名工作。并完成晓塘乡月楼村千年古村落地名文化遗产材料的编辑工作。

【行政区划调整工作】 根据中共象山县委关于印发《象山县委一号课题“现代化滨海城区”总体调研方案》（县委办〔2017〕82号）的精神，年初“大脚板走一线，小分队破难题”领导小组确定了东陈乡撤乡建街道课题，该课题被列为县委、县政府一号课题，民政局作为成员单位全程参与县委、县政府一号课题（东陈乡撤乡设街道调研）工作。

【行政界桩界线联合检查工作】 根据国务院《行政区域界线管理条例》和《浙江省行政区域界线管理办法》精神，为增强涉界镇和界桩管理员对界线界桩管理的责任感，年内对5座界桩的所属镇签订了“行政区域界线界桩管理委托书”。到2017年年底为止，全县5座界桩完好无损。

殡 葬 管 理

【概况】 2017年，县殡葬管理工作在县委、县政府的统一部署下和上级业务部门的精心指导下，贯彻落实中央、省、市两办《关于党员干部带头推动殡葬改革的意见》和民政部等9部委《关于推行节地生态安葬的指导意见》，以继续开展墓葬秩序整治和丧葬礼俗整治两项整治工作为重点，2017年县被民政部确定为“全国殡葬综合改革试点”县。

【墓葬专项整治工作全面完成】 根据省、市有关精神要求，经过上下共同努力，2017年继续完成拆迁重点难点坟墓1902座。至此，全县墓葬专项整治共迁移“两路两侧”等“三沿五区”坟墓14982座，绿化墓基及公墓33.33余公顷。县财政下拨墓葬整治补助资金4196.7万元，各镇乡（街道）配套支出资金5000余万元，整治工作取得了显著成效。

【丧葬礼俗整治工作】 自2016年4月1日起执行新规到2017年12月31日，全县共操办婚丧事6680起，执行新规6660起，执行率99.7%，截至年底，查处违规事件20起，追责失职乡镇街道、部门的连带责任人22人；约谈择日子、看风水等违规人员5人，其中1人在当地电视台公开检讨；规范整治婚丧用品经营店84家；收到群众有效举报信息27起，其中10起被及时制止。规定在殡仪馆或合适的场所集中办理丧事，要求广大群众不讲排场、不搞攀比、文明节俭办丧等丧葬新风在全县全面推进。

【节地生态安葬】 推进节地生态葬示范区建设，将燕山陵园等6座公墓列为示范公墓，重点建设节地生态型公墓。在燕山陵园内规划建设树葬区、壁葬区、花坛葬、骨灰楼、海葬纪念区等节地生态葬设施。

【殡葬设施规划】 2015年以来，由局联合规划局，委托县规划设计院历时两年编制完成了《象山县殡葬设施布局专项规划（2013—2030）》，并于2016年7月得到县政府批准并实施后，2017年分别对按规划建设晓塘乡、西周镇、丹西街道的3座公墓进行制止和恢复山体原状。

【殡葬设施投入建设】 根据《象山县殡葬设施布局专项规划》加强殡葬设施的升级改造和完善建设，2017年，历时六个月，县殡仪馆完成2个悼念厅的扩建工作、各悼念厅风雨连廊建设全面完工，并对整体环境作了提升；燕山陵园第二标段工程全面推进，陵园内道路、停车场、管理用房、骨灰楼、排水工程全面推进；各镇乡中心公墓基础设施升级改造和公墓绿化美化工程成效明显。

慈 善 事 业

【概况】 2017年，在县委、县政府的领导下，在社会各界的关心参与下，全年慈善资金总收入3800万元，同比增长

3.38%。募捐总收入3130万元。其中,“慈善一日捐”、日常捐、冠名基金募集收入2330万元,增长14%,创历年新高。各项救助支出2995万元,占上年总收入的81.5%,受助群众达16291人次。象山创新发展慈善工作经验在全市慈善工作会议上作了典型介绍,高塘岛乡及其江北村分别获得市级慈善乡镇、慈善村。

【筹备慈善大会】 2017年,县慈善总会第四届会员代表大会召开,会议通过了县慈善总会第三届理事会工作报告和财务报告,通过了新修改的《象山县慈善总会章程》,选举产生了第四届理事会以及会长、副会长、秘书长、理事人选,大会表彰了“象山慈善奖”—各类先进单位和个人。慈善大会的圆满举行,为新一届县慈善总会开启了继续扬帆“慈济半岛,善行象山”的航船。

【善款募集】 创新是慈善事业可发展的不竭动力。换届以来,新一届总会班子针对企业经济下行,资金紧缩,效益下滑,“慈善一日捐”成常态,增资有限,慈善募捐出现疲软的现状,及时调整募捐工作思路,以创新求发展,拓展了四个募捐新领域收到了明显效果。

1. 创建“村村邻里慈善帮扶基金”初见成效。7月份开始,总会在高塘岛乡开展试点创建工作。经历时两个月试点工作,全乡18个行政村,村村建立了慈善工作站、慈善基金和义工服务队。募集善款40.1万元,村均募捐善款2.2万元;全乡2.1万村民参与捐款率达72%;建立了19支义工服务队,约360余人。在取得高塘岛乡试点成功经验后,于9月29日由县委、县政府组织召开了全县现场会,会议要求全县各镇乡(街道)学习推广高塘岛乡经验,提出到2018年年底前基本实现全县“村村邻里慈善帮扶基金”全覆盖的目标要求。石浦镇率先实现了“村村帮扶基金”全覆盖;新桥镇在新桥村开展试点,募集善款12.1万元;黄避岙乡全面开展“村村邻里慈善帮扶基金”创建,截至12月底,募集善款13万元;丹西街道在上吴村和韩家村开展试点,募集善款13.9万元;泗洲头镇在何婆岭村开展试点,募集善款5.41万元。

2. 走向县外募捐前景看好。为了优化理事组成成分,把县内主要行业协会和分布在北京、上海、广州、杭州、江苏等外地的象山商会都吸收为团体理事,总会利用这些在外团体理事组织牵头作用,走访了上海、江苏等地的象山籍人士创办的在外企业、乡贤,收到了丰硕的成果。注册在上海的宏润集团续订1600万元留本捐息冠名基金,一定十年,每年给总会捐赠80万元;龙元集团每年捐赠50万元;墙头镇乡贤方国良个人捐赠20万元;杭州市象山商会与县慈善总会、象山中学签订了“助学慈善基金”协议,结对资助象山中学贫困学生。定塘镇党委书记带领村干部到上海向本镇企业家石孝文先生募捐,与其签订了三年冠名基金,捐款85万元。

3. “慈善一日捐”增量较大。截至9月,“慈善一日捐”和“市民慈善拾元捐”总收入935万元,同比增长19%。有378家单位、3.6万余人参加了捐款。行政单位的捐款都有所增加,特别是5家县级国企公司各捐赠20万元,民政局、经济开发区、影视城管委会、大目湾管委会等单位捐款都在10万元以上。个人捐款在万元以上的有:刘太洋捐款40050元,包朝满捐款5万元,大徐蒋荣富和蓝小滕捐款8万元,倪财明捐款5万元,其中丹西有2位隐名爱心人士分别捐款3.8万元、2.5万元等20多位爱心人士。市民参与率明显提高,感人事迹层出不穷。

4. “慈善冠名基金”有新增长。慈善冠名基金是县慈善总会依法向社会募集善款的主要形式之一,全县共设立54个慈善冠名基金,募集到账总量1007万元(不含定向),比2016年增长4.8%。其中续建了宏润集团、华翔集团、县信用联社、国民村镇银行等11家,基金总量356万元;新建了宁波兄弟服饰、宁波华盛公司、俞氏冠名基金等10家,总量288.65万元。

5. 日常捐赠稳中有增。去年,通过各种途径、各种形式的日常募捐活动,共募得善款388万元,同比增长31.5%。捐赠1万元以上的爱心人士有41人。其中晓塘叶国营捐款10万元;贤庠郭峰捐款5万元;俞柏林捐款5万元;黄避岙张秀丽捐款5万元等等。参加日常捐款人数明显增加,数额也明显提高。

6. 创建网络平台,开展线上募捐有新发展。2017年,通过众筹、支付宝捐款、微信捐款等网络募集到善款126万元。虽然金额不大,但通过尝试感觉到利用网络募捐能使捐赠人的捐赠意愿、求助者的慈善需求和慈善机构的救助项目三方良好地衔接,提升了慈善的专业性、针对性和时效性。并具有便利、透明、安全等优势,使捐款变成“举手之劳”。

【精准救助】 慈善救助是慈善工作的出发点和落脚点。2017年年内,县慈善总会以项目救助为支点,全年各项救助支出2995万元,受助人群16291人次。其中,助医支出371万元,救助985人次;助学支出81.5万元,受助503人次;助孤支出18万元,救助308人次;助残支出21万元,救助26人次;济困支出1017万元,救助9148人次;敬老支出130万元,救助2716人次;扶持社会公益项目支出1306万元。

1. 慈善助医。全年救助重大病患者358人,发放救助金210万元;白血病、尿毒症“两病”定助293人次,发放补助金66万元,慈善关爱重症儿童95人,发放救助金31万元;为181名农村老年白内障患者支付了37万元手术治疗费用。慈善救助不仅是给患者家庭雪中送炭,而且更让他们感受到来自社会的关心和温暖。

2. 慈善助学。全年累计发放助学金81.5万元,受助学生503人次。其中资助在校贫困大学生129人,贫困初中生141人,贫困小学生158人等。“六一”节慰问民工子弟学校、培智学校等九所学校,发放慰问金8万元。争取到宁波市慈善总会助学金20万元,受助大学新生40名,圆了贫困学子的大学梦。

3. 慈善助老。全年救助慰问老人2716人次,发放救助金130万元。争取到市慈善总会资金20万元,给鹤浦、大徐、黄避岙、高塘岛敬老院各5万元补助金,用于院内设施改造。县慈善总会还在重阳节前夕,开创慈善关爱“老有所乐”项目,走进大徐、涂茨、茅洋、墙头敬老院和县老年公寓等进行慈善关爱老人慰问演出,把快乐欢笑带给老人,让老年人老有所乐。向敬老院和农村五保老人配送老花眼镜190副，计1.9万元。慈善关爱老人处处可见。

4. 慈善助困。全县救助人数9148人次，发放救助金1017万元。在2017年元旦、春节期间慰问6138户困难家庭，发放慰问金380万元。临时救急性助困3000余人，应急救助金支出615万元。各镇乡(街道)慈善分会也根据各地的实际情况，对本辖区范围内的遭遇最不幸、生活最困难、社会最同情的家庭进行救助，共救助支出1290万元，其中村慈善工作站支出501万元。

5. “慈善帮扶”项目。共发放扶贫资金58.5万元，其中包括3家慈善帮扶基地，2家专业畜牧养殖合作社和25户慈善帮扶户。经过一年的帮扶，经营效益普遍。其中，共富生猪养殖专业合作社5家养猪场，平均存栏400头，平均每户收入5万余元。奔康家禽养殖专业合作社5家养禽户，年销售收入20万元，平均每户收入4万余元。基本达到了扶贫脱困、增加收益的目的。

6. 扶持社会福利和公益项目。全年共发放扶持资金1306万元，扶持了学校、医院、敬老院、幼儿园、农村老年活动中心以及公益项目建设。

【慈善义工服务】 全县有25支义工大队，常年参加慈善活动的义工约2200余人，志愿服务时间达3万多个小时。开展敬老、助残、助困、助医和环保等公益活动1200余次，募集善款163万元为250余户困难家庭提供定向救助服务。慈善义工分会荣获第四届“象山慈善奖——志愿者服务奖”。全县有4所“天使儿童之家”投入使用。“爱心中转站”项目共接收物资30余万元，爱心义卖11万元，用于“重症儿童基金”及其他特困家庭。仁爱义工大队开展的“一米阳光”生命关爱等三个项目，为空巢老人、困难家庭等弱势群体筹集资金，排忧解难。手拉手爱心义工大队开展的“一张纸献爱心”助学活动，通过收集废旧报纸，共募集善款9400元，结对资助5名贫困学生。蓝羚户外救援队协助公安围捕犯罪嫌疑人3次；搜寻迷路驴友、走失老人等共47次；赴兰溪特大水灾救援，帮助转移80多名群众，获得兰溪市政府的荣誉表彰。

各镇乡(街道)慈善义工大队也开展公益服务活动，石浦慈善义工大队深入各村(社区)，为村民磨剪刀、理发、修理家电等；黄避岙红马甲义工大队针对农村环境脏乱差现象和部分群众家庭卫生差的状况，以“洁美庭院、美丽乡村”为主题，在村里开展各类环境卫生保洁清理活动；高塘岛乡组建的19支义工队伍，活跃在各村，开展形式多样的公益服务，赢得村民的一片赞誉声。

【向善乐善社会氛围逐步形成】 7月，组建了一支由各镇乡(街道)慈善分会信息员、记者等组成的信息员队伍，出台了《象山县慈善总会信息报送奖励办法》，激励信息员撰写慈善新闻报道，基本做到慈善新闻月月见报、月月上电视、月月上网络。开展了“《慈善法》颁布一周年纪念活动”和“中华慈善日”义卖、义演及各种形式的义工服务活动。成功举办了第三届慈善“少儿春晚”晚会；《今日象山》定期刊出慈善专版；被《大爱》等市级以上报刊录用信息报道30余篇；印发“象山慈善”4期。由于加大了慈善宣传报道力度，慈善在社会上的影响力扩大。

【慈善公信力提升】 2017年，县慈善总会把加强慈善组织自身建设放在重要位置，由于三级慈善组织队伍强化，职能明确，责任落实，且成效明显。清理规范了过去出台的所有文件，修订完善了《关于慈善救助款物管理的暂行规定》《关于捐赠物资的管理办法》《象山县镇乡(街道)慈善分会工作规则》《关于实施“慈善救助重大病患”的暂行办法》《关于村(社区)慈善工作站管理办法》《关于调整村(社区)慈善工作站资金募集补助的意见》《关于设立“爱心人士冠名慈善基金”的实施办法》等6个制度；新制定了《关于慈善网络众筹的暂行规定》《关于慈善创业扶贫的实施意见》《象山县慈善分会工作绩效评分办法》《象山县慈善总会信息报送奖励办法》等5个制度；完善了《驻会工作人员岗位职责》和《象山县慈善总会各部门岗位职责》等内部规章制度。使慈善工作步入制度化、规范化、程序化轨道，依法治善、规范行善，慈善公信力得到极大提升。严格财务管理，确保慈善资金在阳光下运作。对所有捐赠款物和救助情况都在《今日象山》报刊上公告。印发《慈善年册》，接受社会查证、监督，保证了慈善资金运营安全。

气象服务

【概况】 气象部门实行上级主管部门和地方政府双重领导的管理体制。2017年，县气象局以提高气象事业发展质量和效益为中心，推进气象业务现代化、气象服务社会化、气象工作法治化，加强创新驱动，强化法治建设，全面推进气象现代化，努力提高公共气象服务能力，为县实施“双突破双驱动”战略，实现“两强两美”象山建设提供优质气象保障。年末，全局气象工作人员共27人(含编外人员)，在编在岗人员18人，其中工程师11人，助理工程师5人，见习期2人；研究生2人，本科12人，专科4人。

【提升防灾减灾能力】 一是在鹤浦镇组织召开防汛减灾现场工作会，18个镇(乡)街道气象协理员参加了会议。二是与农林部门主动对接。借助农林局的信息发布渠道，向全县3万个农民信箱手机用户免费发送服务短信。三是与县供销合作社联合开展直通式气象为农服务工作，将“智慧气象”APP、象山气象官方微信、突发公共事件预警信息发布系统等，与供销联社的“智慧农资”APP和“益农宝”APP等平台对接。四是与教育部门合作开展科普宣传。继续发挥校园气象站作用，联合县科协、县教育局举办全县小学生气象主题征文比赛，旨在宣传气象科普知识，提升学生的气象科普水平。

【渔业气象中心建设】 根据渔业气象中心建设的需求，县气象局在继续完善道人山农气站及西沪港、大塘港特种温盐观测站建设基础上，做好海水养殖气象服务。做好渔业气象指数预报的制作平台与渔业气象中心平台的正常运行维护工作，该平台可查看过去24小时并预报未来24小时西沪港大黄鱼气象指数和大塘港南美白对虾气象指数，为养殖户提供了指数预报服务。在道人山盐碱地“稻鱼共生”示范基地建成的农气站投入使用,该气象站除了可观测常规气象要素外,还有稻田湿地水温资料等,为开展海水稻—鱼(虾、蟹)立体种养共生的新养殖模式提供气象科技支撑及服务。

【建成全省首个水上客渡运船移动气象站】 在渔山和檀头山航线上增设移动气象站,分别安装在"渔光曲3号"和"渔光曲7号"客渡船上。这是浙江省范围内首次在客渡船上安装移动气象设施,对于加强水上客运安全气象服务工作,提高灾害性天气的监测、预报预警能力具有意义。为开展海上气象预报精细化服务提供了重要的数据支撑。

【优化窗口服务】 一是抓好《中华人民共和国气象法》《浙江省气象灾害防御条例》和《宁波市气象灾害防御条例》等法律法规文件的宣传和学习工作。二是落实审批制度改革,全面推进"最多跑一次"行政审批改革。将防雷装置竣工验收、防雷装置设计审核、升放无人驾驶自由气球或系留气球活动审批、升放无人驾驶自由气球和系留气球单位资质四项行政审批事项列入县首批"最多跑一次"审批事项清单。三是实现施放气球行政许可"零跑腿"。施放气球行政许可由原来单一的、需要现场办理此项业务转变为多渠道提供模式。四是审批服务主动,业务质量提升。此外,针对群众反映的突出问题,梳理精简气象审批申报资料,推进"容缺受理"。

【气象指数保险】 2017年,县气象局在继续推进梭子蟹气象指数保险服务的基础上,与保险公司加强合作,共同做好农业保险气象服务:利用《大黄鱼养殖气象预报服务及关键技术研究》《台风影响与海水养殖技术研究》等课题项目研究成果,探索县梭子蟹、对虾、大黄鱼、紫菜等海产品的风险等级标准,并结合保险部门灾害评估资料,探索各类海产品的保险模式;加强农业气象灾害防御气象科普宣传,有效提高农民气象灾害的应急能力和防御意识,减轻气象灾害对农业生产的影响。

【开渔节气象服务】 在第20届中国(象山)开渔节气象服务过程中,针对开渔节期间受"泰利"台风影响和活动分散、室外活动多、时间跨度长的特点,县气象局量身定做气象保障服务方案。该次开渔节活动期间,共发布开渔节专题气象服务14期,内参5期,重要天气8期,避风港锚地专报4期,短信40次6万余条。

【强降水气象服务工作】 10月中旬受台风"卡努"外围环流和北方冷空气共同影响,从10月14日08时至17日08时,全县累积面雨量220毫米,最大檀头山达491.5毫米。沿海海面普遍出现8~9级,短时10级大风。在该次强降水过程中,县气象局做好各项气象服务工作。共发送决策服务内参5期、气象短信10条次。

综 合 管 理

国有资产管理

【概况】 县国资局围绕县委、县政府的决策部署和要求，国资国企整体运行平稳有序。截至2017年12月底，全县共有国有企业（含集体企业）及国有成分企业309家。其中：县属五大集团本级及所属子公司48家；县级部门及管委会所属企业134家（其中国有独资93家，国有控股参股22家，集体企业19家）；镇乡（街道）所属企业127家（其中国有独资79家，国有控股参股11家，集体企业37家）。国有企业用工人数4151人，其中：指标内合同工3225人，指标外合同工828人，劳务派遣98人。

【国企整合重组和改制】 加强国有企业兼并重组力度，推动水务、城投、交通、工投、旅游等县属五大集团公司组建。通过全盘战略性整合重组，实现国企资源整体优化配置，形成了“县国资局—县属集团公司—子公司”三级国资投资体系和实现国有资本集团化组合、专业化运营、集约化发展，提升了国资国企的规模实力、竞争力、带动力。开展象山水产城实业有限公司重组改制工作，出台重组改制方案，完成水产城实业公司的职工安置、资产剥离、股权划转、担保脱保、应收款回收及相关资产过户等增资扩股前期准备工作。配合县公管所完成县城乡公交公司兼并石浦公交公司等清理整合。

【构建国企薪酬管理体系】 调查摸底全县国企职工薪酬情况，出台《关于加强县国有企业职工薪酬管理的意见》和《象山县国有企业职工工资调整方案》，明确工资核定方式、工资增长方案、工资统计口径、工资管理方式、“五险一金”缴纳基数确定方式等五方面内容，完成对水务、城投、交通、工投、旅游等五大集团的工资核定，逐步构建起定期调整、分配合理、操作性强的薪酬管理体系。

【杜绝国企用工“萝卜招聘”】 出台《象山县国有企业劳动用工管理办法》，在原有管理办法的基础上，全面优化员工招聘考核方式、用工选调、退休返聘、“五险一金”等八方面内容，明确高层次人才和紧缺型人才认定标准及招录方式。不定期开展劳动用工管理指导、检查，共指导组织实施招聘55场次，招聘人员207人，其中中高级专业技术人才10人，新职工公开招录达100%，有效杜绝“萝卜招聘”“人情招聘”。

【国企财务监督管理】 实施国企资金竞争性存放管理，出台《象山县国有企业资金存放管理指导意见》，对资金存放实行公开招投标和招标入围两类管理方式，共完成企业资金存放公开招投标25家，完成企业与银行签订协定存款协议63家，入围招标覆盖率达97%以上，存款利率比同期人民银行基准利率上浮40%，有效防止人情存放和利益输送，提高了资金存放效益。组织开展全县国企财务管理培训，参训人员400多人次，提升财务负责人和主办会计等财务人员专业素质，夯实财务基础工作。依规核销坏账，审核县工业投资公司、县中小企业融资担保有限公司和县农业融资担保有限公司等3家企业的坏账。核定企业困难补助额度，解决企业经费难题。

【国企债务管控】 首次编报全县国有企业（不包括乡镇）年度融资计划，全面了解年度融资规模、债务增长和资金投向，并督促按计划执行。严格审批流程，要求全县国有企业填报对外融资审批表，严格审核贷款方式、期限、利率、用途，经多部门审批后方可贷，共审批对外融资表143份，严格审核国有企业重大事项备案表，有26笔贷款因利率、期限等原因进行调整备案，全县重点工程共新增融资审批54.46亿元，有效保障了棚户区改造、中医院迁建、美丽集镇等重点项目的资金需求。拓宽融资渠道，引导帮助企业开拓期限长、金额大、成本低的金融产品。

【国企重大事项监管】 出台《象山县国有企业“三重一大”决策制度实施办法》，遵循依法决策、集体决策、科学决策的原则，明确决策的主要内容、程序、监督检查、责任追究等内容，促进国有企业领导人员廉洁从业。同时，严格落实国有企业重大事项报告规定，2017年共审批136项、备案65项，报县政府审批13项。

【首创国有资产拍卖中介机构执业考评】 出台《象山县国有资产拍卖中介机构执业考评暂行办法》，2017年，县国资局协调县行政服务中心，发布招标公告，公开向外采购，完成第四轮国资拍卖（招租）中介机构入围资格选聘工作，发文确定6家入围名单，并执行该考评办法，年终执业合格率达100%。

【国有资产拍卖拍租】 按照国有产权转让相关规定，共完成3批69辆公务用车、海洋渔业局船用罚没物资“一打三整治”罚没渔获物、县粮食收储有限公司3间房屋及土地使用权、宁波广播电视集团2个标的等资产拍卖，国有产权转让成交金额402.21万元，完成象山影视城、运管所等商铺、街面房屋97个标的招租,成交金额370.61万元。

【固定资产核销处置】 2017年,共核准国有企业报损报废资产净值899.63万元,国有企业资产无偿调拨378.53万元。共受理行政事业单位固定资产16家单位的32笔资产调拨业务,累计调拨资产528.4万元,受理50家单位的84笔报废业务,累计报废资产5091.94万元,审核2家单位的应收账款核销问题,共计65.85万元。

【梳理国有参股企业】 全县县级部门共参股企业21家,出资额97970.1万元,占参股企业注册资本的35.81%,其中:东海湾建设、交通投资、象保合作区开发等重大项目投资资本金7.13亿元,对金融、电力、酒店等经营性投资资本金2.67亿元。全县镇(乡)、街道参股企业11家,出资额2240.2万元,占参股企业注册资本的17.97%,参股企业主要从事自来水、污水处理、旅游及其他工业等行业。

【投融资体制改革】 为加强融资平台公司管理,联合相关部门开展全县所有国有资产资源专项调查,联合财政局摸底分析国有企业经营收入、净利润、现金流和国有资产资源情况,邀请中信建投证券、大公信用等级评定公司等中介专家策划国有集团公司提高信用等级评定工作。

【信息化建设】 完善"国有企业信息管理平台",升级改造"人员管理""资金存放"等相关模块,实现"历史数据可追溯,人员信息可查询"的动态化精准管理,能基本反映全县国有独资企业的人事和财务等基本状况,每月及时准确地掌握国有企业资产资本变动情况。

【党风廉政建设】 以"两学一做"学习教育常态化制度化活动为契机,改进国资干部工作作风,推进党风廉政建设。全面排查各岗位廉政风险点,出台《局机关工作人员问责办法》,加强了惩防体系建设。强化正风肃纪监督检查力度,落实县纪委派驻第二纪检组工作任务,始终保持高压态势。

【国资队伍监管】 制定《深化投融资体制改革打造国资铁军的实施方案》,着力打造国资铁军,成立领导小组,从思想政治建设、业务能力建设、服务作风建设、党风廉政建设等四方面强化队伍建设。加强法律法规培训,制定局年度干部教育培训工作计划和党委理论学习中心组学习计划,组织学习企业国有资产法、拍卖法、资产评估法等法律法规,局中层以上干部参与人大组织的法律知识测试,保证宪法和法律法规正确实施。加强业务流程再造,坚持自学和集中培训相结合,发挥科室负责人等业务骨干作用,学习企业投融资管理、用工管理、财务管理等工作规范、操作流程,提高干部队伍政策业务能力。

【集团公司队伍建设】 做好县属五大集团公司管理者队伍建设,落实县政府授权国资局管理县政府直属企业领导人员的考察、任免及管理等职责,审批聘用水务集团总经济师1名和城投集团副总经理1名。理顺国资系统党组织关系,成立局机关党支部和局机关党委,选拔配备机关党委副书记一名,加强对五大集团党务工作的指导,完成五大集团党组织和党员基本信息采集。

【市国资委主任徐红到国资局走访指导】 11月20日上午,宁波市国资委党工委副书记、主任徐红一行6人到国资局走访指导。会议期间,市国资委与会领导交流并指导了薪酬管理、用工管理、投融资体制改革、监事会的建设及运行方式等方面问题。徐红听取汇报后表示,象山国资可发挥本地优势资源,加强市县两级联动,交流学习先进经验,增强国资国企自主性。

财政管理

【概况】 2017年,县财政局在县委县政府的正确领导下,围绕"双突破双驱动"战略,坚持五大发展理念,稳中求进抓收入,全力以赴促发展,有为惠民生,凝心聚力促改革,主动适应经济发展新常态,沉着应对各种风险挑战,为全县经济社会健康发展提供了有力保障。

2017年,全县财政总收入67.2亿元,比2016年实绩增加了4.4亿元,增幅7%,完成调整预算的100.3%,其中,一般公共预算收入39.3亿元,增长2.3%,完成调整预算的100.5%;中央财政收入27.9亿元,增长14.4%,完成调整预算的100%。全年完成一般公共预算支出70.3亿元,同比增支8.9亿元,增长14.5%,若剔除石油价格改革财政补贴因素,一般公共预算支出增长4.6%。

全县政府性基金收入完成31.5亿元,支出32.3亿元,年末累计结余1.4亿元;社会保险基金预算收入43.4亿元,支出41.8亿元,年末累计结余54.1亿元;国有资本经营预算收入123万元,支出123万元,收支达到基本平衡。

【县域经济社会发展】 全面落实2025中国制造象山工业强县和全域旅游战略,精准安排财政资金,重点支持科技创新、技术改造、人才引进和全域旅游发展,其中安排4000万元的技术改造专项资金和1000万元工业信息化建设专项资金,推进新技术、新模式在制造业领域的推广应用,技改项目最高补助达800万元。同时,统筹安排1亿元旅游发展资金,支持创建国家全域旅游示范区。审核兑现技改贴息、上市补助等各类企业奖励扶持资金约2.95亿元,惠及企业6612户次。发挥政策导向作用,全面落实简化增值税税率结构、小微企业优惠政策等各项减税降费政策,减免税费8.6亿元,受惠企业2640户次。取消和免征27项行政事业性收费项目,减征额超2000万元。发放稳增促调专项资金5819万元,受益企业3189户次。完成2016年度开放型经济政策兑付2453万元,涉及企业830户次。

【实体经济发展】 帮助格鲁康生物等企业健全财务管理,提供资金支持,及时拨付500万元内的创业启动资金和贷款贴息,并通过科技金融风险池换和"科银保"解决100万元~300万元科技信贷,放贷款6360万元,惠及31家中小微企业。筹措资金重点保障实事工程,确保了城乡医疗并轨、购房补贴发放、棚户区改造、"五水共治"、畜禽养殖整治和墓葬整治等工作顺利开展,争取上级补助资金。深入调查中小企业的特色产业技术创新和转型升级项目，完善扶持资金项目库，优化专项资金申报程序，提高项目申报成功率，合力模具获得2017年工业强基工程项目中央资金4108万元。

【教育事业】 2017年，教育支出达12.8亿元，占公共财政预算支出的18.2%。免收义务段学生课本费、学杂费3033万元，惠及51080名学生，落实2.44亿元资金保障中职教育发展和提高教师绩效工资。提高并调整部分地区农村任教津贴，下发农村教师乡镇工作补贴519万元，惠及农村教师2177人，确保教师队伍良性交流与稳定。下发教师培训经费727万元，推进教育改革，全面提高教育质量。投入教育装备经费1359万元，提高教育硬件设施。

【卫生事业】 力促医疗卫生事业发展，调整完善城乡居民医疗制度，提高农民医疗保障水平，为全县413.6万人次结报医药费4.9亿元。全县123家社区服务中心、卫生室基层医疗机构落实县基本药物制度改革，全面实施基本药品零差率销售，减轻群众基本用药负担，财政安排10700万元保障基层卫生机构正常性工作经费。根据县级公立医院综合改革实施意见，财政预算继续安排810万元推进县级公立医院改革，并确保补助资金到位。

【社会保障事业】 根据《象山县城乡居民医疗保险实施意见》，从2017年1月1日起整合原城镇居民医疗保险和新型农村合作医疗，共有330573人参加城乡医疗保险。加大就业和社会保障投入力度，投入9.4亿元用于健全社会保险体系，全年五险参保人员406890人，本地户籍人员养老参保率达到91.5%。落实低保人员发放低保资金、物价补贴等计3751万元，缓解社会上弱势群体由于物价增长而增加的支出，安排 2202万元专项资金全面保障象山惠民工作。同时，配合移风易俗和丧葬整治工作，全力提供资金保障，根据验收合格2707座坟墓，县财政下拨资金740万元，确保任务顺利完成，全县“三沿五区”14982座坟墓圆满完成迁移。根据《关于县事业编制在职人员住房分配货币化的实施意见》，做好所有事业单位人员住房补贴发放和财政预算差额保障工作，落实3222万元住房补助资金，对6271名机关事业人员分年度补助到位。

【支持新农村建设的发展】 启动6个示范村和15个县级特色村的培育工作，推动东门渔村、溪里方、方家岙等5个精品示范村建设，扎实推进农业综合开发，支持农业绿色、生态、可发展。全年整理实施村庄70个面积13.33公顷。新建47个村生活污水治理，提标改造项目村9个，稳步推进农村生活垃圾源头分类处理。加大农业保险力度，提高补助标准。按市定政策，早稻、晚稻、小(大)麦和杂交水稻制种、油菜政策性保险的保费市县财政补贴比例为90%，投保农户负担10%。2017年杂交水稻制种每亩保险金额由1500元提高到2000元，相应保费提高至每亩200元，财政补助每亩180元。支持农机专业合作社和农机作业公司等社会化服务组织开展社会化服务，对为散户提供水稻机械化统一育插秧等作业服务面积达到33.33公顷以上，给予资金补助。

【加强政府债务管控】 出台《象山县政府性债务风险应急处置预案》，组织开展融资担保专项清理整改工作。向上级财政部门争取债券置换额度，努力置换政府一类债务，2017年累计置换债务78亿元，减少利息支出2亿元。

【创新投融资模式】 引进大公等评级机构，对县域国有企业进行资质评定和资源整合，努力打造2A级公司，提高国有企业融资能力。

【深化财政体制创新】 推广应用统一公共支付平台，引入支付宝、银联等支付方式，将公安局出入境收费、公路段路政赔补偿费和交通罚没收费纳入平台，推进非税收入线上线下一体化收缴试点，方便了公众办理缴费业务。深化国库集中收付制度改革、加强和规范乡镇公务支出管理，推行乡镇公务卡改革，真正实现国库集中支付公务卡改革全覆盖。推动PPP投资基金市场化运作，与龙元、工商银行对接，双方交换意见，并针对存在困难力争通过其他配套措施，促成两个存量PPP落地。

【强化财政监督职能】 组织开展财政资金竞争性存放管理联合检查，全县79家一级预算单位和18个镇乡(街道)完成自查，并对海洋与渔业局等10个部门实施重点抽查，发现15批次一级预算单位及下属单位开展了资金存放竞争性招标，涉及招标银行账户90个，金额达13.4亿元。完善县级财政资金竞争性存放管理办法，完成11亿元社保基金竞争性存放，确保库款现金保值增值。稳步开展工程项目结(决)算审查，创新政府投资项目保险实施共保体，强化对工程项目资金监管，共审结工程项目186个，核减投资1.3亿元，核减率为8.6%。发挥委派会计(财务总监)作用，加大项目资金监管，共纠正违规违纪资金约2.2亿元。对5家行政事业单位进行财务收支情况检查，共查处违法违规问题金额2955万元；对县交通局2017年度现代物流园公共服务中心、县民政局2017年度困难群众医疗救助专项资金项目开展绩效评价问卷调查，提高资金使用绩效。全面应用政府采购管理软件，采购审核通过网上流程流转，全年采购金额达9.6亿元，节约财政资金1.2亿元，节约率达11.5%。

【提升干部队伍素质】 组织开展廉政教育，通过观看电影、参观家风馆等形式，共组织开展廉政教育25次，受训人数达1200人次。加强业务常态化培训，累计开展企业所得税、新预算法等培训12期，受训人数达1000人次。开展新一轮中层竞聘，共聘任中层正职28职，中层副职39职，其中提任中层正职4职，中层副职12职。选派12名优秀年轻干部参加“优苗选育”比选笔试，6名干部进入面试，1名干部进入考察。

【深化党风廉政建设】 完善从严治党主体责任和内控机制建设，全面梳理权力清单，细化分解任务清单，将主体责任的落实由局党组向科室负责人延伸，切实防范执法风险和廉政风险。加强作风建设，开展明察暗访，及时抓好存在问题的整改落实，2017年全年开展各类自查自纠、重点抽查、明察暗访20次。

国税管理

【概况】 2017年,县国税局取得了不俗的成绩:绩效成绩再次位列全大市"第一方队",县国税局获评"全国国税系统老干部工作成绩突出的单位",石浦税务分局办税服务厅荣获"市级工人先锋号",西周税务分局办税服务厅荣获"市级青年文明号",王丽亚获评"浙江省三八红旗手"荣誉称号。

【税收收入首次突破40亿元】 2017年,全年累计实现全口径收入400888万元,首次迈上40亿元台阶,其中增值税直接收入267443万元,企业所得税收入56149万元,车辆购置税收入11165万元。

【落实税收优惠政策】 2017年,完成资源综合利用企业退税2410万元,软件产品退税214万元,福利企业退税1348万元。累计落实各项税收减免50932万元,其中鼓励高新技术企业减免14989万元,促进小微企业发展减免8216万元,支持节能环保减免3140万元,扶持文化教育体育事业减免823万元,支持金融资本市场减免3756万元,支持三农发展减免7691万元,改善民生减免5508万元。推广出口退税无纸化管理,办理出口退(免)税23.5亿元。

【推进"放管服"改革】 拓展"互联网+税务",推广应用移动办税APP,实现网上申领、二维码开票,开启线上缴税功能,做好跨区域涉税事项报验管理,拓展办税途径,优化办税流程,基本实现"最多跑一次",最大限度提高办税效率。2017年,局共推送风险纳税人1092户次,合计补缴入库税款14598万元,其中纳税评估入库税款3164万元。整合咨询服务资源,完善12366平台建设,全年共受理咨询电话3200余个,处理投诉21起。深入推广税银互动,帮助57户小微企业解决融资1885万元,有力促进小微企业健康发展。同时与县农村信用社合作,设立全市首个税银合作自助办税服务点,给园区及周边2000余户纳税人就近及双休日领票提供便利。

【深入推进法治税务】 严格落实"三项制度"试点工作,重点落实重大执法决定法制审核制度,选取4名税务干部成立重大执法决定法制审核小组,充实重大执法决定审核力量。在全局配备13台税收执法记录仪,在稽查局建成约谈室,注重调查取证环节音像资料的采集留存,注重电子数据、纸质文书、视听资料的整合利用,实现执法过程可控、结果可溯、内容可查。整顿税收秩序,深化税警协作机制,严厉打击涉税违法犯罪活动。2017年,向公安机关移送案例20户次,实施立案稽查126户,督导企业自查15户,合计查补入库2657万元。其中,在市稽查局、公安、海关和人民银行等部门的配合下,成功破获"6·21"专案。

【推行实名办税】 7月1日起,县国税系统实名办税正式推行。实名办税后,办税人员在办理涉税事项时,仅需出示身份证件,无需每次核验各类证明材料,税务机关在确认其身份并校对移动电话号码后,即可享受"一次身份确认,终身零障碍办税"的优质服务,简化办税流程,提高办税速度,让纳税人享受到更快捷高效的办税体验。

【强化政务公开】 通过"中国·象山"政府信息公开栏目主动公开政府信息143条,通过县国家税务局门户网站上公开信息179条,通过象山国税政务微信公开信息121条,通过县国税局政务微博公开信息76条。开展"弘扬依法治国精神、推进依法治税进程"在线访谈节目一次。加强信访舆情联动工作管理,全年共受理并办结信访舆情事件35起,其中信访事件4起,通过民声回应平台受理事件25起,通过浙江省统一政务咨询投诉举报平台受理事件5起,微博微信等其他渠道受理事件1起,答复率和满意率均达100%。

【加强队伍建设】 制定《关于加强干部队伍建设打造象山国税铁军的实施意见》,依托"岗位大练兵,业务大比武",按照岗位类别组建学习小组,打造常态化学习团队,有4名在五大类"业务大比武"中进入全市前十,其中有1名干部获宁波国税系统专业骨干称号,3名干部获宁波国税系统岗位能手称号。县国税局有22名干部入选市国税局各专业人才库,2名干部入选市国税局兼职教师,7名干部入选市国税局ERP高端人才。

【全面推进从严治党】 全面推进"两个责任",严格打造两个责任"任务书"工程,统筹梳理100项责任内容,制定目标任务与责任分工。上线使用"党风廉政两个责任管理信息系统",加强责任落实的动态监控和跟踪督促。发挥特邀监督员作用,聘请24位社会各界及纳税人代表为局党风廉政建设特邀监督员,全年开展日常纪律暗来明察、节前作风明察暗访专项检查8次,实施批评教育5人次。

地税管理

【概况】 2017年,全县地税系统共组织各项收入49.3亿元,同比增收7.4亿元,增幅为17.8%,剔除营改增因素,同口径同比增收12.1亿元,增长32.6%,其中:税收收入21.5亿元,减幅为0.9%;各项基金附加收入2.3亿元,因水利基金降率和免征等因素同比减收3167万元;社保基金收入25.5亿元,同比增收7.6亿元,增幅为42.2%。

从分税种看,三大主体税种呈"三增一减"趋势:增值税完成33.9亿元,同比增收5.8亿元,增长20.5%;企业所得税完成13.3亿元,同比增收3.6亿元,增长37.6%;个人所得税完成4.9亿元,同比增收6212万元,增长14.2%。从分行业看,四大主体行业三增一减,建筑业、工业、金融业分别入库3.8亿元、5.9亿元、9171万元,同口径增收10451万元、5078万元、329万元,同口径增长38.3%、9.5%、3.7%,房地产业累计入库1.7亿元,同口径同比减收2077万元,减幅11.1%。租赁和商务服务业入库3.1亿元,同口径增收2.2亿元,同口径增长257.5%,增收额、增幅均为行业第一。

【落实税费优惠政策】 开展"降低实体经济成本"行动,推进简政放权,落实国家结构性减税政策,落实2017年4月1日和7月1日的两批减税降费政策和国务院重磅推出6项减税措施，分析政策执行落实效应，确保纳税人享受税收政策改革红利。2017年，全年减免各项税费约8.6亿元，受惠企业约2640户次。规范清减涉企收费，加大清费减负政策贯彻落实情况监督检查，严格落实收费清单制度，遏制乱收费行为，取消、暂停行政事业性收费27项，减征额超2000万元。

【夯实征管基础】 全县411家重点税源纳税户入库地方税收12.2亿元。聚合国地税信息，及时互通个体增值税纳税人定额信息，确保定额核定的统一，防止税款流失，用好存量房评税系统，入库契税2.5亿元。开展税费清理专项行动，加强与司法、市场监管、房管和国土等部门的协作，2017年清理历年欠税4000余万元。出台了招商引资补充意见，利用部分象商创办的企业和信息资源，梳理、洽谈、落地一批招商引税项目，浙江有车网络科技、宁波华昱化学、浙江鼎木资产、宁波海跃海运等7家公司正式落户象山，到位注册资金7000万元，并引进税源企业2家，当年度新增税收400万元。

【加强税务稽查】 制定《象山县地方税务局税务稽查随机抽查管理办法（试行）》，明确抽查依据、抽查主体和运行方式全年共查处发票违法案件35件，组织纳税人自查和实施重点检查共计62户，累计查补各项收入1107万元。建立纳税评估后续管理、税收政策辅导等制度，开展不动产、股息红利、汇算清缴等项目的风险应对评估和企业所得税专项纳税评估，通过案头分析、税务约谈等方式，评估283户纳税人，入库各项税费基金1305万元。

【强化税收法治】 严格执行领导干部、公务员学法制度、局党委理论学习中心组集体学法制度等，采用自学、讲座和培训等形式，开展一系列法律知识及岗位业务系统配套学习活动，组织领导干部、公务员学法用法考试，参考率达100%。依托每周一次的政治教育平台，将新颁布的法律法规及政策纳入学习范畴。

【优化纳税服务】 挖掘“税企之家QQ群”的网上办税服务资源优势，精心制作“税务+直播”模式的“网办业务系列谈”业务培训专题视频讲座，指导纳税人通过多走“网路”、少走“马路”，为纳税人办税服务提速减负。2017年，全县地税部门网上办税业务量占总业务量80%以上，网上申报率达94.8%，网上缴款率63.9%。全面推进房地产交易不动产登记“最多跑一次”受理改革，做到一个窗口就可以办理不动产交易所有事项。

【提升队伍素质】 推进党风廉政建设。共组织开展廉政教育25次，受训人次达1200人次。强化干部队伍建设。加强业务常态化培训，开展企业所得税、新预算法等培训12期，受训人数达1000人次。组织28名业务骨干参加全市地税系统五大类岗位业务大比武，选派12名优秀年轻干部参加“优苗选育”比选笔试，6名干部进入面试，1名干部进入考察。抓好地税文化建设。深入开展系列文明创建和满意工程建设，选派3名干部参加县级微型党课比赛。

国土资源管理

【概况】 2017年，县国土资源局全年完成农转用10个批次和3个单独选址项目，建设用地总面积327公顷，其中新增建设用地303公顷，同比2016年增长9.8%。全县土地供应总量120宗18.9公顷，完成总任务的121%，房地产回暖态势显著，出让商品住宅用地9宗28公顷，成交金额共计21.5亿元，住宅用地最高楼面价6540.8元/平方米，土地出让价格创历年新高。盘活存量土地133公顷，实施低效用地再开发89公顷；全面完成永久基本农田划定工作，划定永久基本农田2.18万公顷，建设高标准基本农田142公顷，加强耕地数量、质量、生态“三位一体”保护，扭转违法用地“高发、多发、易发”被动局面；深入推进“一严查两整治”亮剑行动和“绿剑3号”行动，经核查发现各类历史遗留积案90宗、违法违规设施农用地105宗，全部整改到位。在全省国土系统工作会议中2次就设施农用地整治工作作典型发言。

【县盘活存量用地强化去库存】 全年盘活存量建设用地133公顷，完成年度任务的133%；完成城镇低效用地再开发89公顷，完成年度任务的140%；历年城市分批次“批而未供”土地严格控制在上级要求范围内。

【国土统筹规划加强项目用地保障】 重点保障工业、旅游、重大民生等项目，预安排项目135个，涉及新增建设用地303公顷，2017年实际完成农转用10个批次和3个单独选址项目，建设用地总面积327公顷。沈海高速复线连接线完成农转用，金七门正在开展前期工作，国电海上风电场正在选址论证，航天科技城工程性采矿批准，东部沿海防洪潮工程正在开展前期工作。

【象山出台新规加强旅游项目用地保障】 县出台《象山县旅游项目用地保障实施意见》，在“点状供地”、垂直开发、自驾车房车管理及旅游配套设施用地等方面取得突破，涂茨镇小海文旅度假建设项目和贤庠镇沈家洋地块枫康项目通过“点状供地”方案评审，合计用地面积3.08万平方米，节约建设用地指标60%以上。

【象山分类施策化解闲置土地难题】 出台《象山县加强闲置土地盘活利用若干规定》，利用高清遥感影像比对“一张图”数据成果，摸清全县闲置土地底数、分布情况和土地利用翔实情况，并依法分类施策。如浙江山语海房地产开发有限公司，2013年取得大目湾地块，因配套设施不规范和新消防规范更改导致闲置，重新约定延期动工时间，现全面动工建设。如宁波半边山投资有限公司，因项目规划调整形成闲置，经县政府批准，重新调整土地用途和使用条件，现顺利开工动建。

【全县连续19年实现耕地占补平衡】 县国土资源局完善耕地保护体系，划定永久基本农田2.18万公顷，建立永久基本农田保护共同机制，严格落实永久基本农田保护责任卡、标志牌、宣传牌，明确耕地保护补偿标准和补偿对象,扎实推进耕地垦造进程,2017年垦造耕地108公顷,完成年度任务的183.3%,“旱地改水田”80.4公顷,完成年度任务的603%,农村土地综合整治复垦16.9公顷,完成年度任务的147.5%,建设高标准基本农田2131公顷,完成年度任务的110.8%。

【集体经营性建设用地供应试水成功】 出台《象山县农村集体经营性建设用地供应若干规定》,明确在符合土地利用总体规划、城乡规划、产业发展规划和生态保护等相关规划前提下,农村集体建设经营性用地可供应给村级集体经济组织或其兴办的村办企业,用于建设游客服务中心、精品民宿、农家乐等旅游配套设施。2017年,定塘镇后洋塘村、墙头镇溪里方村、丹西街道方井头村等3个村股份经济合作社项目先后完成供地。

【象山颁发浙江省第一本山塘不动产权证】 1月10日,县山塘不动产权证首发仪式在县行政服务中心二楼大厅举行,县鹤浦镇大百丈村股份经济合作社取得浙江首本山塘不动产权证。大百丈山塘总库容9万立方米,以灌溉为主。县把山塘确权工作作为阶段性目标,与宁波市不动产登记处沟通衔接,国土、水利紧密配合,完成鹤浦镇大百丈村山塘测绘划界、权籍调查、测绘图形入库等工作,县国土资源局代表县人民政府登记核发大百丈山塘不动产权证书。

【不动产登记实行“一窗受理”】 3月27日,县实行不动产交易、纳税、登记三位一体,通过“一窗受理、集成服务”的模式,整合业务办理流程、精简申报资料、缩短办理时限,实现不动产登记全业务、全过程“最多跑一次”。实行“一窗受理”后,申请人办理业务时只需叫一次号、一次性递交申报材料,即可办理不动产登记、交易和契税业务,精简流程60%以上。

【深化应用“一张图”助力土地资源智慧管理】 5月24日县国土资源局启动“一张图”系统功能开发完善,通过手持移动终端(平板电脑)实现多图浏览、数据查询、属性查看、统计分析和GPS定位等功能。同时,结合监察巡查方案调整之机,将移动“一张图”系统深入推广到整合精干力量形成的9个片区执法中队及所有业务科室,实现对土地资源“批、供、用、补、查”全程动态监管。

【象山率先实现与银行共享不动产抵押查封登记数据】 6月22日,县国土资源局实现与银行共享不动产抵押查封登记数据。该局经过市县人民银行和上级国土资源部门多次衔接,将不动产抵押查封数据推送至宁波市国土资源局数据共享平台,由宁波市人民银行接收至宁波市中心微企业信用服务平台,再由银行自助查询。成为全大市第一个实现与银行在线共享不动产抵押查封登记数据的县市区。

【全国土地日推进土地与生态文明建设】 6月25日是第27个全国“土地日”,为落实耕地数量质量生态“三位一体”保护要求,县国土资源局围绕“土地与生态文明建设”主题开展宣传实践活动。在涂茨镇政府前广场设立“土地日”宣传摆台,悬挂标语,摆放展板。共发放1000余份资料,解答百余群众的咨询提升了群众珍惜土地、依法用地、节约用地意识。

【国土执法监察巡查中队成立强化监管】 7月31日,象山国土资源局重新梳理执法监察职责,将监察大队组建为内勤组、办案组和巡查组3个组,并抽调全系统38名年轻巡查人员按区域建立9个巡查中队,专门负责国土资源监察巡查、配合办案组调查取证及参与相关单位执法行动等,7月26日,正式成立国土执法监察巡查中队,加大巡查力度,牢牢巩固“无违建县”创建成果。

【象山不动产登记实行全县通办】 10月起,除农村宅基地登记、抵押权登记、查封登记外,不动产登记实行全县通办,即任一镇乡(街道)的不动产可在县域范围内的其他任一镇乡(街道)国土所(分局)或不动产登记中心窗口申请登记,登记资料由国土所(分局)与不动产登记中心窗口之间内部传递,老百姓可就近选择办理,少跑路、少花时间,大大方便了群众办事。

【象山实现国有建设用地使用权网上挂牌出让】 10月12日,县丹西街道丹河路与丰饶路交叉口东北角一、二两建设用地地块使用权通过浙江省土地使用权网上交易系统顺利完成挂牌出让,面积为5039平方米,用途为商服用地,成交总价款达2260万元,由上吴村股份经济合作社竞得。这是全宁波市首次国有建设用地使用权网上出让交易,县国土资源交易市场从有形市场向数字化市场跨越。

【开展12.4国家宪法日暨全国法制宣传日活动】 12月4日,县国土资源局在县人民广场向过往行人发放宣传资料、答疑解惑,推动国土资源法律法规的知晓率和普及度。活动当天共发放法律宣传书籍、宣传图册、宣传单等500余份,接受现场咨询200余人次。

【县农房一体确权登记发证仪式暨工作推进会顺利举行】 12月20日,县农房一体确权登记发证仪式暨工作推进会在茅洋乡洋岙山村农民会所举行,首批8本不动产权证书发放到了农户手中,农村房地实现从财产到资产的转变,县成为宁波首个举办农房一体确权登记发证仪式暨工作推进会的县(市)区。

【象山国土开展“两学一做”学习教育活动】 县国土资源局先后组织各类“两学一做”学习活动20余次,创新学习载体,组织党员干部参观黄公岙海山楼纪念馆、大金山国防教育基地、谢才华廉政教育基地、重阳登山等教育活动。

市场监督管理

【概况】 县市场监督管理局现有在职干部职工近400名,其中在编干部245名。2017年,县市场监管局在县委、县政府和市局党委的正确领导下,县市场监督管理局相继获得“一打三整治”工作先进单位、全县政务信息工作先进单位、网络民情会办工作先进集体、县级社会治安综合治理工作先进集体、县爱国卫生工作先进集体、全县食品药品安全工作先进单位、开放型经济优胜服务单位、小微企业三年成长计划工作优秀单位、药品不良反应监测监管工作先进单位、医疗器械不良事件监测监管工作先进单位、全省新闻宣传工作先进单位市、县(市、区)农贸市场提升发展工作先进单位等多项荣誉。

【全县市场主体登记情况】 2017年度,全县新登记各类市场主体9208户,同比增长28.57%;其中新登记国内资金企业(含私营,下同)2530户(含分支机构,下同),注册资本(金)2361904万元,同比分别增长42.37%和105.11%;外商投资企业31户(不含分支机构,下同),新增注册资本25274万美元,同比增长14.81%和减少20.35%;个体工商户6611户,资金数额129262万元,同比分别增长25.44%和42.10%;农民专业合作社36户,新增成员出资额5780万元,成员数180个,同比分别减少59.09%、58.99%和66.67%。2017年,全县注销各类市场主体8295户,同比增加91.75%。其中,注销国内资金企业806户(含分支机构),外商投资企业7户,农民专业合作社21户,个体工商户7461户,同比分别增长51.22%、减少46.15%、增长250%、增长97.69%。截至2017年12月底,全县累计实有市场主体44371户,同比增长1.13%。其中,累计实有国内资金企业13502户,注册资本(金)8375402万元,与2016年同期相比分别增长11.90%和43.03%[包括累计私营企业11784户,注册资本(金)6097818万元,同比分别增长10.44%和44.64%];外商投资企业221户,注册资本150001万美元,同比分别增加4.74%和8.14%;个体工商户29748户,资金数额393464万元,同比分别减少3.14%和增加12.86%;农民专业合作社900户,成员出资总额136710万元,成员总数11355个,同比分别增长1.69%、1.80%和减少2.06%。

【全县市场监督管理暨党风廉政建设工作会议】 1月17日上午,全县市场监督管理暨党风廉政建设工作会议召开,会议回顾了2016年度工作,分析了当前所面临的新形势,指出了市场监管工作和队伍中存在的一些问题,并围绕"双驱动双突破"发展战略的总体要求,全面部署了2017年市场监管重点工作和党风廉政建设工作。

【县市场监管局旅游市场监管大队成立暨国家全域旅游示范区创建工作推进会】 3月23日上午,在1101会议室召开旅游市场监管大队成立暨国家全域旅游示范区创建工作推进会,会上,首先由副局长张旦海宣布旅游市场监管大队成立并授牌,然后由各单位、科室签订责任状,随后,石浦分局、餐饮科、旅游监督大队3个单位先后汇报了全域旅游工作计划打算。最后,分管副局长杨培良就全域旅游下一步的重点工作进行部署安排。

【全县食品安全工作会议】 4月1日,全县食品安全工作会议召开。会议回顾了食品安全排雷"百日攻坚"行动开展情况,截至3月底,共抽检各类食品216批次(其中,农产品生产环节46批次,食品生产流通环节55批次,餐饮服务环节90批次,联合抽检25批次),完成"百日攻坚"食品检测任务的43.2%。组织开展专项检查252次,立案查处各类食品违法案件57件,排雷行动取得初步成效。会上,各镇乡(街道)、各部门签订了《2017年食品安全工作目标管理、食品安全城市"两级联创"工作责任书》。

【全县质量强县建设工作会】 8月16日上午,由质量强县办公室牵头的全县质量强县工作会议在象山宾馆顺利召开。29个质量强县成员单位、18个乡(镇)街道、办事处分管领导分别到会。会上,副局长梅歆瑛通报了2016年质量强市考核县(市、区)政府象山扣分情况,并部署了年内考核任务。相关成员单位根据年内考核细则提出年内可能会导致扣分因素和下一步措施。县府办副主任陈海波最后进行强调讲话。

【县局召开"一打三整治"工作会议】 4月24日上午,专题召开"一打三整治"工作会议。局领导,正(副)局级干部,机关各科室(队、中心)、各所(分局)主要负责人,民个协会负责人参加会议,会上,副局长欧江首先对全局"一打三整治"工作进行了再动员,对"一打三整治"工作进行了部署,明确了工作内容和职责分工。随后,石浦分局、丹东所、丹西所、稽查大队在会上做了表态发言。最后,石岳吉局长指出,年内"一打三整治"工作要求更高、时间更长、任务更重,各单位要扎实有效推进,做好对菜市场、饭店、排档、农家乐、星级酒店的执法检查,严禁违禁渔获物购销行为。

【县局领导督查"一打三整治"工作】 7月21日上午,县局局长石岳吉一行人到石浦开展"一打三整治"督查工作,重点了解"一打三整治"工作开展以来在农贸市场和餐饮店监管方面取得的成效和存在的问题。同时指出在下步工作中要根据市场监管的职能扎实做好。

【县局召开中共十九大专题学习会】 10月18日上午9时,中国共产党第十九次全国代表大会在京举行,县局全体机关干部职工在局会议室仔细聆听了总书记习近平代表中共第十八届中央委员会所作的报告。

【全县"最美诚信民营企业""最美诚信个体工商户"颁奖典礼召开】 11月24日,宁波市道德模范与身边好人现场交流、宁波好人榜(9至10月)发布暨县"最美诚信民营企业""最美诚信个体工商户"颁奖典礼在爵溪街道文体中心举行。县委常委、宣传部长罗来兴,县市场监管局副局长梅歆瑛等出席典礼并为获奖者颁奖。最终评选出宁波斯洛曼智能科技有限公司等10家企业为2016年度县"最美诚信民营企业",西周嵩兴副食品商店等10家个体工商户为2016年度县"最美诚信个体工商户"。

【县食安委举行县食品安全突发事故应急演练】 12月26日,县食安委举行县食品安全突发事故应急演练。该次演练按照《象山县食品安全事件应急预案》要求,设置指挥部、现场调查组、危害控制组、医疗救治组、警戒保卫组、信息发布组、应急保障组等7个小组,以某外地旅行团在象山旅游期间发生的重大食品安全突发事件为例,对突发事件先期处置、应急响应、善后处置三大环节进行了静态桌面推演,此次演练取得圆满成功。

【推进商事登记制度改革】 2017年年内共公布"最多跑一次"事项目录207项,办理清单内事项5316件。其中行政审批事项全部纳入清单,材料符合法定要求的行政审批事项均可实现一次性办结。同时,采用"政务+金融"服务的方式,在工商银行、农村信用合作社等6家银行设立39个网点,实行代理登记业务,提高行政审批便利化程度,降低了市场门槛,激发了全社会投资创业的热情。

【深化各项服务举措】 开展"集中服务月"活动,走访企业460余家,有效解决了企业的一些实际问题。继续推进"个转企"和商品交易市场、农贸市场提升发展工作,办理"个转企"101家,公司制比率85%,超额完成年度目标任务,督促、指导4家省"放心农贸市场"和5家星级文明规范市场通过创建验收。高度重视商标品牌工作,新增注册商标533件,"象山柑橘"获评地理标志证明商标,地理标志证明商标总数达7件,占宁波市总数的1/4,新增省市级名牌5个,企业在市场竞争力增强。有效拓宽企业融资渠道,用足用好股权质押、动产抵押、商标专用权质押等登记职能,为企业融资43.6亿元。发挥民个协会作用,非公党建工作得到加强。

【开展"质量强县"与标准化建设】 2017年年内有12家企业导入卓越绩效管理模式,日升集团顺利通过"浙江制造"标准评审,企业质量水平逐年提升。推进标准化建设,增强企业标准化创新能力,新立项国家级农业标准化示范区项目1个,市级农业标准化项目3个,服务业标准化试点项目1个,新申报市级农业标准化项目4个。深入开展工业企业产品标准自声明公开工作,公开企业标准641项,涵盖839种产品,超额完成市局要求。

【推进食品安全综合协调】 高度重视食品药品安全创建工作,深入推进食品安全"两城联创"行动,巩固市级食品安全达标乡镇的创建成果。发挥食品检验检测中心的技术支撑作用,共抽检各类食品1130批次,完成检测项目6136个。

【食品安全专项整治成效显著】 共定量抽检食品及食品相关产品3048批次,查处食品违法案件220起,切实解决了食品行业中存在的突出问题。立案查处食品违法案件153起,其中大案57起,有效震慑食品领域不法行为。

【加强食品安全全程监管体系】 完善食品安全索证索票、黑名单制度,公布食品经营黑名单6家。推广食品安全责任保险,有效推进"智慧监管",完成食品安全金融征信体系建设试点工作(省级食安办试点项目),食品各环节的监管力度加大,食品安全全程监管体系建设得到强化。

【狠抓药械规范管理】 加强药械的购、销、存等环节的监管,加大药械生产、经营企业的巡查频次。全面落实药品生产企业的GMP认证和经营企业的GSP认证,认证率达100%。同时,完成5个市级药品安全示范乡镇创建工作,药械监管得到规范。

【强化药械风险防控】 共定量抽检药品、医疗器械261批次,对不合格药械及时做好后续处理工作。完善药械不良反应监测体系建设,累计监测、上报药品不良反应491例,医疗器械不良事件167例,有效消除安全隐患,确保公众用械安全。

【开展药械专项整治】 先后组织开展中药饮片,夏季大输液,小药店、小诊所药品质量等专项整治行动,共检查生产经营企业415家次,立案查处药械违法案件42起,对涉嫌销售假药案件依法移送公安机关追究刑事责任,确保公众用药用械安全。

【特种设备的日常监管】 全面排查学校、公园的电梯、气瓶、游乐设施以及公众密集型场所的特种设备安全。检查特种设备使用单位470家次,发现隐患85处,下达指令书85份,消除了安全隐患。

【特种设备专项整治】 重点打击特种设备"三非两超""一无一违"等违法违规行为,立案查处特种设备违法案件8起。开展安全生产大检查,强化简易升降机专项整治,关停整改了一批违规升降机,加强涉案冷库整治,整改涉氨冷库140家,基本守住特种设备安全底线。

【完善特种设备监管机制】 制定特种设备使用单位风险评价办法,对电梯、简易升降机维保单位和液化气气瓶充装单位实施分类监管,完成安全等级评定,督促企业加强自我管理。

【稽查办案工作】 2017年年内,共立案查处各类违法案件543起,其中大案239起。立案查处了非法传销案件5起,捣毁传销窝点3个,解散和教育遣返涉案人员3700余人,将7名严重违法人员依法移送公安机关追究刑事责任。

【健全事中事后监管机制】 全面完成市场主体年报工作,将700家未按时年报企业列入经营异常名录,并做好实地核查工作,对208家信用波动企业进行书面信用反馈。实行工业企业分类监管。出台《优化服务,强化监管,促进企业转型升级工作实施方案》,组织开展工业企业的摸底排查,共联合经信、环保和安监等部门开展专项执法行动8次,责令25家企业落实整改,取缔严重违规企业7家,取得成效。

【产品质量与民生计量监管】 全县生产许可证企业、食品相关产品企业等安全类产品生产企业的巡查率100%,全年检定各类计量器具2.5万余台,巡查民生计量企业380余家次,相继组织开展定量包装、液化气钢瓶、农贸市场电子计价秤等专项检查,查处了一批计量违法案件。

【强化广告及网络市场整治】 突出食品、药品、保健品等重点领域广告的监管,加大虚假宣传的查处力度,共立案查处违法广告20起。继续开展"红盾网剑”和“甬剑”系列专项执法行动，坚决打击网络商标侵权，违规炒信，恶性竞争等违法行为，依法查处网络市场违法案件36起，切实维护广告和网络市场秩序。

【做好“一打三整治”工作】 共立案查处各类违法案件89起，依法移送海洋渔业部门76起，查扣一批违禁渔获物。农贸市场、餐饮单位销售违禁渔获物行为得到有效遏制，整治工作取得了成效。

【开展消费维权工作】 累计受理消费者举报投诉1411件，为消费者挽回经济损失167万元。全面启动“放心消费在浙江”行动，引导日常消费、服务消费等重点领域行业单位参与“放心消费示范单位”创建行动，申报放心消费示范单位87家。

【优化舆情应对机制】 共受理县民情会办中心、县双联中心交办的各类舆情事件1840件，办结率100%，成功阻止了多起保健品非法推销活动，有效保障了老年人的合法权益。做好流通领域商品质量监测，组织开展各类商品监测186批次，保障了人民群众的消费权益。

【规范旅游消费市场】 全力投入“国家全域旅游示范区”创建工作，在影视城、石浦等主要景点和乡村旅游发展较快的村设立消费维权站50个，及时调处旅游消费纠纷。完善旅游市场监管大队工作机制，依法查处旅游市场各类违法行为，立案查处旅游行业商业贿赂案件19起。

物 价 管 理

【概况】 2017年，共查处价格违法案件10件，实现经济制裁总额50.789万元，印发行政警告 3份，印发责令整改通知书11份。受理各类价格投诉咨询举报92件，办结率为100%。

【开展市场价格监管】 开展节日市场的粮食、食用油、肉禽蛋菜奶、液化气等价格检查，共检查摊店852家。开展景区门票价格执行情况的督查。对中国渔村、象山影视城等4家国家AAAA旅游景区的门票价格、优惠减免政策落实及明码标价等价格执行情况进行了重点督查。完善明码标价工作。2017年共检查宾馆、餐饮、商业零售、景区等行业172家，发放通知书及价格提醒函142份，明码标价签1.2万张，提醒、告诫、纠正涉嫌价格欺诈行为18件，发出责令整改通知书15份。加强电商价格监管工作，遏制价格欺诈行为。强化监测预警。对全县15个价格监测点的主副食品、生产资料、商超产品、医药价格等12大类125种商品价格信息实现全面监测，健全智慧价格平台、《今日象山》及象山旅游等媒体的“价比三家”“晒价格”的实时价格信息发布体系，维护重要节日、冰冻雨雪、迎峰度夏等关键时期价格平稳。2017年，发布各类价格监测信息92期，上报专题分析报告10篇。

【落实民生价格政策】 调整县中医院等10家公立医院普通病房床位费收费标准，其中带独立卫生间二等双人病房收费标准为60元/床日，不带独立卫生间二等双人病房收费标准为45元/床日，带独立卫生间三等三人病房收费标准为50元/床日，不带独立卫生间三等三人病房收费标准为40元/床日，带独立卫生间四等四人级以上病房收费标准为35元/床日，不带独立卫生间四等四人级以上病房收费标准为30元/床日。核定东陈汽车城应急停车场机动车停放服务收费标准，1小时内(含)免费，停放1小时以上至4小时每车次3元。4小时以上至8小时每车次为6元。8小时以上至12小时每车次为8元。连续停放24小时(含)每车次12元封顶。自2017年4月1日起执行。核定县体育馆室内羽毛球场地使用服务费收费标准，县体育馆羽毛球场地使用服务费收费标准为11元/人·次。核定东海半边山风景区门票价格，东海半边山风景区门票价格实行试行价，试行价格不得超过120元/票·人，自2017年3月27日起执行，试行期为2年。调整宁波滨海学校学费和住宿收费标准，初中段学费基准价标准从8000元/学期·生调整至9000元/学期·生，高中段学费基准价标准从9000元/学期·生调整至10000元/学期·生，住宿费收费标准从800元/学期·生调整至900元/学期·生，实行政府指导价管理，上浮不超过10%，下浮不限。调整儿科门诊和住院诊查费等儿童医疗服务项目价格收费标准，县级公立医疗机构儿科诊查费在现行基础上，门诊加收7元/次，住院加收10元/日。儿科急诊诊查费在上述调整后的诊查费基础上加收5元/次。副高、正高职称儿科专家门诊诊查费加收标准在上述调整后的诊查基础上加收5元/次和8元/次。该价格收费标准自2017年8月10日起执行。核定“宏地首府”住宅小区前期物业综合服务收费标准，普通住宅小区有电梯多层和高层住宅前期物业综合服务费为2.5元/平方米·月。核定“玖墅府”住宅小区前期物业综合服务收费标准，普通住宅小区有电梯多层和高层住宅前期物业综合服务费为2.5元/平方米·月。测定公布西周镇首期“农房两改”住房销售价格，“农房两改”住房多层住宅、车库和储藏间销售基准价每平方米分别为2700元、2000元、1350元。公布县2017年早、中、晚稻谷及小麦的具体收购价格水平，每50公斤小麦为118元，早籼谷为133元，晚籼谷为136元，晚粳谷为150元，以甬优系列为主的粳籼杂交稻每50公斤143元。国有粮食购销企业按订单收购县内种粮农户生产的粮食，凡市场价低于最低收购价格的，由县政府决定启动最低收购价政策，按最低收购价收购；高于最低收购价的，按市场价收购。

【开展价费专项检查】 开展涉企收费专项检查。7月至8月对测绘、设计、检测等3家行政审批中介服务收费、对县房地产业协会、县道路运输协会、县建设用砂行业协会等5家行业协会商会收费及2家电子政务平台收费及住建、规划、国土、环保等4单位的涉企收费情况进行了抽查，规范收费行为。10月至12月对绿城兰园、保蓝集郡、印象江南等7家商品房售楼中心销售的楼盘是否按规定明码标价等行为进行了检查，向3家单位印发了《责令整改通知书》。开展机动车销售和维修行业价格行为专项检查。根据《象山县物价局转发浙江省物价局关于印发〈浙江省机动车销售和维修行业价格行为规则〉通知》(象价〔2017〕5号)文件精神,5月,对随机抽取的5家机动车销售和维修企业的明码标价执行情况、价格公示内容、维修服务价格行为等问题进行了检查,总体执行情况良好。开展清费减负政策落实情况的专项督查。11月,对5家单位2017年以来取消、停征和免征行政事业性收费落实情况进行了检查,确保减轻企业负担政策落实到位。7月至8月,对国网县供电公司的销售电价、差别电价、阶梯电价政策执行情况开展重点检查,对不按规定提供服务、超范围超标准收费、向用户转嫁成本等价格行为进行了重点检查,查出涉案金额362万元。从3月开始,重点对酒店、饭店、景区、涉旅酒店及海鲜排档等商户的不明码标价等不正当价格行为进行了整治,共检查各类经营户825家,发放价格提醒函等各类宣传资料682份,明码标价签40500张,纠正不合理价格行为45起,印发行政警告3份、责令整改通知书9份、立案3件,印发行政处罚决定书2份。

【规范收费项目与标准】 全面实施清费减负助企惠民。对全县行政事业性收费、强制垄断性涉企经营服务性收费等进行专项清理。通过排查审核、分类整合24项行政事业性收费项目,全年减征1000万元。落实涉企清费减负政策。年减轻全县企业负担2000万元。严格收费单位行政事业性收费公示报告制度。开展全县93家收费单位2016年度行政事业性收费情况报告工作,及时、准确地按规定报告年度收费情况。通过清单公示、动态调整、实时监管等途径,及时纠正违规收费问题,营造良好价格收费环境。全面系统地梳理行政规范性文件,确定现行有效的2016年12月31日前发布的价费规范性文件84件,并按有关规定对外公布。做好收费统计和收费监管平台运行维护工作。

【价格社会监督】 2017年,总站2次邀请物价、工商、质监等有关人员对现有职监人员进行案例剖析、检查操作、法律法规讲解等业务知识培训和有关法律法规学习,提高工作人员的市场应变能力和监管服务水平。2017年,共组织检查7次,参加检查人数94人次,检查摊店538家,查处短斤缺两等违法行为12次,校验计量衡器190台(支),收缴不合格计量器具2台(支),发放宣传资料180份,在《今日象山》等各类报刊提供有价值新闻信息稿件10篇,在电视广播播出检查等各类情况5次,受理各种投诉举报及有关政策咨询18件,解决消费争议3件,向有关部门反馈各种有价值信息5件。规范价格认定服务。2017年,完成各类价格鉴定208件,金额126.60万元。做好8大类48个重要民生商品和重要生产资料价格常规监测,优化监测点布局,完善监测品种及信息发布制度,2017年发布价格信息49次。完善智慧民生价格信息服务平台项目,采集公布县2家超市、2家农贸市场的价格信息数据,为市民提供全县大型超市、农贸市场、药店的商品价格查询和比价。

【价格改革】 完善差别水价政策。在建立水价成本约束机制的基础上,结合县实际,调研谋划差别化排污价格政策。每年减轻企业负担6650万元。重新修订《象山县市场价格异常上涨应急预案》,规范应急处置工作。合理调整全县10家公立医疗机构的普通病房床位费、儿科门诊和住院诊查费等收费标准,衔接做好县妇幼保健院等4家单位的医疗收费调整工作。实施新建商品住房价格备案制度。按照《象山县人民政府办公室关于新建商品住房销售价格实施备案制度的通知》要求,自9月22日起执行新建商品住房销售价格备案制度,规范商品住房销售价格行为。规范城区管道燃气相关服务项目收费标准。按照价格管理权限,对城区管道燃气主营业务天然气价格及管道燃气非主营业务收费标准进行了规范和公示。建立维修服务及燃气抢修明码标价簿,详细标明各项服务的内容、收费标准和维修材料的价格。

【处理价格投诉举报】 完善价格投诉举报网络组织。2017年,处理各类价格投诉举报92件,回复率、满意率为100%。对餐饮未按规定明码标价、老年公寓及仁明眼科医院乱收费等5件投诉举报进行了立案查处,涉案金额280万元。健全价格监管应急机制。通过《中华人民共和国价格法》宣传周、“3·15”消费者维权等载体,结合微信等网络自媒体,营造身边有展示、媒体有引导、网络有传播的良好氛围。提高群众满意度和社会公信力。

【价格形势预测】 2017年粮食价格稳中有升。2017年县标一早籼米、晚籼米、粳米集市零售价格每500克分别为2.26元、2.5元、2.62元,较上年分别上涨2.26%、3.31%、2.34%。鲜菜、猪肉、蛋价格走低。鲜菜和猪肉价格分别下跌10.6%和5.7%。蛋价延续上年小幅下跌势头。生猪平均出场价格为7.6~7.9元/500克之间波动,精瘦肉、肋条肉集市平均零售价格每500克在14~16元之间。受市场供应变化等因素影响,2017年全县鸡蛋价格总体平稳,同比出现小幅下跌,鸡蛋集市平均零售价格为4.8元/500克。2017年全县内蔬菜价格基本随季节和节日等因素波动,全年平均价格同比有所下跌,列入监测的10种蔬菜集市零售价格波动较多,涨少跌多;2017年全县花生油、菜籽油、大豆油(均为一级,5升桶装)等食用油集市平均零售价格同比平稳。城区内粮油零售店的一级豆油批发均价为8.16元/公斤;调和油零售均价7.8元/公斤,金龙油零售均价为11.60元/公斤。工业生产价格波动上升。工业生产价格环比在二季度小幅下跌后,下半年开始又转入上涨通道,全年延续了2016年下半年以来的上涨走势。水泥、天然气、钢材等大宗商品价格先跌后涨。2017年大宗商品价格整体上涨,全年走势表现为,在上半年下跌后,下半年快速上涨,12月份达到年内高点。建材价格大幅上涨。2017年建材价格延续上年底的上涨势头,从县物价局监测数据看,12月底县螺纹钢(Φ12,HRB335)、普通硅酸盐水泥(42.5强度,散装)价格较年初分别上涨45%、55%。2017年全县农业生产资料价格运行总体平稳,受供需变化影响,三元复合肥、尿素、碳酸氢铵、过磷酸钙、氯化钾(均为国产)等化肥价格有所涨跌,总体小幅上涨。2017年瓶装液化气价格各月涨跌不一,总体运行走势呈上升趋势，零售价格基本维持在92元/瓶至102元/瓶的区间内。

【营造价格宣传氛围】 加强价格网站建设。同时编印《象山发改信息》，发往全县各个单位、企业，宣传物价工作新举措、新动态。扩大价格新闻宣传的途径。加强与报社、电台、电视台等新闻媒介的联系，强化价格新闻宣传工作。2017年共发送各类稿件102件。以实施重要法规、规章和重要时点为契机，开展《中华人民共和国价格法》及《浙江省价格条例》等宣传活动。通过"象山发改"微信公众号、"象山发改微博"等新媒体推送《中华人民共和国公务员法》《行政机关公务员处分条例》等廉政建设法律法规、党纪条规学习材料48篇。结合节假日市场巡查，对行业协会及相关企业和经营户，宣讲市场价格行为监管政策、法律法规。印发《提醒告诫书》484份，提醒告诫行业协会和经营者加强价格自律，规范市场价格秩序。结合"3·15"消费者权益保护日等重大活动，加大价格法律法规的宣传和广场咨询服务的力度，拓宽新闻宣传渠道，树立价格部门良好形象。

审 计

【概况】 2017年，县审计局坚持围绕县委、县政府中心工作，依法履行审计职责。全年完成审计项目35个，查出违规金额及管理不规范金额76326万元，核减政府投资工程造价3564万元，提出审计建议被采纳43条。审计工作得到县委、县政府主要领导肯定。荣获2017度宁波市审计机关考核优秀单位。审计报告获县领导批示70篇次。全年延伸审计二、三级单位424家，移送案件线索10起。3篇课题论文获得了宁波市优秀审计论文奖，1个审计项目获宁波市优秀审计项目。"1+N+X"经责审计新模式在《宁波日报》、宁波电视台等主流媒体进行宣传报道。

【深化财政同级审计】 财政同级审计从全口径预算着手，加大对重大政策措施执行、专项资金管理分配和使用绩效等方面的审计力度。重点实施政府采购情况专项审计调查项目，移送案件线索2起，编写专报4篇。县人大常委会领导多次来局对接同级审工作，全程关注同级审进展情况，同级审报告得到县人大领导的高度肯定。

【创新经济责任审计工作模式】 在全大市首创"1+N+X"经责审计模式，实行财权审计与事权审计相结合。如2017年度开展的县经信局局长经责审计。同时，开展工业强县政策落实情况、企业去产能政策落实情况等2个专项审计调查，全年完成领导干部经济责任审计项目12个；开展新任领导干部培训，对全县2016年4月以来新提任的党政正职领导干部进行"面对面"告知承诺和业务培训，增强了领导干部责任意识，提高了领导干部履行经济责任的能力。

【政策贯彻落实情况专项审计调查】 出台《象山县推进"中国制造2025"试点示范工作实施方案》《关于扩大有效投资推进重点工程的实施意见》等10余个制度，有力推进县各项政策落地生根。其中根据工业强县政策执行专项审计调查撰写的《象山县两化融合项目政策扶持亟待规范》《象山县规下工业企业培育需引起重视》两篇专报，得到县主要领导的肯定和多次批示，为领导决策做好参谋。

【新任领导干部培训】 4月1日，县审计局对全县新提任的党政正职领导干部进行"面对面"告知承诺和业务培训，增强了领导干部责任意识，提高领导干部履行经济责任的能力。县委组织部部长范焕平出席培训，并作重要讲话。

【审计工作与县委巡察工作无缝对接】 通过"审计+巡察"工作模式，实现"审计+巡察"工作"双赢"。对全县2017年度既列入县委巡查名单，又列入经责审计的单位，通过先审计后巡查，巡查借助审计开展工作，审计依托巡查促进结果落实和成果转换，提升审计结果运用的深度和广度。

【加大政府投资审计力度】 全年完成投资审计项目11个，送审金额198511.93万元，核减工程造价3564万元，调减待摊投资2091万元，首次向县监察委移送违规发包问题。加大跟踪审计和专项审计调查力度，首次出具大金山隧道、盛宁线东陈至茅洋段、石浦高速公路新桥连接线等3个跟踪审计年度报告。完善政府投资审计管理系统二期平台，将信息化终端工具由电脑向智能手机延伸，实时了解掌握政府投资项目的项目批复、工程造价及竣工决算审计情况，强化对协审单位的考核管理。

【首次开展公益性事业单位绩效审计】 为配合县卫生和计划生育局原局长任期经济责任审计，县审计局首次尝试对县内5家公立医院、17家乡镇卫生院的医疗设备尤其是大型医疗设备的使用情况开展绩效审计。通过绩效审计，分析医疗设备配置的合理性、科学性，督促医院实行绩效管理，加强对医疗设备管理使用的考核和监督，提高医疗设备的使用率、完好率，保证良好的经济效益和社会效益；通过绩效审计，评价其经济性、效率性和效果性，提出审计建议，促进统一管理、建立统一协调的管理政策。

【提升内部审计服务水平】 协助县农林局完成121个村级财务审计项目；组织80人次参加省、市级培训，有力提高内审人员素质和水平；开展内审优秀项目、内审优秀论文评比活动，石浦镇政府陈亚华被评为浙江省、宁波市内审先进工作者；县农林局陈燕被评为宁波市内审先进工作者。《内部审计为国家审计全覆盖服务的实践与思考》调研报告，在《宁波审计》杂志上发表，内审成果显著。

【在宁波市首创"1+N+X"经责审计模式】 县审计局在宁波市首创"1+N+X"经责审计模式，实行财权审计与事权审计相结合。6月12日《宁波日报》、宁波电视台等主流媒体进行了宣传报道。

【审计整改步入正轨】 全面实行整改事项挂销号制度。2017年全年整改挂销号项目30个，发现问题金额9866万元，发出审计整改通知书20份，整改金额6190万元；审计整改首次纳入县级目标管理考核。根据审计整改情况，对全县76家县级部门和18个镇乡(街道)进行打分，实现考核全覆盖；督促被审计单位将审计整改结果向社会公告。出台《象山县审计局督促指导被审计单位主动公告整改结果办法(试行)》，督促3家单位对6个审计项目整改落实情况向社会公告；开展常态化审计整改联合大检查。继续开展20家单位审计整改联合大检查，并对检查的总体情况、整改情况及整改中所存在的问题在全县范围内进行通报。

【以制度为保障建立联动机制】 出台《象山县人民政府关于加强审计工作的若干意见》，县审计局根据文件精神，加强经济责任审计联席会议成员单位间的协作，加强与人大、纪委监委、检察、公安等部门之间的沟通协调，分别与县纪委、县委组织部、县检察院建立工作协作配合机制，有力发挥了监督合力作用。

【严把三关规范移送案件行为】 通过严把"移什么""移给谁""怎么移"三关，完善审计案件移送程序，实行案件线索审计组汇报、审理人员审理、分管局长把关和局长审批制度。同时，严格落实执法岗位责任制和保密制度。2017年加大移送力度，向相关单位移送案件线索10起。

【改进工作方式方法】 出台《关于加强和改进局审计工作的通知》，同时改变审计方式，由送达审计为主转为就地审计为主，增强与被审单位的交流沟通，在一线探讨解决问题，大大提高审计效率。县建筑设计院院长经济责任审计项目获宁波市优秀项目。全年审计专报上报25篇，《象山审计专报》录用7篇，县委县府办录用5篇，获领导批示8篇次，创历史纪录。

【县审计局局长徐小平受邀在县政府常务会议上讲课】 9月28日，县审计局局长徐小平为县级领导和县级各部门主要领导作了题为"坚持法治理念 强化审计监督职能"专题讲座，讲座结合象山审计开展情况解读《浙江省审计条例》，从审计事项内容、审计权限和规定等六个方面进行讲解。

【加强培训发挥团队力量】 成立以80后年轻干部为主力军的审计业务信息研讨小组、课题项目讨论小组、计算机审计攻关小组等三个小组，审计业务信息研讨小组专攻信息专报提升审计成果，课题项目讨论小组冲刺课题一、二等奖，计算机小组专攻信息技术实现大数据审计，通过发挥每个年轻干部自身优势，攻破局存在的各项短板，以此提升整体水平。2017年，在市局审计知识竞赛中获得一等奖第一名和优秀组织奖，1篇课题获得市局二等奖，2篇获得三等奖。

【完善局班子队伍建设】 2017年，审计人事制度解冻以来，县审计局领导班子与上级审计部门、组织部门沟通和协调，共有3名在内部提拔，1名外单位充实进审计领导岗位，副局长徐小平升任局长，局领导班子队伍得到充实完善。

【推进党风廉政建设】 局党组切实履行党风廉政建设主体责任，完善"三书两报告"制度，制定印发《象山县审计局2017年党风廉政建设工作要点》，通过党组书记上党课、党员参加微型党课比赛、认领微心愿、参观家风馆、开展应知应会知识竞赛等形式，把学习教育与审计工作相结合，坚持两手抓，做到两促进。

【做好配合服务保障工作】 配合上级审计部门工作。派员参加市局"最多跑一次"审计、北仑区自然资源资产审计和萧山区领导干部经责审计等审计配合工作。2017年外来审计组相对较多，宁波市局对县开展了农业园区审计、节水政策审计、石浦镇领导干部经责审计；台州市审计局对县开展的被征地农民基本保障政策落实情况审计等。县审计局做好后勤保障服务和沟通协调工作。配合本级党委政府部门工作。在县政府常务会议上，为县政府领导、各部门负责人作"坚持法治理念 强化审计监督职能"专题讲座，结合象山审计开展情况解读《浙江省审计条例》，增强领导对审计工作的理解，提升审计影响力。

【县审计局在全市审计机关审计业务知识竞赛荣获一等奖】 12月22日，宁波市审计局在宁波电视台举办"践行新理念·打造审计铁军"业务知识竞赛决赛暨颁奖典礼。县审计局在此次决赛中获得一等奖第一名；同时，县审计局还获得优秀组织奖。

统 计

【概况】 2017年，县统计局围绕县委、县政府中心工作，有序开展月度、季度、半年度、年度统计报表，着力加强统计监测评估和预警机制，加强GDP支撑相关指标的监测评估，加强相关统计数据的分析调研，及时向县领导提出对策建议，从严锻造"统计铁军"，做好服务发展、服务基层、服务群众工作。

【统计监测预警】 围绕全县年度目标任务，参与经济运行监测预警联席会议，建立各专业定期碰头分析报告机制，切实加强对双底线考核等重要指标和重点领域的监测预警和分析研判。全面加强对双底线考核指标完成情况的监测分析，围绕薄弱环节，强化基础工作，深入分析GDP主要支撑性指标，对出现下滑趋势或奇异值的单位重点跟踪。切实加强民生指数、收入分配、城乡统筹、产业经济、全域旅游、社会发展、基本公共服务均等化、航天科技小镇和星光影视小镇等领域的监测评估。

【及时发布统计信息】 按月发布解读社会关注的重要指标数据，2017年，公开政府信息204条，编发统计简讯138篇，编印出版《2017象山概览》《象山县2016年国民经济和社会发展统计公报》《2016象山统计年鉴》，定期以纸质、网络发布等形式对外公布相关统计信息，月度编发《象山统计信息专报》《象山统计信息》等资料，季度编发《象山三农信息》。

【深化统计调研分析】 2017年，县统计局切实深化统计分析研究，共撰写并发布《统计与调研》49期，调研完成15个不同经济领域的研究立项课题，为领导决策提供依据，参与县"十三五"规划前期课题研究，《当前县GDP运行亟需关注的问题及对策探析》获得县委常委、常务副县长陈兴立的批示，《旅游业增加值对经济发展的贡献分析—以县为例》获得了县领导的重视。

【推进统计公开透明】 推进统计信息公开，2017年发布"县统计局"微信公众号100期，使统计成果惠及社会大众。让社会各界正确认识和使用统计数据，正确理解和支持统计工作。

【排摸"四上"单位】 2017年全年共新增"四上"单位112家，其中工业76家，建筑业1家，批零住餐业17家，房地产8家，服务业10家；全年共退出单位77家，其中工业47家，建筑业4家，批零住餐业13家，房地产8家，服务业5家。为实现应统尽统、真实准确提供基础保障。

【强化片区工作能动性】 严格执行统计工作人员企业走访等各项制度，及时做好工作台帐。2017年，片区工作站共编写统计动态和信息88条，走访基层统计单位433家。此外，协助做好卫星城市石浦镇和浙台经贸合作区的统计监测工作。

【指导管理部门统计】 加强对部门统计的依法管理，严格统计调查项目审批管理，对各级各部门统计调查制度的科学性、有效性、实用性等进行科学评估，依法规范统计调查行为。

【规范部门统计工作】 组织对重点部门开展统计工作走访指导，建立与GDP核算重点部门的数据报送和工作督查制度，强化部门协作。

【统计信息化建设】 结合各专业统计的业务需求，稳步拓展联网直报的业务应用范围，完善联网直报系统，减少中间环节，提高工作效率。启动建设涉密信息网络系统，强化信息系统的安全建设和管理，为统计数据和重要信息系统提供有效的安全防护。

【基本单位名录库建设】 依托统计片区工作人员力量及时更新并完善基本单位名录库，同时加强与市场监管、税务、民政、编办等部门的合作，促进部门名录库信息共享，探索调查信息交换平台建设。2017年，共维护名录库单位6852家，其中新增单位2979家。

【统计基层基础建设】 出台《象山县人民政府关于加强统计基层基础工作的意见》，县政府为确保文件落地，由班子成员带队，分片到各镇乡（街道）、部门做好跟踪督查，加强考核，促进工作落实，该项工作得到省市统计部门领导的高度肯定。

【加强基层统计人员培训】 局班子带队下基层指导调研，着重抓好全县统计人员的业务知识更新培训，采取以会代训与专题培训相结合的方式，探索座谈会、交流研讨会等新培训形式，辅导和传授工业、能源、投资、劳动工资、科技、贸易业、服务业以及统计法律法规等方面的知识，2017年年内，累计培训各类统计人员达1380余人次。

【全域旅游监测】 根据《浙江全域旅游产业名录建库方案（试行）》《浙江全域旅游产业统计分类（试行）》的要求，协助县旅委建立全域旅游产业名录库，库内共有旅游及相关法人活动单位3132家、产业活动单位115家和个体户11771家。根据《浙江旅游发展集聚区和旅游特征企业认定办法（试行）》的要求，开展8个旅游发展集聚区和3个旅游特征企业的认定工作。开展全域旅游产业测算工作。

【新兴产业统计监测】 实施战略性新兴产业年度和月度统计监测分析，为有效监测战略性新兴产业发展进程和水平提供统计服务。探索建设县级海洋经济统计制度，开展海洋经济监测评估试点和测算工作。指导航天科技小镇和星光影视小镇建立统计台帐。

【实施新产业、新业态、新商业模式的"三新"统计监测】 实施电子商务统计监测调查制度，对"三新"规模以上服务业企业（不包括贸易企业）进行界定，78家规模以上企业中有"三新"服务业11家，为科学界定"三新"活动范围，满足统计上观察、测算"三新"经济活动发展规模、结构和质量等提供需要。

【农业普查】 2017年1月1日起，普查进入正式入户登记阶段，县农普办16名成员分成四个督查小组，分别走访四个片区镇乡（街道），实地查看普查表填写情况，共登记普通农户103771户，规模农户3239户，农业经营单位2500个。3月上旬完成全县所有普查对象纸质报表填报及PDA录入工作，并召开数据处理审核会议，4月底完成对所有普查表的验收工作。县农普办通过县办自查与乡镇互查的方式，对县36个村（社区）、54个普查小区的300多户农户、108户规模户、18个农业生产经营单位实现了抽查，确保高通过率，得到了市农普办事中、事后质量检查的肯定。

【统计法制宣传】 利用媒体、网络和法制宣传进基层等多形式全方位手段，真正营造"法治就在你身边"的氛围。结合农业普查业务检查走村入户的时机，联合县港航局专门召集全县船舶行业企业开展统计法制培训会，共发放法制宣传册300余份、农业普查宣传笔500余支，到10个村张贴宣传画，接受群众法律咨询10余次。坚持"一事一信息、一事一上报"信息报送制度，全年共撰写20篇统计法制信息，为推动依法治统创造了良好的法制环境。

【统计执法稽查】 制发《2017年县统计法制工作要点》和《2017年县统计稽查工作计划》等相关制度，由局领导班子带队赴60家单位执法稽查，其中当场警告2家，警告并罚款1家。2017年新申领行政执法证1人，更新2人。组织好统计执法证申请、考试、资料收集等工作，通过国家统计执法证考试3人。

【专项调查】 开展2017年人口变动抽样调查、"平安浙江"群众满意度调查、2018年市政府为民办十方面实事等近10个专项调查工作及非月度劳动力和采购经理指数等抽样调查，按季开展规模以上工业企业景气调查、小微工业企业走访问卷调查，准确把握工业经济状况、评估调控政策效果。

【党风廉政建设】 建立党政主要领导负总责、全体班子成员切实承担"一岗双责”的党风廉政建设责任体系；新制定《关于打造提供优质服务统计铁军的实施意见》《2017年度县统计局机关干部绩效管理考核办法》《象山县统计局开展“打通中梗阻、提升执行力”专项工作实施方案》《象山县统计局机关党支部规范落实组织生活制度工作细则》《象山县统计局物资采购管理制度》《象山县统计局科室统计工作分区域联系制度》等内控制度，强化权力制约；严格控制“三公”消费。推进以孙茂芳“五小”服务的党员志愿者服务工作，深化结对共建系列活动，踊跃参加慰问活动，个人捐款共计12310元，联系村绿化补助款5000元，帮助晓塘乡西边塘村和中央站村联系落实项目经费9万元。

【推进学习型党组织建设】 专题学习中共十八届中纪委七次全会、十九大、红船精神以及《习近平关于人才工作论述摘编》《全面从严治党面对面》《公务员以案释法读本》等近10次，党员干部围绕“学党章党规、学系列讲话，增强四种意识”及省、市党代会撰写学习心得。组织参观烈士纪念馆、王家谟故居、县机关干部家规家训书画作品展等。

【多形式党课活动】 组织开展“喜迎十九大”党课大比武活动，局机关12位青年干部准备、精心参与。此外，推荐年轻干部参加全县第十届微型党课比赛和“最喜爱的习总书记的一句话”主题宣讲比赛，均获得优胜奖，邀请县宣讲团开展“勇立潮头话担当”全县微型党课巡回宣讲活动；组织人员参加全市统计系统庆祝中国共产党建党96周年暨“是统计人，为党旗添光彩”演讲比赛，并获得二等奖。

海 关

【概况】 象山海关于2001年3月经国务院批准设立，2003年12月28日正式开关，是宁波海关垂直管理的正处级行政执法单位，管辖范围为县行政区域，设有石浦和黄避岙2个海关监管点。根据业务需要，内设办公室、业务科，共有关员18人。基本职能是：监管进出境的运输工具、货物、行李物品、邮递物品和其他物品；征收关税和其他税、费；查缉走私；编织海关统计；办理其他海关业务。

【业务概况】 2017年，象山海关共监管进出境货物1.7万吨，同比增长51.7%；贸易额7.5亿元，增长30.4%；监管船舶227艘次，下降10.3%；审核报关单1395票，下降6.3%；征收税款1391.1万元，增长5.4%；其中对台小额贸易货运量2047.4吨，贸易额3899.2万元，分别增长81.6%、57.5%；活海鱼出口1948.4吨，贸易额9702.1万元，分别增长12%、17.7%。

【推动浙台经贸区发展】 1月5日象山海关与浙台经贸合作区管委会召开协调会议，就监管场所管理、对台小额贸易监管及2017年口岸新动向等情况进行沟通交流。

【开展对台小额商品价格调研】 4月18—20日象山海关王国华副关长一行赴上海开展对台小额进口商品市场价格调研，掌握对台小额进口商品的流向及价格动态。

【赴福州、厦门调研对台小额贸易】 5月8—12日，象山海关王国华副关长、业务科俞晓刚科长一行赴福州、厦门考察学习对台小额贸易监管工作。了解福州、厦门等对台小额贸易较发达地区的发展及监管模式，借鉴学习，有针对性地促进象山地区对台小额贸易发展。

【获开放型经济优胜服务奖】 5月11日，象山海关王斌关长参加2016年度县工业·开放型经济风云榜颁奖典礼，象山海关荣获县2016年度开放型经济优胜服务奖。

【船代联系会议】 6月6日，象山海关召开上半年船代联系工作会议，了解造船企业的困难与需求。随后到重点企业开展实地调研，开展企业帮扶。在造船行业整体低迷形势下，2017年象山造船企业表现亮眼。

【结对帮困】 6月21日，象山海关组织到县石浦镇下洋墩村敬老院开展“七一”结对帮困慰访活动。

【法治宣传】 7月7日，象山海关召开第二次宣传工作会议，讨论下半年海关政策宣传计划，王斌关长、王国华副关长、张少波副关长参加。2017年，象山海关在《今日象山》开设“海关之窗”开展普法宣传共17期，推进减免税政策普及，帮助企业用好用足政策。

【海洋经济调研】 7月13日，象山海关王国华副关长参加县第一次海洋经济调查工作领导小组会议，并与县委常委、县政府党组成员干维岳进行工作沟通。同日，象山海关王国华副关长参加县级海洋经济运行监测与评估国家试点工作领导小组会议。2017年，象山海关撰写的调研论文《经济新常态下如何科学推进海洋经济释放渔业资源红利》获宁波关区优秀调研成果一等奖。

【首次验放出口5000吨以上级船舶】 9月20日，象山海关首次验放浙江某公司以“进料对口”贸易方式申报出口的一艘油船，总吨位6494.7吨，货值850.9万美元，这是象山口岸新港码头临时开放后验放的首艘5000吨以上级船舶。

【维稳安保誓师大会】 10月12日，象山海关派员参加县中共十九大维稳安保誓师大会暨“忠诚1号”反恐怖演练。

【“大脚板走一线、小分队破难题”】 10月19日，关王国华副关长参加县“大脚板走一线、小分队破难题”抓落实专项行动推进会。2017年，象山海关下企业走访调查22次，收集建议问题10多个，在此基础上开展探索，做到100%有答复100%有落实，推动服务升级。

【赵岙村扶贫帮困】 11月3日，象山海关组织党员志愿者到奉化大堰镇赵岙村开展扶贫帮困活动，了解该村发展建设情况和村民生产生活情况，并走访慰问孤寡老人数家，送上米油等慰问品。

【获“全国文明单位”称号】 11月17日，象山海关获评第五届“全国文明单位”荣誉称号，成为县第一家获得此荣誉的单位。

【特邀行风监督员会议】 11月30日，海关召开2017年度海关特邀监督员工作会议，邀请副县长华弼天和其他企事业单位人员担任特邀行风监督员参会，对象山海关提出意见与建议，并悉心聆听，一一整改。

【应对“最长休渔期”】 休渔期提早到5月1日，县水产加工行业面临较大压力，2017年1—5月，象山海关快速审放冰冻海关制品135批次，货值6945万元；审批减免税冻鱿鱼、金枪鱼等4728.2吨，减免税款1257.4万元。

【综合治税量质并举】 密切跟踪主要税源商品国内需求及国际市场价格变动趋势，加强税收日常预警、预测分析，严格保证金管理，提高税款支付效率，实现零欠税；坚持依法征税、科学征管，未征一起“过头税”；推进通关无纸化、电子支付、汇总征税等改革，向回流企业送政策上门，引导华翔华乐特等多家属地企业属地申报，回流税源910.4万元，同比增长23.6%。

【打私效能提升】 2017年，象山海关协助缉私部门破获一起旧服装走私案，在县鹤浦岛某码头查获绕关走私进境旧衣服550吨。象山海关加强业务数据分析，注重行业风险研判，稽查企业7家，稽核查补税97.2万元；开展“国门利剑2017”联合专项行动，严防“洋垃圾”走私进口；加强与边防、海事、国检等单位沟通，开展联合执法行动。

【帮扶企业成效明显】 帮助浙江神州船业有限公司等企业实现船舶出口象山锚地交付，降低费用数百万元；实现减免税设备异地监管核查，帮助欧亚远洋渔业等企业每年降低支出40余万元；协调乐惠国际、中瑞、华翔等10余家企业在北仑、上海、广州等口岸的货物通关。

【特色业务促进有力】 优化对台小额贸易通关模式，实现一体化物流监管，提供“预约加班”“快速审放”通关服务，降低通关时间；继续施行“提前报关、海上验货、现场放行”活海鱼监管模式，解决了象山湾300余家养殖户、上千人的生计和发展问题。

【服务举措形式多样】 按照全国通关一体化要求，对符合国家减免税产业导向的企业进行摸底，审批减免税2925.1万元，增长58%；建立海关优惠政策宣讲平台，编制《信息专报》，媒体连续刊登海关政策近20期，QQ群普及信息10余篇，实现“应宣尽宣”；开通年报办理快速通道，提前通过关企QQ群、短信、电话等形式告知企业，对于逾期未申报企业设立办理专岗，集中快速办理；建立重点企业帮扶名单，实施上门“一对一”帮扶，开展贸易安全规范化指导、政策宣讲。

【党建统领队伍建设更加有力】 组织各类专题理论学习15次、专题党课7次，抓好党建责任制落实，分解具体工作55项，并全部实行“亮诺承包”，年度党建考核排名上升4个位次。制定《象山海关“一对一”对口帮扶工作实施意见》，提出“三互”支部工作法。加强先进典型培育，3名关员分别获评2017年关区“十大青年业务标兵”、优秀共产党员、党员模范示范岗称号。

【学习型党组织建设成绩斐然】 从开展全员读书活动、健全理论学习、规范全员培训、打造“象心力——轮值讲坛”、推进信息、宣传和学术研讨工作入手，探索“七位一体”学习型党组织建设模式。组织参与教育培训23人次；开展“轮值讲坛”9次；撰写书评3篇，其中一篇获关区优秀书评征集活动三等奖；撰写论文17篇，获队伍建设征文一等奖1篇、二等奖1篇，获加贸保税征文一等奖1篇，获关学会论文三等奖1篇。

出入境检验检疫

【概况】 截至2017年12月31日，象山检验检疫局（以下简称象山局）党组成员为：党组书记、局长郭利平，党组成员、副局长王新铎，党组成员、副局长魏四军。内设：办公室、综合科、风险稽查科、检验检疫科4个科室和综合技术服务中心1个事业单位，承担象山地区出入境的人员、货物、交通工具检验检疫监管工作。全局干部职工43名，其中，行政编制16名，事业编制7名，合同制职工18名。

【业务概况】 2017年，象山局检验检疫出入境货物2836批、货值17981万美元，同比分别减少11.07%和6.81%。出境货物2541批、货值15506万美元，同比分别减少11.71%、14.8%，主要为农副产品，其中水产品950批，货值9580.5万美元，同比分别增加1.28%和0.99%；罐头类和竹木制品1368批，货值5320.7万美元。入境货物295批，货值2474万美元，批次同比减少5.14%、货值同比增加125.78%；主要对台小额贸易和水产品。检出不合格出入境货物93批次、货值441万美元，检出率3.3%，同比减少19.83%。

【常规性条目类】 (其中原有常规性条目)【原产地签证】改名为【象山检验检疫局多举措促贸易便利化水平提升】【质量月活动】改名为【象山检验检疫局扎实开展质量和品牌提升帮扶工作】，另外增加了【三同工作】【进口汽车监管工作】【实验室开放日工作】以及【国门安全监测工作】。

【贸易便利化措施】 2017年，象山局贯彻落实无纸化报检、“最多跑一次”改革、区域一体化通关模式等贸易便利化措施，提高企业通关效率。2017年，辖区实施无纸化报检企业73家，无纸化报检批次占总报检批次的94.9%，报检员办理报检业务从之前的2至3小时缩短到几分钟；以通报方式报检入境报检批次58批，占全部入境报检批次的16.9%，为企业节约464工时，成本1.2万元。

【质量和品牌提升帮扶工作】 2017年，象山局开展“春雨行动Ⅱ”“清风行动”“质检利剑行动”、针织行业“双百”服务、食品农产品质量提升等工作。助推1家企业获“出口质量优胜企业”提名奖。2017年,共采集失信信息96条,向3家报检企业送达降级告知书。

【对台小额贸易】 2017年,象山辖区出口对台小额贸易货物384.9万美元,同比增长11.4%,进口对台小额贸易食品、化妆品同比增加120%。制定《对台小额贸易进口食品、化妆品监督抽检方案》,对在影视城、石浦海峡广场等旅游区域内直销店的台湾食品化妆品实施“快速核放+后续监督”的检验监管模式,平均检验检疫时长从原来的18天缩减到2天。

【“同线同标同质”工作】 2017年,象山局推进“三同”工程,通过下厂调研,组织培训,帮扶企业提升质量管理体系等措施。2017年,象山辖区共有11家企业入驻“出口食品企业同线同标同质平台”。

【进口汽车“三包”及缺陷召回监管工作】 2017年,象山局开展象山辖区进口汽车经营者“三包”监督检查。按照相关规定对进口汽车经营者“三包”维修记录、缺陷召回台帐、顾客投诉处理等情况进行了检查,并明确企业的质量安全主体责任,维护进口车主的合法权益。

【实验室开放日活动】 9月21日,象山局举办实验室开放日活动,邀请象山文峰学校的20名学生代表参观。学生代表观察了前期在课堂上采集样本的培养结果,在显微镜下观察微小的生命现象。该活动促进了学生们对检验检疫工作的了解,增强了食品质量安全和国门生物安全意识。

【国门生物安全监测工作】 2017年,象山局开展国门生物安全监测工作,选定19个实蝇监测点,用GPS定位仪将各监测点精确化、固定化。2017年,共抓获14头具条实蝇、11头南瓜实蝇。开展国门生物安全进校园、进社区等活动,增强民众国门安全防控意识。

【示范区建设工作】 2017年,象山局将创建国家级出口水产品质量安全示范区列为重点工作。7月13日,象山出口水产品质量安全示范区通过质检总局考核验收工作,成为浙江省首家国家级出口水产品质量安全示范区。助推象山影视城创建全国影视文化产业知名品牌示范区,该影视城于2017年8月通过创建专家组的阶段性督查,正式验收将于2018年12月进行。

【帮扶企业选择原产地证书】 2017年7月5日,象山局赴辖区重点原产地签证企业——浙江启鑫新能源科技有限公司进行帮扶指导,指导企业对照降税清单合理选择优惠原产地证书,实现一个厂子拥有一套具体使用原产地证的方案,为企业争取关税优惠。

【进出口企业检验检疫诚信体系建设】 2017年,象山局以信用级别为基础,对企业实施差异化管理。对布控和降级企业按照不同诚信等级,督促企业提升诚信意识;对守信企业优先实施无纸化报检,认可企业检测结果,降低抽检比例,实施绿色通道放行等信用监管模式。2017年,象山地区再添一家“全国检验检疫信用AA级”企业。

【食品安全合作备忘录】 4月12日,象山局与县市场监督局签署《食品安全合作备忘录》,明确重点检查产品及检查内容,实现检测技术交流和合作,互通执法活动情况,查找流通领域以及进口环节的违法线索,促进象山经济产业的转型升级和产品质量的总体安全水平提升。

【象山果蔬脆片首次出口“一带一路”沿线国】 5月11日,宁波素子园八味食品有限公司生产的500公斤果蔬脆片,经象山局检验合格,出口匈牙利,这是宁波地区生产的果蔬脆片产品首次出口“一带一路”沿线国。

【“育家风 立家规 严家教”活动】 6月6日,象山局开展“育家风 立家规 严家教”活动。全体干部职工一起观看中国传统家规系列影视展播之一的《蒙以养正 心治家国》,引导干部职工从自身做起、严守党规党纪,筑牢拒腐防变的家庭防线。

【国门生物安全教育示范基地】 4月12日,象山局向象山文峰学校颁发“国门生物安全教育示范基地”标牌,文峰学校也成为县首家国门生物安全教育示范基地。

【全国首次截获检疫性有害生物】 7月25日,象山局从一艘进口对台小额贸易货船的食品舱内发现少量葡萄,且有为害症状,检疫人员对全部样品取样并送至宁波局技术中心检测。8月21日,经中国检科院确认为检疫性有害生物——葡萄苦腐病菌,系全国口岸首次截获。

【“三同”进万家活动】 7月28日,象山检验检局在象山丹东街道塔山社区开展“三同”进万家活动,向社区群众发放宣传资料100份,象山有11家企业成功上线“三同”平台,产品种类涉及罐头、水产制品、果蔬制品等。

【进口医疗器械产品检验监管】 2月5日,象山局对一台来自德国的X射线计算机体层摄影设备实施到货检验,该设备价值104万美元。这是象山地区首次独立进口CT设备,特邀请宁波局甬城办专家指导检验,确保该批设备顺利投入使用。

【获得荣誉】 象山局获“宁波检验检疫系统计划财务工作先进集体”“2017年度县开放型经济优胜服务单位”;吴俊杰获“宁波检验检疫系统优秀共产党员”,王新铎获“宁波检验检疫系统优秀党务工作者”,陆琛获“宁波检验检疫系统计划财务工作先进个人”,丁晓燕获“宁波口岸首届十大食品安全卫士”。

安全生产监督

【概况】 2017年全县共发生各类生产安全事故55起,死亡38人,受伤30人,同比分别下降33.73%、下降28.3%、下降48.28%。其中:道路交通事故36起,死亡17人,受伤26人;渔业船舶事故12起,死亡14人,发生较大事故1起,死亡3人;工矿商贸事故7起,死亡7人,受伤4人。截至12月底,安监系统事前处罚起数38起,罚款金额增77.3万元,事故处罚金额147.8万。

建立县四套班子领导牵头检查机

制，组织了二轮督查，涉及全县23个重点部门和18个镇乡街道，抽查70余家企业，挂牌督办4家企业，全县通报2次，在《今日象山》分三批公布12家违法违规企业，宁波电视台《看看看》栏目正面报道1次，反面曝光2次，消除了一批安全隐患，有效防范各类安全事故发生。把消防、渔业生产、交通运输、建筑施工等行业作为重点领域，从严执法检查，整改了一批安全隐患。共检查单位3275家次，整改隐患4113处，罚款87万元，拘留18人。对人员密集企业、老旧小区、群租房、影视摄影棚等场所进行重点整治，共检查单位1180家。强化渔船安全监管，共检查渔船1422艘，发现隐患115艘，全部完成整改。交通运输方面，共检查运输车辆1440辆次，打击违法违规行为6起，罚款8万元。建筑施工方面，共检查在建工程101个，印发整改单101份、停工通知单16份，整改安全隐患1361处。加强危险化学品安全综合治理，依法查扣非法存储汽油5.4吨，查处非法存储油漆、松香水等11.6吨，中共十九大期间联合县公安局对危化企业进行安全检查，其中事前处罚19起，罚款金额48.7万元；检查一般工商贸企业430家，印发整改指令书281份，现场措施决定书60份，查封扣押5份；140家涉氨制冷企业均安装报警、喷淋、排风联锁系统，配备了应急救援器材，24家涉及快速冻结装置的车间均进行了隔离，11月23日、12月11日分别迎接了国务院安委办核验组、国家安监总局核验组对县涉氨制冷企业的明察暗访；船舶制造方面，制定了《象山县船舶修造企业生产安全专项隐患治理指导手册》，联合县经信局、县消防大队、县市场监督管理局等部门聘请专家对27家企业进行了诊断检查；金属冶炼方面，对44家企业逐一专项检查，督促企业完成风险辨识评估和分级管理；实施安全生产许可证制度，加大重大事故隐患监控和治理力度，对19家非煤矿山全覆盖高密度检查，打击1起违法违规行为，罚款1万元；县安委办联合各部门，对53家烟花爆竹零售经营单位、2家批发单位进行专项大检查，打击1起违法违规行为，罚款1000元；组织了专项检查，督促企业完善有限空间管理制度、操作规程以及作业人员专项培训教育，作业场所设置作业告知卡和警示标志；餐饮方面，吸取涌金广场两家餐饮场所连续发生火灾的教训，联合检查组共检查餐饮企业110家，排查安全隐患143项，发下整改通知书74份，查处非法充装液化气2起。联合县经信局对23家“无安全保障”的“低小散”企业开展整治，全部完成；联合县市场监督管理局，对全县自制升降机的使用数量和使用状况进行排摸，遏制无证制造、安装和非法使用自制升降机的现象。

安全生产行政许可概况：2017年，办理烟花爆竹经营许可证9家、危险化学品经营许可证65家；完成矿山安全预评价（评估）11家、矿山安全设施设计审查6家，发出矿山安全设施设计审查意见书3份，非煤矿山竣工验收1家、非煤矿山许可证换发证3家。完成加油站改扩建项目审查5家，发出安全条件审查意见书5份、安全设施设计审查意见书5份，竣工验收1家。收回危险化学品经营许可证（油漆店）25份。审批临时矿山26项次。完成生产经营单位应急预案备案112家、重大危险源备案14家、易制毒备案4家、危险化学品从业单位安评报告备案13家；职业病危害项目申报65家；参加烟花爆竹、矿山等现场踏勘24项次，现场考核21项次。参加码头现状安全评审1次、安全验收1次、竣工验收2次。

2017年，共有1061家企业开展社会化服务工作，合同价为330余万元。放发2016年度安全生产社会化服务奖励总额281万元。2017年，全县网格员持证率达99%，信息系统常态化应用率90%以上，协查率40%以上，创建标准化企业894家，创建五星级安监所3家、四星级9家、三星级6家。建立自然灾害、事故灾难、公共卫生事件和社会安全事件等应急预案。

【安监局开展岁末年初安全生产检查】 1月6日，县安监局局长金建文一行，对东陈乡安全生产大检查工作情况进行督查，督查组听取东陈乡领导开展安全生产大检查工作汇报。东陈乡采取责任、动员、治理三项工作措施。为推动岁末年初大检查工作取得成绩。督查组还实地检查了宁波百易汽车部件有限公司、宁波宏凯汽车部件公司的安全生产工作情况。金建文强调，企业是安全生产责任主体，是安全事故防范的第一道防线，检查、严格治理尤为重要。

【县领导率队开展春节前安全大检查】 1月16日，县委书记叶剑鸣带领检查组一行人员到县客运中心、象山烟花爆竹专营有限公司、象山华润燃气有限公司、博浪海港城等单位和场所，实地检查安全生产工作。确保春节期间群众出行和公共场所安全，营造祥和、有序的节日环境。

1月17日，县委副书记、县长黄焕利率队对全县重点地区、行业、单位和场所开展安全生产检查。黄焕利一行到滨海工业园象山磊顺石料有限公司、大目湾建筑工地、宁波天韵食品有限公司车间和仓库，要求落实应急处置能力。在县安信民用爆破服务有限公司，查看库区安全防范、监控、消防等设施设备和春节期间人员值守情况，要求领导带班、值班制度和关键岗位24小时值班制度，确保度过一个安乐祥和的春节。

【船舶修造企业使用危险化学品专项整治工作】 3月7日，开始各镇乡（街道）公共安监所组织人员对本辖区内船舶修造企业使用油漆、氧气等危险化学品情况进行全面摸底排查，发放告知书。对应进行安全评价的企业，责令于4月15日前完成安全评价。2017年，县船舶修造企业普遍存在设立仓库存储油漆、稀释剂、氧气、乙炔、丙烷等危险化学品，油漆储存量较大，有的超过10吨；仓储场所存在安全间距不足、楼上住人等现象，存在重大安全隐患。根据专项治理工作调查摸底、宣传发动、集中整治等阶段的工作情况，全面总结，主要是总结经验，查找不足，健全制度，巩固提高专项治理工作成果。

【签订安全生产责任书19078份】 4月5日上午，县安全生产工作会议在县委党校会议室召开，县委副书记、县长黄焕利强调，各地各部门要增强安全生产忧患意识、红线意识，抓好安全生产工作。2016年，县安全生产事故起数下降57.7%、死亡人数下降7%、受伤人数下降55.4%。黄焕利肯定了2016年的工作，实现由“要安全向要安全、保安全”转变，确保全县安全生产领域的“长治久安”。会议表彰了2016年安全生产先进集体、先进个人。爵溪街道、西周镇、海洋与渔业局作了安全生产工作述职。县领导与各镇乡(街道)及相关部门签订了安全生产目标管理责任书19078份。

【2017年危险化学品事故应急演练】 6月14日下午，县府办、县安监局、县消防大队、石浦镇人民政府等10余个单位组织演练组在中石化销售浙江宁波石浦油库参加了危险化学品事故应急演练活动。县安监局提前制定应急预案，分别组织部署抢险救援组、通信信息组、医疗救护组、现场监测组、现场警戒组、物资保障组等6个小组做好分工合作事项，并于演练开始前举行开幕式，着重进行部署，确保演练活动有条不紊地开展。演练结束后，演练指挥部组织进行总结评估，肯定了演练中全体参与人员的应急救援能力，加强了政府部门安全生产、救援意识和应急处置能力。

【“6·16”全国安全生产宣传咨询日活动】 2017年6月，是全国第十六个安全生产月。6月16日晚，县安监局牵头县委政法委、县交通局、县住建局等22家单位在人民广场开展“全面落实企业安全生产责任主体”为主题的安全生产月宣传咨询活动，宁波市安监局党组成员、纪检组长吕鹏飞和副县长石坚定参加活动。22家单位的工作人员通过安全生产警示教育宣传图版展出、分发安全生产宣传资料、播放安全生产事故警示教育片、开展安全生产法律法规知识有奖竞猜、开展安全生产政策法规咨询等活动。活动现场气氛热烈，起到了良好的宣传效果。

【县领导率队开展春节前安全大检查】 1月16日，县委书记叶剑鸣带领检查组一行人员到博浪海港城实地检查安全生产工作。

1月17日，县委副书记、县长黄焕利率队对全县重点地区、行业、单位和场所开展安全生产检查。

【“安康杯”知识竞赛】 6月28日，为开展好全国第十六个“安全生产月”活动，安全生产知识的学习宣传，县安监局、县总工会在宁波天安集团(股份)有限公司联合主办“安康杯”知识竞赛活动。

【安全生产应急处置技能比武大赛】 6月27日下午14时，县安监局协同县消防大队在县消防大队举办安全生产消防应急处置技能比武大赛。各镇乡(街道)公共安监所人员及企业一线员工参赛。

【开展燃气安全检查工作】 7月21—22日，县进行部署，联合县消防大队、县住建局、县安监局、县市场监管局、县商务局、县综合行政执法局、丹东街道等单位，对涌金广场、国际风情街、花鸟市场周边等餐饮行业燃气使用情况开展大检查。

【安全生产应急处置技能比武大赛】 6月27日下午14时，县安监局协同县消防大队在县消防大队举办安全生产应急处置技能比武大赛。各镇乡(街道)公共安监所人员及企业一线员工参赛。在应急比武演练过程中，队员熟练掌握了正确有效的应急救援方法和要领。一是常见灭火器、灭火毯的灭火要领和方法。二是正确使用防毒面具，掌握现场急救技能。三是水带、水枪和消火栓使用的要领和方法。

【“安康杯”知识竞赛】 6月28日，为开展好全国第十六个“安全生产月”活动，安全生产知识的学习宣传，加强对新修改《安全生产法》和《中华人民共和国职业病防治法》《浙江省安全生产条例》《工会法》《女职工权益保护法》等法律法规的学习，县安监局、县总工会在宁波天安集团(股份)有限公司联合主办“安康杯”知识竞赛活动。在“安康杯”竞赛过程中，通过对安全生产管理、领导者安全生产意识、职工安全生产知识水平和能力、安全生产各项指标等，推进县安全生产工作和安全文化建设，扩大社会影响，提高全民安全生产意识，最终降低各类事故的发生率和各类职业病的发病率。

【开展燃气安全检查工作】 7月21—22日，县进行部署，联合县消防大队、县住建局、县安监局、县市场监管局、县商务局、县综合行政执法局、丹东街道等单位，对涌金广场、国际风情街、花鸟市场周边等餐饮行业燃气使用情况开展大检查。县在思想上重视，从源头上消除安全隐患，确保燃气安全使用。

【市安监局党组书记、局长陈强到象山调研】 7月26日，宁波市安监局局长陈强、法规处处长张仁义、办公室副调研员郑康贤一行到象山调研安全生产工作。县副县长石坚定，县委常委、石浦镇党委书记奚海峰，县安监局局长金建文，县海洋与渔业局局长黄建国和副局长鲍祝军等人陪同调研。7月26日上午，陈强一行实地察看了石浦镇顺渔渔业服务公司和石浦港休闲渔船安全生产情况，调研渔业安全生产工作方面等方面工作情况，并予以肯定。下午，陈强一行听取了渔业安全生产和全县安全生产开展情况的汇报，询问了工作中遇到的各类问题。陈强强调，要严守底线，构建安全风险分级管控和隐患排查治理双重预防机制，将安全风险风机管控与事故隐患排查治理形成动态化管理。

【副县长华弼天带队检查商贸流通领域安全生产】 7月27日，由副县长华弼天带队，县商务局、县消防大队，县安监局、县住建局、县市场监管局等部门联合对超市、市场、酒店、餐饮等人员密集场所进行安全生产大检查。检查组先后对汪家河菜场，东谷湖大酒店、大润发超市、龙宫酒店等企业进行了安全生产大检查。其中大润发在消防设施，安全通道以及台帐建立等方面做得比较规范到位，检查组给予了肯定；同时对检查中发现个别企业存在台帐建立不完善，灭火器压力不足，消防通道堵塞等情况，检查组现场责令企业进行了整改。确保各项安全生产工作落实到位。

【副县长石坚定带队开展安全生产大检查】 7月27日，副县长石坚定率县安监局、县供销联社、县市场监管局、县消防大队等有关部门负责人，对县烟花爆竹专营有限公司南堡仓库、象山磊顺石料有限公司、浙江南塑合成材料有限公司、宁波永森化工有限公司进行安全生产大检查。督促企业贯彻落实主体责任，将隐患排查治理和事故前期预防工作责任落到实处，形成企业职工从“要我安全”到“我要安全”的观念转变。

【副县长宣业靖检查消防安全】 8月3日下午，副县长、公安局局长宣业靖率领县公安局、县经信局、县安监局、县住建局、县市场监管局、县商务局、县消防大队等部门工作人员到企业、村庄和人员密集场所开展消防安全专项检查，清剿各类消防隐患。检查组到爵溪街道浙江甬南控股集团有限公司、涌金广场、丹西街道潘家桥村。检查组强调，各地各单位要牢固树立红线意识，加强安全监管，严格落实消防安全巡查制度，各部门要发挥主管优势，建立健全消防安全工作信息沟通和联合执法机制，联合防控薄弱地区进行督导检查，确保全县消防安全形势平稳，为中共十九大胜利召开营造良好的消防安全环境。

【县安监局开展矿山安全生产大检查】 8月7日上午，县安监局党组成员荆成龙一行对大目湾综合体县东陈乡金井头村大山建筑石料矿进行安全生产大检查。检查组针对检查中存在的问题和隐患当场开具了执法检查指令书，落实人员、资金、措施确保整改到位，为创造平安建设环境打下坚实基础。

【县安监系统安全生产大检查工作】 2017年8月起至12月底为止根据县安委会部署的“迎接十九大、平安夺金鼎”安全生产大检查相关工作要求，通过开展工矿商贸行业领域安全生产大检查行动，强化安全风险管控，整治各类事故隐患，减少工矿商贸领域一般事故，有效防范较大事故、较大社会影响的事故和职业危害群体性事件，遏制重特大事故；根据上级要求，结合县实际，县安监局细化了工矿商贸各领域检查重点内容，各镇(乡)街道公共安监所按照方案要求，结合本地实际，以风险管控和隐患整改为主线，突出问题导向，明确工矿商贸领域一般企业基本要求，督促企业根据安全生产相关法律法规和政府部门工作要求，细化安全生产自查自纠内容。各地配合和组织好五个层面的督导检查。国家安全监管总局在8月份组织督导组对各地区安全生产大检查工作开展督促检查；9月组织国务院安委会综合督查组，对各地区进行实地督查，开展大检查工作综合考评；在10月组织开展问题隐患整改情况“回头看”。在配合开展上级督查的同时，各级部门也要结合实际，组织开展工矿商贸领域专项督导检查。

【书记叶剑鸣带队督查】 9月4日下午，县委书记叶剑鸣率检查组，采取不作通知、不打招呼、直奔现场的方式，突击督查暗访维稳安保工作。叶剑鸣一行到县象北瓶装燃气配送有限公司、丹西街道白石村联盟网吧、象山苏迪服饰有限公司、丹城中学。在随后召开的专题汇报会上，县委政法委、县安监局、县住建局、县交通运输局、丹东街道分别汇报了维稳安保工作开展情况。叶剑鸣强调，要掌握主动、抓早抓小，突出重点领域，抓实抓细综治安保、公共安全、金融风险防范等各项工作。

【安全生产工作推进会】 9月26日下午，在县委党校召开县安全生产工作推进会，会议上总结全县安全工作，分析形势，部署任务。县委书记叶剑鸣，县委副书记、县长黄焕利主持会议。金红旗、俞骏等县四套班子领导出席会议。强化党政同责，抓领导责任落实；强化齐抓共管，严格行业监管责任；抓企业主体责任；强化监督考核，从严从实追究责任。依靠群众、发动群众，化解安全隐患。抓工作责任落实，做到安全监管全覆盖、无盲区。

【县领导节前分组检查安全生产】 9月27日，县人大常委会主任金红旗、县政协副主席莫俶茜一行到爵溪街道、浙江巨鹰集团股份有限公司、宁波海达针织印染有限公司生产车间和爵溪商贸城里的出租房检查。9月29日，县委常委、副县长蔡特一行到中国渔村、象山渔家人海洋休闲度假有限公司、渔港码头、渔港古城。对部分场所救生衣放置不规范、环境卫生不到位、安全制度不完善等问题，检查组要求限期整改到位。9月27日，县人大常委会副主任伊珍林、副县长卢飞一行到象山易锻精密机械有限公司、黄避岙村居家养老服务中心、民间信仰场所永青庵等地检查督导，要求尽快落实整改，从严从细抓好安全生产工作。9月26日，副县长华弼天一行赴墙头镇方家岙村农家客栈、涌金广场餐饮店、黄金海岸大酒店、象山港国际大酒店检查。对于部分餐饮店存在消防设备老旧、安全制度不完善等问题，检查组要求限期整改到位。在松兰山旅游度假区，检查组对景区接待准备情况、景区环境卫生、经营秩序、氛围营造等进行逐一检查。检查组还检查了万象装潢市场的市场安全制度和安全生产培训等方面的情况。9月27日，副县长钮晶莹一行到教育培训机构、KTV、网吧等公共营业场所。针对部分公共场所存在的消防安全责任制未落实、消防设施维护保养不及时、消防通道指示不明显、消火栓无水、违规吸烟等火灾隐患和问题，检查组责令经营业主立即进行整改。

【县长黄焕利带队检查确保节前安全】 县委副书记、县长黄焕利率相关部门检查“国庆、中秋”节前保安全工作时指出，要全面排查、加快整改，切实做好安全保卫工作，确保全县人民度过一个安全、快乐、祥和的国庆、中秋佳节。巡查丹西街道白石村、滨海工业园摄影棚、新桥镇上盘村的农家乐、中灵岙村的群众演员出租房。筑起安全保卫工作的“铜墙铁壁”，为市民和游客营造一个平安、欢乐的假日环境。

【县领导检查节日维稳安保】 10月6日，县委书记叶剑鸣，县委副书记孙小雄，副县长陈兴立、陈柳松、宣业靖专程赴各地检查节日维稳安保工作，看望慰问坚守岗位的干部职工，代表县四套班子向值守一线的同志们致以节日问候和衷心感谢。国庆、中秋假期，叶剑鸣到县公安局指挥中心、天安路与象山港路交叉处，慰问路面执勤民警，勉励大家再接再厉，以辛勤工作确保全县安全稳定。在县维稳安保指挥部，叶剑鸣一行专题听取了维稳安保工作情况汇报。叶剑鸣还采取“不打招呼、直奔现场”的方式,重点检查了丹东街道、丹西街道、东陈乡干部值班情况。

【县委书记督查中共十九大维稳安保工作】 10月9日下午,县委书记叶剑鸣带领督查组到黄避岙、爵溪等地督查中共十九大维稳安保工作。他强调,各级各部门要把中共十九大维稳安保工作作为头等大事和首要政治任务,提高站位,履职尽责,从严从实从细查隐患、防事故、保安全,为中共十九大胜利召开营造良好环境。

【省安委会到象山督查安全生产工作】 10月11日,浙江省安全生产委员会督查组到县开展安全生产综合大检查。县委副书记、县长黄焕利,副县长干维岳、石坚定、宣业靖等陪同检查。

督查组一行先后到象山宏海水产食品有限公司、石浦镇渔港码头、爵溪街道商贸街等地,实地查看了解企业安全生产、渔业安全生产、群租房以及餐饮业消防安全措施落实情况。督查组还查看了安全生产相关台帐资料,并专题听取了县海洋与渔业局关于渔业安全生产情况的汇报。

【安全生产宣传教育】 2017年,依托“安全生产月”活动,多部门联合开展系列宣传,举办了安全生产广场咨询日、知识竞赛、比武大赛、摄影比赛等宣传活动。发挥县公共安全宣传教育基地作用,组织参观人员超过4000多人次。抓好三项人员培训,特种作业1280人次、主要负责人培训2655人次,安全管理人员培训3168人次,全年从业人员培训累计培训6万人次。全县100余名安监人员参加安全生产行政执法业务培训。2017年,投资180万元建成了面积560平方米,可供80人考试、平均培训规模达1000人次的特种作业实操基地。培育安全文化示范企业,提升企业本质安全水平。2017年,浙江大唐乌沙山发电有限公司、宁波锦浪新能源科技有限公司、宁波乐惠国际工程装备股份有限公司被评为市级安全文化建设示范企业,发挥先进企业的示范引领作用。

【迎接省、市明察暗访4批】 2017年,接待浙江省、宁波市明察暗访4批。其中9月7日市督查组对县进行了第二轮督查并反馈了7方面问题,县安委办联合相关部门部署人员密集型企业消防隐患、自制升降机等专项整治,并将天星汽配、华甬针织两家企业列入县级挂牌督办,反馈问题基本完成整改。9月20日,由县两办、县监察局、消防、县安监等成立6个县级专项督查小组,对23个重点部门和各镇乡、街道进行督查,现场随抽了39家企业,对发现的问题及时反馈,开展“回头看”保障整改质量。10月11日,省安委会综合督查组对县进行综合督查,重点督查了象山宏海水产食品有限公司、石浦镇渔港码头、爵溪街道商贸街等地进行安全生产大检查督查,实地查看了解企业安全生产、渔业安全生产、群租房以及餐饮业消防安全措施落实情况。10月30—31日,县组织了第二轮督查,要求有关单位和相关业主提高安全意识,落实主体责任,消除安全隐患,有效防范各类安全事故的发生。对明察暗访中发现存在安全隐患的茅洋非煤矿山进行了及时关闭。大检查开展以来,开展了标准化回头看,共检查100家企业,确保成效。

【汽车制造铅蓄电池水泥行业职业病危害专项治理】 2017年7月至2019年5月底结束,根据国家安全监管总局办公厅《关于推动水泥行业淘汰落后产能开展安全生产和职业健康执法专项行动的通知》《关于在汽车制造和铅蓄电池生产行业开展尘毒危害专项治理工作的通知》,督促企业落实职业病防治主体责任,在全县范围内对汽车制造、铅蓄电池生产和水泥制造行业开展职业病危害专项治理。2017年9月至2019年2月底,各地通过职业卫生社会化服务等措施,借助技术服务机构和专家队伍力量,加强对三类行业企业治理工作的指导帮扶和督促检查。2018年6月至2019年4月底,各地要严格按照专项治理工作目标和要求,在三类行业企业治理整改工作结束后,组织开展验收执法检查,对企业整改情况全面检查和达标验收。2019年4—5月底。各地要做好专项治理工作有关材料收集和汇总,做好治理工作的问题分析和经验总结。

行政审批

【概况】 2017年,县行政审批管理办公室(县公共资源交易中心)全年共办理各类行政审批事项846942件,其中即办件617544件,承诺件229398件,群众满意度99.7%。共完成各类交易369宗,其中工程项目316宗,土地拍卖及挂牌出让34宗,产权交易19宗,总交易额90.6亿元。共完成政府采购项目477宗,预算资金68977.15万元,实际采购资金57897.36万元,节约资金11079.79万元,节约率 16.06%。

【县推行工业投资项目承诺审批制加速项目开工】 2月中旬,县出台《象山县推行工业投资项目承诺审批制的实施意见》,针对符合国家产业政策的工业投资项目实行“承诺+备案”制度,该模式把原有的环评、能评、防雷装置设计等5个审批环节后置到开工建设后进行审核,从“先批后建”转为“边批边建”“先建后验”,大幅提高审批效率。

【县公布首批371个“最多跑一次”事项清单】 2月27日,通过推进网上审批服务机制改革和实行“审批证照快递送达”等便民服务,县首批“最多跑一次”事项清单对外公布,共涉及30个部门371个行政审批事项,占总行政审批事项的40%。同时明确每项事项的实现方式,分为即办事项177项,占比47.7%;全程网上申办、在线取件或快递送达事项共17项,占比4.6%;网上申报、预审、窗口核验、取件事项83项,占比22.4%;窗口申报、快递送达事项94项,占比25.3%,使群众和企业办事可预期,确保“最多跑一次”的事项效果。

【县审管办服务宁波工人疗养院竣工验收】 3月初,县审管办组织住建、国土、规划、消防、环保、水利、气象等多个部门赴宁波半边山工人疗养院开展联合竣工验收现场指导,明确验收意见。

【实行不动产登记“一窗受理”实现“最多跑一次”】 自3月27日起，不动产登记实行“一窗受理、集成服务”的服务模式，该模式下，公众办理业务时只需叫一次号、一次性递交申报材料，即可办理不动产登记、交易和契税业务，精简流程达60%以上，不少业务实现即办即走，全面实现不动产登记全业务、全过程“最多跑一次”。推行首日，共办理业务316件次。

【出台新行政审批综合绩效考核办法】 3月28日，县根据审改工作的要求，出台新《象山县行政审批综合绩效考核办法》（以下简称《办法》），新《办法》提高了行政审批事项管理、群众满意度等方面的考核分值和比重，各项考核指标设定得更科学、更合理，考核内容更加丰富。

【出台“一窗受理”实施方案】 3月31日，县出台《关于推进行政审批服务集成改革实现“最多跑一次”的实施意见》，制定《象山县行政服务中心推进“一窗受理”工作方案》，据初步统计，基本建设项目办理区涉及事项181个，商事登记办理区涉及事项288个，不动产登记办理区涉及事项13个，社会民生事务办理区涉及事项452个。

【行政审批工作满意度测评】 自5月份起，县在实行原满意度测评制度的基础上，委托第三方开展行政审批工作满意度测评。该测评范围更广，从窗口单位扩展到全县行政审批职能部门；测评内容更丰富，在随机抽取一般事项的基础上，对基本建设项目审批事项实行全部抽取；抽取量大幅增加，在原抽取1000件的基础上，额外抽取3000余件，测评结果更加客观、准确；并作为目标管理考核的主要依据。

【县审管办服务象山影视学院项目建设】 3月初，县审管办组织专题协调会议，召集各审批部门分解工作任务，会商报审流程，为象山影视学院制定报审工作计划表，按照“能并则并、能联则联”的原则，紧凑安排各报审环节，指导建设单位尽可能同步开展、同步申报。

【全县重点工程审批对接会】 4月6日全天，在县行政服务中心三楼会议室召开全县重点工程审批对接会，县审管办、县重点办和县发改局、县国土资源局、县规划管理中心、县住建局等14个窗口部门和各业主单位项目代表参加此次会议。会上，各审批部门对2016年度县79个重点工程项目进行逐个对接，听取业主单位关于项期审批汇报，对前期审批遇到的难点和问题作了沟通和详细的解答，并着重强调前期审批的规范性和时效性。

【副县长、公安局局长宣业靖到县行政服务中心专题调研“最多跑一次”改革工作】 5月8日下午，副县长、公安局局长宣业靖到县行政服务中心实地调研“最多跑一次”改革工作，对深入推进全县公安机关“最多跑一次”改革工作提出了要求。

【商事登记区“一窗受理”专题研讨会】 5月9日，县行政服务中心商事登记区“一窗受理”专题研讨会在三楼会议室召开，全县20个相关部门参会，涉及审批事项299项。会上，重点对人员缺少、岗位分配、综合受理业务培训等问题进行了研讨。

【县“一窗受理、服务集成”全面向基层延伸】 5月16日，出台《象山县镇乡（街道）“一窗受理、集成服务”改革工作方案》，采用“3+X”的模式设置办理服务区。同时，人力社保局分中心、海洋与渔业局分中心、司法局分中心等7个分中心根据业务类型和办理情况，重新调整设置窗口，实现统一“受理”和“出件”。

【县人大常委会主任金红旗专题调研“最多跑一次”改革】 5月16日上午，县人大常委会主任金红旗到县行政服务中心专题调研“最多跑一次”改革，实地走访了解四个综合服务办理区建设和“一窗受理”工作情况，并现场听取县编委办、县审管办、县国土资源局、县规划管理中心、县公安局、县市场监管局及县发改局关于“最多跑一次”改革工作的情况汇报。会上，各部门就当前“最多跑一次”改革推进过程中的主要困难进行交流，主要为代办力量缺乏、网上申报处境尴尬、数据共享机制不健全等，并就下一步工作提出意见建议。

【县委副书记、县长黄焕利到县行政服务中心督查“最多跑一次”改革工作】 5月23日上午，县委副书记、县长黄焕利到县行政服务中心督查“最多跑一次”改革工作。县委常委、常务副县长陈兴立参加督查。黄焕利一行先后来到公安服务、社会民生事务、不动产登记、商事登记、基本建设项目审批等窗口，与工作人员亲切交流，详细了解“最多跑一次”改革落实情况。在座谈会上，县长黄焕利听取县编委办、县审管办等部门负责人的工作情况汇报。黄焕利肯定前阶段“最多跑一次”改革工作，要求“最多跑一次”改革对推动政府职能转变、激发市场活力和社会创造力具有重要意义，必须准确把握“最多跑一次”改革的精神要义，整体谋划、深化，切实让群众和企业真正体验到改革带来的好处。

【开展行政审批工作满意度测评】 对行政审批事项办理情况进行随机抽取，委托第三方进行满意度测评，按满意度得分高低排序；对涉及基本建设项目的审批事项全部予以抽取，委托第三方进行满意度测评，按满意度得分高低排序。满意度得分情况定期予以通报，对得分较低的单位由县委组织部、县纪委视情予以提醒谈话、作出情况说明、诫勉谈话、通报批评以及问责等处理，并作为目标管理考核的主要依据。

【县率先实现“一件事”微信“一键申报”】 6月初，结合“最多跑一次”改革，在316个单一事项实行的基础上，对商事登记领域的民宿申报、宾馆设立、娱乐场所设立等涉及2个或2个以上部门审批的13件事先行实现“一键申报”，申请者根据提示，通过拍照上传资料的形式即可完成申请，审核结果第一时间推送至申请者。日后，该审批模式会涵盖51个行业的68件事，切实方便群众办事。

【县率先实行基本建设项目分阶段“一窗受理”模式】 6月初，根据“最多跑一次”改革要求，通过再造业务流程，跨部门整合业务,该县率先实行基本建设项目分阶段“一窗受理,集成服务”模式,设置基本建设项目办理区,将17个部门的182个事项进行梳理归类整合。年内“一窗受理、一网审批”项目达103项,其中新增重点工程项目21项,新增一般工业建设项目33项,共享资料达1000余件次。

【象山体验“最多跑一次”深挖改革“中梗阻”】 6月,县审管办组织各窗口部门的25名工作人员以陪同百姓办事的形式开展“最多跑一次”体验活动,以群众的身份和视角对服务环境、服务态度、办事流程、办事效率、方便程度进行直观体验,深挖改革落实“中梗阻”,集中查找出部门协调欠通畅、资料难共享等问题9个,研究提出针对性措施15个。

【县委书记叶剑鸣到县行政服务中心专题调研“最多跑一次”改革】 6月20日,县委书记叶剑鸣一行到县行政服务中心专题调研“最多跑一次”改革工作。详细了解改革推进情况。在随后召开的座谈会上,县编委办、县审管办分别汇报“最多跑一次”改革工作进展情况;县纪委作“最多跑一次”督查暗访情况通报,并播放了与县广播电视台联合拍摄的暗访视频;相关部门作了交流发言。通过正面引导和负面曝光相结合,真正把好的举措宣传出去,把存在的短板补齐补好。确保“最多跑一次”改革工作取得实效、走在前列。

【市人大常委会副主任王建社到象山视察“最多跑一次”改革工作】 6月29日,市人大常委会副主任王建社率视察组一行到县视察“最多跑一次”改革工作。王建社一行实地视察了爵溪街道行政服务中心和县行政服务中心,了解 县“最多跑一次”改革落实情况。在随后召开的座谈会上,视察组听取县“最多跑一次”改革工作的汇报。在下一步“最多跑一次”改革工作中,要下定决心、有力推进,强化协调、统筹推进,狠抓落实、合力推进,加强监督、依法推进。希望象山政府职能部门不忘初心,继续前行,干在实处,走在前列,为群众更好地分享改革红利和治水成效,为市加快建设“名城名都”、早日跻身全国大城市第一方队作出更大贡献。

【推行企业注册登记“银行+”模式激发市场内生活力】 自7月开始,县与工商银行、中国银行和农业银行三家银行的象山支行达成协议,首批12个网点作为企业注册登记代办银行,免费提供从“名称核准—申领执照”到“企业银行开户行”的一站式代办服务。此外,为方便群众办事,引进农业银行代办点进驻县行政服务中心,避免市民两头跑。

【省政协副主席孙文友一行到象山调研“最多跑一次”改革工作】 7月3日,省政协副主席孙文友率队到象山调研“最多跑一次”改革工作。孙文友一行来到县行政服务中心,先后走访了社会民生事务、不动产登记、商事登记、基本建设项目审批等窗口,详细了解办事清单、办理流程,并不时与前来办事的群众交谈。随后,还来到丹东街道社会治理综合指挥室,考察体验“一中心四平台”运营模式。在随后召开的座谈会上,孙文友听取了县“最多跑一次”改革推进情况汇报,与县各有关部门负责人及企业代表面对面交流,征求对“最多跑一次”改革的意见建议。要加强考核问责,完善考核制度,建立反馈机制,从群众办事的痛点、难点切入,调动群众监督性,加快改革推进;要强化宣传,扩大影响力,争取企业和群众的理解支持,增强人民群众的获得感和幸福感。

【县审管办党组书记、主任赵勇一行赴车管所分中心督查指导“最多跑一次”改革工作】 7月13日上午,县审管办党组书记、主任赵勇一行赴县车管所分中心督查指导“最多跑一次”改革工作,详细了解审批服务流程,提出建设性的意见建议,交警大队大队长邢世伟、副大队长汪德胜、车管所所长鲍东升、车管所指导员余刚陪同。

【在全省首创基本建设项目审批“一页纸”管理】 8月初,县在全省首创基本建设项目审批“一页纸”管理,特别设计适用于项目审批管理的“一页纸”模板,采用图表和符号的形式将项目情况用高度可视的连续画面展现。落实专人跟踪管理,定时跟进项目报审进度、存在问题,形成项目大事记。

【县政协专项视察“最多跑一次”改革工作】 8月17日,县政协召开十届六次主席会议,对“最多跑一次”改革举措落实情况开展专项视察。县政协主席俞骏,副主席欧亚群、周平飞、叶富兴,秘书长翁英豪出席会议。县政协副主席莫俶茜主持会议。副县长卢飞应邀出席会议。县政协主席会议成员及部分县政协委员实地视察墙头镇便民服务中心、县行政服务中心,并听取了县编委办、县审管办相关工作汇报。提出要深入推进事项整合,突出群众和企业“最多跑一次”获得感导向,加快推进审批事项标准化建设,组织梳理整合事项回头看。要着力优化网上办事,加强部门工作对接,推进数据共享,扩大网上办事范围。要注重提升人员素质,加强业务培训,调整窗口工作人员结构,提升代办服务人员水平。

【市政协副主席崔秀玲带队对县“最多跑一次”改革进行民主监督】 8月30日上午,由市政协副主席崔秀玲带队,对县“最多跑一次”改革开展民主监督活动。崔秀玲一行视察了县行政服务中心办事大厅,走访了在现场办事的群众,倾听他们对“最多跑一次”改革的切身体会,并召开座谈会,听取县“最多跑一次”改革举措落实情况的汇报。崔秀玲肯定了县“最多跑一次”改革所取得的成效并指出,县“最多跑一次”改革做法突出,成效明显,但仍有许多可以深化的方面,各有关部门要以一抓到底的韧劲,将“最多跑一次”改革向纵深推进。

【省督查组对县“最多跑一次”改革情况进行督查】 8月31日上午,省督查组吴宇光一行对县“最多跑一次”改革情况进行督查。

【县创新建立工业建设项目50日审批制】 9月初,创新建立工业建设项目50日审批制,采用审批流程再造和建立全流程跟踪服务机制的方式,审批服务全流程控制在50日内,提速达80%以上。初步确定浙江科普特新材料有限公司和浙江钰稀腐食控股有限公司等2个项目作为试行项目。

【县成功办理首个“全城通办”事项】 9月3日上午，海曙的叉车司机李师傅领到县首本“跨界”办理的特种设备作业人员操作证，成为“全城通办”改革的首位尝鲜者。“全城通办”是市深化“最多跑一次”改革的创新举措，指通过市县两级通办、区(县)市通办和全域通办的路径，实现市域范围内“10+1”无差异服务。首批纳入“同城通办”的共涉及19个部门的173个事项。

【县率先实现不动产登记“全县通办”】 从10月起，不动产登记(除农村宅基地登记、抵押权登记、查封登记外)在全市率先实现全县通办，老百姓可就近选择办理，少跑路、少花时间。

【象山召开“最多跑一次”工作分析推进会】 10月19日，“最多跑一次”工作分析推进会在县行政服务中心召开，县委常委、常务副县长陈兴立出席会议并讲话，18个部门主要负责人参会。会上，县编委办对第五轮“最多跑一次”改革督查反馈情况进行说明，县审管办对下步“最多跑一次”改革深化工作任务分解作说明，各有关部门围绕下步“最多跑一次”改革深化工作任务讨论发言。最后，县委常委、常务副县长陈兴立作部署讲话，当前，“最多跑一次”改革进入到攻坚阶段，各部门需提高思想认识，理解和认识“最多跑一次”改革的重要意义，加强组织领导、强化督查考核、加强宣传引导，确保改革取得实效。

【县率先实现民办幼儿园设立“最多跑一次”】 10月底，县根据“最多跑一次”改革指导思想，拓展“一件事”最多跑一次范围，在全市率先实行民办幼儿园设立“一体化”审批。据统计，民办幼儿园设立审批承诺时限20个工作日，承诺提前率达53.5%，法定提前率达90%以上。

【7项文化行政审批事项实现“全县通办”】 11月21日，7项文化行政审批事项以委托下放和延伸受理的方式实现“全县通办”。文化行政审批事项是县继不动产登记后推出的第二批“全县通办”事项，是对市“全城通办”试点工作的深化和拓展，在全大市乃属首创，极大地推动了文化行政审批纵向、横向全面贯通。

【象山加大宣传力度 扩大“最多跑一次”知晓度】 12月1日上午，在县普法办的牵头组织下，县审管办联合县编委办在象山人民广场宣传“最多跑一次”改革，分发宣传册200余份，并向群众详细解释“最多跑一次”改革的政策内容和含义。同时，宣传浙江省政务网APP，广泛发动群众下载，并指导他们如何使用。

【县“全城通办”试点工作成效明显】 自7月以来，县按照部署要求，完成2批378个事项的承接工作，全面实现异地受理或办理，身份证补换证实现全国通办。不动产登记和文化行政审批事项率先实现“全县通办”，可在县域范围内任一镇乡(街道)申请办理，登记资料内部或网上传递，老百姓可就近选择办理。截至12月底，办理“市县通办”事项1084件次，“全县通办”事项 50余件次。

【县举办全县机关干部“知行你·勇立潮头”风采集中展示活动】 12月19日下午，由县委组织部、县直机关党工委、县审管办等部门联合主办的全县机关干部“知行你·勇立潮头”风采集中展示活动在县电视台演播大厅举行。县委常委、纪委书记陈善方出席活动并作重要讲话。希望全县中层干部做到身在兵位、胸怀帅事，一切以象山发展、群众利益为重，把好原则性与灵活性的尺度。要敢闯敢干，先行先试，用创新的武器斩断发展中的藩篱和桎梏。要精益求精、当好表率，做到站起来能讲、静下来能思、坐下来能写、走下去能抓。

【县动态调整行政审批事项】 2017年，县共调整事项1028项，其中取消185项，变更476项，新增367项，确定36个部门行政审批事项1035项，其中行政许可事项533项，行政确认109项，审批转报68项，年检19项，备案175项，其他审批权131项。完善集中审批制度，提高事项进驻率和直接办结率。全县行政审批事项进驻率为99.32%，中心现场办结率98%，承诺提前率为84%。

【县梳理公布三批“最多跑一次”事项清单】 2017年，县共梳理公布三批“最多跑一次”事项清单，涉及35个部门980项行政审批事项，占总数的94.7%，达到省政府提出的80%的要求。

表67

全县行政审批事项统计一览表

序号	单位	审批事项		授权情况	现场办结率	法定期限	承诺期限	承诺提前率	进中心数	不进中心数	进中心率	即办件	即办率	跑一次	跑一次比率	零跑
		主项	子项													
1	县发改局	14	19	19	100.00%	400	41	89.75%	19	0	100.00%	2	10.53%	19	100.00%	0
2	县经信局	32	32	32	100.00%	725	9	98.76%	32	0	100.00%	29	90.63%	32	100.00%	0
3	县教育局	10	15	15	100.00%	680	126	81.47%	15	0	100.00%	2	13.33%	10	66.67%	3
4	县科技局	5	5	5	100.00%	1140	215	81.14%	5	0	100.00%	0	0%	5	100.00%	0
5	县民政局	32	45	45	100.00%	1360	272	80.00%	45	0	100.00%	3	6.67%	39	86.67%	3
6	县财税局	9	9	9	100.00%	250	25	90.00%	9	0	100.00%	3	33.33%	9	100.00%	6
7	县人社局	27	67	67	100.00%	1540	275	82.14%	67	0	100.00%	28	41.79%	66	98.51%	12
8	县国土局	24	33	31	93.94%	1060	212	80.00%	33	0	100.00%	3	9.09%	27	81.82%	0
9	县住建局	26	31	30	96.77%	613	95	84.50%	30	1	96.77%	5	16.13%	28	90.32%	1
10	县规划局	22	30	29	96.67%	542	105	80.63%	30	0	100.00%	4	13.33%	27	90.00%	1
11	县环保局	9	14	14	100.00%	405	68	83.21%	14	0	100.00%	1	7.14%	13	92.86%	0
12	县综合执法局	6	9	9	100.00%	185	19	89.73%	9	0	100.00%	0	0%	9	100.00%	0
13	县交运局	35	52	52	100.00%	900	151	83.22%	52	0	100.00%	21	40.38%	50	96.15%	2
14	县水利局	15	21	21	100.00%	635	127	80.00%	21	0	100.00%	1	4.76%	21	100.00%	0
15	县农林局	42	56	56	100.00%	1002	167	83.33%	56	0	100.00%	14	25.00%	55	98.21%	2
16	县商务局	5	5	5	100.00%	90	18	80.00%	5	0	100.00%	0	0%	4	80.00%	0
17	县文广局	69	82	82	100.00%	2238	318	85.79%	82	0	100.00%	4	4.88%	82	100.00%	0
18	县卫计局	19	47	45	95.74%	1300	125	90.38%	47	0	100.00%	24	51.06%	46	97.87%	0
19	县海洋与渔业局	15	40	40	100.00%	880	125	85.80%	40	0	100.00%	16	40.00%	40	100.00%	0
20	县安监局	10	13	11	84.62%	332	45	86.45%	13	0	100.00%	4	30.77%	13	100.00%	1
21	县公安局	49	74	72	97.30%	1176	183	84.44%	74	0	100.00%	47	63.51%	69	93.24%	11
22	县司法局	4	5	5	100.00%	67	13	80.60%	5	0	100.00%	0	0%	2	40.00%	0
23	县民宗局	15	19	18	94.74%	372	73	80.38%	18	1	94.74%	5	26.32%	9	47.37%	0
24	县档案局	6	6	6	100.00%	120	16	86.67%	6	0	100.00%	2	33.33%	6	100.00%	0

续表67

序号	单 位	审批事项		授权情况	现场办结率	法定期限	承诺期限	承诺提前率	进中心数	不进中心数	进中心率	即办件	即办率	跑一次	跑一次比率	零跑
		主项	子项													
25	县招商局	3	3	3	100.00%	11	2	81.82%	3	0	100.00%	2	66.67%	3	100.00%	1
26	县旅游局	1	2	2	100.00%	60	10	83.33%	2	0	100.00%	0	0%	2	100.00%	0
27	县农机局	6	7	7	100.00%	94	15	84.04%	7	0	100.00%	5	71.43%	6	85.71%	0
28	县公积金中心	4	29	29	100.00%	152	23	84.87%	29	0	100.00%	25	86.21%	29	100.00%	0
29	县气象局	4	5	5	100.00%	100	10	90.00%	5	0	100.00%	0	0%	5	100.00%	1
30	县港航局	10	10	10	100.00%	190	29	84.74%	10	0	100.00%	3	30.00%	10	100.00%	0
31	县烟草局	1	7	7	100.00%	140	5	96.43%	7	0	100.00%	6	85.71%	7	100.00%	0
32	县市场监管局	56	167	162	97.01%	3574	630	82.37%	162	5	97.01%	61	36.53%	167	100.00%	77
33	县交管办	3	3	3	100.00%	30	4	86.67%	3	0	100.00%	1	33.33%	3	100.00%	0
34	县侨务办	3	3	3	100.00%	22	4	81.82%	3	0	100.00%	1	33.33%	2	66.67%	0
35	县金融办	2	8	8	100.00%	440	90	79.55%	8	0	100.00%	0	0%	8	100.00%	0
36	县征收办	1	1	0	0%	60	10	83.33%	1	0	100.00%	0	0%	1	100.00%	0
37	县公安出入境	8	8	8	100.00%	102	18	82.35%	8	0	100.00%	2	25.00%	7	87.50%	1
38	县消防大队	4	5	1	20.00%	93	44	52.69%	5	0	100.00%	0	0%	5	100.00%	0
39	县车管所	29	35	35	100.00%	293	37	87.37%	35	0	100.00%	28	80.00%	31	88.57%	0
40	县不动产登记中心	1	13	13	100.00%	390	57	85.38%	13	0	100.00%	1	7.69%	13	100.00%	0
合计		636	1035	1014	97.97%	23763	3811	83.96%	1028	7	99.32%	353	34.11%	980	94.69%	122

公共资源交易管理

【概况】 2017年,县公共资源交管办围绕市交管办及县委县政府的工作部署,全年,共完成各类交易354宗,总交易额达88.06亿元;其中工程类交易301宗,交易额达 61.95亿元。

【中层干部竞聘】 2月21日上午,县公共资源交管办举行中层岗位竞聘上岗演讲会。本单位全体干部职工参加并邀请第六纪检组书记及联络员到场监督。该次共4位参与竞聘。竞聘者从岗位认知、工作经验与优势和今后工作设想等方面进行了演讲,全体干部职工根据竞聘者日常工作表现和演讲表现分别进行民主评议。

【学习中共十八届六中全会精神】 2月23日下午,县公共资源交管办深入学习领会中共十八届六中全会精神及中纪委十八届七次全会精神,并结合自身实际开展热烈讨论。在讨论中,与会人员分别围绕"落实《关于新形势下党内政治生活的若干准则》和《中国共产党党内监督条例》,应该采取哪些有效措施?如何规范党内政治生活,发挥党员领导干部的表率作用?""加强党内监督的重点和难点在哪里?如何把党内监督和人民群众监督结合起来?"等问题进行深入讨论。

【助力"剿灭劣V类水"工程】 县公共资源交管办把"剿灭劣V类水"工程作为重点实事工程来抓。承诺招标文件审核时间一般为1个工作日,不超过2个工作日。明确投资额1000万元以下该类工程适用简易招标程序,投标人不做技术标,仅对主要条款承诺签字,抽签确定下浮率,摇号确定中标单位。

【创新监管方式】 县公共资源交管办为规范招投标行为,创新监管方式,具体为以下3点:(1)建立中介机构预选承包商库。通过公开征集、筛选、评估等流程,有20家招标代理中介机构和35家工程造价咨询中介机构进入预选承包商库。(2)出台《预选承包商库成员单位考核办法》。对预选承包商库中介机构实行量化考核,考核内容涉及使用单位评价、工作质量、日常执业行为、业绩及自身建设等方面,并将考核结果与责任追究相结合。(3)重视中介机构诚信管理体系建设。

【推行公共资源交易"黑名单"制度】 2016年底出台公共资源交易"黑名单"管理实施细则,有效推进公共资源交易市场诚信体系建设,实施,有两家企业列入"黑名单"。通过实施"黑名单"制度,将建筑企业的建设市场行为与招投标行为有机结合起来,达到"一次失信,处处招标失分"的效果。

【实施电子招投标系统】 县电子招投标系统覆盖房建、市政、水利、绿化等行业,全年实行全程电子化招投标项目68个,交易金额达12.02亿元,为每家投标企业每个项目可节约购买招标文件及制作投标文件费用约1500元。

【举行招标文件会审】 5月27日下午,县公共资源交管办组织相关单位分管领导和科室人员,对"县青草巷特色街区建设"工程项目招标文件举行会审。该项目建安工程造价约1.3亿元,是县重点实事工程。会审有效提高了工程项目招标文件的编制质量,确保了招标文件更加科学、严谨和规范。

【优化招投标备案流程】 县公共资源交管办制定服务指南,明确备案所需提供的资料、办理时限、办理地点及联系方式等。标前招标文件备案办理时限从原来的5个工作日压缩至2个工作日,标后合同备案办理时限从原来的2个工作日压缩至即办,做到申请办理人在资料齐全的前提下最多跑一次。全年,共办理招标文件备案287个,合同备案265个。

【推行工程项目招标文件预公示制度】 县公共资源交管办对技术特别复杂的项目在县公共资源交易中心网站预先公示交易文件,预公示时间不少于3日。将投标人对招标条件的意见前置到开标前,保证潜在投标人足够的知情权和建议权,象山港外干门作业区大中庄通用码头工程项目成为首例采用预公示办法在县公共资源交易中心进行招标文件预公示的工程项目,5家潜在投标人通过书面实名制形式对预公示的资格审查文件提出了6条意见和建议,采用了3条,从而遏制招标文件设置排他性条款等违规行为的发生,有效解决因招标文件不规范而导致各种异议和投诉事件的发生,保证招标投标活动顺利开展,也减少相应行政手段对招标投标活动的干预。

【评标专家规范化管理】 县公共资源交管办重新整合专家库,要求入库评标专家必须具备从事与工程技术或工程经济有关的工作5年以上等6项条件,专家库内共有房屋建筑、市政、绿化、水利、公路等5大类10多个专业的148名专家。根据《宁波市评标专家动态管理实施细则》,制定出台符合县实际的专家管理实施细则,对评标专家实行动态管理,增强评标专家的评标质量和工作责任心,保证评标活动的公平、公正,规范公共资源交易活动,促进公共资源交易市场健康有序发展。

【推行"六心服务工作法"】 县公共资源交管办对待招投标当事人努力做到:接待热心、释疑耐心、服务诚心;对待招投标工作坚持做到:学习用心、工作细心、办事公心。坚持用热情的服务感染人,用良好的环境吸引人,用规范的服务引导人,打通"中梗阻",提升执行力,全力打造"交易管理铁军"干部队伍。

【组织关于迎接中共十九大召开的学习会议】 县公共资源交管办盛主任组织召开了中共学习会议,全体人员参加会议并重温了《中国共产党党内监督条例》,全面落实从严治党新要求,为喜迎中共十九大做好了准备。会上,盛主任反复强调加强党内监督,发展党内民主,维护中共团结统一,保持中共先进性和纯洁性。

【收看十九大】 10月18日上午9时,中国共产党第十九次全国代表大会在北京人民大会堂召开。县公共资源交管办组织广大党员干部学习习近平代表十八届中央委员会向大会作的报告、大会的重要文件、报刊重要评论，并开展深入学习讨论，切实把广大党员干部的思想和行动统一到中共十九大精神上来，把力量和智慧凝聚到贯彻落实中共十九大精神上来。

【县委常委、纪委书记陈善方一行开展调研工作】 10月24日下午，县委常委、纪委书记陈善方等一行3人到县公共资源交管办调研工作。陈书记就工程领域腐败问题指出，必须加强党风廉政建设。在工作中要优化招投标管理办法，注重细节，完善制度，从而促进招投标工作的良性循环，为更好地进行下一步工作指明了方向。

【县管副职后备干部选拔工作推荐会】 10月31日上午，县公共资源交管办组织召开了县管副职后备干部选拔工作的民主推荐会议，单位全体干部及县委组织部干部科金科长参加了该次会议。会上，盛直超主任作动员报告，他强调指出要发扬民主、坚持选人用人标准，把优秀干部推荐出来。全体人员根据实际情况进行了填表推荐。

【赴外考察学习】 12月6日，县公共资源交管办及交易中心一行6人赴宁海县公共资源交管办、慈溪市公共资源交管办进行调研学习。一天时间，两地调研，此次的考察学习为招投标工作带来新鲜血液，县公共资源交管办将继续优化创新方法，争取招投标工作更上一层楼。

【宁波市公共资源交管办一行前来考察工作情况】 12月7日下午，宁波市公共资源交管办莅临县公共资源交管办考察调研2018年工作思路。市领导对取得的工作成绩给予了肯定，同时强调指出，要理顺体制机制，建立破解“同体监督”交易监管体制，建立本级政府公共资源交易管理协调机制，加强队伍建设。

【中共十九大精神学习会议】 12月12日下午，盛直超主任组织学习了中共十九大精神报告全文，并结合县公共资源交管办招投标工作谈了几点想法，要求全体干部学习中共十九大报告全文，并运用到工作中，提升破解工作难题的信心，继续努力，打造交易监管铁军。

【走访调研村级工程】 县公共资源交管办贯彻执行《象山县村级工程项目监督管理暂行办法》，监管确保各镇乡（街道）村级工程项目建设规范合理。走访新桥、定塘、贤庠等镇乡（街道），调研村级工程实施情况，共同探讨项目中可能存在的风险漏洞，确保工程项目规范化实施。

【学习宪法精神】 12月4日上午，县公共资源交管办组织召开了宪法学习会议，全体干部对《中华人民共和国宪法》进行了深入的学习。通过这次对宪法的系统学习，全体干部职工对宪法的地位、权威和效力，也有了更加清楚和深刻的认识。

【推行工程项目年度投标保证金保险试点】 3月1日起，为有效减轻建筑企业负担，创新推出工程项目年度投标保证金保险试点工作。县公共资源交管办对全县优秀建筑企业和其他企业推行年度和单次投标保证金保险，保费只收取年度投标保证金的3‰，与工程项目年度投标保证金具备同等效力，大大减轻投标企业的财务成本，而且在办理程序上更便利，更节省时间，全县共有30家先进企业办理年度投标保证金保险制度。

【实施应急工程快速招投标机制】 县公共资源交管办于年内5月分别按企业信誉、社会贡献、技术人员力量等情况综合评定，共入围了建筑工程5家，市政公用10家，水利水电10家，公路工程9家，装修装饰5家等应急工程预选承包商，制定出台《象山县政府投资应急工程预选承包商库管理办法》《象山县政府投资应急工程预选承包商库成员单位考核办法》。截至，象山大目涂二期海堤维修加固工程和紫程卡车项目厂房修缮工程等5个项目实施了应急工程在预选库摇号产生中标单位的快速招投标办法，比普通工程公开招投标提速70%左右，有效提高招投标工作效率，降低企业投标成本。

档案工作

【概况】 县档案局围绕“桥海兴县”和“双突破双驱动”县发展战略总要求，以“五档共建”为主抓手，强化基础，开拓进取，狠抓落实，紧扣中心，坚持“建”“用”结合，抓好“三改一拆”“五水共治”、全域旅游、城际铁路建设、棚户区改造等重大活动和重点工程的文件材料归档工作。扎实服务三农，提升服务民生水平。继续深化推进“异地查档、跨馆服务”。与时俱进，拓展档案文化新领域，有序开展档案编研工作，优化档案文化服务功能。加强监管，规范档案工作，提升依法行政能力。育管结合，增强档案干部业务素质和专业技术水平，为县经济建设和社会各项事业发展作出贡献。

【“建”“用”结合，服务重大工作】 2017年，县档案局为继续抓好“三改一拆”“五水共治”、全域旅游、城际铁路建设、棚户区改造等重大活动和重点工程，继续派专人蹲点服务，确保文件、材料同步收集，及时归档。为及时做好村级组织换届档案工作的业务指导，保证村级组织换届有关材料的收集、整理、归档和保管工作，监督指导科组织人员实地走访调研了西周镇、墙头镇、丹东街道、大徐镇等镇乡（街道），听取了在换届一线的镇乡（街道）副书记、组织委员、档案员对换届档案管理的看法和建议，因地制宜，确定便于利用的建档范围和方式。

【抓住重点及时介入】 棚户区改造和全域旅游示范县创建是县2017年的重点工作。县档案局及时介入，专门抽调一名业务骨干跟踪建档指导，分别与分管领导、相关工作人员就如何开展档案管理工作及监理长效机制等问题进行了面对面的交谈，帮助建立健全档案管理各项制度，使档案管理工作尽快步入规范化轨道。指导房屋征收办工作人员及时收集相关资料，要求对各棚户区拆迁前、拆迁中、拆迁后建立照片档案，全方位、全过程、全覆盖收集“拆”“治”“归”档案，确保县棚户区改造档案资料齐全完整。

【业务指导】 2017年,县档案局对各县级部门、镇乡街道、社区、行政村的档案材料收集、整理、归档以及县级部门、镇乡(街道)永久、长期(30年)保存的文书档案、部分涉民档案和数字档案登记备份工作进行电话指导和上门指导。对水利局、交通局年内完工的盘基码头接线工程、黄沙岙围涂造地工程、丹爵线公路工程等县级以上政府投资重点建设项目进行业务指导。对工程建设单位、施工单位相关负责人和档案员就文件收集、整理、归档进行了业务指导,确保档案齐全完整、整理规范、保管安全和有效利用。走访县城际铁路筹建办,并对档案室的建立及文书档案、照片档案、科技档案的收集、整理进行专门指导。及时走访水务、城投、交投、工投、旅游五大国企集团公司和宁波工程学院象山研究院等新成立单位,在建立规范档案室、制定档案分类方案、收集范围、保管利用等方面进行指导。通过一对一现场指导、电话指导和网络指导相结合的方式,档案员的理论水平和业务素质得到提升,夯实了档案基础工作。

【档案业务培训】 3月,举办了文书档案和照片档案业务培训,对全县各部门、镇乡(街道)、部分企事业单位的120余人进行了培训。7月20日和8月16日,先后在西周镇人民政府、县市场监督管理局和县人力资源和社会保障局召开档案工作现场观摩会,共有来自全县18个镇乡街道、部分部门、企事业单位的办公室主任、文书档案员160余人参加。乡镇观摩会以村级组织换届档案管理、会计档案整理和全宗卷整理作为培训主要内容。现场观摩会打破了原先"以会代训"的传统模式,重点突出在"现实现学",帮助全体观摩人员补充新知识,提高业务素质和专业技术水平,实现档案工作的规范化管理。现场观摩会的顺利召开,不仅为今后档案工作的开展提供了理论指导,同时对全面提升了县档案管理水平。

【完成千村档案工作】 6月16日,在完成试点村和重点村建设的基础上,组织召开县"千村档案"建设工作推进会,全面推进县"千村档案"建设工作。建设工作开展以来,为16个建设村拍了7419张照片,完成口述档案制作48个。16个建档村建成千村档案建设数据库,共录入目录1500余条,上传各类文本、图片、视频附件5493个,数据量达123GB,为后续省级历史文化村落的口述历史建档奠定了基础。

【改善档案基础设施建设】 按照新馆配置要求,针对存在的监控记录保存时间短、部分档案页码未编等八方面问题,多次与县政府召开协调会,全部整改到位。在档案安全体系建设方面,落实"八防"措施,现相继投入约30万元,完成了防尘、防菌过滤网新装,对新馆监控系统的扩容和消防灭火系统的改造升级,完善温湿度监控系统,实现新馆现代化管理。

【档案信息化建设再次升级改造】 及时对档案馆藏管理系统和数字档案室系统软件再次升级改造,开通二级单位数字档案室平台。加快完善基层档案公共服务网络体系建设,夯实基层档案室创建工作。申报省级规范和示范数字档案室10家,规范和示范创建率达13%和83%;完成全县95家单位民生领域业务档案数据及馆藏档案的数字化成果的登记备份,共接收数据约800G。按省、市、县政府对"最多跑一次"电子化归档工作的要求,现指导20个单位统建平台的164个主项和271个子项模块配置,"最多跑一次"电子化归档平台建设方案报县电子政务办申请立项,2018年6月底完成平台建设,并全面开展电子化归档工作。

【加强馆藏档案资源建设】 执行国家档案局8号令、9号令、10号令等规定,开展档案接收工作,先后建立三个接收小组,着重加大对民生档案、企业档案、重大项目档案的接收范围,着力调整馆藏档案资源结构。完成130余家进馆单位档案的指导、验收工作,共接收文书、业务档案14978卷151935件、资料12982册。现征集到林祓甸、周成启、陈淑芳等一批具有珍贵保存价值的档案资料1000余件及县18个镇乡街道美丽乡镇建设照片、老照片3000余张,丰富了馆藏内容。

【服务民生】 2017年,共接待查阅档案2155人次、4239卷、复印6110张、出具证明2990件。主要是查找婚姻档案和各单位史志档案,其中,民生档案共接待查阅1735人次、3423卷,复印4932张,出具证明1925件,完成15起"异地查档、跨馆服务"工作。在接待中,做到工作严谨扎实,态度端正亲和,真正为老百姓实现查档"最多跑一次"目标。

【创新档案宣传形式】 以"6·9国际档案日"和档案法颁布30周年为契机,开展形式多样的宣传活动。在丹城公园举办"魅力象山·共证变迁"图片成就展,共56块展板、235张照片,2500余人驻足观展,散发宣传手册1万余份。开展"与档案相约"活动,邀请"两代表一委员"30余人走进档案馆,体验各类档案服务,零距离感受档案文化独特魅力。深入丹东街道塔山社区,开展"幸福的印记——家庭档案进社区"活动,为社区居民做家庭档案知识专题讲座,50余人参加活动,发放《家庭档案知识宣传册》300余份。联合机关党工委开展"放飞红色梦想"活动,将孙茂芳展馆作为党员宣誓点,35名新党员进行了入党宣誓,让他们思想得到洗礼和升华。通过开展档案征文及"宝葫芦杯"档案知识竞赛活动,并依托微信公众号、县档案信息网、电视台、LED电子屏、象山发布等媒体手段,加大档案宣传力度,提高知名度和知晓率。

【展馆建设】 2017年,启动综合展厅调研工作,挖掘县历史文化资源,发挥档案的宣传教育功能。年初,县档案局开始筹建陈汉章史迹陈列馆。陈列馆采用文字讲述、图片佐证、实物展示、多媒体演绎等方式,展示了陈汉章出生、求学、考职、教授、乡情、著作以及对他的评价和相关资料照片等八方面内容。馆内有他生前用过的樟木盒、御咏水仙墨等实物和自编讲义《中国上古史》、日记等手迹手稿资料180余件,也有社会各界纪念陈汉章的资料近200件。筹建期间得到了陈汉章家属的鼎力协助,并邀请宁波大学美术系教授制作了先生铜像,为陈列馆增添了文化厚重感,也为申报国家级档案馆创造了条件。

【档案编研工作】 围绕县委、县政府中心工作和新农村建设，开展《画在山水间》编写工作，通过多次召开会议，征询各方意见，最确定编写内容，在18个镇乡（街道）选出44个村进行编写，年底，县村落选记《画在山水间》一书编写告竣，交出版社印刷出版。（注：《画在山水间》一书在2018年1月由华龄出版社出版）

【优化文化服务功能】 自被省档案局命名为省级爱国主义教育基地以来，邀请社会各界人士参观孙茂芳展馆、“最美浙江人陈淑芳”流动展板，将档案馆爱国主义教育基地打造成精神文明的主阵地，现共接待参观人员近1万人。深入一线，实地走访，完成16个村口述历史录音和拍摄工作。与县委宣传部联合发文《关于要求报送2016年度农村文化礼堂档案电子稿的函》，为打造乡村记忆、保存丰富的档案资源奠定了基础，截至年底，共收集到农村文化礼堂相关档案资料895个文档，数据量约为6.5GB。

【提升依法行政能力】 4月6日，对县国有企业转制档案进行了执法检查，共查看了四个转制档案放置点。5月19日，根据有关法律规定，向县经信局发出《象山县档案局督查意见书》，要求县经信局对所有国有转制企业档案实施抢救，制定整改方案并在收到意见书十五日内报县档案局，以维护国有转制企业档案完整和安全。10月下旬，县档案局成立档案年检工作小组，印发《关于开展2016年度档案工作检查的通知》，通过听取汇报、实地查看等方式，重点对全县98家单位开展了2016年度档案工作专项检查，对检查中发现的问题和不足，进行当面反馈，并提出整改意见和要求。通过年检，推动档案的规范化管理。

【国家数字档案馆（室）建设】 2017年度，县档案局加快推进数字档案馆（室）建设，2017年共接收49家单位文书档案数字化成果，严格按照接收标准校对并成功挂接到馆藏系统。根据国家新的归档要求，2017年全面完成机房硬件维护，更新防火墙等安全设施，升级数字档案馆（室）系统，建成馆藏备用查询系统，优化应用管理。完善档案与电子文件登记备份平台，实行在线备份和在线审核。做好浙江档案服务网工作，确定人员职责，建立并落实好监督、检查、考核等机制。为配合档案信息共享，提高工作效率提供技术支持。

【加强档案干部素质】 2017年，县档案局制定完善《象山县档案局职工干部考勤办法》和规章制度，出台印发《象山县档案局关于打造“政治坚定、业务精湛、作风优良、清正廉洁”的兰台铁军实施意见》，并与年底考核挂钩。为提升干部素质，加强队伍建设，提升执行力，打通“中梗阻”，提拔了3名干部走上重要岗位，进行压担锻炼；派出2名参加“大脚板走一线、小分队破难题”强基小分队挂职。此外，县档案局推进“两学一做”学习教育常态化制度化，使党员干部在学习中密切党群关系，树立党员良好形象，使档案干部队伍整体素质得到提高，能更好地适应新时期档案工作需要。

人民生活

民族

【概况】 2017年，象山县有蒙古族、回族、藏族、维吾尔族、苗族、彝族、壮族、布依族、朝鲜族、满族、侗族、瑶族、白族、土家族、黎族、傈僳族、畲族、水族、土族、仡佬族、纳西(摩梭)族、毛南族、羌族、景颇族、佤族、塔塔尔族、普米族、达斡尔族、拉祜族、傣族、哈尼族等32个少数民族。常住6个月以上的少数民族人口4900余人，其中有象山户籍的少数民族人口为1400余人，人口数排前三位的是苗族、土家族、布依族。县民宗局全年为35名参加中考的少数民族学生办理加分证明，为12名参加高考的少数民族学生办理普通高校招生优先录取资格申请。

【少数民族代表学习贯彻全国两会精神】 3月23日上午，县民宗局在东谷湖酒店召开全县少数民族代表人士学习会，来自满族、回族、壮族、朝鲜族等12个兄弟民族的20余名代表人士参加学习会。会议总结回顾2016年民族工作情况，部署2017年工作。

【中国民族画报社记者到象山采风】 3月9日，中国民族画报社记者到象山调研少数民族家庭创业项目，实地走访了晓塘乡茶光菊葡萄种植基地和牟有顺畜牧养殖基地。

【赴丽水龙泉、温州泰顺学习考察少数民族帮扶工作】 6月22—24日，县民宗局会同县政协社法委组织少数民族联谊会部分理事成员共15人赴丽水龙泉、温州泰顺学习考察少数民族帮扶工作，实地考察了龙泉小镇、竹垟畲族乡，泰顺县竹里畲族乡竹里村等地。

【市少数民族发展帮扶工作交流会在象山召开】 7月21日，宁波市少数民族发展帮扶工作交流会在县晓塘乡召开。宁波市各区县(市)民宗局分管局长共20余人参加会议。会议回顾了2016年全市少数民族发展帮扶工作取得的成效，部署了全市民族工作的相关要求。

【第十一届民族和睦邻里节】 7月22日，县第十一届民族和睦邻里节在晓塘乡西边塘村旅游服务中心广场开幕，活动安排了一系列富有地方特色的“民族歌舞表演、民俗文化展览、拓展体验赛、风情篝火派对”等内容。开幕式当天，共接待游客近8000人，出售葡萄2.8万公斤，旅游创收50余万元。

【市委统战部纪检组到象山督查少数民族发展专项资金帮扶项目】 9月13日，宁波市委统战部纪检组到象山对少数民族发展专项资金帮扶项目进行督查，实地走访了晓塘乡葡萄种植大户茶光菊、水产养殖能手王天飞和畜牧养殖能手牟友顺的创业帮扶基地，叮嘱相关部门关心少数民族同胞的困难。

【县少数民族联谊会第二次代表大会】 12月1日，县少数民族联谊会第二次代表大会在海洋酒店召开，县委常委、统战部部长陈爱武，副县长华弼天，民宗局长朱兴宝出席会议。会议听取并审议通过了县少数民族联谊会一届理事会工作报告，选举产生了新一届理事会及班子成员。

宗教

【概况】 2017年，县有佛教、基督教、天主教三大宗教，经政府依法登记的宗教活动场所186处。其中，佛教寺院130处，基督教堂48处，天主教堂8处。宗教教职人员386人，其中佛教僧尼326人(经省佛教协会备案登记的佛教教职人员107人)，基督教58 人(牧师11人、教师9人、长老11人、专职传道员27人)，天主教神甫2人。宗教界人士中有县政协委员4人、县人大代表1人、县青联会委员1人。参加正常宗教活动的基督教信徒2.3万余人，天主教信徒700余人。全年探望慰问宗教界代表人士60余人次，引导宗教界开展社会公益慈善活动、支持新农村建设捐助款物30余万元。

【陈爱武走访佛教场所开展调研工作】 2月7—8日，县委常委、统战部部长陈爱武走访等慈禅寺、智门禅寺、报德寺等8处佛教场所开展调研工作，听取了场所负责人关于日常管理工作情况的汇报，了解了各场所的历史渊源及当前面临的问题与困难，希望佛教界人士继续高举爱国爱教的旗帜，加强自身建设，引导信众正言正行，维护社会和谐稳定。

【宗教领域“治危拆违”专项攻坚战行动】 8月1—14日，县民宗局成立专项行动检查组，分3组对全县84处场所开展专项督查，并对督查情况进行通报。截至10月31日，全县552处场所(宗教活动场所186处、登记民间信仰活动场所366处)中排查出的2处违章建筑被拆除,49处危房实现解危,488处消防安全隐患得到整改。

【佛教场所负责人谈话谈心工作】 2月份,县民宗局重点围绕县佛协工作开展情况,对全县82名佛教负责人开展一对一谈话谈心工作,听取他们对佛协工作的意见建议,了解场所存在的困难与问题,引导他们在思想行动上与党和政府同心同行。

【宗教场所视频监控安装联网】 3月底,丹城信德堂等37处基督教场所,石浦天主教堂等2处天主教场所完成视频监控安装联网工作。4月初,象山等慈禅寺等 20处佛教场所完成视频监控建设联网工作。视频监控系统由运营商统一运行维护,公安机关统一应用管理,提高了宗教场所在安全、治安环境等方面的远程监控能力。

【宗教(民间信仰)活动场所"微型消防站"试点工作】 4月下旬,县民宗局会同县消防大队分别对象山等慈禅寺、东陈神庆庙的消防建设进行业务指导。5月中旬,象山等慈禅寺完成微型消防站建设并通过验收。6月初,东陈神庆庙完成微型消防站建设并通过验收。6月29日,县民宗局会同县消防大队在等慈禅寺开展宗教场所微型服务站消防安全培训及演练活动,全县52名佛教场所负责人参加。等慈禅寺微型服务站负责人介绍微型消防服务站的软硬件配置和运行情况,县消防大队官兵讲解和示范消防设施使用方法。

【基督教教职人员"爱国主义"教育实践活动】 5月底,县委统战部、县民宗局在宁波市社会主义学院举办为期三天的基督教教职人员"爱国主义"教育实践活动,来自全县基督教包括牧师、长老、教师、专职传道员等50余名教职人员参加培训,实地参观了余姚梁弄抗日根据地旧址、王阳明故居。

【宗教界参与公益慈善活动】 5月1日,县基督教两会成立信德公益志愿服务队,开展"爱相随"无偿献血公益活动,共有68位基督教爱国人士献血18300毫升。6月26日,象山报德寺举行慈善授牌禅茶会,县委统战部副部长、民宗局局长朱兴宝出席活动。县慈善总会相关负责人授予象山报德寺"县慈善总会贤庠分会报德寺工作站"标识铜牌,宣布报德寺慈善工作站正式成立。禅茶会中分别举行慈善义拍和现场募捐活动,共筹集善款40050元,当场捐助县抗癌协会、当地敬老院各2万元。9月5日上午,象山西坛庵在丹西街道北路社区举行"圆梦助学"公益慈善活动,社会各界爱心人士120余人参加活动。该次"圆梦助学"公益慈善活动由象山西坛庵负责人释振善筹集善款并组织发起,象山教育基金会负责筛选、核实20名家境贫困的大学新生作为资助对象,每位学生获得慈善助学金5000元,共计10万元整。

【宗教场所法治宣传教育工作】 6月1日,县民宗局出台《关于印发2017年县民族宗教系统法治宣传教育工作任务书的通知》。6月,开展"宗教政策法规学习月"活动。组织3名宗教教职人员参加全市宗教界新修订的《宗教事务条例》知识竞赛并荣获团体二等奖。截至12月底,186处宗教场所安装法治宣传橱窗。

【第二批民间信仰活动场所颁证授牌暨安全管理工作现场会】 7月11日,县民宗局在东陈乡樟岙村举行第二批民间信仰活动场所集中颁证授牌安全管理工作现场会,各镇乡(街道)统战委员、统战干事、第二批民间信仰活动场所负责人共计270余人参加会议。会议要求,各场所要规范管理,创新管理方式,弘扬优秀文化,发挥作用。会上向第二批225家登记编号的民间信仰活动场所颁发了铜牌证书,东陈乡政府、鹤浦镇五利村妈祖庙负责人分别作交流发言,县消防大队对参会人员进行消防安全知识讲座。

【等慈禅寺举办恢复开放三十周年暨千佛殿佛像开光活动】 11月4日,象山等慈禅寺举办恢复开放三十周年暨千佛殿佛像开光庆典活动,来自县内外300余名信众参加活动。陈爱武、周悦德、诚信大和尚、怡藏大和尚、觉醒大和尚、甚如大和尚分别在庆典活动上致辞。庆典活动前夕还举行了庆典雅集及中华花艺花道研究所揭牌仪式。

【调整佛协班子成员】 11月15日,县民宗局在统战部四楼会议室指导佛协召开理事扩大会议,同意莲智辞去佛协会长职务,佛协副会长式清主持佛协工作,增补统战部副局级干部黄兵现为佛协理事、副秘书长,兼管佛协办公室工作。

【全市民间信仰工作推进会在象山召开】 11月21日,宁波市民间信仰工作推进会在象山海洋酒店举行。全市各地民宗部门分管领导及相关科(处)室人员共30余人参加会议。市民宗局党组成员、巡视员常晓波总结回顾了全市民间信仰事务管理工作取得的成绩,分析存在的问题,并部署下阶段工作任务。同时,与会人员还参观了东陈乡神庆庙、神圣庙,学习考察了微型消防站建设工作。

【赴南京市考察佛教文化建设情况】 11月24日到26日,县委统战部副部长、县民宗局局长朱兴宝一行4人赴南京市考察佛教文化建设工作,走访了栖霞寺、佛顶寺、佛顶宫等佛教活动场所,听取了南京市佛教协会副会长、佛顶寺住持曙光法师关于僧侣队伍建设、弘扬佛教文化等情况介绍。

【生态寺院、平安宗教活动场所创建及优秀宗教文化项目建设】 报德寺、经藏庵被评为市生态寺院,保宁讲寺、紫云庵、茅洋教堂等15场所被评为市平安宗教活动场所,象山等慈禅寺"闻思学堂"佛学班被评为市宗教文化建设优胜项目。

老龄事业

【概况】 截至2017年年末,全县60岁及以上老年人口124355人,占总人口的22.6%。与2015年同期相比,增长5913人,60岁及以上老年人口上升了

1.08个百分点。70岁及以上老年人口51718人。80岁及以上的高龄老人18614人,90岁及以上的长寿老人2140人。涂茨镇老龄化系数居全县第一,老龄化比例27.4%。老龄化程度最低的是丹东街道,老龄化比例16.15%。全县共有百岁老人26人,比上年同期增加1人。其中,男性3人,女性23人,百岁老人占老年人口比例最高的是高塘岛乡,全县最年长者是高塘岛乡花岙岛村104岁的高二姐老人。

【基层老年协会规范化建设工作】 根据《关于规范基层老年协会管理的通知》(象政办发〔2016〕141号)文件精神,4月份,县老龄办、县民政局联合印发了《关于加强县基层老年协会规范化建设的通知》(象老龄办〔2017〕1号)。《通知》明确规定了基层老年协会规范化建设的标准、考评与补助。全县有490个行政村,建老年协会总数621个村(包括自然村),符合规范化标准数239个村,占建老年协会总数39%。截至,49个老年协会根据考评标准,申报规范化基层老年协会。12月5日,县府办印发了《关于规范县基层老年协会财务管理的通知》。《通知》就基层老年协会财务管理问题做了详细说明。

【评选表彰老龄工作先进典型】 根据全国老龄委印发的《全国老龄工作委员会关于表彰第二届全国"敬老文明号"和全国"敬老爱老助老模范人物"的决定》(全国老龄委〔2017〕1号),县日升集团有限公司石维坚被授予全国"敬老爱老助老模范人物"称号。另外,根据省老龄委印发的《浙江省老龄工作委员会关于命名表彰全省敬老养老助老活动先进集体和先进个人的决定》(浙老工委〔2017〕1号)和市老龄委印发的《宁波市老龄工作委员会关于表彰第二届宁波市"敬老文明号"的决定》(甬老龄委〔2016〕4号),县老年公寓获得省、市第二届"敬老文明号"荣誉称号、县老年医院被授予宁波市第二届"敬老文明号"荣誉称号。

【启动落实第三届"敬老文明号"】 11月,县老龄委印发了《关于开展第三届县"敬老文明号"创建活动的通知》(象老龄委〔2017〕3号),《通知》要求深入开展"双关爱"活动,动员参创单位和第一届、第二届"敬老文明号"为失能半失能老人、贫困老人开展物质帮扶和精神关爱服务,提供爱心捐赠、上门服务、心理支持、权益维护、文化帮扶等服务,帮助关爱对象解决实际困难,改善老年人生活品质。第三届"敬老文明号"创建时间2017年至2019年,处于创建实施阶段。

【县老龄事业发展"十三五"规划】 9月份,县老龄委印发了《象山县老龄事业发展"十三五"规划》(象老龄委〔2017〕1号)。《规划》就县老龄事业基础情况、"十三五"时期老龄事业发展面临的形势、指导思想、基本原则和总体目标以及主要任务与保障措施作了详细说明和部署。

【庆祝老人节和"敬老月"活动】 10月份,县老龄委印发了《关于开展2017年"敬老月"活动的通知》(象老龄委〔2017〕2号)。10月25日,为响应市老龄委、市民政局、市广电集团联合主办的"关爱老年人、欢庆十九大"文艺会演活动,县老龄委文体艺术团参演舞蹈类节目。10月27日,县老龄办联合县司法局、县卫生局为老年人免费义诊和法律咨询。深入开展走访慰问活动,在年内"敬老月"期间,开展助老济困送温暖活动,安排活动资金2.5万元,共走访慰问特殊困难老人67名。

【做好高龄津贴发放工作】 2017年发放对象和金额创历史新高。全年发放80周岁以上高龄老人207676人次,合计发放高龄津贴12099800元。其中:全县80~89周岁的老人182828人次,发放金额9523800元;90~98周岁的老人24392人次,发放金额2439200元;99周岁以上老人456人次,发放金额136800元。截至2017年12月,全县共计17737名老人拿到了高龄老人生活津贴,累计发放金额6412.6万元。

【做好老龄事业年报工作】 12月15日上午,县老龄办召开全县老龄事业统计工作会议,18个镇(乡)街道负责日常老龄工作负责人参加此次会议。会议专门部署了2017年度老年人口和老龄事业统计年报工作。全县养老机构57家,其中公办养老机构18家,民办养老机构39家。社会化养老床位5743张,现入住老人3580人,每百名老年人拥有养老床位4.8张。全县区域性居家养老服务中心5个,建成城乡居家养老服务中心(站)471个。老年公寓1所,建筑面积6.9万平方米,床位总数1512张,入住老人665人。县级老年医院1家,核定床位30张。

全县享受养老金的企业退休职工71180人,其中60岁以上的老年人47446人,月人均养老金2351元。享受城乡居民养老保险金的60岁以上老年人74355人,月人均养老金287元。参加城镇职工医疗保险人数176137人,其中60岁以上22970人。城乡居民医疗保险参加人数331576人,其中60岁以上人数103420人。

全县建立老年电大分校及教学点38个,在校学员人数4048人;县级老年大学1所,在校学员人数1815人;老年学校7所,在校学员780人;老年文艺团队1个,参加人数20人。老年体协19个,参加人数87647人;老年体育团队24个,参加人数63093人。

2017年,县人民法院受理涉老案件1086起,其中赡养纠纷案4起,财、房产纠纷案655起。法院共审结涉老案件1051起,占受理案件总数的97%;执行涉老案件572起,占受理案件总数的52%。县级法律援助中心1个,受理涉老案件数129件。2017年,全县救助"低保"老人4806人,其中城镇128人,农村4678人。救助"低保"老人总金额2595万元,其中城镇70万元,农村2525万元。

通过老龄事业的年报统计,不仅向社会公布了县的老龄化状况和老龄事业的发展情况,也为政府决定和决策老龄事业的未来发展提供了科学依据。

【做好浙江省老年电视大学招生工作】 做好2017年度春秋两季老年电大招生工作,招生人数800余人。全县老年电视大学38所，在校学员人数4048人，2017年止累计毕业（人次）3605人。

【“浙江省老年优待证”办理工作】 2017年，县老龄办共办理“优待证”8842本，其中红卡5064本，绿卡3778本。县财政支出“优待证”制作费合计22105元。截至2017年12月，县老龄办累计办理“优待证”150857本。

关心下一代工作

【概况】 2017年，着力加强青少年思想道德建设，推进关工委工作改革创新，在强化关工委组织与“五老”骨干队伍建设，创办暑期“假日学校”、创建民营企业和商业企业关工委等方面取得新成效、新发展。县委干〔2017〕37号文件决定赖明和任县关心下一代工作委员会主任，沈佳雨不再担任县关心下一代工作委员会主任职务。

【社会主义核心价值观主题宣讲】 县关工委坚持以社会主义核心价值观教育为主题，要求和组织各地关工委和各工作团队开展主题教育宣讲活动。县关工委宣讲团承担起清明宣讲任务，对前往县革命烈士纪念馆祭奠烈士的18所中小学、11所幼儿园、县级机关单位共青团员和党员群众6000余人，进行了50余场次宣讲活动。宣讲百余场次，听众超过万人。

【留守儿童关爱工作】 县关工委通过县教育局和各乡镇街道关工委对全县“留守儿童”展开调查，全面了解“留守儿童”的生存状况和成长需求，建立“留守儿童”档案，对2271名“留守儿童”采取多种措施加以关爱，做好帮扶工作，做到精神上爱护，生活上关心。西周小学、昌国小学等关工委合理安排任课老师及退休教师与留守学生结对，担任“代理家长”，不仅在学习上给予指导，而且对留守儿童生活、情感、心理等方面的关注和疏导。组织宁波甬润童心关爱留守儿童系列活动，新桥、泗洲头镇关工委分别开展“大手牵小手，梦圆影城行”和“品田野文化，赏竹根艺术”等活动，有留守儿童60余人、志愿者30余名参加活动。

【帮扶解困工作】 县关工委与县慈善总会协商，筹集安排关爱帮扶资金10万元，通过各镇乡街道关工委对全县各地学校187名特困生和留守儿童进行每人500～1000元的关爱帮扶。关爱团联络对接县红十字会，共同开展困难青少年、留守儿童、残障儿童的基本状况调查，开展帮扶、助学活动。日杂百货商会关工委上高山、下海岛多次送米送油慰问帮助困难儿童家庭。家居商会关工委与西周、晓塘等地困难学子结对助学。丹东街道关工委将爱心企业赠的实物以义卖的形式，募集资助资金，为困难家庭儿童解决生活、学习上的困难。据不完全统计，全县各级各类关工委结对帮扶学生921对，帮扶经费32万元，赠送学习及生活用品共计人民币3万元。

【“关爱明天，普法先行”全国青少年普法教育活动】 全县共有5000余名中小学生参加活动。收到书画、手抄报、答题卡、征文等3000余件。县技工学校、丹城第二小学502中队、爵溪学校603班被评为县级先进集体。陆智勇、林英南、李敏被评为县级优秀辅导员，有15名学生被评为县级先进个人。丹城第二小学荣获市级优秀组织奖，鲍姿睿同学荣获市级青少年法律知识竞赛二等奖。

【净化青少年文化环境】 县关工委网吧义务监督团坚持每月两次对中心城区网吧进行义务监督。全年共检查28次，受检查网吧267家，受检上网人员12080余人次。6月下旬，县关工委与县文广局联合，由领导带队分两组对中心城区9家重点网吧进行突击检查。石浦镇、西周镇、爵溪街道关工委也确定网吧监督员，经常对当地网吧开展义务监督活动。

【家庭教育】 家庭教育取得新成效，家庭教育讲师团成员义务作专题讲座110余场次，受教育家长达2.7万余人次。其中：树立正确的家庭教育观、掌握科学的家庭教育方法、传承家风家训、培养子女健康成长等专题讲座66场次。3月8日，县教育局关工委常务副主任郑冬根老师为天安集团200多位女职工作一场题为《新时期家长如何引领孩子走向成功》的家教讲座，获取广泛好评，搜狐网给予了报道。

【企业关工委建设】 丹东街道在小微企业比较集中的蒋家村建立企业联合关工委组织，其《整合资源，搭建平台，发挥民营企业关工委作用》经验，在市关工委会议上作了介绍。日杂百货商会关工委新成立丽水异地分会关工委和台州异地分会关工委组织。家居商会关工委和日杂百货商会关工委组织开展关心下一代活动，拓展了关工委的工作面。县关工委《拓展工作领域，汇聚关心下一代工作新力量》在全市关工委工作会议作典型发言。

【创建“五好”学校关工委】 推进学校“五好”关工委创建工作，做好台帐资料整理，工作经验总结，提炼出特色品牌，又有3家学校关工委被评为市级“五好”学校关工委，7家被评为县级“五好”学校关工委。2017年年底止，全县共有县级“五好”学校关工委22所，市级“五好”学校关工委6所。

【关爱帮教活动】 关爱团开展对未成年失足青少年“一帮一”帮教关爱教育活动，组织10余名未成年缓刑犯参加“三五”学雷锋日徒步环保活动；对11名未成年被告人安排亲情会见；关爱团成员承担起“合适成年人”任务，做好涉法涉诉青少年权益维护工作。对7名涉罪未成年人及未成年被害人开展心理干预。关爱团建立了“四位一体”帮教模式，成功搭建法院、家庭、社会、个体“四位一体”的青少年犯罪惩防教育网络。

【“五老”骨干队伍建设】 县关工委《适应新形势，再上新台阶，努力抓好“五老”骨干队伍建设》的经验在市关工委会议上作了介绍。十月份开始组织动员筹建县关心下一代志愿者协会，于11月30日获得县民政局《准予成立社会团体决定书》（象民社成准字〔2017〕第15号）。

【孙茂芳"五小精神"进校园】 3月3日,纪念毛泽东"向雷锋学习"题词54周年暨当代雷锋孙茂芳"五小精神"进校园巡讲启动仪式在茅洋孙茂芳道德学校举行。汉章学校等周边学校师生200余人参加仪式。孙茂芳"五小精神"进校园活动在全县各地共开展10场巡讲,孙茂芳向广大师生宣讲了学雷锋事迹,交流了继承和发扬雷锋精神的体会。

【清明教育周】 全县各级关工委共举行清明教育周活动86场,受教育青少年达到28652人,参加教育活动的"五老"人员和领导203人次。丹西街道、丹东街道关工委先后组织4800余名学生到象山革命烈士纪念馆进行祭扫活动。石浦镇在当地学校开展"缅怀先烈·筑中国梦"活动,参加人数4934人。同时还在各学校举行"网上祭英烈""走进清明、感受传统"等主题班会和少先队新队员入队仪式等活动,参加人数达1.1万余人次。其他各镇乡关工委也都组织安排青少年学生参加清明祭扫活动。清明教育周成为青少年学生缅怀革命先烈,接受红色教育的重要节点。

【"六一"慰问工作】 "六一"前夕,县关工委组织对安排到黄避岙、大徐、西周等地学校和外国语学校、培智启力学校、社会职业学校等7所学校进行"六一"慰问。同时参加了启力学校和爵溪学校的"六一"庆典活动。并到丹东街道大碶头村、鹤浦镇金七门村看望孤儿与困境儿童,送上慰问金和生活必需品。

【暑期"假日学校"】 全县从7月2日至8月30日,共开办107班,免费招收学生3161人。其中外来务工子女1100人,留守儿童499人,"小候鸟"儿童827人。全县共有1173名志愿者参加,其中"五老"志愿者166人,大学生志愿者148人,在职教师志愿者335人,部门志愿者138人,社会技艺能人20人,其他366人。107所"假日学校"95所办在了学校,1所办在企业,11所办在社区和村里,实现了资源共享,提高了办学质量。爵溪街道、石浦镇、西周镇、贤庠镇、定塘镇、新桥镇等地"假日学校"都有200人以上的规模。丹东街道"假日学校"学生达到570余人。全县各级政府共投入66.5万元专项办学经费。县关工委安排了补助慰问资金11万元。

【参与剿灭劣Ⅴ类水活动】 县关工委组织各地关工委开展对"剿灭劣Ⅴ类水"宣传。石浦镇、爵溪街道等关工委发动"五老"参与治水工作,争做宣传员、示范员、监督员,对蒋家湾溪坑、蒲柏河和大明河的整治情况进行督查,共同参与"五水共治"活动。

教育

综　述

截至2017年12月，全县有幼儿园88所，早教中心1个；教育行政工作主要由教育局管理的学校81所，其中，小学28所（社会职业学校因校舍收回停办），较2016年减少1所；初中10所；九年一贯制学校13所；高级中学、完全中学、职业学校各3所，特殊教育学校、素质教育实践学校各1所；宁波广播电视大学象山分校、县级教师培训机构（学校）、县成人教育中心、县社区学院各1所，镇级社区学院2所、乡镇成人学校14所。在幼儿园注册的幼儿及婴儿19853人，全县中小学与职业学校学生62725人，成人高校学员2811人。学前3年入园率99.70%。九年制义务教育学龄人口入学率、完成率100.0%（个别正常儿童病休），“三残”儿童少年入学率、完成率各为99.1%。完成9年义务教育后的学生升入高中段学校的比例98.81%，普通高中与中等职业学校招生比例为50.28∶49.72。2017年教育完成率99.25%。

2017年，全县教育系统坚持围绕中心、服务大局，以“争拼抢”精神冲刺各类省市教育创建任务，想方设法克服困难、落实举措，全力以赴推动各项工作干在实处、走在前列。2017年，县教育系统共获得县级以上综合荣誉61项，其中国家级8项、省级16项、市级21项。县教育局被评为“平安象山”建设先进单位，丹城五小被评为全国未成年人思想道德建设先进单位，石浦小学被评为浙江省数字校园示范学校，石浦中学等3所学校被评为市“智慧校园”，鹤浦中学等11所学校被评为市文明校园，墙头学校等9所学校被评为市美丽校园。

县教育局连续三年在市对县考核中名列前茅，2017年更是夺得桂冠、再捧金鼎。在县对部门考核中也保持在第一方阵。

学前教育

【概况】 2017年，全县现有幼儿园88所，其中公办幼儿园23所，民办幼儿园65所；省三级以上幼儿园75所，其中一级园6所，二级园26所，三级园43所，准办园13所。在园幼儿数19832人，其中公办幼儿园幼儿9184人，占在园幼儿总数46.3%；学前三年入园率99.7%，省等级园招生覆盖率95.1%，省二级以上优质园招生覆盖率66.6%，普惠性幼儿园招生覆盖率为80.5%。

全县共有幼儿教职工2459人，其中园长和专任教师1416人，事业编制教师298人，园长专任教师事业编制比例为21%；专任教师持有幼儿教师资格证1388人，持证率98%；园长专任教师有技术职称659人，占46.5%；专任教师学历合格率100%，其中大专以上学历占比83.1%。

【全县幼儿园布局】 2017年，全县88所幼儿园，按幼儿园所在街道、镇乡统计：丹东街道14所，丹西街道21所，爵溪街道4所，石浦镇23所，西周镇7所，高塘岛乡3所，其他镇乡或2所，或1所（详见文后附表）。县直属，各街道、镇乡的中心幼儿园有：

县教育局直属：县级机关幼儿园，县春晖幼儿园；

县妇女联合会主管：县塔山幼儿园；丹东街道中心幼儿园：象山海韵幼儿园；

丹西街道中心幼儿园：县滨海幼儿园；县爵溪街道中心幼儿园；县石浦镇中心幼儿园；西周镇中心幼儿园；县西周镇华翔幼儿园；县鹤浦镇中心幼儿园；县贤庠镇中心幼儿园；县定塘镇中心幼儿园；县墙头镇中心幼儿园；县涂茨镇中心幼儿园；县大徐镇中心幼儿园；县新桥镇中心幼儿园；县泗洲头镇中心幼儿园；县东陈乡中心幼儿园；县晓塘乡中心幼儿园；县黄避乡中心幼儿园；县茅洋乡中心幼儿园；县高塘岛乡中心幼儿园。

还有县浙师大幼教集团附属大目湾幼儿园。

【学前教育重集团化发展　现场交流辅导工作经验】 1月10日，全县辅导工作现场会召开，二级及以上幼儿园园长，承担辅导工作的幼儿园的分管负责人和辅导干部近60人参加了会议。县探索以“总园+分园”形式的“一体型”“省一级园+乡镇中心园”为核心的“双体型”“中心园+辖区园”捆绑式的集团管理模式，通过师资培训、园本教研、师徒结对、师资交流、督查考核等方式，带动乡镇中心园管理与教学水平的提高，取得显著成效。三年来有6所一级园、20所二级园、29所三级园分批接受省、市重新审核认定和新评，55所等级园100%通过了复评和新评，全县学前教育得到了高位优质均衡发展。

【海韵幼儿园在市创意大赛夺冠】 宁波市幼儿模型场景创意设计电视大赛上，海韵幼儿园的2支参赛队在宁波全大市各幼儿园的36支队伍中脱颖而出，双双夺冠。比赛现场，海韵幼儿园的孩子将海洋文化融入作品，用孩子的视角，设计出《海韵官邸》和《海韵清居》两件作品，整个设计充满想象，令人称奇，双双摘得团体项目冠军。

【春晖建造“童话小镇”让孩子感受传统文化】 4月5日至7日，春晖幼儿园以“春晓”为主题开展童话小镇活动。700余位师生一起穿越到汉朝，感受中华传统文化的魅力。童话小镇是春晖童话节的升级版本，常态化开展活动，由每年一次推广为每月一次，主要以大带小的混龄联动自主游戏为模式。活动结束后，家长们纷纷表示，这种特色文化活动非常适合孩子们，既有趣又能让孩子们从小接受优秀传统文化的熏陶，很有意义。

【县领导“六一”分批慰问县少年儿童】 “六一”儿童节来临之际，带着对全县少年儿童节日的问候，胡建萍、钮晶莹、励茂平等领导分组走访慰问县部分小学和幼儿园，向全县少年儿童送上节日的问候和祝福。

【省幼儿体育大赛 海韵篮球宝贝获奖】 2017年，浙江省幼儿体育大会暨浙江省第四届幼儿篮球表演大赛举行。海韵幼儿园作为县唯一一支参赛队伍选派22名小朋友参加此次比赛，并斩获幼儿篮球10人传球接力一等奖、幼儿规定篮球操二等奖、幼儿花式篮球操二等奖、幼儿篮球运球投篮接力三等奖等四项大奖。

【托幼机构保健人员集中“充电”】 8月18日，托幼机构保健人员应急救护师资培训暨业务培训班开班。来自全县88所托幼机构的园长、专(兼)职保健医生共100余人参加为期4天的专业培训。此次培训由县卫计局和县教育局联合举办、县妇幼保健院承办，旨在提高专(兼)职保健医生专业素养和应急救护能力，为促进幼儿园保育保健工作质量的提高，科学、有效应对校园公共卫生事件等奠定良好的基础。

【三所新幼儿园投入使用】 高塘岛乡中心幼儿园新园建成投入使用，新建园总投资2700余万元，建筑面积6389.6平方米，绿化面积2775平方米，公共活动场地1080平方米。石浦镇城里幼儿园新园位于石浦镇西门外路小校场(五新公路联接线与西门外路交叉口)，北临北门水库公园，与石浦镇中心小学和海洋技术学校东、北相望。新幼儿园占地面积3760平方米，总建筑面积3209平方米，总投资1470万元。幼儿园规模为9个班，现开设托班、小班、中班、大班共8个班，可容纳270名幼儿。石浦镇幸福苑幼儿园是石浦镇中心幼儿园一所下属分园，位于石浦镇幸福苑小区北侧。创办于2017年8月，园舍占地面积4311.7平方米，建筑面积2838.5平方米。计划招收9个班，现招收4个班，小小班2个班、小班1个班、中班1个班。

【教育局给幼儿园男教师办了个教育沙龙】 11月22日上午，县教育局在春晖幼儿园举办了幼儿园男教师教学研讨暨名优教师带徒活动。全县各幼儿园园长、幼儿园男教师以及名优师徒等120余名教师参加该次活动。三位男教师代表进行了教学展示，与会人员围绕男教师的人才培养目标、专业成长路径、课程与教学改革、实训体系建构等问题，通过主题发言、对话互动等方式，深入探讨了促进男教师专业发展的有效途径。

表68

2017年县具有招生资格的幼儿园名单表

序号	幼儿园名称	联系电话号码	等级	普惠性	办园性质
1	县机关幼儿园	65723095	一级(市六星)	是	公办
	县机关幼儿园·万象园			是	公办
2	象山春晖幼儿园	65656407	一级(市六星)	是	公办
	象山春晖幼儿园·世纪园			是	公办
3	石浦镇中心幼儿园	65971456	一级(市六星)	是	公办
	石浦镇中心幼儿园·新港分园			是	公办
	石浦镇中心幼儿园·延昌分园		一级(市六星)	是	公办
	石浦镇中心幼儿园·幸福苑分园			是	公办
4	县滨海幼儿园	65796051　65796008	一级(市六星)	是	民办
5	象山海韵幼儿园	65771606　65771601		是	民办
	象山海韵幼儿园·百合园	65777265	一级(市六星)	是	民办
6	县塔山幼儿园	65001762		是	民办
7	县城南幼儿园	65796711　65796710	二级(市四星)	是	公办
8	县林海幼儿园	65708961	二级(市四星)	是	公办

续表68

序号	幼儿园名称	联系电话号码	等　级	普惠性	办园性质
9	象山欢乐家园幼儿园	65701078	二级（市四星）	是	公　办
10	象山天安幼儿园	89529511	预评二级（市四星）	是	民　办
11	爵溪街道中心幼儿园	65601886	二级（市四星）	是	公　办
12	墙头镇中心幼儿园	65812299	二级（市四星）	是	公　办
	墙头镇中心幼儿园·亭溪园			是	公　办
13	定塘镇中心幼儿园	65911208	二级（市四星）	是	公　办
	定塘镇中心幼儿园·大塘园			是	公　办
	定塘镇中心幼儿园·中娄园			是	公　办
	定塘镇中心幼儿园·宏润园			是	公　办
14	新桥镇中心幼儿园	65881448	二级（市四星）	是	公　办
	新桥镇中心幼儿园·东溪园			是	公　办
15	泗洲头镇中心幼儿园	65892798	二级（市四星）	是	公　办
	泗洲头镇中心幼儿园·灵南园			是	公　办
16	茅洋乡中心幼儿园	65902662	二级（市四星）	是	公　办
17	贤庠镇中心幼儿园	65644269	预评二级（市四星）	是	公　办
	贤庠镇中心幼儿园·珠溪园			是	公　办
18	东陈乡中心幼儿园	65800020	二级（市四星）	是	公　办
19	涂茨镇中心幼儿园	65680289	二级（市四星）	是	公　办
20	晓塘乡中心幼儿园	65925305	二级（市四星）	是	公　办
21	鹤浦镇中心幼儿园	65010830	二级（市四星）	是	公　办
22	高塘岛乡中心幼儿园	65042868	二级（市四星）	是	公　办
23	石浦镇城里幼儿园	59183033	预评二级（市四星）	是	公　办
24	石浦镇昌国幼儿园	65992766	预评二级（市四星）	是	公　办
25	西周镇华翔幼儿园（中心幼儿园）	65869699	二级（市四星）	是	公　办
	西周镇中心园幼儿园·树人园			是	公　办
26	西周镇下沈幼儿园	65875392	二级（市三星）	是	公　办
27	大徐镇中心幼儿园	65621258	预评二级（市四星）	是	公　办
28	黄避岙乡中心幼儿园	65671609	二级（市四星）	是	民　办
29	丹东街道振兴幼儿园	65776553	二级（市四星）	是	民　办
30	丹西街道金港幼儿园	65006088	二级（市四星）	是	民　办
31	丹西街道丹瀛幼儿园	13003752138	二级（市四星）	是	民　办
32	大目湾幼儿园	65787800	预评二级（市四星）	否	民　办
33	丹东海星幼儿园	13456112525	三级（市二星）	是	民　办
34	丹东街道东方幼儿园	13567490059	三级（市二星）	是	民　办
35	西周镇培育幼儿园	65838266	三级（市二星）	是	民　办

续表68

序号	幼儿园名称	联系电话号码	等级	普惠性	办园性质
36	丹东丰泽幼儿园	13567879188	三级(市一星)	否	民办
37	丹东博雅艺术幼儿园	13362873533	三级(市一星)	否	民办
38	丹东格治幼儿园	65776198	三级(市一星)	否	民办
39	丹西丹山幼儿园	15888570217	三级(市一星)	否	民办
40	丹西小乖乖幼儿园	65659472	三级(市一星)	否	民办
41	高塘凌雁幼儿园	65043232	三级(市一星)	否	民办
42	高塘ABC幼儿园	65040927	三级(市一星)	否	民办
43	丹西街道象山港艺术幼儿园	65757579	三级(市一星)	否	民办
44	丹西童谣艺术幼儿园	13777966715	三级(市一星)	否	民办
45	丹东欢欢幼儿园	65700864	三级(市一星)	是	民办
46	石浦创新幼儿园	65972572	三级(市一星)	否	民办
47	石浦文港青菊幼儿园	65961636	三级(市一星)	否	民办
48	石浦春辉幼儿园	18968337668	三级(市一星)	否	民办
49	石浦大庆幼儿园	13355948901	三级(市一星)	否	民办
50	石浦欢乐幼儿园	65962590	三级(市一星)	否	民办
51	爵溪奥特曼幼儿园	13777955756	三级(市一星)	否	民办
52	石浦童歆幼儿园	66574296	三级(市一星)	否	民办
53	石浦邬家村幼儿园	13586803282	三级(市一星)	否	民办
54	石浦向阳花幼儿园	56390368	三级(市一星)	否	民办
55	石浦小星星幼儿园	65983295	三级(市一星)	否	民办
56	石浦新佳幼儿园	65982474	三级(市一星)	否	民办
57	石浦珍英幼儿园	65950097	三级(市一星)	否	民办
58	爵溪街道春苗幼儿园	65605980	三级(市一星)	否	民办
59	丹西春芳幼儿园	13252267688	三级(市一星)	否	民办
60	丹西白石阳光幼儿园	13989344598	三级(市一星)	否	民办
61	西周镇春天幼儿园	65832550	三级(市一星)	否	民办
62	石浦金星上好幼儿园	18958293619	三级(市一星)	否	民办
63	石浦延昌小精灵幼儿园	65935352	三级(市一星)	否	民办
64	石浦番头幼儿园	65952533	三级(市一星)	否	民办
65	石浦镇静和幼儿园	13957413718	三级(市一星)	否	民办
66	丹西街道育林幼儿园	65972572	三级(市一星)	否	民办
67	石浦宝宝幼儿园	65973799	准办园	否	民办
68	石浦兴浦幼儿园	65983750	准办园	否	民办
69	丹东创佳幼儿园	65732144	准办园	否	民办
70	西周镇西瀛幼儿园	13958338403	准办园	否	民办
71	丹西蓬莱幼儿园	63379277	准办园	否	民办

续表68

序号	幼儿园名称	联系电话号码	等　级	普惠性	办园性质
72	丹西培新幼儿园	65722188	准办园	否	民　办
73	丹西安琪幼儿园	13777939962	准办园	否	民　办
74	丹西南庄小星星幼儿园	65794119	准办园	否	民　办
75	丹西七巧板幼儿园	65795056	准办园	否	民　办
76	丹西晨光幼儿园	13968399366	准办园	否	民　办
77	西周镇莲花新星幼儿园	65837322	准办园	否	民　办
78	西周镇启蒙幼儿园	65861723	准办园	否	民　办
79	大徐镇春美幼儿园	15869572556	准办园	否	民　办
80	爵溪巨鹰幼儿园	65630105	准办园	否	民　办
81	东陈旦门幼儿园	65608775	准办园	否	民　办
82	石浦小太阳幼儿园	65991857	准办园	否	民　办
83	石浦文旦港幼儿园	65963380	准办园	否	民　办
84	石浦金星一点红幼儿园	56390378	准办园	否	民　办
85	涂茨镇钱仓幼儿园	18968338086	准办园	否	民　办
86	丹西梧桐御府幼儿园	15067458587	准办园	否	民　办
87	丹西红枫幼儿园	13606780020	准办园	否	民　办
88	鹤浦镇未来之星幼儿园	13777966838	准办园	否	民　办

义务教育和普通高中教育

【概况】 截至2017年12月，县普通中小学毕业生人数：小学5533人、初中4712人、普通高中1979人。7月至8月，全县招生人数：小学6259人，初中5248人，普通高中2246人；小学、初中、普通高中招收的学生，分设为160、126、50个班。10月，县有小学29所，其中公办23所、外来务工人员子女小学6所；在校生36571人，其中，女学生17053人。初级中学10所、九年一贯制学校12所，完全中学初中部3个；在校生14861人，其中，女学生7117人。高级中学3所，完全中学高中部3个，注册学生6748人，其中，女学生3567人。

【县小学的布局】 2017年，全县23所公办小学按学校所在街道、镇乡统计：

丹东街道：县丹城第二小学，县丹城第四小学，县丹城第五小学；

丹西街道：县实验小学，县丹城第三小学；

石浦镇：县石浦镇中心小学，县石浦镇新港小学，县石浦镇延昌小学，县石浦镇番头小学，县石浦镇昌国小学（乡级小学）；

定塘镇：县定塘镇中心小学，县定塘镇大塘小学（联村级小学）；

西周镇：县西周镇中心小学，县西周镇下沈小学（联村级小学）；

泗洲头镇：县泗洲头镇中心小学，县泗洲头镇墩岙塘小学（村级小学）；

鹤浦镇：县鹤浦镇中心小学；墙头镇：县墙头镇亭溪小学（联村级）；

涂茨镇：县涂茨镇中心小学；大徐镇：县大徐镇中心小学；

东陈乡：县汉章小学（乡级）；晓塘乡：县晓塘乡中心小学；

黄避岙乡：县黄避岙乡中心小学。全县还有（民办）外来务工人员子女小学6所：县启力学校，县丹东街道梅溪小学，县丹西街道洋心学校，县丹西街道三伟学校，县北塘学校（校址爵溪街道），县石浦镇蓝天学校。

【九年一贯制学校的设置】 2017年，全县12所九年一贯制学校分别为：象山文峰学校（直属于县教育局），县林海学校（以上2所学校位于丹东街道）；县外国语学校（直属于县教育局），县城南学校（以上2所学校位于丹西街道）；县爵溪学校；县金星学校（位于石浦镇）；县贤庠学校；县墙头镇墙头学校；县新桥学校；县茅洋学校；县高塘学校。有民办的：县浙江师范大学附属大目湾实验学校，县社会职业学校停办。

还有直属于县教育局的：县培智学校（招收智力残疾的儿童少年）；县素质教育实践学校（下设中小学学生实践基地、渔文化艺术村，无全日制学生）。

【初中完中与普通高中的格局】 2017年，全县10所初级中学分别为：县丹城中学（位于丹东街道）；县丹城第二中学，县丹城实验初级中学（以上2所学校位于丹西街道);县石浦中学(校址金山路),象山荔港学校(校址石浦镇);县鹤浦中学;县定塘中学;县殷夫中学(校址大徐镇);县泗洲头镇初级学;县东陈乡初级中学。

3所完全中学:县西周中学,宁波滨海学校,象山港书院;后2所完全中学是民办中学。3所高级中学:浙江省象山中学,县第二中学,县第三中学。

【城区招生形式严峻 教育局发通知公告】 一年级新生预测及提示:截至2017年年内12月20日,2018年秋季入学的户籍生有1301名。据估测,待报名时户籍适龄儿童将达1500名左右。根据初步排摸,实验小学、丹城四小、丹城五小、文峰学校等施教区的户籍生数量将超过学校招生计划数65%以上,再加每年约有1000余名房产生需接纳,上述学校将出现无法全部接纳房产生的情况。初一年级新生预测及提示:截至2017年年内12月20日,2018年秋季入读城区初一年级的新生有2128名,在城区学校就读的需求基本能满足。但根据初步排摸,初中新生面临区域分布不均衡的现状,特别是文峰学校(初中部)施教区,持有户籍或房产条件的新生人数将超额。插班生预测及提示:截至2017年12月,象山中心城区各小学均呈饱和状态。其中所有中心城区学校的六年级全部满额,实验小学、丹城四小、丹城五小、文峰学校、城南学校的五年级全部满额。2018年秋季插班入学,小学阶段继续只受理持有丹东、丹西街道户籍的插班申请,并根据学校空余学额情况统筹安排,即"哪里有空哪里插"。同城转学插班申请不予受理。

【足球项目首次列入初中毕业升学体育考试项目】 3月4日,县教育局发布通知,公布了2017届县初中毕业学生升学体育考试集中测试项目。考试项目分必考项目和选考项目。必考项目为中长跑——男子1000米,女子800米。选考项目有四项:篮球运球投篮、跳绳、引体向上(男子)/仰卧起坐(女子)、足球运球。考生可根据自身特点在四个项目中任选两项参加考试。与往年不同的是,2017年年内选测项目中首次把足球运动纳入考试。

【象山代表队斩获市中学生田径运动会团体第一】 4月1日,为期3天的2017年宁波市中学生田径运动会在奉化区奉港中学落幕。象山代表队斩获团体第一,同时荣获体育道德风尚奖。

【宁波首家"家风馆"在象山正式开馆】 4月23日上午,"象山家风馆"正式开馆。"象山家风馆"由县委宣传部、县教育局共同出资筹建,设在县丹城第五小学。该馆一建成即引来各方关注,累计接待党员干部、师生5000余人次。丹城五小被评为全国未成年人思想道德建设工作先进单位。

【中科院科学家科普演讲团进校园】 4月25日,由县教育局、县科协组织的"大手拉小手——快乐科技一堂课"活动先后在墙头学校、丹城二中等8所中小学举行,中科院老科学家科普演讲团为广大师生作了精彩的科普讲座。深受县青少年学生的欢迎。该活动保持每年10场左右的规模,开讲一百余场次。

【专家、校长同台论道 共话"学校心理健康教育"】 5月5日,由县教育局与中国心理学会学校心理学专业委员会联合举办的"学校心理健康教育校长论坛"成功召开。来自省内外五大高校的专家与全县100余名校长共聚一堂,探讨学校心理健康教育工作开展。论坛活动采用现场论坛和网络论坛同步进行的方式进行,围绕学校心理健康教育工作开展的困难、困惑及感想进行了专题交流。

【全国手球校长交流会暨江浙沪手球联赛在县举行】 5月5日至7日,全国手球校长交流会、江浙沪第四届"东红杯"小学生手球联赛、宁波市首届小学生手球锦标赛在县鹤浦小学举行。5月6日,宁波市首届小学生手球锦标赛、第四届"东红杯"江浙沪小学生手球联赛先后开幕。来自浙江、上海、江苏、安徽四个省市的33支代表队近500名选手同场竞技切磋,最终宁波市金家漕小学、上海市和田路小学等8所学校分别荣获江浙沪小学生手球联赛男子甲、乙组一等奖;县鹤浦中心小学、上海市浦东新区康桥小学等6所学校分别荣获江浙沪小学生手球联赛女子甲、乙组一等奖。县首次参加宁波市首届小学生手球锦标赛的高塘学校和新桥学校分别荣获男子甲、乙组第三名。

【县2017年"青少年科技活动周"开幕】 5月13日,由县教育局、县科学技术协会、县科技局联合主办,县青少年科技教育协会、县青少年科技活动中心承办的2017年县中小学生"三模"竞赛开幕。共有33支小学组代表队、21支初中组代表队600余名选手参加手掷滑翔机、初级橡筋、纸飞机、"水火箭"、船模、四驱车、太阳能、遥控车等12个项目的比赛。

【奚海峰、钮晶莹调研石浦学校规划布局工作】 5月26日,县委常委、石浦镇党委书记奚海峰,副县长钮晶莹深入石浦镇部分中小学、幼儿园,对石浦学校规划布局工作进行调研。调研组先后来到昌国幼儿园、蓝天学校、昌国小学、延昌小学、荔港中学、海洋学校、城里幼儿园、石浦小学、石浦中学、新港小学等地,实地查看校园校貌,听取当地党委、政府和学校负责人的工作汇报,详细了解学校发展现状、布局调整等情况。

【绿色网络文明进校园】 为加强网络文明教育,县委宣传部、县教育局联合在全县中小学开展"绿色网络文明进校园"活动。活动结合青少年身心特点,以学生关注的主题和当前青少年网瘾问题为切入点,合理有效地利用网络平台,避免网络沉瘾。县教育局计划在2018年建设包括职业高中在内的绿色网络文明校园6所。

【县教育局举办基础教育创新工程阶段成果汇报会】 7月15日,县教育局举办2017年县基础教育创新工程工作进展汇报会。汇报会上,四位名师名校长高端研修班学员、九大项目组20所学校代表分别作了阶段成果汇报。会后,各项目小组分别进行组内研讨，总结成绩，分析问题，明确方向。项目组团队成员也就目标方向与工作要求进行了深入讨论。

【107所“假日学校”丰富学生暑期生活】 暑期，县教育局、县文明办、县关工委联合开办了107所“假日学校”，3142名学生参与学习。在职教师、大学生志愿者、“五老”是“假日学校”主要师资力量，同时，越来越多的企事业单位干部职工、热心学生家长也逐渐参与进来。

【高考中考取得全面丰收】 2017年，县高考总上线率为98.1%，高出全省总上线率8.1个百分点，第一段线上线率为26.8%，上线完成率超预期目标22.5%，其中普通类第一段上线率24.5%，高出全省第一段上线率4.5个百分点，同比新增1.9个百分点（去年一本上线率20.1%，高出全省一本线2.6个百分点）；第二段上线率达72%，新高考改革取得“开门红”。中考成绩也创辉煌，语文、数学、社会三门科目成绩位列南三县第一、全市第四，说明县中考实现了内涵提升。

【象山二中五校友设立教育基金回馈母校】 10月29日，象山二中84届、90届5位校友方良、张刚、龚云定、朱玲琳、吴国成共同出资300万元，在恩师周文麟逝世1周年之际以恩师名字冠名设立，用于象山二中奖教、奖学、助学，感恩恩师，回馈母校。

【专家校长齐聚共话教育改革】 10月25日，县教育局主办的首期“立三大课堂”正式开讲。论坛上，七位校长代表畅谈了学校的课堂教学改革和师资队伍建设方面的优秀经验和治学智慧，并就如何推进义务段教育改革和加快教师培养工作献计献策。随后举行的“专家与论坛者沙龙”活动中，多位校长与台上的专家、领导进行了现场交流、研讨，彰显了新思想、提出了新思路、拓展了新视角。

【丹城五小荣膺“全国未成年人思想道德建设工作先进单位”】 11月17日，县丹城第五小学名列榜单，喜获“第四届全国未成年人思想道德建设工作先进单位”荣誉称号。该校是宁波市唯一获此殊荣的单位。

【县“千校结好”行动显成效】 11月下旬，第二批50所浙江省“千校结好”特色学校名单揭晓，象山中学榜上有名。此外，象山三中获市“千校结好”特色学校称号。

【强化未成年人心理健康服务】 12月17日上午，由县中小学心理健康教育指导中心和中国狮子联合会浙江正力服务队联合举办的县未成年人心理健康服务大型现场公益活动在丹城五小成功举行。500余名家长、学生闻讯前来学习、咨询。邀请亲子辅导专家刘泽慧、宁波市康宁医院儿少科主任张文武及县内近30名心理治疗师、心理咨询师，为县中小学生、家长提供心理健康成长服务及亲子辅导策略服务。

【9所学校获评“宁波市中小学美丽校园”】 2017年，县9所学校获评“宁波市中小学美丽校园”，分别为：县实验小学、县丹城第四小学、县丹城第五小学、县石浦镇延昌小学、县荔港学校、县文峰学校、县墙头学校、浙江省象山中学、县第三中学。

职业教育

【概况】 2017年12月，全县中等职业学校毕业生1463人；7月至8月，招生1752人（少部分初中毕业生去县外职业学校就读）。10月，县有宁波建设工程学校（县职业高级中学）、县技工学校（增象山港高级技工学校校牌）、宁波海洋职业技术学校3所，均独立“法人”。在校生4790人，其中，女学生1797人，分设140个班。其中，“高职”班11个，360人。

探索职业教育人才培养新模式，申报成为省级现代学徒制试点单位并圆满完成9项具体工作，总结形成了“现代学徒制”改革的“象山样本”。

表69

2017年12月全县职业教育一览表

学校	校址	班级个数	注册学生人数	教职工人数	占地面积（平方米）	校舍面积（平方米）	时任校长
全县合计		140	4905	419	238484	115110	
宁波建设工程学校.县职业高级中学	县教育园区南区	64	2489	200	160990	75476	陈列
县技工学校.象山港高级技工学校	教育园区东北区	58	2015	168	45380	28552	张小珏
其中 4年级高职		11	360				
宁波海洋职业技术学校（宁波水产技术学校）	石浦渔港古城北	18	401	51	32114	11082	杨冬德

说明：职业学校学生生均占地、建筑面积各为48.62平方米、23.47平方米

表70　　县推进职业教育现代学徒制试点工作进度一览表

序号	具体工作内容	时间安排	责任单位	进展情况
1	组织开展职业学校现代学徒制首批试点专业申报	2016年5月	教育局、经信局、各职业学校、相关企业	确定宁波建校与监管局合作的建筑专业、技工学校与合力模具合作的模具专业、海洋学校与东谷湖宾馆合作的烹饪专业，招生共计100名
2	组织产教融合现代学徒制工作研讨会	2016年6月	职业教育联席会议成员单位、各行业协会、合作企业、各职业学校	组织18家部门，13家企业，10余家行业协会，开展了5次不同层次的研讨会
3	制定出台《象山县现代学徒制试点工作实施方案》	2016年11月	县府办、教育局、各职业学校	2016年11月制定出台了《象山县推进职业教育现代学徒制试点工作实施方案》
4	拟定《象山县现代学徒制试点学校工作考核评估办法》	2017年4—5月	县教育局	围绕六个一、保障机制等，在2017年8月出台了《象山县现代学徒制试点工作考核指标》
5	组织召开各部门现代学徒制试点工作研讨会	2017年5—6月份	县府办、职业教育联席会议成员单位、各职业学校	各部门之间就有效推进试点工作进行了交流研讨
6	组织开展现代学徒制先进地区考察学习	2017年7—8月份	财政、人社、经信、教育、职业学校等	组织各职业学校校长（现代学徒制试点工作负责人）参加了省市相关试点工作的培训会
7	组织开展第二批现代学徒制试点专业申报工作	2017年8月	教育局、人社局、经信局	确定建工学校建筑设备安装（盾构机方向）专业（25人）；技工学校汽车维修高级工班（40人），宁波海洋职业技术学校的形象设计专业（20人）为第二批试点申报专业
8	组织开展第二批试点专业的论证会	2017年9月	相关部门、相关学校	2017年10月25日，在县教科研中心C幢二楼会议室，组建教育、人社、经信等部门，市教育专家等组成的评估组，对第二批试点专业经信专题论证，并一致通过同意第二批申报的试点专业立项试点
9	组织开展第二批试点专业"学校—企业—学徒"签约仪式。	2017年9月	教育局、人社局、经信局、各职业学校、相关部门	2017年11月，各校分别组织开展了第二批试点专业的签约仪式和校企合作洽谈会
10	组织开展"三优"人员评选活动	2017年10月	教育局、人社局、职业学校、相关企业	2017年11月份初，组织开展了"好课程、好师傅、好学徒"评选活动，推选出"宁波景业建设有限公司刘敏杰"等5名好师傅、张释伟等10名好学徒，《楼宇智能化概论》等5门好课程
11	组织开展首批现代学徒制试点专业专项督查	2017年11月	教育局、人社局、相关行业协会	2017年11月28—30日，组织试点领导小组单位成员，对首批试点专业经信专题考核评估，评估方式采用企业走访、问卷调查，综合汇报的等方式，发现首批试点中存在的不足，并要求各校梳理问题，制定问题清单，定人定期完成
12	组织开展现代学徒制试点工作阶段性总结会	2017年12月	职业教育联席会议成员单位、各职业学校等	2018年3月将组织开展试点工作阶段新总结会，与一年一度的职业教育联席会议例会相结合

【优化职业教育专业结构 中职生就业率保持向上态势】 做强建筑、机械制造等传统专业，推动电子商务、新能源建筑等专业升级，培育工业机器人、影视产业旅游服务等新兴专业。3所中职学校毕业生就业率稳固在95%以上，企业用人满意度保持在90%以上。

【县宁波建设工程学校毕业生荣膺“宁波职教之星”】 3月底，宁波市2017年职业学校优秀毕业生评选结果揭晓，县宁波建设工程学校2014届毕业生胡佳翰高票荣膺“宁波职教之星”。胡佳翰是县中职教育“学赛训一体化”育人模式培养出的优秀学生代表，他先后荣获宁波市技能大赛CAD项目一等奖、县“财富杯”法律知识竞赛冠军、全国职业院校技能大赛一等奖等诸多荣誉，2016年就职宁波高专建设监理有限公司后提出要在宁波地区率先将BIM技术应用于实践的想法，该设想转化为应用成果，并达到业内领先水平。

【县启动“职业教育宣传月”活动】 5月4日晚，县2017年“职业教育宣传月”启动仪式在宁波建设工程学校举行。本届“职业教育宣传月”以“推进产教融合，打造大国工匠”为主题，推出“职业技能比武”“现代学徒制试点工作研讨”“心理健康教育学术论坛”“职业教育开放日”“职校社会服务活动”“校园招聘会”等多场大型活动，借此展示县职业教育办学成果，营造全社会关注职业教育、重视职业教育的良好氛围。

【学生职工同场竞技】 6月4日，县2017年校企技能竞赛成功举办。来自县技工学校、宁波合力集团、宁波赛德森减振系统有限公司等单位的学生和职工同场竞技，在两个半小时内通过手工编程、铣车操作完成样品。教育局表示，希望通过这样的竞赛深化中职教育教学改革，以此促进技术应用、学校企业文化的深度融合。

【67门“技能小课”培养多能学生】 县技工学校开设了67门“技能小课”，让学生得以掌握多种技能。这些“技能小课”既包括职业技能，也包含兴趣特长、知识拓展、综合实践等。学生可以在这些课程中根据自己的兴趣和喜好进行自主选择。

【市局领导调研宁波海职实习管理工作】 宁波市教育局安体处处长章敏杰一行赴海洋学校调研指导海洋学校学生的实习管理工作。调研小组对海洋学校实习工作的开展情况给予了肯定，同时也针对实习中存在的问题提出了指导意见，建议学校借助信息技术实行现代化管理，做到过程可视可控；利用网络提交实习日志，老师及时评价并与学生适时沟通与指导。

【县模具检测中心西周分中心揭牌成立】 12月15日，县模具检测中心西周分中心在西周镇汉普塑业有限公司揭牌成立。该中心由宁波汉普塑业股份有限公司无偿提供场地，学校先期投入了43万元的检测设备、入驻5名师生团队，以校企导师共同带徒的方式，培养模具检测高级工。经过一年多的试运行，该中心为汉普、永欣等企业21套逾3500万元产值的模具产品提供了检测服务，帮助企业节约成本逾百万元。

成人与社区教育

【概况】 2017年，县成教中心1所，丹东街道、丹西街道、爵溪街道、石浦镇、西周镇、贤庠镇、鹤浦镇和定塘镇等8所独立设置的成人中等文化技术学校，18所镇乡（街道）成人教育教学点，另外还有400余所村民学校（市民学校），50余所企业职工学校。县社区教育学院、镇乡（街道）社区教育中心、村（社区）教育学校三级社区教育网络建设逐渐完善。全年完成学历教育2589人，非学历培训21.79万人，全县培训率达43.29%。其中成人高中毕业916人，脱盲3988人，预备劳动力培训170人，渔业船员培训2975人；农民工培训34200人次，企业职工培训44300人次，家政培训3360人次，职业技能培训45300人次；学分银行开户数27589人，教育成果转换25194人。

2017年，县构建终身学习体系，加强县社区教育学院、镇乡（街道）社区教育中心、村（社区）教育学校三级社区教育网络建设。为创设学习型社会奠定基础。

【县2017年全民终身学习活动周启动】 11月5日上午，2017年县全民终身学习活动周在石浦镇海峡广场正式启动。活动对获得“浙江省现代化成人学校”“宁波市百姓学习之星”“宁波市特色示范成人学校”“县十佳百姓学习之星”等荣誉的先进个人和团体进行了表彰。

【组建两所社区老年大学】 2017年县成人学校教育培训工作分别在西周镇和贤庠镇党委政府的支持下，成立了西周镇社区老年大学和贤庠镇老年学校。两个镇级社区老年大学共开设了舞蹈、戏曲、书法、太极拳一年制的常规教学班10班，共招收学员346人。

【设立“学分银行” 学分跟随一生】 10月18日，县学分银行设立会议在县成人教育中心召开。会议决定将在县成人教育中心设立县学分银行分中心，在各个街道、乡镇成人学校设立受理点。年底前注册至少2.6万学分银行帐户，银行不单能存钱同样可以存学分，每一个学分银行账户对应一位象山居民。以实名的账户学分形式伴随一生，一生所学将会用客观，公平，公正的学分形式得以体现。

【点单式培训 提升“母亲素养”】 9月25日，县女子学院开展的“母亲素养工程”点单式公益培训走进泗洲头镇、墙头镇、大徐镇，为近三百名小学、幼儿园家长讲授育儿知识。该活动共有基层点单19个课程，涉及教子育子家教课程、母亲综合素养课程及女性创业就业技能课程等三方面内容，培训最短历时一堂课（一个多小时），最长历时一周左右。

【联合组班，开展“定向式”成人双证制教育】 5月19日晚，西周社区学院开设的2017级成人高中班正式开班。该班培养对象主要为宁波天星公司、华盛公司、新华泰公司等公司员工，根据天星、华盛、新华泰公司共同特点和生产需要，联合组班，开展成人“双证制”教育，在开展文化教育的同时，开展专项技能培训，为企业发展提供“定向式”的培训服务。

【“职工书屋”“农家书屋”营造读书好氛围】 8月22日，西周社区学院通过捐赠方式，在三家企业建立起“职工书屋”，在二个行政村建立“农家书屋”。首批农家书屋分别为“勤丰村农家书屋”和“潘埠村农家书屋”。每家3500多册。同时，学院和宁波大学园区图书馆建立的合作关系，在定期更换图书的基础上可以通过网络查询阅读各种资料，是集合阅览、读书、网络于一体的“精神家园”。

高等教育

【概况】 2017年，县高等教育的办学形式主要有：国家开放大学教育、奥鹏网络教育、宁波电大成人教育。其中，国家开放大学教育在校生为2061人，奥鹏网络教育在校生人数为1409人，宁波电大成人教育待招中。宁波广播电视大学象山分校有教职工45人，其中：专任教师43人，具有本科学历38人、硕士学历5人，有副高职务的12人，中级职务的29人。

【宁波首个专业影视学院将落户象山】 1月18日，宁波大红鹰学院与县人民政府签订协议，合作共建象山影视学院。根据协议，该学院将围绕影视专业人才培养、影视学科建设及相关学术研究、影视产业开发等开展办学。建成后的象山影视学院作为宁波大红鹰学院下属的全日制本科类二级学院。计划于2019年实现全日制本科在校生规模至少2000人；2023年实现全日制本科在校生规模至少4000人，非学历教育及社会培训规模每年至少3000人次。

【象山电大迁建工程开工】 7月25日，象山电大及成教中心等教育机构迁建工程打下第一根桩，标志着该项目正式开工建设。项目总用地2.6公顷，总建筑面积18524平方米，概算总投资9717万元，2018年底完工。项目建成后，象山电大、县成人教育中心(社区学院)、县教育局教科研中心、县教育局考试中心、县教育服务中心等单位将迁入新址。为象山技师学院创建奠定前期有利条件。

【专项培训提升协辅警业务水平】 11月4日，象山电大首期协辅警学历提升班在象山电大正式开班，来自全县公安机关的121名协辅警学员参加了开班典礼。本此培训班由县公安局与象山电大联合举办，依托学校丰富的办学经验和完善的办学体系，对协辅警在岗人员进行系统培养。该次学历提升班开设了一个本科班和三个专科班，学制两年半，考核合格后将获得大专或本科学历。

【服务地方 为区域经济发展提供人才支撑】 2017年，象山电大开展职业技能培训。在全县范围内开展了“驾驶理论培训”“社会工作师培训”“网络安全员培训”“师资禁毒培训”等各类非学历教育培训项目，一年内开展培训项目近10来项，培训各类人员1.2万余人次。

社会力量办学

【概况】 截至2017年12月，县有2所民办完全中学：宁波滨海学校、象山港书院。有民办外来务工人员子女小学6所：县启力学校，县丹西街道洋心学校，县丹西街道三伟学校，县石浦镇蓝天学校，县丹东街道梅溪小学，县北塘学校(校址爵溪街道)。有1所民办九年一贯制学校：县浙江师范大学附属大目湾实验学校。县社会职业学校因校舍为军产被收回停办。2017年，县民办学校有注册小学生3441人，初中生1769人，高中生1270人，教职工545人，合计占地面积222685平方米，建筑面积123784平方米。

表71　　2017年12月县民办中小学一览表

面积单位：平方米

校名	校址	班级个数	注册学生数	教职工人数	占地面积	建筑面积	时任校长
宁波滨海学校	县中心城区丹阳路	42	1943	243	106268	53400	舒敏芳
其中：高中部		24	1135				
初中部		18	808				
象山港书院	县中心城区兴盛路	8	359	33	30800	8840	张宗余
其中：高中部		3	135				
初中部		5	224				
县大目湾实验学校	县大目湾新城	31	959	90	53084	47643	邱争光
其中：初中部		16	536				
小学部		15	423				
县启力学校	原工业园区创业路	22	988	65	4490	6220	周如盛

续表71

校　　名	校　　址	班级个数	注册学生数	教职工人数	占地面积	建筑面积	时任校长
县梅溪小学	丹东街道梅溪村	7	315	8	3126	1701	
县丹西街道洋心学校	丹西街道洋心村	12	606	27	4530	1800	程正华
县丹西街道三伟学校	丹西街道白石村	12	560	25	3200	1650	王　伟
县北塘学校	爵溪街道新瀛路东	12	583	28	3560	1200	
县石浦镇蓝天学校	石浦镇昌国东卫村	6	165	16	3600	1600	臧德贝

【县领导调研县外来务工人员子弟学校发展】 4月19日上午，县政协副主席励茂平一行来到启力学校，调研外来务工人员子女学校办学与发展情况。励茂平为学校发展提出了宝贵建议，他希望学校结合实际，继续努力，努力办好让社会满意、家长放心、学生开心的教育。

7月份，县教育局组织人员对具有办学资质并符合年检条件的民办教育培训机构进行了检查，33家具有办学资质的民办教育培训机构年检合格的有32家，1家基本合格。基本情况如下：

表72　　民办教育培训机构一览表

学校名称	办学许可证编号	举办者	学校地址	年检结果
县剑桥外国语培训中心	133022570000090	王海燕	丹城靖南路366号三楼	合格
县奥林匹克培训学校	133022570000070	潘丕根	丹东街道文韵路10号	合格
县嘉沃教育培训学校	13302257000280	潘伟光	丹城汇金大厦7楼	合格
县小新星教育中心	133022570000100	虞　琦	丹城丹峰路468号三楼	合格
县文海培训学校	133022570000210	王能伟	丹西街道樟树下村34号	新批
县华焌外语外事培训学校	133022570000080	张余蓉	爵溪镇前街5号	合格
县新时代艺术培训学校	133022570000110	方王春	丹城靖南路419号	合格
丹城天天培训学校	133022570000200	黄伟芳	丹城新丰路165号北首	新批
县石浦文心培训学校	133022570000220	吴立常	石浦镇大庆路25号	合格
县小博士特色培训学校	133022570000290	应伟琴	丹城建设路347弄1-2号	合格
县石浦镇新概念培训学校	13302257000300	陈俊杰	石浦镇建业路18号	合格
县一泓音乐器乐培训学校	133022570000180	陈　泓	梅溪村委会二楼	合格
县家庭教育培训中心	133022570000230	教科研	教科研中心	合格
县社区培训中心	133022570000030	社区学院	社区学院内	合格
县启航教育培训学校	133022570000330	朱海芬	丹峰东路62-64号	基本合格
县旭日培训学校	133022570000340	陈奇凯	丹东街道兴盛路137号	合格
县蓬莱小橘灯文化艺术培训学校	133022570000350	郑速雅	丹西街道蓬莱路156号	合格
县博锐特培训学校	133022570000360	陈晓群	丹峰东路468号二楼	合格
县小叮当作文培训学校	133022570000370	仇晓东	西周镇西瀛大街291号	合格
县卓越教育培训学校	133022570000380	曾　剑	丹东街道育才路3号	合格
县叁陆零教育培训学校	133022570000390	温　海	天安路135号金穗大厦5楼	合格
县七彩艺术培训学校	133022570000400	赵康康	丹南路537号2楼	合格
县新协华教育培训学校	133022570000410	陈永坚	丹南路537号三楼	合格

续表72

学校名称	办学许可证编号	举办者	学校地址	年检结果
县龙泽文化艺术培训学校	133022570000420	王栽丽	丹东街道龙泽名园1号	合格
县春蕾文化艺术培训学校	133022570000430	叶其敏	丹东街道育才路95号二楼	合格
县创世纪文学艺术培训学校	133022570000460	马燕舞	丹东街道育才路3号	合格
县石浦方舟教育培训学校	133022570000450	徐敏珠	石浦镇海宁路192—194号	合格
县天天舞蹈艺术培训学校	133022570000470	屠德飞	丹西街道新丰路348—350	合格
县星光速记培训学校	133022570000320	谢敏杰	丹西新丰路218号	合格
县石浦新起点培训学校	133022570000480	金丛波	石浦镇金山路402号二楼	合格
县石浦文化艺术培训学校	133022570000490	奚敏敏	石浦镇凤栖路123—125号二楼	合格
县好学教育培训学校	133022570000500	张永万	天安路157号绿叶大厦三楼	合格
县学大教育培训学校	133025570000510	应玲莲	东河花园二期(2)—21号	合格
县星满天舞蹈培训学校	133022570000530	王丽丽	丹东街道涌金广场3号楼5楼	合格
象山星河艺术培训学校	133022570000550	史秀莉	丹东街道靖南东路867号	新批
县英才教育培训学校	133022570000580	黄国胜	丹东街道新华路41号(路边二楼)	合格
县多维培训学校	133022570000592	奚　婧	丹东街道丹峰东路751号三楼东	新批
县石浦艺欣艺术培训学校	133022570000610	叶俊杰	石浦镇凤栖路248号	新批
县学数教育培训学校	133022570000600	孙骏海	丹西街道丹阳路545号	新批
县博乐艺术培训学校	133022570000620	肖是龙	丹西街道兴盛路500号4—03四楼	新批
县仁智教育培训机构	133022570000630	潘侠人	天安路328号奥林大厦301号	新批

【大目湾学校奇梦队获DI全球总决赛"创新奖"】 5月，大目湾学校奇梦队代表中国区赴美国田纳西大学参加2017年DI全球总决赛，最终获得小学组亚洲"创意与创新奖"。比赛共有来自30多个国家的1000余支队伍参加，中国区有80支队伍参赛，大目湾学校6名同学组成的奇梦队在参赛的48支队伍中获得第5名的好成绩。

【大目湾学校发放"博雅奖学金"27名学子受奖励】 9月6日，大目湾实验学校举办第二届博雅奖学金颁奖典礼。27名品学兼优的学生受到奖励，分别为小学部11名，初中部16名，其中获得一等奖的最高奖额为7840元，奖金总额达10.8万元。大目湾实验学校博雅奖学金于2016年年底设立，对校内四年级以上在德、智、体、美等方面全面发展的在读优秀学生进行奖励。该奖学金的原始基金为200万元，设置一、二、三等奖，每学期末评选一次，下学期初奖励发放。

【滨海学校开展"最美教师"评选活动】 近日，宁波滨海学校开展了庆祝建校20周年"最美教师"评选活动。经教师互荐投票初评选出了陆辉、邱亚珍等30名教师为最美教师候选人，接下来还将进行学生家长投票、民意测评和实绩考核，最终评选出最美教师20人，在校庆期间进行颁奖表彰，为滨海建校20周年献礼。

师资队伍建设

【概况】 2017年，全县有专任教师5506人，其中幼儿教师1317人，学历合格率为99.24%；小学教师1895人，学历合格率为100%；初中教师1230人，学历合格率为99.67%；普通高中教师656人，学历合格率为99.85%；职业高中教师383人，学历合格率为97.39%；特殊教育教师25人，学历合格率为100%。

全县新招聘事业编制教师190名，其中学前教育34名、小学81名、普通中学62名，职业学校13名。新聘任晋升正高级教师3人，副高级教师113人，中级教师147人。

【实施教师"县管校聘"管理改革】 2017年，县政府出台《关于推进教师"县管校聘"改革工作实施意见》，印发配套细则，经过首轮竞聘、二轮竞聘、组织调剂等环节，象山中学等6所试点学校926名教师成功竞聘上岗，上岗率为98%，其余均进行了有效分流，通过此项改革促进了县师资均衡配置，调动了教师队伍的积极性。

【教师录用调动情况】 2017年，招聘录用县财政全额拨款公益性事业编制教师190人，从县外调入8人，合计198人。其中，学前教育34人，九年制义务教育段132人(含定向海岛、相对贫困乡镇44人)，普通高中18人，职业学校14人。公办教师到达退休年龄退休的80人。事业编制教师跨系统或跨县调动25人，辞职13人。

【多层次培养教育人才】 2017年，县教师平台注册人数5610人，全县教师培训总学时完成数为611145，自主选课完成总学时数为435228.20，自主选课率为71.2%，人均完成数为108.94。全县自主研发培训项目147个，教师选课后实际参训率达99.6%，教评学完成率100%，培训质量满意率达97.27%。局教科研中心开展中坚班、教育系统支部书记培训班等9个面向不同层次的学校管理者的干训项目，受训人数达413人。落实幼儿园、高中段将近1500名教师参加省信息技术提升工程，完成率100%，圆满完成三年的培训目标和任务。关注新教师、非编幼儿教师、对外来务工子弟学校教师群体的专项培训。

【名师骨干培养显成效】 2017年11月，修订并公布了2016学年度名优骨干教师考核细则，其中新增2016学年名优校长考核内容，发挥名优教师的引领作用，确保名师工作的常态化、规范化和制度化。7月12日，组织高端研修班学员参加马云新乡村校长论坛。10月25—26日，成功举办了浙派名师进象山暨象山名师名校长高端班教学展示活动和校长论坛(县"立三大课堂"首期论坛)。沈珊珊、林芳被评为市名师；张宗余入选宁波市领军和拔尖人才培养人员第二层次人选。

【抓好校长和名优教师两支队伍建设】 2017年，县教育局全面实施《校长队伍培养三年规划》，开展名优校长打造、新任校长培养、在职校长提升、中青年干部成长等"四大工程"。落实《名优教师队伍建设五年规划》。全年新增高级职称教师99人，评出市、县名校(园)长12人，县名教师29人、骨干教师95人，现有县级以上各类名优骨干教师417人，占专任教师数的10.5%。

【县2016年高级职称评审通过人数创历史新高】 1月，宁波市2016年高级职称评审通过人员名单公示，县共有99位教师通过评审。县把加强教师队伍建设作为教育事业发展最重要的基础工作来抓，通过课题研究、分组研讨、线上线下跟进指导等方式加速学校发展和教师培养步伐。县教师培养工作富有成效，中青年教师队伍成长迅速，各级各类名优教师总数达452人。2016年市教坛新秀评比中县有43人获奖，获奖人数居远郊县市区前列。

【校长同台谈教育 话改革】 1月22日，县第六届校长论坛在教育园区二楼报告厅成功举行。象山三中、文峰学校、实验小学、石浦中学、新桥学校、大徐小学、延昌小学等七所学校校长结合学校工作实际，从课程与课程群建设、课程开发、特色打造、课程实施、课程评价等方面介绍了具体做法和工作措施。

【教育局启动第二期中坚班培养工作】 2月27日，县教育系统第二期中坚班开班。经学校推荐、资格审查、理论测试选拔出来的28名学员将进行为期12天的专题培训，全面提升个人素养和管理能力。

【县三位教师获评"最美象山人"】 4月上旬，县培智学校吴素芬老师、石浦中心幼儿园傅萃老师获评"最美象山人"，实验小学董赛飞老师获评"最美象山人提名奖"。3位老师敬业奉献的事迹一经发布，在教育系统内产生极大轰动，在全县范围内也引起广泛热议。社会各界普遍认为，这些先进代表是新时期争做人民满意教师的最好践行者和引领者。

【赛"粉笔字" 练教师基本功】 6月初，县教育局与县总工会联合举办了"2017年县教师粉笔字书写比赛"，以赛促练，提升教师基本功。经过评比，6位教师荣获一等奖，12名老师荣获二等奖，18名老师荣获三等奖。

【县教育局对新任校长进行任前集体谈话】 8月8日下午，县教育局召开新任校长集体座谈会，对16名新任命的校(园)长进行集体谈话。局党委书记、局长胡海峥对新任校长们提出了四点期望：一是要敢想敢做，勇当服务大局的新铁军。二是要敢闯敢试，争当改革发展的排头兵。三是要敢作敢为，勇做追赶跨越的弄潮儿。四是要敢抓敢管，勇当从严治教的示范者。

【庆祝第33个教师节 满30年班主任首获表彰】 9月8日下午，县召开庆祝第33个教师节座谈会，全县担任班主任满30年的教师、名优校长代表及优秀教师代表参加座谈会。副县长为满30年班主任代表颁发荣誉证书，并向全县教师送上节日的问候。座谈会上，担任班主任满30年的教师们分享了自己教育生涯的温暖故事，生动的讲述让与会教师深受感动。

教育合作与科研

【概况】 坚持"科研兴师、科研兴校、科研兴教"理念，强化教育科研引领作用，推动全县教育走内涵式发展道路。2017年，县共有35项课题获得省市立项，市级以上精品课程20门，教育科研成果奖33项，县教育局被评为浙江省重视教育科研先进单位，象山二中被评为全省教科研先进集体，教科研中心被评为全市师训干训先进集体。张宗余(象山港书院)、蒋新成(西周镇中心小学)被评为浙江省(2015—2016年度)教科研先进个人。另有一门课程被评为"浙江省第六批普通高中精品选修课程"，3门课程被评为"2017年浙江省义务段精品拓展性课程"。

【攻坚克难 补短提长 围绕三个主题抓好教育科研】 3月6日，县教育局召开全县教育科研工作会议，总结回顾2016年全县教育科研工作，部署教育科研工作开展。会议对宁波市2015—2016年教育科研先进单位、先进集体和先进个人，2016年浙江省人民政府教学成果奖、宁波市人民政府教学成果奖，2015年度浙江省教育科研优秀成果奖、宁波市教育科研优秀成果奖获奖者，2016年度县义务教育拓展性精品课程获得者进行了表彰。宁波市建设工程学校、丹城二中介绍了本校教科研工作开展的优秀经验。会议强调，全县教育科研工作要围绕"优质、智慧、开放"攻坚克难，补短提长，提升品质，服务全县教育改革，引领全县教育发展。

【课题引领 全面推进家校合作】 3月9日，全县家校合作工作会议召开。会议表彰了县2016年宁波市示范家长学校获得学校，部署了家校合作工作。会上，华师大李家成教授作了《论学校、家庭、社区合作研究的中国经验》专题报告，他用大量的国内外家校合作经典案例诠释家校合作的背景、意义、价值以及家校合作基本理念与实践理论。与会人员还聆听了象山三中余也冰老师的《从"家访"到"佳访"》和海韵幼儿园王艳君老师的《是自豪象山娃》家校合作案例介绍，学习经验，启发思路。

【教育局举办基础教育创新工程阶段成果汇报会】 7月15日，2017年县基础教育创新工程工作进展汇报会在石浦中学举行。汇报会上，四位名师名校长高端研修班学员、九大项目组20所学校代表分别作了阶段成果汇报。项目组团队成员也就目标方向与工作要求进行了深入讨论。

【探索假期教育 填补教育空隙】 9月22日，县教育局家教所在西周小学举办了"你好，暑假"项目组研讨会。华东师范大学博士生导师李家成教授为全体与会人员作《学生寒假暑假生活与学期初生活研究的探索与贡献》专题讲座。研讨会还专题讨论了如何设计有意思、有意义的假日实践活动，让孩子们在假日时间获得不一样的成长。

教育经费

【概况】 2017年，全县教育经费总投入为180857万元，教育经费总支出为182127万元。教育部门办学生均教育经费小学为19088.47元，初中为27091.57元，普通高中为36558.50元，职业高中为34359.30元；生均日常公用经费小学为1517.44元，初中为1813.28元，普通高中为2646.10元，职业高中为3692.06元；新增项目安排为14450万元，着力建设石浦小学食堂楼等10个结转项目和象山电大迁建工程等6个新安排项目，推进泗洲头中学教师宿舍楼改建等6个市级改建项目。校舍建设总支出17568万元。2017年，全县小学生生均占地面积与建筑面积分别达到13.24平方米和6.49平方米，初中生均占地面积与建筑面积分别达到51.68平方米和23.86平方米，超过省平均水平。

【优化全县教育布局调整】 2017年，为适应城市化和产城融合需要，县教育局筹集资金动建集成学校、象山电大综合体项目。启动塔山中学、欢乐家园小学、新南幼儿园等项前期工作。谋划丹城二中、春晖幼儿园、丹城二小、爵溪学校等项目扩建。

【全面推进"污水零直排"工作】 2017年，县教育局制定"污水零直排"行动方案，计划投资1800万分三年对全县88所中小学、幼儿园餐饮油污水处理设施进行改造。截至12月，共有实验小学、机关幼儿园等57所学校完成《城镇污水排入排水管网许可证》办理工作。

【推进薄弱学校改造工程】 2017年，县教育局加快前期类谋划和实施类项目建设，实施石浦小学食堂体艺馆改建、西周小学食堂综合楼扩建等10个结转项目和丹城实验初中体育馆扩建、新桥学校扩建等13个新安排项目。投资总额7300万元。

【实施幼儿园扩容工程】 2017年，县教育局投入6229万元加大幼儿园建设，整体迁建高塘岛乡中心幼儿园和石浦城里幼儿园，迁建面积为9749平方米。扩建了机关幼儿园、定塘镇中心幼儿园、涂茨镇中心幼儿园等三所幼儿园，扩建面积为7898平方米。

校园安全

【概况】 荣获2017年县"平安建设"先进集体荣誉称号和2017年县"安全生产"先进集体荣誉称号。

2017年，完成教育系统大数据平台一期工程建设，将45所学校（幼儿园）监控视频接入教育局大数据平台，实现实时监控。加强安全稳定管理干部和相关从业人员培训。累计培训安全管理干部500余人次、2000余课时；联合城乡公交公司开展学生接送车驾驶人员、随车照管人员安全培训，累计培训508人次、2032课时。组织新聘保安和保安二级证书培训100人次、5400课时。开展中小学、幼儿园班主任救护员培训584人、14016课时。组织学校、幼儿园食堂管理人员培训96人、3840课时。开展学校实验室管理人员培训20人、80课时。

【全县新设37名校安处主任 享受中层正级待遇】 规模在24班以上的中小学(幼儿园)成立校园安全管理处室(校安处)，设校安处主任1名，享受中层正级待遇。有37所学校(幼儿园)成立了校安处，配备37名校安处主任。

【应急演练常态化制度化】 5月全县各校围绕"防灾减灾日"开展为期1个月的应急宣传教育活动，86所学校70579名学生参加了应急知识的学习、培训，全面开展地震、火灾、反恐防暴、防溺水、防拐骗、食物中毒等应急演练活动，全县各校共组织演练102场，77978名学生参加。开放了丹城五小防震减灾科技馆等2个县级安全学习基地。在11月消防宣传月活动中，各校着重开展消防演练90场次。全面提升师生应急逃生能力。

【加强校园周边环境综合治理】 2017年，推广"家长护苗队""护苗绿色通道"志愿服务模式。开展电瓶自行车专项治理，5月印发整治通知，召开相关学校整治工作专题会议，制订学校工作方案，落实相关人员，开展宣传教育与排查整治工作。通过近一年的专项整治，有效治理了各类安全隐患20多个，净化校园周边治安环境、交通环境、饮食环境和文化环境。

【深入推进"等级平安校园"创建】 建立健全"等级平安校园"动态化管理机制和创建工作长效机制。10月，在各校申报的基础上，组织力量进行初评，确定天安幼儿园、西周华翔幼儿园、大徐中心幼儿园等3所学校为年内县新评5A学校报市教育局，114所学校(幼儿园)均参与等级平安校园创建，创建率100%。

【强化学生溺水事故防范工作】 4月,发布防溺水预警通知;5月,召开全县学校防溺水工作现场会和工作部署会,组织全县各校开展防溺水宣传教育"11个1活动",邀请社会救助团体、红十字会等单位进校对学生开展防溺水专题培训,提高学生自救互救能力。教育局安监科联合督导科、县学生防溺水工作领导小组办公室开展防溺水工作督查,重点检查各镇乡(街道)危险水域,形成联防联控工作格局。

【着力保障学生交通安全】 4月初,县教育局主要领导深入泗洲头镇中心小学专题调研县学生接送车安全管理工作,及时发现存在问题。5月上旬,全县所有学生接送车驾驶员、随车照管人员参加了消防安全应急演练,通过演练提高了应急处置能力。

【强化学校消防安全管理】 全面推广感烟报警器安装,截至2017年年底,公办中小学学生宿舍感烟报警器安装率达到100%以上。5月,开展学校食堂消防安全专项检查,全县90家食堂就安全责任书签订情况、食堂消防器材配备及巡查情况、油烟管道清洗情况、食堂工作人员消防培训情况、燃气专室存放情况等展开全面检查考核。11月初开展学校瓶装液化气管理专项检查,由局领导带队分6组对全县68所使用瓶装煤气的学校进行了检查,印发整改通知书66份,共排查整改安全隐患156个。

【加强暗访检查和通报力度】 为严格执行门卫安保制度,县教育局加大暗访检查力度,组织暗访组23批次,参与200余人次,累计暗访学校500余校次,其中局主要领导、分管领导暗访检查达150余校次。9所学校被内部通报批评,6名有关人员被通报问责。共5期18名校园长参加学习培训。

【学校膳食管理纳入专项考核】 4月下旬,分4组对全县92所中小学、幼儿园开展为期一个月的食堂管理量化专项考核工作。考核过程中,考核人员现场指出各校(幼儿园)在食堂管理过程中出现的问题及注意事项,并及时提出整改意见。

【县教育局狠抓学生接送车安全管理】 6月2日下午,县教育局组织召开学生车安全管理工作座谈会,加强县学生接送车安全管理工作,保障学生上下学交通安全。会上安监科就下一步具体工作进行了布置。县教育局、县城乡公交公司、各接送车学校等单位负责人参加会议。

【象山建成校舍动态监测系统】 7月初,县校舍动态监测系统正式投入使用,将使得全县58所学校共588栋校舍得到实时监测,校舍建筑出现的问题可在2小时内得到处理建议,24小时之内专业检测机构现场检测并给出处理方案。县利用该系统巡查校舍252幢,发现跟踪校舍问题1456条。

【县领导暗访校园安保工作 护航中共十九大】 9月4日下午,县委书记叶剑鸣率相关部门负责人,来到丹城中学,突击督查暗访校园安保工作。叶剑鸣要求教育系统要紧绷思想之弦,牢固树立"万无一失"的责任意识和"一失万无"的忧患意识,通过反复查、查反复,及时发现问题、解决问题,努力消除各类校园安全隐患,切实筑牢校园安全防线。

【全力防台保安全】 第18号台风"泰利"于9月14日早晨进入东海南部海域,县教育局响应县防指办要求,发布紧急通知,要求各校切实落实好各项防汛防台措施,确保全县师生人身安全和校园财产安全。各校还落实了24小时在校值班巡查要求,学校"一把手"带头开展夜间巡查,确保狂风暴雨下学校各设施不出现隐患。

【县教育局全面开展校园安全督查工作】 10月初,县教育局组织督查组深入全县各中小学、幼儿园,对学校安保工作进行了全方位、拉网式的督查。督查组要求,各校门岗安保工作必须按照"见证见面"的原则,严格落实"一看二问三核实"流程,切实防止可疑人员进入校园。同时,对前期校际交叉互查发现的370多项安全隐患整改情况,抓好"回头看",每项隐患均要求销号整改到位。

【象山教育大数据平台正式启用】 10月18日,经过为期一年建设的象山教育大数据平台正式启用。

(姚 俊)

科学技术

综述

2017年,全年实现高新技术产值244.5亿元,同比增长14.1%;完成高新技术产业增加值49.1亿元,同比增长9.5%;高新技术产业(全部)投资额20.9亿元,同比增长246.5%。R&D经费支出从2016年的9.0亿元增加到2017年的12.4亿元,同比上升37.8%。全县R&D经费支出占GDP比重达2.49%。2017年新增高新技术企业11家、创新型初创企业91家、科技型小微企业40家,高新技术企业首次出现二位数增长。新增省级企业研究院2家,省级企业技术中心2家,市级企业研究院1家,市级企业工程(技术)中心9家、县级企业工程(技术)中心39家。发明专利申请数841件,同比增长96.9%;申请实用新型专利2610件,同比下降13.3%;发明专利授权数107件,专利授权数1547件,同比分别减少20.1%和28.9%。

举办全县知识产权培训活动和全县科技综合培训会,18个乡镇(街道)及200余家科技型企业人员累计450余人参加。2017年,县获评第十二批省科技特派员工作先进县,县科技局获评浙江省(县级)防震减灾工作先进单位、省2017年度市、县(市、区)"公众创业创新服务行动"优秀单位、宁波市科技大市场工作先进单位称号、2017年度科技文献检索服务中心先进单位和2017年度科技信息与宣传工作先进单位,成功申报首批省全面创新改革联系点单位,县防震减灾教育基地县丹城第五小学通过2017年度浙江省防震减灾科普教育基地认定。

在组织框架管理上,对科技局人员编制、组织框架进行调整,局下属事业单位生产力促进中心新招收3名编内人员。市、县主要领导多次赴县科技局及科创中心开展调研指导。出台了《关于强化科技创新推进国家创新型城市建设的意见》《〈关于实施创新驱动战略推进大众创业万众创新的若干意见〉的实施细则》《象山县众创空间认定管理暂行办法》等系列政策。出台《象山县科技型小微企业认定管理办法(修订)》《象山县科技型"小巨人"企业培育工程实施办法》等,激发科技型企业创业创新活力。出台《象山县科技信贷担保实施方案》,将县中小企业融资担保有限公司作为科技信贷担保主体。出台《象山县天使投资基金设立方案》,建立科技创投基金和天使投资基金。

科技规划与科研项目

【全面创新改革联系点申报】 成立县全面创新改革联系点领导小组,制定印发《象山县全面创新改革联系点方案》。通过聚集新资源、提升创新能力、健全创新机制、改善创新环境,加快建设创新能力强、创新活力足、创新环境优和人才支撑有力的创新强县。

【获国家、省市级科技计划项目25项】 2017年,获国家、省市级科技计划项目共计25项。

表73

序号	项目名称	承担单位	认定文件
1	鱼粉加工压榨液制备鲜味肽关键技术研究及产品开发	宁波裕天海洋生物科技有限公司、浙江万里学院	甬科计〔2017〕57号
2	优质高产粳稻新品种浙粳70绿色高效栽培技术及产业化	象山开拓创新农业科技有限公司、省农科院、市农科院	甬科计〔2017〕57号
3	棘头梅童鱼苗种繁育及养殖试验	象山港湾水产苗种有限公司	甬科计〔2017〕57号
4	工厂化循环水培养水产育苗生物饵料轮虫、卤虫技术研究与示范	宁波浮田生物技术有限公司	甬科计〔2017〕57号
5	红美人柑橘标准化栽培技术示范与推广	县象山红柑橘专业合作社	甬科计〔2017〕57号
6	东溪小仙桃高效微繁技术研究及产业化示范	象山宏森源农产品开发有限公司、县林特技术服务中心	甬科计〔2017〕57号

续表73

序号	项 目 名 称	承 担 单 位	认 定 文 件
7	南美白对虾循环养殖水质保障系统集成优化研究与示范	宁波日月明水产养殖有限公司、宁波大学	甬科计〔2017〕57号
8	基于生物安保的海水池塘稳产高效养殖技术研究	宁波文明水产养殖有限公司 宁波大学等	甬科计〔2017〕57号
9	坛紫菜高值化加工技术与装备的应用与示范	县红卫塘紫菜专业合作社、宁波大学	甬科计〔2017〕57号
10	沿海滩涂盐碱地水稻种植技术研究与示范	县农业技术推广中心 七禾加百列农业科技有限公司	甬科计〔2017〕57号
11	黄鱼加工副产物生产系列鱼汤产业化关键技术集成与示范	宁波兰洋水产食品有限公司 浙江万里学院	甬科计〔2017〕57号
12	金枪鱼源生物活性肽研究及保健食品开发	宁波海硕生物科技有限公司 浙江大学	甬科计〔2017〕57号
13	滩涂生态养殖海鸭蛋绿色保鲜加工技术集成与示范/南美白对虾养殖水质监测与控制/坛紫菜"浙东1号"高效育苗与养殖技术应用示范/工厂化循环水养殖尾水(污水)零直排技术研究	象山雅岛果蔬专业合作社 象山新桥峰富水产养殖专业合作社/县红卫塘紫菜专业合作社/象山红升水产养殖有限公司	甬科计〔2017〕88号
14	智能化婴儿保育护理系统的研发	宁波戴维医疗器械股份有限公司、宁波大学	甬科计〔2017〕57号
15	步行联合Buerger运动在糖尿病轻中度下肢血管病变患者中的应用研究	县第一人民医院	甬科计〔2017〕57号
16	多功能挖泥船	宁波海辰液压有限公司	甬科计〔2017〕57号
17	基于生态益生菌的生活垃圾处理装备研制及农业有机废弃物资源化利用	宁波七禾加百列农业科技有限公司、海上丝绸之路研究院	甬科计〔2017〕57号
18	基于稀疏表示及支持向量回归的宁波渔业避风港精细化风力预报研究	县气象局(转镇海区气象局)、宁波大学	甬科计〔2017〕58号
19	库房防潮智能控制系统研究	宁波市世纪防护设备厂 浙江大学	甬科计〔2017〕57号
20	汽车发动机铝合金铸件精密复杂铸造模具	宁波强盛机械模具有限公司	甬科计〔2017〕58号
21	柴油机变速箱压铸模具系列产品	宁波凯利机械模具有限公司	甬科计〔2017〕58号
22	汽油发动机涡轮增压器涡轮	宁波霍思特精密机械有限公司	甬科计〔2017〕58号
23	N型双面高效单晶硅太阳电池的研发和产业化应用	浙江启鑫新能源科技股份有限公司	甬科计〔2017〕58号
24	云朵网络数据研发项目	宁波云朵网络科技股份有限公司/宁波工程学院	甬科计〔2017〕88号
25	高效N型太阳能双面电池技术开发	浙江启鑫新能源科技股份有限公司/华东理工大学无机材料研究所	甬科计〔2017〕88号

科技成果

【新认定高新技术企业】 2017年新增11家高新技术企业。

表74

序号	企业名称	认定文件
1	宁波百易东和汽车部件有限公司	GR201733100492
2	浙江易锻精密机械有限公司	GR201733100512
3	宁波春华汽配有限公司	GR201733100523
4	宁波甬菲特电子科技有限公司	GR201733100577
5	宁波耐森电气科技有限公司	GR201733100603
6	宁波云朵网络科技股份有限公司	GR201733100612
7	宁波劳伦斯表面技术有限公司	GR201733100638
8	宁波希诺亚海洋生物科技有限公司	GR201733100669
9	宁波腾威食品机械制造有限公司	GR201733100686
10	宁波勤邦新材料科技有限公司	GR201733100687
11	宁波合力制动系统有限公司	GR201733100704

【新备案91家市级创新型初创企业】 新增市级创新型初创企业91家。

表75

序号	企业名称	认定文件
1	宁波音元汽车零部件有限公司	甬科高〔2017〕67号
2	宁波新鹏运动器材有限公司	甬科高〔2017〕67号
3	象山锦宏包装材料有限公司	甬科高〔2017〕67号
4	宁波来运工艺品有限公司	甬科高〔2017〕67号
5	宁波众劦机械制造有限公司	甬科高〔2017〕67号
6	宁波中正机械传动设备有限公司	甬科高〔2017〕67号
7	象山丹城刘金模具加工厂	甬科高〔2017〕67号
8	象山下沈顺发五金厂	甬科高〔2017〕67号
9	象山镇安消防配件厂	甬科高〔2017〕67号
10	象山荣晟塑业有限公司	甬科高〔2017〕67号
11	宁波神宇文具有限公司	甬科高〔2017〕67号
12	县西周韵达塑料制品加工厂	甬科高〔2017〕67号
13	宁波昌城土木材料有限公司	甬科高〔2017〕67号
14	象山华源塑料制品厂	甬科高〔2017〕67号
15	宁波中优机械制造有限公司	甬科高〔2017〕67号
16	宁波正德康源健康科技有限公司	甬科高〔2017〕67号
17	象山鹤浦秦健机械厂	甬科高〔2017〕67号

续表75

序　号	企　业　名　称	认定文件
18	象山西周华泽模具厂	甬科高〔2017〕67号
19	宁波祥和化工有限公司	甬科高〔2017〕67号
20	象山铭锆模具有限公司	甬科高〔2017〕67号
21	象山运益轻工机械厂	甬科高〔2017〕67号
22	象山海新印染助剂有限公司	甬科高〔2017〕67号
23	宁波鑫宏塑业有限公司	甬科高〔2017〕67号
24	象山博晟塑料制品厂	甬科高〔2017〕67号
25	象山华硕汽车部件有限公司	甬科高〔2017〕67号
26	象山鹤浦恒诺螺旋桨铸造有限公司	甬科高〔2017〕67号
27	象山骏达消防装备有限公司	甬科高〔2017〕67号
28	宁波华恒水产有限公司	甬科高〔2017〕67号
29	宁波逸朗船舶工贸有限公司	甬科高〔2017〕67号
30	浙江金万象纳米材料有限责任公司	甬科高〔2017〕67号
31	宁波莫宁森家庭农场有限公司	甬科高〔2017〕67号
32	宁波同磐机电科技有限公司	甬科高〔2017〕67号
33	宁波铜锣湾生物科技有限公司	甬科高〔2017〕67号
34	宁波华楠汽车配件有限公司	甬科高〔2017〕67号
35	宁波奥拓信息科技有限公司	甬科高〔2017〕67号
36	宁波华驰机电科技有限公司	甬科高〔2017〕67号
37	宁波华瑞恒通安防科技有限公司	甬科高〔2017〕67号
38	宁波丰阳能源科技有限公司	甬科高〔2017〕67号
39	象山鹤浦益丰金属制品厂	甬科高〔2017〕67号
40	象山环宇瑞升模具科技有限公司	甬科高〔2017〕67号
41	宁波赛科效实科技股份有限公司	甬科高〔2017〕67号
42	宁波启泽光伏发电科技有限公司	甬科高〔2017〕67号
43	宁波华宇鼎诚船舶工贸有限公司	甬科高〔2017〕67号
44	宁波蓬莱苑文化创意有限公司	甬科高〔2017〕67号
45	宁波众拓建筑机械制造有限公司	甬科高〔2017〕67号
46	宁波南正模型科技有限公司	甬科高〔2017〕67号
47	宁波大程机电科技有限公司	甬科高〔2017〕67号
48	象山浙宇通信工程有限公司	甬科高〔2017〕67号
49	浙江农夫与海生物科技有限公司	甬科高〔2017〕67号
50	宁波橙盟企业服务有限公司	甬科高〔2017〕67号
51	蓝洞物联科技(宁波)有限公司	甬科高〔2017〕67号
52	宁波翔润机械制造有限公司	甬科高〔2017〕67号
53	宁波象岛机械科技有限公司	甬科高〔2017〕67号
54	宁波技河制药设备有限公司	甬科高〔2017〕67号

续表75

序号	企业名称	认定文件
55	紫程(宁波)电动重型卡车有限公司	甬科高〔2017〕67号
56	宁波启晨科技有限公司	甬科高〔2017〕67号
57	宁波老谢不老生物科技有限公司	甬科高〔2017〕67号
58	宁波铭汇金属科技有限公司	甬科高〔2017〕67号
59	浙江安路海联科技有限公司	甬科高〔2017〕67号
60	宁波联政机械制造有限公司	甬科高〔2017〕67号
61	宁波杭翔建筑设备有限公司	甬科高〔2017〕67号
62	浙江三浪润滑科技有限公司	甬科高〔2017〕67号
63	宁波国钢新型金属材料科技有限公司	甬科高〔2017〕67号
64	宁波百技精工汽车部件有限公司	甬科高〔2017〕67号
65	象山腾运汽车零部件有限公司	甬科高〔2017〕67号
66	浙江科普特新材料有限公司	甬科高〔2017〕67号
67	宁波亿合铸机械有限公司	甬科高〔2017〕67号
68	宁波军浩模具有限公司	甬科高〔2017〕67号
69	雄豪机械科技(象山)有限公司	甬科高〔2017〕67号
70	象山晨颖电子科技有限公司	甬科高〔2017〕67号
71	宁波三尚电气有限公司	甬科高〔2017〕99号
72	象山润谊机械有限公司	甬科高〔2017〕99号
73	宁波三诚压铸模具有限公司	甬科高〔2017〕99号
74	象山朗诚通讯科技有限公司	甬科高〔2017〕99号
75	宁波大液转向泵技术有限公司	甬科高〔2017〕99号
76	宁波光德智能科技有限公司	甬科高〔2017〕99号
77	象山聚力模具制造有限公司	甬科高〔2017〕99号
78	象山祥瑞网络科技有限公司	甬科高〔2017〕99号
79	象山路飞网络科技有限公司	甬科高〔2017〕99号
80	象山敏君模具厂	甬科高〔2017〕99号
81	宁波协泰智能科技有限公司	甬科高〔2017〕99号
82	浙江华夏瑞翔实业有限公司	甬科高〔2017〕99号
83	宁波安尚川智能科技有限公司	甬科高〔2017〕99号
84	宁波帅婴宝儿童用品有限公司	甬科高〔2017〕99号
85	象山尚腾能源有限公司	甬科高〔2017〕99号
86	宁波海舜海洋科技有限公司	甬科高〔2017〕99号
87	宁波爱力能源科技有限公司	甬科高〔2017〕99号
88	宁波象山科腾网络科技有限公司	甬科高〔2017〕99号
89	象山平悦环保科技有限公司	甬科高〔2017〕99号
90	象山高创机械制造有限公司	甬科高〔2017〕99号
91	宁波吉名堂电子有限公司	甬科高〔2017〕99号

【新批准40家县科技型小微企业】 县新增科技型小微企业40家。

表76

序 号	企 业 名 称	认 定 文 件
1	宁波希诺亚海洋生物科技有限公司	象科〔2017〕31号
2	宁波浮田生物技术有限公司	象科〔2017〕31号
3	象山华洋机床附件厂	象科〔2017〕31号
4	宁波鹿鼎电子科技有限公司	象科〔2017〕31号
5	宁波振和新型墙体材料有限公司	象科〔2017〕31号
6	宁波云朵网络科技股份有限公司	象科〔2017〕31号
7	浙江绿墅太阳能科技有限公司	象科〔2017〕31号
8	象山华美塑料制品有限公司	象科〔2017〕31号
9	宁波金博婴童用品有限公司	象科〔2017〕31号
10	宁波宝佳灯具制造有限公司	象科〔2017〕31号
11	象山金鑫轻工机械厂	象科〔2017〕31号
12	宁波宏毅机械制造有限公司	象科〔2017〕31号
13	宁波众拓模具科技有限公司	象科〔2017〕31号
14	宁波赛科效实科技股份有限公司	象科〔2017〕31号
15	宁波众兴液压机械有限公司	象科〔2017〕31号
16	蓝洞物联科技(宁波)有限公司	象科〔2017〕31号
17	象山共青铸造厂	象科〔2017〕31号
18	宁波格鲁康生物科技有限公司	象科〔2017〕31号
19	宁波海硕药业科技有限公司	象科〔2017〕31号
20	宁波忠辉模具有限公司	象科〔2017〕31号
21	宁波艾克密封件制造有限公司	象科〔2017〕31号
22	宁波车佳轩停车设备有限公司	象科〔2017〕31号
23	宁波音元汽车零部件有限公司	象科〔2017〕31号
24	宁波锡安模具有限公司	象科〔2017〕31号
25	宁波霞涛塑业有限公司	象科〔2017〕31号
26	宁波百宏模具有限公司	象科〔2017〕31号
27	宁波海钧金属制品有限公司	象科〔2017〕31号
28	宁波捷翔机械设备有限公司	象科〔2017〕31号
29	宁波耐森电气科技有限公司	象科〔2017〕31号
30	宁波依本立流体装备制造有限公司	象科〔2017〕31号
31	宁波伟辉磁业有限公司	象科〔2017〕31号
32	宁波科镭汽车零部件有限公司	象科〔2017〕31号
33	宁波盛洋电子科技有限公司	象科〔2017〕31号
34	宁波美亚光电科技有限公司	象科〔2017〕31号
35	宁波欧特传动技术有限公司	象科〔2017〕31号
36	宁波诚铭模具有限公司	象科〔2017〕31号
37	象山锦佳模业有限公司	象科〔2017〕31号

续表76

序　号	企　业　名　称	认定文件
38	象山美久装饰有限公司	象科〔2017〕31号
39	宁波凯利汽车部件制造有限公司	象科〔2017〕31号
40	宁波易捷环卫设备有限公司	象科〔2017〕31号

【新认定 2家省级企业研究院】 2017年,建立研发机构—省级企业研究院2家。

表77

序　号	企　业　名　称	认定文件
1	宁波威霖住宅设施有限公司	浙科发条〔2017〕125 号
2	宁波合力模具科技股份有限公司	浙科发条〔2017〕125 号

【新批准3家省级企业技术中心】

表78

序　号	企　业　名　称	认定文件
1	宁波锦浪新能源科技股份有限公司	浙经信技术〔2017〕233号
2	浙江启鑫新能源科技股份有限公司	浙经信技术〔2017〕233号
3	宁波博禄德电子有限公司	浙经信技术〔2017〕233号

【新批准1家市级企业研究院】

表79

序　号	企　业　名　称	认定文件
1	宁波锦浪新能源科技股份有限公司	甬科高〔2017〕109 号

【新批准9家市级企业工程技术中心】

表80

序　号	企　业　名　称	认定文件
1	宁波劳伦斯表面技术有限公司	甬科高〔2017〕110 号
2	象山博宇汽车模塑制造有限公司	甬科高〔2017〕110 号
3	宁波天安智能电网科技股份有限公司	甬科高〔2017〕110 号
4	宁波汉普塑业股份有限公司	甬科高〔2017〕110 号
5	宁波龙泰电讯电机有限公司	甬科高〔2017〕110 号
6	宁波合力制动系统有限公司	甬科高〔2017〕110 号
7	浙江新乐造船股份有限公司	甬科高〔2017〕110 号
8	宁波枫康生物科技有限公司	甬科高〔2017〕110 号
9	宁波百易东和汽车部件有限公司	甬科高〔2017〕110 号

【新批准39家县级企业工程技术中心】

表81

序 号	企 业 名 称	认 定 文 件
1	宁波立强机械有限公司	象科〔2017〕35 号
2	宁波市世纪防护设备厂	象科〔2017〕35 号
3	宁波艾克密封件制造有限公司	象科〔2017〕35 号
4	象山激智新材料有限公司	象科〔2017〕35 号
5	宁波凯利汽车部件制造有限公司	象科〔2017〕35 号
6	象山宏祥橡塑制品有限公司	象科〔2017〕35 号
7	宁波音元汽车零部件有限公司	象科〔2017〕35 号
8	宁波象山嘉冈模具有限公司	象科〔2017〕35 号
9	宁波众兴液压机械有限公司	象科〔2017〕35 号
10	象山永久电力设备机具有限公司	象科〔2017〕35 号
11	象山新锐模具有限公司	象科〔2017〕35 号
12	象山创亿金属制品有限公司	象科〔2017〕35 号
13	宁波腾威食品机械制造有限公司	象科〔2017〕35 号
14	宁波石原金牛农业科技有限公司	象科〔2017〕35 号
15	浙江南塑合成材料有限公司	象科〔2017〕35 号
16	浙江恒洲电子实业有限公司	象科〔2017〕35 号
17	浙江易锻精密机械有限公司	象科〔2017〕35 号
18	宁波弗凡科技有限公司	象科〔2017〕35 号
19	宁波维楷化学有限公司	象科〔2017〕35 号
20	宁波天鱼机械有限公司	象科〔2017〕35 号
21	宁波艾文特汽车零部件有限公司	象科〔2017〕35 号
22	宁波伟辉磁业有限公司	象科〔2017〕35 号
23	宁波金博婴童用品有限公司	象科〔2017〕35 号
24	县恒力机械铸钢厂	象科〔2017〕35 号
25	宁波华子制药设备制造有限公司	象科〔2017〕35 号
26	浙江东红船业有限公司	象科〔2017〕35 号
27	宁波博大船业有限公司	象科〔2017〕35 号
28	宁波申泽机电有限公司	象科〔2017〕35 号
29	宁波格鲁康生物科技有限公司	象科〔2017〕35 号
30	宁波众拓模具科技有限公司	象科〔2017〕35 号
31	宁波科镭汽车零部件有限公司	象科〔2017〕35 号
32	象山长路塑业有限公司	象科〔2017〕35 号
33	浙江绿墅太阳能科技有限公司	象科〔2017〕35 号
34	象山兴泰色材有限公司	象科〔2017〕35 号
35	宁波故乡行雨具有限公司	象科〔2017〕35 号
36	象山久辉模具厂	象科〔2017〕35 号
37	象山大港电力设备厂	象科〔2017〕35 号

续表81

序　号	企　业　名　称	认定文件
38	宁波和隆厨具有限公司	象科〔2017〕35 号
39	宁波博报门窗有限公司	象科〔2017〕35 号

【列入宁波市重大(重点)科技项目】 3家企业的3个项目被列入宁波市重大科技专项(项目)。

表82

序　号	项　目　名　称	承担单位	公布文件
1	黄鱼加工副产物生产系列鱼汤产业化关键技术集成与示范	宁波兰洋水产食品有限公司	甬科计〔2017〕57号
2	金枪鱼源生物活性肽研究及保健食品开发	宁波海硕生物科技有限公司	甬科计〔2017〕57号
3	智能化婴儿保育护理系统的研发	宁波戴维医疗器械股份有限公司	甬科计〔2017〕57号

【列入县级重大科技专项】

表83

序　号	项　目　名　称	承担单位	公布文件
1	“红美人”等特色杂柑精致高效栽培技术研究集成与示范	县林业特产技术推广中心(牵头负责)、浙江省柑橘研究所等	象科〔2017〕20号

【列入县级重大(重点)科技计划项目】

表84

序　号	项　目　名　称	企业名称	公布文件
1	新生儿黄疸治疗毯的研发	宁波戴维医疗器械股份有限公司	象科〔2017〕15号
2	模具钢热处理技术的研发及产业化	宁波合力模具科技股份有限公司	象科〔2017〕15号
3	鱼虾贝池塘循环水(跑道式)高效养殖技术研究	县水产技术推广站	象科〔2017〕15号

【获得市级以上科技经费补助1951万元】 2017年共实施后补助的项目77项,补助金额544万元。全年实施科技项目126项,争取到市级以上科技经费1951万元,同比增长13.2%。

【全年获得国家授权专利1547件】 2017年,发明专利申请数841件,同比增长96.9%;申请实用新型专利2610件,同比下降13.3%;发明专利授权数107件,专利授权数1547件,同比分别减少20.1%和28.9%。发明专利申请数增加,专利授权总量减少,县知识产权结构逐步优化。

【获得2017年度省、市科技奖5项】 获浙江省、宁波市科学技术进步奖项目。

表85

序号	项目名称	承担单位	获奖等级	文　号
1	新型高效大功率新能源并网逆变器	宁波锦浪新能源科技股份有限公司上海理工大学	省科技进步奖三等奖	浙政发〔2018〕11号
2	大跨无风撑中承式内倾钢拱桥关键技术	宏润建设集团股份有限公司、宁波大学、河南理工大学	市科技进步奖三等奖	甬政办发〔2018〕21号
3	激光焊夹套锥形发酵罐的开发与应用	宁波乐惠国际工程装备股份有限公司	市科技进步奖三等奖	甬政办发〔2018〕21号

续表85

序号	项 目 名 称	承 担 单 位	获 奖 等 级	文 号
4	海洋设施防腐关键技术研发及产业化	浙江钰烯腐蚀控制股份有限公司	市科技进步奖三等奖	甬政办发〔2018〕21号
5	水禽肉及其系列产品精深加工关键技术研究与应用	宁波大学 象山曙海大白鹅食品有限公司（第二完成单位）等	市科技进步奖三等奖	甬政办发〔2018〕21号

科技合作与交流

【完善政策驱动科技创新】 印发《〈关于实施创新驱动战略推进大众创业万众创新的若干意见〉的实施细则》，制定了相应奖励补助办法。2017年补助校企科研合作35万元、场外孵化企业36万元。组织企业做好2016年度小微企业创业创新空间载体建设补助项目申报工作及2016年度宁波市小微企业科技成果转化补助资金申报工作，为创客平台与小微企业推送政策红利。出台《象山县众创空间认定管理暂行办法》《象山县科技型"小巨人"企业培育工程实施办法》《象山县科技型小微企业认定管理办法（修订）》和《关于〈县科技创新券推广应用实施办法（试行）〉补充规定的通知》，在全县营造有利于自主创新的政策环境，发放创新券316.7万元，52家企业受惠。修订《象山县专利资助管理办法》，发挥知识产权制度在创新驱动、增强企业核心竞争力中的作用。

【创设基金助推科技人才创新创业】 2016年底，与北京博伟智鸿投资有限公司共同建立科技创业基金，其中一期、二期基金各5000万元均到位，二期投资方向将更多地针对县科技人才的创新创业项目。2017年9月，举办高层次人才象山行海洋科技人才创业大赛成果发布签约仪式，上海禹谷医疗科技有限公司、广舜检测技术（上海）有限公司、宁波网镜网络科技有限公司、北京领驭国际文化传媒有限公司与北京博伟智鸿投资有限公司分别就齐济医疗、广舜检测、网镜互联、五人足球等项目达成签约；此外，科百科技项目成功落户象山。

【共建（引进）科技创新载体（团队）】 先后与浙江大学、浙大宁波理工学院等一批重点高校院所建立全面合作关系，并在象山设立技术转移中心，以促进企业与高校院所之间的科技合作。2017年上半年搭建橙者联盟大学生岗位创新创业孵化基地、宁工云朵书记科学实验室、智慧城市研究中心等一批科技合作平台。加强与中科院西安光学精密机械研究所、中国电子科学研究院等科研院所的交流合作，2017年新建大目湾"海龟"众创空间并开始运营，全年县三个主要众创空间橙堡、大目湾海龟和科创中心平台共组织活动80余场，举办签售会、发布会、"非遗"活动等40余场，众创空间城堡获得第二届"中国创翼"文创大赛全国优秀奖。

【丰富企业对外合作渠道】 第六届中国创新创业大赛，县科技局获得优秀组织奖。参赛的9家企业中有6家进入复赛，其中飞宜光电进入新材料行业总决赛并获优秀奖，进入宁波赛区总决赛并获三等奖和优秀企业荣誉，宁波海网信息、宁波博生机电获优秀企业荣誉。2017中国宁波—中东欧国家科技成果对接交流活动、第二届中国创新挑战赛（宁波赛区）、宁波—深圳科技合作交流洽谈会、2017年中国（宁波）高新技术成果交易洽谈会等对外交流活动，丰富企业解决技术难题渠道，促成多家企业与高校专家达成合作意向。

【县与中国机械科学研究院浙江分院签署战略合作协议】 机械科学研究总院于2005年1月11日与杭州市人民政府签订了全面技术合作协议，在杭州成立了机械科学研究院浙江分院。中国机械科学研究总院成为象山企业的技术研发基地和人才培养基地。双方成立合作领导机构，定期沟通会晤，根据前期的工作情况，机械工业第一设计研究院浙江分院于2017年11月成功落户象山。

深化科技金融融合

【科技信贷稳步推进】 2017年，科技局增加与邮政储蓄银行和中国农业银行"科银保"科技贷款合作协议的签订，为科技型企业提供更多的金融支持。2017年累计38家企业获得科技贷款支持，科技信贷余额达6828万元，新增贷款4048万元，增加额达到2016年全年贷款余额的146%。其中，科技信贷"风险池"支持的7家企业贷款余额为1698万元，新增贷款898万元；"科银保"科技贷款支持的31家企业贷款余额为5030万元，新增贷款3050万元。

【县首支政府引导的基金项目成立并运作】 县首支政府引导的基金项目象山弘日股权投资基金合伙企业（以下简称"象山天使基金"）于2017年7月批准设立，总规模3000万元，旨在通过前期股权投资等方式，对原创项目构思或小型初创企业进行不完全以营利为目的的一次性投资，缓解县内成立不超过三年的创新型初创企业或高新技术企业融资难、融资慢、融资贵的问题。9月，基金投资决策委员会表决通过天使投资基金先期1000万元资金投向3家市创新型初创企业，分别为浙江继望锻造科技有限公司400万元、蓝洞物联科技（宁波）有限公司300万元、宁波格鲁康生物科技有限公司300万元。

科学普及与推广

【概况】 2017年，县科协团结带领广大科技工作者，发挥自身优势和作用，为县建设宁波现代化滨海城区做出了贡献。

【推进公民科学素质提升】 发挥各《纲要》成员单位的作用，扎实开展针对重点人群的科学素质提升行动，全面推进《纲要》实施。一是推进青少年科普教育。刘金霞、王成凤、周又红、赵晓光、赵育青等10余名科学家先后走进丹城镇第三小学、墙头学校、象山中学等20所中小学，组织开展"科学梦想 相伴成长"青少年科普主题系列活动，近3.5万名学生参加。二是提高农民科技素质。实施各类培训2万余人次，农函大等培训1万余人次。三是提高城镇劳动者职业技能。开展科普进企业、进社区活动，组织企业人才培训近1万人次、技能培训1.7万人次、城镇劳动力培训0.5万人次、外来务工人员培训0.6万人次、失业人员再就业培训1.8万人次。四是提升领导干部和公务员科学素质。有针对性地开展科学知识、科学精神、科学方法的培训2000余人次。

【提高科普宣传精准化】 一是调研中老年人对智能手机知识需求情况，在老年大学、丹河社区等地共开展培训11场次，培训中老年人1020人(任务数1000人)。印制2030本 科普折页等，二是开展"美丽象山"全民健康科普行健康素养促进活动，共开展了健康科普51场次，引导公众树立了健康理念。三是开展清洁能源宣传活动，发放核电科普宣传资料8500余册，赠送核电科普品3500余份。组织教师、企业职工等各类人员共16批，近350人走进秦山核电厂，近距离认识核电，了解核电科普知识。四是开展全国科普日活动。2017年全国科普日的主题是"创新驱动发展，科学破除愚昧"，丹西街道、丹东街道、石浦镇等镇乡(街道)科协组织开展了10余场科普活动，约有5万余人参与了活动，体现了全民参与的活动要求。

【提升科普服务能力】 与市科技局、县科技局、县教育局共同投资100万元，建成丹城第五小学防震减灾科普馆。协同旅游局建设花岙岛地质科普公园，与影视城管委会合建影视城科普体验馆，联合墙头镇建设方家岙村西沪港湿地科普馆，联合丹东街道建设梅园社区健康科普馆、新华社区食品安全科普站等。在墙头镇方家岙村、丹西街道北路社区、丹东街道梅园社区、丹东街道丹河社区、丹东街道万象社区、县第一人民医院、县行政服务中心等七处安装科普e站。推进农村、社区、学校科普e站建设。

【深化院士专家工作站工作】 一是指导院士工作站开展省级站点创建工作，象山港湾水产苗种有限公司院士工作站成功创建为省级站点。二是邀请中国工程院院士林浩然及团队到象山指导岱衢族大黄鱼种质提升工作；邀请中国工程院院士陈宗懋及团队到枫康公司对铁皮石斛茶工艺技术进行培训指导；邀请乌克兰尼古拉·卡特尔等院士专家举办企业洽谈会，就新材料、重型装备、化工等领域的先进技术和企业进行交流指导。三是邀请广东海洋大学杜国平教授指导南美白对虾产业，邀请宁波大学骆其君教授、上海海洋大学严兴洪教授对紫菜育苗生产，开展技术指导活动。

【推进全国学会服务站建设工作】 一是截至2017年年底，象山共建有全国级学会服务站3家。7月27日至28日，宁波市全国学会服务站工作现场会在象山召开，中国水产学会宁波(象山)服务站在会上做典型发言。二是邀请中国畜牧兽医学会副理事长乔玉锋、专职副秘书长李传业等专家，走访象山文杰大白鹅养殖有限公司、象山双利牧业有限公司，探讨畜禽产业发展过程中遇到的问题。邀请中国柑橘学会副理事长徐建国研究员，举办"象山红美人"优质栽培关键技术培训班。邀请中国水产学会吴反修、东海水产研究所房文红、浙江省淡水研究所张海琪等相关专家举办水产健康养殖论坛。

【发挥科技人才作用】 一是宁波天安(集团)股份有限公司科协组织职工参加宁波"技能之星"工具钳工职业技能电视大赛，获得二等奖。二是组织科技人才参加"县域2018—2040总体规划"意见征求会，为象山发展出谋划策。三是科技人才俱乐部创立科技人才工作室，助力产业发展。四是开展公共服务"啄木鸟"专项行动，共梳理上报问题清单11条。

【县科学技术协会获奖】 象山县将全国科普日与"中国开渔节"有效结合，9月3—5日，在人民广场举办第五届中国(象山)海洋文化夜市暨2017年全国科普日。活动引入市科探中心科普元素，现场设置了VR体验、木质益智玩具、定时科普实验表演等互动项目。12月，县全国科普日活动主场活动获得中国科协颁发的"2017年全国科普日优秀活动"称号。

根据《宁波市科协2017年度工作评估办法》，经综合考核，2018年1月，县科协在全市区县(市)科协工作综合评估中被评定为优秀等次；科普服务体系建设单项工作优秀；县丹东街道科协在全市乡镇街道科协工作综合评估中被评为优秀等次。

科技创新

【概况】 2014年12月，宁波市编办批准设立县科技创新中心，挂宁波工程学院象山研究院牌子，为县政府直属正科(局)级事业单位。2015年3月，县政府专题会议确定，县科技创新中心与宁波工程学院象山研究院是"两块牌子、一套班子"关系，按宁波工程学院象山研究院登记事业法人，确定"三定方案"。

【深入一线调研，常态化服务企业】 2017年来累计走访县乡镇、街道18个，调研各类代表企业80多家，获悉各种需求50余个，形成技术需求30个，成功对接并形成相应研发项目17个。完成电商换市2家。此外，还组织多个专家团队为象山中宇模具有限公司、宁波石门伟业汽车材料有限公司、宁波润鑫混凝土防腐工程技术有限公司等多个企业提供技术服务、开展技术研发，组织完成了包括《成组技术(GT)在电动机壳体铸造中的应用》《分布式环境参数采集系统设计》《机制砂混凝土的外加剂使用技术研究》等在内的近十个研发项目。

【开展县级智能诊断工作】 成功入选宁波市县级智能制造工程服务公司，2017年成功开展智能诊断业务，对接10家企业，共提交8份智能诊断报告，涉及食品机械、灯饰、金属表面处理、服装等产业。

【加强院士工作站建设】 县科技创新中心院士工作站通过了宁波市院士服务和咨询中心组织的2017年度第一批宁波市院士工作站的考核工作。院士团队定期来甬工作，与宁波企业开展对接，为宁波市数十家企业提供技术研发委托与咨询服务。

【举办技术洽谈会/交流会】 多次组织安排激光除锈机现场展示会，吸引县科技局、县经信局、船舶行业协会、模具行业协会相关领导以及相关企业家到场交流探讨激光除锈技术潜在的应用领域。

【落地性决策咨询】 象山研究院与规划、旅委、交通、港航、交警、运管、卫计等部门，石浦镇、茅洋乡、黄避岙乡等重点乡镇以及松兰山—大目湾、影视城等重点区块多次交流，先后开展了《象山旅游交通专项规划》《宁波象山交通开发建设集团有限公司2016—2020战略发展规划》《医疗信息可视化分析平台》等10余个项目的研究工作。指派专职技术人员常年在交警大队驻点工作，开展《世行贷款新型城镇化可发展》《象山中心城区智能交通系统工程设计》《2017年度县交通管理常态化服务》《象山中心城区指示标牌系统设计》等工作。同时，出色完成《茅洋乡村旅游发展及美丽茅洋建设研究》《松兰山旅游度假区交通组织设计》等多个区域发展研究，参与县委“现代化滨海城区”一号课题“城市管理体制调研组”的调研工作以及宁波至象山市域快轨的前期调研与规划论证工作。

【紧密对接大院大所】 与科技局一同调研共走访浙江工业大学、浙江理工大学、杭州电子科技大学、浙江中医药大学、宁波大学等高校，分别针对机械、纺织、电子信息、中医药、水产等象山传统优势产业和新兴产业领域寻求与高校的合作。象山研究院作为象山本土实体研究院，要发挥桥梁作用，引进全国高校专家、人才，发挥好平台作用。

【加强研究院自身建设】 参与各类培训和会议，参加海洋新兴产业论坛、高级技术经纪人培训、中国创新挑战赛、产学研调研、“中国制造2025”市县政策宣讲会、智能制造人才研修班等会议或培训，拓宽科技需求对接认识，了解行业动态，提高工作能力。

文学艺术

群众文化

【概况】 2017年,成功承办中国(象山)开渔节"20风华,渔开天下"系列文化活动,举办首届群众文化艺术节,活动达200余场,惠及群众20余万人次。打造"半岛大舞台"系列活动品牌,引进"天然舞台"惠民演出29场,送交响乐进农村5场,送戏进农村文化礼堂300余场次,民营剧团参与商业演出900余场次,送电影下基层2240场,累计惠及观众110万余人次。举办各类展览100余场次,接待观众10多万人次,开展艺术培训70余期3000多课时,累计培训5万多人次。"一人一艺"杯第三届戏曲好声腔大赛历时3个月,50多个折子戏参赛,决赛阶段网络投票达35万张。完成文化馆总分馆建设。组建准专业混声合唱队、文艺创作社等,14个团队荣获市级星级文化团队。《唱进洋》等4个文艺作品获得宁波市第十二届音舞节2金2银佳绩。获批"浙江省民间文化艺术之乡(象山农民画)",建成"高妙兰农民画苑"。

【文化礼堂文艺团队才艺大赛】 1月5日晚,由县委宣传部、县文化广电新闻出版局主办的2017县首届群众文化艺术节文化礼堂文艺团队才艺大赛在县文化活动中心举行。经评委评出:金奖3名、银奖6名、铜奖9名。

【象山民营剧团打擂赛】 1月4日至14日,象山举办民营剧团打擂赛,有20个民间剧团参与,12个剧团获得县首届民营剧团优秀展演奖。

【县第二届"文化杯"绘画作品大赛获奖作品展】 1月11日至22日,由县文化广电新闻出版局主办的县第二届"文化杯"绘画作品大赛获奖作品展在县文化活动中心二楼举行。共展出作品57幅。

【"印象象山"2017新春小幅油(水彩)画作品展】 1月26日至2月12日,由县文化广电新闻出版局主办,县文化馆承办的"印象象山"2017新春小幅油(水彩)画作品展在县文化活动中心举行。共展出作品58幅。

【县首届群众文化艺术节闭幕式】 2月28日晚,由县委宣传部、县文化广电新闻出版局主办的2017县首届群众文化艺术节闭幕式暨全县优秀文艺团队展演在县文化活动中心举行。

【县晓塘乡文化站荣获省"一级综合文化站"】 3月29日,浙江省文化厅公布了浙江省第六次乡镇综合文化站评估定级结果,晓塘乡综合文化站获省"一级综合文化站"。

【"三月三,踏沙滩"石浦民俗文化活动】 3月30日,一年一度的"三月三,踏沙滩"民俗文化活动在石浦中国渔村举行。舞台上有渔嫂们的文艺表演,沙滩上渔民们敲船鼓、舞鱼灯。石浦及周边地区的群众、游客观看传统的象山石浦民俗文化风情。

【县"剿劣"文艺宣传活动】 4月16日晚,县"剿灭劣V类"水文艺宣传队赴基层采风巡演启动仪式暨"走进晓塘"宣传在晓塘乡月楼村文化礼堂举行。演出节目以治水为主题,据统计,4月至6月,分别在丹东、丹西、爵溪、黄避岙、东陈、茅洋、晓塘、鹤浦、石浦等镇乡(街道)共演出11场。本活动由县委宣传部、县文化广电新闻出版局、县文学艺术界联合会和全县各镇乡(街道)联合举办。

【农民画《渔灯舞》入选中国文化艺术博览会】 4月14日至17日,县文化馆美术干部童芬芳创作农民画《渔灯舞》入选由文化部举办2017年中国文化馆年会·文化艺术博览会。

【省人大教科文卫委员会副主任委员胡坚到象山调研公共文化和文化产业】 5月9日,省人大常委会委员、教科文卫委员会副主任委员胡坚视察象山影视城,听取县海洋文化强县建设,文化基础设施的投入,构建公共文化服务保障体系、供给体系和联动体系等方面工作汇报。并对县公共文化服务和文化产业发展提出要求。

【"一打三整治"文艺宣传活动】 5月5日至18日,"遵守渔业法规、保护渔业资源"县2017年"一打三整治"文艺宣传活动在石浦镇、鹤浦、高塘岛等镇乡文化礼堂开场,通过文艺的形式向渔民宣传渔业法律法规。

【县首家个人画苑成立】 5月19日,丹山画苑落成暨吴茀之艺术传承基地揭牌仪式在步行街步峰路43号举行。同时展出吴茀之和其第二、三、四、五代弟子作品45幅。来自香港、杭州、苏州、安吉、宁波、象山等地的近百名吴茀之艺术传承人、花鸟画家、书画爱好者参加。丹山画苑是全县首家个人画苑,也是省内第一家吴茀之(中国花鸟画大师、现代浙派中国画领军人物)艺术传承基地。

【《渔家姑娘》《船模制作》入选中国农民画创作展】 5月,中国民间文艺家协会发布"中国精神·中国梦"中国农民画创作展暨第十三届山花奖·优秀民间工艺美术作品奖预选入围作品名单,县农民画传承人王亚红创作的《渔家姑娘》,杨杏芬创作的《船模制作》2件作品入选。

【建党96周年暨"两学一做"学习教育主题文艺演出】 6月30日,由中共县委宣传部、县文广新局主办的庆祝中国共产党建党96周年暨"两学一做"学习教育主题文艺演出在茅洋乡小白岩村文化礼堂举行。

【宁波市十县市区文化联动活动】 7月25日,县文化馆古筝重奏《唯美中国》参加了在北仑区影剧院举行的"不忘初心、砥砺前行"北仑区庆祝建军九十周年文艺会演暨北仑区首届"军民融合情暖港城最美人物"颁奖典礼宁波市十县市区文化联动活动。

【象山南片乡镇文化礼堂走亲】 7月29日晚,由石浦文化馆承办的县南片乡镇文化礼堂走亲文艺晚会在石浦镇南向村文化礼堂开场。南片6个乡镇文化站为晚会送上12个文艺节目。据统计,8月11日至9月11日,分别在鹤浦镇高坎头村、高塘岛乡江北村、新桥镇关头村、定塘镇中坭村举行5场南片乡镇文化礼堂走亲文艺晚会。

【"喜迎十九大"书画展】 8月9日上午,县"喜迎十九大"书画作品展在县文化活动中心举行,展出书画作品90余幅,县政协副主席励茂平出席书画展。此次书画展由县政协书画院、文联、文广新局(体育局)主办。

【第三届戏曲好声腔才艺大赛】 8月16日,由县文化广电新闻出版局主办,县文化馆等承办的喜迎中共十九大县"一人一艺"全民艺术普及第三届戏曲好声腔才艺大赛决赛在象山剧院举行。经过三个月的海选、复赛、决赛,评出金奖2名、银奖2名、铜奖4名、优秀奖11名、最佳人气奖2名。潘贤魁的《白蛇传·断桥》和象山红双祥越剧团的《情探·行路》分别获业余组和民营剧团组金奖。

【宁波市第十二届音乐舞蹈节金银奖】 8月22日、23日晚,宁波市第十二届音乐舞蹈节在宁波文化广场大剧院举行。有10个区县(市)和宁波市青少年宫选送的41个原创音舞作品参加演出。县选送的4个节目获本届比赛金银奖,其中男声组唱《唱进洋》获音乐类金奖,少儿群舞《电影之家》获舞蹈类金奖,女声表演唱《老家的走书》获音乐类银奖,群舞《渔嫂》获舞蹈类银奖。

【省农村文化礼堂优秀群众文艺作品大赛展演】 8月23日至24日,县石浦文化馆选送的器乐合奏《渔港乐》参加在温州市鹿城文化中心举行的"农民进城晒文化"——2017浙江省农村文化礼堂优秀群众文艺作品大赛。此大赛由中共浙江省委宣传部、浙江省文化厅主办。

【中梁之夜20风华·渔开天下中国(象山)开渔节20周年广场晚会】 9月8日晚,由第十二届中国(象山)开渔节组委会等主办,县文化馆承办的中梁之夜20风华·渔开天下中国(象山)开渔节20周年大型广场晚会在县人民广场举行。

【第二十届中国(象山)开渔节"欢乐渔港"戏曲展演】 9月10日至18日,由第十二届中国(象山)开渔节组委会等主办,县文化馆承办的第二十届中国(象山)开渔节"欢乐渔港"戏曲展演分别在石浦城隍庙、石浦延昌宋皇宫、鹤浦镇鹤翔村等地举行。

【第二十届中国(象山)开渔节祭海仪式】 9月16日,第二十届中国(象山)开渔节祭海仪式在中国渔村举行。渔民向大海敬献供品,县委副书记、县长黄焕利宣读祭海文,渔姑渔嫂们面海跪拜,渔童将鱼缸中鱼、蟹、虾幼苗放归大海,身着古装的姑娘们跳起祭舞,渔民以民俗展演和狂欢的方式举行一年一度的祭海仪式。

【高妙兰农民画院成立】 9月15日上午,高妙兰农民画院成立揭牌暨"传承与发展"县农民画展开幕式在东陈乡樟岙村举行。高妙兰农民画院总投资90余万元,展示高妙兰生前原创30幅作品和县现代农民画71幅作品,吸引中国民间文艺家协会会员、农民画作者等参观掠影。

【中国(象山)开渔节20周年象山海洋渔文化美术作品展】 9月17日,中国(象山)开渔节20周年象山海洋渔文化美术作品展在县文化活动中心启幕。展出著名画家雷震和盛欣夫的100余件作品,中共县委常委、宣传部部长罗来兴出席开幕式。

【象山南片乡镇"庆祝国庆 喜迎十九大"文艺晚会】 9月25日,县晓塘、定塘、高塘岛、鹤浦、新桥、石浦等6个乡镇的13支优秀文艺团队在晓塘乡青山头村文化礼堂,举行一场南片乡镇文化走亲活动暨"庆祝国庆 喜迎十九大"文艺晚会。该次晚会由县委宣传部、晓塘乡党委主办,南片六个乡镇文化站共同承办。

【浙江省第十六届音乐新作演唱演奏大赛】 9月26日晚,由县文广新局选送的男声组唱《唱进洋》参加在椒江剧院举行的浙江省第十六届音乐新作演唱演奏大赛。

【2017宁波市优秀基层业余文艺团队会演】 9月29日晚,石浦延昌民乐队参加在镇海大剧院举行的"2017宁波市优秀基层业余文艺团队汇演",全大市县(市)区14支文艺团队参加演出。晚会由宁波市文化广电新闻出版局主办,宁波市文化馆承办。

【中国(象山)开渔节20周年县海洋文化美术作品展】 9月29日至10月29日,由县文化广电新闻出版局等主办,县文化馆承办的庆祝中国(象山)开渔节20周年县海洋文化美术作品展在县文化活动中心二楼举行。共展出作品100幅。

【"金秋有约一湾海"环三门湾文化走亲】 10月9日至10日,象山县、宁海县文化馆组织文艺骨干走进三门县，与三门的文艺工作者一起，开展主题为“金秋有约一湾海”环三门湾文化走亲活动。此次三地文化交流活动设置书画作品联展、文艺会演、创作笔会等版块。县文化馆分别选送25幅优秀书画作品参展，选派排舞《诱惑》、古筝重奏《唯美中国》等四个作品参演，另派员参加创作笔会。

【杭州钱塘艺社、象山京剧艺社文化走亲联谊会】 10月10日晚，杭州钱塘艺社和象山半岛京剧艺社在石浦文化馆举行文化走亲联谊会。晚上举行以京剧为主的戏曲演唱会。

【“喜庆十九大”暨象山南片乡镇文化走亲】 10月28日晚，由中共县委宣传部、县文广新局以及新桥镇党委政府主办的“东溪村喜庆十九大暨南片乡镇文化走亲文艺晚会”在新桥镇东溪村兴溪家园开幕。

【县文化馆搬迁】 11月1日，因广场路17号县文化馆房屋被征收拆迁，现迁址到新华路279号县文化活动中心三楼。

【象山首届戏迷节】 11月1日至2日晚，象山首届戏迷节在石浦镇政府文化礼堂举行。该次活动由石浦港城戏迷联谊会主办，县石浦文化馆承办。吸引众多戏迷爱好者的参与。

【宣传中共十九大精神文艺活动】 11月7日至21日，由县委宣传部、县文化广电新闻出版局和县文联联合主办的“不忘初心，砥砺前行”县宣传十九大精神文艺小分队走进爵溪、东陈、鹤浦、高塘岛、定塘、晓塘、新桥、石浦等乡镇(街道)集市、码头，开展文艺专场宣传演出。在西周镇陈隘村文化礼堂举行“琅琅书声进礼堂”活动，以“诗咏中华 情系半岛”为主题。县博物馆举办“甬城金名片——王利华先生之宁波全国重点文保单位画展”。象山剧院启动“红色电影”公益展映。县图书馆推出“铭记历史 开创未来”喜迎十九大图文展，生动形象地诠释中共十九大精神。

【相约美丽余杭·牵手海韵象山文化走亲】 11月15日，由县、余杭区文化广电新闻出版局主办，县、余杭区文化馆承办的相约美丽余杭·牵手海韵象山文化走亲专场演出在余杭区临平剧院举行。

【相约美丽吴兴·牵手海韵象山文化走亲】 11月16日，由湖州市吴兴区文体局、县文化广电新闻出版局主办，县、吴兴区文化馆等承办的相约美丽吴兴·牵手海韵象山文化走亲专场演出在吴兴区八里店镇移沿山村委会文化礼堂举行。

【全国中国画学术邀请展在溪里方村举行】 11月25日，“海丝之路·潮起象山”——全国中国画学术邀请展在省级历史文化名村县墙头镇溪里方村举行。共展出25位国内外知名画家的75幅国画作品。活动时，画家们还在现场即景创作。

【宁波市文艺家工作室名单和“文化艺术新秀”人才工程培养名单】 11月30日，县文化馆李武杰入选由宁波市委宣传部公布的第五批文艺家工作室名单，蒋莉入选宁波市文化广电新闻出版系统2017年“文化艺术新秀”人才工程(群众文化类)培养人员名单。

【2017年度国家文化创新工程项目储备库出库名单】 11月，文化部公布2017年度国家文化创新工程项目储备库出库名单，全国共12个。由象山企业宁波云朵网络科技股份有限公司与浙江省文化产业促进会联合建设和运营的服务于省文化企业和产业的生态系统“浙江省文化产业大数据服务平台”(简称“浙朵云”)，成为全省2个入选项目之一。

【《处暑》入选全国农民画作品展】 11月，县文化馆美术干部童芬芳创作美术作品《处暑》入选由中国美术家协会举办二十四节气·柯城全国农民画作品展。

【“山海相约”宁海、三门、象山文化走亲】 12月5日，由县、三门县、宁海县文化广电新闻出版局主办，县、三门县、宁海县文化馆承办的“山海相约”三门、宁海、象山文化走亲文艺演出在县文化活动中心举行。6日，三地文化走亲在宁海下桥文化礼堂举行“携手甬台·情暖两湾”文艺演出。

【县喜庆十九大新年交响音乐会】 12月26日晚，由县委宣传部和县文广新局主办、县文化馆承办的县第二届群众文化艺术节开幕式暨“一心向党喜庆十九大新年交响音乐会”在县文化活动中心剧院举行。

文化市场

【概况】 2017年强化监管，规范文化市场。“最多跑一次”实现率达100%。开展文化市场经营单位教育培训9次，受训人员697人，签订《安全经营目标管理责任书》和文明经营承诺书各219份，开展“平安文化经营场所”创建。承办“一人一艺”杯全民K歌大赛象山赛区选拔赛和南部赛区争霸赛，吸引529名选手参与，获市优秀组织奖。向中小学生发放“绿书签”2500余份，倡导使用正版和绿色阅读理念。全年共组织文化执法检查478次，出动检查2049人次，检查出动2061家次，共立案调查40件，办结38件，罚款163000元，停业整顿2家次，没收非法所得17072.5元，责令整改文化市场安全隐患197处，文化市场良好率96%以上。

【市县联合检查文物】 6月9日，宁波市文广新局文博处、市文物执法总队、市文保所及县文广新局、文物执法大队、文物办联合对省级文物保护单位东陈乡“陈汉章故居和墓”和石浦镇“东门天后宫”进行文物安全检查。

【开展文化市场安全生产宣传】 6月16日晚，县文广新局在人民广场开展文化安全宣传活动。现场设立安全咨询台，展示安全生产宣传图板，发放安全生产宣传资料，举行有奖竞猜活动等，多角度宣传文化市场安全生产知识。另外通过“文化象山”微信公众号引导市民参与互动，发放安全生产礼品袋100多个、宣传资料300多份，网络点击1200余人次。

【2017年度县“十佳案件”】 7月4日，县文化市场行政执法大队对浙江新家园影视文化有限公司虚报电影票房收入的违法行为进行立案调查，8月底作出行政处罚，罚款人民币5万元，没收违法所得人民币16624.5元，此案被县法制办评为2017年度县“十佳案件”。

【县“扫黄打非”领导小组检查文化市场】 7月20日，中共县委常委、宣传部部长、县“扫黄打非”领导小组组长罗来兴率领县文化、公安、消防、市场监管局等相关负责人，检查文化市场“扫黄打非”和安全生产工作。

【省市文物监察总队联合检查象山文保单位】 8月22日，浙江省文物监察总队、宁波市文化市场行政执法总队、县文物监察大队、县文物办联合对丹东街道“赤坎游仙寨遗址”、墙头镇“欧家祠堂”“立三中学旧址”等文物保护单位进行文物安全检查。

【宁波市首届全民K歌大赛南部赛区活动】 9月26日，由中共宁波市委宣传部、市文化广电新闻出版局主办，各区县(市)委宣传部、文化广电新闻出版局协办的“一人一艺”2017年宁波市全民K歌大赛南部赛区5大歌王争霸赛在县文化活动中心举行，象山10名歌手、宁海10名歌手参加比赛，象山3名晋级、宁海2名晋级，将代表南部赛区(象山和宁海)参加全市10强角逐赛。

【文化市场技术监管平台投入运行】 12月底，文化市场技术监管平台(文物天地一体技术监管平台)投入运行，将全县重点文物保护单位、网吧经营场所纳入全天候、不间断的监管范围。

文物保护

【概况】 2017年，成功申报淳熙井、“钟郝遗徽”石亭、陈汉章故居(墓)为第七批省级文物保护单位。启动4处省保单位“两划”和“四有”档案编制工作，完成第一次可移动文物普查工作，共登录文物4310件(套)，现进入成果研究和展示阶段。完成国保单位花岙兵营遗址和塔山遗址的保护规划编制。实施爵溪街心戏亭、鉴池公祠等10余处文保单位的修缮和环境整治，启动南田县署修复，监督指导历史文化名村古建筑维修，命名51处县首批历史建筑。对全县157处文保单位(点)进行安全检查，对易塌易燃古建筑的防汛防火巡查整改。博物馆开放累计接待观众3.6万人次，举办励卫古铜镜展览等4次惠民展览，开展流动博物馆进社区、进农村、进学校等宣传活动。利用革命烈士和名人故居、纪念馆开展红色和传统文化教育，接待观众15.2万人次。县文保单位姜毛庙全年文艺活动28场，惠及群众2.64万人次。开展大百丈岩画、大沙烽火台等文物底蕴挖掘，协助打造鹤浦镇文物旅游精品带。扶持民办博物馆大旸艺术馆开馆。协助国家水下考古中心宁波基地、宁波市考古所启动“十三五”县域内“海丝、海岛、海防”资源调查国家级项目。

【无人机航拍文物】 1月3日至23日，县文物办、文物监察大队，首次采用无人机对全县的158处文物保护单位和文保点进行航拍，提高文物检查的效力和科技含量。

【3处文物入选省保单位】 1月19日，县文物淳熙井、钟郝遗徽石亭、陈汉章故居和墓入选第七批省级文保单位。

【国保单位规划评审会议】 3月9日，县召开花岙兵营遗址、塔山遗址保护规划评审会，省文物局副局长郑建华、省文物局文物处处长许常丰、浙江省考古所副所长黄斌、省考古所研究员蒋乐平、省社科院专家宋煊及县文体局等相关单位领导专家出席会议。与会专家领导对花岙兵营遗址、塔山遗址保护规划进行评审，并提出意见。

【县领导参观县博物馆】 3月28日，县委常委、常务副县长陈兴立参观县博物馆，县旅游集团董事长任先顺、县文物办主任兼县博物馆馆长郑松才陪同。

【县级文物修缮】 3月下旬，对县级文物保护单位东陈村鉴池公祠进行修缮。使其保住原清晚期至民国初的象山地方风格。该工程3个月后完工。

【车文明到象山调研古戏台】 5月1日，山西师范大学车文明副校长一行到象山，分别对岳头、徐家岙、溪东、陈家、文山、花墙等村祠堂、庙宇进行古戏台调研。

【“国际博物馆日”宣传活动】 5月18日晚，县博物馆在人民广场开展第40个“国际博物馆日”宣传活动。展示知识图板，向群众发放《象山文博》《国博日知识》等相关宣传资料。参观人数达500人次。

【县长黄焕利到县博物馆调研】 5月23日，县人民政府县长黄焕利到县博物馆调研工作，并参观文化惠民展览。县文化广电新闻出版局副局长史济一、县博物馆馆长郑松才陪同。

【刘恒武一行到象山调研民办博物馆】 6月12日，受宁波市文化广电新闻出版局委托，宁波大学人文与传媒学院教授刘恒武一行，到象山调研民办博物馆开办情况。

【历史文化名村项目验收】 8月17日至18日，县文物管理委员会办公室对全县各级历史文化名村第二批18个市级补助保护性古建筑修缮项目进行竣工验收。

【“甬城金名片——王利华先生之宁波全国重点文保单位画展”在县博物馆开展】 10月17日，“甬城金名片——王利华先生之宁波全国重点文保单位画展”在县博物馆开展，共展出35幅取景于全市31处全国重点文物保护单位的国画作品，展览至11月16日。

【《丹山唐翰朱氏宗谱》捐赠仪式】 10月30日，唐翰朱氏族人捐赠《丹山唐翰朱氏宗谱》仪式在县文化活动中心广场举行，县博物馆接受捐赠并颁发收藏证书，表彰朱氏族人对象山文博事业的支持和贡献。

【象山民间收藏金银币展】 12月19日，象山民间收藏金银币展在县博物馆展出，共展出5位象山本土收藏家的727枚（种）金银币，品种为中国明清民国时代的银质主币辅币、金锭银锭以及世界各国近代主要银币，展期为2017年12月19日至2018年1月20日。

【陈易一行到象山考察文物】 12月20日，浙江省古建筑设计研究院副院长陈易一行到象山花岙岛进行实地考察，并与县文物部门、高塘岛乡人民政府等有关部门就花岙岛文物保护、利用、展示进行探讨。

表86

县文物保护单位名录表（历年）

序号	名　称	时　代	类　别	级　别	公布日期	地　　址	备　注
1	陈岙青瓷龙窑遗址	唐	古遗址	县	1982.10.4	县黄避岙乡高泥村东塔自然村陈岙黄大山北麓	第一批
2	吴乾养墓道石刻	明	石窟寺及石刻	县	1982.10.4	县大徐镇三角埭村东面100米坟地山西麓	第一批
3	丹城西寺	清	古建筑	县	1984.6.14	县丹西街道北门村凤跃路5号	第二批
4	丹山井	明	古建筑	县	1984.6.14	县丹西街道方井头村丹井巷4号南侧	第二批
5	二湾摩崖石刻	明	石窟寺及石刻	县	1984.6.14	县石浦镇文兰社区沿江路（宁波海军预备役扫雷船大队）	第二批
6	爵溪抗倭城墙	明	古遗址	县	1986.4.25	县爵溪街道玉泉社区	第三批
7	车岭村庆丰桥	清	古建筑	县	1986.4.25	县西周镇庆丰桥村庆丰溪上	第三批
8	贺威圣烈士墓	现	近现代重要史迹及代表性建筑	县	1986.4.25	县贤庠镇海墩村下庄溪自然村东南面	第三批
9	王家谟烈士墓	现	近现代重要史迹及代表性建筑	县	1986.4.25	县丹西街道西门村西门外鸡笼山东北麓	第三批
10	殷夫烈士故居	现	近现代重要史迹及代表性建筑	县	1986.4.25	县大徐镇大徐村英烈路3号东侧	第三批
11	茅洋“日寇华中矿业公司”遗址	现	近现代重要史迹及代表性建筑	县	1986.4.25	县茅洋乡茅洋村五狮山北麓、茅洋氟矿矿区附近	第三批
12	石屋及摩崖石刻	清	石窟寺及石刻	县	1990.1.4	县丹西街道方井头村北蓬莱山山腰	第四批
13	丹城东寺	清	古建筑	县	1990.1.4	县丹东街道庄穆境村东澄河路82号	第四批
14	欧阳桥	民国	古建筑	县	1990.1.4	县西周镇儒雅洋村东北西沙岭脚淡港溪流上	第四批
15	黄公岙山海楼	现	近现代重要史迹及代表性建筑	县	1990.1.4	县新桥镇黄公岙村黄新路101号	第四批
16	欧家祠堂	清	近现代重要史迹及代表性建筑	县	1990.1.4	县墙头镇墙头村西部中心小学内	第四批
17	姚家山遗址	新石器	古遗址	县	1995.12.26	县丹东街道梅溪村姚家山自然村村西西山岩头小山丘上	县特
18	任氏二难墓	清	近现代重要史迹及代表性建筑	县	2002.12.31	县石浦镇东门渔村门头山山东部	第五批

续表86

序号	名 称	时 代	类 别	级 别	公布日期	地 址	备 注
19	金山书院	清	古建筑	县	2002.12.31	县石浦镇九市曲社区石浦小学第三分部校区西北侧	第五批
20	东溪励氏宗祠	清	古建筑	县	2002.12.31	县新桥镇东溪村宁康路21号	第五批
21	东陈鉴池公祠	清	古建筑	县	2002.12.31	县东陈乡东陈村村口	第五批
22	茅洋庙山头遗址	新石器	古遗址	县	2002.12.31	县茅洋乡溪口村东北约1公里处的庙山头南面缓和坡地上	第五批
23	镇潮庙	清	古建筑	县	2007.1.30	县西周镇儒雅洋村弘儒路2号	第六批
24	何恭房祠堂	近代	古建筑	县	2007.10.30	县鹤浦镇蟹厂村东部	第六批
25	白龙潭、蟹厂武圣庙民俗遗址	近代	古建筑	县	2007.10.30	县石浦镇五新村汝溪自然村村村口	第六批
26	纪子庚先生墓	近代	近现代重要史迹及代表性建筑	县	2007.10.30	县定塘镇中站村209号	第六批
27	三戒堂	清	古建筑	县	2007.10.30	县晓塘乡黄埠村140号	第六批
28	瑞安桥	清	古建筑	县	2007.10.30	县墙头镇方家岙村东部大雷溪上	第六批
29	沈家洋牌坊	清	古建筑	县	2007.10.30	县贤庠镇沈家洋村北部	第六批
30	王家谟烈士故居	近代	近现代重要史迹及代表性建筑	县	2007.10.30	县丹西街道北门村北山路14—16号	第六批
31	延昌宋皇宫	清	古建筑	县	2007.10.30	县石浦镇延昌社区延昌街31号	第六批
32	梅岙烽火台	明	古遗址	县	2011.4.1	县丹东街道寨梅村下山自然村东北部炮台山顶	第七批
33	高塘潮汐水电站	近现代	近现代重要史迹及代表性建筑	县	2011.4.1	县高塘岛乡金高椅村南端小乌岩山脚	第七批
34	三湾路廊	民国	近现代重要史迹及代表性建筑	县	2011.4.1	县石浦镇文兰社区三湾路52号西侧	第七批
35	保安桥	民国	近现代重要史迹及代表性建筑	县	2011.4.1	县定塘镇渡头村渡头街北侧长塘河上	第七批
36	姜毛庙正殿	清	古建筑	县	2011.4.1	县丹西街道五丰村南街12号	第七批
37	关头源房	清	近现代重要史迹及代表性建筑	县	2011.4.1	县新桥镇关头村关中路3(1—4)号	第七批
38	障川碶	民国	近现代重要史迹及代表性建筑	县	2011.4.1	县丹东街道下余村门前涂自然村东南面东大河上	第七批
39	西沙岭古驿道	宋	古遗址	县	2011.4.1	县墙头镇岭下村西面西沙岭顶部	第七批
40	石浦古井群	明清时期	古建筑	县	2011.4.1	县石浦镇老城区	第七批
41	复兴禅寺	清	古建筑	县	2011.4.1	县泗洲头镇墩岙村东北面	第七批

表87　　县文物保护点名录表(历年)

序号	名　称	年　代	类　别	公布时间	详　细　地　址	备　注
1	洋坑吴氏宗祠	清	古建筑	2010.12.21	县新桥镇洋坑村161号东侧	
2	海台韩氏宗祠	清	古建筑	2010.12.21	县新桥镇海台村东部	
3	紫荆花馆	清	古建筑	2010.12.21	县新桥镇黄公岙村沙坑路89—90号	
4	黄吉岙林氏宗祠	清	古建筑	2010.12.21	县新桥镇黄吉岙村北部	
5	吴德元烈士墓	民国	近现代重要史迹及代表性建筑	2010.12.21	县鹤浦镇大百丈村东部	
6	前龙头灯塔	1950年	近现代重要史迹及代表性建筑	2010.12.21	县鹤浦镇前龙头村蜊门港至石浦港水道的龙嘴礁上	
7	原南田县署监狱县署门厅	民国	近现代重要史迹及代表性建筑	2010.12.21	县鹤浦镇樊岙村中部下街271号	
8	小百丈铸铁遗址	待定	古遗址	2010.12.21	县鹤浦镇小百丈村行馆门口	
9	潘金镖夫妇墓	民国	近现代重要史迹及代表性建筑	2010.12.21	县石浦镇九市曲社区伏虎路4号旁	
10	百花洞岩画	宋	石窟寺及石刻	2010.12.21	县石浦镇金屏社区火炉头路北侧炮台山南麓百花洞东侧岩壁上	
11	蛟龙风水墙	待定	古建筑	2010.12.21	县石浦镇蛟龙村北面山门头岭上	
12	许云萼夫妇墓	清	古墓葬	2010.12.21	县石浦镇凤上山村里湾自然村北面大金山脚	
13	大金山碉堡	民国	近现代重要史迹及代表性建筑	2010.12.21	县石浦镇九市曲社区西北大金山岗头	
14	邵榜眼旧宅	清	古建筑	2010.12.21	县石浦镇东卫村昌卫街127号	
15	渔山清代沉船遗址	清	古遗址	2010.12.21	县石浦镇渔山渔村大岙自然村村东南	
16	石浦巡检司旧址	清	古遗址	2010.12.21	县石浦镇文兰社区巡司弄23号	
17	瑶池冰雪坊	清	古建筑	2010.12.21	县石浦镇九市曲社区后街28—1屋前	
18	民丰弄许家上宅院	清	古建筑	2010.12.21	县石浦镇九市曲社区民丰弄2(1—15)号	
19	金山旅馆	民国	近现代重要史迹及代表性建筑	2010.12.21	县石浦镇文兰社区福建路42—1号	
20	大夫第	清	古建筑	2010.12.21	县石浦镇九市曲社区幸福路18(1—8)号	
21	九井邵氏宗祠	清	古建筑	2010.12.21	县石浦镇九井村城隍庙弄26号	
22	东门城隍庙	清	古建筑	2010.12.21	县石浦镇东门渔村南城墙中段高地上	
23	东门王将军庙	清	古建筑	2010.12.21	县石浦镇东门渔村	
24	江心寺后摩崖石刻	明	石窟寺及石刻	2010.12.21	县石浦镇文兰社区江心寺后南关桥路中段路边山崖上	
25	石浦所城城墙遗址	明	古遗址	2010.12.21	县石浦镇老城区	
26	乌沙李家走马楼	清同治年间(1862—1875)	古建筑	2010.12.21	县西周镇乌沙村中部	

续表87

序号	名 称	年 代	类 别	公布时间	详 细 地 址	备 注
27	石门岭关隘	清	古遗址	2010.12.21	县西周镇关山村西南面石门岭顶	
28	长春桥	清	古建筑	2010.12.21	县西周镇杰上村东南部	
29	柴溪敬大房	清	古建筑	2010.12.21	县西周镇柴溪村西南部	
30	万金山方氏祖坟	明	古墓葬	2010.12.21	县西周镇万金山村东南山坡上	
31	长庆桥	清	古建筑	2010.12.21	县西周镇下沈村西部大溪坑上	
32	儒雅洋友二房	清	古建筑	2010.12.21	县西周镇儒雅洋村承志路41号	
33	天寿寺	清	古建筑	2010.12.21	县西周镇赖家村西面蒙顶山山顶	
34	双汪岭路亭	清	古建筑	2010.12.21	县西周镇莲花村东北面、莲下公路北侧边上	
35	柴溪陈氏宗祠	清	古建筑	2010.12.21	县西周镇柴溪村柴溪坑西侧	
36	柴溪老大份宅院	清	古建筑	2010.12.21	县西周镇柴溪村西部	
37	牌头下屋新屋	清	古建筑	2010.12.21	县西周镇牌头村牌头中路271号	
38	关山信大房	清	古建筑	2010.12.21	县西周镇关山村北部	
39	勤丰奶奶坟	清	古墓葬	2010.12.21	县西周镇勤丰村	
40	大雷山灯塔	民国	近现代重要史迹及代表性建筑	2010.12.21	县墙头镇方家岙村东面大雷山顶部	
41	溪里方仁三房	清	古建筑	2010.12.21	县墙头镇溪里方村125号	
42	立三中学旧址	民国3年（1914）	近现代重要史迹及代表性建筑	2010.12.21	县墙头镇墙头村西部中心小学内	
43	墙头孔家穿堂宅院	清	古建筑	2010.12.21	县墙头镇墙头村立三路2号	
44	大溪蒋铜矿冶炼厂旧址	1958年	近现代重要史迹及代表性建筑	2010.12.21	县墙头镇大溪蒋村的象山制阀有限公司内	
45	大雷禅寺	清	古建筑	2010.12.21	县墙头镇墙头村朱家自然村东北侧、大雷山西北麓	
46	墙头西一三房	民国	近现代重要史迹及代表性建筑	2010.12.21	县墙头镇墙头村红杏路5(1—5)号	
47	墙头基督教堂	清光绪二十九年（1903）	近现代重要史迹及代表性建筑	2010.12.21	县墙头镇墙头村杏花东路93号	
48	汤岙周氏宗祠	清	古建筑	2010.12.21	县涂茨镇汤岙村东部	
49	中堡烽火台	明	古遗址	2010.12.21	县涂茨镇中堡村炮台山山顶	
50	后七埠沉船	明	古遗址	2010.12.21	县涂茨镇永联村后七埠自然村村南	
51	白象头窑址	宋	古遗址	2010.12.21	县涂茨镇永联村西北面	
52	珠山法王寺	清宣统元年(1909)	古建筑	2010.12.21	县涂茨镇珠山村珠山山峰西南	
53	着衣亭吴家宅院	清	古建筑	2010.12.21	县贤庠镇着衣亭村金陵路44号	
54	着衣亭何财房	清	古建筑	2010.12.21	县贤庠镇着衣亭村珠峰路9(1—6)号	

续表87

序号	名称	年代	类别	公布时间	详细地址	备注
55	贤庠小东房	民国	近现代重要史迹及代表性建筑	2010.12.21	县贤庠镇贤庠村兴贤路38号	
56	青莱樊信房	清	古建筑	2010.12.21	县贤庠镇青莱村方圆路8—30号	
57	山厂窑址	明清	古遗址	2010.12.21	县贤庠镇山厂村萧家岭北面	
58	贺威圣故居	清光绪二十八年(1902)	近现代重要史迹及代表性建筑	2010.12.21	县贤庠镇海墩村海新路30(1—7)号	
59	海墩贺氏中小房	清	古建筑	2010.12.21	县贤庠镇海墩村海新路28号	
60	西洋大宅门	清乾隆六十年(1795)	古建筑	2010.12.21	县泗洲头镇西洋村中部偏西	
61	塘岸中保庙	清	古建筑	2010.12.21	县泗洲头镇塘岸村西北部	
62	后王祠堂	清	古建筑	2010.12.21	县泗洲头镇后王村94号	
63	泗洲头新桥头	清	古建筑	2010.12.21	县泗洲头镇泗洲头村南部大溪坑	
64	小石坑茅山桥、茅山庵	清	古建筑	2010.12.21	县泗洲头镇金家岙村小石坑自然村茅山庙北侧	
65	灵静庵	清嘉庆三年(1798)	古建筑	2010.12.21	县泗洲头镇下峙后村南面灵岩山顶部西南侧	
66	黄埠三三堂	清	古建筑	2010.12.21	县晓塘乡黄埠村185号	
67	黄埠圆峰庙	清光绪年间(1875—1908)	古建筑	2010.12.21	县晓塘乡黄埠村53号	
68	黄埠孩儿塔	清	古墓葬	2010.12.21	县晓塘乡黄埠村岩头山西麓	
69	花湾炮楼	民国	近现代重要史迹及代表性建筑	2010.12.21	县晓塘乡黄埠村花湾32号	
70	中站耶稣堂	民国	近现代重要史迹及代表性建筑	2010.12.21	县定塘镇中站村137号	
71	人民胜利碶	1953年	近现代重要史迹及代表性建筑	2010.12.21	县定塘镇后洋塘村176号西北侧	
72	陈照华故居	民国	近现代重要史迹及代表性建筑	2010.12.21	县定塘镇下营村地垄自然村2号	
73	杉木洋徐公祠	清	古建筑	2010.12.21	县大徐镇杉木洋村125号	
74	安东庆丰庙	清	古建筑	2010.12.21	县大徐镇安东村190号、亭船公路西侧	
75	东陈怡经堂	清	古建筑	2010.12.21	县东陈乡东陈村116号	
76	西山行宫	清	古建筑	2010.12.21	县东陈乡南堡村西山2号西侧、村口处	
77	武家山武氏墓	清乾隆四十七年(1782)	古墓葬	2010.12.21	县东陈乡武家山村17号南侧	

续表87

序号	名 称	年 代	类 别	公布时间	详 细 地 址	备 注
78	龙冲山岗烽火台	明	古遗址	2010.12.21	县爵溪街道前岙村龙冲山岗山顶	
79	地厂烽火台	明	古遗址	2010.12.21	县爵溪街道地厂村东北面炮台山山顶	
80	大地园陈家大份宅院	清	古建筑	2010.12.21	县茅洋乡大地园村82号	
81	文山塘坝	清	古建筑	2010.12.21	县茅洋乡文山村南部	
82	汤家大屋	清	古建筑	2010.12.21	县丹东街道上进村汤家弄25号	
83	后翁民宅	清	古建筑	2010.12.21	县丹东街道庄穆境村青龙桥20(1—10)号	
84	瑞龙寺	清	古建筑	2010.12.21	县丹东街道河东村瑞龙山西麓	
85	陆家陆氏宗祠	清	古建筑	2010.12.21	县丹东街道陆家村闲乐亭东侧	
86	东塘山窑址	宋	古遗址	2010.12.21	县丹东街道城东村东塘山南麓	
87	青草巷李宅	清	古建筑	2010.12.21	县丹西街道北门村青草巷11(1—11)号	
88	联合救火会	1949—1952年	近现代重要史迹及代表性建筑	2010.12.21	县丹西街道五丰村羊行街28号	
89	杨家善智庙	清	古建筑	2010.12.21	县丹西街道杨家村西北部	
90	龙屿张家新屋	清	古建筑	2010.12.21	县黄避岙乡龙屿村中部	
91	西街平水庙	清	古建筑	2014.12.12	丹西街道方井头村西街5(1—5)号	
92	缸窑蒋窑址	宋	古遗址	2014.12.12	大徐镇甲田弄村缸窑蒋自然村西北	
93	董梦蛟墓	民国	古墓葬	2014.12.12	石浦镇昌国卫西北	
94	儒雅洋西碉楼	清	古建筑	2014.12.12	西周镇儒雅洋村弘儒路86号	
95	孔氏宗祠	清	古建筑	2014.12.12	墙头镇墙头村朱家自然村东北面	
96	奚家八角楼	清	古建筑	2014.12.12	定塘镇定山村北部	
97	怀荫草堂	民国	近现代重要史迹及代表性建筑	2014.12.12	新桥镇东溪村	
98	双连桥	清	古建筑	2014.12.12	泗洲头镇峙前村南部大溪坑上	
99	蓬莱寺	清	古建筑	2014.12.12	茅洋乡茅洋水库下边	
100	南充永丰庙	清	古建筑	2014.12.12	茅洋乡南充村中部	
101	溪口粮站	现代	近现代重要史迹及代表性建筑	2014.12.12	茅洋乡茅洋溪口村	
102	孔房大份宅院	清	古建筑	2014.12.12	东陈乡东陈村150号	
103	岩头角新楼屋	清	古建筑	2014.12.12	晓塘乡中岙村92—97号	
104	上吴吴氏宗祠	清	古建筑	2018.1.10	丹西街道上吴村303号	
105	县第一初级中学旧址	民国	近现代重要史迹及代表性建筑	2018.1.10	石浦镇象山第二中学内	
106	大皆春药铺旧址	清	古建筑	2018.1.10	石浦镇文兰社区中街51号	
107	东门渔村任氏故居	清	古建筑	2018.1.10	石浦镇东门渔村小路谷西10号	
108	石浦卢宅	清	古建筑	2018.1.10	石浦镇延昌社区卢家弄4~6号	

续表87

序号	名　称	年　代	类　别	公布时间	详　细　地　址	备 注
109	昌国卫大庙	清	古建筑	2018.1.10	石浦镇金丰村西门街16号	
110	水门桥	建于明代,清代重修	古建筑	2018.1.10	石浦镇大桥村沙石路93号门口	
111	儒雅洋团练房	民国	古建筑	2018.1.10	西周镇儒雅洋村弘儒路8～18号	
112	沙泉张氏宗祠	清	古建筑	2018.1.10	西周镇沙泉村西部尖边山山腰	
113	横山大寨屋	1976—1978年	近现代重要史迹及代表性建筑	2018.1.10	西周镇横山村中部	
114	盛城故居	20世纪初	近现代重要史迹及代表性建筑	2018.1.10	泗洲头镇大麦塘村	
115	励家坪方口古井	清康熙四十九年(1710)	古建筑	2018.1.10	晓塘乡励家坪村中部	
116	溪东石氏宗祠	清	古建筑	2018.1.10	茅洋乡溪东村中部	

表88

国家、省级文物保护单位名录表(历年)

序号	名　称	时　代	类　别	级　别	公布日期	所在乡镇(街道)	备　注
1	赤坎游仙寨遗址	明	古遗址	省	1989.12	县丹东街道赤坎村东部	第三批
2	塔山遗址(173-7-0173--173)	新石器	古遗址	国家	2013.3	县丹东街道塔山东路(象山汽车东站)	第七批
3	街心戏亭	清	古建筑	省	1997.8.29	县爵溪街道玉泉社区十字街口	第四批
4	花岙兵营遗址(183-7-0183-1-183)	明末清初	古遗址	国家	2013.3	县高塘岛乡花岙岛村花岙自然村东北面	第七批
5	石浦城隍庙	清	古建筑	省	2005.3.16	县石浦镇九市曲社区城隍庙路	第五批
6	“淳熙井”	宋	古建筑	省	2017.1.13	县丹东街道庄穆境村县政府院内	第七批
7	“锺郝遗徽”石亭	—	—	省	2017.1.13	县晓塘乡月楼村月楼岙自然村78号西侧	第七批
8	公屿峰堠(周家山防倭烽火台)	明	古遗址	省	2011.1.7	县爵溪街道公屿农村周家山岗顶上	第六批
9	金鸡山炮台	清	古遗址	省	2011.1.7	县石浦镇下金鸡村金鸡山自然村金鸡山山顶	第六批
10	陈汉章故居和墓	近代	—	省	2017.1.13	县东陈乡东陈村西北部古民居群中(故居) 县东陈乡东陈村姆岭洞水井跟山北麓(墓)	第七批
11	北渔山灯塔、(1981-7-1981-5-005)	近代	近现代重要史迹及代表性建筑	国家	2013.3	县石浦镇渔山渔村大岙自然村南	合并到第五批

续表88

序号	名 称	时 代	类 别	级 别	公布日期	所在乡镇(街道)	备 注
	东门灯塔	清	近现代重要史迹及代表性建筑	—	—	县石浦镇东门渔村东边北侧小山上	—
12	东门天后宫	清	古建筑	省	2011.1.7	县石浦镇东门渔村天妃宫西路11号东侧	第六批
13	大百丈岩画	宋元时期	石窟寺及石刻	省	2011.1.7	县鹤浦镇大百丈村坑门里山北面山腰	第六批

表89 **历史文化名镇名村名录表(历年)**

名 称	镇乡(街道)	名 录	级 别	命 名	文 号
石浦镇	石浦镇	名 镇	国家	第二批中国历史文化名镇(村)	建规〔2005〕159号
东门渔村	石浦镇	传统村落	国家	第一批列入中国传统村落名单	建村〔2012〕189号
		名 村	市	第四批宁波市历史文化名村	甬政发〔2016〕121号
黄埠村	晓塘乡	名 村	市	第一批宁波市历史文化名村	—
		名 村	省	第五批浙江省历史文化名镇名村街区名单	浙政发〔2016〕21号
儒下洋村	西周镇	名 村	市	第一批宁波市历史文化名村	—
		名 村	省	第五批浙江省历史文化名镇名村街区名单	浙政发〔2016〕21号
溪里方村	墙头镇	名 村	市	第二批宁波市历史文化名村	甬政发〔2014〕61号
		名 村	省	第五批浙江省历史文化名镇名村街区名单	浙政发〔2016〕21号
东陈村	东陈乡	名 村	市	第二批宁波市历史文化名村	甬政发〔2014〕61号
		名 村	省	第五批浙江省历史文化名镇名村街区名单	浙政发〔2016〕21号
樟岙村	东陈乡	名 村	市	第三批宁波市历史文化名村	甬政发〔2015〕133号
南充村	茅洋乡	名 村	市	第三批宁波市历史文化名村	甬政发〔2015〕133号
墙头村	墙头镇	名 村	市	第四批宁波市历史文化名村	甬政发〔2016〕121号

“非遗”传承

【概况】 2017年文化生态保护提质增效。海洋渔文化(象山)生态保护实验区建设于4月份顺利通过文化部专家组复评验收,建设经验在全国文化生态保护实验区建设工作座谈会上交流。县“非遗”馆确定选址,中国海洋渔文化展览展示馆进入布展设计阶段,乡镇“非遗”综合性传习中心建成5个,在建7个,筹建4个。完善四级名录体系,推荐申报省级“非遗”项目代表性传承人2个,完善15个省级以上“非遗”项目“八个一”保护措施,石浦镇成功入选宁波市首批创建“非遗”特色小镇(开洋谢洋节),首批11个县级“非遗”传承教学基地有序开展各项“非遗”传承工作。送曲艺进文化礼堂162场,举办公益书场80场,开设“非遗”课堂125期,开展宁波市曲艺进社区、进农村、进校园“三进”活动。6月在国家典籍博物馆成功举办“潮起东海 海韵象山——国家级海洋渔文化(象山)生态保护实验区建设成果展”,获第九届浙江·中国非物质文化遗产博览会最佳组织奖和展陈奖,选送“非遗”项目参加庆祝香港回归20周年浙江曲艺专题汇演、浙江传统音乐展演展评、全国曲艺传承发展论坛及观摩交流展演、宁波市阿拉“非遗”等活动。“非遗”志愿者团队开展“非遗”项目寻访、“非遗”宣讲、象山话大赛等活动,推动"非遗"保护走向年轻化、社会化。

【副教授任悦等一行人到象山】 2月10日，中国文化报社副社长副总编辑杨胜生、中国文化报社通联部主任郭人旗、中国艺术研究院摄影所研究员《中国摄影家》杂志副主编王保国、中国人民大学新闻与传播学院副教授任悦等一行到象山做"非遗"摄影大赛评委，十四夜元宵节抵达石浦昌国，先后到大庙、邵氏宗祠、天后宫、宋皇宫、延昌小学等地进行走访，着重了解石浦十四夜的民俗活动鱼灯舞、吃糊粒、打生、请背箕姑娘等项目，县文广新局副局长吴健陪同。

【象山"非遗"作品参加全国摄影大展评选】 3月，"乡土记忆"象山非物质文化遗产全国摄影大展评选活动。共收到参评作品5000余张，经专家评审和网站公示，最终评出永久收藏作品2件，经典收藏作品6件，纪念收藏作品10件，参展作品72件，内容涵盖"非遗"10大门类和海洋渔文化内容。

【中国"非遗"中心对县国家级海洋渔文化生态保护实验区评估】 4月13日至16日，县国家级海洋渔文化生态保护实验区接受由中国非物质文化遗产保护中心组织的评估组进行第三方评估。评估组对县海洋渔文化生态保护实验区建设给予肯定，并对下步工作提出了要求和建议。

【石浦东门渔村"开洋节"】 4月19日，石浦东门渔村举行"开洋典礼"。上午，在东门天妃宫祭祀天后娘娘，恭读《祭文》。下午，龙灯队、马灯队、鱼灯队等民俗队伍从天妃宫出发踩街游行。

【《石浦十四夜，不一样的元宵节》】 荣获铜奖。4月，由省文化厅举办了"安吉杯"最美中国年。浙江年俗春节"非遗"微视频作品大赛，县选送的作品《石浦十四夜，不一样的元宵节》荣获铜奖。

【象山唱新闻《长年葱》参加全国曲艺大书观摩交流】 5月11日至16日，象山唱新闻《长年葱》应邀参加全国曲艺大书观摩交流。全国共有10个曲种26位艺术家参加交流展演，象山唱新闻《长年葱》的演出，获得中国曲艺名家刘兰芳和姜昆两位大师的赞赏。

【石浦镇列入市首批"非遗"特色小镇】 5月15日，经区县(市)推荐、现场考察、专家评审、网上公示等程序，县石浦镇以国家级"非遗"项目——开洋、谢洋节，和宁海县前童镇、海曙区高桥镇、余姚市梁弄镇、鄞州区横溪镇、北仑区梅山街道、慈溪市龙山镇等7个乡镇(街道)，共同入列宁波市非物质文化遗产特色小镇首批创建名单。

【获省"非遗"薪传展演最具人气奖和优秀入选奖】 6月9日至13日，由浙江省文化厅主办的"非遗"薪传——浙江传统音乐展演展评系列活动在浙江音乐学院举行。县国遗项目象山渔民号子《东海新渔郎》参加此次展演，获最具人气奖和优秀入选奖。

【国家级海洋渔文化(象山)生态保护实验区建设成果展在国家典籍博物馆开展】 6月28日，由国家图书馆与县人民政府联合主办的"潮起东海 海韵象山——国家级海洋渔文化(象山)生态保护实验区建设成果展"在国家典籍博物馆开展。文化部原副部长、国家图书馆名誉馆长周和平等各级领导、专家学者及在京乡贤参加了该次开幕式。在为期8天的展览中，吸引近万名游客和北京市民参观。

【象山"非遗"节目参加广东省民俗文化节】 8月16日，象山"非遗"精品《鱼化龙》唯一代表浙江省参加广东省南海开渔节暨第五届岭南民俗文化节。

【获第九届浙江·中国非物质文化遗产博览会最佳组织奖、展陈奖】 9月21日，第九届浙江·中国非物质文化遗产博览会在杭州白马湖会展中心开幕。在为期4天的展览中，吸引3万余名游客参观、体验象山海洋渔文化。

【德国克拉维乌斯文理中学师生到象山体验"非遗"项目】 11月8日，德国克拉维乌斯一级文理中学师生代表团一行40人到县"非遗"传习中心，体验剪纸、鱼拓项目，灵动且富含象山味道的传统文化项目突破语言、文化的界限。

【山东、福建等地文化部门到象山考察】 11月9日至10日，山东省潍坊市文化广电新闻出版局和福建省福州市文化广电新闻出版局相关人员到象山考察、学习生态区建设工作。他们先后考察石浦渔港古城、东门渔文化艺术村和县"非遗"传习中心，并共同探讨生态区建设、"非遗"进校园、"非遗"共享等内容。

【象山走书参加2017浙江曲艺专题汇演】 11月21日至23日，2017浙江曲艺专题汇演在杭州举行，57个各曲种的代表性曲目分为六场在杭州艺苑艺海楼轮番上演。象山传统走书选段演唱《王老虎抢亲·祝枝山观灯》，得到专家的好评和肯定。

【第十五届象山海鲜美食节】 11月25日至26日，第十五届象山海鲜美食节在象山人民广场举行。象山竹根雕、象山剪纸、船模艺术、农民画等15个"非遗"手工类项目受邀参加展示。15个项目以活态展示为主，让市民现场体验剪纸、刺绣、鱼拓等项目。

【象山竹根雕作品《春意满怀》入选中国好手艺展】 11月20日至29日，首届"中国好手艺展"在北京炎黄艺术馆展出。象山竹根雕大师张德和作品《春意满怀》入选中国好手艺展。

公共图书

【概况】 2017年，县图书馆完成第六次全国公共图书馆评估定级实地考评。1—10月，县图书馆共借还图书 27.18万余册次，接待读者32.26万余人次，移动图书馆点击率逾百万；收集地方文献157种共343册；为农家书屋及图书流动站开展图书流动4.69万册。举办以塔山讲堂为核心的各类讲座22场，听众5000余人次。举办陈汉章读书节、换书夜市、阅读马拉松、"诗咏中华"朗诵会、小螺号阅读季等30余个特色阅读活动，"铭记历史，开创未来""汉籍东渐”等专题图片展17场。新建城市书房（瑶琳馆）和乡镇书吧（鹤浦镇）、图书流动站（共122家）各1家，构建“馆外馆”惠民阅读服务网络。

【开展拥军活动】 1月23日，县文化广电新闻出版局组织县图书馆干部职工到五狮山观通站进行春节前慰问，送去春节大礼包及200余册图书，祝福战士们新春快乐。

【宁海县图书馆工作人员到象山考察】 2月14日下午，宁海县图书馆工作人员到县图书馆考察24小时自助借还系统。

【赴外地图书馆考察学习】 2月23日至24日，县人民政府副县长钮晶莹、县文化广电新闻出版局局长俞湛等11人赴德清县、杭州市、嘉定区等地图书馆进行新馆迁建考察工作。

【举办地方文献展阅活动】 3月26日，县图书馆在松兰山玫瑰园举行地方文献展阅活动，展出了50余本象山地方文献，另外和朗诵协会共同举办“诗咏象山”的朗诵会。

【象山家风馆开馆】 4月23日上午，象山家风馆开馆暨县新创会阅读推广基金设立仪式在丹城第五小学举行，县新生代创业联谊会向县图书馆捐赠30万元。与会人员分批参观了象山家风馆，县领导及相关部门负责人与县新创会代表就“传承好家风，推广全民阅读，为创业扬帆添力”主题举行了座谈。

【世界读书日系列活动】 4月23日，县图书馆举行了以“爱心图书接力”为主题的世界读书日“旧书换新书”“阅读马拉松”“扫码阅读”活动上线、21天绘本阅读公益活动推广等系列活动。

【开展“海上书屋”送书活动】 7月14日，县图书馆开展“海上书屋”送书活动，将1000余册图书和期刊送至鹤浦码头的欧亚远洋8号、9号和19号渔轮。

【市评估专家组对县图书馆初评】 7月21日，宁波市评估专家组贺宇红、沈冠武等一行7人到县图书馆，对第六次县级图书馆进行初评工作。

【象山老图书馆房屋被征收】 因县棚户区改造，9月底，地处丹东街道广场路11号的象山老图书馆房屋被征收拆迁。

【县图书馆举办2017宁波“阅读马拉松”挑战赛】 11月12日，县图书馆举办2017宁波“阅读马拉松”挑战赛（象山赛区）。

【重庆、贵州、青海、西藏等图书馆员到象山考察学习】 11月19日，宁波市图书馆副主任万湘容陪同重庆、贵州、青海、西藏等地6名基层馆员到县图书馆考察学习，了解城市书房建设。

【市文广新、市图书馆到象山考察书吧、书房建设】 11月21日，宁波市文化广电新闻出版局王岑菲主任、市图书馆陆艳副馆长到象山鹤浦考察乡镇书吧建设和丹东、丹西街道城市书房建设。县文广新局奚斌辉委员、县图书馆副馆长林丹红陪同。

【省2017年度优秀阅读推广人】 12月29日，象山常春藤绘本馆张琴被省文化厅评为2017年浙江省公共图书馆全民阅读节系列活动年度优秀阅读推广人。

表90　　2017年塔山讲堂主题讲座汇总

序号	总期数	讲座主题	主讲人	讲座时间	讲座地点
1	166	《再看十年：国新增长动力的产业分布、空间分布及新发展机遇》	石　磊	1.15	县图书馆（教育园区）一楼报告厅
2	167	《中医养生》	朱可奇	2.19	县图书馆（教育园区）一楼报告厅
3	168	《塔山访谈》:《学霸分享会》	清华、北大等学霸	2.4	县图书馆（教育园区）一楼报告厅
4	169	《名媛闺秀的养成》	李　淳	3.7	县图书馆（教育园区）一楼报告厅
5	170	《移动阅读无处不在》	张文洁	3.23	县图书馆（教育园区）一楼报告厅
6	171	《了解情绪，管理情绪：快乐从“心”开始》	龚惠香	3.24	大目湾管委会
7	172	《心灵的呼吸：当下文学作品阅读选择》	徐海蛟	4.15	象山书城六楼报告厅（丹城新华路269号）
8	173	《塔山访谈》:《阅读和书写：的修行之道》		4.15	象山“非遗”橙堡
9	174	《爱上阅读，爱上写作》	张之路	5.9	五　小

续表90

序号	总期数	讲座主题	主讲人	讲座时间	讲座地点
10	175	《阅读与写作》	郁雨君	5.16	实用新型
11	176	《世界军用飞机与现代空中作战揭秘》	陈洪	5.15上午	城南学校
12	177	《军用飞机与战斗机飞行员的生死一刻》		5.15下午	丹城二小
13	178	《南北极的故事》	高登义	5.15上午	实验小学
14	179	《关爱们的地球环境》		5.15下午	大目湾实验学校
15	180	《情韵朗读学拼音》	吴洁敏	6.4	五小
16	181	《新高考志愿填报指南》	袁定玉	6.13	县图书馆(教育园区)二楼报告厅
17	182	《提升领导干部的突发危机应对能力》	邱聪江	6.16	县图书馆(教育园区)一楼报告厅
18	183	《亲子阅读那些事儿》	葛肖锋、张琴、吴俊杰	7.21	县文化活动中心4楼多功能厅
19	184	《是如何玩手机摄影的》	张海峰	8.5	县图书馆(教育园区)一楼报告厅
20	185、	《大清肃贪》	唐博	10.14	县委党校报告厅
21	186	《老年人权益保障》	王艳玉	10.25	丹河社区会议室
22	187	《中国革命史上五个关键点节上的毛泽东》	朱向前	11.18	县图书馆(教育园区)一楼报告厅
23	188	《摄影路过手机时代》	张海峰	12.18	赢海社区礼堂

体育

【概况】 群体服务水平逐步提高。开展全县健身路径器材安全检查,更换路径器材787件、篮球架20付。完成11个大项46个小项的体育创建任务。新审批体育俱乐部3家。举办全国性赛事3次,国际对抗赛2次,省、市级赛事12次,县级赛事活动102次,合计参加人数1.7万余人次。中美篮球对抗赛、江浙沪小学生手球联赛、环浙骑游(象山站)等大中型体育赛事活动,吸引数千名县外选手参加。全民健身日、全民健身大型公益助学毅行、“万步有约”全民健步走等系列活动。同时,组队参加国家级以上赛事3项,省、市级赛事11项,参与人数700余人。开办县内体育业务培训班92期,培训人数2万余人次。竞训竞技工作稳扎稳打。考核评估全县42个学校体育业余训练点和体育传统项目学校,就训人数达1500余人。全年向市以上体育部门输送体育苗子26人。康宏伟(射击)、洪鑫鑫(跆拳道)、周志博(帆船)、周之妍(空手道)、蔡忠诚(摔跤)等5位运动员打进天津全运会决赛,获得1枚铜牌(康宏伟)和1个第五(周志博)。参加全国性比赛获得金牌2块、银牌3块、铜牌5块;参加省市比赛获得金牌38块、银牌34块、铜牌36块。6名运动员参加第十四届少年儿童田径冠军赛暨第十三届全国学生运动会田径测试赛,夺得7金1银,列全省金牌数第一。

【县老年人体育协会成立三十周年】 1月11日,县老年人体育协会成立三十周年暨老体协六届三次全会(扩大)会议在海洋酒店举行。大会表彰19个先进集体和80位各类先进个人,向原老体协主席张式贞颁发突出贡献奖。全县各镇乡街道老体协、县退教协会负责人参加会议。

【县体育传统项目学校训练点工作会议】 1月13日,2016年全县体育传统项目学校训练点工作会议在南部新城商务楼召开,宁波市体育局训竞处处长顾飞舟,县体育局、县教育局相关领导和来自全县29所体育传统项目学校训练点的分管校长、带训教练参加会议。

【市体育局局长到象山检查体育安全工作】 2月9日下午，由宁波市体育局局长陈瑜带队的检查组到象山进行安全生产检查，检查组查看县游泳馆、县体育馆、松兰山帆板基地和JK国际健身会所等单位安全生产情况。县副县长钮晶莹、县政府办公室副主任吴雅敏、县体育局局长俞湛、副局长邵叶茂陪同检查。

【周志博获2017年全国帆船冠军赛铜牌】 3月6—14日，象山籍运动员周志博与余姚选手洪伟在海南澄迈举行的2017年全国帆船冠军赛中，获男子双人帆船470级铜牌。

【洪鑫鑫获2017年全国跆拳道锦标赛铜牌】 3月17日，2017年全国跆拳道锦标赛在山东莱芜举行，县运动健儿洪鑫鑫获得男子58公斤级第三名。

【2017年县中小学生棋类赛】 3月26日，由县教育局、体育局主办，县棋类协会承办的2017年县中小学生棋类比赛在文峰学校举行。来自全县52所学校1044名选手参与。

【获宁波市中学生田径运动会团体第一】 4月1日，2017年宁波市中学生田径运动会在奉化区奉港中学举行。象山代表队初中组以9金、4银、5铜的成绩夺得团体总分第一，同时荣获体育道德风尚奖。

【县人大常委会视察城乡健身步道建设】 4月14日，县人大常委会组织开展城乡健身步道建设情况专项视察活动。县人大常委会副主任胡建萍、应伟刚、伊珍林、陈柳松参加。

【中德自行车赛】 4月23日，象西风情线中德自行车友谊赛在县西周镇陈隘村举行。来自象山和德国的90名选手参赛。最终，德国武士德获大师组第一名，象山张勇获精英组第一名，象山郑雪丹获女子组第一名。

【2017年宁波市青少年田径比赛在象山落幕】 5月5日至6日，2017年宁波市青少年田径比赛在县的建设工程学校体育场举行，全市9个区县(市)277位运动员参加比赛。海曙区以217分夺得团体总分第一，并列金牌榜第一；县以165分获团体总分第二名和体育道德风尚奖。

【县举行江浙沪小学生手球联赛】 5月5日至7日，全国手球学校校长交流会暨江浙沪第四届“东红杯”小学生手球联赛在县鹤浦小学举行。33支代表队近500名选手参加，宁波市金家漕小学、上海市和田路小学等8所学校分别获得江浙沪小学生手球联赛男子甲、乙组一等奖；县鹤浦中心小学、上海市浦东新区康桥小学等6所学校分别获得江浙沪小学生手球联赛女子甲、乙组一等奖。县首次参加宁波市首届小学生手球锦标赛的高塘学校和新桥学校分别获得男子甲、乙组第三名。

【2017年县中小学生男子足球锦标赛】 5月7日，2017年县中小学生男子足球锦标赛在象山中学开幕。共有16支代表队近200名选手参加。象山港书院夺得初中组冠军，外国语学校和丹城中学分获亚季军。

【2017浙江省健身气功站点联赛分站赛在象山举行】 5月9日，2017浙江省健身气功站点联赛分赛站（宁波赛区）比赛在县体育馆举行，来自宁波、绍兴、舟山和台州共16支代表队168人参加比赛。象山代表队、北仑代表队等5支队伍获得团体第一名，县黄亚萍和徐亚玲分获太极养生杖、导引养生功十二法个人第一名。

【全国大众跆拳道赛象山队斩金夺银】 5月16日，全国大众跆拳道邀请赛在宁波举行。县选派丹城四小和凯旋跆拳道俱乐部18名选手参赛，4人获得竞技冠军，3人获得品势冠军，3人获防卫术摔跤冠军；象山队获得10金12银12铜。凯旋跆拳道俱乐部获优秀组织奖，俱乐部教练获优秀教练员称号。

【中美男子篮球对抗赛】 5月27日晚上，美国大西洋NBA发展联盟明星联队与浙江稠州职业篮球队的篮球赛在县体育馆举行。美国大西洋NBA发展联盟明星联队以86:78胜浙江稠州职业篮球队。

【县举办首届中小学体育舞蹈教师培训班】 7月11日至14日，县首届中小学体育舞蹈教师培训班开班。来自全县18所中小学的48位教师参加培训班。邀请宁波市体育舞蹈协会副秘书长郁春晖老师授课。

【勇夺省第十四届少年儿童田径冠军赛7枚金牌】 7月17日，浙江省第十四届少年儿童田径冠军赛暨第十三届全国学生运动会田径测试赛在杭州师范大学仓前校区落幕。县代表队6名运动员参加比赛。勇夺7金1银，取得金牌数第一的好成绩。蒋彤分获女子800米、1500米金牌；陈童嘉南分获男子跳远、100米金牌；黄盈盈分获女子200米栏、400米金牌；林雅纯获女子100米金牌，黄宝宽获男子60米银牌。

【县文体系统社团清理会议】 8月1日，县文广新局(体育局)召开机关干部职工和下属单位负责人会议，开展社团清理工作。

【姚姮妮夺得听障奥运会首枚金牌】 8月7日，在土耳其举行的第23届夏季听障奥运会上，象山籍运动员姚姮妮参加羽毛球混合团体比赛，并夺得金牌。这是中国首次斩获听障奥运会羽毛球团体项目金牌，也是第23届听障奥运会中国体育代表团的首块金牌，更实现宁波市在听障奥运会历史上金牌零的突破。

【康宏伟获全运会射击铜牌】 8月27日，第十三届全国运动会在天津奥林匹克体育场开幕，象山5位运动员参加本届比赛，他们分别是康宏伟、洪鑫鑫、周志博、周之妍、蔡忠成。8月30日上午10时40分，男子50米步枪卧身决赛康宏伟以218.6环的成绩获得铜牌。

【省体育彩票管理中心到象山检查】 9月6日，省体育彩票管理中心卜晓霞部长、宁波市体育彩票管理中心鲍飞玉主任等一行人到县体彩站及县体育彩票销售网点，检查传统足彩派奖和大乐透促销活动布置情况。

【亚运会帆船中心落户象山】 9月16日上午，中国·浙江海洋运动中心(亚运会帆船中心)项目签约仪式在县石浦镇举行。省体育局副局长李华、县长黄焕利分别代表浙江省体育局和县人民政府签约，省政协副主席陈艳华、宁波市副市长卞吉安、市政协副主席郁伟年、市体育局局长张霓、县委书记叶剑鸣等领导共同见证项目签约。

【2017年县小学生、幼儿园学生游泳锦标赛】 9月17日，2017年县小学生、幼儿园学生游泳锦标赛在县游泳馆举行，来自全县各小学、幼儿园的90名小选手参加比赛。设置12个组别进行游泳比赛。

【第三届“恒大杯”迎国庆乒乓球联谊赛】 9月24日，为期三天的第三届“恒大杯”迎国庆县乒乓球联谊赛在浙江恒宁控股集团有限公司落下帷幕。来自各乡镇和县级部门(系统)的26支队伍130余名运动员参赛。最终，恒大队获得团体赛冠军，恒大队李震获得个人赛冠军。

【省水上运动管理中心到象山检查帆船帆板训练基地】 10月15日，省水上运动管理中心党总支书记、常务副主任赵伟军到松兰山帆船帆板训练基地进行安全检查，并看望基地训练学习的省、市帆板帆船运动员。县体育局局长俞湛、副局长邵叶茂陪同检查。

【亚组委场馆调研评估工作组到象山亚帆中心项目】 10月31日上午，由亚组委杭外工作部副部长、场馆调研评估工作组组长杜作峰带队的亚组委场馆调研评估工作组，到象山考察中国·浙江海洋运动中心(亚帆中心)项目，宁波市体育局副局长王雷钧、县副县长卢飞等陪同。工作组一行听取县体育局副局长邵叶茂关于中国·浙江海洋运动中心(亚帆中心)项目的汇报，并实地考察项目选址。

【2017中国·松兰山公开水域游泳邀请赛在象山举行】 11月11日，2017中国·松兰山公开水域游泳邀请赛在象山举行，省内外260余名选手在松兰山滨海旅游度假区东沙滩下海畅游，慈溪队的马其策获得18～19年龄组第一名，象山队的鲍幸旦获得女子组(50～60岁)的第一名，镇海队的刘昱峰获得男子组(50～60岁)的第一名。

【2017年县中小学生篮球锦标赛】 10月19日至11月12日，2017年县中小学生篮球锦标赛，共有33支队伍410余名运动员参赛，经过96场比赛 ，大徐小学、实验初中和象山中学分别获得小学、初中和高中组的冠军。

【省青少年帆船帆板冠军赛在象山收帆】 11月12日，2017年浙江省青少年帆船帆板冠军赛在县松兰山帆船帆板基地收帆。来自杭州、宁波、温州和湖州等7支帆船帆板队伍80余位运动员参加比赛，最后由杭州一队获得团体总分第一名。

【象山籍运动员陈林伟获全国帆船帆板锦标赛第二名】 11月19日，2017年全国帆船帆板锦标赛在广东珠海九洲港香炉湾举行，浙江帆船队象山籍运动员陈林伟在帆船男子470级场地赛中获第二名、帆船男子470级长距离第八名的好成绩。全国14个省市218名运动员参加。

【“象西山水风情线”公益跑】 11月26日，“爱在益起跑·象西山水风情线”公益跑在象山西周举行，300余名选手参加比赛。60分钟跑完全程的250名“助跑”志愿者都获得200元/人的爱心善款。总计5万元善款统一捐赠给西周小学西子鸟慈善工作站，用于资助西周贫困学子。

【“美丽乡村·环浙骑游” 象山站活动】 11月29日，2017“美丽乡村·环浙骑游”象山站活动。方轶刚以1小时56分26秒的成绩，获男子精英组冠军；迟照元以2小时8分40秒获得女子组冠军。该次骑游活动全程环象山港骑行76公里。有700多名骑友参加。

【一兆韦德体育基金成立暨象山城市运动馆开馆】 12月1日下午，一兆韦德体育基金成立暨象山城市运动馆开馆。象山一兆韦德体育基金由一兆韦德公司出资1000万元，是县首个由企业发起的体育基金，它旨在引领全民健身，助推象山体育健身事业发展。

【获市第二届毽球锦标赛暨长三角地区毽球邀请赛14项冠军】 12月9日至10日，宁波市第二届毽球锦标赛暨长三角地区毽球邀请赛在象山宁波市建设工程学校体育馆举行。23支代表队、250名运动员和教练员参加，经过2天比赛，县爵溪学校、象山外国语学校、宁波建设工程学校、西周中学、县技校等校获得14项冠军。

【首届象山体育舞蹈(国标舞)公开赛】 12月16日，首届象山体育舞蹈(国标舞)公开赛暨周边城市邀请赛在象山体育馆举行。26支代表队700余名选手相继同台献舞，此次活动由县体育舞蹈协会主办，县体育中心协办，副县长钮晶莹出席活动。

【2017年浙江省冬泳邀请赛暨石浦第十二届冬泳节】 12月30日，2017年浙江省冬泳邀请赛暨石浦第十二届冬泳节在石浦里山水库举行，来自全省13家游泳俱乐部参加畅游活动和接力赛。

艺术创作

【概况】 县文联被被评为2017年度宣传思想工作目标管理考核先进单位，并被省人社厅和省文联评为2017年度先进集体。“象山籍在外文艺人才智库”工作作为宣传思想文化工作创新项目，受到县委宣传部通报表彰。2017年，县文联成功举办了“赖赛飞散文创作研讨会”“陈春荣竹刻艺术展”“象山民间手工艺作品展”“半岛墨韵”县中国画作品展等展览。同时，文联微信公众号推送文联简讯、网上展厅、百姓展台等信息200余期，600余篇，关注人数2000余人，多篇信息报道被省、市文联公众号选中并推送。刊出文艺杂志《象山港》杂志3期，文艺之家还举办各类展览10

余期，打造文联品牌，展现文联形象，扩大文联的影响。

【组织开展各项文艺活动和文艺创作】 配合全县组织开展“文艺与时代同行”——县剿灭劣Ⅴ类水文艺工作者赴基层采风巡演活动。走书《河边人家》、情景表演《青山绿水就是金山银山》、越剧小戏《人在做天在看》、朗诵《剿灭劣Ⅴ类水在行动》、三句半《五水共治象山美》等作品。同时，结合巡演开展“剿灭劣Ⅴ类水”80余幅摄影书画作品的巡展，营造“剿灭劣Ⅴ类水”的浓厚氛围。配合第二十届中国开渔节，组织举办“海洋渔文化开发保护与文化产业发展论坛”、第四届“海洋之星”暨县新农村少儿舞蹈美育工程展演、“大目湾杯”象山书法大奖赛作品展、海洋文化夜市、第四届“最美开渔”摄影大赛等多个文艺活动。联合多个部门举行形式多样的主题活动。联合县文广新局、女企业家协会举行“温情相伴 祖孙三代”绘描主题活动。联合县财税局、县国税局、县广播电视台举行“税企春风杯”中华诗文朗读者大赛，引导全民阅读。联合共青团县委举办“美丽象山的家”六一少儿美术大赛。联合县大目湾开发管理委员会、县教育局举办“大目湾杯”象山书法大奖赛。开展“不忘初心，砥砺前行——向十九大献礼”主题系列活动。组织开展“国庆快闪”活动，“象山好歌”推送，“喜迎中共十九大·重温经典”朗诵会，“喜迎十九大·聚焦法治象山”书法摄影展等，选送3件艺术品参与慈善爱心义卖义拍。组织县曲艺家协会骨干会员，以县五届“最美象山人”的好人好事为题材，创作一批走书、小品、相声等曲艺节目，开展2017年“最美象山人”曲艺惠民巡演活动10场。联合市曲协和县文艺志愿者走进墙头镇黄溪村，文艺志愿者们向村民表演了唱新闻《守岛人》、走书《好司机李东》、杂技《力量》、魔术等12个精彩节目。组织乡镇（街道）文艺社团开展文化礼堂巡演活动，挖掘并动员更多的文艺爱好者、草根艺人展示才艺、加入社团，搭建平台让百姓亲自创排、展演。组织20余名青年文艺家深入基层、扎根人民，与乡镇（街道）文艺社团结对，深入基层采风或开展志愿服务活动，指导乡镇（街道）文联开展有质量、有规模的文艺活动60余场，创作反映当地人民群众生活、生产的文艺作品20余个，壮大了基层一线文艺队伍。

【一批文艺作品在各级各类比赛中获奖和入选】 作协陈维娜的中短篇小说集《摇啊摇》和张利良的诗集《琴声回到琴弦》入选宁波市文联2017年度文艺创作重点项目；余志刚《陌生的孔子》《庄子的街坊们》《向天长啸》等4篇散文发表于《文学港》；赖赛飞散文集《生活序列号》获得宁波文艺奖金奖，《海水荡漾》《走出去的走回来》等9篇散文发表于《人民日报海外版》《散文》《文学港》等6家刊物；吴伟峰《乡村之夜》《色身》《隔山的那头牛》3首诗歌发表于《山西文学》；张利良《天地之间，行走在一条线的孤独》发表于《时代文学》。翁华杰的中篇小说《借贷迷局》在《检察日报》连载。美协：杨海鸿、顾明辉、顾成、马震、陈赛赛、周晓露作品入选“剿灭劣Ⅴ类水”浙江省美术作品展览；卢圣耀、杨海鸿、杨杰明、杨露群、刘家鲁、范红、顾明辉、钱松虎、董根友作品入选“墨语新韵”——宁波市第三届中国画大展；杨海鸿、顾明辉、卢圣贵、陈丹阳、马震、吴铭璐、何萍青等7位会员作品入选浙江省第二届综合艺术大展。书协：张明珠、陈炼焦、张球、钱敏欢作品入选首届宁波市书坛名家精品展；吕茂盛的作品入展全国第四届青年书法篆刻作品展。摄协：陆阿宝作为全国唯一农民代表出席第六届全国农民摄影大展开幕式，并在中国新农村影像十周年研讨会上发表演讲；华飞摄影组照作品《船厂农民工》入选第六届全国农民摄影大展；梅振扬《船体构成》获得宁波文艺奖金奖。戏剧：石萍萍在2017“新松计划”全省青年戏曲演员大赛中获得非职业组三等奖。曲协：欧行凯宁波走书《一只麦糕》获得宁波文艺奖银奖；倪双双、王欢意获得“钱湖杯”宁波市第三届故事会演讲比赛优秀奖，县曲艺家协会获得优秀组织奖；李武杰入选宁波市第五批文艺家工作室。民协：徐洁的作品《采菊东篱下》获得第六届浙江民间文艺映山红奖；王亚红农民画《渔家姑娘》和杨杏芬农民画《船模制作》入选“中国精神·中国梦”中国农民画创作展暨第十三届山花奖·优秀民间工艺美术作品奖预选入围作品；王亚红农民画《丰收》和谢增利剪纸《石浦渔港》获得2017宁波市优秀农民画、剪纸作品大赛银奖，杨杏芬农民画《石浦古城》获得铜奖，黄竹青农民画《筑梦人》、陈秀梅农民画《海鲜多多》获得优秀奖，同时，7件作品入展，县民间文艺家协会获得优秀组织奖。广场舞《鱼化龙》亮相广东省南海开渔节暨第五届岭南民俗文化节。工艺美术：张德和的作品《春意满怀》入选“中国好手艺展”。周秉益根雕作品《福贵齐芳》获得宁波文艺奖特别荣誉奖。影视：《走进旧时光》获浙江省公益短视频大赛三等奖。

【宁波市作协和宁波市教科文卫组人大代表到象山考察渔文化】 1月4日，宁波市作协、宁波市教科文卫组人大代表等20人到象山考察，先后参观了德和根艺美术馆、才华剪纸艺术馆、象山影视城、渔港古城，感受象山的渔文化及这些年象山在挖掘渔文化的人文精神与时代价值方面做出的努力。

【中国文联副主席赵化勇到象山考察】 1月9日，中国文联副主席、中国电视艺术家协会主席、中央电视台原台长赵化勇，中国电视艺术家协会副秘书长范宗钗到象山考察。

【县文联召开下属文艺家协会和公安文联2016年度工作总结会】 1月10日，县文联组织召开下属文艺家协会和公安文联2016年度工作总结会，会议由县文联党组书记、主席郑辉主持并传达了宁波市文联第八届四次全委会精神，介绍了2016年全县文艺工作开展的情况，明确了2017年文艺工作的任务。

【县实现乡镇（街道）文联全覆盖，织就一张“文艺网”】 2017年1月19日，县丹东街道文联在一片祥和喜庆中成立，至此全县18个乡镇（街道）如期完成了基层文联组建工作，实现了乡镇（街道）文联全覆盖。

【“金鸡啼春，高歌时代”象山文艺界举行2017新春联谊会】 1月22日下午，县文联主办的“2017县文艺界新春联谊会”在美丽的东谷湖畔举行。县委常委、宣传部部长罗来兴，县人大常委会副主任励茂平，副县长钮晶莹，县政协党组副书记、副主席欧亚群，县政协副主席胡建萍出席。来自县12个文艺家协会、18个乡镇(街道)文联、公安文联、华翔文联的200余位文艺工作者代表和相关部门负责人齐聚一堂，喜迎新春。

【县文联召开工作会议，学习传达宁波市繁荣发展社会主义文艺工作会议精神】 2月22日下午，县文联召开工作会议。拓展县文联工作的领域，发挥文艺服务大局，文艺惠及民生的巨大作用，有效推动象山文艺事业大繁荣。

【象山民间手工艺作品展开幕】 4月1日上午，象山民间手工艺作品展开幕式于县文化活动中心举行。共收到参赛作品102件，经过县民间工艺专家评审，共评出入展作品79件。这是象山首届平面类民间手工艺作品展。

【赖赛飞散文创作研讨会在北京举行】 4月6日，“赖赛飞散文创作研讨会”在中国作家协会举行。中国人民大学文学院院长、中国作协散文创作委员会副主任孙郁主持会议。国内著名作家、评论家出席并点评，指出了赖赛飞的散文创作存在的不足，并对她以后的散文创作提出了很好的意见与建议。会议气氛热烈，讨论深入，交流，效果明显。

【“半岛墨韵”——县中国画作品展开幕】 5月22日上午，“半岛墨韵”——县中国画作品展在宁海县文化馆开幕。共展出县18位画家精心创作的50多幅中国画作品，加强象山、宁海两地文化艺术交流，促进相互之间的合作，增进彼此之间的友谊提供了平台。

【“文艺与时代同行”——县文联召开半年度工作总结会议】 7月13日，县文联召开半年度工作总结会议，30余人参加会议。

会议上，文联会员作了交流发言作了交流发言。大家认为，广泛开展深入生活、扎根人民的文艺活动，推动文艺创新，着力培养德艺双馨的文艺工作者，繁荣发展文艺创作。

【广场舞《鱼化龙》亮相广东省南海开渔节暨第五届岭南民俗文化节】 8月16日，南海开渔节暨第五届岭南民俗文化节在广东省茂名市滨海新区举行。县文联选送的“非遗”精品《鱼化龙》是唯一代表浙江省的民俗表演队伍，参加此次盛会。新颖的创意、精彩的表演赢得观众阵阵掌声和喝彩声。

【省综合艺术大展，象山喜获佳绩】 8月31日，浙江省美术家协会官方网站公布了“浙江省第二届综合艺术大展”评选结果，经专家评委初评、复评的严格删选，县美术家协会杨海鸿、顾明辉、卢圣贵、陈丹阳、马震、吴铭璐、何萍青等7位会员作品入展。

【“大目湾杯”象山书法大奖赛作品展开展】 9月2日上午，“大目湾杯”象山书法大奖赛颁奖暨作品展开展仪式于县文化活动中心举行。大赛共收到作品400余件，共评选出各个组别的优秀奖作品55件，入展作品211件。此次大赛也是县历届书法大赛中参赛人数最广，参赛作品最多，作品质量最高的一次。

【第三届中国民间文艺家协会走进中国(象山)开渔节海洋渔文化开发保护与文化产业发展论坛举行】 9月16日下午，第十三届中国海洋论坛海洋渔文化开发保护与象山文化产业发展分论坛在石浦半岛酒店举行，50余位民协专家和文创团队代表聚焦象山文化产业发展，为提升县域旅游经济综合竞争力出谋划策。该次论坛聚焦“海洋渔文化开发保护与文化产业发展”这个主题，为象山海洋渔文化的保护与推进、文化产业的发展与提升提出了许多前瞻性和建设性的建议。

【县民间艺术大师谢才华剪纸献礼十九大】 10月18日，县民间艺术大师谢才华巧手创作出的巨型彩色剪纸作品《喜迎中共“十九大”胜利召开—— 一树梅花天地春》，在象山才华剪纸艺术馆对外公开展出，喜迎中共十九大胜利召开。

【县首期文艺家骨干综合素质提高研讨班培训在浙大举行】 11月13日至17日，县文联组织全县40余名文艺家骨干赴浙江大学开展为期五天的县首期文艺家骨干综合素质提高研讨班培训。

该次培训让学员们深入了解中国传统文化的博大精深，工艺作品的技艺精湛，彰显了中国人的文化自信，也深刻明白了自己身上肩负的责任与担当。

【海丝之路·潮起象山——全国中国画学术邀请展开展】 11月25日下午海丝之路·潮起象山——全国中国画学术邀请展在墙头镇溪里方村举行。共展出来自25位国内外知名画家的75幅国画作品，多种表现技法展示画家的艺术追求和审美情趣，让人在观展的同时体会艺术和生活、美学和环境等时空交错的美感。

新闻传媒

广播电视宣传

【概况】 2017年,县广播电视台获得全省广播电视新闻协作先进集体。

【强化主题报道】 围绕中共县委、县政府中心工作,精心策划,强化记者现场出境,深化主题报道内容,推出主题系列报道专栏30余个,播出相关稿件900余篇。在报道形式上,强化记者现场出境和理论思考,运用高清画面和航拍画面,提升画面美感,增强了主题报道的深度和可看性,为县加快建设"两强两美"宁波现代化滨海城区目标营造良好舆论氛围。

【宣传贯彻中共十九大精神】 开设"深入贯彻中共十九大"专栏,集中力量做好相关新闻报道119篇,在省市台播出16篇。制作人物专题片,广播开展了"十九大报告"有声作品展播及征集活动,累计征集朗诵作品100余篇,在《阅读时间》栏目和微信公众号上推送17篇,阅读量达5400余次。"半岛广电"网站累计梳理发布中共十九大精神相关信息128条。

【改版《夜到讲白搭》】 4月10日,全新改版方言栏目《夜到讲白搭》,新增方言主持人1名,新开设《全域民生眼》版块,上传民生监督类稿件247条,被各县市区台累计录用148条,开设全新栏目版块《全域民生眼》,在充实和丰富方言新闻节目的同时,让栏目版块设置更具接近性。

【推出新闻纪录片《走进旧时光》】 1月12日,新闻纪录片《走进旧时光》在《象山新闻》中首播。创作了微纪录片《修鞋匠》《指尖上的渔光曲》《盘扣往事》《相逢时光》等12期,每集4分钟左右。在宁波台录用率达90%以上,成功打造全市外宣报道样板。

【牵手"互联网+公益"打造城市新名片】 县广播电视台依托中国(象山)开渔节平台,联合腾讯公益、古村之友等公益机构,于2017年7月发起"海洋卫士"公益创新大赛,通过互联网向全国寻找"海洋卫士"公益项目。截至活动结束,共收到海洋公益和环保类创新项目案例194件,《中国海洋报》上公示20件,进入腾讯公益平台进行配捐41件,网上捐款人数2.1万人次,累计筹款137万元。9月16日,中国(象山)"海洋卫士"公益创新大赛颁奖典礼暨中国开渔节20年直播晚会在县文化活动中心举行,通过象山电视台电视直播信号对接腾讯直播平台,收视率在8分钟内突破10万人次,以53.667万人次收官。

【做好"剿灭劣Ⅴ类水"宣传报道】 县广播电视台发挥主流媒体优势,推进治水活动,在人民广场开展为时一周的"蓝色验水亭"新闻行动,对市民提供的30余份水样进行了检验。一周时间集中采制播发了稿件10篇,其中浙江卫视录用稿件2篇,宁波台录用稿件4篇。

【做好"家风家训"宣传报道】 在《象山新闻》《夜到讲白搭》集中宣传了"传承优良家风 寻找最美家庭""好家风故事"等相关活动,并对先进事迹进行了典型报道,全年共播出相关报道90余篇。《一代鸿儒 家风绵长》,以纪录片形式讲述县近代历史文化名人陈汉章治学育人的事迹。2017年还采购50集《中华诗词》在《经典时段》中播出,传播中华优秀传统文化。

【做好"全域旅游"宣传】 围绕节假日、各镇乡节庆、乡村旅游动态及景点、基础设施建设等重点,增强全域旅游动态消息报道。累计报道全域旅游相关新闻600余篇。

【加强舆论监督类栏目】 加大问题曝光力度和剖析深度,促进了责任单位的工作作风和整改力度。累计播出84期,共曝光各类问题94个,73个曝光问题得到整改落实,有力推进了工作的开展。

【外宣创优再谱新篇章】 广播电台、电视台分别获得2017年度全省广播电视新闻协作先进集体。广播电视1201条稿件被央视和省市台录用,播出稿件23篇,在中国之声等央视电台播出稿件9篇。2017年,21件作品获得省市广播电视政府奖和新闻奖,其中《象山县成功试种海水稻万亩滩涂将变良田》《浪花里飞出幸福的歌》等3件作品获得市一等奖,《浪花里飞出幸福的歌》还获得省广播电视政府奖三等奖,有效宣传象山美好形象。

【推出电视专题《市场监管聚焦》】 3月31日,推出电视专题《市场监管在行动》,向广大市民普及食品药品安全知识,曝光市场违法违规行为,及时回应百姓关注的社会热点和焦点问题。2017年共播出9期。

【推出《家事法官聊家事》电台节目】 《家事法官聊家事》是2017年象山电台与县人民法院家事审判庭联合推出的一档普法节目,通过与听众互动,让法治走进千家万户,播出时间为每工作日下午14:00,时长20分钟。

【打造广电铁军】 在县广播电视台范围内开展"立足岗位 对标看齐 打造广电铁军"主题活动,发挥党员干部战斗堡垒作用,激励全体干部职工立足岗位、拉高标杆,打造一支忠诚干事、担当干事、干净干事、充满活力的广电铁军。

广播电视事业建设

【概况】 2017年,1—12月份,全台创收6835万元,其中台本级收入1175万元,数字公司创收5023万元,产业公司创收637万元,比2016年同比增长12%。

【实现电视高清播出】 4月10日,县广播电视台新闻综合频道、影视娱乐频道实现高标清同步播出(试播),意味着县广播电视台的制作、播出、传输逐步进入高清时代。全县推送高清直播节目达48套,投放高清终端25万个,全县家庭高清化率达80%。全面完成中央广播电视无线数字化覆盖工作,通过省级验收。

【升级手机网站促进新媒体融合发展】 2017年为配合电视频道高清播出,县广播电视台对手机网站进行了升级,经过半年多的设计制作完成手机端微首页上线运行。

【探索调整公司运行机制】 2017年年初,县广播电视台推动象山数字电视有限公司和象山广电产业发展有限公司独立运作。通过市场化运作模式,切实推动有线电视网和视频监控网的业务发展。

【推行"网格化"管理提高广电服务水平】 县广播电视台象山数字电视有限公司围绕"网格管理、提升服务"工作方针,在服务中求效益。统一全县报修热线为"65750000",增加客服席位至8个,实行24小时值班,投诉电话接通率达98.19%。重新划分13个乡镇广电站,9个分公司进行分区域管理,全县各分公司通过分区域专人负责、统一派单、当天工单当天处理的"网格化"维护管理,维护及时率和用户满意度都得到了显著的提升。

【助力"智慧象山"建设】 新增社区监控600余个,实现监控点位链路租用近8000个,走在全国广电系统前列。承建并完成了全县58家宗教活动场所的视频监控建设联网工程、县社会综合治理指挥中心和县公安局指挥中心信息化改造项目。10月起开启县中心城区智能停车系统建设,12月1日原咪表区600个智慧停车位投入试运行,试运行1个月下载"象山停车"APP用户达1.8万户。计划于2018年7月底前完成县中心城区智能停车系统建设。

【抓好广播电视安全播出】 县广播电视台投入资金150余万元,对数字电视播出前端、电视播出系统、广播制播系统等建立安全等级保护系统,提高计算机整体防护能力。建立电视剧编排"一级审查、三级审核、每日台账"制度,2017年播出电视节目9000小时,安全播出响应6次,未发生安全播出事故。

【县中央广播电视节目无线数字化覆盖工程通过省级验收】 2017年12月24日,县中央广播电视节目无线数字化覆盖工程是全大市范围内唯一通过省级验收的中央无线数字化覆盖工程。总投资1198余万元,其中争取中央财政专项资金1091.8万元。工程新建光网是拥有独立信源传输和监测系统的双向光纤网络,长达500公里,可覆盖14个乡镇发射站点及1个主频点,满足全县各地群众对无线数字地面电视的收看需求。

【牵头落实"线乱拉"专项整治行动】 截至2017年年底,完成13000余户的线路梳理及弱电线路上改下工程,废除废旧杆子200余根,完成2017年目标任务并通过省级考核。

【完成危房解危年度目标任务】 县广播电视台2017年需全面完成危房解危任务,共计932平方米。

【实施车辆维修服务外包项目】 2017年,县广播电视台及下属两国有企业共有公务车辆2辆、工程车辆44辆。该台经过调研,决定对所有车辆的维修服务进行一次性综合服务维修外包。于7月14日进行公开招投标,8月1日全面启动。

报刊宣传工作

【概况】 2017年,象山新闻中心被评为"县宣传思想文化工作先进集体";获得"象山慈善事业贡献奖"机构奖;被评为"县红十字工作先进集体"。

【做好重大会议报道】 县党代会前采编了全县经济社会综述稿件9篇,县党代会会中及会后刊发7篇评论员文章。县两会前后,组织刊发了13篇综合稿以及相关评论员文章。在中共十九大召开前后,集中时间采编反映地方经济社会发展的重点稿件,反映基层民众对中共十九大的热切期盼。

【突出专项行动报道】 组织策划专栏报道,推出专栏约40个,刊发重大主题新闻报道约1000篇,做到期期有内容、月月有重点。专栏报道着眼新形势、新决策、新项目,找准角度,始终确保宣传步调与经济社会发展节奏相一致。

【民生报道贴近生活】 《今日象山》社会版面作为反映社会生活、社会风貌、社会问题、社会事件的一个新闻版面,始终以百姓"身边"和百姓"相关"作为组稿原则,报道内容与市民生活贴近、利益相关、情趣相连,受到了读者的广泛关注。

【发挥舆论监督作用】 与县政协合办"委员视角"栏目,着眼民生,反映民意,围绕社会热点问题,通过民主监督和舆论监督的有效结合,为群众办实事,促进政府部门工作效能的提高。为配合文明城市创建,对小区、农村、菜市场及旅游景点周边的环境卫生、乱停车等问题进行曝光;开展"创文明交通 治秩序乱象"系列报道,收到了效果。

【全域旅游创建宣传】 为推进全域旅游宣传报道，象山新闻中心制定宣传报道计划，督促任务落实。2017年刊发专栏报道约70篇，非专栏报道约300篇；刊发全域旅游公益广告30多则，每周刊发四期“休闲象山”专版，写实记录象山美食、美景、系列活动，多角度传播象山全域旅游成果；在《今日象山》4版摘编国家有关全域旅游发展的最新政策。《渔山夜钓》《独守高山难舍这片红》等8个全域旅游相关摄影作品，获得2017年度中国县市传媒新闻奖(新闻摄影类)。

【建设环境专项整治宣传】 2017年3月末，建设环境专项整治工作动员部署会召开后，象山新闻中心按照县委部署在《今日象山》报纸版面开设“建设环境专项整治”专栏，及时报道各级各部门严厉打击、查处工程建设中违法犯罪行为的举措，刊发报道共计150余篇，刊发建设环境专项整治系列评论稿件10余篇，掀起建设环境专项整治工作舆论宣传热潮。

【重点领域改革宣传】 2017年，与县委改革办合力，《今日象山》在一版开设了“改革攻坚 勇立潮头”专栏，2017年刊发稿件9篇；强化专版报道，刊发了高质量的动态报道20余篇，营造全社会支持改革工作的良好舆论氛围。

【美丽象山建设宣传】 推进生态文明提升行动，每周一至周五在一版发布空气环境质量报告，增加刊发节水、节电、爱护植被、垃圾分类等方面的生态公益广告；开设专栏，共刊发专栏报道50余篇，引导舆论、造出声势。

【夺取“平安金鼎”宣传】 象山新闻中心在2017年加大对平安建设、社会治理、信访维稳三方面建设的宣传，在《今日象山》报纸开设“建设平安象山”“警示广角”“创文明交通 治秩序乱象”等相关专栏，推出相关专栏报道150余篇，在五版“城区新闻”版面推出专题报道130余篇，同时开展公益广告宣传。中国象山港网站推出“平安象山”专题网页，精准推送《今日象山》相关报道稿件。

【强化精品意识】 2017年，象山新闻中心共有27件作品获得2017年度浙江省县市区域报好新闻奖、中国县市传媒新闻奖(新闻摄影类)、宁波新闻奖、宁波新闻奖县市报作品新闻奖。其中，消息《针织企业“用工互助” 缓解忙季“用工荒”》、重大主题报道《村民说事：美丽乡村的善治之道》获得了浙江省县市区域报好新闻奖一等奖，消息《在规范中创新提升“村民说事”》获得宁波新闻奖县市报作品新闻奖。

网络宣传

【概况】 2017年，中国象山港网站按深化改革创新驱动，深刻把握当前媒体融合的新常态，解放思想、创新思路，坚持“融合发展关键在融为一体，合而为一”的工作思路，加快推进新媒体建设，努力在提高党媒传播水平和影响力上下功夫。

【升级技术，丰富网络报道方法】 2017年，象山新闻中心“一报一网一微一端”(今日象山、中国象山港网站、“中国象山港网站”微信公众号、“中国象山”新闻客户端)新媒体实现了多平台无缝联动，通过文字、图片、视频3种产品，综合运用航拍、现场直播等传播技术，对重点活动报道开展全景式立体报道和全方位解读，同时发声，多元呈现，切实增强主流媒体的引导力、竞争力和创新力。

【拓展提升，增强媒体影响力】 “中国象山”新闻客户端下载用户3.7万人次，“中国象山港网”微信公众号关注用户11.7万人，日点击量最高都超过7万人次。新媒体逐渐成为县党委政府的新“喉舌”、意识形态工作的新阵地、网上舆论引导的新渠道、服务人民群众的新平台。

【创新，推出小乔带你游象山栏目】 2017年，象山新闻中心在“中国象山港网站”微信公众号和“中国象山”新闻客户端，推出“小乔带你90秒游象山”(以下简称小乔游)栏目，采用视频短片(包括航拍)加文字、图片的方式，介绍象山全域旅游项目，推广象山旅游文化。自7月1日开播以来，共播出节目18期，视频点击量最高的达10万+。

【打造品牌，推出味道象山微信公众号】 “味道象山”微信公众号是一个象山本土特色饮食文化类公众号平台，主要播放《味道象山》纪录片，致力打造象山饮食文化的平台，以更生动、更亲和的方式促进象山优秀传统饮食文化走向更广阔的世界。

【网络发展情况】 2017年，中国象山港网站全新改版，加大视频新闻比重，派网站员工到象山电视台学习视频新闻拍摄剪辑等。与此同时，加强象山港论坛建设，论坛有实名注册用户17.8万，活跃度得到提升。

卫生和计划生育

综 述

2017年全县共有各类医疗卫生机构299家,其中县级医院6家、公共卫生机构7家、社区卫生服务中心2家、乡镇卫生院15家、社区卫生服务站33家、村卫生室155家、民营医院9家、个体诊所72家。全县拥有床位2243张,每千人口拥有床位4.15张(全市平均5.58张),其中民营医院630张。系统内共有执业(助理)医师数和注册护士数分别为1883人和1662人,千人执业(助理)医师数和注册护士数分别为3.49人和3.08人(全市平均3.88人、4.01人)。

2017年,县级医院总收入11.3亿元,同比增长21.62%,其中医疗收入9.3亿元,同比增长12.42%。总支出为11.8亿元, 同比增长16.44%。2017年,县域门诊量453.7万人次,同比增长9.16% ;住院5.6万人次,同比增长7.89%。2017年,基层医疗机构门急诊217.1万人次,同比增长9.83%,基层门急诊人次占比提升至47.8%。

2017年,成功创建11个市级卫生镇、4个省级卫生镇(街道)。基础设施建设推进,县一院、中医院、急救站等改扩迁工程顺利实施,医疗设施体系日益完善,群众就医更加便捷。

社区卫生

【概况】 出台《象山县基本公共卫生服务项目实施办法》,规范项目运行,项目经费达到人均60元标准。项目宣传力度加大,居民知晓率和参与度稳步提高,健康档案建档率达90.44%,老年人健康管理率达67.01%,全县基本公共卫生服务项目综合达标率为93.0%。扎实做好宁波市特色新增基本公共卫生服务项目4类7项工作内容,服务水平全面提升。

【家庭医生签约服务】 推行契约式家庭医生制服务,基层医疗机构实施率达到100%,全年共组建签约家庭医生团队47个,签约家庭医生共269名,累计签约居民35963人,签约居民在家庭医生处就诊147225人次,共减免一般诊疗费1260640元。

【慢性病规范管理】 构建慢性病综合防控工作机制和综合干预管理模式,成立了慢性病预防控制中心,"1+4+1"慢性病综合防控体系建立。2017年,全县35岁及以上原发性高血压患者管理人数达56017人,管理率达48.25%,规范管理人数达35420人,规范管理率63.23%,控制率达59.96%;2型糖尿病患者管理人数达到16211人,管理率达50.59%,糖尿病患者规范管理人数达10439人,规范管理率达64.39%,血糖控制率达60.01%。

【健康档案管理】 完善健康档案,2017年全县共建常住居民电子健康档案473881份,常住居民电子建档率达90.44%,健康档案合格率达90%,健康档案动态使用率达60%。

【重性精神疾患者社区管理】 2017年,完善精神疾病管理工作联席会议制度,落实严重精神障碍患者以奖代补工作。全县全年严重精神障碍在册患者2351人, 患者管理率98.3%,规范管理率为80%,稳定率97.36%。

【卫生监督协管】 县乡二级网络卫生监督管理模式建立健全,全县15家乡镇卫生院和2个社区卫生服务中心均设立卫生监督协管工作站,聘任卫生监督协管员40人,有省级卫生监督协管示范点4家。实现对每类服务对象开展一年4次的实地巡查。全年完成卫生监督协管巡查4208家次,上报问题信息321条,信息报告率达100%,其中涉及非法行医信息报告52条、成功查处7起非法行医案件。

卫生监督

【概况】 2017年,全县共有医疗机构295家(其中开展放射诊疗的医疗机构33家)、集中式供水单位16家、二次供水单位10家、公共场所经营单位1756家、学校61家、餐饮具集中消毒生产企业2家、消毒产品生产企业3家。2017年,卫生监督加大卫生综合监督执法力度,重点开展多项专项整治行动,实现卫生监督事业健康发展。

【医疗服务市场监管】 开展医疗机构"依法执业守护健康"行动,完成对284家医疗卫生单位和13家个体诊所的依法执业检查。共排摸疑似非法行医窝点29户,查处13户,立案7件,下达行政处罚决定3件。全年非法行医案件共立案32件,作出行政处罚25件。打击非法医疗美容"蓝盾"专项行动,对有重点嫌疑的71家生活美容机构和其他场所进行排查。

【传染病防控工作】 联合环保局对19家重点单位进行专项监督检查,下达卫生监督意见书。对全县3家消毒产品生产企业生产的卫生用品进行了抽检,完成象山洁象餐具清洗服务部和象山石铺洁业餐具清洁包装服务站两家餐饮具集中消毒企业的消毒餐具常规抽检。开展全县24家重点医疗机构进行登革热防控督查整改。完成对全县47家口腔诊疗机构的监督检查和验收，35家口腔诊疗机构经整改和提升。

【职业与放射卫生监管】 开展基层医疗机构放射防护"4+2"规范提升专项治理行动，对全县33家放射诊疗单位开展"四个一"和"二合格"监督检查工作。开展职业健康检查报告书质量监测和区域职业病防治信息分析报告工作，对县中医医院和丹城中心卫生院职业健康检查报告书的质量开展监测。

【公共场所卫生监管】 做好重大节日公共场所卫生安全保障，共出动卫生监督员100余人次，检查单位220余家，印发卫生监督意见书78份。完成615家"四小"行业巡查，检查"四小"行业覆盖率达76.5%。检查全县60家文化娱乐场所。检查全县85家沐浴场所（小型修脚店除外）。开展夏季游泳场所保健康行动，要求各经营单位卫生管理员在游泳场所开放之日起每日微信上传游泳场所的独立水表数值照片，确保每日新水补充量在10%以上。实施卫生监督量化分级，完成住宿场所应量化分级549家。规范了民宿场所内的卫生设施，评选出2个样板村和6家样板房，其中国抽65家公共场所、省抽104家公共场所。

【学校卫生监管】 开展校园卫生安全健康行动，出动卫生执法人员400余人次，检查全县61家学校，出具卫生监督意见书80余份，对存在问题及时提出整改意见，并向教育部门进行通报反馈。对学校基本情况、组织管理、传染病常见病防控的监督检查覆盖率均达100%，教学环境监督检查覆盖率达40%，饮用水监督检查覆盖率达100%，直饮温开水监督覆盖率达100%，学校卫生监督检查建档率达100%。

【生活饮用水卫生监管】 对12家集中式供水、10家二次供水单位进行监督检查并对出厂水、管网水、二次供水进行现场快速检测。全年共快速检测200余次，检测结果及时填报卫生监督系统。完善饮用水卫生水质在线监测网络建设。对滨海和石浦水厂两家A级供水单位在线监测设备加强督导，保障了水质检测预警体系正常运行。

【爱国卫生工作】 推进病媒生物防制单位备案，完成6家，审核并印发《病媒生物预防控制服务单位备案确认书》，按时将基本信息录入"宁波市卫生监督综合管理系统"。

【卫生行政执法】 全年共作出行政处罚119件，重大行政处罚案件20件，结案104件，警告77户次，罚款115户次，罚款73.29万元，没收违法所得10.35万元。其中，公共场所72件，罚款15.41万元；医疗卫生40件，罚款56.33万元，没收违法所得10.02万元；消毒卫生3件，罚款0.2万元；传染病卫生1件，罚款0.1万元；计生1件，罚款1万元，没收违法所得0.34万元；生活饮用水1件，罚款0.25万元；学校卫生1件，罚款0元。严格执行投诉举报制度，共受理投诉举报案件11件，其中投诉6件，举报5件；其中非法行医7件，医疗卫生1件，公共场所3件，结案率100%，资料完整率100%，回复率100%。

疾病预防

【概况】 2017年，共报告甲、乙、丙类传染病4860例，总报告发病率932.68/10万。无甲类传染病报告，乙类传染病共报告病例1531例，报告发病率293.81/10万。开展了传染病的预警报告，年内共报告预警信息198条，推动全县各网络直报单位三级卫生信息平台传染病网络直报建设，极大提高了工作效率。

【结核病防制】 全年新登记活动性结核病人282例，其中涂阳病人98例，涂阴病人146例，结核性胸膜炎24例，未查痰2例，其他肺外结核12例。初诊病人389例，查痰率达到100%，涂阳检出率25.19%（98/389）。转诊率100%（421/421），总体到位率97.62%（411/421）。肺结核菌阳病人密切接触者筛查率100%。新发现及可随访的HIV患者53例，接受结核病检查患者53例，筛查率100%（53/53），未发现肺结核患者。

【艾滋病防制】 2017年，县新报告HIV阳性42例（HIV28例，AIDS14例），较2016年（43例）环比下降2.33%；外地报至本县11例，全县年内新发现病例共53例。全县在管HIV/AIDS共188人，其中179人按照国家政策开展了免费的抗病毒治疗，仍继续坚持抗病毒治疗177人。全县2017年共提供免费艾滋病自愿咨询服务1099人次，接受免费检测的有1086人次，初筛阳性10例，其中8例确证阳性。共干预6480人次。共筛查HIV抗体82598人次，发现阳性21例，既往阳性1例。继续在丹城和东陈两家卫生院开展监测，全年共完成监测400人。

【校园传染病防控】 2017年，全县共报告各类聚集性疫情120起和传染病暴发疫情6起，举办1期由全县幼托机构、学校校医、保健老师和分管校长参加的夏秋季学校重点传染病防控培训班。

【病媒生物及寄生虫病、地方病防控】 强化全县病媒生物监测防制工作，成功处置1例象山籍输入性疑似登革热病例，根据浙江省2017年地方病防治项目工作方案开展饮水型地方性氟中毒健康教育项目，同时开展5年级学生和家庭主妇基线和项目评估工作。

【免疫规划】 2017年，0~6岁儿童40715人，建卡、建证率均为100%，儿童七苗单苗接种率均在95%以上，入托和入学接种证查验率达100%，国家扩大计划免疫的22针次疫苗接种率均高于90%，超过3人/万，无死亡、群体性接种反应等重大事件报告。

妇幼保健

【概况】 2017年，以实施重大公共卫生项目为平台，让百姓受惠。全年户籍地共有4503例产妇分娩，活产数4565例。非户籍地产妇1124例，活产数1128例，未发生孕产妇死亡。

【妇幼保健管理】 全年户籍地共有4503例产妇分娩,活产数4565例。孕妇建卡人数4483例、建卡率99.56%;产后访视人数4438例、产后访视率97.22%;孕产妇系统保健管理人数4377例、系统保健管理率95.88%;实行住院分娩活产数4565例,住院分娩率100%;孕产期发生高危3165例,高危孕妇发生率70.29%。非户籍地孕产妇1124例,活产数1128例,建卡率、系管率、住院分娩率分别达92.62%、65.60%和100%。县内0~6岁儿童数30895人,3岁以下儿童标准系管人数12305人,系管率94.77%。7岁以下儿童保健管理人数29855人,管理率96.63%。全县7岁以下流动儿童当年保健管理6054人,当年保健管理率为70.84%,3岁以下流动儿童系统管理人数1839人,系管率48%。

【产科质量管理】 全县三家助产技术服务单位共接生人数4911人,其中县一院3670人、台胞医院1024人,象山港妇产医院217人,总分娩数比2016年同期上升357例。新生儿活产数4954例,剖宫产活产数2226例,助产单位的剖宫产率44.93%,非医学指征剖宫产率2.93%,剖宫产率比去年略有下降。全县发生危重孕产妇16例,其中县一院发生危重孕产妇6例,县台胞医院4例,其余6例危重孕产妇均在宁波市级医院分娩。2例因病情危重,予切除子宫保障产妇生命安全,未发生孕产妇死亡情况。实施妊娠合并心脏病及产后出血报告制度,上报产后出血169例,分析产后出血的原因以子宫收缩乏力为主,占产后出血总例数的85%,其次是胎盘因素。共上报妊娠合并心脏病59例,对严重患者转诊到医疗条件好的机构进行管理及分娩,有37例本市户籍及22例省外户籍产妇安全分娩。

【扎实推进惠民项目】 继续推进农村孕产妇住院分娩补助,共完成3050人、补助金额183万元,补助率98.29%;对全县范围内待孕妇女和孕早期妇女免费发放叶酸累计3693人、7788瓶,其中农村孕产妇3440人,发放叶酸7301瓶。本地农村户籍服用率95.6%,叶酸服用依从率95.6%,知晓率96.5%。完成宫颈癌筛查2593例,异常者均进行相关的治疗。完成500例乳腺癌筛查,发现浸润性导管癌1例,乳腺黏液表皮样癌1例。新设7个初筛机构及3个宫颈癌异常接诊机构,县一院则为全县乳腺癌检查异常接诊机构。分别以HPV检测和TCT检测为筛查方法完成宫颈癌检查5131人、3734人,查出宫颈癌3例。完成乳腺癌检查8900人,发现乳腺癌4例,均进行手术治疗。完成梅毒及艾滋病检测人数各为12760例。

【预防出生缺陷】 加强出生缺陷预防,做好产前筛查和产前诊断工作。户籍地孕妇产前血清学筛查率达到96.4%,比去年提高2.1%,对拒绝羊水穿刺的对象,动员进行无创DNA检查。年内早中孕联合筛查772例,提高筛查质量,降低假阳性率。年内新生儿四病筛查数为58例,29项疾病筛查数为4885例,筛查率为98.6%,确诊THS增高4例,先天性肾上腺皮质增生症2例,甲低4例,蚕豆病15例,均在随访治疗。全年新生儿听力筛查4941人,筛查率99.74%,确诊听力障碍10例,其中3例为听力残疾儿童。专人负责听力筛查异常儿童的追踪、随访工作。

【儿童保健门诊扎实推进】 全县共筛查体弱儿1387例,专案管理1387例。对筛查出的体弱儿均进行了专案管理及有效的干预,往年继续在管1159例,经干预结案962例。开展儿童营养性疾病监测12640人,营养不良、维生素D缺乏性佝偻病、缺铁性贫血、肥胖发生率分别为4.58%、0.06%、5.77%、2.14%(同比2016年肥胖发生率下降0.01%,缺铁性贫血发生率下降1.08%,营养不良发生率下降0.63%,干预成效明显)。全年共有7270名儿童接受了儿童中医药健康指导,服务率为55.99%。全年共筛查高危新生儿565例,均纳入专案管理,结案369例,尚有196例因高危因素未消除而转入体弱儿管理。进行满6个月婴儿母乳喂养率的调查,母乳喂养率92.46%。发育性髋关节发育不良筛查718人。共监测发生出生缺陷264例。完成托幼机构在园儿童体检22006人,体检率98.63%。入院新生体检8309名,体检率99.84%,体检中发现3例不合要求进行了干预。

【强化托幼机构管理】 举办了托幼机构卫生保健人员救护员师资暨保育员(高级)岗位培训班,共有180余名相关人员参加。加强托幼机构的审批监管,年内共新审批2家卫生保健合格单位。对全县89家幼儿园进行了考核,86所幼儿园通过考核换发新的卫生许可证。

【出生管理】 年内共申领《出生医学证明》5208张,当年签发4773张,当年签发率96.35%,废证9张,废证率0.16%,补发164人,换证189人。

【加强健康宣教】 加强健康教育队伍建设,组织基层人员参加"宁波市妇幼保健宣教培训班"提高宣教技能。在母乳喂养周期间,各乡镇共举办母乳喂养讲座20场,全年赴基层讲座24场,受益人员约3500余人。加强"二校"管理。年内共开展孕妇学校492次、受益3280人次,开展育儿学校259次、受益2416人次。组织专题讲座43次、受益3273人次,大型宣传活动24次、受益5665人次。做好信息投稿,发行《象山县妇幼保健》4期,办好网站。

医政监管

【概况】 2017年,共有20余家省、市三甲医院与县合作开展多种形式"医联体"合作,每周约有50名省市专家下沉县,累计诊疗3.4万余人次,开展新技术、新项目40余项,县级医院整体医技水平有效提升。

【"双下沉两提升"工程】 推进"上引",县级医院稳固加强与沪、杭、甬、瓯三甲医院合作,引入优质资源,每周约50名省市三甲医院副高以上专家下沉县。有序开展"下联",以三家县级医院为龙头的医联体稳步发展,医联体内慢性病用药匹配率达95%,每月近200人次县级专家下沉卫生院坐诊、查房、讲座,并参与家庭医生签约,基层医疗服务能力得到明显提升。

【公立医院综合改革】 先后拟定《象山县关于加强儿童医疗服务能力办法》《关于推进"双下沉、两提升"长效机制建设实施方案》《象山县医疗卫生设施专项规划(2016—2030)》,完善深化医改制度保障。与去年同期相比,药占比下降2.23%,医疗收入(不包含药品、卫生材料、检查等收入)同比增加14.81%,百元医疗收入消耗卫生材料同比下降1.45%。根据省市要求,完成了全县医联体内慢性病药物配比率95%以上。

【社会办医规模扩大】 2017年,社会资本举办医疗机构得到发展,开设诊所9家,新增床位310张,民营医院床位总量占全县核定床位总量的28.09%。

【科研科教工作】 2017年,县参加规培人员共计53人,其中西医45人,中医8人。全县共有省县级龙头学科2个、省基层中医重点学科1个、市县级医院龙头学科1个,县医学重点学科9个、县基层重点专科3个。2017年,县级医药科技项目立项11项,省、市级医学科技项目立项4项。开展宁波市基层卫技人员继续教育培训工作,共有819名基层卫技人员参加培训。各医院继续医学教育对象学分达标率≥100%。全年821名卫技人员完成远程继续教育,举办各类学习培训班20次,1200余名医务人员参加学习,确保继续教育覆盖率在95%以上。

【智慧健康保障体系建设】 完成3个"协同门诊远程医疗服务中心",28个"云诊室"硬件建设并开设协同门诊。发挥"互联网+医疗"优势,创新移动医疗服务,县第一人民医院、丹城(丹东、丹西街道)社区卫生服务中心、石浦镇中心卫生院移动支付功能先后开通,并稳步向全县推广。

【区域专病中心建设】 在原有消毒供应、影像、心电中心基础上,针对病死率和致残率高的急性病,结合象山实际,以县第一人民医院为主导,各级医疗卫生单位参与,启动县胸痛中心、卒中中心、创伤救治中心建设,为急危重症患者提供的快速诊疗通道,为抢救生命赢得宝贵时间。

【血液管理工作】 2017年,有效招募了5243人参加无偿献血,累计献血量为7805单位,其中一次献血300毫升及以上人数为总人数的80%。机采血小板采集完成3670单位,增幅38%,为近5年来增幅最大。全县7家医疗机构临床用血5101单位,增幅12%,机采血小板2705个治疗单位,增幅15%,成分输血率和红细胞使用率均为100%。自体输血工作稳步推进,3家医疗机构开展自体输血211例,回输血量113950毫升。

【中医药事业发展】 全县中医诊所23家,民营中医专科医院1家。制定出台《象山县基层中医适宜技术推广方案》,召开基层中医药适宜推广启动会,开展集中培训2期,现场培训2期,共约120余人次参加。乡镇卫生院8项以上中医适宜技术开展率100%,社区卫生服务站5项以上中医适宜技术开展率80%。

医疗科研与交流

【概况】 全县共有省县级龙头学科2个、省基层中医重点学科1个、市县级医院龙头学科1个,县医学重点学科10个、县基层重点专科3个。2017年,申报县科技局科技项目23项、市医学科技项目14项。

【在医院药物管理中智能药柜及冷链监测的应用研究】 浙江省医院协会牵头立项,由县第一人民医院谢龙腾主持,研究起止时2016年10月—2018年10月。本研究将针对基层医院药物管理中存在的最常见的三个问题:特殊药物管理、冷藏药物管理以及临床药物使用的管理进行分析,引进先进的智能化药柜及冷链监测系统,观察是否能有效改进本院这三个问题,智能药柜及冷链监测在国内医院仍未普及,本研究将有利于该技术在国内的普及。在院引入智能药柜及冷链监测系统,并使用2年,即2016年10月至2018年10月,使用后每隔3个月对库存盘点差异率和账物符合率、特殊药品管理合格率以及病区冷藏药品管理合格率进行评估,了解使用后的作用。

【医院评审评价提升精细化管理水平的应用研究】 浙江省医院协会牵头立项,由县第一人民医院左伟主持,研究起止时2017年1月—2018年12月。本项目以医院评审评价为抓手,实施精细化管理为各类医院评审评价与精细化管理的实施与发展提供思路。本项目承担单位宁波市第四医院实践样本的可贵之处就在于,引入JCI标准,将它的制度和流程改进并融入当地文化,把国内医院评审标准与JCI标准有机地结合起来,符合中国国情,更具现实意义和可操作性。

【步行联合Buerger运动在糖尿病轻中度下肢血管病变患者中的应用研究】 宁波市科技局牵头立项,由县第一人民医院蔡照红主持,研究起止时2016年8月—2018年8月。本研究选取2017年3月—2017月年9月本院内分泌科出院的糖尿病轻中度下肢血管病变患者180例。本研究将Buerger运动与步行相结合,为糖尿病轻中度下肢血管病变的患者制定个体化的运动方案,具有一定的创新性;评价此运动方案对患者神经病变主觉症状、ABI、MN等指标的改善情况的同时;评估患者对此方案的运动依从性,全面评估方案的利和弊,具有一定的创新性。

【以右美托咪啶为主的EGDS在JCI背景下ICU镇静管理中的应用研究】 浙江省医学会牵头立项,由县第一人民医院陈晨松主持,研究起止时2017年12月—2019年12月月。研究在JCI评审过程中提出对医院的质量要求。本项目依托本单位二轮JCI国际评审的经验,结合多次省市ICU质控检查的要求,以及十余年的研究建立以右美托咪定浅镇静为目标导向性的程序化镇静的方案,和符合医院实际的镇静镇痛制度、药品管理制度以及资质授权、应急预案等。

【基于免疫学机制的静脉免疫球蛋白在发热伴血小板减少综合征中的应用及临床疗效】 浙江省医学会牵头立项，由县第一人民医院练祥主持，研究起止时2017年12月—2019年12月。发热伴血小板减少综合征(SFTS)是新型布尼亚病毒感染新发传染病。浙江省是高发地区，且发病率有逐年升高趋势。病死率约7.9%，重型患者常因休克、呼吸衰竭、弥漫性血管内凝血(DIC)等多脏器功能衰竭死亡。因此，本研究拟分析轻重型SFTS患者的免疫状态，并探讨静注免疫球蛋白的临床疗效及免疫学改善作用，以期提高SFTS的救治成功率。预期发表论文2篇，整合凝练救治方案，并实施临床技术推广。

【沿海地区人群肿瘤标志物水平及电子直乙结肠镜检查结果分析】 浙江省医学会牵头立项，由县第一人民医院张燕敏主持，研究起止时2017年12月—2019年12月。研究内容：(1)沿海地区人群肿瘤标志物水平及电子直乙肠镜检查结果分析：收集约1000例于院接受体检健康人群，分析确诊结直肠癌患者与健康人群血清肿瘤标志物水平及电子直乙肠镜检查结果。(2)探讨肿瘤标志物检测联合电子直乙肠镜检查在结直肠癌诊断中的价值：对数据进行统计学分析，最终得到肿瘤标志物检测联合电子直乙肠镜检查敏感性、特异性和诊断准确率使用受试者工作特征曲线来描述。

【同伴教育联合并发症体验对门诊2型糖尿病的影响研究】 宁波市卫生和计划生育委员会牵头立项，由县第一人民医院江培兰主持，研究起止时2017年12月—2019年11月。本研究采用同伴教育联合并发症模拟体验，同伴教育是具有相同或相似背景、经历或者具有共同特征或面临相同压力的人一起分享经验、提供信息、给予支持或者行为技能，以实现教育学习的一种模式。并发症体验活动模拟并发症到来的情景，让患者提前经历糖尿病并发症的感知、理解、感悟和产生行动等阶段，切身体会到疾病对身体带来的危害及给生活带来的不便，使其更深刻体会到疾病后果的严重性和危机感，从而在思想上引起患者对疾病的重视

【支气管肺泡灌洗联合高PEEP机械通气在海水淹溺合并ARDS危重病人中的应用研究】 县科技局牵头立项，由县第一人民医院陈晨松主持，研究起止时2017年1月—2018年12月。参照实用内科学(第14版，陈灏珠、林果为、王吉耀主编)诊断标准，对入组的所有诊断为海水淹溺合并ARDS实验对象进行CT检查。最后归纳、汇总，以对照组为参照，分别比较病死率、好转率、机械通气日数、住院日数，进行统计分析，得出结论。

【全乳晕腔镜技术在甲状腺微小乳头状癌治疗中应用】 县科技局牵头立项，由县第一人民医院薛世航主持，研究起止时2017年1月—2018年12月。本课题旨在通过观察腔镜下手术和传统开放甲状腺手术对比分析。在基层医院开展全乳晕腔镜下甲状腺癌根治术治疗甲状腺微笑乳头状癌的疗效和安全性分析。关键技术：应由甲状腺外科专业医生、具有腔镜操作技术的医生，进行手术，熟悉和掌握颈部解剖和手术技巧。

【胃功能四项联合胃镜精查提高早期胃癌的检出率】 县科技局牵头立项，由县第一人民医院李洁主持，研究时间为2017年1月—2018年12月。尽管胃蛋白酶原单项检测用于早期胃癌筛查广泛用于日本、韩国等胃癌高发国家，但该方案阳性预测值只有1.4%，不适合中国人群普查。提出了更适合于中国胃癌筛查国情，证实了该方案良好的应用前景。

【自制简易装置经脐单孔腹腔镜阑尾切除术的临床应用】 县科技局牵头立项，由县第一人民医院俞海蛟主持，研究起止时2017年1月—2018年12月。通过对2017年1月至2018年8月入院诊断为急性阑尾炎的患者进行随机分组，分别行自制简易装置经脐单孔腹腔镜阑尾切除术和传统三孔腹腔镜阑尾切除术。关键技术：由熟练开展传统腹腔镜阑尾切除术的普外科医生通过自制简易装置行经脐单孔腹腔镜阑尾切除术。

【诺舒阻抗子宫内膜去除术治疗月经过多的临床研究】 县科技局牵头立项，由县第一人民医院陈海英主持，研究起止时2017年1月—2019年12月。诺舒所拥有的湿气传输系统可将汽化的内膜组织排出体外，保证了内膜汽化和排出的过程更加安全。与同类其他技术相比，诺舒平均治疗时间及手术时间最短，而且诺舒术前不需要预处理，也没有经期限制，与其他术式相比更加快捷、简便。而且诺舒还可应用于≤2厘米的子宫黏膜下肌瘤。

【盆底超声在女性盆底功能障碍性疾病诊断中的应用】 由县科技局牵头立项，由县第一人民医院王月霞主持，研究期限2017年1月—2019年12月。二维盆底超声主要是通过观察耻骨联合、尿道、膀胱、阴道、宫颈、直肠壶腹及肛管来评估盆底各脏器位置、功能，有无脱垂。三维/四维盆底超声提示盆膈裂孔形态及大小变化，为盆腔脏器脱垂提供有用的信息，特别是肛提肌的损伤及肛提肌裂孔面积。一定让患者按医生指令把动作做到家。在操作过程中盆底矢状平面的选择及三维图像的后处理非常关键。开展本项目，可以拓展医院的医疗服务范围，方便医疗服务对象。为妇产科、泌尿外科等多科室的盆底疾病患者提供可靠、准确的诊断依据，以便于治疗方案及术后康复方案的制定。

【步行联合Buerger运动在0级糖尿病足患者中的应用研究】 由县科技局牵头立项，由县第一人民医院蔡照红主持，研究期限2017年1月—2018年12月。本研究选取2017年1月—2017年6月本院内分泌科出院的0级糖尿病足患者90例。按照随机数字表法，将患者随机分为对照组和观察组各45例。观察步行联合Buerger运动方案对患者神经病变主觉症状和足背动脉平均血流速度(DAMV2)的效果，评估患者对此运动方案的依从性。

【海岛地区育龄期人群胃蛋白酶原，胃泌素参考范围的建立研究】 由县科技局牵头立项，由县第一人民医院林建军主持，研究期限2017年1月—2018年12月。胃蛋白酶原是胃分泌的一种消化酶前体，是诊断胃癌的理想的肿瘤标志物，其敏感性和特异性均很高。胃泌素除调节胃酸分泌，促进胃肠道生理功能

之外，还可能与包括胃癌在内的多种消化道肿瘤的发生。本项研究将为临床中PG与胃泌素的应用提供帮助，进而为各相关疾病的诊疗提供帮助。

【医院精细化管理在等级医院评审及JCI认证中的应用研究】 由县科技局牵头立项，由县第一人民医院左伟主持，研究期限2017年1月—2018年12月。本项目通过以JCI认证与国内等级医院评审评价体系为抓手的精细化管理。本项目承担单位的可贵之处就在于，引入JCI标准，将它的制度和流程改进并融入当地文化，把国内医院评审标准与JCI标准有机地结合起来，符合中国国情，更具现实意义和可操作性。

【液基细胞学联合高危型HPV E6/E7mRNA在基层医院宫颈病变筛查中的应用研究】 宁波市科技局牵头立项，由县红十字台胞医院许晓辉主持，研究起止时间2017年12月至2019年11月。宫颈液基薄层细胞学检查(TCT)联合HPV DNA或TCT检查或HPV DNA检查是基层医院宫颈病变癌筛查中应用最为常用的三种方案。通过TCT联合HPV E6/E7 mRNA检测可以更准确的反应疾病发展情况。建立宫颈癌筛查模式，更加精确地预测宫颈病变进展风险，同时避免不必要的随访和过度治疗。

【中药益气温阳活血利水方对慢性心衰患者心功能及NT-proBNP、CA125的影响】 宁波市卫生计生委立项，由县中医医院钟志明主持，研究起止时2017年12月—2019年11月：慢性心力衰竭(chronic heart failure,CHF)是一种复杂的临床症状群，为各种心脏病的严重阶段，其发病率高，有临床症状患者的5年存活率与恶性肿瘤相仿。拟益气温阳活血利水方治疗心肾阳虚型慢性心力衰竭患者，一方面拟证实该方的药效作用，另一方面拟改善心衰患者的生存质量，减少心衰患者的住院次数。

【金氏隔药饼灸治疗脾胃虚寒型功能性消化不良的疗效研究】 宁波市卫生计生委立项，由县中医医院洪青主持，研究起止时2017年12月—2019年11月：功能性消化不良(Functional dyspepsia，FD)是一种临床上常见的无器质性改变的胃肠疾病 ，是一组性或反复发作性的餐后饱胀不适、早饱、上腹痛、上腹烧灼感、恶心、呕吐、嗳气等，并排除上消化道内镜 、影像学 、生化等检查下除外器质性疾病的临床综合征。针对本病制定一个合理的有实际疗效的治疗方案，是临床研究中面临的一项重大课题。将金氏隔药饼灸治疗脾胃虚寒型功能性消化不良，开展相关的研究。

爱国卫生

【概况】 2017年，巩固发展国家卫生县城，切实加强爱国卫生工作，发挥爱卫会的组织协调作用，开展除害防病和健康教育，增强社会卫生意识，改善环境卫生，努力提高全县爱国卫生工作水平。

【卫生先进创建】 2017年，顺利完成丹东街道、丹西街道和爵溪街道省级卫生街道的创建工作，完成贤庠镇省级卫生镇的创建工作和鹤浦镇省级卫生镇的复评工作，完成墙头镇、泗洲头镇、定塘镇、涂茨镇、大徐镇、新桥镇、东陈乡、晓塘乡、茅洋乡、黄避岙乡、高塘岛乡等11个镇(乡)市级卫生镇的创建工作。成功创建省、市级卫生村分别28、37个，创建市级卫生先进单位4家。

【开展“除四害”工作】 开展春秋季除四害活动，继续推行四害消杀服务外包续标工作，加强对消杀公司的监督管理。开展病媒生物滋生地的清理，2017年共清理卫生死角12800处，清理孳生地48000处，清理河道沟渠108100米。

【健康教育】 开展“无烟·健康·发展”主题宣传活动，发放宣传张画和折页1.6万余份，控烟标志0.48万余份，并通过《今日象山》、电视台和电信电子屏进行宣传，共开展各类讲座138场次。利用“人口生育文化园”，推进村级健康主题公园的建设，保证了健康教育知识及时深入到基层。

【爱国卫生月活动】 开展以“为了人民的健康——65年的历史与展望”为主题的第29个爱卫月活动。活动期间，全县各地共展出各类爱国卫生展板50余块、宣传横幅60余条，发放健康宣传资料2.5万余份；开展环境卫生整洁行动，加强病媒生物消杀。

【公共场所控烟活动】 组织开展第30个世界无烟日系列控烟活动。强化日常公共场所控烟宣传及督查，全年发放控烟标志1.5万余份。

【健康支持性环境建设】 2017年，全县累计建成健康主题公园、健康步道、健康单位、健康食堂、健康餐厅等21家，新创建健康促进学校6所。居民重点卫生防病健康知识知晓率达82.4%。

人口和计划生育工作

【概况】 2017年，全县共出生4749人，其中二孩率47.74%，计划生育率97.89%，出生人口性别比控制在107.99。落实计划生育家庭奖扶政策，共对6196名计划生育家庭奖扶对象发放1100余万元奖扶金。总资金180万元的“文雅护苗助学”基金正式成立，为全县100名义务段教育的困难家庭子女提供助学保障。青春期健康教育成绩突出。

【流动人口服务活动】 2017年，共开展27场次主题宣传活动、发放宣传资料8000余份、张贴国家定制海报195份、主流媒体报道15次。全力打造流动人口基本公共卫生计生服务均等化优质服务品牌，建立流动人口健康档案47010份，建档率为32%，流动儿童预防接种率为95%，3岁以下流动儿童体检率为72.93%，流动孕产妇检查92.61%，流动人口传染病报告率为100%，未发生流动孕产妇死亡和5岁以下流动儿童死亡，流动儿童麻疹发病率为0。流动人口基本公共卫生服务满意度达85%。2017年，全县共免费开展流动育龄妇女健康体检11351人，免费孕前优生检查62例，免费享受计划生育四项手术等其他服务7470例，流动孕产妇住院分娩补助60人，共计补助经费2.4万元。共抽查了4个村、社区，采用面对面的入户调查方式问卷调查了80个流动对象,下拨调查经费7780元。

【基层队伍建设】 5月开展了计生统计人员业务培训,12月开展了全县卫生计生系统基层计划生育服务管理技能竞赛。对从事25年以上村级计生管理员以及从事15年以上计划生育荣誉证书发放对象进行摸底,落实长期从事计划生育工作专干的奖励待遇。

【计生奖扶政策】 2017年,全县共确认奖励扶助对象6232人,与2016年6183人基本持平(同比增长0.79%),其中奖扶对象5621人,特扶对象572人,并发症对象39人。2017年,共新增奖扶对象882人,退出奖扶911人;新增特扶68人,退出特扶25人;新增并发症对象4人。

【生育信息质量管理】 重点做好3302平台与省全员平台的互联互通,导入全员出生人口信息3485条,导入生育登记信息2664条。规范计生统计信息管理,全面提高统计质量。开展了2个乡镇4个村80户人员的全国生育状况的抽样调查,对群众的生育情况和生育意愿进行了调查。

【特殊困难家庭帮扶】 县财政出资129550元为506名计生特殊家庭、独生子女伤残家庭投保住院大病险,理赔住院护理补贴15万元。开展"健康无忧·情暖失独"活动,全县215户329名失独家庭,除外出16人其余313人全部签约。补助失独夫妇辅助生育费用累计最高达5万元。县级慰问失独家庭123户,发放慰问金12.3万,慰问品5.6万,补助失独家庭合法收养5户共25万,补助失独家庭辅助再生育医药费5户共19.37万元,补助失独家庭丧葬4户共4万元,补助新增失独家庭11户共10.6万元。组织156名失独家庭和志愿者参与"健康象山 携爱同行"金秋出游活动。

【宣传教育阵地建设】 2017年,以贯彻落实"二孩"政策为主线,突出做好新修订的省条例的宣传工作,目标人群受训面达80%以上。同时做好县妇幼保健院省级"三优"指导中心的创建工作,按照省市要求做好设施、设置配套和功能布局等。

【违法生育查处】 全年共办理违法生育案件206件,其中当年案件94件,上报法院21件,结案77件,其中法院结案37件,乡镇(街道)自行结案40件,征标的598万元。

【生育关怀扩面】 和人寿保险联合推出"妇女安康"保险,全年参保24468人,理赔18人共90万元,联合开展"微心愿"活动2次,惠及100户计生家庭。和光明眼科医院联合开展了"圆梦光明行动"公益活动,全县5000名50周岁以上老人参与筛查,查出疾病人数290人,手术200名,优惠医药费40万余元。新设困难计生家庭子女助学行动基金,由郭氏夫妇冠名150万元,慈善总会配套30万,成立"文雅护苗助学"基金,为全县100名义务段教育的困难家庭子女提供助学。全年走访慰问"五关怀"家庭300多户,发放慰问金35万余元。申报市级家庭发展项目1家,县级3家,落实配套资金11万元,惠及会员上万人。

【青春健康教育】 2017年,新增32名县级青春健康师资,拥有国家级培训师1名、省级3名、市级6名、县级93名。象山二中成功申报了新一轮中计协和联合国教科文组织的家长培训试点项目,东陈中学获得省级青春健康教育基地,西周中学获得市级青春健康示范基地和青春期家长培训项目点。丹西街道蓬莱社区、丹城中学列入市级青春健康家长培训项目点。全年开展青春健康教育课程623课次,受教育学生9307人。开展家长培训12期,参与培训家长327人。联合"蓝豚水上救援队"开展青少年暑期防溺水教育,举办讲座49场,直接培训11270名师生,受益人群3万余人。

红十字会

【概况】 2017年,共完成红十字救护员培训31场2445人、普及培训124场次24813人次。完成造血干细胞志愿者招募53人,全年总登记器官(角膜)志愿者33例,成功实现3例人体器官捐献。2017年,县红十字会由县政府副县长钮晶莹任会长,陈琴任专职副会长。

【顺利召开县红十字第四届第二次理事(扩大)会议】 6月22日,县红十字会四届二次理事会(扩大)会议在象山宾馆召开。会议回顾总结2016年工作,研究部署2017年工作。县人民政府副县长钮晶莹参加会议并作了重要讲话。参加会议的有县红十字会第四届理事会全体理事;表彰了2016年度县红十字会工作先进集体和个人。会议部署了2017年的红十字工作任务。

【宁波市调研组到象山调研社区红十字博爱家园建设】 2月21日,由宁波市红十字会党组成员周枝法率领的博爱家园项目调研组,来到象山丹西街道北路社区开展调研。县红十字会通过博爱家园创建和当地独特品牌建设,将红十字组织和博爱精髓向基层延伸,使红十字组织更加贴近百姓,服务群众。2017年,县红十字会共建成2家红十字博爱家园,丹西街道北路社区红十字博爱家园和东陈乡樟岙村红十字博爱家园。

【县红十字会开展"博爱送万家"助贫帮困慰问活动】 1月18日,县红十字会启动主题为"博爱象山·喜迎新春"2017年"红十字博爱送万家"活动。各级红十字会共走访慰问了包括敬老院老人、重病患者及其他困难群众2088人次,发放现金22.15万元,物资26.8万元,共计48.95万元。共慰问器官(角膜)捐献家属7人,慰问造血干细胞捐献者3人,共送出慰问金4.5万元,物品2200多件。走访慰问了西周镇25个村35户困难家庭,为每户家庭送上慰问金2000元共计7万元;1月18日上午,志愿者们为丹西街道敬老院老人们送去米、油、水果、米糕、萝卜团等精美点心和日用品。志愿者们还慰问了结对的茅洋厝家园村等7户特困家庭。

【超额完成民生实事项目红十字应急救护培训工作任务】 2017年,全县举办应急救护员培训31场,共培训红十字救护员2445人次,普及培训124场次,受益人数达24813人次。3月7—8日，县红十字救护培训走进驻象某部，79名官兵通过为期两天学习取得了红十字救护员证。3月18—19日举办了面向全体市民的新年首期公益救护培训，共有80多位市民自发报名参加培训并获得救护员证。6月，救护培训工作更是“全面开花”，多家单位开展救护员培训。10月是全县高职中学红十字救护员培训月，1500余人次接受救护员培训。5—6月份，县红十字水上救援队的讲师志愿者们在暑假来临前，在各中小学校开展了23场次主题为“守望生命，平安成长”急救知识进学校专题讲座，受益师生超5000人次；同时将考核任务分解至各镇乡（街道）红十字会并督促落实。

【优化红十字救护师资队伍】 2017年5月，县红十字会优选13名素质较高的志愿者赴宁波参加市红会组织的救护师资培训班，11名志愿者取得二级救护师资证。2016年县红会首次公开招募救护师资志愿者25名。8月18日，象山托幼机构保健人员红十字应急救护师资培训暨业务培训班开班。来自全县88所托幼机构的园长、专（兼）职保健医生共105人参加为期三天的专业培训，98名学员通过四项考核获得了红十字三级救护师资证。

【生命关爱工作】 全年完成年度造血干细胞志愿者招募53人，完成考核任务100%。全年总有器官（角膜）志愿者登记33例，成功实现3例人体器官捐献。8月24日，四川籍在象务工人员李某因车祸导致死亡，家属代为捐出1肝2肾以及双角膜；10月27日，县东陈乡村民黄某因车祸导致死亡，家属按照其生前意愿捐出1肝2肾以及双角膜。12月14日安徽籍王某因自发性脑溢血离世捐出1肝2肾以及双角膜，成为县第12例人体器官捐献者。

【志愿者服务队队长陈晗被中宣部命名为全国“岗位学雷锋标兵”】 2017年3月，县红十字无偿献血志愿服务队队长陈晗被中宣部命名为全国“岗位学雷锋标兵”。2017年4月，县红十字公交志愿服务队被评为“宁波好人”。他们的行动得到了社会公众的肯定。

【志愿者“学以致用”，现场急救技能显威力】 3月3日下午，志愿者李志飞途经余姚城区中山南路时，看到一女子因车祸头部受伤倒在血泊中。他一系列连贯又迅速的救援行动得到了围观群众的交口称赞。5月1日下午，救护讲师周先生一家三口在位于河道边的中国美术学院民艺展览馆里参观。突遇一名骑车的女孩连人带车冲进了河道。周先生将她安全救上岸来。在确定该女生安全后，周先生悄然离开。

【红十字扶贫济困慰问活动暖人心】 2017年2月，县抗癌协会会长陈绍雷代表县抗癌协会向县红十字会赠送写有“大爱无疆”四个遒劲有力大字的匾额，以表示多年来县红十字会对县抗癌康复协会工作的支持和关爱。9月1日，县红十字会党组书记、专职副会长陈琴赶赴爵溪，给来自陕西产妇阳小凤送去了高危孕产妇救助金1万元。9月27日国庆节前夕，副会长陈琴专程赴西周、定塘、泗洲头、晓塘等敬老院开展节前慰问活动。为老人们送去精选的大米和食用油等生活用品。

街道镇乡

丹东街道

【概况】 丹东街道陆域面积38平方公里。丹东街道下辖26个建制村(37个自然村)、10个社区。2017年,全街道户籍户数22477户,户籍人口69976人。

丹东街道地处象山县中心城区,是一个工商居混合型区域,工业以机械、针织、电器、气动件、汽车模具等为支柱,农业以蔬菜、橘苗、鱼苗、水稻、小海鲜为主品,三产以房地产、楼宇(写字、公寓楼)、餐饮、旅游、超市、中介、物流等为主业。

2017年,获得省卫生城镇、省农业"机器换人"创建示范街道;市创建法治镇乡(街道)工作先进单位、市中共十九大维稳安保工作先进集体、市"安康杯"竞赛(街道)示范点、市五星级安监机构、市先进团组织;县组织工作目标管理考核先进单位、县法治政府建设先进单位、县级社会治安综合治理工作先进集体、县关心下一代工作先进集体、县科普工作优秀集体、县商贸流通服务业先进单位、县棚户区改造工作先进单位、县人力资源和社会保障工作先进单位、县街道人大工作先进单位、县农村环境卫生整治工作目标管理考核先进单位、县人民调解工作先进集体、县工会信息新闻宣传工作先进单位。

【工业经济】 完善丹东工业经济奖励措施,制定中共以街道主要领导为组长、中层干部为联络员的联企制度;明确"一把手"招商责任制,先后赴上海、四川、海南、深圳等地开展招商活动13次;建立技改项目全程跟踪代办17个项目;引导企业走出去,组织8家企业到境外参展,开设摊位12个。整治低小散企业6家,搬迁2家,关停锅炉2台。2017年,全街道规模以上企业实现产值49.7亿元,完成年度计划的96.5%,同比增长6.3%;三型企业实现产值44.2亿元,同比增长4.1%。全街道规模以上工业累计产销率达90.2%,与2016年基本持平。工业增加值7.6亿元,完成年度任务的84.9%,同比增长3.8%。全年实现自营进出口5.76亿美元,完成年度任务的90.04%,同比下降5.7%。其中中瑞进出口公司,实现进出口3.05亿美元,与2016年持平,宁波兄弟服饰有限公司进出口6735万美元,同比增长8.4%,盛和灯饰公司进出口5532万美元,同比下降17.26%。38家规模以上企业实现利润1.82亿元,同比下降6.5%,平均利润率达到4.1%。全年落实工业技术改造项目17个,投资额4.55亿元,完成年度任务的101%。新引进内外资及港澳台资金项目11个,实到国内资金23.1亿元,完成年计划的329.5%;实到外资及港澳台资金1545万美元,完成年度计划220.7%;利用"浙商回归"资金2.2亿元,完成年计划的162.4%。

【农林渔业】 2017年,全街道共落实粮食播种面积200公顷,其中单季稻166.67公顷,超级稻育种面积26.67公顷。落实城郊蔬菜种植面积140公顷,棚栽瓜果34公顷,落实钢质连栋大棚面积8.53公顷。创建省级"机器换人"示范基地。落实农业政策性保险237.33公顷。改造低产柑橘园2.67公顷,春季植树16500株,村道绿化600米,城区绿化3.6万平方米,建成村级森林公园1个。防治林木病虫害,挖除红棕象甲156株,在松兰山春防喷药386.67公顷。实现渔业水产品总产量162.4吨,其中海洋捕捞91吨,渔业经济总产出达242.3万元,海洋捕捞总产出139.2万元,淡水养殖总产出103万元。

【农村集体经济】 2017年,全街道37个自然村,累计经营性收入3864万元,村均104万元,连续十几年稳居全县前列,其中年收入超百万元的13个年收入过50万元的村7个。丹东街道发展农村集体经济主要是两个途径:(1)是兴建商业用房。(2)是盘活土地存量。

【柑橘苗木量增品优】 2017年年底,全街道可出圃橘苗150万株,比上年增加30%左右,其中红美人占一半多。橘苗品种多样化,早中熟有大丰、日南、由良、宫川等,迟晚熟有甘平、婧姬、象山青、红美人、阿斯米等。2018年春节,存圃橘苗基本销完。

【专项整治】 落实"河长"制,明确治理责任。2017年排摸检测65个水体,其中7个为劣V类水体。街道委托第三方公司定时定点开展水质检测,采取整治措施,使其达标。加强休渔渔船监管,安排2人,24小时巡查。清理违禁网具,收缴大目涂地龙网200余顶。全年拆除违法建筑13.6万平方米,处理两起农居民超面积建房案件。拆迁赵岙村钢管租赁堆场。

【计生优生】 2017年,全街道共出生569人,其中违法生育13人,符合率为97.72%,优于指标 2.72个百分点;孕前优生健康检查完成209对,新增奖扶29人(含特扶10人),生育关怀补助共计115500元。通过"12356"服务平台,开展计划生育、优生优育随访咨询18339例。流动人口计划生育均等化服务目标人群覆盖率92%,优于指标2个百分点；综合随访率99.8%，优于指标9.8个百分点；早孕随访、妊娠随访率均达100%。在街道机关、企业动员293人参加献血，共计88800毫升，标准86400毫升。街道红十字会组织普及培训1816人，救护员培训242人。

【特殊人群管控】 (1)2017年全街道吸毒人员在册268人，累计尿检551人次，定期走访3名重点吸毒人员，将复吸率控制在5%以下。(2)2017年全街道登记"法轮功"邪教组织人员10名、"全能神"8名，其中3名重点人员，引导转化。(3)共接收社区服刑人员35名，期满解除矫正37名，尚在册38名。(4)2017年10月中共十九大期间，排查出精神障碍患者83名，分头落实管护措施。(5)排摸出33人，分派17个包案稳控小组，无人群访进京。

【安全生产】 2017年全年培训、复训企业负责人147人，安全管理员226人，生产经营单位自教育培训人员4500余人。组织检查各类企业500余家次，发现安全隐患600余起，责令限期整改。出资67万元，聘请专业安全服务公司，定期检查各类企业300余家。开展食品安全"百日攻坚"行动，检查市场25家次，检查经营户800余家次，共立案查处案件37件，共计罚没款37万余元。丹东市场监管所全年办结各类案件127件，中、大案53件，罚没款总数121.99万元。

【社区"四化"管理】 截至2017年底，丹东街道10个社区常住户数35075户、人口数89533人，占全街道常住人口数80%以上。该街道坚持"以人为本、共建共治共享"的社区发展理念，尝试网格化、智慧化、区域化、精细化、四化创新服务，促进社区建设管理更上新水平。塔山社区入围"宁波市品质社区"20强，为全县社区管理建设提供中共有效的践行样本；提升社区品质品位，全县7个县级品质小区，街道就占中共4个，梅园社区获评全国科普示范社区，建立中共县唯一一个社区科普馆；绿城百合获市级首届美丽社区称号，是全县唯一获此殊荣的小区；丹河社区创建中共县级亲子阅读示范基地、省无障碍社区，获市级社区文明创建十佳创新品牌。

【社会保障】 2017年，为就业失业困难群体发放各类补贴合计总额为1972人次，发放金额957.0453万元，受益人员包括开发农村低保家庭公益性岗位12个，城镇公益性岗位开发76人，灵活就业登记186人次，失业再就业援助补贴65人次，高校毕业生灵活就业社保补贴3人次，企业招用被征地人员社保补贴18家42人次，企业招用就业困难人员社保补贴7家9人次，招用高校毕业生社保补贴8家32人次，小额担保贷款贴息17家次，创业者社保补贴51家51人次，创业带动就业社保补贴11家39人，创业场租补贴10家，高校毕业生从事基层公共服务岗位补贴14人，困难失业职工春节慰问42人次，小额担保贷款42家。城镇新增就业人员1512人，失业人员失业证验证524人次，城镇失业人员再就业921人，城镇登记失业率控制在3.1%以内。完成城乡人力资源就业状况调查，核实人员43679人。

【商贸旅游】 2017年，商贸项目招商服务取得成效，引进中共注册资本5000万的宁波海跃海运有限公司；完成排摸限上商贸类法人单位3家：象山盛世大通电器有限公司、博浪太平洋商业管理(象山)有限公司、象山卡特索国际贸易有限公司。建成商贸大工程，坐落象山港路与巨鹰路交界西南侧的象山港一号文化广场，占地面积1.4公顷，建筑面积80842平方米，2017年年底落成；位于该道口东北侧的象山客运东站也基本完工，该车站占地2.86公顷，建筑面积约4.2万平方米，总投资2.4亿元。当年全街道60家规模以上服务业(住宿、餐饮年营业额200万元以上，零售年营业额500万元以上，批发年营业额2000万元以上)增加值38亿元，同比下降12.3%。规模以上企业商品销售额12亿元，同比增长19.4%。开展全域旅游宣传，整治规范旅游工程建设，计划投资1.6亿元，规划用地8.87公顷，其中建设用地4公顷，一期报批1.13公顷(省政府经批准)，二期(2019年)报批1.53公顷，三期(2020年)报批1.33公顷。

【重点工程项目】 2017年，县政府强调丹东辖区重点工程55项，需要政策处理土地53.4公顷、完成征用24.8公顷、房屋征迁13.2万平方米。全年新开工项目6个，游仙寨旅游开发项目一期用地指标1.13公顷土地报批，弗凡导航、电大迁建工程先后开工，天安路改造等3个项目按期推进。续建项目9个，后山开发地块、象山公交客运东站等8个项目无障碍施工，象山港文仕综合广场完工。重大前期类项目5个，棚户区改造二期工程中园西路区块拆除，象山宾馆区块房屋拆除中，塔山中学、欢乐家园配套小学等4个项目按期推进。35个政府投资项目有序推进，黄家桥等三期4个棚改区块交出签约答卷，宝海路、丹阳路、丹山路等3条"断头路"全部开工动建，东谷路、殷夫路道路拆迁取得进展。

【棚户区改造】 2017年，县政府安排丹西街道办事处、黄家桥、汪家河(一)、汪家河(二)四块棚户区拆迁项目，共涉及1005户，建筑面积13.5万平方米。棚改政策处理关涉群众切身利益，工作难度极大。丹东街道与有关部门通力合作，抽调机关、社区39位组成工作组。一年内，先后召集工作会商70多次，部门协调会30余次，整理采纳建议意见43条，促使当年签拆迁签约率达到100%。

【抗癌分会】 到2017年年底，丹东街道214名会员中，存活3年以上37人，5年以上85人，10年以上71人，20年以上9人，当年被评为省、市、县抗癌康复工作先进集体。2010年1月，象山县抗癌康复协会丹东分会成立，分会走访癌友家庭，慰问特困癌友；邀请各级专家讲座辅导，编为7组交流；每年两次集体出游。坚持科学抗癌、快乐抗癌、集体抗癌，赢得社会各界肯定和称赞。8年里有上百位(家)爱心者陆续捐款，累计金额96万元，为县内18家基层抗癌机构受赠最多的分会。

【文艺宣传中共十九大】 2017年9月，举行邻里节、文化艺术节，大碶头村承办全街道广场舞展示赛和东片6个乡镇街道文化走亲活动，丹东街道侨联与西周镇文艺大联欢，载歌载舞好戏连台。除传统歌曲、舞蹈表演，还自编自导语言类节目，取材身边，喜闻乐见，深受群众欢迎。

表91

2017年丹东街道各村经济情况一览表

村	户数	人口	耕地(公顷)	山林(公顷)	渔船(艘)	集体总收入(万元)	集体经营收入(元)	村支书(负责人)	村主任(负责人)
东门外	458	1186	1.33	33.20		326.09	313.64	郑永林	郑士康
起　春	158	403	2.07	11.67		62.99	47.9	王国民	应惠祥
城　东	244	637	1.33	26.13		340.41	315.78	黄全根	包永富
上　进	240	498	0.00	28.20		224.15	210.32	陆福根	陈孝培
庄穆境	421	1095	0.00	59.80		289.96	238.81	虞金武	杜小定
南　门	273	701	0.00	26.40		815.72	764.28	史久明	钱志明
羊行街	44	58	0.00	23.00		74.72	2.67	—	葛永新
姚家山	84	316	0.00	29.73		98.74	94.23	葛瑞祥	任成杰
梅溪	562	1448	4.67	129.80		352.27	191.57	葛永生	邱安国
后　山	405	1360	2.00	43.33		90.26	70.6	胡家挺	马文华
袁　家	102	332	0.73	2.67		90.75	64.37	鲍英迪	倪国勇
岙　里	315	1123	7.00	74.20		257.52	15.14	潘海贤	邱荣华
赵　岙	60	192	0.00	11.53		16.16	8.88	葛根法	李成浩
中家河	56	166	0.00	11.33		14.41	10.86	郑华海	杜才福
上半河	59	245	2.00	9.67		18.03	15.75	朱宏福	洪振云
下半河	382	1286	0.00	12.20		106.31	75.46	郑家雷	郑贤锋
田洋里	205	733	0.00	27.87		46.35	36.97	钱万林	张振祥
陆　家	222	717	0.00	40.07		39.93	11.0	陆志根	陆文光
高　俞	93	258	0.00	6.67		73.01	8.5	张兴南	屠金林
夏　家	68	210	7.80	17.33		33.69	27.32	夏忠常	徐久法
大碶头	448	1478	11.00	88.93		91.17	47.86	钱亚韵	钱家清
邱　家	84	277	0.00	10.87		11.71	2.6	钱兴国	邱财岳
河　西	94	335	4.40	20.60		25.26	10.75	谢德勇	陈　琪
河　东	341	902	18.67	61.33	1	204.42	48.7	余根宝	钮全表
后　洋	335	1078	32.53	128.00	1	246.74	111.03	吴家如	吴阿刚
桥头林	350	1050	39.20	101.53		387.01	373.98	欧志明	林世明
桥头胡	240	697	34.67	203.87		144.75	26.73	胡柯柯	胡金宝
蒋　家	186	593	16.00	21.60		50.7	40.82	余根法	朱岳定
西　林	168	545	21.87	50.93		67.53	0.3	张世跃	吴建军
上　余	384	1285	20.73	125.53		207.51	147.39	张灵敏	余可成
李　家	35	158	0.00	4.27		1.71	0	王根培	石友谊
下　余	381	1175	55.00	195.27	7	262.76	260.82	余宗珠	余忠林
东　塘	21	71	0.00	4.33		3.52	0.11	俞炳常	石　敏
门前涂	16	63	14.00	0.00		10.96	8.85	陈绍雷	陈　光

续表91

村	户 数	人 口	耕 地（公顷）	山 林（公顷）	渔 船（艘）	集体总收入（万元）	集体经营收入（元）	村 支 书（负责人）	村 主 任（负责人）
赤 坎	180	647	0.00	65.47	5	23.92	0	朱小东	朱贤恩
寨 里	126	394	2.13	28.27	1	23.71	0	吴振国	钮耀辉
梅 岙	66	232	0.00	31.27	7	528.85	282.84	刘道富	余 平
合 计	7906	23944	299.07	1766.87	24	5663.7	3864.5		

（渔船另外：文峰社区 1 公园社区 1）

表92

2017年丹东街道社区管理情况一览表

社区/小区（书记/主任）	户 数	人 口	小区业委会主任	社区/小区（书记/主任）	户 数	人 口	小区业委会主任
梅园社区 林 静	5359	8130		新华社区 奚珊珊/陈素静	2305	6503	
龙泽名园	316	790	吴有荣	新华小区	608	1832	史金苗
丰泽园	100	205	钱云裕	塔山路190	176	520	朱平权
桃花源	169	250	钱伟阳	丹山人家	91	263	连震央
中央花城	1533	3805	陈建华	散居楼户	1430	3897	
绿城百合	851	2105	董 云				
玉兰雅府	348		应春晖	东街社区 胡淑华	2206	6006	
蓝郡小区	1348			汇丰苑	45	142	郑正康
牡丹苑	296			宾阳商住楼	60	176	徐贺明
紫悦馨园	398	975	陈成海	东湖苑	150	472	李荣明
				散居楼户	1951	5216	
塔山社区 梁孟丽	4012	12106					
塔山花园	636	1980	卢家明	公园社区 徐 靓	2717	5686	
塔山二期	509	1527	陆福根	东方苑	108	320	
大红鹰家园	226	678	袁一飞	东风苑	44	130	
阳明花园	440	1320	蒋晓杰	散居楼户	2413	5236	
东河一期	364	1090	包 峰				
东河二期	509	1527	赖钟鸣	丹河社区 叶晓萍	4590	11250	
丹东银都佳园	793	2379	谢 芳	海申苑	428	1000	童兴旺
宏润花园	535	1605	周存宽	水木华庭	570	1450	李修瑞
				金域华府	994	2250	周海敏

续表92

社区/小区（书记/主任）	户　数	人　口	小区业委会主任	社区/小区（书记/主任）	户　数	人　口	小区业委会主任
丹峰社区 鲍锦秀	3594	10350		海御官邸	990	3600	张明跃
丹峰小区	1530	4500	曹泉康	世纪花园	993	2150	林建国
丹静公寓	230	700	林升夫	涌金广场	250	600	石金全
丹静苑	176	510	王海江	锦绣家园	188	200	王根培
城东公寓	157	480	葛乾恩	财富中心	177		
文景苑	207	600	刘祖良				
文韵苑	85	260	周雪梅	万象社区 汪海月	4480	11155	
丹桂苑	97	300	胡文中	欢乐一期	1500	3750	胡才官
散居楼群	1112	3000		欢乐二期	800	2000	
				巨和苑	320	800	吴启超
文峰社区 黄静芝/柯维维	2081	5885		和景府	200	500	
文峰小区	1426	3913	周建国	紫汀花园	500	1250	郑志到
文峰别墅	63	158	柴常国	上城公馆	300	700	
散居楼户	592	1814		丽景一期	290	725	陈　峰
				丽景二期	120	300	李　伟
金秋社区 朱国艇				山水一期	150	375	
金秋小区	980	2450	陈绍雷	山水二期	278	695	
方井小区	80	150		山水三期	22	60	
步行街	1000	2000	李　宏				
散居楼户	2200	4500					

表93　　丹东街道2017年规模工业企业经济情况一览表

企　业	全年产值	完成计划%	同比+%	全年销售	完成计划%	同比+%	全年利润	完成计划%	同比+%
天安股份公司	188584	89.8	1.3	185014	92.5	0.3	4459	74.3	−12.5
天安特变公司	44166	126.2	37.5	23630	94.5	2.6			
天安开关公司	23553	90.6	−3.5	16154	95	4.7			
天安汽车零部件	10113	77.8	−11.3	9180	83.5	−5.2	1638	81.9	−6.1
天安智能电网科技	21306	106.5	22.3	14362	89.8	2.7	1015	101.5	39.3
天安集团小计	287722	94.6	6.2	248340	92.3	0.7	5626	51.1	−20.6
盛和灯饰公司	32189	71.5	−15.1	32088	74.6	−15.3	5065	58.9	−34
兄弟服饰公司	46387	103.1	13.4	46087	107.2	14.2	1721	668	−11.1

续表93

企　　业	全　年 产　值	完　成 计划%	同比+%	全年销售	完成 计划%	同比+%	全　年 利　润	完　成 计划%	同比+%
同家模具公司	9156	91.6	20.8	9060	100.7	21.3	1565	195.6	202.3
海滨化工厂	7282	85.7	−2.4	8126	101.6	20.6	190	94.8	123.7
一漂印染公司	7166	89.6	0.1	7166	89.6	0.1	432	86.3	7
宝鑫集团	10689	88.3	−0.1	9211	85.3	−3.8	161	53.6	48.8
探索机械公司	2508	62.7	−28.2	2508	64.3	−28.2	196		
骏嘉机械公司	3665	73.3	−17.6	3031	75.8	−17.1	179	71.4	
天元电气销售公司	6015	75.2	−16.6	4956	141.6	55.8	363	363.4	827
和泰电气公司	6587	109.8	29.7	5022	119.7	35.7	248	247.8	911.4
新大通电机公司	2154	89.8	0.7	2183	99.2	9.1	18		
第一自到水公司	7711	102.8	16.6	7711	104.2	16.6	344		
晨南制衣公司	2716	104.5	16	2636	114.6	27.7			
佳田时装公司	3764	83.6	−3	3732	86.8	−3	51	42.3	−50.3
宇翔机械公司	2245	89.8	5.8	2245	93.5	6.5			
汽配公司	4763	113.4	29.4	4763	119.1	29.4	138	137.8	128.9
神迪制衣公司	2893	111.3	23.9	2812	112.5	27.3	18	4	72
至远服饰公司	1811	69.7	−22	1080	45	−48.1			
根本服饰公司	1707	42.7	−49.1	1167	30.7	−65.2	78	77.2	38.5
凯勒电器公司	4238	106	25.4	4049	101.2	22	32	32.1	872.7
达胜针织公司	2020	80.8	−7.6	2020	80.8	−7.6			
宏强电器厂	3102	81.6	−8.2	3052	80.3	−9.7			
弗凡科技公司	10063	1438	75.3	8656	123.7	50.8	134		−26.9
石原金牛农业科技	10143	2029	131.8	10143	202.9	131.8	1165	465.8	478.5
海达机械公司	2914	112.1	28.7	2858	114.3	27.8	8		−70.5
永久电力设备机具	2447	81.6	−13.1	2015	72	−15.6	31	31.3	−42.7
海辰天力机械公司	3512	125.4	41.6	3513	125.5	45.2	283	94.5	−1.8
华辰机械公司	2565	111.5	19.9	2565	115.5	27.5	205	136.3	61.7
郎盛服饰工贸公司	4057	162.3		2818	112.7	34.9	10	10	−76.7
鹏利针织厂	1597	63.9	−22.5	1597	69.4	−22.1			
舜天针织公司	1100	45.8	−46.9	1103	46				
2000万元企业总计	496891	69.3	6.3	448318	68.5	3.3	18189	46.5	−6.3

表94　　丹东街道2017年工业企业自营进出口情况一览表

单位:万美元

企　业	累计出口	同比增减%	累计进口	同比增减%
合　计	56793	-5.15	762	-32.5
中瑞进出口公司	30423	-101	65	116.67
兄弟服饰公司	6732	8.63	3	-81.25
中瑞如意进出口公司	6718	1046.42		
盛和有限公司	4968	-11.7	564	-46.79
华瑞进出口公司	2255	8.99	8	14.29
三泰照明公司	1482	32.56		
世纪华瑞进出口公司	641	-93.45		
凯勒电气公司	545	17.71		
卡特索贸易公司	445	185.26		
锦泰晟运贸易公司	424	-12.03		
福大制衣公司	240	13.21		
东津茂贸易公司	195			
晨南制衣公司	180	-39.6		
同家模具制造公司	171	-57.36	114	11300
达雅进出口公司	157	-41.2		
天安汽车零部件公司	154	-21.83		
佳灵服饰公司	126	-41.67		
挺宏针织厂	125	81.16		
永发制衣公司	115	51.32		
优品进出口公司	102			
食品设备厂	79	-13.19		
环安针织公司	75	1.35		
森惠针织公司	51	-69.28		
游子园服饰公司	42	55.56		
甬侨气动液压公司	37	8.82		
蓝腾进出口公司	36	-18.57		
星石进出口公司	36	176.92		
佳滨制衣公司	36	3500		
宝鑫铁路信号公司	34	-26		
聚秀纺织面料公司	29			
光敏针织厂	28			
至宝进出口公司	25	-60.32		
游汇贸易公司	19			
港桥对外及对港澳台贸易公司	10			

续表94

企　　业	累计出口	同比增减%	累计进口	同比增减%
恒金国际贸易公司	9	-55		
众盛照明科技公司	5	-28.57		
佳田时装公司	4	-81.28		
天安集团	4	100		
盈多服饰公司	1	-95.83		
宇翔机械公司			4	-63.64
璞丽国际贸易公司			3	

丹西街道

【概况】 丹西街道地处中心城区，总面积42平方公里，下设29个行政村和8个社区，共有户籍人口45907人，其中外到人口35993人，区域总人口达80364人。2017年，实现规模以上工业企业总产值46.81亿元，农业总产值6887万元，公共财政收入4.65亿元。小学8所，中学5所，各级各类医疗卫生机构，公共图书馆(室)36个。有专业特色街3条，专业市场5个，服务网点1100个，营业面积达4.2万平方米。

【工业经济】 2017年全年规模以上工业企业产销利分别达48.64亿元、38.48亿元、1.76亿元，均实现正增长。对外及对港澳台贸易完成2.3亿美元；完成外资及港澳台资金全年指标720万美元；全街道工业投资完成3.15亿元；工业实缴税金同比增长1.3%，达3.12亿元。新上规模企业10家，净增4家，规模企业总数,达到56家。2017年，街道实际到位国内资金9.1亿元，完成全年度指标130%。浙商回归1.98亿元，完成年度指标150%。中国机械科学研究院浙江分院—宁波产业(技术)研究院落户，合力模具科技股份有限公司于2017年12月4日在上交所上市，成为街道第一家主板上市的工业企业。

【农村经济】 2017年“五水治水”成果丰硕，全面推行“河长制”，加快污水零直排区创建。狠抓畜禽养殖场拆除工作，“禁养区”无一养殖场。城郊型农业得到发展，落实粮食种植面积308.13公顷，落实粮食实际售粮数521吨，共有农业专业合作社28家，其中县市级以上规范化合作社5家，无公害农产品基地3个。

【重点工程】 2017年，全年共承担征迁项目57项，其中县重点工程征迁任务23项，三期、四期棚改项目4个，共涉及征迁户2200余户。24项县级重点项目完成宁波合力汽车配件生产项目、宁波利明人防及预制砂浆项目、大目湾新城基础设施建设、县中医院迁建工程、象山县集成学校、城南市场、原利时百货地块项目等政策处理21项。全年累计召开专题分析会48次，召开对接协调会议34次，解决路下林村一户多宅、电网拆迁户补贴等问题16个，推进工程建设。

【专项工作】 2017年，拆违11.09万平方米，完成率100.8%。棚改工作完成，三期文昌小区区块涉及住户549户，签约率达100%。 共汇总42项最多跑一次事项，实现民生事务社会保障综合服务“一窗受理，集成服务”。

【平安建设】 2017年，成立“一中心四平台一网格”工作领导小组和平台协调组，制定《关于加快推进丹西街道“四个平台”建设的实施方案》。完成街道信息综合指挥室硬件建设。配备专用执法车4辆、电动车15辆以及其他执法工具、服装等1600余套(件)。受理民情会办帖子276件，平安浙江APP爆料处理89件，宁波E系统信息处理4191条，便民服务窗口受理835件。网格从104个调整为90个，网格长、信息员平均年龄为35岁左右，95%以上为大中专毕业生。把网格信息员、网格长，及各村调解委员、妇女主任、团支部书记作为平安宣传员，深入地头、户头，加强平安建设知识宣传。

【完善民生事业】 街道卫生计生考核连续五年全县第一，食品药品工作考核获得全县第一，“亲情服务，乐活丹西”项目获得县卫生计生创新项目一等奖。出生315人，违法生育4人，计划生育符合率98.73%。流动人口管理服务率达85%以上。走访慰问流动人口计生困难家庭10户，发放慰问品达5000余元。慰问计划生育困难家庭34人，发放慰问金2.1万元。关注弱势群体，注重解决好低保户、残疾人等困难群众的生活问题，累计发放各类补助资金336余万元。全年街道新增就业人数1575人，公益性岗位开发人数82人，城镇失业人员再就业1015人，其中困难人员实现再就业205人，本地户籍参加各类养老保险人数新增856人，城乡居民医保参保率在98%以上，登记失业人员始终控制在3%以内。

【一社一品牌】 街道7个社区共有登记在册并形成品牌服务项目26项，社区志愿者人数超过1000人，为社区居民提供各类服务1300余次，受惠居民5000余人，成为社区居民的贴心人。

【安全生产】 配齐配强村(社区)公共安全协管员队伍，全街道41个自然村、7个社区建立安全生产监管网络，监管信息系统总体应用率99%，网格认领率

95.6%,网格员持证上岗率达100%。新增开展社会化服务60家,累计开展排查安全隐患246次,发现隐患685处,整改672处。2017年,街道财政出资12万元,将35家寺院、教堂等宗教场所纳入服务外包。重点开展对潘家桥村出租房消防安全综合治理示范点建设,投入资金60余万元,建立县村级第一个微型消防体验馆。

【基层党建工作】 2017年,落实海棠映日、农耕休闲、生态河道等建设项目15个。结合党建重点项目——"党员红黄灯"清单式管理制度,分层次、按规则强化党员教育管理工作,去除党员"惰性"思想和"惯性"作风,严肃基层党组织生活,倒逼党员干部履职尽责。

【党风廉政建设】 坚持领导带头,严格责任落实,突出"三个落实"(责任落实、制度落实、监督落实),制定《2017年度丹西街道党工委、办事处及人大领导班子成员党风廉政建设责任范围》,与各部门、村、社区签订《丹西街道2017年度党风廉政建设和反腐败工作责任书》,与各村四套班子成员签订廉洁履职承诺书260份。分层次组织开展廉政谈话教育活动,全年共落实层层谈话577人次。2017年全年受理信访案件12件,办结12件,其中信访转立案2件,转问责3件。处理违纪党员6人,问责干部7人。制定出台《丹西街道使用资金管理办法》,严格要求各基层组织上报《村级重大事务决策申报表》和《村级重大事务决策报备表》,加强村级集体债务管理,完善村级内审工作,推行"阳光工程"建设。

【文明创建】 部门联动开展大规模整治,通过拆、清、治等措施,完成对象山港路、沿海南线、新丰路、天安路、滨海大道、环城西路的环境面貌综合整治。实行双重负责制,创建任务一抓到底。街道创建管理体制实行联村干部和村干部双重负责制。委托第三方对农村环境卫生情况进行一月一次的常态化督查,由街道创建办将环境卫生督查照片印发给各村要求限期整改,并在回访的基础上,将各村整改情况作为年底考核的重要依据记录在案。推行垃圾分类试点。广泛宣传,营造氛围。向社区、村居民发放宣传手册、公开信,赠送宣传品10000余份。2017年,美丽庭院示范村创建为上吴村、樟树下村、胡家碶村3个村。丹桂小区为县级文明创建精品小区。通过国家卫生县城复评省级验收及市文明指数测评工作。共创建省级文明村1个;市级文明村1个,全年建设文化礼堂2个,培育种文化工程,共开展文化活动50余次,珠水溪的母子龙获宁波市一品龙称号。

【婚丧礼俗整治】 6月,街道召开各村书记、主任开展红白理事会推进会。8月实现红白理事会全覆盖。8月24日,召开各村红白理事会工作培训会,各村红白理事会会长参加会议。多方位宣传,营造婚丧礼俗规范整治高压氛围。

【创省卫工作】 详细编制《丹西街道创建省级卫生街道实施方案》和《丹西街道创建省级卫生街道任务分解表》,突破创卫难点,加强重点区域整治。组织相关部门,对城郊结合部、城中村、各类卫生死角等卫生整治难点和辖区内乱停放、乱设摊现象开展集中整治,并推进城乡接合部违法建设、违法用地整治行动。

【"悦读丹山"青年读书会】 5月3日晚上,街道团工委"悦读丹山"青年读书会成立。旨在提升青年团员综合素养和服务发展的能力水平,为青年团员成长创造环境条件,帮助青年团员"找准短板、补齐短板",开阔视野、增长才干。

【裘东耀到街道调研】 10月23日,宁波市委副书记、市长裘东耀一行到街道调研。裘东耀听取丹西街道平安建设工作情况汇报,对取得的成效肯定,对平安建设一线的工作人员表示亲切慰问,要求街道落实措施,确保责任到位,维护好稳定势态。

【"一打三整治"工作】 5月9日,街道联合丹西市场监督管理所、丹西派出所等部门,先后六升菜场、白石菜场和龙洞门码头,开展违禁渔获物突击检查。向群众宣传"一打三整治"行动及休渔法规、政策,悬挂横幅49条,发放宣传手册280份,通过张贴及发放告知书,借助微信、电子屏等新媒体平台对广大群众进行政策宣传。7月27日,街道党工委书记史欣荣,组织街道及丹西市场监督管理所等部门的工作人员,通过海陆联合执法的方式,加码推进"一打三整治"工作。流刺网渔船将于8月1日出海开捕,为确保渔船安全出海,街道加大检查力度,严把检查一艘、合格一艘、开捕一艘的关口。

【守护舌尖上的安全】 9月,为第二批餐饮行业自律员授予聘书和奖牌。新列入第二批餐饮行业自律员的候选单位餐饮年度量化分级评定均在B级以上。发起诚信经营倡议,在提升自己食品安全水平的同时,可以辐射带动周边餐饮单位向好向上,推进食品安全社会共治。

【浙江"流动大舞台"走进街道】 10月12日,浙江电视台"流动大舞台"走进街道山头董村文化礼堂。整场演出精彩纷呈,掌声。舞台上,演员或舞或歌,演得热情洋溢;台下观众看得津津有味,时而欢声笑语,时而掌声阵阵。县普法办、丹西街道还在舞台周围设立普法展板,拉起宣传横幅,发放普法宣传小册子,向村民宣传《宪法》《民法》《国家安全法》《宁波市法制宣传教育条例》和浙商回归相关法治宣传内容。

【棚户区改造】 8月11日5时30分,街道负责实施的三期文昌小区区块改造项目签约工作全面完成。该区块共签约549户,签约率100%。文昌小区区块征收总户数549户,总建筑面积约4.2万平方米,总用地面积约2.05万平方米。确保文昌小区区块改造项目有序推进、如期完成、取得实效。

【学习中共十九大精神】 11月9日,街道召开专题会议,学习贯彻中共十九大会议精神。坚持党员干部带头学习,确保中共十九大精神传达到每一个支部、每一名党员,配合上级中共十九大精神宣讲团的宣讲工作,推动中共十九大精神进农村、进社区、进企业、进机关。

【俞骏在街道宣讲中共十九大精神】 11月20日，县政协主席俞骏前往街道宣讲中共十九大精神。俞骏肯定街道近年到取得的成绩，并要求街道在建设宁波现代化滨海城区中承担重大的使命和艰巨的任务，街道党员干部一定要敢于担当，勇于破难，善于作为，合力推动各项工作实现新突破、新提升。

【群团组织中共十九大精神专题学习会】 12月1日，街道工会、团工委、妇联联合举办群团组织中共十九大精神专题学习会。参加学习专题会议有成员200余人。会议由妇联主席忻海霞主持，街道党工委副书记杨志国出席会议并讲话。把报告提出的战略部署转化为各群团组织的工作任务，狠抓落实，不忘初心，砥砺前行。

【计生协第六次会员代表大会】 11月29日，街道计划生育协会举行第六次会员代表大会，回顾总结上届主要工作，选举产生新一届协会领导班子，部署新一届协会的工作。街道计生协共建协会63个，发展会员6200人，会员小组280个。2017年，街道29个行政村、8个社区均完成《计生利益导向村规民约》修订工作。小厅村荣获国家级基层群众自治示范村荣誉称号。

【成立民兵连党支部】 12月13日，街道仇家山村举行民兵连党支部成立大会暨民兵连授旗仪式。仇家山村民兵连由24名女民兵和48名男民兵组成，其中退役军人16人，中共党员13人，平均年龄34岁。仇家山村民兵连党支部成立后，将发挥党员的带头作用，为村民提供各种服务。

表95

丹西街道2017年行政村经济情况一览表

村名	户数（户）	人口（人）	水田（公顷）	旱地（公顷）	水产养殖（公顷）	渔船（艘）	村级资产（万元）	村集体年收入（万元）	村集体年支出（万元）	书记 主任
五丰村	395	925					1232.36	206.32	34.9	余海峰　蒋兴国
秧田头村	313	792					2473.91	238.89	42.42	李鸿文　史济康
西门村	355	895					1578.91	513.48	89.2	蒋喜忠　赵国定
方井头村	438	1099	3.47				2269.31	337.49	49.9	史志财　陈力强
北门村	392	722	2.33				2427.92	800.18	65.33	王增良　李兆方
路下林村	420	724					410.16	187.15	31.94	陈健健　王才土
白石村	487	1506					843.06	357.55	27.81	张贺荣　郑　光
珠水溪村	506	792	8.67	1.89			788.53	259.81	117.95	陈志辉　吴存光
三叉路村	164	522	15.54	0.8			502.97	21.06	26.95	王章明　胡继光
九顷村	172	2338	19.18	3.5	36		2360.93	100.75	65.73	陈行祖　史壮宏
杨蓬岙村	118	385	4.93	1.2	60		373.73	98.13	12.06	胡象光　方妙凤
杨家村	305	941					957.5	68.77	31.41	杨国定　杨志永
上吴村	243	797	4.67				2554.41	450.08	41.35	吴存乐　吴科登
小厅村	231	748					2398.81	23.21	17.31	张建平　张章钱
樟树下村	152	558	14.67				1635.74	165.02	14.51	张云法　屠伟金
六升村	270	1004	16.37				836.24	161.94	103	张　成　张幼飞
上街头村	218	748	3.33				721.41	169.7	13.22	张国登　张世定
菱河头村	142	455					603.66	208.79	66.93	张贤达　柴利民
小河头村	170	603					340.89	55.78	6.47	韩晓飞　张云到
横墙弄村	160	568	2.53				174.61	20.74	7.05	张有春　张宝法
横塘欧村	73	252					237.31	10.54	2.37	蒋卫康　张铜水
南沙村	195	761					506.49	82.04	12.63	戴兴和　吴存朋
小东洋村	91	289					341.44	26.62	7.49	张惠贤　欧如斌

续表95

村名	户数(户)	人口(人)	水田(公顷)	旱地(公顷)	水产养殖(公顷)	渔船(艘)	村级资产(万元)	村集体年收入(万元)	村集体年支出(万元)	书记 主任
韩家村	98	362	23.07				188.96	41.49	9.17	宋祖良 杨凤斐
洋心村	442	1566	53.33				1155.99	51.18	58.25	胡明祖 宋光辉
仇家山村	396	1457	57.87	2.23	200		2673.99	261.57	42.81	王世新仇孝杏
西港村	202	689	30.07	6.4	208	2	277.44	67.81	16.17	章才良 朱红祥
新碶头村	174	620	32	9.48	86	1	633.12	130.88	15.25	姜斌财 邬秀尧
董何碶村	564	1754	42.93		120		2266.53	174.24	42.6	管永茂 蒋海宝

表96 丹西街道2017年基本情况表

指标名称	计量单位	代码	数量
甲	乙	丙	1
一、基本情况	—	—	—
行政区域面积	公顷	Z10	42000
居民委员会(社区)个数	个	Z11	7
村民委员会个数	个	Z12	29
二、人口	—	—	—
户籍户数(派出所户籍统计数)	户	Z13	16599
户籍人口(派出所户籍统计数)	人	Z14	45907
全家外出户数	户	Z15	547
全家外出人口	人	Z16	1536
常住户数	户	Z17	32916
常住人口	人	Z18	80364
其中:外到人口	人	Z19	35993
三、经济	—	—	—
公共财政收入	万元	Z20	46540
公共财政支出	万元	Z21	4446
资产总额	万元	Z22	11518
债务总额	万元	Z23	51610
企业个数	个	Z24	2642
企业从业人员	人	Z25	78956
企业实交税金	万元	Z26	31200
工业企业单位数	个	Z27	1176
其中:规模以上工业	个	Z28	56
工业总产值	万元	Z29	523615
其中:规模以上工业	万元	Z30	468118

续表96

指 标 名 称	计量单位	代 码	数 量
建筑业企业单位数	个	Z31	14
建筑业总产值	万元	Z32	3570523
住宿餐饮业企业个数	个	Z33	22
住宿餐饮业企业营业总收入	万元	Z34	2647
四、贸易、市场	—	—	—
社会消费品零售总额	万元	Z35	608812.4
其中:限上社会消费品零售总额	万元	Z36	111081
商品交易市场个数	个	Z37	5
商品交易市场交易额	万元	Z38	342430
其中:以粮油、蔬菜、水果为主的专业市场个数	个	Z39	
以粮油、蔬菜、水果为主的专业市场年交易额	万元	Z40	
以畜禽为主的专业市场个数	个	Z41	
以畜禽为主的专业市场年交易额	万元	Z42	
以水产为主的专业市场个数	个	Z43	
以水产为主的专业市场年交易额	万元	Z44	
营业面积50平方米以上的综合商店或超市个数	个	Z45	63
五、教育、文化、卫生	—	—	—
幼儿园、托儿所个数	个	Z46	20
小学校数	所	Z47	8
小学专任教师数	人	Z48	462
小学在校学生数	人	Z49	8512
图书馆、文化站个数	个	Z50	5
剧场、影剧院个数	个	Z51	1
体育场馆个数	个	Z52	2
医疗卫生机构个数	所	Z53	9
医疗卫生机构床位数	床	Z54	208
执业(助理)医师数	人	Z55	91
六、生活保障	—	—	—
各种社会福利收养性单位数	个	Z56	1
其中:本级政府创办的敬老院个数	个	Z57	0
各种社会福利收养性单位床位数	床	Z58	50
各种社会福利收养性单位收养人数	人	Z59	23
城乡居民基本养老保险参保人数	人	Z60	19061
城乡居民基本医疗保险参保人数	人	Z61	44085

续表96

指标名称	计量单位	代码	数量
城乡居民最低生活保障人数	人	Z62	475
七、公用事业	—	—	—
自到水用水户数	户	Z63	32389
管道燃气用气户数	户	Z64	82391
金融机构网点数	个	Z65	19
公园及休闲健身广场个数	个	Z66	53
生活垃圾月均处理量	吨/月	Z67	707
卫生填埋	吨/月	Z68	0

爵溪街道

【概况】 总面积32平方公里,下辖6个行政村、4个股份经济合作社和3个社区,人口4.3万人,其中外到人口3万余人。各类工业企业500余家,其中规模和2000万元产值企业92家。2017年,实现工业总产值112亿元,与2016年持平;财政收入4亿元,增长9.7%;城乡居民人均收入分别增长7.5%和8%。2017年,获评浙江省卫生街道、浙江省综合治理先进单位、县级森林消防森林防火工作先进单位、县食品安全工作先进集体、"一打三整治"专项行动先进集体、"五水共治"工作先进集体、"三改一拆"工作先进集体、信息公开先进单位、先进党委(党组)理论学习中心组、关心下一代工作先进集体等荣誉。

【扩大"说事"渠道】 2017年6月后,前岙村和地厂渔村2个示范点建设完成。7月25日,叶剑鸣书记到前岙村调研"村民说事"工作,肯定前岙村"村民说事"工作的开展情况,其余4个行政村和3个社区均按照示范点的要求全面深化,现全面铺开"村民说事"工作。

【"七彩"服务式党日活动】 9月4日,爵溪街道组建"红、橙、黄、绿、青、蓝、紫"7支中共党员志愿服务队伍,分别打造"平安、爱心、幸福、美丽、和谐、生态、诚信"等志愿服务品牌,覆盖田间地头、河道溪流、困难家庭等,搭建为民服务大平台。

蓝色志愿服务队登山步道上捡拾垃圾。推行便民服务卡;建立时间储蓄卡,党员志愿者凭服务时间,到街道"爱心超市"兑换受赠物品,送给各自结对帮扶的特殊群体;评定星级标志卡,每年按照时间储蓄数额、服务强度质量和居民投票打分,开展中共党员志愿者星级评定,并记入个人电子信息档案,激发志愿者的服务性。

【第三十一届文化艺术节】 6月上旬至7月下旬,举办"爵溪街道第三十一届文化艺术节"开幕式:爵溪铁军誓师仪式暨象山县剿灭劣V类水文艺工作者赴爵溪采风巡演、"音动你·乐响生活"浙江省交响乐团走进象山爵溪惠民演出、"七彩党建·美丽相约"爵溪铁军海洋环保行动、"你追赶·针织乐园"象山县职工针织技能比武、"美丽爵溪·全民共建"平安文明知识竞赛活动暨社区优秀志愿者颁奖仪式、"挑战自·勇探虎穴"攀登爵溪老虎窝探险活动、"亲情关爱·和谐奉献"赵五娘慈孝文化传承活动、"善行爵溪·秀出自"全民才艺大赛等系列活动。

【婚丧礼俗整治】 2017年,党工委办事处出台《做好婚丧礼俗工作意见》《爵溪街道成立红白理事会推进移风易俗》文件,有效规范婚丧事操办环节。举办东乡片婚丧礼俗主题文艺会演1场,举办知识竞赛2次,编排婚丧礼俗节目4个,制定宣传版面在公交候车亭、各村社区宣传橱窗等进行宣传。6月,街道各村、股份经济合作社均成立红白理事会,协助各村党支部开展婚丧事操办。9月、10月外围村出现3起500元人情的酒席,创爵溪历史人情最低。婚丧办接收到由群众提供的婚丧事简办建议50余条。

【宗教、民间信仰场所治危拆违治理行动】 2月底开始,全街道面向辖区17家登记及未登记宗教、民间信仰场所开展场所安全治理行动。全年组织辖区场所负责人开展消防安全知识培训、建房审批培训等2次。全街道共有宗教、民间信仰场所17家,登记12家,未登记5家。

【验收2017年度拟登记民间信仰活动场所】 11月,县民宗局验收小组赴爵溪街道开展2017年度拟登记民间信仰活动场所验收工作,实地走访2处申报登记编号场所,全部场所通过验收。截至2017年12月,街道共有登记注册佛教场所6家,基督教场所2家,民间信仰点6家。

【"七月半"赛神会】 9月5日,农历七月十五,俗称"七月半",群众自发组织爵溪第十届七月半"赛神会"活动,16支由村民自发组织的民间民俗队伍,从爵溪街道城隍庙出发,绕街巡游。祈求消祸免灾、全家平安、年年丰收。

爵溪七月半"赛神会",又称迎神会、赛龙会。赛神会以七月十五行会为中心,分初十开印、十四扫街、十六放水灯等。2012年被列为浙江省非物质文化遗产。

【宁波市道德模范与身边好人现场交流活动】 11月24日,宁波市道德模范与身边好人现场交流活动暨2017年"宁波好人"(9-10月)发布在象山县爵溪街道文体中心举办。宁波翔神集团董事长夏志中被评为宁波好人,象山各界好人代表和文明志愿者、爵溪街道干部群众300余人参加活动。

【人武部拥军优属工作】 2017年,爵溪街道人武部为落实拥军优属工作,陆续出台《民兵连长岗位考核细则》《村级民兵后备力量规范化建设》《征兵工作先进集体个人表彰办法》《关于现役义务兵立功受奖的奖励实施意见》及对现役军属送两年一次健康体检关爱行动。

【美丽集镇项目调研】 2017年6月9日,政协爵溪街道联委会组织委员对老城区生活污水纳管、腾蛟公园绿化提升等美丽集镇项目视察调研活动。

美丽集镇项目是项民生工程,但因涉及老城区管道铺设等各种因素,会存在各种阻力,需要街道及两代表一委员凝心聚力、迎难而上、主动作为,真正把民生工程落实到位。

【劣V类水专项调研】 3月30日,街道政协陪同县政协领导开展调研劣V类水治理活动,并结合座谈方式详细了解街道剿灭劣V类水工作开展情况及工作计划,希望下一步加快进度,尽早完成整治工作。

【获省级社会治安综合治理先进集体】 自县委县政府提出"平安夺金鼎"目标后,爵溪街道始终紧跟脚步,抓细抓实"一中心四平台全科网格"、治安防控体系等项目建设,亮点纷呈、成绩显著,被授予2016—2017年度省级社会治安综合治理先进集体、省级"六五"普法先进集体等荣誉。

【残疾人联合会第六次代表大会】 12月12日,爵溪街道召开残疾人联合会第六次代表大会,各村、社区、助残社会组织的21名代表参会,8名嘉宾列席会议。街道残联理事长郑敏代表爵溪街道残疾人联合会第五届主席团向大会作工作报告。选举产生爵溪街道第六届残疾人联合会主席团委员5名,其中残疾人2名,残疾人专职委员1名;选举产生出席县残疾人代表大会代表5名,其中肢体残疾人2名,听力残疾人1名。谢晓强当选为新一届爵溪街道残疾人联合会主席团主席,郑敏当选为副主席兼残联理事长。

【安全治理】 9月30日,爵溪街道100余名干部开展"平安护航十九大"消防安全治理行动。3个重点安全检查小组、20个安全普查网格检查小组展开地毯式排摸治理,排查出10类消防安全隐患、80多个问题,落实整改。

【"四个平台"建设】 4月,街道承担"四个平台"建设试点任务,全县推进"四个平台"建设现场会在爵溪召开。构建由一个综合指挥室、一张全科网格及四个平台联动组成的"1+1+4"基础社会治理模式,提高基础社会管理行政效能。

【添置34个智能充电桩】 10月20日,爵溪商贸街新添置34个智能充电桩,方便市民给电动自行车充电。充电桩的消费支付有投币、扫描二维码用支付宝或微信支付等方式。

【平安法治宣传】 3月,制作《致村民的平安创建倡议书》《平安爵溪宣传手册》,设立平安创建、反邪教、法治宣传栏,利用手机短信、电话彩铃、电子屏幕、互联网等,举行文艺巡回演出,落实宣传活动。

【工业产值与税金双突破】 2017年度街道规模以上企业工业总产值首次突破60亿元,同比增长8.7%;全社会实缴税金首次突破4亿元,同比增长10 %。

【招商引资】 2017年度完成实际外资及港澳台资金1093万美元,同比增长4%,完成指标的109%;实际国内资金7.1亿元,同比增长32%,完成指标的236%;浙商回归4.2亿元,同比增长5 %,完成指标的255%。

【小印花行业整治】 爵溪小印花企业原本共计38家,通过低小散整治专项工作的有效推进,23家关停,15家原地经营等待入园,其中12家入爵溪园区,另3家入到开发区小印花集聚园。

【出台两大帮企政策】 出台《"合力兴工创业创新"奖励办法》,出资200余万元,设立十大先进奖项,以激发企业发展信心。出台《关于深化企业联系走访制度》,实现规模以上企业、年销售500—2000万元规模培育企业及500万元以下小微企业全覆盖联企模式,利于全面及时掌握企业运行情况,更好地帮扶发展及防范风险。

【年度工业经济大会】 4月6日,爵溪街道"扬帆起航,再创辉煌"2017年度工业经济大会在爵溪文化活动中心召开。街道500万元以上产值300余名企业负责人参加会议,会议对2016年度街道缴纳税金贡献奖金奖等11个奖项进行表彰,向张旭平、郁会青、夏志中等12名企业家颁发"爵溪工业经济创业坚守人物奖",向张承志、郑建范、欧华琴等20名企业家颁发"爵溪工业智库联盟聘书"。翔神集团董事长夏志中代表老一代企业家讲话,润德机械周剑敏代表新生代企业家讲话,夏志中向周剑敏授予印有"爵溪精神"的旗帜,预示爵溪老一代创业者给新生代创业者传承爵溪精神。

【《爵溪区域水洗行业污染整治提升方案》】 5月22日,县经信局、县环保局联合制订并印发《爵溪区域水洗行业污染整治提升方案》。截至2017年年底,整治改造8家,合并搬迁6家,年减少污水排放30万吨。

【全县扩大有效投资集中开工仪式】 2月21日,举行象山县扩大有效投资集中开工仪式。爵溪共2个项目参加。

沪山影视基地建设项目总投资约为1.2亿元,用地面积57637平方米,由沪山影视有限公司投资建设。

好年华影视基地建设项目总投资1亿元,用地面积16585平方米,建筑面积约5000平方米,由象山好年华影视有限公司投资。

【街道推荐项目在海创大赛获奖】 年初,街道推荐申报2个项目参加2017宁波·象山海洋科技人才创业大赛,其中,向海科技的"年产万吨安全高效海洋生物饲料酶制剂关键技术及系列产品的研制与产业化"项目获得三等奖。

【省专家服务中心领导走访谊胜针织】 10月底,浙江省专家服务中心王薇副主任一行在县人社局领导陪同下走访调研街道的宁波谊胜针织有限公司。省专家服务中心领导对谊胜公司的理念和做法非常赞赏,表示愿和谊胜公司探讨在人才引进培养方面建立合作关系。谊胜公司也乐意与高层次人才服务机构合作,以提升企业创新驱动发展的能力。

【一兆韦德体育广场象山城市运动馆开馆】 12月1日,街道招商引资项目一兆韦德体育广场象山城市运动馆开馆。成立仪式上,一兆韦德公司出资1000万元成立一兆韦德体育基金,这是县首个由企业发起的体育基金,将用于推动县体育健身事业的发展。

一兆韦德体育广场自2013年8月启动建设,历时4年,于年内竣工落成。总占地面积32780平方米,总投资超9亿元。

【新农村建设】 3月,爵溪街道谋划出台新农村建设奖补文件,提高每村的奖补金额,计划2017年至2019年,全街道对新农村奖补达2000万元。2017年各村上报并核准项目34个,核补资金300多万元,各村掀起美丽乡村创建热潮。

【爵溪街道全面开展"剿灭劣Ⅴ类水"工作】 2月,爵溪街道开展"剿灭劣Ⅴ类水"工作,出台"剿灭劣Ⅴ类水"行动方案,创建污水零直排区行动方案,落实任务,压实责任,确保全面"剿灭劣Ⅴ类水",于10月份通过"剿灭劣Ⅴ类水"验收。

【第三次全国农业普查】 5月,爵溪街道完成第三次全国农业普查的入户普查、信息输入,并上报上级统计部门,掌握农业底数。

【东塘海塘维修加固工程】 3月1日,爵溪街道东塘海塘维修加固工程开工动建,工程中标价约1800万元,计划将海塘的防洪标准由20年一遇提高至50年一遇,到2018年8月完工。

【农村生活垃圾分类处理】 12月15日,根据《关于印发象山县农村生活垃圾分类减量化处理资源化利用工作实施方案的通知》,制定农村生活垃圾分类处理方案,实现公屿农村、公屿渔村、前岙村、牛丈岙村、地厂渔村、白沙湾村6个行政村农村生活垃圾分类处理全覆盖。各村开始行动,发动党员干部示范带头作用,团结群众一起践行垃圾分类。

【南韭山、甸平山完成"农房两改"】 2月8日,南韭山村和甸平山村的140户村民在爵溪街道文体活动中心进行抽号、看房、选房,选定房源。"农房两改"项目位于"海山佳苑"小区,总用地面积约1.6公顷,建筑面积约2.6万平方米,住宅210余套,按面积大小分为80平方米、120平方米两种套型。全部用于安置南韭山村和甸平山村的移民。项目于2009年动工,2016年12月主体房屋竣工,2017年6月,完成配套附属物的建造。

【爵溪学校毽球队比赛获奖】 5月24日,浙江省人民政府主办省第三届体育大会毽球比赛在舟山市岱山县闭幕,杭州、宁波等8个县市区120多名运动员参加比赛。爵溪学校毽球队代表宁波市取得一金一银三铜成绩,获得"女子双打"第一名,"女子三人赛"第二名,"女子团体接力计数赛"第三名,"男子团体接力计数赛"第三名,"混合团体接力计数赛"第三名,"男子双打"第四名,"男子三人赛"第六名的好成绩,获得体育道德风尚奖,蒋力伟获得优秀运动员称号。

【幼鱼保卫宣传】 3月24日,为加强海洋幼鱼资源保护,全年禁止捕捞和销售大黄鱼、小黄鱼、带鱼、银鲳、鲐鱼、三疣梭子蟹等"幼鱼"。4月17日,张贴《关于2017年海洋禁渔休渔的通告》《省人大常委会关于加强海洋幼鱼资源保护促进浙江渔场修复振兴的决定》,分发《保护幼鱼资源振兴浙江渔场倡议书》,告知禁渔休渔在5月1日12时开始,休渔期间禁止销售及收购带鱼、大黄鱼、小黄鱼、银鲳、鲐鱼、三疣梭子蟹、龙头鱼、虾蛄等8种常见主要海鲜捕捞冰鲜或活体水产品。

【创建浙江省卫生街道】 截至2016年年底,街道100%村生活垃圾实行户集、村收、镇转运,无害化处理率达100%,近两年内无甲、乙类传染病暴发疫情,无重大食物中毒事故、无饮水污染事故、无职业危害事故,近两年内无重大污染事故或重大生态破坏事故发生。全街道自来水普及率100%,卫生厕所普及率97.14%,无害化卫生厕所的普及率96.27%。2017年,爵溪街道被省爱卫会授予"浙江省卫生街道" 称号。

【校企合作新成立一家培训基地】 在爵溪成校新成立1家培训基地,开展针织、机电等各类岗位操作技能培训及提升。

【爵溪国土所开展违法建筑整治行动】 8月10日,局监察大队爵溪中队、爵溪国土所协同街道、城管中队、消防派出所等部门对街道区域内的违规建筑开展整治行动。截至12月,共拆除爵溪大庙、校场宫路、地厂村等36处违章建筑。

【拆除违法建设2.65万平方米】 2017年,爵溪街道"三改一拆"全年任务量为2万平方米,至2017年年底街道总计拆除违法建筑36处,拆除面积达2.65万平方米,完成全年计划任务的132.7%,拆违总量居全县第一。同时,对84.1%的拆后土地进行改造利用。

【重点工程建设】 推进东海铭城、白沙湾度假村等县级重点项目建设,海鲜街和源之园温泉馆正式对外营业,沙滩排档和温泉养生成为爵溪旅游名片。加快建设前岙区块影视小村,完成沪山和好年华两个影视项目的建设。建设赵五娘古道、老虎窝奇石探险步道等,牛丈岙山隐精品民宿项目稳步推进。爵溪针织运动小镇入列首批县级特色小镇培育名单。以"针织+运动"为特色,引进浙江象山时尚针织小镇项目,2022年杭州亚运会帆船帆板赛事落户爵溪境内。

表97

2017年爵溪街道行政村经济情况一览表

村 名	户 数（户）	人 口（人）	林 地（公顷）	耕 地（公顷）	水产养殖（公顷）	渔 船（艘）	村级资产（万元）	村集体年收入（万元）	村集体年支出（万元）	书 记 主 任
前岙村	201	528	70.33	8.80	2.33	0	1128.86	109.18	39.14	周祖元 倪志贝
白沙湾村	77	244	88.53	0	0	5	591.31	54.83	9.09	凌 祥 钱根星
公屿农村	460	1399	123.67	45.87	5.67	6	1352.14	62.06	61.36	韩文裕 鲍东波
公屿渔村	139	364	28.73	0	0	1	383.55	52.20	16.58	赵哲禹 戴岳志
地厂村	117	320	32.33	3.00	0.67	2	367.21	30.10	10.21	孙敏见 柯阿忠
牛丈岙村	236	702	12	6.67	0	0	6201.32	52.38	30.72	练敏春 练岳华
爵农股份经济合作社	1395	4795	491.93	0	0	9	7308.21	436.20	26.13	郑 龙 蒋志康
爵渔股份经济合作社	1652	4504	618.47	0	0	21	7827.54	277.60	30.44	郑建范 王伟海
南韭山村经济合作社	108	304	0	0	0	1	4123.40	52.11	17.00	黄小祥 陈宏才
甸平山村经济合作社	31	89	12.80	0	0	0	1009.49	24.37	10.08	叶旺迪
合 计	4416	13249	1478.79	64.34	8.67	45	30293.03	1151.03	250.75	

表98

2017年规模企业情况表（包括2000万元）

镇乡（街道）名称：爵溪

单位：万元

序号	企 业 名 称	法 人 代 表	工业 总产值	主营业务 收入	利 润	利税总额	从业 人员 平均数	备 注
1	浙江巨鹰集团股份有限公司	陈 照	79539	67981	1940	2471	1016	
2	宁波甬南时代制衣有限公司	林 营	39534	39839	367	1754	625	
3	宁波鹰星针纺有限公司	陈 照	32487	26740	578	1334	354	
4	宁波甬南针织有限公司	张承志	19002	19403	200	996	418	
5	宁波巨鹰凯蒂制衣有限公司	陈 照	13896	11523	92	528	325	
6	宁波谊胜针织有限公司	陈 胜	17018	9364	127	1182	985	
7	宁波海星针织染整有限公司	何 琪	17681	15944	428	1352	475	
8	象山恒大印染有限公司	郑建范	12050	12050	532	1558	255	
9	宁波信成机械制造有限公司	朱兴杭	15619	8214	795	1343	153	
10	宁波恒大针织有限公司	郑建范	16823	16822	539	590	273	

续表98

序号	企业名称	法人代表	工业总产值	主营业务收入	利润	利税总额	从业人员平均数	备注
11	象山谊胜制衣有限公司	陈　胜	12044	9294	178	221	260	
12	宁波正源电力有限公司	张勤乐	9384	8168	398	468	208	
13	宁波能通印染有限公司	周培良	9750	7007	171	593	295	
14	宁波辰德服饰有限公司	谢华敏	9014	6471	65	337	220	
15	象山森诚制衣有限公司	谢振宇	8705	5127	–24	1582	185	
16	宁波森富制衣有限公司	夏松富	5891	3989	–67	86	182	
17	浙江南塑合成材料有限公司	陈建德	8841	8899	238	425	40	
18	象山元华印染有限公司	谢立志	6197	6197	546	828	181	
19	宁波正阳针织有限公司	林　竺	3847	3953	–53	17	191	
20	宁波瀚坤针纺织品有限公司	徐友义	4951	4933	9	211	112	
21	象山爵溪荣利针织厂	郑锡利	5215	5187	77	323	187	
22	宁波金旭针织品制造有限公司	陈能旭	3259	3108	53	175	173	
23	象山双鱼轻工机械有限公司	周玉林	5071	3038	18	192	75	
24	象山昌荣针织服饰有限公司	杨昌生	3052	3054	9	130	120	
25	象山明邦矿业有限公司	祝邦焘	7041	3947	–28	226	98	
26	宁波博瑞利特服饰有限公司	王　健	3862	3862	185	376	60	
27	宁波华雷针织有限公司	张旭平	4001	3626	80	272	120	
28	宁波市鼎力引达电池配件有限公司	王文烨	3795	3733	181	258	97	
29	象山大宇机械设备厂	谢旺勇	2005	2005	28	133	88	
30	宁波云润制衣有限公司	王立波	2618	2594	34	102	110	
31	宁波中乳机械有限公司	周吉良	4866	4183	378	706	113	
32	宁波丽欣针织服饰有限公司	周惠良	3232	2295	23	204	150	
33	宁波志华化学有限公司	夏志中	2439	2069	59	142	21	
34	象山县爵溪自来水有限公司	王　惠	3032	2865	326	447	43	
35	象山环亚针织有限公司	郑久飞	3102	3102	8	122	100	
36	宁波创和服饰有限公司	齐海伦	4021	3459	37	149	95	
37	宁波向荣服饰有限公司	冯平良	4220	3992	3	108	120	
38	宁波嘉南针织有限公司	张玉池	2423	2422	22	339	105	
39	宁波甬南实业有限公司	王性林	2607	2281	–83	–11	118	
40	象山锦明制衣厂	陈秀珍	2450	2450	39	115	100	
41	象山德昕纺织印花有限公司	张　瑜	3024	2424	–243	–173	100	
42	象山日瀛针织有限公司	林云达	2662	2520	18	109	100	
43	象山华甬针织有限公司	王信华	4738	2520	5	201	179	
44	象山永琪针织制衣有限公司	张永贺	2555	2493	8	94	75	

续表98

序号	企 业 名 称	法 人 代 表	工业总产值	主营业务收入	利 润	利税总额	从业人员平均数	备 注
45	象山翔博制衣有限公司	陆礼仙	2003	2003	8	74	98	
46	宁波海硕生物科技有限公司	竺东海	12841	11904	333	555	60	
47	宁波名苑针织服饰有限公司	郁会青	5093	4394	56	274	122	
48	象山双晨针织制衣厂	沈达文	4520	4520	22	179	120	
49	宁波安丰化工有限公司	徐国安	22791	22075	66	127	17	
50	宁波双鱼食品机械有限公司	周玉林	3774	2695	−2	14	15	
51	宁波翔羚机械有限公司	谢华东	3520	2050	−249	−219	45	
52	宁波森丹服饰有限公司	杨　东	4532	4322	43	190	120	
53	象山旌奥针织有限公司	周金梅	2318	2318	−51	13	58	
54	宁波丰衣针织有限公司	谢锋勇	2181	2181	−126	−52	70	
55	象山耀盛服饰有限公司	武锦涛	4500	4481	−35	100	185	
56	象山锦瑞服饰有限公司	叶丹颖	3318	3318	−42	88	120	
57	宁波天鱼机械有限公司	王义成	3601	3067	28	215	85	
58	宁波森业制衣有限公司	陈林海	3159	2842	15	123	108	
59	宁波维楷化学有限公司	蒋超军	4949	4749	55	74	67	
60	象山裕达服饰有限公司	林卫国	2430	2430	19	131	130	
61	宁波天美针织有限公司	黄惠国	3562	3045	45	153	82	
62	象山汉唐服饰有限公司	袁敬东	2293	2295	−14	44	112	
63	宁波碧海服饰有限公司	林海挺	2996	2319	−24	98	90	
64	象山宝鹰服饰有限公司	韩志文	3006	2076	0	74	65	
65	宁波翔神生化有限公司	陈雷光	3015	2604	63	210	46	
66	宁波爱瑞门业有限公司	张林贵	5024	5000	14	153	60	
67	宁波楷嘉食品有限公司	王玲亚	2831	2638	−38	−16	105	新增
68	象山丰卓服饰厂	周文元	2591	2591	7	112	67	新增
69	宁波晨尚时装有限公司	黄　蔚	4608	4099	2	128	183	新增
70	宁波通利服饰有限公司	陈传统	3095	3095	22	125	84	新增
71	象山普赛顿工贸有限公司	陈小国	3381	3381	73	186	100	新增
72	象山荣佳制衣厂	周荣栋	3477	3105	17	138	189	新增
73	象山升浩服饰有限公司	谢声浩	3230	3230	4	75	125	新增
74	象山鸿兆针织厂	吴红兆	5364	4584	12	156	100	新增
75	象山诚光制衣有限公司	侯曙光	2424	2424	40	58	105	新增
76	宁波万恒电池配件有限公司	王　君	2835	2556	131	179	68	新增
77	象山爵溪文丰制衣厂	谢配文	2459	2459	12	107	28	新增

续表98

序号	企业名称	法人代表	工业总产值	主营业务收入	利润	利税总额	从业人员平均数	备注
78	象山觅丰服饰有限公司	谢恩成	2318	2318	-1	77	100	新增
79	象山辉艺针织有限公司	李　鸣	2287	2281	2	71	89	新增
80	象山锦恒服饰有限公司	陈前进	2126	2020	12	81	59	新增
81	象山爵溪灵达制衣厂	戴连亮	2094	2094	121	190	54	新增
82	宁波巨鹰杰衣针纺织有限公司	干国富	3856	3676	8	8	335	新增
83	宁波东顺电子科技有限公司	杨小英	2016	2016	287	379	54	新增
84	象山亨恒制衣厂	虞开富	2150	2150	147	221	66	新增
85	象山绫丰针织制衣厂	林云龙	2177	2177	16	102	69	新增
86	象山日进针织有限公司	张样表	2160	2160	-105	-35	60	新增

石浦镇

【概况】 石浦镇镇域面积126平方公里，由镇本土和178个岛礁组成，下辖54个行政村、10个居民点、8个社区，是环三门湾地区重要的区域发展中心和象山南部中心，辐射周边5个镇乡10多万人口。

2017年，实现地区生产总值80.9亿元，同比增长8.48%；完成工业投资5.9亿元，同比增长22.3%；城镇居民人均可支配收入45600元，农渔民人均纯收入28400元，分别年均增长8.39%和10.03%。

2017年，石浦镇获评国家卫生镇、首批省级旅游风情小镇、市级十九大维稳安保工作突出贡献集体、市“茶花杯”园林绿化管理先进单位(社会绿化奖)、象山县“一打三整治”专项行动先进集体、县“三改一拆”工作先进集体、县社会治安综合治理工作先进集体、县先进党委(党组)理论学习中心组、县党管武装先进单位、县文明创建工作(婚丧礼俗整治)目标管理考核先进单位、县应急联动工作先进集体、县商贸流通服务业先进镇乡、街道等称号，石浦镇团委获评宁波市共青团强镇(示范单位)。

【工业经济】 完成规模以上工业产值72.3亿元、工业投资5.9亿元，分别增长12.7%和22.9%。提升园区配套设施完善，门前塘水产品园区列入市级海洋生物制造专业园创建名单。新增规模以上企业6家、亿元企业1家，国民村镇银行新三板挂牌上市。新增市县级科技项目12个、县级工程技术中心5家。全年引进产业基金项目15个，实际利用国内资金5亿元、“浙商回归”1.65亿元。鼓励企业开拓国际市场，完成自营进出口1.92亿美元。

【商贸旅游】 创建浙江省首批旅游风情小镇，2017年，全年接待游客411万人次、旅游综合收入46.2亿元，分别增长7.6%和8%。加大核心景区开发力度，创建省A级以上景区村3个，新增农(渔)家乐13家，东门渔村被农业部评为中国最美渔村，饮海三湾入选省首批金宿级民宿，沙塘静湾被评为市十佳特色民宿。实现社会消费品零售总额44.8亿元、增长11%。优化商贸配套设施。

【夯实农渔业基础】 实现农渔业总产值39.7亿元、同比增长2%。推广“甬优系列”新品种333.33公顷，实施高标准农田提升工程22公顷，培育“三品一标”3个，全面实现良种化。加快渔业转型升级，水产品总产量达32.9万吨。推进渔业电商集聚发展，网销渔货额突破5000万元。主动应对东海渔业资源衰退形势，全面实施减船转产政策，压减海洋捕捞渔船144艘、总功率3.14万千瓦。改善渔港基础设施。

【城乡建设】 抢抓棚改政策窗口期，统筹推进老城区11个区块改造，第一批三个区块签约率达99.2%、提前腾空完成73%，下拨私房征迁资金2.5亿元；第二批五个区块意愿征询率达97.5%，评估工作全面开展。强势推进番西区块改造，腾空188户、拆除186户。加快推进危旧房改造，腾空解危31幢、2.3万平方米，完成农村危旧房治理改造67户。深化美丽乡村建设，实施农村“安居宜居美居”行动，新增省级文明村1个、市级“三居”改旧试点村2个，创建县级特色村3个、镇级示范村6个，省定集体经济薄弱村全面消除。

【完善基础设施】 石浦高速连接线开工动建，马澧线改建推进，大金山隧道二期、沙塘湾路建成通车，金山路综合改造、兴港西路延伸、凤栖路延伸、军民路改造等市政道路基本完工。科技园区污水处理厂如期建成，门前塘污水处理厂开工建设，东北部污水主管网工程完工，西南部污水输送主干管工程完成设计方案论证，城区截污纳管和农村生活污水工程有序推进。檀头山35千伏工程推进，石浦变迁建基本完工。改善城市公共配套，改造提升A级标准公厕27座，新增公共停车位180个，改建城乡公交站点11个。

【专项整治】 配合中央环保督察和国家海洋督察，深化生态环境整治，创建国家卫生镇。完成11条小微水体剿劣任务，通过省市考核验收。开展"三改一拆"，拆除违法建筑310处、26.4万平方米，实施拆后改造217处、17万平方米，及时遏制新增违建20处、问责镇村干部7名，巩固"无违建镇"创建成果。开展海陆联合执法行动200余次、刑拘28人，全国海洋伏季休渔专项执法行动启动仪式在镇举行。推行垃圾分类处置，城市品质提升。狠抓节能减排，淘汰高污染煤炭燃烧锅炉47个，万元生产总值综合能耗下降8.6%。

【破解城乡发展难题】 象山经济开发区科技园区开发公司获评主体信用AA等级，政府融资能力增强。12家金融机构落户石浦，金融支持实体经济力度加大。强势开展建设环境专项整治，查处阻挠重点项目推进行为3起、刑拘21人，建设环境明显好转。

【社会事业】 完善教育设施建设，城里幼儿园迁建、幸福苑幼儿园装修等5个项目完工，金星学校综合实验楼、石浦小学食堂改建等项目有序推进。象山二中高考各段指标超额完成预期目标，支持台胞医院与强院强室合作，镇中心卫生院搬迁。计划生育率控制在98.2%。深化文化强镇建设，举办第二十届中国开渔节、第十三届中国海洋论坛等重大活动，新建农村文化礼堂2所，《石浦镇志》出版发行，各类文化惠民活动广泛开展。创建市级非物质文化遗产特色小镇。

【社会保障】 镇十八届人大一次会议代表票决的8项民生实事工程全面完成。新增就业岗位1143个，开发城镇公益性岗位79个，发放岗位补贴145万元，动态消除"零就业家庭"。新增本地户籍养老保险2684人，全镇参保率达91.6%。新建集中式居家养老院3家、居家养老服务站9个，新增养老床位210张。办理低保、五保1774件，发放各类补助、抚恤金1685万元。化解企业欠薪等劳资纠纷219起。

【社会治理】 创新基层社会治理，建成"一中心四平台一网格"，创设石浦港社会治理综合指挥中心，在传递回应社情民意、处置解决民生诉求上发挥作用。加强基层自治，完成村社组织换届，"村民说事"制度全面实行。全面开展安全生产大检查大整治行动，整改安全隐患600余处，坚决遏制较大及以上事故发生。完善应急处置机制，健全防灾减灾管理体系，有效预防台风等自然灾害。

【依法行政】 有效提高行政执法人员执法能力和水平。健全行政决策机制，共办理县镇人大建议142件、政协提案4件。加大政府信息公开力度，累计发布各类信息1163条，行政行为更加规范、透明。

【第十八届人民代表大会第一次会议召开】 1月6日，石浦镇第十八届人民代表大会第一次会议召开，106名人大代表肩负着人民重托，齐聚大会，共谋发展大计，共绘发展蓝图。会议审议并通过《政府工作报告》《人大主席团工作报告》《关于石浦镇2016年财政预算执行情况和2017年财政预算（草案）的报告》等，选举产生新一届镇人大、政府班子。

【中央电视台石浦取景】 3月10日，中央电视台军事农业频道《美丽中国乡村行》栏目组到石浦拍摄取景，石浦渔港古城、东门渔村、东门灯塔以及渔家美食都是该次的重点。该次拍摄采访，展现石浦的历史文化、美景美食和地方特色，突出石浦的旅游发展和美丽乡村建设。

【全国海洋伏季休渔专项执法行动在石浦启动】 5月1日，农业部、中国海警局联合举行全国海洋伏季休渔专项执法行动启动会，会议以视频会议形式召开，主会场设在象山石浦，分会场设在辽宁大连、海南三亚，三地同步启动、同步执法。中午，全国海洋伏季休渔专项执法行动石浦鸣枪，于康震、陈毅德、孙景淼等出席。

【市政协副主席、市计生协会会长张明华到石浦调研】 6月14日，市政协副主席、市计生协会会长张明华带领市计生协会相关负责人到石浦调研计生协会工作，县委常委、镇党委书记奚海峰，县人大常委会副主任、县计生协会会长胡建萍，副县长钮晶莹，县卫计局局长陈淑萍，石浦镇社会事业负责人陪同。

【象山县行政服务中心石浦分中心对外服务】 7月3日，象山县行政服务中心石浦分中心完成搬迁，在新址正式对外服务。有19个窗口单位进驻，55个窗口统一对外开展服务，入驻人员60余人，办理事项150余项。

【石浦正式命名为"国家卫生镇"】 7月14日，全国爱卫会发布《关于命名2014—2016周期国家卫生县城（乡镇）的决定》。石浦荣登榜单，被正式命名为"国家卫生镇"，是象山县第一个国家卫生镇。国家卫生县城（乡镇）是由全国爱国卫生运动委员会评选命名的国家级卫生优秀县城（乡镇），这是石浦镇卫生工作的最高荣誉，也是石浦镇综合素质的重要标志。

【石浦镇第十八届人民代表大会第二次会议召开】 8月2日，石浦镇第十八届人民代表大会第二次会议召开。会议审议并通过《关于石浦镇政府半年度工作报告的决议》和《关于石浦镇2017年财政预算执行情况及预算调整方案的报告的决议》。

【《石浦镇志》正式出版发行】 10月19日，石浦镇召开《石浦镇志》首发式，这标志着从前期谋划、到正式编修、再到最终印刷成稿历时14年的《石浦镇志》正式出版发行。县委常委、镇党委书记奚海峰出席会议并讲话。

【东门渔村获评全国"最美渔村"】 10月25日，农业部渔业渔政管理局发布《2017年休闲渔业品牌创建认定结果的通知》，石浦东门渔村喜获全国"最美渔村"称号。

表99　　2017年象山县石浦镇行政村经济情况一览表

序号	村　名	户　数（户数）	户籍人口（人）	村股份经济合作社户数(户)	承包耕地（公顷）	海水养殖面积（公顷）	淡水养殖面积（公顷）	渔船数（艘）	村　级资　产（万元）	村集体年收入（万元）	村集体年支出（万元）
1	石浦镇	26606	80632	18071	1063.49			1289	77918.76	11080.82	1426.76
2	北　山	213	769	215	4.00			1	14794.96	6187.68	21.78
3	昌　明	291	967	308	51.59	3.33			636.90	30.68	18.95
4	昌　桥	381	1297	386	63.33	2.67	3.33		1289.11	36.64	33.31
5	朝天门	202	710	201	37.84	3.00	38.33	3	781.00	29.89	15.71
6	大　桥	293	989	310	16.64		1.67		531.28	37.98	20.16
7	低　峧	77	271	80	14.27		20.67	4	281.29	11.79	4.15
8	东　边	227	745	220	8.67				916.08	79.11	27.63
9	东　丰	263	892	263		13.33		54	879.82	90.34	18.77
10	东门渔	1121	3702	1210				231	3477.46	126.04	79.48
11	东　卫	404	1353	525	22.87	10.00			661.12	33.34	24.17
12	对面山	261	996	304	20.93	53.33		56	1168.49	153.40	22.28
13	番头岙	305	1104	313	13.40				575.67	51.05	13.20
14	凤上山	198	747	231	2.60				1989.61	165.91	65.75
15	横路桥	213	700	220	34.80	200.00	2.67		800.83	20.84	19.46
16	横　农	180	650	179	22.80	4.53		72	634.49	116.58	22.76
17	横　渔	135	447	136					238.86	43.13	4.02
18	鸡　鸣	607	2189	626	124.41	96.01	4.00		2302.98	92.62	49.38
19	蒋家湾	139	516	138	11.89		6.33		310.90	17.99	8.50
20	蛟　龙	205	685	223	7.93	26.67	3.67	58	1292.63	12.63	15.23
21	金　丰	313	1091	183	25.06	13.33	10.00		277.02	27.57	22.17
22	金　山	192	703	205				37	925.30	34.22	12.20
23	井　水	138	512	142	29.33		18.80		375.73	16.97	7.49
24	镜架山	336	1172	336	26.23				1083.45	34.79	28.07
25	九　井	286	959	305	19.00		13.33		312.87	35.46	19.30
26	蓝　家	358	1201	349				41	1102.69	320.67	33.18
27	雷公山	103	342	103	11.07			4	767.90	50.09	12.01
28	马　盘	135	479	139	18.67		4.67		1071.05	29.30	16.27
29	马　峙	145	488	151	35.47		7.33		718.44	26.78	12.05
30	南　汇	187	756	185	1.33			36	663.80	81.44	17.19
31	南　向	262	843	268	30.73		18.67		874.69	135.53	38.43
32	平　岩	138	452	140				69	174.95	19.83	9.81
33	平阳厂	462	1623	456	45.33	25.67	18.00		1760.29	272.85	33.89

续表99

序号	村　名	户　数（户数）	户籍人口（人）	村股份经济合作社户数(户)	承包耕地（公顷）	海水养殖面积（公顷）	淡水养殖面积（公顷）	渔船数（艘）	村　级资　产（万元）	村集体年收入（万元）	村集体年支出（万元）
34	蒲　湾	126	433	120	23.44	8.67		7	480.79	15.72	5.53
35	沙塘湾	281	1016	282		30.00		64	439.60	76.79	12.95
36	上金鸡	323	1118	330	34.00	5.34	6.67	5	1950.23	40.48	18.62
37	上　湾	147	538	146	21.39	2.00	1.33		362.25	32.52	8.77
38	石　渔			788				148	1043.92	233.44	61.34
39	树桥头	195	743	200	50.40	10.25	15.67	7	926.91	21.23	16.70
40	司　前	79	318	84	15.07	2.67	0.33		228.83	13.29	5.39
41	檀　兴	970	3478	1047		99.27		162	2545.30	159.62	75.79
42	坦　塘	276	982	315	41.67	63.33	20.00	2	1645.56	25.42	29.96
43	铜瓦门	213	668	213		50.00		41	538.80	52.30	19.66
44	五　新	710	2227	712	20.40				2096.79	134.19	18.39
45	西　边	143	514	143	3.20			5	1026.11	98.90	11.74
46	下金鸡	380	1282	430	25.80	32.00	10.67	15	1649.89	73.27	31.89
47	下　塘	213	805	212			9.00	17	2434.72	135.89	27.84
48	下洋墩	453	1552	453	68.53	9.80	25.87	2	1103.23	56.41	29.01
49	向　浦	201	658	201		3.33		18	782.60	35.80	13.57
50	晓　湾	268	963	270	33.13	6.67	5.33	26	543.34	30.06	12.37
51	新　鹤	361	1311	365		18.66		56	952.29	52.88	30.36
52	星　塘	233	763	249	14.80	2.00	44.00	2	651.15	28.86	17.15
53	延　农	211	529	216					2971.48	225.89	50.11
54	渔　山	102	334	207				42	441.82	133.72	29.45
55	中　心	168	627	210	10.80			4	862.74	19.30	16.54
56	半　岭	1679	4250	252					629.78	69.73	10.70
59	东　港	1542	3955	146	0.33				1052.66	74.50	7.74
60	上　塘	1062	2632	194					763.35	140.83	9.82
57	邬　家	1193	3104	156					1727.54	80.87	11.33
64	文旦港			153					1336.93	127.21	13.22
58	里　塘	1467	3575	112					604.98	13.77	3.31
65	中央塘			430					1724.82	305.60	50.52
61	城　北	1997	5074	265					359.88	80.71	18.03
62	后岗山			98					337.09	50.43	8.15
63	文昌阁			22	0.33				31.72	18.05	4.06
66	其　他	2843	6833			223.13					

西周镇

【概况】 西周镇总面积163平方公里，辖74个行政村、3个居委会、2个手工业社，常住人口5.2万人，流动人口2万余人。拥有11266.67公顷山林，1300余公顷淡海水养殖面积，1866.67公顷耕地，森林覆盖率达75%。儒雅洋片区建有库容2000万立方米的上张水库，以及库容均为1000万立方米的平潭、隔溪张水库，是县主要水源保护地。全镇拥有规模以上企业50家、超亿元企业22家，超10亿元企业5家，上市企业3家。镇域综合实力跻身全国千强镇第43位，全省“百亿级”工业强镇第11名，并蝉联宁波市上榜乡镇第一名。相继列入全国重点镇，省级小城市培育试点镇、中心镇，省小城镇综合改革试点镇；先后荣获省级卫生镇、省级农机化示范镇和省级森林城镇等多项荣誉。2017年完成地区生产总值68.6亿元，财政总收入12.78亿元，农民人均纯收入2.31万元，分别增长10.6%、22.6%、10%。

【工业经济】 2017年，实现规模以上工业产值(剔除大唐电厂41.4亿元)147.3亿元、上缴税金10.7亿元、对外及对港澳台贸易总额4.4亿元，分别同比增长10.6%、53.1%、31.5%，实现规模以上利润(剔除大唐电厂)17.2亿元、工业增加值31.7亿元。新增规模以上企业6家，总数达到50家，开发新产品、新专利127个，申报、复评市高新技术和创新型初创企业18家，特雷姆、威霖公司分别获批国家级、市级两化融合贯标试点企业，华翔轻量化汽车配件产业园申报市级特色产业园。新增校企共建实习基地3个，引进海外培训师1名，新增“港城工匠”“半岛金匠”各1名。

【农业经济】 新建“稻鱼共生”示范基地66.66余公顷，农业“机器换人”示范基地2家，土地流转面积增至1466.67公顷，流转率达88%，专业合作社、家庭农场分别增至49家、104家，农业转型升级步伐加快。农业基础设施建设完善，投入1000余万元完成养殖池塘80公顷和农田高标准改造工程133.33公顷，投入100余万元建成节水灌溉设施2处，农业综合生产能力明显提高。2家现代农业经营主体与省农科院等教科研单位结对合作，新增市级农民培训基地1家，农业科技化再上台阶。

【第三产业】 投入600余万元完成象西山水风情线西周段11个旅游节点打造，天寿寺主大殿基本建成，尖坑3D精品民宿正式开工，“乡伴”文旅项目签约落户。举办各类文体赛事20余场，旅游知名度提升。培育规模以上服务业企业2家，规模以上服务业增加值同比增长26%，新注册电商企业5家，新增农村电商服务点3个，首个商业综合体—盛世昌明招募意向入驻大中型商户6家，西周菜场创建宁波市二星级市场，下沈农贸市场完成改造提升。

【基础设施】 编制《省级小城市培育试点三年行动计划》《美丽集镇建设规划及三年行动计划》和东部新区等控制性规划。投入2900余万元新建、改建嵩溪路等5条道路3.3公里，投入600万元新建候车亭86个。投入3000余万元新增亮化15公里、绿化美化3.5万平方米，象西线西周段及老城区河道全线点亮，6个景观工程完工，嵩溪西侧临水步道等5个形象塑造工程启动。

【新农村建设】 整改各类整治点2400余个，27个村实施生活垃圾分类，投入1.57亿元启动美丽乡村项目297个，累计完成梳理式改造村62个，投入1200余万元实施19个各级示范村、特色村打造，尖坑村创建省级美丽宜居示范村，夏叶村创建市级“改旧”示范村，儒雅洋等5个村创建市、县两级美丽乡村示范村。

【专项行动】 累计拆除违法建筑8.3万平方米，解危城镇危旧房5处3475平方米，改造低收入农户危旧房15户，治理农村C、D级危房179户，完成农业设施用房专项整治4.6万平方米。开展“污水零直排区”创建，整治“劣Ⅴ类”小微水体8条和禽畜养殖场3家，投入6000余万元完成西周西闸拆建、下沈流域治理一期、淡港流域治理三期、7个村分散式生活污水处理、老城区污水纳管及18个村自到水改造等工程。“一打三整治”取得实效，累计清理地笼网8000余顶，取缔“三无”船只8艘，治安处罚3人。

【保障体系】 开发各类公益性就业岗位31个，扶持农村电商创业13人，新增城镇就业人数951人，城镇整体失业率控制在3%以内。新增本地户籍养老保险参保1357人，各类医疗保险参保人数达4.6万人、参保率98.1%。完成汇川佳苑“两改”房第一批分配和76户9800平方米城中村改造。累计建设居家养老服务点60个、集中式居家养老公寓25个、养老院3家，新增养老床位88张，新建老年人休闲娱乐场所1000平方米。共发放慈善救助、扶残助残、红十字等各类救助金1300余万元。

【社会事业】 举办各类文化活动35场次，创建省一级文化站，新建文化礼堂4个，启动文化活动中心项目，动建“非遗”传习中心。投入3000余万元实施西周小学扩建、下沈小学教学楼改建工程。国家级卫生镇创建工作推进，新增省市级卫生村12个，通过复评14个，居民健康档案建档率和家庭医生签约率走在全县前列，民族、宗教、征兵、老龄、统计、档案、镇志等工作实现新进展。

【社会管理】 2017年全年流转处置各类事件3000余起。调处矛盾纠纷312起，办理信访案件33件，第一时间处理并化解突发性涉稳事件6起。开展各类执法检查36次，联合会商16次，整改风险隐患67个，安全生产形势总体平稳。婚丧礼俗整治全年未发生违规操办现象。夏叶、土下村分别创建省、市文明示范村，儒雅洋创建家风家训示范村，何宏女、许玲爱分别被评为“最美宁波人”和“宁波好人”。

【政府建设】 接受各方面监督，共办理人大代表建议、政协委员提案58件。完善镇长办公会议等制度，政府决策规范。完成23个村的财务审计。压缩一般性支出，“三公”经费比2016年同期下降26.8%。

【党的建设】 新建两新党组织10家，省“双强”党组织华翔集团党委等非公有制企业党建形成品牌影响。开展“千名干部驻百村，一线蹲点解难题”活动，选派4名优秀青年干部任村“第一书记”，15名青年干部参与重大项目建设、信访维稳等重点工作。落实党风廉政建设“两个责任”，立案处理违纪党员18名。

【西周镇人大十八届一次会议召开】 1月6日，西周镇第十八届人民代表大会第一次会议召开。会议审议并通过《政府工作报告》《主席团工作报告》《西周镇2016年财政预算执行情况和2017年财政预算（草案）报告》《西周镇人大关于加强镇财政监督工作的实施办法》，并依法选举刘旭光为西周镇人民政府镇长、朱定良为西周镇人大主席、徐纪旺为西周镇人大副主席，汤世祥、陈海龙、钱晓芬、蔡慧跃为西周镇人民政府副镇长。当选人员向《宪法》进行庄严宣誓。

【西周镇成为省级小城市培育试点镇】 1月19日，省发改委公布全省第三批小城市培育试点镇名单，全省共有24个中心镇和2个县城上榜，象山县西周镇名列其中。西周镇正在抓紧制定小城市试点镇三年行动计划。

【盛世昌明街项目认筹招商】 2月8日，宁波昌明房地产慈善捐赠暨盛世昌明认筹招商仪式在西周镇华翔山庄举行。昌明房地产项目经理对昌明“精品一条街”的各类产品作介绍，并代表昌明房地产公司向西周镇慈善分会捐款20万元。捐款后，各商家代表陆续上台与昌明房地产签约。

【市发改委调研西周镇改革发展成效】 3月3日，市发改委副主任励志纲一行6人到西周镇调研，与镇各线负责人展开热烈的交流讨论，并为西周镇如何加快建设省级小城市培育试点镇提出几条中肯的建议。

【村级组织换届选举工作动员会】 3月27日，西周镇召开村级组织换届选举工作动员会，部署全镇村级组织换届选举工作。各行政村四套班子380余人参加会议。会议对村级组织换届选举工作的总体要求、工作步骤和目标任务进行工作部署，并对所有联村干部重点进行换届选举相关业务培训。

【镇首个村妇代会改建妇联试点工作完成】 4月26日，夏叶村召开妇代会改建妇联暨第一次妇女代表大会。夏叶村30名村妇女代表参加会议，74个行政村妇代会主任观摩会议。该次大会的召开标志着西周镇正式启动村级妇代会改建妇联工作。

【渔业“一打三整治”工作会议】 4月29日，象山渔政站朱杰、西周镇农业副镇长陈海龙、西周镇农办主任沈烈峰以及全镇各船船东20余人参加会议。会议对2017年“一打三整治”暨伏季休渔管理工作进行全面部署。

【护士节慰问一线“白衣天使”】 5月12日，是第106个国际护士节。西周镇社会事业办副镇长钱晓芬，在西周卫生院慰问该院的一线护士，并对全体医护人员付出的辛勤劳动表示感谢，对护士们爱岗敬业、恪尽职责、吃苦耐劳的优秀品质致以崇高敬意，希望大家在今后的工作中发扬成绩，为人民群众的健康提供最优质的服务。

【人武部召开民兵整组点验大会】 5月26日，西周镇召开2017年民兵整组点验大会。全镇100余名民兵参加该次点验大会。在整个点验过程中，抽点的民兵队员着装严整、精神抖擞，体现良好的整体素质和精神风貌。

【计生协会开展“放飞梦想 青春飞扬”主题活动】 5月26日，由象山县计划生育协会和西周镇人民政府主办，由西周镇计生协会承办的“放飞梦想 青春飞扬”5·29主题活动在西周中学热闹举行，共同庆祝这个重要的节日。该次活动与学校性活动月密切结合，以演唱会形式进行，宣传健康、励志、奉献、真诚精神。

【“千名干部驻百村、一线蹲点解难题”活动动员会】 6月1日，西周镇召开“千名干部驻百村、一线蹲点解难题”活动动员会。共170余人参加会议。会上对剿灭劣V类水、环境卫生整治、村级组织建设、维护社会稳定等多方面工作作出详细安排。为全镇经济发展、和谐稳定贡献力量。

【总工会召开半年度工作会议】 6月16日，西周镇总工会召开2017年半年度工会工作会议，60多家基层企业工会主席及工会干事参加会议。会议对上半年工作进行回顾总结，并提出下半年工作目标，要求各企业工会主席配合，发挥工会“娘家人”作用。

【农村土地承包经营权确权登记颁证工作推进会】 6月23日，西周镇召开农村土地承包经营权确权登记颁证工作推进会，西周74个行政村支部书记、文书及镇联村干部参加。就西周镇前期的确权工作做相关总结，部署工作任务，培训相关业务知识，确保按照上级要求时间节点完成工作。

【总工会举行迎“七一”职工京剧演唱会】 6月29日晚，由西周镇总工会和妇联主办，象山县石浦文化馆、西周镇文化站、西周镇职工活动中心承办的迎“七一”红色经典职工京剧演唱会在西周镇职工文化活动中心举行。西周镇企事业单位职工以及部分党员代表近500人观看演唱会。演员精彩的表演令职工们大饱眼福耳福，领略到京剧的独特迷人魅力。

【市爱卫办孙峰一行在西周镇指导创国卫工作】 7月4日，市爱卫办主任孙峰率专家组对西周镇国家卫生镇创建情况进行实地检查。检查结束后，孙峰对创国卫工作进行业务培训，专家组对检查结果进行反馈并提出可行的整改意见。

【县委统战部调研西周镇党建工作】 7月11日，县委统战部副部长沈颖洪等一行3人到镇调研，提出今后工作中要注重发展党建工作的特色化和创新化。

【农村工作会议暨村干部培训会】 7月15日，西周镇召开农村工作会议暨村干部培训会，西周镇领导班子全体成员、各行政村四套班子全体成员参加会议。会上回顾总结2016年度新农村建设工作,安排部署2017年度的“三农”工作任务,表彰新农村建设的各项先进,对基层权力规范运行工作、婚丧礼俗整治工作进行业务辅导。

【平安建设会议暨创建国家级卫生镇动员大会】 7月15日,西周镇召开平安建设会议暨创建国家级卫生镇动员大会。该次会议总结2016年西周镇平安建设和2017年上半年创建国家级卫生镇的工作情况,表彰各类各级先进,与各村、企业、部门签订平安和信访工作责任书,并部署安排2017年下半年平安建设和国家级卫生镇创建工作任务。

【西周巾帼联谊会召开换届会议】 7月19日,象山县西周巾帼联谊会召开第二届换届选举会议。会议审议并通过《西周巾帼管理者联谊会第一届理事会工作报告》《西周巾帼管理联谊会第一届理事会财务收支工作报告》,选举产生第二届理事会和监事,召开第二届理事会第一次会议,选举产生会长1名、副会长4名、秘书长1名,并通过聘请名誉会长的决定。

【村级妇联主席培训会】 7月24日,西周镇召开村级妇联主席培训会,对全镇74个村的妇联主席进行业务培训。这是全县村妇代会改村妇联后第一次召开的村妇联培训会。

【镇人大十八届二次会议召开】 7月28日,西周镇第十八届人民代表大会第二次会议召开。会议审议并通过《西周镇半年度政府工作报告》《西周镇2016年财政决算报告的决议(草案)和2017年上半年财政预算执行情况的报告》。

【施惠芳一行在西周镇调研“村民说事”工作】 8月3日,市委常委、秘书长施惠芳,市委副秘书长、办公厅主任傅建林等市领导及县领导叶剑鸣、范焕平等到西周镇夏叶村调研“村民说事”工作。指出要全面提炼总结,明确对象、规范流程,形成可复制可推广的经验做法,打响“村民说事”农村基层治理工作品牌。

【西周司法所“送法进土下”】 8月2日,西周司法所联合西周镇禁毒办、综治办开展送法进土下的法治讲座,由西周司法所所长鲍根法主讲,结合《土下村村规民约》为村民讲解《宁波市文明条例》《老年人权益保障法》《反家庭暴力法》的亮点内容作解读。

【红白理事会培训会】 8月29日,西周镇召开红白理事会培训会,全镇各村红白理事会会长参加会议。并对县里印发的《红白理事会工作手册》在操作方法、注意事项等方面进行详细培训,要求各村红白理事会专管员排摸,做好手册填写工作。

【多部门联合开展“平安西周”安全宣传活动】 8月30日晚,西周镇综治办联合团委、禁毒等十余个部门开展平安宣传活动。该次活动共发放《平安365》《创建平安西周倡议书》《珍爱生命,远离毒品》等各类宣传资料2000余份,宣传受众1500余人次,为维护社会稳定和开展平安创建活动奠定良好的舆论氛围。

【“乡伴”正式签约镇打造乡村旅游“新样板”】 9月16日,镇与乡村文旅投资运营机构“乡伴”签约,将在儒雅洋村合作建设“乡村旅游综合体”。通过尝试导入产业基金,盘活闲置集体用地、宅基地转型升级为乡居民宿,开启政企联合的新型乡村合作社模式。

【城乡医保工作会】 9月18日,镇召开城乡医保工作会,各村村书记及城乡医保收缴人员参加。会上,镇人社中心工作人员对医保收缴要求、流程等进行培训,要求各村负责人落实,确保一户不漏,一人不缺,高标准完成工作。

【西周镇跻身2017全国综合实力千强镇43名】 10月17日,中国城市经济学会中小城市发展委员会发布“2017年度全国综合实力千强镇前100名”榜单,西周镇再度跻身千强镇方针,位列第43名,居浙江省第八、宁波市首位。

【政银企联袂助力“中国制造2025”】 10月26日,“象山县金融支持‘中国制造2025’系列活动之金融支持汽配产业园区”在西周镇举行。14家企业与5家银行签约。该次活动有效解决企业融资难融资贵问题,降低企业成本负担,并宣传“中国制造2025”相关政策,为加快“中国制造2025”添动力。

【青年读书会】 11月2日,西周镇组织召开青年读书会,在青年干部中进行中共十九大精神传达。会上现场学习《决胜全面建成小康社会 夺取新时代中国特色社会主义》,各青年干部踊跃谈心得、谈体会。

【镇人大督查政府承诺民生实事工程】 11月17日,西周镇人大组织主席团成员及部分县镇人大代表,对2017年政府工作报告承诺的8项民生实事工程收官情况进行实地督查。针对督查结果,代表们要求对个别工程存在的推进不快、落实不紧等问题,明确责任,抓紧落实,确保工程按期保质保量完成。

【省市领导到西周镇调研】 11月21日,省委组织部、省民政厅、市委组织部、市民政局等领导到镇调研。调研组一行到夏叶村村民说事馆,并查看镇最美山区“党建精品带”开展情况。

【县委常委、常务副县长陈兴立赴西周镇宣讲中共十九大精神】 11月23日,县委常委、常务副县长陈兴立赴西周镇宣讲中共十九大精神,该镇全体机关干部、行政村及基层站所负责人到会听讲。指出,一定要把学习好、宣传好、贯彻好中共十九大精神作为当前和今后一个时期的首要政治任务,用习近平新时代中国特色社会主义思想武装头脑、指导实践,为加快建设“两强两美”宁波现代化滨海城区作出新的更大的贡献。

【2017年综合应急演练】 11月24日,西周镇开展2017年综合应急演练。共800余名员工参与。该次活动夯实西周镇安全生产管理的基础性工作。

表100

2017年象山县西周镇各村基本情况一览表

村 名	村经济合作社数	村股份经济合作社数	村民小组数	农户总数	纯农户数	人口数	社员数	总收入（万元）	总支出（万元）
合 计	2	72	387	14762	387	44788	44788	3959.75	1118.56
万金山	—	1	1	33	2	83	83	10.87	2.87
蒋家岙	—	1	4	62	4	220	220	16.95	2.79
柴 溪	—	1	24	954	85	2976	2976	127.01	52.74
牌 头	—	1	8	632	25	2055	2055	266.04	78.22
杭 头	—	1	4	270	10	844	844	82.29	14.66
利 山	—	1	2	65	1	176	176	16.89	6.39
下 沈	—	1	10	607	10	1764	1764	414.43	74.61
八 亩	—	1	1	47	1	148	148	10.09	3.19
官 山	—	1	11	581	5	1899	1899	103.91	62.41
杰 上	—	1	4	214	2	686	686	27.56	9.41
杰 下	—	1	4	266	3	832	832	36.78	10.37
龙 翔	—	1	5	165	1	422	422	15.61	10.33
荷 欣	—	1	4	176	2	500	500	25.42	9.83
百 贤	—	1	2	84	—	242	242	10.41	3.62
赖 岙	—	1	5	292	—	1030	1030	166.93	12.86
田 岙	—	1	5	244	4	692	692	135.47	25.08
东 岙	—	1	8	121	1	415	415	45.26	23.69
寿 丰	—	1	3	126	—	362	362	15.81	6.41
平 台	—	1	1	24	—	68	68	27.03	1.36
扫基湾	—	1	1	34	—	98	98	18.02	1.58
上 山	—	1	1	30	1	77	77	17.45	1.37
伊 家	—	1	10	518	2	1379	1379	72.22	19.83
谢圣岙	—	1	2	61	—	173	173	11.2	2.43
蔡家田	—	1	8	263	—	715	715	19.78	10.39
上 张	—	1	4	202	2	574	574	35.82	6.99
陈 隘	—	1	4	147	—	433	433	26.67	8.25
湖 边	—	1	10	361	4	1163	1163	30.46	25.76
潘 埠	—	1	6	169	3	504	504	89.64	14.67
杨 岙	—	1	16	336	5	978	978	71.64	18.5
莲 花	—	1	7	348	15	1099	1099	162.99	59.06
勤 丰	1	—	5	230	4	716	716	39.26	35.24
蚶 岙	—	1	10	244	6	747	747	115.46	30.28
岙岭下	—	1	4	94	1	301	301	18.58	5.05
尖岭头	—	1	4	173	—	574	574	38.1	5.74

续表100

村　名	村经济合作社数	村股份经济合作社数	村民小组数	农户总数	纯农户数	人口数	社员数	总收入（万元）	总支出（万元）
横　山	—	1	4	140	12	455	455	33.93	6.15
下芭蕉	—	1	7	227	8	641	641	26.74	12.3
上芭蕉	—	1	4	133	6	400	400	34.71	4.65
山后胡	—	1	8	171	4	542	542	18.54	6.51
半坑于	—	1	1	40	—	93	93	30.38	7.24
金竹坑	—	1	4	106	1	292	292	13.44	10.97
尖　东	—	1	2	66	—	204	204	18.2	5.33
山顶岭	—	1	6	134	—	370	370	15.16	6.48
赖　家	—	1	2	81	—	235	235	12.92	4.18
倪　家	—	1	4	99	2	261	261	25	5.04
西岙郑	—	1	3	110	3	275	275	12.98	1.47
隔溪张	—	1	3	123	1	348	348	20.51	9.57
儒雅洋	—	1	18	414	15	1199	1199	95.25	18.61
大竹园	—	1	4	53	—	135	135	28.05	4.24
箬　岭	—	1	6	208	11	521	521	26.82	12.34
栲树岭	—	1	2	104	2	250	250	14.74	7.5
伊家山	—	1	1	101	—	225	225	35.38	4.27
山　头	—	1	1	73	1	202	202	41.28	6.92
沙　泉	—	1	2	111	—	311	311	11.19	2.95
大　岙	—	1	1	89	—	274	274	28.3	5.65
庆丰桥	—	1	5	128	—	401	401	21.93	8.06
车　岭	—	1	5	130	—	406	406	18.15	13.55
寒　山	—	1	4	225	25	754	761	27.23	7.3
新　屋	—	1	4	93	—	282	282	10.3	2.53
夏　叶	—	1	3	135	7	420	420	35.79	15.99
初　坑	—	1	2	112	—	344	344	12.79	90.27
土　上	—	1	2	147	5	480	480	66.85	6.21
土　下	—	1	5	192	6	582	582	224.22	16.27
上　谢	—	1	7	99	—	302	302	40.91	1.3
白月岙	—	1	4	76	—	260	260	14.02	6.22
大　坑	—	1	7	191	11	619	619	12.94	13.73
西　前	—	1	1	45	—	133	133	61.28	2.39
瀛　广	—	1	9	306	25	1023	1023	99.64	21.16
东　瀛	—	1	7	368	10	1102	1102	16.14	9.98
弘　瀛	—	1	10	466	19	1497	1497	253.07	67.2

续表100

村　名	村经济合作社数	村股份经济合作社数	村民小组数	农户总数	纯农户数	人口数	社员数	总收入（万元）	总支出（万元）
瀛　洲	—	1	5	305	—	938	938	99.72	15.34
虎　山	—	1	4	74	—	244	244	25.49	5.07
乌　沙	—	1	5	211	2	630	630	14.04	5.17
琴诗岙	—	1	4	140	4	421	421	14.05	8.1
文　岙	1	—	13	563	8	1772	1772	25.62	4.37

表101

2017年西周镇规模企业情况表(包含2000万元)

单位:万元

序号	企业名称	法人代表	联系地址	工业总产值	主营业务收入	利　润	利税总额	从业人员平均数	备注
	合　计			1900044	1621125	223379	284124	11606	
1	浙江大唐乌沙山发电有限责任公司	赵建军	西周镇乌沙村(西周工业园)	414429	420639	50938	74385	418	
2	宁波华翔电子股份有限公司	周晓峰	象西工业开发区	344644	235608	54482	56648	79	
3	宁波华众塑料制品有限公司	周敏峰	西周镇朝晖路108号	210968	116743	6742	9751	937	
4	宁波胜维德赫华翔汽车镜有限公司	徐文中	西周镇弘翔路	116423	117783	14216	18039	527	
5	宁波华翔特雷姆汽车饰件有限公司	顾　奕	西周镇弘翔路	80713	74413	17456	22467	577	
6	象山海螺水泥有限责任公司	桂印水	西周镇汇川路	140942	118655	13833	18540	174	
7	宁波诗兰姆汽车零部件有限公司	胡建雄	西周镇朝晖路8号	81172	64687	11878	13885	576	
8	宁波乐惠国际工程装备股份有限公司	黄粤宁	西周镇朝晖路1号	61063	44385	6887	8841	582	
9	宁波威霖住宅设施有限公司	吕理镇	西周镇汇川路	52355	52663	4958	5487	906	
10	宁波劳伦斯汽车内饰件有限公司	周辞美	西周镇弘翔路	65684	49377	11243	11761	975	
11	宁波华翔汽车饰件有限公司	管云台	西周镇弘翔路8号	20959	22614	933	1993	272	
12	宁波华乐特汽车装饰布有限公司	朱柏芳	西周镇富源路	20897	16526	3841	4818	53	
13	宁波恒富汽车部件发展有限公司	张春富	西周环城北路28号	15362	14194	920	2048	288	
14	宁波沪港食品机械制造有限公司	周东到	昌明路202号	10721	10721	1002	1588	227	

续表101

序号	企业名称	法人代表	联系地址	工业总产值	主营业务收入	利润	利税总额	从业人员平均数	备注
15	宁波新华泰模塑电器有限公司	朱照华	昌明路220号	13715	13312	975	1856	351	
16	象山华盛塑胶制品有限公司	鲍志昌	富源路9号	14870	13827	1675	1927	292	
17	宁波汉普塑业有限公司	王汉男	朝晖路2号	17423	14216	1593	2395	211	
18	象山华鹰塑料工程有限公司	赖荣钢	工业区富源路1号	10997	11615	957	1753	235	
19	象山博宇汽车模塑制造有限公司	张振海	东陈滨海工业区金商路349号	12328	12351	987	1754	215	
20	宁波华昊汽车饰件有限公司	孙云明	西周工业园	16002	18131	1268	1799	268	
21	象山华杰塑业有限公司	孙　杰	港东路237号	7069	6636	331	537	102	
22	宁波华众模具制造有限公司	周敏峰	西周工业园	9869	7848	1194	1540	154	
23	宁波卓艺家纺有限公司	俞俐伶	象山城东工业园区宏图路17号	8679	7495	224	612	225	
24	象山天星汽配有限责任公司	周华平	鲞港路13号	6377	6335	508	997	178	
25	象山长路塑业有限公司	沈日升	朝晖路5号	4906	4906	176	439	110	
26	宁波春华汽配有限公司	张宏坚	环城北路22号	6491	6320	969	1446	100	
27	宁波壹美家具有限公司	周渭明	西周工业园	4595	4595	309	417	125	
28	象山松亚汽车模塑有限公司	周松崎	西周工业区朝晖路7号	7412	8534	20	329	90	
29	宁波昊光电器有限公司	陈满堂	昌明路226号	4063	4065	270	404	45	
30	宁波奔腾塑业有限公司	郑文涌	苏州工业园区	4310	3441	265	274	75	
31	宁波明宇汽车部件有限公司	盛水星	港西路7号	3765	3674	274	437	90	
32	朗亿德电气股份有限公司	郑和西	滨海工业园金兴路79号	3133	2398	−26	116	53	
33	宁波振华电器有限公司	陶善国	鲞港路111号	3909	3285	13	364	181	
34	象山蓝越食品机械制造有限公司	沈彦托	弘翔路3号	3478	3478	540	613	46	
35	宁波灵象电器有限公司	俞敏杰	嵩溪路220号	2424	2338	−77	−47	128	
36	宁波华峰橡塑件有限公司	周敏峰	西周工业园	2009	2003	431	543	28	
37	海申机电总厂（象山）	徐昌红	西周工业园	55745	62046	2165	2631	952	

续表101

序号	企 业 名 称	法 人 代 表	联 系 地 址	工业总产值	主营业务收入	利 润	利 税 总 额	从业人员平均数	备注
38	象山永欣橡塑有限公司	周 武	汇丰路1号	2093	2166	285	406	65	
39	宁波佳乐特橡塑机电有限公司	周旭初	西周工业园	2027	2027	312	568	73	
40	宁波天弘电力器具有限公司	吕伟宏	朝晖路4号	2284	2231	313	574	50	
41	浙江大唐天地环保科技有限公司	杨家勤	西周镇大唐乌沙山发电公司院内	10991	10991	6940	6942	5	
42	象山华民汽车配件有限公司	郑国民	富源路7号	2353	2353	185	285	55	
43	象山华丹塑业有限公司	孙秀群	安顺路10号	2653	2653	161	254	48	
44	宁波协华汽车配件制造有限公司	郑明亮	下沈丙寅塘	2735	2711	37	181	96	
45	宁波贝诗特模塑有限公司	姚贤腾	港西路	3511	2857	209	311	78	新增
46	象山通大机械制造有限公司	沈秀登	象西工业园区	2298	2255	71	127	63	新增
47	象山金鹏电子器材有限公司	俞才成	弘翔路1号	2386	2363	43	113	31	新增
48	宁波海纳机械有限公司	张宏勇	象山经济开发区	2410	2410	213	459	66	新增
49	宁波科镭汽车零部件有限公司	鲍国林	环城北路20号	2262	2230	104	205	70	新增
50	象山华隆模架有限公司	赖德华	象西工业园区	2140	2021	136	312	61	新增

鹤浦镇

【概况】 鹤浦镇辖区由宁波市第一大岛——南田岛及周围40个岛礁组成，陆地面积102平方公里，其中南田本岛面积约90平方公里，下辖34个行政村4个居民区，常住人口3.5万人，外来人口近1万人。海岛资源丰富，拥有78公里海岸线、1333.33余公顷耕地、5666.67公顷山林。建省级文明镇、卫生镇和生态镇。2017年实现生产总值62亿元，农民人均收入15540元，财政收入3862万元。

【工业经济】 2017年，规模以上企业实现工业产值23亿元，同比增长14%。东红、博大等船企稳中向好。故乡行等3家企业创建县级科学技术中心。完成工业投资5.38亿元，同比增加22%，完成固定资产投资9.23亿元，同比增长7.3%。全年到位实际国内资金4.48亿元，浙商回归资金3.95亿元，到位实际外资及港澳台资金476万美元，海基石化、鱼胶蛋白、南田岛现代物流基地等5个招商项目得到推进。重点工程支撑明显，完成投资5.66亿元，水湖涂二期围垦项目推进；象山国际水产冷链物流基地海洋生物工厂通过验收，1号冷库投产；镇污水处理厂投入运行；岐龙塘光伏并网发电；小微创业园区内道路完善，4家企业投产。

【农渔经济】 农渔业提质增效。完成晚稻、小麦各类种植保险493.33余公顷。引进"甬优540"、早稻高产示范方、水稻同步精准施肥技术等农业"五新"项目3个。实施"早稻+松花菜"水旱轮作和分批种植模式，亩产突破6000元。农产品质量安全管理水平提升。发展果树经济，全镇水果产量达2.6万吨，产值达1.1亿元，加快转变渔业发展方式，引导发展浮流式紫菜养殖533.33余公顷。欧亚远洋进入全国五家南极磷虾捕捞许可企业之列。

【全域旅游】 成立镇旅游业发展办公室，基本完成大沙村基础设施改造升级，启动游客集散中心建设和沿路立面改造，部分高端民宿即将营业，对周边乡村旅游的辐射效应逐步显现。探索做好旅游发展与文化保护的结合文章，深入挖掘海岛历史遗迹，启动南田县署旧址、大百丈岩画等一批历史遗迹保护修复工程，旅游业态丰富。

【城镇建设】 市政基础设施完善,石三线改道工程推进,兴南路断头路贯通,湾塘路、万全路等拓延工程开工建设,主要道路景观得到提升。改造镇区停车场3处,新增停车位70个,建成港湾式公交候车亭39座。开展镇区环境专项整治,省级卫生镇复评。建设环境专项整治强势推进,依法打击违法行为7起,全镇建设环境优化。

【新农村建设】 美丽乡村建设加快推进,双下湾、鹤南、蟹厂等3个提升村完成创建。实施农业水利项目22个。完善岛内道路交通,一批农村公路实现改造提升。完成农村梳理式改造5500平方米,危房解危、低收入农户危旧房改造共58户。完成第三次农业普查,推进农村土地承包经营权确权登记颁证工作。完成村集体经济薄弱村转化11个,落实资源型机耕路建设扶贫项目10个。

【专项工作】 鹤浦大河水环境整治工程二期动工,谷桶等5条省"劣Ⅴ类水"整治河道完成销号,31个村截污纳管工程全面完成,境内河道水质明显改善。拆违4.93万平方米,拆后利用率达94%,控制新增违建长效管理机制落实,违法建设现象得到有效遏制。推进后龙头等3个村垃圾源头分类工作。淘汰高污染燃料锅炉7台,整治提升"低小散"企业3家。

【社会事业】 中学新建教学楼投入使用、综合楼改建启动,卫生院二期工程主体完工。承办2017年全国手球校长交流会、第四届江浙沪小学生手球邀请赛和宁波市第一届小学生手球竞标赛。加大奖教惠师力度,发放奖教资金118万元。推进契约式家庭医生签约制度,重点人群签约率达107.5%。开展省市文明村镇建设,黄金坦村创建为市级文明村。依托农村文化礼堂,各类民俗文化活动有序开展。

【社会保障】 拓宽就业渠道,健全社会保险体系,城乡居民医疗保险参保率达99.1%。做好低保、残保和社会临时救助等工作,发放各类救助资金410余万元。新建鹤翔、吉港、凤凰山等居家养老服务站6个,全镇居家养老服务站点实现全覆盖。

【社会治理】 加强基层自治,村级组织换届完成,"村民说事"制度全面推开。巩固深化婚丧礼俗整治,处置违规行为4起。严格落实安全生产责任,安全生产形势总体平稳。

【作风效能】 树立"四个意识",推动"两学一做"学习教育常态化制度化,提振精气神,政府铁军建设成效初显。实施镇村两级攻坚任务44个,领衔项目象山国际水产冷链物流基地项目取得突破。提升作风效能,深化公共服务质量评估,开展"中梗阻"整治,深入纠查"四风"问题,政务环境优化。

【依法行政】 自觉接受人大、政协和社会各界监督,办理县镇人大建议32件、政协提案5件。加强法治政府建设,推进政府法律顾问制度,议事规则、决策程序完善。发挥"鹤浦在线"微信公众平台作用,发布微信新闻341条,政务公开水平提高。

【廉政建设】 对标从严治党要求,推进从严治政,坚决把纪律和规矩挺在前面。2017年党政纪处理3人,坚决维护风清气正的干事环境。有效稳控政府债务,降低财政运行成本。深入推进农村基层权力规范运行工作,紧抓村级重大事项申报备案、"三资"管理、集体产权交易、项目工程申报等关键环节。

【"和美海岛"创建调研座谈会】 5月10日,"和美海岛"创建调研座谈会在鹤浦镇四楼会议室举行,会上来自国家海洋局"和美海岛"调研组、县委副书记孙小雄、县综合指导组及县派强基小分队负责人和鹤浦镇参加座谈。会上各方进行交流发言,对加快完善"和美海岛"试点工作有着重要的意义。

【象山县南田渔家乐民宿联合工会成立】 6月16日,鹤浦镇召开象山县南田渔家乐民宿联合工会成立暨第一次代表大会,经镇旅游发展办公室和各经营业主共同推荐,来自全镇30家渔家乐、民宿经营户代表参加该次会议。联合会的成立将促进各民宿成员单位加强学习交流海岛精品特色民宿先进经验,提升发展目标和服务水平。

【"两学一做"学习教育常规化制度化、"村民说事"推进会】 6月26日,鹤浦镇召开庆祝中国共产党建党96周年暨"两学一做"学习教育、"村民说事"工作会议。按照县委要求,对"两学一做"常规化制度化和"村民说事"工作进行再部署、再深化,后龙头村、高坎头村、黄金坦村在会上作表态发言。

【镇十八届人代会二次会议】 8月23日,鹤浦镇第十八届人民代表大会第二次会议在鹤浦镇政府四楼会议室召开。镇长洪海作《半年度政府工作报告》,回顾总结上半年工作,并提出下半年工作建议,大会审议通过镇政府半年度工作报告、财政运行报告的决议,镇党委书记张帮寸讲话。

【"心联三江·智汇四明"走进象山系列公益活动】 9月9日,宁波市新联会在鹤浦开展"心联三江·智汇四明"走进象山系列公益活动。该次活动由宁波市委统战部、宁波市新联会主办,包括海岛书吧赠书仪式、李惠利医院义诊服务、敬老微心愿礼物发放、"同心"渔民课堂——民间借贷风险防控、鹤浦镇文化干部戏曲、舞蹈、音乐辅导、种植大户养殖种植技术咨询服务、助学结对活动等。

【宁波市市长裘东耀视察鹤浦】 10月17日,宁波市委副书记、市长裘东耀考察鹤浦,市政府秘书长张良才,市政府副秘书长、办公厅主任王仁元,象山县委书记叶剑鸣、县长黄焕利等随同督查。裘东耀与镇乡干部亲切交流,详细了解该镇中共十九大维稳安保工作落实情况以及鹤浦产业发展、美丽集镇建设、美丽乡村建设、乡村旅游发展、"一中心四平台一网格"运行等有关情况。

【学习贯彻中共十九大精神】 十九大召开之后,鹤浦镇第一时间召开理论宣讲会,深入全镇59个支部,开展巡回宣讲,党员受教育面达80%。引导知联会、渔嫂等社会团体、组织开展以看学习视频、举办座谈会为形式的自主学习，其中9名渔嫂在学习后成立“百姓名嘴”宣讲团，开展路演。

【李关定赴鹤浦镇人大联络站调研】 12月1日，宁波市副市长李关定到鹤浦镇人大代表联络站，开展主题接待活动，就《宁波市居家养老服务条例(草案修改稿)》(以下简称《条列（草案）》)听取基层人大代表、有关部门和群众的意见建议。李关定对县居家养老服务取得的成绩表示肯定，对代表们提出的意见建议表示感谢，并要求随行人员逐条分类梳理、归纳完善，在下步的《条例(草案)》修改中，尽可能把大家的合理意见建议吸纳和体现到法规草案中去，力争使《条例(草案)》更具针对性和可操作性。

表102　**鹤浦镇2017年行政村经济情况一览表**

村　名	户数（户）	人口（人）	水田（公顷）	旱地（公顷）	水产养殖（公顷）	渔船（艘）	村级资产（万元）	村集体年收入（万元）	村集体年支出（万元）	书　记	主　任
黄金坦	310	920	34.47	17.53		11	644.53	70.64	25.06	郑宏金	金　华
蟹　厂	516	1564	64.40	27.27	32.00	20	1234.4	72.31	84.2	张有夫	陈福生
鸭嘴头	221	534	8.20		0.00	4	280.2	74.96	35.43	虞亚赛	郑文明
鹤　翔	366	1099	31.00		20.00	10	956.03	74.16	25.85	梅传土	陈国友
鹤　进	442	1373	36.87	14.00	23.00	3	538.79	21.38	14.53	郑爱娥	郑国庆
鹤　渔	181	464	20.00	0.93	0.00	8	145.31	37.2	12.89	李万根	李万根
鹤　南	639	2030	69.07	27.07	34.00	14	931.86	60.85	30.35	江财明	潘忠元
湾　塘	258	853	26.67	15.33	8.00	7	1344.65	53.54	32.18	徐正国	汪根木
后龙头	165	559	10.07	5.40	0.00	34	621.15	52.04	35.3	江乐天	郭文永
前龙头	191	580	14.67	6.67	24.00	23	402.89	48.54	16.4	任孟勇	钱根云
吉　港	380	1159	38.67	26.07	36.00	41	708.21	65.1	18.1	李由明	林周亮
小网市	234	822	34.13	28.00	59.00	8	2453.35	168.28	31.28	吴　昊	王才华
流水岩	103	322	5.93	7.47	51.00	15	1743.9	46.48	7.83	芦赛玉	胡祥安
鹤　湾	124	398			33.00	15	940.3	92.41	35.11	叶兴荣	倪阿强
双下湾	183	649		2.47		40	794.49	66.43	20.13	谢才宝	杨　辉
大百丈	370	1164	46.47	23.07		17	488.88	54.01	16.73	陈长生	王先贵
小百丈	434	1325	61.07	45.93		8	1013.15	74.46	24.74	王叶永	金　国
大　沙	219	767	13.80	13.33	0.00	23	1263.54	186.28	21.05	杨攀峰	许国庆
文山前	282	858	27.47	21.87	5.73	4	831.65	49.65	26.84	顾佰满	冯万福
五　利	700	2270	88.00	39.60	73.00	10	1964.08	107.88	25.18	赖岳安	赖岳安
螺蛳礁	444	1354	50.40	29.27	183.00	2	583.16	149.09	32.29	梅大海	邱锡挺
樊　岙	963	3014	68.00	43.53	33.00	9	1543.51	298.18	78.4	周正贵	潘万尚
高坎头	275	926	30.67	13.40	136.00		649.71	122.36	47.02	章罗永	姜会龙
谷　桶	102	319	13.40	5.00	42.00	3	187.68	49.99	12.9	王国强	王国强
马小坦	201	660	21.20	7.80	60.00	15	366.29	72.69	25.28	叶显进	叶显峰
南田墩	143	431	9.93	5.47	67.00	3	249.07	47.57	25.36	李千畅	俞阿平
凤凰山	108	332	12.67	2.13	37.00		361.38	34.45	10.44	郑阿永	刘彼德
大南田	453	1540	44.07	14.40	218.00	6	1525.25	290.88	47.04	林咸友	俞青峰
小南田	367	1200	34.80	11.00	30.00	34	776.22	110.77	37.2	陈维良	金安庆

续表102

村 名	户数(户)	人口(人)	水田(公顷)	旱地(公顷)	水产养殖(公顷)	渔船(艘)	村级资产(万元)	村集体年收入(万元)	村集体年支出(万元)	书 记	主 任
牧童岙	252	859	22.20	8.33	10.00	2	379.69	67.18	33.22	林文泉	程增军
水湖涂	221	778	8.93	18.07	198.00	7	794.1	133.58	17.51	金正贵	金正贵
杨柳坑	212	750	10.00	4.67	8.00	46	600.83	112.14	24.53	梁金善	任增富
金七门	63	252		9.40	12.00	48	38.45	16.66	4.72	陈万龙	尤巍杰
金 渔	117	484					185.46	31.54	30.28	陈万龙	李国琪
合 计			957.20	494.47	1832.73	493					

贤庠镇

【概况】 贤庠镇是浙江省省级中心镇、全国重点镇。区域面积66平方公里，耕地面积1666.67万公顷，山林3066.67公顷，海岸线12公里，浅海滩涂1666.67公顷，辖1个社区、28个行政村。2017年贤庠镇实现社会总产值65亿元，年均增长27.5%；财政一般预算收入1.25亿元，年均增长13.5%；农渔民人均年收入23725元，年均增长18.1%。

【工业经济】 实施工业强镇战略，规模以上企业产值31.5亿元，实缴工业税收 1.05亿元。临港装备工业带产业聚集效应凸显，老虎口区块引进立帆石化、乐惠机械、天翼装备二期等3个工业项目，金汇精密、雄豪机械、隆霆石化等5家企业落户西泽塘区块，大中庄区块基本完成政策处理工作，日星三期开工动建。岙里弄区块8家小微模具企业陆续投产，全年完成实际利用外资及港澳台资金2000万美元、国内资金6.5亿元、浙商回归资金2.43亿元。引进9个项目，跟踪洽谈深圳胜宝旺、上海松尾、南山开发集团、见习食品等线索项目。

【农业经济】 2017年，实现农业总产值4.32亿元，年均增长11.8%，实施土地开发项目3个，新增耕地面积14.46公顷、标准农田24公顷，新一轮粮食功能区和永久基本农田划定工作全面完成。加大对石斛、桂花、月季花等特色农业产业扶助力度，引进以红美人种植为主导产业的“三米农业”和繁育罗氏沼虾种苗的宁波甬港水产等新兴产业项目，农业产业布局完善。投资1500余万元完成饮水安全工程、生态河道建设、分散式污水处理等15个水利项目。

【商贸旅游】 枫康养生园被评为省级果蔬采摘旅游基地，西山下百汇桂花基地荣获市级林特休闲体验园“最美花园”，东风至章家墩村健身绿道建设工程全面推进。创建碶头陈村2A级旅游特色村，建成精品民宿1家，吸引游客20余万人次。通过旅游带动，鼓励百姓创业创新，贤庠镇旅游年总收入达750余万元。

【人居环境】 强化规划引领，编制完善22个村庄规划和4个片区规划，临港装备特色小镇列入市级第二批培育名单、县级第一批创建名单。建成南大河西侧滨水公园、休闲绿地等场所1.6万平方米。实施老虎口、原贤庠中学地块废弃矿山生态治理，贤庠新煤气站动工建设。改造岑塘公路2.8公里，新建珠溪、盐厂两条农村公路1.8公里，新增港湾式公交候车亭37座，方便村民出行。严格执行“河长制”，加强截污纳管、排污口整治，累计建成污水主管网和连接管16.7公里，完成26个村的生活污水纳管工程，“剿灭劣V类水”通过省市验收。全年累计拆除违法建筑5.97万平方米，改造旧厂区4.16万平方米，整治农业设施用房17处，规范宗教活动场所及民间信仰点28处，完成城镇危房解危672平方米，农村低收入户危旧房改造3户。建立健全农村公路养护和污水管网、路灯、泵站等市政设施养护制度，改造木瓜垃圾中转站，配齐专业环卫车辆，贤庠镇29个行政村(社区)实施垃圾收集清运外包服务。14个村开展垃圾分类处置工作。

【社会事业】 投入200余万元完成贤庠学校、中心幼儿园及成人学校等改造工程，贤庠中心幼儿园通过省二级园评定，贤庠学校再创佳绩，中考总平均分位居全县第五。省级卫生镇创建，塘花园村、民洋村获评省级卫生村，着衣亭村、珠山岙村、西山下村获评市级卫生村，中心卫生院扩建工程推进。加强精神文明建设，发挥农村文化队伍作用，新建岑晁、溪沿2座文化礼堂。健全“一中心四平台一网格”基层治理体系，贤庠镇45个网格上报事件4653件，有效办结率100%。开展建设环境整治，依法打击阻挠项目推进建设行为，破获案件5起。安全生产形势总体平稳。加强应急知识宣传，开展应急演练，应急处置能力得到提高。

【全市文化科技卫生“三下乡”服务启动仪式在贤庠海墩村举行】 1月10日，宁波市文化科技卫生“三下乡”服务启动仪式在贤庠海墩村文化礼堂举行，市委宣传部副部长郑丰，县委常委、宣传部部长罗到兴，市、县直各单位分管领导出席活动。

【节后安全生产大检查】 2月7—8日，贤庠镇成立安全生产检查组，由各线分管领导牵头，联合派出所、消防、市场监管局等单位，对辖区内的在建项目、重点区域、食品药品等情况进行检查。

【节后环境卫生大检查】 2月8—9日，贤庠镇组织部分镇干部及村妇代会主任共20余人对贤庠镇32个村及社区环境卫生开展大检查。

【春节期间贤庠老百姓抢到文化“大红包”】 舞台上歌舞升平怡情优雅，大街上文化巡游热闹非凡。鸡年新春佳节，贤庠镇各村(社区)纷纷举办形式多样、丰富多彩的文化活动欢欢喜喜、热热闹闹过新年。

【严查校园及其周边食品安全】 2月13日是新春开学第一天，贤庠镇社会事业办联合县市场监督管理所、镇人大、镇总工会对辖区内学校、幼儿园食堂以及周边食品店开展食品安全检查，严格杜绝食品安全隐患，确保广大师生“舌尖上的安全”。

【贤庠镇共青团第十八次代表大会】 近日，共青团贤庠镇第十八次代表大会召开，团县委副书记曾其杰、镇党委副书记王国辉、镇社会事业副镇长吴丹君、镇总工会主席励罕士、镇妇联主席舒国英和来自贤庠镇各行各业的53名青年团代表一起出席会议。

【“3·5”学雷锋日志愿活动】 在“3·5”学雷锋日来临之际，贤庠镇妇联、团委、司法、工会、禁毒、计生、中心卫生院联合开展便民服务活动。

【黄焕利县长在贤庠调研】 3月7日，县委副书记、县长黄焕利带领相关部门负责人赴贤庠镇调研时指出，要发挥区位和港口资源优势，咬定目标、提标提质、追赶跨越，推动现代化生态型临港装备工业中心镇建设再上新台阶。

【2017年度农村工作会议】 3月10日，贤庠镇召开2017年农村工作会议，谋划部署年内新农村各项重点工作，各村四套班子负责人、相关企事业单位负责人及联村干部参加会议。镇党委副书记、镇长鲍明灿主持会议。

【创业创新工业经济会议】 3月20日，贤庠镇召开2017年度创业创新工业经济会议，参加会议的有贤庠镇500万以上工业企业负责人、镇属各有关部门负责人、各村党支部书记、党政班子成员、工办全体干部等共计120余人。会议由镇长鲍明灿主持。

【县纪委书记胡杰到贤庠调研】 3月24日，县纪委书记胡杰到贤庠镇开展调研，听取贤庠镇关于基层权利运行情况及换届工作的汇报，指出，要加强建设，促进良性发展轨道。

【叶剑鸣到贤庠镇调研村级组织换届选举工作】 3月27日，县委书记叶剑鸣、县领导胡杰、范焕平及相关单位负责人，到贤庠镇调研村级组织换届选举工作。一行人先后走访章家墩村和民洋村，实地考察换届筹备、村民选情以及村庄发展思路等情况。

【村和社区组织换届选举工作会议】 3月24日，贤庠镇召开2017年贤庠镇村和社区组织换届选举工作会议。会议由贤庠镇党委副书记王国辉主持，各村党支部书记、村主任，镇联村干部、第一书记、农村指导员、大学生农村工作者参加会议。

【“三到位”为计生家庭送“幸福套餐”】 4月25日，为落实计生惠民政策，贤庠镇计生办开展送政策、送服务、送健康、送帮扶等“幸福套餐”活动，提高计生家庭的幸福指数，得到居民们的一致好评。

【“幼鱼保护，伏季休渔”宣传工作】 4月27日，贤庠镇联合大徐市场监管所开展“保护幼鱼，伏季休渔”宣传倡导活动。并详细解答群众提出的相关问题，呼吁每一位村民“今天不吃子孙鱼，明日子孙有鱼吃”。

【贤庠镇与县派强基小分队对接座谈会】 5月9日，贤庠镇与县派强基小分队召开对接座谈会。参会的有贤庠镇党政班子成员以及县纪委、县人民法院、县港航局、县档案局、县规划局、县科技创新中心等6支县派小分队的10余名。

【打造贤庠铁军暨“千名干部驻百村 一线蹲点解难题”活动动员会】 5月24日，号召贤庠镇党员干部以打造贤庠铁军的坚定决心，共同投身加快建设现代化生态型临港装备工业中心镇的光辉事业中。

【省卫生镇创建】 5月27日，为推进省级卫生镇创建、维护食品市场秩序、加强食品安全监管，贤庠镇社会事业办联合镇人大、商贸办、城建办、消防队、大徐市场监管所以及部分县人大代表、政协委员对辖区内菜市场、食品经营单位开展食品、消防等安全检查，确保广大群众“舌尖上的安全”。

【市县残联领导到贤庠镇走访慰问】 5月31日，宁波市残联、象山县残联携手开展“推进残疾预防，健康成就小康”进贤庠助残活动。市残联理事长水国兴、市康复部主任赵莹、县残联理事长谢彩娟一行到贤庠镇走访慰问，镇人武部部长徐爱军陪同。

【农村环境卫生工作】 5月31日，为全面推进创建省卫生镇工作，在村级组织换届之后，贤庠镇利用机关夜学的机会，组织全体机关干部，就环境卫生整治及省级卫生镇创建工作进行部署。

【保护性施工保障重点工程建设】 6月2日，贤庠镇联合西泽派出所、贤庠交警中队等部门，出动130余人，对岙里弄模具集聚区实施保护性施工。

【农村环境整治】 6月14日，为推进省级卫生城镇创建和农村环境综合整治，贤庠镇31个村开展环境卫生整治行动，全面推动农村环境整治、镇区环境清理。

【组织村干部前往余姚考察学习新农村建设】 6月20日，贤庠镇组织珠溪片、蒲门片村书记、主任共计29人由党委书记汪成宏带领赴余姚考察学习。

【贤庠镇组织村干部前往宁海考察学习新农村建设】 6月27日，贤庠镇组织上山片、下山片村书记、村主任及镇干部前往宁海县桑洲镇、胡陈乡进行新农村建设考察，学习新农村建设、产业发展中的宝贵经验。

【征兵工作动员大会】 7月3日，贤庠镇召开2017年征兵工作动员会，各村支书、民兵连长、联村干部及相关单位负责人80余人参加会议。

【"两学一做"学习教育工作推进会暨新任村干部培训会】 7月7日，贤庠镇召开"两学一做"学习教育工作推进会暨新任村干部培训会。各村(社区)四套班子成员参加会议，县纪委干部室主任傅海琴、党风政风监督室副主任陈刚出席会议。

【计生宣传】 7月18日，贤庠镇计生协会到华翔东方机电有限公司开展计生宣传服务，详细解答相关计生知识，发放计生用品，让150多名企业员工在寓教于乐中品尝"计生大餐"。

【宁波市政协副主席陈安平到贤庠镇调研民宿经济】 7月19日，宁波市政协副主席陈安平、市政协港澳台侨和外事委陈海奋主任等一行到贤庠实地考察调研民宿经济发展情况。

【第十八届人代会二次会议】 7月26日，贤庠镇召开第十八届人代会二次会议，应出席代表64人，实到代表58人，请假6人,镇人大主席王常员主持会议。

【贤庠镇组建专管队伍】 7月31日，贤庠镇召集村级组工专管员举行中共第一次月度会议暨上岗培训会。

【贤庠镇食品安全知识走进假日学校】 8月29日，贤庠镇食安办邀请丹东市场监督管理所在贤庠学校开展食品安全知识讲座，为暑期假日学校的学生送到青少年食品安全健康讲座，受到学生的热烈欢迎。

【贤庠镇召开政府企业座谈会】 8月31日，贤庠镇召开2017年政府企业座谈会。镇党政班子成员、县级有关部门领导及贤庠镇规模以上企业、培育企业负责人参加会议。

【新兵欢送仪式】 9月9日，贤庠镇举行新兵欢送仪式。自2017年征兵工作开展后，贤庠镇以保证兵员质量为核心，圆满完成征兵任务。

【贤庠镇总工会第二届八次委员(扩大)会议】 9月19日14时，贤庠镇总工会第二届八次委员(扩大)会议暨党建带工建工作推进会在贤庠镇政府3号楼三楼会议室召开。县总工会副主席翁雅丹、镇组织委员李萍出席会议。

【市委副书记、市长裘东耀到贤庠调研】 10月23日，市委副书记、市长裘东耀一行到贤庠镇调研。县委书记叶剑鸣、县长黄焕利，镇领导汪成宏、鲍明灿等陪同调研。

【"关爱劳模、欢度重阳"暨劳模活动基地授牌仪式在贤庠镇举行】 10月28日，由象山县总工会、贤庠镇政府主办的"关爱劳模、欢度重阳"暨劳模活动基地授牌仪式在贤庠镇枫康石斛养生园举行。县人大常委会副主任、县总工会主席伊珍林出席，县总工会党组书记翁华清为枫康石斛养生园授牌。

【贤庠镇从小处着手温暖失独家庭】 10月31日，贤庠镇计生协志愿者走进辖区内的失独家庭，开展帮扶慰问活动，并为他们送上慰问品。这是贤庠镇计生协从小处着手温暖失独家庭的举措之一。

【学习中共十九大精神】 10月31日，贤庠镇召开学习贯彻中共十九大精神动员会议，贤庠镇机关干部、各村支书记以及两代表一委员参加会议。党委副书记王国辉主持会议，党委书记汪成宏讲话。

【县委常委、纪委书记陈善方到贤庠镇宣讲中共十九大精神】 11月23日，阳光灿烂，乍寒还暖，贤庠镇大会议室济济一堂，到自各行政村(社区)的村书记、村主任以及贤庠镇机关干部共120余人聆听县委常委、纪委书记陈善方的中共十九大精神宣讲。

【镇残疾人联合会第六次代表大会】 11月24日，贤庠镇召开镇残疾人联合会第六次代表大会，到自贤庠镇40名代表参加该次大会，其中残疾人代表26名，残疾人工作者代表8名，助残社会组织代表2名，镇政府代表4名。

【学习贯彻中共十九大精神"六进"文艺宣传活动走进贤庠】 12月7日晚上，象山县宣传中共十九大精神文艺小分队走进贤庠镇盐厂村文化礼堂，为贤庠镇党员、群众带来一场丰富多彩的专题文艺演出。

定塘镇

【概况】 定塘镇全镇陆域面积59.5平方公里，人口3.6万人，辖28个行政村，拥有2666.67公顷耕地和120公里河网，全县最大的平原水库—大塘港水库穿越全镇，号称"下百万"("上百万"为中心城区的南庄平原)，是象山著名的"粮仓"。

2017年，完成社会生产总值33.17亿元、同比增长7%，财政总收入5917万元、同比增长34%，全社会固定资产投资3.3亿元、同比增长32%。获得省美丽乡村示范乡镇、省小城镇环境综合整治示范乡镇、省休闲农业与乡村旅游示范乡镇、市卫生乡镇、县水利"大禹杯"金奖等荣誉称号。

【工业经济】 始终把工业发展作为全局工作重中之重，工业经济运行好于预期，实现工业经济总产值4.2亿元，同增20%，其中规模以上工业产值9500万元。新引进注册企业10家，完成实际利用外资及港澳台资金300万美元、国内资金9320万元、"浙商回归"9320万元，分别完成年度任务的100%、106%、207%。强化企业分类培育，新增规模以上企业3家、500万元以上企业3家。对外及对港澳台贸易外经工作发力，实现进出口额1000万美元，同比增长54%。获得2017年宁波象山海洋科技人才创业大赛一等奖项目1个、二等奖项目2个。

【现代农业】 创建省级柑橘特色农业强镇，推进柑橘产业全产业链建设，建成全市首个柑橘博览园、柑橘社会化服务平台，承办全县首届柑橘文化节。建成全市首批村级农产品快速监测室4个，推广测土配方800公顷、有机肥使用533.33公顷、绿色防控应用200公顷。建成大塘港现代农业园区高标准农田653.33公顷、粮食生产功能区800公顷、市级现代农业园区220公顷，完成节水灌溉项目2个、水环境整治村2个以及大塘灌渠改造工程。实施农业品牌战略，推广“田园定塘”区域公用品牌。

【特色经济】 年接待游客21万人次，旅游收入突破3500万元，分别增长16.7%、25%。建成标准摄影棚5个1.28万平方米，接待驻地拍摄剧组30余个，新增国家AA级景区村2个、农家客栈17家、床位450张。新增旅游公厕3个、旅游咨询服务点2个，沙地村实现WiFi全覆盖。海运经济回暖，实现营运收入7亿元、实缴税金2912万元，同比分别增长75%、256%。

【城镇建设】 投入7500万元完成长塘河滨水绿化、兴定路特色街道、管线下埋6.8公里等项目13个，提前开建2018年项目5个，镇中心菜场、小商品零售市场、花岗岩加工市场、竹木市场等集贸市场有机更新，全面消除“赤膊墙”2600平方米、“蓝色屋面”3500平方米，新增口袋式公园2个、停车场4个、停车位180个。成立综合行政执法中队，配备队员16名，重点开展专项整治，城镇环境更加整洁有序。

【美丽乡村】 投入2000余万元打造美丽乡村示范村8个、景观节点5个，启动马漕线精品带建设。投入500余万元全面开展生活垃圾源头分类，统一招聘农村保洁员52名，配备垃圾清运车45辆、分类垃圾桶1万余只，改良太阳能垃圾站10座。全市率先开展“政府+村”集团授信模式，获得授信低息贷款5000万元，20个行政村完成集团打包授信2355万元，全年减少利息支出150余万元，7个经营性收入10万元以下经济薄弱村全部转化。农村土地承包经营权确权登记基本完成。

【人居环境优化】 完成河道清淤20万方、分散式生活污水处理村3个，创建首批“污水零直排区”乡镇，剿灭劣V类水通过市级验收。拆除违法建筑3.6万平方米，新增河道村道绿化8公里、大塘港绿道绿化1.6公里，创建叶口山村省级森林村庄。淘汰改造锅炉4台。

【科教文卫】 投入教育基建资金2700余万元，基本建成成人学校，中心幼儿园教学楼二期项目主体工程基本结顶。完成定塘卫生院医疗附属用房主体工程，深化与县第一人民医院共建医疗联合体。新增省市级文明村3个、文化礼堂2个，建成市民文化长廊、“非遗”传习中心陈列馆，举办文体活动15次。婚丧礼俗整治巩固深化，村红白理事会实现全覆盖。计划生育率控制在95.5%。

【社会保障】 推进社保扩面提质，养老保险、医疗保险参保率分别达89.1%、98.2%，重点加强农渔民转产转业和农村实用技术培训，提供公益性岗位32个。解危农村危旧房22户。投入100余万元完成镇敬老院消防系统改造，新增居家养老服务站点5个。健全社会救助体系，建立村村慈善帮扶基金3个，发放各类低保、优抚、救助扶助金及基残、重残救助款875万元，残疾人、红十字事业健康发展。

【平安建设】 新增高清摄像头85个，落实村级网格员39名，全科网格作用有效发挥。创新开展“智慧说事”“村民说事”制度实现全覆盖。强势开展建设环境专项整治，依法打击阻挠项目推进行为。妥善处理非正常死亡事件8起、矛盾纠纷18起。落实安全生产责任制，开展安全生产大检查大整治，强化食品药品安全监管，探索影视摄影棚规范化管理。

【党风廉政】 落实主要领导“五不直接分管”制度，实行重大工作事项请示报告，廉政监督体系健全。严肃查处各类违纪违法案件，党政纪处理6人。深化基层廉洁工程，农村基层权力规范运行工作跻身全县前列。

【田洋湖村举办“二月二民俗文化节”】 2月27日，定塘镇田洋湖村举办“二月二民俗文化节”。舞茶山老龙、教牛耕地、炒天外糕等传统民俗活动是对古老文化的一种传承。同时，通过民俗节，可以让更多人了解、走进田洋湖村。

【庆祝中国共产党成立96周年大会暨新一届村干部就职仪式】 6月23日，定塘镇庆祝中国共产党成立96周年大会暨新一届村干部就职仪式举行，各个村“当家人”右手握拳面对国旗、党旗立下铮铮誓言。新任两委村干部能够团结一致，多听老百姓的意见，发展集体经济，多为老百姓办实事。

【“村级集体经济组织”集团授信首发仪式】 6月23日，象山县“村级集体经济组织”集团授信首发仪式在定塘镇三楼会议室举行。县信用联社发放首笔对定塘镇政府集团授信5000万元低息贷款，授信时间最长可达到3年，单个行政村授信贷款额度达200万元。根据测算，定塘镇各村每年可以降低利息支出138万元，降幅达54.5%。

【迎接新时代、弘扬好乡风颁奖典礼】 11月6日，“风从定塘到”定塘镇迎接新时代、弘扬好乡风颁奖典礼举行。县委常委、宣传部长罗来兴出席活动。颁奖典礼现场，定塘镇为10对钻石婚夫妇、10对金婚夫妇、5户最美家庭、5位最美定塘人、10户最美庭院以及5家定塘文明经营户颁奖，并通过播放事迹短片的方式生动展现定塘人的感人事迹和热爱家乡、诚信友爱、无私奉献的精神。

【“田园定塘 妈妈的味道”家乡货推介会】 12月15日，定塘镇在上海举办一场“田园定塘 妈妈的味道”家乡货推介会。推介会上，上海上蔬永辉生鲜食品有限公司、上海宝燕投资集团有限公司、上海百昌拍卖有限公司和镇政府签订购销协议。

【象山首届柑橘文化节】 12月23日，定塘镇小湾塘村的柑橘博览园内人声鼎沸，象山首届柑橘文化节在此开幕。柑橘文化节的举办，旨在体现县柑橘产业发展成果，丰富品牌内涵和品牌文化，提升县柑橘产业发展优势，使柑橘成为“象山名片，农业支柱，经济财源”。

表103

定塘镇2017年农村经济基本情况表

单位：万元

村别	户数（户）	人口（人）	土地面积（公顷）	山林面积（公顷）	村级经营性收入	上级补助收入
合计	10308	34308	2095.56	2116.93	1047.69	1327.38
渡头	353	1104	51.51	20.00	166.76	48.19
后洋塘	559	1860	121.20	75.80	39.32	60.49
葫芦门	145	475	37.45	51.33	12.02	29.46
大湾山	285	1040	69.53	84.20	19.1	21.89
下营	528	1760	136.83	253.53	56.84	54.44
方前	288	940	45.40	182.47	21.2	30.05
沙地	237	870	39.47	206.07	52.98	36.3
周岙	214	616	27.78	119.60	11.62	33.55
洋岙	359	1163	93.87	141.40	35.52	47.01
定山	268	880	49.53	58.80	69.56	24.25
灵雅舍	363	1117	92.27	45.93	14.64	34.82
台洞塘	264	964	68.53	11.20	11.03	18.61
中坭	995	3453	203.47	73.27	23.67	115.54
新岙	436	1489	83.49	139.33	24.84	21.68
小湾塘	160	565	25.26	90.87	10.58	18.7
镜架岙	261	823	48.53	94.20	13.02	42.59
岙底	330	1128	65.03	142.77	10.34	48.96
田洋湖	437	1440	67.49	200.70	32.76	42.89
盛平山	392	1197	80.01	92.73	21.03	48.17
叶口山	427	1464	79.97	3.33	78.91	75.35
宁波站	433	1540	96.15		63.73	36.28
花港	617	1978	106.79	0.40	22.55	115.07
漕港	401	1287	79.05		25.2	47.75
英山	252	848	60.66	11.07	43.81	20.87
白墩	408	1350	71.00	1.33	45.46	53.54
金牛港	260	897	45.66		10.59	92.09
礁横	356	1185	88.57		70.25	41.89
中站	280	875	61.07		40.36	66.95
镇				16.60		

墙头镇

【概况】 墙头镇镇域面积87平方公里，辖23个行政村和1个居委会，人口2.1万人，耕地面积1080公顷，山林3600公顷，可养殖海涂面积2266.67公顷，是全国贝类苗种繁殖基地、浙江省重点海水养殖区、象山县三大毛竹产地之一和草莓种植基地。

2017年，实现地区生产总值43.5亿元、同比增长5%，财政总收入9474.7万元、同比增长12.2%，固定资产投资2.4亿元、同比增长9.1%，农民人均可支配收入18606元、同比增长7.5%。

【工业经济】 新增亿元企业1家、规模以上企业4家，完成规模以上工业产值21.46亿元、同比增长12.9%，实缴税金8555.7万元、同比增长24.1%，规模以上利润5132万元、同比增长20%，规模以上工业增加值22837万元、同比增长3.5%。三安制阀、运生工贸为代表的机械汽配行业稳中提质，产值增长21%；宝信化纤、锦秀服饰、佳业针织、荣志服饰为代表的传统针纺行业稳中有进，产值增长11.2%；英海照明为代表的灯饰模具行业稳中向好，产值增长13.5%。招商引资成效明显，光大股权投资基金、丽东电子等3家企业落户墙头，实际利用国内资金4.93亿元、外资及港澳台资金350万美元，分别完成年度计划的561%、116.7%。创新驱动发力，申报新产品25个，三安制阀主持参与起草的3项国家标准正式发布。涉企服务加强，会同墙头商会完成企业资金转贷3528万元。

【现代农业】 推广甬优系列超级水稻198.67公顷，完成粮食订单450吨。上报农业技术基金项目、五新项目14个，推广红美人柑橘等“名特优”产品42余公顷，发展苗圃6.67公顷。新增家庭农场、农民专业合作社3家，宏森源苗木组培项目年产值达5000多万元。完成农业综合土地开发治理、高标准基本农田建设等项目5个。实施大雷溪、穿村溪坑整治工程，改造农村饮用水管网4个村，建设标准化养殖池塘13.33余公顷。有序组织第三次农业普查，基本完成土地承包经营权确权颁证。

【乡村旅游】 投入1200余万元建设旅游基础设施，年接待旅客12万人次，旅游综合收入2500万元。景区村创建有力推进，方家岙村完善大雷溪漂游、停车场、旅游公厕等配套项目，创建AAA级景区村；溪里方建成全县首家村级美术馆，乡伴文旅园艺盆景主题乡村项目开工；舫前村围绕影视拍摄基地开展配套服务，全年接待拍摄剧组12个。民宿经济做大做精，床位累计达600余张，“华翔·途家欢墅”度假别墅开业，上线途家网等营销渠道。成立旅游业发展办公室，推行“互联网+旅游”营销模式。

【美丽集镇面貌】 完成镇域总规和美丽集镇品质提升规划修编。实施年度项目18个，完成象西线墙头段亮化、主道路面“白改黑”、街道店面招牌改造等项目15个，建成公交候车亭44个，改造和新建公共厕所3座，共清理占道经营43户，拆除违章搭建36处，划定摊位、停车位186个。

【美丽乡村发力】 新增省文明村、省传统村落、省市历史文化名村各1个、市美丽乡村示范村3个、市改旧示范村2个、“一事一议”项目实施村7个，完成省道沿线村口绿化9个村，建成村庄休闲公园3个，种植大规格树木700株、苗木21万株，绿化村庄道路4600米。标准化改造养殖塘管理用房80余处，黄溪、大溪蒋、岭下、舫前等4个村生活污水处理工程基本完成，垃圾分类由点及面，成为全县首个垃圾分类实现全覆盖的乡镇。完善交通基础设施，提升联网公路3条，总长4.7公里。

【生态环境】 完成排污口和雨污合流口整治192个，关停畜禽养殖场3家，6处劣V类小微水体全部实现销号。拆除违章建筑34300平方米，完成年度任务的114%，整治蓝色屋面9000平方米。严防“地笼网”反弹现象。开展农业面源污染防治，引导农民秸秆还田和资源化综合利用，收集农田垃圾40余吨。加大森林保护力度，建设林道4200米，修复古道2000米，查处乱挖林木、石渣案件3起。

【社会保障】 办理就业创业人员补贴、申请小额担保贷款等服务60余人，开发公益性岗位12个，帮助职工解决欠薪28.8万元，本地户籍各类养老保险参保470人，城乡居民医疗保险参保12653人，完成被征地人员、精减人员、企业基本退休养老等各类待遇资格认证6671人，办理被征地养老保险191人，建成养老服务站4个。全年新增低保、高龄津贴、特困人员供养等255人，累计发放各类民政资金983.29万元，帮助困难群众渡过难关，维护社会稳定。

【社会事业】 深入践行社会主义核心价值观，婚丧礼俗整治巩固深化，成为省文明镇。墙头中心幼儿园迁建工程完成规划评审，落实奖教办法，中考一类上线率位居全县乡镇前列，墙头学校被评为浙江省中小学最美校园之一；家庭医生服务签约1820人，建成省、市卫生村各1个，成为市卫生镇。计划生育符合率为97.6%，依法征收社会抚养费193824元。文化建设得到加强，建成“非遗”文化馆1个、文化礼堂2个，举办宣传中共十九大精神文艺巡演、村晚等文化活动9场，制作休闲墙头、垃圾分类、美丽集镇等外宣专题片3个。

【社会治理】 深化“平安墙头”创建，摸排化解各类矛盾纠纷135件，受理回复群众到信到访114件，平稳完成村级组织换届，治安刑事案件数量明显下降。新增治安监控46个，初步建成治安视频监控网络。依法打击阻挠工程行为，破获相关案件4起。全面落实安全生产责任制，强化食品药品安全管控，全镇社会大局和谐稳定。

【管党治党】 专项行动，破解各类难题36个。建成吊水岩、洋北、方家岙、溪里方和盛王张示范村5个。深化党风廉政建设。加大信访查处力度，共受理群众信访举报14件，办结率100%。加强村级班子建设，选举产生新一届村“两委”成员174人。

【女性素质提升基地揭牌仪式】 1月5日，墙头镇女性素质提升基地揭牌仪式在溪里方村仁三房内举行，到自全县各镇乡街道的妇联主席、墙头镇各村妇代会主任等40余人参加仪式。墙头镇党委副书记胡安武、县妇联主席蒋凌燕共同为基地揭牌。

【镇第十八届人民代表大会第一次会议】 1月6—7日，墙头镇第十八届人民代表大会召开第一次会议，会议听取并审议《政府工作报告》《人大主席团工作报告》《镇2016年财政预算执行情况和2017年财政预算》，并依法选举产生墙头镇第十八届人民代表大会主席1名、副主席1名、墙头镇人民政府镇长1名、副镇长4名 。会议指出完成镇第十七届人民代表大会确定的各项目标任务，为“十三五”发展奠定坚实基础。

【“省体育强镇”复评】 1月12日，省体育强镇复评检查小组到墙头镇，开展省体育强镇复评工作，复评检查组一行听取工作情况汇报、查阅台账资料和实地检查，对该镇近年来的体育事业发展给予充分肯定。

【“最美象山人”曲艺惠民巡演暨黄溪村第三届文化艺术节】 1月13日，“最美象山人”曲艺惠民巡演暨黄溪村第三届文化艺术节在黄溪村文化礼堂上演，象山县文联党组书记、主席郑辉，浙江省曲艺家协会主席团成员王建刚例、墙头镇镇长董盛益例、墙头镇党委副书记胡安武例、象山县文联党组成员韦元强例、象山县曲艺家协会主席邵建平例、浙江省曲协理事赵立年例、张红坤例等观看演出。

【第十一届村民委员会换届选举动员会及培训会】 4月13日，为开展村民委员会换届选举工作，墙头镇召开村委换届选举动员及培训大会，安排部署选举相关工作，全镇机关干部与各村党支部书记、主任、文书共120余人参加该次会议。

【村两委换届选举工作】 5月15日，随着墙头村、蔡家岙村、洋北村村委会选举的结束，墙头镇自3月24日启动后历时53天的村两委换届选举工作落幕，全镇23个行政村全部选举产生新一届村两委班子。

【市委常委、秘书长施惠芳到墙头调研】 5月23日，市委常委、秘书长施惠芳到镇开展“大脚板走一线、小分队破难题”抓落实专项行动调研。施惠芳一行实地踏看镇溪里方村、黄溪村，对两村干净整洁的村容村貌表示赞赏，并召开座谈会与镇村干部面对面座谈交流，勉励镇村干部理清发展思路，以科学规划为引领，提振精气神，干出新业绩、干出新面貌。要立足自身条件，招引项目，培育新业态，增强自身造血功能。要加强与先进地区的学习交流，通过结对帮扶、开展合作，借助外力实现更好更快发展。

【中央农办副主任吴宏耀到墙头调研】 5月18日，中央农办副主任吴宏耀到墙头调研乡村治理及新农村建设工作。吴宏耀指出，要把美丽乡村建设和乡村旅游有机结合起来，利用生态优势，深入挖掘民俗文化，精心规划民居民宿，真正留住乡韵、记住乡愁；要错位发展低、中、高端民宿和农家乐，以此破解乡村旅游供给侧改革难题，形成全域布局、特色定位、错位发展的乡宿经济发展新格局；要持之以恒推进农村小微权力运行的规范化、标准化、系统化建设，强化监管体系，建立健全台账机制，确保公平公正公开。

【创建市级卫生乡镇千人签名活动】 6月15日，墙头镇组织机关干部、志愿者、学校师生在墙头学校开展创建市级卫生乡镇千人签名活动。活动中，志愿者和学生代表在国旗下宣读倡议书和承诺书。2017年是墙头镇创建市级卫生镇的关键之年，开展该次活动，旨在扩大宣传，为创卫工作营造浓厚的氛围。

【省林业厅厅长林云举到墙头调研】 6月22日，省林业厅厅长林云举到墙头开展调研。林云举前往墙头镇宏森源苗木组培基地、方家岙村新农村建设、乡村旅游发展情况，对该村的村庄绿化及民宿的蓬勃发展给予高度肯定，鼓励方家岙村要始终秉承“绿水青山就是金山银山”理念，高标准推进村容村貌绿化美化洁化，全面释放生态红利，提升群众的参与度，让护绿、植绿成为广大群众的自觉行动。

【庆祝中国共产党成立96周年暨“七一”表彰大会】 7月1日，墙头镇召开庆祝中国共产党成立96周年暨“七一”表彰大会，缅怀光辉历史，牢记光荣使命。来自全镇基层党组织近650名中共党员参加会议，重温入党誓词。中共墙头镇党委对2016年度全体先进基层党组织、优秀党务工作者和部分优秀共产党员进行现场颁奖表彰。

【镇第十八届人民代表大会第二次会议】 7月19日，墙头镇召开第十八届人民代表大会第二次会议，大会听取和审议《墙头镇2017年上半年政府工作报告》《墙头镇2017年上半年财政预算执行情况的报告》以及《墙头镇总体规划(2016—2030)修编工作的报告》。

【全县设施农业用房专项整治工作推进现场会】 7月21日，墙头镇召开全县设施农业用房专项整治工作推进现场会，作为全县开展设施农业用房整治工作的试点乡镇，墙头镇率先而为，出台关于对设施农业用房整改的实施办法，在墙头、舫前等村试点开展改建工作，排摸设施农业用房情况，通过各村包干实施的方式完成水产养殖管理用房改造63处，拆除13处，对整改后的管理用房实行“一房一档”管理制度，严格规范养殖要求，统一登记养殖户联系方式、养殖规模等基本信息，逐一编号全部养殖用房，由所在村落实管理、养殖户负责日常维护。

【方家岙村举办“村民说事”现场会】 8月24日，市委副书记、政法委书记陈奕君带领各区(县)市一把手及全市乡镇街道党委负责人实地考察方家岙村“村民说事”工作。每个月1号，都是方家岙村的集中说事日，2017年共会商村级大事15起。方家岙村“村民说事”，是带动乡村发展的一把金钥匙，说出一条精彩富民路。

【省委副书记、市委书记唐一军到墙头镇调研】 8月24日，省委副书记、市委书记唐一军赴墙头镇调研小城镇环境综合整治工作。唐一军实地察看并详细了解墙头镇小城镇环境综合整治工作总体情况。唐一军指出，省小城镇环境综合整治工作发轫于墙头镇，这意味着墙头镇要以勇争一流的标准推进这项工作，为全省全市提供经验、作出示范。希望墙头镇既要加快工作进度，保证整治质量，全面改善城镇环境面貌，又要保护挖掘地域文化，突出个性特色，彰显独特魅力，实现外在美与内在美相统一。

【溪里方村入选第一批省级传统村落名录】 10月12日，溪里方村入选浙江省第一批省级传统村落名录。

【副省长孙景淼到墙头调研】 10月19日，副省长孙景淼一行前往方家岙村，实地踏看村庄建设情况，肯定近年来的乡村旅游和美丽山水带动美丽经济发展取得的成效，并鼓励该村再接再厉，转变生态优势为发展优势，建设宜居宜业宜游、富有内涵的美丽乡村，要沿着这条强村富民的路子走下去，带领全体村民共同创造更加美好的生活。

【市委常委、秘书长施惠芳到墙头镇宣讲十九大精神】 11月8日，市委常委、秘书长施惠芳到墙头镇宣讲中共十九大精神，施惠芳结合象山和墙头当前发展形势和相关实例，对中共十九大精神作深入浅出的阐释和解读。墙头镇党政班子成员，各村支书，部分老党员、企业家代表参加报告会。

【方家岙村获评宁波市首批"AAA级景区村庄"】 11月12日，方家岙村获评宁波市首批"AAA级景区村庄"，方家岙村用景区化的思路打造村庄，让村庄拥有更多的旅游元素，不仅有可观赏的景观，推进农村发展的新型业态，还有可流传的故事和历久弥新的人文历史，要让人们望得见山、看得见水、记得住乡愁。

【方家岙农家客栈厨艺大展示活动】 11月23日，"方家岙农家客栈厨艺大展示"活动在方家岙拉开帷幕。10支队伍30位农家客栈大厨们各展风采，在技能比拼和特色菜展示两个环节，决出最佳刀工奖、最佳口味奖、最佳色彩奖、特色奖、优胜奖等奖项。

【残疾人联合会第六次代表大会】 11月23日，墙头镇残疾人联合会第六次代表大会召开，会议听取和审议墙头镇残疾人联合会第五届主席团工作报告，选举产生墙头镇残联第六届主席团委员7名，出席县残联代表大会的代表7名。同时，还召开镇残联第六届主席团第一次会议，推选出新一任主席团主席、副主席以及镇残联理事长。

【墙头镇溪里方村举行海丝之路·潮起象山——全国中国画学术邀请展】 11月25日，海丝之路·潮起象山——全国中国画学术邀请展于墙头镇溪里方美术馆举行。该次邀请展共展出来自25位国内外知名画家的75幅国画作品，旨在美丽乡村建设中把美学引进农村，通过传统国画的笔墨，多层面、多维度地让人们看到、体味到美丽乡村生活、美学和环境时空交错的美感，让更多的人望得见山、看得见水、记得住乡愁。开展仪式上还举行邀请展画册首发式、万松岭画室与墙头镇政府签约以及溪里方美术馆揭牌仪式。

【镇综合市场获评省一星级文明规范市场】 12月8日，墙头镇综合市场成为浙江省一星级文明规范市场。该镇以"一星级市场创建""市美丽乡村示范村建设"等活动为契机，按照《浙江省星级文明规范市场认定办法》的标准，对辖区内农贸市场开展全面集中整治，改变"脏、乱、差"现象。同时，加大人力、物力投入，改善软、硬件设施，加强对市场的日常管理。并健全长效监管机制，以点带面到促进农贸市场的提质升档。

【省建设厅党组书记、厅长项永丹到墙头镇调研】 12月18日，省建设厅党组书记、厅长项永丹到墙头调研美丽乡村规划建设及小城镇环境综合整治工作。项永丹指出，墙头镇拥有深厚的文化底蕴和城乡内涵，要按照质量优先的理念，实现保护和整治同步推进，做深做细整体工作规划。使小城镇更加人性化；打造好特色街面，保护好传统特色建筑，重塑环境形象，推动有机更新，达到聚产业、聚人气的目的，让群众拥有更多的获得感和幸福感。

【西沪港湿地科普馆在墙头镇方家岙村举行开馆揭牌仪式】 12月23日，西沪港湿地科普馆在墙头镇方家岙村举行开馆揭牌仪式，正式面向大众开馆。墙头镇镇长朱恩青和县科协副主席刘刚共同为科普馆揭牌，并与方家岙村签订委托管理协议书。将推动湿地保护和科普宣传、教育工作迈上一个新台阶，并助力墙头全域旅游发展。

表104 **墙头镇2017年行政村经济情况一览表**

村　名	户　数（户）	人　口（人）	耕地面积（公顷）	水产养殖（公顷）	渔　船（艘）	村级资产（万元）	村集体年收入（万元）	村集体年支出（万元）	书 记、主 任
合心村	139	428	18.4			361.03	51.54	33.06	俞　东　谢爱华
吊水岩村	230	681	46.67			1316.78	314.52	307.44	俞开方　姚国立
亭岙村	229	742	69.27			488.19	240.49	184.12	陈旭郑
七里亭村	251	767	168			601.85	117.95	209.67	张世伟　郑岳定

续表104

村 名	户 数(户)	人 口(人)	耕地面积(公顷)	水产养殖(公顷)	渔 船(艘)	村级资产(万元)	村集体年收入(万元)	村集体年支出(万元)	书 记、主 任
洋北村	613	1763	117.73	230	8	370.01	210.05	192.32	俞光红 俞先刚
桃湾村	75	214	11.27	20	1	431.09	203.37	28.61	胡仁德 周善永
白墩村	161	457	38.47	58	4	370.4	100.26	118.72	王建祥 王建立
大溪蒋村	263	718	51			735.35	200.32	107.59	蒋士林 郑才国
黄溪村	582	1720	189.87	308	5	2255.08	356.3	352.64	董邦祥 董国定
塔岭村	244	737	64.4	9		599.26	298.17	275.21	潘永财 周国林
雷港村	323	903	106.67	168	1	331.75	135.54	136.49	周吉右 韩永花
蔡家岙村	338	933	68.2			339.9	114.61	150.48	蔡雷洪 蔡敏剑
周家路村	174	491	24.93			135.78	54.84	445.08	俞承琪 谢全忠
毛洋岭村	36	97	10			77.98	33.32	39.15	陈志光 王 东
墙头村	1199	3491	600	158	6	2609.37	1082.37	1256.55	张国利 童东辉
方家岙村	653	1922	292.53	42	2	1374.26	500.19	571.67	欧昌伍 徐国荣
溪里方村	234	673	62.4			1346.96	553.05	423.71	方岳兴 欧卫杰
岭下村	265	772	211.73	22		439.74	131.63	112.24	陈德振 黄世清
舫前村	497	1552	149.73	362		825.5	332.22	308.66	张海军 唐宝成
盛王张村	115	319	21.6	28		169.89	86.96	92.56	盛服军 盛振航
孙家村	178	542	44.6	41	1	293.3	130.67	97.28	孙 斌 孙红阳
下沙村	362	1038	210.87	121		722.52	254.27	288.06	何培法 何旭旦
西沪村	99	288	35	133	5	486.68	235.34	208.19	徐荣富 马旭东

泗洲头镇

【概况】 泗洲头镇镇域面积74平方公里，人口1.8万人，下辖21个行政村，耕地1000公顷，山林5000公顷。镇域森林覆盖率接近70%，坐拥两大名山，南有被誉为“浙东第一壮观”的灵岩山，海拔388米，北有空气负离子含量极高的“天然氧吧”白仙山，主峰540米，青山绿水碧野，是发展休闲养生、旅游度假之胜地。先后荣获全国环境优美镇、省级生态镇、省级美丽乡村示范乡镇、市级“无违建”创建首批先进乡镇、县现代农业强镇、县工业先进乡镇和县新农村建设先进镇乡等荣誉。2017年，全镇经济社会各项事业平稳发展，实现社会生产总值28.2亿元，全社会固定资产投资2.96亿元，财政一般预算收入7423万元。

【工业经济】 2017年全年完成工业产值23.7亿元，同比增长10%，完成规模以上工业产值22.1亿元，同比增长12%。完成工业投资2.5亿元，增长45%。实际利用外资及港澳台资金300万美元、实际利用国内资金1.19亿元、省外资及港澳台资金7373万元，分别完成计划的100%、135%和164%。实现对外及对港澳台贸易进出口1.17亿美元，完成计划的100%。推进“泗商回归”工程，新引进落户项目7个，注册资金6900万元，投资总额1亿元。镇小微企业集聚区首期4公顷全面建成，落户企业7家，投产6家。

【现代农业】 完成5个“五新”项目建设。推进“机器换人”工作，争建省级农业“机器换人”示范基地1个，完成美丽生态牧场创建1家，池塘标准化改造50公顷，建成节水灌溉基地112公顷，基本完成灵南片梭子蟹生态健康养殖示范区建设。完成农村土地承包经营权确权登记颁证审核公示工作。

【全域旅游】 创建省级AAA级景区村1个、AA级景区村3个，省十大老年养生旅游示范基地1个，省农家客栈(民宿)集聚村1个，县旅游特色村1个。投资2000万元的真象自然教育营地项目和投资1000万元的墩岙村精品民宿项目落户并开工建设，加快农旅融合发展，举办乡村旅游系列节庆活动，乡村旅游知名度提升。建成旅游厕所6座、生态停车场5个、村级游客服务中心4个，基本完成手绘地图、标识标牌等智慧旅游体系。

【美丽乡村】 市级美丽乡村示范乡镇创建有序推进，完成提升村建设2个。推进垃圾分类和美丽庭院建设，农资包装废弃物回收率达80%，建成市级垃圾分类试点村1个，县美丽庭院示范村3个，农村环境卫生在全县评比中连续名列前茅，第一、第四季度均获全县第一，何婆岭村被评为宁波市第三批最洁美村庄，肖胡村被评为县最洁美村庄。完成经济薄弱村转化4个，村集体经营性收入较上年增长22%，屋顶光伏发电脱贫增收模式在全县推广。

【专项行动】 全年拆违3.37万平方，完成目标任务的112%，完成设施农业用房整治改造9000平方米，拆除1000平方米，实现新增违建零发生。完成捕捞渔船减船转产18艘，清理地笼网2000余顶。共铲除抢种花木1.5万株，成为全县首个建设环境整治案例。

【基层治理】 深化提升“村民说事”制度，建成“村民说事”示范村5个，农村基层权力规范运行有效，村级债务管控成效显著，整体工作走在全县前列。加强党风廉政建设，查处违纪违规案件8件，给予党纪处分8人，问责7人。

【社会事业】 统筹美丽集镇、市级美丽乡村示范镇、市级文明镇、市级卫生镇创建，新建省市级文明村5个、卫生村4个，农村文化礼堂1个、家训家风示范村1个。深化婚丧礼俗整治，教育与卫生事业优先发展，中心小学联考获得全县第14名的好成绩，卫生院列入国家级群众满意乡镇卫生院创建。新增各类参保人员675人，养老保险、基本医疗保险参保率分别达92%和98%。

【中共建设】 坚持党要管党、从严治党，实施“双色领航，四美共建”项目，以“红色引领，绿色发展”为主题，以党支部星级评定和党员星级管理为抓手，打响美丽党建品牌，基本建成“美丽党建+乡村旅游”“美丽党建+现代农业”两条精品线。加强干部队伍建设，坚持德才兼备、以德为先，注重政治素质过硬的选人用人导向，严肃换届纪律，平稳有序完成村级组织换届，选优配强基层干部队伍。

【镇第十八届人民代表大会第一次会议】 1月5日，泗洲头镇政府召开第十八届第一次人代会，县人大常委会副主任柳建根，副县长、公安局局长宣业靖莅临会议进行指导。大会选举产生当家人并审议通过镇政府工作报告、人大主席团工作报告和财政报告，票决出2017年度政府实事工程项目。

【村级组织换届选举工作动员会】 3月24日，泗洲头镇召开村级组织换届选举工作动员会，部署全镇村级组织换届选举工作。各行政村四套班子负责人、自然村负责人及全镇机关干部等120余人参加会议。

【叶剑鸣到泗洲头镇调研小城镇环境综合整治工作】 4月6日，县委书记叶剑鸣一行人到泗洲头镇实地调研小城镇环境综合整治行动情况。

【泗洲头镇举办首届蛏子节】 4月15日，泗洲头镇首届蛏子节在墩岙塘村开幕，千名游客共赴以“嬉泥中之乐，品四月缢蛏!”为主题的拘蛏品蛏盛宴。以“鲜”征服千余名游客的味蕾。

【中央农办副主任吴宏耀到泗洲头考察网格工作】 5月18日，中央农办副主任吴宏耀一行对泗洲头镇何婆岭村的网格化管理、民事村办等工作进行考察。吴宏耀表示，何婆岭的经验做法值得在全镇进行推广和借鉴。

【2017年度工业经济大会】 6月9日，泗洲头镇2017年度工业经济大会在海洋酒店召开。会议的主要任务是全面落实县工业会议精神，总结回顾2016年工业经济工作，表彰奖励2016年工业经济发展中涌现出来的先进单位和先进个人，全面部署2017年工业经济工作。

【庆祝中国共产党成立九十六周年党员大会暨“两学一做”学习教育工作推进会】 6月30日，泗洲头镇庆祝中国共产党成立96周年党员大会暨“两学一做”学习教育工作推进会在镇文体活动中心举行。

【县委书记叶剑鸣到泗洲头调研企业发展和美丽乡村建设情况】 7月19日，县委书记叶剑鸣、副县长钮晶莹及县委办、县府办、县委政研室、县委组织部、县农办、县水利局、县旅委、县交通运输局、县信访局等相关领导到泗洲头镇调研，走访长城集团宁波音元汽车零部件公司及肖胡村美丽乡村发展、后王村集体经济发展示范项目等工作。

【宁波市常委施惠芳到泗洲头镇调研“村民说事”工作】 8月3日，宁波市常委、秘书长施惠芳等人到泗洲头镇何婆岭村调研“村民说事”工作。施秘书长指出推进“村民说事”制度，能说出村庄发展大计，说开村民矛盾，说强村集体经济，能有效地说好农村经济发展中的难事，增进和谐氛围。

【副县长蔡特等人到泗洲头镇调研企业发展和新农村建设情况】 9月6日，县委常委、副县长蔡特，副县长卢飞深入泗洲头镇调研企业发展和新农村建设情况，先后到长城集团宁波音元汽车零部件有限公司、后王村、墩岙村和大理村调研。蔡县长表示历史上的泗洲头镇是重镇、是枢纽，前期泗洲头镇的各项工作思路清晰、谋划前瞻、亮点纷呈，希望镇班子一班人在镇党委的领导下“一任接着一任干”，用心、用情讲好泗洲头好故事、唱出泗洲头好声音。

【宁波市市长裘东耀在泗洲头镇调研】 10月17日，宁波市市长到镇实地调研，听取镇党委书记周元能对泗洲头镇基本情况、工业发展、美丽集镇、乡村旅游等方面的介绍和汇报。

【罗来兴到泗洲头镇调研“泗洲乡韵”文明示范线】 11月17日，县委常委、宣传部部长罗来兴一行走访泗洲乡韵文明示范线的起点，村何婆岭，节点村后王、肖胡，对镇前阶段的文明示范线创建工作表示肯定，并指出：泗洲乡韵文明示范线创建要考虑到沿线的地理环境优势，要依托独特的人文和自然禀赋,高起点谋划布局,使多要素有机整合,以村美民富为目标,通过挖掘历史文化、传承乡风文明,从而提升村民人文素养。

【"泗洲乡韵""田园定塘""风情茅洋"文明示范线启动仪式】 12月15日,"泗洲乡韵""田园定塘""风情茅洋"文明示范线在泗洲头镇何婆岭村开展集中启动仪式,90余人参加活动。继"斑斓海岸"文明示范线开线后,县又新增"泗洲乡韵""田园定塘""风情茅洋"3条文明示范线,这标志着县文明示范线建设正向着全域化的方向推进。

涂茨镇

【概况】 涂茨镇镇域面积62平方公里,沿海岸线38公里,下辖21个行政村,人口2.2万人。全镇有耕地847.67公顷,山林2572公顷,山海旅游资源丰富。2017年,全镇社会生产总值30.8亿元,增长12%;税收7800万元,增长8.3%;农(渔)民人均纯收入19083元,增长8%;完成市级森林城镇创建,获得市级征兵工作先进单位、市级绿化先进单位、第三次全国农业普查省级先进集体、农业"机器换人"省级示范乡镇等荣誉称号。

【工业经济】 完成工业总产值23.2亿元,规模以上工业产值14.8亿元,利润8000万元,同比分别增长16%、18.4%、33.3%。净增规模以上企业3家、原口径规模企业5家,全镇规模以上企业达到15家,其中亿元企业3家。重点企业龙头作用增强,"新乐造船3万方LNG船下水"登陆央视《新闻联播》,劳伦斯二号电镀线正式启用。全年实际利用外资及港澳台资金350万美元、国内资金2.1亿元、浙商回归5753万元,引进亿元以上项目3个,完成工业投资1.65亿元。科技创新加快推进,申报新产品9个,新增专利34项,创建科技型初创企业6家,通过市级"两化融合"项目验收企业2家,实现R&D经费投入2000万元。外经对外及对港澳台贸易工作取得突破,新获批境外企业2家,实现对外及对港澳台贸易进出口3360万美元。

【全域旅游】 建成华东首个"飞拉达"基地,举办首届海岛风情节。吸引上海市作家协会采风乱礁洋,举行首届原则诗歌奖颁奖,提高涂茨旅游知名度。建成游客接待中心2个,A级以上景区4个,新建改建A级以上旅游公厕5个,精品民宿2家、农家乐3家。

【农业发展】 宁波水产种业园区完成投资2800万元,与正大集团达成合作协议。打造汤岙七彩油菜花赏花基地33.33公顷,嫁接红美人6.67公顷,前山姚小番茄、日本葡萄颇具潜力新认定无公害基地1个,落实高产示范方1个,荣获省级"机器换人"示范乡镇。利用灌溉水库发展集体经济,11个村增收70万元。加强农业基础性工作,基本建成大岭后节水灌溉工程,推进泊戈洋小流域、屿岙河道整治、钱仓溪坑整治等农田水利设施建设,土地承包经营确权工作基本完成。

【城镇整治】 完成镇南新区城市设计,金鸡路立面改造完成招标。推进"多规融合",完成21个村庄整治规划,镇区控规调整实现全覆盖。改善交通条件,修复前中线隧道3座,提升农村公路2.5公里,汤鲁线白改黑项目可动工建设,新建公交停靠站15座、调头站3座,钱仓综合客运站开工建设,环港公路玉泉至屿岙段全程亮化。强化镇容镇貌管理,新增垃圾箱567个,实施垃圾分类处置村8个,城镇环境更加整洁有序。

【美丽乡村】 打造美丽庭院示范村2个。新增道路绿化4.5公里、村庄绿化13.33公顷,市级森林城镇通过验收。加大农村环境卫生整治力度,投入资金160余万元,整治重点区域162处,城乡面貌改观明显,中堡村入选象山最洁美村庄。

【社会治理】 调处各类矛盾纠纷86起,化解信访难题6个,完成护航中共十九大任务。上报处理事件2820件。"村民说事"制度全面推广。全面开展安全生产大排查、大检查、大整治,强化食品药品安全管控,安全生产形势总体平稳。加强基层防灾减灾体系建设,组织开展应急演练,自然灾害防御取得成效。

【社会事业】 推进诚信指数示范村创建,婚丧礼俗整治巩固深化,创建省市级文明村3个。深化文化惠民服务,建成农村文化礼堂2家,家庭医生契约式服务2700人次,市级卫生镇创建。计划生育率达98.2%。工会、共青团、妇联及商会、老龄、科协等作用发挥,双拥、统计、档案、殡葬、民族宗教等工作取得新进展。

【社会保障】 新增就业325人,城镇失业率控制在2%以内。新增城乡养老保险455人,被征地人员养老保险158人,本地户籍人员养老保险参保率达90.3%。新增农村集中式居家养老公寓2个、服务站点1个。重视农民饮水安全,基本完成城乡联网供水一体化改造和一户一表改造。危房解危29户,改造低收入农户危旧房53户,政策性住房保险参保率达100%。健全社会救助体系,发放各类救助资金632万元,惠及群众1562人次。

【中共建设】 全面推进"村民说事",健全一线服务群众长效机制,构建"党建+文明+滨海旅游""党建+美丽乡村+乡村旅游"发展新模式。压实全面从严治党"两个责任",把握运用"四种形态",推进"四风"整治,问责处理党员干部6人。严格落实农村"三资"管理制度,规范农村基层小微权力运行。

【"乱礁洋"新年诗会】 1月15日,"乱礁洋"新年诗会在涂茨镇大岭后村举行。该次新年诗会以茶会友、以诗咏情,是诗人学者和茶艺爱好者的一次美丽之约。活动中,诗会成员以"乱礁洋"为主题进行诗歌朗诵、茶艺表演、书法表演、乐器演奏,让人难以忘怀。

【劳伦斯启用全自动电镀龙门线】 4月7日,宁波劳伦斯表面技术有限公司二号电镀线正式启用,标志着该公司智能制造实现新突破。该生产线采用德国Aucos全自动控制系统、西门子电子控制系统、美富亚以及台合达的整流机器过滤棒等世界领先硬件、软件技术，实现全面自动化。同时，该生产线注重环保设计，实现工业废水进行统一回收，并全部接入城东工业园区污水管道。

【涂茨镇村书记当上招商员】 5月27日，召开“工业·开放型经济大会”，对21名村书记（副书记）颁发招商员聘书。村书记招商员聘任期限为三年，主要职责对招商引资工作提出建设性意见或建议，并开展其他有利于镇工业经济发展的活动。同时，该镇每年对招商员工作进行评估，择优给予评优奖励。

【《大众摄影》走进涂茨联谊会召开】 6月11日，由《大众摄影》杂志社、涂茨镇人民政府主办的《大众摄影》走进涂茨联谊会在涂茨镇举行，来自社会各界的摄影爱好者100余人参加会议。该次联谊会共收到记录涂茨的山海人情的摄影作品350幅，《珠山老龙》《春耕时节》等23幅作品被评为优秀作品。

【首届海岛风情节】 8月20日，涂茨镇以“仙子湾海岛风情节”为主题，借助风车、草地、沙滩等长沙海湾的自然资源，开展搭帐篷露营、篝火晚会、七夕联谊等多种形式的活动。累计接待游客4500余人次，县外团队21个，带动相关旅游收入经济收入21万元。

【保障重点工程跑出新速度】 截至8月下旬，总投资12.5亿元的波威重工大型机械加工制造项目正式在涂茨镇大港口区块投产，从项目签约到项目落地“开花”，仅仅用时2个月，年底产值达3000万元。

【乡镇食药安全社会监督员队伍】 9月15日，涂茨镇召开食品药品安全社会监督员工作会议，向15名食品安全社会监督员颁发聘书。这是全县首支乡镇食品药品安全社会监督员队伍，该镇在辖区21个行政村通过招募和推荐的形式组建。

【海上救护综合演练】 12月20日，涂茨镇开展海上担架护理分队综合演练。经过半小时的航行，海上担架护理分队靠近救援船只，经过数分钟的应急处置，“受伤人员”得到及时稳妥的救治，在安全返回码头后，迅速送伤员到医院做治疗，整个紧急海上救护综合演练结束。

表105　　涂茨镇2017年行政村经济情况一览表

村名	户数（户）	人口（人）	水田（公顷）	旱地（公顷）	水产养殖（公顷）	渔船（艘）	农村经济总收入（万元）	村级资产（万元）	村集体年收入（万元）	村集体年支出（万元）	人均收入（元）	书记	主任
珠山	316	1009	27.7	2.74	5.93	0	248.3	1154.47	191.3	28.62	17779	刘林光	杜乾宝
泊戈洋	549	1795	68.53	3.2	5.33	0	120.11	925.48	116.16	201.47	16825	吴永富	虞行业
下盆岙	213	642	27.8	1.07	8.4	0	23.93	550.2	23.93	14.14	16543	黄彩英	许善平
涂茨	672	2140	74.93	10.07	45.66	3	642.04	1618.56	143.64	39.36	17811	袁位永	袁争光
旭拱岙	369	1165	24.87	9	92.93	0	177.61	1223.62	177.61	41.14	18690	葛聪敏	黄平
庵后	252	757	13	0.47	1.33	0	86.63	386.74	67.93	36.62	14562	姚斌	徐德宁
玉泉	291	827	26.17	4.96	1.33	0	80.28	597.39	39.04	9.03	15804	李先鹏	周岳
永联	295	867	19.26	8.36	93.67	5	288.06	1055.45	81.82	76.88	16372	陈光明	殷立葵
东港	596	1606	61.33	20.53	5.67	0	139.03	700.73	126.03	46.54	14982	肖志豪	郑永定
里庵	251	658	29.93	7.27	11.93	0	156.11	427.25	69.59	11.81	16119	陈敬森	郑健
前山姚	270	685	19.37	1.1	0	0	114.85	332.5	39.45	18.28	15851	蔡明增	黄位鱼
毛湾	513	1527	9.53	4.53	106.73	35	222.53	449.87	202.53	33.93	17899	林松年	张先吉
大岭后	233	658	15.2	4.33	39.53	19	162.94	915.84	64.71	20.8	18656	夏永青	夏国芳
长沙	83	230	1.4	0.53	12.67	12	137.97	337.45	117.97	5.34	25904	李海华	李海挺
大坦	231	723	10.3	1	6.94	23	139.85	462.41	139.85	11.52	22760	陈忠国	洪风展
中堡	267	812	26.21	5.88	23.73	0	130.38	1006.23	130.38	22.57	18292	钟真理	崔建国
钱仓	660	1934	90.03	6.7	124.67	32	461.23	968.92	217.53	93.17	20605	张才云	陈亚武
新塘	110	279	14.83	0.5	7.13	14	131.29	304.48	34.08	6.43	18062	茅全吉	陈祖根

续表105

村　名	户数(户)	人口(人)	水田(公顷)	旱地(公顷)	水产养殖(公顷)	渔船(艘)	农村经济总收入(万元)	村级资产(万元)	村集体年收入(万元)	村集体年支出(万元)	人均收入(元)	书　记	主　任
汤　岙	397	1335	82.73	8	46.73	0	314.75	653.1	48.12	26.93	17380	郎德敏	朱平安
黄　沙	321	1009	42.87	13.33	53.42	0	108.18	864.11	108.18	21.62	20555	朱恩位	张国营
屿　岙	316	913	14.97	0.37	16.64	8	395.74	986.23	80.1	25.83	21299	丁乐平	周明宗

大徐镇

【概况】 大徐镇面积56.6平方公里，下辖24个行政村，人口1.92万人。全年实现社会生产总值51.5亿元，增长8.6%；财政总收入1.33亿元，同比增长8%；农民人均纯收入1.72万元，同比增长8.2%；社会固定资产投资6.5亿元，同比增长35%。

【工业经济】 2017年，全镇共有企业251家，其中规模以上企业36家，销售上亿企业7家。全镇实现规模以上工业总产值30.8亿元，同比增长19.5%，其中，计税销售、利润、利税分别完成26.17亿元、1.84亿元、2.87亿元，增幅均达20%以上，完成工业投资4.5亿元。

【创新转型】 2017年全年共实施工业投资和技术改造项目29项，年度完成固定资产投资4.5亿元，其中完成设备投资2.55亿元。

【招商引资】 2017年全年共引进企业20家。顺声通讯的昆山企业确定回迁；森磊科技南京项目回归注册；贝斯特阀门的天津企业确定回迁。

【农业经济】 2017年全年实现农业总产值2.33亿元，同比增长9%。实施总投资780万元的高标准基本农田建设，包括汤家店、陈山等4个村耕地质量提升工程84公顷，大徐、下岙、新罗岙等8个村农田基础设施186.67公顷。深入实施"7+1"农业龙型产业提升计划，完成投资350万元的市级杨梅产业示范区建设。

【旅游经济】 完成相思岭村庄旅游规划，雅林溪影视客栈完成土地农转用上报。基本完成十里相思古道和大徐溪滨水休闲游步道一期建设。投资1000万元的海米木木亲子庄园一期建成试营业。发展旅游相关产业，大壮农场、雅林溪桑果园等水果采摘基地、"前锋营"军事拓展基地知名度逐渐提高，殷夫故居年接待8000人次。

【规划编制】 《镇域总体规划》通过县政府审批，镇所在地控制性详细规划完成评审并被县政府批准，工业地块控制性详细规划基本实现全覆盖，完成大徐村等23个村村庄规划。

【小城镇环境整治】 2017年全年共安排集镇项目10个，累计完成投资4200万元。东昭路、龙溪路提升工程完成道路拓宽改建、立面改造、线路上改下、党建示范带建设等工程。完成综合市场配套停车场、幼儿园至小学道路改建及配套停车场、殷夫故居周边改造提升等工程，鹰山庙周边提升工程基本完成。挂牌成立综合行政执法中队，交警车辆违停智能抓拍系统投入使用，多次开展联合执法，车乱停、摊乱摆、道乱占等现象基本消除。

【美丽乡村建设】 创建下院村县级特色村。投资250万元完成章家弄等沿线村庄景观围墙建设、交警中队及石材厂立面改造、船倒山停车场建设、铁拾小公园建设。下院村评为县级洁美村庄。完成林善岙、大徐村"一村一树"及海口、杉木洋村美丽庭院创建。创建市级森林城镇。

【治水拆违】 全年共完成三改一拆面积3.54万平方米，拆除违法建筑28件，全镇以片为单位进行管控，开展巡查200余次。在年内的卫星遥感执法中，实现零上报。推进"五水共治"行动，拆除养殖场7家，面积1474平方米。童珍宏猪场于6月底完成县环保监控平台接入，可实时监控养殖场生产、无害化处理及污水储存排放等过程。全面排摸自然消纳小规模养殖场地32家，2017年全镇地表水水质状态优良。

【重点工程】 大徐溪综合治理二期建设完成投资额的85%，正在安装护栏及进行收尾工作；完成盛宁线及镇域主干道部分路段景观围墙建设和立面打造、船倒山停车场建设及场地平整、三角地杨梅市场主体工程、盛宁线两侧绿化土地政策处理；动建文化休闲广场(枫溪公园)，完成塘渣17428立方米、黄土填筑3765立方米，完成投资109万元；完成农村公路改善提升2.5公里，涉及丹大线至相思岭公路提升工程、花莲山至下院公路提升工程和新建环港公路至杉木洋公路；完成大徐幼儿园至小学道路改建；安东村山体滑坡整治正进行山体生态修复；完成"十里相思"古道建设。

【群租房、出租房线乱拉专项整治行动】 10月初起，大徐镇借助四个平台协调机制，开展群租房、出租房线乱拉专项整治，由镇主要领导带头，联合综治、公安、安监、综合执法、消防等相关部门单位，对镇域范围内342户出租房、群租房开展安全隐患大排查行动。

【县微型党课宣讲团走进大徐镇】 8月2日，大徐镇政府的吴爽、县委党校的刘倍贝、县教育局的周雅静、县文联的徐方利、县海洋与渔业局的王舒同以及县人力社保局的仇翔飞等6位县微型党课优秀宣讲员到大徐镇政府，为全体机关干部、各村党支部书记、妇女主任带来一场激情洋溢的党课宣讲。接地气、聚民气，抓住全体党员干部的心，使大家深受启迪。

【社会综合治理】 9月5日，为迎接中共十九大召开，营造和谐社会环境，提升城镇整体形象，大徐镇镇综治办联合派出所、安监所、消防中队、市场监管所、食安办、综合执法队等部门开展平安自查自纠集中行动。主要督查镇区寄递物流、商场、药店、油漆店、加油站、散装煤气、制冷制氨企业、学校等重点行业和场所安全隐患排查。

【华弼天副县长赴大徐宣讲中共十九大精神】 11月22日，大徐镇学习贯彻中共十九大精神宣讲会召开，副县长华弼天主讲，各行政村支部书记、村主任、企业支部负责人、镇属部门负责人及全体镇机关干部职工等200余人参加。要求党员干部要深刻认识中共十九大的重大意义，率先垂范，迅速把思想和行动统一到大会的精神上来，凝聚加快经济社会发展、决战脱贫攻坚、决胜全面建成小康社会的强大正能量。

【“百村”中老年人广场舞达人秀大展示活动】 9月9日，在镇中心小学举办“百村”中老年人广场舞达人秀大展示活动，展示大徐半边天的风采和向上的精神风貌。该次活动共有17个村选送节目。

【“母亲素养工程”公益培训开班】 8月6日，在大徐镇举行开班仪式，象山县妇联党组成员办公室主任、大徐镇妇联主席、象山女子学院校长、副校长、新国穗培训学校校长参加。母亲素养工程送教下乡中促进广大妇女的母亲素养健康教育、青春教育、家庭教育，引导妇女向上的生活的重要意义。

【郑瑶、朱学峰一行赴大徐镇调研】 7月19日，省残联理事长郑瑶、市残联理事长朱学峰一行调研大徐镇上岙村残疾人食用菌基地。郑瑶指出作为一个残疾人自强自立的同时还带动其他残疾人一起创业，这种自强不息创业精神值得所有人学习。

【全县杨梅质量安全技术培训会议】 6月10日，县杨梅质量安全技术培训会议在大徐镇召开，会议就有机产品、绿色食品和无公害农产品“三品”质量安全如何进行管控作详细的介绍，同时对年内5月1日施行的《浙江省农产品质量安全规定》部分条例进行解读，并宣读农业部禁止和限制在杨梅使用的农药名单。还邀请县农林局林特中心高级农艺师陈子敏对杨梅生产、储存、运输等各阶段过程需注意的问题进行讲解。

表106 **2017年规模以上企业经济情况一览表**

单位：万元

企业名称	产值	主营业务收入	利润
宁波博禄德电子有限公司	93896	57416	5051
宁波康达电子有限公司	17952	16976	1534
宁波顺声通讯设备有限公司	14917	12497	1345
宁波旭日灯饰有限公司	8742	9202	604
宁波华升灯饰有限公司	5631	4720	401
浙江恒洲电子实业有限公司	5711	5714	489
(电子行业)合　计	146849	106525	9424
宁波甬金防护设备有限公司	5195	4313	232
宁波永安机械制造有限公司	4272	4272	422
宁波珂翔电力机械有限公司	3847	3847	351
宁波锡安模具有限公司	2952	2515	354
象山东方输煤设备有限公司	2567	2051	217
象山滨港机械厂	2551	2290	167
宁波仕莱特环保科技有限公司	2126	2014	113
象山创亿金属制品有限公司	2895	2610	223
宁波能塑汽车部件有限公司	2205	2176	51
宁波航锦汽车零部件有限公司	2109	2013	9
宁波赛科效实科技股份有限公司	1866	2007	−20

续表106

企业名称	产值	主营业务收入	利润
象山县大徐华彬金属制品厂(普通合伙)	2993	2322	135
宁波斯洛曼智能科技有限公司	2064	2020	35
象山申达轿车配件厂	13122	12073	710
宁波华启轴承有限公司	2018	2007	268
(制造行业)合　计	52782	48530	3267
象山兴泰色材有限公司	3322	2122	272
象山争达金塑制品厂	3881	3881	592
宁波华龙塑料实业公司	9115	9115	460
(塑料行业)合　计	16318	15118	1324
宁波茂美服饰有限公司	3691	3503	195
宁波澳林服饰有限公司	5343	5072	85
宁波驰程服饰有限公司	1700	2045	10
象山祥和盛服饰有限公司	2681	2511	-3
象山中联佳汇纺织有限公司	3116	3069	108
(针织)合计	16531	16200	395
宁波亚大金属表面处理有限公司	20117	7195	1673
宁波市浙东表面处理有限公司	11021	11021	331
宁波德远洁具有限公司	16794	16794	634
象山万邦电器有限公司	2502	2502	153
宁波骏维金属表面处理有限公司	3867	3867	296
宁波和民纸业有限公司	3615	3594	213
宁波象山宏鑫混凝土有限公司	18759	18759	969
(其他)合　计	76675	63732	4269

表107

2017年大徐镇行政村经济情况一览表

村名	户数(户)	人口(人)	水田(公顷)	旱地(公顷)	水产养殖(公顷)	渔船(艘)	农村经济总收入(万元)	村级资产(万元)	村集体年收入(万元)	村集体年支出(万元)	人均收入(元)	书记	主任
相思岭	308	1046	36.9	3.3	17.6	0	6293	1494.46	58.7	25.49	16388	蔡带娣	史久才
大磊头	203	572	11.2	0	7.5	0	3445	760.27	39.2	20.16	16572	傅金位	朱松国
黄岔岙	208	596	20.3	13.8	6.2	0	3837	749.02	41.69	14.1	17334	范　城	姚林国
林善岙	265	925	34.1	3.8	12.8	0	6258	1785.79	152.7	39.16	17620	郑清和	郑岳元
章家弄	293	826	27.7	3.87	0	0	5379	1000.06	43.17	41.47	20307	陈存明	
雅林溪	226	738	23.7	1.2	0	0	4831	668.45	66.72	36.69	18690	陈旺云	童珍成
上　岙	237	706	28	0	0	0	4657	470.04	38.53	9.19	15958	柴国平	赖国定
下　岙	226	674	23.9	4.47	0	0	3251	510.86	43.11	13.98	15317	王国锋	谢家裕

续表107

村　名	户数（户）	人口（人）	水田（公顷）	旱地（公顷）	水产养殖（公顷）	渔船（艘）	农村经济总收入（万元）	村级资产（万元）	村集体年收入（万元）	村集体年支出（万元）	人均收入（元）	书　记	主　任
新罗岙	212	626	18	7.7	0	0	3037	553.06	30.05	9.85	13756	王志勇	罗志永
虎啸铺	175	531	14.9	2.7	0	0	3208	1582.58	34.02	5.99	19213	王祥林	陈兴琪
夏雨岙	156	496	13.3	1.2	0	0	2902	296.86	16.46	10.27	15520	刘文成	练正观
里考坑	296	818	15.8	7.3	3.3	0	6093	471.94	18.75	13.64	17700	王爱兴	王久松
铁　拾	367	1175	32.5	0	0	0	15942	1570.34	128.85	57.9	22213	李文阳	郑后补
海　口	226	721	26.1	7.7	0	0	5090	1140.17	47.73	12.3	16809	胡振祥	徐　龙
三角地	307	896	14.6	7.6	0	0	5936	775.35	52.08	17.44	17857	蒋成建	黄云华
安　东	213	687	32.2	3.8	0	0	4513	680.07	25.78	6.43	15445	潘玉金	徐建平
陈　山	385	1265	76.9	19.7	0	7	9627	1047	99.07	131.31	17257	钱国林	王其国
塔　幢	438	1342	39.6	9.47	0	0	7534	1010.15	41.81	23.89	16748	张利成	谢章云
下　院	277	817	23.3	10.5	0	0	7449	1185.35	178.4	24.26	16075	王城丹	徐万富
杉木洋	371	1068	43.1	4.2	0	0	9045	1493.46	240.24	16.11	17078	徐玉成	郎国位
甲田弄	311	843	23.4	4.7	0	0	8046	551.61	48.32	20.14	15907	练国财	倪素芬
大　徐	565	1672	31.5	4.1	0	0	11005	1765.89	515.3	261.86	17776	翁荣良	徐家赛
汤家店	225	647	21.5	2.1	0	0	3963	563.62	38.31	14.53	17169	郑国定	谢万兰
后　林	135	415	12.3	0	0	0	2962	675.52	19.51	4.66	15857	陈彩金	王光明

新桥镇

【概况】 新桥镇辖28个行政村、1个居民委员会(新桥)、1个场管会(狮子山),常住户数8642户、2.8万人。总面积126.28平方公里,林地3869.2公顷,耕地1597.4公顷,水田1560公顷,旱地297.53公顷,浅海滩涂38.28平方公里。2017年,全年实现社会总产值27.8亿元,同比增长8.5%,财政总收入1.34亿元,同比增长10.4%;农渔民人均纯收入16310元,同比增长16%。全镇税收总收入首次突破亿元大关,达到1.08亿元。2017年,该镇先后荣获市级卫生乡镇、县农业强镇、首批县旅游特色乡镇、"五水共治"工作先进集体等荣誉。

【发展动能】 象保合作区引擎作用凸显,邻里中心一期和再生水厂工程全面完工,生产力中心标准厂房年底结顶。计划投资117.4亿元的宁波国家级云制造示范基地正式签约。通用机场列入浙江省通用机场规划,项目建设可行性论证正式启动。规划面积1平方公里的综合保税区有望年内获批。象山星光影视小镇列入第三批省级特色小镇创建名单,浙江广电象山影视基地的国内首个浸入式民国影视主题乐园正式运营,中桥影视产业园一期建成投产,投资5000万元的唐城项目投入使用,影视大道全面动建。影视产业链建强,全国知名的道具、器材、服装公司(星光灿烂、新峰影视器材、朱氏兄弟等公司)落户镇,岩头陈、中灵岙、弹涂岙影视外景基地全面建成,全年新增各类工作室391家,剧组拍摄数量150余个,全年接待游客达223万人次,均稳居全国前三位。三门湾大桥及接线实现进度91%,石浦高速新桥连接线实现进度73%,甬台温高速复线配套工程当年立项、当年动工,进度20%,西海岸沿海通道建设完成工程量20%,沈海高速新石连接线工程全面动建,东海涂围垦工程政策处理率先完成。

【工业经济】 全年实现规模以上工业总产值8.85亿元,同比增长19.59%,完成工业投资1.39亿元,同比增长26.4%。新增规模企业2家、科技型小微企业1家、工程技术(研发)中心2家、省级隐形冠军和市级单打冠军培育企业各1家,推荐省小微企业成长之星1家。申报市级智团创业项目1个,新增市级新产品18项,发明专利4项、实用新型专利67项。全年到位实际外资及港澳台资金323.5万美元,实际国内资金1.9亿元,浙商回归投资1.1亿元,均完成全年计划200%以上。全年引进上海矿山电缆、甬昇电子等工业项目12个、商贸旅游项目5个。制定出台《关于新桥镇推进"中国制造2025"试点示范暨工业强镇的若干意见》,加大对企业扶持力度,帮助解决融资转贷、劳资纠纷等难题20余项。

【试点农产品散户监管】 建立新桥镇所有生产主体全覆盖的可追溯监管制度。在散户监管方面,新桥镇发挥村级农产品质量安全协管员作用,对上市农产品检测合格的散户发放信息卡，为片区内散户上市经营提供专属的“身份证”，真正实现农产品生产主体监管全覆盖。

【精致农业融合发展】 投资2000万元建设16.33公顷集观光、采摘、休闲为一体的狮子山休闲农业观光精品园。探索水肥一体化、无土栽培等新技术，实施南美白对虾工厂化养殖模式。投入4000万元实施=133.33公顷现代化高标准园区项目和市级农业综合开发治理项目，改造海淡水老塘143.33公顷，投入3500余万元完成16处面上水利工程。

【全域旅游】 全年接待游客280万人次，实现旅游综合收入5亿元，同比增长12%、16.3%。制定出台支持旅游业发展若干意见。创建首批县旅游特色乡镇，打造上盘成为民宿集聚村和AAA级景区村，灵岙成为市级民宿休闲基地和AA级景区村。实施黄公岙影视一条街整治，总投资3000万元的金元名都主题酒店项目推进，新建改建A级以上旅游厕所6个，其中AA级2个，新增停车场3处。投资70万元的标识标牌制作全面启动，投资近100万元的智慧旅游系统实施建设。全年新增农家客栈90家，达199家，新增床位1700余张，累计达6500余张。推进农家客栈提档升级，新培育三花酒店1家、精品民宿2家、星级示范户50余家，其中3家新评为省四星、五星级客栈。普及农家客栈身份识别系统，开展线上APP服务平台建设。举办第十一届新桥枇杷节，接待游客1.6万人次，带动枇杷销售450余万斤，农户收入达3500万元。

【城镇功能】 启动美丽集镇建设，累计投入1200万元新建3条市政道路、生态停车场和镇区综合市场、市民广场等项目，宁丰路、永盛路街道立面改造提升和综合管线落地工程即将开工建设。综合服务功能完善。旅游服务中心竣工，新桥学校教学楼扩建工程、派出所业务技术用房主体完工，站前路落实土地指标和立项工作，卫生院医疗辅助用房完成招投标。完善镇域路网体系，投入400万元新建上灵公路至上灵岙村、新石线至石柱里村农村公路，投入116万元建成30座港湾式候车亭，投入200余万元完成崇站码头改造和渡船更新。

【村庄建设】 全面完成28个村村庄规划或整治规划。板岭村市级美丽乡村示范村创建项目推进，新培育市级环境整治提升村3个(五兴、韩升、上七里)，累计达到23个村。深化农村改革，农村土地确权工作完成95%以上。加大农村环境综合整治，第一批21村开展农村垃圾分类工作。实施6个村农民饮水安全工程，稳步推进“一户一表”改造，提升水电管网等级。

【生态环境】 全年组织拆违行动35次，拆除违章建筑3.89万平方米，完成年度拆违任务110%，拆后利用率达90%，宗教(民间信仰)活动场所“治危拆违”5处。整治农业设施用房16处。投入1000余万元巩固“清三河”创建成果，实施3个村生活污水处理工程，6条劣V类水体全部完成整治并销号，村级水务员管理工作走在全县前列。完善江东畜牧小区污水一体化设施建设，有效解决污水渗漏问题，拆除复养场4处。

【社会事业】 教育质量提升，象中提前批录取2人，象中录取8人，三中录取9人，走在全县农村学校前列。新建海台、新桥村文化礼堂2家，创建上盘省级文明村、东溪省级传统村落和市级历史文化名村。巩固深化婚丧礼俗整治，乡风文明推进。深入实施基层文化共享工程，举办首届“象漂”群演艺术节，全年开展各类文化活动20余场累计培训实用技术和高技能人才450人次，开发农村公益性岗位14个，新增就业岗位305个。计划生育率控制在98.02%。重视征兵工作，输送新兵9人。工青妇等作用发挥，统计、老龄、广电、邮政、通信等事业取得新进展。

【民生保障】 创建市级卫生乡镇，新增市级卫生村2个，新桥学校、新桥卫生院市级卫生单位复评。重点人群家庭医生签约率达52.3%。设立“象漂之家”综合服务室，完善群演流动人口服务管理。完成参保870人。加强农村危房监管维护，完成全镇农房普查，农村危旧房解危30户，低收入农户危房解危7户，狮子山危房解危工程竣工验收，4个村居家养老服务站点完成建设。开展慈善援助、扶残助残、红十字会等工作，累计发放各类救济金1277万元。

【服务“象漂”群体】 成立“象漂之家”团支部，以居住区域为单位建立团小组15个，对120名团员进行分类管理。探索出租房流动卡片模式，专门配备两名流动人口专管员，对“群演”进行信息登记、注销，注明入住者信息，挂置于出租房门口，有效解决出租房屋超人数入住、“串住”等现象，实现登记率98%以上。

【平安新桥活动】 完成13次各级各类维稳安保任务。开展安全生产大检查，强化食品药品监管，推进农家客栈、群租房、剧组车辆、摄影棚、道具加工等行业专项整治，安全生产形势总体平稳。严厉打击“三抢”、阻工、强包强揽等行为8起，建设环境优化。深化“村民说事”制度，妥善处理各类矛盾纠纷345起，调解率98%以上。化解省级信访积案5件，县级2件，镇级8件。

【“村民说事”】 以山根、关头等6个村为试点，实行表格化、流程化管理，制定村干部值班表，明确干部值班时间，固定说事日时间、夜办公时间以及责任人、联系方式等，畅通群众反映渠道，紧扣“说商办评”四个环节开展村民说事，确保群众说事有接待、有登记、有落实、有回应。及时进行原因分析、对策研究、措施落实。

【政府建设】 主动接受各方面监督，执行重大事项向人大报告制度，共办理人大代表建议56件。坚持依法行政、依法办事，规范公务接待和政府采购，行政经费同比下降8%，“三公经费”同比下降15.5%。

表108

新桥镇2017年行政村经济情况一览表

村名	户数（户）	人口（人）	水田（公顷）	旱地（公顷）	水产养殖（公顷）	农村经济总收入（万元）	村级资产（万元）	村集体年收入（万元）	村集体年支出（万元）	书记 主任
合计	8373	27868	1069.1	297.5	693	2932.7	41676.4	1183	991.5	
乡镇企业										
七林湾	231	859	21.67	5.47	3	26.66	1847.31	10.3	10.31	卢回兵 张月年
高湾	621	2168	69.07	21.93	7	113.36	2451.84	58.27	99.92	陈爱国 陈永会
高塘	307	1016	30	8.6	0	62.38	2366.27	24.35	53.02	林社会 胡松建
东狮	199	638	14.47	2.27	0	24.17	950.75	11.51	18.21	邵升烈 邵升安
石柱里	212	743	14.73	3.2	0	150.29	1321.58	19.35	38.38	史济利 励增强
石柱外	190	653	19.93	3.07	0	23.55	758.49	10	12.86	陈皓 史延坤
黄公岙	631	2132	111.27	12.33	13	140.25	1793.25	77.96	49.656	邵兴吉 史国平
上盘	243	801	39.6	4.67	5	92.73	1447.77	26.59	61.66	曹善东 俞卫星
灵岙	195	675	26.53	4.93	24	90.37	1228.58	35.36	25.56	郑其堂 王秀福
上七里	180	667	25.93	2.73	21	102.91	1308.69	2.85	26.91	奚坚峰 奚建科
下七里	393	1304	61.47	9.07	35	71.22	1962.47	35.81	37.79	陈家明 奚士鲍
黄吉岙	163	582	24.27	2.53	56	124.8	920.81	34.31	21.81	林祥恩 王阿明
双岙	90	335	14.87	5.07	7	27.25	199.49	16.24	12.29	吴曾财 奚小高
崇站	70	250	16.4	1.33	30	41.92	336.07	0.56	6.6	王平安 叶小发
韩升	104	341	9.6	4	15	107.94	608.6	11.21	32.5	宋罗平 史爱芳
海台	332	1100	39.87	6.67	45	128.21	1005.94	53.34	69.05	韩海祥 韩荣林
山根	367	1261	37.4	4.27	60	200.42	1201.59	172.1	44.91	顾德照 顾长苗

续表108

村 名	户数(户)	人口(人)	水田(公顷)	旱地(公顷)	水产养殖(公顷)	农村经济总收入(万元)	村级资产(万元)	村集体年收入(万元)	村集体年支出(万元)	书 记 主 任
井 头	311	1065	28.8	9.33	47	116.51	3069.25	62.89	52.53	顾贤丁 顾水源
五 兴	250	862	19.93	11.73	27	198.51	899.39	144.8	9.48	郑志江 赵士育
东 溪	894	2794	52.87	131.73	113	197.56	3263.24	112.6	92.48	钱勇臻 励跃进
庙前杨	212	712	18.87	5.8	10	43.85	545.1	0.55	15.13	韩锡云 杨永水
洋 坑	251	747	25.87	5.93	17	41.33	1082.55	11.72	15.32	吴允眺 吴小元
山头王	218	693	21.27	4.4	10	39.02	1392.23	0.07	12.36	王如金 王 锋
新 桥	157	520	14.8	2.2	2	111.98	1052.52	44.62	12.04	葛阿明 林裕平
关 头	811	2716	111.53	15.6	39	151.33	3865.42	124.5	58.32	史良法 史济代
海 丰	194	665	23.13	4.33	40	58.95	728.8	10	21.52	王纪四 叶云明
板 岭	276	861	39.27	0.87	37	96.35	2635.61	55.91	40.32	陈杏成 陈瑞东
兴 海	189	620	15.67	3.47	30	348.87	1432.74	14.86	40.55	金从平 龚 平
狮子山	82	88	120							俞明康 石为明

东陈乡

【概况】 东陈乡辖区总面积56平方公里，海岸线长32公里，2017年有耕地面积596.8公顷，全乡共有7331户、24072人，下辖20个行政村，乡政府驻地沙岗村。2017年，推进“新型工业之乡”“特色农业之乡”“品质宜居之乡”和“和谐文明之乡”建设，经济社会保持良好发展态势，实现地区生产总值83.7亿元，同比增长10%；财政总收入1.49亿元，同比增长28.4%；农渔民人均收入22000元，同比增长9.3%。2017年，获评全市首批“双爱”示范乡镇，县重点工程立功竞赛先进集体、县应急联动工作先进集体、县人民调解工作先进集体、县政务信息工作先进单位。

【发展“智造业”】 2017年，新增国家级高新技术企业2家，累计达5家，市级创新型高成长企业1家，市级创新型初创企业6家，县级科技型小巨人培育企业2家，县级科技型小微企业4家。组建省级工程技术中心1家、市级研究院1家、市县级工程技术中心4家，院士工作站11家，落地市级科技项目1项、县级科技项目4项，获得发明专利授权数16件，累计达32件。推进招才引智工作，累计引进博士生1人，硕士研究生13人，2017年接收高校毕业生154人。

通过发展“智造业”，提升工业经济发展活力，全年实现工业总产值50.24亿元，同比增长10.1%；47家规模以上企业实现工业总产值36亿元，销售收入34.85亿元，利润总额2.36亿元，实缴税收总额1.19亿元，分别同比增长16.7%、16.2%、86.5%、12.7%。宁波锦浪新能源科技有限公司通过研发和销售专利产品组串式逆变器，全年实现产值8.31亿元，销售收入8.2亿元，利润总额1.28亿元，实交税收0.5亿元，分别同比增长194.45%、198%、202.22%、191.21%。

【“大脚板走一线、小分队破难题”助力县级重点工程】 2017年，东陈乡共有县级重点工程17个，其中农业水利类项目2个，工业能源类项目4个，基础设施类项目8个，综合服务类项目3

个。组建抓落实小分队17支，由17名党政领导领衔攻坚。全年破解政策处理以及土地征用难题10起，打击处理阻挠项目施工案件2起11人次，保障县级重点工程施工，中心城区防洪排涝工程完工，大目湾新城、城南高新创业园、仁义涂区块基础设施建设有序推进，沿海南线滨海大道至金开路拓宽工程、71省道盛宁线东陈至茅洋段改建工程、宁波勤邦新材料二期项目等项目推进，环城西路工程东陈段启动建设，象山现代物流园公共服务中心及东湾石场平山工程完成政策处理。全年完成固定资产投资12.5亿元，位居全县第五。

【“一河一策”实现剿劣“一个不少”】 2017年，东陈乡共有1条县级河道、9条村级河道、4个小微水体列入劣Ⅴ类水整治任务。9条村级河道、4个小微水体完成剿劣任务，县级河道马岗河水质稳定至Ⅳ类水标准。排查河道排放口345处，设置排水口标识牌151块，并委托第三方机构对水质进行实时监测，从源头上遏制污水直排入河，全年未出现剿劣工作反弹反复问题。

【提升集镇“颜值”】 启动实施美丽集镇建设三年行动计划，推进接轨中心城区，具有东陈地域特色、生态特色和人文特色的产城人文小镇建设。完成沿海南线至沙坪公路工程、校南路至美德路道路工程以及沙岗南路人行道工程，兴岗路等四条道路“白改黑”、集镇核心区块立面改造工程、兴岗东路与兴建路交叉口人行道改造工程等完成招投标，乡主题休闲广场完成初步方案设计，校南路延伸工程完成用地报批工作，东陈菜市场南侧停车场、集镇节点形象提升工程启动图纸设计。

【美丽乡村】 加大特色村、精品村、示范村创建力度，北山下村获评县级美丽乡村建设先进村，完成上周村县级特色村培育工作。推进村庄风貌引导工作，北山下村建成市级“改旧”试点村，启动东湾旅游特色村基础工程建设。加强村风文明建设，洋里村建成市级文明村。推进“美丽庭院”建设，北山下村、东旦村建成县级“美丽庭院”示范村。推进农村生活垃圾分类工作，洋里村、北山下村试点垃圾分类工作。

【专项行动】 完成拆违3.21万平方米，累计拆违逾25万平方米，拆后利用率达82.1%。落实减船转产35艘补偿资金2200余万元，完成“定人联船”64艘，清理地笼网500余顶、串网6700余米，协助查处“三无”渔船6艘。完成河道绿化1236米、村道绿化844米，创建森林公园1个。

【民生事业】 2017年，共出生229人，发放“生育关怀”资金5.7万元惠及57户，落实计生奖扶资金258人8.54万元，结对帮扶独生子女死亡家庭16人，征收社会抚养费33.71万元。规范流动人口服务和管理7000余人次。完成东陈中学食堂维修改造以及汉章小学教学楼扩建工程，中心幼儿园完成扩招一班，办园规模达到14个班学生400余名，汉章小学完成扩招两班，办校规模达到27个班学生近1100名。新建东旦、洋里2个文化礼堂，落户省孙茂芳公益救援中心，开展文艺下乡活动6起惠及村民5000余人次，举办县第十一届陈汉章读书节活动，完成高妙兰画院开院仪式。推进婚丧礼俗整治，各村建成红白理事会。做好卫生工作，创建市级卫生乡，北山下村、洋里村获评省级卫生村，东陈村、马岗村被评为市级卫生村。做好低保户、残疾人等困难群体帮扶工作，推进全民社保工作，本地户籍人员养老保险参保率达89.9%，医保参保率达99%。做好危旧房解危工作，解危农村D级危旧房17幢，改造低收入农户危旧房8户，落实政策性住房保险和财产保险6000余户。加强农村公路养护管理，新建公交停靠站6座，完成农村公路硬化4条，养护农村公路38条45.54公里。

【“平安东陈”建设】 联合公安、交警、工商等部门开展平安宣传160余次，发放宣传资料及礼品2万余份，发送平安宣传短信9万余条。新增农村高清视频监控132个，投入20余万元建成综合指挥室，将平安浙江信息系统、视联网、全乡监控纳入该指挥平台，累计接入视频监控点232路，落实常驻工作人员2人，做到乡域管理“一张网”。全年走访服务7900余人次，巡查16万余人次，上报网格事件2848件，有效办结率100%。深化联调中心、“双联”中心建设，建成五星级司法所，全年受理群众来电来信来访100件次，程序内办结率为100%，化解信访积案17起。加强安全生产工作，落实安全生产责任制，开展联合督查40余次3000余人次，完成重点场所、重点领域安全生产检查工作，整改问题隐患120余个。破获刑事案件25起、查处行政案件68起。完成在册服刑矫正人员15人、刑满释放人员183人、吸毒人员131人、精神病人员115人帮扶管教工作。

【村级组织完成换届】 加强换届纪律教育以及换届流程培训工作，开展换届纪律集中学习12次，张贴宣传画报48幅、布置大型换届宣传版面5处、张挂宣传横幅43条，做好自荐人培训2期217人，并统一签署“四项承诺书”。组织召开选情分析会议6次，约谈村干部、群众200余人次，解决不利因素和苗头性事件13起，解决疑难问题12个。选举产生村党支部书记、副书记、委员85名，新进班子成员数36名，其中新任书记7名；村民代表632名，其中妇女代表175名；村主任、副主任、委员、妇女委员95名，新进村委会人员68名，其中新任村主任15名，升岙、马岗两个村实现村书记、主任“一肩挑”；村董事会董事长（社长）、成员71名；村监会主任、成员78名。

【推广“村民说事”】 落实乡、村两级说事动员会，张贴说事公告93张，向每户村民发放村民说事告知书1份，推动“村民说事”制度“家喻户晓”，建成“村民说事”示范村4个，创新“村民说事”方式，要求联村干部每周下村走访2至3户、村书记每季度上门走访群众10户以上，拉近干群距离。2017年，累计走访党员群众5000余户，协助办理“村民说事”事项350余件，满意率达99.7%以上。

【东陈乡第十八届人民代表大会第一次会议】 1月6日至7日，东陈乡第十八届人民代表大会第一次会议召开。会议审议通过东陈乡《政府工作报告》《财政报告》和《主席团工作报告》的决议，依法票选出第十八届人民代表大会主席1名，副主席1名，东陈乡人民政府乡长1名，副乡长4名。

【东陈乡第十八届人民代表大会第二次会议】 7月27日，东陈乡第十八届人民代表大会第二次会议召开，乡第十八届人大代表，全体党政班子成员，各行政村党支部书记、村主任、自然村负责人，基层站所负责人等153名代表参加该次会议。会议听取并审议周峰代表乡人民政府作的政府工作报告，还审议通过《东陈乡2017年度上半年财政预算执行情况的报告》。

【宁波市学雷锋联合会赴东陈举行纪念雷锋牺牲55周年座谈会】 2017年8月15日作为雷锋因公殉职55周年纪念日，宁波市学雷锋联合会在东陈乡东陈村文化礼堂举行纪念雷锋牺牲55周年座谈会。

【高妙兰农民画院成立】 9月15日，高妙兰农民画院成立揭牌暨“传承与发展”象山县农民画展开幕式在东陈乡樟岙村举行。

【县委书记叶剑鸣在东陈乡调研】 10月10日，县委书记叶剑鸣赴东陈乡走访调研，依次走访北山下村、赛帆创业园项目建设现场、宁波艾克密封件制造有限公司。随后叶剑鸣主持召开座谈会，提出要推进产城融合转型发展，加快打造现代化新城区要求。

【东陈乡旦门村民获评见义勇为先进个人】 11月17日，县人民政府印发《关于表彰沈智卫等两名见义勇为先进个人的决定》，对东陈乡旦门村民王小凤凌晨5点冒火救人行为给予表彰，记嘉奖一次，并颁发证书和奖金。

【全国首个以“当代雷锋”孙茂芳名字命名的专业救援组织成立】 12月5日，浙江省孙茂芳公益救援中心在东陈村鉴池公祠举行成立仪式。“当代雷锋”孙茂芳亲临现场，向救援中心授旗。

表109 东陈乡2017年度各行政村经济情况一览表

村名	户数	人口	耕地(公顷)	村级集体经营总收入(万元)	村级财务总收入(万元)	其中			集体净资产	书记、主任
						土地征用收入	上级拨款	“一事一议”资金		
合计	7331	24072	596.80	519.86	16934.55	12033.23	4289.06	65	12033.23	
北山下	80	243	11.07	23.25	62.58		39.19			史祖良、仇友福
岳头	679	2328	93.00	46.24	583.47	332.33	204.46		332.33	杨东(副书记)、牛赛月
东陈	275	932	30.00	11.98	622.38	380.78	229.08		380.78	陈增荣、石邦国(村务负责人)
大塔	228	816	40.67	29.41	325.57	153.15	142.69		153.15	武益华、屠国敏
西庄	168	522	5.33	12.11	370.67	347.72	10.63		347.72	胡珂祥、陈海洋
洋里	101	290	1.07	10.1	162.77	5.5	147.03		5.5	陈真民、鲍于力
升岙	118	420	0.27	10.6	56.2	3.55	41.62		3.55	陈国峰(副书记兼主任)
马岗	267	859	6.53	12.51	458.87	136.5	309.8		136.5	虞幸裕
沙岗	644	2417	49.73	54.05	1226.95	763.19	408.79		763.19	陈挺、朱玲玲
山头	127	330	21.00	5.17	164.51	10.94	143.37	5	10.94	武勇、陈祥其
金井头	65	215	11.47	12.07	349.21	220	96.81	20	220	陈会祥(副书记)、陈宏
南盘	113	415	11.87	3.42	21649	19.68	172.94	20	19.68	俞志贵、陈奉叶
樟岙	993	3041	93.33	134.68	872.82	200.82	516.54	20	200.82	谢才华、俞建国
南堡	623	2094	73.33	18.46	446.03	275.31	150.86		275.31	王世潭、杨培军
松岙	806	2350	36.67	16.4	818.23	6.17	792.31		6.17	王志瑞、周祖元
旦门	1105	3585	48.67	48.75	402.83	20	330.76		20	杨再宽、李兆明
上周	241	780	19.27	13.52	63.67	8.11	41.65		8.11	谢定再、周希望
王家兰	113	386	10.33	5.6	30.25	4.92	18.91		4.92	张勇琪、郭福根
东旦	86	285	2.27	20.75	49.14		26.16			吴行良(副书记)、励宝玉
红岩	499	1764	30.93	30.79	9651.91	9144.56	465.46		9144.56	施朝飞、李小飞

晓塘乡

【概况】 晓塘乡行政区域总面积45.6平方公里，下辖19个行政村，乡政府驻地美礁碶村，人口2万人(其中，中心乡域人口2077人)，耕地面积1333公顷(其中柑橘867公顷、葡萄200公顷、水稻67公顷、其他作物133公顷)，滩涂面积100公顷，围塘67公顷，山林面积1267公顷，森林覆盖率达62%，是典型的农业大乡。2017年，全乡实现社会生产总值18.74亿，同比增长10.56%；农渔民人均收入达1.58万元，同比增长11.27%；财税总收入6068.4万元，同比增长9.95%；全社会实现固定资产投资2.26亿元。

【工业经济】 全乡实现工业总产值13.14亿元，规模以上企业发展到16家。引进企业落户19家，工业投资、实际外资及港澳台资金、实际国内资金、对外及对港澳台贸易自营进出口分别达13003万元人民币、305万美元、9000万元人民币、1200万美元，分别完成年度计划108.4%、101.7%、102.3%、109.1%。科技水平突破提升，规模以上企业支撑作用加强，实现规模以上工业产值6.3亿元、工业增加值1.15亿元，分别增长18.3%、27.6%。开展3轮企业大走访活动，落实专人“一对一”服务，累计为企业办理实事130余件，培育规模企业3家。

【农业产业】 实现总产值3.5亿元。特色小镇创建全面推进，《柑橘小镇建设总体规划方案》通过县发改立项，启动项目16个，完成3个。精致农业发展后劲充足，重点打造月楼湾边、晓塘、中央站、新厂4个精品示范基地。深入实施“优果富农”计划，“红美人”“甘平”“蜜宝”火龙果等新型优质品种推广至67公顷。完成旱改水项目总面积322.2公顷，实施水利面上工程15个，基本完成晓塘村高标准农田改造，农业综合开发项目动工建设，雁鹅塘土地开发近期完成招投标，青山头大塘港段内侧砌石、台象日旺节水灌溉等一批小型水利工程完工，获评全省“机器换人”先进乡镇。

【乡村旅游】 总计接待县内外游客9.37万人次，实现旅游收入1311万元，惠及农民增收871万元，带动社会商贸服务业实现产值2.1亿元。节庆旅游成为晓塘“金名片”。旅游推广全网覆盖，与中央电视台《乡土》栏目、省市县各级新闻媒体合作，刊播旅游新闻20余条次，阅读知晓量突破20万人次。旅游配套设施完善，《晓塘乡创建全域旅游示范区工作方案》编制完成，柑橘、火龙果、青柠檬、葡萄四大采摘基地初步形成，“汐上”精品民宿对外营业，西边塘村获评省级休闲旅游示范村、全省首批AAA级景区村、村游客中心完成招商，新建AA级旅游厕所1座，改造A级旅游厕所2座。

【美丽集镇】 新建盐三线、励司线公交候车亭25个，完成晓塘信用社迁址。成立乡城管中队，完成“三改一拆”全年任务。开展美丽庭院评比，推行青山头垃圾分类试点示范创建工作，完成月楼村、支坑村休闲公园建设和晓塘村、支坑村“一村一树”项目。健全农村环境长效保洁机制，全县季度环境卫生检查排名靠前，创建市级卫生乡镇。

【县首批“污水零直排区”创建】 完成生活污水整治提升改造行政村15个，修复及新建纳管130户，落实企业截污纳管8家，搬迁黄埠村山川洗涤厂，整改畜禽养殖场8家、水产养殖塘8公顷，推广商品有机肥100公顷，建立虾塘沉淀池8个。新增“河长助理”10人，全年共发放挂牌督办、督查督办单32份，全部限期内办结。获评全县“五水共治”工作先进集体。

【民生福祉】 改造危旧房32户。五大保险参保人数、城乡居民医疗参保率达98%，创历史新高。全年共48对夫妇参加孕前优生健康监测，开展生殖健康免费检查1270余人次，为全乡妇女健康上好“安全锁”。开展培训26场次，整体城乡失业率控制在3.3%以内。开展低保、五保救助410余户，发放各类扶贫救助资金278万元。慈善、残联、关工委等优抚工作开展，发放各类救助金330万元。成立乡综合信息指挥室，新增村级治安视频监控85只，化解各类矛盾纠纷195起，全年未发生重大安全生产事故和重大社会矛盾。

【政府建设】 加强基层自治，完成晓塘乡第十一届村委会换届，19个行政村全面推广“村民说事”制度，完成村级事务员整合，逐步实现农村干部队伍专职化。

【黄埠古村保护性修复】 制定出台《黄埠村省级历史名村建设规划》，保证古建筑修复能“修旧如旧”，层层把关敲定古建筑修建方案和监管措施，对黄埠村内14座明清古建筑群进行抢修性修复，对4条历史街巷走向和宽度进行保护管理，确定核心保护范围2.95公顷。筹资750万元完成古建筑修复12处，其中县级文保单位5处，完成顶瓦修补、墙体加固、立面改造14230平方米，修复构件1120余个。

【村级事务员整合】 2017年，晓塘乡全部行政村完成整合，农村事务员规模从182人缩减至95人，完成全程代办、督促交办、乡村联办事项1575个，为村民解决问题1417次，群众办事时间平均缩短50%，事务员满意率由75%提升至90%。

【创建县首批“技能大师”工作室】 2017年8月，晓塘乡在和信公司试点成立“技能大师”培训基地。每月15日定期召开专题交流研讨会、技能比武，强化带动引领效能，发挥区域龙头企业“传、帮、带”作用。组建研发和工艺两个专业技术小组，配备各行业高级技师、工程师11名，完成基础设施投入50万元，提升为县级“技能大师”工作室，创建经验经县委常委、县政府党组成员干维岳批示后在全县推广。

【中共十九大精神宣贯】 抽调26名宣讲骨干组建“十九大广宣团”，以专人讲、轮流讲、即兴讲等形式，结合“三农”实际为群众解读政策阐释理论。组织草根文艺骨干学习中共十九大报告，用农村群众喜爱的小品、快板、三句半等艺术形式宣传中共十九大精神。

【试点改革个人建房审批代办】 在乡便民中心大厅设立农村建房综合代办

窗口,在各村设立村级个人建房申请代办点。2017年,通过个人建房代办点发放各类宣传资料500余份,完成农村个人建房审批代办96户,其中村代办31户,代办率达97%。

【"柑橘小镇"入列全县首批特色小镇】 乡党委、政府制定《柑橘小镇建设总体规划方案》,安排项目16个,推动建成以甬红和龙之梦合作社为核心的红美人柑橘基地、以中央站村为核心的象山青柑橘种植基地、以中岙村为核心的台湾青柠檬基地等3个主导产业基地。举办市美丽乡村迷你马拉松暨柑橘小镇开启之旅、柑橘亲子节、浙江省柑橘高峰论坛等活动。新建新技术示范园5个,自主培育柑橘新品种17个。推广新品种基地100余公顷,建成县级最美橘园1个、精品橘园13个、品种研发基地2个,晓塘柑橘获浙江农业博览会优质产品金奖、县首届红美人柑橘擂台赛总擂主等荣誉称号。2017年柑橘产量、价格分别增长25%、13.6%,精品柑橘最高售价突破每公斤300元,产地直销销售额达6000万元。

【文化事业】 繁荣农村文化生活,建成文化礼堂、市级体育休闲广场、市级体育公园各1座,开展"文化快车"等演出50余场,开展文化走亲活动,乡文化站获评省一级综合文化站,先后荣获县首届群众文化艺术节"优秀组织奖"、文化礼堂才艺大赛金奖,中岙村获评省级文明村,青山头村获评市级文明村,

【"钟郝遗徽"石亭被评为省级文物保护单位】 1月13日,浙江省人民政府公布第七批省级文物保护单位(浙政发〔2017〕2号),晓塘文物"钟郝遗徽"石亭获批浙江省第七批省级文保单位。至此,晓塘乡拥有省级文保单位1处,县级文保单位1处,文保点5处。

【在外人士新春招商推荐会】 2月3日,晓塘乡政府召集晓塘籍在外创业人士开展新春座谈会,乡贤们参观美礁碶工业小区,领略环大塘港精品农业观光线,听取2016年工作开展情况和2017年发展思路,座谈会畅叙乡情、献计献策、共谋发展,为晓塘的再次出发凝心聚力、为晓塘的再次起航共谋新篇。

【村级组织换届选举工作动员会】 3月24日,晓塘乡召开村级组织换届选举工作动员会,传达《关于严肃村级组织换届纪律的通知》文件精神,严明"九严禁""十不准"等换届纪律,部署全乡村级组织换届选举工作。各行政村党支部书记、村主任、全乡机关干部等近百人参加会议。

【全县全民剿劣攻坚行动出征仪式】 3月25日,在晓塘乡九龙江畔启动全县全民剿劣攻坚行动出征仪式,响应省、市号召,吹响决战决胜冲锋号。县各相关部门、各镇乡(街道)领导干部及治水志愿者、保洁员等列队待命出征,爵溪街道、晓塘乡、县水务集团分别作表态发言。

【剿劣文艺宣传活动】 4月17日,"文艺与时代同行"——象山县"剿灭劣V类水"文艺工作者赴基层采风巡演启动仪式暨"走进晓塘"宣传演出在晓塘乡月楼村文化礼堂举行。同时结合巡演开展"剿灭劣V类水"80余幅摄影书画作品的巡展。这场活动也正式揭开全县"剿灭劣V类水"战役文艺宣传活动的序幕。

【2017年度工业会议】 4月14日,晓塘乡2017年度工业会议在东谷湖酒店召开,会议的主要任务是全面落实县工业会议精神,总结回顾2016年工业经济工作,表彰奖励2016年工业经济发展中涌现出来的先进单位和先进个人,全面部署2017年工业经济工作。

【农村工作暨新任村干部培训会议】 5月19日,晓塘乡召开农村工作暨新任村干部培训会议,乡全体机关干部、各村四套班子成员共240余人参加。

【乡便民服务中心迁址】 5月18日,晓塘乡便民服务中心正式迁址晓城故事家园,新便民服务中心面积为350平方米,并采用"窗口化一站式"的集中办公服务模式,让群众办事不再东奔西跑,打通干群联系的"最后一公里",让群众最多跑一次。

【乡首家民宿开业】 5月1日,汐上民宿正式开业,位于晓塘乡鹁鸪头渔村,凭海而建,一半搭建在陆地上,一半搭建在海上,15个风格各异的房间,周边设有休闲垂钓、烧烤、瓜果采摘等休闲体验区。

【县委副书记、县长黄焕利赴晓塘乡调研工业发展和美丽乡村】 7月10日,县委副书记、县长黄焕利带领县长助理陈虎及县府办、县旅委等相关领导到晓塘乡调研,走访汐上民宿、红美人柑橘基地、美礁碶工业集聚区,踏看青山头村、中岙村的村容村貌,大塘港精品线规划建设情况。黄焕利指出,晓塘乡要主动对接高速时代,发挥资源优势,强化特色、夯实基础,推动乡域经济社会特色化、精细化发展。

【市少数民族发展帮扶工作交流会】 7月21日,宁波市少数民族发展帮扶工作交流会在晓塘乡召开。江北区、镇海区、北仑区、鄞州区、宁海县、余姚市、慈溪市、奉化市和象山县、晓塘乡分别交流当地少数民族工作情况,县委常委、统战部部长陈爱武出席会议。

【县民族和睦邻里节暨葡萄节开幕】 7月22日,县第十一届民族和睦邻里节暨第十二届西边塘葡萄节在晓塘开幕,吸引本地、宁波、杭州等近8000名游客,开幕式当天共出售葡萄2.8万公斤。7月22日晚,晓塘乡人民政府联合象山县普法办、象山县文广新局在县第十二届西边塘葡萄节上举办普法宣传文艺晚会。

【第十八届人民代表大会第二次会议】 8月9日,晓塘乡召开第十八届人民代表大会第二次会议,大会应到代表50人,实到代表48人,会议审议并通过《晓塘乡2017年上半年政府工作报告》和《晓塘乡2017年上半年财政预算执行情况及2017年预算调整方案报告》。

【"村民说事"推进会】 8月10日,晓塘乡召开"村民说事"工作推进会,对"村民说事"推进工作进行部署和培训,美礁碶村、做布厂村、中岙村、青山头村在会上作交流发言,19个规范提升村的

支部书记、主任、文书、联村干部参加会议。

【陈善方带队巡查晓塘乡工作】 8月18日，象山县委第二巡查组巡查晓塘乡工作动员会召开。县委常委、纪委书记、县委巡查工作领导小组组长陈善方，县纪委常委、县监察委员会委员赖东海，县委第二巡查组组长柴盛，出席县委第二巡查组巡查晓塘乡和东浦、后岭、鹤洋、美礁碶、做布厂、晓塘、新厂、青山头等8个村的工作动员会。县委第二巡查组巡查晓塘工作于9月底结束。

【宁波市“访名村 传历史”活动走进晓塘】 9月3日，宁波市“访名村 传历史”线下走访首站来到晓塘乡黄埠村，30余名市民代表、创客代表、媒体代表与联村规划师代表，走访黄埠村三三堂、三戒堂、小柴门等明清古建筑群，详细了解晓塘乡地域特色文化。

【市民宗局领导莅临晓塘乡调研少数民族精准扶贫工作】 9月13日，市民族宗教事务局民族处副处长邬天波协同象山民宗局副局级干部张巧一行，莅临晓塘乡调研少数民族“精准扶贫”创业帮扶情况。

【县委书记叶剑鸣到晓塘乡调研“村民说事”工作】 9月18日，县委书记叶剑鸣，县领导范焕平、陈善方一行到晓塘乡青山头村走访调研“村民说事”开展情况。叶剑鸣书记听取汇报后强调，要全面深化“村民说事”制度，推进基层治理现代化，确保真落实、真见效。

【县委常委、副县长蔡特督查晓塘乡安全生产情况】 9月29日，县委常委、副县长蔡特一行来到晓塘乡，督查国庆、中秋双节和重要会议期间安全生产等领域平安措施落实情况。晓塘乡乡长孔侠、人武部长林方龙陪同督查。

【宁波市市长裘东耀到乡调研】 10月17日，宁波市市长到乡实地调研，听取乡党委书记黄国敏对晓塘乡基本情况、特色小镇创建、工业发展、美丽集镇、乡村旅游等方面的介绍和汇报。

【县政协副主席调研晓塘乡少数民族精准扶贫工作】 10月27日，县政协副主席莫俶茜带队考察调研晓塘乡少数民族村精准扶贫情况，县委统战部副部长、民宗局局长朱兴宝，晓塘乡党委委员沈建燕等领导陪同调研。莫主席指出，少数民族精准扶贫是促进民族团结、维护社会稳定、构建和谐社会的重要保障，县统战、民宗和晓塘乡要高度重视，措施得力。

【“七彩果乡”参展2017中国食博会】 11月10日，晓塘“七彩果乡”参展中国（宁波）食品博览会，选送的20余种优质果品以品质优、口感好、无公害的“绿色”优质口碑，受到宁波市民的青睐，在食博会上均被抢购一空。

【蔡特到晓塘乡宣讲中共十九大精神】 11月23日，县委常委、副县长蔡特到晓塘乡宣讲中共十九大精神，全体机关干部，各村支部书记、村主任，各企业支部负责人、部分村党员代表等百余人参加宣讲会。蔡特围绕“一个主题、六大方面”深层次、多维度、全方位的对中共十九大精神进行系统阐述和深入解读。

【县政协主席俞骏一行到晓塘实地调研】 11月24日，县政协主席俞骏、秘书长翁英豪、办公室副主任郑赛敏到晓塘乡调研柑橘小镇。俞骏指出，晓塘乡拥有象山最富特色的水果基地，“七彩果乡”名副其实，今后一定要维护好经营好果乡品牌，要树立起对稀有果树品种的保护意识，同时要结合旅游产业，融入创意，提升晓塘的果乡特色。

【网红直播售卖晓塘“红美人”】 11月20日，在象山县晓塘乡进行一场网络直播，售卖晓塘优质水果“红美人”，一个半小时吸引12万人关注。象山县委常委、县政府党组成员干维岳表示，象山在考虑打破传统的介绍优质产品的途径与方式，网红直播这个方式来说也是一个很好的途径，其他农产品的推介也可以借鉴这种方式。

【市美丽乡村迷你马拉松暨柑橘小镇开启之旅】 12月3日，2017宁波市美丽乡村迷你马拉松暨柑橘小镇开启之旅，在晓塘乡青山头村启幕，宁波市体育局副局长徐健、象山县副县长钮晶莹等领导出席并讲话。世界冠军、奥运奖牌得主汪顺率600余名运动达人陆续开跑，全程6.7公里，为柑橘小镇建设加油鼓劲。

表110　　晓塘乡2017年行政村经济情况一览表

村名	户数（户）	人口（人）	水田（公顷）	旱地（公顷）	水产养殖（公顷）	农村经济总收入（万元）	村级资产（万元）	村集体年收入（万元）	村集体年支出（万元）	人均收入（元）	书记 主任
岭头	121	393	0	88.7	1.87	15.8	268	17.86	5.64	11424	洪文明
东浦	281	901	38.8	185.5	0.8	329.37	793	75.35	31.66	13162	潘满昌 邓小设
支坑	170	595	18.9	99.5	6.47	155.44	406	137.39	11.36	12082	黄永明 陈毅
黄埠	371	1224	52.7	227.1	3.27	750.3	1735	117.22	17.74	14523	张学武 章哲明

续表110

村名	户数(户)	人口(人)	水田(公顷)	旱地(公顷)	水产养殖(公顷)	农村经济总收入(万元)	村级资产(万元)	村集体年收入(万元)	村集体年支出(万元)	人均收入(元)	书记主任
后岭	147	402	31.7	101.3	11.47	78.56	246	11.61	9.23	11804	张海峰 潘行绍
鹤洋	102	355	18.9	62.3	8	57.2	214	63.71	9.46	11470	潘阿生
美礁碶	353	1246	57.1	128.5	13.73	289.19	1031	38.39	33.13	13320	潘建定 潘永光
月楼	465	1476	97.3	208	5.13	414.48	1553	149.7	27.95	14916	黄和振 黄小友
做布厂	229	736	53.21	18.83	15.73	102.71	519	141.93	11.61	12659	周到根 黄驰实
晓塘	468	1482	115.82	58.58	12.4	380.33	1644	248.6	88.49	11583	顾福灵 胡富根
中岙	372	1235	122.80	9.50	9.67	770.75	1419	154.14	19.13	14553	高良德 陈兆播
励家坪	462	1303	80.50	140.90	7.73	182.06	1257	43.71	14.21	13066	潘国民 范存国
中央站	234	745	86.38	0.23	14.73	123.16	1299	50.83	15.91	14254	邬学忠 邱永虎
胡家峙	469	1547	153.60	12.20	2	278.13	2241	52.71	24.39	12725	任家福 徐仁林
里塘	175	452	60.90	15.70	7.2	402.02	484	80.41	10.6	13218	麻万清 林国安
新厂	449	1418	103.70	11.10	28.2	189.5	971	19.49	26.65	12743	戴阿福 干则亿
青山头	349	1254	120.05	46.39	3.87	193.53	1532	350.2	74.25	13989	蒋秋军 陈振堂
双连峙	270	878	96.46	38.09	10.53	116.36	1859	47.37	18.32	12586	郭云水 张利文
西边塘	523	1787	167.58	29.86	1.87	369.84	3285	97.82	43.5	16732	干中才 黄兴常

黄避岙乡

【概况】 黄避岙乡全乡陆域面积43.6平方公里，海岸长28.6公里。16个行政村，辖区人口1.37万人，乡政府驻地龙屿村。2017年，黄避岙乡实现社会生产总值23.6亿元，同比增长10%；财政一般预算收入5939万元，同比增长15.9%；全社会固定资产投资2.23亿元。

【工业经济】 规模以上企业实现产值16.5亿元，同比增长18.8%；完成税收8498万元，完成工业投资1.56亿元。龙头企业日星铸业保持的发展势头，共完成产值8.4亿元，同比增长8%；象山港水泥、易锻精机发展后劲强大，产值均突破2亿元，成为年内企业中的“黑马”。全年完成进出口总额3000万美元，同比增长50%，完成浙商回归资金1.2亿元，同比增长500%，全面超额完成各项县定指标任务。新引进国家“千人计划”人才、国家“万人计划”（省“千人计划”）人才和海外工程师各1名，全乡新增市级智能制造项目2个。

【农业经济】 完成跃进塘碶门以及傻塘河道工程，完成谢家前山河道、外高泥河道整治、驿角岙节水灌溉等水利工程，完成47个山塘水库标准化建设工作，水利考核全县第四，获年度县“大禹杯”银奖。完成湖头塘粮功区工程验收106.67公顷。清除地笼网等违规网具121件，完成养殖用房改造6210平方米，完成捕捞渔船销售凭证发放。完成高泥、谢家森林抚育100公顷。推进农业新业态多元化，支持发展观光、种植、采摘、垂钓等生态休闲农业。

【旅游发展】 投入并带动社会资本6000万元因地制宜发展乡村旅游。“里海荷塘”特色农旅产品开始建设，白屿村17.33余公顷土地完成观光果园果树种植，首届马拉松嘉年华活动举行，北黄金海岸度假村医旅项目初步达成合作意向。完成象山高速北出口、北黄隧道出口等重要节点旅游景观打造提升，完成“1314”漫行观光道6公里。三高线“白改黑”提升工程年底完成招投标，候车亭、公共厕所、停车场、游客咨询服务中心等公共配套硬件设施建设加快。高泥、塔头旺、白屿三村完成全县首批A级景区村庄创建。全年共新增床位150张。2017年接待游客15万人次，带动旅游总收入5600万元，旅游富民效应增强。

【美丽乡村建设】 推进美丽乡村建设，完成全乡300余户“美丽庭院”示范户的复评提质；逐步推进垃圾分类，投入100万元先行10个村庄先行实施垃圾分类，高泥、塔头旺、大斜桥等村垃圾分类处理“定时投放、统一清运、分类处理”的模式初步形成。完成龙湖公园、集镇主干道整治等4大类18项工程，新建公共停车位60个、改造升级路灯120盏，入地改造各类管线9.7公里、梳理整治30公里，清除杆子250根，实现龙屿主集镇区绿化美化洁化，带动全乡品质升级。2017年，黄避岙村创建浙江省美丽宜居示范村，并创建市级美丽乡村风景线（盛宁线）1条、县级美丽乡村特色村2个、“美丽庭院”示范村2个、完成县级“一事一议”项目4个，启动市级“一事一议”项目2个。

【专项行动】 2017年，超额完成拆改面积25800平方米，“无违建”乡镇创建成果得到巩固。完成白屿、龙屿、兵营、横塘四个村的污水工程建设，实现全乡农村生活污水处理全覆盖，创建“污水零直排区”。完成“剿灭劣V类水”任务，并通过市、县两级验收。完成“百座山塘”整治工程，维修加固长裕塘等标准海塘5.6公里，全面整治横塘河等主流域12公里，治理生态河道25公里。完成湖头塘等粮功区建设400公顷，改造标准化养殖池塘133.33公顷，建成西沪港低碳健康养殖示范区和示范性畜牧小区，创建省市级森林村庄5个。2017年，落实各类平安创建专项工作经费近260万元，开展校园安全、消防安全、平安企业等基层平安创建活动11次。

【招才引智】 引进“国千计划”杨光华博士及其带领的宁波华医健康发展有限公司落户。日星铸业首纳1名海外工程师入职，组成16人研发团队。旭文海藻连续两年入职3名研究生，形成核心员工均为研究生以上学历的科研团队，为人工浒苔养殖技术发展注入新的研发动力。出台鼓励政策。

【社会事业发展】 投入3000万元全面启动黄避岙乡中心小学迁建工程，黄避岙乡中心幼儿园新建工程完成初稿设计方案，黄避岙乡中心卫生院迁建工程完成土地农转用审批。鲁家岙、高泥、山夹岙村晋级浙江省文明村镇，婚丧礼俗政治工作深化。“全面二孩”、计划生育利益导向机制落到实处，优质服务水平全面提升，计划生育符合率达到县控目标。工会、共青团、妇联等作用发挥，强化公积金、档案、方志管理，开展宣传统战、爱国卫生、红十字会等工作，统计、老龄、关心下一代事业取得新成绩。

【民政事业】 全年新增就业人数93人，整体城镇失业率控制在3.3%以内。五大保险参保人数新增239人，城乡居民医疗参保率达96%。乡敬老院成为全年首批通过政府购买服务运行方式试点单位，并获评县二星敬老院，13个村级居家养老服务中心创建完成。实行低保动态调整机制。2017年，发放各类救助资金近300万元。完成全乡16个村应急避灾点建设，防御台风、寒潮等各类自然灾害。

【社会治理】 2017年，共化解各类矛盾纠纷96起，调处率和办结率均为100%。严格落实安全生产责任制，排查各类安全隐患310条，整改310条，整改率100%。

【“村民说事”落地生根】 分层召开村民说事部署会、推进会6次，培训行政村联村干部、说事联络员220人次，对力量薄弱的村进行一对一进行专题辅导。2017年，共召开村民说事会78次，其中固定说事日30次，共收到村民说事事项425项，村民代办、民生服务事项占到71%。

【基层党建】 2017年，全乡各党支部“三会一课”、党员组织生活日等制度巩固，党员参会率逐步提升，其中白屿村党支部党员参会率达80%以上；完成9个规范化党员活动阵地建设，实现党员干部远程教育设施全覆盖、全提升。

【共青团黄避岙乡第十九次代表大会】 2月24日，共青团黄避岙乡第十九次代表大会召开，团县委书记俞欢欢、乡党委副书记赖文浩、乡总工会主席吴伍、县委提名乡团委书记张晨博及41名来自乡各行各业的代表出席会议。大会的主要议程是：选举产生共青团黄避岙乡第十九届委员会委员、票决共青团黄避岙乡重点工程建设项目。

【黄避岙乡提前完成党组织换届】 3月17日至3月31日历时14天，黄避岙乡16个行政村党组织全部完成换届，并立即进入村级其他组织换届选举程序。村党组织新一届委员会共产生委员62名，其中女性7名，占比11.3%，比上届提高2个百分点；高中及以上学历32名，村书记（包括主持工作副书记）大专以上学历8名，分别占比51.6%、50%，比上届有大幅提升；产生一名80后村党支部主要负责人。

【2017年农村工作暨新任村干部培训会议】 6月6日，黄避岙乡组织召开“2017年黄避岙乡农村工作暨新任村干

部培训会议”，全体机关干部及各村主要村干部200余人参加该次会议。会议总结2016年农村工作经验，表彰各级各类先进，同时部署2017年各村农村工作任务，最后大会就“增强廉洁自律意识”“农村法律实务”“如何发展乡村旅游”等进行培训。

【第十八届人民代表大会第二次会议】 7月21日，黄避岙乡第十八届人民代表大会第二次会议召开，黄避岙乡42名正式代表和38名列席代表参加该次会议。会议听取并审议黄避岙乡《2017年上半年乡政府工作报告》《2017年财政预算执行情况和预算调整方案（草案）的报告》。会议期间，代表共提出议案、建议、意见7件，涉及水利建设、土地整理、乡村旅游等多个领域。

【市委副书记、市长裘东耀到黄避岙调研】 10月23日，市委副书记、市长裘东耀一行到黄避岙调研。县委书记叶剑鸣、县长黄焕利、乡党委书记董盛益、乡长张李平等陪同调研。并对黄避岙乡发展提出针对性建议和指导，希望黄避岙乡能再接再厉，学习贯彻落实中共十九大精神，为全乡的社会经济发展奋斗。

【“斑斓海岸”马拉松嘉年华热力开跑】 11月12日，“斑斓海岸”马拉松嘉年华在黄避岙乡塔头旺村热力开跑，到自全国各地的600余名长跑爱好者参加比赛，其中半程马拉松400余人，6公里欢乐跑200余人。近20个社会长跑组织参与。

【两新党员志愿者服务队开展保护环境卫生义务劳动】 11月24日，黄避岙乡组织两新党员志愿者参加“斑斓海岸”公路两侧环境保洁义务劳动，该次活动有宁波日星铸业有限公司党支部、企业联合党支部等5个支部，20余人参加。经过大家的共同清理公路两侧面貌焕然一新，受到周边群众一致好评。

【卢飞赴黄避岙乡宣讲中共十九大精神】 11月30日，黄避岙乡召开“中共十九大精神宣讲报告会”，副县长卢飞为黄避岙乡全体机关干部、县两代表一委员、基层站所负责人等120人宣讲中共十九大精神。

【残疾人联合会第六次代表大会】 12月5日，黄避岙乡召开乡残疾人联合会第六次代表大会，全乡29名代表出席会议，大会审议并通过《黄避岙乡残疾人联合会第六次代表大会选举办法》，并投票选举产生黄避岙乡第六次残疾人联合会主席团委员7名。

【李正平考察调研“斑斓海岸”】 12月15日，市委宣传部副部长、市文明办主任李正平一行赴宁波市“斑斓海岸”精神文明示范线考察调研。

【中国共产党黄避岙乡第十三届代表大会第三次会议召开】 12月20日，黄避岙乡第十三届代表大会第三次会议召开，共有50位党代表出席该次会议。大会议程还包括重温入党誓言、审议并通过中共黄避岙乡第十三届纪律检查委员会工作报告、党代会代表巡查小组名单。

【生活垃圾分类处理工作】 12月26日，黄避岙乡组织联村干部、各行政村主要干部及环境卫生负责人开展垃圾分类处理培训，邀请县环境卫生管理处分类科科长徐旭授课。黄避岙乡先行实施生活垃圾分类的9个村庄共发放垃圾筒放置棚100个，四色垃圾桶470个，并在安装中。

表111

2017年象山县黄避岙乡行政村经济情况一览表

村名	户数	人口	水田（公顷）	旱地（公顷）	水产养殖（公顷）	渔船（艘）	耕地（公顷）	农村经济总收入（万元）	村级资产（万元）	村集体年收入（万元）	村集体年支出（万元）	书记	主任
龙屿	667	1986	107	1.3	85	0	120.13	47.51	1795.72	29.18	21.42	张伟兴	沈洪建
鲁家岙	190	535	23	2.2	30	3	25.20	68.57	1101.21	53.37	33.36	谢国生	陈贺彪
横里	206	599	17	4.7	64	2	19.53	147.21	892.66	76.59	71.26	沈贤松	沈三兴
横塘	260	694	40	0	7	0	39.80	85.56	802.83	44.21	40.08	陈春根	陈赛华
兵营	328	988	47	1.5	47	1	49.40	82.2	805.9	14.38	76.51	陈先定	毛仁恩
周家	176	607	32	2.1	37	9	33.80	75.44	584.73	61.58	10.66	周成世	张秋霞
谢家	275	793	37	4.0	30	0	39.93	101.69	892.67	84.58	46.42	谢秀杰	谢宝能
大斜桥	132	374	16	6.7	15	0	21.47	35.28	564.51	13.11	17.44	应定玉	谢贤华
黄避岙	597	1618	71	3.8	0	0	48.53	86.9	2389.05	20.13	24.18	林达	竺有武
大林	457	1373	62	4.3	0	1	47.07	59.35	1461.09	53.29	37.17	徐利兴	林喜千
鸭屿	176	605	15	5.4	57	2	17.73	127.25	1483.69	117.48	274.2	李爱定	张林法
山夹岙	108	319	13	0.1	18	0	12.93	71.58	577.9	41.99	16.6	张永护	张志东

续表111

村名	户数	人口	水田（公顷）	旱地（公顷）	水产养殖（公顷）	渔船（艘）	耕地（公顷）	农村经济总收入（万元）	村级资产（万元）	村集体年收入（万元）	村集体年支出（万元）	书记	主任
塔头旺	195	567	17	1.0	129	15	17.13	117.64	1383.44	87.04	13.47	周斌权	周斌权
白屿	345	1091	27	7.3	131	38	30.93	79.01	1149.05	58.41	153.11	沈广西	徐振标
驿角岙	236	816	28	0.7	135	48	24.73	64.69	1320.75	54.37	38.69	李达震	邱坚良
高泥	267	843	39	0.0	198	100	43.60	44.34	2701.62	25.78	20.04	朱中华	钱德所

茅洋乡

【概况】 茅洋乡乡域面积47平方公里，现辖21个行政村，人口1.4万人，拥有耕地面积630公顷，其中水田512公顷，旱地119公顷，山林3101公顷，滩涂53公顷。荣获省美丽乡村示范乡镇、省文明乡镇等省、市、县一系列殊荣。2017年，入围国家AAA级景区和省特色风情小镇创建单位。随着三门湾大桥及接线工程的启动建设，沿海高速将过境茅洋互通县城，茅洋即将跨入高速经济时代，成为象山中部区域的交通枢纽。2017年，实现社会生产总值29亿元，同比增长10%；财政总收入1.17亿元，同比增长11%；农民人均收入达18467元，同比增长9.7%。

【工业经济】 规模以上企业累计实现总产值12.7亿元，主营业务收入11.8亿元，利润总额7678万元，应交税金5718万元，实现对外及对港澳台贸易进出口额1.6亿美元，完成实际外资及港澳台资金300万美元，实际国内资金1.36亿元，浙商回归资金5600万元，各项主要经济指标实现大幅度增长。实施精准招商和产业链招商，欧睿可汽车零部件、仁合力古机械、博思特高分子材料科技等3家企业注册落户。日升电器、昌业商砼、忠辉模具和聚锦服饰实现“小升规”，规模企业培育超额完成年度指标。

【旅游经济】 全年共接待县内外游客30.08万人次，旅游经济产值7326.37万元。入选浙江省旅游风情小镇培育名单，通过国家AAA级景区资源评定，宁波市乡村全域旅游示范区年度审查再次名列全市第一。成立蟹钳港旅游发展有限公司，开拓宁波、温州、台州、上海、江苏等旅游市场。乡村全域旅游项目田乐园二期“花房木屋”建成并运营，仙岩山体公园基本建成，4公里一期骑行车道建成，新建A级厕所4座，停车场3个，新增民宿村2个，精品主题民宿5家，全乡床位达1080张。

【农业经济】 实现农业经济总产值3.12亿元，同比增长10%。累计实现农村土地承包经营权流转568.64公顷，种植业保险113余公顷，新增联栋钢制大棚20公顷。完成农业普查以及土地确权一轮公示工作。野茗红牌福鼎大白、野茗红牌象山白茶分别荣获市红茶金奖和“华茗杯”特别金奖，葆元公司“红美人”荣获省农业博览会优质产品金奖。坚持产业化发展和规模化运营，围绕农旅结合模式，开发采摘游、体验游等多种经营模式，增加农业衍生收入。

【村镇建设】 （1）是实施美丽集镇三年行动计划，通过小城镇环境综合整治达标验收。集镇区基础设施建设，累计投资3700万元，完成溪口街综合管线改造、路面“白改黑”工程、公共林荫停车场，山水风情公园建成投入使用。开展集镇环境综合治理，完成临街店商、民房立面、店招改造和集镇区背街小巷整治，建立城管执法中队，集镇区交通管理、环卫保洁和文明经营得到提升。（2）是通过宁波市美丽乡村示范乡镇验收，实施盛宁线、茅石线、溪东线、银洋公路、小白岩公路靓丽工程建设，以农民画、缸甏等为元素，打造节点小品8处。开展全乡环境卫生大整治行动，推行生活垃圾源头分类工作，实行全乡垃圾清运服务外包机制。（3）是推进“三改一拆”“五水共治”“一打三整治”“剿灭劣Ⅴ类水”等专项工作，拆除违法建筑4.45万平方米，拆后利用率达82.4%，治理小微水体6个，落实专职滩长和定人联船工作机制。

【民生事业】 三门湾大桥接线工程和71省道盛宁线改扩建工程基本实现无障碍施工，管线迁移、小三改等配套工程建设有序推进。集镇区污水处理工程建设完成工程量70%。上缸厂片26.67公顷标准农田质量提升和溪东、小白岩85.07公顷高标准基本农田项目建设基本完成，长坑流域和银洋小流域整治工程完成，新增节水灌溉面积31.33公顷，实施1.5万方河道清淤等面上水利项目，乌石岭村、上缸厂村、溪口村完成自来水“一户一表”改造安装。

【社会事业】 通过省级文明乡镇和市级卫生乡镇创建验收，溪东村被评为全国文明村。加大奖教基金的扶持力度，茅洋学校中考升学率取得新成绩。各村文化礼堂组织开展节庆活动和文艺活动。深入开展婚丧礼俗整治工作，培育文明新风。发挥医联体作用，县中医院专家坐诊茅洋中心卫生院。“二孩”政策落实，严格执行计划生育一票否决制。

【社会保障】 新增城乡居民养老保险228人、被征地养老保险149人、城镇职工基本养老保险450人；新增就业岗位95个、农村低保家庭劳动力公益性岗位11个。养老服务和社会救助完善，乡敬老院完成视频监控安装，累计发放救灾、扶贫、济困、助残、救孤、助医、养老等各类补助资金430万元。

【平安建设】 强化社会治理创新，完成“一中心四平台一网格”建设，强化安全生产监管，实现全乡安全生产工作平稳有效，乡警务站增设户籍办理窗口，完成乡城管中队筹办，法治政府深入推进，溪东村荣获全国民主法治示范村称号。

【政府管理】 完成村级组织换届，整治脏乱差2650余处，消灭卫生死角410余处。加快农村供给侧结构性改革，推动农村土地承包经营权确权登记颁证，率先推行洋岙山、小白岩等村农村住房两证合一试点工作。行政服务梳理公开“最多跑一次”事项41项，推进便民服务中心“一窗受理、集成服务”改革。

【“七色”文化礼堂 “多彩”精神家园】 茅洋挖掘各村民俗和村史文化，明确礼堂建设总基调，形成“一村一色、一堂一品”之布局，涌现出文山、溪东、山下叶、小白岩、茅洋、台头、李家弄7个特色文化礼堂。小白岩村是茅洋乡文化礼堂建设的一个剪影，该村是县主要茶叶基地，为此，小白岩村立典型、抓特色，将茶文化融入文化礼堂建设，扮靓扮活农村文化礼堂。

【文明宣传】 3月21日，由茅洋乡文明办、农办等多部门组成的青年志愿者，在溪口街集市举行以“创文明乡镇，做文明人”为主题的志愿服务宣传活动，免费发放宣传册子，同时还提供送医普健，一对一解答群众疑问和咨询。

【全乡村级组织换届动员暨农村工作会议】 3月24日，茅洋乡召开全乡村级组织换届动员暨农村工作会议。会议宣读2016年度新农村建设各项先进表彰文件，党委书记罗欣对村级组织换届选举工作作动员讲话并对2017年新农村工作的推进做强调。会后，党委副书记朱恩青对村级组织换届选举工作进行业务培训，重点传达村党支部、村民委员会、村务监督委员会、村股份经济合作社换届的日程安排和时间节点。

【“智慧旅游”亮相茅洋乡】 2016年11月起，茅洋乡投入200余万元实施智慧旅游项目，开展乡村旅游目的地信息系统、智能景区示范点、数字化旅游乡村示范点建设。截至3月底，花墙村、田乐园、民俗文化村等11个景点全面开启语音及图文介绍功能，其中部分景点还实现WiFi覆盖。

【清理非法抢栽抢种各类苗木万余株】 随着71省道盛宁线改建工程路段建设的推进，茅洋乡少数村民为牟取高额经济赔偿，有抢栽抢种的不法行为。4月7日，联合泗洲头镇派出所，组成执法队伍对辖区内“三抢”行为进行整治，依法拔除溪口村苗木1万余株，有力打击非法抢栽抢种行动，为工程项目的建设推进保驾护航。

【工业经济暨开放型经济工作会议】 4月28日，茅洋乡召开工业经济暨开放型经济工作会议。会议上，通报表彰2016年度工业经济和开放型经济29家先进企业，党委书记罗欣总结2016年经济工作，全年规模以上工业企业产值突破10亿元大关，各项经济指标均健康逆势增长。同时提出2017年经济工作新目标，围绕目标任务，强化招商引资、创新驱动、为企服务三大板块，力争工业经济提质增效。

【完成村委会换届选举工作】 村委会换届选举工作自4月13日启动后，乡党委、政府严把候选人入口关、换届选举程序关、换届纪律监督关的“三道关”，直至5月14日，南充村和郑家庄村村委会选举的结束，标志着乡第十一届村委会换届选举工作任务完成。21个行政村共选举产生新一届村委会班子成员83名，其中村委会主任21名、妇女委员21名，实现平稳过渡。

【黄焕利到茅洋调研】 6月2日，县委副书记、县长黄焕利到茅洋乡专题调研乡村全域旅游工作，一行先后考察茅洋乡老粮仓、山下叶村、石鼓岭脚自然村、旅游集散中心，详细了解中高端民宿、美丽乡村等项目谋划和建设情况。在座谈会上，黄焕利肯定茅洋乡全域旅游工作，并强调要坚持串点成线规划，提升乡域环境品质，有效整合旅游资源，推动乡村全域旅游在承载乡情乡韵乡愁中健康发展。

【范焕平赴茅洋乡调研抓落实专项行动】 6月13日，县委常委、组织部长范焕平赴茅洋乡开展“大脚板走一线、小分队破难题”抓落实专项行动调研。经过近两个月的驻点工作，各小分队累计梳理难题20余个。1—5月份，茅洋乡共拆除违法建筑4.03万平方米，完成年任务的100.08%，居全县第一。

【庆祝中国共产党建党96周年大会】 6月30日，茅洋乡庆祝中国共产党建党96周年大会在小白岩村文化礼堂举行。近400位党员佩戴党徽，济济一堂，会议表彰2016年度“两学一做”学习教育先进基层党组织和优秀共产党员。县政协正局级干部黄才林、乡党委书记罗欣分别发表讲话，随后举行“七一”建党暨“两学一做”学习教育专题演出。活动现场还组织献血献爱心、认领困难党员“微心愿”等一系列活动。

【茅洋乡安监队伍技能大赛】 6月27日，由县安委办、消安委举办的象山县2017年安全生产应急处置技能比武大赛中，茅洋乡安监队伍在三个比赛课目中分别获得第一、第二、第五的单项成绩，并荣获团体第一名的优异成绩。

【征兵目测体检工作】 7月7日，茅洋乡113名适龄青年参加2017年度征兵目测体检。经过视力、血压、内科、外科、五官等项目的综合体检，有38名适龄青年目测初检合格，将于8月初参加县人武部组织的上站体检。

【抗旱放水工作】 7月24日，茅洋乡农办工作人员开展溪口水库放水工作。部分无法灌溉到的农田由水泵从渠道内抽水进行灌溉。该次放水共计40万立方米，受益农田266.67余公顷。

【乡政府前广场改造工程启动】 8月初，为加快茅洋乡美丽集镇建设，提升区域环境品质，茅洋乡政府前广场改造工程正式启动。投资91.54万元，改造面积2119平方米，停车位共41个。主要建设内容包括场地平整、铺装、绿化、景观小品及给排水、综合管线等。

【2017年职工医疗互助保障工作】 8月中旬，茅洋乡总工会组织企业工会正式启动职工医疗互助保障工作，为企业车间一线职工投保职工医疗互助保险，同时还为车间一线女职工投保女职工安康互助保障项目。

【盛宁线路面白改黑和综合管线改造工程封道施工事宜协商会】 9月14日，茅洋乡召开盛宁线路面白改黑和综合管线改造工程封道施工事宜协商会，县住建局、县交警大队等相关单位参加会议，会议就S215盛宁线（K82+585—K83+470）路面白改黑和综合管线改造工程封道施工事宜进行协商，并对封道施工，施工期间车辆绕行，绕行限行标准，标牌安装等问题达成一致。

【省关工委主任徐宏俊一行到茅洋调研】 10月10日，省关工委主任徐宏俊一行到到茅洋乡调研关心下一代工作开展情况。调研主要围绕商业企业关工委建设、爱国主义教育基地建设和假日学校办学工作等内容。

【兴坑水库通过水利工程标准化管理市级验收】 10月初，市水利局组织技术专家组对茅洋乡兴坑水库标准化管理创建工作进行验收。根据验收要求进行分项打分，并指出不足之处。为全面提升水利工程运行管理水平，茅洋乡年内目标完成38个水利工程创标工作，其中小（一）型水库1座、小型堤防2段、山塘35座。

【全县首个养老机构老年大学在茅洋敬老院开办】 11月中旬，县老年大学联合茅洋乡文化站为茅洋敬老院的老人们送戏上门，同时庆祝茅洋敬老院开办全县首个养老机构老年大学。茅洋敬老院和县老年大学对接好，实现资源互通，届时老年大学的老师每月到敬老院开班两次，教授老人们一些“非遗”技艺等，丰富他们的日常生活。

【婚丧礼俗整治工作】 2017年后，茅洋乡高度重视全乡婚丧礼俗整治，将此项工作纳入周二晚上的村务会商，各村明确红白理事会章程、制度，新上任的村干部利用夜学时间及时掌握相关政策，累计参加学习178人。

【范焕平到茅洋乡宣讲中共十九大精神】 11月24日，县委常委、组织部长范焕平到茅洋乡宣讲中共十九大精神。并强调，茅洋乡在全县改革发展中将扮演更加重要的角色，要以“面向世界、国内一流”的标准打造港湾特色乡村旅游目的地，把学习贯彻中共同十九大精神转化为改革创新的强大动力。

【残疾人联合会第六次代表大会】 12月5日，茅洋乡召开乡残疾人联合会第六次代表大会。会议回顾乡残联五年来的工作，并对今后的五年工作提出总体要求与工作目标。大会投票选举产生茅洋乡第六届残疾人联合会主席团委员5名，其中，任卫国任主席团主席，林增祥为副主席兼残联理事长。

【人大代表视察政府民生实事工程】 12月19日，茅洋乡人大主席团组织县级人大代表、主席团成员先后实地视察溪口街综合整治项目、集镇区污水处理站、三门湾大桥及接线工程和71省道盛宁线改扩建工程、全乡自来水“一户一表”改造一期工程等重点项目。随后召开主席团扩大会议，听取乡有关分管领导的汇报，同时代表们也纷纷发表各自的意见和建议，发挥人大代表主力军的责任。

表112　　茅洋乡2017年行政村经济情况一览表

村名	户数（户）	人口（人）	耕地（公顷）	林地（公顷）	村级资产（万元）	村集体年收入（万元）	村集体年支出（万元）	书记、主任
南充	567	1887	51.93	580.27	1478.8	331.9	116.96	祝彩芳、郑忠明
屠家园	326	1170	44.87	316.6	1059.19	89.64	51.24	屠尔飞、屠财孝
溪东	264	906	44.87	211.13	2397.49	341.5	148.75	石维坚、石夫产
银洋	109	391	26.27	72.27	1001.9	249.59	239.06	丁道理、周基林
溪口	488	1646	54.2	132.2	1690.14	845.34	311.53	邓海勇、周怀永
白岩下	344	1150	44.07	157.8	1107.94	212.92	115.08	胡凯、郑振江
文山	240	802	28	90.67	1102.45	102.71	341.46	石中于、石伟国
兴坑	140	493	17.07	164	683	253.76	172.85	石士吉、石文根
花墙	104	325	18	85.27	508.84	62.07	32.92	叶到定、顾国建
洋岙山	107	347	8.13	17.33	457.96	66.07	16.89	何宗林、黄有茂
台头	258	870	43	140.13	1111.8	194.73	106.43	石帮慈、陈兆根
李家弄	230	623	32.73	52.33	1146.81	387.88	63.29	陈宝国、李增尧
茅洋	194	681	38.73	98.47	1325.95	192.06	63.86	石友金、葛兆丙
乌石崆	99	333	20.53	45.47	621.97	112.09	48.89	朱善忠、鲍斌昶

续表112

村　名	户　数 (户)	人　口 (人)	耕　地 (公顷)	林　地 (公顷)	村级资产 (万元)	村集体年收入 (万元)	村集体年支出 (万元)	书　记、主　任
上缸厂	66	275	9.27	11	336.95	36.23	8.62	章福飞、吕卫成
小白岩	348	1167	58.47	248.47	1283.44	137.35	54.37	周宏贤、鲍春成
郑家庄	117	409	14	46.6	421.78	110.59	19.2	郑敏建、郑振刚
大地园	127	403	18.8	63.07	398.26	77.4	17.3	周世乐、陈永林
徐家岙	137	460	19.4	78.07	472.58	111.38	20.43	徐行南、徐惠国
杨家岙	203	698	30.07	128.67	1030.22	180.74	388.17	应根财、杨善吉
山下叶	138	449	22.33	54.4	837.71	170.12	185.07	叶守源、叶先祖

高塘岛乡

【概况】 高塘岛乡陆域面积52.8平方公里，海域面积38.2平方公里，共有大小岛礁52个。全乡共管辖18个行政村、1个居民区，总人口2.1万。2017年，实现地区生产总值 21.2亿元，同比增长9.8%；财政收入9205.9万元，农渔民人均收入11127元，增长10%。

【工业经济】 经济产值提升，2017年实现工业总产值5.3亿元，较上一年度增长13%，其中6家规模企业共实现销售1.5亿元，利润1946万元，税收1100万元，合计产值达2.54亿元。工业投资保持稳定，宁波信丰泰盐业科技有限公司、宁波台垦实业有限公司等资本力量对高塘岛乡实现投资2.74亿元。对外及对港澳台贸易取得突破，2017年实现进出口总额1995万美元，增长59%。招商引资配优引强，全年实现实际外资及港澳台资金374万美元，实际国内资金8826万，省外资及港澳台资金5100万元，分别完成指标的124.7%、100.3%、113%。

【农业经济】 2017年，实现农业总产值10.51亿元，其中渔业产值8.7亿元，分别增长10.96%和11.00%。产业规模集聚，名特水果产值突破2800万元，其中高塘西瓜种植面积73.3公顷，每公顷产量价值达到12万元，红美人柑橘产量占全县近三分之一。同时，农业现代化、机械化程度提高，2017年新增插秧机、收割机等农业机械17台，完成早稻机插面积267公顷，油菜机收面积87公顷，机械化率达90%以上。

【集体经济】 全面消除年集体经济10万元以下村，全乡18个村实现年集体经营性收入666.8万元，增收30.9%。发挥市、县两级农村指导员作用，争取到联系部门补助村级项目建设资金200余万元。完成林港、三五、中江3个村“一事一议”项目117万元，建成资源型机耕路4条。

【村集体消薄造血】 2017年，开源增收，将村集体年收益总量提升30余万元。

【旅游经济】 全年接待游客28.8万人次，旅游总收入超2800万元，分别增长33.8%和48%。农渔家乐有新提升，年接待游客3.4万人次，新增农渔客栈5家，县农家客栈特色村2家，创建纱帽绿村为象山县A级景区村庄。

【花岙岛获批国家级海洋公园】 4月7日，经国家海洋局批准，象山花岙岛获批国家级海洋公园。根据花岙岛国家级海洋公园选划报告，范围包括花岙岛及其附近24个岛礁和周边海域。主要分成重点保护区、生态与资源恢复区和适度利用区三个功能区。

【集镇建设】 完成乡域总规、集镇控规及18个村村庄建设规划和整治规划审批工作。投入资金300余万元，新建、改建农村公路6.46公里，实施弱电“上改下”工程11.2公里，建成港湾式候车亭22个，投入资金130余万元，整治村级河道4.7公里，完成河道清淤13.4公里、2.76万方。投入资金320万元，实现村道绿化900米、河道绿化1300米，新增绿化面积4900平方米。江北、江南集镇建设规划获评省小城镇环境综合整治优秀规划。

【三改一拆】 2017年度上报拆除26200余平方米，拆除点538处，拆后利用率达59.1%，自拆和委托拆除率达100%，未发生一起因拆违引起的群体性事件。

【大脚板走一线、小分队破难题】 2017年，累计排摸各类问题42个，覆盖全乡18个行政村，乡领导班子成员领衔责任项目27个，组建2个重点项目工作推进小组，确保全乡各项工作目标任务的实时有效推进。由乡农办牵头联合边防派出所成立8个建设环境整治行动小组，对花岙岛、纱帽绿、珠门等本年度重点推进的8个项目区域开展一周三巡的专项检查，共查处破坏建设环境非法行为3起，警告性谈话7人，严厉打击破坏建设环境的违法行为。

【民生实事】 2017年投入7000余万元，实施幼儿园、卫生院迁建，学校体艺馆新建工程。新幼儿园建成使用，部分学生入新园学习；学校体艺馆通过验收，新学期可投入使用；新卫生院大楼结顶，2018年年底可搬迁新址。完成金高椅避风锚地二期工程建设，保障百余艘渔船拥有避风停靠港湾。旅游大道、石三线、广天大道沿线13公里安装路灯405盏，实现全线亮化。炮台山森林公园完成上山沥青道路建设，省级森林乡镇通过初验。

【科教文化】 实施科教兴乡，全面开展奖教惠师，奖励金额高达106万元；教学质量走高，2017年普高上线率51%，中考优秀率、平均分位列全县第8、第9，17名初中毕业生进入全县前800名，其中7人考入象山中学，为县南片5镇乡之首。举办乡第八届西瓜节、第五届海岛杯职工篮球赛等各类文化活动20余次，建成2星级农村文化礼堂1个，市文明村1个。

【百万惠师】 推进教育现代化，优化办学条件。对获得各种先进荣誉的教师，教学成绩突出的教师，辅导学生获奖的教师，论文发表获奖的教师，安心居住海岛的教师进行奖励，重点突出教学成果，共奖励106万余元。

【"春泥计划"假日学校新开学】 7月17日，乌岩头村"春泥计划"假日学校正式开启新学期。学校招收乌岩头村小候鸟、留守儿童近20名入学，解决学生暑假"看护难"问题。开学当日，宁波万里学校10余名大学生志愿者到场支教。假日学校常驻师资为代管校长1名、辅导员2名，志愿者教员15名，更带动家长参与，开启"家家有课讲，人人小老师"自助式代管教学新模式。

【"非遗"节目《提线木偶》获文艺银奖】 10月29日，被列为宁波市非物质文化遗产的高塘提线木偶，代表象山在宁波市高手在民间绝技绝活文艺大赛中获得银奖，表演剧团在成立之初，拥有28个木偶，是浙东地区唯一的正规木偶剧团，足迹踏遍象山各镇乡及台州、舟山等地，可更好促进传统文化的传承与发展。

【公共卫生体系完善】 完成2123户家庭医生契约式服务签约工作，建成村级规范化社区卫生服务站7个，城乡居民医疗保险参保率达到98.2%。

【环境整治】 垃圾分类减量化处理中心完成厂房建设和设备安装；全乡18个行政村全面推行垃圾分类，完成农村生活污水分散式处理工程，同心畜牧小区工业化污水处理项目正式运行，污水零直排工作推进。建设村庄整治提升村1个，创建省卫生村1个，市卫生村2个，创建宁波市卫生乡镇。

【五水共治】 深入研究全乡82条村级以上河道的治河方式，对21名水务员保洁员实施"水务员奖罚新制度"，干部每月随手拍变为每周一拍，发整改单变为限期整改。成立"清河机动队"，确保乡河道清理处置效率。组建村干部治河小分队，试点开展由乡12名主要领导干部、51名村主要干部的"二级河长制"升级为由村四套班子成员担任"河段长"，根据水质检测单位检测数据，确定急需整治的5个小微水体和6条存在问题的河道，并根据"一点一策"水体实施方案进行整治。创新建立"人机协管"新模式，运用"大数据"引入"无人机巡河"，科技助力乡河道实时监控，定航监管，填补人管时空盲区。

【社会保障】 累计组织农民培训1200余人次，提供就业岗位262个。新增社会养老保险502人。完成低收入户农房改造19户，全年发放各类补助资金586.96万元。

【试点创建"村村邻里慈善帮扶基金"】 2017年，完成建立村级慈善工作站18个，排摸困难群众信息，建立专门档案412户，对全乡募集资金46万余元，村民参与率达72%，用活用好19支慈善义工队伍的360余名慈善义工，全年开展各类慈善活动50多次。9月29日，作为试点工作优秀乡镇，高塘岛乡承办召开象山县创建"村村慈善帮扶基金"现场会。并于12月4日，接待宁海县慈善总会曹善军会长一行10人对高塘岛乡"村村邻里慈善帮扶基金"创建情况的考察学习。

【平安建设】 新建乡综合指挥中心室，增设农村视频监控150套，实现乡域内治安复杂区域、重点路段全覆盖。发挥乡调解委员会作用，受理并调处纠纷83起，调处率达97.3%。专项整治行动常态化，安全生产形势保持平稳。强化党管武装和双拥工作，年度征兵任务超额完成。

【一打三整治】 组织渔民代表16人参加全县初级水产品质量安全管理培训与10个无公害水产品基地与养殖户代表参加业务培训各一次，乡与村及村与渔船的渔业安全生产责任书的签订率达到100%。全年开展5次全乡渔船安全生产大检查、签证报关、渔船安全隐患自查自纠工作，共检查渔船309艘。同时，乡渔业办干部与村协管员于3月、11月随机检查渔船44艘。乡渔船安全救助信息中心配备5名工作人员，实施渔船安全救助信息中心24小时全天候渔船动态监控与服务工作。累计清理禁用渔具地笼网611顶。检查渔船网具309艘，其中证业不符150艘，基本合格159艘、责令整改150艘。同时，开展减船转产工作，有63艘持证渔船计划减船转产，58个捕捞渔民转业养殖紫菜，7个从事来料加工与农家乐产业。利用浙江农民信箱与网上渔民之家微信平台宣传教育渔业从业者，抓好渔业安全生产工作，累计发送手机短信、微信1.5万余条，群内群外交流形成"叠加效应"。

【定人联船】 通过推行"定人联船"联系卡，压实乡联村干部作为定人联船责任人的责任，43名联村干部联系全乡362艘渔船。构建双重监管网格，建立协同联船模式，4名渔业协管员作为分区服务联系人，另有18个村主要干部作为底线管理责任人。并实施日报周报制度，掌握实时动态，用日报表形式记录渔船动态情况，每周赴渔船停泊点核查所联渔船相关情况，并拍照留存。并于8月1日，针对离港开捕渔船探索成立以行政村为单位的海编小组，进行跟踪检查。

【滩长制度】 5月4日，高塘岛乡党政办印发《高塘岛乡人民政府关于印发〈落实"滩长制"制度实施方案〉的通知》，成立以乡党委书记为组长，乡长和其他班子成员为副组长的"滩长制"落实行动工作领导小组。同时，确定1名滩涂管理专职协管员。通过日常巡查工作，到共清除地笼网611张。

【法治政府】 2017年，办理人大代表建议19件，意见建议处理进展反馈汇报

42次。分解七大类39项年度法治政府建设重点工作任务，坚决查办各类违纪违法案件。

【村民说事】 出台《深化村民说事制度，推进村级治理规范化实施方案》，及时掌握村民的思想动态、发现邻里之间的矛盾、调解群众的实际困难和诉求，变"上访"为"下访"。2017年，全年开展集体"村民说事"57次，走访农户1564户，"说"出村民难事问题21条，累计办理事项1225起，办结率100%。群众参与"评"事1000余件，落实解决987起。排摸不稳定因素7件，化解各类矛盾纠纷 400余起，矛盾纠纷平均调处率95%，信访率同比下降 20%。

【"最多跑一次"】 公布"最多跑一次"权力下放事项44项，按照"3+X"的窗口设置模式，全年开展业务培训7次，落实村组织办理群众事务571件，报审工作数据1002套，村民事务代办率达到98%，办结率为100%。

【两学一做】 7月10日，高塘岛乡邀请县委党校正局级干部朱小敏为全体机关干部解读中共十八届六中全会及省十四次党代会精神。11月2日，召开会议集中学习中共十九大精神，乡机关干部、行政村书记、各部门负责人及在乡的两代表一委员共112人参加会议。将县委叶剑鸣书记在全县学习贯彻中共十九大精神会议上对全县干部党员的要求再传达。

【"七一"慰问】 7月1日召开建党96周年庆祝大会，举行新老党员集体宣誓活动，对全乡120余位困难党员、"三老"干部、老党员遗属进行慰问，同时送去慰问金共计88800元。开展"微心愿"征集活动，汇总各村慰问对象心愿132个，许愿实现率达100%。

【海上红帆】 以金高椅码头、林港码头为主活动阵地，通过"渔船+渔船"形式，联合成立由45名渔民党员组成的"海上红帆临时支部"，形成陆上网格和海上网格"双网格"管理服务体系。2017年，高塘岛乡完善码头固定学习场所，建成集党员教育、心理疏导等功能于一体的党员活动室3个，开辟海上流动课堂，在党员渔船上设立"红帆图书角"，开展"每月一书""你讲评"等系列活动15次。累计邀请退休老党员、法律工作者、乡农业技术人员上船开设法律法规、渔民知识等实用课程20讲；构建网络学习平台，开通"红帆支部"微信公众号，把"微党课"送上船，依托通过北斗导航系统，提高"两学一做"及中共十九届三中全会的推送密度，让党员和渔民从指尖上得到教育。

表113

高塘岛乡2017年行政村经济情况一览表

村名	户数(户)	人口(人)	农用地总面积(公顷)	耕地(公顷)	水产养殖(公顷)	渔船(艘)	农村经济总收入(万元)	村级资产(万元)	村集体年收入(万元)	村集体年支出(万元)	人均收入(元)	书记 主任
江北村	595	2004	282.07	59.00	36.66	14	303.3	2122.49	248.5	64.13	1513.47	张贵宝 陈再元
江南村	521	1592	176.07	50.07	24	18	91.34	724.47	82.18	63.13	573.74	梁正明 毛林夫
龙珠村	273	975	148.47	36.20	26.66	14	37.5	596.34	34.68	26.1	384.62	梅法田 周阿兵
乌岩头村	527	1737	363.60	119.00	100	21	18.23	512.34	1.76	34.98	104.95	郑国根 杨根祥
花岙岛村	318	1046	310.93	7.87	380	43	80.37	591.61	25.09	30.4	768.36	杨法增 赵利明
孝贤湾村	339	1231	217.67	62.13	43.33	6	28.51	740.9	22.05	43.85	231.60	徐大春 徐大春
杏八村	310	1149	212.40	102.13	23.33	14	20.37	404.57	1.88	23.92	177.28	黄信华 项朝明
三五村	424	1382	140.67	85.67	10	15	40.63	708.19	30.15	31.55	293.99	史久松 江 卫
林港村	615	2041	349.93	82.33	113.33	89	47.67	933.34	30.72	40.13	233.56	林永明 杜永夏
珠益村	459	1577	209.20	95.07	26.66	8	10.85	515.04	2.87	34.62	68.80	徐明月 徐卫弟

续表113

村　名	户数（户）	人口（人）	农用地总面积（公顷）	耕地（公顷）	水产养殖（公顷）	渔船（艘）	农村经济总收入（万元）	村级资产（万元）	村集体年收入（万元）	村集体年支出（万元）	人均收入（元）	书记 主任
余江村	258	905	123.47	59.00	10.66	6	53.58	433.18	53.32	27.68	592.04	洪卫国 陈存德
上江村	247	819	159.20	57.40	24	11	48.08	582.35	22.01	20.35	587.06	凌根兴 凌根兴
中江村	229	792	163.40	65.73	73.33	21	11.51	298.86	0.04	32.76	145.33	张礼广 李贵根
罗元村	214	749	133.60	42.87	46.66	10	21.27	298.39	9.84	19.41	283.98	林兴涛 杨再苗
珠门村	290	978	198.27	45.53	366.66	2	54.22	761.99	0.57	26.38	554.40	葛海滨 郑志明
渔潭村	271	934	117.33	37.07	20	3	311.25	1492.07	43.93	67.92	3332.44	潘正到 李建友
纱帽绿村	212	812	227.27	46.33	233.33	3	42.31	1695.65	36.66	63.49	521.06	何帮永 李道国
金高椅村	176	543	5.07	0.00	10	14	18.12	354.19	15.04	23.87	333.70	郑先高 张建军
合　计	6278	21266	3538.60	1053.40	1568.61	312	1239.11	13765.97	661.29	674.67	10700.39	

索 引

说 明

一、本索引采用主题分析法编制。

二、本索引按主题词首字拼音字母顺序和音序排列,按标引词首字的汉语拼音音序排列,首字相同按第二字音序排列,以此类推。

三、《特载》《大事记》的内容不做索引。

四、标引词后的阿拉伯数字表示内容所在的页码。

数字 字母

A

B

C

D

E

F

H

J

K

L

M

N

R

N

P

Q

T

W

X

Y

Z